CHINA REAL ESTATE YEARBOOK

2019 中国房地产年鉴

中国房地产业协会◎编著

企业管理出版社
ENTERPRISE MANAGEMENT PUBLISHING HOUSE

图书在版编目（CIP）数据

2019 中国房地产年鉴／中国房地产业协会编著．—北京：企业管理出版社，2019.5

ISBN 978－7－5164－1944－1

Ⅰ.①2…　Ⅱ.①中…　Ⅲ.①房地产业—中国—2019—年鉴　Ⅳ.①F299.233－54

中国版本图书馆 CIP 数据核字（2019）第 076325 号

书　　名：2019 中国房地产年鉴

作　　者：中国房地产业协会

责任编辑：刘一玲　崔立凯

书　　号：ISBN 978－7－5164－1944－1

出版发行：企业管理出版社

地　　址：北京市海淀区紫竹院南路 17 号　　邮编：100048

网　　址：http：//www.emph.cn

电　　话：编辑部 010－68701322　发行部 010－68414644

电子信箱：80147@sina.com　zbs@emph.cn

印　　刷：北京市青云兴业印刷有限公司

经　　销：新华书店

规　　格：889 毫米×1194 毫米　16 开本　48.5 印张　1500 千字　彩插　6.5 印张

版　　次：2019 年 5 月第 1 版　　2019 年 5 月第 1 次印刷

定　　价：598.00 元

编辑说明

2018年是房地产业直面政策调控不断紧缩、市场运行跌宕起伏、行业格局持续分化的一年。为客观如实地反映中国房地产的年度发展，更好地为政府决策服务、为行业平稳健康发展服务、为会员单位提供市场信息服务，中国房地产业协会在连续八年编撰房地产年鉴的基础上，结合行业最新发展态势，扩大优秀研究成果的收录范围，保持篇章结构基本稳定的情况下编撰了《2019中国房地产年鉴》。

本版《年鉴》包括政策、宏观、产业、市场、城市、企业、发展和大事记等八个篇章。其中，“宏观篇”“产业篇”“城市篇”以数据图表为主，“市场篇”“企业篇”“发展篇”以文字和图表叙述为主。年鉴主体结构及内容延续了2018版《年鉴》的体例，个别篇章内容有所调整。

提供准确、多维、及时、连续的数据并科学分类，是《年鉴》编辑的基本要求与核心特征。大部分数据是2018年年度的，少部分数据是2017年年度的，但都是最新公布的数据。

“产业篇”新增各地区住房公积金提取情况数据。区域数据由“东、中、西”三分法调整为“东、中、西、东北”四分法，与国家统计局划分原则保持一致。原" 宏观篇" 中的人口、建设用地、市政建设、农村住户固定资产投资建设等数据，在本版中平移到" 产业篇"。

“市场篇”首次收录全国主要城市地价监测信息，使得土地市场和房屋市场的内容更加平衡。

“城市篇”保持原有数据结构不变，“存量商品房交易数据”覆盖城市由2018版的60个扩展到本版的90个。

“企业篇”除了收录每年中国房地产业协会的三次重要测评榜单及分析外，首次收录中国房地产业协会发布的“2018信用等级A级以上房地产开发企业名单”。原“产业篇”的“中国房地产企业情况”本版调整到“企业篇”，使内容更加聚焦。

反映行业新特征和新发展，是《年鉴》的重要使命。" 发展篇" 除了房地产金融、住房保障、物业管理、房地产评估和境外投资等内容外，今年首次收录了法拍房市场的内容。

为便于数据查阅，本版《年鉴》将“产业篇”“市场篇”“城市篇”“发展篇”的目录进一步细化扩张。

《年鉴》内容涉及面广、专业性强，加上成书时间短和我们水平有限，难免还存在一定的局限和不足。我们愿意听取广大读者的意见，继续对《年鉴》进行改进和完善。

《年鉴》在编写过程中，得到住房和城乡建设部相关司局、中国物业管理协会、北京市住房和城乡建设委员会、上海市统计局、广东省房地产业协会、重庆市房地产开发协会、中国民生银行地产金融事业部、中国房地产测评中心、中国国土勘测规划院等机构的大力协助，中国房地产业协会相关专业委员会、协会副会长单位在《年鉴》内容编辑和推广方面也给予了宝贵的支持，在此一并表示感谢！

《2019中国房地产年鉴》编委会

2019年5月

《2019 中国房地产年鉴》编辑委员会

目　录

Ⅰ. 政策篇

Ⅱ. 宏观篇

Ⅲ. 产业篇

Ⅳ. 市场篇

Ⅴ. 城市篇

Ⅵ. 企业篇

Ⅶ. 发展篇

Ⅷ. 大事记

Ⅰ.政策篇

导 读

为综合反映本年度房地产调控政策脉络，本篇收录了2018年党中央、全国人大和国务院召开的重要会议公报中与房地产相关的内容节选和政策文件等。文件主要源自国务院和国务院办公厅，国家发展和改革委员会、住房和城乡建设部、财政部、国家税务总局、中国银保监会、中国证监会等相关部委办。中国房地产业协会的两篇重要报告也编入其中。

一、党中央和国务院重要会议

2018 年政府工作报告（节选）

2018 年 3 月 5 日

国务院总理李克强在第十三届全国人民代表大会第一次会议作《政府工作报告》：

一、过去五年工作回顾（略）

二、2018 年经济社会发展总体要求和政策取向

今年是全面贯彻党的十九大精神的开局之年，是改革开放 40 周年，是决胜全面建成小康社会、实施“十三五”规划承上启下的关键一年。做好政府工作，要在以习近平同志为核心的党中央坚强领导下，以马克思列宁主义、毛泽东思想、邓小平理论、“三个代表”重要思想、科学发展观、习近平新时代中国特色社会主义思想为指导，全面深入贯彻党的十九大和十九届二中、三中全会精神，贯彻党的基本理论、基本路线、基本方略，坚持和加强党的全面领导，坚持稳中求进工作总基调，坚持新发展理念，紧扣我国社会主要矛盾变化，按照高质量发展的要求，统筹推进“五位一体”总体布局和协调推进“四个全面”战略布局，坚持以供给侧结构性改革为主线，统筹推进稳增长、促改革、调结构、惠民生、防风险各项工作，大力推进改革开放，创新和完善宏观调控，推动质量变革、效率变革、动力变革，特别在打好防范化解重大风险、精准脱贫、污染防治的攻坚战方面取得扎实进展，引导和稳定预期，加强和改善民生，促进经济社会持续健康发展。

综合分析国内外形势，我国发展面临的机遇和挑战并存。世界经济有望继续复苏，但不稳定不确定因素很多，主要经济体政策调整及其外溢效应带来变数，保护主义加剧，地缘政治风险上升。我国经济正处在转变发展方式、优化经济结构、转换增长动力的攻关期，还有很多坡要爬、坎要过，需要应对可以预料和难以预料的风险挑战。实践表明，中国的发展成就从来都是在攻坚克难中取得的。当前我国物质技术基础更加雄厚，产业体系完备、市场规模巨大、人力资源丰富、创业创新活跃，综合优势明显，有能力有条件实现更高质量、更有效率、更加公平、更可持续的发展。

今年发展主要预期目标是：国内生产总值增长 6.5% 左右；居民消费价格涨幅 3% 左右；城镇新增就业 1100 万人以上，城镇调查失业率 5.5% 以内，城镇登记失业率 4.5% 以内；居民收入增长和经济增长基本同步；进出口稳中向好，国际收支基本平衡；单位国内生产总值能耗下降 3% 以上，主要污染物排放量继续下降；供给侧结构性改革取得实质性进展，宏观杠杆率保持基本稳定，各类风险有序有效防控。

上述主要预期目标，考虑了决胜全面建成小康社会需要，符合我国经济已由高速增长阶段转向高质量发展阶段实际。从经济基本面和就业吸纳能力看，6.5% 左右的增速可以实现比较充分的就业。城镇调查失业率涵盖农民工等城镇常住人口，今年首次把这一指标作为预期目标，以更全面反映就业状况，更好体现共享发展要求。

今年要继续创新和完善宏观调控，把握好宏观调控的度，保持宏观政策连续性稳定性，加强财政、货币、产业、区域等政策协调配合。

积极的财政政策取向不变，要聚力增效。今年赤字率拟按 2.6% 安排，比上年预算低 0.4 个百分点；财政赤字 2.38 万亿元，其中中央财政赤字 1.55 万亿元，地方财政赤字 8300 亿元。调低赤字率，主要是我国经济稳中向好、财政增收有基础，也为宏观调控留下更多政策空间。今年全国财政支出 21 万亿元，支出规模进一步加大。中央对地方一般性转移支付增长 10.9%，增强地方特别是中西部地区财力。优化财政支出结构，提高财政支出的公共性、普惠性，加大对三大攻坚战的支持，更多向创新驱动、“三农”、民生等领域倾斜。当前财政状况出现好转，各级政府仍要坚持过紧日子，执守简朴、力戒浮华，严控一般性支出，把宝贵的资金更多用于为发展增添后劲、为民生雪中送炭。

稳健的货币政策保持中性，要松紧适度。管好货币供给总闸门，保持广义货币 M2、信贷和社会融资规模合理增长，维护流动性合理稳定，提高直接融资特别是股权融资比重。疏通货币政策传导渠道，用好差别化准备金、差异化信贷等政策，引导资金更多投向小微企业、“三农” 和贫困地区，更好服务实体经济。

做好今年工作，要认真贯彻习近平新时代中国特色社会主义经济思想，坚持稳中求进工作总基调，把稳和进作为一个整体来把握，注重以下几点。一是大力推动高质量发展。发展是解决我国一切问题的基础和关键。要着力解决发展不平衡不充分问题，围绕建设现代化经济体系，坚持质量第一、效益优先，促进经济结构优化升级。要尊重经济规律，远近结合，确保经济运行在合理区间，实现经济平稳增长和质量效益提高互促共进。二是加大改革开放力度。改革开放是决定当代中国命运的关键一招，也是实现“两个一百年” 奋斗目标的关键一招。在新的历史起点上，思想要再解放，改革要再深化，开放要再扩大。充分发挥人民首创精神，鼓励各地从实际出发，敢闯敢试，敢于碰硬，把改革开放不断向前推进。三是抓好决胜全面建成小康社会三大攻坚战。要分别提出工作思路和具体举措，排出时间表、路线图、优先序，确保风险隐患得到有效控制，确保脱贫攻坚任务全面完成，确保生态环境质量总体改善。我们所做的一切工作，都是为了人民。要坚持以人民为中心的发展思想，从我国基本国情出发，尽力而为、量力而行，把群众最关切最烦心的事一件一件解决好，促进社会公平正义和人的全面发展，使人民生活随着国家发展一年比一年更好。

三、对 2018 年政府工作的建议

今年经济社会发展任务十分繁重。要紧紧抓住大有可为的历史机遇期，统筹兼顾、突出重点，扎实做好各项工作。

（一）深入推进供给侧结构性改革

坚持把发展经济着力点放在实体经济上，继续抓好“三去一降一补”，大力简政减税减费，不断优化营商环境，进一步激发市场主体活力，提升经济发展质量。

发展壮大新动能。做大做强新兴产业集群，实施大数据发展行动，加强新一代人工智能研发应用，在医疗、养老、教育、文化、体育等多领域推进“互联网 +”。加快发展现代服务业。发展智能产业，拓展智能生活，建设智慧社会。运用新技术、新业态、新模式，大力改造提升传统产业。加强新兴产业统计。加大网络提速降费力度，实现高速宽带城乡全覆盖，扩大公共场所免费上网范围，明显降低家庭宽带、企业宽带和专线使用费，取消流量“漫游” 费，移动网络流量资费年内至少降低 30%，让群众和企业切实受益，为数字中国、网络强国建设加油助力。

加快制造强国建设。推动集成电路、第五代移动通信、飞机发动机、新能源汽车、新材料等产业发展，实

施重大短板装备专项工程，推进智能制造，发展工业互联网平台，创建“中国制造 2025”示范区。大幅压减工业生产许可证，强化产品质量监管。全面开展质量提升行动，推进与国际先进水平对标达标，弘扬劳模精神和工匠精神，建设知识型、技能型、创新型劳动者大军，来一场中国制造的品质革命。

继续破除无效供给。坚持用市场化法治化手段，严格执行环保、质量、安全等法规标准，化解过剩产能、淘汰落后产能。今年再压减钢铁产能 3000 万吨左右，退出煤炭产能 1.5 亿吨左右，淘汰关停不达标的 30 万千瓦以下煤电机组。加大“僵尸企业”破产清算和重整力度，做好职工安置和债务处置。减少无效供给要抓出新成效。

深化“放管服”改革。全面实施全国统一的市场准入负面清单制度。在全国推开“证照分离”改革，重点是照后减证，各类证能减尽减、能合则合，进一步压缩企业开办时间。大幅缩短商标注册周期。工程建设项目审批时间再压减一半。推进企业投资项目承诺制改革试点。全面实施“双随机、一公开”监管，决不允许假冒伪劣滋生蔓延，决不允许执法者吃拿卡要。深入推进“互联网 + 政务服务”，使更多事项在网上办理，必须到现场办的也要力争做到“只进一扇门”“最多跑一次”。加强政务服务标准化建设。大力推进综合执法机构机制改革，着力解决多头多层重复执法问题。加快政府信息系统互联互通，打通信息孤岛。清理群众和企业办事的各类证明，没有法律法规依据的一律取消。优化营商环境就是解放生产力、提高竞争力，要破障碍、去烦苛、筑坦途，为市场主体添活力，为人民群众增便利。

进一步减轻企业税负。改革完善增值税制度，按照三档并两档方向调整税率水平，重点降低制造业、交通运输等行业税率，提高小规模纳税人年销售额标准。大幅扩展享受减半征收所得税优惠政策的小微企业范围。大幅提高企业新购入仪器设备税前扣除上限。实施企业境外所得综合抵免政策。扩大物流企业仓储用地税收优惠范围。继续实施企业重组土地增值税、契税等到期优惠政策。全年再为企业和个人减税 8000 多亿元，促进实体经济转型升级，着力激发市场活力和社会创造力。

大幅降低企业非税负担。进一步清理规范行政事业性收费，调低部分政府性基金征收标准。继续阶段性降低企业“五险一金”缴费比例。降低电网环节收费和输配电价格，一般工商业电价平均降低 10%。深化收费公路制度改革，降低过路过桥费用。加大中介服务收费清理整顿力度。全年要为市场主体减轻非税负担 3000 多亿元，不合理的坚决取消，过高的坚决降下来，让企业轻装上阵、聚力发展。

（二）加快建设创新型国家

把握世界新一轮科技革命和产业变革大势，深入实施创新驱动发展战略，不断增强经济创新力和竞争力。

加强国家创新体系建设。强化基础研究、应用基础研究和原始创新，启动一批科技创新重大项目，高标准建设国家实验室。鼓励企业牵头实施重大科技项目，支持科研院所、高校与企业融通创新，加快创新成果转化应用。国家科技投入要向民生领域倾斜，加强雾霾治理研究，推进癌症等重大疾病防治攻关，使科技更好造福人民。

落实和完善创新激励政策。改革科技管理制度，科研项目绩效评价要加快从重过程向重结果转变。赋予创新团队和领军人才更大的人财物支配权和技术路线决策权。对承担重大科技攻关任务的科研人员，采取灵活的薪酬制度和奖励措施。探索赋予科研人员科技成果所有权或长期使用权。有悖于激励创新的陈规旧章，要抓紧修改废止；有碍于释放创新活力的繁文缛节，要下决心砍掉。

促进大众创业、万众创新上水平。我国拥有世界上规模最大的人力人才资源，这是创新发展的最大“富矿”。要提供全方位创新创业服务，推进“双创”示范基地建设，鼓励大企业、高校和科研院所等开放创新资源，发展平台经济、共享经济，形成线上线下结合、产学研用协同、大中小企业融合的创新创业格局，打造

“双创”升级版。设立国家融资担保基金，支持优质创新型企业上市融资，将创业投资、天使投资税收优惠政策试点范围扩大到全国。深化人才发展体制改革，推动人力资源自由有序流动，支持企业提高技术工人待遇，加大高技能人才激励，鼓励海外留学人员回国创新创业，拓宽外国人才来华绿色通道。集众智汇众力，一定能跑出中国创新“加速度”。

（三）深化基础性关键领域改革

以改革开放40周年为重要契机，推动改革取得新突破，不断解放和发展社会生产力。

推进国资国企改革。制定出资人监管权责清单。深化国有资本投资、运营公司等改革试点，赋予更多自主权。继续推进国有企业优化重组和央企股份制改革，加快形成有效制衡的法人治理结构和灵活高效的市场化经营机制，持续瘦身健体，提升主业核心竞争力，推动国有资本做强做优做大。积极稳妥推进混合所有制改革。落实向全国人大常委会报告国有资产管理情况的制度。国有企业要通过改革创新，走在高质量发展前列。

支持民营企业发展。坚持“两个毫不动摇”，坚持权利平等、机会平等、规则平等，全面落实支持非公有制经济发展的政策措施，认真解决民营企业反映的突出问题，坚决破除各种隐性壁垒。构建亲清新型政商关系，健全企业家参与涉企政策制定机制。激发和保护企业家精神，壮大企业家队伍，增强企业家信心，让民营企业在市场经济浪潮中尽显身手。

完善产权制度和要素市场化配置机制。产权制度是社会主义市场经济的基石。要以保护产权、维护契约、统一市场、平等交换、公平竞争为基本导向，完善相关法律法规。对各种侵权行为要依法严肃处理，对产权纠纷申诉案件要依法甄别纠正。强化知识产权保护，实行侵权惩罚性赔偿制度。加快技术、土地等要素价格市场化改革，深化资源类产品和公共服务价格改革，打破行政垄断，防止市场垄断。要用有力的产权保护、顺畅的要素流动，让市场活力和社会创造力竞相迸发。

深化财税体制改革。推进中央与地方财政事权和支出责任划分改革，抓紧制定收入划分改革方案，完善转移支付制度。健全地方税体系，稳妥推进房地产税立法。改革个人所得税。全面实施绩效管理，使财政资金花得其所、用得安全。

加快金融体制改革。改革完善金融服务体系，支持金融机构扩展普惠金融业务，规范发展地方性中小金融机构，着力解决小微企业融资难、融资贵问题。深化多层次资本市场改革，推动债券、期货市场发展。拓展保险市场的风险保障功能。改革金融监管体制。深化利率汇率市场化改革，保持人民币汇率在合理均衡水平上的基本稳定。

推进社会体制改革。深化养老保险制度改革，建立企业职工基本养老保险基金中央调剂制度。深化公立医院综合改革，协调推进医疗价格、人事薪酬、药品流通、医保支付改革，提高医疗卫生服务质量，下大力气解决群众看病就医难题。深入推进教育、文化、体育等改革，充分释放社会领域巨大发展潜力。

健全生态文明体制。改革完善生态环境管理制度，加强自然生态空间用途管制，推行生态环境损害赔偿制度，完善生态补偿机制，以更加有效的制度保护生态环境。

（四）坚决打好三大攻坚战

要围绕完成年度攻坚任务，明确各方责任，强化政策保障，把各项工作做实做好。

推动重大风险防范化解取得明显进展。当前我国经济金融风险总体可控，要标本兼治，有效消除风险隐患。严厉打击非法集资、金融诈骗等违法犯罪活动。加快市场化法治化债转股和企业兼并重组。加强金融机构风险内控。强化金融监管统筹协调，健全对影子银行、互联网金融、金融控股公司等监管，进一步完善金融监管、提升监管效能。防范化解地方政府债务风险。严禁各类违法违规举债、担保等行为。省级政府对本辖区债务负总责，省级以下各级地方政府各负其责，积极稳妥处置存量债务。健全规范的地方政府举债融资机制。今年安排地方专项债券1.35万亿元，比上年增加5500亿元，优先支持在建项目平稳建设，合理扩大专项债券使用范围。我国经济基本面好，政策工具多，完全能够守住不发生系统性风险的底线。

加大精准脱贫力度。今年再减少农村贫困人口1000万人以上，完成易地扶贫搬迁280万人。深入推进产业、教育、健康、生态和文化等扶贫，补齐基础设施和公共服务短板，加强东西部扶贫协作和对口支援，注重扶贫同扶志、扶智相结合，激发脱贫内生动力。强化对深度贫困地区支持，中央财政新增扶贫投入及有关转移支付向深度贫困地区倾斜。对老年人、残疾人、重病患者等特定贫困人口，因户因人落实保障措施。攻坚期内脱贫不脱政策，新产生的贫困人口和返贫人口要及时纳入帮扶。加强扶贫资金整合和绩效管理。开展扶贫领域腐败和作风问题专项治理，改进考核监督方式。坚持现行脱贫标准，确保进度和质量，让脱贫得到群众认可、经得起历史检验。

推进污染防治取得更大成效。巩固蓝天保卫战成果，今年二氧化硫、氮氧化物排放量要下降3%，重点地区细颗粒物（PM2.5）浓度继续下降。推动钢铁等行业超低排放改造。提高污染排放标准，实行限期达标。大力发展清洁能源。开展柴油货车、船舶超标排放专项治理，继续淘汰老旧车。深入推进水、土壤污染防治，今年化学需氧量、氨氮排放量要下降2%。实施重点流域和海域综合治理，全面整治黑臭水体。加大污水处理设施建设力度，完善收费政策。加强固体废弃物和垃圾分类处置，严禁“洋垃圾”入境。加强生态系统保护和修复，全面划定并严守生态保护红线，完成造林1亿亩以上，耕地轮作休耕试点面积增加到3000万亩，加强地下水保护和修复，扩大湿地保护和恢复范围，深化国家公园体制改革试点。严控填海造地。严格环境执法和问责。我们要携手行动，建设天蓝、地绿、水清的美丽中国。

（五）大力实施乡村振兴战略

科学制定规划，健全城乡融合发展体制机制，依靠改革创新壮大乡村发展新动能。

推进农业供给侧结构性改革。促进农林牧渔业和种业创新发展，加快建设现代农业产业园和特色农产品优势区。坚持提质导向，稳定和优化粮食生产。加快消化粮食库存。发展农产品加工业。新增高标准农田8000万亩以上、高效节水灌溉面积2000万亩。培育新型经营主体，提高农业科技水平，推进农业机械化全程全面发展，加强面向小农户的社会化服务。鼓励支持返乡农民工、大中专毕业生、科技人员、退役军人和工商企业等从事现代农业建设、发展农村新业态新模式。深入推进“互联网+农业”，多渠道增加农民收入，促进农村一、二、三产业融合发展。

全面深化农村改革。落实第二轮土地承包到期后再延长30年的政策。探索宅基地所有权、资格权、使用权分置改革。改进耕地占补平衡管理办法，建立新增耕地指标、城乡建设用地增减挂钩节余指标跨省域调剂机制，所得收益全部用于脱贫攻坚和支持乡村振兴。深化粮食收储、集体产权、集体林权、国有林区林场、农垦、供销社等改革，使农业农村充满生机活力。

推动农村各项事业全面发展。完善农村医疗、教育、文化等公共服务。改善供水、供电、信息等基础设施，新建改建农村公路20万公里。稳步开展农村人居环境整治三年行动，推进“厕所革命”和垃圾收集处理。促进农村移风易俗。健全自治、法治、德治相结合的乡村治理体系。大力培育乡村振兴人才。我们要坚持走中国特色社会主义乡村振兴道路，加快实现农业农村现代化。

（六）扎实推进区域协调发展战略

完善区域发展政策，推进基本公共服务均等化，逐步缩小城乡区域发展差距，把各地比较优势和潜力充分发挥出来。

塑造区域发展新格局。加强对革命老区、民族地区、边疆地区、贫困地区改革发展的支持。以疏解北京非首都功能为重点推进京津冀协同发展，高起点规划、高标准建设雄安新区。以生态优先、绿色发展为引领推进长江经济带发展。出台实施粤港澳大湾区发展规划纲要，全面推进内地同香港、澳门互利合作。制定西部大开发新的指导意见，落实东北等老工业基地振兴举措，继续推动中部地区崛起，支持东部地区率先发展。加强对资源型地区经济转型发展的支持。壮大海洋经济，坚决维护国家海洋权益。

提高新型城镇化质量。今年再进城落户1300万人，加快农业转移人口市民化。完善城镇规划，优先发展公共交通，健全菜市场、停车场等便民服务设施，加快无障碍设施建设。有序推进“城中村”、老旧小区改造，完善配套设施，鼓励有条件的加装电梯。加强排涝管网、地下综合管廊、海绵城市等建设。新型城镇化的核心在人，要加强精细化服务、人性化管理，使人人都有公平发展机会，让居民生活得方便、舒心。

（七）积极扩大消费和促进有效投资

顺应居民需求新变化扩大消费，着眼调结构增加投资，形成供给结构优化和总需求适度扩大的良性循环。

增强消费对经济发展的基础性作用。推进消费升级，发展消费新业态新模式。将新能源汽车车辆购置税优惠政策再延长三年，全面取消二手车限迁政策。支持社会力量增加医疗、养老、教育、文化、体育等服务供给。创建全域旅游示范区，降低重点国有景区门票价格。推动网购、快递健康发展。对各类侵害消费者权益的行为，要依法惩处、决不姑息。

发挥投资对优化供给结构的关键性作用。今年要完成铁路投资7320亿元、公路水运投资1.8万亿元左右，水利在建投资规模达到1万亿元。重大基础设施建设继续向中西部地区倾斜。实施新一轮重大技术改造升级工程。中央预算内投资安排5376亿元，比上年增加300亿元。落实鼓励民间投资政策措施，在铁路、民航、油气、电信等领域推出一批有吸引力的项目，务必使民间资本进得来、能发展。

（八）推动形成全面开放新格局

进一步拓展开放范围和层次，完善开放结构布局和体制机制，以高水平开放推动高质量发展。

推进“一带一路”国际合作。坚持共商共建共享，落实“一带一路”国际合作高峰论坛成果。推动国际大通道建设，深化沿线大通关合作。扩大国际产能合作，带动中国制造和中国服务走出去。优化对外投资结构。加大西部、内陆和沿边开放力度，提高边境跨境经济合作区发展水平，拓展开放合作新空间。

促进外商投资稳定增长。加强与国际通行经贸规则对接，建设国际一流营商环境。全面放开一般制造业，扩大电信、医疗、教育、养老、新能源汽车等领域开放。有序开放银行卡清算等市场，放开外资保险经纪公司经营范围限制，放宽或取消银行、证券、基金管理、期货、金融资产管理公司等外资股比限制，统一中外资银行市场准入标准。实施境外投资者境内利润再投资递延纳税。简化外资企业设立程序，商务备案与工商登记“一口办理”。全面复制推广自贸试验区经验，探索建设自由贸易港，打造改革开放新高地。

巩固外贸稳中向好势头。扩大出口信用保险覆盖面，整体通关时间再压缩1/3。改革服务贸易发展机制。培育贸易新业态新模式。推动加工贸易向中西部梯度转移。积极扩大进口，办好首届中国国际进口博览会，下调汽车、部分日用消费品等进口关税。我们要以更大力度的市场开放，促进产业升级和贸易平衡发展，为消费者提供更多选择。

促进贸易和投资自由化便利化。中国坚定不移推进经济全球化，维护自由贸易，愿同有关方推动多边贸易谈判进程，早日结束区域全面经济伙伴关系协定谈判，加快亚太自贸区和东亚经济共同体建设。中国主张通过平等协商解决贸易争端，反对贸易保护主义，坚决捍卫自身合法权益。

（九）提高保障和改善民生水平

要在发展基础上多办利民实事、多解民生难事，兜牢民生底线，不断提升人民群众的获得感、幸福感、安全感。

着力促进就业创业。加强全方位公共就业服务，大规模开展职业技能培训，运用“互联网+”发展新就业形态。今年高校毕业生820多万人，再创历史新高，要促进多渠道就业，支持以创业带动就业。扎实做好退役军人安置、管理和保障工作。加大对残疾人等就业困难人员援助力度。扩大农民工就业，全面治理拖欠工资问题。要健全劳动关系协商机制，消除性别和身份歧视，使更加公平、更加充分的就业成为我国发展的突出亮点。

稳步提高居民收入水平。继续提高退休人员基本养老金和城乡居民基础养老金。合理调整社会最低工资标准。完善机关事业单位工资和津补贴制度，向艰苦地区、特殊岗位倾斜。提高个人所得税起征点，增加子女教育、大病医疗等专项费用扣除，合理减负，鼓励人民群众通过劳动增加收入、迈向富裕。

发展公平而有质量的教育。推动城乡义务教育一体化发展，教育投入继续向困难地区和薄弱环节倾斜。切实降低农村学生辍学率，抓紧消除城镇“大班额”，着力解决中小学生课外负担重问题。儿童是民族的未来、家庭的希望。要多渠道增加学前教育资源供给，重视对幼儿教师的关心和培养，运用互联网等信息化手段对儿童托育中育儿过程加强监管，一定要让家长放心安心。大力发展职业教育，支持和规范社会力量举办职业教育。推进普及高中阶段教育。以经济社会发展需要为导向，优化高等教育结构，加快“双一流”建设，支持中西部建设有特色、高水平大学。继续实施农村和贫困地区专项招生计划。发展民族教育、特殊教育、继续教育和网络教育。加强师资队伍和师德师风建设。要加快推进教育现代化，办好人民满意的教育，让每个人都有平等机会通过教育改变自身命运、成就人生梦想。

实施健康中国战略。提高基本医保和大病保险保障水平，居民基本医保人均财政补助标准再增加40元，一半用于大病保险。扩大跨省异地就医直接结算范围，把基层医院和外出农民工、外来就业创业人员等全部纳入。加大医护人员培养力度，加强全科医生、儿科医生队伍建设，推进分级诊疗和家庭医生签约服务。继续提高基本公共卫生服务经费人均财政补助标准。坚持预防为主，加强重大疾病防控。改善妇幼保健服务。支持中医药事业传承创新发展。鼓励中西医结合。创新食品药品监管方式，注重用互联网、大数据等提升监管效能，加快实现全程留痕、信息可追溯，让问题产品无处藏身、不法制售者难逃法网，让消费者买得放心、吃得安全。做好北京冬奥会、冬残奥会筹办工作，多渠道增加全民健身场所和设施。人民群众身心健康、向善向上，国家必将生机勃勃、走向繁荣富强。

更好解决群众住房问题。启动新的三年棚改攻坚计划，今年开工580万套。加大公租房保障力度，对低收入住房困难家庭要应保尽保，将符合条件的新就业无房职工、外来务工人员纳入保障范围。坚持房子是用来住的、不是用来炒的定位，落实地方主体责任，继续实行差别化调控，建立健全长效机制，促进房地产市场平稳健康发展。支持居民自住购房需求，培育住房租赁市场，发展共有产权住房。加快建立多主体供给、多渠道保障、租购并举的住房制度，让广大人民群众早日实现安居宜居。

强化民生兜底保障。稳步提高城乡低保、社会救助、抚恤优待等标准。积极应对人口老龄化，发展居家、社区和互助式养老，推进医养结合，提高养老院服务质量。关心帮助农村留守儿童。加强城乡困境儿童保障。做好伤残军人和军烈属优抚工作。加强残疾人康复服务。健全社会救助体系，支持公益慈善事业发展。倾情倾力做好托底工作，不因事难而推诿，不因善小而不为，要让每一个身处困境者都能得到社会的关爱和温暖。

打造共建共治共享社会治理格局。完善基层群众自治制度，加强社区治理。发挥好工会、共青团、妇联等群团组织作用。促进社会组织、专业社会工作、志愿服务健康发展。加强社会信用体系建设。完善公共法律服务体系，落实普法责任制。营造尊重妇女、关爱儿童、尊敬老人、爱护残疾人的良好风尚。完善社会矛盾纠纷多元化解机制。创新信访工作方式，依法及时解决群众合理诉求。严格落实安全生产责任，坚决遏制重特大事故。做好地震、气象、地质等工作，提高防灾减灾救灾能力。推进平安中国建设，严密防范和坚决打击暴力恐怖活动，依法开展扫黑除恶专项斗争，惩治盗抢骗黄赌毒等违法犯罪活动，整治电信网络诈骗、侵犯公民个人信息、网络传销等突出问题，维护国家安全和公共安全。

为人民过上美好生活提供丰富精神食粮。要弘扬中华优秀传统文化，继承革命文化，发展社会主义先进文化，培育和践行社会主义核心价值观。加强思想道德建设和群众性精神文明创建。加快构建中国特色哲学社会科学，繁荣文艺创作，发展新闻出版、广播影视、档案等事业。加强文物保护利用和文化遗产保护传承。建好新型智库。加强互联网内容建设。深入实施文化惠民工程，培育新型文化业态，加快文化产业发展。倡导全民阅读，建设学习型社会。深化中外人文交流，增强中华文化影响力。我们要以中国特色社会主义文化的繁荣兴盛，凝聚起实现民族复兴的磅礴精神力量。

2019 年政府工作报告（节选）

2019 年 3 月 5 日

国务院总理李克强在第十三届全国人民代表大会第二次会议作《政府工作报告》：

一、2018 年工作回顾

过去一年是全面贯彻党的十九大精神开局之年，是本届政府依法履职第一年。我国发展面临多年少有的国内外复杂严峻形势，经济出现新的下行压力。在以习近平同志为核心的党中央坚强领导下，全国各族人民以习近平新时代中国特色社会主义思想为指导，砥砺奋进，攻坚克难，完成全年经济社会发展主要目标任务，决胜全面建成小康社会又取得新的重大进展。

——经济运行保持在合理区间。国内生产总值增长 6.6%，总量突破 90 万亿元。经济增速与用电、货运等实物量指标相匹配。居民消费价格上涨 2.1%。国际收支基本平衡。城镇新增就业 1361 万人、调查失业率稳定在 5% 左右的较低水平。近 14 亿人口的发展中大国，实现比较充分就业至关重要。

——经济结构不断优化。消费拉动经济增长作用进一步增强。服务业对经济增长贡献率接近 60%，高技术产业、装备制造业增速明显快于一般工业，农业再获丰收。单位国内生产总值能耗下降 3.1%。质量和效益继续提升。

——发展新动能快速成长。嫦娥四号等一批重大科技创新成果相继问世。新兴产业蓬勃发展，传统产业加快转型升级。大众创业万众创新深入推进，日均新设企业超过 1.8 万户，市场主体总量超过 1 亿户。新动能正在深刻改变生产生活方式、塑造中国发展新优势。

——改革开放取得新突破。国务院及地方政府机构改革顺利实施。重点领域改革迈出新的步伐，市场准入负面清单制度全面实行，简政放权、放管结合、优化服务改革力度加大，营商环境国际排名大幅上升。对外开放全方位扩大，共建“一带一路”取得重要进展。首届中国国际进口博览会成功举办，海南自贸试验区启动建设。货物进出口总额超过30万亿元，实际使用外资1383亿美元、稳居发展中国家首位。

——三大攻坚战开局良好。防范化解重大风险，宏观杠杆率趋于稳定，金融运行总体平稳。精准脱贫有力推进，农村贫困人口减少1386万人，易地扶贫搬迁280万人。污染防治得到加强，细颗粒物（PM2.5）浓度继续下降，生态文明建设成效显著。

——人民生活持续改善。居民人均可支配收入实际增长6.5%。提高个人所得税起征点，设立6项专项附加扣除。加大基本养老、基本医疗等保障力度，资助各类学校家庭困难学生近1亿人次。棚户区住房改造620多万套，农村危房改造190万户。城乡居民生活水平又有新提高。

我们隆重庆祝改革开放40周年，深刻总结改革开放的伟大成就和宝贵经验，郑重宣示在新时代将改革开放进行到底的坚定决心，激励全国各族人民接续奋斗，再创新的历史伟业。

回顾过去一年，成绩来之不易。我们面对的是深刻变化的外部环境。经济全球化遭遇波折，多边主义受到冲击，国际金融市场震荡，特别是中美经贸摩擦给一些企业生产经营、市场预期带来不利影响。我们面对的是经济转型阵痛凸显的严峻挑战。新老矛盾交织，周期性、结构性问题叠加，经济运行稳中有变、变中有忧。我们面对的是两难多难问题增多的复杂局面。实现稳增长、防风险等多重目标，完成经济社会发展等多项任务，处理好当前与长远等多种关系，政策抉择和工作推进的难度明显加大。经过全国上下共同努力，我国经济发展在高基数上总体平稳、稳中有进，社会大局保持稳定。这再次表明，在中国共产党领导下，中国人民有战胜任何艰难险阻的勇气、智慧和力量，中国的发展没有过不去的坎。

一年来，我们深入贯彻以习近平同志为核心的党中央决策部署，坚持稳中求进工作总基调，统筹稳增长、促改革、调结构、惠民生、防风险，稳妥应对中美经贸摩擦，着力稳就业、稳金融、稳外贸、稳外资、稳投资、稳预期，主要做了以下工作。

一是创新和完善宏观调控，经济保持平稳运行。面对新情况新变化，我们坚持不搞“大水漫灌”式强刺激，保持宏观政策连续性稳定性，在区间调控基础上加强定向、相机调控，主动预调、微调。坚持实施积极的财政政策，着力减税降费、补短板调结构。下调增值税税率，扩大享受税收优惠小微企业范围，出台鼓励研发创新等税收政策。全年为企业和个人减税降费约1.3万亿元。优化财政支出结构，盘活财政存量资金，重点领域支出得到保障。坚持实施稳健的货币政策，引导金融支持实体经济。针对融资难融资贵问题，先后4次降低存款准备金率，多措并举缓解民营和小微企业资金紧张状况，融资成本上升势头得到初步遏制。及时应对股市、债市异常波动，人民币汇率基本稳定，外汇储备保持在3万亿美元以上。

二是扎实打好三大攻坚战，重点任务取得积极进展。制定并有序实施三大攻坚战三年行动方案。稳步推进结构性去杠杆，稳妥处置金融领域风险，防控地方政府债务风险，改革完善房地产市场调控机制。深入推进精准脱贫，加强扶贫力量，加大资金投入，强化社会帮扶，贫困地区自我发展能力稳步提高。全面开展蓝天、碧水、净土保卫战。优化能源和运输结构。稳妥推进北方地区“煤改气”“煤改电”。全面建立河长制、湖长制。化肥农药使用量实现双下降。加强生态环保督察执法。积极应对气候变化。

三是深化供给侧结构性改革，实体经济活力不断释放。加大“破、立、降”力度。推进钢铁、煤炭行业市场化去产能。实施稳投资举措，制造业投资、民间投资增速明显回升。出台促进居民消费政策。全面推进“互联网+”，运用新技术新模式改造传统产业。深入推进简政减税减费。取消一批行政许可事项，“证照分离”改革在全国推开，企业开办时间大幅压缩，工业生产许可证种类压减1/3以上。“双随机、一公开”监管全面实施。清理规范各类涉企收费，推动降低用电、用网和物流等成本。深化“互联网+政务服务”，各地探索推广一批有特色的改革举措，企业和群众办事便利度不断提高。

四是深入实施创新驱动发展战略，创新能力和效率进一步提升。大力优化创新生态，调动各类创新主体积极性。深化科技管理体制改革，推进关键核心技术攻关，加强重大科技基础设施、科技创新中心等建设。强化企业技术创新主体地位，将提高研发费用加计扣除比例政策扩大至所有企业。制定支持双创深入发展的政策措施。技术合同成交额增长30%以上。

五是加大改革开放力度，发展动力继续增强。深化国资国企改革，国有企业优化重组、提质增效取得新进展。针对民营企业发展遇到的困难和问题，千方百计帮助解忧纾困。推进财税体制改革，预算绩效管理改革全面启动。改革金融监管体制，完善利率、汇率市场化形成机制。农业农村、社会事业、生态环保等领域改革不断深化。推出对外开放一系列重大举措。共建“一带一路”引领效应持续释放，同沿线国家的合作机制不断健全，经贸合作和人文交流加快推进。出台稳外贸政策，货物通关时间压缩一半以上。下调部分商品进口关税，关税总水平由9.8%降至7.5%。新设一批跨境电商综合试验区。复制推广自贸试验区改革经验。大幅压缩外资准入负面清单，扩大金融、汽车等行业开放，一批重大外资项目落地，新设外资企业增长近70%。

六是统筹城乡区域发展，良性互动格局加快形成。乡村振兴战略有力实施，粮食总产量保持在1.3万亿斤以上。新型城镇化扎实推进，近1400万农业转移人口在城镇落户。推进西部开发、东北振兴、中部崛起、东部率先发展，出台一批改革创新举措。京津冀协同发展取得明显进展，长江经济带生态优先、绿色发展格局不断巩固。粤港澳大湾区规划建设迈出实质性步伐，港珠澳大桥建成通车。加大对革命老区、民族地区、边疆地区、贫困地区改革发展支持力度。新增高速铁路运营里程4100公里，新建改建高速公路6000多公里、农村公路30多万公里。城乡区域发展协调性持续增强。

七是坚持在发展中保障和改善民生，改革发展成果更多更公平惠及人民群众。针对外部环境变化给就业带来的影响，及时出台稳就业举措。大力推动义务教育教师工资待遇政策落实，加强乡村小规模学校和乡镇寄宿制学校建设。建立企业职工基本养老保险基金中央调剂制度，提高退休人员基本养老金，城乡居民基础养老金最低标准从每月70元提高到88元。继续提高优抚、低保等标准，残疾人“两项补贴”惠及所有符合条件人员。加强退役军人服务管理工作，维护退役军人合法权益。深化医疗、医保、医药联动改革。稳步推进分级诊疗。提高居民基本医保补助标准和大病保险报销比例。加快新药审评审批改革，17种抗癌药大幅降价并纳入国家医保目录。加快推进文化惠民工程，持续加强基层公共文化服务。全民健身蓬勃开展，体育健儿在国际大赛上再创佳绩。

八是推进法治政府建设和治理创新，保持社会和谐稳定。提请全国人大常委会审议法律议案18件，制定、修订行政法规37部。改革调整政府机构设置和职能配置。深入开展国务院大督查，推动改革发展政策和部署落实。发挥审计监督作用。改革完善城乡基层治理。创新信访工作方式。改革和加强应急管理，及时有效应对重大自然灾害，生产安全事故总量和重特大事故数量继续下降。加强食品药品安全监管，严厉查处长春长生公司等问题疫苗案件。健全国家安全体系。强化社会治安综合治理，开展扫黑除恶专项斗争，依法打击各类违法犯罪，平安中国建设取得新进展。

认真贯彻党中央全面从严治党战略部署，加强党风廉政建设。推进“两学一做”学习教育常态化制度化。严格落实中央八项规定及其实施细则精神，坚定不移纠正“四风”。严肃查处各类违法违规行为，惩处腐败分子，反腐败斗争取得压倒性胜利。

过去一年，中国特色大国外交取得新成就。成功举办博鳌亚洲论坛年会、上合组织青岛峰会、中非合作论坛北京峰会等重大主场外交活动。习近平主席等国家领导人出访多国，出席亚太经合组织领导人非正式会议、二十国集团领导人峰会、金砖国家领导人会晤、亚欧首脑会议、东亚合作领导人系列会议等重大活动。同主要大国关系总体稳定，同周边国家关系全面发展，同发展中国家团结合作纽带更加牢固。推动构建新型国际关系，推动构建人类命运共同体。坚定维护国家主权、安全、发展利益。经济外交、人文交流成果丰硕。中国致力于促进世界和平与发展，作出了世人共睹的重要贡献。

二、2019 年经济社会发展总体要求和政策取向（略）

三、2019 年政府工作任务（略）

重要会议关于房地产要点汇总

会议名称	日　期	主要内容
政治局会议	2018 年 7 月 31 日	下决心解决好房地产市场问题，坚持因城施策，促进供求平衡，合理引导预期，整治市场秩序，坚决遏制房价上涨。加快建立促进房地产市场平稳健康发展长效机制
国务院常务会议	2018 年 8 月 30 日	在实施好已出台措施的同时，再推出支持实体经济发展的新举措。一是对因去产能和调结构等政策性停产停业企业给予房产税和城镇土地使用税减免、对社保基金和基本养老保险基金有关投资业务给予税收减免、对涉农贷款量大的邮政储蓄银行涉农贷款利息收入允许选择简易计税方法按 3% 税率缴纳增值税。二是为鼓励增加小微企业贷款，从今年 9 月 1 日至 2020 年底，将符合条件的小微企业和个体工商户贷款利息收入免征增值税单户授信额度上限，由此前已确定的 500 万元进一步提高到 1000 万元。三是为推动更高水平对外开放，鼓励和吸引境外资本参与国内经济发展，对境外机构投资境内债券市场取得的债券利息收入暂免征收企业所得税和增值税，政策期限暂定 3 年，完善提高部分产品出口退税率
	2018 年 10 月 8 日	要坚持以人民为中心的发展思想，更好体现住房居住属性，一是按照今年政府工作报告确定的新的三年棚改计划，督促各地加快开工进度，加大配套基础设施建设，严格工程质量安全监管，保证分配公平，确保按时完成全年棚改任务。二是严格把好棚改范围和标准，坚持将老城区内脏乱差的棚户区和国有工矿区、林区、垦区棚户区作为改造重点。因地制宜调整完善棚改货币化安置政策，商品住房库存不足、房价上涨压力大的市县要尽快取消货币化安置优惠政策。三是各地要严格评估财政承受能力，科学确定 2019 年度棚改任务。保持中央财政资金补助水平不降低，有序加大地方政府棚改专项债券发行力度。对新开工棚改项目抓紧研究出台金融支持政策，严禁借棚改之名盲目举债和其他违法违规行为。对棚改建设用地在新增用地计划中予以保障，通过拆旧建新、改扩建、翻建等多种方式，让更多住房困难群众早日住进新居
中央经济工作会议	2018 年 12 月 19—21 日	要构建房地产市场健康发展长效机制，坚持房子是用来住的、不是用来炒的定位，因城施策、分类指导，夯实城市政府主体责任，完善住房市场体系和住房保障体系

二、中华人民共和国国务院

关于实施乡村振兴战略的意见（节选）

2018 年 1 月 2 日

一、新时代实施乡村振兴战略的重大意义

党的十八大以来，在以习近平同志为核心的党中央坚强领导下，我们坚持把解决好“三农”问题作为全党工作重中之重，持续加大强农惠农富农政策力度，扎实推进农业现代化和新农村建设，全面深化农村改革，农业农村发展取得了历史性成就，为党和国家事业全面开创新局面提供了重要支撑。5 年来，粮食生产能力跨上新台阶，农业供给侧结构性改革迈出新步伐，农民收入持续增长，农村民生全面改善，脱贫攻坚战取得决定性进展，农村生态文明建设显著加强，农民获得感显著提升，农村社会稳定和谐。农业农村发展取得的重大成就和“三农”工作积累的丰富经验，为实施乡村振兴战略奠定了良好基础。

农业农村农民问题是关系国计民生的根本性问题。没有农业农村的现代化，就没有国家的现代化。当前，我国发展不平衡不充分问题在乡村最为突出，主要表现在：农产品阶段性供过于求和供给不足并存，农业供给质量亟待提高；农民适应生产力发展和市场竞争的能力不足，新型职业农民队伍建设亟须加强；农村基础设施和民生领域欠账较多，农村环境和生态问题比较突出，乡村发展整体水平亟待提升；国家支农体系相对薄弱，农村金融改革任务繁重，城乡之间要素合理流动机制亟待健全；农村基层党建存在薄弱环节，乡村治理体系和治理能力亟待强化。实施乡村振兴战略，是解决人民日益增长的美好生活需要和不平衡不充分的发展之间矛盾的必然要求，是实现“两个一百年”奋斗目标的必然要求，是实现全体人民共同富裕的必然要求。

在中国特色社会主义新时代，乡村是一个可以大有作为的广阔天地，迎来了难得的发展机遇。我们有党的领导的政治优势，有社会主义的制度优势，有亿万农民的创造精神，有强大的经济实力支撑，有历史悠久的农耕文明，有旺盛的市场需求，完全有条件有能力实施乡村振兴战略。必须立足国情农情，顺势而为，切实增强责任感使命感紧迫感，举全党全国全社会之力，以更大的决心、更明确的目标、更有力的举措，推动农业全面升级、农村全面进步、农民全面发展，谱写新时代乡村全面振兴新篇章。

二、实施乡村振兴战略的总体要求

（一）指导思想

全面贯彻党的十九大精神，以习近平新时代中国特色社会主义思想为指导，加强党对“三农”工作的领导，坚持稳中求进工作总基调，牢固树立新发展理念，落实高质量发展的要求，紧紧围绕统筹推进“五位一体”总体布局和协调推进“四个全面”战略布局，坚持把解决好“三农”问题作为全党工作重中之重，坚持农业农村优先发展，按照产业兴旺、生态宜居、乡风文明、治理有效、生活富裕的总要求，建立健全城乡融合发展体制机制和政策体系，统筹推进农村经济建设、政治建设、文化建设、社会建设、生态文明建设和党的建

设，加快推进乡村治理体系和治理能力现代化，加快推进农业农村现代化，走中国特色社会主义乡村振兴道路，让农业成为有奔头的产业，让农民成为有吸引力的职业，让农村成为安居乐业的美丽家园。

（二）目标任务

按照党的十九大提出的决胜全面建成小康社会、分两个阶段实现第二个百年奋斗目标的战略安排，实施乡村振兴战略的目标任务是：

到2020年，乡村振兴取得重要进展，制度框架和政策体系基本形成。农业综合生产能力稳步提升，农业供给体系质量明显提高，农村一、二、三产业融合发展水平进一步提升；农民增收渠道进一步拓宽，城乡居民生活水平差距持续缩小；现行标准下农村贫困人口实现脱贫，贫困县全部摘帽，解决区域性整体贫困；农村基础设施建设深入推进，农村人居环境明显改善，美丽宜居乡村建设扎实推进；城乡基本公共服务均等化水平进一步提高，城乡融合发展体制机制初步建立；农村对人才吸引力逐步增强；农村生态环境明显好转，农业生态服务能力进一步提高；以党组织为核心的农村基层组织建设进一步加强，乡村治理体系进一步完善；党的农村工作领导体制机制进一步健全；各地区各部门推进乡村振兴的思路举措得以确立。

到2035年，乡村振兴取得决定性进展，农业农村现代化基本实现。农业结构得到根本性改善，农民就业质量显著提高，相对贫困进一步缓解，共同富裕迈出坚实步伐；城乡基本公共服务均等化基本实现，城乡融合发展体制机制更加完善；乡风文明达到新高度，乡村治理体系更加完善；农村生态环境根本好转，美丽宜居乡村基本实现。

到2050年，乡村全面振兴，农业强、农村美、农民富全面实现。

（三）基本原则

——坚持党管农村工作。毫不动摇地坚持和加强党对农村工作的领导，健全党管农村工作领导体制机制和党内法规，确保党在农村工作中始终总揽全局、协调各方，为乡村振兴提供坚强有力的政治保障。

——坚持农业农村优先发展。把实现乡村振兴作为全党的共同意志、共同行动，做到认识统一、步调一致，在干部配备上优先考虑，在要素配置上优先满足，在资金投入上优先保障，在公共服务上优先安排，加快补齐农业农村短板。

——坚持农民主体地位。充分尊重农民意愿，切实发挥农民在乡村振兴中的主体作用，调动亿万农民的积极性、主动性、创造性，把维护农民群众根本利益、促进农民共同富裕作为出发点和落脚点，促进农民持续增收，不断提升农民的获得感、幸福感、安全感。

——坚持乡村全面振兴。准确把握乡村振兴的科学内涵，挖掘乡村多种功能和价值，统筹谋划农村经济建设、政治建设、文化建设、社会建设、生态文明建设和党的建设，注重协同性、关联性，整体部署，协调推进。

——坚持城乡融合发展。坚决破除体制机制弊端，使市场在资源配置中起决定性作用，更好发挥政府作用，推动城乡要素自由流动、平等交换，推动新型工业化、信息化、城镇化、农业现代化同步发展，加快形成工农互促、城乡互补、全面融合、共同繁荣的新型工农城乡关系。

——坚持人与自然和谐共生。牢固树立和践行绿水青山就是金山银山的理念，落实节约优先、保护优先、自然恢复为主的方针，统筹山水林田湖草系统治理，严守生态保护红线，以绿色发展引领乡村振兴。

——坚持因地制宜、循序渐进。科学把握乡村的差异性和发展走势分化特征，做好顶层设计，注重规划先行、突出重点、分类施策、典型引路。既尽力而为，又量力而行，不搞层层加码，不搞一刀切，不搞形式主义，久久为功，扎实推进。

三、提升农业发展质量，培育乡村发展新动能（略）

四、推进乡村绿色发展，打造人与自然和谐共生发展新格局

乡村振兴，生态宜居是关键。良好生态环境是农村最大优势和宝贵财富。必须尊重自然、顺应自然、保护自然，推动乡村自然资本加快增值，实现百姓富、生态美的统一。

（一）统筹山水林田湖草系统治理

把山水林田湖草作为一个生命共同体，进行统一保护、统一修复。实施重要生态系统保护和修复工程。健全耕地草原森林河流湖泊休养生息制度，分类有序退出超载的边际产能。扩大耕地轮作休耕制度试点。科学划定江河湖海限捕、禁捕区域，健全水生生态保护修复制度。实行水资源消耗总量和强度双控行动。开展河湖水系连通和农村河塘清淤整治，全面推行河长制、湖长制。加大农业水价综合改革工作力度。开展国土绿化行动，推进荒漠化、石漠化、水土流失综合治理。强化湿地保护和恢复，继续开展退耕还湿。完善天然林保护制度，把所有天然林都纳入保护范围。扩大退耕还林还草、退牧还草，建立成果巩固长效机制。继续实施三北防护林体系建设等林业重点工程，实施森林质量精准提升工程。继续实施草原生态保护补助奖励政策。实施生物多样性保护重大工程，有效防范外来生物入侵。

（二）加强农村突出环境问题综合治理

加强农业面源污染防治，开展农业绿色发展行动，实现投入品减量化、生产清洁化、废弃物资源化、产业模式生态化。推进有机肥替代化肥、畜禽粪污处理、农作物秸秆综合利用、废弃农膜回收、病虫害绿色防控。加强农村水环境治理和农村饮用水水源保护，实施农村生态清洁小流域建设。扩大华北地下水超采区综合治理范围。推进重金属污染耕地防控和修复，开展土壤污染治理与修复技术应用试点，加大东北黑土地保护力度。实施流域环境和近岸海域综合治理。严禁工业和城镇污染向农业农村转移。加强农村环境监管能力建设，落实县乡两级农村环境保护主体责任。

（三）建立市场化多元化生态补偿机制

落实农业功能区制度，加大重点生态功能区转移支付力度，完善生态保护成效与资金分配挂钩的激励约束机制。鼓励地方在重点生态区位推行商品林赎买制度。健全地区间、流域上下游之间横向生态保护补偿机制，探索建立生态产品购买、森林碳汇等市场化补偿制度。建立长江流域重点水域禁捕补偿制度。推行生态建设和保护以工代赈做法，提供更多生态公益岗位。

（四）增加农业生态产品和服务供给

正确处理开发与保护的关系，运用现代科技和管理手段，将乡村生态优势转化为发展生态经济的优势，提供更多更好的绿色生态产品和服务，促进生态和经济良性循环。加快发展森林草原旅游、河湖湿地观光、冰雪海上运动、野生动物驯养观赏等产业，积极开发观光农业、游憩休闲、健康养生、生态教育等服务。创建一批特色生态旅游示范村镇和精品线路，打造绿色生态环保的乡村生态旅游产业链。

五、繁荣兴盛农村文化，焕发乡风文明新气象（略）

六、加强农村基层基础工作，构建乡村治理新体系（略）

七、提高农村民生保障水平，塑造美丽乡村新风貌

乡村振兴，生活富裕是根本。要坚持人人尽责、人人享有，按照抓重点、补短板、强弱项的要求，围绕农民群众最关心最直接最现实的利益问题，一件事情接着一件事情办，一年接着一年干，把乡村建设成为幸福美丽新家园。

（一）优先发展农村教育事业

高度重视发展农村义务教育，推动建立以城带乡、整体推进、城乡一体、均衡发展的义务教育发展机制。全面改善薄弱学校基本办学条件，加强寄宿制学校建设。实施农村义务教育学生营养改善计划。发展农村学前教育。推进农村普及高中阶段教育，支持教育基础薄弱县普通高中建设，加强职业教育，逐步分类推进中等职业教育免除学杂费。健全学生资助制度，使绝大多数农村新增劳动力接受高中阶段教育、更多接受高等教育。把农村需要的人群纳入特殊教育体系。以市县为单位，推动优质学校辐射农村薄弱学校常态化。统筹配置城乡师资，并向乡村倾斜，建好建强乡村教师队伍。

（二）促进农村劳动力转移就业和农民增收

健全覆盖城乡的公共就业服务体系，大规模开展职业技能培训，促进农民工多渠道转移就业，提高就业质量。深化户籍制度改革，促进有条件、有意愿、在城镇有稳定就业和住所的农业转移人口在城镇有序落户，依法平等享受城镇公共服务。加强扶持引导服务，实施乡村就业创业促进行动，大力发展文化、科技、旅游、生态等乡村特色产业，振兴传统工艺。培育一批家庭工场、手工作坊、乡村车间，鼓励在乡村地区兴办环境友好型企业，实现乡村经济多元化，提供更多就业岗位。拓宽农民增收渠道，鼓励农民勤劳守法致富，增加农村低收入者收入，扩大农村中等收入群体，保持农村居民收入增速快于城镇居民。

（三）推动农村基础设施提挡升级

继续把基础设施建设重点放在农村，加快农村公路、供水、供气、环保、电网、物流、信息、广播电视等基础设施建设，推动城乡基础设施互联互通。以示范县为载体全面推进“四好农村路”建设，加快实施通村组硬化路建设。加大成品油消费税转移支付资金用于农村公路养护力度。推进节水供水重大水利工程，实施农村饮水安全巩固提升工程。加快新一轮农村电网改造升级，制定农村通动力电规划，推进农村可再生能源开发利用。实施数字乡村战略，做好整体规划设计，加快农村地区宽带网络和第四代移动通信网络覆盖步伐，开发适应“三农”特点的信息技术、产品、应用和服务，推动远程医疗、远程教育等应用普及，弥合城乡数字鸿沟。提升气象为农服务能力。加强农村防灾减灾救灾能力建设。抓紧研究提出深化农村公共基础设施管护体制改革指导意见。

（四）加强农村社会保障体系建设

完善统一的城乡居民基本医疗保险制度和大病保险制度，做好农民重特大疾病救助工作。巩固城乡居民医保全国异地就医联网直接结算。完善城乡居民基本养老保险制度，建立城乡居民基本养老保险待遇确定和基础养老金标准正常调整机制。统筹城乡社会救助体系，完善最低生活保障制度，做好农村社会救助兜底工作。将进城落户农业转移人口全部纳入城镇住房保障体系。构建多层次农村养老保障体系，创新多元化照料服务模

式。健全农村留守儿童和妇女、老年人以及困境儿童关爱服务体系。加强和改善农村残疾人服务。

（五）推进健康乡村建设

强化农村公共卫生服务，加强慢性病综合防控，大力推进农村地区精神卫生、职业病和重大传染病防治。完善基本公共卫生服务项目补助政策，加强基层医疗卫生服务体系建设，支持乡镇卫生院和村卫生室改善条件。加强乡村中医药服务。开展和规范家庭医生签约服务，加强妇幼、老人、残疾人等重点人群健康服务。倡导优生优育。深入开展乡村爱国卫生运动。

（六）持续改善农村人居环境

实施农村人居环境整治三年行动计划，以农村垃圾、污水治理和村容村貌提升为主攻方向，整合各种资源，强化各种举措，稳步有序推进农村人居环境突出问题治理。坚持不懈推进农村“厕所革命”，大力开展农村户用卫生厕所建设和改造，同步实施粪污治理，加快实现农村无害化卫生厕所全覆盖，努力补齐影响农民群众生活品质的短板。总结推广适用不同地区的农村污水治理模式，加强技术支撑和指导。深入推进农村环境综合整治。推进北方地区农村散煤替代，有条件的地方有序推进煤改气、煤改电和新能源利用。逐步建立农村低收入群体安全住房保障机制。强化新建农房规划管控，加强“空心村”服务管理和改造。保护保留乡村风貌，开展田园建筑示范，培养乡村传统建筑名匠。实施乡村绿化行动，全面保护古树名木。持续推进宜居宜业的美丽乡村建设。

八、打好精准脱贫攻坚战，增强贫困群众获得感（略）

九、推进体制机制创新，强化乡村振兴制度性供给

实施乡村振兴战略，必须把制度建设贯穿其中。要以完善产权制度和要素市场化配置为重点，激活主体、激活要素、激活市场，着力增强改革的系统性、整体性、协同性。

（一）巩固和完善农村基本经营制度

落实农村土地承包关系稳定并长久不变政策，衔接落实好第二轮土地承包到期后再延长 30 年的政策，让农民吃上长效“定心丸”。全面完成土地承包经营权确权登记颁证工作，实现承包土地信息联通共享。完善农村承包地“三权分置”制度，在依法保护集体土地所有权和农户承包权前提下，平等保护土地经营权。农村承包土地经营权可以依法向金融机构融资担保、入股从事农业产业化经营。实施新型农业经营主体培育工程，培育发展家庭农场、合作社、龙头企业、社会化服务组织和农业产业化联合体，发展多种形式适度规模经营。

（二）深化农村土地制度改革

系统总结农村土地征收、集体经营性建设用地入市、宅基地制度改革试点经验，逐步扩大试点，加快土地管理法修改，完善农村土地利用管理政策体系。扎实推进房地一体的农村集体建设用地和宅基地使用权确权登记颁证。完善农民闲置宅基地和闲置农房政策，探索宅基地所有权、资格权、使用权“三权分置”，落实宅基地集体所有权，保障宅基地农户资格权和农民房屋财产权，适度放活宅基地和农民房屋使用权，不得违规违法买卖宅基地，严格实行土地用途管制，严格禁止下乡利用农村宅基地建设别墅大院和私人会馆。在符合土地利用总体规划前提下，允许县级政府通过村土地利用规划，调整优化村庄用地布局，有效利用农村零星分散的存量建设用地；预留部分规划建设用地指标用于单独选址的农业设施和休闲旅游设施等建设。对利用收储农村闲置建设用地发展农村新产业新业态的，给予新增建设用地指标奖励。进一步完善设施农用地政策。

（三）深入推进农村集体产权制度改革

全面开展农村集体资产清产核资、集体成员身份确认，加快推进集体经营性资产股份合作制改革。推动资源变资产、资金变股金、农民变股东，探索农村集体经济新的实现形式和运行机制。坚持农村集体产权制度改革正确方向，发挥村党组织对集体经济组织的领导核心作用，防止内部少数人控制和外部资本侵占集体资产。维护进城落户农民土地承包权、宅基地使用权、集体收益分配权，引导进城落户农民依法自愿有偿转让上述权益。研究制定农村集体经济组织法，充实农村集体产权权能。全面深化供销合作社综合改革，深入推进集体林权、水利设施产权等领域改革，做好农村综合改革、农村改革试验区等工作。

（四）完善农业支持保护制度

以提升农业质量效益和竞争力为目标，强化绿色生态导向，创新完善政策工具和手段，扩大“绿箱”政策的实施范围和规模，加快建立新型农业支持保护政策体系。深化农产品收储制度和价格形成机制改革，加快培育多元市场购销主体，改革完善中央储备粮管理体制。通过完善拍卖机制、定向销售、包干销售等，加快消化政策性粮食库存。落实和完善对农民直接补贴制度，提高补贴效能。健全粮食主产区利益补偿机制。探索开展稻谷、小麦、玉米三大粮食作物完全成本保险和收入保险试点，加快建立多层次农业保险体系。

十、汇聚全社会力量，强化乡村振兴人才支撑（略）

十一、开拓投融资渠道，强化乡村振兴投入保障

实施乡村振兴战略，必须解决钱从哪里来的问题。要健全投入保障制度，创新投融资机制，加快形成财政优先保障、金融重点倾斜、社会积极参与的多元投入格局，确保投入力度不断增强、总量持续增加。

（一）确保财政投入持续增长

建立健全实施乡村振兴战略财政投入保障制度，公共财政更大力度向“三农”倾斜，确保财政投入与乡村振兴目标任务相适应。优化财政供给结构，推进行业内资金整合与行业间资金统筹相互衔接配合，增加地方自主统筹空间，加快建立涉农资金统筹整合长效机制。充分发挥财政资金的引导作用，撬动金融和社会资本更多投向乡村振兴。切实发挥全国农业信贷担保体系作用，通过财政担保费率补助和以奖代补等，加大对新型农业经营主体支持力度。加快设立国家融资担保基金，强化担保融资增信功能，引导更多金融资源支持乡村振兴。支持地方政府发行一般债券用于支持乡村振兴、脱贫攻坚领域的公益性项目。稳步推进地方政府专项债券管理改革，鼓励地方政府试点发行项目融资和收益自平衡的专项债券，支持符合条件、有一定收益的乡村公益性项目建设。规范地方政府举债融资行为，不得借乡村振兴之名违法违规变相举债。

（二）拓宽资金筹集渠道

调整完善土地出让收入使用范围，进一步提高农业农村投入比例。严格控制未利用地开垦，集中力量推进高标准农田建设。改进耕地占补平衡管理办法，建立高标准农田建设等新增耕地指标和城乡建设用地增减挂钩节余指标跨省域调剂机制，将所得收益通过支出预算全部用于巩固脱贫攻坚成果和支持实施乡村振兴战略。推广一事一议、以奖代补等方式，鼓励农民对直接受益的乡村基础设施建设投工投劳，让农民更多参与建设管护。

（三）提高金融服务水平

坚持农村金融改革发展的正确方向，健全适合农业农村特点的农村金融体系，推动农村金融机构回归本源，把更多金融资源配置到农村经济社会发展的重点领域和薄弱环节，更好满足乡村振兴多样化金融需求。要

强化金融服务方式创新，防止脱实向虚倾向，严格管控风险，提高金融服务乡村振兴能力和水平。抓紧出台金融服务乡村振兴的指导意见。加大中国农业银行、中国邮政储蓄银行“三农”金融事业部对乡村振兴支持力度。明确国家开发银行、中国农业发展银行在乡村振兴中的职责定位，强化金融服务方式创新，加大对乡村振兴中长期信贷支持。推动农村信用社省联社改革，保持农村信用社县域法人地位和数量总体稳定，完善村镇银行准入条件，地方法人金融机构要服务好乡村振兴。普惠金融重点要放在乡村。推动出台非存款类放贷组织条例。制定金融机构服务乡村振兴考核评估办法。支持符合条件的涉农企业发行上市、新三板挂牌和融资、并购重组，深入推进农产品期货期权市场建设，稳步扩大“保险 + 期货”试点，探索“订单农业 + 保险 + 期货（权）”试点。改进农村金融差异化监管体系，强化地方政府金融风险防范处置责任。

十二、坚持和完善党对“三农”工作的领导（略）

关于落实《政府工作报告》重点工作部门分工的意见（节选）

国发〔2018〕9 号　2018 年 4 月 1 日

一、落实 2018 年经济社会发展总体要求和政策取向

（一）总体要求和主要预期目标

在以习近平同志为核心的党中央坚强领导下，以马克思列宁主义、毛泽东思想、邓小平理论、“三个代表”重要思想、科学发展观、习近平新时代中国特色社会主义思想为指导，全面深入贯彻党的十九大和十九届二中、三中全会精神，贯彻党的基本理论、基本路线、基本方略，坚持和加强党的全面领导，坚持稳中求进工作总基调，坚持新发展理念，紧扣我国社会主要矛盾变化，按照高质量发展的要求，统筹推进“五位一体”总体布局和协调推进“四个全面”战略布局，坚持以供给侧结构性改革为主线，统筹推进稳增长、促改革、调结构、惠民生、防风险各项工作，大力推进改革开放，创新和完善宏观调控，推动质量变革、效率变革、动力变革，特别在打好防范化解重大风险、精准脱贫、污染防治的攻坚战方面取得扎实进展，引导和稳定预期，加强和改善民生，促进经济社会持续健康发展。国内生产总值增长 6.5% 左右；居民消费价格涨幅 3% 左右；城镇新增就业 1100 万人以上，城镇调查失业率 5.5% 以内，城镇登记失业率 4.5% 以内；居民收入增长和经济增长基本同步；进出口稳中向好，国际收支基本平衡；单位国内生产总值能耗下降 3% 以上，主要污染物排放量继续下降；供给侧结构性改革取得实质性进展，宏观杠杆率保持基本稳定，各类风险有序有效防控。继续创新和完善宏观调控，把握好宏观调控的度，保持宏观政策连续性稳定性，加强财政、货币、产业、区域等政策协调配合。（国家发展改革委牵头，工业和信息化部、财政部、人力资源和社会保障部、生态环境部、商务部、人民银行、国务院扶贫办等按职责分工负责）

（二）积极的财政政策取向不变，要聚力增效

赤字率拟按 2.6% 安排，比上年预算低 0.4 个百分点，财政赤字 2.38 万亿元，其中中央财政赤字 1.55 万亿元，地方财政赤字 8300 亿元。全国财政支出 21 万亿元，支出规模进一步加大。中央对地方一般性转移支付增长 10.9%，增强地方特别是中西部地区财力。优化财政支出结构，提高财政支出的公共性、普惠性，加大对

三大攻坚战的支持，更多向创新驱动、“三农”、民生等领域倾斜。当前财政状况出现好转，各级政府仍要坚持过紧日子，执守简朴、力戒浮华，严控一般性支出，把宝贵的资金更多用于为发展增添后劲、为民生雪中送炭。（财政部牵头，国家发展改革委等按职责分工负责）

（三）稳健的货币政策保持中性，要松紧适度

管好货币供给总闸门，保持广义货币 M2、信贷和社会融资规模合理增长，维护流动性合理稳定，提高直接融资特别是股权融资比重。疏通货币政策传导渠道，用好差别化准备金、差异化信贷等政策，引导资金更多投向小微企业、“三农”和贫困地区，更好地服务实体经济。（人民银行、国家发展改革委、财政部、中国银行保险监督管理委员会、证监会、国家外汇局等按职责分工负责）

二、深入推进供给侧结构性改革

（四）坚持把发展经济着力点放在实体经济上

继续抓好“三去一降一补”，大力简政减税减费，不断优化营商环境，进一步激发市场主体活力，提升经济发展质量。（国家发展改革委、工业和信息化部、财政部、交通运输部、人民银行、税务总局、国家市场监督管理总局、国家能源局等按职责分工负责）

（五）发展壮大新动能

做大做强新兴产业集群，实施大数据发展行动，加强新一代人工智能研发应用，在医疗、养老、教育、文化、体育等多领域推进“互联网+”。加快发展现代服务业。发展智能产业，拓展智能生活，建设智慧社会。运用新技术、新业态、新模式，大力改造提升传统产业。加强新兴产业统计。（国家发展改革委、工业和信息化部、科技部牵头，教育部、民政部、财政部、人力资源和社会保障部、文化和旅游部、国务院国资委、国家卫生健康委员会、国家市场监督管理总局、国家广播电视总局、体育总局、国家统计局、国家文物局、国家中医药局等按职责分工负责）加大网络提速降费力度，实现高速宽带城乡全覆盖，扩大公共场所免费上网范围，明显降低家庭宽带、企业宽带和专线使用费，取消流量“漫游”费，移动网络流量资费年内至少降低 30%，让群众和企业切实受益，为数字中国、网络强国建设加油助力。（工业和信息化部牵头，国家发展改革委、财政部、国务院国资委等按职责分工负责）

（六）加快制造强国建设

推动集成电路、第五代移动通信、飞机发动机、新能源汽车、新材料等产业发展，实施重大短板装备专项工程，推进智能制造，发展工业互联网平台，创建“中国制造 2025”示范区。大幅压减工业生产许可证，强化产品质量监管。（工业和信息化部、国家发展改革委、科技部、财政部、商务部、国务院国资委、国家市场监督管理总局、国家国防科工局、开发银行等按职责分工负责）全面开展质量提升行动，推进与国际先进水平对标达标，弘扬劳模精神和工匠精神，建设知识型、技能型、创新型劳动者大军，来一场中国制造的品质革命。（国家市场监督管理总局牵头，国家发展改革委、教育部、工业和信息化部、司法部、财政部、人力资源和社会保障部、商务部、文化和旅游部、国家卫生健康委员会、国务院国资委、国家国防科工局、国家药品监督管理局、国家知识产权局、全国总工会、共青团中央等按职责分工负责）

（七）继续破除无效供给

坚持用市场化法治化手段，严格执行环保、质量、安全等法规标准，化解过剩产能、淘汰落后产能。今年再压减钢铁产能 3000 万吨左右，退出煤炭产能 1.5 亿吨左右，淘汰关停不达标的 30 万千瓦以下煤电机组。加大“僵尸企业”破产清算和重整力度，做好职工安置和债务处置。减少无效供给要抓出新成效。（国家发展改

革委、工业和信息化部、财政部、人力资源和社会保障部、自然资源部、生态环境部、水利部、应急管理部、人民银行、国务院国资委、国家市场监督管理总局、中国银行保险监督管理委员会、国家能源局、国家煤矿安监局、全国总工会等按职责分工负责）

（八）深化“放管服”改革

全面实施全国统一的市场准入负面清单制度。在全国推开“证照分离”改革，重点是照后减证，各类证能减尽量减、能合则合，企业开办时间再压减一半。大幅缩短商标注册周期。工程建设项目审批时间再压减一半。推进企业投资项目承诺制改革试点。全面实施“双随机、一公开”监管，决不允许假冒伪劣滋生蔓延，决不允许执法者吃拿卡要。深入推进“互联网+政务服务”，实现政务服务一网通办。推动更多事项在网上办理，必须到现场办的也要力争做到“只进一扇门”“最多跑一次”，积极推进“一枚印章管审批”，推广“一窗受理、并行办理”。加强政务服务标准化建设，推进办事材料的目录化、标准化、电子化，开展在线填报、在线提交、在线审查。加快推进线上线下融合，统筹服务资源，统一服务标准，切实解决企业群众办事“多跑腿”等问题。加强宣传推广和引导，提高“互联网+政务服务”的社会认知度和群众认同感。大力推进综合执法机构机制改革，着力解决多头多层重复执法问题。加快政府信息系统互联互通，打通信息孤岛。清理群众和企业办事的各类证明，凡是没有法律法规依据的一律取消。优化营商环境要破障碍、去烦苛、筑坦途，为市场主体添活力，为人民群众增便利。（国务院办公厅、国务院审改办、国家发展改革委、司法部、财政部、住房城乡建设部、交通运输部、商务部、税务总局、国家市场监督管理总局、国家知识产权局等按职责分工负责）

（九）进一步减轻企业税负

改革完善增值税制度，按照三档并两档方向调整税率水平，重点降低制造业、交通运输等行业税率，提高小规模纳税人年销售额标准。大幅扩展享受减半征收所得税优惠政策的小微企业范围。大幅提高企业新购入仪器设备税前扣除上限。实施企业境外所得综合抵免政策。扩大物流企业仓储用地税收优惠范围。继续实施企业重组土地增值税、契税等到期优惠政策。全年再为企业和个人减税8000多亿元，促进实体经济转型升级，着力激发市场活力和社会创造力。（财政部、税务总局牵头，工业和信息化部、交通运输部、商务部等按职责分工负责）

（十）大幅降低企业非税负担

进一步清理规范行政事业性收费，调低部分政府性基金征收标准。继续阶段性降低企业“五险一金”缴费比例。降低电网环节收费和输配电价格，一般工商业电价平均降低10%。深化收费公路制度改革，降低过路过桥费用。加大中介服务收费清理整顿力度。全年为市场主体减轻非税负担3000多亿元，不合理的坚决取消，过高的坚决降下来，让企业轻装上阵、聚力发展。（财政部、国家发展改革委、工业和信息化部牵头，民政部、人力资源和社会保障部、住房城乡建设部、交通运输部、国家市场监督管理总局、国家能源局等按职责分工负责）

三、加快建设创新型国家（略）

四、深化基础性关键领域改革

（十四）推进国资国企改革

制定出资人监管权责清单。深化国有资本投资、运营公司等改革试点，赋予更多自主权。继续推进国有企业优化重组和央企股份制改革，加快形成有效制衡的法人治理结构和灵活高效的市场化经营机制，持续瘦身健体，提升主业核心竞争力，推动国有资本做强做优做大。积极稳妥推进混合所有制改革。落实向全国人大常委会报告国有资产管理情况的制度。国有企业要通过改革创新，走在高质量发展前列。（国务院国资委、财政部、国家发展改革委牵头，工业和信息化部、司法部、人力资源和社会保障部、自然资源部、人民银行、审计署、国家统计局、中国银行保险监督管理委员会、证监会等按职责分工负责）

（十五）支持民营企业发展

坚持"两个毫不动摇"，坚持权利平等、机会平等、规则平等，全面落实支持非公有制经济发展的政策措施，认真解决民营企业反映的突出问题，坚决破除各种隐性壁垒。构建亲清新型政商关系，健全企业家参与涉企政策制定机制。激发和保护企业家精神，壮大企业家队伍，增强企业家信心，让民营企业在市场经济浪潮中尽显身手。（国家发展改革委、工业和信息化部、全国工商联牵头，有关部门按职责分工负责）

（十六）完善产权制度和要素市场化配置机制

以保护产权、维护契约、统一市场、平等交换、公平竞争为基本导向，完善相关法律法规。对各种侵权行为要依法严肃处理，对产权纠纷申诉案件要依法甄别纠正。让恒产者有恒心，让投资者有信心，让各类产权所有者安心。强化知识产权保护，实行侵权惩罚性赔偿制度。（国家发展改革委、公安部、司法部、国家市场监督管理总局、国家知识产权局等按职责分工负责）加快技术、土地等要素价格市场化改革，深化资源类产品和公共服务价格改革，打破行政垄断，防止市场垄断。要用有力的产权保护、顺畅的要素流动，让市场活力和社会创造力竞相迸发。（国家发展改革委、商务部、国家市场监督管理总局等按职责分工负责）

（十七）深化财税体制改革

推进中央与地方财政事权和支出责任划分改革，抓紧制定收入划分改革方案，完善转移支付制度。健全地方税体系，稳妥推进房地产税立法。改革个人所得税。全面实施绩效管理，使财政资金花得其所、用得安全。（财政部牵头，司法部、税务总局等按职责分工负责）

（十八）加快金融体制改革

改革完善金融服务体系，支持金融机构扩展普惠金融业务，规范发展地方性中小金融机构，着力解决小微企业融资难、融资贵问题。深化多层次资本市场改革，推动债券、期货市场发展。拓展保险市场的风险保障功能。改革金融监管体制。深化利率汇率市场化改革，保持人民币汇率在合理均衡水平上的基本稳定。（人民银行、国家发展改革委、工业和信息化部、财政部、中国银行保险监督管理委员会、证监会、国家外汇局等按职责分工负责）

（十九）推进社会体制改革

深化养老保险制度改革，建立企业职工基本养老保险基金中央调剂制度。（人力资源和社会保障部、财政部牵头，国家发展改革委、国务院国资委、证监会、全国总工会等按职责分工负责）深化公立医院综合改革，协调推进医疗价格、人事薪酬、药品流通、医保支付改革，提高医疗卫生服务质量，下大力气解决群众看病就医难题。深入推进教育、文化、体育等改革，充分释放社会领域巨大发展潜力。（国家卫生健康委员会、财政部、国家医疗保障局、国家发展改革委、人力资源和社会保障部、商务部、国家市场监督管理总局、国家药品监督管理局、国家中医药局、教育部、文化和旅游部、国家广播电视总局、体育总局、国家文物局等按职责分工负责）

（二十）健全生态文明体制

改革完善生态环境管理制度，加强自然生态空间用途管制，推行生态环境损害赔偿制度，完善生态补偿机制，以更加有效的制度保护生态环境。（生态环境部、国家发展改革委、科技部、工业和信息化部、司法部、财政部、自然资源部、住房城乡建设部、水利部、商务部、人民银行、国家市场监督管理总局、国家能源局、国家林业和草原局等按职责分工负责)

五、坚决打好三大攻坚战(略)

六、大力实施乡村振兴战略

(二十四)健全城乡融合发展体制机制

科学制定规划,依靠改革创新壮大乡村发展新动能。(国家发展改革委、农业农村部牵头,有关部门按职责分工负责)

(二十五)推进农业供给侧结构性改革

促进农林牧渔业和种业创新发展,加快建设现代农业产业园和特色农产品优势区。坚持提质导向,稳定和优化粮食生产。加快消化粮食库存。发展农产品加工业。新增高标准农田8000万亩以上、高效节水灌溉面积2000万亩。培育新型经营主体,提高农业科技水平,推进农业机械化全程全面发展,加强面向小农户的社会化服务。鼓励支持返乡农民工、大中专毕业生、科技人员、退役军人和工商企业等从事现代农业建设、发展农村新业态新模式。深入推进"互联网+农业",多渠道增加农民收入,促进农村一、二、三产业融合发展。(农业农村部、科技部、国家发展改革委、工业和信息化部、财政部、人力资源和社会保障部、自然资源部、水利部、商务部、退役军人事务部、国家粮食和物资储备局、国家林业和草原局、供销合作总社等按职责分工负责)

(二十六)全面深化农村改革

落实第二轮土地承包到期后再延长30年的政策。探索宅基地所有权、资格权、使用权分置改革。改进耕地占补平衡管理办法,建立新增耕地指标、城乡建设用地增减挂钩节余指标跨省域调剂机制,所得收益全部用于脱贫攻坚和支持乡村振兴。深化粮食收储、集体产权、集体林权、国有林区林场、农垦、供销社等改革,使农业农村充满生机活力。(农业农村部、国家发展改革委、财政部、自然资源部、国家粮食和物资储备局、国家林业和草原局、供销合作总社、国务院扶贫办等按职责分工负责)

(二十七)推动农村各项事业全面发展

完善农村医疗、教育、文化等公共服务。改善供水、供电、信息等基础设施,新建改建农村公路20万公里。稳步开展农村人居环境整治三年行动,推进"厕所革命"和垃圾收集处理。促进农村移风易俗。健全自治、法治、德治相结合的乡村治理体系。大力培育乡村振兴人才。坚持走中国特色社会主义乡村振兴道路,加快实现农业农村现代化。(农业农村部、国家发展改革委、教育部、工业和信息化部、民政部、司法部、财政部、自然资源部、生态环境部、住房城乡建设部、交通运输部、水利部、文化和旅游部、国家卫生健康委员会、国家能源局、国家林业和草原局等按职责分工负责)

七、扎实推进区域协调发展战略

(二十八)塑造区域发展新格局

完善区域发展政策,推进基本公共服务均等化,逐步缩小城乡区域发展差距,把各地比较优势和潜力充分发挥出来。加强对革命老区、民族地区、边疆地区、贫困地区改革发展的支持。以疏解北京非首都功能为重点推进京津冀协同发展,高起点规划、高标准建设雄安新区。以生态优先、绿色发展为引领推进长江经济带发展。出台实施粤港澳大湾区发展规划纲要,全面推进内地同香港、澳门互利合作。制定西部大开发新的指导意见,落实东北等老工业基地振兴举措，继续推动中部地区崛起，支持东部地区率先发展。加强对资源型地区经济转型发展的支持。壮大海洋经济，坚决维护国家海洋权益。（国家发展改革委牵头，有关部门按职责分工负责）

（二十九）提高新型城镇化质量

今年再进城落户1300万人，加快农业转移人口市民化。完善城镇规划，优先发展公共交通，健全菜市场、停车场等便民服务设施，加快无障碍设施建设。有序推进“城中村”、老旧小区改造，完善配套设施，鼓励有条件的加装电梯。加强排涝管网、地下综合管廊、海绵城市等建设。（国家发展改革委、公安部、财政部、人力资源和社会保障部、自然资源部、住房城乡建设部、交通运输部、水利部、商务部、国家能源局、中国残联等按职责分工负责）

八、积极扩大消费和促进有效投资

（三十）增强消费对经济发展的基础性作用

推进消费升级，发展消费新业态新模式。将新能源汽车车辆购置税优惠政策再延长三年，全面取消二手车限迁政策。支持社会力量增加医疗、养老、教育、文化、体育等服务供给。创建全域旅游示范区，降低重点国有景区门票价格。推动网购、快递健康发展。（国家发展改革委、教育部、科技部、工业和信息化部、民政部、财政部、生态环境部、住房城乡建设部、交通运输部、商务部、文化和旅游部、国家卫生健康委员会、税务总局、国家广播电视总局、体育总局、国家医疗保障局、国家邮政局、国家文物局等按职责分工负责）对各类侵害消费者权益的行为，要依法惩处、决不姑息。（国家市场监督管理总局牵头，国家发展改革委、工业和信息化部、商务部、国家知识产权局等按职责分工负责）

（三十一）发挥投资对优化供给结构的关键性作用

今年要完成铁路投资7320亿元、公路水运投资1.8万亿元左右，水利在建投资规模达到1万亿元。重大基础设施建设继续向中西部地区倾斜。实施新一轮重大技术改造升级工程。中央预算内投资安排5376亿元，比上年增加300亿元。落实鼓励民间投资政策措施，在铁路、民航、油气、电信等领域推出一批有吸引力的项目，使民间资本进得来、能发展。（国家发展改革委、工业和信息化部、财政部、自然资源部、生态环境部、住房城乡建设部、交通运输部、水利部、国务院国资委、国家能源局、国家铁路局、中国民航局、中国铁路总公司等按职责分工负责）

九、推动形成全面开放新格局（略）

十、提高保障和改善民生水平（节选）

（三十九）实施健康中国战略

提高基本医保和大病保险保障水平，居民基本医保人均财政补助标准再增加40元，一半用于大病保险，让更多的人能够享受大病保险救助，扩大大病保险病种。扩大跨省异地就医直接结算范围，把基层医院和外出农民工、外来就业创业人员等全部纳入。（财政部、国家医疗保障局、国家卫生健康委员会、中国银行保险监督管理委员会等按职责分工负责）加大医护人员培养力度，加强全科医生、儿科医生队伍建设，推进分级诊疗和家庭医生签约服务。通过发展“互联网+医疗”、医联体等，把优质医疗资源下沉。继续提高基本公共卫生服务经费人均财政补助标准。坚持预防为主，加强重大疾病防控。改善妇幼保健服务。支持中医药事业传承创新发展。鼓励中西医结合。对境外已上市销售的药品，研究简化进口使用的审批手续，更好地保障群众用药可及。（国家卫生健康委员会牵头，国家发展改革委、工业和信息化部、财政部、教育部、国家医疗保障局、国家药品监督管理局、国家中医药局等按职责分工负责）创新食品药品监管方式，注重用互联网、大数据等提升监管效能，加快实现全程留痕、信息可追溯，让问题产品无处藏身、不法制售者难逃法网，让消费者买得放心、吃得安全。（国家市场监督管理总局牵头，国家发展改革委、公安部、财政部、农业农村部、商务部、国家卫生健康委员会、国务院食品安全办、国家粮食和物资储备局、国家药品监督管理局等按职责分工负责）做好北京冬奥会、冬残奥会筹办工作，多渠道增加全民健身场所和设施。（体育总局、中国残联、国家发展改革委等按职责分工负责）

（四十）更好解决群众住房问题

启动新的三年棚改攻坚计划，今年开工 580 万套。加大公租房保障力度，对低收入住房困难家庭应保尽保，将符合条件的新就业无房职工、外来务工人员纳入保障范围。坚持房子是用来住的、不是用来炒的定位，落实地方主体责任，继续实行差别化调控，建立健全长效机制，促进房地产市场平稳健康发展。支持居民自住购房需求，培育住房租赁市场，发展共有产权住房。加快建立多主体供给、多渠道保障、租购并举的住房制度，让广大人民群众早日实现安居宜居。（住房城乡建设部牵头，国家发展改革委、财政部、自然资源部、农业农村部、人民银行、国务院国资委、税务总局、国家市场监督管理总局、国家林业和草原局、中国银行保险监督管理委员会、证监会、开发银行、农业发展银行等按职责分工负责）

（四十一）强化民生兜底保障

稳步提高城乡低保、社会救助、抚恤优待等标准。积极应对人口老龄化，发展居家、社区和互助式养老，推进医养结合，提高养老院服务质量。关心帮助农村留守儿童。加强城乡困境儿童保障。做好伤残军人和军烈属优抚工作。加强残疾人康复服务。健全社会救助体系，支持公益慈善事业发展。倾情倾力做好托底工作，让每一个身处困境者都能得到社会的关爱和温暖。（民政部、国家发展改革委、教育部、财政部、人力资源和社会保障部、住房城乡建设部、国家卫生健康委员会、退役军人事务部、国家医疗保障局、全国总工会、中国残联等按职责分工负责）

十一、全面加强政府自身建设（略）

十二、做好民族、宗教、侨务、国防、港澳台、外交工作（略）

关于印发基本公共服务领域中央与地方共同财政事权和支出责任划分改革方案的通知

国办发〔2018〕6 号　2018 年 1 月 27 日

基本公共服务领域中央与地方共同财政事权和支出责任划分改革方案

为全面贯彻落实党的十九大精神，进一步提高各级政府提供基本公共服务的能力和水平，按照党中央、国务院关于推进中央与地方财政事权和支出责任划分改革的决策部署，现就基本公共服务领域中央与地方共同财政事权和支出责任划分改革制定如下方案：

一、总体要求

（一）指导思想

高举中国特色社会主义伟大旗帜，全面贯彻落实党的十九大精神，以习近平新时代中国特色社会主义思想为指导，坚持稳中求进工作总基调，坚持新发展理念，紧扣我国社会主要矛盾变化，按照高质量发展的要求，统筹推进“五位一体”总体布局和协调推进“四个全面”战略布局，充分发挥中央统一领导、地方组织落实的制度优势，按照加快建立现代财政制度，建立权责清晰、财力协调、区域均衡的中央和地方财政关系的要求，遵循相关法律法规规定，科学界定中央与地方权责，确定基本公共服务领域共同财政事权范围，制定基本公共服务保障国家基础标准，规范中央与地方支出责任分担方式，加大基本公共服务投入，加快推进基本公共服务均等化，织密扎牢民生保障网，不断满足人民日益增长的美好生活需要。

（二）基本原则

——坚持以人民为中心。从解决人民最关心最直接最现实的利益问题入手，首先将教育、医疗卫生、社会保障等领域中与人直接相关的主要基本公共服务事项明确为中央与地方共同财政事权，并合理划分支出责任，同时完善相关转移支付制度，确保更好地为人民群众提供基本公共服务。

——坚持财政事权划分由中央决定。完善中央决策、地方落实的机制。基本公共服务领域共同财政事权范围、支出责任分担方式、国家基础标准由中央确定；明确地方政府职责，充分发挥地方政府区域管理优势和积极性，保障政策落实。

——坚持保障标准合理适度。既要尽力而为，加快推进基本公共服务均等化，适时调整国家基础标准，逐步提高保障水平；又要量力而行，兼顾各级财政承受能力，不超越经济社会发展阶段，兜牢基本民生保障底线。

——坚持差别化分担。充分考虑我国各地经济社会发展不平衡、基本公共服务成本和财力差异较大的国情，中央承担的支出责任要有所区别，体现向困难地区倾斜，并逐步规范、适当简化基本公共服务领域共同财政事权支出责任的分担方式。

——坚持积极稳妥推进。基本公共服务领域中央与地方共同财政事权和支出责任划分是一个动态调整、不断完善的过程，既要加强顶层设计，明确改革路径和方式，又要加强与各领域管理体制改革的衔接，在管理体制和相关政策比较明确、支出责任分担机制相对稳定的民生领域首先实现突破。

（三）主要目标

通过基本公共服务领域中央与地方共同财政事权和支出责任划分改革，力争到2020年，逐步建立起权责清晰、财力协调、标准合理、保障有力的基本公共服务制度体系和保障机制。

二、主要内容

（一）明确基本公共服务领域中央与地方共同财政事权范围

根据《国务院关于推进中央与地方财政事权和支出责任划分改革的指导意见》（国发〔2016〕49号），结合《国务院关于印发“十三五”推进基本公共服务均等化规划的通知》（国发〔2017〕9号），将涉及人民群众基本生活和发展需要、现有管理体制和政策比较清晰、由中央与地方共同承担支出责任、以人员或家庭为补助对象或分配依据、需要优先和重点保障的主要基本公共服务事项，首先纳入中央与地方共同财政事权范围，目前暂定为八大类18项：一是义务教育，包括公用经费保障、免费提供教科书、家庭经济困难学生生活补助、贫困地区学生营养膳食补助4项；二是学生资助，包括中等职业教育国家助学金、中等职业教育免学费补助、普通高中教育国家助学金、普通高中教育免学杂费补助4项；三是基本就业服务，包括基本公共就业服务1项；四是基本养老保险，包括城乡居民基本养老保险补助1项；五是基本医疗保障，包括城乡居民基本医疗保险补助、医疗救助2项；六是基本卫生计生，包括基本公共卫生服务、计划生育扶助保障2项；七是基本生活救助，包括困难群众救助、受灾人员救助、残疾人服务3项；八是基本住房保障，包括城乡保障性安居工程1项。

已在国发〔2016〕49号和国发〔2017〕9号文件中明确但暂未纳入上述范围的基本公共文化服务等事项，在分领域中央与地方财政事权和支出责任划分改革中，根据事权属性分别明确为中央财政事权、地方财政事权或中央与地方共同财政事权。基本公共服务领域共同财政事权范围，随着经济社会发展和相关领域管理体制改革相应进行调整。

（二）制定基本公共服务保障国家基础标准

国家基础标准由中央制定和调整，要保障人民群众基本生活和发展需要，兼顾财力可能，并根据经济社会发展逐步提高，所需资金按中央确定的支出责任分担方式负担。参照现行财政保障或中央补助标准，制定义务教育公用经费保障、免费提供教科书、家庭经济困难学生生活补助、贫困地区学生营养膳食补助、中等职业教育国家助学金、城乡居民基本养老保险补助、城乡居民基本医疗保险补助、基本公共卫生服务、计划生育扶助保障9项基本公共服务保障的国家基础标准。地方在确保国家基础标准落实到位的前提下，因地制宜制定高于国家基础标准的地区标准，应事先按程序报上级备案后执行，高出部分所需资金自行负担。对困难群众救助等其余9项不易或暂不具备条件制定国家基础标准的事项，地方可结合实际制定地区标准，待具备条件后，由中央制定国家基础标准。法律法规或党中央、国务院另有规定的，从其规定。

（三）规范基本公共服务领域中央与地方共同财政事权的支出责任分担方式

根据地区经济社会发展总体格局、各项基本公共服务的不同属性以及财力实际状况，基本公共服务领域中央与地方共同财政事权的支出责任主要实行中央与地方按比例分担，并保持基本稳定。具体明确和规范如下：

一是中等职业教育国家助学金、中等职业教育免学费补助、普通高中教育国家助学金、普通高中教育免学杂费补助、城乡居民基本医疗保险补助、基本公共卫生服务、计划生育扶助保障7个事项，实行中央分档分担办法：第一档包括内蒙古、广西、重庆、四川、贵州、云南、西藏、陕西、甘肃、青海、宁夏、新疆12个省（自治区、直辖市），中央分担80%；第二档包括河北、山西、吉林、黑龙江、安徽、江西、河南、湖北、湖南、海南10个省，中央分担60%；第三档包括辽宁、福建、山东3个省，中央分担50%；第四档包括天津、江苏、浙江、广东4个省（直辖市）和大连、宁波、厦门、青岛、深圳5个计划单列市，中央分担30%；第五档包括北京、上海2个直辖市，中央分担10%。按照保持现有中央与地方财力格局总体稳定的原则，上述分担比例调整涉及的中央与地方支出基数划转，按预算管理有关规定办理。

二是义务教育公用经费保障等6个按比例分担、按项目分担或按标准定额补助的事项，暂按现行政策执行，具体如下：义务教育公用经费保障，中央与地方按比例分担支出责任，第一档为8∶2，第二档为6∶4，其他为5∶5。家庭经济困难学生生活补助，中央与地方按比例分担支出责任，各地区均为5∶5，对人口较少民族寄宿生增加安排生活补助所需经费，由中央财政承担。城乡居民基本养老保险补助，中央确定的基础养老金标准部分，中央与地方按比例分担支出责任，中央对第一档和第二档承担全部支出责任，其他为5∶5。免费提供教科书，免费提供国家规定课程教科书和免费为小学一年级新生提供正版学生字典所需经费，由中央财政承担；免费提供地方课程教科书所需经费，由地方财政承担。贫困地区学生营养膳食补助，国家试点所需经费，由中央财政承担；地方试点所需经费，由地方财政统筹安排，中央财政给予生均定额奖补。受灾人员救助，对遭受重特大自然灾害的省份，中央财政按规定的补助标准给予适当补助，灾害救助所需其余资金由地方财政承担。

三是基本公共就业服务、医疗救助、困难群众救助、残疾人服务、城乡保障性安居工程5个事项，中央分担比例主要依据地方财力状况、保障对象数量等因素确定。

对上述共同财政事权支出责任地方承担部分，由地方通过自有财力和中央转移支付统筹安排。中央加大均衡性转移支付力度，促进地区间财力均衡。党中央、国务院明确规定比照享受相关区域政策的地区继续按相关规定执行。中央与新疆生产建设兵团财政事权和支出责任划分，参照中央与地方划分原则执行；财政支持政策原则上参照新疆维吾尔自治区执行，并适当考虑兵团的特殊因素。

（四）调整完善转移支付制度

在一般性转移支付下设立共同财政事权分类分档转移支付，原则上将改革前一般性转移支付和专项转移支付安排的基本公共服务领域共同财政事权事项，统一纳入共同财政事权分类分档转移支付，完整反映和切实履行中央承担的基本公共服务领域共同财政事权的支出责任。

（五）推进省以下支出责任划分改革

中央财政要加强对省以下共同财政事权和支出责任划分改革的指导。对地方承担的基本公共服务领域共同财政事权的支出责任，省级政府要考虑本地区实际，根据各项基本公共服务事项的重要性、受益范围和均等化程度等因素，结合省以下财政体制，合理划分省以下各级政府的支出责任，加强省级统筹，适当增加和上移省级支出责任。县级政府要将自有财力和上级转移支付优先用于基本公共服务，承担提供基本公共服务的组织落实责任；上级政府要通过调整收入划分、加大转移支付力度，增强县级政府基本公共服务保障能力。

三、配套措施

（一）明确部门管理职责

中央财政在落实中央承担的支出责任、做好资金保障的同时，要切实加强对地方财政履行支出责任的指导和监督。中央有关部门要积极推动相关基本公共服务领域管理体制改革，调整完善制度政策，指导和督促地方落实相关服务标准。地方财政要确保地方承担的支出责任落实到位。地方有关部门要认真执行相关政策，履行好提供基本公共服务的职责。

（二）加强基本公共服务项目预算管理

中央财政要根据国家基础标准、分担比例等因素，优先足额安排并提前下达、及时拨付共同财政事权分类分档转移支付。地方财政要完整、规范、合理编制基本公共服务项目预算，保证资金及时下达和拨付，完善基本公共服务项目预算管理流程，加大预算公开力度。

（三）推进基本公共服务大数据平台建设

财政及相关部门要建立规范的数据采集制度，统一数据标准，加快基本公共服务大数据平台建设，收集汇总各项基本公共服务相关数据，实现信息共享，为测算分配转移支付资金、落实各方责任、实现基本公共服务便利可及提供技术支撑。

（四）强化监督检查和绩效管理

加强对基本公共服务事项基础标准落实、基础数据真实性、资金管理使用规范性、服务便利可及性等方面的监督检查，保证支出责任落实。按照“谁使用、谁负责”的原则，对基本公共服务项目全面实施绩效管理，不断提高资金使用效益和基本公共服务质量。

四、实施时间

本方案自2019年1月1日起实施。

关于印发跨省域补充耕地国家统筹管理办法和城乡建设用地增减挂钩节余指标跨省域调剂管理办法的通知

国办发〔2018〕16号　2018年3月10日

跨省域补充耕地国家统筹管理办法

第一章　总则

第一条　为规范有序实施跨省域补充耕地国家统筹，严守耕地红线，根据《中华人民共和国土地管理法》和《中共中央　国务院关于加强耕地保护和改进占补平衡的意见》《中共中央　国务院关于实施乡村振兴战略的意见》有关规定，制定本办法。

第二条　本办法所称跨省域补充耕地国家统筹，是指耕地后备资源严重匮乏的直辖市，占用耕地、新开垦耕地不足以补充所占耕地，或者资源环境条件严重约束、补充耕地能力严重不足的省，由于实施重大建设项目造成补充耕地缺口，经国务院批准，在耕地后备资源丰富省份落实补充耕地任务的行为。

第三条　跨省域补充耕地国家统筹应遵循以下原则：

（一）保护优先，严控占用。坚持耕地保护优先，强化土地利用规划计划管控，严格土地用途管制，从严控制建设占用耕地，促进土地节约集约利用。

（二）明确范围，确定规模。坚持耕地占补平衡县域自行平衡为主、省域内调剂为辅、国家适度统筹为补充，明确补充耕地国家统筹实施范围，合理控制补充耕地国家统筹实施规模。

（三）补足补优，严守红线。坚持耕地数量、质量、生态“三位一体”保护，以土地利用总体规划及相关规划为依据，以土地整治和高标准农田建设新增耕地为主要来源，先建成再调剂，确保统筹补充耕地数量不减少、质量不降低。

（四）加强统筹，调节收益。运用经济手段约束耕地占用，发挥经济发达地区和资源丰富地区资金资源互补优势，建立收益调节分配机制，助推脱贫攻坚和乡村振兴。

第四条　国土资源部负责跨省域补充耕地国家统筹管理，会同财政部、国家发展改革委、农业部等相关部门制定具体实施办法，进行监督考核；财政部会同国土资源部等相关部门负责制定资金使用管理办法；有关省级人民政府负责具体实施，筹措补充耕地资金或落实补充耕地任务。

第二章　申请补充耕地国家统筹

第五条　根据各地资源环境承载状况、耕地后备资源条件、土地整治和高标准农田建设新增耕地潜力等，分类实施补充耕地国家统筹。

（一）耕地后备资源严重匮乏的直辖市，由于城市发展和基础设施建设等占用耕地、新开垦耕地不足以补充所占耕地的，可申请国家统筹补充。

（二）资源环境条件严重约束、补充耕地能力严重不足的省，由于实施重大建设项目造成补充耕地缺口的，可申请国家统筹补充。重大建设项目原则上限于交通、能源、水利、军事国防等领域。

第六条　补充耕地国家统筹申请、批准按以下程序办理：

（一）由省、直辖市人民政府向国务院提出补充耕地国家统筹申请。其中，有关省根据实施重大建设项目需要和补充耕地能力，提出需国家统筹补充的耕地数量、水田规模和粮食产能，原则上每年申请一次，如有特殊需要可分次申请；直辖市根据建设占用耕地需要和补充耕地能力，提出需国家统筹补充的耕地数量、水田规模和粮食产能，每年申请一次。

（二）国土资源部组织对补充耕地国家统筹申请的评估论证，汇总有关情况并提出意见，会同财政部按程序报国务院批准。国土资源部、财政部在国务院批准之日起30个工作日内函复有关省、直辖市人民政府，明确国务院批准的国家统筹规模以及相应的跨省域补充耕地资金总额。

第七条　有关省、直辖市人民政府收到复函后，即可在国务院批准的国家统筹规模范围内，依照法定权限组织相应的建设用地报批。

建设用地报批时，用地单位应按规定标准足额缴纳耕地开垦费，补充耕地方案应说明耕地开垦费缴纳和使用国家统筹规模情况。

建设用地属于省级人民政府及以下审批权限的，使用国家统筹规模情况须随建设用地审批结果一并报国土资源部备案。

第八条　经国务院批准补充耕地由国家统筹的省、直辖市，应缴纳跨省域补充耕地资金。以占用的耕地类型确定基准价，以损失的耕地粮食产能确定产能价，以基准价和产能价之和乘以省份调节系数确定跨省域补充耕地资金收取标准。对国家重大公益性建设项目，可按规定适当降低收取标准。

（一）基准价每亩10万元，其中水田每亩20万元。

（二）产能价根据农用地分等定级成果对应的标准粮食产能确定，每亩每百公斤2万元。

（三）根据区域经济发展水平，将省份调节系数分为五档。

一档地区：北京、上海，调节系数为2；

二档地区：天津、江苏、浙江、广东，调节系数为1.5；

三档地区：辽宁、福建、山东，调节系数为1；

四档地区：河北、山西、吉林、黑龙江、安徽、江西、河南、湖北、湖南、海南，调节系数为0.8；

五档地区：重庆、四川、贵州、云南、陕西、甘肃、青海，调节系数为0.5。

第九条　跨省域补充耕地资金总额纳入省级财政向中央财政的一般公共预算转移性支出，在中央财政和地方财政年终结算时上解中央财政。

第十条　跨省域补充耕地资金，全部用于巩固脱贫攻坚成果和支持实施乡村振兴战略。其中，一部分安排给承担国家统筹补充耕地任务的省份，优先用于高标准农田建设等补充耕地任务；其余部分由中央财政统一安排使用。

第三章　落实国家统筹补充耕地

第十一条　根据国务院批准的补充耕地国家统筹规模，在耕地后备资源丰富的省份，按照耕地数量、水田规模相等和粮食产能相当的原则落实补充耕地。

第十二条　在耕地保护责任目标考核期内，不申请补充耕地国家统筹的省份，可由省级人民政府向国务院申请承担国家统筹补充耕地任务。申请承担补充耕地任务的新增耕地，应为已验收并在全国农村土地整治监测监管系统中上图入库的土地整治和高标准农田建设项目新增耕地。

第十三条　国土资源部根据全国农村土地整治监测监管系统信息，对申请承担国家统筹补充耕地任务的新增耕地进行复核，如有必要，会同相关部门进行实地检查。国土资源部会同财政部等相关部门按照自然资源条件相对较好，优先考虑革命老区、民族地区、边疆地区、贫困地区和耕地保护成效突出地区的原则确定省份，认定可用于国家统筹补充耕地的新增耕地数量、水田规模和粮食产能。开展土地整治工程技术创新新增耕地，可作为专项支持，安排承担国家统筹补充耕地任务。

国土资源部会同财政部等相关部门确定承担国家统筹补充耕地任务省份和认定结果，按程序报国务院同意后，由国土资源部函告有关省份。经认定为承担国家统筹补充耕地任务的新增耕地，不得用于所在省份耕地占补平衡。

第十四条　根据认定的承担国家统筹补充耕地规模和相关经费标准，中央财政将国家统筹补充耕地经费预算下达承担国家统筹补充耕地任务的省份。有关省份收到国家统筹补充耕地经费后，按规定用途安排使用。

第十五条　国家统筹补充耕地经费标准根据补充耕地类型和粮食产能确定。补充耕地每亩 5 万元（其中水田每亩 10 万元），补充耕地标准粮食产能每亩每百公斤 1 万元，两项合计确定国家统筹补充耕地经费标准。

第四章　监管考核

第十六条　国土资源部建立跨省域补充耕地国家统筹信息管理平台，将补充耕地国家统筹规模申请与批准、建设项目占用、补充耕地落实等情况纳入平台管理。

第十七条　有关省级人民政府负责检查核实承担国家统筹补充耕地任务的新增耕地，确保数量真实、质量可靠；监督国家统筹补充耕地经费安排使用情况，严格新增耕地后期管护，发现存在问题要及时予以纠正。

国土资源部利用国土资源遥感监测“一张图”和综合监管平台等手段对国家统筹新增耕地进行监管。

第十八条　补充耕地国家统筹情况纳入有关省级人民政府耕地保护责任目标考核内容，按程序报国务院。

国土资源部做好国家统筹涉及省份耕地变化情况台账管理，在新一轮土地利用总体规划编制或实施期内适时按程序调整有关省份规划耕地保有量。

第十九条　国家土地督察机构在监督检查省级人民政府落实耕地保护主体责任情况时，结合督察工作将有关省份的国家统筹补充耕地实施情况纳入督察内容。

第五章　附则

第二十条　财政部会同国土资源部根据补充耕地国家统筹实施情况适时调整跨省域补充耕地资金收取标准和国家统筹补充耕地经费标准。

第二十一条　本办法由国土资源部、财政部负责解释。

第二十二条　本办法自印发之日起施行，有效期至 2022 年 12 月 31 日。

城乡建设用地增减挂钩节余指标跨省域调剂管理办法

第一章　总则

第一条　为规范开展深度贫困地区城乡建设用地增减挂钩节余指标跨省域调剂，根据《中华人民共和国土地管理法》和《中共中央 国务院关于实施乡村振兴战略的意见》《中共中央办公厅 国务院办公厅印发〈关于支持深度贫困地区脱贫攻坚的实施意见〉的通知》有关规定，制定本办法。

第二条　本办法所称城乡建设用地增减挂钩节余指标跨省域调剂，是指“三区三州”及其他深度贫困县城乡建设用地增减挂钩节余指标（以下简称节余指标）由国家统筹跨省域调剂使用。

第三条　节余指标跨省域调剂应遵循以下原则：

（一）区域统筹，精准扶贫。聚焦深度贫困地区脱贫攻坚任务，调动各方力量提供资金支持，实现合作共赢。国家下达调剂任务，确定调剂价格标准，统一资金收取和支出；各有关省（自治区、直辖市）统筹组织本地区跨省域调剂有关工作，并做好与省域内城乡建设用地增减挂钩工作的协调。

（二）生态优先，绿色发展。落实最严格的耕地保护制度、节约用地制度和生态环境保护制度，严格执行耕地占补平衡制度，加强土地利用总体规划和年度计划统筹管控，实施建设用地总量、强度双控，优化配置区域城乡土地资源，维护土地市场秩序，保持土地产权关系稳定。

（三）尽力而为，量力而行。帮扶地区要把决胜全面小康、实现共同富裕摆在更加突出的位置，落实好帮扶责任。深度贫困地区要把握地域差异，注重保护历史文化和自然风貌，因地制宜实施复垦；充分尊重农民意愿，切实保障农民土地合法权益和农村建设用地需求，防止盲目推进。

第四条　国土资源部会同财政部、国家发展改革委、农业部等相关部门制定节余指标跨省域调剂实施办法，确定调剂规模、激励措施和监管要求。财政部会同国土资源部等相关部门制定资金使用管理办法，统一资金收取和支出。有关省级人民政府负责节余指标跨省域调剂的组织实施；省级国土资源、财政主管部门分别制定实施细则，平衡调剂节余指标和资金。市、县级人民政府为节余指标跨省域调剂责任主体；市、县级国土资源主管部门负责具体实施。

第二章　调剂计划安排

第五条　国土资源部根据有关省（自治区、直辖市）土地利用和贫困人口等情况，经综合测算后报国务院确定跨省域调剂节余指标任务。主要帮扶省份应当全额落实调入节余指标任务，鼓励多买多用。鼓励其他有条件的省份根据自身实际提供帮扶。

经国务院同意，国土资源部将跨省域调剂节余指标任务下达有关省（自治区、直辖市）。有关省（自治区、直辖市）可结合本地区情况，将跨省域调入、调出节余指标任务明确到市、县。

第六条　按照增减挂钩政策规定，深度贫困地区所在地省级国土资源主管部门组织编制和审批拆旧复垦安置方案，帮扶省份省级国土资源主管部门组织编制和审批建新方案，通过城乡建设用地增减挂钩在线监管系统报国土资源部备案。

省级人民政府将需要调剂的节余指标和资金总额函告国土资源部，原则上每年不超过两次。国土资源部根据备案情况核销跨省域调剂节余指标任务，核定复垦和占用农用地面积、耕地面积和耕地质量，以及规划耕地保有量和建设用地规模调整数量，并将核销结果抄送财政部。

第七条　帮扶省份要严格控制城镇建设用地扩张，人均城镇建设用地水平较低、规划建设用地规模确有不足的，可以使用跨省域调剂节余指标少量增加规划建设用地规模，并在新一轮土地利用总体规划编制时予以调整。增加的规划建设用地规模原则上不得用于特大城市和超大城市的中心城区。

国土资源部在核销各省（自治区、直辖市）跨省域调剂节余指标任务时，对涉及的有关省份规划耕地保有量、建设用地规模调整以及耕地质量变化情况实行台账管理；列入台账的，在省级人民政府耕地保护责任目标考核等监督检查中予以认定，在新一轮土地利用总体规划编制时统筹解决。

第三章　资金收取和支出

第八条　财政部根据国土资源部核定的调剂资金总额，收取有关省（自治区、直辖市）调剂资金；省级财政主管部门根据省级国土资源主管部门核定的调剂资金额度，收取有关市、县调剂资金。收取的帮扶省份跨省域调入节余指标资金，纳入省级财政向中央财政的一般公共预算转移性支出，在中央财政和地方财政年终结算时上解中央财政。

第九条　财政部根据国土资源部核定的调剂资金总额，向深度贫困地区所在省份下达 70% 调剂资金指标，由省级财政主管部门根据省级国土资源主管部门确认的调剂资金金额向深度贫困地区拨付。待完成拆旧复垦安置，经省级国土资源主管部门验收并经国土资源部确认后，财政部向深度贫困地区所在省份下达剩余 30% 调剂资金指标，由省级财政主管部门向深度贫困地区拨付。

调剂资金支出列入中央财政对地方财政一般性转移支付，全部用于巩固脱贫攻坚成果和支持实施乡村振兴战略，优先和重点保障产生节余指标深度贫困地区的安置补偿、拆旧复垦、基础设施和公共服务设施建设、生态修复、耕地保护、高标准农田建设、农业农村发展建设以及购买易地扶贫搬迁服务等。

第十条　国家统一制定跨省域调剂节余指标价格标准。节余指标调出价格根据复垦土地的类型和质量确定，复垦为一般耕地或其他农用地的每亩 30 万元，复垦为高标准农田的每亩 40 万元。节余指标调入价格根据地区差异相应确定，北京、上海每亩 70 万元，天津、江苏、浙江、广东每亩 50 万元，福建、山东等其他省份每亩 30 万元；附加规划建设用地规模的，每亩再增加 50 万元。

根据跨省域调剂节余指标实施情况，按程序适时调整上述标准。

第四章　节余指标调剂实施

第十一条　深度贫困地区根据国家核定的调剂节余指标，按照增减挂钩政策规定，以不破坏生态环境和历史文化风貌为前提，按照宜耕则耕、宜林则林、宜草则草的原则复垦，切实做好搬迁群众安置。

第十二条　帮扶省份根据国家核定的调剂节余指标，按照经批准的建新方案使用跨省域调剂节余指标进行建设。

第十三条　深度贫困地区实际拆旧复垦耕地面积和质量低于国家核定要求的，以及帮扶地区实际建新占用耕地面积和质量超出国家核定要求的，应通过补改结合、提质改造等措施满足国家核定要求。

第五章　监督管理

第十四条　国土资源部和省级国土资源主管部门分别建立节余指标调剂监管平台。拆旧复垦安置方案、建新方案应实时备案，确保拆旧复垦安置和建新精准落地，做到上图入库、数量真实、质量可靠。监管平台自动生成电子监管码，对节余指标调剂进行动态监管。省级国土资源主管部门审批的拆旧复垦安置方案、建新方案，需标注使用跨省域调剂节余指标。

第十五条　省级国土资源主管部门充分利用国土资源遥感监测“一张图”和综合监管平台等手段，对拆旧复垦农用地和耕地等进行核查。国土资源部和省级国土资源主管部门通过监管平台和实地抽查，对跨省域调剂节余指标工作开展日常监测监管。国家土地督察机构对跨省域调剂节余指标实施情况进行监督检查，检查报告抄送财政部。发现弄虚作假、违背群众意愿强行实施的，国土资源部会同财政部停止拨付并扣减调剂资金。

第六章　附则

第十六条　本办法由国土资源部、财政部负责解释。

第十七条　本办法自印发之日起施行，有效期至 2020 年 12 月 31 日。

关于加强滨海湿地保护　严格管控围填海的通知

国发〔2018〕24 号　2018 年 7 月 14 日

滨海湿地（含沿海滩涂、河口、浅海、红树林、珊瑚礁等）是近海生物重要栖息繁殖地和鸟类迁徙中转站，是珍贵的湿地资源，具有重要的生态功能。近年来，我国滨海湿地保护工作取得了一定成效，但由于长期以来的大规模围填海活动，滨海湿地大面积减少，自然岸线锐减，对海洋和陆地生态系统造成损害。为切实提高滨海湿地保护水平，严格管控围填海活动，现通知如下。

一、总体要求

（一）重大意义

进一步加强滨海湿地保护，严格管控围填海活动，有利于严守海洋生态保护红线，改善海洋生态环境，提升生物多样性水平，维护国家生态安全；有利于深化自然资源资产管理体制改革和机制创新，促进陆海统筹与综合管理，构建国土空间开发保护新格局，推动实施海洋强国战略；有利于树立保护优先理念，实现人与自然和谐共生，构建海洋生态环境治理体系，推进生态文明建设。

（二）指导思想

深入贯彻习近平新时代中国特色社会主义思想，深入贯彻党的十九大和十九届二中、三中全会精神，牢固树立绿水青山就是金山银山的理念，严格落实党中央、国务院决策部署，坚持生态优先、绿色发展，坚持最严格的生态环境保护制度，切实转变“向海索地”的工作思路，统筹陆海国土空间开发保护，实现海洋资源严格保护、有效修复、集约利用，为全面加强生态环境保护、建设美丽中国作出贡献。

二、严控新增围填海造地

（三）严控新增项目

完善围填海总量管控，取消围填海地方年度计划指标，除国家重大战略项目外，全面停止新增围填海项目审批。新增围填海项目要同步强化生态保护修复，边施工边修复，最大程度避免降低生态系统服务功能。未经批准或骗取批准的围填海项目，由相关部门严肃查处，责令恢复海域原状，依法从重处罚。

（四）严格审批程序

党中央、国务院、中央军委确定的国家重大战略项目涉及围填海的，由国家发展改革委、自然资源部按照严格管控、生态优先、节约集约的原则，会同有关部门提出选址、围填海规模、生态影响等审核意见，按程序报国务院审批。

省级人民政府为落实党中央、国务院、中央军委决策部署，提出的具有国家重大战略意义的围填海项目，由省级人民政府报国家发展改革委、自然资源部；国家发展改革委、自然资源部会同有关部门进行论证，出具围填海必要性、围填海规模、生态影响等审核意见，按程序报国务院审批。原则上，不再受理有关省级人民政府提出的涉及辽东湾、渤海湾、莱州湾、胶州湾等生态脆弱敏感、自净能力弱海域的围填海项目。

三、加快处理围填海历史遗留问题

（五）全面开展现状调查并制定处理方案

自然资源部要会同国家发展改革委等有关部门，充分利用卫星遥感等技术手段，在 2018 年底前完成全国围填海现状调查，掌握规划依据、审批状态、用海主体、用海面积、利用现状等，查明违法违规围填海和围而未填情况，并通报给有关省级人民政府。有关省级人民政府按照“生态优先、节约集约、分类施策、积极稳妥”的原则，结合 2017 年开展的围填海专项督察情况，确定围填海历史遗留问题清单，在 2019 年底前制定围填海历史遗留问题处理方案，提出年度处置目标，严格限制围填海用于房地产开发、低水平重复建设旅游休闲娱乐项目及污染海洋生态环境的项目。原则上不受理未完成历史遗留问题处理的省（自治区、直辖市）提出的新增围填海项目申请。

（六）妥善处置合法合规围填海项目

由省级人民政府负责组织有关地方人民政府根据围填海工程进展情况，监督指导海域使用权人进行妥善处置。已经完成围填海的，原则上应集约利用，进行必要的生态修复；在 2017 年底前批准而尚未完成围填海的，最大限度控制围填海面积，并进行必要的生态修复。

（七）依法处置违法违规围填海项目

由省级人民政府负责依法依规严肃查处，并组织有关地方人民政府开展生态评估，根据违法违规围填海现状和对海洋生态环境的影响程度，责成用海主体认真做好处置工作，进行生态损害赔偿和生态修复，对严重破坏海洋生态环境的坚决予以拆除，对海洋生态环境无重大影响的，要最大限度控制围填海面积，按有关规定限期整改。涉及军队建设项目违法违规围填海的，由中央军委机关有关部门会同有关地方人民政府依法依规严肃处理。

四、加强海洋生态保护修复

（八）严守生态保护红线

对已经划定的海洋生态保护红线实施最严格的保护和监管，全面清理非法占用红线区域的围填海项目，确保海洋生态保护红线面积不减少、大陆自然岸线保有率标准不降低、海岛现有砂质岸线长度不缩短。

（九）加强滨海湿地保护

全面强化现有沿海各类自然保护地的管理，选划建立一批海洋自然保护区、海洋特别保护区和湿地公园。

将天津大港湿地、河北黄骅湿地、江苏如东湿地、福建东山湿地、广东大鹏湾湿地等亟须保护的重要滨海湿地和重要物种栖息地纳入保护范围。

（十）强化整治修复

制定滨海湿地生态损害鉴定评估、赔偿、修复等技术规范。坚持自然恢复为主、人工修复为辅，加大财政支持力度，积极推进“蓝色海湾”“南红北柳”“生态岛礁”等重大生态修复工程，支持通过退围还海、退养还滩、退耕还湿等方式，逐步修复已经破坏的滨海湿地。

五、建立长效机制

（十一）健全调查监测体系

统一湿地技术标准，结合第三次全国土地调查，对包括滨海湿地在内的全国湿地进行逐地块调查，对湿地保护、利用、权属、生态状况及功能等进行准确评价和分析，并建立动态监测系统，进一步加强围填海情况监测，及时掌握滨海湿地及自然岸线的动态变化。

（十二）严格用途管制

坚持陆海统筹，将滨海湿地保护纳入国土空间规划进行统一安排，加强国土空间用途管制，提高环境准入门槛，严格限制在生态脆弱敏感、自净能力弱的海域实施围填海行为，严禁国家产业政策淘汰类、限制类项目在滨海湿地布局，实现山水林田湖草整体保护、系统修复、综合治理。

（十三）加强围填海监督检查

自然资源部要将加快处理围填海历史遗留问题情况纳入督察重点事项，督促地方整改落实，加大督察问责力度，压实地方政府主体责任。抓好首轮围填海专项督察发现问题的整改工作，挂账督改，确保整改到位、问责到位。2018 年下半年启动围填海专项督察“回头看”，确保国家严控围填海的政策落到实处，坚决遏制、严厉打击违法违规围填海行为。

六、加强组织保障

（十四）明确部门职责

国务院有关部门要提高对滨海湿地保护重要性的认识，强化围填海管控意识，明确分工，落实责任，加强沟通，形成管理合力。自然资源部要切实担负起保护修复与合理利用海洋资源的责任，会同国家发展改革委等有关部门，建立部省协调联动机制，统筹各方面力量，加大保护和管控力度，确保完成目标任务。

（十五）落实地方责任

各沿海省（自治区、直辖市）是加强滨海湿地保护、严格管控围填海的责任主体，政府主要负责人是本行政区域第一责任人，要切实加强组织领导，制定实施方案，细化分解目标任务，依法分类处置围填海历史遗留问题，加大海洋生态保护修复力度。

（十六）推动公众参与

要通过多种形式及时宣传报道相关政策措施和取得的成效，加强舆论引导和监督，及时回应公众关切，提升公众保护滨海湿地的意识，促进公众共同参与、共同保护，营造良好的社会环境。

关于完善促进消费体制机制　进一步激发居民消费潜力的若干意见（节选）

2018 年 9 月 20 日

消费是最终需求，既是生产的最终目的和动力，也是人民对美好生活需要的直接体现。加快完善促进消费体制机制，增强消费对经济发展的基础性作用，有利于优化生产和消费等国民经济重大比例关系，构建符合我国长远战略利益的经济发展方式，促进经济平稳健康发展；有利于实现需求引领和供给侧结构性改革相互促进，带动经济转型升级，推动高质量发展，建设现代化经济体系；有利于保障和改善民生，实现经济社会发展互促共进，更好满足人民日益增长的美好生活需要。

近年来，我国在扩大消费规模、提高消费水平、改善消费结构等方面取得了显著成绩，但也要看到，当前制约消费扩大和升级的体制机制障碍仍然突出。重点领域消费市场还不能有效满足城乡居民多层次多样化消费需求，监管体制尚不适应消费新业态新模式的迅速发展，质量和标准体系仍滞后于消费提质扩容需要，信用体系和消费者权益保护机制还未能有效发挥作用，消费政策体系尚难以有效支撑居民消费能力提升和预期改善。为完善促进消费体制机制，进一步激发居民消费潜力，现提出以下意见。

一、总体要求

（一）指导思想

以习近平新时代中国特色社会主义思想为指导，全面贯彻党的十九大和十九届二中、三中全会精神，紧紧围绕统筹推进“五位一体”总体布局和协调推进“四个全面”战略布局，坚持新发展理念，紧扣我国社会主要矛盾变化，按照高质量发展的要求，坚持以供给侧结构性改革为主线，适应建设现代化经济体系，顺应居民消费提质转型升级新趋势，依靠改革创新破除体制机制障碍，实行鼓励和引导居民消费的政策，从供需两端发力，积极培育重点领域消费细分市场，全面营造良好消费环境，不断提升居民消费能力，引导形成合理消费预期，切实增强消费对经济发展的基础性作用，不断满足人民日益增长的美好生活需要。

（二）基本原则

——坚持消费引领，倡导消费者优先。顺应居民消费升级趋势，努力增加高品质产品和服务供给，切实满足基本消费，持续提升传统消费，大力培育新兴消费，不断激发潜在消费。增强消费者主体意识，尊重消费者自由选择权，加大消费者合法权益保护力度，实现消费者自由选择、自主消费，提升消费者获得感、幸福感、安全感。

——坚持市场主导，实现生产者平等。充分发挥市场在资源配置中的决定性作用，更好发挥政府作用。突出企业主体地位，引导企业以市场需求为导向推动技术创新、产品创新、模式创新，培育更加成熟的消费细分市场，激发企业培育品牌的内生动力。加快建设全国统一市场，营造有利于各类所有制企业公平提供消费产品和服务的市场环境。

——坚持审慎监管，推动新消费成长。深化“放管服”改革，实施包容审慎有效监管。加强消费产品和服务标准体系建设，强化信用在消费领域的激励约束作用。推动互联网与更多传统消费相互渗透融合，构建企业自治、行业自律、社会监督和政府监管相结合的消费共同治理机制，有力有序有效发展消费新业态新模式。

——坚持绿色发展，培育健康理性消费文化。提高全社会绿色消费意识，鼓励节约适度、绿色低碳、文明健康的现代生活方式和消费模式，力戒奢侈浪费型消费和不合理消费，推进可持续消费。大力推广绿色消费产品，推动实现绿色低碳循环发展，营造绿色消费良好社会氛围。

（三）总体目标

消费生产循环更加顺畅。以消费升级引领供给创新、以供给提升创造消费新增长点的循环动力持续增强，实现更高水平的供需平衡，居民消费率稳步提升。消费结构明显优化。居民消费结构持续优化升级，服务消费占比稳步提高，全国居民恩格尔系数逐步下降。消费环境更加安全放心。社会信用环境明显改善，市场监管进一步加强，消费者维权机制不断健全，重要消费产品和服务标准体系全面建立，消费产品和服务质量不断提升，消费者满意度显著提高。

二、构建更加成熟的消费细分市场，壮大消费新增长点

围绕居民吃穿用住行和服务消费升级方向，突破深层次体制机制障碍，适应居民分层次多样性消费需求，保证基本消费经济、实惠、安全，培育中高端消费市场，形成若干发展势头良好、带动力强的消费新增长点。

（一）促进实物消费不断提挡升级

吃穿用消费。加强引导、强化监督，确保市场主体提供安全放心的吃穿用消费品。优化流通设施空间布局，大力发展便利店、社区菜店等社区商业，促进社区生活服务集聚式发展，鼓励建设社区生活综合服务中心。推动闲置的传统商业综合体加快创新转型，通过改造提升推动形成一批高品位步行街，促进商圈建设与繁荣。合理配置居住小区的健身、文化、养老等服务设施。

住行消费。大力发展住房租赁市场特别是长期租赁。总结推广住房租赁试点经验，在人口净流入的大中城市加快培育和发展住房租赁市场。加快推进住房租赁立法，保护租赁利益相关方合法权益。加强城市供水、污水和垃圾处理以及北方地区供暖等设施建设和改造，加大城市老旧小区加装电梯等适老化改造力度。促进汽车消费优化升级。严格汽车产品质量监管，健全质量责任追究机制。鼓励发展共享型、节约型、社会化的汽车流通体系，全面取消二手车限迁政策。实施好新能源汽车免征车辆购置税、购置补贴等财税优惠政策。积极发展汽车赛事等后市场。加强城市停车场和新能源汽车充电设施建设。

信息消费。加强核心技术研发，加快推动产品创新和产业化升级，提升产品质量和核心竞争力，鼓励和引导居民扩大相关产品消费。加快提升新型信息产品供给体系质量，积极拓展信息消费新产品、新业态、新模式。升级智能化、高端化、融合化信息产品，重点发展适应消费升级的中高端移动通信终端、可穿戴设备、超高清视频终端、智慧家庭产品等新型信息产品，以及虚拟现实、增强现实、智能汽车、服务机器人等前沿信息消费产品。创新发展满足人民群众生活需求的各类便民惠民生活类信息消费。推动基于网络平台的新型消费成长，优化线上线下协同互动的消费生态。

绿色消费。建立绿色产品多元化供给体系，丰富节能节水产品、资源再生产品、环境保护产品、绿色建材、新能源汽车等绿色消费品生产。鼓励创建绿色商场、绿色饭店、绿色电商等流通主体，开辟绿色产品销售专区。全面落实生产者责任延伸制度。鼓励有条件的地方探索开展绿色产品消费积分制度。推进绿色交通体系和绿色邮政发展，规范发展汽车、家电、电子产品回收利用行业。全面推进公共机构带头绿色消费，加强绿色消费宣传教育。

（二）推进服务消费持续提质扩容

文化旅游体育消费。稳妥把握和处理好文化消费商品属性与意识形态属性的关系，促进包容审慎监管与开

放准入有效结合，努力提供更多优秀文化产品和优质文化服务。深化电影发行放映机制改革。加快发展数字出版等新兴数字内容产业，丰富数字内容供给。健全文物合法流通交易体制机制。完善国有文化文物单位文创产品开发试点成效评价和激励机制。总结推广引导城乡居民扩大文化消费试点工作经验和有效模式。推动非物质文化遗产传承发展、合理利用。健全文化、互联网等领域分类开放制度体系。开展全域旅游示范区创建工作。推动主题公园规范发展。加强对乡村旅游的政策指导，提升乡村旅游品质。支持邮轮、游艇、自驾车、旅居车、通用航空等消费大众化发展，加强相关公共配套基础设施建设。建立现代体育产业体系，推动体育与旅游、健康、养老等融合发展，积极培育潜在需求大的体育消费新业态。支持社会力量举办国际国内高水平体育赛事，积极创建地方、民间自主品牌体育赛事活动，大力发展体育职业联赛。推进体育行业协会改革，大幅削减相关审批事项，加强赛事审批取消后的服务管理。推动体育赛事电视转播市场化运作。

健康养老家政消费。在有效保障基本医疗和健康服务的前提下，支持社会力量提供多层次多样化的医疗健康服务。对社会力量举办的非营利性健康服务机构，在土地规划、市政配套、机构准入、人才引进、执业环境等方面与公办机构一视同仁。针对健康服务新业态新模式，及时制定新型机构准入标准和监管办法。大力发展中医药服务贸易。健全以居家为基础、以社区为依托、机构充分发展、医养相结合的多层次养老服务体系，为老年人提供治疗期住院、康复期护理、稳定期生活照料、安宁疗护一体化的健康养老服务。全面放开养老服务市场，进一步简化行政审批程序，推进养老服务机构申办“一站式”服务。鼓励社会力量参与公办养老服务机构改革。完善政府对养老服务机构运营补贴方式方法，由“补砖头”“补床头”向“补人头”转变。大力发展老年护理和长期照护服务。引导家政服务业专业化、规模化、网络化、规范化发展。推动建立家政服务信用体系，健全家政服务标准和服务规范，鼓励制定地方标准和企业标准。加大家政服务业岗位培训实施力度，推动开展家政服务人员水平评价工作，实施上岗前健康体检制度。加快健康美容、家庭管家等高端生活服务业发展。

教育培训托幼消费。全面贯彻党的教育方针，坚持正确办学方向，深化教育办学体制改革，推动教育向社会开放、向产业开放。大力支持社会力量举办满足多样化教育需求、有利于个体身心全面健康发展的教育培训机构，开发研学旅行、实践营地、特色课程等教育服务产品。抓紧修订民办教育促进法实施条例，完善民办教育分类登记管理制度。严格落实城镇小区配建幼儿园政策，引导社会力量按照规范要求举办普惠性幼儿园和托幼机构，鼓励各地因地制宜多渠道增加供给，全面实施幼儿园教师持证上岗。鼓励有条件的地区探索开展职业学校股份制改革试点，允许企业以资本、技术、管理等要素依法参与办学并享有相应权利。坚持社会效益和经济效益相统一，纠正以功利性为目的、助长超前教育和应试教育倾向的各类教育培训活动。支持外商投资设立非学制类职业教育培训机构。

（三）引导消费新模式加快孕育成长

地方各级政府要适应平台型消费、共享经济等快速发展需要，加强制度供给，研究制定专门管理规定，明确运营规则和权责边界，提升相关主体整合资源、对接供需、协同创新功能。制定完善适应平台模式、共享经济等创新发展的法律法规，明确相关企业在知识产权保护、质量管理、信息内容管理、协助申报纳税、社会保障、网络安全等方面的责任和义务。加强风险控制，构建政府主管部门、行业组织、企业和消费者等多元主体共同治理的消费生态体系。积极培育网络消费、定制消费、体验消费、智能消费、时尚消费等消费新热点，鼓励与消费者体验、个性化设计、柔性制造等相关的产业加快发展。

（四）推动农村居民消费梯次升级

逐步缩小城乡居民消费差距。加快农村吃穿用住行等一般消费提质扩容，鼓励和引导农村居民增加交通通信、文化娱乐、汽车等消费。推动电子商务向广大农村地区延伸覆盖，畅通城乡双向联动销售渠道，促进线下产业发展平台和线上电商交易平台结合，鼓励和支持消费新业态新模式向农村市场拓展。推动具备条件的乡镇将商贸物流与休闲农业、乡村旅游、产品加工等有机结合。加大农村地区水电路气、信息、无障碍以及北方地区供暖等设施建设和改造力度。健全农村现代流通网络体系，优化整合存量设施资源，有效降低农村流通成本。

三、健全质量标准和信用体系，营造安全放心消费环境

加快建立健全高层次、广覆盖、强约束的质量标准和消费后评价体系，强化消费领域企业和个人信用体系建设，提高消费者主体意识和维权能力，创建安全放心的消费环境。

（一）强化产品和服务标准体系建设

产品标准。大力实施标准化战略，建立政府主导制定标准与市场主体自主制定标准协同发展、协调配套的新型标准体系。在移动通信、互联网等领域建立符合我国发展需要的标准。鼓励企业制定实施高于国家标准或行业标准的企业标准，全面实施企业标准自我声明公开和监督制度，实施企业标准领跑者制度。大力开展高端品质认证，推动品牌建设，培育一批能够展示中国产品优质形象的品牌和企业。推动国内优势、特色技术标准成为国际标准。

优化质量标准满足消费结构升级需求。围绕消费需求旺盛、与群众日常生活息息相关的新型消费品领域，充分发挥市场机制与企业主体作用，构建新型消费品标准体系，以标准实施促进质量提升。结合消费细分市场发展趋势，开展个性定制消费品标准化工作。引领智能家居、智慧家庭等领域消费品标准制定，加大新技术新产品等创新成果的标准转化力度。完善绿色产品标准体系，创新领跑者指标和相关技术标准的衔接机制，加大绿色产品标识认证制度实施和采信力度。

服务标准。推动服务业标准制定修订，加快制定基础和通用标准，带动行业提升标准水平。鼓励行业协会商会等组织制定并公布本行业相关产品和服务标准清单，指导企业完善服务标准，鼓励行业内企业开展企业服务标准自我声明公开。推动建立优质服务标识管理制度，在重点服务业制定优质服务规范，推动建立服务质量自我评估和公开承诺制度。在旅游、中医药、养老、家政、餐饮等重点领域遴选一批服务质量标杆单位，推动建设相关行业服务标准。选择部分服务业探索开展服务标准准入制试点。

（二）健全消费后评价制度

建立产品和服务消费后评价体系，完善全过程产品和服务安全防范机制，建立健全消费环境监测评价体系。构建完善的跟踪反馈评估体系，加强监测结果反馈和改进跟踪机制建设。开展消费品质量状况分析评价，建立健全消费品质量安全风险监测评估制度，建设全国消费品质量监督信息化服务平台，建立一批消费品质量安全风险信息监测点，构建全国统一的消费品质量安全风险监测网络和风险快速预警系统。研究制定电子商务产品质量监督管理办法，加强线上线下一体化监管，完善风险监测、网上抽查、源头追溯、属地查处、信用管理的电子商务产品质量监督管理制度。完善服务业质量监督管理制度，健全服务质量治理体系和顾客满意度测评体系，推行质量首负责任承诺制度，强化服务质量问题协同处理机制，分领域设立服务后评价标准体系。引导平台型企业建立餐饮、家政、互联网医疗等重点领域的服务后评价机制，实行评价信息公开。建立健全社会第三方认证认可制度。

（三）加强消费领域信用体系建设

加强消费领域信用信息采集。依托全国信用信息共享平台，建立跨地区跨部门跨行业信用信息共享共用机制。建立科学合理的信用评价体系，强化“信用中国”网站信息公开和国家企业信用信息公示系统依法公示功能，将行政许可、行政处罚、产品抽检结果等信息向社会公开，为公众提供公共信用信息“一站式”查询服务

和消费预警提示。运用多种方式和载体，开展消费投诉信息公示工作，督促经营者诚信经营。引导企业主动发布综合信用承诺或产品和服务质量等专项承诺，鼓励信用服务机构开展消费领域企业信用评价，充分发挥行业协会商会的行业诚信自律作用。

完善守信激励和失信惩戒机制。建立健全守信“红名单”制度，为守信企业提供行政审批“绿色通道”、降低监管频次等激励措施，为守信个人提供住房、交通出行等多场景消费服务便利优惠。建立健全失信“黑名单”制度，对失信主体实施市场禁入或服务受限等联合惩戒措施。通过“信用中国”网站和国家企业信用信息公示系统向社会公布守信“红名单”和失信“黑名单”信息。推进信用风险分级分类监管，对信用风险等级高的市场主体，适当提高产品抽检、责任巡查等监管频次。在关系百姓生命财产安全的食品、药品等领域，加大对销售假冒伪劣产品行为的打击力度，对侵害消费者权益的市场主体依法实施惩罚性赔偿。

（四）健全消费者维权机制

健全消费者权益保护工作部门协作机制。进一步完善全国12315互联网平台功能，畅通消费者诉求渠道，强化对消费者权益的行政保护，建立常态化的消费者满意度调查评估机制。建立健全消费者信息保护、数据交易和共享相关制度。打击假冒伪劣和虚假广告宣传，充分发挥消费者协会等组织维护消费者权益的积极作用。强化消费者权益损害法律责任，坚持依法解决服务纠纷，扩大适用举证责任倒置服务范围。健全公益诉讼制度，适当扩大公益诉讼主体范围。探索建立纠纷多元化解决机制，完善诉讼、仲裁与调解对接机制。适应互联网时代发展要求，加大网络消费者权益司法保护力度，加强网上跨境消费者争议解决机制建设。提高消费者主体意识和维权能力。聚焦信息消费、预付式消费、网络购物、群体消费等领域出现的问题，传播科学文明的商品和服务知识等信息，通过各种平台的宣传及消费维权知识的普及，提高消费者的主体意识和依法维权能力，营造重视消费者权益保护的良好氛围。加快个人信息安全立法，进一步加大消费者个人信息保护力度。

四、强化政策配套和宣传引导，改善居民消费能力和预期

（一）深化收入分配制度改革

完善有利于提高居民消费能力的收入分配制度，增加低收入群体收入，扩大中等收入群体。完善企业工资分配的宏观指导制度，依法推进工资集体协商，建立反映人力资源市场供求关系和企业经济效益的工资决定机制和正常增长机制。完善机关事业单位工资和津补贴制度，落实以增加知识价值为导向的分配政策，扩大高校和科研院所收入分配自主权，建立公务员和企业相当人员工资水平调查比较制度，推进实施重点群体增收激励计划，拓宽居民劳动收入和财产性收入渠道。推进实施企业职工基本养老保险基金中央调剂制度。建立健全覆盖城乡居民的基本医疗卫生制度。鼓励有条件的地方探索建立低收入群体基本生活现金救助、实物救助和救助服务相结合的社会救助方式，按照满足基本生活需求的标准核定救助标准，并根据价格水平动态调整。

（二）构建公平开放的市场环境

积极培育和壮大各类消费供给主体，消除所有制歧视，实行包容审慎有效的准入制度，全面实施公平竞争审查制度，加快建立全国统一、开放、竞争、有序的市场体系，打破地域分割和市场分割。全面实施准入前国民待遇加负面清单管理制度，加大生活性服务领域有效有序开放力度，逐步放宽放开对外资的限制。建设若干国际消费中心城市，推进海南国际旅游消费中心建设。

（三）完善财税金融土地配套政策

健全消费政策体系，进一步研究制定鼓励和引导居民消费的政策。推动消费税立法。推进个人所得税改革，合理提高个人所得税基本减除费用标准，适当增加专项附加扣除，逐步建立综合和分类相结合的个人所得

税制度。落实好健康、养老、家政等生活性服务业的税收优惠政策。进一步提升金融对促进消费的支持作用，鼓励消费金融创新，规范发展消费信贷，把握好保持居民合理杠杆水平与消费信贷合理增长的关系。鼓励保险公司在风险可控的前提下，为消费信贷提供融资增信支持。加大文化、旅游、体育、健康、养老、家政等领域用地政策落实力度。

（四）深化事业单位分类改革

合理区分基本公共服务与非基本公共服务，基本公共服务主要由政府保障，非基本公共服务主要由市场提供。加快推进教育、卫生、文化、体育等领域事业单位分类改革，将生产经营类事业单位转为企业。建立健全符合不同事业单位特点的管理体制机制，分类推进事业单位人事制度改革。完善民办机构参与公办机构改制细则。

（五）优化消费领域基础设施建设投入机制

积极发挥财政资金引导作用，进一步吸引社会投资，加快推进中西部地区、农村地区现代流通、信息网络、服务消费等短板领域基础设施建设，提高投资质量和效益。通过政府和社会资本合作（PPP）模式、社会领域产业企业专项债券等方式，鼓励支持社会力量参与文化、旅游、体育、健康、养老、家政、教育等领域基础设施建设。

（六）加强消费统计监测

研究制定服务消费和消费新业态新模式的统计分类，完善相关统计监测，有效反映文化、旅游、体育、健康、养老、家政、教育培训、托幼等服务消费发展水平，形成涵盖商品消费、服务消费的消费领域统计指标体系，更加全面反映居民消费发展情况。建立消费领域运用大数据等新技术开展形势分析和政策辅助决策的机制。健全消费政策评估机制。

（七）健全消费宣传推介和信息引导机制

加强对促进消费工作的舆论宣传，突出以人民为中心的发展思想，有效引导社会预期。积极培育健康理性的消费理念，大力宣传倡导丰俭有度、雅俗兼容的消费文化。用好各级各类媒体，构筑良好的消费宣传推介机制，客观真实向消费者推介商品和旅游、文化等服务，促进供需有效对接。建立针对涉嫌虚假宣传的惩罚惩戒机制。

各地区各部门要充分认识完善促进消费体制机制的重要意义，切实强化组织领导，逐项抓好改革任务和政策落实。要加大统筹协调力度，由国家发展改革委牵头会同有关部门建立完善促进消费体制机制的部门协调机制，统筹促进消费工作，制定整体战略、重要政策和措施。加强促进消费工作的监督考核。要积极推进本意见贯彻落实，抓紧制定实施完善促进消费体制机制的实施方案（2018—2020 年）。有关部门要针对本行业本领域细分市场，完善促进消费的政策体系，形成释放消费潜力的政策合力。各地区要按照本意见和实施方案的要求，结合实际抓紧制定具体实施方案和细化政策措施，进一步激发居民消费潜力。

关于印发完善促进消费体制机制实施方案（2018—2020 年）的通知

国办发〔2018〕93 号　2018 年 9 月 24 日

完善促进消费体制机制实施方案（2018—2020 年）

消费是最终需求，促进消费对释放内需潜力、推动经济转型升级、保障和改善民生具有重要意义。为加快破解制约居民消费最直接、最突出、最迫切的体制机制障碍，增强消费对经济发展的基础性作用，根据《中共中央国务院关于完善促进消费体制机制进一步激发居民消费潜力的若干意见》，制定本实施方案。

一、进一步放宽服务消费领域市场准入

（一）旅游领域

制定出台海南建设国际旅游消费中心实施方案。及时总结59国外国人海南入境旅游免签政策实施效果，加强出入境安全措施建设，为进一步扩大免签范围创造条件。制定出台自驾车、旅居车营地建设相关规范。逐步放开中外合资旅行社从事旅游业务范围，加强与国际旅游组织的合作。制定出台邮轮旅游发展规划、游艇旅游发展指导意见。出台实施进一步促进乡村旅游提质升级的政策措施。推进生态航道建设，研究开发京杭运河具备条件航段的航运旅游功能，促进交通与旅游融合发展。理顺出租汽车、汽车租赁等个性化、差异化出行价格机制。鼓励发展租赁式公寓、民宿客栈等旅游短租服务。落实带薪休假制度，鼓励错峰休假和弹性作息。（国家发展改革委、文化和旅游部、外交部、海关总署、公安部、农业农村部、商务部、人力资源和社会保障部、交通运输部按职责分工负责）

（二）文化领域

在文化服务领域开展行政审批标准化试点。推进经营性文化事业单位转企改制、公益性文化事业单位改革和国有文化企业公司制股份制改造。制定实施深化电影院线制改革方案，推动“互联网+电影”业务创新，完善规范电影票网络销售及服务相关政策，促进点播影院业务规范发展。拓展数字影音、动漫游戏、网络文学等数字文化内容。完善游戏游艺设备分类，严格设备类型与内容准入。总结推广引导城乡居民扩大文化消费试点工作经验和有效模式。扩大文化文物单位文化创意产品开发试点范围。清晰界定文物的所有权、保管权和收藏权，完善文物合法流通交易体制机制。（中央宣传部、文化和旅游部、国家文物局、广电总局、国家发展改革委、财政部按职责分工负责）

（三）体育领域

加快制定赛事审批取消后的服务管理办法，建立体育、公安、卫生等多部门对商业性和群众性大型赛事活动联合“一站式”服务机制。修订彩票公益金资助开展全民健身赛事和活动有关办法，研究制定向社会力量购买全民健身赛事活动服务的办法。推进体育赛事制播分离，积极打造国家体育传播平台，引导有条件的地方电视台创办体育频道。打破大型国际体育赛事转播垄断，引入体育赛事转播竞争机制，按市场化原则建立体育赛事转播收益分配机制。积极培育冰雪运动、山地户外运动、水上运动、航空运动、汽车摩托车运动、电竞运动等体育消费新业态。支持海南打造国家体育旅游示范区，引入一批国际一流赛事。开展全民运动健身模范市（县）创建。（体育总局、财政部、国家发展改革委、广电总局按职责分工负责）

（四）健康领域

落实医疗卫生服务体系规划、医疗机构设置规划、大型医用设备配置规划，凡符合规划条件和准入资质的，不得以任何理由限制。合理放宽社会办医疗机构配置大型医用设备规划预留空间。实施社会办医疗机构跨部门联合审批。制定新型健康服务机构准入标准和监管办法。加快推动贫困县县医院远程医疗全覆盖，并推动向乡村延伸。适应“互联网+医疗健康”发展，健全互联网诊疗收费政策，逐步将符合条件的互联网诊疗服务纳入医保支付范围。（国家卫生健康委、国家发展改革委、人力资源和社会保障部、财政部、国家医保局、商务部按职责分工负责）

（五）养老领域

取消养老机构设立许可。建立养老机构分类管理制度，加快推进公办养老机构转制为企业或开展公建民

营，建立健全养老领域公建民营相关规范，着力解决托底保障职能与公建民营不协调问题。编制实施国家积极应对人口老龄化中长期规划，支持各类市场主体增加养老服务供给。推动医养结合，研究出台医养结合机构服务和管理指南，深入开展长期护理保险试点。开展养老机构服务标准体系建设和养老机构服务质量专项行动。推动社区养老服务设施全覆盖。（民政部、国家卫生健康委、人力资源和社会保障部、国家医保局、银保监会、国家发展改革委、商务部、市场监管总局按职责分工负责）

（六）家政领域

健全家政服务标准和服务规范，研究制定家政电商等新兴业态的服务标准和规范，开展家政服务标准化试点示范建设。强化家政服务从业人员岗前培训，育婴员、养老护理员等职业实行在岗继续培训制度。实行上岗前健康体检制度，家政服务从业人员上岗前按所从事家政服务类别进行体检。探索建立家政服务保险制度，鼓励家政服务从业人员投保人身意外伤害保险，支持商业保险机构开发家政服务雇主责任保险、职业责任保险、意外险等保险产品。支持家政服务知名品牌建设，引导家政企业做大做强。建立健全大中型城市与中西部地区国家级贫困县之间的家政服务劳务对接机制。（国家发展改革委、商务部、人力资源和社会保障部、银保监会、市场监管总局按职责分工负责）

（七）教育培训领域

抓紧修订民办教育促进法实施条例。开展产教融合建设试点工作，鼓励有条件的地区探索职业学校股份制改革试点。大力发展普惠性学前教育，鼓励地方政府通过购买服务、减免租金、派驻公办教师等方式引导和支持民办幼儿园提供普惠性服务。制定实施大力发展 3 岁以下婴幼儿照护服务的政策措施。实施好关于规范校外培训机构发展的意见。鼓励有条件的地区引进境外优质高等教育、职业教育资源，举办高水平中外合作办学机构和项目，探索建立本科以上层次中外合作办学项目部省联合审批机制。（教育部、商务部、国家发展改革委按职责分工负责）

二、完善促进实物消费结构升级的政策体系

（八）大力发展住房租赁市场

总结推广住房租赁试点经验，加快研究建立住房租赁市场建设评估指标体系。发挥国有租赁企业对市场的引领、规范、激活和调控作用，支持专业化、机构化住房租赁企业发展。加快建设政府主导的住房租赁管理服务平台。鼓励有条件的城市结合实际探索发展共有产权住房，多渠道解决群众住房问题。加快出台城镇住房保障条例、住房租赁条例和住房销售管理条例。建立健全房地产信息发布机制，加强舆论引导，稳定市场预期。（住房城乡建设部、国家发展改革委按职责分工负责）

（九）促进汽车消费优化升级

继续实施新能源汽车车辆购置税优惠政策，完善新能源汽车积分管理制度，落实好乘用车企业平均燃料消耗量与新能源汽车积分并行管理办法，研究建立碳配额交易制度。完善新能源汽车充电设施标准规范，大力推动“互联网 + 充电基础设施”，提高充电服务智能化水平。研究制定促进智能汽车创新发展的政策措施。实施汽车销售管理办法，打破品牌授权单一模式，鼓励发展共享型、节约型、社会化的汽车流通体系。深入推进汽车平行进口试点。全面取消二手车限迁政策，便利二手车交易。修订报废汽车回收管理办法。积极发展汽车赛事、旅游、文化、改装等相关产业，深挖汽车后市场潜力。综合运用发行城市停车场建设专项债券、调整完善车辆购置税分配政策等措施，加大停车设施建设资金支持力度。（商务部、工业和信息化部、国家发展改革委、交通运输部、财政部、税务总局、自然资源部、住房城乡建设部、海关总署、生态环境部按职责分工负责）

（十）发展壮大绿色消费

加大相关标准标识认证制度实施力度，完善政府采购制度，创新领跑者指标和相关技术标准的衔接机制。统一常用电子产品的电池、充电器标准。研究建立绿色产品消费积分制度。推动绿色流通发展，倡导流通环节减量包装、使用可降解包装。创建一批绿色商场，在继续做好绿色购物中心创建基础上，逐步向超市、专业店等业态延伸，引导流通企业增设绿色产品专区，扩大绿色产品销售，积极发挥绿色商场在促进绿色循环消费方面的示范作用。（国家发展改革委、生态环境部、商务部、市场监管总局按职责分工负责）

（十一）进一步扩大和升级信息消费

加大网络提速降费力度。加快推进第五代移动通信（5G）技术商用。支持企业加大技术研发投入，突破核心技术，带动产品创新，提升智能手机、计算机等产品中高端供给体系质量。支持可穿戴设备、消费级无人机、智能服务机器人等产品创新和产业化升级。利用物联网、大数据、云计算、人工智能等技术推动各类应用电子产品智能化升级。创新发展生活类信息消费，重点发展面向社区生活的线上线下融合服务、面向文化娱乐的数字创意内容和服务、面向便捷出行的交通旅游服务。推进网络游戏转型升级，规范网络游戏研发出版运营。培育形成一批拥有较强实力的数字创新企业。建立健全公共数据资源开放共享体系。（中央网信办、中央宣传部、工业和信息化部、国家发展改革委、科技部、文化和旅游部、广电总局按职责分工负责）

（十二）推动传统商贸创新发展

高标准布局建设具有国际影响力的大型消费商圈，完善“互联网＋”消费生态体系，鼓励建设“智慧商店”“智慧商圈”。支持具备条件的城市重点培育一批具有国际国内领先水平的高品位步行街，促进线上线下互动、服务体验融合、商旅文体协同、购物体验结合。提升城市配送车辆通行管理水平。优化商贸物流设施空间布局，大力发展便利店、社区菜店等社区商业。建设培育特色商贸小镇。推进经济型酒店连锁经营，鼓励发展各类生态、文化主题酒店和特色化、中小型家庭旅馆。（商务部、国家发展改革委按职责分工负责）

三、加快推进重点领域产品和服务标准建设

（十三）深入实施“同线同标同质”工程

将内外销产品“同线同标同质”工程实施范围逐步由食品农产品领域向消费品等其他领域拓展。（市场监管总局负责）

（十四）加强消费产品和服务标准制定

积极开展质量提升行动，加强质量基础设施建设与应用，开展国家质量基础设施协同服务及应用。开展新业态、新消费以及服务消费质量监测专项行动，瞄准智能产品、重点服务消费等领域，综合采取风险监测、质量分析、标准领航等措施提升质量水平。修订提高生鲜乳、灭菌乳等国家标准，建立全过程质量追溯体系。积极开展体育、旅游、家政、养老等服务消费领域和以信息技术为支撑的消费新业态新模式的国家标准制订工作，选择部分服务业探索开展服务标准准入制试点。开展健康、教育、体育、金融、电商等领域服务认证。完善绿色产品标准体系，重点加快制修订能源、涉挥发性有机物等产品相关标准，抓好标准实施。有序推动强制性国家标准立项工作，整合精简现行强制性国家标准、行业标准和地方标准。（市场监管总局、工业和信息化部、国家发展改革委、商务部、国家卫生健康委、生态环境部按职责分工负责）

（十五）打造有影响力的中国品牌

选择部分重点行业和重点产品，推动制定国内领先、国际一流的企业标准和行业标准，创建一批有世界影响力的中国品牌。（市场监管总局、工业和信息化部、国家发展改革委、住房城乡建设部、商务部按职责分工负责）

四、建立健全消费领域信用体系

（十六）完善消费领域信用信息共享共用机制

依托全国信用信息共享平台，聚焦重点消费品和旅游、家政、养老、健康等服务消费，进一步归集市场监管、税务、海关等领域信用信息，建立健全企业信用档案和人员档案数据库。落实企业的信息共享共用主体责任，督促企业加大基本信息数据收集力度，实现产品生产信息和质量追溯信息互联互通，方便消费者集中查询。出台实施商务领域诚信体系建设指导意见。（国家发展改革委、商务部、人民银行、海关总署、税务总局、市场监管总局按职责分工负责）

（十七）加强信用信息公开

强化“信用中国”网站公开功能，逐步实现行政许可、行政处罚、产品抽检结果等不涉及个人隐私、企业和国家秘密的信息向社会全部公开，为公众提供信用信息“一站式”查询和消费预警提示服务。建立重大信息公告和违法违规记录公示制度。（国家发展改革委、市场监管总局、商务部按职责分工负责）

（十八）健全守信激励和失信惩戒机制

加快建立守信“红名单”和失信“黑名单”及管理办法，实施守信联合激励和失信联合惩戒措施。在部分地区试点建立失信企业惩罚性赔偿制度，在总结评估的基础上逐步扩大试点范围。建立完善信用分级分类监管机制，根据企业信用风险等级合理配置和调度监管资源。（国家发展改革委、市场监管总局、商务部按职责分工负责）

（十九）推进消费者维权机制改革

开展放心消费创建工作。加强金融消费维权，强化监督管理和社会监督，约束引导银行业和保险业金融机构诚信服务、规范经营，不断提升金融消费满意度。加强电商消费维权，针对电商销售重要时间节点，加强与电商平台、消费者协会等的协作，实现维权、处罚等信息互联互通。严厉打击假冒伪劣和虚假广告宣传。推动加快个人信息保护法立法进程，完善消费者个人隐私、消费数据保护法律法规，强化零售商、服务提供商、电信运营商、互联网平台经营者的主体责任，加大对侵犯消费者隐私权行为的打击惩戒力度。（市场监管总局、人民银行、银保监会按职责分工负责）

（二十）加强重要产品质量追溯体系建设

统筹规划全国重要产品追溯体系建设，提高重要产品生产管理信息化、标准化、集约化水平，健全追溯大数据应用机制，逐步形成全国追溯数据统一共享交换机制，初步实现部门、地区和企业追溯体系互通共享。完善食品药品等重要消费品召回制度。扩大产品国家监督抽查覆盖面，增加抽查频次，加强联合监督执法。（商务部、市场监管总局、工业和信息化部、农业农村部按职责分工负责）

五、优化促进居民消费的配套保障

（二十一）完善有利于促进居民消费的财税支持措施

推动消费税立法。制定出台新个人所得税法相关配套制度和措施，明确专项附加扣除的具体范围、标准和操作办法。积极开展个人税收递延型商业养老保险试点工作。充分利用现有资金渠道对服务消费予以支持。（财政部、税务总局、银保监会、国家发展改革委、商务部按职责分工负责）

（二十二）进一步提升金融服务质效

在风险可控、商业可持续、保持居民合理杠杆水平的前提下，加快消费信贷管理模式和产品创新，加大对重点消费领域的支持力度，不断提升消费金融服务的质量和效率。引导商业保险机构加大产品创新力度，开发

有针对性的保险产品。(人民银行、银保监会按职责分工负责)

(二十三) 深化收入分配制度改革

进一步深化城乡居民增收综合配套政策试点、专项激励计划和收入监测试点。加快建立全国统一规范的企业薪酬调查和信息发布制度。加强和改进对企业工资分配的宏观指导。推进国有企业工资决定机制改革。完善机关事业单位工资和津补贴制度。合理确定社会救助、抚恤优待等标准。探索开展支出型贫困家庭救助工作。(人力资源和社会保障部、财政部、民政部、国家发展改革委按职责分工负责)

六、加强消费宣传推介和信息引导

(二十四) 加强消费领域统计监测

研究制定服务消费和消费新业态新模式的统计分类，完善旅游、文化、体育、健康、养老、家政、教育培训、广播电视等重点领域服务消费统计监测，研究建立较为全面反映服务消费发展水平的统计指标体系。建立并推行绿色产品市场占有率统计报表制度。健全消费政策评估机制，委托第三方机构开展重大消费政策评估。(国家统计局、商务部、生态环境部、市场监管总局、国家发展改革委按职责分工负责)

(二十五) 加强消费领域大数据应用

依托国家数据共享交换平台体系等基础设施资源，加快推动各部门、各地区消费领域大数据应用并实现互联互通。推动社会组织、电商企业等建设相关领域大数据库，支持专业化大数据服务企业发展。加强政府与社会合作，建立消费领域大数据分析常态化机制，提升大数据运用能力。(国家发展改革委、工业和信息化部按职责分工负责)

(二十六) 认真做好消费宣传引导工作

在重大消费政策出台前后，通过组织召开专题发布会、专家解读等方式，正确引导社会预期。定期组织召开消费形势或相关消费领域专题信息发布会，及时发布消费发展信息、增强社会信心。加强和改进新闻媒体关于消费文化的宣传报道。组织编制年度居民消费发展报告。倡导绿色消费理念，纳入全国节能宣传周、全国科普活动周、全国低碳日、世界环境日等主题宣传教育活动，通过新闻媒体、网络媒体开展公益宣传，营造绿色消费良好社会氛围。(中央宣传部、市场监管总局、广电总局、生态环境部、国家发展改革委、人民银行按职责分工负责)

关于印发个人所得税专项附加扣除暂行办法的通知

国发〔2018〕41号　2018年12月13日

个人所得税专项附加扣除暂行办法

第一章　总则

第一条　根据《中华人民共和国个人所得税法》(以下简称个人所得税法) 规定，制定本办法。

第二条　本办法所称个人所得税专项附加扣除，是指个人所得税法规定的子女教育、继续教育、大病医疗、住房贷款利息或者住房租金、赡养老人等6项专项附加扣除。

第三条　个人所得税专项附加扣除遵循公平合理、利于民生、简便易行的原则。

第四条　根据教育、医疗、住房、养老等民生支出变化情况，适时调整专项附加扣除范围和标准。

第二章　子女教育

第五条　纳税人的子女接受全日制学历教育的相关支出，按照每个子女每月1000元的标准定额扣除。

学历教育包括义务教育（小学、初中教育）、高中阶段教育（普通高中、中等职业、技工教育）、高等教育（大学专科、大学本科、硕士研究生、博士研究生教育）。

年满3岁至小学入学前处于学前教育阶段的子女，按本条第一款规定执行。

第六条　父母可以选择由其中一方按扣除标准的100%扣除，也可以选择由双方分别按扣除标准的50%扣除，具体扣除方式在一个纳税年度内不能变更。

第七条　纳税人子女在中国境外接受教育的，纳税人应当留存境外学校录取通知书、留学签证等相关教育的证明资料备查。

第三章　继续教育

第八条　纳税人在中国境内接受学历（学位）继续教育的支出，在学历（学位）教育期间按照每月400元定额扣除。同一学历（学位）继续教育的扣除期限不能超过48个月。纳税人接受技能人员职业资格继续教育、专业技术人员职业资格继续教育的支出，在取得相关证书的当年，按照3600元定额扣除。

第九条　个人接受本科及以下学历（学位）继续教育，符合本办法规定扣除条件的，可以选择由其父母扣除，也可以选择由本人扣除。

第十条　纳税人接受技能人员职业资格继续教育、专业技术人员职业资格继续教育的，应当留存相关证书等资料备查。

第四章　大病医疗

第十一条　在一个纳税年度内，纳税人发生的与基本医保相关的医药费用支出，扣除医保报销后个人负担（指医保目录范围内的自付部分）累计超过15000元的部分，由纳税人在办理年度汇算清缴时，在80000元限额内据实扣除。

第十二条　纳税人发生的医药费用支出可以选择由本人或者其配偶扣除；未成年子女发生的医药费用支出可以选择由其父母一方扣除。

纳税人及其配偶、未成年子女发生的医药费用支出，按本办法第十一条规定分别计算扣除额。

第十三条　纳税人应当留存医药服务收费及医保报销相关票据原件（或者复印件）等资料备查。医疗保障部门应当向患者提供在医疗保障信息系统记录的本人年度医药费用信息查询服务。

第五章　住房贷款利息

第十四条　纳税人本人或者配偶单独或者共同使用商业银行或者住房公积金个人住房贷款为本人或者其配

偶购买中国境内住房，发生的首套住房贷款利息支出，在实际发生贷款利息的年度，按照每月 1000 元的标准定额扣除，扣除期限最长不超过 240 个月。纳税人只能享受一次首套住房贷款的利息扣除。

本办法所称首套住房贷款是指购买住房享受首套住房贷款利率的住房贷款。

第十五条　经夫妻双方约定，可以选择由其中一方扣除，具体扣除方式在一个纳税年度内不能变更。

夫妻双方婚前分别购买住房发生的首套住房贷款，其贷款利息支出，婚后可以选择其中一套购买的住房，由购买方按扣除标准的 100% 扣除，也可以由夫妻双方对各自购买的住房分别按扣除标准的 50% 扣除，具体扣除方式在一个纳税年度内不能变更。

第十六条　纳税人应当留存住房贷款合同、贷款还款支出凭证备查。

第六章　住房租金

第十七条　纳税人在主要工作城市没有自有住房而发生的住房租金支出，可以按照以下标准定额扣除：

（一）直辖市、省会（首府）城市、计划单列市以及国务院确定的其他城市，扣除标准为每月 1500 元；

（二）除第一项所列城市以外，市辖区户籍人口超过 100 万的城市，扣除标准为每月 1100 元；市辖区户籍人口不超过 100 万的城市，扣除标准为每月 800 元。

纳税人的配偶在纳税人的主要工作城市有自有住房的，视同纳税人在主要工作城市有自有住房。

市辖区户籍人口，以国家统计局公布的数据为准。

第十八条　本办法所称主要工作城市是指纳税人任职受雇的直辖市、计划单列市、副省级城市、地级市（地区、州、盟）全部行政区域范围；纳税人无任职受雇单位的，为受理其综合所得汇算清缴的税务机关所在城市。

夫妻双方主要工作城市相同的，只能由一方扣除住房租金支出。

第十九条　住房租金支出由签订租赁住房合同的承租人扣除。

第二十条　纳税人及其配偶在一个纳税年度内不能同时分别享受住房贷款利息和住房租金专项附加扣除。

第二十一条　纳税人应当留存住房租赁合同、协议等有关资料备查。

第七章　赡养老人

第二十二条　纳税人赡养一位及以上被赡养人的赡养支出，统一按照以下标准定额扣除：

（一）纳税人为独生子女的，按照每月 2000 元的标准定额扣除；

（二）纳税人为非独生子女的，由其与兄弟姐妹分摊每月 2000 元的扣除额度，每人分摊的额度不能超过每月 1000 元。可以由赡养人均摊或者约定分摊，也可以由被赡养人指定分摊。约定或者指定分摊的须签订书面分摊协议，指定分摊优先于约定分摊。具体分摊方式和额度在一个纳税年度内不能变更。

第二十三条　本办法所称被赡养人是指年满 60 岁的父母，以及子女均已去世的年满 60 岁的祖父母、外祖父母。

第八章　保障措施

第二十四条　纳税人向收款单位索取发票、财政票据、支出凭证，收款单位不能拒绝提供。

第二十五条　纳税人首次享受专项附加扣除，应当将专项附加扣除相关信息提交扣缴义务人或者税务机关，扣缴义务人应当及时将相关信息报送税务机关，纳税人对所提交信息的真实性、准确性、完整性负责。专项附加扣除信息发生变化的，纳税人应当及时向扣缴义务人或者税务机关提供相关信息。

前款所称专项附加扣除相关信息，包括纳税人本人、配偶、子女、被赡养人等个人身份信息，以及国务院税务主管部门规定的其他与专项附加扣除相关的信息。

本办法规定纳税人需要留存备查的相关资料应当留存五年。

第二十六条　有关部门和单位有责任和义务向税务部门提供或者协助核实以下与专项附加扣除有关的信息：

（一）公安部门有关户籍人口基本信息、户成员关系信息、出入境证件信息、相关出国人员信息、户籍人口死亡标识等信息；

（二）卫生健康部门有关出生医学证明信息、独生子女信息；

（三）民政部门、外交部门、法院有关婚姻状况信息；

（四）教育部门有关学生学籍信息（包括学历继续教育学生学籍、考籍信息）、在相关部门备案的境外教育机构资质信息；

（五）人力资源社会保障等部门有关技工院校学生学籍信息、技能人员职业资格继续教育信息、专业技术人员职业资格继续教育信息；

（六）住房城乡建设部门有关房屋（含公租房）租赁信息、住房公积金管理机构有关住房公积金贷款还款支出信息；

（七）自然资源部门有关不动产登记信息；

（八）人民银行、金融监督管理部门有关住房商业贷款还款支出信息；

（九）医疗保障部门有关在医疗保障信息系统记录的个人负担的医药费用信息；

（十）国务院税务主管部门确定需要提供的其他涉税信息。

上述数据信息的格式、标准、共享方式，由国务院税务主管部门及各省、自治区、直辖市和计划单列市税务局商有关部门确定。

有关部门和单位拥有专项附加扣除涉税信息，但未按规定要求向税务部门提供的，拥有涉税信息的部门或者单位的主要负责人及相关人员承担相应责任。

第二十七条　扣缴义务人发现纳税人提供的信息与实际情况不符的，可以要求纳税人修改。纳税人拒绝修改的，扣缴义务人应当报告税务机关，税务机关应当及时处理。

第二十八条　税务机关核查专项附加扣除情况时，纳税人任职受雇单位所在地、经常居住地、户籍所在地的公安派出所、居民委员会或者村民委员会等有关单位和个人应当协助核查。

第九章　附则

第二十九条　本办法所称父母，是指生父母、继父母、养父母。本办法所称子女，是指婚生子女、非婚生子女、继子女、养子女。父母之外的其他人担任未成年人的监护人的，比照本办法规定执行。

第三十条　个人所得税专项附加扣除额一个纳税年度扣除不完的，不能结转以后年度扣除。

第三十一条　个人所得税专项附加扣除具体操作办法，由国务院税务主管部门另行制定。

第三十二条　本办法自2019年1月1日起施行。

关于支持海南全面深化改革开放的指导意见

2018 年 4 月 11 日

海南建省和兴办经济特区是党中央着眼于我国改革开放和社会主义现代化建设全局作出的重大战略决策。2018 年是贯彻党的十九大精神的开局之年，是改革开放 40 周年，也是海南建省和兴办经济特区 30 周年。在新的历史条件下，为全面贯彻党的十九大精神和习近平总书记重要批示精神，更进一步凸显我国改革开放 40 年的重大意义，更进一步彰显党的十八大以来习近平总书记带领全国各族人民全面深化改革开放的重大意义，推动海南成为新时代全面深化改革开放的新标杆，形成更高层次改革开放新格局，探索实现更高质量、更有效率、更加公平、更可持续的发展，现提出以下意见。

一、重大意义

海南省因改革开放而生，也因改革开放而兴。1988 年，党中央批准海南建省办经济特区。30 年来，海南省切实履行党中央、国务院赋予的历史使命，大胆创新、奋勇拼搏，推动经济社会发展取得重大成就，把一个边陲海岛发展成为我国改革开放的重要窗口，实现了翻天覆地的变化，为全国提供了宝贵经验。实践证明，党中央关于海南建省和兴办经济特区的决策是完全正确的。

在中国特色社会主义进入新时代的大背景下，赋予海南经济特区改革开放新的使命，是习近平总书记亲自谋划、亲自部署、亲自推动的重大国家战略，必将对构建我国改革开放新格局产生重大而深远影响。支持海南全面深化改革开放有利于探索可复制可推广的经验，压茬拓展改革广度和深度，完善和发展中国特色社会主义制度；有利于我国主动参与和推动经济全球化进程，发展更高层次的开放型经济，加快推动形成全面开放新格局；有利于推动海南加快实现社会主义现代化，打造成新时代中国特色社会主义新亮点，彰显中国特色社会主义制度优越性，增强中华民族的凝聚力和向心力。

二、总体要求

（一）指导思想

全面贯彻党的十九大和十九届二中、三中全会精神，以习近平新时代中国特色社会主义思想为指导，坚持党的全面领导，坚持稳中求进工作总基调，坚持新发展理念，统筹推进“五位一体”总体布局和协调推进“四个全面”战略布局，以供给侧结构性改革为主线，赋予海南经济特区改革开放新使命，建设自由贸易试验区和中国特色自由贸易港，解放思想、大胆创新，着力在建设现代化经济体系、实现高水平对外开放、提升旅游消费水平、服务国家重大战略、加强社会治理、打造一流生态环境、完善人才发展制度等方面进行探索，在贯彻落实党的十九大的重大决策部署上走在前列，打造实践中国特色社会主义的生动范例，开创新时代中国特色社会主义新局面，为把我国建设成为富强民主文明和谐美丽的社会主义现代化强国作出更大贡献。

（二）战略定位

——全面深化改革开放试验区。大力弘扬敢闯敢试、敢为人先、埋头苦干的特区精神，在经济体制改革和社会治理创新等方面先行先试。适应经济全球化新形势，实行更加积极主动的开放战略，探索建立开放型经济新体制，把海南打造成为我国面向太平洋和印度洋的重要对外开放门户。

——国家生态文明试验区。牢固树立和践行绿水青山就是金山银山的理念，坚定不移走生产发展、生活富裕、生态良好的文明发展道路，推动形成人与自然和谐发展的现代化建设新格局，为推进全国生态文明建设探索新经验。

——国际旅游消费中心。大力推进旅游消费领域对外开放，积极培育旅游消费新热点，下大气力提升服务质量和国际化水平，打造业态丰富、品牌集聚、环境舒适、特色鲜明的国际旅游消费胜地。

——国家重大战略服务保障区。深度融入海洋强国、“一带一路”建设、军民融合发展等重大战略，全面加强支撑保障能力建设，切实履行好党中央赋予的重要使命，提升海南在国家战略格局中的地位和作用。

（三）基本原则

——坚持和加强党对改革开放的领导。把党的领导贯穿于海南全面深化改革开放的全过程，增强“四个意识”，坚定“四个自信”，自觉维护以习近平同志为核心的党中央权威和集中统一领导，培育践行社会主义核心价值观，确保改革开放的社会主义方向。

——坚持整体推进和稳步实施。强化顶层设计，增强改革的系统性、协调性，使各项改革举措相互配合、相得益彰，提高改革整体效益。科学把握改革举措实施步骤，加强风险评估和跟踪预警，注重纠错调整，积极防范潜在风险。

——坚持统筹陆地和海洋保护发展。加强海洋生态文明建设，加大海洋保护力度，加强海洋权益维护，科学有序开发利用海洋资源，培育壮大特色海洋经济，形成陆海资源、产业、空间互动协调发展新格局。

——坚持发挥人才的关键性作用。坚持人才是第一资源，在人才培养、引进、使用上大胆创新，聚天下英才而用之，努力让各类人才引得进、留得住、用得好，使海南成为人才荟萃之岛、技术创新之岛。

（四）发展目标

到 2020 年，与全国同步实现全面建成小康社会目标，确保现行标准下农村贫困人口实现脱贫，贫困县全部摘帽；自由贸易试验区建设取得重要进展，国际开放度显著提高；公共服务体系更加健全，人民群众获得感明显增强；生态文明制度基本建立，生态环境质量持续保持全国一流水平。

到 2025 年，经济增长质量和效益显著提高；自由贸易港制度初步建立，营商环境达到国内一流水平；民主法制更加健全，治理体系和治理能力现代化水平明显提高；公共服务水平和质量达到国内先进水平，基本公共服务均等化基本实现；生态环境质量继续保持全国领先水平。

到 2035 年，在社会主义现代化建设上走在全国前列；自由贸易港的制度体系和运作模式更加成熟，营商环境跻身全球前列；人民生活更为宽裕，全体人民共同富裕迈出坚实步伐，优质公共服务和创新创业环境达到国际先进水平；生态环境质量和资源利用效率居于世界领先水平；现代社会治理格局基本形成，社会充满活力又和谐有序。

到本世纪中叶，率先实现社会主义现代化，形成高度市场化、国际化、法治化、现代化的制度体系，成为综合竞争力和文化影响力领先的地区，全体人民共同富裕基本实现，建成经济繁荣、社会文明、生态宜居、人民幸福的美好新海南。

三、建设现代化经济体系

坚持质量第一、效益优先，以供给侧结构性改革为主线，推动经济发展质量变革、效率变革、动力变革，提高全要素生产率，加快建立开放型生态型服务型产业体系，进一步完善社会主义市场经济体制，不断增强海南的经济创新力和竞争力。

（五）深化供给侧结构性改革

坚持把实体经济作为发展经济的着力点，紧紧围绕提高供给体系质量，支持海南传统产业优化升级，加快发展现代服务业，培育新动能。推动旅游业转型升级，加快构建以观光旅游为基础、休闲度假为重点、文体旅游和健康旅游为特色的旅游产业体系，推进全域旅游发展。瞄准国际先进水平，大力发展现代服务业，加快服务贸易创新发展。统筹实施网络强国战略、大数据战略、“互联网＋”行动，大力推进新一代信息技术产业发展，推动互联网、物联网、大数据、卫星导航、人工智能和实体经济深度融合。鼓励发展虚拟现实技术，大力发展数字创意产业。高起点发展海洋经济，积极推进南海天然气水合物、海底矿物商业化开采，鼓励民营企业参与南海资源开发，加快培育海洋生物、海水淡化与综合利用、海洋可再生能源、海洋工程装备研发与应用等新兴产业，支持建设现代化海洋牧场。实施乡村振兴战略，做强做优热带特色高效农业，打造国家热带现代农业基地，支持创设海南特色农产品期货品种，加快推进农业农村现代化。

（六）实施创新驱动发展战略

面向深海探测、海洋资源开发利用、航天应用等战略性领域，支持海南布局建设一批重大科研基础设施与条件平台，建设航天领域重大科技创新基地和国家深海基地南方中心，打造空间科技创新战略高地。加强国家南繁科研育种基地（海南）建设，打造国家热带农业科学中心，支持海南建设全球动植物种质资源引进中转基地。设立海南国际离岸创新创业示范区。建立符合科研规律的科技创新管理制度和国际科技合作机制。鼓励探索知识产权证券化，完善知识产权信用担保机制。

（七）深入推进经济体制改革

深化国有企业改革，推进集团层面混合所有制改革，健全公司法人治理结构，完善现代企业制度。完善各类国有资产管理体制，探索政府直接授权国有资本投资、运营公司，加快国有企业横向联合、纵向整合和专业化重组，推动国有资本做强做优做大。完善产权保护制度，加强政务诚信和营商环境建设，清理废除妨碍统一市场和公平竞争的规定与做法，严厉打击不正当竞争行为，激发和保护企业家精神，支持民营企业发展，鼓励更多市场主体和社会主体投身创新创业。深化农垦改革，推进垦区集团化、农场企业化改革，有序推行土地资产化和资本化，鼓励社会资本通过设立农业产业投资基金、农垦产业发展股权投资基金等方式，参与农垦项目和国有农场改革。扎实推进房地一体的农村集体建设用地和宅基地使用权确权登记颁证，在海南全省统筹推进农村土地征收、集体经营性建设用地入市、宅基地制度改革试点，建立不同权属、不同用途建设用地合理比价调节机制和增值收益分配机制，统筹不同地区、拥有不同类型土地的农民收益。支持依法合规在海南设立国际能源、航运、大宗商品、产权、股权、碳排放权等交易场所。创新投融资方式，规范运用政府和社会资本合作（PPP）模式，引导社会资本参与基础设施和民生事业。支持海南以电力和天然气体制改革为重点，开展能源综合改革。理顺民用机场管理体制，先行先试通用航空分类管理改革。

（八）提高基础设施网络化智能化水平

按照适度超前、互联互通、安全高效、智能绿色的原则，大力实施一批重大基础设施工程，加快构建现代基础设施体系。建设“数字海南”，推进城乡光纤网络和高速移动通信网络全覆盖，加快实施信息进村入户工程，着力提升南海海域通信保障能力。落实国家网络安全等级保护制度，提升网络安全保障水平。推进海口机场改扩建工程，开展三亚新机场、儋州机场、东方/五指山机场前期工作，加密海南直达全球主要客源地的国际航线。优化整合港口资源，重点支持海口、洋浦港做优做强。推进电网主网架结构建设和城乡电网智能化升级改造，开展智能电网、微电网等示范项目建设。构建覆盖城乡的供气管网。加强城市地下空间利用和综合管廊建设。完善海岛型水利设施网络。

四、推动形成全面开放新格局

坚持全方位对外开放，按照先行先试、风险可控、分步推进、突出特色的原则，第一步，在海南全境建设自由贸易试验区，赋予其现行自由贸易试验区试点政策；第二步，探索实行符合海南发展定位的自由贸易港政策。

（九）高标准高质量建设自由贸易试验区

以现有自由贸易试验区试点内容为主体，结合海南特点，建设中国（海南）自由贸易试验区，实施范围为海南岛全岛。以制度创新为核心，赋予更大改革自主权，支持海南大胆试、大胆闯、自主改，加快形成法治化、国际化、便利化的营商环境和公平统一高效的市场环境。更大力度转变政府职能，深化简政放权、放管结合、优化服务改革，全面提升政府治理能力。实行高水平的贸易和投资自由化便利化政策，对外资全面实行准入前国民待遇加负面清单管理制度，围绕种业、医疗、教育、体育、电信、互联网、文化、维修、金融、航运等重点领域，深化现代农业、高新技术产业、现代服务业对外开放，推动服务贸易加快发展，保护外商投资合法权益。推进航运逐步开放。发挥海南岛全岛试点的整体优势，加强改革系统集成，力争取得更多制度创新成果，彰显全面深化改革和扩大开放试验田作用。

（十）探索建设中国特色自由贸易港

根据国家发展需要，逐步探索、稳步推进海南自由贸易港建设，分步骤、分阶段建立自由贸易港政策体系。海南自由贸易港建设要体现中国特色，符合海南发展定位，学习借鉴国际自由贸易港建设经验，不以转口贸易和加工制造为重点，而以发展旅游业、现代服务业和高新技术产业为主导，更加强调通过人的全面发展，充分激发发展活力和创造力，打造更高层次、更高水平的开放型经济。及时总结 59 国外国人入境旅游免签政策实施效果，加大出入境安全措施建设，为进一步扩大免签创造条件。完善国际贸易“单一窗口”等信息化平台。积极吸引外商投资以及先进技术、管理经验，支持外商全面参与自由贸易港建设。在内外贸、投融资、财政税务、金融创新、出入境等方面探索更加灵活的政策体系、监管模式和管理体制，打造开放层次更高、营商环境更优、辐射作用更强的开放新高地。

（十一）加强风险防控体系建设

出台有关政策要深入论证、严格把关，成熟一项推出一项。打好防范化解重大风险攻坚战，有效履行属地金融监管职责，构建金融宏观审慎管理体系，建立金融监管协调机制，加强对重大风险的识别和系统性金融风险的防范，严厉打击洗钱、恐怖融资及逃税等金融犯罪活动，有效防控金融风险。优化海关监管方式，强化进出境安全准入管理，完善对国家禁止和限制入境货物、物品的监管，高效精准打击走私活动。建立检验检疫风险分类监管综合评定机制。强化企业投资经营事中事后监管，实行“双随机、一公开”监管全覆盖。

五、创新促进国际旅游消费中心建设的体制机制

深入推进国际旅游岛建设，不断优化发展环境，进一步开放旅游消费领域，积极培育旅游消费新业态、新热点，提升高端旅游消费水平，推动旅游消费提质升级，进一步释放旅游消费潜力，积极探索消费型经济发展的新路径。

（十二）拓展旅游消费发展空间

实施更加开放便利的离岛免税购物政策，实现离岛旅客全覆盖，提高免税购物限额。支持海南开通跨国邮

轮旅游航线，支持三亚等邮轮港口开展公海游航线试点，加快三亚向邮轮母港方向发展。放宽游艇旅游管制。有序推进西沙旅游资源开发，稳步开放海岛游。全面落实完善博鳌乐城国际医疗旅游先行区政策，鼓励医疗新技术、新装备、新药品的研发应用，制定支持境外患者到先行区诊疗的便利化政策。推动文化和旅游融合发展，大力发展动漫游戏、网络文化、数字内容等新兴文化消费，促进传统文化消费升级。允许外资在海南试点设立在本省经营的演出经纪机构，允许外资在海南省内经批准的文化旅游产业集聚区设立演出场所经营单位，演出节目需符合国家法律和政策规定。允许旅游酒店经许可接收国家批准落地的境外电视频道。支持在海南建设国家体育训练南方基地和省级体育中心，鼓励发展沙滩运动、水上运动、赛马运动等项目，支持打造国家体育旅游示范区。探索发展竞猜型体育彩票和大型国际赛事即开彩票。探索从空间规划、土地供给、资源利用等方面支持旅游项目建设。

（十三）提升旅游消费服务质量

鼓励海南旅游企业优化重组，支持符合条件的企业上市融资，促进旅游产业规模化、品牌化、网络化经营，形成一批具有国际竞争力的旅游集团。推进经济型酒店连锁经营，鼓励发展各类生态、文化主题酒店和特色化、中小型家庭旅馆，积极引进国内外高端酒店集团和著名酒店管理品牌。高标准布局建设具有国际影响力的大型消费商圈，完善“互联网+”消费生态体系，鼓励建设“智能店铺”“智慧商圈”，支持完善跨境消费服务功能。加强旅游公共服务设施的统筹规划和建设。健全旅游服务的标准体系、监管体系、诚信体系、投诉体系，建立企业信誉等级评价、重大信息公告、消费投诉信息和违规记录公示制度。严厉打击扰乱旅游市场秩序的违法违规行为，完善旅游纠纷调解机制，切实维护旅游者合法权益。支持海南整合旅游营销资源，强化整体宣传营销，促进海南旅游形象提升。

（十四）大力推进旅游消费国际化

支持海南积极引进国际优质资本和智力资源，采用国际先进理念进行旅游资源保护和开发。允许在海南注册的符合条件的中外合资旅行社从事除台湾地区以外的出境旅游业务。支持海南积极参与国际旅游合作与分工，与国际组织和企业在引资引智、市场开发、教育培训、体育赛事等方面开展务实合作。加快建立与国际通行规则相衔接的旅游管理体制，推动更多企业开展国际标准化组织（ISO）质量和环境管理体系认证，提升企业管理水平。系统提升旅游设施和旅游要素的国际化、标准化、信息化水平。指导海南进一步办好国际体育赛事，支持再引入一批国际一流赛事。支持海南举办国际商品博览会和国际电影节。

六、服务和融入国家重大战略

支持海南履行好党中央赋予的重要使命，持续加强支撑保障能力建设，更好地服务海洋强国、“一带一路”建设、军民融合发展等国家重大战略实施。

（十五）加强南海维权和开发服务保障能力建设

加快完善海南的维权、航运、渔业等重点基础设施，显著提升我国对管辖海域的综合管控和开发能力。实施南海保障工程，建立完善的救援保障体系。保障法院行使对我国管辖海域的司法管辖权。支持三亚海上旅游合作开发基地、澄迈等油气勘探生产服务基地建设。加强重点渔港和避风港建设。

（十六）深化对外交往与合作

充分利用博鳌亚洲论坛等国际交流平台，推动海南与“一带一路”沿线国家和地区开展更加务实高效的合作，建设21世纪海上丝绸之路重要战略支点。鼓励境外机构落户海南。支持海南推进总部基地建设，鼓励跨国企业、国内大型企业集团在海南设立国际总部和区域总部。支持在海南设立21世纪海上丝绸之路文化、教育、农业、旅游交流平台，推动琼海农业对外开放合作试验区建设。加强海南与东南亚国家的沟通交流，重点开展旅游、环境保护、海洋渔业、人文交流、创新创业、防灾减灾等领域合作。

（十七）推进军民融合深度发展

落实经济建设项目贯彻国防要求的有关部署，加强军地在基础设施、科技、教育和医疗服务等领域的统筹发展，建立军地共商、科技共兴、设施共建、后勤共保的体制机制，将海南打造成为军民融合发展示范基地。依托海南文昌航天发射场，推动建设海南文昌国际航天城。完善南海岛礁民事服务设施与功能，建设生态岛礁，打造南海军民融合精品工程。深化空域精细化管理改革，提升军民航空域使用效率。完善军地土地置换政策，保障军事用地需求，促进存量土地盘活利用。建设国家战略能源储备基地。

（十八）加强区域合作交流互动

依托泛珠三角区域合作机制，鼓励海南与有关省区共同参与南海保护与开发，共建海洋经济示范区、海洋科技合作区。密切与香港、澳门在海事、海警、渔业、海上搜救等领域的合作，积极对接粤港澳大湾区建设。加强与台湾地区在教育、医疗、现代农业、海洋资源保护与开发等领域的合作。深化琼州海峡合作，推进港航、旅游协同发展。

七、加强和创新社会治理

始终坚持以人民为中心的发展思想，完善公共服务体系，加强社会治理制度建设，不断满足人民日益增长的美好生活需要，形成有效的社会治理、良好的社会秩序，使人民获得感、幸福感、安全感更加充实、更有保障、更可持续。

（十九）健全改善民生长效机制

坚决打赢精准脱贫攻坚战，建立稳定脱贫长效机制，促进脱贫提质增效。深化户籍制度改革，有序推进农业转移人口市民化，推动基本公共服务覆盖全部常住人口。大力实施基础教育提质工程，全面提升学前教育和中小学教育质量。完善劳动用工制度，健全最低工资标准调整和工资支付保障长效机制。开展激发重点群体增收活力改革试点，推进事业单位改革和人才评价机制改革，在国家政策框架内，加快完善与自由贸易试验区和自由贸易港建设相适应、体现工作绩效和分级分类管理的机关事业单位工资分配政策。创新社会救助模式，完善专项救助制度，在重点保障城乡低保对象、特困人员的基础上，将专项救助向低收入家庭延伸。全面实施全民参保计划。建立和完善房地产长效机制，防止房价大起大落。继续深化医药卫生体制改革。

（二十）打造共建共治共享的社会治理格局

加强预防和化解社会矛盾机制建设，正确处理人民内部矛盾。加强人口动态数据收集分析，建立人口监测预警报告制度。推动建立以社会保障卡为载体的“一卡通”服务管理模式。探索行业协会商会类、科技类、公益慈善类、城乡社区服务类社会组织依法直接登记制度，支持社会组织在规范市场秩序、开展行业监管、加强行业自律、调解贸易纠纷等方面发挥更大作用，推进行业协会商会脱钩改革。全面加强基层治理，统筹推进基层政权建设和基层群众自治，促进乡镇（街道）治理和城乡社区治理有效衔接，构建简约高效的基层管理体制。全面推进社会信用体系建设，加快构建守信激励和失信惩戒机制。围绕行政管理、司法管理、城市管理、环境保护等社会治理的热点难点问题，促进人工智能技术应用，提高社会治理智能化水平。

（二十一）深化行政体制改革

全面贯彻党的十九届三中全会精神，认真落实《中共中央关于深化党和国家机构改革的决定》《深化党和国家机构改革方案》，坚决维护党中央权威和集中统一领导，率先完成地方党政机构改革。深化“放管服”改革，在进一步简政放权、放管结合、优化服务方面走在全国前列，推动自由贸易试验区和自由贸易港建设。按照宜放则放、不宜放则不放的原则，赋予海南省级政府更多自主权，将贴近基层和群众的管理服务事务交由下级政府承担。推进海南行政区划改革创新，优化行政区划设置和行政区划结构体系。支持海南按照实际需要统筹使用各类编制资源。深化"多规合一"改革，推动形成全省统一的空间规划体系。积极探索与行政体制改革相适应的司法体制改革。

八、加快生态文明体制改革

牢固树立社会主义生态文明观，像对待生命一样对待生态环境，实行最严格的生态环境保护制度，还自然以宁静、和谐、美丽，提供更多优质生态产品以满足人民日益增长的优美生态环境需要，谱写美丽中国海南篇章。

（二十二）完善生态文明制度体系

加快建立健全生态文明建设长效机制，压紧压实生态环境保护责任。率先建立生态环境和资源保护现代监管体制，设立国有自然资源资产管理和自然生态监管机构。落实环境保护"党政同责、一岗双责"，构建以绿色发展为导向的评价考核体系，严格执行党政领导干部自然资源资产离任审计、生态环境损害责任追究制度。编制自然资源资产负债表，实行省以下环保机构监测监察执法垂直管理制度。支持海南在建立完善自然资源资产产权制度和有偿使用制度方面率先进行探索。加快完善生态保护成效与财政转移支付资金分配相挂钩的生态保护补偿机制。全面实施河长制、湖长制、湾长制、林长制。探索建立水权制度。鼓励海南国家级、省级自然保护区依法合规探索开展森林经营先行先试。加强对海洋生态环境的司法保护。开展海洋生态系统碳汇试点。研究构建绿色标准体系，建立绿色产品政府采购制度，创建绿色发展示范区。实行碳排放总量和能耗增量控制。建立环境污染"黑名单"制度，健全环保信用评价、信息强制性披露、严惩重罚等制度。在环境高风险领域建立环境污染强制责任保险制度。

（二十三）构建国土空间开发保护制度

深入落实主体功能区战略，健全国土空间用途管制制度，完善主体功能区配套政策，制定实施海南省海洋主体功能区规划。完成生态保护红线、永久基本农田、城镇开发边界和海洋生物资源保护线、围填海控制线划定工作，严格自然生态空间用途管制。实行最严格的节约用地制度，实施建设用地总量和强度双控行动，推进城市更新改造，对低效、零散用地进行统筹整合、统一开发，确保海南建设用地总量在现有基础上不增加，人均城镇工矿用地和单位国内生产总值建设用地使用面积稳步下降。加强自然保护区监督管理。研究设立热带雨林等国家公园，构建以国家公园为主体的自然保护地体系，按照自然生态系统整体性、系统性及其内在规律实行整体保护、系统修复、综合治理。实施重要生态系统保护和修复重大工程，构建生态廊道和生物多样性保护网络，提升生态系统质量和稳定性。鼓励在重点生态区位推行商品林赎买制度，探索通过租赁、置换、地役权合同等方式规范流转集体土地和经济林，逐步恢复和扩大热带雨林等自然生态空间。实施国家储备林质量精准提升工程，建设乡土珍稀树种木材储备基地。对生态环境脆弱和敏感区域内居民逐步实施生态移民搬迁。严格保护海洋生态环境，更加重视以海定陆，加快建立重点海域入海污染物总量控制制度，制定实施海岸带保护与利用综合规划。

（二十四）推动形成绿色生产生活方式

坚持"绿色、循环、低碳"理念，建立产业准入负面清单制度，全面禁止高能耗、高污染、高排放产业和低端制造业发展，推动现有制造业向智能化、绿色化和服务型转变，加快构建绿色产业体系。实施能源消费总量和强度双控行动。支持海南建设生态循环农业示范省，加快创建农业绿色发展先行区。实行生产者责任延伸制度，推动生产企业切实落实废弃产品回收责任。减少煤炭等化石能源消耗，加快构建安全、绿色、集约、高效的清洁能源供应体系。建立闲置房屋盘活利用机制，鼓励发展度假民宿等新型租赁业态。探索共享经济发展新模式，在出行、教育、职业培训等领域开展试点示范。科学合理控制机动车保有量，加快推广新能源汽车和节能环保汽车，在海南岛逐步禁止销售燃油汽车。全面禁止在海南生产、销售和使用一次性不可降解塑料袋、塑料餐具，加快推进快递业绿色包装应用。

九、完善人才发展制度

实施人才强国战略，深化人才发展体制机制改革，实行更加积极、更加开放、更加有效的人才政策，加快形成人人渴望成才、人人努力成才、人人皆可成才、人人尽展其才的良好环境。

（二十五）创新人才培养支持机制

鼓励海南充分利用国内外优质教育培训资源，加强教育培训合作，培养高水平的国际化人才。支持海南大学创建世界一流学科，支持相关高校培育建设重点实验室。鼓励国内知名高校和研究机构在海南设立分支机构。完善职业教育和培训体系，深化产教融合、校企合作，鼓励社会力量通过独资、合资、合作等多种形式举办职业教育。鼓励海南引进境外优质教育资源，举办高水平中外合作办学机构和项目，探索建立本科以上层次中外合作办学项目部省联合审批机制。支持海南通过市场化方式设立专业人才培养专项基金。完善促进终身教育培训的体制机制。

（二十六）构建更加开放的引才机制

加大国家级人才计划对海南省人才队伍建设的支持力度。紧紧围绕强化公益属性的目标深化事业单位改革，除仅为机关提供支持保障的事业单位外，原则上取消行政级别，允许改革后的事业单位结合实际完善有利于激励人才的绩效工资内部分配办法。促进教师、医生、科研人员等合理流动。创新“候鸟型”人才引进和使用机制，设立“候鸟”人才工作站，允许内地国企、事业单位的专业技术和管理人才按规定在海南兼职兼薪、按劳取酬。支持海南开展国际人才管理改革试点，允许外籍和港澳台地区技术技能人员按规定在海南就业、永久居留。允许在中国高校获得硕士及以上学位的优秀外国留学生在海南就业和创业，扩大海南高校留学生规模。支持海南探索建立吸引外国高科技人才的管理制度。

（二十七）建设高素质专业化干部队伍

坚持党管干部原则，坚持正确选人用人导向，突出政治标准，注重培养专业能力、专业精神，增强干部队伍助推海南全面深化改革开放的能力。推进公务员聘任制和分类管理改革，拓宽社会优秀人才进入党政干部队伍渠道，允许在专业性较强的政府机构设置高端特聘职位，实施聘期管理和协议工资。加强海南与国内发达地区的公务员学习交流，开展公务员国际交流合作，稳妥有序开展公务人员境外培训。加强优秀后备干部储备，完善鼓励干部到基层一线、困难艰苦地区历练的机制。

（二十八）全面提升人才服务水平

加大优质公共服务供给，满足人才对高品质公共服务的需求。大力引进优质医疗资源，鼓励社会力量发展高水平医疗机构，推进国际国内医疗资源合作，积极引进优秀卫生专业技术人员。深度推进跨省异地就医住院医疗费用直接结算，鼓励发展商业补充保险。推进社会养老服务设施建设。加快数字图书馆、数字博物馆、网上剧院等建设，构建标准统一、互联互通的公共数字文化服务网络。出台专门政策解决引进人才的任职、住房、就医、社保、子女教育等问题。

十、保障措施

毫不动摇加强党对改革开放的领导，进一步强化政策支持，建立健全“中央统筹、部门支持、省抓落实”

的工作机制，坚定自觉地把党中央、国务院的决策部署落到实处。

（二十九）加强党的领导

坚持党对一切工作的领导，充分发挥党总揽全局、协调各方的作用。海南省委要把党的政治建设摆在首位，用习近平新时代中国特色社会主义思想武装海南党员干部。着眼于健全加强党的全面领导的制度，优化党的组织机构，建立健全省委对全面深化改革开放工作的领导体制机制，更好发挥党的职能部门作用，提高党把方向、谋大局、定政策、促改革的能力和定力。加强基层党组织建设，着力提升组织力，增强政治功能，引导广大党员发挥先锋模范作用，把基层党组织建设成为推动海南全面深化改革开放的坚强战斗堡垒。完善体现新发展理念和正确政绩观要求的干部考核评价体系，建立激励机制和容错纠错机制，旗帜鲜明地为敢于担当、踏实做事、不谋私利的干部撑腰鼓劲。牢牢掌握意识形态工作领导权，把社会主义核心价值观融入社会发展各方面，坚定文化自信。持之以恒正风肃纪，强化纪检监察工作，营造风清气正良好环境。深化政治巡视。全面落实监察法。

（三十）强化政策保障

本意见提出的各项改革政策措施，凡涉及调整现行法律或行政法规的，经全国人大或国务院统一授权后实施。中央有关部门根据海南省建设自由贸易试验区、探索实行符合海南发展定位的自由贸易港政策需要，及时向海南省下放相关管理权限，给予充分的改革自主权。按照市场化方式，设立海南自由贸易港建设投资基金。深化司法体制综合配套改革，全面落实司法责任制，实行法院、检察院内设机构改革试点，建立法官、检察官员额退出机制。支持建立国际经济贸易仲裁机构和国际争端调解机构等多元纠纷解决机构。

（三十一）完善实施机制

海南省要发挥主体责任，主动作为、真抓实干，敢为人先、大胆探索，以“功成不必在我”的精神境界和“功成必定有我”的历史担当，一任接着一任干，一茬接着一茬干，将蓝图一绘到底。要制定预案，稳定市场预期，坚决防范炒房炒地投机行为。研究建立重大问题协调机制，统筹推进海南全面深化改革开放工作。中央有关部门要真放真改真支持，切实贯彻落实本意见提出的各项任务和政策措施，会同海南省抓紧制定实施方案。国家发展改革委要加强综合协调，强化督促检查，适时组织对本意见实施情况进行评估，及时发现问题并提出整改建议，重大事项向党中央、国务院报告。

关于对《河北雄安新区规划纲要》的批复

2018 年 4 月 14 日

一、同意《河北雄安新区规划纲要》（以下简称《雄安规划纲要》）。《雄安规划纲要》深入贯彻习近平新时代中国特色社会主义思想，深入贯彻党的十九大和十九届二中、三中全会精神，坚决落实党中央、国务院决策部署，牢固树立和贯彻落实新发展理念，紧扣新时代我国社会主要矛盾变化，按照高质量发展要求，紧紧围绕统筹推进“五位一体”总体布局和协调推进“四个全面”战略布局，着眼建设北京非首都功能疏解集中承载地，创造“雄安质量”和成为推动高质量发展的全国样板，建设现代化经济体系的新引擎，坚持世界眼光、国际标准、中国特色、高点定位，坚持生态优先、绿色发展，坚持以人民为中心、注重保障和改善民生，坚持保护弘扬中华优秀传统文化、延续历史文脉，符合党中央、国务院对雄安新区的战略定位和发展要求，对于高起点规划、高标准建设雄安新区具有重要意义。

二、设立河北雄安新区，是以习近平同志为核心的党中央深入推进京津冀协同发展作出的一项重大决策部署，是继深圳经济特区和上海浦东新区之后又一具有全国意义的新区，是千年大计、国家大事。雄安新区作为北京非首都功能疏解集中承载地，与北京城市副中心形成北京新的两翼，有利于有效缓解北京“大城市病”，探索人口经济密集地区优化开发新模式；与以2022年北京冬奥会和冬残奥会为契机推进张北地区建设形成河北两翼，有利于加快补齐区域发展短板，提升区域经济社会发展质量和水平。要以《雄安规划纲要》为指导，推动雄安新区实现更高水平、更有效率、更加公平、更可持续发展，建设成为绿色生态宜居新城区、创新驱动发展引领区、协调发展示范区、开放发展先行区，努力打造贯彻落实新发展理念的创新发展示范区。

三、科学构建城市空间布局。雄安新区实行组团式发展，选择容城、安新两县交界区域作为起步区先行开发并划出一定范围规划建设启动区，条件成熟后再稳步有序推进中期发展区建设，划定远期控制区为未来发展预留空间。要坚持城乡统筹、均衡发展、宜居宜业，形成“一主、五辅、多节点”的城乡空间布局。起步区随形就势，形成“北城、中苑、南淀”的空间布局。要统筹生产、生活、生态三大空间，构建蓝绿交织、疏密有度、水城共融的空间格局。

四、合理确定城市规模。坚持以资源环境承载能力为刚性约束条件，科学确定雄安新区开发边界、人口规模、用地规模、开发强度。要坚持生态优先、绿色发展，雄安新区蓝绿空间占比稳定在70%，远景开发强度控制在30%。要合理控制用地规模，启动区面积20至30平方公里，起步区面积约100平方公里，中期发展区面积约200平方公里。要严守生态保护红线，严控城镇开发边界，严格保护永久基本农田，加强各类规划空间控制线的充分衔接，形成规模适度、空间有序、用地节约集约的城乡发展新格局。

五、有序承接北京非首都功能疏解。雄安新区作为北京非首都功能疏解集中承载地，要重点承接北京非首都功能和人口转移。积极稳妥有序承接符合雄安新区定位和发展需要的高校、医疗机构、企业总部、金融机构、事业单位等，严格产业准入标准，限制承接和布局一般性制造业、中低端第三产业。要与北京市在公共服务方面开展全方位深度合作，引入优质教育、医疗、文化等资源，提升公共服务水平，完善配套条件。要创新政策环境，制定实施一揽子政策举措，确保疏解对象来得了、留得住、发展好。

六、实现城市智慧化管理。坚持数字城市与现实城市同步规划、同步建设，适度超前布局智能基础设施，打造全球领先的数字城市。建立城市智能治理体系，完善智能城市运营体制机制，打造全覆盖的数字化标识体系，构建汇聚城市数据和统筹管理运营的智能城市信息管理中枢，推进城市智能治理和公共资源智能化配置。要根据城市发展需要，建设多级网络衔接的市政综合管廊系统，推进地下空间管理信息化建设，保障地下空间合理开发利用。

七、营造优质绿色生态环境。要践行绿水青山就是金山银山的理念，大规模开展植树造林和国土绿化，将生态湿地融入城市空间，实现雄安新区森林覆盖率达到40%，起步区绿化覆盖率达到50%。要坚持绿色发展，采用先进技术布局建设污水和垃圾处理系统，提高绿色交通和公共交通出行比例，推广超低能耗建筑，优化能源消费结构。强化大气、水、土壤污染防治，加强白洋淀生态环境治理和保护，同步加大上游地区环境综合整治力度，逐步恢复白洋淀“华北之肾”功能。

八、实施创新驱动发展。瞄准世界科技前沿，面向国家重大战略需求，积极吸纳和集聚创新要素资源，高起点布局高端高新产业，大力发展高端服务业，构建实体经济、科技创新、现代金融、人力资源协同发展的现代产业体系。布局建设一批国家级创新平台，加强与国内外一流教育科研机构和科技企业合作，建立以企业为主体、市场为导向、产学研深度融合的技术创新体系。制定特殊人才政策，集聚高端创新人才，培育创新文化和氛围。创新科技合作模式，加强知识产权保护及综合运用，构建国际一流的创新服务体系。

九、建设宜居宜业城市。按照雄安新区功能定位和发展需要，沿城市轴线、主要街道、邻里中心，分层次布局不同层级服务设施，落实职住平衡要求，形成多层级、全覆盖、人性化的基本公共服务网络。构建具有雄安特色、国内领先、世界一流的教育体系。增加雄安新区优质卫生资源总量，建设体系完整、功能互补、密切协作的现代医疗卫生服务体系。提供多层次公共就业服务，创新社会保障服务体系。建立多主体供给、多渠道保障、租购并举的住房制度和房地产市场调控长效机制，严禁大规模房地产开发。优化调整雄县、容城、安新3个县城功能，妥善解决土地征收、房屋拆迁、就业安置等事关群众切身利益的问题，维护社会大局和谐稳定，为雄安新区规划建设营造良好社会氛围和舆论环境，让人民群众有更多的幸福感、获得感。

十、打造改革开放新高地。要把改革开放作为雄安新区发展的根本动力，总结吸收我国改革开放40年来的经验成果，进一步解放思想、勇于创新，探索新时代推动高质量发展、建设现代化经济体系的新路径。对符合我国未来发展方向、对全国起重要示范带动作用、对雄安新区经济社会发展有重要影响的体制机制改革创新在新区先行先试，争取率先在重要领域和关键环节取得新突破，率先在推动高质量发展的指标体系、政策体系、标准体系、统计体系、绩效评价和考核体系等方面取得新突破，形成一批可复制可推广的经验，为全国提供示范。

十一、塑造新时代城市特色风貌。要坚持顺应自然、尊重规律、平原建城，坚持中西合璧、以中为主、古今交融，做到疏密有度、绿色低碳、返璞归真，形成中华风范、淀泊风光、创新风尚的城市风貌。要细致严谨做好单体建筑设计，追求建筑艺术，强化对建筑体量、高度、立面、色调等要素的规划引导和控制，原则上不建高楼大厦，不能到处是水泥森林和玻璃幕墙。要注重保护弘扬中华优秀传统文化，保留中华文化基因，体现中华传统经典建筑元素，彰显地域文化特色，体现文明包容，打造城市建设的典范。

十二、保障城市安全运行。牢固树立和贯彻落实总体国家安全观，以城市安全运行、灾害预防、公共安全、综合应急等体系建设为重点，构建城市安全和应急防灾体系，提升综合防灾水平。科学确定雄安新区防洪和抗震等安全标准，高标准设防、高质量建设，确保千年大计万无一失。按照以水定城、以水定人的要求，科学确定用水总量，完善雄安新区供水网络，形成多源互补的雄安新区供水格局。实现电力、燃气、热力等清洁能源稳定安全供应，提高能源安全保障水平。

十三、统筹区域协调发展。雄安新区要加强同北京、天津、石家庄、保定等城市的融合发展，与北京中心城区、北京城市副中心合理分工，实现错位发展。要按照网络化布局、智能化管理、一体化服务的要求，加快建立连接雄安新区与京津及周边其他城市、北京新机场之间的轨道和公路交通网络，构建快速便捷的交通体系。要加强对雄安新区及周边区域的管控力度，划定管控范围和开发边界，建设绿色生态屏障，统一规划、严格管控，促进区域协调发展。

十四、加强规划组织实施。雄安新区是留给子孙后代的历史遗产，要有功成不必在我的精神境界，保持历史耐心，合理把握开发节奏，稳扎稳打，一茬接着一茬干，一张蓝图干到底，以钉钉子精神抓好各项工作落实。《雄安规划纲要》是雄安新区规划建设的基本依据，必须坚决维护规划的严肃性和权威性，严格执行，任何部门和个人不得随意修改、违规变更。各有关方面要切实增强政治意识、大局意识、核心意识、看齐意识，坚持大历史观，全力推进雄安新区规划建设。在京津冀协同发展领导小组统筹指导下，河北省委和省政府要切实履行主体责任，加强组织领导，全力推进雄安新区规划建设各项工作，建立长期稳定的资金筹措机制，完善规划体系，抓紧深化和制定控制性详细规划及交通、能源、水利等有关专项规划，按程序报批实施。国家发展改革委、京津冀协同发展领导小组办公室要做好综合协调，中央和国家机关有关部委、单位，北京市、天津市等各地区，要积极主动对接和支持雄安新区规划建设。

《雄安规划纲要》执行中遇有重大事项，要及时向党中央、国务院请示报告。

三、中华人民共和国国家发展和改革委员会

关于市场化银行债权转股权实施中有关具体政策问题的通知

发改财金〔2018〕152 号　2018 年 1 月 19 日

为深入学习贯彻习近平新时代中国特色社会主义思想和党的十九大精神，落实全国金融工作会议和《政府工作报告》部署，有效推动《国务院关于积极稳妥降低企业杠杆率的意见》（国发〔2016〕54 号，以下简称《意见》）、《关于做好市场化银行债权转股权相关工作的通知》（发改财金〔2016〕2792 号）顺利实施，切实解决市场化银行债权转股权（以下简称市场化债转股）工作中遇到的具体问题和困难，经国务院同意，现将有关事项进一步明确并通知如下：

一、允许采用股债结合的综合性方案降低企业杠杆率。各实施机构可根据对象企业降低杠杆率的目标，设计股债结合、以股为主的综合性降杠杆方案，并允许有条件、分阶段实现转股。鼓励以收债转股模式开展市场化债转股，方案中含有以股抵债或发股还债安排的按市场化债转股项目报送信息。

二、允许实施机构发起设立私募股权投资基金开展市场化债转股。各类实施机构发起设立的私募股权投资基金可向符合条件的合格投资者募集资金，并遵守相关监管要求。符合条件的银行理财产品可依法依规向实施机构发起设立的私募股权投资基金出资。允许实施机构发起设立的私募股权投资基金与对象企业合作设立子基金，面向对象企业优质子公司开展市场化债转股。支持实施机构与股权投资机构合作发起设立专项开展市场化债转股的私募股权投资基金。

三、规范实施机构以发股还债模式开展市场化债转股。实施机构在以发股还债模式开展市场化债转股时，应在市场化债转股协议中明确偿还的具体债务，并在资金到位后及时偿还债务。

四、支持各类所有制企业开展市场化债转股。相关市场主体依据国家政策导向自主协商确定市场化债转股对象企业，不限定对象企业所有制性质。支持符合《意见》规定的各类非国有企业，如民营企业、外资企业开展市场化债转股。

五、允许将除银行债权外的其他类型债权纳入转股债权范围。转股债权范围以银行对企业发放贷款形成的债权为主，并适当考虑其他类型债权，包括但不限于财务公司贷款债权、委托贷款债权、融资租赁债权、经营性债权等，但不包括民间借贷形成的债权。银行所属实施机构开展市场化债转股所收购的债权或所偿还的债务范围原则上限于银行贷款，适当考虑其他类型银行债权和非银行金融机构债权。

六、允许实施机构受让各种质量分级类型债权。银行所属实施机构、金融资产管理公司、国有资本投资运营公司、保险资产管理机构可以市场化债转股为目的受让各种质量分级类型债权，包括银行正常类、关注类、不良类贷款；银行可以向所属实施机构、金融资产管理公司、国有资本投资运营公司、保险资产管理机构以债转股为目的转让各种质量分级类型银行债权，包括正常类、关注类、不良类贷款；银行应按照公允价值向实施机构转让贷款，因转让形成的折价损失可按规定核销。

七、允许上市公司、非上市公众公司发行权益类融资工具实施市场化债转股。符合条件的上市公司、非上

市公众公司可以向实施机构发行普通股、优先股或可转换债券等方式募集资金偿还债务。

八、允许以试点方式开展非上市非公众股份公司银行债权转为优先股。根据《意见》中实施机构和企业自主协商确定转股条件等相关规定，实施机构可以将债权转为非上市非公众股份公司优先股；在正式发布有关非上市非公众股份公司发行优先股政策前，对于拟实施债转优先股的非上市非公众股份公司市场化债转股项目，实施机构须事先向积极稳妥降低企业杠杆率工作部际联席会议（以下简称部际联席会议）办公室报送方案，经同意后以试点方式开展。

九、鼓励规范市场化债转股模式创新。鼓励银行、实施机构和企业在现行制度框架下，在市场化债转股操作方式、资金筹集和企业改革等方面探索创新，并优先采取对去杠杆、降成本、促改革、推转型综合效果好的业务模式。对于现行政策要求不明确，或需调整现行政策的市场化债转股创新模式，应报送部际联席会议办公室并经部际联席会议办公室会同相关部门研究反馈后再行开展。

十、规范市场化债转股项目信息报送管理。对股债结合的综合性降杠杆方案，在框架协议签署环节，报送总协议金额和拟最终增加的企业股权权益金额，并以后者作为债转股签约金额；在资金到位环节报送到位资金数额和企业股权权益增加金额；在协议所约定转股股权全部完成环节报送经会计师事务所认定的股权金额，作为项目实际转股金额。实施机构在报送债转股项目信息时，应明确说明与企业所签协议的性质，具有法律约束力的实质性合同金额计入签约金额，意向性营销性协议金额不再计入签约金额。

部际联席会议将组织协调加快《意见》相关政策的落实。落实税收政策，符合条件的市场化债转股企业可按规定享受企业重组相关税收优惠政策；适应开展市场化债转股工作的实际需要，有关部门将研究采取适当支持方式激励引导开展市场化债转股，依据市场化债转股业务规模、资金到位率、降杠杆质量等因素对相关银行和实施机构提供比较稳定的低成本中长期资金支持；在防止国有资产流失的前提下，提高国有企业转股定价的市场化程度，经批准，允许参考股票二级市场交易价格确定国有上市公司转股价格，允许参考竞争性市场报价或其他公允价格确定国有非上市公司转股价格。

中华人民共和国国家发展和改革委员会
中国人民银行
中华人民共和国财政部
中国银行业监督管理委员会
国务院国有资产监督委员会
中国证券监督管理委员会
中国保险监督管理委员会

关于进一步增强企业债券服务实体经济能力　严格防范地方债务风险的通知

发改办财金〔2018〕194 号　2018 年 2 月 8 日

为深入贯彻落实党的十九大、中央经济工作会议和全国金融工作会议精神，进一步发挥企业债券直接融资功能，增强金融服务实体经济能力，坚决打好防范化解重大风险攻坚战，严格防范地方债务风险，坚决遏制地方政府隐性债务增量，现就企业债券工作有关事项通知如下。

一、申报企业应当建立健全规范的公司治理结构、管理决策机制和财务管理制度，严禁党政机关公务人员未经批准在企业兼职（任职）。申报企业拥有的资产应当质量优良、权属清晰，严禁将公立学校、公立医院、公共文化设施、公园、公共广场、机关事业单位办公楼、市政道路、非收费桥梁、非经营性水利设施、非收费管网设施等公益性资产及储备土地使用权计入申报企业资产。

二、申报企业应当真实、准确、完整地披露企业自身财务信息和项目信息等，支持投资者有效甄别风险，严禁涉及与地方政府信用挂钩的虚假陈述、误导性宣传。信用评级机构应当基于企业财务和项目信息等开展评级工作，不得将申报企业信用与地方政府信用挂钩。相关企业申报债券时应主动公开声明不承担政府融资职能，发行本期债券不涉及新增地方政府债务。

三、申报企业应当实现业务市场化、实体化运营，依法合规开展市场化融资，并充分论证、科学决策利用债券资金支持投资项目建设的必要性、可行性和经济性。申报企业应当依托自身信用制定本息偿付计划和落实偿债保障措施，确保债券本息按期兑付，切实做到“谁借谁还、风险自担”。严禁申报企业以各种名义要求或接受地方政府及其所属部门为其市场化融资行为提供担保或承担偿债责任。

四、纯公益性项目不得作为募投项目申报企业债券。利用债券资金支持的募投项目，应严格执行项目资本金制度，并建立市场化的投资回报机制，形成持续稳定、合理可行的预期收益。

五、募投项目若有取得投资补助、运营补贴、财政贴息等财政资金支持的，程序和内容必须依法合规，必须把地方财政承受能力和中长期财政可持续作为重要约束条件，坚决杜绝脱离当地财力可能进行财政资金支持。相关财政资金应按照规定在年度预算中足额安排，涉及跨年度实施的项目应当列入中期财政规划并实行三年滚动管理，严格落实资金来源。

六、规范以政府和社会资本合作（PPP）项目发行债券融资。严格 PPP 模式适用范围，审慎评估政府付费类 PPP 项目、可行性缺口补助 PPP 项目发债风险，严禁采用 PPP 模式违法违规或变相举债融资。

七、建立健全责任主体信用记录，对经有关部门认定为因涉地方政府违法违规融资和担保活动的申报企业、承销机构、会计师事务所、律师事务所、信用评级机构等主体及其主要负责人，加大惩处问责力度，纳入相关领域黑名单和全国信用信息共享平台归集共享，实施跨部门联合惩戒，及时公开通报，并限制相关责任主体新申报或推荐申报企业债券。

八、各地财政部门应当按规定在年度预算中安排资金及时支付给依法合规承接政府投资项目的企业，防止地方政府恶意拖欠企业工程款。

九、各地发展改革部门应积极组织区域内市场化运营的优质企业、优质项目开展债券融资，进一步增强企业债券服务实体经济能力。各地发展改革部门应切实加大事中事后监管力度，利用社会信用体系建设、大数据预警监测分析等多种创新方式，加强对债券资金使用情况和项目后续建设运营情况的督促检查，确保企业债券市场平稳有序健康发展。

中华人民共和国国家发展和改革委员会办公厅

中华人民共和国财政部办公厅

关于实施2018年推进新型城镇化建设重点任务的通知

发改规划〔2018〕406号　2018年3月9日

一、加快农业转移人口市民化

（一）全面放宽城市落户条件

继续落实1亿非户籍人口在城市落户方案，加快户籍制度改革落地步伐，促进有能力在城镇稳定就业生活的新生代农民工、在城镇就业居住5年以上和举家迁徙的农业转移人口、农村学生升学和参军进入城镇人口在城市举家落户，鼓励对高校和职业院校毕业生、留学归国人员及技术工人实行零门槛落户。中小城市和建制镇要全面放开落户限制。大城市对参加城镇社保年限的要求不得超过5年，其中Ⅱ型大城市不得实行积分落户，有条件城市要进一步降低社保年限要求；Ⅰ型大城市中实行积分落户的要大幅提高社保和居住年限的权重，鼓励取消年度落户数量限制。超大城市和特大城市要区分城区、新区和所辖市县，制定差别化落户条件，探索搭建区域间转积分和转户籍通道。探索租赁房屋的常住人口在城市公共户口落户。落实地方政府主体责任，2018年实现进城落户1300万人。

（二）强化常住人口基本公共服务

实现居住证制度覆盖城镇全部未落户常住人口，显著提高居住证发放量。以居住证为载体向未落户人口提供城镇基本公共服务及办事便利，鼓励城市群及都市圈内居住证互认。落实“两为主、两纳入”要求，实现公办学校普遍向随迁子女开放。整合城乡居民基本医保制度，深入推进城乡居民异地就医直接结算，强化基本医保、大病保险和医疗救助等制度的衔接，发展远程医疗服务。研究制定权属不变、符合规划条件下非房地产企业依法取得使用权的土地作为住宅用地的办法，深化利用农村集体经营性建设用地建设租赁住房试点，推动建立多主体供应、多渠道保障、租购并举的住房制度。将符合条件的常住人口纳入公租房保障范围和住房公积金制度覆盖范围。

（三）深化“人地钱挂钩”配套政策

深化“人钱挂钩、钱随人走”，在安排中央和省级财政转移支付时综合考虑农业转移人口落户数量等因素，完善对落户较多地区的中央财政资金奖励政策。深化“人地挂钩、以人定地”，在制定各地区土地利用计划和安排城镇新增建设用地规模时，进一步增加上年度农业转移人口落户数量指标的权重。

（四）不断提升新市民融入城市能力

推进中国公共招聘网与各地区公共就业服务机构联网，更好为农民工等新市民提供求职招聘服务。落实农民工职业技能提升计划、农民工等人员返乡创业培训5年行动计划，制定推行终身职业技能培训政策。实施“求学圆梦行动”，重点依托职业院校广泛支持农民工接受学历继续教育与非学历培训。推进职业教育东西协作行动计划，促进贫困地区劳动力转移就业。

二、提高城市群建设质量

（五）全面实施城市群规划

编制实施粤港澳大湾区发展规划，印发实施关中平原、兰州—西宁、呼包鄂榆等跨省区城市群规划，加快实施长三角、长江中游、成渝、中原、哈长、北部湾等城市群规划，指导省级行政区内城市群规划编制实施。

建立城市群协同发展机制及配套政策，强化规划编制、产业布局、基础设施、公共服务、生态环保等重点领域合作，促进城市群内大中小城市和小城镇网络化发展。

（六）稳步开展都市圈建设

在城市群内选择若干具备条件的中心城市及周边中小城市，提高中心城市产业质量和公共服务水平，增强对人口的吸引力和承载力；引导要素在城市间高效配置，有效疏解中心城市非核心功能和产业；完善公共交通主导的交通网络体系，加快布局建设市域（郊）铁路，鼓励发展多层次、多模式、多制式的轨道交通系统，推动基础设施联通和公共服务共享，打造同城效应明显、一体化程度高的都市圈。

（七）加快培育新生中小城市

稳妥有序增设一批中小城市，继续开展撤县设市、撤地设市，推动城市群及国家新型城镇化综合试点地区范围内符合条件的县和非县级政府驻地特大镇率先设市。优化城市市辖区规模结构，制定《市辖区设置标准》《市辖区设置审核办法》，稳步推进撤县（市）设区，增强设区市辐射带动作用。

（八）引导特色小镇健康发展

落实《关于规范推进特色小镇和特色小城镇建设的若干意见》，强化监督检查评估和规范纠偏，支持一批特色小镇高质量发展。对已公布的两批403个全国特色小城镇、96个全国运动休闲特色小镇，开展定期测评和优胜劣汰。省级人民政府要强化主体责任，调整优化特色小镇实施方案、创建数量和配套政策。

三、提高城市发展质量

（九）提升城市经济质量

适应科技新变化、人民新需要，发挥城市产业载体和创新高地作用，促进要素从低质低效领域向优质高效领域流动，建设实体经济、科技创新、现代金融、人力资源协同发展的产业体系，增强创新力、需求捕捉力、品牌影响力、核心竞争力。支持东部地区率先推动高质量发展，加快培育世界级先进制造业集群。构建城市间尤其是城市群内横向错位发展、纵向分工协作的产业格局，探索户籍转换、土地指标调剂、税收分享等机制。超大城市和特大城市要发挥在产业选择和人才吸引上的优势，集中发展高端产业和产业高端。

（十）优化城市空间布局

加快划定生态保护红线、永久基本农田、城镇开发边界3条控制线，以及生态、农业、城镇空间，作为城市空间布局基本框架。以资源环境承载能力为硬约束，建设精明增长的紧凑城市。加强和规范城市生态建设，推进生态修复城市修补，塑造城市特色风貌，深入创建森林城市和生态园林城市，鼓励有条件地区打造特色山城水城。促进城市产城融合、职住平衡，实现住宅、办公、商业、休闲等功能区相互交织，有序推进"城中村"、老旧小区改造，2018年改造各类棚户区580万套，推进部分商品住房库存量大的三、四线城市和县城去库存。高标准建设城市基础设施，优先发展公共交通，深入创建公交都市；完善快速路、主次干路和支路级配合理的城市路网系统，建设城市人行道、非机动车道系统和行人过街设施；支持一批综合客运枢纽、货运枢纽（物流园区）建设；加强排涝管网、地下综合管廊和消防设施建设；健全菜市场、停车场等便民服务设施。

（十一）建设绿色人文城市

推进城市绿色低碳发展，开展城市水生态修复治理，实施国家节水行动，全面建设海绵城市，整治长江经济带地级及以上城市黑臭水体，推进城市污水处理提质增效；稳步推进北方地区冬季清洁取暖；推广绿色建筑与建筑节能；出台资源循环利用基地建设实施方案，推进生活垃圾分类立法；研究建立城市绿色发展指标体系。厚植城市人文底蕴，提炼文化经典元素和标志性符号，合理应用于城市建设运营及公共空间。

（十二）推进城市治理现代化

提升城市开放度和包容性，吸纳多元化人群参与城市治理，强化市民主人翁意识，加强精细化管理、人性化服务。分级分类推进新型智慧城市建设，以新型智慧城市评价工作为抓手，引导各地区利用互联网、大数据、人工智能推进城市治理和公共服务智慧化，建设城市空间基础地理信息数据库，力争所有市县整合形成数字化城市管理平台。全面推进健康城市建设，提升社会健康治理水平。着力解决交通拥堵、交通安全以及停车难、停车乱问题。推进城市地质调查示范。

四、加快推动城乡融合发展

（十三）做好城乡融合发展顶层设计

顺应城乡融合发展大趋势，坚持以工补农、以城带乡，以完善产权制度和要素市场化配置为重点，制定建立健全城乡融合发展体制机制和政策体系的意见措施，激活主体、激活要素、激活市场，推动城乡要素配置合理化、产业发展融合化、公共服务均等化、基础设施联通化、居民收入均衡化，加快形成工农互促、城乡互补、全面融合、共同繁荣的新型工农城乡关系。

（十四）清除要素下乡各种障碍

研究完善农民闲置宅基地和闲置农房政策，允许农村承包土地的经营权依法向金融机构融资担保、入股从事农业产业化经营，深化农村承包土地的经营权和农民住房财产权抵押贷款试点，探索县级土地储备公司和平台公司参与“两权”抵押，激活乡村沉睡的资源。确保财政投入稳定增长，健全适合农业农村特点的农村金融体系，鼓励引导工商资本下乡，推广市民农庄等模式。大力培育新型职业农民，建设农村专业人才队伍，发挥科技人才支撑作用，鼓励社会各界投身乡村建设，创新农村人才培育引进使用机制。引导乡村“开门借力”，善用城市新技术、新商业模式及庞大消费需求。建设农村产权流转交易平台。

（十五）推进城乡产业融合发展

构建农村一、二、三产业融合发展体系，创建认定一批国家农村产业融合发展示范园和先导区，实施产业兴村强县行动，发展农产品加工流通、农村休闲旅游养老、“互联网 +”现代农业和设施农业。全面开展农村集体资产清产核资、集体成员身份确认，推进集体经营性资产股份合作制改革，探索农村集体经济新的实现形式和运行机制。启动新型农业经营主体培育工程，促进小农户和现代农业发展有机衔接。推动县级政府调整优化村庄用地布局，有效利用农村零星分散的存量建设用地。预留部分规划建设用地指标用于单独选址的农业设施和休闲旅游设施等建设。对利用收储农村闲置建设用地发展农村新产业新业态的，给予新增建设用地指标奖励。

（十六）推动公共资源向农村延伸

把公共基础设施建设的重点放在农村，加快农村公路、供水、供气、环保、电网、物流、信息、广播电视建设，进一步提高农村饮水安全保障程度，加大农村“厕所革命”推进力度。优先发展农村教育事业，全面加强乡村小规模学校和乡镇寄宿制学校建设，完善农村社会保障体系，建设健康乡村。统筹山水林田湖草系统治理，加强农村突出环境问题综合治理，实施农村人居环境整治 3 年行动方案。引导社会资本参与农村基础设施和公共服务设施建设。

五、深化城镇化制度改革

（十七）深化城乡土地制度改革

改进耕地占补平衡管理办法，建立高标准农田建设等新增耕地指标和城乡建设用地增减挂钩节余指标跨省域调剂机制。深入推进城镇低效用地再开发，探索开展闲置土地处置试点。全面完成土地承包经营权确权登记颁证，扎实推进房地一体的农村集体建设用地和宅基地确权登记颁证。完善农村承包地“三权分置”制度。探索宅基地所有权、资格权、使用权“三权分置”，落实宅基地集体所有权，保障宅基地农户资格权和农民房屋财产权，适度放活宅基地和农民房屋使用权，严格禁止下乡利用农村宅基地建设别墅大院和私人会馆。允许地方多渠道筹集资金，用于村集体对进城落户农民自愿退出承包地和宅基地的补偿。系统总结农村土地制度改革三项试点经验，逐步扩大试点，修改《土地管理法》。

（十八）健全城镇化投融资机制

引导地方政府在新型城镇化建设中量力而行，防范化解隐性债务风险。强化财政资金和政府投资引导，提高资金使用效率。分类稳步推进地方融资平台公司市场化转型，剥离政府融资职能，支持转型中的融资平台公司及转型后的公益类国企依法合规承接政府公益类项目。推动地方国企提高收益上缴比例，用于新型城镇化建设。规范开发性、政策性、商业性金融和保险资金投入机制，审慎合规经营，加强风险评估，鼓励金融机构加强与城镇化项目规划和运营机构的合作。推动设立国家新型城镇化建设基金。完善 PPP 模式，提高民间资本收益预期。

（十九）推进行政管理体制改革

探索市辖经济功能区和行政区合署办公。推动省级人民政府制定设镇设街道标准，顺应人口流动趋势精简乡镇街道。深入推进经济发达镇行政管理体制改革，推动特大镇扩权赋能。推动机构精简和职能相近部门合并，鼓励探索大部门制改革。进一步缩减审批事项、优化审批流程，推动行政审批集成化服务和综合行政执法。

（二十）放大试点地区改革平台作用

全面总结第一批国家新型城镇化综合试点成果，提炼可复制可推广的典型经验，在全国范围内有序推开。推动第二批、第三批试点地区加快改革步伐，发挥好牵引作用。试点地区要将建立健全城乡融合发展体制机制和政策体系作为重要任务，积极探索创新。

各地区各部门要高度重视新型城镇化建设，统一思想、提高认识、明确分工，突出改革创新，狠抓政策落地，切实凝聚合力。充分发挥推进新型城镇化工作部际联席会议作用，国家发展改革委要强化统筹协调和督导检查，各有关部门要加强配合、主动作为，排好时间表、路线图、优先序，确保所负责的任务取得实效。各地区要强化主体责任意识，结合本地实际，以钉钉子精神做实做细做好各项具体工作，推进新型城镇化高质量发展。

关于规范主题公园建设发展的指导意见

发改社会规〔2018〕400 号　2018 年 3 月 9 日

一、总体要求

（一）指导思想

深入学习贯彻习近平新时代中国特色社会主义思想和党的十九大精神，坚持以人民为中心，坚持新发展理念，使市场在资源配置中起决定性作用，更好发挥政府作用，科学规划、合理布局，因地制宜、打造精品，遵循旅游市场客观发展规律，传承中华文化，讲好中国故事，发展类型多样、特色鲜明、内涵丰富、游客欢迎的主题公园项目，促进我国主题公园行业健康有序发展，满足人民群众的文化旅游需求。

（二）基本原则

——坚持市场主导。按照企业主导、政府引导、市场运作、行业自律的要求，营造各类投资主体公平参与的市场环境。充分发挥政府制定规划政策、优化监管服务等作用，防止形成地方债务风险、社会风险和金融风险。

——坚持因地制宜。从各地实际出发，遵循旅游市场规律和行业发展特点，实事求是、量力而行、控制总量、提升质量，形成健康、有序、可持续的发展格局，防止盲目建设、一哄而上。

——坚持聚焦主业。充分发挥主题公园集文化、旅游、科技、娱乐为一体的特点，以满足人民群众文化旅游需要为核心目标，打造优秀的文化旅游产品，合理控制主题公园周边配套产业规模，防止变形走样、借主题公园大搞房地产开发。

——坚持创新发展。创新主题公园发展业态和经营模式，不断提高科技含量、丰富文化内涵、提升建设水平和服务质量，实现多样化、特色化、差异化、内涵式发展，防止模仿抄袭、低水平重复建设。

二、科学规划

（三）合理界定范围

本意见中所称的主题公园，是指以营利为目的兴建的，占地、投资达到一定规模，实行封闭管理，具有一个或多个特定文化旅游主题，为游客有偿提供休闲体验、文化娱乐产品或服务的园区。主要包括：以大型游乐设施为主体的游乐园，大型微缩景观公园，以及提供情景模拟、环境体验为主要内容的各类影视城、动漫城等园区。政府建设的各类公益性的城镇公园、动植物园等不属于主题公园。

（四）明确规模等级

结合我国当前实际，将主题公园划分为特大型、大型和中小型三个等级。总占地面积 2000 亩及以上或总投资 50 亿元及以上的，为特大型主题公园；总占地面积 600 亩及以上、不足 2000 亩或总投资 15 亿元及以上、不足 50 亿元的，为大型主题公园；总占地面积 200 亩及以上、不足 600 亩或总投资 2 亿元及以上、不足 15 亿元的，为中小型主题公园。

（五）科学论证发展

省级政府要根据本地区经济社会发展情况、区域人口规模、城市化程度和旅游市场条件等因素，严格科学论证，统筹研究本区域主题公园项目的数量和布局。严格控制新建、扩建特大型主题公园，省级政府对本地区特大型主题公园项目建设进行科学论证，对未经省级政府论证的项目不得报请国务院进行核准。合理规划大型主题公园，符合条件的可纳入本省（自治区、直辖市）经济社会发展、旅游发展等重大规划和相关区域规划。要防止一哄而起、盲目发展、重复模仿、同质化竞争，防范地方债务、社会、金融等风险。

（六）合理规划布局

主题公园项目选址应当符合土地利用总体规划和城市、镇总体规划以及相关专项规划。统筹考虑主题公园项目游客众多、人员密集的特点，合理规划选址布局，避免与住宅等人员密集区域交叉叠加。在主题公园周边地区，合理规划酒店、餐饮、购物、娱乐、交通等服务设施建设，控制与主题公园无关的住宅、写字楼等项目。在主题公园园区内，要合理配套商业设施用地面积，不得擅自改变园区土地用途，严禁进行住宅、酒店、写字楼、大型购物中心等房地产开发。

三、严格规范

（七）严格用地管理

严格落实最严格的耕地保护制度和节约用地制度，合理确定主题公园占地规模。主题公园用地要优先利用存量和低效建设用地，严格控制新增建设用地，禁止占用耕地（亦不得通过先行办理分批次农用地转用等形式变相占用耕地）、天然林地、国家级公益林地和城镇公园绿地，禁止违规填海建设主题公园。主题公园用地应按照国家土地管理有关规定通过招拍挂等方式取得，严禁采取划拨方式。

（八）严守生态保护红线

各地区要严格执行《关于划定并严守生态保护红线的若干意见》要求，严禁违规在自然保护区、文化自然遗产、风景名胜区、森林公园和地质公园、饮用水水源保护区、重点（重要）生态功能区以及其他生态保护红线区域选址建设主题公园。主题公园建设应依法履行环境影响评价程序，采取严格的生态环境保护措施，严禁破坏生态环境。

（九）严格核准程序

主题公园核准要严格执行《企业投资项目核准和备案管理条例》《政府核准的投资项目目录》的相关规定，按规定应由省级政府核准的主题公园项目，省级相关部门在政策把握、规划布局、资源开发配置等方面要严格控制，不得下放核准权限。

（十）严控房地产倾向

各地区要严格控制主题公园周边的房地产开发，从严限制主题公园周边住宅用地比例和建设规模，不得通过调整规划为主题公园项目配套房地产开发用地。主题公园周边的酒店、餐饮、购物、住宅等房地产开发项目，必须单独供地、单独审批，不得与主题公园捆绑供地、捆绑审批，也不得通过在招拍挂中设置条件，变相将主题公园与周边房地产捆绑开发。对拟新增立项的主题公园项目要科学论证评估，严格把关审查，防范“假公园真地产”项目。

（十一）严防地方债务风险

科学论证主题公园建设项目，将企业是否建立长期稳定的投入机制和创新机制作为项目审批的重要条件之一，确保主题公园项目长期稳定运营。各地区要统筹考虑综合债务率、现有财力、资金筹措和还款来源，稳妥把握主题公园配套基础设施建设节奏。要量力而行，严格控制因主题公园建设增加地方债务。

四、提升质量

（十二）丰富文化内涵

深入挖掘中华优秀传统文化内涵，鼓励将中国元素融入到主题公园游乐项目中，积极弘扬社会主义核心价值观，讲好中国故事，传承好中华文化基因。引导主题公园企业建立长期投入机制，定期更新主题公园的设施设备，鼓励文化创意，不断创新各种体验服务、演艺等活动内容。立足区位条件和地域特征，聚焦主题、凸显主题，防止内容重复、形态雷同。

（十三）提高科技含量

支持主题公园企业加强科技创新，充分调动社会各方面积极性，促进技术创新、业态创新、内容创新、模式创新和管理创新。支持利用数字技术、仿真、互联网等高新技术支撑文化内容、装备、材料、工艺、系统的开发和利用，加快技术改造步伐。推动动漫游戏与虚拟仿真技术在主题公园设计、制造等领域中的集成应用。

加强知识产权运用和保护，健全创新激励机制。

（十四）壮大市场主体

积极借鉴国外经验，加强自主创新，注重品牌建设，积极培育文化内涵丰富、有市场影响力的主题公园企业。鼓励挖掘、保护、发展民间特色传统技艺和服务理念，培育具有地方特色的主题公园企业。要延伸产业链、提升价值链，推动主题公园企业通过合作、互相控股、参股等多种方式，在创意设计、旅游规划、衍生产品开发等方面开展业务合作，打造跨界融合的产业集团。支持有条件的主题公园企业“走出去”，扩大产品和服务出口。

五、组织实施

（十五）加强组织领导

省级政府对本地区主题公园建设负总责，要强化政府债务风险意识，对主题公园项目建设进行充分论证。要高度重视，明确分工，建立综合协调、规范发展、防范风险的长效机制，统筹研究本地区主题公园建设发展工作，强化管理，及时规范纠偏。要严肃组织查处违反土地用途和建设方案要求、利用主题公园土地开发房地产的行为，防止主题公园房地产化。

（十六）加强部门监管

旅游部门要建立健全主题公园相关标准和规范，加强行业指导和宣传引导。发展改革、国土资源、环保、规划等部门要加强对主题公园项目核准、用地、环评、规划等的监管，对未依法依规办理审批手续要及时予以纠正。今后建设主题公园时，应在全国投资项目在线审批监管平台中按主题公园类进行填报，未按主题公园类进行填报的，不得办理各类审批手续，获得相关审批手续的由审批部门按规定予以纠正。

（十七）加强行业自律

培育和支持主题公园及相关行业协会发展，健全完善主题公园行业协会管理，鼓励和指导行业协会制定主题公园建设、经营、服务方面的技术规范，宣介政策法规，提高经营者诚信守法意识。行业协会要加强行业研究和统计分析，及时掌握行业发展动态，促进行业交流，强化行业自律，维护行业权益，营造良好环境。

中华人民共和国国家发展和改革委员会
中华人民共和国国土资源部
中华人民共和国环境保护部
中华人民共和国住房和城乡建设部
中华人民共和国国家旅游局

关于推进高铁站周边区域合理开发建设的指导意见

发改基础〔2018〕514 号　2018 年 4 月 24 日

随着我国高速铁路快速发展，沿线地区人民群众出行服务水平得到显著提升。依托高铁车站推进周边区域开发建设，有利于城市空间有效拓展和内部结构整合优化，有利于调整完善产业布局，促进交通、产业、城镇融合发展。近年来，一些地方依托高铁建设的有利条件，积极探索推进高铁车站周边区域开发建设，取得了一定发展成效，有的高铁车站周边区域已经成为城市最具人气和活力、发展最快的地区。但总体上看，我国高铁车站周边区域整体开发建设仍处于起步阶段，各方面对高铁建设和城镇化融合发展研究还不深入，个别地方高铁车站周边开发建设不同程度地存在初期规模过大、功能定位偏高、发展模式较单一、综合配套不完善等问题，对人口和产业吸引力不够，持续健康发展的基础不够牢固，潜藏着一定的社会经济风险。为推进高铁车站周边区域合理开发建设，提出如下意见。

一、总体要求

（一）指导思想

深入学习贯彻习近平新时代中国特色社会主义思想和党的十九大精神，坚持以人民为中心，坚持稳中求进工作总基调，坚持新发展理念，按照高质量发展要求，深化供给侧结构性改革，加强规划统筹和衔接，严控金融和地方政府债务风险，遵循城镇化发展规律，因地制宜、规范有序推进高铁车站周边区域开发建设，不断提升设施服务、产业发展、人口集聚、政策配套等支撑能力，促进高铁沿线城镇空间合理布局和城市空间结构优化，推动高铁建设与城市发展良性互动、有机协调。

（二）基本原则

规划协调、布局合理。统一规划，整体部署，严格依据城市总体规划、土地利用总体规划、综合交通规划等编制高铁车站周边开发建设规划，合理确定开发规模和边界，优化车站选址方案及车站周边区域空间结构、人口产业分布，杜绝边建设、边规划。

量力而行、有序建设。结合城市功能区划、区位优势、财力可能、人口资源环境条件等发展实际，根据规划确定开发目标、建设任务，兼顾当前和长远，合理把握建设节奏和时序，量力而行、循序渐进、有序发展，防止盲目追求规模和大干快上。

站城一体、综合配套。充分发挥高铁车站的辐射带动作用，围绕人的城镇化，统筹生产、生活、生态空间布局，走特色化、差异化发展之路，完善基础设施及公共服务设施配套，促进产城融合、宜居宜业，避免高铁沿线产业布局同质化和单一房地产功能开发。

市场运作、防范风险。按照市场化原则运作，创新投资、建设、运营、管理体制机制，强化政策支持保障，充分调动企业和社会资本的积极性，推进项目共建、资源共享，提升开发建设质量水平和效益，防范各种隐患、风险和损失。

二、重点任务

（三）强化规划引导和管控作用

坚持规划引领，充分论证高铁车站周边开发建设可行性、必要性，因城施策、因站而异推进高铁车站周边区域合理有序开发建设。对于既有站改造的高铁车站、位于中心城区或与既有产业园区等结合较好的高铁车站，有关城市要严格按照既有城市规划，结合城市功能提升和结构布局优化做好车站周边综合开发。对于城市外围新建的高铁车站周边具有开发潜力的，相关城市要依据城市总体规划、土地利用总体规划等统一布局，合理确定车站周边开发建设的功能定位、规模和边界，做好规划预留和控制，按照规划规范有序推进开发建设。要严格审查规划的合理性，定期评估规划实施情况和综合开发效益，把评估结果作为控制建设时序和分期建设的依据。

（四）合理确定高铁车站选址和规模

高铁车站选址要符合土地利用总体规划和城市总体规划，切实处理好高铁通达性和高铁车站周边开发建设之间的关系，既要满足技术标准条件，又要服务地方发展。铁路总公司和地方政府要依据相关规范要求，在城市枢纽总图规划编制及项目实施阶段，深入研究论证高铁车站与城市发展衔接问题，合理确定建设标准、线路走向、车站分布和建设规模。新建铁路选线应尽量减少对城市的分割，新建车站选址尽可能在中心城区或靠近城市建成区，确保人民群众乘坐高铁出行便利。高铁车站建设要规模适当、经济适用，切忌贪大求洋、追求奢华。

（五）严格节约集约用地

高铁车站周边开发建设要落实最严格的耕地保护制度和节约用地制度，依法办理建设用地审批手续。有关城市要综合考虑人口集聚规模和吸纳就业情况，按照城镇建设用地增加规模同吸纳农业转移人口落户数量相挂钩要求，合理确定高铁车站周边用地规模、结构、布局及土地开发和供应时序，坚决防控单纯房地产化倾向。统筹地上地下空间复合利用，积极推广地下空间开发利用、轨道交通上盖物业综合开发等节地技术和模式，提升节约集约用地水平。要按照“框定总量、限定容量、盘活存量、做优增量、提高质量”要求，依据城市规划、土地利用总体规划和土地使用标准对高铁站周边建设用地加强审查，严格土地用途管制。

（六）促进站城一体融合发展

高铁车站周边开发建设要突出产城融合、站城一体，与城市建成区合理分工，在城市功能布局、综合交通运输体系建设、基础设施共建共享等方面同步规划、协调推进。有关城市要结合自身资源禀赋、优势特色、发展定位等，甄选出发展基础条件优越、城市特色鲜明和发展潜力较大的产业，构建枢纽偏好型产业体系，避免沿线临近站点形成无序竞争、相互制约的局面。大城市高铁车站周边可研究有序发展高端服务业、商贸物流、商务会展等产业功能，中、小城市高铁车站应合理布局周边产业，稳妥发展商业零售、酒店、餐饮等产业功能。

（七）提升综合配套保障能力

高铁车站周边开发建设必须贯彻落实以人为本的新型城镇化发展理念，营造宜居宜业环境，提高交通便利性和公共服务能力，增强产业、人口集聚效应。强化城市内外交通衔接，加强新建高铁车站城市公共交通配套线路和换乘设施建设，实现与城市建成区、城市其他重要综合交通枢纽之间的快速连接、便捷直达。同时，完善公共服务体系，配套建设医疗、教育、休闲、娱乐等场所和设施，增强生活服务功能，使人“愿意来”“留得下”“活得好”，不断提升人民群众的幸福感和获得感。

（八）合理把握开发建设时序

尊重城市发展的客观规律，树立正确的政绩观和功成不必在我的理念，不追求短期的形象效果，量力而行，尽力而为，严禁借高铁车站周边开发建设名义盲目搞城市扩张。有关城市要根据相关规划、发展实际和财力可能，分阶段、分步骤地有序推进高铁车站周边区域开发建设，做到开发一片、成熟一片、成功一片。大城市初期应重点开发新建高铁车站周边 2 公里以内区域，可适当控制预留远期发展空间，避免摊子铺得过大、粗放低效发展。中小城市不宜过高预估高铁带动作用，避免照搬照抄大城市开发经验，硬造特色、盲目造城。新建铁路站场实施土地综合开发的，应当严格执行土地综合开发的边界和规模要求，扣除站场用地后，同一铁路建设项目的综合开发用地总量按单个站场平均规模不超过 50 公顷控制，少数站场综合开发用地规模不超过 100 公顷。

（九）防范地方政府债务风险

充分认识防范化解地方政府债务风险的重要性和紧迫性，牢牢守住不发生系统性金融风险的底线，切实防范高铁车站周边开发建设带来的地方政府债务风险。有关地方要进一步完善高铁车站周边开发建设项目和资金管理，加强成本收益分析评估，合理控制建设规模和节奏，防止脱离地方财力实际搞开发；严格执行预算法和担保法，落实地方政府债务限额管理和预算管理制度，依法规范举债，坚决遏制隐性债务增量，列入地方政府债务风险预警范围的高风险地区原则上不得举债搞建设。

（十）创新开发建设体制机制

进一步理顺政府与市场关系，充分发挥市场对资源配置的决定性作用，支持地方政府引入社会资本参与高铁车站周边开发建设。鼓励地方政府牵头建立投资建设主体、管理运营主体、综合开发主体等多方合作开发机制，完善支持高铁建设投资主体及出资人参与高铁车站周边区域综合开发的政策措施，发挥政府规划引导、政策支持、搭建发展平台、提供公共服务等作用，加强对市场的引导，切忌政府大包大揽。理清权责关系，完善综合开发、运营管理及收益分配机制，形成促进发展的多种合力。

三、组织实施

（十一）明确责任主体

地方政府要强化主体责任意识，各有关方面要严格按照本意见要求，进一步梳理既有高铁车站周边开发建设情况，对存在的问题加快整改落实，优化新建高铁车站选址，规范有序推进高铁周边开发建设，提升发展质量和综合效益。

（十二）严格监督管理

自然资源、住房城乡建设主管部门要依法依规对高铁车站周边开发建设严格进行管理，适时组织评估，严控建设规模和时序，加强用地监测，严肃查处违法违规批地用地行为和建设行为，并进一步做好房地产市场监督和管理。

（十三）强化协同联动

发展改革委、自然资源部、住房城乡建设部将与铁路总公司、相关地方政府和有关部门加强沟通协调和纵横联动，认真总结和梳理高铁车站周边开发建设中存在的困难和问题，及时规范纠偏，完善相关政策措施。

（十四）加强宣传引导

地方政府有关部门要准确把握高铁对经济社会发展的带动作用，主动加强政策解读，充分发挥媒体的舆论引导作用，及时总结和推广典型经验，形成客观、公正的舆论导向和氛围。

中华人民共和国国家发展改革委
中华人民共和国自然资源部
中华人民共和国住房城乡建设部
中华人民共和国中国铁路总公司

关于印发第一批国家新型城镇化综合试点经验的通知

发改办规划〔2018〕496 号　2018 年 4 月 28 日

一、加快农业转移人口市民化

（一）持续降低大城市、特大城市和超大城市落户门槛

一些城市在参加城镇社保年限不得超过 5 年的国家规定下，进一步降低落户门槛。安徽省合肥市将主城区落户条件放宽为就业满 2 年、参加城镇社保满 1 年。广东省东莞市取消实施 8 年的积分落户制度，将落户条件

放宽为参加城镇社保满5年、办理居住证满5年，并将新生代农民工、技术工人、在城镇就业居住5年以上人口列为落户重点人群。重庆市不设落户指标控制、不搞积分排队，外来人口达到一定就业年限（最长5年）即可直接办理落户。

（二）探索大学生在特大城市和超大城市零门槛落户

一些城市取消就业、参加城镇社保和居住年限的落户前置条件，允许大学毕业生持毕业证、户口本、身份证先落户后就业。陕西省西安市允许全国在校大学生仅凭学生证和身份证即可完成在线落户。四川省成都市、湖北省武汉市将大学生落户年龄限制从35周岁分别放宽到45、40周岁。2017年湖北省武汉市新落户大学毕业生超过12万人，是2016年的6倍左右。2017年7月—2018年3月，四川省成都市新落户本科及以上青年人才超过15.5万人，其中直接从农村地区迁入4.3万人、占比达28%。

（三）探索在特大城市和超大城市不同区域差异化落户

一些城市探索在不同区域实行差异化落户，并构建区域间转户衔接通道，引导人口合理分布。山东省青岛市新区落户条件低于主城区、高于县城，在新区落户满5年的可落户主城区。重庆市主城区、郊区、新区落户条件分别为就业年限满5年、3年、2年。四川省成都市优化积分落户结构，在重点发展区的就业满1年加20分，在优化发展区的就业满1年加10分，在其他区域的不加分；将居住地从主城区转移到其他区域的满1年加5分，将就业地和居住地均转移到其他区域的满1年加10分。

（四）允许租赁房屋的常住人口在城市公共户口落户

广东省广州市、安徽省合肥市、四川省泸州市、云南省曲靖市、河北省石家庄市、福建省晋江市等城市设立城市公共集体户口，解决有落户意愿但无住所人群的落户问题。其中，四川省泸州市在外来人口居住地设立公共户口，已落户7万人；云南省曲靖市在所有社区居委会设立集体户口，已落户0.5万人。

（五）深化“人钱挂钩、钱随人走”

在安排省以下财政转移支付时综合考虑农业转移人口落户数量等因素，对落户较多地区实行财政资金奖励。山东省青岛市加大对吸纳农业转移人口较多且财力较差辖区的财政转移支付力度，并设立市民化奖励资金，对吸纳落户较多的辖区给予财政奖励。广东省惠州市建立基本公共服务专项统筹资金，市财政出资不少于1亿元，各辖区按上年度一般预算收入的3%参缴，对因落户数量大而承担较多基本公共服务支出的辖区，安排更多的财政转移支付。

（六）深化“人地挂钩、以人定地”

在制定各级土地利用计划和安排城镇新增建设用地规模时，进一步增加上年度农业转移人口落户数量指标的权重。重庆市以人定地编规划、地随人走调规划、人口落户下计划，根据各辖区户籍人口数量变化来调整建设用地规模，合理保障产业项目用地需求，推动人口向优势地区转移落户，城市发展新区累计获得人地挂钩建设用地指标超过75平方公里。安徽省滁州市依据各辖区土地利用计划和上年度落户人口净增数量，安排各类城镇新增建设用地。

（七）改善农业转移人口随迁子女教育

浙江省义乌市实施居住证与入学挂钩的义务教育政策，2015—2017年，全市公办小学和初中累计招收2.6万名随迁子女，其中非本市户籍人数2万人。福建省晋江市、河南省新郑市对随迁子女实行普通高中教育免费。为补齐对随迁子女的教育服务供给缺口，广东省东莞市设立民办教育专项资金，通过每年安排超过1亿元资金、评等定级等支持民办中小学发展；湖北省仙桃市探索校企合作办学，吸引社会资本新建5所公办学校，对公办教育形成有益补充。

（八）保障农业转移人口住房需求

一些城市将符合条件的常住人口纳入公租房保障范围和住房公积金制度覆盖范围。重庆市 2011 年建设公租房以来，累计配租 30 多万套。河南省禹州市为农业转移人口提供 3500 套保障房，占全市保障房数量的 80%。湖北省宜城市为 326 户农业转移人口及其他外来务工人员、新就业职工提供公租房。安徽省芜湖市允许 2000 多名农业转移人口缴存住房公积金，发放公积金贷款超过 2 亿元。山东省德州市向自愿退出宅基地的农业转移人口发放"房票"，允许其凭"房票"进城购房。

二、深化农村产权制度改革

（九）明晰农村各类资产权属

贵州省安顺市推进农村土地承包经营权、林权、集体土地所有权、集体建设用地使用权、房屋所有权、小型水利工程产权、农地集体财产权"七权"同确。安徽省天长市全部完成 151 个村股份合作制改革，以户为单位发放集体资产股权证书 11.3 万份，42.6 万名农民成为股东，实行股权"生不增死不减、进不增出不减"，并成立股份经济合作社，统一分配经营性收益。山东省德州市发放农村集体经济组织成员备案证，保障进城农民的宅基地使用权、土地承包经营权、集体收益分配权及"三权"的合法继承权。湖北省宜城市建立农村集体经济组织成员备案制度，允许进城农民保留集体经济组织成员身份，继续享受农村"三权"，并将农房所有权和宅基地使用权合二为一，发放"房地一体"不动产证书 1.7 万本。湖南省浏阳市对全市 32.1 万户、34.1 万宗宅基地进行摸底，已确权 28.7 万宗。

（十）建立统一规范的农村产权流转市场

辽宁省海城市组建东北首家农村综合产权交易中心，承担产权流转交易、资产处置、抵押登记和融资对接等职能，并在重要经济节点地区建立分支机构，在 397 个行政村安排项目信息员，形成三级联动的服务体系。陕西省西安市高陵区在网络平台上交易土地承包经营权，实现信息发布、交易鉴证、价值评估等 12 个环节"一厅式"办理。重庆市建立健全地票制度，已交易地票 24 万亩、469 亿元，其中贫困地区地票占比高达 69%。浙江省义乌市建立集地券制度，鼓励农村和农户将闲置废弃低效建设用地复垦后形成建设用地指标，允许在市内交易和申请贷款。安徽省六安市金寨县探索宅基地复垦腾退建设用地指标在省内有偿使用，已交易指标 4 个批次、1.1 万亩，平均每亩价格 46 万元。

（十一）用好用活农村集体经营性建设用地

重庆市大足区推进 6 宗农村集体经营性建设用地就地入市（含 2 宗租赁），并完成 10 宗集中调整入市，16 宗土地面积和成交价款分别达到 282 亩、1 亿元左右，盘活了农村复垦区沉睡的集体资产，解决了发展用地需求。北京市通州区宋庄镇疃里村在农村集体建设用地上建设租赁住房，将收取的租金和物业管理费用来发展集体企业；台湖镇将 29 个村级工业大院土地统一还耕，将建设用地指标集中置换到条件较好区域，引导各村以建设用地使用权入股联合成立镇级土地联营公司，再由联营公司与投资方共同组建项目公司，作为开发建设运营主体和融资主体。

（十二）完善农民宅基地和农房政策

四川省泸州市泸县允许村民在县域内跨区申请宅基地，并以竞价等方式有偿取得，已有 550 个农户跨区取得宅基地，跨区有偿使用费达到 1300 多万元。新疆维吾尔自治区伊犁哈萨克自治州伊宁市初次分配宅基地实行成本价取得，成本由村集体依据占用农民承包地的补偿费用自行确定。安徽省六安市金寨县对超标准占用的宅基地按累进方式收取有偿使用费，对节约集约使用宅基地的农户给予奖励，低于宅基地面积标准（160 平方米）的，每减少 1 平方米给予 100 元奖励，自愿放弃申请宅基地的，每户奖励 2 万元。湖北省宜城市按宅基地等级划分收费标准，对超出标准部分征收有偿使用费。

（十三）探索农民合法性权益自愿有偿退出

重庆市巴南区探索农户自愿有偿退出宅基地使用权、林权、土地承包权、集体经济收益分配权等“四权”，天星寺镇芙蓉村 7 户农民户均获得补偿资金 54 万元。安徽省六安市金寨县引导贫困户、移民户和居住在土坯房、砖瓦房、砖木房的农户，自愿有偿退出宅基地并异地搬迁，已有超过 2 万户农民腾退宅基地 3.5 万亩，受益贫困户超过 8000 户、2.5 万人。

三、健全城镇化投融资机制

（十四）防范化解地方政府债务风险

浙江省义乌市以政府债务清理甄别结果为基础，把存量一类债务全部置换为地方政府债券，并分一般公共预算和政府性基金预算纳入全口径预算管理。山东省青岛市建立规范化政府举债管理机制，新增政府债务全口径纳入预算管理，实现地方债自发自还。广西壮族自治区柳州市建立债务风险识别预警机制，严格实行债务限额管理。贵州省黔南州都匀市制定与还债能力和可用财力增量相适应的政府举债规划，设立偿债准备金，通过核销、PPP 化解、剥离等方式降低政府债务余额。

（十五）推动地方国企更好服务于城镇化

山东省青岛市整合优质资产组建 AAA 级综合性国有投资公司，提升政府融资平台实体化发展能力和国有资本运营能力。天津市蓟州区整合房地产管理局、水务局、交通局、市容园林委、各园区下属企业国有资产和行政事业单位优质资产，授予蓟州城投公司道路、供排水、污水、供热等基础设施特许经营权，为引入社会资本搭好平台。河南省新郑市以股权划转、资产注入等方式为国有投融资公司注入优质经营性资产。

（十六）合理设立城镇化政府引导基金

海南省政府与国家开发银行金融公司合作设立 200 亿元规模的特色产业小镇基金，其中省财政出资 21 亿元，国开金融牵头募集社会资本 179 亿元，政府不兜底、不增加隐性债务。山东省青岛市设立总规模 112 亿元的青岛城市发展基金，其中募集社会资本 98 亿元，以低于基准利率的资金成本支持地铁等重大基础设施建设。广西壮族自治区柳州市财政出资 4 亿元设立政府投资引导基金，带动金融机构和社会资本超过 50 亿元。

（十七）促进实体经济与金融联动发展

山东省德州市组建政策性融资担保平台，引导银行贷款、机构资金和社会资本向实体企业倾斜，企业获得资金已有几十亿元。湖南省浏阳市为花炮产业量身打造融资产品，推出承兑汇票、出口退税账户托管、贸易融资、花炮产业基金等金融服务。贵州省黔南州都匀市引入上海股权交易中心，挂牌都匀市孵化基地，打通中小企业与资本市场的对接平台。河北省石家庄市与 15 家金融机构签订小微企业贷款风险补偿业务合作协议。

四、加快引导城市要素下乡

（十八）引导工商资本下乡

浙江省义乌市鼓励 8 家国企投资建设美丽乡村，引导村民入股并参与经营，打造出 10 条精品旅游线路。吉林省吉林市昌邑区孤店子镇大荒地村依托东福公司流转土地 13 平方公里，利用 500 台套大型农业机械实行全程机械化耕种，建设 31 栋农民新居，吸纳全村 95% 的劳动力在企业就业。湖北省武汉市利用农村综合产权交易所网站发布 11 万户闲置农房，引导工商资本以租赁或合作等方式发展农家乐等休闲旅游农业，已签订闲置农房租赁协议 1 万户，年租金 1.3 亿元，吸引工商资本投资 145 亿元。四川省成都市郫都区红光镇引入多利农业公司，与国家开发银行金融公司共同打造多利市民农庄项目，完成投资 2.7 亿元，利用流转的 1301 亩农用地为盒马鲜生供应有机农产品，吸引 21 个农业双创项目入驻，485 户、1500 名村民陆续入住新社区。

（十九）拓展农村融资渠道

黑龙江省齐齐哈尔市推行土地承包经营权、农村集体资源使用权、预期收益权、大中型农机具和不动产产权“四权”抵押，贷款余额已达 65 亿元。福建省仙游市探索“农地 + 农户 + 合作社 + 征信”的担保融资模式，土地承包经营权抵押贷款余额已达 1.3 亿元。湖南省浏阳市将农民住房抵押贷款户均额度从 5 万元提高 20 万元以上，2016 年以来发放贷款 27 亿元、惠及 1.5 万个农户。宁夏回族自治区固原市利用邮储银行小额贷款进行金融扶贫，对各辖区扶贫部门与金融机构联合筛选的农户提供 5 万元以下扶贫信用贷款，并建立致富带头人、合作社和农户等多方利益联结和风险缓释机制。河南省兰考县为农户提供小额扶贫贴息贷款、产业发展信用贷款和新型农业经营主体贷款，已发放 3000 笔、4 亿多元贷款，带动 8700 名贫困人口脱贫。

（二十）搭建科技人才下乡平台

上海市金山区枫泾镇联合江浙沪皖 4 省市农科院的农业专家，依托上海农村产权交易所平台打造长三角农创路演中心，2015 年以来开展 15 次农创路演活动，使农业专家的科研成果转化为实践成果，促进农业技术集成化、劳动过程机械化、生产经营信息化。

五、改革创新行政管理体制

（二十一）推进市辖经济功能区和行政区合署办公

湖北省武汉市推进武汉经济技术开发区和汉南区融合发展，将 54 个党政部门融合为 22 个，大幅减少了行政协调事项，提高了行政效能。吉林省长春市奢岭镇、卡伦镇、合隆镇建立一套机构、两块牌子、镇区一体的行政管理新模式。甘肃省金昌市永昌县河西堡镇与河西堡化工循环经济产业园区实行“区政合一”。

（二十二）推动机构精简和职能相近部门合并

浙江省温州市苍南县龙港镇打破条条对口，将 12 个内设机构、11 个事业单位和县派驻部门重新组建为 15 个大部门。吉林省延边州安图县二道白河镇将分散在各部门的相近职能合并，机构和人员数量分别减少 30%、10%。广东省深圳市光明新区将行政管理部门缩减为 15 个主要职能部门，推行一部多责、一人多用的行政管理新模式。山东省青岛市将建制镇从 77 个减少到 43 个，将街道从 101 个增加到 102 个，新成立的 34 个镇街组织机构统一简化为 5 个党政工作机构和 6 个财政拨款事业机构。

（二十三）优化经济发达镇行政管理体制

吉林省延边州延吉市以授权或委托的方式，将 50 多项行政审批许可和处罚权下放朝阳川镇，并设立 24 个工作窗口承办。浙江省温州市苍南县将 1575 项县级管理权限下放龙港镇，刻制 23 个县级部门 2 号公章、9 个县级部门审批专用章授权龙港镇使用，将 18 个县派驻部门的 300 多名行政事业人员成建制划转给龙港管理。浙江省宁波市设立镇级独立金库，明确辖区财政收入超基数部分市和辖区所得全额留存，土地出让金净收益除上交国家和省以外部分全额留存。湖北省仙桃市在彭场镇建立镇级独立财政体制，以 2014 年为基数的新增税收地方留成部分全额返还，比上年新增部分按 50% 进行奖补。

（二十四）深化行政审批“最多跑一次”改革

四川省泸州市设置综合政务服务窗口，通过流程再造实现去部门化，分类推行政务服务事项“一窗受理”，实现 161 项行政许可事项“一章办结”，其中 158 项“只跑一次”，企业名称预先核准等 20 项“一次都不用跑”。浙江省宁波市、嘉兴市、义乌市全面优化政务办事流程，实现高频事项“就近能办、同城通办、异地可办”，让群众办事从“最多跑一次”升级为“就近跑一次”。

第一批国家新型城镇化试点任务基本完成，后续可围绕城乡融合发展等关键制度继续探索创新。第二批、第三批试点要继续围绕人往哪里去、地从何处来、钱从哪里出的大逻辑，对标先进、学习典型，将适用于本地区的好经验迅速应用，并对表试点任务清单，敢拼敢闯、先行先试、趟出新路子，确保任务落地生根、开花结果。各省级发展改革委要牵好头，发挥好综合协调作用，加强对省内试点地区的指导督导。国家发展改革委将继续协同有关部门，推动改革举措和政策安排率先在试点地区落地，并梳理提炼、宣传推广试点地区典型经验，形成全国性制度和政策安排，推动新时代新型城镇化高质量发展。

关于建立特色小镇和特色小城镇高质量发展机制的通知

发改办规划〔2018〕1041 号　2018 年 8 月 30 日

一、总体要求

（一）指导思想

全面贯彻党的十九大精神，以习近平新时代中国特色社会主义思想为指导，坚持以人民为中心，坚持稳中求进工作总基调，坚持新发展理念，坚持使市场在资源配置中起决定性作用和更好发挥政府作用，以引导特色产业发展为核心，以严格遵循发展规律、严控房地产化倾向、严防政府债务风险为底线，以建立规范纠偏机制、典型引路机制、服务支撑机制为重点，加快建立特色小镇和特色小城镇高质量发展机制，释放城乡融合发展和内需增长新空间，促进经济高质量发展。

（二）基本原则

——坚持遵循规律。立足各地区发展阶段，遵循经济规律和城镇化规律，实事求是、因地制宜、量力而行，使特色小镇和特色小城镇建设成为市场主导、自然发展的过程。

——坚持产业立镇。立足各地区比较优势，全面优化营商环境，引导企业扩大有效投资，发展特色小镇投资运营商，打造宜业宜居宜游的特色小镇和特色小城镇，培育供给侧小镇经济。

——坚持规范发展。统筹规范特色小镇和特色小城镇创建工作，把握内涵、纠正偏差、正本清源，坚决淘汰一批缺乏产业前景、变形走样异化的小镇和小城镇。

——坚持典型引路。逐步挖掘特色小镇和特色小城镇典型案例，总结提炼、树立标杆、推广经验、正面引导，以少带多引领面上高质量发展，确保沿正确轨道健康前行。

——坚持优化服务。明确政府角色定位，顺势而为、因势利导，重在理念引导、规划制定、平台搭建和政策创新，使特色小镇和特色小城镇建设成为政府引导、高质量发展的过程。

二、建立规范纠偏机制

以正确把握、合理布局、防范变形走样为导向，统筹调整优化有关部门和省级现有创建机制，强化年度监测评估和动态调整，确保数量服从于质量。

（三）规范省级创建机制

各地区要依据特色小镇与特色小城镇本质内涵的差异性，调整并分列现有省级特色小镇和特色小城镇创建名单，分类明确功能定位和发展模式；在创建名单中，逐年淘汰住宅用地占比过高、有房地产化倾向的不实小镇，政府综合债务率超过100%市县通过国有融资平台公司变相举债建设的风险小镇，以及特色不鲜明、产镇不融合、破坏生态环境的问题小镇；对创建名单外的小镇和小城镇，加强监督检查整改。省级发展改革委于每年12月，将调整淘汰后的省级特色小镇和特色小城镇创建名单、数据（表2、3），报送国家发展改革委。

（四）优化部门创建机制

发挥推进新型城镇化工作部际联席会议机制作用，国家发展改革委会同国务院有关部门优化现有创建机制，统一实行有进有退的创建达标制，避免一次性命名制，防止各地区只管前期申报、不管后期发展与纠偏。有关部门按照《关于规范推进特色小镇和特色小城镇建设的若干意见》要求，在已公布的96个全国运动休闲特色小镇、两批403个全国特色小城镇创建名单中，持续开展评估督导和优胜劣汰，适时公布整改名单，有关情况及时送国家发展改革委。对创建名单外的小镇和小城镇加强监测，视情况动态公布警示名单。

三、建立典型引路机制

以正面引领高质量发展为导向，持续挖掘典型案例、总结有益经验、树立示范性标杆，引导处于发展过程中的小镇和小城镇对标典型、学习先进。

（五）建立典型经验推广机制

逐年组织各地区挖掘并推荐模式先进、成效突出、经验普适的特色小镇和特色小城镇，按少而精原则从中分批选择典型案例，总结提炼特色产业发展、产镇人文融合和机制政策创新等典型经验，以有效方式在全国范围推广，发挥引领示范带动作用。2018年9月底前，省级发展改革委将第一批特色小镇推荐案例（2个以内，表1），报送国家发展改革委。

（六）明确典型特色小镇条件

基本条件是：立足一定资源禀赋或产业基础，区别于行政建制镇和产业园区，利用3平方公里左右国土空间（其中建设用地1平方公里左右），在差异定位和领域细分中构建小镇大产业，集聚高端要素和特色产业，兼具特色文化、特色生态和特色建筑等鲜明魅力，打造高效创业圈、宜居生活圈、繁荣商业圈、美丽生态圈，形成产业特而强、功能聚而合、形态小而美、机制新而活的创新创业平台。

（七）明确典型特色小城镇条件

基本条件是：立足工业化城镇化发展阶段和发展潜力，打造特色鲜明的产业形态、便捷完善的设施服务、和谐宜居的美丽环境、底蕴深厚的传统文化、精简高效的体制机制，实现特色支柱产业在镇域经济中占主体地位、在国内国际市场占一定份额，拥有一批知名品牌和企业，镇区常住人口达到一定规模，带动乡村振兴能力较强，形成具有核心竞争力的行政建制镇排头兵和经济发达镇升级版。

（八）探索差异化多样化经验

鼓励各地区挖掘多种类型小镇案例，避免模式雷同、难以推广。立足不同产业门类，挖掘先进制造类、农业田园类及信息、科创、金融、教育、商贸、文旅、体育等现代服务类案例。立足不同地理区位，挖掘“市郊镇”“市中镇”“园中镇”“镇中镇”等特色小镇案例，以及卫星型、专业型等特色小城镇案例。立足不同运行模式，挖掘在机制政策创新、政企合作、投融资模式等方面的先进经验。

四、建立服务支撑机制

以政府引导、企业主体、市场化运作为导向，稳步推动符合规律、富有潜力的特色小镇和特色小城镇高质量发展，为产生更多先进典型提供制度土壤。

（九）鼓励地方机制政策创新

鼓励全面优化营商环境，加强指导、优化服务、开放资源。创新财政资金支持方式，由事前补贴转为事中事后弹性奖补。优化供地用地模式，合理安排建设用地指标，依法依规组织配置农业用地和生态用地，鼓励点状供地、混合供地和建筑复合利用。合理配套公用设施，切实完善小镇功能、降低交易成本。推行特色小镇项目综合体立项，允许子项目灵活布局。鼓励商业模式先进、经营业绩优异、资产负债率合理的企业牵头打造特色小镇，培育特色小镇投资运营商。

（十）搭建政银对接服务平台

引导金融机构逐年为符合高质量发展要求的特色小镇和特色小城镇，在债务风险可控前提下提供长周期低成本融资服务，支持产业发展及基础设施、公共服务设施、智慧化设施等建设。2018 年 12 月底前，省级发展改革委组织收集特色小镇信息（表 4），汇总印送省级开发银行、农业发展银行和光大银行，并会同省行将完成尽调小镇信息报送总行，抄送国家发展改革委。各总行开辟绿色通道，2019 年 1 月底前完成评审和融资服务，将批复投放情况报送国家发展改革委。

五、组织保障

（十一）强化上下联动

依托推进新型城镇化工作部际联席会议机制，国家发展改革委强化统筹协调和跟踪督导，建立数据共享平台；各有关部门统一行动、合理参与、把握节奏、精益求精。省级发展改革委要增强责任意识，会同有关部门以钉钉子精神抓好落实。

（十二）加强宣传引导

逐年组织现场经验交流会，指导有关方面开展培训和论坛，引导社会各界学习典型、防范风险。发挥主流媒体舆论导向作用，持续报道建设进展，宣传好案例好经验，形成良好舆论氛围。

附件：特色小镇和特色小城镇有关表格（略）

关于支持优质企业直接融资　进一步增强企业债券服务实体经济能力的通知

发改财金〔2018〕1806 号　2018 年 12 月 5 日

为深入贯彻落实党中央、国务院关于增强金融服务实体经济能力的决策部署，进一步增强企业债券服务实体经济能力，打好防范化解重大风险攻坚战，提高直接融资比重，优化债券融资服务，推动经济实现高质量发展，现就优质企业发行企业债券有关事项通知如下。

一、支持信用优良、经营稳健、对产业结构转型升级或区域经济发展具有引领作用的优质企业发行企业债券。现阶段重点支持符合以下条件的优质企业：

（一）主体信用等级达到 AAA。

（二）主要经营财务指标应处于行业或区域领先地位。

（三）生产经营符合国家产业政策和宏观调控政策。

（四）最近 3 年未发生公司信用类债券或其他债务违约，且不存在处于持续状态的延迟支付本息事实。

（五）最近 3 年无重大违法违规行为，未纳入失信黑名单。

（六）报告期内财务报表未被注册会计师出具否定意见或无法表示意见，如被注册会计师出具保留意见的，保留意见所涉及事项的重大影响已经消除。

（七）我委为优化融资监管制定的其他发行条件。

我委积极支持符合条件的优质民营企业发行企业债券，并将根据市场发展情况，适时调整优质企业支持范围。

二、符合条件的企业申报发行优质企业债券，实行“一次核准额度、分期自主发行”的发行管理方式。

（一）债券申报阶段，发行人可就我委各债券品种统一申请额度，批复文件有效期不超过 2 年。

（二）经我委核准后，发行人可根据市场情况和自身需求，自主灵活设置各期债券的具体发行方案，包括但不限于各期债券规模、期限、选择权及还本付息方式。

（三）发行人在申报阶段可仅设立主承销团，在各期债券发行时明确牵头主承销商及承销团成员。

三、优质企业申报企业债券，应当符合《公司法》《证券法》《企业债券管理条例》的相关要求。优质企业债券实行“即报即审”，安排专人对接、专项审核，比照我委“加快和简化审核类”债券审核程序，并适当调整审核政策要求：

（一）在偿债保障措施完善的基础上，允许使用不超过 50% 的债券募集资金用于补充营运资金。

（二）核定公开发债规模时，按照公开发行的企业债券和公司债券余额不超过净资产 40% 的口径进行计算。

（三）鼓励符合条件的优质上市公司及其子公司发行企业债券。

（四）允许优质企业依法依规面向机构投资者非公开发行企业债券。

（五）鼓励商业银行以“债贷组合”增信方式，进行债券和贷款统筹管理。

四、优质企业债券申报阶段，对债券资金用途实行正负面清单管理。

（一）申报材料应明确债券募集资金拟投资领域，形成“正面清单”。“正面清单”应符合国家产业政策，聚焦企业经营主业。支持优质企业在“正面清单”拟定的范围内依法合规安排使用募集资金，提高债券资金使用效率和灵活度。

（二）申报材料应明确债券募集资金禁止投向领域，形成“负面清单”。“负面清单”包括但不限于：将募集资金借予他人，用于房地产投资和过剩产能投资，用于与企业生产经营无关的股票买卖和期货交易等风险性投资，用于弥补亏损和非生产性支出。“负面清单”领域可根据企业自身经营业务范围进行补充和调整。

（三）鼓励优质企业将债券募集资金用于国家重大战略、重点领域和重点项目，加大基础设施领域补短板力度，加快培育和发展战略性新兴产业，推动经济转型升级和高质量发展。

五、各期债券发行前，发行人应公开披露募集资金拟投资的项目清单和偿债保障措施。

六、优质企业债券发行人、中介服务机构应当切实履行信息披露义务，真实、准确、完整地向投资者充分揭示债券投资风险。

（一）发行人在充分披露报告期内重大财务变化和债券风险情况的基础上，按照《优质企业债券发行信息披露指引》的要求编制募集说明书。

（二）发行人应按照监管部门和交易场所的规定，在存续期内定期披露财务情况、经营情况、募集资金使用情况、项目进展情况等相关信息。如存续期内变更募集资金用途或发生其他对债券持有人权益有重大影响的事项，应符合相关法律法规和政策要求，按照有关规定或约定履行程序，并及时公告。

七、本通知对优质企业的任何表述以及我委对其发行企业债券所作的任何决定，均不表明对发行人的经营风险、偿债风险、诉讼风险以及企业债券的投资风险或收益作出判断和保证。凡欲认购优质企业债券的投资者，请认真阅读募集说明书及有关信息披露文件，进行独立投资判断并自行承担有关风险。

八、各省级发展改革部门可结合各地发展实际，主动服务，积极引导区域内优质企业开展企业债券直接融资，将债券募集资金投向符合国家产业政策的实体经济领域。

九、加强优质企业债券事中事后监管，切实防范偿债风险。

（一）每年 4 月 30 日前，发行人、主承销商应向我委报送上一年度优质企业债券募集资金使用和项目进展情况，以及本年度债券本息兑付资金安排和偿付风险排查情况。律师事务所应对项目的合规性发表法律意见。地方企业应将上述材料同时抄报省级发展改革部门。

（二）主承销商应切实履行偿债督促责任，做好各年度债券本息兑付风险排查工作，对出现重大经营困难可能影响债券兑付的，应第一时间提出风险处置方案，并及时向省级发展改革部门和我委报告。

（三）我委将进一步完善企业债券信用档案，并对优质企业债券存续期管理实行“双随机”抽查。各省级发展改革部门应充分发挥属地管理优势，利用社会信用体系建设、大数据预警监测分析等手段，加强对辖区内优质企业债券资金投向、项目建设进度的监督检查，确保债券资金依法合规使用，实施偿债能力动态监控和风险预警，督促发行人做好偿还本息准备，科学有效防范债券市场风险。

关于印发《国家物流枢纽布局和建设规划》的通知（节选）

发改经贸〔2018〕1886 号　2018 年 12 月 21 日

国家物流枢纽布局和建设规划

物流枢纽是集中实现货物集散、存储、分拨、转运等多种功能的物流设施群和物流活动组织中心。国家物流枢纽是物流体系的核心基础设施，是辐射区域更广、集聚效应更强、服务功能更优、运行效率更高的综合性物流枢纽，在全国物流网络中发挥关键节点、重要平台和骨干枢纽的作用。为贯彻落实党中央、国务院关于加强物流等基础设施网络建设的决策部署，科学推进国家物流枢纽布局和建设，经国务院同意，制定本规划。

一、规划背景

党的十八大以来，我国物流业实现较快发展，在国民经济中的基础性、战略性、先导性作用显著增强。物流专业设施和交通基础设施网络不断完善，特别是一些地区自发建设形成一批物流枢纽，在促进物流资源集聚、提高物流运行效率、支撑区域产业转型升级等方面发挥了重要作用，为建设国家物流枢纽网络奠定良好基础。

基础设施条件不断完善。截至 2017 年底，我国铁路、公路营运总里程分别达到 12.7 万公里和 477.3 万公里，万吨级以上港口泊位2366个，民用运输机场226个，铁路专用线总里程约1.8万公里。全国营业性通用仓库面积超过10亿平方米，冷库库容约1.2亿立方米，运营、在建和规划的各类物流园区超过1600个。

运行组织效率持续提高。互联网、物联网、大数据、云计算等现代信息技术与物流业发展深度融合，无人机、无人仓、物流机器人、新能源汽车等智能化、绿色化设施设备在物流领域加快推广应用，物流枢纽运行效率显著提高，有力引导和支撑物流业规模化集约化发展，为加快物流转型升级和创新发展注入新的活力。

综合服务能力大幅提升。货物集散转运、仓储配送、装卸搬运、加工集拼等基础服务能力不断增强，与制造、商贸等产业融合发展趋势日益明显，物流要素加速向枢纽聚集，以平台整合、供应链融合为特征的新业态新模式加快发展，交易撮合、金融结算等增值服务功能不断拓展，物流枢纽的价值创造能力进一步增强。

经济支撑带动作用明显。国际陆港、中欧班列枢纽节点等快速发展，跨境电商、同城配送等物流新需求持续增长，物流枢纽的资源聚集效应和产业辐射效应不断显现，对经济增长的带动作用日益增强，有效支撑我国世界第二大经济体和第一大货物贸易国的地位。但也要看到，与发达国家相比，我国物流枢纽发展还存在一定差距。一是系统规划不足，现有物流枢纽设施大多分散规划、自发建设，骨干组织作用发挥不足，物流枢纽间协同效应不明显，没有形成顺畅便捷的全国性网络。二是空间布局不完善，物流枢纽分布不均衡，西部地区明显滞后，部分地区还存在空白；一些物流枢纽与铁路、港口等交通基础设施以及产业集聚区距离较远，集疏运成本较高。三是资源整合不充分，部分物流枢纽存在同质化竞争、低水平重复建设问题，内部缺乏有效分工，集聚和配置资源要素的作用没有充分发挥。四是发展方式较为粗放，一些已建成物流枢纽经营方式落后、功能单一，无法开展多式联运；有的枢纽盲目扩大占地面积，物流基础设施投入不足，服务质量有待提高。

当前，我国经济已由高速增长阶段转向高质量发展阶段。加快国家物流枢纽网络布局和建设，有利于整合存量物流基础设施资源，更好发挥物流枢纽的规模经济效应，推动物流组织方式变革，提高物流整体运行效率和现代化水平；有利于补齐物流基础设施短板，扩大优质物流服务供给，打造低成本、高效率的全国性物流服务网络，提升实体经济活力和竞争力；有利于更好发挥干线物流通道效能，加快推进要素集聚、资源整合和城乡空间格局与产业布局重塑，促进区域协调发展，培育新的经济增长极；有利于深化国内国际物流体系联动协同，促进生产制造、国际贸易和国际物流深度融合，提高国际供应链整体竞争力，培育国际竞争新优势，加快推动我国产业向全球价值链中高端迈进。

二、总体要求

（一）指导思想

以习近平新时代中国特色社会主义思想为指导，全面贯彻党的十九大和十九届二中、三中全会精神，牢固树立和贯彻落实新发展理念，按照高质量发展的要求，统筹推进“五位一体”总体布局和协调推进“四个全面”战略布局，坚持以供给侧结构性改革为主线，认真落实党中央、国务院决策部署，推动物流组织模式和行业管理体制机制创新，加快现代信息技术和先进设施设备应用，构建科学合理、功能完备、开放共享、智慧高效、绿色安全的国家物流枢纽网络，打造“通道+枢纽+网络”的物流运行体系，实现物流资源优化配置和物流活动系统化组织，进一步提升物流服务质量，降低全社会物流和交易成本，为优化国家经济空间布局和构建现代化经济体系提供有力支撑。

（二）基本原则

市场主导、规划引领。遵循市场经济规律和现代物流发展规律，使市场在资源配置中起决定性作用和更好发挥政府作用，通过规划引领和指导，推动物流资源向有市场需求的枢纽进一步集聚，支持和引导具备条件的物流枢纽做大做强，在物流运行体系中发挥骨干作用。

集约整合、融合创新。坚持以存量设施整合提升为主、以增量设施补短板为辅，重点提高现有物流枢纽资源集约利用水平。依托国家物流枢纽加强物流与交通、制造、商贸等产业联动融合，培育行业发展新动能，探索枢纽经济新范式。

统筹兼顾、系统成网。统筹城市经济发展基础和增长潜力，兼顾东中西部地区协调发展，围绕产业发展、区域协调、公共服务、内联外通等需要，科学选址、合理布局、加强联动，加快构建国家物流枢纽网络。

协调衔接、开放共享。加强物流与交通基础设施衔接，提高不同运输方式间货物换装效率，推动信息互联互通、设施协调匹配、设备共享共用，增强国家物流枢纽多式联运功能，提高运行效率和一体化组织水平。

智慧高效、绿色发展。顺应现代物流业发展新趋势，加强现代信息技术和智能化、绿色化装备应用，推进货物运输结构调整，提高资源配置效率，降低能耗和排放水平，打造绿色智慧型国家物流枢纽。

（三）发展目标

到2020年，通过优化整合、功能提升，布局建设30个左右辐射带动能力较强、现代化运作水平较高、互联衔接紧密的国家物流枢纽，促进区域内和跨区域物流活动组织化、规模化运行，培育形成一批资源整合能力强、运营模式先进的枢纽运营企业，初步建立符合我国国情的枢纽建设运行模式，形成国家物流枢纽网络基本框架。

到2025年，布局建设150个左右国家物流枢纽，枢纽间的分工协作和对接机制更加完善，社会物流运行效率大幅提高，基本形成以国家物流枢纽为核心的现代化物流运行体系，同时随着国家产业结构和空间布局的进一步优化，以及物流降本增效综合措施的持续发力，推动全社会物流总费用与GDP的比率下降至12%左右。

——高效物流运行网络基本形成。以“干线运输＋区域分拨”为主要特征的现代化多式联运网络基本建立，全国铁路货运周转量比重提升到30%左右，500公里以上长距离公路运量大幅减少，铁路集装箱运输比重和集装箱铁水联运比重大幅提高，航空货运周转量比重明显提升。

——物流枢纽组织效率大幅提升。多式联运、甩挂运输等先进运输组织方式广泛应用，各种运输方式衔接更加紧密，联运换装转运效率显著提高，集疏运体系更加完善，国家物流枢纽单元化、集装化运输比重超过40%。

——物流综合服务能力显著增强。完善互联互通的枢纽信息网络，国家物流枢纽一体化运作、网络化经营、专业化服务能力进一步提高，与供应链、产业链、价值链深度融合，对实体经济的支撑和促进作用明显增强，枢纽经济效应充分显现。

到2035年，基本形成与现代化经济体系相适应的国家物流枢纽网络，实现与综合交通运输体系顺畅衔接、协同发展，物流规模化、组织化、网络化、智能化水平全面提升，铁路、水运等干线通道能力充分释放，运输结构更加合理。全社会物流总费用与GDP的比率继续显著下降，物流运行效率和效益达到国际先进水平。依托国家物流枢纽，形成一批具有国际影响的枢纽经济增长极，将国家物流枢纽打造成为产业转型升级、区域经济协调发展和国民经济竞争力提升的重要推动力量。

三、合理布局国家物流枢纽，优化基础设施供给结构

（一）国家物流枢纽的类型和功能定位

国家物流枢纽分为陆港型、港口型、空港型、生产服务型、商贸服务型、陆上边境口岸型等6种类型。

陆港型。依托铁路、公路等陆路交通运输大通道和场站（物流基地）等，衔接内陆地区干支线运输，主要为保障区域生产生活、优化产业布局、提升区域经济竞争力，提供畅通国内、联通国际的物流组织和区域分拨服务。

港口型。依托沿海、内河港口，对接国内国际航线和港口集疏运网络，实现水陆联运、水水中转有机衔接，

主要为港口腹地及其辐射区域提供货物集散、国际中转、转口贸易、保税监管等物流服务和其他增值服务。

空港型。依托航空枢纽机场，主要为空港及其辐射区域提供快捷高效的国内国际航空直运、中转、集散等物流服务和铁空、公空等联运服务。

生产服务型。依托大型厂矿、制造业基地、产业集聚区、农业主产区等，主要为工业、农业生产提供原材料供应、中间产品和产成品储运、分销等一体化的现代供应链服务。

商贸服务型。依托商贸集聚区、大型专业市场、大城市消费市场等，主要为国际国内和区域性商贸活动、城市大规模消费需求提供商品仓储、干支联运、分拨配送等物流服务，以及金融、结算、供应链管理等增值服务。

陆上边境口岸型。依托沿边陆路口岸，对接国内国际物流通道，主要为国际贸易活动提供一体化通关、便捷化过境运输、保税等综合性物流服务，为口岸区域产业、跨境电商等发展提供有力支撑。

（二）国家物流枢纽布局和规划建设要求

国家物流枢纽基本布局。加强宏观层面的系统布局，依据区域经济总量、产业空间布局、基础设施联通度和人口分布等，统筹考虑国家重大战略实施、区域经济发展、产业结构优化升级等需要，结合“十纵十横”交通运输通道和国内物流大通道基本格局，选择127个具备一定基础条件的城市作为国家物流枢纽承载城市，规划建设212个国家物流枢纽，包括41个陆港型、30个港口型、23个空港型、47个生产服务型、55个商贸服务型和16个陆上边境口岸型国家物流枢纽。

专栏1　国家物流枢纽布局承载城市

序　号	分　类	内　容
1	陆港型国家物流枢纽承载城市	石家庄、保定、太原、大同、临汾、呼和浩特、乌兰察布、沈阳、长春、哈尔滨、佳木斯、南京、徐州、杭州、合肥、南昌、鹰潭、济南、潍坊、郑州、安阳、武汉、长沙、衡阳、南宁、柳州、重庆、成都、遂宁、贵阳、遵义、昆明、拉萨、西安、延安、兰州、酒泉、格尔木、乌鲁木齐、哈密、库尔勒
2	港口型国家物流枢纽承载城市	天津、唐山、秦皇岛、沧州、大连、营口、上海、南京、苏州、南通、连云港、宁波—舟山、芜湖、安庆、福州、厦门、九江、青岛、日照、烟台、武汉、宜昌、岳阳、广州、深圳、湛江、钦州—北海—防城港、洋浦、重庆、泸州
3	空港型国家物流枢纽承载城市	北京、天津、哈尔滨、上海、南京、杭州、宁波、厦门、青岛、郑州、长沙、武汉—鄂州、广州、深圳、三亚、重庆、成都、贵阳、昆明、拉萨、西安、银川、乌鲁木齐
4	生产服务型国家物流枢纽承载城市	天津、石家庄、唐山、邯郸、太原、鄂尔多斯、包头、沈阳、大连、长春、哈尔滨、大庆、上海、南京、无锡、苏州、杭州、宁波、嘉兴、金华、合肥、蚌埠、福州、三明、南昌、青岛、郑州、洛阳、武汉、十堰、襄阳、长沙、郴州、广州、深圳、珠海、佛山、东莞、南宁、柳州、重庆、成都、攀枝花、贵阳、西安、宝鸡、石河子
5	商贸服务型国家物流枢纽承载城市	天津、石家庄、保定、太原、呼和浩特、赤峰、沈阳、大连、长春、吉林、哈尔滨、牡丹江、上海、南京、南通、杭州、温州、金华（义乌）、合肥、阜阳、福州、平潭、厦门、泉州、南昌、赣州、济南、青岛、临沂、郑州、洛阳、商丘、南阳、信阳、武汉、长沙、怀化、广州、深圳、汕头、南宁、桂林、海口、重庆、成都、达州、贵阳、昆明、大理、西安、兰州、西宁、银川、乌鲁木齐、喀什
6	陆上边境口岸型国家物流枢纽承载城市	呼伦贝尔（满洲里）、锡林郭勒（二连浩特）、丹东、延边（珲春）、黑河、牡丹江（绥芬河—东宁）、防城港（东兴）、崇左（凭祥）、德宏（瑞丽）、红河（河口）、西双版纳（磨憨）、日喀则（吉隆）、伊犁（霍尔果斯）、博尔塔拉（阿拉山口）、克孜勒苏（吐尔尕特）、喀什（红其拉甫）

国家物流枢纽规划建设要求。一是区位条件良好。毗邻港口、机场、铁路场站等重要交通基础设施和产业聚集区，与城市中心的距离位于经济合理的物流半径内，并与城市群分工相匹配。二是空间布局集约。以连片集中布局为主，集中设置物流设施，集约利用土地资源。同一国家物流枢纽分散布局的互补功能设施原则上不超过 2 个。三是存量设施优先。以完善提升已建成物流设施的枢纽功能为主，必要情况下可结合区域经济发展需要适当整合、迁移或新建枢纽设施。四是开放性公共性强。具备提供公共物流服务、引导分散资源有序聚集、推动区域物流集约发展等功能，并在满足区域生产生活物流需求中发挥骨干作用。五是服务功能完善。具备干线运输、区域分拨等功能，以及多式联运转运设施设备和系统集成、互联兼容的公共信息平台等，可根据需要提供通关、保税等国际物流相关服务。六是统筹运营管理。由一家企业或多家企业联合主导国家物流枢纽建设、运营和管理，统筹调配物流服务资源，整合对接物流业务，实行统一的安全作业规范。七是区域协同联动。鼓励同一承载城市内不同类型的国家物流枢纽加强协同或合并建设，增强综合服务功能；支持京津冀、长三角、珠三角等地区的承载城市在城市群内部开展国家物流枢纽合作共建，实现优势互补。

国家物流枢纽培育发展要求。各承载城市要遵循市场规律，尊重市场选择，以市场自发形成的物流枢纽设施和运行体系为基础，对照上述要求，选择基础条件成熟、市场需求旺盛、发展潜力较大的物流枢纽进行重点培育，并可根据市场和产业布局变化情况以及交通基础设施发展情况等进行必要的调整。同时，通过规划引导和政策支持，加强公共服务产品供给，补齐设施短板，规范市场秩序，促进公平竞争。要加强国家物流枢纽与其他物流枢纽的分工协作和有效衔接，两者不排斥、不替代，通过国家物流枢纽的发展带动其他物流枢纽做大做强，打造以国家物流枢纽为骨干，以其他物流枢纽为补充，多层次、立体化、广覆盖的物流枢纽设施体系。

四、整合优化物流枢纽资源，提高物流组织效率（略）

五、构建国家物流枢纽网络体系，提升物流运行质量（略）

六、推动国家物流枢纽全面创新，培育物流发展新动能（略）

七、加强政策支持保障，营造良好发展环境（节选）

（三）完善规划和用地支持政策

对国家物流枢纽范围内的物流仓储、铁路站场、铁路专用线和集疏运铁路、公路等新增建设用地项目，经国务院及有关部门审批、核准、备案的，允许使用预留国家计划；地方相关部门审批、核准、备案的，由各省（自治区、直辖市）计划重点保障。鼓励通过“先租后让”“租让结合”等多种方式供应土地。对因建设国家物流枢纽需调整有关规划的，要积极予以支持。利用国家物流枢纽中的铁路划拨用地用于物流相关设施建设，从事长期租赁等物流经营活动的，可在五年内实行继续按原用途和土地权利类型使用土地的过渡期政策，期满及涉及转让需办理相关用地手续的，可按新用途、新权利类型和市场价格以协议方式办理。加强国家物流枢纽空间布局与城市功能提升的衔接，确保枢纽用地规模、土地性质和空间位置长期稳定。研究制定合理的枢纽容积率下限，提高土地资源利用效率。

（四）加大投资和金融支持力度。

中央和地方财政资金利用现有渠道积极支持枢纽相关设施建设。研究设立国家物流枢纽中央预算内投资专项，重点支持国家物流枢纽铁路专用线、多式联运转运设施、公共信息平台、军民合用物流设施以及内部道路等公益性较强的基础设施建设，适当提高中西部地区枢纽资金支持比例。中央财政投资支持的国家物流枢纽项目需签订承诺书，如改变项目土地的物流用途等，须连本带息退还中央财政资金。引导商业金融机构在风险可控、商业可持续条件下，积极支持国家物流枢纽设施建设。支持符合条件的国家物流枢纽运营主体通过发行公司债券、非金融企业债务融资工具、企业债券和上市等多种方式拓宽融资渠道。按照市场化运作原则，支持大型物流企业或金融机构等设立物流产业发展投资基金，鼓励包括民企、外企在内的各类社会资本共同参与国家物流枢纽规划建设和运营。

四、中华人民共和国住房和城乡建设部

关于开展建筑施工安全专项治理行动的通知

建质〔2018〕31 号　2018 年 3 月 13 日

一、总体要求

坚持以习近平新时代中国特色社会主义思想为指导，深入贯彻落实党的十九大精神，牢固树立安全发展理念，坚持依法监管、改革创新、源头防范、系统治理的原则，用两年时间，集中开展建筑施工安全专项治理行动，确保全国房屋建筑和市政工程生产安全事故总量下降，为决胜全面建成小康社会创造良好的安全环境。

二、主要内容

（一）加强危大工程安全管控

1. 落实管理制度。认真执行《危险性较大的分部分项工程安全管理规定》（住房城乡建设部令第 37 号），制定实施细则，组织宣传贯彻。督促工程参建各方主体建立健全危险性较大的分部分项工程（简称危大工程）安全管控体系，编制危大工程专项施工方案，组织专家论证，严格按方案施工。

2. 排查安全隐患。督促企业全面排查在建房屋建筑和市政工程中基坑工程、模板工程及支撑体系、起重吊装及安装拆卸工程、地下暗挖工程等危大工程，以及城市轨道交通、地下管网施工中事故易发环节的安全隐患，建立隐患排查台账，明确整改时限和责任人，逐项落实整改措施。

3. 惩处违法行为。按照隐患就是事故的理念，加大危大工程监督执法力度，对于在监督检查中发现的危大工程安全管控体系不健全、隐患排查整改不到位等问题，依法实施罚款、暂扣企业安全生产许可证等处罚。

（二）强化安全事故责任追究

1. 复核安全生产条件。严格按规定对发生事故的施工企业安全生产条件进行复核，根据事故级别和安全生产条件降低情况，依法做出暂扣或吊销安全生产许可证的决定。对所有发生事故的特级资质施工企业及发生较大以上事故的施工企业，其安全生产条件复核情况须报送我部。

2. 严格资质资格处罚。严格落实对事故责任企业和人员资质资格的处罚规定，对较大事故的责任企业责令停业整顿，对重大以上事故的责任企业降低资质等级或吊销资质证书，对事故负有责任的注册执业人员责令停止执业或吊销执业资格证书。一年内连续发生 2 起以上事故的，依法从重处罚。

3. 公开事故查处情况。认真执行事故查处挂牌督办制度，督促严格依法追究事故责任，并将查处情况及时向社会公开，接受公众监督。对于事故查处不到位、督促整改不力的，要依法依规予以问责。

（三）构建安全监管长效机制

1. 开展层级考核。按照“党政同责、一岗双责、齐抓共管、失职追责”的原则，开展建筑施工安全生产工作层级考核，明确考核内容、程序和要求，严格落实“一票否决”，督促各级监管部门履行法定监管职责。

2. 创新监管模式。推行“双随机，一公开”执法检查模式，鼓励通过政府购买服务的方式委托专业机构提供服务，探索推行执法全过程记录，做好全国施工安全监管信息共享，提高监管执法效能。

3. 实施信用惩戒。加强安全信用建设，建立守信激励和失信惩戒机制，将信用情况作为招投标、资质资格、施工许可等市场准入管理的重要依据。对于严重失信行为，与有关部门实施联合惩戒。

三、保障措施

（一）加强组织领导

要充分认识开展建筑施工安全专项治理行动的重要意义，成立专项治理行动领导小组，加强领导、精心组织、认真部署，明确责任单位和要求，并将专项治理工作纳入部门年度工作绩效目标考核，层层督促落实。

（二）科学制定方案

要科学确定建筑施工安全专项治理行动的具体目标和任务，制定具体实施方案，公布举报电话和信箱，并将实施方案于 2018 年 3 月底前报送我部工程质量安全监管司。

（三）强化督促检查

市、县住房城乡建设主管部门要每季度开展 1 次建筑施工安全专项治理行动督查，省级住房城乡建设主管部门要每半年对市、县工作进行 1 次督查，我部适时对重点地区开展随机督查并通报督查情况。对问题突出的地区要进行约谈。

（四）加大舆论宣传

要利用报纸、电视、网络等新闻媒体，全方位、多渠道宣传报道专项治理行动开展情况，宣传先进典型，曝光典型案例，营造良好舆论氛围。

关于开展治理违规提取住房公积金工作的通知

建金〔2018〕46 号　2018 年 5 月 2 日

党的十八大以来，全国住房公积金系统深入贯彻落实党中央、国务院决策部署和监管部门工作要求，在防范资金风险、提高使用效率、改进服务质量等方面取得显著成效。但一些机构和个人通过伪造证明材料、虚构住房消费行为等手段违规提取住房公积金，有的甚至形成骗提套取住房公积金“黑色产业链”，扰乱了住房公积金管理秩序，削弱了住房公积金制度的互助性和保障性。为保证住房公积金制度稳健运行，依法维护缴存职工权益，决定开展治理违规提取住房公积金工作，现就有关事项通知如下：

一、规范改进提取政策

各地要按照“房子是用来住的，不是用来炒的”定位及建立租购并举住房制度的精神，规范改进住房公积金提取政策。优先支持提取住房公积金支付房租，提取额度要根据当地租金水平合理确定并及时调整。重点支持提取住房公积金在缴存地或户籍地购买首套普通住房和第二套改善型住房，防止提取住房公积金用于炒房投机。缴存职工与单位解除或终止劳动关系的，先办理个人账户封存。账户封存期间，在异地开立住房公积金账户并稳定缴存半年以上的，办理异地转移接续手续。未在异地继续缴存的，封存满半年后可提取。各地要按照上述要求，于2018年6月底前完成当地政策的规范调整工作。

二、优化提取审核流程

对缴存职工在缴存地租赁或购买自住住房、偿还自住住房贷款本息、离休退休等申请提取住房公积金的，要进一步简化审核流程，积极开展提取住房公积金业务网上咨询，大力推行网上审核和业务办理，缩短审核时限。缴存职工提取申请材料齐全的，审核无误后应即时办理。需对申请材料进一步核查的，应在受理提取申请之日起3个工作日内办结。对同一人多次变更婚姻关系购房、多人频繁买卖同一套住房、异地购房尤其是非户籍地非缴存地购房、非配偶或非直系亲属共同购房等申请提取住房公积金的，要严格审核住房消费行为和证明材料的真实性。

三、实施失信联合惩戒

对违规提取住房公积金的缴存职工，住房公积金管理中心要记载其失信记录，并随个人账户一并转移；对已提取资金的，要责令限期全额退回，在一定期限内限制其住房公积金提取和贷款。对逾期仍不退回的，列为严重失信行为，并依法依规向相关管理部门报送失信信息，实施联合惩戒。机关、事业单位及国有企业缴存职工违规提取住房公积金情节严重的，要向其所在单位通报。

四、加强内部风险管理

住房公积金管理中心要合理设置住房公积金提取受理、审核岗位，明确岗位职责，加强岗位制约，实行定期轮岗。完善内审稽核机制，形成前台受理审核、后台重点复核、内审部门稽核“三道防线”。委托商业银行受理审核的，要将防控违规提取住房公积金纳入业务考核，与受托资格和手续费挂钩。健全廉政风险防控制度，开展专题业务培训，提升廉政意识和鉴别能力。对相关管理人员玩忽职守、失职渎职的，给予党纪政纪处分；对为违规提取住房公积金提供便利，涉及职务犯罪的，移交司法机关处理。

五、推进部门信息共享

各地要全面落实国务院“放管服”改革要求，建立住房公积金管理中心与公安、住房城乡建设、人力资源社会保障、民政、不动产登记等部门及人民银行分支机构的信息共享机制，联网核查住房公积金提取申请人的个人身份、户籍、房产交易、就业、社保、婚姻登记、不动产登记等信息，确保提取住房公积金的行为和要件真实准确。有条件的省（区）要积极研究建立省级跨部门信息共享机制。住房公积金管理中心要积极主动提出信息共享需求，相关信息管理部门要予以支持。同时要做好信息安全和保密工作。

六、建立跨地协查机制

住房公积金管理中心要加强协同，密切配合，尽快建立防范违规提取住房公积金跨地协查机制。住房公积金管理中心进行提取业务审核，需核查申请人异地房产交易、不动产登记、户籍等相关信息的，可商请信息产生地住房公积金管理中心向相关信息管理部门代为核查。信息产生地住房公积金管理中心要予以支持，及时核查信息并反馈结果。人员跨地区流动频繁的京津冀、长三角、珠三角等城市群，要率先建立更加紧密的信息协查机制，共同防控违规提取住房公积金行为。

七、集中开展治理工作

住房公积金管理中心要主动协调当地公安、通信、城管、网信等部门，集中开展治理违规提取住房公积金工作。要全面清理违规提取住房公积金的有关信息，依法关停发布违规提取住房公积金信息的网站和涉嫌违法电话，净化美化社会环境。对违规提取住房公积金的中介机构和其他组织，依法予以查处。对涉嫌伪造及使用购房合同、发票、不动产权证书、结婚证等虚假证明材料的组织和个人，要及时向公安等部门移交问题线索，严肃依法惩治。

八、广泛开展宣传引导

各地要通过报纸、电视、网络等多种形式，向社会公开住房公积金提取业务办理要件、流程及时限，向缴存职工告知违规提取住房公积金的法律风险和责任。要深入单位、社区广泛宣传住房公积金政策，发挥缴存单位住房公积金经办人员的宣传员作用。公开曝光违规提取住房公积金案例，引导缴存职工依法合规提取住房公积金。

中华人民共和国住房和城乡建设部
中华人民共和国财政部
中国人民银行
中华人民共和国公安部

关于进一步做好房地产市场调控工作有关问题的通知

建房〔2018〕49 号　2018 年 5 月 19 日

2018 年以来，各地贯彻落实党中央、国务院决策部署，分类调控，因城施策，房地产市场总体保持平稳运行。近一段时间以来，部分城市房地产市场出现过热苗头，投机炒作有所抬头，风险不容忽视。为促进房地产市场平稳健康发展，现就有关事项通知如下：

一、坚持调控目标不动摇、力度不放松

各地要牢固树立“四个意识”，提高政治站位，毫不动摇地坚持“房子是用来住的、不是用来炒的”定位，坚持调控政策的连续性稳定性，认真落实稳房价、控租金，降杠杆、防风险，调结构、稳预期的目标任

务，支持刚性居住需求，坚决遏制投机炒房，因地制宜，精准施策，确保房地产市场平稳健康发展。

二、加快制定实施住房发展规划

各城市要结合当地经济社会发展水平、住房供需状况、人口变化情况，科学编制住房发展规划，明确住房发展目标、重点任务和政策措施，合理确定住房和用地供应规模、结构、时序，引导相关资源合理配置。城市住房发展规划报上级政府备案后实施，主要目标和指标纳入当地经济社会发展预期指标管理。2018 年底前，一线、二线城市要编制完成 2018 年至 2022 年住房发展规划，并报住房城乡建设部备案后向社会公布实施。

要统筹城镇基础设施和空间布局，促进大中小城市和小城镇协调发展，增强中小城市和小城镇的承载力和吸引力，引导产业、就业和人口有序流动，促进职住平衡。

三、抓紧调整住房和用地供应结构

各地要落实人地挂钩政策，有针对性地增加住房和用地有效供给。切实提高中低价位、中小套型普通商品住房在新建商品住房供应中的比例。要改进商品住房用地供应方式，建立房价地价联动机制，防止地价推涨房价。

热点城市要提高住房用地比例，住房用地占城市建设用地的比例建议按不低于 25% 安排。要大幅增加租赁住房、共有产权住房用地供应，确保公租房用地供应。力争用 3—5 年时间，公租房、租赁住房、共有产权住房用地在新增住房用地供应中的比例达到 50% 以上。

热点城市要积极探索推动供地主体多元化，在权属不变、符合土地利用总体规划和城乡规划的情况下，非房地产企业依法取得使用权的国有土地可作为租赁住房用地，6 月底前，北京、上海、广州、深圳、天津、南京、苏州、无锡、杭州、合肥、福州、厦门、济南、郑州、武汉、成都市要提出并上报建设租赁住房的具体实施方案。开展租赁住房、利用集体建设用地建设租赁住房、共有产权住房试点城市，6 月底前要向住房城乡建设部和相关部门报告试点进展情况。

四、切实加强资金管控

要加强个人住房贷款规模管理，落实差别化住房信贷政策，强化对借款人还款能力的审查，严格管控消费贷款、经营贷款等资金挪用于购房加杠杆行为。严格落实企业购地只能用自有资金的规定，加强住房用地购地资金来源审查，严控购地加杠杆行为。

五、大力整顿规范房地产市场秩序

各地要严厉打击房地产企业和中介机构违法违规行为，严肃查处捂盘惜售、炒买炒卖、规避调控政策、制造市场恐慌等违法违规行为。要持续保持高压严查态势，对各类违法违规行为，发现一起，查处一起，并向社会公布，形成震慑。

六、加强舆论引导和预期管理

各地要全面落实住房销售合同网签备案制度，定期发布权威信息；加强政策解读和市场信息公开，及时澄清误读，正面引导舆论。严厉打击利用自媒体公众号等网络媒体炒作渲染房价上涨、散布虚假信息等行为，营造良好的舆论氛围，稳定市场预期。

七、进一步落实地方调控主体责任

各地要坚决落实新发展理念，加快转变发展方式，切实落实主体责任。住房城乡建设部将加快建立房地产市场评价和监测预警体系，细化评价单元，完善对地方房地产调控工作的评价考核机制，具体落实地方政府稳房价、控租金的主体责任。同时严格督查，对工作不力、市场波动大、未能实现调控目标的地方，坚决问责。

关于在部分城市先行开展打击侵害群众利益违法违规行为　治理房地产市场乱象专项行动的通知

建房〔2018〕58 号　2018 年 6 月 25 日

一、工作目标

针对近期房地产市场乱象，通过部门联合执法，重点打击投机炒房行为和房地产“黑中介”，治理房地产开发企业违法违规行为和虚假房地产广告，进一步整顿和规范房地产市场秩序，健全房地产市场监管机制，切实维护人民群众合法权益。

二、整治重点

（一）投机炒房行为

1. 垄断房源，操纵房价、房租。

2. 捂盘惜售或者变相囤积房源。

3. 通过报纸、广播、电视、网站、新媒体等途径捏造、散布房地产虚假信息，以及雇佣人员制造抢房假象等方式，恶意炒作，哄抬房价。

4. 通过更改预售合同、变更购房人等方式，投机炒作未交付的商品房。

5. 通过提供“首付贷”或者采取“首付分期”等形式，违规为炒房人垫付或者变相垫付首付款。

（二）房地产“黑中介”违法违规行为

1. 采取威胁、恐吓等暴力手段驱逐承租人，恶意克扣保证金和预定金。

2. 为不符合交易条件的房屋提供经纪服务，或者对购房人隐瞒抵押、查封等限制房屋交易的信息。

3. 为客户就同一房屋签订不同交易价款的“阴阳合同”提供便利，非法规避房屋交易税费。

4. 非法侵占或者挪用客户交易资金。

5. 强制提供代办服务、担保服务，或者以捆绑服务方式乱收费。

6. 与投机炒房团伙串通，谋取不正当利益。

（三）房地产开发企业违法违规行为

1. 在取得商品房预售许可前，以认购、认筹、预订、排号、售卡等方式向购房人收取或者变相收取定金、预订款、诚意金等费用。

2. 未按政府备案价格要求销售商品房，或者以附加条件限制购房人合法权利（如捆绑车位、装修）等方式，变相实行价外加价。

3. 一房多卖，损害购房人合法权益。

4. 利用合同格式条款，免除自身法定义务、加重购房人责任、排除购房人合法权利。

5. 限制、阻挠、拒绝购房人使用住房公积金贷款或者按揭贷款。

6. 未标明房源销售状态、销售价等违反明码标价规定的行为。

（四）虚假房地产广告

1. 通过捏造、散布不实信息，或者曲解有关房地产政策等方式，误导购房人的市场预期。

2. 发布虚假房源和价格信息，欺骗、误导购房人。

3. 发布未取得许可或备案的房地产项目预售、销售广告。

4. 在房地产广告中承诺为购房人办理户口、就业、升学等事项。

5. 在房地产广告中承诺房产升值或者投资回报。

三、工作要求

（一）切实履行主体责任

各地要把打击侵害群众利益违法违规行为，作为整治房地产市场乱象工作的重中之重。在上述整治重点的基础上，根据本地区实际情况，制定工作方案，细化工作任务，明确整治措施，落实监管职责，确保专项行动取得实效。切实履行房地产市场监管的主体责任，加强组织领导，建立联合查处机制，发挥部门合力，全面排查、精准打击。各省级住房城乡建设部门要对本地区专项行动工作开展情况进行总结，及时上报典型案例。

（二）广泛发动群众监督

要通过开通购房人热线等方式，畅通群众举报投诉渠道，引导公众参与整治房地产市场乱象专项行动。对群众反映强烈、问题突出的典型案例要挂牌督办，及时公布查处结果，回应社会关切，着力构建房地产市场共治共管的局面。

（三）营造良好舆论环境

各级住房城乡建设部门牵头建立专项行动信息发布机制，各级工商、物价、公安、银监、保监、司法、宣传等部门积极配合，通过报纸、广播、电视、网站、新媒体等加强政策解读，正面引导舆论，通过定期集中曝光违法违规典型案例，形成震慑，为房地产市场营造良好舆论环境。

（四）强化督查问责机制

对专项行动实施过程中发现的违法违规行为，要依法从严惩处。对开展整治行动不力、人民群众投诉较多、房地产市场违法违规行为较严重的地方，要加大督查力度。对涉嫌隐瞒包庇、滥用职权、玩忽职守的部门和人员，要坚决问责。

（五）建立监管长效机制

要坚持整顿规范与制度建设并重、专项整治与日常监督并重、加强管理与改善服务并重、投诉受理与主动监管并重，逐步建立健全房地产行业信用体系，积极推进房地产领域守信联合激励和失信联合惩戒机制建设。

附件：先行开展专项行动城市名单

北京、上海、广州、深圳、天津、南京、苏州、无锡、杭州、合肥、福州、厦门、济南、郑州、武汉、成都、长沙、重庆、西安、昆明、佛山、徐州、太原、海口、宁波、宜昌、哈尔滨、长春、兰州、贵阳

中华人民共和国住房和城乡建设部
中国共产党中央委员会宣传部
中华人民共和国公安部
中华人民共和国司法部
国家税务总局
国家市场监督管理总局
中国银行保险监督管理委员会

关于印发推行政府购买公租房运营管理服务试点方案的通知

建保〔2018〕92 号　2018 年 9 月 14 日

推行政府购买公租房运营管理服务的试点方案

近年来，各地认真贯彻党中央、国务院决策部署，积极发展公租房。随着大量公租房建成和交付使用，公租房运营管理中专业人员不足、服务水平不高、管理不规范等问题日益凸显。为进一步完善公租房运营管理机制，提升管理和服务能力，结合当前管理工作实际，制定本试点方案。

一、总体要求

（一）指导思想

以习近平新时代中国特色社会主义思想为指导，深入贯彻落实党的十九大精神，按照党中央、国务院的决策部署，加快政府职能转变，推进供给侧结构性改革，积极推行政府购买服务，吸引企业和其他机构参与公租房运营管理，不断提高公租房运营管理专业化、规范化水平，不断提升保障对象满意度和获得感。

（二）基本原则

1. 坚持政府主导。政府要加强对购买公租房运营管理服务的组织领导、制度设计、财政保障和监督管理。科学制定政府购买公租房运营管理服务政策和管理规范，确保政府购买服务取得实实在在的效果。

2. 坚持公开择优。按照公开、公平、公正的原则，确保具备条件的社会力量平等参与竞争，通过竞争择优方式选择政府购买服务的承接主体。

3. 坚持注重实效。加强对承接主体的绩效评估和全过程监管，切实提高财政资金使用效率，提升公租房运营管理效能，让保障对象享受到更好的服务。

（三）试点范围

根据地方自愿申报，确定在浙江、安徽、山东、湖北、广西、四川、云南、陕西等 8 个省（自治区）开展试点工作。开展试点的省（自治区）应结合本地区公租房运营管理现状，按照市、县自愿申报的原则，确定部分市、县作为试点城市开展政府购买公租房运营管理服务的试点，原则上应覆盖到省会（首府）城市、地级城

市、县（县级市），试点城市数量由各省（自治区）确定。

（四）试点目标

通过试点，在试点地区建立健全公租房运营管理机制，完善政府购买公租房运营管理服务的管理制度与流程，形成一批可复制、可推广的试点成果，为提升公租房运营管理能力提供支撑。

二、试点内容

（一）明确购买主体

政府购买公租房运营管理服务的主体是承担公租房运营管理职责的各级行政机关以及承担行政职能的事业单位。

（二）规范购买内容

试点地区要全面梳理现行属于政府职责范围、由财政支出安排的各类公租房运营管理内容，凡适合市场化方式提供的公租房运营管理服务事项，可通过政府购买服务方式实施。购买内容主要有：

1. 入住和退出管理事项，主要包括组织选房，租赁合同签订、续签、变更，办理入住手续，采集新入住住户基本信息，建立住户档案，办理退房手续；不得包括对保障资格的准入和取消。

2. 租金收缴和房屋使用管理事项，主要包括租金代收代缴、催缴，日常使用情况的巡查，及时发现违法违规行为并采集证据上报。

3. 维修养护事项，主要包括公租房项目共用部位和共用设施设备维修养护管理，不得包括建筑物和构筑物的新建、改建、扩建及其相关的装修、拆除、修缮等工程建设。

4. 综合管理事项，主要包括住房保障信息系统建设和维护，信息采集和录入；智能化管理系统及监测平台建设和维护；社会调查、绩效评价及群众满意度测评；

试点地区要结合本地经济社会发展水平、财政承受能力和公租房运营管理现状，合理确定购买内容，将适合通过政府购买服务提供的公租房运营管理服务纳入政府购买服务的指导性目录，并根据实际情况及时调整。对不属于政府职责范围，或者应当由政府直接提供、不适合市场化方式提供的服务事项，不得实施政府购买服务。

（三）科学选定承接主体

承接政府购买服务的主体是依法在民政部门登记成立的社会组织以及经国务院批准免予登记但不由财政拨款保障的社会组织；依法在工商管理或行业主管部门登记成立的企业等从事经营活动的单位，以及会计师事务所、税务师事务所等社会中介机构；按照事业单位分类改革的政策规定，划为公益二类的事业单位或从事生产经营活动的事业单位；具备服务提供条件和能力的个体工商户或自然人。承接主体应具有良好的商业信誉和社会信用，具备从事公租房运营管理所需的设施、人员和技术等能力。试点地区要结合本地实际，明确具体承接条件。

（四）做好与事业单位分类改革与机构改革的衔接

试点地区应理顺住房保障部门以及下属事业单位的职能定位，实现政事分开、明确单位分类、规范编制与预算管理后，再按规定参与政府购买公租房运营管理服务试点工作。按照事业单位分类改革的政策规定，划为公益一类事业单位、纳入事业编制管理且经费完全或者主要由财政负担的群团组织，暂不作为政府购买公租房运营管理服务的购买主体或承接主体，不得参与承接政府购买公租房运营管理服务。

（五）完善购买机制

试点地区要建立健全方式灵活、程序规范、公开透明、竞争有序的购买机制。要按照政府采购法律制度规定，公开择优选定具体承接主体。要确定以项目申报、预算编报、组织购买、项目监管、绩效评价为主要内容的规范化购买流程，加强全过程的跟踪监管和对政府购买服务效果的检查验收，并及时进行信息公开。

（六）落实经费保障

政府购买公租房运营管理服务资金应当在政府现有公租房运营管理支出中统筹安排，按要求列入财政年度预算和中期财政规划，并结合实际需要调整资金投入。公租房租金收入按照有关规定缴入同级国库，实行收支两条线管理。要严格资金管理，确保资金使用安全规范、科学有效。

（七）规范服务标准

试点地区应根据所购买公租房运营管理服务的内容，制定内容明确、操作性强、便于考核的基本服务标准和规范，方便承接主体掌握，便于购买主体监管。购买主体要及时检查服务标准和规范的执行情况，总结经验，逐步完善公租房运营管理服务标准体系。

（八）全面实施绩效管理

试点地区要建立由购买主体、保障对象以及第三方共同参与的绩效评价机制与动态调整机制。要在购买合同中细化、量化政府购买服务的预期目标、实施效果和保障对象满意度等绩效目标，以保障对象的满意度评价为重点制定评价指标体系。要及时将绩效评价结果向社会公布，并作为结算购买服务资金、编制以后年度项目预算、选择承接主体的重要参考依据。

三、试点要求

（一）加强指导监督

试点地区要高度重视政府购买公租房运营管理服务工作，建立健全住房保障部门牵头，相关部门各负其责，社会力量共同参与的工作机制。要定期研究政府购买公租房运营管理服务有关重要事项，及时发现和解决工作中出现的问题。

（二）推进试点实施

1. 编制实施方案。开展试点的市、县应结合本地区公租房运营管理情况，依据本试点方案要求，制定具体试点实施方案或办法。省级住房城乡建设部门和财政部门汇总后，于 2018 年底前报住房城乡建设部和财政部备案。

2. 试点实施、跟踪和总结。省级住房城乡建设部门和财政部门负责对试点市、县有关工作的督促和指导。要定期汇总本省（自治区）试点工作进展、经验做法等有关情况，在每季度末报送住房城乡建设部和财政部。对试点工作中出现的问题、困难以及意见建议，应及时向住房城乡建设部、财政部反馈。

2019 年 7 月底前，省级住房城乡建设部门和财政部门要开展试点中期评估，形成评估报告报送住房城乡建设部和财政部。

2019 年 12 月底前，省级住房城乡建设部门和财政部门要总结试点工作，形成总结报告报送住房城乡建设部和财政部。

（三）注重宣传引导

试点地区要充分利用各类媒体广泛宣传实施政府购买公租房运营管理服务工作的重要意义、主要内容、政策措施和流程安排，精心做好政策解读。加强舆论引导，主动回应社会关切，充分调动社会力量参与的积极性，为推进政府购买公租房运营管理服务营造良好的工作环境和舆论氛围。

（四）畅通投诉建议渠道

试点地区要设立公租房服务热线，开通微信、微博、电子邮箱等网络媒介，畅通群众意见表达和反馈的渠道，主动听取保障对象意见建议，及时解决保障对象合理诉求。

中华人民共和国住房和城乡建设部

中华人民共和国财政部

五、中华人民共和国自然资源部

关于印发《土地储备管理办法》的通知

国土资规〔2017〕17 号　2018 年 1 月 3 日

土地储备管理办法

一、总体要求

（一）为贯彻落实党的十九大精神，落实加强自然资源资产管理和防范风险的要求，进一步规范土地储备管理，增强政府对城乡统一建设用地市场的调控和保障能力，促进土地资源的高效配置和合理利用，根据《国务院关于加强国有土地资产管理的通知》（国发〔2001〕15 号）、《国务院关于促进节约集约用地的通知》（国发〔2008〕3 号）、《国务院关于加强地方政府性债务管理的意见》（国发〔2014〕43 号）、《国务院办公厅关于规范国有土地使用权出让收支管理的通知》（国办发〔2006〕100 号），制定本办法。

（二）土地储备是指县级（含）以上国土资源主管部门为调控土地市场、促进土地资源合理利用，依法取得土地，组织前期开发、储存以备供应的行为。土地储备工作统一归口国土资源主管部门管理，土地储备机构承担土地储备的具体实施工作。财政部门负责土地储备资金及形成资产的监管。

（三）土地储备机构应为县级（含）以上人民政府批准成立、具有独立的法人资格、隶属于所在行政区划的国土资源主管部门、承担本行政辖区内土地储备工作的事业单位。国土资源主管部门对土地储备机构实施名录制管理。市、县级国土资源主管部门应将符合规定的机构信息逐级上报至省级国土资源主管部门，经省级国土资源主管部门审核后报国土资源部，列入全国土地储备机构名录，并定期更新。

二、储备计划

（四）各地应根据国民经济和社会发展规划、国土规划、土地利用总体规划、城乡规划等，编制土地储备三年滚动计划，合理确定未来三年土地储备规模，对三年内可收储的土地资源，在总量、结构、布局、时序等方面做出统筹安排，优先储备空闲、低效利用等存量建设用地。

（五）各地应根据城市建设发展和土地市场调控的需要，结合当地社会发展规划、土地储备三年滚动计划、年度土地供应计划、地方政府债务限额等因素，合理制定年度土地储备计划。年度土地储备计划内容应包括：

1. 上年度末储备土地结转情况（含上年度末的拟收储土地及入库储备土地的地块清单）；
2. 年度新增储备土地计划（含当年新增拟收储土地和新增入库储备土地规模及地块清单）；
3. 年度储备土地前期开发计划（含当年前期开发地块清单）；
4. 年度储备土地供应计划（含当年拟供应地块清单）；
5. 年度储备土地临时管护计划；
6. 年度土地储备资金需求总量。

其中，拟收储土地，是指已纳入土地储备计划或经县级（含）以上人民政府批准，目前已启动收回、收购、征收等工作，但未取得完整产权的土地；入库储备土地，是指土地储备机构已取得完整产权，纳入储备土地库管理的土地。

（六）国土资源主管部门应会同财政部门于每年第三季度，组织编制完成下一年度土地储备计划，提交省级国土资源主管部门备案后，报同级人民政府批准。因土地市场调控政策变化或低效用地再开发等原因，确需调整年度土地储备计划的，每年中期可调整一次，按原审批程序备案、报批。

三、入库储备标准

（七）储备土地必须符合土地利用总体规划和城乡规划。存在污染、文物遗存、矿产压覆、洪涝隐患、地质灾害风险等情况的土地，在按照有关规定由相关单位完成核查、评估和治理之前，不得入库储备。

（八）下列土地可以纳入储备范围：

1. 依法收回的国有土地；
2. 收购的土地；
3. 行使优先购买权取得的土地；
4. 已办理农用地转用、征收批准手续并完成征收的土地；
5. 其他依法取得的土地。

入库储备土地必须是产权清晰的土地。土地储备机构应对土地取得方式及程序的合规性、经济补偿、土地权利（包括用益物权和担保物权）等情况进行审核，不得为了收储而强制征收土地。对于取得方式及程序不合规、补偿不到位、土地权属不清晰、应办理相关不动产登记手续而尚未办理的土地，不得入库储备。

（九）收购土地的补偿标准，由土地储备机构与土地使用权人根据土地评估结果协商，经同级国土资源主管部门和财政部门确认，或地方法规规定的其他机构确认。

（十）储备土地入库前，土地储备机构应向不动产登记机构申请办理登记手续。储备土地登记的使用权类型统一确定为“其他（政府储备）”，登记的用途应符合相关法律法规的规定。

四、前期开发、管护与供应

（十一）土地储备机构负责理清入库储备土地产权，评估入库储备土地的资产价值。

（十二）土地储备机构应组织开展对储备土地必要的前期开发，为政府供应土地提供必要保障。

储备土地的前期开发应按照该地块的规划，完成地块内的道路、供水、供电、供气、排水、通讯、围挡等基础设施建设，并进行土地平整，满足必要的“通平”要求。具体工程要按照有关规定，选择工程勘察、设计、施工和监理等单位进行建设。

前期开发工程施工期间，土地储备机构应对工程实施监督管理。工程完成后，土地储备机构应按规定组织开展验收或委托专业机构进行验收，并按有关规定报所属国土资源主管部门备案。

（十三）土地储备机构应对纳入储备的土地采取自行管护、委托管护、临时利用等方式进行管护；建立巡查制度，对侵害储备土地权利的行为要做到早发现、早制止、早处理。对储备土地的管护，可以由土地储备机构的内设机构负责，也可由土地储备机构按照相关规定选择管护单位。

（十四）在储备土地未供应前，土地储备机构可将储备土地或连同地上建（构）筑物，通过出租、临时使用等方式加以利用。储备土地的临时利用，一般不超过两年，且不能影响土地供应。储备土地的临时利用应报同级国土资源主管部门同意。其中，在城市规划区内储备土地的临时使用，需搭建建（构）筑物的，在报批前，应当先经城市规划行政主管部门同意，不得修建永久性建筑物。

（十五）储备土地完成前期开发，并具备供应条件后，应纳入当地市、县土地供应计划，由市、县国土资源主管部门统一组织土地供应。供应已发证的储备土地之前，应收回并注销其不动产权证书及不动产登记证明，并在不动产登记簿中予以注销。

五、资金管理

（十六）土地储备资金收支管理严格执行财政部、国土资源部关于土地储备资金财务管理的规定。土地储备资金通过政府预算安排，实行专款专用。

（十七）土地储备机构应当严格按照规定用途使用土地储备资金，不得挪用。土地储备机构所需的日常经费，纳入政府预算，与土地储备资金实行分账核算，不得相互混用。

（十八）土地储备机构按规定编制土地储备资金收支项目预算，经同级国土资源主管部门审核，报同级财政部门审定后执行。年度终了，土地储备机构向同级财政部门报送土地储备资金收支项目决算，由同级财政部门审核或者由同级财政部门指定具有良好信誉、执业质量高的会计师事务所等相关中介机构进行审核。

（十九）土地储备资金应当建立绩效评价制度，绩效评价结果作为财政部门安排年度土地储备资金收支项目预算的依据。

（二十）土地储备专项债券资金管理执行财政部、国土资源部有关地方政府土地储备专项债券管理的规定。

六、监管责任

（二十一）信息化监管。国土资源部利用土地储备监测监管系统，监测监管土地储备机构业务开展情况。

列入全国土地储备机构名录的机构应按要求在土地储备监测监管系统中填报储备土地、已供储备土地、储备土地资产存量和增量、储备资金收支、土地储备专项债券等相关信息，接受主管部门监督管理。土地储备机构应按相关法律法规和规范性文件开展工作，违反相关要求的，将被给予警示直至退出名录。

（二十二）部门分工监管。各级国土资源主管部门及财政部门应按照职责分工，互相配合，保证土地储备工作顺利开展。

市县级国土资源主管部门应制定相关管理办法，监管土地储备机构、业务运行、资产管理及资金使用，定期考核，加强对土地储备机构的管理与指导；及时核准上传土地储备机构在土地储备监测监管系统中的信息，审核调整土地储备计划及资金需求，并配合财政部门做好土地储备专项债券额度管理及发行等相关工作。

省级国土资源主管部门负责制定本行政辖区内土地储备监管制度，对土地储备业务进行政策和业务指导，监管土地储备机构及本地区土地储备业务运行情况，审核土地储备机构名录、土地储备规模、资金及专项债券的需求，配合财政部门做好土地储备专项债券额度分配及发行等相关工作。

财政部门负责审核土地储备资金收支预决算、监督管理资金支付和收缴及土地储备专项债券发行、还本付息等工作。

（二十三）各级国土资源主管部门、财政部门、中国人民银行分支机构和银行业监督管理部门应建立符合本地实际的联合监管机制。按照职责分工，对储备土地、资产、资金、专项债券进行监督和指导。

七、其他要求

（二十四）各省、自治区、直辖市及计划单列市国土资源主管部门可依据本办法规定，结合当地实际，会同当地同级财政部门、人民银行及银行业监督管理部门制定具体实施办法。

（二十五）本办法由国土资源部会同财政部、中国人民银行及中国银行业监督管理委员会负责解释。

（二十六）本办法自发布之日起实施，有效期 5 年。《国土资源部　财政部　中国人民银行关于印发〈土地储备管理办法〉的通知》（国土资发〔2007〕277 号）同时废止。

中华人民共和国国土资源部

中华人民共和国财政部

中国人民银行

中国银行业监督管理委员会

关于全面推进不动产登记便民利民工作的通知

自然资办发〔2018〕49 号　2018 年 7 月 31 日

各省、自治区、直辖市自然资源主管部门，新疆生产建设兵团自然资源主管部门：

近年来，各地认真实施不动产统一登记制度，工作成效明显。但一些地方发挥主观能动性不够，服务意识不强，与党中央、国务院的要求和人民群众的期盼仍有差距。为贯彻落实党中央、国务院关于深化“放管服”改革、推进审批服务便民化等重大决策部署，积极实施减证便民举措，深化“互联网＋政务服务”，推进政务服务“一网、一门、一次”，让企业群众办事“只进一扇门”“最多跑一次”，在扎实开展不动产登记窗口作风问题专项整治工作基础上，切实解决不动产登记耗时长、办理难问题，全面推进不动产登记便民利民工作。现就有关事项通知如下：

一、创新机制，全面推行不动产登记便民利民举措

（一）逐步压缩不动产登记办理时限。各地应结合本地区实际情况，加大工作程序优化和数据整合共享力度。根据不同登记类型特点，分类梳理业务办理流程，列出全流程所有环节，明确各环节涉及部门需要提供材料及质量要求，尽快实现从物理集成到信息集成，进一步简化环节和需权利人提供的材料，细化阶段性目标，确保五年内把除遗产继承以外的登记时间压缩三分之二以上、压减到 5 个工作日以内，为优化营商环境、方便企业群众办事创造条件。2018 年底前，全国所有市县的不动产一般登记、抵押登记业务办理时间要分别压缩至 15 个、7 个工作日内。

（二）大力推行“一窗受理、并行办理”。各地要科学配置窗口数量，积极推行不动产登记、税务、交易“一窗受理、并行办理”，全面实施一表申请、一次性受理等便民举措，实现从“多头找部门”“多次办理”转变为“一个窗口”“一次办成”，让企业和群众享受“一站式”便捷服务。不动产登记不得设立任何违规前置，不论是否办理了二手房交易合同备案、交易确认手续，都不能影响不动产登记的受理、办理，在受理之后将相关信息在部门之间共享。已经实施登记、交易“一窗受理”的地方，要严格实施“并行办理”，做到依法衔接，不得在内部搞变相串联办理，要不断提高办事效率。2018 年底前，各省（自治区、直辖市）实施“一窗受理”的市县占比要超过 80%。

（三）扎实开展“减证便民”服务。各地要按照国务院关于做好证明事项清理工作的要求，全面清理烦扰企业群众的“奇葩”证明、重复证明等各类无谓证明，坚决取消没有法律法规依据的盖章、审核、备案、确认、告知等手续，不得要求企业群众提交任何没有法律法规依据的证明和材料。对确需保留的证明，要实行清单管理，对外及时公布清单，清单之外不得索要证明材料。在加大清理减并力度的同时，各地要积极探索实行承诺制，可依据申请人承诺办理相关事项，事后进行随机抽查，一旦发现申请人承诺存在虚假，给予严厉处罚并纳入信用记录。

（四）不断拓展网上办理事项。各地要大力发展“互联网＋政务服务”，变“群众跑腿”为“数据跑路”，完善不动产登记信息管理基础平台（以下简称“信息平台”）功能，积极探索“外网申请、内网审核”等“互联网＋不动产登记”新模式，推动实体大厅向网上大厅延伸，推进网上咨询、预约、申请、查询、反馈等服务事项“能上尽上”，打造“不打烊”的“数字不动产登记”，把实体大厅、网上平台、移动客户端、自助终端、服务热线等结合起来，做到线上线下功能互补、融合发展，实现“最多跑一次”。具备条件的地方，可进一步探索不动产登记“不见面办理”“全自助办理”等，不断提升服务效率和质量。2018 年底前，各省（自治区）至少要有 2 个地市、10 个县区实行“互联网＋不动产登记”。4 个直辖市、所有副省级城市和省会城市要制定“互联网＋不动产登记”工作方案，力争 2019 年 6 月底前全面实施。

（五）积极延伸登记服务范围。各地要全面落实国务院深化“放管服”改革要求，多措并举，推动五年内不动产登记全城通办、就近能办。将基于互联网、自助终端、移动终端的不动产登记服务全方位向乡镇街道、城乡社区、金融网点等延伸，实现就近能办、多点可办、少跑快办，减少群众跑腿次数。通过试点先行、积累经验、逐步推广，探索推进不动产登记跨县域、跨市域、跨省域的“异地可办”，最大限度满足企业群众的办事需求。要逐步向房地产开发企业、中介机构等开放网络查询、申请服务端口，开展网上查询、预申请、预办理和预告登记，有效维护群众合法权益，保障交易安全。2018 年底前，各省（自治区、直辖市）具备自助查询功能的登记大厅占比要超过 50%。

（六）加快推进政务服务“一网通办”。各地要充分利用政府统一的数据共享交换平台（以下简称“共享平台”），促进居民身份、户籍管理、婚姻状况、企业营业执照、登记原因材料等信息在不动产登记中的共享应用。积极创造条件，提供信息共享服务，满足社会救助、子女上学等对不动产权证信息的查询需求，支撑实现企业及分支机构登记、户口迁移等办事场景对本地区的不动产权证免提交，解决群众办事遇到的“堵点”问题。凡是能够通过部门间共享获取或验证的信息，不得要求企业群众提交或自我举证。

二、夯实基础，不断提高不动产登记便民利民服务能力

（一）尽快完成现势登记数据整合汇交。各地应进一步做好登记资料移交和整理，全面完成集体土地所有权、城镇国有建设用地使用权和房屋所有权的存量现势登记数据清理、关联挂接、补录补测和整合入库等工

作，并于2019年6月底前完成向部汇交。加快推进“房地一体”的宅基地使用权和集体建设用地使用权确权登记颁证工作，力争按照《国民经济和社会发展第十三个五年规划纲要》的要求于2020年底前全面完成，并以县市为单位，及时向部汇交成果。33个农村土地制度改革试点地区要在2018年底前先行完成。条件具备的地方，应同步开展林权、海域使用权等其他类型存量登记数据整合汇交工作。

（二）逐步开展历史登记数据整合汇交。各地应在完成存量现势登记数据整合基础上，通过查阅历史档案、梳理不同阶段各类不动产登记信息，完成登记簿信息录入和纸质资料扫描，补充完善相关登记信息，关联理顺上下手登记关系，开展自首次登记到现势登记以来的历史登记数据清理整合工作，建立健全“全生命周期”不动产登记数据库，并逐步汇交，力争2020年底前基本完成。

（三）全面提升日常登记和数据接入质量。各地应建立健全日常登簿和数据入库质量保障机制，进一步加强业务管理，规范登簿行为，要明确专门的“质量监督员”，由专人负责登记成果和数据导入不动产登记数据库前的质量把关工作，确保登簿内容和入库数据的全面准确、不缺不漏，特别是对于权利人、面积、用途、抵押金额等数据信息，必须按照规范要求准确填写。建立健全成果完善更新机制，对现有登记簿和数据库中登记内容缺失或填写不规范的，应尽快根据登记资料开展补充完善工作。省级自然资源主管部门要加强对市县数据接入的稳定性、完整性、一致性和实时性的监测评价工作，及时发现异常情况并反馈处理。市县级自然资源主管部门要完善数据接入工作机制，定期检查数据接入报文和登簿日志上传情况，确保入库数据实时自动上传，并在当天业务办理结束后及时上传登簿日志。

（四）健全完善各级信息平台功能。省级自然资源主管部门应进一步完善省级信息平台，通过全省数据统一归集或实时在线调用等方式，尽快形成以不动产单元和权利人信息为主线、关联相关权利信息的数据组织形式，实现全省域的各类不动产登记数据的可查询、可统计、可分析，支撑业务管理和服务模式创新。市县自然资源主管部门应不断拓展完善信息平台建设应用，积极探索开展登记业务服务效能电子监察和电子证照库建设，实现业务办理全流程监管和动态跟踪，提高便民服务支撑能力。

（五）深入推进登记信息共享应用。各地应按照《不动产登记资料查询暂行办法》有关要求，依托信息平台，通过运用互联网技术、设置自助查询终端、在相关场所设置登记信息查询端口等方式，为申请人查询不动产登记信息提供便利。依据《不动产登记暂行条例》有关规定，加强不动产登记信息与住房城乡建设、农业、林草等部门业务管理信息的实时互通共享；坚持“需求导向、一数一源”“谁产生、谁提供、谁负责”等原则，与人民法院、人民检察院、国家安全机关、纪检监察机关，公安、民政、财政、税务、市场监管、金融、审计、统计等部门建立信息共享机制，明确共享范围、内容、方式等，为相关部门履行职责提供以权证内容为主的不动产登记信息共享服务。

三、加强领导，确保不动产登记便民利民举措落地见效

（一）强化组织领导。各地要高度重视，充分认识推进不动产登记便民利民工作的重要意义，切实加强组织领导。各级自然资源主管部门主要负责同志要亲自部署、狠抓落实，明确责任主体，将具体任务明确到岗、落实到人，并积极争取地方党委政府的支持，协调取消无谓证明和无法律法规依据的前置环节，加大对登记资料移交整合、软硬件设备等协调力度和经费保障力度。省级自然资源主管部门要对本地区推进不动产登记便民利民工作负总责，通过工作调度、示范引路、绩效考评等方式，加强对推进工作不积极、不主动，存量数据整合和平台接入等基础工作薄弱地区的督导。

（二）确保信息安全。各地应按照国家信息安全保护有关要求，建立健全不动产登记信息安全保障体系，

在信息平台建设和数据共享过程中，要筑牢安全防线，确保网络和数据信息安全，保护好商业秘密和个人隐私。明确岗位职责，落实不动产登记信息平台、网络和数据库的安全责任，做好安全风险评估和等级保护等工作。加强信息安全监控，强化对设备、系统、数据的实时监测和异常预警、处置，及时查补安全漏洞。建立健全信息平台日志管理和值守制度，加强在线数据防护和离线数据管理，统筹做好信息平台的系统容灾和数据备份工作。

（三）加强宣传引导。各地应加大经验总结和推广力度，充分利用报纸、广播、电视、网络、新媒体等载体，宣传本地区不动产登记便民利民典型做法，促进相互学习借鉴。畅通群众反映问题渠道，全方位掌握企业群众的办事需求和意见建议，及时加以解决，不断提升不动产登记便民利民服务水平。

关于印发《城乡建设用地增减挂钩节余指标跨省域调剂实施办法》的通知

2018 年 7 月 30 日

城乡建设用地增减挂钩节余指标跨省域调剂实施办法

根据《城乡建设用地增减挂钩节余指标跨省域调剂管理办法》（国办发〔2018〕16 号）规定，特制定本办法。

一、节余指标调剂任务落实

（一）帮扶省份调入节余指标。帮扶省份省级人民政府根据国家下达的城乡建设用地增减挂钩节余指标（以下简称节余指标）跨省域调剂任务，于每年 11 月 30 日前将确认的调剂任务函告自然资源部。自然资源部汇总确认结果后函告财政部，并抄送国家土地督察机构。

帮扶省份自然资源主管部门会同相关部门开展调剂工作，使用调入节余指标进行建设的，应将建新方案通过自然资源部城乡建设用地增减挂钩在线监管系统（以下简称监管系统）备案。

（二）深度贫困地区所在省份调出节余指标。深度贫困地区所在省份（以下简称调出省份）省级人民政府根据国家下达的节余指标跨省域调剂任务，于每年 11 月 30 日前将能够调出的节余指标和涉及的资金总额函告自然资源部，并说明已完成验收情况，附具《增减挂钩节余指标跨省域调出申请表》（以下简称《申请表》）；暂未完成拆旧复垦验收的，应在完成验收后，及时填写《增减挂钩节余指标跨省域调出完成验收统计表》（以下简称《统计表》）报自然资源部。

自然资源部收到省级人民政府函告后，依据监管系统等，在 10 个工作日内对《申请表》或《统计表》完成核定，并将结果函复调出省份，抄送财政部、国家土地督察机构。

调出省份自然资源主管部门结合本地区实际，在函告前将调出节余指标任务明确到市、县。市、县自然资源主管部门编制拆旧复垦安置方案，由省级自然资源主管部门审批后，及时通过监管系统备案。

二、节余指标使用

（三）节余指标使用和再分配。自然资源部对节余指标调剂使用实行台账管理，进行年度核算。帮扶省份超出国家下达调剂任务增加购买的节余指标，以及调出省份低于国家下达调剂任务减少调出的节余指标，与下一年度调剂任务合并，统筹分配到深度贫困地区。已确认的调入节余指标，帮扶省份可跨年度结转使用，也可与其他计划指标配合使用；已核定的调出节余指标，深度贫困地区满 3 年未完成拆旧复垦验收的，扣回未完成部分对应的调剂指标和资金。

（四）规范使用规划建设用地规模。帮扶省份调入节余指标增加的规划建设用地规模，以及调出省份调出节余指标减少的规划建设用地规模，应在监管系统中做好备案，作为国土空间规划编制中约束性指标调整的依据。

三、节余指标调剂监测监管

（五）强化实施监管责任。省级自然资源主管部门要加强对节余指标跨省域调剂工作的组织监管，并对拆旧复垦安置项目、建新项目以及备案信息的真实性、合法性负责。

帮扶省份要落实最严格的耕地保护制度和节约用地制度，合理安排跨省域调剂节余指标，尽量不占或少占优质耕地。深度贫困地区要充分尊重农民意愿，坚决杜绝强制拆建；要按照严格保护生态环境和历史文化风貌的要求，因地制宜开展拆旧复垦安置，防止盲目推进。

（六）健全日常监测监管制度。自然资源部对节余指标调剂任务完成情况定期开展监督检查评估，结果作为节余指标调剂任务安排的测算依据。国家土地督察机构要加强跟踪督察力度，各级自然资源主管部门要加强日常动态巡查，及时发现并督促纠正查处弄虚作假等违法违规行为。

本办法自印发之日起施行，有效期至 2022 年 12 月 31 日。

关于批而未供土地处置有关问题的通知

自然资办发〔2018〕49 号　2018 年 12 月 6 日

为更好实施建设用地“增存挂钩”机制，加快推进批而未供土地处置工作，现就有关问题通知如下：

一、农用地转用或土地征收经依法批准后，未公告补偿安置方案的，可认定为未实施具体征地行为。对已公告补偿安置方案，因相关规划、政策调整，不具备供地条件的土地，在处理好有关补偿事宜后，可由市、县人民政府按相关规定，逐级报原批准机关申请撤回有关批准文件，原批准机关同意撤回的，批准文件不再执行。

二、对国务院批准的城市建设用地，省（自治区、直辖市）已批准实施方案的，因相关规划、政策调整等原因，部分已不具备供地条件的，可由市、县人民政府按相关规定，逐级报省级人民政府申请调整用地实施方案，并报自然资源部备案；未批准实施方案的，省级自然资源主管部门要加快组织报批工作，并及时报自然资源部备案。对省级人民政府批准的城市建设用地，需要用地调整的，由各省（自治区、直辖市）规定。

三、有关用地批准文件调整后，由省级自然资源主管部门负责及时变更备案信息，用地不再纳入批而未供土地统计。

本文件自下发之日起执行，有效期五年。

关于贯彻落实《国务院关于加强滨海湿地保护　严格管控围填海的通知》的实施意见

自然资规〔2018〕5号　2018年12月20日

一、严控新增围填海，保障国家重大战略项目用海

（一）完善围填海总量管控

取消围填海地方年度计划指标，除国家重大战略项目外，全面停止新增围填海项目审批。国家重大战略项目确需进行围填海的，要加强总量管控，实施台账管理，合理安排年度围填海规模，强化生态保护修复，最大程度保护海洋生态环境。

（二）严格新增围填海审批程序

《通知》中党中央、国务院、中央军委确定的国家重大战略项目涉及围填海的，主要包括：（1）党中央、国务院、中央军委印发文件或规划中明确要求开展的重大项目，确需围填海的；（2）党中央、国务院、中央军委明确交办的需通过围填海建设的重大项目。此类项目由项目建设主体通过项目所在地省级人民政府向国家发展改革委、自然资源部报送作为国家重大战略项目开展围填海审核的材料，包括项目基本情况和立项依据、符合国家重大战略项目依据、海域使用申请、海域使用论证报告（包含生态保护修复方案）、利益相关者协调处置方案等。自然资源部按照严格管控、生态优先、集约节约的原则，对项目选址、围填海规模、生态影响等进行初步审核。经初步审核通过的，由国家发展改革委、自然资源部书面征求有关部门意见后，提出审核意见，按程序报国务院审批。

省级人民政府为落实党中央、国务院、中央军委决策部署，提出的具有国家重大战略意义的围填海项目，主要包括：（1）列入经党中央、国务院、中央军委批准或同意的文件或规划的重大项目；（2）需报请党中央、国务院、中央军委审批核准的重大项目；（3）由党中央、国务院、中央军委交办的重大项目，省级人民政府提出需通过围填海建设的。此类项目由省级人民政府按照前款要求向国家发展改革委、自然资源部提出围填海申请并附相关材料。对于具有国家重大战略意义的项目，国家发展改革委商请自然资源部按照严格管控、生态优先、集约节约的原则，对围填海必要性、围填海规模、生态影响等提出初步审核意见；其他项目予以退回。经自然资源部初步审核，非确需围填海的，自然资源部商国家发展改革委予以退回；确需围填海的，由国家发展改革委、自然资源部在统筹年度总量管控、区域生态承载能力等前提下，书面征求有关部门意见后提出审核意见，审核通过的按程序报国务院审批。

经国务院批准的新增围填海项目，由国家发展改革委、自然资源部函复申请单位，作为项目办理用海手续的依据。原则上，不再受理有关省级人民政府提出的涉及辽东湾、渤海湾、莱州湾、胶州湾等生态脆弱敏感、自净能力弱海域的围填海项目。禁止擅自征收、占用国家和地方重要湿地。

新增围填海项目需要办理审批核准等手续的，依相关规定另行办理。

（三）做好围填海项目管理的政策衔接

《通知》下发前，已取得用海批复或签订海域使用权出让合同，但尚未办理不动产证书的围填海项目，各省

(自治区、直辖市)将项目用海批复文件或出让合同报自然资源部备案。《通知》下发前已受理，但未取得用海批复或未签订海域使用权出让合同的新增围填海项目，一律终止审批或出让程序。其中，属于国家重大战略项目的，按《通知》要求重新办理用海审批手续。2018 年之前已安排但尚未核减的地方围填海计划指标一律作废。

二、开展现状调查，加快处理围填海历史遗留问题

（一）全面开展围填海现状调查

自然资源部组织制定调查工作方案，由自然资源部各海区派出机构牵头组织、省级自然资源主管部门具体实施，充分利用土地变更调查、地理国情监测等已有成果，开展围填海现状调查，重点查明违法违规围填海、围而未填、填而未用情况，分析评价围填海总体规模、空间分布和开发利用现状，2018 年 12 月底前形成全国围填海现状调查报告。

（二）制定围填海历史遗留问题处理方案

各省（自治区、直辖市）根据围填海现状调查结果，结合 2017 年开展的围填海专项督察情况，于 2018 年 12 月底前形成围填海历史遗留问题清单，2019 年 6 月底前制定围填海历史遗留问题处理方案，并报自然资源部备案，抄报国家发展改革委。处理方案应当明确总体目标、年度目标、产业准入、生态修复、违法查处、责任追究、任务分工、保障措施等内容。未列入围填海历史遗留问题清单的，原则上不予办理项目用海审批手续。在 2019 年 6 月底各省（自治区、直辖市）围填海历史遗留问题处理方案备案之前，选址在已填海区域且对海洋生态环境无重大影响的近期和中期投资建设项目，应予以加快处理，确保尽快落地。每年 12 月底前，各省（自治区、直辖市）自然资源主管部门和发展改革部门要将经省级人民政府同意的围填海历史遗留问题年度处理情况上报自然资源部和国家发展改革委。

（三）妥善处置合法合规围填海项目

《通知》下发前已完成围填海的，各省（自治区、直辖市）自然资源主管部门要监督指导海域使用权人在符合国家产业政策的前提下集约节约利用，并进行必要的生态修复。已批准且尚未完成围填海的，最大限度控制围填海面积，并进行必要的生态修复，提升湿地生态功能。确需继续围填的，由各省（自治区、直辖市）自然资源主管部门报省级人民政府审核同意后实施，并报自然资源部备案。

（四）依法处置违法违规围填海项目

各省（自治区、直辖市）要依法依规组织严肃查处违法违规围填海项目，组织市、县两级人民政府开展生态评估，科学评价对海洋生态环境的影响，明确生态损害赔偿和生态修复的目标和要求，责成用海主体做好处置工作。

围填海项目严重破坏海洋生态环境的，应责成用海主体限期拆除。未能限期拆除的，应依法予以强制拆除，并由用海主体承担费用。围填海项目对海洋生态环境无重大影响的，不得新增围填海面积，加快集约节约利用。

（五）规范围填海历史遗留问题的项目用海审批

涉及围填海历史遗留问题的项目用海，要优化海域审批流程，简化海域使用论证内容，提高审批效率，用海审批权限依照《海域使用管理法》及国务院有关文件执行。报国务院批准的项目用海，由项目建设主体通过项目所在地省级人民政府向自然资源部上报围填海申请，省级人民政府出具审查意见并附生态评估工作和相关处置工作情况报告等材料，经自然资源部审核并报国务院批准后，由自然资源部办理项目用海批复手续。报省级人民政府批准的项目用海，各省（自治区、直辖市）将项目用海批复文件报自然资源部备案。严禁各地化整为零、分散审批围填海项目。

三、提升监管能力，全面落实严控围填海政策

（一）明确围填海监管责任

自然资源部会同国家发展改革委和有关部门建立部省协调联动机制，协同推进滨海湿地保护和围填海管控工作。自然资源部各海区派出机构要充分发挥技术优势和监管作用，加强队伍建设，提升监管能力，健全围填海监管体系。各省（自治区、直辖市）要根据《通知》要求切实履行加强滨海湿地保护、严格管控围填海的主体责任，政府主要负责人是本行政区域第一责任人。各省（自治区、直辖市）自然资源主管部门要根据《通知》精神，切实加强本行政区域围填海监管。

（二）严格围填海监管

充分利用卫星遥感监测手段，建立"早发现、早制止、严查处"监管工作机制。整合建立海域海岛动态监管系统，充分利用卫星遥感、无人机航拍等技术手段，强化围填海监视监测，及时发现违法违规围填海，各海区派出机构要及时组织地方开展现场核查。切实加强围填海事中事后监管，各级自然资源主管部门要动态掌握围填海施工进展，确保项目用海符合批复要求，落实用海主体的生态保护修复责任。

各级自然资源主管部门要加强与执法机构的协同配合，通过定期检查、随机抽查等方式，严厉查处未批先用、少批多用、擅自改变用途或位置等违法违规行为，对重大违法用海案件挂牌督办，依法追究相关单位和个人的法律责任。对于不履行《通知》要求、顶风违法的围填海项目，一律从重处罚。

（三）强化围填海专项督察

自然资源部将围填海管控情况作为自然资源督察重点，定期或不定期对沿海地方进行专项督察，督促地方整改落实，加大督察问责力度，压实地方政府主体责任，抓好首轮围填海专项督察发现问题的整改工作，确保整改和问责到位。针对整改不力的，进行警示约谈，并追究相关人员责任，确保国家严控围填海政策落到实处。

中华人民共和国自然资源部
中华人民共和国国家发展和改革委员会

六、中华人民共和国财政部　国家税务总局

关于继续实施企业改制重组有关土地增值税政策的通知

财税〔2018〕57号　2018年5月16日

为支持企业改制重组，优化市场环境，现将继续执行企业在改制重组过程中涉及的土地增值税政策通知如下：

一、按照《中华人民共和国公司法》的规定，非公司制企业整体改制为有限责任公司或者股份有限公司，有限责任公司（股份有限公司）整体改制为股份有限公司（有限责任公司），对改制前的企业将国有土地使用权、地上的建筑物及其附着物（以下称房地产）转移、变更到改制后的企业，暂不征土地增值税。

本通知所称整体改制是指不改变原企业的投资主体，并承继原企业权利、义务的行为。

二、按照法律规定或者合同约定，两个或两个以上企业合并为一个企业，且原企业投资主体存续的，对原企业将房地产转移、变更到合并后的企业，暂不征土地增值税。

三、按照法律规定或者合同约定，企业分设为两个或两个以上与原企业投资主体相同的企业，对原企业将房地产转移、变更到分立后的企业，暂不征土地增值税。

四、单位、个人在改制重组时以房地产作价入股进行投资，对其将房地产转移、变更到被投资的企业，暂不征土地增值税。

五、上述改制重组有关土地增值税政策不适用于房地产转移任意一方为房地产开发企业的情形。

六、企业改制重组后再转让国有土地使用权并申报缴纳土地增值税时，应以改制前取得该宗国有土地使用权所支付的地价款和按国家统一规定缴纳的有关费用，作为该企业“取得土地使用权所支付的金额”扣除。企业在改制重组过程中经省级以上（含省级）国土管理部门批准，国家以国有土地使用权作价出资入股的，再转让该宗国有土地使用权并申报缴纳土地增值税时，应以该宗土地作价入股时省级以上（含省级）国土管理部门批准的评估价格，作为该企业“取得土地使用权所支付的金额”扣除。办理纳税申报时，企业应提供该宗土地作价入股时省级以上（含省级）国土管理部门的批准文件和批准的评估价格，不能提供批准文件和批准的评估价格的，不得扣除。

七、企业在申请享受上述土地增值税优惠政策时，应向主管税务机关提交房地产转移双方营业执照、改制重组协议或等效文件、相关房地产权属和价值证明、转让方改制重组前取得土地使用权所支付地价款的凭据（复印件）等书面材料。

八、本通知所称不改变原企业投资主体、投资主体相同，是指企业改制重组前后出资人不发生变动，出资人的出资比例可以发生变动；投资主体存续，是指原企业出资人必须存在于改制重组后的企业，出资人的出资比例可以发生变动。

九、本通知执行期限为 2018 年 1 月 1 日至 2020 年 12 月 31 日。

关于物流企业承租用于大宗商品仓储设施的土地城镇土地使用税优惠政策的通知

财税〔2018〕62 号　2018 年 6 月 1 日

为促进物流业健康发展，现对物流企业承租用于大宗商品仓储设施的土地城镇土地使用税政策通知如下：

自 2018 年 5 月 1 日起至 2019 年 12 月 31 日止，对物流企业承租用于大宗商品仓储设施的土地，减按所属土地等级适用税额标准的 50% 计征城镇土地使用税。

符合减税条件的纳税人需持相关材料向主管税务机关办理备案手续。

本通知所称的物流企业、大宗商品仓储设施范围及其他未尽事项，按照《财政部税务总局关于继续实施物流企业大宗商品仓储设施用地城镇土地使用税优惠政策的通知》（财税〔2017〕33 号）执行。

七、中国银行保险监督管理委员会

关于保险资金参与长租市场有关事项的通知

银保监发〔2018〕26 号　2018 年 5 月 28 日

为深入贯彻中央经济工作会议精神，规范保险资金投资住房租赁市场行为，防范投资风险，根据《保险资金运用管理办法》《保险资金投资不动产暂行办法》及相关规定，现就保险资金投资长期租赁住房项目有关事项通知如下：

一、保险公司通过直接投资，保险资产管理机构通过发起设立债权投资计划、股权投资计划、资产支持计划、保险私募基金参与长租市场，所投资的长期租赁住房项目应当满足以下条件：

（一）具有良好的经济和社会效益，具备稳定的当期或预期现金流；

（二）处于北京、上海、雄安新区以及人口净流入的大中试点城市。土地性质为集体建设用地的，应处于集体建设用地建设租赁住房试点城市；

（三）产权清晰，无权属争议及受限情形；

（四）土地出让合同或土地使用权证载明土地及地上建筑物仅用于租赁住房，不得转让；

（五）履行了立项、规划、建设、竣工验收及运营管理等阶段所必需的审批程序，或者履行了项目建设阶段所必需的审批程序。

二、保险资产管理机构发起设立投资于长期租赁住房项目的债权投资计划、股权投资计划等保险资产管理产品及保险私募基金，应符合以下条件：

（一）采用债权投资计划方式的，融资主体自有现金流占其全部应还债务本息的比例为 100%（含）以上；

（二）采用股权投资计划及保险私募基金方式的，拟投项目公司的核心资产为租赁住房项目，项目公司股权不得为第三方提供质押，并设置有效的退出机制。

三、保险机构投资长期租赁住房项目，应当要求融资主体与项目主体加强项目建设阶段管理，按照工程进度划拨资金，并与融资主体、项目主体、托管银行签订多方账户监管合同或协议，明确各方实行资金专户管理，督促开户银行和托管银行实行资金进出的全程监控，严格审查资金支付及对价取得等事项，确保资金封闭运行，专项用于所投资的租赁住房项目建设或改造升级，不得挪作他用。

四、保险公司应当遵循审慎稳健和安全性原则，综合考虑自身资产负债状况、偿付能力状况和流动性要求，制定长期租赁住房项目的投资预算，并纳入年度资产配置计划。

五、保险机构应当建立相应的专属岗位，负责投资期内各个长租住房项目的投后管理，并建立全程管理制度，在负债控制、款项支付、工程进展、租金回款、资产抵押等方面采取有效的风控措施，控制投资风险。

六、保险资产管理机构通过债权投资计划、股权投资计划、保险私募基金等方式投资长期租赁住房项目的，相关注册机构建立受理及注册绿色通道，优先受理。

七、本通知自发布之日起施行。

关于扩大老年人住房反向抵押养老保险开展范围的通知

银保监发〔2018〕43 号　2018 年 7 月 31 日

为贯彻落实《国务院关于加快发展养老服务业的若干意见》（国发〔2013〕35 号）、《国务院关于加快发展现代保险服务业的若干意见》（国发〔2014〕29 号）、《国务院办公厅关于加快发展商业养老保险的若干意见》（国办发〔2017〕59 号）等有关要求，进一步深化商业养老保险供给侧结构性改革，积极发展老年人住房反向抵押养老保险，对传统养老方式形成有益补充，满足老年人差异化、多样化养老保障需求，我会决定将老年人住房反向抵押养老保险扩大到全国范围开展。现将有关事项通知如下。

一、自即日起，将老年人住房反向抵押养老保险扩大到全国范围开展。相关业务监管要求适用《中国保监会关于开展老年人住房反向抵押养老保险试点的指导意见》（保监发〔2014〕53 号）的规定。

二、保险机构要做好金融市场、房地产市场等综合研判，加强老年人住房反向抵押养老保险业务的风险防范与管控；积极创新产品，丰富保障内容，拓展保障形式，有效满足社会养老需求，增加老年人养老选择。

三、各保监局要结合当地实际，加强向地方政府的汇报，加强与相关部门和单位的沟通协调，支持保险机构开展老年人住房反向抵押养老保险业务；做好相关监管工作，规范市场行为，切实维护消费者合法权益。如保险机构确定在当地开展老年人住房反向抵押养老保险业务，保监局应及时向我会报告。

八、中国证券监督管理委员会

关于推进住房租赁资产证券化相关工作的通知

证监发〔2018〕30 号　2018 年 4 月 24 日

为贯彻落实党的十九大精神和 2017 年中央经济工作会议提出的关于加快建立多主体供给、多渠道保障、租购并举的住房制度要求，按照《国务院办公厅关于加快培育和发展住房租赁市场的若干意见》（国办发〔2016〕39 号）和《关于在人口净流入的大中城市加快发展住房租赁市场的通知》（建房〔2017〕153 号），加快培育和发展住房租赁市场特别是长期租赁，支持专业化、机构化住房租赁企业发展，鼓励发行住房租赁资产证券化产品，现就有关事宜通知如下：

一、总体要求

（一）重要意义

住房租赁资产证券化，有助于盘活住房租赁存量资产、加快资金回收、提高资金使用效率，引导社会资金参与住房租赁市场建设；有利于降低住房租赁企业的杠杆率，服务行业供给侧结构性改革，促进形成金融和房地产的良性循环；可丰富资本市场产品供给，提供中等风险、中等收益的投资品种，满足投资者多元化的投资需求。

（二）基本原则

坚持市场化、法治化原则，充分发挥资本市场服务实体经济和国家战略的积极作用；明确优先和重点支持的领域；加强监管协作，推动业务规范发展；积极履行监管职责，切实保护投资者合法权益，合力防范风险。

二、住房租赁资产证券化业务的开展条件及其优先和重点支持领域

（三）发行住房租赁资产证券化产品应当符合下列条件

一是物业已建成并权属清晰，工程建设质量及安全标准符合相关要求，已按规定办理住房租赁登记备案相关手续；二是物业正常运营，且产生持续、稳定的现金流；三是发起人（原始权益人）公司治理完善，具有持续经营能力及较强运营管理能力，最近2年无重大违法违规行为。

（四）优先支持大中城市、雄安新区等国家政策重点支持区域、利用集体建设用地建设租赁住房试点城市的住房租赁项目及国家政策鼓励的其他租赁项目开展资产证券化

（五）鼓励专业化、机构化住房租赁企业开展资产证券化

支持住房租赁企业建设和运营租赁住房，并通过资产证券化方式盘活资产。支持住房租赁企业依法依规将闲置的商业办公用房等改建为租赁住房并开展资产证券化融资。优先支持项目运营良好的发起人（原始权益人）开展住房租赁资产证券化。

（六）重点支持住房租赁企业发行以其持有不动产物业作为底层资产的权益类资产证券化产品，积极推动多类型具有债权性质的资产证券化产品，试点发行房地产投资信托基金（REITs）

三、完善住房租赁资产证券化工作程序

（七）支持住房租赁企业开展资产证券化

住房租赁企业可结合自身运营现状和财务需求，自主开展住房租赁资产证券化，配合接受中介机构尽职调查，提供相关材料，协助开展资产证券化方案设计和物业估值等工作，并向证券交易场所提交发行申请。

（八）优化租赁住房建设验收、备案、交易等程序

各地住房建设管理部门应对开展住房租赁资产证券化中涉及的租赁住房建设验收、备案、交易等事项建立绿色通道。对于在租赁住房用地上建设的房屋，允许转让或抵押给资产支持专项计划等特殊目的载体用于开展资产证券化。

（九）优化住房租赁资产证券化审核程序

各证券交易场所和中国证券投资基金业协会应根据资产证券化业务规定，对申报的住房租赁资产证券化项目进行审核、备案和监管，研究建立受理、审核和备案的绿色通道，专人专岗负责，提高审核、发行、备案和挂牌的工作效率。

四、加强住房租赁资产证券化监督管理

（十）建立健全业务合规、风控与管理体系

中国证监会和住房城乡建设部推动建立健全住房租赁资产证券化业务的合规、风控与管理体系，指导相关

单位完善自律规则及负面清单，建立住房租赁资产证券化的风险监测、违约处置、信息披露和存续期管理等制度规则，引导相关主体合理设计交易结构，切实做好风险隔离安排，严格遵守执业规范，做好利益冲突防范以及投资者保护，落实各项监管要求。研究探索设立专业住房租赁资产证券化增信机构。

（十一）建立健全自律监管体系

中国证券业协会、中国证券投资基金业协会、中国房地产估价师与房地产经纪人学会要加强配合，搭建住房租赁资产证券化自律监管协作平台，加强组织协作，加快建立住房租赁企业、资产证券化管理人、物业运营服务机构、房地产估价机构、评级机构等参与人的自律监管体系，研究推动将住房租赁证券化项目运行表现纳入住房租赁企业信用评价体系考核指标，依法依规对严重失信主体采取联合惩戒措施。

（十二）合理评估住房租赁资产价值

房地产估价机构对住房租赁资产证券化底层不动产物业进行评估时，应以收益法作为最主要的评估方法，严格按照房地产资产证券化物业评估有关规定出具房地产估价报告。承担房地产资产证券化物业估值的机构，应当为在住房城乡建设部门备案的专业力量强、声誉良好的房地产估价机构。资产支持证券存续期间，房地产估价机构应按照规定或约定对底层不动产物业进行定期或不定期评估，发生收购或者处置资产等重大事项的，应当重新评估。

（十三）积极做好尽职调查、资产交付与持续运营管理工作

资产证券化管理人、房地产估价机构、评级机构等中介机构应勤勉尽责，对有关交易主体和基础资产进行全面的尽职调查，确保符合相关政策和监管要求。发起人（原始权益人）应切实履行资产证券化法律文件约定的基础资产移交与隔离、现金流归集、信息披露、提供增信措施等相关义务，并积极配合中介机构做好尽职调查。

五、营造良好政策环境

（十四）培育多元化的投资主体，提升资产支持证券流动性

中国证监会、住房城乡建设部将共同努力，积极鼓励证券投资基金、政府引导基金、产业投资基金、保险资金等投资主体参与资产证券化业务，建立多元化、可持续的资金保障机制。

（十五）鼓励相关部门和地方政府通过市场化方式优先选择专业化、机构化或具有资产证券化业务经验的租赁住房建设或运营机构参与住房租赁市场，并就其开展租赁住房资产证券化予以政策支持

（十六）建立健全监管协作机制

中国证监会、住房城乡建设部建立住房租赁资产证券化项目信息共享、日常监管及违规违约处置的工作机制，协调解决住房租赁资产证券化过程中存在的问题与困难，推动住房租赁资产证券化有序发展。中国证监会各派出机构及上海、深圳证券交易所等单位与各省级住房城乡建设主管部门应加强合作，充分依托资本市场，积极推进符合条件的企业发行住房租赁资产证券化产品，拓宽融资渠道；加强资产证券化的业务过程监管，防范资金违规进入房地产市场，严禁利用特殊目的载体非法转让租赁性质土地使用权或改变土地租赁性质的行为。

中国证券监督管理委员会

中华人民共和国住房和城乡建设部

九、国家海洋局

关于海域、无居民海岛有偿使用的意见

2018 年 7 月 5 日

海域、无居民海岛是全民所有自然资源资产的重要组成部分，是我国经济社会发展的重要战略空间。海域、无居民海岛有偿使用制度的建立实施，对促进海洋资源保护和合理利用、维护国家所有者权益等发挥了积极作用，但也存在市场配置资源决定性作用发挥不充分，资源生态价值和稀缺程度未得到充分体现，使用金征收标准偏低且动态调整机制尚未建立等问题。按照党中央、国务院关于生态文明体制改革和全民所有自然资源资产有偿使用制度改革总体部署，根据《中华人民共和国海域使用管理法》和《中华人民共和国海岛保护法》，为完善海域、无居民海岛有偿使用制度，保护海域、无居民海岛资源，现提出以下意见。

一、总体要求

（一）指导思想

全面贯彻党的十九大精神，以习近平新时代中国特色社会主义思想为指导，紧紧围绕统筹推进“五位一体”总体布局和协调推进“四个全面”战略布局，牢固树立和贯彻落实新发展理念，认真落实党中央、国务院决策部署，严格落实海洋国土空间生态保护红线，以生态保护优先和资源合理利用为导向，对需要严格保护的海域、无居民海岛，严禁开发利用；对可开发利用的海域、无居民海岛，通过有偿使用达到尽可能少用的目的。坚持发挥市场配置资源决定性作用和更好发挥政府作用，建立符合海域、无居民海岛资源价值规律的有偿使用制度，切实维护所有者和使用者权益，推动海洋生态文明建设，促进海洋经济持续健康发展。

（二）基本原则

——保护优先、绿色利用。牢固树立尊重自然、顺应自然、保护自然的理念，坚持保护和发展相统一，在发展中保护，在保护中发展，提高用海用岛生态门槛。强化用途管制，实施差别化的海域、无居民海岛供给政策，提升资源利用效率。

——市场配置、健全规则。更多引入竞争机制配置资源，实现政府和市场作用有效结合。健全公平开放透明的市场规则，提高资源配置效率和合理性，满足海洋经济发展多元化需求。

——明确权责、加强监管。创新海域、无居民海岛有偿使用管理体制机制，明确管理权限。构建依法监管与信用约束、政府监管与社会监督相结合的监管体系，建立健全责任追究机制，确保有效保护和合理利用资源、维护国家所有者权益的各项要求落到实处。

（三）主要目标

到 2020 年，基本建立保护优先、产权明晰、权能丰富、规则完善、监管有效的海域、无居民海岛有偿使用制度，生态保护和合理利用水平显著提升，资源配置更加高效，市场化出让比例明显提高，使用金征收标准动态调整机制建立健全，使用金征收管理更加规范，监管服务能力显著提升，海域、无居民海岛国家所有者和

使用权人的合法权益得到切实维护，实现生态效益、经济效益、社会效益相统一。

二、主要任务

（四）提高用海用岛生态门槛

严守海洋国土空间生态保护红线，严格执行围填海总量控制制度，对生态脆弱的海域、无居民海岛实行禁填禁批制度，确保大陆自然岸线保有率不低于35%。严格执行海洋主体功能区规划，完善海洋功能区划和海岛保护规划，对优化开发区域、重点开发区域、限制开发区域的海域、无居民海岛利用制定差别化产业准入目录，实施差别化供给政策。将生态环境损害成本纳入海域、无居民海岛资源价格形成机制，利用价格杠杆促进用海用岛的生态环保投入。提高占用自然岸线、城镇建设填海、填海连岛、严重改变海岛自然地形地貌等对生态环境影响较大的用海用岛使用金征收标准。制定生态用海用岛相关标准规范，对不符合生态要求的用海用岛，不予批准。制定海洋生态保护补偿和生态环境损害赔偿制度。开展生态美、生活美、生产美的“和美海岛”建设。推进蓝色海湾、生态岛礁等海洋生态工程建设，加强海域海岸带和海岛整治修复。

建立健全海岛开发利用约束机制。制定发布海岛保护、可开发利用无居民海岛名录。禁止开发利用区域包括：领海基点保护范围内的海岛区域，海洋自然保护区内的核心区及缓冲区、海洋特别保护区内的重点保护区和预留区、具有特殊保护价值的无居民海岛。开展无居民海岛岸线勘测，严控海岛自然岸线开发利用，严守海岛自然岸线保有率，保持现有砂质岸线长度不变。开展海域、海岛生态系统本底调查和生态监测站点建设，加强对海岛岛体、岛基、岸线及其周边海域生态系统的保护，支持边远海岛基础设施建设。海岛保护法实施前的无居民海岛开发利用活动应依法纳入管理，对仍未取得合法手续的要依法予以处理。

（五）完善用海用岛市场化配置制度

进一步减少非市场化方式出让，逐步提高经营性用海用岛的市场化出让比例。制定海域、无居民海岛招标拍卖挂牌出让管理办法，明确出让范围、方式、程序、投标人资格条件审查等，鼓励沿海各地区在依法审批前，结合实际推进旅游娱乐、工业等经营性项目用岛采取招标拍卖挂牌等市场化方式出让。对于不宜通过市场化方式出让的项目用海用岛，以申请审批的方式出让。保障渔民生产生活用海需求。

按照海域使用管理法要求，不断完善用海的市场化出让配套措施。地方海洋行政主管部门编制用岛出让方案，应符合规划、国家产业政策和有关规定，明确申请人条件、出让底价、开发利用控制性指标、生态保护要求等，经省级政府批准后实施。竞得人或中标人应当与地方海洋行政主管部门签订出让合同，经依法批准后按照出让方案编制开发利用具体方案，缴纳无居民海岛使用金，并凭出让合同和缴纳凭证等办理不动产登记手续。出让合同主要包括无居民海岛开发利用面积和方式、生态保护措施、使用金缴纳、法定义务等。沿海各地区应当进一步完善无居民海岛开发利用申请审批的相关管理制度、标准、规范。

完善海域使用权转让、抵押、出租、作价出资（入股）等权能。制定海域使用权转让管理办法，明确转让范围、方式、程序等，转让由原批准用海的政府海洋行政主管部门审批。研究建立海域使用权分割转让制度，明确分割条件，规范分割流程。转让海域使用权的，应依法缴纳相关税费。探索赋予无居民海岛使用权依法转让、抵押、出租、作价出资（入股）等权能。转让过程中改变无居民海岛开发利用类型、性质或其他显著改变开发利用具体方案的，应经原批准用岛的政府同意。

鼓励金融机构开展海域、无居民海岛使用权抵押融资业务。完善海域、无居民海岛使用权价值评估制度，制定相关评估准则和技术标准，加强专业人才队伍建设。将海域、无居民海岛使用权交易纳入全国公共资源交易平台。开展海域、海岛资源现状调查和评价，建立海域、海岛资源台账和海上构筑物信息平台，定期公布全国海域、无居民海岛使用权出让信息。开展用海项目和海岛地区经济运行、生态环境影响监测评估，适时发布评估报告以及海域价格、海岛生态和发展指数。

（六）建立使用金征收标准动态调整机制

国家统一调整海域等别，制定海域使用金征收标准，定期调整并向社会公布；沿海地方应根据本地区具体情况划分海域级别，制定不低于国家征收标准的地方海域使用金征收标准。申请审批方式出让海域使用权的，执行地方征收标准，地方政府管理海域以外的项目用海执行国家征收标准。海域使用权市场化出让底价不得低于按照地方征收标准计算的海域使用金金额。

国家统一调整无居民海岛等别、用岛类型和用岛方式，制定无居民海岛使用金征收最低标准，定期调整并向社会公布。国家或省级海洋行政主管部门在最低使用金标准基础上，按照相关程序通过评估提出出让标准，作为无居民海岛市场化出让或申请审批出让的使用金征收依据。

（七）加强使用金征收管理

单位和个人使用海域、无居民海岛，应按规定足额缴纳使用金（包括招标拍卖挂牌方式出让的溢价部分）。对欠缴使用金的海域、无居民海岛使用权人，限期缴纳。限期结束后仍拒不缴纳的，依法收回使用权，并采取失信联合惩戒措施，建立用海用岛“黑名单”等制度，限制其参与新的海域、无居民海岛使用权出让活动。建立健全海域、无居民海岛使用金减免制度，细化减免范围和条件，严格执行减免规定，减免信息予以公示。国防、军事用海用岛依法免缴使用金。用海用岛项目已减免使用金的，其使用权发生转让、出租、作价出资（入股）或者经批准改变用途或性质的，应重新履行相关审批手续。制定养殖用海减缴或免缴海域使用金的标准。

海域使用金和无居民海岛使用金纳入一般公共预算管理。地方政府管理海域以外以及跨省（自治区、直辖市）管理海域的海域使用金全额缴入中央国库，由国家海洋局按照财政国库管理制度有关规定执行。养殖用海缴纳的海域使用金全额缴入同级市县地方国库。除上述两种情形外的海域使用金，以及无居民海岛使用金，合理确定中央和地方分成比例。地方分成的海域使用金和无居民海岛使用金在省、市、县之间的分配比例，由省级财政部门确定，报省级政府批准后执行。

（八）加强海域、无居民海岛有偿使用监管

各有关地区和部门要切实承担监管责任，强化协作配合，严格审查海域使用论证、海岛项目论证和开发利用具体方案等材料，加强用海用岛事中事后监管，开展用海用岛事后常态化评估。及时发现和严厉查处违法违规用海用岛行为，切实做到有案必查、违法必究。对造成海洋生态环境损害的，以损害程度等因素依法确定赔偿额度；对造成严重后果的，依法追究刑事责任。将海域、无居民海岛有偿使用制度贯彻落实情况作为海洋督察的重要内容，建立考核机制，严格责任追究。依托海域海岛动态监视监测系统，对出让、转让、使用金征收等实施动态监管，确保市场规范运行。利用全国信用信息共享平台和企业信用信息公示系统，依法公示海域、无居民海岛行政许可、行政处罚、使用金缴纳等信息并纳入诚信体系，接受社会监督。

三、组织实施

（九）加强组织领导

各有关地区和部门要牢固树立保护优先、绿色利用的理念，正确处理海域、无居民海岛资源保护与开发利用的关系，建立健全相关工作机制，确保各项任务落到实处。国家海洋局、财政部要统筹指导和督促落实海域、无居民海岛有偿使用制度改革工作，及时研究解决出现的新情况新问题，重大问题及时向党中央、国务院报告。

（十）有序推进市场化出让工作

坚持多种有偿出让方式并举，适应经济社会发展多元化需求，积极完善海域有偿使用制度。率先在浙江、广东省有序推进无居民海岛使用权市场化出让工作；在总结经验基础上，加快完善相关配套制度，到2019年全面推广实施。

（十一）推动相关法律法规修订

加快推进海域使用管理法、海岛保护法修订工作，做好海域、无居民海岛有偿使用管理规范性文件和标准的制定修订工作。各地区应结合实际加强海域、无居民海岛有偿使用配套制度建设。

（十二）做好舆论宣传

加强对海域、无居民海岛有偿使用制度的舆论宣传，做好政策解读工作。充分发挥新闻媒体作用，加强信息共享与信息公开发布，积极回应社会关切，引导全社会树立保护海域、无居民海岛资源的意识，为改革营造良好舆论氛围和社会环境。

十、中国房地产业协会

推进高质量发展　营造美好居住生活

中国房地产业协会会长　刘志峰　2018 年 8 月 28 日

一、正确认识住房制度改革

改革开放初，我国住房问题突出，1978 年全国城镇人均住房建筑面积 6.7 平方米，低于 1949 年底的 8.3 平方米。建国这么多年，住房面积不升反降，老百姓一家三代挤在一间房里是普遍现象。

针对这一问题，小平同志在 1978 年 9 月、1980 年 4 月，就住房问题发表两次谈话，中心思想就是要拓宽思路，靠改革解决住房问题。回顾历史，需要厘清五个问题：

（一）房改不是 20 年，是 40 年

房改与整个中国改革开放的进程是同步的。十一届三中全会的一项重要内容，就是从农村改革开始，启动我国经济社会各领域的改革，提高居民的生活水平。当时城镇住房严重短缺，是改革要解决的重要问题之一，这就是为什么小平同志第二次复出工作不久，就在住房问题上发表了两次谈话。现在有人说房改从 1998 年开始，是不全面的。

（二）房改不是局部改革，是经济社会综合性改革

房改涉及国家、企业、职工切身利益的重大调整；涉及财政、税收、土地、金融等各个领域的改革。例如，改革开放前，国有土地是无偿、无期限划拨使用，不得买卖和出租。1979 年 7 月五届人大二次会议通过《中外合资经营企业法》规定可以以场地使用权作为出资或向合资企业收取场地使用费。1986 年，国家通过土地管理法，将土地使用权与所有权分离，变过去无偿、无限期使用为有偿、有限期使用。1982 年，深圳按城市土地等级不同收取使用费；1987 年 9 月，深圳率先试行土地使用有偿出让，公开拍卖了一块国有土地的使用

权，号称中国土地拍卖第一槌。这是新中国建立后首次土地拍卖，打破了土地划拨，创立了以市场配置土地的新制度。1988 年 3 月，上海在虹桥经济技术开发区拍卖了一块土地，由日资企业中标。同年《宪法》修正案规定："土地使用权可依照法律规定转让"，确立了土地使用权有偿出让的法律依据。没有土地使用权等综合性配套改革，就不可能有房改的制度创新和顺利推进。

（三）房改不是一蹴而就，是与时俱进不断发展而成的

现在回顾总结，房改大致分四个阶段。第一是探索试点阶段，大约 1978—1991 年，主要在一些城市搞试点，为制定政策积累经验。第二是综合推进阶段，大约 1992—1998 年，国务院做出了《关于深化城镇住房制度改革的决定》，即 43 号文件。确立了房改的根本目的和基本内容。第三是重大突破阶段，大约 1998—2008 年，也就是九届人大第一次会议闭幕后，朱镕基总理在中外记者招待会上宣布要停止住房实物分配，逐步实行分配货币化，当 6 月份召开全国深化城镇住房制度改革与加快住房建设工作会议，印发了《关于进一步深化城镇住房制度改革，加快住房建设的通知》，即 23 号文件。第四是完善政策阶段，大约从 2008 年到现在，主要在市场化改革的同时，加强了住房保障和宏观调控。党的十九大又提出"房住不炒"和"租售并举"。因此，要用发展的眼光，看待房改各阶段的不同作用。

（四）房改不是办公室研究出来的，是反复调研实践和各方智慧的汇集

房改经历了长期的艰苦探索。仅为了制定 43 号文件，就召开不同类型的座谈会百余次，听取了各行各业 2000 多名同志的意见，逐步统一了各地、各部门的思想。今年以来，中央领导同志针对当前房地产存在的问题，亲自到主管部门和地方调研，广泛听取各方意见，确保房地产平稳健康发展。房改能取得成功，首先是党中央、国务院的正确领导；中央有关部委、地方主管部门任劳任怨的努力工作；全体房地产从业人员踏踏实实，一任接着一任干出来的。

（五）房改不仅是一个产业的改革，也是重大民生和美好生活的体现

40 年的房改，推动了城市和住房建设的快速发展，极大改善了群众的居住条件，在城镇人口大规模增加的情况下，城镇居民住房总体水平大幅提高，全国居民人均住房建筑面积 40.8 平方米，比改革初翻了几番。房地产成为国民经济重要产业的同时，也增加了居民的家庭财富，取得了举世瞩目的成就。

但也要看到，我国社会主要矛盾已经转化为人民日益增长的美好生活需要和不平衡不充分的发展之间的矛盾。40 年的房改解决了老问题，又出现了新问题。当前住房矛盾主要集中在：房价太高；供应结构不合理；住宅属性因炒房被扭曲；杠杆过高，存在泡沫风险。怎么解决这些问题？一方面要继续深化改革，改善供需结构；另一方面，要围绕高质量发展，满足群众日益增长的对美好生活的需要。

二、推进高质量发展

党的十九大做出了"中国特色社会主义进入了新时代，我国经济发展也进入了新时代"的重大判断，指出我国经济发展的基本特征，是由高速增长阶段转向高质量发展阶段。推动房地产高质量发展，既是经济社会发展的需要，也是房地产业适应新变化的需要，更是满足人民群众对美好生活日益增长的需要。今年是经济高质量发展的启动之年，也是房地产业达成共识、推进高质量发展的开篇之年。就"为什么要推进房地产高质量发展""什么是房地产的高质量发展""如何推进高质量发展"三个方面谈几点看法，供大家参考。

（一）为什么要推进高质量发展

城镇住房制度改革以来，全国居民人均住房建筑面积 40.8 平方米，改善了城乡居民的住房条件，拉动了经济增长，促进了相关产业的发展，对要素市场的完善起到了重要作用。但房地产也存在一些突出问题：

1. 供需不平衡。房地产发展的矛盾突出表现为，供应不足与需求不足同时存在。这个现象的出现有三个原因：一是对供需矛盾的认识不一致；二是把市场的短期平衡视作长期平衡；三是把市场平衡视作群众对美好居住生活需求的满足。

2. 租售结构不合理。我国城镇租赁住房占比远远低于发达国家，城镇居民家庭主要依靠购置住房解决居住问题。在城镇化的进程中，新移民、新就业群体是城镇劳动力的主要补充和经济活力的重要来源，但这一群体初始积累少、收入较低、就业流动性大，难以通过购置获得合适住房。但当这一群体进入租赁市场后发现，租赁住房的供应量远远不足，而且他们的需求主要是中小户型、中低价位、离工作地点较近的租赁住房，但市场供应的租赁住房价位偏高、位置较远。同时，租售价格比不合理。我国 338 个城市的平均租售比约为 1∶350，北京、上海、深圳等地达 1∶700，甚至超过这个数字，出租住房的年收益率仅 2% 左右。这使租赁住房缺少内在的经济动力。但我们又不能简单地通过提高租金来改善租售比。

3. 住房属性被扭曲。住房既有经济属性也有居住属性，但核心价值是居住属性。由于房地产投资品属性过强，形成了普遍的社会心态——“买房就是投资”“买房就能赚钱”，住房几乎成了金融机构和家庭优质的“理财产品”。这一现象，不仅加剧了房地产的供需矛盾，也抑制了科技创新和社会创业。投资房地产带来的利润要远高于投资科技等产业，一些企业放弃研发创新而选择房地产。从 2017 年 50 家连续两年以上经营亏损上市公司的年报中抽查发现，有 32% 企业靠出售房地产资产增厚业绩和获取利润。房价持续上涨，也削弱了居民的住房支付能力，扼杀了年轻人的创造力，导致城市竞争力下降。

4. 行业作用被放大。在长期的 GDP 考核影响下，经济对房地产过度依赖。一是近年来国际环境错综复杂，在遭遇外部冲击时，为了应对经济下行的压力，往往依靠房地产这一“来得快”的工具拉动投资、刺激需求。二是对土地财政发展经济的思维模式习以为常，土地出让金、房地产税收占地方财政收入 40% 以上，有的地方甚至高达 80%，房地产作用“一股独大”。三是房地产对钢铁、水泥、建材、装修、服务业等相关产业的拉动作用不可否认，但经济增长的动力来自最终消费和生产率提高，而房地产和相关产业的生产率水平要低于其他行业。房地产过快发展只会不断增加整体经济中的低效率、低效能产业的比重，不但无法促进经济增长，反而会造成相关产业的产能过剩。

5. 杠杆率过高。房地产企业杠杆率过高，在宽松的货币政策下，一部分房地产企业采取了高杠杆扩张、高负债经营的战略。房地产企业的负债率连年高企。今年上半年，房企资产负债率达到了 80%，少数房企由于杠杆率过高，无法支撑企业的规模扩张，最终导致现金流断裂和债务违约。居民部门杠杆率过高、增速过快，2017 年，个人住房贷款余额与 GDP 的比值为 26.5%，这一比值与美国比似乎不高，但必须注意到的是，一是个人住房贷款基本上都是城镇户籍家庭形成的，而 2017 年城镇户籍人口占全国人口的比重为 42.35%，也就是说这 42.35% 的人口扛起了百分之百的住房债务；二是我们现在的恩格尔系数是 29.3，而美国是 8.9；三是美国 1978 年人均 GDP 是 1 万美元，当时美国居民部门的负债率不到 20%。如果拿个人住房贷款余额与城镇居民家庭的总收入之比看，2000 年这一比值是 11.5%，2008 年是 30.3%，2017 年达到 74%。居民部门杠杆率过高，挤占了居民其他消费，影响了消费扩大和升级。

6. 品质提升缓慢。过去五年，我国城镇住房质量稳步提高，但也暴露了一些问题：一是工业化建造水平低，施工现场湿作业占比较大；二是住房建造精度低，各空间尺度误差较大；三是适应家庭结构变化和住房空间的可变能力差；四是房屋渗漏、开裂、串味等质量通病长期得不到根治。在我们与百度、如是金融研究院即将发布的《美好居住生活白皮书》里，消费者在公共搜索中对房地产质量通病问题的投诉有所增加。由于一段时期“房子盖了不愁卖”，企业失去了提升品质的动力。在依靠技术进步和从业者素质提高方面，房地产的脚步远比其他行业要慢。在热点城市实行严格的限价政策，也制约了利用新技术、新材料、新工艺提升住房品质。

7. 企业发展持续性差。目前，房地产企业前十强的销售额约占整个市场的24.1%，前五十强的销售额约占整个市场的45.9%。但在行业集中度提高的同时，一些龙头企业采取了“三高”“三快”战略，即“高杠杆、高周转、高回报率”和“快开工、快销售、快回款”。我认为，过于追求速度，既埋下了工程质量隐患，也容易诱发社会风险。虽然短期能换来利益，但长期不可持续，也与高质量发展背道而驰。

8. 资源能源浪费大。房地产在建造使用过程中，资源能源浪费比较严重，单位建筑能耗比是同等气候条件下先进国家的2~3倍，建筑中钢材使用量高出10%~15%，每立方米混凝土要多消耗水泥8公斤，每年产生的建筑垃圾24亿吨左右，占城市垃圾总量的40%。即便是绿色建筑，也仅仅局限于强调住宅朝向、门窗节能、材料的密封程度、外墙保温等方面，对绿色设计、绿色建材、绿色标准、绿色计量、绿色生活方式的倡导推广，还有欠缺，尤其是毛坯房带来的“二次装修”问题，为世界各国所少见。

房地产的问题影响到经济社会的健康发展，导致经济“脱实向虚”的局面较难改善，系统性风险在积聚，影响最终消费的扩大，使经济结构调整变得困难。为此，必须摒弃原来的发展模式，走高质量发展之路。

（二）什么是房地产的高质量发展

房地产高质量发展的目标应当是：住房数量增长适当快于人口增长；房价上涨慢于收入增长；使全体居民住在符合健康、绿色、文明标准的住房里。

具体说，可以分为以下几个方面：

1. 供需基本平衡，既不短缺，也不过剩。供需矛盾始终是经济发展的主要矛盾。房地产运行过程中的波动是不可避免的，但不能因为对供需矛盾的判断失误加剧波动，必须认识到提高居民家庭收入的增长才能构筑市场的长期平衡，必须服务于群众不断增长的美好生活的需要。

2. 杠杆基本合理，风险可控。有一些杠杆，促进居民家庭的住房消费，对经济社会都是有益的，但杠杆过高，就会导致泡沫积聚、风险积累。房地产高质量发展，有一个重要任务，就是去杠杆，把杠杆降到基本合理的水平。

3. 供应结构基本合理。这包括两个方面，首先是大力发展租赁住房，增加租赁住房的供应。党的十九大报告指出，“加快建立多主体供给、多渠道保障、租售并举的住房制度”，这是方向。这里需要指出的是，近年来，长租公寓发展较快，对促进住房租赁市场起到了作用，但这种模式只是提高了住房租赁的运营效率和管理服务，并没有真正增加租赁住房的供应量。当前最主要的任务还是要增加大城市租赁住房的供应，将闲置的资源变成有效供给。其次是改善住房供应对需求的适配度。库存为什么会存在？除了需求不足的因素，还有很重要的原因是住房空间布局、性能、质量、性价比不能适应消费者的需要。为什么一些老化的工业厂房、陈旧的写字楼改造装修后成了租赁市场的抢手货？主要是提高了对需求的适配度。住房的“硬件”无法改变，但“软件”可以提升。

4. 价格相对稳定，与居民支付能力相适应。我们要把开发重点放在真实的消费需求上，也就是说，要服务于把“房子用来住”的那部分群体。有投资需求的群体支付能力强，容易被开发企业看中，但如果我们不注意这一问题，任由泡沫积累，总有一天会破裂，不仅房企受损，银行受损，居民受损，经济社会也都会受损。

5. 需求管理到位，优先保障居民家庭住房权利。我们发展的目的是什么？是为了满足人民群众不断增长的美好生活需要。房地产发展的目的是什么？是为了满足人民群众美好居住生活的需要。居住权是人的基本权利，房地产发展首先是为了保障人的居住权利的实现。既要坚持市场化的改革方向，也要保障没有能力通过市场获得合适住房的家庭的“住有所居”。

6. 提高房地产供给的效率效能。房地产走过了风风火火的20多年，主要依靠价格推动型的扩张，房价上涨把房地产行业的低效率、低效能和其他矛盾都掩盖了，但我们绝不能被这一假象所迷惑。随着大部分城市住房供需矛盾的逐步缓解，房地产不可能再有不断高速增长的好日子了，也不可能习惯性地依赖价格推动了。从现在起，必须认认真真地把注意力放在提高效率效能上来。

（三）如何推进房地产高质量发展

1. 要推进绿色健康住房的发展。随着群众生活水平的提高，住房需求已经不仅仅是满足睡眠的空间，而是满足绿色健康生活的需要。这几年，我们致力于推进“百年住宅”试点，还制定了“百年住宅”标准，已经有十几个项目、一百多万平方米住房按“百年住宅”的标准进行建设。这些项目主体结构使用年限确保百年以上，绿色建筑评价级别达到3星，住宅性能认定达到3A，采用的材料、部品都要符合绿色健康的要求，实现结构体和填充体分离，社会和经济效益都很好，各方面评价也较高，说明高质量产品是有市场的，下一步要继续推广。

还有就是要积极发展健康住宅。人在住宅内停留的时间占全部生命期的50%以上，没有全方位、全周期的住宅健康环境和服务，高质量就不全面，也谈不上美好居住生活。如室内灯光，老年人和儿童都要有保护性照明。北京同仁医院研究过，长期在光污染下生活，老年人白内障发病率将提高40%左右，儿童近视率将提高50%左右。当前，要围绕实施“健康中国”战略，让老百姓从“有房住”向“住好房”“住的健康”转变。

在绿色健康发展的同时，也要注重节能减排。我国建筑寿命短，致使资源能源消耗和建筑垃圾大量增加，特别是大量拆除造成的资源能源浪费，使近几年来节能减排的成果大打折扣。

同时，房地产企业要与建材和部品企业合作，使用绿色环保建材，推广绿色环保建材。

2. 要依靠数字化改善生产。要进一步推广BIM技术，通过数字信息仿真，模拟建筑物所具有的真实信息和三维建筑模型，强化住宅开发的品质管理，在建造全过程跟踪，确保规范施工、安全生产，防止偷工减料、弄虚作假。要改变当前BIM技术相关单位各行其是的做法，由建设单位牵头，采用统一编码和代码建模，将建设、设计、施工、监理、运营单位等参与方的关注点和业务需求汇聚在同一平台上，实现项目的可视化、精细化管理。由于应用BIM技术能对建筑物进行实时监测和数据搜集整理，因此对房地产提高效率效能和高质量发展效果明显。

3. 要依靠工业化提高精度。住宅质量通病得不到根治，很重要的原因是手工劳动比重大、产品精度低。但用工业化生产住宅，就能将施工的项目技术分级分类，实现现浇与装配融合、施工与装修同步，提高装配率、集成率、标准化率，消除项目变更造成的资源、能效和人力浪费，体现全穿插施工质量管理的优势。依靠工业化生产，一般节材率达20%以上、节水率达60%以上，减少建筑垃圾80%以上，提高施工效率4～5倍。减少占用施工场地，避免二次装修，实现了节能、节地、节材、节水、节时和环保的“五节一环保”。大幅提升了住房品质和性能，延长使用年限、降低使用成本和维护费用。因此，要继续在企业打造工业化建造体系，尤其要通过工业化的严格标准，加强现场管理和培训，确保规范施工、安全生产，不向社会提供“带血带泪”的住宅产品。

要重视对工业化的研发投入。万科集团仅在研发方面就有1200多个设计师、工程师、建筑师，研发经费逐年提高。连照明、围墙、护栏都有人研究，如在厨房选择什么样的光线，在卫生间增加什么样的适老化坐便器。研究论证完后，一个企业标准下去，大部分都按工业化的标准去做。

4. 要依靠信息化、智能化做好服务。对内，要把信息化贯穿于项目立项、招投标、施工建设、竣工验收、项目销售、物业管理等方面，形成与其他上下游企业的优势互补。对外，要发挥“互联网+”、大数据的作用，将教育、医疗、旅游、大健康等信息接入社区和家庭，为群众日益增长的需求服务。远洋集团在健康住宅建设过程中，通过信息化手段，对住宅周边的水染源、空气质量实施远程监测，促进城市居住环境健康、空气质量健康、饮用水健康；绿地集团、保利集团利用信息化、智能技术，将家政养老、社区医疗、居家看护等信息资源接入家庭，为社区居民提供了便捷的服务；海尔集团通过信息技术，构建了包括智能家居、智能客厅、智能厨房在内的一整套家庭智能体系。

5. 要注重住房全寿命的资源能源节约和全方位服务。住房应该是成品，而不应该是半成品，要努力实现全装修一步到位，减少浪费。住房的使用周期长，而家庭的结构变化快，所以，要推进空间可变的结构体系，尤其是“SI”体系。“SI”体系使建筑结构和设备管线分离，能在不改变主体结构的前提下，进行设备管线更换、装修更新、建筑维护和空间布局调整。要以人为本，从儿童到青年，从中年到老年，建立覆盖全生命周期里不同人生阶段的居家生活，努力实现住房全寿命周期的经济适用。同时要加强标准化建设，使住房全寿命周期都能按标准建设管理。

高质量发展是一场比意志、比耐力的长跑，创建美好居住生活也是一步一个脚印走出来的。让我们团结协作，共同奋进，为房地产业的高质量发展，为满足群众对美好居住生活日益增长的需求，作出新的更大的贡献！

提振信心、练好内功，以高质量发展迎接2019

中国房地产业协会会长　刘志峰　2018年12月8日

一、如何看待2018年房地产形势和变化

关于这个问题，业内外有很多看法，尤其进入9月份，认为房地产有较大的下行压力。今年房地产主要特征和近期一些变化，要同中央为房地产制定的方针政策和国内外形势结合起来。概括起来，可从以下五个方面认识。

（一）贯彻“一个方针”

这个方针，就是“满足群众日益增长的对美好生活的需要”的方针，并且贯穿了今年房地产的整个发展。

党的十九大报告指出：“我国社会主要矛盾已经转化为人民日益增长的美好生活需要和不平衡不充分的发展之间的矛盾”。社会主要矛盾变化的重大判断，是制定我国大政方针的依据，也为经济社会发展指明了方向。不平衡不充分的矛盾各行各业有，房地产也有，但首先要找出规律和特点。房地产主要矛盾既有还未能解决的老问题，也有适应时代需要的新内涵；群众对美好生活的需求也是多层次、多样化的，老的问题解决了，又会出现新的问题；新的愿望和诉求实现了，又会出现新的期待。这种渐进式的发展，推动了房地产行业不断进步。

当前表现在房地产领域的主要矛盾：一是住房供应结构不合理，供需不平衡；二是房地产发展质量不够高，不能完全满足群众的需求。因此，贯彻“满足群众日益增长的对美好生活的需要”的方针，是指引房地产发展的方向，不能因为房地产出现了一些起伏，就偏离了这个方向，必须达成高度一致。

（二）突出“两个坚持”

第一个坚持，就是“房子是用来住的，不是用来炒的”。为什么要坚持“房住不炒”？因为住房既有经济属性也有居住属性，但核心价值是居住属性。由于房地产投资品属性过强，形成了普遍的社会心态——“买房就是投资”“买房就能赚钱”。这一扭曲现象，不仅加剧了房地产的供需矛盾，也抑制了科技创新和社会创业。投资房地产带来的利润要远高于投资科技等产业，一些企业放弃研发创新而选择房地产。从 2017 年 50 家连续两年以上经营亏损上市公司的年报抽查发现，有 32% 企业靠出售房地产资产增厚业绩和获取利润。房价持续上涨，也削弱了居民的住房支付能力，扼杀了年轻人的创造力，导致城市竞争力下降。所以说，房子以自住为主，是一个正常的市场；以投资为主，杠杆过高，就容易导致泡沫发生。

第二个坚持，就是“租售并举”。党的十九大报告为什么把“租”放在“售”前面？因为租售结构不合理。我国城镇居民家庭主要依靠购置住房解决居住问题。但在城镇化进程中，一大批新移民、新就业群体成为城镇建设服务的主力军。这一群体积累少、收入低、流动性大，多数难以通过购置解决住房，因此选择了租房。

但他们的租房需求主要是中小户型、中低价位，租房市场却存在三方面的不匹配：一是户型不匹配。目前大多数出租房屋都是两居室、三居室，但这些户型并不受欢迎。上海住房租赁公共服务平台上线以来，挂牌待租房源保持在 4 万套以上，日均更新 2200 套，但主要以小户型为主，一居室房子放在平台上大概一周内就能成交，而一套三居室挂牌半年都有可能成交不了。二是地段不匹配。目前很多新房在郊区，进城的通勤平均要花 1 个多小时，无法满足上班族的需要。这样就造成郊区的租赁房户型大、项目新、价格低却成交不了，但交通方便、距离市中心和办公地点近的租赁房却供不应求。三是价格不匹配。魔方公寓今年在北京做过调查，从事酒店、餐饮等服务业的从业人员，租金支付能力在 800 ~ 1600 元之间，但北京最小的一居室也要 3000 元以上，一些务工人员只能选择违章建筑和小区内群租。因此，一方面要通过坚持“房住不炒”稳定住房市场；一方面也要通过坚持“租售并举”改善供应结构。

（三）顺应“三个趋势”

从不同层级城市看，今年一线城市主要是盘活存量土地，深耕房地产项目，重视城市更新和旧城改造；二线城市规模相对稳定，商品住宅月成交面积总体维持在 3400 万平方米左右；三、四线城市今年销售占比快速上升，占销售额的 67%，但主要依靠京津冀、长三角、珠三角等城市群的辐射拉动作用。四、五线城市主要靠棚改，棚改政策改变受影响较大。

有些专家认为，房地产长期看人口，中期看土地，短期看金融，这有一定道理，但未来房地产还要看城市发展的三个趋势及其影响：高铁、城轨等交通和教育、医疗、文化等公共设施对房地产的影响；产业吸引力带来的就业创业对房地产的影响；人口年轻化和保持人口相对稳定对房地产的影响。尤其是城市人口的流入和流出对房地产的影响将进一步加深。

（四）面临“四个挑战”

第一个挑战来自金融方面。今年，央行对地方政府隐性债务、房地产、环评不达标企业、产能过剩等四个领域采取严格的融资管控。一些开发企业受结构性去杠杆影响，负债上升，可用现金和银行存款减少，风险抵御能力下降。

第二个挑战来自成交方面。11 月份，二手房成交已回落到今年一季度末的水平。

第三个挑战来自增长率方面。根据500 强测评，碧桂园过去三年增长率62%，今年只有17%%；恒大过去三年增长率56%，今年只有21.6%；万科过去三年增长率35%，今年只有9.1%。整个开发企业尤其是龙头企业增长率出现快速下滑。过去的金融环境还能支持高杠杆，但今天的金融环境已经不支持企业高杠杆，在无法取得高杠杆的情况下，增长率必然下滑。

第四个挑战，来自企业偿债方面。2018 年下半年至 2021 年三年半内是企业债的集中兑付期，规模分别为 2.9 万亿元、6.1 万亿元、5.9 万亿元和 3.4 万亿元。房地产债务违约风险进一步增加。

（五）呈现“五个变化”

从外部的土地、人口、市场到企业内部，9 月份以来，房地产市场都出现了明显的调整，主要变化为：

一是人口变化。当前我国人口发展出现转折性变化。一是人口总量增长的势头明显减弱，育龄妇女数量逐步减少，特别是 20～29 岁生育旺盛期妇女数量下降较快。群众生育意愿发生转变，少生优生成为社会主要的生育观。二是人口结构性问题突出，劳动年龄人口开始减少，老龄化程度不断加深。三是家庭规模缩小，养老抚幼等传统功能弱化。这些变化，给经济社会发展和住房需求带来新的挑战。我国上一次人口高峰是 1987 年，但到 2020 年这一高峰基本结束。2013 年，我国一孩比重为 64%，2017 年下降到 44%，以这种生育趋势，2020 年人口增长率有可能下降到 1300 万人。长期人口少了，买房的人自然就少了，这对房地产持续发展构成了一定影响。

二是土地市场变化。今年 6 月份起，土地流拍一个月比一个月严重。截至 11 月底，一、二线城市住宅土地流拍 282 宗，同比上升 143%；三、四线城市住宅土地流拍 944 宗，同比上升 23%。大部分一、二线城市供地计划完成率低，较好的天津、南京完成率 70%，北京、广州、深圳完成率只有 25%。各地年末大力推地的成效因企业观望并不明显。

三是销售市场变化。根据中国房价行情平台最新数据，11 月份全国住宅市场环比下降 4.0%，二手房供应环比下降 11.6%。价量连续 4 个月下跌，增速放缓趋势非常明显，尤其是龙头企业增速放缓。同时房价也出现变化，9 月份，70 城房价环比首次回落，一线涨幅连续 4 个月下滑并转负；二线城市房价涨幅收窄，只有三、四线环比涨幅扩大 0.2 个百分点。

四是库存变化。成交下滑带来库存上升。如果持续上升 5～6 个月，又将给市场带来压力。特别是一些人口流出的中小城市有可能一边去库存，一边又在制造新的库存。

五是企业心态变化。龙头开发企业开始放慢脚步、减少投资、加快卖房。房协前几天召开了企业座谈会，企业基本上都在减少投资，甚至不投资。同时，开发企业开始精简组织、撤并部门、裁减人员，今年万科在全国只招 88 人、北京只招 10 人。

除了这些变化，房地产的风险还有哪些？一是风险叠加有可能演化出新的矛盾；二是退房引发的社会风险有所增加；三是增长率下降带来明年房地产土地、投资、销售三项主要指标的不确定性；四是房地产融资带来的高成本风险有可能集中爆发；五是由于预期不明朗，企业和机构参与住房租赁的积极性下降。面对这些问题和挑战，企业怎么办？这就是我要讲的下一个问题：

二、如何应对 2019 年房地产机遇和挑战

（一）提振信心，稳定预期

刚才说了一些困难，是不是说我们就没机会了。机会还是有的，就看有没有信心。我们的信心要建立在党中央、国务院对经济全局的准确判断和果断决策上来。当前，我国经济总体保持稳中有进、稳中向好的基本态势，一系列稳定经济金融的政策措施接连出台、有序推进。对企业和企业家关心的基本经济制度问题，党中央、国务院和有关领导也做了明确的指示。就房地产业而言，一定要树立信心、适应变化、抓住机遇。明年房

地产有哪些机遇呢？

一是城镇化带来的机遇。我国城镇化率为 58%，离发达国家的 80% 还有很大差距。当然也有专家指出，中国作为农业大国，城镇化率的最高水平维持在 70% 左右也是正常的。未来，至少有 2 ~ 3 亿人要进城，这对住房特别是中低价位、中小户型住房有强劲的需求。

二是城市群辐射带来的机遇。现在我们都比较关心城市群的龙头城市，这只是一个方面。城市群的另一优势是辐射。随着长三角一体化、粤港澳大湾区建设、京津冀协同发展的提速，周边中小城市的住房需求及园区产业、特色小镇、乡村振兴都有一定机遇。

三是城市更新、旧城改造、物业服务也是很大的市场。比如中海品牌现在价值达到 586 亿元，一方面靠项目高质量的开发，另一方面是抓住了人们对物业服务升值增值的需求。

四是人口老龄化形成的养老地产与大健康消费需求，空间极大。

五是先进生活理念带来的绿色消费，有很大潜力。关键要选择适合企业发展的领域和产品。

当前住房需求有不同层次、不同对象：针对新移民、新就业职工的需求，要尽量提供中小户型、中低价位的产品，他们基本不需要大户型；针对正在崛起的中等收入家庭和改善型需求，要提供高品质、多样化、个性化的产品，满足他们对消费升级的需求；针对中长期的租房需求，主要是长租公寓、青年公寓、人才公寓、集体宿舍方面的产品，实现职住平衡。

同时要准确判断、做好前置。有些开发企业很少栽跟头，主要靠他们对自己所在的区域、所在的城市，所要做的项目有准确的分析。浙江祥生地产，当一、二线城市高潮迭起时，他们来到了三、四线城市；当三、四线城市出现产品过剩时，他们又回到了自己的身边。今年他们的项目 70% 集中在浙江，85% 集中在长三角。祥生地产之所以能快定案，快定位，快销售，快回笼，主要是他们提出了“五前置”，即：团队、设计、合约、营销、金融前置，不打无准备之仗。如果企业在困难危机面前不做好充分准备，不但你快不起来，还会因为你进入的城市错了，定位错了，产品错了，整个发展都受到影响。

（二）推进房地产高质量发展

房地产走过了风风火火的 20 多年，主要依靠价格推动扩张，房价上涨把房地产行业的低效率、低效能和其他矛盾都掩盖了，但我们绝不能被这一假象所迷惑。随着大部分城市住房供需矛盾的逐步缓解，房地产不可能再有不断高速增长的好日子了，也不可能习惯性地依赖价格推动了。从现在起，必须把注意力放在高质量发展上来。

房地产高质量发展的目标应当是：住房数量增长适当快于人口增长；房价上涨慢于收入增长；使全体居民住在符合健康、绿色、文明标准的住房里。具体说，可以分为以下几个方面：一是供需基本平衡，既不短缺，也不过剩。二是杠杆基本合理，风险可控。三是供应结构基本合理。四是价格相对稳定，与居民支付能力相适应。五是需求管理到位，优先保障居民家庭住房权利。六是提高房地产供给的效率效能，但主要是向群众提供高质量产品。

老百姓看到高质量发展的第一眼，就是产品。现在一提到绿色住宅，很多购房者就会想起朗诗绿色集团；一提到节能住宅，就会想起当代置业；一提到健康住宅，就会想起远洋地产；一提到养老地产，就会想起保利地产。当前提升住房品质，要抓三个方面，哪三方面？

一是百年住宅。六年多来，全国 13 个省市（直辖市）、16 个项目建设了约 100 多万平方米百年住宅试点项目。这些项目结构体和填充体分离，室内空间可变，主体结构使用年限确保百年以上，绿色建筑评价级别达到 3 星，住宅性能认定达到 3A，采用的材料、部品符合绿色健康的要求，实现了建筑长寿化、建设产业化、品质优良化、绿色低碳化、家装工业化，得到市场和社会肯定。二是健康住宅。人在建筑内停留的时间占全部生命期的 80% 以上，没有全方位、全周期的建筑健康环境和服务，高质量就不全面，也谈不上美好居住生活。影响人健康的第一要素是建筑健康。排在第二、第三、第四位的才是饮食健康、抽烟等生活不良习惯、身体锻炼和运动不够带来的健康问题。所以，建筑能不能健康，既是高质量发展的需要，也是住宅产品的主攻方向。

三是养老地产。亚洲的老龄化程度是全球最高的。到 2050 年，中国老年人口比例将从 9.6% 上升到 27.6%。但我们的养老产业和服务还处于比较初级的阶段，一些发达国家的养老产业和服务，如日本养老经历了制定规划和政策、建立产业和服务体系、医疗康复三个阶段。目前，包括养老地产在内的养老产业发展迅速，是充满潜力的产业。但养老产业供给仍有较大缺口，原因之一是养老地产还未能与大健康产业联动发展。

大健康是围绕人的衣食住行和生老病死的全生命过程，追求的不是个体的“小健康”，而是精神、心理、生理、社会、环境、道德方面的“大健康”。大健康覆盖面更广、产业链更长，几乎贯穿了整个一、二、三产业。下一步，要尽可能与大健康展开“四个融合”：与健康管理融合、与医学护理融合、与康复智能融合、与养老养生融合。

Ⅱ.宏观篇

导 读

宏观经济与房地产市场密不可分，是房地产发展的基础条件。本篇收录了2018年（部分指标为2017年）主要经济发展指标，即投资、贸易、消费、物价、收入、就业、货币金融、财政税收等方面的宏观数据。数据来源于国家统计局以及各省市统计局公报、人民银行和财政部等。

一、国民经济主要数据

表 2－1　2018 年全国宏观经济数据（单月）

类　别	1 月	2 月	3 月	4 月	5 月	6 月	7 月	8 月	9 月	10 月	11 月	12 月
工业增加值同比增幅（%）	—	—	6. 0	7. 0	6. 8	6. 0	6. 0	6. 1	5. 8	5. 9	5. 4	5. 7
固定资产投资额（亿元）	—	44626	56137	53595	61685	81273	58482	59360	68284	64125	61700	26369
同比增幅（%）	—	7. 9	7. 1	6. 0	3. 9	5. 7	3. 0	4. 6	6. 1	8. 1	7. 8	－53. 4
进口总额（亿美元）	1801	1379	1791	1717	1879	1751	1875	1895	1950	1833	1827	1642
同比增幅（%）	36. 9	6. 3	14. 4	21. 5	26	14. 1	27. 3	19. 9	14. 3	21. 4	3. 0	－7. 6
出口总额（亿美元）	2005	1716	1741	2000	2129	2166	2156	2174	2267	2173	2274	2212
同比增幅（%）	11. 1	44. 5	－2. 7	12. 6	12. 6	11. 2	12. 2	9. 8	14. 5	15. 6	5. 4	－4. 4
社会消费品零售总额（亿元）	—	61082	29194	28542	30359	30842	30734	31542	32005	35534	35260	35894
同比增幅（%）	—	9. 7	10. 1	9. 4	8. 5	9. 0	8. 8	9. 0	9. 2	8. 6	8. 1	8. 2
生产价格指数（PPI）同比增幅（%）	4. 3	3. 7	3. 1	3. 4	4. 1	4. 7	4. 6	4. 1	3. 6	3. 3	2. 7	0. 9
居民消费价格指数（CPI）同比增幅（%）	1. 5	2. 9	2. 1	1. 8	1. 8	1. 9	2. 1	2. 3	2. 5	2. 5	2. 2	1. 9
采购经理指数（PMI）（%）	51. 3	50. 3	51. 5	51. 4	51. 9	51. 5	51. 2	51. 3	50. 8	50. 2	50	49. 4
城镇调查失业率（%）	5. 0	5. 0	5. 1	4. 9	4. 8	4. 8	5. 1	5. 0	4. 9	4. 9	4. 8	4. 9

注：2 月固定资产投资总额、社会消费品零售总额为 1－2 月份累计值。
数据来源：国家统计局。

表 2－2　2018 年全国宏观经济月度累计数据

类　别	1—2 月	1—3 月	1—4 月	1—5 月	1—6 月	1—7 月	1—8 月	1—9 月	1—10 月	1—11 月	1—12 月
工业增加值累计增幅（%）	7. 2	6. 8	6. 9	6. 9	6. 7	6. 6	6. 5	6. 4	6. 4	6. 3	6. 2
固定资产投资额（亿元）	44626	100763	154358	216043	297316	355798	415158	483442	547567	609267	635636
同比增幅（%）	7. 9	7. 5	7. 0	6. 1	6. 0	5. 5	5. 3	5. 4	5. 7	5. 9	5. 9
进口总额累计（亿美元）	3180	4969	6690	8574	10331	12211	14106	16053	17906	19727	21356
同比增幅（%）	21. 7	18. 9	19. 6	21	19. 9	21	20. 9	20	20. 3	18. 4	15. 8
出口总额累计（亿美元）	3723	5453	7447	9571	11717	13872	16043	18266	20448	22723	24874
同比增幅（%）	24. 4	14. 1	13. 6	13. 3	12. 7	12. 6	12. 2	12. 2	12. 6	11. 8	9. 9
社会消费品零售总额（亿元）	61082	90275	118817	149176	180018	210752	242294	274299	309834	345093	380987
同比增幅（%）	9. 7	9. 8	9. 7	9. 5	9. 4	9. 3	9. 3	9. 3	9. 2	9. 1	9. 0

数据来源：国家统计局。

表 2-3 2018 年国内生产总值及同比增幅数据（单季度）

类 别	绝对值（亿元）				增长幅度（%）			
	一季度	二季度	三季度	四季度	一季度	二季度	三季度	四季度
国内生产总值	197920	219295	229496	253599	6.8	6.7	6.5	6.4
第一产业	8574	13002	18224	24934	3.2	3.4	3.6	3.5
第二产业	77117	91442	93265	104178	6.3	6.0	5.3	5.8
第三产业	112229	114852	118007	124486	7.5	7.7	7.9	7.4
农林牧渔业	9003	13658	18956	25921	3.4	3.6	3.8	3.7
工业	67809	76196	77188	83967	6.5	6.4	5.9	5.7
制造业	58663	66505	66570	73083	6.7	6.6	6.0	5.7
建筑业	9518	15481	16310	20498	5.4	4.0	2.5	6.1
批发和零售业	19430	20213	21139	23420	6.8	6.6	6.2	5.5
交通运输、仓储和邮政业	8939	10186	10592	10834	7.7	8.1	8.0	8.7
住宿和餐饮业	3772	3666	4085	4500	7.1	6.8	6.3	5.8
金融业	17702	16976	17314	17108	3.1	4.3	4.0	6.3
房地产业	13860	14981	14798	16207	4.9	4.2	4.1	2.0
信息传输、软件和信息技术服务业	7950	8207	7686	8588	29.2	31.7	32.8	29.1
租赁和商务服务业	5702	5708	6245	6772	10.0	9.4	9.0	7.3
其他行业	34235	34024	35182	35783	6.1	5.7	7.0	6.4

数据来源：国家统计局。

表 2-4 2018 年国内生产总值及同比增幅数据（季度累计）

类 别	绝对值（亿元）				增长幅度（%）			
	一季度	上半年	前三季度	全年	一季度	上半年	前三季度	全年
国内生产总值	197920	417215	646711	900310	6.8	6.8	6.7	6.6
第一产业	8574	21576	39800	64734	3.2	3.3	3.4	3.5
第二产业	77117	168558	261823	366001	6.3	6.1	5.9	5.8
第三产业	112229	227081	345088	469575	7.5	7.6	7.7	7.6
农林牧渔业	9003	22661	41617	67538	3.4	3.5	3.6	3.6
工业	67809	144005	221193	305160	6.5	6.4	6.3	6.1
制造业	58663	125168	191738	264820	6.7	6.6	6.4	6.2
建筑业	9518	25000	41310	61808	5.4	4.5	3.7	4.5
批发和零售业	19430	39642	60781	84201	6.8	6.7	6.5	6.2
交通运输、仓储和邮政业	8939	19125	29717	40550	7.7	7.9	7.9	8.1
住宿和餐饮业	3772	7438	11523	16023	7.1	6.9	6.7	6.5
金融业	17702	34678	51992	69100	3.1	3.7	3.8	4.4
房地产业	13860	28841	43639	59846	4.9	4.6	4.4	3.8
信息传输、软件和信息技术服务业	7950	16157	23843	32431	29.2	30.5	31.2	30.7
租赁和商务服务业	5702	11410	17655	24427	10.0	9.7	9.5	8.9
其他行业	34235	68259	103441	139224	6.1	5.9	6.3	6.3

数据来源：国家统计局。

表2－5　2014—2018年全国及各地区生产总值

单位：亿元

类　别	2014年	2015年	2016年	2017年	2018年
全　国	**635910**	**676708**	**744127**	**827122**	**900310**
北　京	21330.83	23014.59	25669.13	28014.94	30320.00
天　津	15726.93	16538.19	17885.39	18549.19	18809.64
河　北	29421.15	29806.11	32070.45	34016.32	36010.30
辽　宁	28626.58	28669.02	22246.90	23409.24	25315.40
上　海	23567.70	25123.45	28178.65	30632.99	32679.87
江　苏	65088.32	70116.38	77388.28	85869.76	92595.40
浙　江	40173.03	42886.49	47251.36	51768.26	56197.00
福　建	24055.76	25979.82	28810.58	32182.09	35804.04
山　东	59426.59	63002.33	68024.49	72634.15	76469.70
广　东	67809.85	72812.55	80854.91	89705.23	97277.77
海　南	3500.72	3702.76	4053.20	4462.54	4832.05
山　西	12761.49	12766.49	13050.41	15528.42	16818.10
吉　林	13803.14	14063.13	14776.80	14944.53	15074.62
黑龙江	15039.38	15083.67	15386.09	15902.68	16361.60
安　徽	20848.75	22005.63	24407.62	27018.00	30006.82
江　西	15714.63	16723.78	18499.00	20006.31	21984.80
河　南	34938.24	37002.16	40471.79	44552.83	48055.86
湖　北	27379.22	29550.19	32665.38	35478.09	39366.55
湖　南	27037.32	28902.21	31551.37	33902.96	36425.80
内蒙古	17770.19	17831.51	18128.10	16096.21	17289.20
广　西	15672.89	16803.12	18317.64	18523.26	20352.51
重　庆	14262.60	15717.27	17740.59	19424.73	20363.19
四　川	28536.66	30053.10	32934.54	36980.22	40678.10
贵　州	9266.39	10502.56	11776.73	13540.83	14806.45
云　南	12814.59	13619.17	14788.42	16376.34	17881.12
西　藏	920.83	1026.39	1151.41	1310.92	1477.63
陕　西	17689.94	18021.86	19399.59	21898.81	24438.32
甘　肃	6836.82	6790.32	7200.37	7459.90	8246.10
青　海	2303.32	2417.05	2572.49	2624.83	2865.23
宁　夏	2752.10	2911.77	3168.59	3443.56	3705.18
新　疆	9273.46	9324.80	9649.70	10881.96	12199.08

数据来源：国家及各地统计局。
注：2017年数据有微调。

表 2-6　2014—2018 年全国各地区城镇居民家庭人均可支配收入

单位：元

类　别	2014 年	2015 年	2016 年	2017 年	2018 年
全　国	**28844**	**31195**	**33616**	**36396**	**39251**
北　京	48532	52859	57275	62406	67990
天　津	31506	34101	37110	37022	42976
河　北	24141	26152	28249	30548	32997
辽　宁	29082	31126	32876	34993	37342
上　海	48841	52962	57692	62596	68034
江　苏	34346	37173	40152	43622	47200
浙　江	40393	43714	47237	51261	55574
福　建	30722	33275	36014	39001	42121
山　东	29222	31545	34012	36789	39549
广　东	32148	34757	37684	40975	44341
海　南	24487	26356	28453	30817	33349
山　西	24069	25828	27352	29132	31035
吉　林	23218	24901	26530	28319	30172
黑龙江	22609	24203	25736	27446	29191
安　徽	24839	26936	29156	31640	34393
江　西	24309	26500	28673	31198	33819
河　南	23672	25576	27233	29558	31874
湖　北	24852	27051	29386	31889	34455
湖　南	26570	28838	31284	33948	36698
内蒙古	28350	30594	32975	35670	38305
广　西	24669	26416	28324	30502	32436
重　庆	25147	27239	29610	32193	34889
四　川	24234	26205	28335	30727	33216
贵　州	22548	24580	26743	29080	31592
云　南	24299	26373	28611	30996	33488
西　藏	22016	25457	27802	30671	33797
陕　西	24366	26420	28440	30810	33319
甘　肃	21804	23767	25693	27763	29957
青　海	22307	24542	26757	29169	31515
宁　夏	23285	25186	27153	29472	31895
新　疆	23214	26275	28463	30775	32764

数据来源：国家及各地统计局。

注：天津市 2016 年、2017 年为全市居民人均可支配收入。

二、金融数据

表 2 – 7　2018 年新增贷款

单位：亿元

类　别	各项贷款	境内贷款	住户贷款	短期贷款	消费贷款	经营贷款	中长期贷款	消费贷款	经营贷款
1 月	28934	28586	9173	3104	2354	750	6069	4906	1163
2 月	8393	8403	2751	–469	–499	30	3220	2925	295
3 月	11166	11215	5764	2032	1322	710	3732	3189	544
4 月	11775	11695	5284	1741	1750	–9	3543	3122	421
5 月	11524	11540	6143	2220	1787	432	3923	3270	653
6 月	18422	18442	7057	2371	1512	859	4686	3791	895
7 月	14533	14426	6344	1768	1615	153	4576	4165	410
8 月	12754	12700	7012	2598	2135	463	4415	3757	657
9 月	13841	13731	7480	3138	2312	826	4342	3643	699
10 月	6970	6871	5636	1907	2208	–301	3730	3471	259
11 月	12494	12601	6560	2169	2049	120	4391	3773	617
12 月	10839	10782	4593	1527	1408	119	3066	2742	323

数据来源：中国人民银行。

表 2 – 8　2018 年货币供应量

单位：亿元

类　别	货币和准货币（M2）	货币（M1）	流通中货币（M0）
1 月	1720814	543247	74636
2 月	1729070	517036	81424
3 月	1739859	523540	72693
4 月	1737684	525448	71476
5 月	1743064	526277	69775
6 月	1770178	543945	69589
7 月	1776196	536624	69531
8 月	1788670	538325	69775
9 月	1801666	538574	71254
10 月	1795562	540128	70107
11 月	1813175	543499	70563
12 月	1826744	551686	73208

数据来源：中国人民银行。

表 2－9　2018 年社会融资规模增量

单位：亿元

类　别	社会融资规模增量	其　中							
		人民币贷款	外币贷款（折合人民币）	委托贷款	信托贷款	未贴现银行承兑汇票	企业债券	地方政府专项债券	非金融企业境内股票融资
1 月	30793	26850	266	－714	455	1437	1222	0	500
2 月	11894	10199	86	－750	660	106	644	108	379
3 月	15864	11425	139	－1850	－357	－323	3552	662	404
4 月	17761	10987	－26	－1481	－94	1454	4047	808	533
5 月	9533	11396	－228	－1570	－904	－1741	－367	1012	438
6 月	14877	16787	－364	－1642	－1623	－3649	1349	1019	258
7 月	12244	12861	－773	－950	－1192	－2744	2185	1851	175
8 月	19412	13140	－344	－1207	－688	－779	3423	4106	141
9 月	21701	14341	－670	－1432	－909	－548	392	7389	272
10 月	7430	7141	－800	－949	－1273	－453	1486	868	176
11 月	15191	12302	－787	－1310	－467	－127	3163	－332	200
12 月	15898	9281	－702	－2210	－509	1023	3757	362	130

数据来源：中国人民银行。

表 2－10　2018 年各地区季度累计地区社会融资规模增量

单位：亿元

类　别	一季度	上半年	前三季度	全　年
北　京	3797	6868	14979	17784
天　津	797	603	1733	3075
河　北	1968	3082	4898	6160
辽　宁	1151	1637	2852	3796
上　海	2362	3113	4116	5765
江　苏	6269	9433	14779	17699
浙　江	4822	9206	15386	19499
福　建	1395	1835	4373	5620
山　东	2589	3992	7239	9225
广　东	5754	11269	17365	22502
海　南	155	85	405	389
山　西	1129	1660	2519	3239
吉　林	582	785	1192	1510
黑龙江	611	641	940	1218
安　徽	1401	2685	4609	5382
江　西	1832	2897	4943	5792
河　南	2348	3578	5943	7794
湖　北	2137	3384	5346	6605
湖　南	2017	2829	4810	6024
内蒙古	577	702	1189	1627
广　西	1120	1900	3263	4172
重　庆	1388	2634	4308	5000
四　川	2524	4381	6993	8087
贵　州	1022	1764	3174	4168
云　南	626	1081	2339	3433

续表

类 别	一季度	上半年	前三季度	全 年
西 藏	395	481	471	542
陕 西	1557	2481	3552	3599
甘 肃	1228	1996	2385	2347
青 海	145	124	246	126
宁 夏	240	360	471	529
新 疆	220	144	847	836

数据来源：中国人民银行。

表 2－11 2018 年官方储备资产

类 别	单 位	外汇储备	基金组织储备头寸	特别提款权	黄 金	其他储备资产
1 月	亿美元	31614. 57	77. 84	112. 51	796. 75	5. 12
	亿 SDR	21696. 57	53. 42	77. 21	546. 80	3. 51
2 月	亿美元	31344. 82	77. 02	111. 41	780. 64	5. 33
	亿 SDR	21678. 61	53. 27	77. 05	539. 90	3. 69
3 月	亿美元	31428. 20	77. 44	112. 19	784. 19	1. 40
	亿 SDR	21617. 01	53. 27	77. 17	539. 38	0. 96
4 月	亿美元	31248. 52	76. 40	110. 91	777. 88	2. 04
	亿 SDR	21729. 59	53. 12	77. 12	540. 92	1. 42
5 月	亿美元	31106. 23	74. 80	108. 80	773. 23	5. 09
	亿 SDR	21957. 58	52. 80	76. 80	545. 82	3. 59
6 月	亿美元	31121. 29	85. 27	108. 61	740. 71	5. 35
	亿 SDR	22125. 62	60. 62	77. 21	526. 61	3. 80
7 月	亿美元	31179. 46	84. 71	108. 63	723. 24	4. 41
	亿 SDR	22193. 89	60. 29	77. 32	514. 81	3. 14
8 月	亿美元	31097. 16	85. 49	108. 60	712. 28	2. 72
	亿 SDR	22190. 25	61. 00	77. 49	508. 27	1. 94
9 月	亿美元	30870. 25	85. 12	108. 13	703. 27	4. 10
	亿 SDR	22125. 23	61. 00	77. 50	504. 05	2. 94
10 月	亿美元	30530. 98	88. 26	105. 64	719. 68	4. 92
	亿 SDR	22089. 86	63. 86	76. 44	520. 71	3. 56
11 月	亿美元	30616. 97	87. 40	106. 08	721. 22	－1. 10
	亿 SDR	22134. 48	63. 18	76. 69	521. 41	－0. 80
12 月	亿美元	30727. 12	84. 79	106. 90	763. 31	－2. 20
	亿 SDR	22093. 26	60. 97	76. 86	548. 83	－1. 58

数据来源：中国人民银行。
注：SDR：国际货币基金组织特别提款权。

表 2－12 2018 年主要外币兑人民币汇率（期末值）

类 别	1 月	2 月	3 月	4 月	5 月	6 月	7 月	8 月	9 月	10	11 月	12 月
一特别提款权单位折合人民币元	9. 2293	9. 1516	9. 142	9. 1162	9. 0694	9. 3067	9. 5763	9. 5639	9. 5982	9. 5732	9. 5928	9. 5760
一美元折合人民币	6. 3339	6. 3294	6. 2881	6. 3393	6. 4144	6. 6166	6. 8165	6. 8246	6. 8792	6. 9646	6. 9357	6. 8632
一欧元折合人民币	7. 8553	7. 7355	7. 7378	7. 6714	7. 4814	7. 6515	7. 9799	7. 9646	8. 0111	7. 9008	7. 8991	7. 8473

续表

类　别	1月	2月	3月	4月	5月	6月	7月	8月	9月	10月	11月	12月
一英镑折合人民币	8.96	8.7939	8.8191	8.8175	8.521	8.6551	8.9542	8.8854	9.0011	8.8492	8.8651	8.6762
一百日元折合人民币	5.8216	5.8872	5.9066	5.7967	5.8986	5.9914	6.1398	6.1524	6.0705	6.159	6.1153	6.1887
一澳元折合人民币	5.1219	4.9293	4.8325	4.787	4.8567	4.8633	5.0495	4.9582	4.9605	4.9463	5.0756	4.8250
一加元折合人民币	4.8272	4.774	4.795	4.7711	4.7901	4.8386	5.0086	4.9952	5.0315	5.0273	5.0644	5.0062

数据来源：中国人民银行。

三、财政数据

表2－13　2014—2018年全国财政收入情况

单位：亿元

类　别	2014年	2015年	2016年	2017年	2018年
全国一般公共财政收入	140370	152269	159552	172593	183352
中央一般公共财政收入	64493	69267	72357	81123	85447
地方一般公共财政收入（本级）	75877	83002	87195	91469	97905
税收收入	119175	124922	130354	144370	156401
全国政府性基金收入	54114	42338	46619	61480	75405
#中央政府性基金收入	4108	4118	4178	3825	4033
#地方政府性基金收入（本级）	50006	38220	42441	57655	71372
##国有土地使用权出让收入	42606	32546	37457	52074	65096

数据来源：财政部。

表2－14　2014—2018年全国财政支出情况

单位：亿元

类　别	2014年	2015年	2016年	2017年	2018年
全国一般公共财政支出	151786	175878	187755	203085	220906
中央一般公共财政支出	22570	25542	27404	29857	32708
地方一般公共财政支出	129215	150336	160351	173228	188198
全国政府性基金支出	51464	42347	46878	60969	80562
中央政府性基金支出	4319	4363	4000	3669	3089
地方政府性基金支出	48500	39323	43988	58285	77473
国有土地使用权出让收入相关支出	41228	32858	38518	52129	69941

数据来源：财政部。

表2－15　2013—2017年全国住房保障支出情况

单位：亿元

类　别	2013年	2014年	2015年	2016年	2017年
住房保障支出	**4480.55**	**5043.72**	**5797.02**	**6776.21**	**6552.49**
保障性安居工程支出	**3013.27**	**3428.55**	**3907.35**	**4390.87**	**3791.56**
其中：廉租住房	389.94	175.59	119.63	84.82	46.01
沉陷区治理	4.26	5.1	14.9	22.35	4.28
棚户区改造	713.05	886.9	1289.73	1722.44	1684.84
少数民族地区游牧民定居工程	38.81	12.5	0.99	9.29	6.42
农村危房改造	381.58	375.94	536.02	445.79	419.33

续表

类　别	2013 年	2014 年	2015 年	2016 年	2017 年
公共租赁住房	789.94	715.11	639.38	597.43	390.71
保障性住房租金补贴	30.99	51.01	49.86	62.73	59.94
其他保障性安居工程支出	664.70	1206.41	1256.84	1446.00	1180.04
住房改革支出	**1318.17**	**1447.71**	**1730.13**	**2145.54**	**2494.98**
其中：住房公积金	887.77	1013.27	1255.31	1551.16	1772.26
提租补贴	47.48	53.92	73.50	102.72	168.65
购房补贴	382.92	380.53	401.32	491.66	554.07
城乡社区住宅	**149.11**	**167.46**	**159.54**	**239.80**	**265.95**
其中：公有住房建设和维修改造支出	17.02	15.11	18.13	28.09	39.25
住房公积金管理	—	—	—	76.92	71.95
其他城乡社区住宅支出	132.09	152.34	141.40	134.79	154.75

数据来源：财政部。

表 2－16　2013—2017 年地方住房保障支出情况

单位：亿元

类　别	2013 年	2014 年	2015 年	2016 年	2017 年
住房保障支出	**4075.82**	**4638.31**	**5395.84**	**6338.77**	**6131.82**
保障性安居工程支出	**2917.23**	**3330.71**	**3836.29**	**4342.62**	**3776.60**
其中：廉租住房	351.44	175.59	119.63	84.82	46.01
沉陷区治理	4.26	5.10	14.90	22.35	4.28
棚户区改造	694.90	870.41	1287.09	1706.66	1683.40
少数民族地区游牧民定居工程	38.80	12.42	0.99	9.29	6.42
农村危房改造	373.40	367.86	527.94	442.24	418.88
公共租赁住房	783.68	677.21	639.38	587.43	389.04
保障性住房租金补贴	30.99	50.86	49.86	61.73	58.44
其他保障性安居工程支出	639.76	1171.27	1196.50	1428.08	1170.14
住房改革支出	**1009.48**	**1140.14**	**1400.01**	**1756.35**	**2089.27**
其中：住房公积金	763.45	882.98	1115.83	1378.04	1582.32
提租补贴	41.34	47.75	67.25	96.32	162.09
购房补贴	204.69	209.42	216.93	281.99	344.86
城乡社区住宅	**149.11**	**167.46**	**159.54**	**239.80**	**265.95**
其中：公有住房建设和维修改造支出	17.02	15.11	18.13	28.09	39.25
住房公积金管理	—	—	—	76.92	71.95
其他城乡社区住宅支出	132.09	152.34	141.40	134.79	154.75

数据来源：财政部。

表 2－17　2014—2018 年中国地方财政收入和土地出让金比较

单位：亿元，%

类　别	地方财政收入	增　幅	土地出让金	增　幅	出让金收入占地方财政收入比重
2014 年	75877	9.9	42606	3.2	56.2
2015 年	83002	9.4	32546	－23.6	39.2
2016 年	87239	5.1	37479	15.2	43.0
2017 年	91469	4.8	52074	38.9	56.9
2018 年	97905	7.0	65096	25.0	66.5

数据来源：财政部。

表 2-18　2014—2018 年全国各地区公共财政收入情况

单位：亿元

类　别	2014 年	2015 年	2016 年	2017 年	2018 年
地方合计	**75876.58**	**82976.18**	**87239.02**	**91469.41**	**97904.60**
北　京	4027.16	4723.90	5081.30	5430.79	5785.90
天　津	2390.35	2666.99	2723.46	2310.36	2106.19
河　北	2446.62	2648.50	2850.80	3233.83	3513.70
辽　宁	3192.78	2125.60	2199.30	2392.77	2616.00
上　海	4585.55	5519.50	6406.13	6642.26	7108.15
江　苏	7233.14	8028.59	8121.20	8171.53	8630.20
浙　江	4122.02	4809.53	5302.00	5804.38	6598.10
福　建	2362.21	2544.08	2654.78	2809.03	3007.36
山　东	5026.83	5529.26	5860.20	6098.63	6485.40
广　东	8065.08	9364.76	10390.33	11320.35	12102.90
海　南	555.31	627.70	637.50	674.11	752.66
山　西	1820.64	1642.21	1557.00	1867.00	2292.60
吉　林	1203.38	1229.30	1263.80	1210.91	1240.84
黑龙江	1301.31	1165.20	1148.40	1243.31	1282.50
安　徽	2218.44	2454.20	2673.00	2812.45	3048.70
江　西	1881.83	2165.50	2151.40	2247.06	2372.30
河　南	2739.26	3009.60	3153.45	3407.22	3763.94
湖　北	2566.90	3021.70	3102.02	3248.32	3307.03
湖　南	2262.79	2513.10	2697.90	2757.82	2860.68
内蒙古	1843.67	1963.50	2016.50	1703.21	1857.50
广　西	1422.28	1515.08	1556.24	1615.13	1681.48
重　庆	1922.02	2155.10	2227.90	2252.38	2265.50
四　川	3061.07	3329.10	3389.40	3577.99	3910.90
贵　州	1366.67	1503.35	1561.33	1613.84	1726.80
云　南	1698.06	1808.10	1812.26	1886.17	1994.31
西　藏	124.27	137.13	155.60	185.83	230.29
陕　西	1890.40	2059.90	1833.93	2006.69	2243.11
甘　肃	672.67	743.90	786.81	815.73	870.80
青　海	251.68	267.10	238.43	246.20	272.87
宁　夏	339.86	373.70	387.65	417.59	444.43
新　疆	1282.34	1331.00	1299.00	1466.52	1531.46

数据来源：财政部及地方财政厅/局。

注：2017 年数据有微调。

表 2-19 2014—2018 年全国各地区公共财政支出情况

单位：亿元

类 别	2014 年	2015 年	2016 年	2017 年	2018 年
地方合计	**129215**	**150336**	**160351**	**173228**	**188147**
北 京	4524.67	5737.70	6406.77	6824.53	7467.50
天 津	2884.70	3232.35	3699.43	3282.54	3104.53
河 北	4677.30	5632.19	6049.53	6639.18	7720.20
辽 宁	5080.49	4481.61	4577.47	4879.42	5323.60
上 海	4923.44	6191.56	6918.94	7547.62	8351.54
江 苏	8472.45	9687.58	9981.96	10621.03	11658.20
浙 江	5159.57	6645.98	6974.26	7530.32	8627.50
福 建	3306.70	4001.58	4275.40	4684.15	4836.67
山 东	7177.31	8250.01	8755.21	9258.40	10099.00
广 东	9152.64	12827.80	13446.09	15037.48	15737.37
海 南	1099.74	1239.43	1376.48	1443.97	1685.44
山 西	3085.23	3422.97	3428.86	3756.42	4285.40
吉 林	2913.25	3217.10	3586.09	3725.72	3789.59
黑龙江	3434.22	4020.66	4227.34	4641.08	4675.70
安 徽	4664.10	5239.01	5522.95	6203.81	6572.10
江 西	3882.70	4412.55	4617.40	5111.47	5669.90
河 南	6028.69	6799.35	7453.74	8215.52	9225.41
湖 北	4934.15	6132.84	6422.98	6801.26	7257.55
湖 南	5017.38	5728.72	6339.16	6869.39	7479.22
内蒙古	3879.98	4252.96	4512.71	4529.93	4806.30
广 西	3479.79	4065.51	4441.70	4908.55	5310.89
重 庆	3304.39	3792.00	4001.81	4336.28	4541.18
四 川	6796.61	7497.51	8008.89	8694.76	9718.30
贵 州	3542.80	3939.50	4262.36	4612.52	5017.32
云 南	4437.98	4712.83	5018.86	5712.97	6074.95
西 藏	1185.51	1381.46	1587.98	1681.94	1972.71
陕 西	3962.50	4376.06	4389.37	4833.19	5301.90
甘 肃	2541.49	2958.31	3150.03	3304.44	3773.80
青 海	1347.43	1515.16	1524.80	1530.44	1647.45
宁 夏	1000.45	1138.49	1254.54	1372.78	1430.57
新 疆	3317.79	3804.87	4138.25	4637.24	4985.57

数据来源：财政部及地方财政厅/局。

表 2 - 20　2014—2018 年房地产五项税收收入情况

单位：亿元

类　别	2014 年	2015 年	2016 年	2017 年	2018 年
房产税	1852	2051	2221	2604	2889
契　税	4001	3899	4300	4910	5730
土地增值税	3915	3832	4212	4911	5642
耕地占用税	2059	2097	2029	1652	1319
城镇土地使用税	1993	2142	2256	2361	2388

数据来源：财政部。

表 2 - 21　2013—2017 年全国各地区房产税收入情况

单位：亿元

类　别	2013 年	2014 年	2015 年	2016 年	2017 年
地方合计	**1581.50**	**1851.64**	**2050.90**	**2220.91**	**2604.33**
北　京	122.54	140.22	152.06	198.22	273.11
天　津	48.53	65.86	71.81	72.18	76.45
河　北	41.32	47.18	51.34	54.63	62.21
辽　宁	72.35	82.20	82.37	84.10	95.22
上　海	93.05	99.95	123.81	170.96	203.69
江　苏	192.84	228.73	248.01	256.60	291.19
浙　江	134.11	158.43	179.98	184.30	195.35
福　建	65.65	61.91	63.23	63.74	79.01
山　东	111.75	122.49	133.86	143.36	157.81
广　东	198.63	233.89	241.00	243.97	299.46
海　南	10.34	12.52	15.87	15.62	19.45
山　西	25.86	34.29	35.20	33.31	34.39
吉　林	22.89	23.96	27.61	27.31	33.33
黑龙江	24.07	27.62	31.38	31.92	38.27
安　徽	31.54	38.64	46.15	51.58	59.33
江　西	21.49	27.71	34.29	34.37	40.24
河　南	38.78	45.91	52.52	53.78	65.12
湖　北	34.70	43.83	53.14	59.70	82.67
湖　南	33.34	40.08	44.02	46.07	58.04
内蒙古	31.87	38.39	42.87	49.20	51.64
广　西	21.18	23.56	27.52	30.71	32.67
重　庆	31.40	40.37	52.46	56.88	64.90
四　川	52.95	65.80	73.91	79.79	88.66
贵　州	17.13	23.43	29.48	30.51	38.61
云　南	28.86	34.53	35.90	37.92	41.96
西　藏	—	—	—	—	—
陕　西	30.34	37.61	41.59	42.84	44.72
甘　肃	13.00	14.28	17.71	19.54	21.04
青　海	3.79	5.37	5.52	5.67	6.53
宁　夏	6.64	8.30	9.69	10.02	12.15
新　疆	20.56	24.57	26.62	32.11	37.12

数据来源：财政部。

表 2－22 2013—2017 年全国各地区契税收入情况

单位：亿元

类别	2013 年	2014 年	2015 年	2016 年	2017 年
地方合计	**3844.02**	**4000.70**	**3898.55**	**4300.00**	**4910.42**
北京	177.49	192.52	210.23	254.29	197.46
天津	100.21	96.40	92.59	171.10	151.00
河北	111.92	114.84	109.20	136.74	181.08
辽宁	235.55	163.84	105.05	100.25	105.42
上海	215.07	214.33	270.99	345.83	271.55
江苏	383.75	401.69	370.11	335.41	488.20
浙江	254.20	267.09	243.37	304.79	381.59
福建	118.19	126.66	123.90	136.32	167.57
山东	265.60	273.67	247.76	267.63	312.52
广东	372.50	419.91	427.24	513.67	578.75
海南	33.95	37.42	31.88	27.30	36.95
山西	39.55	46.82	30.10	30.06	38.68
吉林	80.81	78.00	66.35	65.36	70.62
黑龙江	55.17	55.05	45.13	46.67	58.23
安徽	187.89	195.66	172.52	185.40	244.30
江西	124.56	130.62	136.33	140.29	168.18
河南	185.29	142.01	138.75	186.95	208.54
湖北	125.70	145.89	153.50	149.64	204.87
湖南	119.61	148.46	184.76	178.58	220.42
内蒙古	50.55	45.85	36.60	48.44	34.83
广西	73.12	75.24	77.15	88.03	101.35
重庆	112.40	128.96	134.48	129.84	178.57
四川	174.97	211.83	213.10	184.14	209.95
贵州	41.42	66.93	73.40	91.92	89.29
云南	69.16	60.96	56.16	52.35	63.36
西藏	—	—	—	—	—
陕西	62.71	80.27	68.53	50.81	72.56
甘肃	14.62	19.06	16.85	23.47	22.55
青海	4.26	7.66	6.07	3.68	4.60
宁夏	15.88	16.03	14.53	12.84	13.50
新疆	37.91	37.04	41.93	38.20	33.89

数据来源：财政部。

表 2－23　2013—2017 年全国各地区土地增值税收入情况

单位：亿元

类　别	2013 年	2014 年	2015 年	2016 年	2017 年
地方合计	**3293. 91**	**3914. 68**	**3832. 18**	**4212. 19**	**4911. 28**
北　京	187. 24	214. 33	174. 86	177. 34	288. 99
天　津	81. 89	117. 04	139. 99	120. 41	126. 60
河　北	100. 38	116. 09	118. 58	138. 74	168. 70
辽　宁	190. 21	177. 57	46. 14	60. 08	65. 74
上　海	197. 37	266. 18	253. 31	334. 25	387. 73
江　苏	405. 79	444. 89	437. 01	480. 58	458. 93
浙　江	186. 53	205. 72	210. 16	234. 55	288. 90
福　建	182. 28	213. 37	196. 43	215. 87	274. 25
山　东	205. 91	257. 74	259. 51	293. 15	367. 18
广　东	417. 51	505. 90	576. 75	681. 58	839. 11
海　南	56. 01	75. 22	75. 55	90. 29	98. 66
山　西	24. 74	30. 92	29. 57	31. 62	43. 63
吉　林	40. 41	48. 47	36. 15	34. 15	31. 03
黑龙江	49. 37	65. 40	63. 46	53. 31	63. 41
安　徽	91. 15	96. 67	90. 42	104. 83	120. 85
江　西	80. 25	113. 84	128. 84	118. 75	118. 05
河　南	97. 03	132. 51	139. 43	144. 83	192. 24
湖　北	137. 39	174. 07	187. 76	201. 55	215. 80
湖　南	74. 39	76. 75	84. 20	96. 48	129. 44
内蒙古	49. 04	51. 29	39. 89	40. 06	22. 42
广　西	65. 16	68. 30	57. 09	62. 58	72. 79
重　庆	80. 73	96. 22	94. 36	102. 77	83. 95
四　川	127. 40	150. 53	149. 14	143. 98	172. 19
贵　州	29. 41	64. 64	86. 57	95. 01	108. 66
云　南	46. 10	43. 86	56. 34	42. 63	50. 53
西　藏	0. 64	1. 06	1. 08	1. 62	1. 41
陕　西	46. 01	50. 07	40. 86	34. 89	44. 82
甘　肃	10. 16	14. 35	16. 97	23. 58	28. 84
青　海	1. 72	3. 14	3. 53	3. 26	4. 60
宁　夏	5. 85	6. 15	6. 61	7. 76	8. 59
新　疆	25. 86	32. 40	31. 60	41. 69	33. 26

数据来源：财政部。

表 2－24　2013—2017 年全国各地区耕地占用税收入情况

单位：亿元

类　别	2013 年	2014 年	2015 年	2016 年	2017 年
地方合计	**1808.23**	**2059.05**	**2097.21**	**2028.89**	**1651.89**
北　京	9.00	4.69	4.54	3.34	2.72
天　津	16.20	11.51	10.41	8.02	10.82
河　北	42.03	49.12	49.37	67.24	58.50
辽　宁	239.92	203.89	15.07	14.97	13.27
上　海	12.13	14.48	7.26	4.62	5.89
江　苏	42.91	34.74	31.76	26.63	53.00
浙　江	58.70	63.24	62.51	82.65	64.97
福　建	28.57	33.67	28.13	16.43	15.96
山　东	205.07	255.42	251.52	217.30	163.24
广　东	80.43	86.35	95.38	76.67	66.26
海　南	14.59	13.68	12.74	12.23	0.95
山　西	13.82	20.30	11.43	11.75	12.08
吉　林	66.13	56.98	63.21	61.11	19.83
黑龙江	20.64	22.74	18.57	21.50	20.92
安　徽	38.98	35.76	45.12	68.38	52.12
江　西	69.82	76.83	86.30	86.04	78.01
河　南	102.62	125.31	184.74	184.34	189.15
湖　北	80.39	107.32	116.42	115.60	106.37
湖　南	78.19	75.72	59.83	63.36	60.96
内蒙古	89.48	201.21	282.44	262.01	88.81
广　西	91.79	104.18	128.25	122.07	90.43
重　庆	36.93	38.26	48.80	48.67	43.41
四　川	87.42	107.95	121.96	118.36	105.12
贵　州	97.94	122.03	146.26	146.15	153.10
云　南	76.03	55.35	67.06	61.28	52.99
西　藏	0.29	0.34	1.32	1.72	1.09
陕　西	63.58	78.72	71.55	54.75	51.15
甘　肃	4.11	4.88	5.46	5.52	6.81
青　海	3.54	4.52	9.24	5.64	5.03
宁　夏	3.39	3.71	10.93	7.33	10.63
新　疆	33.61	46.16	49.62	53.21	48.28

数据来源：财政部。

表 2－25　2013—2017 年全国各地区城镇土地使用税收入情况

单位：亿元

类　别	2013 年	2014 年	2015 年	2016 年	2017 年
地方合计	**1718. 77**	**1992. 62**	**2142. 04**	**2255. 74**	**2360. 55**
北　京	16. 34	17. 76	17. 88	19. 18	19. 92
天　津	22. 75	25. 19	25. 07	23. 47	18. 59
河　北	62. 42	104. 04	106. 84	101. 65	112. 14
辽　宁	246. 28	248. 05	125. 41	125. 21	139. 10
上　海	30. 77	34. 69	37. 44	42. 97	47. 58
江　苏	163. 44	176. 06	180. 06	185. 12	202. 72
浙　江	102. 45	121. 04	132. 86	134. 13	116. 29
福　建	45. 01	38. 34	37. 59	36. 13	44. 41
山　东	229. 16	264. 69	358. 75	393. 74	398. 18
广　东	129. 30	151. 00	143. 69	133. 60	111. 98
海　南	11. 81	20. 71	30. 97	21. 52	28. 20
山　西	33. 84	40. 40	36. 02	34. 18	35. 59
吉　林	27. 64	33. 07	30. 60	28. 69	31. 03
黑龙江	47. 65	49. 65	61. 41	57. 94	75. 21
安　徽	71. 22	100. 38	133. 05	141. 87	143. 62
江　西	31. 95	40. 62	44. 12	46. 26	55. 48
河　南	80. 25	95. 90	102. 81	104. 77	116. 22
湖　北	36. 25	44. 92	50. 33	52. 53	67. 66
湖　南	31. 99	35. 17	53. 59	58. 89	73. 62
内蒙古	85. 52	86. 74	93. 20	122. 03	81. 19
广　西	16. 00	23. 45	26. 05	26. 14	31. 11
重　庆	44. 21	63. 36	121. 31	139. 14	147. 00
四　川	54. 05	61. 11	64. 64	65. 10	72. 05
贵　州	16. 18	18. 44	27. 91	30. 12	37. 90
云　南	21. 28	23. 98	25. 04	30. 39	37. 11
西　藏	0. 25	0. 16	0. 17	0. 20	0. 21
陕　西	22. 55	28. 07	28. 34	27. 69	36. 71
甘　肃	14. 46	16. 06	18. 84	19. 20	19. 40
青　海	2. 89	3. 75	4. 19	5. 70	4. 58
宁　夏	8. 62	10. 00	9. 01	8. 68	12. 34
新　疆	12. 25	15. 83	14. 85	39. 50	43. 39

数据来源：财政部。

Ⅲ. 产 业 篇

导 读

房地产业基础数据是国家制定房地产调控政策的基本依据，也是房地产参与者经营决策的重要参考。本篇收录了全国各省、直辖市、自治区房地产开发投资、企业到位资金、土地购置、建设、商品房销售、待售等行业数据。另外，也收录了港澳台地区房地产业的数据。数据主要来源于国家统计局及各地统计局公报，部分数据来源于市场机构。

一、全国房地产建设和交易数据

（一）房地产业数据概览

表3－1　2018年全国房地产开发投资情况

类　别	绝对量（亿元）		比上年增长（%）	比重（%）	
	自年初累计	上年		自年初累计	上年
完成投资	**120263.51**	**109798.53**	**9.5**	**100.0**	**100.0**
一、按工程用途分					
住宅	85192.25	75147.88	13.4	70.8	68.4
其中：90平方米及以下住房	20539.08	22367.28	－8.2	17.1	20.4
144平方米以上住房	16275.52	13949.10	16.7	13.5	12.7
其中：别墅、高档公寓	4419.02	4015.44	10.1	3.7	3.7
办公楼	5996.33	6761.36	－11.3	5.0	6.2
商业营业用房	14177.09	15639.90	－9.4	11.8	14.2
其他	14897.84	12249.39	21.6	12.4	11.2
二、按构成分					
建筑工程	67318.84	68890.56	－2.3	56.0	62.7
安装工程	8673.16	9687.13	－10.5	7.2	8.8
设备工器具购置	1524.58	1550.70	－1.7	1.3	1.4
其他费用	42746.94	29670.13	44.1	35.5	27.0
其中：土地购置费	36387.01	23169.47	57.0	30.3	21.1
计划总投资	**740022.33**	**656617.38**	**12.7**		
新增固定资产	**37017.72**	**39258.77**	**－5.7**		

数据来源：国家统计局。

表3－2　2018年全国房地产开发投资实际到位资金情况

类　别	绝对量（亿元）		比上年增长（%）	比重（%）	
	自年初累计	上年		自年初累计	上年
一、本年实际到位资金合计	**225359.90**	**208973.13**	**7.8**		
1. 上年年底结余资金	**59397.01**	**52920.51**	**12.2**		
2. 本年实际到位资金	**165962.89**	**156052.62**	**6.4**	**100.0**	**100.0**
（1）国内贷款	24004.52	25241.76	－4.9	14.5	16.2
其中：银行贷款	19025.96	20485.29	－7.1	11.5	13.1
非银行金融机构贷款	4978.56	4756.47	4.7	3.0	3.0
（2）利用外资	107.98	168.19	－35.8	0.1	0.1
（3）自筹资金	55830.65	50872.22	9.7	33.6	32.6
（4）定金及预收款	55418.17	48693.57	13.8	33.4	31.2

续表

类　别	绝对量（亿元）		比上年增长（%）	比重（%）	
	自年初累计	上年		自年初累计	上年
（5）个人按揭贷款	23705.89	23906.31	-0.8	14.3	15.3
（6）其他到位资金	6895.68	7170.58	-3.8	4.2	4.6
二、本年各项应付款合计	**37273.50**	**33654.88**	**10.8**	**100.0**	**100.0**
其中：工程款	19441.96	17966.79	8.2	52.2	53.4

数据来源：国家统计局。

表 3-3　2018 年全国房地产土地购置与销售情况

类　别	绝对量		比上年增减	
	自年初累计	上年	绝对数	（%）
一、土地购置与待开发情况				
1. 土地购置面积（万平方米）	29141.57	25508.29	3633.28	14.2
2. 土地成交价款（亿元）	16102.16	13643.39	2458.77	18.0
3. 待开发土地面积（万平方米）	45617.86	35747.29	9870.57	27.6
二、房屋建筑、销售面积				
1. 施工面积（万平方米）	822300.24	781483.73	40816.51	5.2
其中：新开工面积	209341.79	178653.77	30688.02	17.2
2. 竣工面积（万平方米）	93550.11	101486.41	-7936.30	-7.8
其中：不可销售面积	5473.02	6516.87	-1043.85	-16.0
3. 商品房销售面积（万平方米）	171654.36	169407.82	2246.55	1.3
其中：期房销售面积	140610.27	129413.05	11197.22	8.7
三、房屋竣工价值（亿元）	**29902.01**	**31512.46**	**-1610.45**	**-5.1**
四、商品房销售额（亿元）	**149972.74**	**133701.31**	**16271.43**	**12.2**
其中：期房销售额	127773.82	107415.39	20358.44	19.0

数据来源：国家统计局。

表 3-4　2018 年全国房地产数据（月度）

单位：亿元，万平方米

类　别	1—2 月	3 月	4 月	5 月	6 月	7 月	8 月	9 月	10 月	11 月	12 月
房地产开发投资额	10831	10460	9301	10828	14111	10355	10633	12146	10660	10758	10181
住宅开发投资额	7379	7325	6627	7706	9953	7453	7671	8692	7564	7657	7166
房屋新开工面积	17746	16869	17164	20411	23626	18964	18513	19290	16171	20140	20447
住宅新开工面积	13032	12500	12548	15019	17513	14074	13622	14104	11464	14661	14817
房屋竣工面积	14184	6525	4442	5333	6647	4936	4163	4902	6260	9464	26694
住宅竣工面积	9682	4516	3140	3801	4824	3501	2997	3706	4536	6476	18838
商品房销售面积	14633	15456	12104	14217	20734	12846	12484	16839	13804	15487	23050

续表

类　别	1—2月	3月	4月	5月	6月	7月	8月	9月	10月	11月	12月
住宅销售面积	12727	13388	10553	12399	17786	11194	10868	14565	11954	13282	19216
商品房销售额	12454	13144	10625	12555	18168	11355	11096	14736	11781	13594	20465
住宅销售额	10553	11056	9005	10736	15254	9724	9503	12533	9991	11592	16446
国房景气指数（当月）	101.69	101.53	101.40	101.61	101.70	101.90	102.00	102.01	101.96	101.94	101.85

数据来源：根据国家统计局整理。

表3－5　2018年全国房地产数据（月度累计）

单位：亿元，万平方米，%

类　别	1—2月	1—3月	1—4月	1—5月	1—6月	1—7月	1—8月	1—9月	1—10月	1—11月	1—12月
房地产开发投资额	10831	21291	30592	41420	55531	65886	76519	88665	99325	110083	120264
同比增幅	9.9	10.4	10.3	10.2	9.7	10.2	10.1	9.9	9.7	9.7	9.5
住宅开发投资额	7379	14705	21331	29037	38990	46443	54114	62806	70370	78027	85192
同比增幅	12.3	13.3	14.2	14.2	13.6	14.2	14.1	14.0	13.7	13.6	13.4
房屋施工面积	632002	646556	664410	684991	709649	728593	747658	767218	784425	804886	822300
同比增幅	1.5	1.5	1.6	2.0	2.5	3.0	3.6	3.9	4.3	4.7	5.2
住宅施工面积	430669	441540	454589	469770	487933	502037	515961	530251	542344	557173	569987
同比增幅	1.8	1.9	2.0	2.5	3.2	3.9	4.6	4.9	5.2	5.7	6.3
房屋新开工面积	17746	34615	51779	72190	95817	114781	133293	152583	168754	188895	209342
同比增幅	2.9	9.7	7.3	10.8	11.8	14.4	15.9	16.4	16.3	16.8	17.2
住宅新开工面积	13032	25531	38079	53098	70611	84685	98307	112411	123875	138536	153353
同比增幅	5.0	12.2	9.4	13.2	15.0	18.0	19.7	19.4	19.0	19.3	19.7
房屋竣工面积	14184	20709	25151	30484	37131	42067	46230	51132	57392	66856	93550
同比增幅	-12.1	-10.1	-10.7	-10.1	-10.6	-10.5	-11.6	-11.4	-12.5	-12.3	-7.8
住宅竣工面积	9682	14198	17338	21138	25962	29463	32460	36166	40702	47178	66016
同比增幅	-17.1	-14.0	-13.8	-12.8	-12.8	-12.2	-13.2	-12.3	-12.6	-12.7	-8.1
商品房销售面积	14633	30088	42192	56409	77143	89990	102474	119313	133117	148604	171654
同比增幅	4.1	3.6	1.3	2.9	3.3	4.2	4.0	2.9	2.2	1.4	1.3
住宅销售面积	12727	26114	36667	49066	66852	78046	88914	103479	115432	128714	147929
同比增幅	2.3	2.5	0.4	2.3	3.2	4.2	4.1	3.3	2.8	2.1	2.2
商品房销售额	12454	25597	36222	48778	66945	78300	89396	104132	115914	129508	149973
同比增幅	15.3	10.4	9.0	11.8	13.2	14.4	14.5	13.3	12.5	12.1	12.2
住宅销售额	10553	21609	30614	41350	56604	66328	75831	88364	98355	109947	126393
同比增幅	15.7	11.4	9.5	12.8	14.8	16.2	16.4	15.6	15.0	14.8	14.7

数据来源：国家统计局。

(二) 各地区房地产开发投资数据

表 3－6　2014—2018 年全国各地区房地产开发投资

单位：亿元

类 别	2014 年	2015 年	2016 年	2017 年	2018 年
总 计	**95035.61**	**95978.85**	**102580.61**	**109798.53**	**120263.51**
一、东部地区	**47639.24**	**49672.65**	**54138.59**	**58022.55**	**64355.24**
北 京	3715.33	4177.05	4000.57	3692.54	3873.35
天 津	1699.65	1871.55	2300.01	2233.39	2424.49
河 北	4059.72	4285.27	4695.63	4823.91	4476.40
上 海	3206.48	3468.94	3709.03	3856.53	4033.18
江 苏	8240.22	8153.68	8956.37	9629.11	10982.34
浙 江	7262.38	7111.93	7469.37	8226.78	9944.93
福 建	4567.40	4469.61	4588.83	4794.23	4940.34
山 东	5817.95	5892.16	6323.38	6637.25	7552.97
广 东	7638.45	8538.47	10307.80	12075.69	14412.19
海 南	1431.65	1704.00	1787.60	2053.11	1715.04
二、中部地区	**18308.08**	**19121.74**	**21404.41**	**23884.01**	**25180.17**
山 西	1403.55	1494.87	1597.35	1166.28	1376.59
安 徽	4338.96	4424.86	4603.56	5612.47	5974.11
江 西	1322.49	1520.10	1770.94	2013.98	2174.93
河 南	4375.71	4818.93	6179.13	7090.25	7015.47
湖 北	3983.79	4249.23	4296.38	4574.89	4693.12
湖 南	2883.57	2613.75	2957.04	3426.13	3945.95
三、西部地区	**21432.78**	**21709.43**	**23061.17**	**23876.57**	**26008.55**
内蒙古	1370.88	1081.05	1133.48	889.72	882.85
广 西	1838.49	1909.09	2397.99	2683.48	3004.13
重 庆	3630.23	3751.28	3725.95	3980.08	4248.76
四 川	4380.09	4813.03	5282.64	5149.89	5697.87
贵 州	2187.67	2205.09	2148.96	2201.00	2349.23
云 南	2846.65	2669.01	2688.34	2786.25	3247.23
西 藏	52.91	50.02	48.54	40.36	92.60
陕 西	2426.49	2494.29	2736.75	3101.97	3534.67
甘 肃	721.47	768.06	850.03	944.52	1116.39
青 海	308.27	336.00	396.92	408.59	351.82
宁 夏	654.80	633.64	728.16	652.84	449.57
新 疆	1014.81	998.88	923.40	1037.86	1033.44
四、东北地区	**7655.52**	**5475.03**	**3976.45**	**4015.40**	**4719.56**
辽 宁	5301.31	3558.64	2094.85	2289.67	2599.27
吉 林	1030.13	924.24	1016.76	910.14	1175.88
黑龙江	1324.09	992.15	864.84	815.60	944.40

数据来源：国家统计局。

表 3 – 7　2018 年全国各地区房地产开发投资（月度累计）

单位：亿元

类　别	1—2 月	1—3 月	1—4 月	1—5 月	1—6 月	1 – 7 月	1—8 月	1—9 月	1—10 月	1—11 月	1—12 月
总　计	**10831.09**	**21291.29**	**30591.95**	**41420.27**	**55530.96**	**65885.71**	**76518.84**	**88665.04**	**99324.92**	**110083.00**	**120263.51**
东部地区	**6496.81**	**12277.11**	**17180.89**	**22992.33**	**30194.18**	**35755.17**	**41237.37**	**47602.68**	**53136.26**	**58857.09**	**64355.24**
北　京	281.46	531.40	708.94	1052.13	1429.88	1766.64	2114.99	2565.48	3002.94	3409.47	3873.35
天　津	173.10	460.72	694.84	980.75	1301.37	1489.22	1651.63	1893.40	2087.52	2231.18	2424.49
河　北	208.54	600.17	961.76	1405.37	1963.99	2423.13	2905.76	3438.03	3844.95	4182.55	4476.40
上　海	605.44	909.39	1182.39	1478.17	1816.91	2153.97	2491.14	2853.66	3201.44	3573.56	4033.18
江　苏	1467.79	2603.65	3526.89	4632.74	5653.34	6699.18	7580.55	8625.22	9447.66	10300.57	10982.34
浙　江	1010.54	1899.54	2664.73	3569.37	4795.03	5610.39	6462.62	7454.97	8325.59	9271.70	9944.93
福　建	550.79	1109.32	1502.59	1898.48	2404.92	2804.84	3186.28	3685.11	4112.24	4522.27	4940.34
山　东	615.00	1287.00	1933.81	2641.13	3550.31	4243.90	4888.04	5590.83	6250.46	6921.89	7552.97
广　东	1354.25	2462.38	3461.34	4657.06	6454.56	7606.05	8869.07	10295.15	11524.11	12918.86	14412.19
海　南	229.91	413.54	543.59	677.14	823.86	957.84	1087.28	1200.83	1339.35	1525.03	1715.04
中部地区	**2147.29**	**4442.90**	**6603.83**	**8894.61**	**11838.56**	**13919.85**	**16212.57**	**18612.35**	**20754.92**	**22886.26**	**25180.17**
山　西	47.49	161.73	274.39	420.38	642.19	771.15	921.22	1055.66	1167.14	1267.76	1376.59
安　徽	650.86	1222.83	1782.42	2405.60	3067.76	3623.83	4208.32	4748.56	5161.66	5538.02	5974.11
江　西	226.95	405.50	569.87	750.06	973.01	1173.11	1378.77	1620.73	1818.39	2019.53	2174.93
河　南	511.14	1138.65	1781.92	2417.75	3131.32	3664.12	4212.27	4840.23	5472.90	6226.48	7015.47
湖　北	394.40	915.49	1317.01	1714.57	2409.34	2757.34	3177.43	3608.69	3991.96	4303.29	4693.12
湖　南	316.45	598.71	878.22	1186.25	1614.93	1930.29	2314.56	2738.47	3142.87	3531.17	3945.95
西部地区	**2054.67**	**4122.35**	**5980.41**	**8136.11**	**11453.97**	**13646.82**	**15954.70**	**18724.65**	**21253.62**	**23806.12**	**26008.55**
内蒙古	8.19	39.61	93.35	185.27	341.22	483.99	605.64	744.38	827.04	875.14	882.85
广　西	233.88	512.89	750.44	997.56	1367.68	1557.51	1761.73	2000.44	2303.63	2632.57	3004.13
重　庆	413.64	798.12	1099.66	1461.72	1967.85	2272.61	2632.02	3134.65	3469.47	3861.25	4248.76
四　川	652.61	1125.61	1571.11	2065.46	2646.54	3076.77	3563.38	4158.62	4657.49	5178.32	5697.87
贵　州	233.59	479.84	670.08	879.18	1182.56	1387.98	1574.89	1728.81	1915.91	2196.54	2349.23
云　南	265.39	571.71	779.86	989.21	1342.21	1598.34	1832.35	2192.86	2576.96	2915.67	3247.23
西　藏	0.11	3.42	5.69	9.99	27.66	40.65	53.38	60.87	75.10	91.75	92.60
陕　西	197.73	416.67	630.90	930.31	1513.87	1817.11	2160.24	2589.95	2913.02	3241.91	3534.67
甘　肃	28.93	89.10	167.73	267.62	461.23	572.87	696.83	849.49	965.85	1054.72	1116.39
青　海	1.56	18.70	54.57	99.49	161.44	213.38	262.18	272.18	310.66	344.33	351.82
宁　夏	5.76	37.66	86.85	127.81	198.21	245.14	291.30	342.39	387.03	430.18	449.57
新　疆	13.28	29.01	70.15	122.48	243.49	380.48	520.77	650.01	851.46	983.74	1033.44
东北地区	**132.31**	**448.93**	**826.82**	**1397.22**	**2044.26**	**2563.87**	**3114.20**	**3725.35**	**4180.11**	**4533.52**	**4719.56**
辽　宁	119.84	388.47	651.76	971.56	1364.53	1616.73	1883.46	2169.20	2365.28	2502.16	2599.27
吉　林	10.44	35.78	98.33	253.72	375.96	532.86	696.86	869.32	1007.45	1129.86	1175.88
黑龙江	2.04	24.69	76.73	171.94	303.77	414.28	533.88	686.83	807.38	901.51	944.40

数据来源：国家统计局。

表 3－8　2014—2018 年全国各地区住宅开发投资

单位：亿元

类　别	2014 年	2015 年	2016 年	2017 年	2018 年
总　计	**64352.15**	**64595.24**	**68703.87**	**75147.88**	**85192.25**
一、东部地区	**31632.97**	**33049.55**	**36385.45**	**39769.51**	**45351.97**
北　京	1846.08	1889.54	1925.86	1694.67	2026.06
天　津	1122.26	1251.53	1598.27	1559.70	1863.50
河　北	3010.35	3162.55	3475.48	3656.98	3471.11
上　海	1724.65	1813.32	1965.43	2152.40	2225.92
江　苏	5924.51	6080.21	6628.87	7315.28	8366.18
浙　江	4594.17	4450.73	4806.64	5645.98	7156.45
福　建	2917.17	2864.95	2999.29	3236.51	3456.86
山　东	4184.33	4399.44	4690.22	4929.53	5717.52
广　东	5187.32	5890.51	6977.66	8100.93	9757.86
海　南	1122.14	1246.78	1317.73	1477.53	1310.51
二、中部地区	**12873.37**	**13413.24**	**14899.74**	**17005.80**	**18804.50**
山　西	1010.69	1098.32	1141.08	846.38	1033.76
安　徽	2847.63	2849.19	3069.36	4007.00	4563.41
江　西	971.92	1113.09	1247.58	1391.79	1590.64
河　南	3289.20	3529.15	4558.07	5330.80	5387.62
湖　北	2755.42	3020.54	3012.35	3235.42	3464.59
湖　南	1998.51	1802.94	1871.30	2194.41	2764.48
三、西部地区	**14323.04**	**14199.19**	**14604.61**	**15510.41**	**17602.53**
内蒙古	936.76	758.51	793.70	645.85	641.99
广　西	1292.63	1407.75	1725.29	1983.52	2217.50
重　庆	2451.37	2390.49	2319.97	2632.88	3012.65
四　川	2847.82	3048.72	3185.64	3182.34	3764.71
贵　州	1350.34	1327.77	1243.60	1365.33	1557.85
云　南	1830.07	1670.27	1635.38	1743.91	2115.17
西　藏	29.44	39.60	39.14	20.10	49.99
陕　西	1869.69	1827.80	1916.13	2145.56	2411.55
甘　肃	496.37	526.56	563.75	601.25	672.35
青　海	190.67	201.38	227.78	213.66	215.89
宁　夏	411.58	396.68	435.41	387.75	300.41
新　疆	616.30	603.66	518.83	588.25	642.48
四、东北地区	**5522.76**	**3933.27**	**2814.08**	**2862.16**	**3433.25**
辽　宁	3844.26	2603.32	1505.42	1673.91	1944.46
吉　林	732.47	648.81	710.69	633.55	841.02
黑龙江	946.03	681.15	597.96	554.70	647.77

数据来源：国家统计局。

表 3－9　2018 年全国各地区住宅开发投资（月度累计）

单位：亿元

类　别	1—2 月	1—3 月	1—4 月	1—5 月	1—6 月	1－7 月	1—8 月	1—9 月	1—10 月	1—11 月	1—12 月
总　计	**7379.38**	**14704.59**	**21331.37**	**29037.28**	**38989.94**	**46443.04**	**54114.44**	**62806.34**	**70369.92**	**78026.72**	**85192.25**
东部地区	**4402.16**	**8469.72**	**11945.16**	**16040.48**	**21207.07**	**25180.62**	**29145.11**	**33694.19**	**37578.26**	**41603.75**	**45351.97**
北　京	126.25	234.54	311.47	479.69	683.79	832.51	1011.37	1251.44	1515.26	1758.45	2026.06
天　津	124.22	319.87	497.09	694.99	928.02	1096.52	1240.10	1432.19	1595.67	1719.79	1863.50
河　北	159.36	463.05	740.45	1089.32	1522.58	1875.82	2255.20	2671.61	2984.91	3248.97	3471.11
上　海	321.18	491.00	646.07	810.37	997.40	1180.94	1367.10	1575.52	1763.34	1959.56	2225.92
江　苏	1090.29	1926.28	2627.60	3479.82	4254.93	5069.01	5753.07	6568.30	7194.77	7862.72	8366.18
浙　江	657.96	1307.30	1844.45	2500.68	3413.52	4032.13	4681.47	5409.00	6034.17	6706.61	7156.45
福　建	368.71	746.84	1020.41	1288.26	1652.49	1957.43	2228.65	2576.23	2867.59	3153.12	3456.86
山　东	453.48	964.90	1454.25	1984.01	2660.81	3188.25	3687.72	4218.13	4727.29	5242.33	5717.52
广　东	923.12	1703.16	2386.35	3194.52	4462.56	5209.77	6079.38	7058.84	7857.80	8768.70	9757.86
海　南	177.61	312.79	417.03	518.83	630.95	738.24	841.04	932.91	1037.47	1183.51	1310.51
中部地区	**1550.09**	**3199.52**	**4812.40**	**6535.80**	**8686.24**	**10254.29**	**11998.03**	**13814.18**	**15431.93**	**17040.41**	**18804.50**
山　西	36.48	121.50	201.82	310.53	469.55	570.43	687.18	788.32	870.41	950.08	1033.76
安　徽	481.47	896.61	1319.72	1791.77	2292.08	2721.85	3184.06	3612.64	3940.08	4228.17	4563.41
江　西	154.43	284.78	403.47	538.49	707.02	844.61	994.09	1180.84	1332.15	1478.45	1590.64
河　南	379.83	836.03	1331.32	1826.22	2365.34	2780.67	3222.63	3707.18	4172.79	4768.44	5387.62
湖　北	280.78	653.25	951.75	1257.26	1736.96	1999.58	2311.07	2627.79	2933.09	3156.43	3464.59
湖　南	217.11	407.33	604.33	811.53	1115.29	1337.15	1599.00	1897.41	2183.41	2458.84	2764.48
西部地区	**1331.62**	**2725.38**	**3991.68**	**5462.99**	**7631.23**	**9156.09**	**10704.01**	**12583.94**	**14310.69**	**16088.62**	**17602.53**
内蒙古	5.06	29.48	71.78	138.16	244.60	347.51	437.35	538.56	601.15	637.17	641.99
广　西	172.74	380.87	557.69	743.06	1000.66	1151.19	1301.40	1464.63	1694.79	1951.15	2217.50
重　庆	259.22	543.50	756.99	1026.32	1393.29	1615.40	1867.11	2247.11	2486.85	2765.18	3012.65
四　川	412.21	712.34	1006.12	1322.79	1697.94	1992.43	2319.46	2719.57	3053.69	3413.73	3764.71
贵　州	146.36	309.40	433.34	569.89	756.62	903.27	1031.72	1137.38	1270.90	1446.11	1557.85
云　南	167.77	350.10	482.68	618.25	836.21	1014.23	1164.28	1388.54	1645.41	1885.88	2115.17
西　藏	0.01	1.62	2.88	3.92	11.44	16.65	20.99	26.24	35.13	46.59	49.99
陕　西	141.41	295.98	444.41	654.73	1040.53	1259.29	1479.35	1772.04	1971.54	2196.96	2411.55
甘　肃	16.60	52.11	98.95	160.54	274.90	343.88	417.07	506.58	578.59	636.85	672.35
青　海	0.66	9.96	34.00	62.02	95.80	127.05	158.44	164.82	190.88	211.10	215.89
宁　夏	1.94	22.73	58.59	85.71	131.80	162.69	195.77	229.28	260.85	285.89	300.41
新　疆	7.65	17.29	44.26	77.61	147.42	222.52	311.05	389.19	520.91	612.01	642.48
东北地区	**95.52**	**309.97**	**582.14**	**998.01**	**1465.41**	**1852.04**	**2267.29**	**2714.03**	**3049.05**	**3293.94**	**3433.25**
辽　宁	86.13	268.29	463.96	708.63	990.82	1188.94	1400.06	1614.81	1770.28	1872.16	1944.46
吉　林	8.19	25.86	70.27	183.79	274.89	390.53	513.82	639.25	732.30	804.89	841.02
黑龙江	1.20	15.81	47.91	105.59	199.69	272.57	353.40	459.97	546.47	616.89	647.77

数据来源：国家统计局。

表 3－10 2014—2018 年全国各地区土地购置费

单位：亿元

类　别	2014 年	2015 年	2016 年	2017 年	2018 年
总　计	**17458.53**	**17675.44**	**18778.68**	**23169.47**	**36387.01**
一、东部地区	**11308.87**	**11963.56**	**13077.63**	**15796.78**	**23630.74**
北　京	1378.94	2052.92	1921.89	1711.49	2047.27
天　津	281.37	319.02	579.75	759.71	1141.06
河　北	511.39	405.93	337.84	373.02	467.19
上　海	873.61	1004.41	1208.28	1523.05	1846.14
江　苏	1745.93	1505.17	1835.03	2586.99	3892.20
浙　江	2680.59	2510.48	2634.37	3353.67	5597.85
福　建	1170.49	1072.93	1107.32	1404.15	1968.52
山　东	889.55	1035.67	937.66	959.71	1529.89
广　东	1591.35	1711.53	2243.98	2898.45	4917.70
海　南	185.63	345.50	271.50	226.55	222.92
二、中部地区	**2373.62**	**2287.26**	**2556.98**	**3809.65**	**5351.73**
山　西	160.50	163.27	169.57	189.85	328.90
安　徽	832.88	641.99	622.08	1120.37	1679.75
江　西	179.64	210.54	200.74	224.17	434.56
河　南	352.80	362.68	681.51	951.90	1137.61
湖　北	509.28	665.36	570.12	944.77	1209.94
湖　南	338.51	243.42	312.97	378.58	560.98
三、西部地区	**2918.55**	**2866.67**	**2663.18**	**3051.90**	**6049.54**
内蒙古	154.48	87.62	77.89	68.55	118.66
广　西	255.37	282.07	398.75	438.18	675.01
重　庆	649.64	733.81	562.48	709.96	1484.73
四　川	823.54	846.96	832.27	787.73	1426.98
贵　州	140.33	118.20	82.03	107.64	305.48
云　南	508.46	323.51	301.11	302.92	699.34
西　藏	7.96	0.36	1.98	4.87	11.50
陕　西	185.31	226.76	177.96	344.79	730.49
甘　肃	39.63	53.95	56.49	85.91	193.97
青　海	27.02	50.64	49.83	33.03	49.37
宁　夏	39.88	54.58	62.61	62.11	79.93
新　疆	86.93	88.21	59.76	106.21	274.08
四、东北地区	**857.49**	**557.95**	**480.89**	**511.14**	**1354.99**
辽　宁	535.15	308.16	258.10	304.34	950.86
吉　林	155.20	150.29	139.52	119.30	244.58
黑龙江	167.14	99.50	83.27	87.51	159.56

数据来源：国家统计局。

表 3－11　2018 年全国各地区土地购置费（月度累计）

单位：亿元

类　别	1—2 月	1—3 月	1—4 月	1—5 月	1—6 月	1－7 月	1—8 月	1—9 月	1—10 月	1—11 月	1—12 月
总　计	**2164.70**	**5225.52**	**8022.01**	**11400.73**	**16235.90**	**19353.31**	**22623.14**	**26757.46**	**30116.04**	**33590.31**	**36387.01**
东部地区	**1607.54**	**3671.97**	**5514.70**	**7792.56**	**10821.45**	**12949.59**	**15000.23**	**17592.94**	**19763.45**	**21983.62**	**23630.74**
北　京	94.34	206.12	268.22	457.32	649.81	837.50	1060.03	1291.95	1555.88	1787.22	2047.27
天　津	54.12	226.37	379.06	558.48	741.15	810.67	858.58	975.65	1072.83	1131.37	1141.06
河　北	11.56	46.24	82.60	116.59	176.84	228.11	283.36	347.37	391.84	430.93	467.19
上　海	192.57	336.90	478.17	624.90	781.65	943.71	1114.80	1287.89	1460.35	1639.28	1846.14
江　苏	334.32	766.12	1139.68	1594.83	1994.91	2393.26	2701.18	3138.11	3426.90	3715.90	3892.20
浙　江	449.22	1021.29	1508.90	2067.76	2875.90	3314.76	3755.56	4393.02	4868.66	5371.24	5597.85
福　建	136.45	320.27	434.95	573.62	804.10	1001.73	1149.18	1401.46	1609.82	1803.17	1968.52
山　东	79.76	187.73	312.76	466.83	689.01	853.22	987.93	1130.25	1251.32	1402.07	1529.89
广　东	244.23	520.97	854.15	1255.06	2006.71	2439.96	2932.48	3454.84	3950.94	4488.95	4917.70
海　南	10.98	39.96	56.21	77.16	101.36	126.67	157.14	172.39	174.90	213.48	222.92
中部地区	**283.51**	**739.08**	**1175.64**	**1650.54**	**2340.18**	**2773.31**	**3314.58**	**3905.12**	**4363.19**	**4822.96**	**5351.73**
山　西	6.00	47.94	77.09	124.58	200.52	224.08	259.50	278.06	293.53	307.26	328.90
安　徽	134.83	266.08	433.31	624.87	798.15	957.25	1148.32	1316.35	1443.89	1553.99	1679.75
江　西	21.02	42.56	70.60	105.50	160.30	208.43	253.28	312.64	352.37	404.34	434.56
河　南	43.05	157.13	251.96	340.43	474.79	518.47	586.44	705.37	790.93	954.83	1137.61
湖　北	52.59	168.79	253.90	328.92	499.81	602.05	745.71	896.48	1029.01	1099.31	1209.94
湖　南	26.02	56.58	88.78	126.24	206.61	263.03	321.33	396.21	453.47	503.24	560.98
西部地区	**248.09**	**667.88**	**1049.27**	**1475.10**	**2387.51**	**2793.27**	**3339.84**	**4138.02**	**4784.14**	**5474.88**	**6049.54**
内蒙古	0.09	2.61	9.31	15.96	39.69	57.00	78.21	103.57	112.02	117.72	118.66
广　西	15.22	80.19	143.04	187.59	298.13	333.57	378.31	415.76	524.40	610.49	675.01
重　庆	55.99	177.94	268.90	409.07	649.83	744.53	863.31	1103.01	1210.83	1365.94	1484.73
四　川	88.19	190.17	293.41	384.80	542.35	620.78	736.57	943.94	1089.72	1247.51	1426.98
贵　州	21.33	43.46	61.70	85.68	145.73	157.83	175.36	197.75	226.79	282.59	305.48
云　南	31.61	82.59	115.37	138.66	225.70	269.90	348.80	441.06	546.63	613.14	699.34
西　藏	—	0.23	0.40	1.59	8.54	10.67	15.48	15.51	15.72	14.80	11.50
陕　西	25.19	60.22	89.38	152.39	294.84	343.08	415.47	520.97	572.05	661.05	730.49
甘　肃	7.48	18.76	27.91	42.17	85.35	102.32	124.58	147.83	164.83	181.93	193.97
青　海	0.10	4.00	13.82	22.86	35.26	36.87	39.20	40.08	43.23	49.33	49.37
宁　夏	2.24	6.34	21.62	28.08	38.49	48.73	54.11	60.43	66.78	75.87	79.93
新　疆	0.66	1.38	4.41	6.25	23.61	68.01	110.43	148.12	211.14	254.51	274.08
东北地区	**25.56**	**146.59**	**282.40**	**482.54**	**686.76**	**837.14**	**968.50**	**1121.39**	**1205.26**	**1308.86**	**1354.99**
辽　宁	25.48	138.88	251.28	385.01	534.42	632.69	726.88	821.81	869.83	918.70	950.86
吉　林	0.01	1.10	10.65	51.94	77.65	114.13	140.46	179.19	200.61	239.46	244.58
黑龙江	0.07	6.61	20.47	45.58	74.69	90.32	101.15	120.38	134.82	150.70	159.56

数据来源：国家统计局。

（三）各地区房地产开发投资实际到位资金数据

表 3－12　2014—2018 年全国各地区房地产开发投资实际到位资金

单位：亿元

类　别	2014 年	2015 年	2016 年	2017 年	2018 年
总　计	**121991.48**	**125203.06**	**144214.05**	**156052.62**	**165962.89**
一、东部地区	**66185.14**	**70690.93**	**85029.70**	**89820.88**	**93382.31**
北　京	6622.01	7282.11	8051.29	6988.28	5726.70
天　津	2823.48	3208.66	4397.22	4366.66	3941.31
河　北	4438.48	4666.67	5102.36	5184.96	4784.39
上　海	5269.90	5531.86	6408.78	5384.65	5330.46
江　苏	12100.16	12039.99	15501.08	16563.47	17798.46
浙　江	8956.31	8675.58	10859.57	13034.21	14248.78
福　建	5726.13	5639.33	6067.78	6426.29	6551.03
山　东	6991.18	7342.90	8596.12	9472.45	10908.02
广　东	11326.60	14164.30	17666.05	19155.68	21722.28
海　南	1930.87	2139.51	2379.45	3244.23	2370.89
二、中部地区	**21147.71**	**22078.61**	**26734.73**	**30530.55**	**32982.70**
山　西	1393.49	1442.67	1588.02	1677.54	1804.99
安　徽	5231.17	4990.78	6209.27	7636.98	8203.27
江　西	1945.85	2101.33	2517.95	2923.34	3169.65
河　南	4688.97	5076.92	6558.25	7090.57	7128.38
湖　北	4322.24	4880.42	5696.35	6438.19	7364.34
湖　南	3565.99	3586.49	4164.90	4763.93	5312.08
三、西部地区	**26129.84**	**25769.04**	**27052.17**	**30126.89**	**33509.84**
内蒙古	1439.17	1196.07	1173.88	1021.53	1065.19
广　西	2410.75	2339.29	3159.72	3518.04	3989.51
重　庆	5344.98	5024.58	5006.57	5755.97	6685.28
四　川	5863.11	6079.00	6635.69	7430.97	8160.71
贵　州	2336.62	2248.27	2179.27	2296.50	2662.13
云　南	2917.43	2850.09	2590.37	2808.18	2969.57
西　藏	47.90	43.93	53.80	53.58	95.50
陕　西	2684.78	2815.01	3071.81	3886.58	4563.76
甘　肃	854.65	939.65	1011.47	1158.01	1158.74
青　海	351.07	361.04	423.25	412.02	335.32
宁　夏	742.91	737.39	678.74	678.50	582.16
新　疆	1136.48	1134.72	1067.61	1107.01	1241.98
四、东北地区	**8528.80**	**6664.49**	**5397.44**	**5574.30**	**6088.03**
辽　宁	5890.97	4231.78	3080.81	3285.12	3373.31
吉　林	1229.42	1211.74	1254.99	1090.05	1427.74
黑龙江	1408.40	1220.96	1061.64	1199.12	1286.98

数据来源：国家统计局。

表 3－13　2018 年全国各地区房地产开发投资实际到位资金（月度累计）

单位：亿元

类　别	1—2 月	1—3 月	1—4 月	1—5 月	1—6 月	1－7 月	1—8 月	1—9 月	1—10 月	1—11 月	1—12 月
总　计	**23988.02**	**36770.01**	**48191.87**	**62003.24**	**79287.35**	**93307.55**	**106682.37**	**121882.17**	**135636.25**	**150076.84**	**165962.89**
东部地区	**14271.78**	**21409.78**	**27683.98**	**35365.29**	**44523.77**	**52513.97**	**59823.55**	**68380.44**	**76073.75**	**84176.79**	**93382.31**
北　京	846.35	1282.91	1585.66	1961.16	2345.86	2800.36	3186.08	3848.07	4276.85	4917.61	5726.70
天　津	760.20	1106.37	1253.79	1588.52	1946.43	2196.33	2506.67	2938.49	3218.55	3568.45	3941.31
河　北	497.63	862.89	1225.42	1645.78	2202.47	2654.64	3117.17	3652.02	4046.10	4384.76	4784.39
上　海	925.58	1330.14	1799.50	2133.19	2533.04	2987.20	3402.88	3864.19	4307.97	4781.91	5330.46
江　苏	2967.37	4392.18	5645.84	7140.15	8829.06	10355.21	11751.47	13364.74	14777.95	16306.56	17798.46
浙　江	1545.33	2630.40	3603.80	4851.95	6521.19	7923.15	9140.70	10357.21	11676.59	12921.43	14248.78
福　建	960.58	1515.70	2002.15	2508.63	3219.83	3763.47	4248.41	4853.18	5360.84	5859.69	6551.03
山　东	1368.21	2177.86	2896.70	3897.05	4980.88	5950.71	6880.29	7937.31	8874.78	9865.12	10908.02
广　东	3576.17	5042.50	6402.80	8164.64	10325.31	12126.55	13785.01	15659.46	17522.19	19411.74	21722.28
海　南	824.36	1068.82	1268.32	1474.24	1619.71	1756.36	1804.88	1905.76	2011.93	2159.52	2370.89
中部地区	**4778.08**	**7292.94**	**9739.59**	**12572.65**	**16137.70**	**18873.23**	**21464.04**	**24338.06**	**27039.57**	**29799.58**	**32982.70**
山　西	155.41	280.51	424.27	615.11	884.48	1030.06	1185.15	1368.78	1506.56	1646.30	1804.99
安　徽	1465.92	2074.81	2673.01	3391.54	4259.99	4888.72	5655.05	6335.33	6969.13	7616.73	8203.27
江　西	472.92	770.80	948.80	1238.23	1547.95	1856.41	2096.31	2388.70	2639.10	2895.51	3169.65
河　南	823.13	1362.37	1999.54	2597.80	3336.84	3899.51	4414.47	5009.94	5618.90	6328.66	7128.38
湖　北	1064.58	1664.03	2213.50	2861.21	3707.51	4278.82	4759.56	5401.57	5967.05	6566.33	7364.34
湖　南	796.12	1140.43	1480.48	1868.77	2400.93	2919.71	3353.49	3833.72	4338.82	4746.05	5312.08
西部地区	**4405.68**	**7086.66**	**9362.52**	**11984.22**	**15834.20**	**18551.07**	**21387.87**	**24431.65**	**27224.86**	**30349.15**	**33509.84**
内蒙古	55.02	106.09	168.53	274.54	432.33	594.96	707.89	852.34	936.85	1019.08	1065.19
广　西	535.39	797.33	1086.58	1415.43	1845.63	2146.61	2467.96	2770.45	3102.75	3501.32	3989.51
重　庆	945.55	1581.28	2053.62	2634.36	3420.24	3979.41	4575.65	5153.66	5529.86	6089.62	6685.28
四　川	1266.44	1950.97	2573.65	3203.40	4059.71	4578.62	5231.16	5906.63	6600.58	7348.74	8160.71
贵　州	355.37	569.19	757.43	950.08	1256.85	1487.82	1685.64	1905.65	2096.04	2386.78	2662.13
云　南	481.47	700.63	828.98	1012.17	1290.61	1539.20	1762.72	2089.40	2394.36	2643.71	2969.57
西　藏	3.09	6.44	8.69	16.62	21.84	36.79	39.72	47.36	52.21	96.87	95.50
陕　西	446.81	824.61	1120.19	1461.60	2096.39	2451.06	2850.17	3327.00	3747.95	4152.74	4563.76
甘　肃	128.07	217.63	283.22	371.69	560.12	661.56	770.14	881.47	983.89	1093.01	1158.74
青　海	44.86	67.80	86.48	120.96	173.84	207.05	243.19	252.75	287.02	321.62	335.32
宁　夏	43.71	103.89	156.93	223.19	273.41	335.30	366.86	435.53	491.86	550.63	582.16
新　疆	99.91	160.79	238.21	300.18	403.22	532.71	686.76	809.44	1001.50	1145.03	1241.98
东北地区	**532.48**	**980.63**	**1405.77**	**2081.07**	**2791.68**	**3369.28**	**4006.91**	**4732.02**	**5298.07**	**5751.31**	**6088.03**
辽　宁	409.16	665.85	909.94	1334.53	1743.67	2046.40	2390.36	2696.28	2959.12	3167.03	3373.31
吉　林	49.55	150.28	237.07	353.13	506.35	666.34	841.31	1053.15	1222.11	1367.29	1427.74
黑龙江	73.77	164.50	258.76	393.42	541.65	656.54	775.24	982.59	1116.85	1216.99	1286.98

数据来源：国家统计局。

表 3－14　2014—2018 年房地产开发投资到位资金中国内贷款

单位：亿元

类　别	2014 年	2015 年	2016 年	2017 年	2018 年
总　计	**21242.61**	**20214.38**	**21512.40**	**25241.76**	**24004.52**
一、东部地区	**13560.92**	**12767.84**	**13741.98**	**16630.58**	**16164.91**
北　京	2158.03	1970.97	2148.48	1947.08	1657.07
天　津	817.16	954.00	1066.99	1186.03	822.89
河　北	312.47	456.70	456.10	532.68	580.38
上　海	1638.84	1516.59	1446.18	1393.78	1326.02
江　苏	2249.68	1877.93	2299.18	3029.54	2841.45
浙　江	1817.77	1274.79	1541.37	2052.03	2279.24
福　建	752.62	846.73	808.76	780.62	856.00
山　东	995.83	952.50	1012.41	1186.09	1280.11
广　东	2432.61	2577.81	2559.13	4083.46	4236.05
海　南	385.91	339.83	403.36	439.26	285.70
二、中部地区	**2796.38**	**2639.28**	**3301.24**	**4039.62**	**3684.66**
山　西	123.63	108.82	98.33	150.38	132.49
安　徽	567.93	564.23	657.62	965.77	796.46
江　西	255.97	230.82	291.73	419.81	360.14
河　南	527.01	475.69	698.56	897.12	665.70
湖　北	737.54	777.89	1031.66	976.97	1151.96
湖　南	584.28	481.83	523.34	629.58	577.91
三、西部地区	**3940.59**	**3948.55**	**3785.79**	**3980.91**	**3690.84**
内蒙古	145.62	97.51	74.80	78.28	60.34
广　西	340.03	332.04	468.38	486.62	504.84
重　庆	1190.77	1033.07	1012.91	917.21	1085.29
四　川	817.88	916.21	751.74	890.39	887.36
贵　州	242.62	220.30	201.46	149.60	128.31
云　南	414.90	528.40	453.50	487.01	312.31
西　藏	0.80	1.20	1.00	16.11	5.81
陕　西	391.28	372.82	379.56	495.42	386.38
甘　肃	120.51	153.02	179.05	227.04	131.91
青　海	51.56	72.94	71.58	70.09	45.54
宁　夏	120.04	96.59	96.80	70.10	58.69
新　疆	104.58	124.46	95.00	93.03	84.04
四、东北地区	**944.72**	**858.71**	**683.38**	**590.65**	**464.12**
辽　宁	720.70	551.43	451.39	381.33	273.99
吉　林	126.19	180.82	141.45	105.55	65.50
黑龙江	97.82	126.46	90.54	103.77	124.63

数据来源：国家统计局。

表 3-15　2018 年全国各地区房地产开发投资国内贷款（月度累计）

单位：亿元

类别	1—2 月	1—3 月	1—4 月	1—5 月	1—6 月	1-7 月	1—8 月	1—9 月	1—10 月	1—11 月	1—12 月
总　计	**5001.43**	**6957.32**	**8637.47**	**10200.85**	**12291.85**	**14044.98**	**15782.63**	**18041.19**	**19726.67**	**21807.49**	**24004.52**
东部地区	**3485.96**	**4775.29**	**5923.76**	**6962.33**	**8334.39**	**9597.64**	**10738.80**	**12192.59**	**13296.02**	**14744.83**	**16164.91**
北　京	362.92	482.10	603.94	725.19	817.93	918.51	1017.01	1147.07	1146.88	1417.03	1657.07
天　津	291.38	339.37	382.36	464.68	520.97	552.63	610.50	683.75	724.29	808.03	822.89
河　北	80.85	128.31	165.27	200.97	290.30	352.20	413.52	476.75	530.88	557.37	580.38
上　海	339.69	445.81	581.25	635.01	679.59	773.37	899.69	984.59	1096.12	1212.33	1326.02
江　苏	669.82	952.13	1156.47	1278.16	1503.93	1719.28	1931.04	2160.42	2382.30	2593.02	2841.45
浙　江	244.77	431.51	610.82	756.42	1095.50	1328.59	1503.77	1716.31	1888.25	2082.74	2279.24
福　建	201.63	271.20	338.07	409.51	463.55	525.47	600.26	683.47	717.44	747.01	856.00
山　东	187.73	325.87	389.23	478.27	576.81	693.98	784.54	902.80	1035.96	1160.37	1280.11
广　东	998.21	1260.95	1542.63	1848.55	2213.37	2553.40	2773.45	3206.74	3525.31	3908.88	4236.05
海　南	108.96	138.05	153.71	165.57	172.46	180.21	205.03	230.68	248.60	258.06	285.70
中部地区	**787.43**	**1046.92**	**1299.16**	**1565.11**	**1896.10**	**2082.29**	**2333.83**	**2738.56**	**3013.74**	**3292.65**	**3684.66**
山　西	26.16	28.16	34.54	53.41	67.24	72.18	80.31	113.08	114.14	119.73	132.49
安　徽	208.24	271.02	347.58	425.78	540.95	558.07	621.96	678.53	720.67	776.03	796.46
江　西	85.41	118.43	121.26	151.35	184.28	226.04	254.10	294.59	317.93	339.65	360.14
河　南	99.01	156.50	217.44	258.70	300.80	342.72	421.40	467.30	512.65	582.64	665.70
湖　北	230.38	308.13	378.45	447.48	528.75	558.23	584.97	761.85	837.31	972.33	1151.96
湖　南	138.23	164.68	199.89	228.40	274.09	325.05	371.10	423.21	511.03	502.28	577.91
西部地区	**663.52**	**1009.64**	**1255.55**	**1463.48**	**1816.66**	**2092.94**	**2397.96**	**2741.81**	**3020.17**	**3350.52**	**3690.84**
内蒙古	7.81	13.03	16.93	22.95	33.81	43.16	48.75	55.01	56.05	58.32	60.34
广　西	79.65	103.54	132.23	151.06	204.81	258.70	317.80	341.28	376.64	435.72	504.84
重　庆	155.70	276.79	364.74	431.71	530.84	625.05	716.23	821.02	891.75	985.16	1085.29
四　川	155.67	270.14	332.21	375.48	451.81	479.45	558.42	669.50	746.45	831.09	887.36
贵　州	28.55	42.77	52.58	63.42	79.03	96.88	100.41	106.67	110.33	113.56	128.31
云　南	88.65	100.83	117.86	129.02	161.16	187.92	199.95	226.25	262.60	285.14	312.31
西　藏	—	0.19	0.30	4.92	4.92	5.81	5.81	5.81	5.81	5.81	5.81
陕　西	89.76	110.86	127.05	154.96	190.70	214.84	243.68	278.24	303.33	340.01	386.38
甘　肃	23.88	35.73	40.11	45.17	62.68	72.41	84.57	97.75	107.70	120.92	131.91
青　海	15.97	18.02	20.43	23.02	28.54	32.88	33.91	40.95	42.29	44.43	45.54
宁　夏	8.98	19.98	20.43	28.73	30.38	33.21	34.03	39.09	44.70	49.87	58.69
新　疆	8.90	17.74	30.69	33.03	37.98	42.63	54.42	60.26	72.52	80.48	84.04
东北地区	**64.52**	**125.47**	**159.00**	**209.93**	**244.71**	**272.11**	**312.04**	**368.23**	**396.74**	**419.49**	**464.12**
辽　宁	55.34	71.11	88.74	130.39	151.71	164.71	185.69	212.26	231.09	240.93	273.99
吉　林	2.76	11.70	15.66	21.22	25.80	35.35	43.97	60.11	64.03	65.33	65.50
黑龙江	6.42	42.66	54.60	58.32	67.19	72.05	82.38	95.86	101.62	113.23	124.63

数据来源：国家统计局。

表 3－16　2014—2018 年房地产开发投资到位资金中利用外资

单位：亿元

类　别	2014 年	2015 年	2016 年	2017 年	2018 年
总　计	**639.26**	**296.53**	**140.44**	**168.19**	**107.98**
一、东部地区	**365.09**	**160.30**	**89.72**	**146.17**	**103.41**
北　京	7.78	5.75	1.00	18.48	—
天　津	7.19	6.54	2.05	0.02	—
河　北	26.34	2.31	1.71	2.01	0.04
上　海	69.61	33.92	2.31	5.22	0.11
江　苏	80.79	44.91	8.29	29.07	63.55
浙　江	71.68	15.65	32.33	13.15	3.64
福　建	23.32	7.98	1.57	18.28	3.58
山　东	14.13	15.25	10.22	5.05	19.21
广　东	63.65	26.65	30.23	52.66	13.28
海　南	0.62	1.35	—	2.24	—
二、中部地区	**28.25**	**11.99**	**16.95**	**3.50**	**0.00**
山　西	—	—	—	—	—
安　徽	2.78	1.02	13.69	1.36	—
江　西	0.39	6.14	0.70	—	0.00
河　南	0.67	3.22	1.76	0.99	—
湖　北	19.63	0.90	0.80	1.15	—
湖　南	4.78	0.71	0.01	—	—
三、西部地区	**172.09**	**85.29**	**30.14**	**14.50**	**4.28**
内蒙古	—	—	—	—	—
广　西	0.21	1.57	—	0.34	0.05
重　庆	113.13	65.90	29.06	9.32	3.19
四　川	39.34	0.97	0.88	0.55	0.17
贵　州	3.41	0.85	—	—	0.07
云　南	16.00	9.67	0.19	4.08	0.80
西　藏	—	—	—	—	—
陕　西	—	6.32	—	0.22	—
甘　肃	—	—	—	—	—
青　海	—	—	—	—	—
宁　夏	—	—	—	—	—
新　疆	—	—	—	—	—
四、东北地区	**73.83**	**38.95**	**3.63**	**4.02**	**0.29**
辽　宁	70.63	37.61	2.71	4.02	0.28
吉　林	0.50	0.02	0.02	—	0.01
黑龙江	2.70	1.32	0.90	—	—

数据来源：国家统计局。

表 3-17　2018 年全国各地区房地产开发投资利用外资（月度累计）

单位：亿元

类 别	1—2 月	1—3 月	1—4 月	1—5 月	1—6 月	1-7 月	1—8 月	1—9 月	1—10 月	1—11 月	1—12 月
总 计	**12.19**	**15.98**	**16.61**	**21.39**	**28.11**	**33.41**	**35.39**	**43.49**	**80.47**	**102.33**	**107.98**
东部地区	**8.91**	**12.71**	**13.20**	**17.80**	**24.14**	**29.81**	**31.84**	**39.71**	**76.68**	**98.53**	**103.41**
北 京	—	—	—	—	—	—	—	—	—	—	—
天 津	—	—	—	—	—	—	—	—	—	—	—
河 北		0.24	0.24	0.24	0.04	0.04	0.04	0.04	0.04	0.04	0.04
上 海	0.02	0.00	0.01	0.01	0.02	0.02	0.03	0.03	0.03	0.03	0.11
江 苏	4.15	6.54	6.44	8.67	11.03	15.61	16.61	22.80	57.21	60.95	63.55
浙 江	—	0.35	0.44	0.44	3.53	3.54	3.54	3.55	3.58	3.63	3.64
福 建	0.53	0.64	0.78	2.51	2.57	2.58	2.87	2.87	3.38	3.39	3.58
山 东	1.33	1.52	1.61	1.68	1.76	1.93	2.14	2.64	3.10	19.06	19.21
广 东	—	3.41	3.68	4.24	5.19	6.10	6.61	7.78	9.35	11.43	13.28
海 南	2.88	—	—	—	—	—	—	—	—	—	—
中部地区	**0.07**	**0.06**	**0.06**	**0.06**	**0.42**	**0.06**	**0.00**	**0.00**	**0.00**	**0.00**	**0.00**
山 西	—	—	—	—	—	—	—	—	—	—	—
安 徽	—	0.06	0.06	0.06	0.06	0.06	—	—	—	—	—
江 西	0.07	0.00	0.00	0.00	0.00	0.00	0.00	0.00	0.00	0.00	0.00
河 南	—	—	—	—	—	—	—	—	—	—	—
湖 北	—	—	—	—	0.36	—	—	—	—	—	—
湖 南	—	—	—	—	—	—	—	—	—	—	—
西部地区	**3.09**	**3.10**	**3.24**	**3.30**	**3.30**	**3.30**	**3.30**	**3.50**	**3.51**	**3.51**	**4.28**
内蒙古	—	—	—	—	0.04	—	—	—	—	—	—
广 西	0.02	0.03	0.04	0.04	3.19	0.04	0.04	0.04	0.05	0.05	0.05
重 庆	3.00	3.00	3.13	3.19	—	3.19	3.19	3.19	3.19	3.19	3.19
四 川	—	—	—	—	0.07	—	—	—	—	—	0.17
贵 州	0.07	0.07	0.07	0.07	—	0.07	0.07	0.07	0.07	0.07	0.07
云 南	—	—	—	—	—	—	—	0.20	0.20	0.20	0.80
西 藏	—	—	—	—	—	—	—	—	—	—	—
陕 西	—	—	—	—	—	—	—	—	—	—	—
甘 肃	—	—	—	—	—	—	—	—	—	—	—
青 海	—	—	—	—	—	—	—	—	—	—	—
宁 夏	—	—	—	—	—	—	—	—	—	—	—
新 疆	—	—	—	—	—	—	—	—	—	—	—
东北地区	**0.12**	**0.12**	**0.12**	**0.23**	**0.25**	**0.25**	**0.25**	**0.27**	**0.27**	**0.29**	**0.29**
辽 宁	0.11	0.11	0.11	0.22	0.24	0.24	0.24	0.26	0.26	0.28	0.28
吉 林	0.01	0.01	0.01	0.01	0.01	0.01	0.01	0.01	0.01	0.01	0.01
黑龙江	—	—	—	—	—	—	—	—	—	—	—

数据来源：国家统计局。

表 3－18　2014—2018 年房地产开发投资到位资金中自筹资金

单位：亿元

类　别	2014 年	2015 年	2016 年	2017 年	2018 年
总　计	**50419.80**	**49037.56**	**49132.85**	**50872.22**	**55830.65**
一、东部地区	**24604.59**	**24475.85**	**25031.85**	**26075.61**	**29568.40**
北　京	1815.41	2277.20	1978.50	1732.12	1534.85
天　津	875.23	932.39	899.63	783.86	1073.90
河　北	2819.53	3099.11	3224.49	3133.32	2834.91
上　海	1560.83	1519.99	1490.78	1549.20	1896.42
江　苏	4154.86	3416.80	3172.21	3278.81	4220.67
浙　江	3202.31	2659.44	2672.05	3485.93	4503.43
福　建	2479.19	2300.58	2263.99	2321.35	2660.60
山　东	3105.00	3328.96	3451.65	3431.76	3657.65
广　东	3705.57	3933.40	4844.00	5341.58	6292.10
海　南	886.66	1007.98	1034.56	1017.68	893.86
二、中部地区	**9477.27**	**9960.13**	**10584.35**	**11824.45**	**12394.90**
山　西	743.32	809.31	811.06	652.23	680.84
安　徽	2203.85	1860.13	1906.23	2686.50	2399.71
江　西	606.50	730.78	790.71	760.26	868.53
河　南	2601.55	2956.20	3671.81	4171.17	4418.06
湖　北	1971.63	2357.67	2175.22	2257.39	2503.70
湖　南	1350.42	1246.05	1229.32	1296.89	1524.05
三、西部地区	**11400.58**	**11043.87**	**11030.16**	**10825.28**	**11522.64**
内蒙古	1022.39	838.47	815.14	579.06	586.36
广　西	901.60	823.72	1115.04	1065.01	1067.83
重　庆	1824.41	1666.53	1488.38	1482.81	1641.94
四　川	2513.68	2645.83	2679.98	2779.07	2933.34
贵　州	964.86	898.35	834.77	779.40	823.45
云　南	1549.46	1337.54	1157.71	1172.89	983.33
西　藏	35.03	28.70	36.85	17.51	68.47
陕　西	1274.57	1405.06	1550.64	1631.29	2146.52
甘　肃	411.45	429.93	456.50	436.04	448.07
青　海	139.36	153.80	197.17	199.13	127.37
宁　夏	275.47	323.68	260.03	241.57	162.12
新　疆	488.30	492.26	437.97	441.52	533.83
四、东北地区	**4937.36**	**3557.71**	**2486.49**	**2146.88**	**2344.71**
辽　宁	3368.50	2269.32	1351.14	1116.37	1129.19
吉　林	658.92	557.72	583.16	445.14	663.55
黑龙江	909.94	730.67	552.19	585.37	551.97

数据来源：国家统计局。

表 3－19 2018 年全国各地区房地产开发投资自筹资金（月度累计）

单位：亿元

类别	1—2 月	1—3 月	1—4 月	1—5 月	1—6 月	1 -7 月	1—8 月	1—9 月	1—10 月	1—11 月	1—12 月
总计	**7389.98**	**11448.78**	**14894.12**	**19472.93**	**25541.12**	**30187.42**	**34959.45**	**40595.81**	**45512.36**	**50618.71**	**55830.65**
东部地区	**4003.70**	**6192.73**	**7883.64**	**10246.98**	**13160.26**	**15623.57**	**18234.28**	**21379.58**	**24003.71**	**26688.52**	**29568.40**
北京	193.71	301.48	359.89	431.59	538.55	702.89	849.84	1104.73	1253.66	1356.80	1534.85
天津	150.16	292.73	330.80	437.36	531.08	560.36	657.39	835.87	917.38	970.60	1073.90
河北	303.22	517.08	753.31	999.62	1356.38	1632.41	1923.12	2245.97	2466.04	2646.33	2834.91
上海	310.29	504.29	654.97	836.59	1011.48	1164.02	1284.36	1435.61	1572.25	1703.75	1896.42
江苏	687.60	974.23	1255.90	1565.42	1945.30	2307.37	2645.10	3151.34	3479.00	3926.40	4220.67
浙江	390.62	693.16	878.59	1206.62	1730.67	2154.88	2610.07	3019.69	3584.00	4036.97	4503.43
福建	331.28	547.15	721.54	896.21	1229.12	1435.80	1638.81	1911.49	2153.58	2404.81	2660.60
山东	466.68	706.15	940.99	1306.91	1633.76	1950.21	2297.30	2660.58	2952.39	3320.84	3657.65
广东	898.19	1282.70	1549.67	2056.73	2638.20	3108.77	3694.48	4329.35	4895.24	5525.51	6292.10
海南	271.95	373.75	437.98	509.91	545.71	606.85	633.81	684.94	730.17	796.51	893.86
中部地区	**1671.38**	**2624.20**	**3574.95**	**4675.19**	**6110.61**	**7170.64**	**8016.79**	**9094.27**	**10095.78**	**11183.73**	**12394.90**
山西	52.37	95.69	140.82	198.25	308.00	367.23	440.32	507.54	566.77	630.65	680.84
安徽	411.80	587.24	748.57	1001.53	1226.16	1420.60	1613.94	1859.00	2033.08	2229.09	2399.71
江西	116.61	178.16	211.07	293.63	392.83	467.97	527.96	607.52	685.32	765.50	868.53
河南	477.11	793.22	1186.04	1575.30	2062.77	2435.03	2695.66	3084.76	3474.34	3922.76	4418.06
湖北	381.38	656.77	886.83	1101.73	1463.42	1682.58	1821.51	1975.56	2153.39	2291.49	2503.70
湖南	232.11	313.12	401.62	504.75	657.42	797.22	917.40	1059.88	1182.88	1344.24	1524.05
西部地区	**1543.91**	**2303.04**	**2958.79**	**3800.13**	**5222.18**	**6128.93**	**7156.09**	**8290.04**	**9350.03**	**10497.26**	**11522.64**
内蒙古	26.01	46.74	80.95	132.30	217.60	321.72	384.47	479.07	530.78	570.68	586.36
广西	172.70	219.84	278.31	349.85	464.21	521.38	601.51	697.71	806.92	943.86	1067.83
重庆	254.03	363.04	446.92	603.68	796.35	937.05	1070.77	1225.31	1294.50	1492.14	1641.94
四川	496.31	727.53	933.80	1140.90	1455.82	1605.00	1880.77	2103.23	2375.05	2636.45	2933.34
贵州	128.69	185.79	235.39	293.73	404.45	474.36	524.82	591.73	647.31	740.14	823.45
云南	205.44	264.79	316.89	367.39	455.53	522.70	597.18	698.83	802.29	882.75	983.33
西藏	2.20	2.61	3.65	5.69	10.28	19.21	21.18	25.73	28.88	70.97	68.47
陕西	156.59	331.84	427.62	585.71	931.70	1093.52	1292.27	1540.52	1762.48	1958.69	2146.52
甘肃	53.12	82.19	110.35	134.40	213.29	261.25	314.47	368.92	408.26	429.53	448.07
青海	7.72	19.56	23.92	38.20	57.25	73.52	95.75	93.49	106.01	116.31	127.37
宁夏	10.34	19.57	37.53	66.31	82.34	102.75	92.86	124.52	140.79	157.38	162.12
新疆	30.76	39.55	63.46	81.98	133.34	196.47	280.01	340.96	446.76	498.37	533.83
东北地区	**170.99**	**328.81**	**476.73**	**750.63**	**1048.07**	**1264.29**	**1552.29**	**1831.93**	**2062.84**	**2249.21**	**2344.71**
辽宁	113.08	218.08	289.17	446.23	607.79	691.47	835.19	935.29	1021.62	1082.37	1129.19
吉林	16.56	49.75	85.95	141.55	207.86	292.58	372.25	472.02	549.97	635.42	663.55
黑龙江	41.34	60.98	101.62	162.85	232.42	280.24	344.85	424.62	491.25	531.41	551.97

数据来源：国家统计局。

表 3-20　2014—2018 年房地产开发投资到位资金中其他资金

单位：亿元

类　别	2014 年	2015 年	2016 年	2017 年	2018 年
总　计	**49689.81**	**55654.60**	**73428.37**	**79770.46**	**86019.74**
一、东部地区	**27654.53**	**33286.93**	**46166.15**	**46968.53**	**47545.60**
北　京	2640.80	3028.19	3923.32	3290.60	2534.78
天　津	1123.91	1315.72	2428.54	2396.75	2044.50
河　北	1280.14	1108.55	1420.07	1516.96	1369.06
上　海	2000.62	2461.37	3469.51	2436.45	2107.91
江　苏	5614.83	6700.36	10021.40	10226.04	10672.79
浙　江	3864.55	4725.70	6613.82	7483.09	7462.46
福　建	2471.00	2484.05	2993.45	3306.04	3030.86
山　东	2876.22	3046.20	4121.84	4849.55	5951.06
广　东	5124.77	7626.44	10232.68	9677.98	11180.85
海　南	657.69	790.36	941.53	1785.06	1191.34
二、中部地区	**8845.82**	**9467.21**	**12832.19**	**14662.98**	**16903.14**
山　西	526.54	524.53	678.64	874.94	991.66
安　徽	2456.60	2565.40	3631.73	3983.35	5007.11
江　西	1082.99	1133.59	1434.81	1743.27	1940.97
河　南	1559.74	1641.82	2186.12	2021.29	2044.62
湖　北	1593.44	1743.96	2488.67	3202.68	3708.68
湖　南	1626.51	1857.90	2412.23	2837.46	3210.12
三、西部地区	**10616.58**	**10691.34**	**12206.08**	**15306.20**	**18292.08**
内蒙古	271.16	260.09	283.94	364.19	418.49
广　西	1168.91	1181.96	1576.30	1966.06	2416.79
重　庆	2216.67	2259.07	2476.21	3346.63	3954.85
四　川	2492.22	2515.99	3203.09	3760.96	4339.84
贵　州	1125.72	1128.77	1143.04	1367.50	1710.29
云　南	937.07	974.48	978.96	1144.21	1673.14
西　藏	12.07	14.03	15.95	19.96	21.20
陕　西	1018.94	1030.81	1141.62	1759.64	2030.86
甘　肃	322.68	356.70	375.92	494.93	578.76
青　海	160.15	134.30	154.50	142.81	162.41
宁　夏	347.39	317.12	321.91	366.83	361.36
新　疆	543.60	518.00	534.63	572.47	624.10
四、东北地区	**2572.89**	**2209.12**	**2223.94**	**2832.75**	**3278.91**
辽　宁	1731.14	1373.42	1275.57	1783.41	1969.85
吉　林	443.81	473.19	530.37	539.36	698.67
黑龙江	397.94	362.51	418.00	509.98	610.39

数据来源：国家统计局。

注：其他资金包括定金及预收款、个人按揭贷款及其他到位资金。

表 3－21　2018 年全国各地区房地产开发投资定金及预收款（月度累计）

单位：亿元

类　别	1—2 月	1—3 月	1—4 月	1—5 月	1—6 月	1－7 月	1—8 月	1—9 月	1—10 月	1—11 月	1—12 月
总　计	**6976.11**	**11130.38**	**14986.71**	**20121.94**	**26123.27**	**31012.71**	**35447.02**	**40258.98**	**44942.20**	**49550.69**	**55418.17**
东部地区	**4151.73**	**6406.99**	**8560.69**	**11497.28**	**14824.21**	**17633.55**	**20016.88**	**22742.51**	**25425.70**	**28057.44**	**31661.86**
北　京	182.53	321.64	410.08	562.97	711.47	869.46	994.91	1213.99	1457.87	1689.31	2049.82
天　津	189.47	259.58	321.98	434.58	602.38	737.58	890.82	1012.70	1147.50	1310.28	1532.04
河　北	65.22	134.82	198.57	272.90	367.75	446.59	520.24	621.92	700.67	778.48	909.10
上　海	146.12	243.83	368.49	480.71	632.94	798.37	933.47	1094.75	1264.34	1409.77	1566.41
江　苏	906.91	1374.00	1807.55	2435.02	3105.27	3714.78	4234.12	4791.71	5320.13	5868.87	6551.93
浙　江	602.75	996.90	1405.20	1965.43	2521.03	3018.49	3407.22	3815.93	4188.95	4595.68	5064.16
福　建	227.76	376.48	517.33	681.35	836.69	998.88	1131.80	1274.34	1397.90	1523.20	1703.71
山　东	466.53	759.08	1023.90	1432.09	1890.06	2261.27	2580.21	2970.79	3363.49	3702.53	4123.44
广　东	980.41	1453.20	1952.13	2568.92	3397.00	3976.68	4548.68	5164.43	5788.27	6357.54	7250.92
海　南	384.03	487.45	555.45	663.32	759.61	811.46	775.43	781.95	796.59	821.78	910.35
中部地区	**1320.55**	**2115.14**	**2773.40**	**3704.65**	**4824.72**	**5736.10**	**6665.06**	**7535.93**	**8409.46**	**9218.14**	**10180.80**
山　西	40.81	85.55	144.53	206.30	287.33	334.97	384.79	437.73	489.03	531.12	605.89
安　徽	446.24	679.80	856.09	1084.77	1416.70	1650.66	1934.93	2169.43	2426.46	2641.52	2855.41
江　西	177.79	297.19	358.07	459.57	558.82	664.86	749.02	847.58	920.78	999.28	1077.40
河　南	136.90	241.73	346.16	455.39	584.08	674.72	790.94	893.30	996.53	1120.16	1259.69
湖　北	273.55	412.62	549.60	837.50	1115.04	1341.61	1578.16	1793.42	1996.24	2207.98	2485.69
湖　南	245.25	398.26	518.96	661.13	862.75	1069.28	1227.23	1394.46	1580.42	1718.08	1896.74
西部地区	**1307.15**	**2283.20**	**3183.39**	**4218.44**	**5524.20**	**6492.36**	**7430.96**	**8394.79**	**9316.45**	**10338.10**	**11490.38**
内蒙古	10.68	27.31	41.23	73.73	115.27	149.69	177.28	206.43	230.89	257.95	276.96
广　西	151.67	263.41	371.11	519.85	659.25	765.56	858.70	962.70	1053.90	1155.34	1321.26
重　庆	314.03	555.76	769.86	1018.70	1328.71	1524.45	1750.45	1937.54	2097.90	2258.80	2486.96
四　川	407.30	617.59	875.03	1143.12	1486.35	1732.21	1929.74	2129.58	2369.40	2658.40	2974.69
贵　州	102.82	178.68	251.96	324.92	432.43	507.23	588.80	676.08	749.69	853.75	952.70
云　南	107.95	207.12	231.01	310.64	401.20	497.02	590.68	719.85	827.90	908.43	1025.43
西　藏	0.59	3.02	3.49	4.10	4.50	6.55	6.97	8.47	9.02	10.97	11.64
陕　西	123.09	241.52	377.23	460.19	610.20	724.10	842.93	981.67	1084.75	1219.19	1355.85
甘　肃	30.99	67.19	88.64	132.69	198.26	226.81	249.66	274.73	310.12	356.08	379.13
青　海	7.77	13.68	19.97	31.14	42.06	50.68	58.95	68.28	80.89	93.95	100.14
宁　夏	14.28	43.18	63.66	83.19	102.74	129.06	161.37	185.33	210.46	234.44	245.64
新　疆	35.99	64.74	90.18	116.16	143.23	179.02	215.41	244.13	291.52	330.79	359.97
东北地区	**196.68**	**325.05**	**469.23**	**701.57**	**950.13**	**1150.69**	**1334.12**	**1585.75**	**1790.60**	**1937.01**	**2085.13**
辽　宁	162.35	239.62	332.48	477.16	622.75	752.67	861.45	975.97	1078.18	1158.37	1259.76
吉　林	16.79	50.60	77.46	114.88	169.93	208.00	256.68	315.49	368.08	400.20	421.11
黑龙江	17.53	34.84	59.28	109.54	157.45	190.03	215.99	294.29	344.34	378.45	404.26

数据来源：国家统计局。

表 3－22　2018 年全国各地区房地产开发投资个人按揭贷款（月度累计）

单位：亿元

类　别	1—2 月	1—3 月	1—4 月	1—5 月	1—6 月	1－7 月	1—8 月	1—9 月	1—10 月	1—11 月	1—12 月
总　计	**3246.99**	**5160.08**	**7148.41**	**9249.64**	**11523.81**	**13655.38**	**15604.90**	**17522.34**	**19407.94**	**21419.98**	**23705.89**
东部地区	**1732.00**	**2704.31**	**3690.49**	**4752.01**	**5785.64**	**6841.37**	**7748.04**	**8691.60**	**9616.28**	**10620.80**	**11767.99**
北　京	58.46	92.01	119.10	129.81	157.25	178.54	199.01	224.55	235.16	260.80	304.52
天　津	29.82	71.02	103.64	118.41	132.82	165.62	163.42	178.71	186.41	205.59	222.88
河　北	35.89	63.70	87.25	118.50	151.32	184.74	214.49	250.23	284.59	329.90	377.15
上　海	42.75	54.91	73.78	87.93	103.79	122.77	136.71	177.45	197.01	244.61	303.57
江　苏	506.46	777.53	1037.01	1363.48	1641.90	1911.68	2168.83	2417.69	2639.88	2902.06	3210.70
浙　江	254.85	406.10	595.43	766.87	948.78	1144.71	1305.09	1445.13	1597.53	1760.29	1904.43
福　建	148.31	244.17	322.60	404.95	496.84	577.15	658.41	741.07	825.63	904.76	1009.08
山　东	151.53	252.18	377.87	496.85	622.17	751.33	861.38	976.11	1086.89	1187.27	1308.21
广　东	476.71	714.41	918.23	1197.09	1459.82	1719.20	1949.56	2181.99	2457.70	2717.92	3008.94
海　南	27.22	28.27	55.57	68.14	70.95	85.63	91.15	98.67	105.47	107.60	118.51
中部地区	**739.19**	**1203.39**	**1681.08**	**2181.22**	**2745.16**	**3249.07**	**3739.06**	**4191.86**	**4656.66**	**5111.59**	**5656.93**
山　西	25.53	54.57	84.99	131.23	176.17	204.30	221.53	245.20	264.78	285.37	302.13
安　徽	262.96	398.12	551.19	719.05	892.74	1043.55	1212.38	1352.75	1489.90	1628.64	1792.66
江　西	83.86	160.31	237.07	303.71	370.41	445.33	507.11	556.09	628.92	689.93	761.88
河　南	94.55	155.46	222.69	281.81	361.73	415.97	466.49	516.98	569.95	636.12	707.54
湖　北	139.58	223.23	289.39	357.03	439.34	514.44	597.91	679.47	769.06	838.93	948.02
湖　南	132.71	211.70	295.74	388.39	504.77	625.48	733.63	841.36	934.05	1032.59	1144.70
西部地区	**693.00**	**1092.42**	**1534.75**	**1983.26**	**2571.28**	**3042.14**	**3496.12**	**3923.22**	**4330.20**	**4810.87**	**5353.23**
内蒙古	4.95	10.85	17.84	27.83	37.62	47.29	55.74	64.19	73.36	83.72	91.85
广　西	110.40	180.08	260.46	338.68	427.87	502.14	583.05	643.59	713.30	790.09	891.22
重　庆	158.41	244.61	333.70	438.31	578.21	689.56	801.78	882.14	940.28	1014.77	1116.92
四　川	166.46	244.08	352.47	452.00	546.46	626.27	705.91	804.93	896.87	990.31	1106.25
贵　州	81.03	141.15	191.07	235.62	299.67	357.34	413.53	463.79	512.34	597.66	670.30
云　南	63.24	90.90	121.66	154.80	210.16	261.24	300.34	351.91	396.86	452.24	512.49
西　藏	0.30	0.61	0.86	1.28	1.46	2.88	3.41	4.73	5.16	5.77	6.11
陕　西	60.92	100.10	141.46	178.87	261.58	304.02	342.03	380.09	415.98	446.62	485.58
甘　肃	18.30	28.82	38.27	52.90	72.86	88.15	104.99	118.66	132.74	150.06	158.18
青　海	2.99	5.76	8.98	13.74	21.34	23.69	26.15	28.34	34.02	39.38	43.16
宁　夏	7.43	13.65	22.76	30.26	40.63	48.42	55.01	62.00	69.68	80.85	92.65
新　疆	18.58	31.80	45.20	58.97	73.43	91.14	104.17	118.85	139.60	159.40	178.52
东北地区	**82.80**	**159.95**	**242.10**	**333.15**	**421.72**	**522.79**	**621.68**	**715.66**	**804.80**	**876.73**	**927.74**
辽　宁	66.36	117.10	171.01	234.18	285.23	343.92	396.54	442.18	487.64	528.70	557.29
吉　林	10.26	26.65	40.64	54.88	76.72	104.31	136.03	164.76	192.54	211.01	222.95
黑龙江	6.18	16.20	30.45	44.09	59.77	74.56	89.11	108.71	124.62	137.02	147.50

数据来源：国家统计局。

表 3－23　2018 年全国各地区房地产开发投资其他到位资金（月度累计）

单位：亿元

类　别	1—2 月	1—3 月	1—4 月	1—5 月	1—6 月	1－7 月	1—8 月	1—9 月	1—10 月	1—11 月	1—12 月
总　计	**1361.32**	**2057.47**	**2508.55**	**2936.49**	**3779.19**	**4373.66**	**4852.99**	**5420.35**	**5966.60**	**6577.62**	**6895.68**
东部地区	**889.48**	**1317.75**	**1612.20**	**1888.89**	**2395.12**	**2788.03**	**3053.71**	**3334.46**	**3655.36**	**3966.68**	**4115.75**
北　京	48.73	85.67	92.65	111.59	120.65	130.96	125.32	157.72	183.29	193.68	180.44
天　津	99.36	143.66	115.01	133.50	159.18	180.13	184.54	227.46	242.96	273.94	289.58
河　北	12.42	18.74	20.78	53.54	36.68	38.66	45.76	57.11	63.88	72.64	82.81
上　海	86.73	81.28	120.99	92.94	105.22	128.66	148.62	171.75	178.23	211.42	237.93
江　苏	192.44	307.75	382.47	489.40	621.63	686.50	755.78	820.78	899.42	955.26	910.16
浙　江	52.34	102.38	113.32	156.17	221.68	272.93	311.01	356.60	414.29	442.13	493.87
福　建	51.08	76.06	101.83	114.09	191.05	223.58	216.27	239.95	262.91	276.53	318.07
山　东	94.42	133.06	163.09	181.25	256.32	292.00	354.71	424.39	432.96	475.06	519.41
广　东	219.76	327.84	436.45	489.11	611.73	762.40	812.23	769.18	846.33	890.46	920.99
海　南	32.20	41.30	65.62	67.29	70.98	72.21	99.46	109.52	131.10	175.57	162.48
中部地区	**259.45**	**303.24**	**410.95**	**446.41**	**560.69**	**635.07**	**709.30**	**777.43**	**863.93**	**993.46**	**1065.41**
山　西	10.54	16.54	19.40	25.91	45.74	51.38	58.21	65.23	71.84	79.43	83.64
安　徽	136.67	138.57	169.53	160.35	183.39	215.79	271.84	275.61	299.02	341.45	359.04
江　西	9.17	16.71	21.34	29.98	41.61	52.20	58.13	82.91	86.14	101.14	101.69
河　南	15.57	15.46	27.21	26.59	27.46	31.07	39.98	47.60	65.44	66.98	77.39
湖　北	39.69	63.28	109.23	117.47	160.60	181.95	177.01	191.27	211.05	255.60	274.97
湖　南	47.81	52.68	64.25	86.10	101.89	102.68	104.13	114.81	130.44	148.87	168.68
西部地区	**195.01**	**395.26**	**426.81**	**515.62**	**696.58**	**791.40**	**903.44**	**1078.29**	**1204.50**	**1348.89**	**1448.47**
内蒙古	5.58	8.16	11.58	17.74	28.03	33.08	41.65	47.63	45.76	48.41	49.68
广　西	20.96	30.43	44.42	55.95	89.45	98.79	106.87	125.13	151.95	176.25	204.31
重　庆	60.38	138.09	135.27	138.77	182.93	200.10	233.23	284.46	302.23	335.56	350.97
四　川	40.69	91.64	80.14	91.90	119.28	135.69	156.32	199.39	212.81	232.49	258.90
贵　州	14.21	20.72	26.36	32.32	41.20	51.93	58.00	67.31	76.30	81.60	87.29
云　南	16.19	36.99	41.56	50.31	62.57	70.33	74.57	92.35	104.50	114.96	135.22
西　藏		0.00	0.39	0.63	0.68	2.35	2.35	2.61	3.33	3.35	3.45
陕　西	16.44	40.30	46.83	81.87	102.21	114.58	129.25	146.47	181.41	188.23	189.43
甘　肃	1.78	3.69	5.85	6.53	13.02	12.95	16.44	21.41	25.06	36.42	41.45
青　海	10.41	10.78	13.17	14.87	24.65	26.29	28.44	21.69	23.81	27.55	19.11
宁　夏	2.68	7.51	12.54	14.71	17.31	21.86	23.58	24.59	26.24	28.09	23.07
新　疆	5.68	6.96	8.68	10.04	15.24	23.45	32.74	45.24	51.10	75.99	85.61
东北地区	**17.38**	**41.23**	**58.58**	**85.57**	**126.80**	**159.16**	**186.54**	**230.17**	**242.81**	**268.59**	**266.04**
辽　宁	11.92	19.84	28.42	46.36	75.95	93.40	111.26	130.31	140.32	156.38	152.80
吉　林	3.16	11.57	17.36	20.59	26.03	26.10	32.38	40.76	47.48	55.32	54.61
黑龙江	2.30	9.82	12.81	18.62	24.82	39.66	42.91	59.10	55.02	56.89	58.63

数据来源：国家统计局。

（四）各地区土地成交数据

表3－24　2014—2018年全国各地区土地成交价款

单位：亿元

类　别	2014年	2015年	2016年	2017年	2018年
总　计	**10019.88**	**7621.61**	**9129.31**	**13643.39**	**16102.16**
一、东部地区	**5487.47**	**4268.97**	**5635.52**	**8277.62**	**10111.77**
北　京	763.67	811.13	470.12	815.90	503.33
天　津	121.09	74.20	239.88	177.72	348.31
河　北	232.92	168.45	190.15	260.05	280.94
上　海	395.63	179.98	375.12	384.53	221.85
江　苏	1094.55	530.42	845.47	1645.77	1723.90
浙　江	964.49	574.93	967.78	2102.79	3002.82
福　建	476.05	490.12	601.17	758.88	1165.07
山　东	524.73	473.45	483.35	503.17	917.46
广　东	856.58	890.97	1399.39	1575.51	1900.20
海　南	57.75	75.32	63.08	53.29	47.91
二、中部地区	**1765.58**	**1325.24**	**1743.03**	**3088.24**	**2935.47**
山　西	65.46	84.84	127.99	95.55	81.94
安　徽	711.02	479.32	660.36	1664.38	1337.71
江　西	208.87	147.48	121.20	186.52	242.48
河　南	233.94	198.21	453.46	534.87	498.93
湖　北	334.87	238.74	214.93	364.06	317.48
湖　南	211.43	176.66	165.09	242.87	456.94
三、西部地区	**2097.96**	**1535.51**	**1428.00**	**1933.78**	**2452.84**
内蒙古	87.19	52.62	32.52	44.34	56.91
广　西	160.94	108.45	206.53	217.18	201.19
重　庆	679.99	539.12	429.73	568.45	625.56
四　川	475.97	332.42	381.60	322.53	742.95
贵　州	111.05	83.75	41.54	130.49	139.76
云　南	214.58	146.38	146.21	279.01	159.50
西　藏	6.98	0.95	0.66	3.40	3.73
陕　西	157.31	134.79	77.89	227.01	237.25
甘　肃	58.48	28.71	33.53	17.28	35.83
青　海	13.38	11.14	8.49	16.23	19.46
宁　夏	35.00	25.70	24.63	20.04	16.10
新　疆	97.11	71.49	44.68	87.83	214.60
四、东北地区	**668.87**	**491.89**	**322.76**	**343.74**	**602.07**
辽　宁	411.23	246.07	127.52	117.10	294.73
吉　林	188.75	191.72	157.90	176.33	227.29
黑龙江	68.89	54.11	37.34	50.32	80.05

数据来源：国家统计局。

表 3－25　2018 年全国各地区土地成交价款（月度累计）

单位：亿元

类　别	1—2 月	1—3 月	1—4 月	1—5 月	1—6 月	1－7 月	1—8 月	1—9 月	1—10 月	1—11 月	1—12 月
总　计	**794.25**	**1633.88**	**2391.37**	**3521.95**	**5265.31**	**6618.89**	**8176.91**	**10002.20**	**11695.01**	**13746.36**	**16102.16**
东部地区	**433.41**	**1047.87**	**1502.50**	**2160.81**	**3148.06**	**3919.53**	**4924.15**	**6070.65**	**7157.97**	**8520.95**	**10111.77**
北　京	22.55	37.54	47.27	47.06	87.48	88.13	145.03	145.03	226.50	395.26	503.33
天　津	1.51	103.65	133.62	185.55	188.57	221.22	235.66	272.47	292.25	316.64	348.31
河　北	19.36	28.25	55.02	83.73	114.85	137.14	169.12	196.11	215.03	242.57	280.94
上　海	39.84	71.28	73.24	112.80	125.49	168.04	169.42	199.95	179.77	186.26	221.85
江　苏	92.66	243.60	341.21	472.06	651.06	765.03	929.16	1158.89	1260.47	1543.12	1723.90
浙　江	120.31	285.36	374.62	528.25	769.12	1002.08	1272.59	1646.95	2124.48	2559.16	3002.82
福　建	40.11	66.42	175.52	209.70	341.34	431.53	650.25	801.42	903.21	1004.79	1165.07
山　东	65.87	94.78	152.01	220.16	272.33	355.61	452.43	529.78	643.95	750.60	917.46
广　东	29.01	105.88	136.60	271.38	567.68	720.61	866.04	1080.01	1272.28	1482.38	1900.20
海　南	2.21	11.12	13.39	30.14	30.14	30.14	34.43	40.04	40.04	40.18	47.91
中部地区	**216.39**	**341.21**	**478.74**	**704.13**	**1035.80**	**1360.32**	**1648.41**	**1961.53**	**2210.79**	**2578.26**	**2935.47**
山　西	4.47	5.67	10.71	15.61	21.52	25.57	33.01	41.61	55.24	65.55	81.94
安　徽	111.90	190.19	291.58	430.89	565.52	741.95	892.62	1011.75	1108.92	1272.73	1337.71
江　西	12.04	14.70	20.64	36.53	46.96	94.77	113.56	145.93	171.06	184.79	242.48
河　南	23.86	40.07	54.56	95.80	171.97	185.38	240.31	291.78	343.30	410.57	498.93
湖　北	35.54	45.00	45.30	63.38	103.03	125.28	148.32	192.39	224.06	277.73	317.48
湖　南	28.57	45.58	55.94	61.91	126.80	187.37	220.58	278.07	308.21	366.90	456.94
西部地区	**117.73**	**175.83**	**317.56**	**456.22**	**809.66**	**973.21**	**1182.68**	**1497.76**	**1813.71**	**2076.90**	**2452.84**
内蒙古	2.65	3.47	11.10	12.76	19.89	33.15	35.21	50.03	53.65	63.32	56.91
广　西	16.06	24.73	27.40	38.72	73.16	81.61	93.06	112.40	133.53	149.42	201.19
重　庆	34.43	34.86	54.27	84.68	215.01	268.48	322.19	361.37	494.21	547.58	625.56
四　川	20.34	46.44	148.46	193.39	275.49	297.22	360.16	469.66	528.57	580.34	742.95
贵　州	7.37	12.92	16.21	22.07	36.21	43.89	53.55	63.74	86.70	128.76	139.76
云　南	8.84	17.13	18.13	34.05	51.72	59.66	67.56	117.92	130.41	137.75	159.50
西　藏	1.06	1.06	1.68	1.68	2.68	3.09	3.09	3.23	3.23	3.73	3.73
陕　西	19.71	23.85	26.34	49.41	79.26	82.38	106.26	140.86	155.74	195.88	237.25
甘　肃	0.17	1.86	2.48	2.83	13.06	18.10	18.89	26.12	31.64	32.41	35.83
青　海	1.08	—	—	1.51	1.51	2.31	2.70	2.70	3.30	17.35	19.46
宁　夏	0.23	3.30	3.40	3.52	11.75	12.23	13.13	15.54	17.02	15.16	16.10
新　疆	5.80	6.22	8.09	11.61	29.93	71.10	106.89	134.19	175.73	205.21	214.60
东北地区	**26.72**	**68.97**	**92.57**	**200.79**	**271.80**	**365.83**	**421.67**	**472.25**	**512.54**	**570.24**	**602.07**
辽　宁	15.45	43.27	44.28	102.91	147.46	206.16	238.70	257.42	264.58	281.77	294.73
吉　林	—	14.09	27.28	70.17	91.84	121.72	140.95	164.35	185.50	218.27	227.29
黑龙江	11.27	11.62	21.00	27.71	32.50	37.95	42.03	50.48	62.46	70.20	80.05

数据来源：国家统计局。

表 3－26 2014—2018 年全国各地区土地购置面积

单位：万平方米

类 别	2014 年	2015 年	2016 年	2017 年	2018 年
总 计	**33383.03**	**22810.79**	**22025.25**	**25508.29**	**29141.57**
一、东部地区	**13205.72**	**8867.30**	**9937.07**	**11236.89**	**13362.45**
北 京	580.76	390.96	268.50	413.30	218.19
天 津	122.74	173.98	476.91	225.99	226.32
河 北	1081.72	756.86	929.93	1033.84	1150.91
上 海	313.18	263.39	229.11	179.73	144.58
江 苏	3454.27	1693.35	1736.90	2160.65	2508.77
浙 江	1887.92	1012.58	1302.96	2248.87	3026.02
福 建	1294.16	1056.72	969.81	916.44	1286.82
山 东	2225.50	1787.97	2093.90	2090.36	2709.19
广 东	1956.99	1478.80	1750.32	1841.19	1968.44
海 南	288.47	252.70	178.72	126.53	123.22
二、中部地区	**7852.63**	**5322.76**	**5505.66**	**7347.39**	**7162.84**
山 西	431.71	431.66	351.74	269.39	287.80
安 徽	3029.58	1805.94	2142.70	3776.54	2938.98
江 西	918.20	542.89	443.13	576.17	534.70
河 南	1116.16	951.41	1108.04	1015.47	1018.43
湖 北	1244.99	729.91	648.64	676.44	954.35
湖 南	1111.98	860.96	811.40	1033.39	1428.57
三、西部地区	**9308.87**	**6600.11**	**5067.21**	**5499.06**	**6791.25**
内蒙古	534.48	316.27	230.28	283.98	362.59
广 西	610.01	415.94	639.10	675.19	602.95
重 庆	1864.59	1626.77	959.00	1112.22	1260.92
四 川	1535.43	1061.98	1304.72	800.76	1520.10
贵 州	936.36	601.20	317.06	438.87	596.56
云 南	1218.23	826.89	518.81	822.61	571.55
西 藏	58.10	30.82	2.94	26.57	33.02
陕 西	487.52	447.59	357.28	560.14	794.76
甘 肃	567.49	239.72	131.94	111.04	180.98
青 海	99.87	48.35	18.52	44.86	56.39
宁 夏	332.77	230.51	158.97	164.66	144.90
新 疆	1064.02	754.07	428.60	458.16	666.52
四、东北地区	**3015.83**	**2020.61**	**1515.31**	**1424.95**	**1825.03**
辽 宁	1670.85	957.02	654.52	510.61	809.86
吉 林	928.40	793.19	699.59	668.12	769.11
黑龙江	416.58	270.40	161.20	246.23	246.06

数据来源：国家统计局。

表3－27 2018年全国各地区土地购置面积（月度累计）

单位：万平方米

类别	1—2月	1—3月	1—4月	1—5月	1—6月	1-7月	1—8月	1—9月	1—10月	1—11月	1—12月
总计	**2344.56**	**3802.07**	**5411.56**	**7741.76**	**11085.11**	**13817.61**	**16451.29**	**19366.18**	**21962.57**	**25325.63**	**29141.57**
东部地区	**914.10**	**1716.75**	**2516.47**	**3581.87**	**4969.00**	**6089.62**	**7264.10**	**8588.22**	**9609.92**	**11479.78**	**13362.45**
北京	8.80	15.13	53.70	52.20	66.15	72.30	97.19	97.19	148.10	174.07	218.19
天津	8.19	40.69	60.61	70.08	81.66	112.52	131.75	146.92	172.30	198.14	226.32
河北	80.61	149.21	245.57	348.50	485.93	588.20	684.33	766.21	834.04	958.66	1150.91
上海	10.50	26.86	31.10	69.91	85.41	92.28	93.86	107.59	104.05	103.28	144.58
江苏	211.88	334.21	495.83	709.96	936.06	1111.40	1309.17	1568.35	1686.69	2237.59	2508.77
浙江	216.70	459.87	558.81	778.60	1036.87	1277.94	1491.70	1831.98	2133.89	2628.78	3026.02
福建	74.20	117.96	216.89	308.28	508.97	625.10	764.16	921.04	1060.31	1179.00	1286.82
山东	215.28	344.43	531.44	752.51	979.19	1268.78	1484.21	1705.61	1915.57	2206.27	2709.19
广东	75.91	161.96	254.75	410.19	707.11	859.48	1106.89	1337.58	1449.22	1687.92	1968.44
海南	12.03	66.42	67.78	81.64	81.64	81.64	100.84	105.74	105.74	106.07	123.22
中部地区	**849.94**	**1108.91**	**1556.46**	**2031.16**	**2881.11**	**3710.77**	**4285.56**	**5022.26**	**5580.51**	**6198.97**	**7162.84**
山西	6.84	12.22	26.47	53.64	89.72	114.44	133.44	165.10	199.20	233.54	287.80
安徽	383.17	599.80	855.52	1120.36	1480.67	1797.01	2059.07	2346.48	2537.17	2735.87	2938.98
江西	28.59	41.14	74.24	123.25	147.55	268.26	321.46	387.07	443.51	457.87	534.70
河南	59.51	95.96	168.17	225.24	369.16	430.81	539.80	611.34	717.83	834.97	1018.43
湖北	120.23	183.42	185.06	237.95	304.94	414.73	484.69	639.15	720.55	822.25	954.35
湖南	251.60	176.37	247.00	270.71	489.06	685.52	747.10	873.12	962.25	1114.48	1428.57
西部地区	**495.45**	**791.42**	**1099.30**	**1614.89**	**2470.11**	**2989.95**	**3690.03**	**4412.88**	**5247.37**	**5953.46**	**6791.25**
内蒙古	10.07	20.54	58.64	82.72	136.45	225.07	256.13	331.88	344.78	369.48	362.59
广西	66.51	92.91	111.56	184.87	242.91	294.02	344.27	426.40	493.87	511.03	602.95
重庆	85.05	125.99	191.71	260.53	497.12	586.40	715.85	753.41	1034.49	1109.61	1260.92
四川	80.82	156.72	276.55	383.44	514.74	566.32	744.67	908.13	1028.79	1227.86	1520.10
贵州	40.87	92.79	108.22	143.06	211.53	246.52	316.93	387.26	436.57	558.29	596.56
云南	67.54	114.05	119.15	179.23	254.95	289.80	327.66	413.54	469.80	516.74	571.55
西藏	6.31	6.31	18.49	18.49	21.44	23.18	23.18	27.18	27.18	33.02	33.02
陕西	97.63	115.83	128.47	226.17	329.41	350.70	435.48	492.84	515.27	663.70	794.76
甘肃	3.12	15.64	24.38	28.44	54.75	79.13	84.49	116.54	155.91	165.97	180.98
青海	1.89	—	—	19.21	19.21	27.73	28.98	28.98	32.96	44.48	56.39
宁夏	2.06	11.31	12.31	15.33	62.40	71.76	86.66	122.57	141.53	128.50	144.90
新疆	33.58	39.33	49.81	73.39	125.21	229.33	325.73	404.14	566.21	624.80	666.52
东北地区	**85.07**	**184.99**	**239.33**	**513.84**	**764.90**	**1027.28**	**1211.60**	**1342.83**	**1524.77**	**1693.41**	**1825.03**
辽宁	76.92	151.76	163.72	273.07	414.08	513.42	617.16	652.52	698.19	747.57	809.86
吉林	—	22.53	49.64	196.22	278.28	419.92	491.04	564.35	660.49	736.61	769.11
黑龙江	8.14	10.70	25.97	44.55	72.53	93.94	103.40	125.95	166.09	209.24	246.06

数据来源：国家统计局。

（五）各地区房地产建设数据

1. 各地区房屋施工面积

表 3－28　2014—2018 年全国各地区房屋施工面积

单位：万平方米

类　别	2014 年	2015 年	2016 年	2017 年	2018 年
总　计	**726482.34**	**735693.37**	**758974.80**	**781483.73**	**822300.24**
一、东部地区	**316435.91**	**322915.58**	**332477.08**	**345151.87**	**364740.59**
北　京	13588.08	12993.08	12976.00	12412.74	12962.61
天　津	10652.37	10230.22	9349.76	8795.82	10324.37
河　北	31628.39	30434.76	30476.78	30318.32	28172.06
上　海	14690.18	15095.33	15111.24	15362.25	14672.37
江　苏	57637.72	58118.44	58761.73	59464.23	62673.47
浙　江	42144.35	41687.33	41609.78	41236.24	44537.06
福　建	30051.77	30891.14	31064.14	31939.55	32825.97
山　东	54508.45	57206.44	59957.07	63563.24	69063.06
广　东	53977.47	57941.86	64233.80	72492.10	79935.06
海　南	7557.15	8316.98	8936.78	9567.39	9574.56
二、中部地区	**155215.98**	**162885.57**	**176520.75**	**186593.39**	**200599.23**
山　西	15476.89	15734.48	17069.25	16473.40	16949.56
安　徽	33479.11	34244.67	35645.44	39169.24	41128.34
江　西	13332.64	15293.60	16427.25	18806.79	20738.65
河　南	38857.60	40994.40	47359.55	49942.29	54685.56
湖　北	26321.99	28296.28	29879.88	30510.48	31315.60
湖　南	27747.75	28322.13	30139.38	31691.19	35781.53
三、西部地区	**189727.04**	**196632.21**	**200949.79**	**201615.78**	**210075.83**
内蒙古	18474.17	17641.28	16906.28	15815.41	15053.71
广　西	17472.15	18608.36	21134.65	22689.62	25399.02
重　庆	28623.93	28985.67	27363.39	25960.99	27226.56
四　川	36499.35	38981.36	41532.14	41294.89	44065.92
贵　州	20369.36	20877.67	20352.24	20385.43	21953.33
云　南	20034.58	20722.20	20593.19	21085.35	21800.41
西　藏	273.17	380.62	348.77	229.85	358.61
陕　西	19466.10	20752.16	22297.53	23630.10	24618.05
甘　肃	7660.30	8586.18	8933.24	9153.46	9428.51
青　海	2545.90	2585.59	2847.71	2936.71	2549.21
宁　夏	7019.37	7045.68	7110.06	6836.71	6047.78
新　疆	11288.65	11465.44	11530.59	11597.26	11574.72
四、东北地区	**65103.41**	**53260.01**	**49027.18**	**48122.69**	**46884.60**
辽　宁	38616.88	29283.18	26364.11	25906.89	24216.83
吉　林	12268.44	11566.47	11797.33	11887.33	12079.52
黑龙江	14218.09	12410.35	10865.75	10328.47	10588.25

数据来源：国家统计局。

表 3－29 2018 年全国各地区施工面积（月度累计）

单位：万平方米

类别	1—2 月	1—3 月	1—4 月	1—5 月	1—6 月	1－7 月	1—8 月	1—9 月	1—10 月	1—11 月	1—12 月
总计	**632001.56**	**646555.53**	**664409.82**	**684991.12**	**709649.42**	**728593.33**	**747658.48**	**767217.95**	**784424.65**	**804886.01**	**822300.24**
东部地区	**279080.37**	**286446.78**	**295122.70**	**304121.76**	**314384.29**	**322886.08**	**331763.33**	**339778.45**	**346954.00**	**355693.87**	**364740.59**
北京	10561.82	10737.13	10914.31	11222.64	11496.95	11716.54	11844.54	12150.61	12426.79	12705.31	12962.61
天津	6832.46	7216.30	7613.50	8017.95	8384.27	8632.11	8928.36	9221.24	9422.52	9528.02	10324.37
河北	20290.71	20730.54	21528.55	22307.06	23479.38	24504.08	25341.57	26293.52	27096.71	27540.41	28172.06
上海	11927.34	12075.51	12414.37	12727.18	12995.50	13181.62	13540.72	13900.54	14169.72	14536.33	14672.37
江苏	47772.47	49629.65	51379.66	52987.72	54496.03	56042.59	57473.92	58610.09	59849.10	61450.22	62673.47
浙江	32873.45	33637.51	34568.87	35663.94	36900.44	38066.44	39353.38	40250.95	41604.70	43187.33	44537.06
福建	26260.23	26645.15	27345.03	27728.27	28747.94	29320.94	30045.78	30800.99	31182.27	31992.54	32825.97
山东	52024.02	53706.20	55357.22	57541.68	59599.39	61275.96	63141.60	64665.27	65981.12	67393.37	69063.06
广东	62594.41	63929.02	65729.61	67484.25	69620.15	71257.67	72957.80	74646.95	75919.49	77868.43	79935.06
海南	7943.46	8139.76	8271.58	8441.07	8664.23	8888.12	9135.64	9238.29	9301.58	9491.91	9574.56
中部地区	**152749.79**	**156035.37**	**160661.62**	**165757.08**	**172248.80**	**177152.74**	**181584.53**	**186363.77**	**190475.04**	**196061.56**	**200599.23**
山西	13137.24	13454.82	13841.77	14444.70	15139.71	15545.29	15764.95	16100.05	16391.02	16709.24	16949.56
安徽	31770.86	32513.76	33559.84	34647.51	35894.71	36907.83	37868.04	38764.99	39575.38	40420.76	41128.34
江西	15946.92	16194.39	16673.79	17398.95	18002.48	18572.59	19017.24	19646.95	20062.81	20656.29	20738.65
河南	40804.24	41811.89	43146.82	44534.71	46331.12	47664.14	48752.52	49822.40	50867.04	52594.07	54685.56
湖北	24752.50	24914.52	25391.04	25937.77	26830.75	27526.74	28180.74	29036.45	29744.64	30745.39	31315.60
湖南	26338.02	27145.99	28048.36	28793.45	30050.03	30936.16	32001.04	32992.94	33834.15	34935.79	35781.53
西部地区	**161766.70**	**165240.28**	**169040.09**	**174213.83**	**180789.10**	**185282.00**	**190021.14**	**195774.86**	**200830.31**	**206135.35**	**210075.83**
内蒙古	12645.89	12299.77	12499.61	12756.44	13478.77	14098.90	14446.75	14976.24	15267.89	15424.16	15053.71
广西	20227.91	20669.64	21263.99	21848.14	22614.56	22970.14	23535.09	23947.70	24381.22	24804.65	25399.02
重庆	20627.29	21596.23	22197.22	22885.58	23551.75	24070.27	24644.73	25507.02	26093.23	26840.63	27226.56
四川	31393.81	32881.52	33752.75	35171.37	36490.22	37255.82	38362.72	39816.97	41236.86	42580.99	44065.92
贵州	16762.73	17033.70	17433.01	18155.81	18990.89	19449.92	19866.46	20417.38	20876.37	21581.47	21953.33
云南	17185.05	17179.21	17433.87	17807.03	18474.59	18840.04	19258.60	19850.82	20294.63	20964.33	21800.41
西藏	161.20	181.66	185.13	207.47	285.28	301.10	303.84	310.96	337.28	353.21	358.61
陕西	19161.56	19472.19	19828.57	20511.08	21232.23	21772.47	22383.99	22932.74	23337.90	23987.61	24618.05
甘肃	7010.31	7144.90	7328.03	7448.31	7800.29	8144.18	8453.13	8865.05	9186.46	9370.80	9428.51
青海	2118.85	2126.18	2171.15	2264.52	2329.68	2389.52	2460.32	2505.99	2550.44	2585.15	2549.21
宁夏	5146.57	5204.64	5348.81	5443.15	5586.17	5719.22	5758.04	5865.24	5969.44	6094.35	6047.78
新疆	9325.53	9450.65	9597.93	9714.93	9954.67	10270.42	10547.47	10778.75	11298.58	11548.00	11574.72
东北地区	**38404.70**	**38833.10**	**39585.41**	**40898.44**	**42227.22**	**43272.51**	**44289.48**	**45300.86**	**46165.30**	**46995.24**	**46884.60**
辽宁	20622.81	20982.49	21424.13	22238.87	22836.27	23191.07	23566.84	23905.54	24194.12	24373.87	24216.83
吉林	9681.49	9685.64	9876.34	10081.14	10411.42	10819.89	11135.28	11510.97	11794.62	12053.35	12079.52
黑龙江	8100.40	8164.97	8284.94	8578.44	8979.54	9261.55	9587.36	9884.35	10176.56	10568.03	10588.25

数据来源：国家统计局。

表 3－30 2014—2018 年全国各地区住宅施工面积

单位：万平方米

类 别	2014 年	2015 年	2016 年	2017 年	2018 年
总 计	**515096.45**	**511569.52**	**521310.22**	**536443.96**	**569986.66**
一、东部地区	**219284.96**	**221396.91**	**225814.36**	**234383.86**	**249438.55**
北 京	6977.99	6261.21	5857.61	5390.89	5877.06
天 津	7204.46	6968.75	6311.70	5911.03	7151.20
河 北	24456.15	23674.38	23407.19	23200.01	21452.64
上 海	8525.85	8372.12	8073.94	8013.80	7520.39
江 苏	41579.79	42315.98	43002.93	43554.54	46328.92
浙 江	25874.49	25117.15	24709.37	24760.01	27437.16
福 建	19718.43	19558.92	19436.54	20378.76	21031.59
山 东	40648.82	42276.51	44158.11	46742.06	50789.55
广 东	38290.06	40388.82	44171.00	49450.82	54791.17
海 南	6008.91	6463.07	6685.96	6981.94	7058.88
二、中部地区	**114650.49**	**118766.20**	**127337.11**	**135103.46**	**147485.69**
山 西	11471.77	11449.97	12222.32	11817.12	12314.82
安 徽	23193.68	23233.38	24115.13	26858.99	29191.11
江 西	9975.73	11157.74	12000.47	13659.14	15246.86
河 南	29831.26	31210.56	35579.02	37518.01	41349.89
湖 北	19610.09	20906.65	21803.01	22479.79	23397.47
湖 南	20567.96	20807.90	21617.17	22770.42	25985.55
三、西部地区	**133145.24**	**132932.00**	**133002.07**	**132391.33**	**139238.04**
内蒙古	12386.94	11554.23	11141.41	10394.39	9925.98
广 西	13065.65	13750.52	15339.29	16453.90	18522.84
重 庆	20294.49	19390.32	17932.69	16747.92	17859.42
四 川	24732.35	25300.45	26425.45	26272.05	28540.40
贵 州	13792.94	13592.65	12847.14	12789.65	13985.42
云 南	13607.78	13867.01	13324.64	13534.43	14243.51
西 藏	177.79	259.94	232.59	132.51	225.04
陕 西	15475.10	15558.06	16164.28	16958.61	17479.71
甘 肃	5644.35	6087.70	6191.65	6087.85	6167.60
青 海	1711.99	1650.31	1753.44	1735.76	1582.56
宁 夏	4622.94	4550.38	4555.28	4346.91	3821.19
新 疆	7632.93	7370.42	7094.22	6937.35	6884.37
四、东北地区	**48015.75**	**38474.40**	**35156.68**	**34565.30**	**33824.38**
辽 宁	28524.54	21406.76	19104.64	18784.00	17742.31
吉 林	9067.10	8282.66	8305.99	8349.19	8398.11
黑龙江	10424.11	8784.98	7746.05	7432.11	7683.95

数据来源：国家统计局。

表 3－31　2018 年全国各地区住宅施工面积（月度累计）

单位：万平方米

类　别	1—2 月	1—3 月	1—4 月	1—5 月	1—6 月	1－7 月	1—8 月	1—9 月	1—10 月	1—11 月	1—12 月
总　计	**430669.35**	**441540.43**	**454588.67**	**469769.70**	**487933.16**	**502037.33**	**515960.95**	**530250.86**	**542343.74**	**557172.64**	**569986.66**
东部地区	**188054.12**	**193599.55**	**199782.81**	**206306.67**	**213831.78**	**220113.99**	**226424.84**	**232140.95**	**236941.41**	**243205.50**	**249438.55**
北　京	4624.45	4705.76	4830.41	4945.00	5107.43	5201.14	5268.93	5419.36	5541.56	5689.42	5877.06
天　津	4526.33	4835.02	5118.99	5458.15	5729.21	5933.00	6141.98	6338.73	6486.69	6607.27	7151.20
河　北	15452.17	15781.85	16396.56	17027.07	17924.78	18797.26	19428.08	20204.05	20650.05	20991.15	21452.64
上　海	6035.70	6103.09	6326.65	6497.53	6643.18	6748.54	6927.29	7134.35	7298.99	7464.37	7520.39
江　苏	34960.95	36336.76	37622.43	38886.58	40067.18	41207.63	42358.36	43247.41	44203.39	45398.48	46328.92
浙　江	19491.71	20021.85	20632.84	21424.85	22321.12	23115.80	24015.48	24618.25	25506.11	26559.03	27437.16
福　建	16581.39	16809.57	17280.32	17542.95	18264.87	18669.46	19155.20	19689.13	19870.05	20437.56	21031.59
山　东	38075.06	39406.05	40685.03	42310.21	43856.41	45127.84	46464.28	47501.49	48503.73	49631.55	50789.55
广　东	42535.42	43692.51	44874.98	46050.89	47563.15	48760.10	49910.30	51157.66	52007.13	53421.67	54791.17
海　南	5770.94	5907.10	6014.60	6163.44	6354.42	6553.22	6754.95	6830.53	6873.72	7004.99	7058.88
中部地区	**110248.42**	**112733.63**	**116447.84**	**120419.33**	**125399.05**	**129226.18**	**132808.63**	**136447.16**	**139602.20**	**143926.43**	**147485.69**
山　西	9420.29	9674.09	9990.33	10420.75	10936.31	11240.33	11418.63	11648.77	11864.60	12127.18	12314.82
安　徽	21843.38	22393.05	23242.07	24067.59	25033.78	25816.81	26611.82	27291.74	27931.05	28584.44	29191.11
江　西	11544.54	11722.65	12122.33	12661.28	13112.11	13534.00	13897.35	14372.86	14698.40	15163.75	15246.86
河　南	30619.06	31353.38	32405.51	33506.23	34875.99	35920.56	36828.94	37720.54	38419.05	39743.90	41349.89
湖　北	18037.72	18209.93	18604.63	19117.16	19825.38	20355.90	20892.29	21525.91	22123.93	22902.33	23397.47
湖　南	18783.43	19380.53	20082.98	20646.32	21615.49	22358.57	23159.61	23887.34	24565.16	25404.83	25985.55
西部地区	**105017.41**	**107493.06**	**110100.39**	**113700.81**	**118337.53**	**121583.20**	**124913.36**	**129026.24**	**132565.14**	**136257.75**	**139238.04**
内蒙古	8115.36	7976.01	8126.37	8304.36	8808.70	9243.80	9514.54	9908.47	10096.15	10222.88	9925.98
广　西	14451.13	14774.59	15217.00	15688.52	16251.21	16552.81	16974.38	17303.25	17683.99	17999.83	18522.84
重　庆	13249.46	14008.60	14377.97	14846.70	15332.07	15717.45	16109.20	16735.06	17125.95	17585.18	17859.42
四　川	19824.62	20757.89	21346.14	22304.34	23190.36	23742.82	24471.92	25533.36	26510.48	27421.31	28540.40
贵　州	10402.36	10601.09	10896.87	11404.99	11931.84	12241.07	12524.94	12895.15	13217.42	13698.87	13985.42
云　南	10979.48	10925.42	11093.09	11364.92	11879.13	12138.71	12447.15	12863.28	13198.36	13690.29	14243.51
西　藏	92.32	109.53	106.62	115.24	175.79	185.03	185.13	189.16	206.73	219.34	225.04
陕　西	13495.86	13716.68	13964.35	14415.42	14947.62	15363.09	15807.04	16183.28	16467.18	16985.74	17479.71
甘　肃	4564.07	4637.37	4753.47	4842.03	5081.72	5297.75	5513.40	5792.99	5989.49	6109.05	6167.60
青　海	1288.63	1305.24	1332.81	1392.68	1430.18	1471.71	1526.54	1562.88	1593.24	1610.89	1582.56
宁　夏	3172.24	3219.76	3328.84	3393.31	3503.06	3603.17	3623.97	3683.97	3751.02	3838.03	3821.19
新　疆	5381.87	5460.88	5556.86	5628.29	5805.84	6025.78	6215.16	6375.39	6725.12	6876.33	6884.37
东北地区	**27349.39**	**27714.19**	**28257.63**	**29342.89**	**30364.81**	**31113.97**	**31814.11**	**32636.50**	**33234.99**	**33782.97**	**33824.38**
辽　宁	14778.64	15096.21	15428.34	16095.64	16567.59	16833.23	17126.75	17408.65	17626.66	17743.49	17742.31
吉　林	6746.39	6750.20	6891.39	7056.26	7316.75	7594.43	7839.17	8124.19	8262.75	8377.17	8398.11
黑龙江	5824.36	5867.78	5937.90	6190.99	6480.47	6686.30	6848.20	7103.65	7345.59	7662.31	7683.95

数据来源：国家统计局。

表 3－32　2014—2018 年全国各地区办公楼施工面积

单位：万平方米

类　别	2014 年	2015 年	2016 年	2017 年	2018 年
总　计	**29927.54**	**33044.37**	**35029.37**	**36014.62**	**35842.23**
一、东部地区	**16868.90**	**18492.55**	**19616.36**	**20575.14**	**20571.16**
北　京	2253.98	2409.63	2447.26	2428.40	2220.52
天　津	864.64	872.41	723.32	693.83	623.55
河　北	676.79	641.45	858.69	829.75	690.06
上　海	1779.04	1978.49	2180.50	2282.08	2139.02
江　苏	2310.53	2342.87	2281.90	2503.74	2466.10
浙　江	2925.46	2963.96	3016.91	2845.86	2817.41
福　建	1810.02	2150.88	2262.87	2203.83	2227.70
山　东	1978.01	2364.71	2434.79	2574.61	2681.25
广　东	2137.02	2607.81	3206.43	3965.06	4480.20
海　南	133.40	160.35	203.69	247.98	225.35
二、中部地区	**4997.77**	**5455.95**	**5992.75**	**6220.02**	**6104.93**
山　西	462.29	502.20	607.47	548.93	495.84
安　徽	1084.97	1184.59	1205.03	1330.35	1232.57
江　西	471.78	533.71	574.30	616.15	582.35
河　南	1489.02	1568.02	1698.99	1699.76	1791.97
湖　北	786.87	921.05	1048.39	1157.25	1154.29
湖　南	702.83	746.39	858.57	867.57	847.92
三、西部地区	**6644.47**	**7774.68**	**8114.28**	**7948.62**	**7884.68**
内蒙古	641.90	624.55	565.76	556.87	463.74
广　西	445.65	536.45	743.68	735.52	764.06
重　庆	1072.22	1145.29	1020.20	907.70	809.16
四　川	1300.71	1489.51	1584.66	1487.57	1689.40
贵　州	722.15	850.35	812.79	752.50	747.85
云　南	735.83	770.80	763.01	840.36	781.72
西　藏	17.51	20.81	15.85	9.17	6.51
陕　西	705.15	1033.44	1171.05	1224.76	1301.74
甘　肃	178.95	241.60	276.95	298.59	303.83
青　海	122.47	151.72	164.12	167.68	103.96
宁　夏	248.16	333.83	368.59	357.92	299.90
新　疆	453.78	576.32	627.61	609.97	612.79
四、东北地区	**1416.40**	**1321.19**	**1305.98**	**1270.84**	**1281.46**
辽　宁	816.08	648.78	595.51	535.05	518.23
吉　林	349.78	423.26	473.76	497.41	532.30
黑龙江	250.54	249.14	236.71	238.39	230.94

数据来源：国家统计局。

表 3－33　2018 年全国各地区办公楼施工面积（月度累计）

单位：万平方米

类　别	1—2 月	1—3 月	1—4 月	1—5 月	1—6 月	1－7 月	1—8 月	1—9 月	1—10 月	1—11 月	1—12 月
总　计	**30381.16**	**30848.68**	**31271.16**	**31805.98**	**32524.68**	**33000.51**	**33488.27**	**34166.99**	**34759.76**	**35371.57**	**35842.23**
东部地区	**17432.89**	**17740.26**	**18009.99**	**18303.48**	**18687.73**	**18985.30**	**19295.48**	**19623.81**	**19945.23**	**20240.14**	**20571.16**
北　京	2004.71	2009.63	2020.57	2052.89	2080.75	2138.16	2149.43	2184.86	2222.27	2242.77	2220.52
天　津	551.40	551.31	552.38	559.79	572.66	581.17	580.69	580.69	580.89	574.02	623.55
河　北	547.13	557.43	577.92	585.00	613.66	627.24	636.74	642.71	664.68	679.50	690.06
上　海	1824.94	1884.08	1907.26	1929.85	1954.51	1968.40	2027.38	2046.26	2072.57	2112.28	2139.02
江　苏	2106.57	2173.14	2239.05	2260.31	2303.00	2354.71	2408.21	2416.10	2451.44	2471.40	2466.10
浙　江	2373.67	2426.86	2459.23	2488.12	2511.77	2552.19	2595.46	2646.49	2709.63	2779.30	2817.41
福　建	1992.69	2034.92	2042.16	2074.97	2112.34	2125.47	2109.59	2120.85	2151.72	2174.26	2227.70
山　东	2183.67	2188.66	2226.38	2274.51	2335.04	2362.39	2404.26	2493.54	2563.96	2607.40	2681.25
广　东	3648.44	3705.38	3774.27	3867.22	3992.82	4064.28	4169.55	4270.71	4306.47	4377.37	4480.20
海　南	199.65	208.85	210.77	210.84	211.19	211.30	214.16	221.60	221.60	221.85	225.35
中部地区	**5205.99**	**5264.69**	**5338.08**	**5474.80**	**5645.11**	**5669.25**	**5711.54**	**5861.23**	**5956.11**	**6038.91**	**6104.93**
山　西	424.87	427.06	442.13	453.60	463.42	467.98	469.41	485.15	489.04	491.35	495.84
安　徽	1010.54	1031.47	1043.05	1074.58	1139.20	1161.38	1163.94	1206.17	1214.81	1228.27	1232.57
江　西	536.20	542.21	548.89	568.86	573.15	579.66	583.89	586.86	590.00	598.34	582.35
河　南	1447.04	1492.10	1515.20	1539.10	1595.10	1606.35	1622.16	1652.52	1712.69	1753.19	1791.97
湖　北	1024.05	1000.53	1008.74	1035.54	1059.75	1073.74	1078.61	1125.06	1133.90	1147.56	1154.29
湖　南	763.29	771.32	780.08	803.12	814.49	780.13	793.53	805.47	815.66	820.20	847.92
西部地区	**6673.48**	**6771.25**	**6818.88**	**6909.57**	**7061.76**	**7171.08**	**7278.55**	**7454.34**	**7619.99**	**7834.01**	**7884.68**
内蒙古	476.09	441.59	442.34	446.81	453.03	460.08	461.63	463.16	467.91	470.62	463.74
广　西	676.38	691.16	697.70	707.59	724.26	731.90	737.57	739.99	745.03	766.88	764.06
重　庆	726.42	734.37	734.49	741.43	747.94	748.43	760.56	790.45	798.99	830.11	809.16
四　川	1182.24	1286.38	1329.29	1357.95	1399.30	1428.06	1476.94	1514.08	1568.50	1649.12	1689.40
贵　州	638.11	646.93	647.84	654.79	677.74	692.73	693.42	713.18	720.30	741.80	747.85
云　南	678.86	676.17	671.33	674.04	692.92	696.81	698.42	734.24	754.81	770.58	781.72
西　藏	5.33	5.30	5.30	5.30	5.30	5.51	5.51	5.51	5.51	6.51	6.51
陕　西	1080.54	1092.31	1092.35	1137.41	1156.02	1192.42	1221.57	1247.99	1262.62	1285.94	1301.74
甘　肃	251.82	257.77	261.99	262.47	271.30	271.81	274.29	283.35	297.41	300.08	303.83
青　海	97.37	98.58	99.12	99.94	102.05	102.22	102.57	104.22	104.29	104.64	103.96
宁　夏	306.01	304.17	305.36	289.24	292.40	292.75	296.69	298.17	298.96	299.15	299.90
新　疆	554.31	536.53	531.75	532.61	539.50	548.36	549.39	559.99	595.67	608.57	612.79
东北地区	**1068.81**	**1072.47**	**1104.22**	**1118.13**	**1130.09**	**1174.89**	**1202.70**	**1227.61**	**1238.43**	**1258.52**	**1281.46**
辽　宁	455.80	456.33	459.74	463.72	470.51	481.00	491.35	493.30	495.19	495.29	518.23
吉　林	432.83	432.22	447.04	447.04	449.66	467.53	484.33	506.19	514.57	532.35	532.30
黑龙江	180.18	183.92	197.44	207.38	209.92	226.36	227.03	228.12	228.67	230.89	230.94

数据来源：国家统计局。

表 3－34　2014—2018 年全国各地区商业营业用房施工面积

单位：万平方米

类　别	2014 年	2015 年	2016 年	2017 年	2018 年
总　计	**94320.05**	**100111.38**	**104571.86**	**105232.50**	**102629.22**
一、东部地区	**37219.22**	**38373.12**	**39382.80**	**39361.83**	**38246.35**
北　京	1278.52	1326.24	1354.82	1246.34	1160.15
天　津	1217.15	1163.11	1162.28	994.93	929.56
河　北	3422.20	3183.02	3238.84	3229.34	2974.65
上　海	1751.99	1944.02	1990.81	2016.16	1876.24
江　苏	7929.02	7569.39	7392.75	7067.92	6847.07
浙　江	5073.43	5198.93	5264.16	5014.84	4819.35
福　建	3622.17	3875.01	3764.97	3534.90	3484.18
山　东	6810.56	7121.65	7239.74	7492.12	7335.83
广　东	5441.59	6208.54	7006.00	7599.47	7680.99
海　南	672.58	783.22	968.43	1165.82	1138.34
二、中部地区	**20363.11**	**22552.82**	**24823.52**	**25419.31**	**25177.72**
山　西	1871.53	1915.07	2150.13	1979.85	1856.51
安　徽	5963.25	6364.11	6696.89	6694.49	6132.90
江　西	1707.34	2193.82	2368.53	2775.35	2921.66
河　南	4220.45	4831.74	5630.64	5926.85	6224.08
湖　北	3347.13	3747.75	3873.15	3761.84	3448.72
湖　南	3253.43	3500.32	4104.19	4280.94	4593.84
三、西部地区	**26796.29**	**30551.05**	**32366.70**	**32748.52**	**31957.15**
内蒙古	3478.37	3522.03	3295.88	3074.62	2862.89
广　西	1913.63	2112.66	2454.80	2601.65	2733.66
重　庆	3316.67	4111.50	4193.65	3988.08	3836.44
四　川	4880.91	5664.03	6223.91	6186.89	5882.13
贵　州	3123.45	3644.04	3755.27	3908.58	3922.74
云　南	3006.23	3208.14	3320.12	3447.33	3433.26
西　藏	44.35	58.15	59.39	49.00	71.08
陕　西	1935.20	2556.18	3010.38	3109.85	3167.74
甘　肃	1114.76	1395.17	1476.47	1605.00	1631.91
青　海	434.78	472.65	565.63	640.18	524.55
宁　夏	1344.36	1289.90	1314.02	1290.28	1099.12
新　疆	2203.59	2516.62	2697.18	2847.06	2791.64
四、东北地区	**9941.42**	**8634.39**	**7998.85**	**7702.84**	**7248.00**
辽　宁	6095.79	4767.07	4445.32	4319.76	3779.17
吉　林	1759.35	1754.17	1840.53	1813.98	1860.68
黑龙江	2086.29	2113.14	1713.00	1569.10	1608.16

数据来源：国家统计局。

表3－35　2018年全国各地区商业营业用房施工面积（月度累计）

单位：万平方米

类　别	1—2月	1—3月	1—4月	1—5月	1—6月	1－7月	1—8月	1—9月	1—10月	1—11月	1—12月
总　计	**85272.70**	**86558.70**	**88252.38**	**90146.29**	**92534.04**	**94255.96**	**96119.15**	**97813.92**	**99743.14**	**101539.52**	**102629.22**
东部地区	**31765.70**	**32218.92**	**32900.75**	**33530.28**	**34288.22**	**34892.08**	**35628.41**	**36210.98**	**36964.81**	**37591.34**	**38246.35**
北　京	1045.16	1065.24	1065.49	1086.12	1100.60	1112.61	1129.87	1140.51	1159.56	1167.98	1160.15
天　津	742.05	760.38	813.99	822.90	843.39	864.22	891.05	901.67	912.59	872.44	929.56
河　北	2204.13	2246.62	2293.43	2351.34	2441.75	2498.96	2559.30	2623.66	2872.47	2913.39	2974.65
上　海	1659.57	1664.93	1676.40	1704.70	1720.23	1741.87	1763.81	1792.89	1805.77	1846.15	1876.24
江　苏	5627.47	5771.32	5912.27	6036.31	6154.12	6311.58	6400.55	6478.38	6557.41	6729.62	6847.07
浙　江	4031.50	4053.60	4111.36	4184.18	4245.91	4320.89	4403.31	4490.84	4616.03	4742.23	4819.35
福　建	2929.04	2962.72	3026.39	3061.80	3142.27	3163.80	3251.59	3332.93	3399.70	3473.00	3484.18
山　东	6000.55	6101.83	6213.98	6392.26	6553.83	6693.25	6891.02	7019.94	7110.23	7189.42	7335.83
广　东	6507.23	6557.67	6735.68	6832.30	7020.08	7114.34	7262.51	7344.12	7433.37	7525.74	7680.99
海　南	1019.00	1034.60	1051.75	1058.37	1066.03	1070.56	1075.39	1086.06	1097.67	1131.37	1138.34
中部地区	**20558.27**	**21023.37**	**21409.80**	**21923.52**	**22526.37**	**23022.46**	**23418.94**	**23855.82**	**24301.71**	**24778.05**	**25177.72**
山　西	1553.33	1569.85	1588.10	1638.96	1712.20	1740.43	1761.92	1793.98	1836.88	1850.06	1856.51
安　徽	5401.53	5521.28	5587.87	5670.55	5752.33	5792.05	5867.05	5959.03	6021.17	6090.47	6132.90
江　西	2357.35	2399.49	2449.62	2545.60	2608.87	2684.03	2708.83	2816.21	2861.50	2919.73	2921.66
河　南	4701.94	4856.54	4996.26	5170.14	5370.06	5555.07	5642.31	5693.22	5859.03	6005.10	6224.08
湖　北	2965.63	2998.55	3047.02	3085.24	3127.90	3200.09	3253.61	3318.66	3368.30	3443.17	3448.72
湖　南	3578.49	3677.66	3740.92	3813.03	3955.02	4050.79	4185.21	4274.71	4354.83	4469.52	4593.84
西部地区	**26782.31**	**27104.78**	**27617.05**	**28264.20**	**29122.80**	**29609.11**	**30144.60**	**30731.84**	**31276.48**	**31782.26**	**31957.15**
内蒙古	2571.85	2450.56	2464.29	2508.93	2619.25	2731.76	2774.40	2836.41	2866.06	2887.35	2862.89
广　西	2369.91	2419.09	2468.63	2521.89	2588.91	2607.96	2644.15	2680.24	2707.55	2747.33	2733.66
重　庆	3234.57	3313.24	3435.95	3494.31	3543.86	3583.18	3635.83	3694.02	3765.64	3827.14	3836.44
四　川	4725.70	4929.57	5040.03	5182.70	5342.81	5385.16	5482.24	5575.38	5710.38	5814.08	5882.13
贵　州	3289.94	3313.64	3350.20	3469.29	3588.89	3643.27	3703.29	3785.49	3837.99	3904.15	3922.74
云　南	2872.63	2888.22	2934.91	2978.96	3101.66	3138.73	3193.53	3243.95	3284.76	3337.74	3433.26
西　藏	30.68	35.08	37.09	43.49	60.16	62.34	62.49	64.99	71.96	72.13	71.08
陕　西	2558.32	2589.99	2627.59	2713.37	2811.57	2852.14	2940.78	3032.84	3074.60	3122.42	3167.74
甘　肃	1246.95	1283.78	1311.87	1327.00	1379.13	1449.76	1482.76	1542.47	1608.88	1638.38	1631.91
青　海	466.36	454.92	462.70	477.59	494.18	503.08	512.65	516.81	520.26	532.25	524.55
宁　夏	994.66	995.98	1022.06	1047.41	1055.56	1067.69	1075.25	1092.63	1106.59	1128.71	1099.12
新　疆	2420.74	2430.72	2461.73	2499.26	2536.83	2584.04	2637.22	2666.60	2721.81	2770.57	2791.64
东北地区	**6166.41**	**6211.63**	**6324.79**	**6428.28**	**6596.65**	**6732.31**	**6927.21**	**7015.28**	**7200.13**	**7387.87**	**7248.00**
辽　宁	3502.56	3532.82	3602.62	3659.45	3713.34	3762.93	3800.33	3827.13	3865.86	3926.60	3779.17
吉　林	1469.63	1476.15	1494.20	1519.28	1550.06	1603.14	1633.40	1666.74	1773.57	1858.89	1860.68
黑龙江	1194.22	1202.66	1227.98	1249.55	1333.25	1366.24	1493.48	1521.41	1560.71	1602.38	1608.16

数据来源：国家统计局。

2. 各地区房屋新开工面积

表 3－36　2014—2018 年全国各地区房屋新开工面积

单位：万平方米

类　别	2014 年	2015 年	2016 年	2017 年	2018 年
总　计	179592.49	154453.68	166928.13	178653.77	209341.79
一、东部地区	75232.31	65035.02	72254.58	78426.96	92604.55
北　京	2449.39	2706.91	2795.57	2361.51	2321.11
天　津	2815.27	2817.19	2511.47	2334.62	2479.34
河　北	8239.03	7219.81	8161.30	8417.21	8390.07
上　海	2782.02	2605.08	2840.95	2618.00	2687.17
江　苏	14220.35	11542.56	13670.83	13739.10	16821.27
浙　江	9676.14	6533.77	7282.02	10117.49	12879.28
福　建	6754.06	5244.85	4875.06	5528.75	7205.35
山　东	13328.07	12043.38	13293.69	14424.99	18732.25
广　东	13384.34	12676.74	14847.51	16775.55	19144.08
海　南	1583.64	1644.72	1976.16	2109.74	1944.64
二、中部地区	42224.98	39268.23	45308.54	49295.39	54824.26
山　西	3887.51	3700.64	3854.78	3305.84	3872.55
安　徽	8736.77	7759.35	8586.37	11398.66	10849.59
江　西	3348.42	3704.87	3875.01	4954.33	5801.49
河　南	10586.54	10974.12	14669.72	13628.78	14677.65
湖　北	7598.69	6734.67	6850.10	7771.87	8495.32
湖　南	8067.05	6394.58	7472.56	8235.91	11127.65
三、西部地区	47404.06	41205.56	41509.10	42996.95	52978.58
内蒙古	3114.00	2341.67	2563.70	2359.70	3024.31
广　西	4138.43	3850.07	4984.18	4912.21	6059.30
重　庆	6254.04	5810.85	4875.16	5680.04	7386.16
四　川	11328.04	9587.21	10825.16	11521.59	14094.44
贵　州	4616.49	4206.12	3467.55	3310.77	5689.20
云　南	5458.43	3841.29	3453.98	4017.34	4738.28
西　藏	191.49	119.87	57.01	61.07	193.06
陕　西	3943.16	3964.44	4483.64	4279.08	5451.76
甘　肃	2050.36	2312.66	2331.71	2374.63	2443.03
青　海	694.77	785.52	870.10	714.37	513.83
宁　夏	2053.77	1391.12	1391.34	1187.61	994.55
新　疆	3561.09	2994.75	2205.57	2578.54	2390.67
四、东北地区	14731.15	8944.87	7855.91	7934.47	8934.40
辽　宁	8192.17	4699.42	3733.61	3806.88	3961.71
吉　林	3257.60	2063.66	2115.99	1907.88	2477.96
黑龙江	3281.38	2181.79	2006.31	2219.72	2494.74

数据来源：国家统计局。

表 3－37 2018 年全国各地区新开工面积（月度累计）

单位：万平方米

类 别	1—2 月	1—3 月	1—4 月	1—5 月	1—6 月	1－7 月	1—8 月	1—9 月	1—10 月	1—11 月	1—12 月
总 计	**17746. 29**	**34614. 96**	**51779. 03**	**72190. 34**	**95816. 60**	**114780. 62**	**133293. 15**	**152582. 72**	**168754. 05**	**188894. 53**	**209341. 79**
东部地区	**8415. 66**	**16154. 88**	**24375. 51**	**33482. 36**	**43623. 29**	**51905. 38**	**60472. 31**	**68540. 28**	**75256. 46**	**83996. 69**	**92604. 55**
北 京	81. 02	154. 78	261. 76	587. 17	879. 40	1081. 22	1200. 78	1508. 02	1740. 30	2013. 65	2321. 11
天 津	342. 12	629. 09	992. 36	1250. 26	1601. 51	1848. 79	2112. 71	2409. 08	2592. 16	2815. 37	2479. 34
河 北	295. 21	812. 69	1610. 69	2483. 11	3655. 43	4679. 74	5517. 23	6469. 18	7241. 37	7684. 06	8390. 07
上 海	142. 77	262. 82	552. 72	868. 35	1129. 82	1306. 44	1642. 54	1996. 24	2246. 00	2573. 24	2687. 17
江 苏	1965. 59	3753. 22	5415. 68	7020. 68	8533. 12	10070. 01	11485. 98	12621. 74	13854. 53	15431. 88	16821. 27
浙 江	822. 28	1656. 02	2650. 96	3750. 70	5038. 37	6127. 53	7363. 91	8452. 07	9706. 06	11252. 88	12879. 28
福 建	731. 42	1245. 13	1894. 07	2461. 01	3222. 06	3752. 33	4415. 32	5138. 67	5504. 15	6294. 45	7205. 35
山 东	1782. 95	3651. 13	5268. 63	7455. 82	9518. 63	11188. 07	13036. 82	14525. 26	15677. 37	17089. 62	18732. 25
广 东	1982. 08	3510. 48	5117. 51	6824. 65	9085. 90	10668. 30	12266. 54	13886. 67	15100. 91	17054. 86	19144. 08
海 南	270. 23	479. 53	611. 12	780. 61	959. 07	1182. 95	1430. 48	1533. 34	1593. 61	1786. 67	1944. 64
中部地区	**5024. 90**	**9409. 58**	**14032. 38**	**19040. 84**	**25253. 92**	**30450. 52**	**34862. 12**	**39587. 83**	**43645. 62**	**48892. 77**	**54824. 26**
山 西	101. 50	419. 97	797. 73	1381. 53	2066. 61	2435. 38	2651. 40	2986. 50	3264. 26	3528. 36	3872. 55
安 徽	1178. 09	2064. 94	3107. 60	4169. 66	5416. 86	6365. 59	7319. 68	8201. 05	9023. 66	9821. 92	10849. 59
江 西	618. 49	915. 61	1370. 57	2032. 93	2615. 00	3164. 26	3607. 67	4214. 10	4629. 97	5179. 06	5801. 49
河 南	1210. 91	2419. 68	3747. 69	5070. 76	6731. 80	8027. 59	9115. 97	10175. 14	11214. 16	12678. 07	14677. 65
湖 北	932. 57	1747. 01	2301. 27	2943. 29	3867. 82	4558. 31	5212. 31	6064. 06	6725. 38	7704. 37	8495. 32
湖 南	983. 35	1842. 36	2707. 51	3442. 67	4555. 83	5899. 40	6955. 08	7946. 99	8788. 19	9980. 99	11127. 65
西部地区	**4273. 60**	**8429. 44**	**12013. 05**	**17089. 00**	**23138. 86**	**27586. 94**	**32125. 99**	**37613. 47**	**42213. 99**	**47493. 67**	**52978. 58**
内蒙古	19. 54	69. 32	241. 00	508. 86	1166. 10	1727. 03	2042. 38	2565. 81	2839. 69	2977. 44	3024. 31
广 西	803. 31	1264. 51	1774. 90	2373. 73	3104. 13	3465. 70	4004. 65	4398. 93	4835. 99	5264. 06	6059. 30
重 庆	732. 76	1704. 00	2276. 42	3005. 01	3623. 66	4142. 18	4684. 29	5473. 64	6045. 03	6813. 60	7386. 16
四 川	1455. 65	2964. 20	3893. 43	5242. 19	6586. 77	7325. 35	8432. 25	9883. 65	10972. 61	12391. 05	14094. 44
贵 州	647. 85	1052. 04	1387. 28	2026. 55	2683. 12	3091. 69	3475. 21	3976. 05	4423. 46	5120. 82	5689. 20
云 南	251. 06	474. 18	728. 53	1124. 13	1630. 92	2047. 01	2397. 95	2937. 68	3373. 91	3973. 43	4738. 28
西 藏		18. 62	26. 09	48. 43	126. 24	142. 06	144. 80	151. 92	167. 75	183. 68	193. 06
陕 西	305. 55	543. 11	809. 04	1452. 70	2122. 23	2695. 30	3306. 83	3850. 09	4198. 10	4829. 08	5451. 76
甘 肃	26. 88	169. 18	352. 31	462. 52	814. 51	1158. 40	1458. 29	1804. 13	2125. 54	2309. 88	2443. 03
青 海	1. 01	30. 79	95. 92	189. 29	254. 45	314. 29	385. 08	430. 75	475. 21	509. 91	513. 83
宁 夏	17. 77	56. 61	200. 59	297. 90	429. 30	571. 32	606. 43	713. 60	813. 05	927. 65	994. 55
新 疆	12. 21	82. 88	227. 55	357. 69	597. 43	906. 61	1187. 83	1427. 21	1943. 63	2193. 06	2390. 67
东北地区	**32. 12**	**621. 07**	**1358. 08**	**2578. 14**	**3800. 52**	**4837. 78**	**5832. 74**	**6841. 14**	**7637. 99**	**8511. 41**	**8934. 40**
辽 宁	18. 00	474. 88	911. 78	1639. 23	2183. 93	2530. 71	2896. 89	3232. 61	3521. 18	3754. 81	3961. 71
吉 林	13. 52	59. 53	250. 23	455. 03	767. 81	1176. 29	1491. 67	1867. 36	2092. 56	2340. 89	2477. 96
黑龙江	0. 59	86. 66	196. 08	483. 88	848. 77	1130. 79	1444. 19	1741. 18	2024. 25	2415. 71	2494. 74

数据来源：国家统计局。

表 3－38　2014—2018 年全国各地区住宅新开工面积

单位：万平方米

类　别	2014 年	2015 年	2016 年	2017 年	2018 年
总　计	**124877.00**	**106651.30**	**115910.60**	**128097.78**	**153352.57**
一、东部地区	**51548.23**	**44927.67**	**50284.19**	**55959.78**	**66809.34**
北　京	1282.28	1158.17	1199.43	1159.64	1233.58
天　津	1986.56	1966.85	1943.39	1822.72	1862.93
河　北	6361.42	5542.98	6190.29	6568.03	6443.62
上　海	1547.29	1560.28	1436.13	1402.91	1473.17
江　苏	10377.91	8819.98	10534.34	10263.87	12902.27
浙　江	5602.77	3746.31	4516.71	6653.70	8765.56
福　建	4193.81	3185.57	3168.77	3826.31	5073.73
山　东	9821.37	8984.21	9747.12	10918.39	13940.76
广　东	9174.08	8681.76	10165.64	11694.46	13593.10
海　南	1200.74	1281.55	1382.36	1649.76	1520.62
二、中部地区	**30862.08**	**28725.40**	**32689.52**	**37216.34**	**42417.05**
山　西	2739.99	2624.64	2654.28	2411.22	2957.24
安　徽	5929.47	5254.68	6007.40	8601.75	8454.68
江　西	2559.77	2603.26	2855.03	3712.08	4454.65
河　南	8079.35	8375.26	10954.03	10439.82	11431.06
湖　北	5817.89	5120.37	4946.70	5961.79	6698.65
湖　南	5735.60	4747.20	5272.08	6089.67	8420.77
三、西部地区	**31717.93**	**26459.61**	**27100.63**	**28889.42**	**37397.71**
内蒙古	2151.45	1683.29	1742.40	1734.67	2154.03
广　西	2958.26	2793.57	3577.13	3662.39	4672.08
重　庆	4275.96	3668.92	2998.92	3759.63	5145.20
四　川	7335.98	6026.32	6941.73	7604.00	9734.54
贵　州	2829.30	2381.20	2172.14	2208.59	3983.80
云　南	3654.29	2517.28	2201.34	2632.02	3386.83
西　藏	118.43	80.88	35.53	31.58	128.55
陕　西	2933.94	2526.73	3106.22	3102.33	3979.58
甘　肃	1486.88	1547.13	1587.23	1442.96	1611.52
青　海	406.66	493.51	524.82	381.29	331.84
宁　夏	1396.24	863.70	875.41	815.15	681.57
新　疆	2170.53	1877.08	1337.76	1514.81	1588.18
四、东北地区	**10748.77**	**6538.62**	**5836.26**	**6032.24**	**6728.46**
辽　宁	6137.69	3604.71	2800.75	2942.01	3118.63
吉　林	2283.82	1457.98	1493.55	1412.47	1752.84
黑龙江	2327.27	1475.92	1541.95	1677.77	1857.00

数据来源：国家统计局。

表 3－39　2018 年全国各地区住宅新开工面积（月度累计）

单位：万平方米

类　别	1—2 月	1—3 月	1—4 月	1—5 月	1—6 月	1－7 月	1—8 月	1—9 月	1—10 月	1—11 月	1—12 月
总　计	**13031.53**	**25531.27**	**38079.09**	**53097.76**	**70610.71**	**84684.81**	**98306.99**	**112410.87**	**123874.66**	**138535.53**	**153352.57**
东部地区	**6070.42**	**11897.26**	**17771.44**	**24399.98**	**31855.83**	**38041.65**	**44235.41**	**49983.60**	**54492.65**	**60738.27**	**66809.34**
北　京	60.65	105.88	180.39	334.29	507.35	588.15	657.72	801.99	909.46	1057.39	1233.58
天　津	225.64	454.75	707.91	901.17	1169.53	1370.21	1561.01	1753.87	1895.66	2079.19	1862.93
河　北	238.61	635.44	1247.99	1971.96	2871.12	3745.44	4376.53	5153.08	5574.05	5914.54	6443.62
上　海	68.18	130.45	311.76	483.19	630.25	747.61	913.93	1117.31	1270.31	1411.48	1473.17
江　苏	1511.13	2873.51	4100.43	5376.15	6556.90	7711.02	8837.06	9730.34	10684.33	11851.15	12902.27
浙　江	539.02	1112.07	1754.02	2547.36	3459.03	4224.89	5114.89	5823.56	6658.16	7697.38	8765.56
福　建	499.60	831.04	1276.29	1686.62	2249.18	2622.64	3135.25	3665.00	3837.13	4392.00	5073.73
山　东	1288.84	2740.30	4009.57	5627.49	7179.97	8434.04	9754.64	10760.28	11639.06	12768.66	13940.76
广　东	1430.95	2656.97	3718.95	4858.81	6479.54	7645.99	8729.27	9947.33	10752.39	12158.04	13593.10
海　南	207.79	356.86	464.13	612.94	752.97	951.66	1155.10	1230.86	1272.10	1408.44	1520.62
中部地区	**3928.95**	**7187.32**	**10866.84**	**14697.53**	**19511.83**	**23487.67**	**27062.05**	**30666.21**	**33784.96**	**37881.03**	**42417.05**
山　西	84.89	339.14	649.39	1064.59	1571.86	1846.18	2023.39	2253.15	2459.87	2681.22	2957.24
安　徽	930.89	1558.29	2399.78	3211.97	4183.39	4928.21	5725.89	6387.67	7031.90	7661.85	8454.68
江　西	489.66	717.50	1072.21	1564.03	2007.23	2409.68	2771.91	3237.03	3562.57	3986.81	4454.65
河　南	963.97	1884.15	2937.13	3987.45	5241.97	6259.52	7167.90	8043.98	8737.48	9904.01	11431.06
湖　北	712.31	1303.59	1739.20	2244.71	3008.22	3535.83	4072.48	4704.43	5275.46	6043.19	6698.65
湖　南	747.24	1384.65	2069.12	2624.78	3499.15	4508.25	5300.48	6039.94	6717.69	7603.94	8420.77
西部地区	**3004.31**	**5939.67**	**8385.26**	**11957.29**	**16239.45**	**19405.58**	**22572.32**	**26507.23**	**29765.28**	**33497.28**	**37397.71**
内蒙古	15.47	46.86	177.62	363.29	807.11	1192.10	1438.08	1830.22	2018.44	2128.15	2154.03
广　西	570.52	906.83	1290.04	1779.19	2317.19	2617.10	3020.03	3331.52	3715.25	4031.12	4672.08
重　庆	508.24	1277.10	1626.75	2120.49	2592.73	2976.58	3340.58	3904.73	4291.43	4798.46	5145.20
四　川	1020.05	1989.76	2583.64	3511.18	4418.79	4952.27	5683.37	6737.85	7513.10	8494.32	9734.54
贵　州	468.46	768.52	1013.33	1487.23	1917.85	2190.92	2451.92	2797.62	3105.85	3586.12	3983.80
云　南	162.62	319.95	512.84	808.52	1196.39	1451.88	1697.51	2085.97	2413.63	2865.87	3386.83
西　藏		12.63	13.72	22.63	83.17	92.41	92.51	96.55	107.44	120.06	128.55
陕　西	231.35	400.18	599.46	1018.33	1504.24	1946.37	2383.52	2753.25	2992.85	3499.85	3979.58
甘　肃	16.37	99.28	215.39	293.04	532.10	748.39	956.38	1198.47	1394.97	1514.54	1611.52
青　海	0.95	20.82	50.13	110.37	147.85	189.44	244.19	280.87	311.23	328.88	331.84
宁　夏	9.92	37.13	145.04	204.12	306.00	412.06	437.57	497.56	559.70	636.67	681.57
新　疆	0.37	60.60	157.28	238.89	416.05	636.07	826.66	992.62	1341.38	1493.23	1588.18
东北地区	**27.85**	**507.02**	**1055.56**	**2042.96**	**3003.59**	**3749.91**	**4437.21**	**5253.83**	**5831.76**	**6418.95**	**6728.46**
辽　宁	14.86	403.53	748.25	1333.66	1767.95	2029.78	2312.55	2594.27	2811.69	2973.77	3118.63
吉　林	12.39	47.78	189.12	354.00	601.01	878.68	1127.43	1406.79	1535.32	1642.75	1752.84
黑龙江	0.59	55.71	118.19	355.30	634.63	841.45	997.24	1252.76	1484.75	1802.43	1857.00

数据来源：国家统计局。

表 3 －40　2014—2018 年全国各地区办公楼新开工面积

单位：万平方米

类　别	2014 年	2015 年	2016 年	2017 年	2018 年
总　计	**7349.10**	**6569.12**	**6415.29**	**6139.66**	**6049.04**
一、东部地区	**3955.85**	**3556.87**	**3548.93**	**3680.45**	**3387.00**
北　京	421.37	585.56	464.41	364.61	221.31
天　津	132.38	210.63	41.48	67.49	19.64
河　北	160.41	186.40	342.23	142.51	157.75
上　海	365.25	304.87	384.49	368.84	310.84
江　苏	502.95	398.71	385.10	626.70	441.55
浙　江	776.59	449.02	370.04	467.18	484.66
福　建	495.20	345.68	272.90	241.34	236.26
山　东	456.55	496.60	439.26	502.61	613.77
广　东	636.11	566.83	795.96	883.58	863.77
海　南	9.02	12.58	53.08	15.60	37.44
二、中部地区	**1159.26**	**1126.68**	**1312.53**	**1229.03**	**1131.92**
山　西	169.59	94.04	157.73	73.93	52.91
安　徽	198.49	285.39	238.51	270.11	230.38
江　西	76.83	98.89	139.22	110.73	77.40
河　南	342.33	329.73	331.61	360.93	361.30
湖　北	178.85	178.93	230.77	267.58	260.69
湖　南	193.17	139.70	214.68	145.74	149.24
三、西部地区	**1930.73**	**1685.15**	**1385.41**	**1095.50**	**1343.07**
内蒙古	72.47	29.85	20.14	37.03	29.76
广　西	151.06	141.37	239.56	67.49	96.03
重　庆	264.17	157.43	160.79	94.86	132.72
四　川	452.51	337.88	278.00	315.09	513.74
贵　州	187.80	206.77	81.06	76.19	97.78
云　南	183.86	86.45	144.40	104.38	91.52
西　藏	10.09	4.81	1.66	0.05	1.21
陕　西	208.88	375.61	225.09	161.32	223.48
甘　肃	51.86	88.76	40.42	71.85	53.39
青　海	53.11	47.29	47.97	45.31	7.48
宁　夏	78.37	84.24	72.11	21.85	10.56
新　疆	216.54	124.69	74.20	100.08	85.39
四、东北地区	**303.26**	**200.42**	**168.41**	**134.68**	**187.05**
辽　宁	154.16	55.03	57.01	66.37	32.74
吉　林	79.06	81.40	87.27	36.11	100.54
黑龙江	70.04	64.00	24.12	32.20	53.77

数据来源：国家统计局。

表 3-41　2018 年全国各地区办公楼新开工面积（月度累计）

单位：万平方米

类　别	1—2 月	1—3 月	1—4 月	1—5 月	1—6 月	1-7 月	1—8 月	1—9 月	1—10 月	1—11 月	1—12 月
总　计	**524.14**	**1105.12**	**1521.83**	**2085.97**	**2737.99**	**3231.69**	**3727.45**	**4331.55**	**4907.00**	**5488.17**	**6049.04**
东部地区	**373.20**	**638.80**	**890.13**	**1199.88**	**1543.68**	**1844.47**	**2173.81**	**2470.53**	**2776.34**	**3060.02**	**3387.00**
北　京	2.04	4.07	9.94	42.22	73.46	122.98	124.70	160.45	195.16	215.59	221.31
天　津	4.37	4.37	7.28	14.69	20.13	24.48	24.48	24.48	24.69	24.71	19.64
河　北	6.29	14.94	35.49	42.57	69.83	83.56	93.06	99.03	121.33	136.08	157.75
上　海	19.75	45.90	72.66	102.44	125.46	142.20	203.34	225.53	253.59	293.59	310.84
江　苏	51.67	106.00	167.54	196.04	241.04	302.37	355.00	363.61	400.15	419.68	441.55
浙　江	51.27	87.24	124.40	163.02	187.48	232.16	258.51	312.20	363.61	419.45	484.66
福　建	38.14	74.12	81.35	104.70	117.26	127.93	151.72	160.39	195.13	217.67	236.26
山　东	98.44	132.40	167.43	215.56	274.89	304.73	348.83	438.11	503.28	541.62	613.77
广　东	86.86	147.75	200.13	294.64	409.80	479.62	586.86	651.96	684.65	756.63	863.77
海　南	14.35	22.00	23.92	23.99	24.34	24.45	27.32	34.75	34.75	35.00	37.44
中部地区	**72.77**	**247.03**	**322.36**	**449.70**	**619.79**	**664.76**	**709.89**	**855.28**	**941.04**	**1020.28**	**1131.92**
山　西	—	2.19	2.97	13.95	23.76	28.31	29.88	45.62	47.21	48.51	52.91
安　徽	14.97	41.98	57.55	72.87	137.49	143.84	148.81	186.29	194.98	208.83	230.38
江　西	4.93	10.83	17.41	37.38	47.90	54.41	58.65	61.52	64.66	73.00	77.40
河　南	14.98	60.34	83.73	114.26	167.43	172.76	188.57	219.30	279.47	319.96	361.30
湖　北	20.75	102.15	122.41	149.36	166.95	181.24	186.11	232.55	234.47	247.40	260.69
湖　南	17.14	29.54	38.30	61.88	76.25	84.19	97.88	110.00	120.26	122.58	149.24
西部地区	**78.14**	**212.18**	**273.69**	**384.58**	**514.65**	**618.86**	**712.54**	**850.13**	**1023.22**	**1222.08**	**1343.07**
内蒙古	0.81	2.49	3.24	7.63	13.18	17.02	20.13	21.66	27.06	29.63	29.76
广　西	14.89	29.67	36.19	44.02	52.17	55.05	60.71	63.14	68.18	90.03	96.03
重　庆	4.94	11.67	11.79	28.73	35.27	35.30	42.26	72.15	80.69	111.81	132.72
四　川	31.07	115.38	158.30	180.38	221.73	250.20	296.88	334.02	397.12	463.41	513.74
贵　州	2.45	5.80	6.28	13.23	23.56	39.06	39.74	59.50	66.59	88.78	97.78
云　南	4.97	7.12	10.43	13.20	31.50	37.75	39.36	45.37	65.93	83.30	91.52
西　藏	—	—	—	—	—	0.21	0.21	0.21	0.21	1.21	1.21
陕　西	17.31	30.86	30.90	75.96	98.51	134.92	158.07	176.29	190.92	210.25	223.48
甘　肃	0.39	6.30	10.48	10.96	19.78	20.29	22.78	31.82	45.88	48.56	53.39
青　海	—	1.57	1.97	2.78	4.89	5.06	5.41	7.06	7.13	7.48	7.48
宁　夏	0.03	0.03	1.22	1.78	1.78	2.12	2.97	4.45	5.25	6.46	10.56
新　疆	1.28	1.28	2.90	5.92	12.26	21.88	24.02	34.46	68.26	81.15	85.39
东北地区	**0.03**	**7.11**	**35.65**	**51.82**	**59.87**	**103.59**	**131.22**	**155.61**	**166.40**	**185.79**	**187.05**
辽　宁	0.02	0.09	0.29	5.75	8.63	18.04	28.00	29.85	31.77	31.87	32.74
吉　林	0.01	0.21	15.03	15.03	17.65	35.53	52.52	74.38	82.70	100.37	100.54
黑龙江	—	6.81	20.34	31.04	33.59	50.02	50.70	51.38	51.93	53.56	53.77

数据来源：国家统计局。

表 3－42　2014—2018 年全国各地区商业营业用房新开工面积

单位：万平方米

类　别	2014 年	2015 年	2016 年	2017 年	2018 年
总　计	**25047.73**	**22530.29**	**22316.63**	**20483.93**	**20065.69**
一、东部地区	**9222.99**	**7762.20**	**7724.96**	**7124.76**	**7176.68**
北　京	208.17	343.62	278.50	156.30	108.32
天　津	275.08	292.38	228.70	166.68	187.29
河　北	959.84	764.65	849.33	810.22	805.20
上　海	388.03	307.57	401.78	297.68	206.93
江　苏	1873.32	1278.80	1422.47	1283.04	1418.72
浙　江	1359.26	1004.46	838.03	893.53	856.27
福　建	863.93	684.68	433.30	432.02	557.08
山　东	1661.38	1357.86	1437.37	1367.65	1488.74
广　东	1400.00	1573.31	1596.87	1481.36	1403.85
海　南	233.98	154.87	238.61	236.29	144.29
二、中部地区	**6053.04**	**5842.28**	**6365.64**	**5803.68**	**5558.44**
山　西	483.97	484.91	494.28	329.29	318.84
安　徽	1738.20	1457.58	1459.81	1302.52	955.27
江　西	438.48	663.27	576.39	704.69	711.53
河　南	1291.23	1452.39	1791.85	1568.69	1643.45
湖　北	958.80	892.37	872.28	903.24	678.24
湖　南	1142.37	891.77	1171.02	995.25	1251.10
三、西部地区	**7446.56**	**7421.30**	**7066.18**	**6520.85**	**6115.20**
内蒙古	483.48	359.09	525.00	333.75	462.19
广　西	580.15	455.30	556.47	574.18	523.36
重　庆	774.73	1037.72	899.94	768.10	725.19
四　川	1743.46	1537.60	1649.58	1631.17	1366.53
贵　州	849.88	1020.76	732.19	583.36	712.73
云　南	826.61	758.45	529.77	593.19	569.56
西　藏	35.51	16.18	13.46	11.12	38.90
陕　西	482.79	685.97	683.84	497.32	633.69
甘　肃	362.70	443.25	454.64	492.58	393.88
青　海	149.39	130.33	191.01	174.24	91.96
宁　夏	315.77	254.25	276.92	203.41	149.36
新　疆	842.10	722.41	553.37	658.44	447.85
四、东北地区	**2325.13**	**1504.50**	**1159.85**	**1034.64**	**1215.37**
辽　宁	1267.55	693.15	554.09	457.38	464.06
吉　林	533.80	349.38	341.48	270.81	364.46
黑龙江	523.78	461.97	264.28	306.45	386.84

数据来源：国家统计局。

表 3－43　2018 年全国各地区商业营业用房新开工面积（月度累计）

单位：万平方米

类别	1—2 月	1—3 月	1—4 月	1—5 月	1—6 月	1－7 月	1—8 月	1—9 月	1—10 月	1—11 月	1—12 月
总　计	**1820.75**	**3440.84**	**5146.66**	**6994.47**	**9217.57**	**10971.56**	**12739.41**	**14412.28**	**16187.24**	**18037.00**	**20065.69**
东部地区	**778.62**	**1318.61**	**1961.27**	**2604.16**	**3377.42**	**3895.06**	**4543.55**	**5142.32**	**5868.73**	**6516.06**	**7176.68**
北　京	0.89	3.04	8.87	22.90	41.09	53.62	67.41	77.89	93.64	101.48	108.32
天　津	17.46	45.16	93.61	107.81	125.61	144.99	168.72	180.53	191.89	198.41	187.29
河　北	23.78	75.04	121.93	179.84	270.72	325.69	384.91	449.36	694.40	735.31	805.20
上　海	13.77	16.09	31.46	58.63	74.10	82.89	104.27	135.41	151.50	195.50	206.93
江　苏	199.12	342.58	472.42	607.13	729.70	851.43	940.97	1017.36	1105.24	1279.16	1418.72
浙　江	58.67	109.10	173.79	249.99	328.47	366.24	444.71	560.05	657.94	750.72	856.27
福　建	64.14	116.01	171.64	205.21	263.63	284.00	311.65	384.13	452.61	520.25	557.08
山　东	185.62	307.56	417.17	595.94	757.00	898.87	1092.80	1221.61	1297.67	1376.98	1488.74
广　东	190.66	261.87	413.89	513.59	716.72	813.02	950.66	1028.66	1125.09	1229.63	1403.85
海　南	24.50	42.16	56.50	63.12	70.38	74.31	77.45	87.32	98.75	128.62	144.29
中部地区	**513.77**	**1049.98**	**1463.00**	**1948.42**	**2522.97**	**3078.93**	**3471.71**	**3911.41**	**4354.64**	**4851.31**	**5558.44**
山　西	2.29	19.06	47.91	97.74	170.59	196.70	216.13	248.57	291.42	304.93	318.84
安　徽	94.14	234.83	303.81	393.71	471.26	512.32	583.55	679.23	740.71	809.02	955.27
江　西	85.77	122.94	191.88	277.72	327.59	402.06	427.00	528.81	574.11	631.52	711.53
河　南	145.86	297.89	431.00	584.21	777.17	958.03	1045.28	1103.91	1269.23	1414.43	1643.45
湖　北	82.16	158.80	215.61	252.89	296.98	368.58	424.09	489.05	537.78	610.42	678.24
湖　南	103.53	216.46	272.79	342.14	479.38	641.22	775.67	861.84	941.38	1081.00	1251.10
西部地区	**524.49**	**1007.74**	**1554.82**	**2163.90**	**2905.02**	**3450.65**	**3988.13**	**4538.60**	**5004.44**	**5520.26**	**6115.20**
内蒙古	0.56	7.16	31.25	77.50	188.40	300.05	333.58	394.95	423.99	444.31	462.19
广　西	87.94	136.93	180.97	245.74	311.81	335.71	371.34	406.44	434.33	478.20	523.36
重　庆	88.97	169.11	288.02	348.43	378.54	418.59	481.57	533.08	601.26	670.48	725.19
四　川	183.67	372.56	530.60	669.11	830.00	871.52	968.72	1062.39	1124.50	1235.51	1366.53
贵　州	90.07	135.66	175.18	251.41	350.73	398.79	455.28	517.41	571.25	638.32	712.73
云　南	30.46	38.95	89.47	132.92	187.29	279.83	334.24	383.91	423.97	469.99	569.56
西　藏	—	3.92	5.93	12.04	28.71	30.89	31.05	33.55	38.59	38.77	38.90
陕　西	21.65	51.37	85.80	166.52	251.82	298.56	394.85	494.51	530.05	576.51	633.69
甘　肃	7.80	41.41	69.49	85.47	137.49	207.85	239.47	281.63	347.67	377.17	393.88
青　海	0.05	3.81	23.10	38.04	54.50	62.94	72.52	76.33	79.78	91.78	91.96
宁　夏	4.91	14.21	37.32	60.44	71.85	85.50	90.76	108.14	121.02	142.45	149.36
新　疆	8.41	12.65	37.70	76.27	113.88	160.42	214.75	246.28	308.02	356.77	447.85
东北地区	**3.87**	**64.51**	**167.56**	**278.00**	**412.16**	**546.93**	**736.02**	**819.95**	**959.43**	**1149.37**	**1215.37**
辽　宁	2.78	45.01	105.82	166.46	213.84	263.51	301.68	328.46	367.37	431.01	464.06
吉　林	1.09	9.50	27.48	52.56	81.70	134.78	160.84	199.84	261.11	345.48	364.46
黑龙江	—	10.00	34.26	58.98	116.62	148.64	273.50	291.65	330.95	372.89	386.84

数据来源：国家统计局。

3. 各地区房屋竣工面积

表 3－44　2014—2018 年全国各地区房屋竣工面积

单位：万平方米

类　别	2014 年	2015 年	2016 年	2017 年	2018 年
总　计	**107459.05**	**100039.10**	**106127.71**	**101486.41**	**93550.11**
一、东部地区	**48243.20**	**47238.66**	**50309.10**	**48918.80**	**45935.88**
北　京	3054.12	2631.45	2369.95	1466.67	1557.90
天　津	2924.82	2903.57	2914.25	2023.41	2092.22
河　北	4037.56	4039.31	4287.78	3416.00	2390.41
上　海	2313.29	2647.18	2550.64	3387.56	3115.76
江　苏	9620.47	10296.96	10073.96	9581.73	8536.27
浙　江	6390.17	5892.86	7925.40	6884.18	5189.67
福　建	3583.57	3436.56	3665.25	4266.69	3739.02
山　东	7787.31	8277.76	8253.50	8429.06	10512.57
广　东	7327.99	6044.43	6593.75	8196.34	7615.25
海　南	1203.90	1068.59	1674.61	1267.16	1186.81
二、中部地区	**24029.04**	**21705.56**	**23662.83**	**22077.51**	**21518.31**
山　西	2182.48	2114.49	2683.59	1969.92	1407.95
安　徽	5196.37	5537.74	5382.95	4747.71	4488.40
江　西	1871.79	1907.89	1635.61	1854.40	2031.76
河　南	7324.34	5390.32	6299.44	6201.71	6655.23
湖　北	3431.18	2785.17	3127.49	3219.72	2773.99
湖　南	4022.89	3969.96	4533.74	4084.05	4160.98
三、西部地区	**24465.08**	**23645.74**	**25719.23**	**24571.80**	**21098.64**
内蒙古	2012.08	1697.16	1664.02	1714.24	1415.72
广　西	1865.98	1675.18	1735.05	1856.24	2192.94
重　庆	3717.78	4630.29	4421.30	5055.73	4083.45
四　川	5334.45	4545.71	7050.24	5620.73	5635.30
贵　州	2842.32	2582.68	1901.45	1171.70	1279.64
云　南	1788.62	2546.74	2115.08	2419.63	1447.28
西　藏	52.47	92.27	31.53	43.57	49.94
陕　西	2188.91	1681.50	2431.70	2392.05	1524.66
甘　肃	813.22	962.24	991.73	847.91	752.34
青　海	559.49	454.41	386.67	440.90	319.91
宁　夏	1203.68	1168.98	1294.55	1328.62	1213.98
新　疆	2086.08	1608.58	1695.91	1680.48	1183.49
四、东北地区	**10721.73**	**7449.14**	**6436.55**	**5918.30**	**4997.28**
辽　宁	6146.96	3237.53	2709.29	2788.28	2273.85
吉　林	1573.86	1287.40	1351.65	1478.85	1519.96
黑龙江	3000.90	2924.21	2375.61	1651.17	1203.46

数据来源：国家统计局。

表 3－45　2018 年全国各地区竣工面积（月度累计）

单位：万平方米

类　别	1—2 月	1—3 月	1—4 月	1—5 月	1—6 月	1－7 月	1—8 月	1—9 月	1—10 月	1—11 月	1—12 月
总　计	**14184.37**	**20708.94**	**25150.73**	**30483.78**	**37130.85**	**42066.68**	**46229.94**	**51132.10**	**57391.81**	**66855.74**	**93550.11**
东部地区	**7349.99**	**10542.57**	**12800.29**	**15712.09**	**18899.16**	**21331.03**	**23255.79**	**25465.04**	**28034.73**	**31774.25**	**45935.88**
北　京	127.26	186.28	296.73	320.89	335.27	420.84	487.78	591.04	663.87	930.14	1557.90
天　津	29.15	77.58	112.86	162.32	232.03	242.42	285.74	331.76	416.70	642.13	2092.22
河　北	177.89	435.53	608.68	752.10	923.17	1099.44	1204.32	1444.09	1607.91	1859.31	2390.41
上　海	829.45	1088.08	1232.94	1353.24	1588.91	1900.07	2049.48	2194.22	2344.51	2494.31	3115.76
江　苏	1544.22	2287.31	2851.85	3270.48	3769.38	4194.55	4534.04	4930.66	5352.74	6056.25	8536.27
浙　江	1005.31	1443.65	1779.09	2036.75	2297.22	2524.58	2756.68	3024.68	3457.90	3870.79	5189.67
福　建	610.82	881.70	1078.52	1323.68	1553.82	1764.46	1958.51	2071.98	2243.20	2447.21	3739.02
山　东	1008.96	1496.16	1900.52	3058.00	4241.81	4767.18	5261.46	5784.05	6461.28	7304.06	10512.57
广　东	1849.05	2454.24	2720.37	3187.42	3623.16	4073.07	4346.72	4631.25	5017.35	5598.51	7615.25
海　南	167.89	192.04	218.73	247.19	334.39	344.41	371.06	461.29	469.27	571.55	1186.81
中部地区	**3189.77**	**4930.51**	**5870.60**	**6984.55**	**8550.28**	**9728.99**	**10829.57**	**11943.04**	**13688.91**	**15966.23**	**21518.31**
山　西	85.52	145.05	197.47	241.58	334.20	387.63	463.02	563.41	771.44	997.24	1407.95
安　徽	781.36	1169.90	1358.15	1732.65	2038.01	2276.01	2464.24	2658.01	3168.37	3649.05	4488.40
江　西	395.06	537.23	699.34	807.75	1009.04	1125.31	1261.43	1415.44	1508.34	1715.41	2031.76
河　南	598.87	1065.44	1275.61	1566.15	1972.58	2178.35	2633.98	2996.57	3431.60	4162.61	6655.23
湖　北	614.92	959.35	1106.05	1290.93	1556.57	1687.65	1786.99	1866.30	1998.56	2178.50	2773.99
湖　南	714.04	1053.53	1233.99	1345.49	1639.87	2074.04	2219.92	2443.31	2810.60	3263.42	4160.98
西部地区	**3268.79**	**4655.17**	**5618.50**	**6588.92**	**8176.37**	**9227.67**	**10089.67**	**11340.38**	**12701.28**	**14965.90**	**21098.64**
内蒙古	36.25	202.21	338.62	393.08	648.67	764.84	841.56	973.42	1094.61	1188.63	1415.72
广　西	487.21	555.35	616.52	676.96	794.01	965.78	1162.53	1234.17	1353.61	1494.62	2192.94
重　庆	544.37	708.45	872.36	979.19	1337.68	1520.34	1693.16	1946.77	2174.90	2623.06	4083.45
四　川	981.69	1399.21	1704.97	1962.20	2280.44	2457.73	2654.18	2959.98	3307.22	3598.37	5635.30
贵　州	241.78	304.22	317.93	363.81	393.20	441.66	456.95	498.05	500.91	975.74	1279.64
云　南	271.81	371.68	438.91	528.46	662.39	705.71	709.32	780.69	873.64	1077.00	1447.28
西　藏	—	—	8.41	14.76	14.76	18.59	18.59	20.84	49.94	49.94	49.94
陕　西	324.75	474.93	515.11	586.38	709.51	770.47	794.28	971.84	1039.73	1238.83	1524.66
甘　肃	131.27	176.48	207.89	274.27	378.62	410.09	455.28	508.70	584.38	623.73	752.34
青　海	—	9.63	24.84	43.05	43.05	63.67	73.90	84.21	100.94	106.56	319.91
宁　夏	117.87	197.45	249.25	325.21	409.71	494.13	581.21	658.52	766.39	922.69	1213.98
新　疆	131.79	255.58	323.67	441.56	504.33	614.67	648.72	703.20	855.00	1066.73	1183.49
东北地区	**375.82**	**580.69**	**861.34**	**1198.22**	**1505.04**	**1779.00**	**2054.92**	**2383.64**	**2966.89**	**4149.35**	**4997.28**
辽　宁	278.83	394.60	567.50	736.07	903.33	978.67	1109.08	1241.81	1574.51	1955.46	2273.85
吉　林	91.39	131.44	162.16	262.19	342.85	450.60	538.42	651.25	716.39	1305.14	1519.96
黑龙江	5.59	54.66	131.68	199.96	258.86	349.73	407.42	490.58	675.98	888.76	1203.46

数据来源：国家统计局。

表 3－46　2014—2018 年全国各地区住宅竣工面积

单位：万平方米

类　别	2014 年	2015 年	2016 年	2017 年	2018 年
总　计	**80868.26**	**73777.36**	**77185.19**	**71815.12**	**66015.75**
一、东部地区	**35235.81**	**34184.13**	**36032.52**	**34094.51**	**31916.69**
北　京	1804.34	1378.22	1267.06	604.04	731.20
天　津	2130.25	2182.99	2189.14	1433.24	1522.27
河　北	3195.11	3226.91	3352.61	2730.13	1917.23
上　海	1535.55	1588.95	1532.88	1862.74	1730.27
江　苏	7259.11	7930.21	7602.69	7089.80	6360.00
浙　江	4158.30	3938.03	5091.95	4338.91	3047.84
福　建	2568.02	2398.99	2420.45	2891.33	2347.24
山　东	6090.74	6185.56	6358.16	6406.46	8057.09
广　东	5442.49	4435.40	4773.04	5784.01	5216.15
海　南	1051.90	918.87	1444.53	953.86	987.39
二、中部地区	**18798.90**	**16724.03**	**18128.37**	**16410.22**	**16029.96**
山　西	1701.64	1574.68	2042.22	1413.83	1094.50
安　徽	3829.60	4099.21	4047.73	3424.98	3184.19
江　西	1511.27	1531.36	1316.26	1365.86	1510.51
河　南	5767.18	4237.92	5015.23	4701.53	5074.09
湖　北	2812.35	2193.44	2348.38	2433.72	2091.69
湖　南	3176.87	3087.42	3358.54	3070.28	3074.98
三、西部地区	**18288.10**	**17212.34**	**18048.78**	**16859.68**	**14331.76**
内蒙古	1496.66	1281.45	1203.26	1265.15	1013.97
广　西	1441.84	1310.52	1373.27	1478.96	1654.54
重　庆	2771.55	3185.90	3084.00	3316.37	2784.64
四　川	3871.28	3149.25	4677.37	3675.76	3707.61
贵　州	2046.43	1927.37	1283.25	785.00	841.59
云　南	1255.20	1896.56	1433.86	1554.70	1047.65
西　藏	29.45	70.54	25.20	26.65	38.74
陕　西	1863.01	1351.57	1922.84	1873.42	1036.15
甘　肃	652.04	765.12	730.25	619.44	498.67
青　海	447.50	320.84	231.21	229.45	187.38
宁　夏	818.86	746.78	931.25	883.54	843.82
新　疆	1594.27	1206.44	1153.02	1151.25	677.01
四、东北地区	**8545.45**	**5656.86**	**4975.52**	**4450.71**	**3737.34**
辽　宁	4940.48	2529.29	2210.06	2214.31	1711.44
吉　林	1309.26	1000.75	1008.37	1030.46	1105.37
黑龙江	2295.70	2126.82	1757.09	1205.94	920.53

数据来源：国家统计局。

表 3－47　2018 年全国各地区住宅竣工面积（月度累计）

单位：万平方米

类　别	1—2 月	1—3 月	1—4 月	1—5 月	1—6 月	1－7 月	1—8 月	1—9 月	1—10 月	1—11 月	1—12 月
总　计	**9681.88**	**14197.56**	**17337.51**	**21138.18**	**25961.89**	**29462.51**	**32459.52**	**36165.67**	**40701.77**	**47178.15**	**66015.75**
东部地区	**4946.82**	**7066.99**	**8631.69**	**10717.87**	**13009.81**	**14707.75**	**16056.36**	**17732.46**	**19523.93**	**22078.48**	**31916.69**
北　京	65.58	85.83	165.08	157.33	173.04	212.10	221.59	257.69	283.35	401.70	731.20
天　津	17.50	48.35	69.50	108.58	152.70	157.73	194.05	233.69	295.72	447.22	1522.27
河　北	142.33	377.64	507.64	617.57	762.90	916.80	996.85	1208.57	1341.06	1516.87	1917.23
上　海	486.65	583.76	664.73	713.14	886.90	1071.06	1192.85	1280.47	1368.58	1451.21	1730.27
江　苏	1139.25	1669.93	2048.72	2327.83	2721.40	3020.62	3241.48	3547.94	3863.07	4396.65	6360.00
浙　江	591.41	843.95	1042.27	1199.59	1354.23	1460.70	1596.14	1782.69	2069.49	2277.51	3047.84
福　建	371.46	513.24	649.39	821.33	932.91	1089.02	1238.82	1317.65	1427.24	1564.73	2347.24
山　东	731.44	1095.86	1420.82	2347.82	3248.43	3670.26	4033.66	4471.69	4979.45	5628.27	8057.09
广　东	1279.12	1705.56	1898.40	2244.55	2526.56	2850.15	3056.35	3266.19	3522.12	3928.92	5216.15
海　南	122.08	142.86	165.14	180.14	250.74	259.32	284.58	365.88	373.84	465.39	987.39
中部地区	**2374.86**	**3714.44**	**4449.16**	**5251.00**	**6422.24**	**7304.30**	**8152.26**	**9027.23**	**10328.08**	**11991.46**	**16029.96**
山　西	64.67	108.24	155.31	192.87	257.71	302.22	366.48	437.72	610.34	776.68	1094.50
安　徽	553.87	847.93	976.71	1211.96	1416.85	1590.03	1732.25	1871.59	2233.15	2561.18	3184.19
江　西	295.78	422.56	555.01	636.37	749.57	845.22	945.93	1065.60	1136.21	1285.11	1510.51
河　南	482.60	835.44	1017.86	1247.30	1582.99	1734.31	2074.86	2375.97	2693.90	3254.53	5074.09
湖　北	452.39	721.11	822.08	946.73	1163.03	1261.87	1353.43	1425.18	1540.56	1685.80	2091.69
湖　南	525.54	779.16	922.18	1015.78	1252.09	1570.65	1679.31	1851.17	2113.92	2428.14	3074.98
西部地区	**2065.10**	**2974.38**	**3595.01**	**4234.58**	**5368.17**	**6098.00**	**6672.44**	**7559.54**	**8545.95**	**10000.72**	**14331.76**
内蒙古	27.21	144.86	233.40	268.12	469.35	550.80	604.51	699.07	788.71	856.72	1013.97
广　西	387.61	441.66	493.07	539.59	626.12	748.00	867.93	916.61	1020.64	1128.11	1654.54
重　庆	355.60	452.26	553.96	601.70	820.80	939.12	1030.94	1203.42	1366.37	1640.50	2784.64
四　川	614.30	893.88	1069.87	1235.63	1441.81	1566.30	1708.03	1898.23	2146.35	2343.94	3707.61
贵　州	146.04	194.74	195.22	236.76	260.40	302.04	313.11	335.48	333.25	619.16	841.59
云　南	180.05	238.24	301.96	371.62	483.53	519.58	519.51	577.68	647.76	793.70	1047.65
西　藏	—	—	7.57	13.15	13.15	16.99	16.99	18.73	38.74	38.74	38.74
陕　西	143.20	248.14	273.44	319.87	417.77	469.41	477.85	606.80	655.25	811.40	1036.15
甘　肃	84.39	109.19	126.76	170.11	251.47	270.28	307.46	349.88	395.27	425.83	498.67
青　海	—	9.63	19.87	28.46	28.46	43.61	52.96	60.95	76.93	79.09	187.38
宁　夏	66.79	119.42	152.83	199.83	255.31	308.85	385.91	456.64	546.46	661.70	843.82
新　疆	59.91	122.36	167.05	249.75	300.02	363.02	387.24	436.05	530.21	601.84	677.01
东北地区	**295.11**	**441.76**	**661.66**	**934.72**	**1161.67**	**1352.46**	**1578.47**	**1846.44**	**2303.81**	**3107.49**	**3737.34**
辽　宁	215.86	307.14	446.99	585.36	706.23	772.60	879.21	983.88	1236.51	1513.90	1711.44
吉　林	75.65	112.63	128.52	212.40	274.01	325.93	396.76	497.59	549.77	930.33	1105.37
黑龙江	3.59	21.99	86.15	136.96	181.43	253.93	302.50	364.97	517.53	663.27	920.53

数据来源：国家统计局。

表 3－48　2014—2018 年全国各地区办公楼竣工面积

单位：万平方米

类　别	2014 年	2015 年	2016 年	2017 年	2018 年
总　计	**3144.18**	**3419.49**	**3629.27**	**4006.54**	**3884.04**
一、东部地区	**1919.24**	**2233.40**	**2353.31**	**2450.63**	**2457.10**
北　京	387.45	385.38	343.74	321.18	249.87
天　津	117.15	171.18	143.22	138.64	113.42
河　北	63.13	90.00	101.67	84.41	42.11
上　海	165.03	219.23	279.31	444.83	413.46
江　苏	269.53	324.46	280.30	340.64	275.49
浙　江	370.71	295.95	473.59	391.97	383.68
福　建	145.51	142.78	182.15	144.64	261.45
山　东	182.93	355.49	293.08	279.91	354.35
广　东	211.26	237.18	252.67	258.62	349.31
海　南	6.54	11.74	3.57	45.79	13.94
二、中部地区	**512.46**	**478.43**	**542.09**	**677.82**	**611.41**
山　西	29.97	52.16	42.04	84.57	16.04
安　徽	120.97	155.24	121.04	235.08	190.95
江　西	25.45	28.39	37.96	56.69	50.56
河　南	228.49	143.35	163.38	166.97	187.97
湖　北	36.12	27.16	67.27	61.78	91.76
湖　南	71.48	72.14	110.40	72.73	74.14
三、西部地区	**573.60**	**624.44**	**648.12**	**744.42**	**660.52**
内蒙古	34.02	33.44	23.80	39.18	25.48
广　西	40.78	32.61	29.86	31.32	36.92
重　庆	115.03	195.72	100.97	142.01	129.04
四　川	144.31	109.05	194.08	171.18	165.89
贵　州	73.69	81.86	113.75	29.77	34.84
云　南	37.30	47.71	23.04	58.57	16.37
西　藏	6.78	4.06	6.05	2.34	—
陕　西	22.95	35.98	48.01	84.12	69.20
甘　肃	11.50	14.49	10.21	26.17	32.70
青　海	14.10	21.56	34.39	51.42	15.15
宁　夏	28.35	26.53	28.67	64.07	40.58
新　疆	44.79	21.45	35.30	44.28	94.36
四、东北地区	**138.87**	**83.22**	**85.75**	**133.67**	**155.01**
辽　宁	74.11	22.44	26.71	35.91	30.59
吉　林	11.27	34.57	18.19	58.76	73.55
黑龙江	53.49	26.21	40.85	38.99	50.86

数据来源：国家统计局。

表 3 – 49 2018 年全国各地区办公楼竣工面积（月度累计）

单位：万平方米

类 别	1—2 月	1—3 月	1—4 月	1—5 月	1—6 月	1－7 月	1—8 月	1—9 月	1—10 月	1—11 月	1—12 月
总 计	**610.58**	**940.94**	**1101.53**	**1312.50**	**1495.20**	**1669.97**	**1790.13**	**1938.73**	**2149.27**	**2611.04**	**3884.04**
东部地区	**390.71**	**617.94**	**728.99**	**813.92**	**921.73**	**1029.60**	**1121.38**	**1216.28**	**1350.74**	**1550.68**	**2457.10**
北 京	21.85	28.52	28.52	34.61	34.82	52.48	75.57	101.15	110.69	137.92	249.87
天 津	3.28	3.28	10.97	10.97	30.33	30.33	30.33	30.33	30.33	44.66	113.42
河 北	3.51	7.74	7.94	7.99	8.03	9.38	25.92	26.05	26.17	27.18	42.11
上 海	86.12	179.85	207.47	238.18	245.08	272.35	264.94	276.87	297.51	309.86	413.46
江 苏	30.55	61.26	83.54	93.46	95.92	104.83	131.28	147.80	171.74	188.26	275.49
浙 江	60.41	90.56	114.70	134.60	154.28	190.81	207.95	224.74	238.05	300.48	383.68
福 建	44.68	75.82	81.36	84.73	109.78	110.30	110.32	117.55	139.52	153.12	261.45
山 东	63.36	81.41	96.26	106.58	140.24	145.22	157.71	170.98	204.57	234.66	354.35
广 东	75.88	88.18	96.91	101.49	101.95	112.60	116.04	119.50	130.84	151.19	349.31
海 南	1.07	1.31	1.31	1.31	1.31	1.31	1.31	1.31	1.31	3.34	13.94
中部地区	69.40	125.62	146.94	213.47	248.07	281.24	297.26	315.01	360.35	418.51	611.41
山 西	0.16	0.84	0.84	1.90	1.90	1.90	2.27	2.27	2.64	14.20	16.04
安 徽	21.43	41.96	48.04	86.15	95.34	106.71	107.69	113.21	136.94	161.29	190.95
江 西	0.14	1.98	6.22	13.50	24.74	28.70	29.56	33.13	33.71	34.15	50.56
河 南	4.85	15.93	17.03	30.20	38.70	54.03	63.67	73.19	81.51	90.17	187.97
湖 北	29.61	49.98	58.85	65.21	68.03	68.76	69.35	65.93	66.94	73.76	91.76
湖 南	13.21	14.94	15.97	16.51	19.35	21.14	24.72	27.29	38.61	44.94	74.14
西部地区	146.89	190.07	215.09	265.79	303.21	326.81	338.24	368.81	392.27	494.28	660.52
内蒙古	0.19	9.29	9.68	11.30	14.49	14.50	15.51	18.51	19.80	21.76	25.48
广 西	5.06	5.37	5.51	5.58	5.58	6.47	6.49	6.49	6.49	7.60	36.92
重 庆	29.06	29.12	31.39	51.15	63.77	75.80	80.52	92.81	93.85	124.91	129.04
四 川	22.37	33.84	48.52	57.98	76.24	76.24	78.86	85.72	90.98	91.06	165.89
贵 州	5.64	5.64	10.24	10.24	10.30	10.34	10.34	13.43	13.43	34.81	34.84
云 南	5.25	7.84	7.95	8.13	8.17	10.62	10.62	11.93	11.81	16.17	16.37
西 藏	—	—	—	—	—	—	—	—	—	—	—
陕 西	34.22	36.35	38.39	46.24	47.50	51.02	54.07	55.01	55.44	57.15	69.20
甘 肃	9.54	12.85	12.91	14.08	14.08	14.08	14.08	15.51	19.00	21.04	32.70
青 海	—	—	0.14	3.21	3.21	3.21	3.21	3.21	3.21	3.21	15.15
宁 夏	17.97	22.03	22.60	22.89	24.88	25.71	25.71	27.26	27.26	33.23	40.58
新 疆	17.59	27.73	27.76	34.99	34.99	38.82	38.82	38.92	51.01	83.34	94.36
东北地区	**3.58**	**7.32**	**10.51**	**19.31**	**22.19**	**32.31**	**33.26**	**38.63**	**45.91**	**147.57**	**155.01**
辽 宁	2.99	6.30	9.37	14.51	17.33	18.45	18.49	21.93	23.76	31.99	30.59
吉 林	0.59	0.01	0.14	1.31	1.35	10.35	10.98	12.16	11.58	69.46	73.55
黑龙江	—	1.00	1.00	3.49	3.51	3.51	3.79	4.54	10.57	46.12	50.86

数据来源：国家统计局。

表 3－50　2014—2018 年全国各地区商业营业用房竣工面积

单位：万平方米

类　别	2014 年	2015 年	2016 年	2017 年	2018 年
总　计	**12084.08**	**12026.67**	**12518.08**	**12670.26**	**11258.68**
一、东部地区	**4947.65**	**4780.16**	**5099.94**	**5314.09**	**4749.03**
北　京	216.24	259.92	171.61	166.94	162.83
天　津	267.75	247.78	293.59	209.21	119.33
河　北	439.14	360.64	395.32	293.26	253.79
上　海	208.36	306.45	266.06	387.73	341.05
江　苏	1213.10	1141.39	1172.03	1085.87	989.85
浙　江	708.44	566.27	780.45	739.72	629.84
福　建	308.55	341.16	457.34	390.35	374.56
山　东	837.67	981.21	816.36	1028.10	1088.91
广　东	684.38	504.54	641.07	858.66	701.16
海　南	64.02	70.79	106.11	154.26	87.72
二、中部地区	**2819.72**	**2823.55**	**2913.87**	**2939.08**	**2687.09**
山　西	257.71	242.30	298.42	228.03	127.41
安　徽	834.63	856.80	719.53	638.96	631.50
江　西	249.47	239.70	165.80	287.88	303.69
河　南	652.77	688.87	748.05	824.27	792.40
湖　北	389.91	387.07	466.52	474.61	352.46
湖　南	435.23	408.82	515.54	485.34	479.63
三、西部地区	**3042.23**	**3253.73**	**3638.24**	**3588.50**	**3138.44**
内蒙古	311.13	254.27	259.68	252.54	220.41
广　西	204.63	145.16	189.14	150.96	270.24
重　庆	340.59	606.07	634.46	724.40	509.48
四　川	653.93	646.92	923.43	816.43	814.77
贵　州	364.03	409.69	250.17	195.67	242.10
云　南	283.25	317.64	313.08	380.08	192.10
西　藏	5.83	10.94	0.23	11.75	4.60
陕　西	183.55	158.91	307.98	298.58	184.06
甘　肃	100.23	131.51	162.11	134.54	137.11
青　海	66.17	70.10	65.94	87.78	87.64
宁　夏	214.56	230.67	170.51	235.19	196.32
新　疆	314.32	271.86	361.51	300.58	279.61
四、东北地区	**1274.48**	**1169.22**	**866.03**	**828.58**	**684.12**
辽　宁	741.14	483.39	307.37	327.72	351.05
吉　林	172.54	153.09	213.22	243.86	186.26
黑龙江	360.79	532.74	345.43	257.00	146.81

数据来源：国家统计局。

表3－51　2018年全国各地区商业营业用房竣工面积（月度累计）

单位：万平方米

类　别	1—2月	1—3月	1—4月	1—5月	1—6月	1－7月	1—8月	1—9月	1—10月	1—11月	1—12月
总　计	**1878.48**	**2675.50**	**3251.91**	**3954.30**	**4752.93**	**5393.16**	**5909.05**	**6393.38**	**7131.60**	**8333.04**	**11258.68**
东部地区	**848.95**	**1217.04**	**1499.56**	**1845.72**	**2151.02**	**2387.06**	**2600.96**	**2763.37**	**3016.57**	**3405.86**	**4749.03**
北　京	14.04	27.03	27.76	45.46	41.15	44.56	65.56	82.09	92.78	132.58	162.83
天　津	1.67	8.58	11.56	12.84	17.11	19.29	19.49	23.68	26.93	35.68	119.33
河　北	19.14	30.86	54.52	82.03	92.04	98.85	104.34	116.81	136.51	187.19	253.79
上　海	121.28	139.06	146.99	163.90	167.49	193.28	196.73	207.46	225.63	243.70	341.05
江　苏	181.36	280.04	389.75	457.58	500.92	568.71	622.51	658.19	710.93	796.27	989.85
浙　江	118.66	191.76	235.97	261.59	292.49	324.60	354.10	372.80	414.80	455.41	629.84
福　建	52.58	91.71	115.78	138.94	174.44	186.66	198.13	208.24	218.38	240.63	374.56
山　东	109.87	176.21	220.36	334.00	471.99	525.52	597.97	627.45	673.80	743.92	1088.91
广　东	203.10	244.43	265.51	309.83	347.40	379.26	394.44	411.70	461.86	513.34	701.16
海　南	27.24	27.36	31.35	39.55	46.00	46.32	47.69	54.95	54.96	57.14	87.72
中部地区	**421.25**	**607.59**	**706.47**	**846.62**	**1068.20**	**1220.74**	**1342.19**	**1477.03**	**1714.17**	**1991.93**	**2687.09**
山　西	10.66	19.80	20.97	21.50	26.12	32.93	36.83	46.34	66.37	83.66	127.41
安　徽	116.91	154.06	174.53	231.51	299.00	323.91	343.52	383.46	467.77	535.63	631.50
江　西	70.99	77.20	94.77	103.00	170.13	170.01	193.67	220.01	230.20	262.20	303.69
河　南	68.93	127.74	142.74	172.82	209.45	235.88	290.28	321.98	391.68	480.58	792.40
湖　北	70.16	101.40	131.58	168.00	200.53	214.98	217.80	219.87	232.45	244.15	352.46
湖　南	83.60	127.40	141.88	149.79	162.98	243.04	260.09	285.37	325.70	385.71	479.63
西部地区	**574.99**	**782.21**	**943.27**	**1126.66**	**1358.90**	**1543.16**	**1688.94**	**1845.12**	**2016.71**	**2391.14**	**3138.44**
内蒙古	5.48	24.07	52.32	65.29	98.53	117.97	136.15	147.05	158.99	169.60	220.41
广　西	50.34	55.06	59.32	66.95	89.97	114.08	160.07	178.47	187.08	207.06	270.24
重　庆	80.04	96.45	123.51	140.51	198.89	224.15	258.50	283.42	309.08	370.19	509.48
四　川	191.29	252.25	301.47	351.46	392.18	434.80	459.16	512.28	548.86	596.84	814.77
贵　州	68.27	79.98	83.30	85.52	87.23	92.08	95.27	104.27	108.60	198.43	242.10
云　南	32.25	53.16	55.53	67.27	84.23	90.47	90.16	97.02	109.97	141.76	192.10
西　藏	—	—	0.28	0.75	0.75	0.75	0.75	0.75	4.60	4.60	4.60
陕　西	61.96	76.81	85.72	96.83	114.74	115.86	118.91	134.42	145.57	161.59	184.06
甘　肃	22.37	32.96	36.75	54.73	66.39	76.03	79.39	87.48	104.85	110.23	137.11
青　海	—	—	4.65	8.45	8.45	11.44	12.11	14.43	15.19	18.64	87.64
宁　夏	12.82	29.39	41.36	66.05	87.62	105.58	109.96	111.51	125.04	136.86	196.32
新　疆	50.18	82.08	99.06	122.86	129.91	159.97	168.51	174.01	198.88	275.36	279.61
东北地区	**33.30**	**68.67**	**102.62**	**135.30**	**174.81**	**242.20**	**276.95**	**307.86**	**384.15**	**544.11**	**684.12**
辽　宁	24.91	43.06	62.24	82.12	103.81	109.96	125.93	138.67	190.68	261.52	351.05
吉　林	7.29	9.31	17.57	22.35	32.86	76.94	88.11	93.92	98.94	165.76	186.26
黑龙江	1.10	16.30	22.81	30.83	38.14	55.30	62.92	75.27	94.53	116.84	146.81

数据来源：国家统计局。

（六）各地区房地产销售数据

1. 各地区商品房销售面积

表 3－52 2014—2018 年全国各地区商品房销售面积

单位：万平方米

类 别	2014 年	2015 年	2016 年	2017 年	2018 年
总 计	**120648.54**	**128494.97**	**157348.53**	**169407.82**	**171654.36**
一、东部地区	**49001.02**	**55508.78**	**69182.23**	**71199.03**	**67641.39**
北 京	1454.19	1554.25	1658.93	869.95	696.19
天 津	1612.98	1771.07	2711.08	1482.12	1249.87
河 北	5706.19	5854.65	6682.29	6425.91	5251.93
上 海	2084.66	2431.36	2705.69	1691.60	1767.01
江 苏	9846.84	11414.05	13962.09	14211.12	13484.21
浙 江	4676.83	5985.30	8636.79	9599.67	9755.49
福 建	4119.48	4037.76	4915.35	5854.05	6213.40
山 东	9180.12	9727.04	11789.88	12813.18	13454.73
广 东	9315.76	11681.01	14611.60	15958.81	14336.31
海 南	1003.97	1052.28	1508.53	2292.61	1432.25
二、中部地区	**29766.78**	**32408.77**	**42071.34**	**47459.90**	**50695.07**
山 西	1576.27	1592.55	2061.06	2415.92	2360.90
安 徽	6202.18	6174.09	8499.65	9200.71	10038.43
江 西	3067.16	3478.23	4691.84	5841.93	6200.71
河 南	7879.67	8556.34	11306.27	13313.89	13990.50
湖 北	5601.98	6244.55	7427.16	8155.21	8865.38
湖 南	5439.53	6363.01	8085.36	8532.25	9239.15
三、西部地区	**32068.46**	**33172.76**	**38346.48**	**42459.41**	**45395.63**
内蒙古	2457.18	2369.37	2527.85	2067.60	2007.67
广 西	3156.55	3523.41	4215.39	5170.99	6212.90
重 庆	5100.39	5381.37	6257.15	6711.00	6536.25
四 川	7142.44	7671.20	9300.47	10869.07	12210.73
贵 州	3178.12	3559.81	4156.93	4696.90	5181.96
云 南	3194.19	3145.13	3639.75	4327.18	4531.88
西 藏	59.33	51.27	74.61	53.25	73.35
陕 西	3093.64	2978.94	3262.70	3890.40	4118.56
甘 肃	1325.51	1434.96	1679.49	1559.51	1595.65
青 海	415.77	392.96	437.85	494.04	447.93
宁 夏	1129.46	839.16	966.07	1021.36	1026.50
新 疆	1815.88	1825.18	1828.22	1598.11	1452.23
四、东北地区	**9812.28**	**7404.65**	**7748.48**	**8289.47**	**7922.28**
辽 宁	5754.81	3916.19	3711.90	4148.45	3934.57
吉 林	1581.72	1491.85	1919.30	1885.21	2074.46
黑龙江	2475.74	1996.61	2117.29	2255.81	1913.25

数据来源：国家统计局。

表 3－53　2018 年全国各地区商品房销售面积（月度累计）

单位：万平方米

类　别	1—2 月	1—3 月	1—4 月	1—5 月	1—6 月	1－7 月	1—8 月	1—9 月	1—10 月	1—11 月	1—12 月
总　计	**14632.64**	**30088.40**	**42192.06**	**56409.09**	**77143.28**	**89989.53**	**102473.53**	**119312.77**	**133116.85**	**148603.93**	**171654.36**
东部地区	**6021.68**	**12491.37**	**17441.55**	**23375.20**	**31595.96**	**36858.69**	**41799.27**	**48462.37**	**53545.08**	**59142.41**	**67641.39**
北　京	56.03	78.89	118.52	177.70	229.90	288.82	354.21	407.05	461.37	535.54	696.19
天　津	80.00	188.13	265.82	372.96	582.40	734.19	851.51	935.62	1027.29	1144.91	1249.87
河　北	168.37	663.77	951.08	1237.51	1874.27	2282.03	2581.42	3248.32	3793.69	4441.67	5251.93
上　海	204.14	355.44	449.17	528.61	734.18	985.11	1105.93	1310.37	1426.31	1561.76	1767.01
江　苏	1402.10	2656.86	3697.62	5042.89	6630.15	7694.24	8782.05	9976.77	11005.89	11998.45	13484.21
浙　江	914.15	1868.08	2667.35	3621.86	4986.95	5683.01	6309.03	7210.74	7786.60	8517.38	9755.49
福　建	724.82	1373.74	1859.27	2432.77	3225.10	3667.61	4104.07	4624.08	5065.94	5541.66	6213.40
山　东	843.07	2058.41	3089.36	4275.25	5851.38	6937.25	8031.66	9613.36	10671.14	11810.50	13454.73
广　东	1383.70	2730.36	3682.20	4907.93	6562.38	7597.60	8623.92	9997.28	11103.82	12283.18	14336.31
海　南	245.30	517.70	661.17	777.73	919.24	988.82	1055.47	1138.79	1203.04	1307.35	1432.25
中部地区	**3922.65**	**8263.81**	**11556.16**	**15402.47**	**21588.21**	**25130.95**	**28646.05**	**33634.42**	**37732.68**	**42577.27**	**50695.07**
山　西	150.24	319.74	489.98	737.51	1010.95	1217.31	1402.80	1579.21	1804.84	2055.17	2360.90
安　徽	1021.56	1965.51	2688.46	3518.33	4541.20	5305.26	6020.83	7010.05	7780.87	8570.42	10038.43
江　西	477.90	1008.30	1458.70	1970.34	2721.81	3169.33	3614.62	4301.62	4747.47	5313.67	6200.71
河　南	794.78	1927.34	2737.43	3626.14	5337.50	6238.59	7197.01	8610.56	9810.78	11248.75	13990.50
湖　北	734.28	1525.55	2104.87	2830.04	4151.90	4726.27	5298.11	6188.72	6843.15	7544.96	8865.38
湖　南	743.89	1517.37	2076.73	2720.10	3824.84	4474.18	5112.68	5944.26	6745.57	7844.30	9239.15
西部地区	**4272.49**	**8376.00**	**11595.96**	**15214.80**	**20620.97**	**23937.63**	**27240.01**	**31557.23**	**35429.95**	**39731.79**	**45395.63**
内蒙古	20.02	122.17	219.09	381.83	706.75	886.98	1064.93	1394.15	1609.26	1832.89	2007.67
广　西	558.69	1046.67	1479.71	2018.96	2693.41	3163.77	3636.87	4194.82	4716.34	5247.38	6212.90
重　庆	870.69	1571.57	2085.29	2690.07	3491.47	3917.04	4355.67	4905.43	5320.74	5780.21	6536.25
四　川	1354.66	2596.52	3489.93	4411.78	5808.45	6680.83	7552.80	8617.01	9691.35	10844.66	12210.73
贵　州	496.98	993.39	1350.88	1702.88	2345.47	2699.20	3064.66	3481.95	3914.62	4494.91	5181.96
云　南	364.54	788.61	1056.34	1381.26	1862.94	2145.70	2478.05	3037.96	3464.47	3919.57	4531.88
西　藏	0.15	6.99	15.57	24.04	32.40	38.55	41.30	49.01	61.31	69.05	73.35
陕　西	295.04	598.76	926.61	1281.20	1829.73	2134.86	2405.27	2819.46	3086.12	3475.69	4118.56
甘　肃	112.89	221.59	323.76	433.70	683.11	841.59	1001.40	1159.17	1315.71	1473.52	1595.65
青　海	15.05	39.72	68.39	123.71	177.07	219.67	251.65	305.15	355.64	396.44	447.93
宁　夏	71.15	164.14	235.75	309.08	417.17	518.73	597.74	681.34	773.42	891.97	1026.50
新　疆	112.63	225.86	344.63	456.29	573.00	690.70	789.67	911.77	1120.99	1305.49	1452.23
东北地区	**415.81**	**957.22**	**1598.38**	**2416.63**	**3338.15**	**4062.27**	**4788.20**	**5658.76**	**6409.14**	**7152.46**	**7922.28**
辽　宁	246.79	550.83	911.46	1405.19	1902.18	2248.14	2582.99	2991.69	3326.94	3651.71	3934.57
吉　林	117.92	250.56	401.66	562.20	794.74	999.86	1206.13	1444.37	1623.67	1804.32	2074.46
黑龙江	51.10	155.83	285.26	449.23	641.23	814.27	999.08	1222.70	1458.54	1696.43	1913.25

数据来源：国家统计局。

表 3－54　2014—2018 年全国各地区商品房现房销售面积

单位：万平方米

类　别	2014 年	2015 年	2016 年	2017 年	2018 年
总　计	**28869.57**	**31702.61**	**39322.14**	**39994.77**	**31044.09**
一、东部地区	**11055.20**	**13301.72**	**16988.04**	**16984.03**	**12648.97**
北　京	488.20	510.04	661.84	358.12	313.80
天　津	571.39	577.72	871.49	312.54	190.40
河　北	1454.71	1632.73	1637.58	1767.78	998.17
上　海	767.80	944.63	1162.71	812.54	771.86
江　苏	2205.28	2620.43	3329.64	3629.91	2811.16
浙　江	819.18	1245.96	2302.96	2191.74	1440.65
福　建	428.61	560.41	718.26	993.41	874.70
山　东	1945.69	2297.39	2621.10	2819.20	2380.72
广　东	2161.51	2627.49	3256.49	3293.12	2521.75
海　南	212.82	284.93	425.98	805.66	345.76
二、中部地区	**8126.51**	**8649.55**	**10208.33**	**10722.98**	**8799.89**
山　西	549.67	477.98	796.95	820.21	472.12
安　徽	979.56	1178.15	1459.15	1495.47	1100.45
江　西	478.17	690.79	1006.92	1138.71	914.10
河　南	2890.93	2811.98	3235.83	3468.27	3294.61
湖　北	1636.06	1724.62	1603.21	1876.49	1679.77
湖　南	1592.11	1766.03	2106.27	1923.83	1338.84
三、西部地区	**6433.65**	**7096.00**	**8908.97**	**9020.50**	**7107.88**
内蒙古	1002.17	959.51	1048.08	1005.12	770.73
广　西	616.64	535.53	602.61	760.72	672.98
重　庆	838.32	1015.77	1476.70	1301.50	890.96
四　川	1201.08	1350.73	1795.48	1881.65	1427.57
贵　州	475.95	561.28	796.37	778.23	566.37
云　南	653.71	824.85	1144.20	1116.28	943.16
西　藏	7.82	23.99	22.53	20.78	34.11
陕　西	375.59	486.12	511.34	607.02	593.57
甘　肃	386.12	496.03	527.34	459.39	425.70
青　海	135.14	79.27	106.21	131.89	58.05
宁　夏	302.63	277.40	379.13	397.88	359.05
新　疆	438.47	485.52	498.98	560.04	365.62
四、东北地区	**3254.21**	**2655.34**	**3216.80**	**3267.26**	**2487.34**
辽　宁	1787.22	1326.55	1345.24	1442.43	1189.13
吉　林	664.88	424.60	798.32	655.77	554.02
黑龙江	802.11	904.20	1073.23	1169.06	744.18

数据来源：国家统计局。

表 3－55　2018 年全国各地区商品房现房销售面积（月度累计）

单位：万平方米

类　别	1—2 月	1—3 月	1—4 月	1—5 月	1—6 月	1－7 月	1—8 月	1—9 月	1—10 月	1—11 月	1—12 月
总　计	**2685.12**	**5731.82**	**7983.58**	**10518.40**	**14592.39**	**16959.02**	**18923.75**	**21763.39**	**23906.02**	**26394.35**	**31044.09**
东部地区	**1233.31**	**2580.07**	**3531.36**	**4618.07**	**6238.48**	**7256.48**	**8011.24**	**9187.30**	**9957.15**	**10854.67**	**12648.97**
北　京	22.51	32.77	46.92	85.14	116.66	149.40	165.22	186.62	200.54	226.76	313.80
天　津	22.49	48.98	62.98	75.26	109.02	121.61	131.09	141.95	151.28	161.73	190.40
河　北	40.96	168.15	202.79	228.76	389.95	487.64	526.22	649.34	722.55	804.08	998.17
上　海	124.63	189.54	241.32	263.31	356.52	448.43	485.02	566.34	600.72	665.67	771.86
江　苏	299.74	618.05	855.66	1142.22	1527.98	1716.18	1880.17	2127.79	2304.46	2490.60	2811.16
浙　江	144.96	320.44	446.37	600.85	780.55	883.62	956.69	1078.09	1141.41	1222.29	1440.65
福　建	122.27	183.51	249.31	366.22	486.04	566.31	622.03	685.67	735.12	783.06	874.70
山　东	151.53	388.82	576.16	771.82	1043.77	1239.17	1425.42	1668.06	1843.50	2030.06	2380.72
广　东	245.18	497.02	676.21	874.90	1163.31	1364.20	1522.65	1769.52	1962.11	2146.03	2521.75
海　南	59.02	132.79	173.64	209.59	264.69	279.91	296.72	313.92	295.45	324.39	345.76
中部地区	**671.37**	**1497.11**	**2062.74**	**2709.11**	**3863.47**	**4480.24**	**5023.28**	**5815.08**	**6389.34**	**7154.24**	**8799.89**
山　西	36.25	68.17	110.32	149.39	197.71	234.14	265.67	304.14	354.04	396.48	472.12
安　徽	114.86	241.99	328.49	382.33	496.94	574.39	638.95	726.60	792.99	886.80	1100.45
江　西	88.80	191.06	248.59	320.90	450.32	506.76	564.59	658.34	704.39	775.00	914.10
河　南	161.43	451.95	664.63	917.21	1283.21	1525.42	1752.81	2055.87	2339.20	2625.69	3294.61
湖　北	168.13	319.26	411.00	532.52	824.69	923.98	1005.20	1148.54	1249.60	1346.66	1679.77
湖　南	101.89	224.68	299.71	406.74	610.60	715.55	796.07	921.60	949.13	1123.62	1338.84
西部地区	**634.89**	**1347.74**	**1854.03**	**2393.99**	**3408.78**	**3944.09**	**4408.68**	**5060.32**	**5624.51**	**6226.55**	**7107.88**
内蒙古	6.19	42.33	87.38	146.07	313.90	394.81	451.83	557.48	634.89	697.51	770.73
广　西	74.06	128.82	186.29	231.79	303.99	350.80	410.51	464.80	510.91	555.99	672.98
重　庆	103.06	192.48	243.26	315.73	421.57	474.57	533.17	614.68	659.15	714.29	890.96
四　川	178.07	343.09	438.01	538.91	765.73	848.02	896.98	1008.56	1127.89	1255.59	1427.57
贵　州	63.79	146.68	189.31	236.70	307.77	345.77	386.11	429.34	461.12	515.82	566.37
云　南	88.07	199.75	269.05	341.17	450.42	514.74	579.97	673.01	762.25	851.24	943.16
西　藏	0.15	0.75	7.34	10.56	15.92	16.53	17.33	20.31	30.14	31.97	34.11
陕　西	39.35	99.23	144.79	191.58	305.17	359.83	391.24	439.21	469.28	504.68	593.57
甘　肃	29.15	62.64	95.30	125.01	195.23	239.86	283.59	327.36	365.52	401.72	425.70
青　海	1.50	4.94	10.42	18.15	25.23	34.90	39.68	52.98	53.86	58.13	58.05
宁　夏	28.14	67.56	93.36	126.50	162.83	195.18	226.89	249.38	276.13	310.84	359.05
新　疆	23.36	59.46	89.52	111.80	141.00	169.09	191.37	223.20	273.38	328.78	365.62
东北地区	**145.56**	**306.92**	**535.45**	**797.23**	**1081.67**	**1278.21**	**1480.55**	**1700.68**	**1935.02**	**2158.89**	**2487.34**
辽　宁	79.10	167.07	291.72	445.28	616.81	706.09	794.94	899.13	1000.61	1097.15	1189.13
吉　林	39.51	74.41	123.40	163.46	218.91	255.88	308.46	351.86	394.74	437.73	554.02
黑龙江	26.95	65.44	120.33	188.49	245.94	316.24	377.15	449.70	539.67	624.02	744.18

数据来源：国家统计局。

表 3－56　2014—2018 年全国各地区商品房期房销售面积

单位：万平方米

类　别	2014 年	2015 年	2016 年	2017 年	2018 年
总　计	**91778.97**	**96792.36**	**118026.39**	**129413.05**	**140610.27**
一、东部地区	**37945.82**	**42207.06**	**52194.19**	**54215.00**	**54992.41**
北　京	965.99	1044.21	997.10	511.83	382.39
天　津	1041.59	1193.35	1839.59	1169.59	1059.47
河　北	4251.48	4221.92	5044.71	4658.13	4253.76
上　海	1316.87	1486.73	1542.98	879.06	995.15
江　苏	7641.56	8793.62	10632.45	10581.21	10673.05
浙　江	3857.65	4739.35	6333.83	7407.93	8314.84
福　建	3690.86	3477.35	4197.09	4860.63	5338.70
山　东	7234.43	7429.66	9168.78	9993.98	11074.01
广　东	7154.25	9053.52	11355.12	12665.69	11814.56
海　南	791.15	767.35	1082.56	1486.95	1086.48
二、中部地区	**21640.27**	**23759.23**	**31863.01**	**36736.92**	**41895.18**
山　西	1026.59	1114.57	1264.10	1595.71	1888.78
安　徽	5222.62	4995.94	7040.50	7705.24	8937.98
江　西	2588.99	2787.44	3684.92	4703.22	5286.61
河　南	4988.73	5744.37	8070.44	9845.61	10695.89
湖　北	3965.92	4519.93	5823.95	6278.72	7185.62
湖　南	3847.42	4596.98	5979.09	6608.42	7900.31
三、西部地区	**25634.81**	**26076.76**	**29437.50**	**33438.92**	**38287.74**
内蒙古	1455.01	1409.86	1479.77	1062.48	1236.95
广　西	2539.90	2987.87	3612.78	4410.27	5539.92
重　庆	4262.07	4365.60	4780.44	5409.51	5645.28
四　川	5941.36	6320.47	7504.99	8987.41	10783.16
贵　州	2702.17	2998.53	3360.56	3918.67	4615.59
云　南	2540.47	2320.28	2495.54	3210.91	3588.73
西　藏	51.51	27.28	52.08	32.47	39.24
陕　西	2718.05	2492.82	2751.36	3283.38	3524.99
甘　肃	939.39	938.93	1152.15	1100.12	1169.95
青　海	280.63	313.70	331.64	362.15	389.87
宁　夏	826.84	561.76	586.94	623.48	667.45
新　疆	1377.42	1339.66	1329.24	1038.07	1086.61
四、东北地区	**6558.06**	**4749.31**	**4531.69**	**5022.21**	**5434.94**
辽　宁	3967.60	2589.64	2366.66	2706.02	2745.43
吉　林	916.84	1067.25	1120.97	1229.44	1520.44
黑龙江	1673.63	1092.41	1044.06	1086.75	1169.07

数据来源：国家统计局。

表 3－57　2018 年全国各地区商品房期房销售面积（月度累计）

单位：万平方米

类　别	1—2 月	1—3 月	1—4 月	1—5 月	1—6 月	1－7 月	1—8 月	1—9 月	1—10 月	1—11 月	1—12 月
总　计	**11947.52**	**24356.58**	**34208.48**	**45890.69**	**62550.89**	**73030.51**	**83549.78**	**97549.39**	**109210.83**	**122209.58**	**140610.27**
东部地区	**4788.37**	**9911.31**	**13910.19**	**18757.13**	**25357.48**	**29602.21**	**33788.03**	**39275.07**	**43587.92**	**48287.74**	**54992.41**
北　京	33.52	46.12	71.59	92.56	113.24	139.42	188.99	220.43	260.82	308.78	382.39
天　津	57.51	139.15	202.84	297.70	473.37	612.58	720.42	793.67	876.01	983.19	1059.47
河　北	127.40	495.62	748.29	1008.75	1484.32	1794.39	2055.20	2598.98	3071.14	3637.59	4253.76
上　海	79.51	165.90	207.85	265.30	377.67	536.68	620.91	744.02	825.59	896.09	995.15
江　苏	1102.36	2038.80	2841.96	3900.67	5102.18	5978.06	6901.87	7848.98	8701.43	9507.85	10673.05
浙　江	769.19	1547.64	2220.98	3021.01	4206.41	4799.39	5352.34	6132.65	6645.19	7295.09	8314.84
福　建	602.54	1190.24	1609.96	2066.55	2739.07	3101.30	3482.04	3938.41	4330.82	4758.60	5338.70
山　东	691.54	1669.59	2513.20	3503.42	4807.61	5698.08	6606.25	7945.30	8827.64	9780.44	11074.01
广　东	1138.52	2233.34	3005.99	4033.03	5399.07	6233.40	7101.27	8227.76	9141.71	10137.15	11814.56
海　南	186.28	384.91	487.53	568.14	654.55	708.91	758.75	824.87	907.59	982.96	1086.48
中部地区	**3251.28**	**6766.71**	**9493.42**	**12693.36**	**17724.74**	**20650.71**	**23622.77**	**27819.34**	**31343.34**	**35423.03**	**41895.18**
山　西	113.99	251.56	379.66	588.12	813.24	983.17	1137.13	1275.07	1450.81	1658.70	1888.78
安　徽	906.70	1723.52	2359.97	3136.00	4044.26	4730.87	5381.89	6283.46	6987.88	7683.63	8937.98
江　西	389.10	817.24	1210.11	1649.44	2271.50	2662.58	3050.03	3643.27	4043.08	4538.67	5286.61
河　南	633.35	1475.39	2072.80	2708.93	4054.29	4713.17	5444.20	6554.69	7471.58	8623.06	10695.89
湖　北	566.15	1206.30	1693.87	2297.52	3327.22	3802.29	4292.91	5040.18	5593.55	6198.29	7185.62
湖　南	642.00	1292.70	1777.01	2313.35	3214.23	3758.63	4316.62	5022.66	5796.44	6720.68	7900.31
西部地区	**3637.61**	**7028.26**	**9741.94**	**12820.80**	**17212.19**	**19993.54**	**22831.33**	**26496.91**	**29805.44**	**33505.24**	**38287.74**
内蒙古	13.83	79.85	131.70	235.76	392.85	492.17	613.10	836.67	974.37	1135.38	1236.95
广　西	484.63	917.85	1293.42	1787.17	2389.42	2812.97	3226.36	3730.02	4205.43	4691.39	5539.92
重　庆	767.63	1379.09	1842.03	2374.34	3069.89	3442.47	3822.50	4290.75	4661.59	5065.92	5645.28
四　川	1176.59	2253.43	3051.92	3872.87	5042.72	5832.81	6655.81	7608.45	8563.47	9589.07	10783.16
贵　州	433.20	846.71	1161.57	1466.18	2037.70	2353.43	2678.56	3052.61	3453.49	3979.09	4615.59
云　南	276.47	588.85	787.29	1040.09	1412.52	1630.96	1898.08	2364.95	2702.21	3068.33	3588.73
西　藏	—	6.24	8.23	13.48	16.48	22.02	23.97	28.69	31.17	37.08	39.24
陕　西	255.69	499.53	781.82	1089.62	1524.56	1775.03	2014.02	2380.24	2616.84	2971.01	3524.99
甘　肃	83.74	158.95	228.46	308.69	487.88	601.73	717.81	831.80	950.18	1071.81	1169.95
青　海	13.55	34.78	57.98	105.56	151.84	184.77	211.96	252.17	301.77	338.31	389.87
宁　夏	43.01	96.58	142.40	182.57	254.34	323.56	370.85	431.97	497.30	581.13	667.45
新　疆	89.27	166.40	255.11	344.49	432.00	521.61	598.30	688.57	847.61	976.71	1086.61
东北地区	**270.26**	**650.30**	**1062.93**	**1619.40**	**2256.48**	**2784.06**	**3307.65**	**3958.08**	**4474.13**	**4993.57**	**5434.94**
辽　宁	167.69	383.76	619.73	959.91	1285.37	1542.05	1788.05	2092.56	2326.33	2554.56	2745.43
吉　林	78.42	176.15	278.27	398.75	575.83	743.98	897.67	1092.51	1228.93	1366.59	1520.44
黑龙江	24.15	90.39	164.93	260.74	395.29	498.03	621.94	773.00	918.87	1072.42	1169.07

数据来源：国家统计局。

2. 各地区商品住宅销售面积

表 3－58　2014—2018 年全国各地区住宅销售面积

单位：万平方米

类　别	2014 年	2015 年	2016 年	2017 年	2018 年
总　计	**105181.79**	**112405.68**	**137539.93**	**144788.77**	**147929.42**
一、东部地区	**42555.53**	**48698.61**	**60486.71**	**60449.43**	**57602.91**
北　京	1136.53	1126.84	981.37	608.78	526.76
天　津	1477.63	1668.18	2521.87	1342.87	1140.73
河　北	5015.06	5161.65	5899.72	5576.99	4714.42
上　海	1780.91	2009.17	2019.80	1341.62	1333.29
江　苏	8800.93	10275.95	12657.66	12486.66	12040.68
浙　江	3941.49	5131.88	7234.19	7669.70	7936.17
福　建	3324.10	3315.69	4134.46	4526.13	4781.58
山　东	7972.49	8526.85	10598.58	11201.04	11755.37
广　东	8163.56	10497.62	13021.97	13522.51	12075.10
海　南	942.84	984.79	1417.09	2173.12	1298.82
二、中部地区	**26438.07**	**28948.53**	**37645.92**	**41599.72**	**45088.37**
山　西	1433.91	1481.14	1881.51	2246.28	2215.59
安　徽	5364.94	5356.81	7506.87	7949.28	8901.25
江　西	2775.22	3145.83	4140.55	4964.97	5389.00
河　南	7009.09	7645.84	10137.13	11707.26	12482.88
湖　北	5002.60	5647.72	6789.21	7363.67	8101.71
湖　南	4852.32	5671.19	7190.66	7368.27	7997.94
三、西部地区	**27736.77**	**28265.85**	**32596.48**	**35472.36**	**38203.93**
内蒙古	1995.68	1944.92	2073.36	1726.16	1702.39
广　西	2869.32	3181.51	3864.01	4687.41	5589.89
重　庆	4423.68	4477.71	5105.46	5452.65	5424.76
四　川	6176.51	6495.43	7884.09	8786.61	9895.35
贵　州	2707.09	2943.37	3426.96	3897.65	4441.44
云　南	2618.02	2576.80	2933.10	3484.49	3643.93
西　藏	53.64	46.32	71.16	44.96	62.10
陕　西	2836.69	2717.98	3012.61	3419.84	3545.60
甘　肃	1212.60	1307.48	1478.81	1386.04	1437.95
青　海	362.92	329.71	373.03	399.57	377.41
宁　夏	939.37	708.12	830.22	870.28	887.97
新　疆	1541.25	1536.49	1543.66	1316.70	1195.14
四、东北地区	**8451.41**	**6492.69**	**6810.81**	**7267.25**	**7034.21**
辽　宁	4932.08	3477.26	3383.08	3797.05	3554.81
吉　林	1387.87	1304.82	1630.72	1602.06	1813.82
黑龙江	2131.46	1710.60	1797.02	1868.14	1665.58

数据来源：国家统计局。

表3-59　2018年全国各地区住宅销售面积（月度累计）

单位：万平方米

类　别	1—2月	1—3月	1—4月	1—5月	1—6月	1-7月	1—8月	1—9月	1—10月	1—11月	1—12月
总　计	**12726.92**	**26114.43**	**36667.09**	**49065.62**	**66851.93**	**78046.12**	**88913.75**	**103478.79**	**115432.29**	**128713.90**	**147929.42**
东部地区	**5182.38**	**10771.11**	**15077.50**	**20248.04**	**27179.56**	**31738.54**	**35979.14**	**41681.98**	**46040.47**	**50795.00**	**57602.91**
北　京	39.13	54.17	84.67	128.46	161.42	210.51	266.27	305.22	347.94	403.31	526.76
天　津	69.28	159.14	233.10	335.56	527.69	671.32	782.10	860.48	944.83	1058.58	1140.73
河　北	154.22	613.46	878.94	1142.41	1729.88	2105.33	2375.33	2990.38	3485.79	4071.67	4714.42
上　海	171.65	278.82	339.38	401.66	577.50	788.92	893.39	1055.58	1153.22	1235.97	1333.29
江　苏	1257.45	2399.38	3336.00	4544.14	5964.40	6931.93	7906.55	8978.11	9907.23	10795.03	12040.68
浙　江	757.45	1534.17	2199.76	2999.21	4064.52	4632.73	5147.32	5865.68	6335.70	6959.04	7936.17
福　建	578.61	1095.28	1487.82	1934.73	2522.82	2863.72	3203.67	3613.92	3941.59	4281.01	4781.58
山　东	739.16	1816.86	2730.50	3777.17	5149.99	6088.25	7039.33	8431.09	9352.16	10339.72	11755.37
广　东	1186.08	2340.16	3177.16	4269.03	5637.24	6541.87	7403.72	8544.03	9475.78	10457.91	12075.10
海　南	229.35	479.67	610.18	715.67	844.11	903.96	961.45	1037.51	1096.22	1192.75	1298.82
中部地区	**3504.04**	**7409.94**	**10339.66**	**13759.67**	**19274.98**	**22453.05**	**25604.82**	**30084.74**	**33729.30**	**38018.72**	**45088.37**
山　西	136.75	294.05	457.14	691.97	944.72	1137.96	1313.23	1478.30	1692.32	1926.95	2215.59
安　徽	911.28	1770.88	2412.27	3151.73	4054.37	4735.79	5369.83	6247.60	6940.80	7644.19	8901.25
江　西	418.24	886.54	1283.84	1729.70	2376.39	2767.10	3165.10	3744.51	4143.95	4639.84	5389.00
河　南	701.19	1709.61	2423.28	3185.42	4727.68	5532.21	6385.29	7673.36	8752.10	10043.38	12482.88
湖　北	680.29	1405.65	1924.42	2588.29	3762.88	4294.81	4812.66	5644.55	6243.74	6907.19	8101.71
湖　南	656.28	1343.21	1838.71	2412.54	3408.94	3985.17	4558.71	5296.43	5956.39	6857.18	7997.94
西部地区	**3663.82**	**7066.46**	**9802.42**	**12876.03**	**17411.92**	**20234.58**	**23051.52**	**26652.62**	**29931.16**	**33517.79**	**38203.93**
内蒙古	16.42	99.32	178.44	323.45	598.83	746.84	896.24	1172.92	1358.63	1554.65	1702.39
广　西	513.87	955.34	1351.74	1834.03	2452.32	2879.19	3314.76	3801.39	4275.00	4735.61	5589.89
重　庆	736.56	1318.78	1750.62	2266.35	2930.43	3285.36	3647.30	4109.97	4467.29	4842.68	5424.76
四　川	1122.60	2125.58	2855.48	3604.45	4713.07	5431.93	6142.87	7007.87	7875.12	8805.08	9895.35
贵　州	432.52	849.15	1154.90	1444.33	2009.37	2313.78	2636.75	2998.69	3376.24	3867.85	4441.44
云　南	307.64	636.56	856.92	1120.41	1484.00	1722.16	2001.10	2439.95	2783.71	3146.07	3643.93
西　藏	0.14	5.33	10.57	18.17	24.97	30.89	33.45	40.80	50.73	58.16	62.10
陕　西	258.58	515.84	802.50	1119.58	1592.34	1852.68	2085.42	2428.48	2655.56	2991.27	3545.60
甘　肃	101.45	196.63	289.40	389.32	617.41	758.46	899.81	1041.72	1182.84	1330.52	1437.95
青　海	13.72	36.36	62.15	114.04	158.91	193.23	219.33	263.48	306.49	335.60	377.41
宁　夏	62.26	139.50	201.27	263.75	358.45	448.26	518.15	591.55	674.75	778.55	887.97
新　疆	98.05	188.07	288.44	378.15	471.81	571.81	656.35	755.79	924.81	1071.74	1195.14
东北地区	**376.67**	**866.92**	**1447.51**	**2181.88**	**2985.47**	**3619.95**	**4278.27**	**5059.45**	**5731.36**	**6382.39**	**7034.21**
辽　宁	223.91	501.80	830.17	1277.00	1720.77	2012.46	2322.80	2693.97	3002.37	3300.17	3554.81
吉　林	106.95	226.06	363.76	503.70	705.14	891.47	1076.16	1290.22	1447.23	1597.09	1813.82
黑龙江	45.81	139.06	253.58	401.18	559.55	716.02	879.31	1075.26	1281.77	1485.13	1665.58

数据来源：国家统计局。

表 3 - 60　2014—2018 年全国各地区住宅现房销售面积

单位：万平方米

类　别	2014 年	2015 年	2016 年	2017 年	2018 年
总　计	**23711.99**	**25901.93**	**31931.31**	**31243.64**	**23204.71**
一、东部地区	**8957.01**	**10877.04**	**13676.22**	**13069.63**	**9093.84**
北　京	339.91	331.17	360.26	227.75	202.45
天　津	519.27	520.00	780.05	231.43	126.29
河　北	1220.97	1361.53	1332.63	1466.81	860.56
上　海	620.42	722.43	809.79	579.39	491.06
江　苏	1888.65	2197.61	2813.43	2962.73	2279.25
浙　江	598.73	964.79	1724.10	1520.15	842.16
福　建	292.31	416.00	530.02	656.32	420.45
山　东	1591.39	1895.06	2237.81	2237.07	1824.96
广　东	1679.92	2196.49	2684.59	2413.46	1740.26
海　南	205.45	271.95	403.55	774.52	306.42
二、中部地区	**6936.65**	**7308.37**	**8640.40**	**8754.93**	**7060.68**
山　西	466.67	407.31	704.69	737.60	422.30
安　徽	800.01	960.59	1203.46	1058.16	788.39
江　西	421.79	596.69	865.44	921.95	719.66
河　南	2528.53	2385.34	2717.89	2930.66	2753.21
湖　北	1339.85	1429.15	1365.67	1577.76	1425.43
湖　南	1379.79	1529.27	1783.25	1528.80	951.69
三、西部地区	**5137.52**	**5506.97**	**6878.84**	**6693.69**	**4935.50**
内蒙古	780.07	781.80	843.24	785.23	603.85
广　西	550.21	472.04	535.77	674.22	554.27
重　庆	580.09	655.08	995.37	817.20	431.66
四　川	930.39	999.13	1301.38	1214.10	813.86
贵　州	384.21	418.43	591.95	575.00	392.32
云　南	514.55	604.53	897.91	844.78	676.79
西　藏	6.24	20.59	22.53	17.07	26.23
陕　西	343.18	421.70	466.89	492.31	447.02
甘　肃	356.09	431.27	456.05	403.35	378.62
青　海	124.55	72.18	91.90	112.18	44.88
宁　夏	232.23	219.88	292.44	314.86	288.95
新　疆	335.73	410.35	383.42	443.39	277.05
四、东北地区	**2680.81**	**2209.56**	**2735.86**	**2725.40**	**2114.69**
辽　宁	1460.97	1115.78	1191.43	1292.08	1043.16
吉　林	548.65	348.54	682.76	527.08	465.06
黑龙江	671.19	745.24	861.67	906.24	606.48

数据来源：国家统计局。

表 3－61 2018 年全国各地区住宅现房销售面积（月度累计）

单位：万平方米

类 别	1—2 月	1—3 月	1—4 月	1—5 月	1—6 月	1－7 月	1—8 月	1—9 月	1—10 月	1—11 月	1—12 月
总 计	**2053.51**	**4386.77**	**6101.93**	**8039.86**	**11139.49**	**12963.73**	**14436.39**	**16613.10**	**18159.80**	**19959.92**	**23204.71**
东部地区	**909.94**	**1915.69**	**2610.51**	**3430.43**	**4636.67**	**5388.38**	**5925.57**	**6812.10**	**7329.32**	**7945.90**	**9093.84**
北 京	12.98	18.45	25.76	54.06	72.05	100.01	110.54	123.47	129.80	140.78	202.45
天 津	15.66	25.64	37.44	47.57	70.46	78.54	84.77	92.68	98.42	105.45	126.29
河 北	35.12	152.75	181.95	204.25	359.13	451.04	485.88	605.58	666.62	726.54	860.56
上 海	96.40	130.06	155.51	168.30	241.54	303.61	328.54	390.49	411.38	444.13	491.06
江 苏	240.69	519.88	714.06	960.01	1275.47	1426.70	1555.88	1761.84	1902.15	2048.36	2279.25
浙 江	93.12	199.72	272.59	368.51	469.50	522.11	563.69	644.06	674.27	725.51	842.16
福 建	73.38	96.26	132.20	196.61	250.17	293.82	326.87	352.31	377.32	397.96	420.45
山 东	116.53	299.08	444.55	599.99	811.16	963.89	1104.86	1298.75	1428.26	1564.99	1824.96
广 东	169.34	347.36	481.37	633.38	839.84	989.73	1091.49	1254.82	1374.32	1500.89	1740.26
海 南	56.72	126.49	165.08	197.76	247.35	258.93	273.04	288.09	266.79	291.31	306.42
中部地区	**555.75**	**1247.29**	**1703.03**	**2230.90**	**3175.72**	**3692.77**	**4135.68**	**4781.69**	**5214.60**	**5802.59**	**7060.68**
山 西	30.32	59.43	99.13	134.53	175.32	209.74	237.88	272.09	317.33	354.43	422.30
安 徽	85.17	190.26	257.00	294.41	378.44	434.30	481.10	539.65	585.10	647.92	788.39
江 西	69.72	158.27	207.07	263.98	358.25	405.65	452.75	525.83	561.94	618.02	719.66
河 南	139.65	382.81	558.26	770.50	1082.88	1292.68	1485.95	1743.14	1975.96	2214.61	2753.21
湖 北	150.46	282.58	355.17	456.81	703.24	783.80	852.88	979.96	1061.67	1146.14	1425.43
湖 南	80.44	173.94	226.40	310.67	477.59	566.60	625.12	721.02	712.61	821.47	951.69
西部地区	**460.45**	**956.97**	**1320.05**	**1690.62**	**2398.31**	**2780.29**	**3098.36**	**3557.41**	**3945.66**	**4354.86**	**4935.50**
内蒙古	4.28	31.26	65.36	113.58	250.18	314.75	359.02	441.64	499.26	544.37	603.85
广 西	63.69	114.45	160.98	198.10	257.19	295.60	348.50	388.80	428.44	461.78	554.27
重 庆	58.99	103.72	129.60	160.21	206.49	226.08	257.66	304.61	323.28	352.51	431.66
四 川	113.21	215.80	267.17	323.17	464.98	505.03	509.13	571.59	639.13	711.53	813.86
贵 州	45.71	103.21	131.90	159.62	207.10	235.88	260.36	293.91	317.73	359.14	392.32
云 南	71.94	154.81	213.22	268.46	337.44	386.16	433.95	496.70	553.81	612.19	676.79
西 藏	0.14	0.68	4.31	7.36	11.27	11.77	12.57	15.23	22.73	24.28	26.23
陕 西	32.48	76.02	111.68	148.61	237.09	280.56	302.36	336.85	359.55	384.07	447.02
甘 肃	25.71	52.28	82.69	109.40	171.02	210.56	251.55	290.42	324.59	357.44	378.62
青 海	1.25	4.46	8.81	13.89	18.97	26.32	30.23	39.79	42.53	45.37	44.88
宁 夏	24.88	54.24	75.18	101.88	129.93	157.22	184.04	201.44	222.68	251.15	288.95
新 疆	18.17	46.04	69.16	86.34	106.66	130.35	149.01	176.43	211.94	251.04	277.05
东北地区	**127.36**	**266.82**	**468.34**	**687.92**	**928.80**	**1102.30**	**1276.77**	**1461.90**	**1670.22**	**1856.56**	**2114.69**
辽 宁	70.04	148.32	258.74	385.56	533.40	613.44	693.99	786.59	876.88	964.35	1043.16
吉 林	34.38	64.04	109.30	144.07	192.05	224.32	269.80	307.90	346.11	376.55	465.06
黑龙江	22.94	54.46	100.30	158.30	203.35	264.54	312.98	367.40	447.23	515.67	606.48

数据来源：国家统计局。

表 3－62　2014—2018 年全国各地区住宅期房销售面积

单位：万平方米

类　别	2014 年	2015 年	2016 年	2017 年	2018 年
总　计	**81469.80**	**86503.75**	**105608.62**	**113545.13**	**124724.71**
一、东部地区	**33598.52**	**37821.57**	**46810.49**	**47379.80**	**48509.07**
北　京	796.61	795.67	621.11	381.03	324.31
天　津	958.37	1148.19	1741.83	1111.44	1014.44
河　北	3794.08	3800.12	4567.09	4110.18	3853.86
上　海	1160.49	1286.74	1210.01	762.23	842.23
江　苏	6912.29	8078.33	9844.23	9523.93	9761.43
浙　江	3342.76	4167.09	5510.09	6149.55	7094.01
福　建	3031.79	2899.68	3604.44	3869.81	4361.13
山　东	6381.10	6631.79	8360.77	8963.97	9930.41
广　东	6483.64	8301.13	10337.38	11109.05	10334.84
海　南	737.39	712.84	1013.55	1398.61	992.40
二、中部地区	**19501.43**	**21640.16**	**29005.53**	**32844.80**	**38027.69**
山　西	967.24	1073.82	1176.81	1508.68	1793.28
安　徽	4564.93	4396.21	6303.42	6891.12	8112.86
江　西	2353.43	2549.14	3275.11	4043.02	4669.34
河　南	4480.56	5260.50	7419.24	8776.59	9729.67
湖　北	3662.75	4218.57	5423.54	5785.91	6676.28
湖　南	3472.53	4141.92	5407.41	5839.47	7046.26
三、西部地区	**22599.25**	**22758.88**	**25717.64**	**28778.67**	**33268.43**
内蒙古	1215.61	1163.13	1230.12	940.94	1098.53
广　西	2319.11	2709.48	3328.24	4013.19	5035.62
重　庆	3843.58	3822.63	4110.09	4635.45	4993.11
四　川	5246.12	5496.30	6582.71	7572.50	9081.49
贵　州	2322.88	2524.94	2835.01	3322.65	4049.13
云　南	2103.48	1972.27	2035.19	2639.71	2967.14
西　藏	47.40	25.73	48.63	27.89	35.87
陕　西	2493.52	2296.29	2545.73	2927.53	3098.58
甘　肃	856.51	876.21	1022.76	982.69	1059.33
青　海	238.37	257.53	281.14	287.39	332.53
宁　夏	707.14	488.24	537.79	555.42	599.02
新　疆	1205.53	1126.15	1160.23	873.31	918.09
四、东北地区	**5770.60**	**4283.13**	**4074.96**	**4541.86**	**4919.52**
辽　宁	3471.11	2361.48	2191.65	2504.97	2511.65
吉　林	839.22	956.29	947.95	1074.98	1348.77
黑龙江	1460.27	965.36	935.35	961.90	1059.10

数据来源：国家统计局。

表 3－63　2018 年全国各地区住宅期房销售面积（月度累计）

单位：万平方米

类　别	1—2 月	1—3 月	1—4 月	1—5 月	1—6 月	1－7 月	1—8 月	1—9 月	1—10 月	1—11 月	1—12 月
总　计	**10673.41**	**21727.65**	**30565.16**	**41025.76**	**55712.44**	**65082.39**	**74477.36**	**86865.69**	**97272.49**	**108753.99**	**124724.71**
东部地区	**4272.44**	**8855.42**	**12467.00**	**16817.61**	**22542.89**	**26350.17**	**30053.57**	**34869.89**	**38711.15**	**42849.09**	**48509.07**
北　京	26.15	35.72	58.92	74.39	89.37	110.50	155.73	181.75	218.15	262.54	324.31
天　津	53.62	133.50	195.65	288.00	457.23	592.78	697.33	767.80	846.41	953.14	1014.44
河　北	119.11	460.71	696.99	938.17	1370.74	1654.29	1889.46	2384.80	2819.17	3345.13	3853.86
上　海	75.25	148.76	183.87	233.36	335.96	485.31	564.85	665.09	741.84	791.85	842.23
江　苏	1016.75	1879.50	2621.94	3584.13	4688.93	5505.24	6350.68	7216.27	8005.08	8746.67	9761.43
浙　江	664.33	1334.46	1927.16	2630.70	3595.02	4110.62	4583.62	5221.62	5661.44	6233.54	7094.01
福　建	505.23	999.02	1355.62	1738.13	2272.65	2569.89	2876.79	3261.61	3564.27	3883.05	4361.13
山　东	622.62	1517.78	2285.96	3177.18	4338.82	5124.36	5934.47	7132.33	7923.90	8774.73	9930.41
广　东	1016.74	1992.80	2695.79	3635.66	4797.40	5552.14	6312.24	7289.20	8101.46	8957.02	10334.84
海　南	172.64	353.17	445.10	517.90	596.76	645.03	688.41	749.42	829.44	901.44	992.40
中部地区	**2948.29**	**6162.64**	**8636.62**	**11528.77**	**16099.27**	**18760.28**	**21469.13**	**25303.05**	**28514.70**	**32216.13**	**38027.69**
山　西	106.43	234.62	358.00	557.44	769.40	928.22	1075.35	1206.21	1375.00	1572.53	1793.28
安　徽	826.12	1580.62	2155.26	2857.32	3675.94	4301.49	4888.73	5707.94	6355.70	6996.27	8112.86
江　西	348.52	728.26	1076.77	1465.73	2018.13	2361.45	2712.34	3218.67	3582.01	4021.82	4669.34
河　南	561.55	1326.80	1865.03	2414.92	3644.81	4239.53	4899.34	5930.22	6776.14	7828.76	9729.67
湖　北	529.84	1123.07	1569.24	2131.48	3059.63	3511.01	3959.78	4664.60	5182.07	5761.05	6676.28
湖　南	575.84	1169.27	1612.31	2101.87	2931.35	3418.57	3933.59	4575.41	5243.78	6035.71	7046.26
西部地区	**3203.37**	**6109.49**	**8482.37**	**11185.41**	**15013.62**	**17454.30**	**19953.16**	**23095.21**	**25985.50**	**29162.93**	**33268.43**
内蒙古	12.14	68.06	113.09	209.87	348.65	432.09	537.22	731.28	859.37	1010.29	1098.53
广　西	450.18	840.90	1190.76	1635.93	2195.12	2583.59	2966.27	3412.59	3846.56	4273.83	5035.62
重　庆	677.58	1215.06	1621.02	2106.14	2723.94	3059.28	3389.64	3805.37	4144.01	4490.18	4993.11
四　川	1009.39	1909.78	2588.32	3281.28	4248.10	4926.90	5633.74	6436.28	7235.99	8093.54	9081.49
贵　州	386.82	745.94	1023.00	1284.71	1802.27	2077.90	2376.40	2704.78	3058.51	3508.71	4049.13
云　南	235.70	481.76	643.70	851.94	1146.57	1336.00	1567.15	1943.25	2229.90	2533.89	2967.14
西　藏	—	4.65	6.26	10.81	13.71	19.12	20.88	25.57	27.99	33.88	35.87
陕　西	226.10	439.82	690.82	970.97	1355.25	1572.11	1783.06	2091.63	2296.01	2607.20	3098.58
甘　肃	75.74	144.34	206.71	279.91	446.39	547.91	648.26	751.30	858.25	973.08	1059.33
青　海	12.48	31.90	53.34	100.16	139.94	166.91	189.10	223.68	263.96	290.23	332.53
宁　夏	37.38	85.26	126.08	161.87	228.52	291.04	334.11	390.11	452.07	527.40	599.02
新　疆	79.87	142.02	219.28	291.82	365.15	441.46	507.34	579.36	712.87	820.71	918.09
东北地区	**249.31**	**600.10**	**979.17**	**1493.96**	**2056.67**	**2517.65**	**3001.50**	**3597.55**	**4061.15**	**4525.83**	**4919.52**
辽　宁	153.86	353.48	571.43	891.45	1187.37	1399.02	1628.81	1907.38	2125.49	2335.83	2511.65
吉　林	72.57	162.02	254.46	359.63	513.09	667.15	806.36	982.32	1101.12	1220.54	1348.77
黑龙江	22.87	84.60	153.27	242.88	356.21	451.48	566.33	707.86	834.54	969.46	1059.10

数据来源：国家统计局。

3. 各地区办公楼销售面积

表 3－64　2014—2018 年全国各地区办公楼销售面积

单位：万平方米

类　别	2014 年	2015 年	2016 年	2017 年	2018 年
总　计	**2497.87**	**2912.26**	**3826.22**	**4756.21**	**4363.32**
一、东部地区	**1344.52**	**1765.43**	**2339.84**	**2604.40**	**2297.16**
北　京	136.80	243.02	413.86	108.34	75.78
天　津	13.53	15.93	31.06	43.28	37.46
河　北	75.54	90.10	126.59	144.11	110.63
上　海	120.28	197.41	306.40	124.10	147.08
江　苏	210.69	238.30	265.68	385.97	278.73
浙　江	185.22	205.05	410.07	493.48	424.12
福　建	181.01	155.42	181.16	354.25	304.59
山　东	185.53	300.04	196.41	273.36	274.48
广　东	230.45	311.12	399.15	659.40	604.45
海　南	5.48	9.05	9.47	18.10	39.83
二、中部地区	**474.80**	**452.83**	**688.55**	**924.08**	**875.81**
山　西	23.89	21.49	38.62	42.60	32.61
安　徽	111.10	109.40	185.35	179.47	169.39
江　西	42.75	50.61	87.53	140.69	119.18
河　南	181.67	149.50	173.35	236.90	224.00
湖　北	65.91	61.42	103.73	176.65	194.89
湖　南	49.47	60.41	99.96	147.77	135.75
三、西部地区	**580.20**	**620.44**	**698.97**	**1094.44**	**1105.89**
内蒙古	42.50	43.25	18.30	48.63	22.39
广　西	29.91	38.83	50.27	81.57	117.30
重　庆	98.15	115.84	106.99	168.47	127.37
四　川	141.03	123.72	150.58	299.29	320.46
贵　州	84.08	78.42	86.08	113.00	89.28
云　南	66.50	59.32	108.92	110.58	110.97
西　藏	1.59	2.79	1.07	2.14	0.93
陕　西	47.48	60.50	70.72	153.11	218.14
甘　肃	13.00	13.24	44.75	29.25	16.59
青　海	8.10	23.74	19.13	26.98	8.83
宁　夏	8.83	13.05	7.15	16.29	19.14
新　疆	39.01	47.74	35.01	45.14	54.50
四、东北地区	**98.36**	**73.55**	**98.86**	**133.29**	**84.46**
辽　宁	71.20	37.48	34.64	36.55	18.75
吉　林	11.83	17.87	37.87	51.15	50.83
黑龙江	15.34	18.20	26.35	45.58	14.88

数据来源：国家统计局。

表 3－65　2018 年全国各地区办公楼销售面积（月度累计）

单位：万平方米

类　别	1—2 月	1—3 月	1—4 月	1—5 月	1—6 月	1－7 月	1—8 月	1—9 月	1—10 月	1—11 月	1—12 月
总　计	**381.08**	**754.33**	**1079.11**	**1424.10**	**1949.03**	**2261.12**	**2550.12**	**2948.99**	**3252.64**	**3606.14**	**4363.32**
东部地区	**198.85**	**378.65**	**538.11**	**714.61**	**988.76**	**1155.56**	**1299.05**	**1501.70**	**1655.70**	**1830.96**	**2297.16**
北　京	5.56	7.06	10.33	11.99	22.55	26.41	30.53	36.18	40.40	52.41	75.78
天　津	4.26	14.70	15.95	17.09	20.54	23.11	24.72	25.83	26.71	26.09	37.46
河　北	0.71	1.74	3.09	12.73	23.38	27.06	32.03	40.48	49.42	55.99	110.63
上　海	9.30	15.80	27.72	33.87	42.74	62.50	66.18	86.11	90.58	101.23	147.08
江　苏	35.46	50.78	69.97	98.40	120.89	141.24	164.34	184.03	197.31	214.82	278.73
浙　江	36.51	79.05	123.82	167.25	237.33	271.39	292.94	316.91	342.78	369.21	424.12
福　建	28.02	60.45	79.61	101.59	143.46	162.33	175.88	199.12	237.10	273.87	304.59
山　东	15.72	31.54	48.66	72.18	106.51	136.96	163.01	195.31	215.74	241.42	274.48
广　东	60.21	106.42	142.79	182.18	251.00	277.97	321.90	388.70	426.00	463.57	604.45
海　南	3.11	11.11	16.18	17.33	20.36	26.58	27.53	29.02	29.66	32.36	39.83
中部地区	**79.44**	**154.06**	**225.32**	**295.51**	**408.78**	**469.19**	**531.04**	**612.15**	**679.22**	**750.12**	**875.81**
山　西	3.00	6.44	7.79	9.98	14.54	19.38	22.08	25.81	27.71	29.93	32.61
安　徽	22.78	35.36	45.96	60.36	81.14	93.76	105.43	127.19	139.10	148.76	169.39
江　西	9.55	19.92	29.52	36.92	52.15	59.70	66.57	74.26	84.69	98.83	119.18
河　南	15.17	36.50	59.24	79.13	103.27	117.50	139.54	159.80	177.53	200.69	224.00
湖　北	9.40	28.24	43.15	58.62	96.43	103.68	115.12	134.68	151.25	158.84	194.89
湖　南	19.55	27.60	39.67	50.51	61.25	75.17	82.30	90.41	98.95	113.07	135.75
西部地区	**95.72**	**209.01**	**298.63**	**391.29**	**514.60**	**593.09**	**673.16**	**779.01**	**857.34**	**953.83**	**1105.89**
内蒙古	0.41	4.07	6.08	9.22	10.16	12.99	18.10	19.92	20.53	21.16	22.39
广　西	6.35	20.79	26.47	41.73	53.73	63.31	71.63	81.42	86.64	94.74	117.30
重　庆	15.10	27.75	41.94	52.12	66.06	79.83	86.71	93.75	100.30	106.16	127.37
四　川	37.41	69.88	104.74	137.24	167.07	182.62	212.64	230.12	260.91	289.56	320.46
贵　州	8.45	20.40	26.26	31.43	39.59	48.72	53.42	62.16	69.01	74.90	89.28
云　南	9.01	23.73	30.80	36.78	59.75	62.70	66.18	79.49	88.57	99.87	110.97
西　藏	—	—	0.50	0.54	0.55	0.64	0.64	0.82	0.82	0.82	0.93
陕　西	15.55	29.35	43.52	55.15	79.00	96.07	110.85	146.01	157.44	177.82	218.14
甘　肃	0.83	2.81	3.72	5.64	8.85	13.31	14.30	14.93	15.20	15.95	16.59
青　海	—	—	0.32	0.40	2.03	2.30	2.78	4.82	5.21	8.65	8.83
宁　夏	0.59	5.93	6.62	7.32	9.91	10.71	12.29	14.86	15.55	17.55	19.14
新　疆	2.02	4.30	7.65	13.73	17.90	19.88	23.62	30.72	37.15	46.67	54.50
东北地区	**7.06**	**12.62**	**17.04**	**22.68**	**36.88**	**43.30**	**46.87**	**56.12**	**60.39**	**71.23**	**84.46**
辽　宁	5.27	6.52	8.15	9.97	12.66	14.00	14.65	15.38	16.37	17.15	18.75
吉　林	1.67	5.17	6.58	9.00	19.40	23.64	26.15	32.29	34.77	40.60	50.83
黑龙江	0.11	0.93	2.31	3.71	4.82	5.65	6.08	8.45	9.25	13.49	14.88

数据来源：国家统计局。

表 3－66　2014—2018 年全国各地区办公楼现房销售面积

单位：万平方米

类　别	2014 年	2015 年	2016 年	2017 年	2018 年
总　计	**634. 68**	**844. 79**	**1108. 64**	**1469. 68**	**1207. 72**
一、东部地区	**375. 99**	**537. 74**	**706. 61**	**905. 71**	**707. 59**
北　京	31. 26	78. 14	156. 59	44. 68	48. 63
天　津	6. 80	9. 04	11. 47	31. 99	20. 53
河　北	42. 62	51. 22	63. 47	73. 62	20. 61
上　海	36. 43	76. 13	95. 96	70. 52	72. 50
江　苏	60. 53	88. 51	95. 79	143. 29	106. 10
浙　江	59. 42	80. 06	143. 13	202. 73	184. 32
福　建	14. 33	20. 86	17. 33	66. 80	51. 34
山　东	54. 43	63. 61	65. 02	109. 68	91. 45
广　东	69. 97	69. 59	56. 82	151. 14	105. 62
海　南	0. 20	0. 57	1. 02	11. 25	6. 50
二、中部地区	**108. 37**	**127. 94**	**167. 47**	**272. 24**	**215. 06**
山　西	6. 67	10. 19	4. 77	13. 70	5. 26
安　徽	22. 26	33. 88	56. 75	62. 81	59. 08
江　西	2. 38	11. 93	21. 42	36. 89	21. 70
河　南	41. 38	32. 96	40. 99	47. 20	42. 84
湖　北	24. 16	23. 16	12. 57	60. 21	52. 92
湖　南	11. 52	15. 83	30. 97	51. 44	33. 26
三、西部地区	**127. 21**	**143. 56**	**197. 96**	**255. 59**	**256. 60**
内蒙古	8. 58	15. 60	6. 85	12. 79	8. 96
广　西	1. 82	7. 57	9. 16	11. 57	16. 16
重　庆	37. 68	34. 38	51. 73	60. 83	67. 60
四　川	29. 28	28. 53	38. 60	59. 92	42. 32
贵　州	5. 52	17. 14	26. 71	32. 54	15. 14
云　南	22. 48	14. 11	42. 48	21. 14	29. 23
西　藏	—	2. 51	—	—	0. 93
陕　西	1. 66	7. 51	3. 07	30. 35	39. 07
甘　肃	1. 88	4. 37	5. 72	5. 21	6. 36
青　海	1. 32	1. 39	4. 25	5. 17	0. 65
宁　夏	2. 23	3. 23	3. 55	3. 39	13. 97
新　疆	14. 77	7. 21	5. 83	12. 69	16. 20
四、东北地区	**23. 11**	**35. 55**	**36. 60**	**36. 14**	**28. 47**
辽　宁	12. 47	19. 58	19. 35	11. 30	13. 48
吉　林	5. 32	7. 25	6. 86	8. 24	9. 83
黑龙江	5. 32	8. 71	10. 40	16. 60	5. 16

数据来源：国家统计局。

表 3 -67　2018 年全国各地区办公楼现房销售面积（月度累计）

单位：万平方米

类　别	1—2 月	1—3 月	1—4 月	1—5 月	1—6 月	1 -7 月	1—8 月	1—9 月	1—10 月	1—11 月	1—12 月
总　计	**108.90**	**223.08**	**317.94**	**408.43**	**539.10**	**640.22**	**707.54**	**794.62**	**871.45**	**957.75**	**1207.72**
东部地区	**66.70**	**132.14**	**186.25**	**234.60**	**310.35**	**376.29**	**417.73**	**466.77**	**509.20**	**559.76**	**707.59**
北　京	1.40	2.59	5.10	6.39	14.13	15.81	18.07	21.02	22.50	32.57	48.63
天　津	1.89	11.82	12.71	13.29	15.07	15.70	16.06	16.76	17.40	18.98	20.53
河　北	0.63	1.11	1.13	1.50	1.92	1.92	1.92	1.75	2.26	2.41	20.61
上　海	7.55	11.40	19.45	23.30	26.53	40.71	42.59	46.99	50.28	55.82	72.50
江　苏	17.60	24.71	32.86	42.51	49.39	57.89	64.25	73.69	79.14	86.46	106.10
浙　江	13.49	37.35	58.32	75.97	104.49	122.83	132.69	139.55	154.43	163.96	184.32
福　建	5.28	8.23	9.96	13.93	18.78	24.90	28.36	31.57	36.72	40.07	51.34
山　东	4.83	10.86	14.79	20.78	35.99	46.43	57.52	65.52	70.52	78.70	91.45
广　东	13.88	23.79	31.58	36.21	43.13	47.10	52.77	66.40	72.23	74.83	105.62
海　南	0.16	0.28	0.35	0.72	0.93	3.00	3.51	3.51	3.71	5.95	6.50
中部地区	**22.27**	**39.83**	**60.32**	**76.57**	**97.88**	**111.86**	**121.00**	**135.16**	**146.27**	**158.70**	**215.06**
山　西	0.49	0.82	1.21	1.68	2.05	2.58	3.25	3.40	3.57	4.41	5.26
安　徽	8.81	11.95	17.36	20.23	26.79	33.29	36.15	42.58	45.45	48.67	59.08
江　西	3.99	4.82	5.42	6.19	9.64	10.80	11.97	12.10	12.31	15.29	21.70
河　南	1.85	9.38	16.74	20.65	23.33	24.55	26.00	28.80	31.74	34.52	42.84
湖　北	3.82	6.40	8.53	12.30	17.06	21.16	22.56	24.11	27.31	28.90	52.92
湖　南	3.31	6.46	11.06	15.53	19.01	19.48	21.06	24.16	25.90	26.90	33.26
西部地区	**16.21**	**44.15**	**61.58**	**85.45**	**116.07**	**136.10**	**151.29**	**171.64**	**194.15**	**215.74**	**256.60**
内蒙古	0.27	1.76	2.47	3.91	4.49	5.26	6.17	6.96	7.31	7.49	8.96
广　西	1.09	1.54	2.85	4.23	6.47	7.47	8.16	10.16	11.06	11.88	16.16
重　庆	5.05	9.62	13.72	20.68	24.84	33.62	37.94	44.85	50.06	53.24	67.60
四　川	6.47	12.04	16.62	22.88	25.23	27.39	29.90	32.16	35.71	40.33	42.32
贵　州	1.18	3.41	4.35	5.94	7.81	9.13	10.53	11.29	12.48	13.92	15.14
云　南	0.45	4.19	4.76	6.93	17.35	17.60	18.24	18.44	24.20	28.41	29.23
西　藏	—	—	0.50	0.54	0.55	0.64	0.64	0.82	0.82	0.82	0.93
陕　西	0.76	3.13	6.46	8.40	11.75	15.05	17.23	21.11	23.32	25.77	39.07
甘　肃	0.25	1.82	2.20	3.26	4.19	5.12	5.67	5.75	5.81	6.20	6.36
青　海	—	—	0.21	0.29	0.55	0.72	0.77	0.77	0.77	0.77	0.65
宁　夏	0.39	5.73	6.25	6.80	9.02	9.60	10.86	12.94	13.13	13.91	13.97
新　疆	0.31	0.91	1.19	1.56	3.83	4.51	5.18	6.40	9.50	13.01	16.20
东北地区	**3.71**	**6.96**	**9.79**	**11.81**	**14.80**	**15.96**	**17.51**	**21.05**	**21.84**	**23.55**	**28.47**
辽　宁	2.94	5.51	6.95	7.77	9.41	10.19	10.66	11.18	11.55	12.09	13.48
吉　林	0.65	1.14	1.73	2.53	3.30	3.43	4.51	5.78	6.10	6.30	9.83
黑龙江	0.11	0.31	1.10	1.51	2.08	2.34	2.34	4.09	4.18	5.15	5.16

数据来源：国家统计局。

表 3－68　2014—2018 年全国各地区办公楼期房销售面积

单位：万平方米

类　别	2014 年	2015 年	2016 年	2017 年	2018 年
总　计	**1863.19**	**2067.47**	**2717.58**	**3286.53**	**3155.60**
一、东部地区	**968.53**	**1227.69**	**1633.23**	**1698.69**	**1589.57**
北　京	105.54	164.88	257.27	63.66	27.15
天　津	6.73	6.88	19.59	11.29	16.93
河　北	32.92	38.87	63.12	70.49	90.03
上　海	83.85	121.28	210.44	53.59	74.58
江　苏	150.16	149.79	169.89	242.68	172.63
浙　江	125.80	124.99	266.94	290.75	239.80
福　建	166.68	134.56	163.83	287.45	253.25
山　东	131.10	236.43	131.39	163.68	183.03
广　东	160.48	241.53	342.33	508.26	498.84
海　南	5.28	8.48	8.45	6.85	33.32
二、中部地区	**366.42**	**324.89**	**521.08**	**651.84**	**660.74**
山　西	17.22	11.30	33.85	28.91	27.35
安　徽	88.84	75.52	128.60	116.66	110.31
江　西	40.38	38.67	66.12	103.80	97.47
河　南	140.29	116.55	132.37	189.70	181.16
湖　北	41.75	38.26	91.16	116.44	141.97
湖　南	37.95	44.59	68.99	96.34	102.49
三、西部地区	**452.98**	**476.88**	**501.01**	**838.85**	**849.30**
内蒙古	33.92	27.65	11.45	35.84	13.43
广　西	28.09	31.26	41.11	70.00	101.13
重　庆	60.47	81.46	55.26	107.64	59.77
四　川	111.76	95.19	111.97	239.37	278.14
贵　州	78.57	61.28	59.37	80.46	74.14
云　南	44.02	45.20	66.43	89.44	81.73
西　藏	1.59	0.28	1.07	2.14	
陕　西	45.82	52.99	67.65	122.76	179.07
甘　肃	11.13	8.87	39.03	24.03	10.23
青　海	6.78	22.36	14.88	21.81	8.18
宁　夏	6.60	9.82	3.60	12.90	5.17
新　疆	24.24	40.53	29.18	32.46	38.31
四、东北地区	**75.25**	**38.00**	**62.26**	**97.14**	**55.99**
辽　宁	58.73	17.90	15.29	25.25	5.27
吉　林	6.51	10.62	31.01	42.91	41.00
黑龙江	10.02	9.48	15.95	28.99	9.72

数据来源：国家统计局。

表 3－69　2018 年全国各地区办公楼期房销售面积（月度累计）

单位：万平方米

类　别	1—2 月	1—3 月	1—4 月	1—5 月	1—6 月	1－7 月	1—8 月	1—9 月	1—10 月	1—11 月	1—12 月
总　计	**272.18**	**531.24**	**761.17**	**1015.67**	**1409.93**	**1620.91**	**1842.58**	**2154.37**	**2381.20**	**2648.40**	**3155.60**
东部地区	**132.15**	**246.51**	**351.86**	**480.01**	**678.41**	**779.27**	**881.32**	**1034.93**	**1146.50**	**1271.20**	**1589.57**
北　京	4.15	4.47	5.22	5.60	8.42	10.60	12.47	15.16	17.90	19.83	27.15
天　津	2.37	2.88	3.24	3.80	5.47	7.41	8.66	9.07	9.32	7.11	16.93
河　北	0.07	0.63	1.97	11.23	21.46	25.14	30.11	38.73	47.16	53.58	90.03
上　海	1.75	4.40	8.27	10.57	16.22	21.79	23.59	39.12	40.31	45.41	74.58
江　苏	17.86	26.07	37.11	55.89	71.50	83.34	100.09	110.34	118.17	128.35	172.63
浙　江	23.02	41.70	65.49	91.28	132.85	148.56	160.26	177.36	188.35	205.25	239.80
福　建	22.74	52.22	69.65	87.66	124.68	137.43	147.52	167.55	200.37	233.80	253.25
山　东	10.89	20.68	33.87	51.39	70.52	90.53	105.49	129.79	145.22	162.72	183.03
广　东	46.33	82.63	111.20	145.97	207.86	230.87	269.12	322.30	353.76	388.73	498.84
海　南	2.95	10.83	15.83	16.61	19.43	23.58	24.02	25.51	25.95	26.41	33.32
中部地区	**57.17**	**114.21**	**165.00**	**218.94**	**310.90**	**357.33**	**410.03**	**476.99**	**532.95**	**591.42**	**660.74**
山　西	2.50	5.62	6.58	8.30	12.50	16.80	18.83	22.41	24.14	25.53	27.35
安　徽	13.97	23.41	28.60	40.13	54.34	60.46	69.28	84.61	93.65	100.09	110.31
江　西	5.56	15.10	24.10	30.73	42.51	48.90	54.60	62.16	72.38	83.54	97.47
河　南	13.32	27.12	42.50	58.48	79.94	92.94	113.54	131.00	145.79	166.16	181.16
湖　北	5.58	21.83	34.62	46.32	79.37	82.52	92.55	110.57	123.94	129.93	141.97
湖　南	16.25	21.13	28.61	34.98	42.24	55.70	61.25	66.25	73.05	86.17	102.49
西部地区	**79.51**	**164.86**	**237.05**	**305.85**	**398.53**	**456.98**	**521.87**	**607.38**	**663.19**	**738.09**	**849.30**
内蒙古	0.15	2.31	3.61	5.31	5.67	7.73	11.92	12.96	13.22	13.67	13.43
广　西	5.26	19.25	23.62	37.49	47.26	55.85	63.47	71.27	75.58	82.85	101.13
重　庆	10.05	18.13	28.22	31.44	41.22	46.22	48.77	48.90	50.24	52.92	59.77
四　川	30.94	57.84	88.12	114.36	141.84	155.23	182.73	197.96	225.21	249.23	278.14
贵　州	7.27	16.99	21.91	25.49	31.78	39.59	42.89	50.87	56.53	60.98	74.14
云　南	8.56	19.55	26.04	29.85	42.40	45.10	47.94	61.05	64.37	71.46	81.73
西　藏	—	—	—	—	—	—	—	—	—	—	—
陕　西	14.79	26.22	37.07	46.75	67.25	81.02	93.62	124.91	134.12	152.05	179.07
甘　肃	0.58	0.99	1.52	2.38	4.66	8.19	8.62	9.17	9.39	9.74	10.23
青　海	—	—	0.11	0.11	1.48	1.59	2.01	4.05	4.45	7.89	8.18
宁　夏	0.20	0.20	0.37	0.51	0.89	1.11	1.43	1.92	2.42	3.64	5.17
新　疆	1.71	3.39	6.46	12.16	14.07	15.36	18.44	24.32	27.65	33.66	38.31
东北地区	**3.35**	**5.66**	**7.26**	**10.87**	**22.09**	**27.33**	**29.36**	**35.07**	**38.55**	**47.69**	**55.99**
辽　宁	2.33	1.01	1.20	2.20	3.25	3.81	3.98	4.20	4.82	5.06	5.27
吉　林	1.02	4.03	4.85	6.47	16.10	20.21	21.63	26.52	28.66	34.29	41.00
黑龙江	—	0.62	1.21	2.20	2.73	3.31	3.74	4.35	5.07	8.34	9.72

数据来源：国家统计局。

4. 各地区商业营业用房销售面积

表 3－70　2014—2018 年全国各地区商业营业用房销售面积

单位：万平方米

类　别	2014 年	2015 年	2016 年	2017 年	2018 年
总　计	**9074.88**	**9251.94**	**10811.96**	**12838.14**	**11971.33**
一、东部地区	**3214.61**	**3202.41**	**3932.13**	**4583.89**	**4069.35**
北　京	79.50	84.81	125.85	74.63	35.02
天　津	65.56	56.34	97.03	77.42	53.37
河　北	444.33	385.34	448.71	496.13	274.04
上　海	102.86	113.70	205.87	79.33	101.75
江　苏	688.25	728.02	849.92	967.72	812.86
浙　江	333.88	384.57	529.68	698.37	642.14
福　建	286.94	296.25	305.47	412.26	457.83
山　东	674.69	635.92	635.69	823.87	889.42
广　东	491.06	479.21	677.93	885.74	736.09
海　南	47.53	38.24	55.99	68.42	66.83
二、中部地区	**2326.30**	**2423.86**	**2896.34**	**3872.60**	**3587.61**
山　西	81.11	59.85	98.69	80.73	70.81
安　徽	647.96	627.40	670.96	872.00	784.32
江　西	196.09	220.43	361.29	573.67	564.81
河　南	554.60	639.18	816.65	1148.24	1042.89
湖　北	423.25	408.07	393.74	483.27	428.16
湖　南	423.29	468.94	555.02	714.69	696.63
三、西部地区	**2633.58**	**2986.56**	**3369.10**	**3725.48**	**3717.71**
内蒙古	270.24	258.33	301.10	176.43	183.82
广　西	181.23	197.72	170.39	221.94	287.87
重　庆	348.49	463.05	622.18	634.37	513.97
四　川	561.42	672.00	728.11	1004.42	1046.39
贵　州	337.76	452.43	542.01	573.22	555.00
云　南	328.99	354.33	382.39	418.08	469.28
西　藏	4.09	2.15	2.33	6.16	8.96
陕　西	137.43	149.02	132.40	225.31	231.51
甘　肃	80.93	96.95	133.98	106.84	105.08
青　海	40.18	32.27	34.97	58.28	52.31
宁　夏	132.44	102.20	104.82	103.77	93.07
新　疆	210.38	206.10	214.42	196.68	170.45
四、东北地区	**900.40**	**639.12**	**614.38**	**656.16**	**596.66**
辽　宁	522.80	311.61	216.69	227.25	257.61
吉　林	138.04	129.23	175.73	176.17	156.66
黑龙江	239.56	198.28	221.97	252.74	182.39

数据来源：国家统计局。

表 3－71　2018 年全国各地区商业营业用房销售面积（月度累计）

单位：万平方米

类　别	1—2 月	1—3 月	1—4 月	1—5 月	1—6 月	1－7 月	1—8 月	1—9 月	1—10 月	1—11 月	1—12 月
总　计	**969.69**	**2021.48**	**2827.53**	**3779.03**	**5256.51**	**6106.76**	**6937.52**	**8109.93**	**9037.88**	**10118.02**	**11971.33**
东部地区	**341.97**	**708.04**	**976.86**	**1308.42**	**1812.38**	**2101.59**	**2408.14**	**2788.20**	**3081.10**	**3431.90**	**4069.35**
北　京	4.23	5.96	7.99	13.88	15.65	18.52	23.42	26.35	27.37	29.48	35.02
天　津	4.12	9.76	11.10	13.75	25.96	29.33	33.68	37.21	41.62	45.70	53.37
河　北	10.52	26.67	41.33	50.70	80.61	97.97	112.64	138.76	164.75	197.02	274.04
上　海	8.19	26.94	30.16	34.77	42.92	48.13	51.73	56.36	64.60	86.92	101.75
江　苏	77.41	139.45	191.52	280.94	376.67	430.04	492.12	571.06	625.39	686.84	812.86
浙　江	60.54	120.48	167.65	228.98	314.83	365.85	412.90	465.68	501.36	538.68	642.14
福　建	44.58	84.04	118.25	163.74	236.14	267.56	305.48	343.27	374.46	418.05	457.83
山　东	55.85	136.35	202.91	268.03	372.97	449.84	524.93	627.82	694.72	768.79	889.42
广　东	68.61	139.06	179.98	221.71	307.01	352.28	402.69	468.71	529.72	599.69	736.09
海　南	7.92	19.33	25.98	31.93	39.62	42.07	48.56	52.99	57.11	60.73	66.83
中部地区	**275.39**	**558.96**	**791.17**	**1079.00**	**1519.35**	**1758.60**	**1988.49**	**2330.56**	**2594.63**	**2921.56**	**3587.61**
山　西	6.67	12.42	16.33	21.88	31.46	35.49	40.44	45.81	51.25	61.01	70.81
安　徽	72.37	128.96	188.35	245.74	328.84	383.53	438.53	512.30	564.66	631.35	784.32
江　西	42.24	84.85	120.77	170.49	243.70	283.30	311.78	397.70	426.96	468.63	564.81
河　南	63.79	144.81	207.00	295.67	408.13	477.68	549.05	635.72	719.69	815.81	1042.89
湖　北	34.77	68.38	97.35	135.72	220.01	248.61	279.16	316.30	345.51	370.79	428.16
湖　南	55.55	119.54	161.38	209.50	287.20	330.00	369.54	422.74	486.56	573.96	696.63
西部地区	**331.69**	**699.52**	**961.95**	**1238.93**	**1692.52**	**1946.34**	**2194.61**	**2583.35**	**2897.78**	**3245.21**	**3717.71**
内蒙古	2.37	10.40	21.23	28.84	63.33	81.98	98.52	136.37	154.08	167.73	183.82
广　西	21.39	38.00	56.66	74.69	103.44	122.77	139.94	179.96	204.13	236.96	287.87
重　庆	74.18	136.22	177.88	221.31	277.17	304.79	333.70	380.85	409.67	445.98	513.97
四　川	115.45	234.10	306.57	386.45	527.04	597.62	666.73	753.90	843.16	927.76	1046.39
贵　州	44.57	101.42	140.96	189.15	252.85	286.24	322.00	363.62	404.15	473.24	555.00
云　南	30.37	73.36	98.87	131.79	182.99	209.26	240.56	314.58	358.30	409.52	469.28
西　藏	0.01	1.66	4.51	4.70	5.63	5.68	5.86	6.04	8.41	8.71	8.96
陕　西	16.37	39.26	60.81	77.40	108.70	128.24	143.69	167.24	184.82	201.97	231.51
甘　肃	9.52	18.38	24.47	29.88	44.54	53.78	68.01	80.28	90.64	97.60	105.08
青　海	0.94	2.23	4.24	7.34	13.66	19.90	24.30	31.35	36.97	43.66	52.31
宁　夏	6.28	14.85	22.40	29.82	38.82	47.70	53.43	59.99	66.12	74.56	93.07
新　疆	10.25	29.63	43.35	57.54	74.34	88.37	97.87	109.16	137.33	157.52	170.45
东北地区	**20.64**	**54.97**	**97.55**	**152.67**	**232.26**	**300.23**	**346.28**	**407.82**	**464.38**	**519.35**	**596.66**
辽　宁	9.75	26.82	49.65	82.84	115.70	160.03	178.06	202.39	221.34	236.80	257.61
吉　林	6.47	14.75	22.52	34.12	51.65	63.09	75.95	92.77	109.16	127.25	156.66
黑龙江	4.42	13.41	25.37	35.72	64.91	77.11	92.26	112.65	133.88	155.30	182.39

数据来源：国家统计局。

表 3-72　2014—2018 年全国各地区商业营业用房现房销售面积

单位：万平方米

类　别	2014 年	2015 年	2016 年	2017 年	2018 年
总　计	**2891.99**	**3238.94**	**3993.28**	**4490.25**	**3890.61**
一、东部地区	**977.81**	**1112.92**	**1490.57**	**1637.36**	**1442.86**
北　京	38.15	40.50	61.10	31.57	16.97
天　津	24.20	28.47	44.85	39.90	27.64
河　北	154.24	141.61	174.40	148.97	86.69
上　海	52.03	59.67	107.86	56.57	57.91
江　苏	190.62	253.22	328.96	366.09	305.99
浙　江	100.14	128.69	229.23	274.08	227.73
福　建	45.12	54.27	82.60	137.03	137.22
山　东	196.70	255.07	221.71	299.41	343.24
广　东	172.59	144.69	226.72	273.36	217.62
海　南	4.02	6.74	13.15	10.37	21.85
二、中部地区	**788.26**	**932.18**	**1074.53**	**1279.04**	**1101.28**
山　西	51.85	41.93	59.98	40.87	26.58
安　徽	117.82	156.02	155.90	303.25	198.45
江　西	44.27	69.53	95.63	115.12	137.68
河　南	243.32	332.44	396.83	410.84	381.43
湖　北	189.75	185.83	174.57	195.96	163.44
湖　南	141.26	146.43	191.63	213.00	193.69
三、西部地区	**748.50**	**882.67**	**1103.21**	**1203.09**	**1080.69**
内蒙古	161.72	119.81	137.05	120.05	98.91
广　西	41.47	33.53	39.12	47.62	62.82
重　庆	93.92	138.11	205.49	180.06	159.04
四　川	127.99	154.91	206.52	305.67	279.76
贵　州	61.15	88.45	140.70	134.89	124.78
云　南	74.69	145.80	123.52	148.27	135.29
西　藏	1.58	0.89		3.71	6.38
陕　西	23.89	47.07	28.79	65.57	71.67
甘　肃	20.86	51.80	57.08	39.13	32.52
青　海	7.80	4.92	6.05	13.32	11.31
宁　夏	56.90	46.30	70.25	61.15	43.62
新　疆	76.53	51.08	88.63	83.66	54.58
四、东北地区	**377.42**	**311.16**	**324.97**	**370.76**	**265.78**
辽　宁	206.27	143.25	97.13	103.36	104.45
吉　林	87.18	53.17	76.63	87.13	59.84
黑龙江	83.97	114.74	151.21	180.27	101.48

数据来源：国家统计局。

表 3 -73　2018 年全国各地区商业营业用房现房销售面积（月度累计）

单位：万平方米

类　别	1—2 月	1—3 月	1—4 月	1—5 月	1—6 月	1 -7 月	1—8 月	1—9 月	1—10 月	1—11 月	1—12 月
总　计	**296.86**	**651.80**	**920.45**	**1238.94**	**1741.28**	**2001.73**	**2260.86**	**2596.22**	**2899.60**	**3235.86**	**3890.61**
东部地区	**128.17**	**269.94**	**374.39**	**494.98**	**667.54**	**767.50**	**862.64**	**974.06**	**1081.66**	**1200.64**	**1442.86**
北　京	1.80	2.56	4.24	5.40	6.01	6.90	8.72	10.16	10.99	12.76	16.97
天　津	2.66	7.10	7.34	8.15	16.21	17.93	20.28	21.89	23.02	24.62	27.64
河　北	4.71	10.06	15.23	18.18	23.82	28.09	30.57	33.15	43.22	52.61	86.69
上　海	5.76	18.78	21.04	23.23	27.76	29.95	31.88	34.48	40.99	53.36	57.91
江　苏	30.71	52.34	68.70	94.66	141.42	160.55	180.52	205.64	223.93	248.43	305.99
浙　江	20.87	44.61	61.68	86.50	111.20	129.88	144.18	161.89	174.94	185.21	227.73
福　建	12.19	21.25	33.83	55.34	75.76	86.92	95.73	106.98	115.85	128.21	137.22
山　东	22.25	62.30	92.19	118.98	155.96	183.21	211.01	240.24	266.81	294.79	343.24
广　东	26.55	48.55	65.91	78.25	98.96	112.45	126.62	144.50	164.37	182.01	217.62
海　南	0.67	2.39	4.23	6.29	10.43	11.62	13.13	15.13	17.54	18.63	21.85
中部地区	**69.93**	**154.16**	**222.86**	**305.56**	**454.05**	**520.75**	**591.07**	**687.09**	**772.75**	**877.20**	**1101.28**
山　西	3.52	5.30	6.99	9.39	14.10	14.37	15.49	18.46	20.62	23.59	26.58
安　徽	16.70	31.44	43.66	55.75	76.13	88.21	99.81	117.03	130.57	154.49	198.45
江　西	12.32	21.71	28.82	41.95	67.37	74.40	80.13	96.01	104.84	114.47	137.68
河　南	15.13	42.34	64.67	92.28	130.73	156.32	184.82	217.70	253.03	285.04	381.43
湖　北	9.30	20.63	33.02	47.41	82.65	95.37	105.05	117.76	130.96	141.32	163.44
湖　南	12.96	32.74	45.70	58.79	83.08	92.07	105.77	120.13	132.74	158.29	193.69
西部地区	**87.19**	**199.96**	**275.29**	**362.07**	**511.34**	**589.60**	**664.06**	**766.31**	**857.03**	**943.19**	**1080.69**
内蒙古	1.39	6.64	14.20	18.57	38.33	47.21	55.36	69.98	83.02	90.90	98.91
广　西	5.38	7.15	14.25	19.18	26.70	32.36	36.10	42.30	44.94	49.65	62.82
重　庆	14.37	33.05	39.64	56.53	75.01	85.39	91.56	105.18	114.30	122.95	159.04
四　川	32.20	63.83	81.94	101.40	140.53	159.36	184.69	210.19	233.15	252.25	279.76
贵　州	12.10	29.76	40.27	54.07	73.05	79.73	91.03	97.80	103.71	112.87	124.78
云　南	9.08	23.31	30.07	39.99	54.37	64.52	71.64	87.01	104.19	119.22	135.29
西　藏	0.01	0.07	2.53	2.66	3.55	3.56	3.56	3.71	6.03	6.31	6.38
陕　西	4.31	13.95	18.50	23.46	35.44	40.63	45.50	52.55	56.28	62.66	71.67
甘　肃	2.81	6.33	7.80	9.14	15.72	19.02	20.81	24.90	28.34	30.31	32.52
青　海	0.25	0.38	0.94	3.34	4.78	6.85	7.53	11.24	9.36	10.85	11.31
宁　夏	2.11	5.58	9.11	13.66	18.55	22.36	25.20	27.95	31.88	36.33	43.62
新　疆	3.19	9.92	16.04	20.08	25.32	28.61	31.08	33.50	41.85	48.88	54.58
东北地区	**11.57**	**27.74**	**47.91**	**76.33**	**108.35**	**123.89**	**143.10**	**168.77**	**188.16**	**214.84**	**265.78**
辽　宁	4.10	10.11	20.85	39.91	56.30	62.00	68.35	77.31	85.86	92.91	104.45
吉　林	4.12	8.49	10.96	14.14	20.27	23.17	28.16	31.90	34.98	42.91	59.84
黑龙江	3.35	9.14	16.10	22.27	31.77	38.72	46.59	59.56	67.32	79.02	101.48

数据来源：国家统计局。

表 3－74 2014—2018 年全国各地区商业营业用房期房销售面积

单位：万平方米

类　别	2014 年	2015 年	2016 年	2017 年	2018 年
总　计	**6182.89**	**6013.00**	**6818.68**	**8347.89**	**8080.72**
一、东部地区	**2236.80**	**2089.49**	**2441.56**	**2946.53**	**2626.48**
北　京	41.35	44.30	64.75	43.06	18.05
天　津	41.37	27.88	52.19	37.52	25.73
河　北	290.10	243.74	274.31	347.16	187.34
上　海	50.83	54.03	98.01	22.76	43.83
江　苏	497.63	474.81	520.96	601.63	506.87
浙　江	233.73	255.88	300.45	424.30	414.42
福　建	241.82	241.98	222.86	275.22	320.61
山　东	477.99	380.85	413.99	524.46	546.18
广　东	318.47	334.52	451.21	612.39	518.47
海　南	43.51	31.51	42.84	58.05	44.98
二、中部地区	**1538.04**	**1491.68**	**1821.81**	**2593.56**	**2486.33**
山　西	29.26	17.92	38.71	39.87	44.22
安　徽	530.14	471.38	515.05	568.75	585.87
江　西	151.82	150.91	265.66	458.54	427.12
河　南	311.28	306.74	419.82	737.40	661.46
湖　北	233.50	222.23	219.17	287.31	264.72
湖　南	282.04	322.51	363.39	501.69	502.94
三、西部地区	**1885.07**	**2103.88**	**2265.89**	**2522.39**	**2637.03**
内蒙古	108.51	138.52	164.04	56.38	84.91
广　西	139.77	164.20	131.28	174.32	225.06
重　庆	254.57	324.94	416.69	454.32	354.94
四　川	433.43	517.09	521.59	698.75	766.63
贵　州	276.61	363.98	401.31	438.33	430.22
云　南	254.30	208.53	258.87	269.81	333.99
西　藏	2.51	1.26	2.33	2.44	2.57
陕　西	113.53	101.95	103.61	159.74	159.84
甘　肃	60.07	45.14	76.90	67.70	72.56
青　海	32.38	27.35	28.92	44.96	41.00
宁　夏	75.54	55.90	34.57	42.62	49.45
新　疆	133.85	155.02	125.78	113.02	115.87
四、东北地区	**522.98**	**327.95**	**289.41**	**285.41**	**330.89**
辽　宁	316.53	168.36	119.56	123.89	153.17
吉　林	50.86	76.05	99.09	89.04	96.82
黑龙江	155.59	83.54	70.76	72.47	80.91

数据来源：国家统计局。

表 3－75　2018 年全国各地区商业营业用房期房销售面积（月度累计）

单位：万平方米

类　别	1—2 月	1—3 月	1—4 月	1—5 月	1—6 月	1－7 月	1—8 月	1—9 月	1—10 月	1—11 月	1—12 月
总　计	**672.83**	**1369.68**	**1907.09**	**2540.08**	**3515.23**	**4105.02**	**4676.66**	**5513.71**	**6138.28**	**6882.16**	**8080.72**
东部地区	**213.80**	**438.07**	**602.47**	**813.44**	**1144.84**	**1334.09**	**1545.50**	**1814.15**	**1999.44**	**2231.26**	**2626.48**
北　京	2.44	3.40	3.75	8.49	9.64	11.62	14.70	16.19	16.38	16.72	18.05
天　津	1.46	2.66	3.75	5.60	9.75	11.40	13.40	15.32	18.60	21.08	25.73
河　北	5.81	16.60	26.09	32.52	56.79	69.88	82.08	105.60	121.53	144.41	187.34
上　海	2.43	8.16	9.12	11.54	15.16	18.18	19.84	21.88	23.61	33.55	43.83
江　苏	46.71	87.11	122.82	186.27	235.25	269.49	311.60	365.42	401.45	438.42	506.87
浙　江	39.67	75.87	105.97	142.48	203.62	235.97	268.72	303.79	326.42	353.47	414.42
福　建	32.39	62.79	84.42	108.40	160.37	180.64	209.75	236.29	258.62	289.84	320.61
山　东	33.60	74.04	110.72	149.04	217.01	266.63	313.92	387.58	427.91	473.99	546.18
广　东	42.06	90.51	114.08	143.46	208.05	239.83	276.07	324.21	365.35	417.68	518.47
海　南	7.25	16.93	21.75	25.64	29.19	30.45	35.43	37.85	39.57	42.10	44.98
中部地区	**205.46**	**404.79**	**568.31**	**773.43**	**1065.29**	**1237.85**	**1397.42**	**1643.47**	**1821.88**	**2044.36**	**2486.33**
山　西	3.16	7.11	9.34	12.49	17.36	21.12	24.95	27.35	30.63	37.42	44.22
安　徽	55.67	97.52	144.69	189.99	252.71	295.32	338.72	395.26	434.09	476.86	585.87
江　西	29.92	63.14	91.94	128.55	176.33	208.89	231.65	301.69	322.12	354.16	427.12
河　南	48.66	102.47	142.33	203.39	277.40	321.36	364.23	418.02	466.67	530.76	661.46
湖　北	25.47	47.75	64.33	88.30	137.36	153.23	174.11	198.54	214.55	229.48	264.72
湖　南	42.59	86.80	115.67	150.71	204.13	237.93	263.77	302.61	353.82	415.67	502.94
西部地区	**244.50**	**499.56**	**686.67**	**876.86**	**1181.18**	**1356.74**	**1530.55**	**1817.04**	**2040.74**	**2302.02**	**2637.03**
内蒙古	0.98	3.77	7.03	10.28	25.00	34.77	43.16	66.39	71.06	76.84	84.91
广　西	16.01	30.86	42.41	55.52	76.73	90.41	103.84	137.66	159.19	187.31	225.06
重　庆	59.82	103.17	138.25	164.79	202.17	219.40	242.14	275.67	295.37	323.03	354.94
四　川	83.25	170.27	224.63	285.05	386.51	438.27	482.04	543.71	610.02	675.51	766.63
贵　州	32.46	71.67	100.69	135.08	179.81	206.51	230.97	265.82	300.44	360.37	430.22
云　南	21.29	50.05	68.81	91.80	128.62	144.74	168.92	227.57	254.10	290.30	333.99
西　藏	—	1.59	1.97	2.04	2.08	2.12	2.30	2.33	2.38	2.40	2.57
陕　西	12.06	25.31	42.32	53.94	73.26	87.61	98.19	114.70	128.54	139.31	159.84
甘　肃	6.72	12.05	16.67	20.74	28.83	34.76	47.20	55.38	62.30	67.29	72.56
青　海	0.69	1.85	3.30	4.01	8.88	13.05	16.77	20.11	27.61	32.81	41.00
宁　夏	4.17	9.28	13.28	16.16	20.27	25.34	28.23	32.04	34.24	38.23	49.45
新　疆	7.06	19.71	27.32	37.46	49.02	59.77	66.79	75.66	95.48	108.64	115.87
东北地区	**9.06**	**27.24**	**49.64**	**76.35**	**123.91**	**176.34**	**203.18**	**239.05**	**276.22**	**304.51**	**330.89**
辽　宁	5.64	16.71	28.80	42.92	59.40	98.03	109.72	125.08	135.48	143.89	153.17
吉　林	2.35	6.26	11.57	19.98	31.37	39.92	47.79	60.87	74.18	84.34	96.82
黑龙江	1.08	4.27	9.28	13.45	33.14	38.39	45.67	53.09	66.56	76.28	80.91

数据来源：国家统计局。

5. 各地区商品房销售金额

表 3－76　2014—2018 年全国各地区商品房销售金额

单位：亿元

类　别	2014 年	2015 年	2016 年	2017 年	2018 年
总　计	**76292.41**	**87280.84**	**117627.05**	**133701.31**	**149972.74**
一、东部地区	**40514.85**	**49887.83**	**70074.13**	**74438.86**	**79257.80**
北　京	2738.74	3517.65	4561.60	2796.03	2377.00
天　津	1486.94	1790.01	3478.22	2272.30	2006.62
河　北	2928.00	3371.59	4301.83	4628.37	4034.96
上　海	3499.53	5093.55	6695.85	4026.67	4751.50
江　苏	6898.42	8396.20	12293.02	13066.85	14527.27
浙　江	4923.00	6299.46	9605.10	12339.99	14089.85
福　建	3763.52	3585.81	4530.79	5705.19	6579.49
山　东	4879.66	5408.01	6902.90	8096.97	10065.70
广　东	8461.84	11442.80	16214.61	18792.76	18742.12
海　南	935.21	982.75	1490.20	2713.72	2083.29
二、中部地区	**14541.09**	**16354.57**	**23099.87**	**28664.75**	**33848.12**
山　西	746.14	775.64	1027.14	1357.48	1610.61
安　徽	3345.19	3369.42	5035.55	5865.77	7076.95
江　西	1621.76	1863.67	2678.37	3592.52	4219.89
河　南	3440.58	3945.55	5612.90	7129.40	8055.30
湖　北	3088.31	3661.37	4994.05	6258.92	7531.38
湖　南	2299.11	2738.92	3751.86	4460.66	5353.99
三、西部地区	**16127.24**	**16939.46**	**20045.52**	**25231.11**	**31126.77**
内蒙古	1064.82	1052.18	1149.08	956.81	1113.94
广　西	1532.05	1747.77	2207.47	3016.64	3826.50
重　庆	2814.99	2952.21	3432.00	4557.85	5272.70
四　川	3997.37	4199.84	5358.91	6757.11	8532.35
贵　州	1370.31	1571.68	1790.53	2240.77	2920.95
云　南	1596.37	1666.85	1917.76	2561.19	3406.84
西　藏	34.25	21.08	38.14	35.28	52.82
陕　西	1598.04	1597.44	1785.17	2661.08	3407.45
甘　肃	602.34	704.93	873.46	890.31	922.34
青　海	211.27	206.00	236.44	296.50	289.89
宁　夏	464.96	370.30	409.71	464.13	517.73
新　疆	840.47	849.18	846.84	793.45	863.26
四、东北地区	**5109.23**	**4098.98**	**4407.53**	**5366.59**	**5740.05**
辽　宁	3092.10	2254.97	2256.91	2771.69	2967.31
吉　林	808.58	816.87	1029.58	1135.18	1452.43
黑龙江	1208.54	1027.14	1121.04	1459.72	1320.31

数据来源：国家统计局。

表 3－77　2018 年全国各地区商品房销售金额（月度累计）

单位：亿元

类　别	1—2 月	1—3 月	1—4 月	1—5 月	1—6 月	1－7 月	1—8 月	1—9 月	1—10 月	1—11 月	1—12 月
总　计	**12453.65**	**25597.18**	**36222.48**	**48777.57**	**66945.23**	**78300.15**	**89396.01**	**104132.23**	**115913.67**	**129508.10**	**149972.74**
东部地区	**6927.81**	**14125.71**	**19829.91**	**26569.81**	**36033.66**	**42217.33**	**48089.87**	**55820.45**	**61679.53**	**68503.11**	**79257.80**
北　京	201.96	285.80	459.75	617.51	793.66	939.33	1172.30	1388.18	1586.63	1841.98	2377.00
天　津	127.27	318.55	438.22	610.12	942.79	1187.20	1364.37	1492.63	1646.97	1818.85	2006.62
河　北	115.88	458.28	662.66	861.73	1369.38	1626.94	1875.61	2412.53	2847.58	3387.63	4034.96
上　海	341.91	707.56	971.13	1231.90	1712.29	2275.18	2698.19	3263.08	3649.15	4158.51	4751.50
江　苏	1330.47	2501.48	3541.20	4902.38	6582.28	7775.80	9000.20	10351.17	11494.26	12564.77	14527.27
浙　江	1413.49	2758.03	3935.30	5326.45	7239.17	8326.70	9240.69	10484.38	11307.49	12383.68	14089.85
福　建	723.99	1415.25	1903.14	2503.65	3363.06	3826.64	4254.72	4776.47	5260.17	5791.54	6579.49
山　东	559.90	1459.11	2238.65	3146.87	4320.37	5112.12	5901.54	7103.34	7855.71	8789.75	10065.70
广　东	1734.57	3454.06	4677.74	6198.52	8333.94	9671.20	11028.60	12870.73	14275.94	15861.70	18742.12
海　南	378.38	767.59	1002.12	1170.68	1376.73	1476.21	1553.65	1677.93	1755.64	1904.71	2083.29
中部地区	**2494.43**	**5319.14**	**7549.72**	**10239.07**	**14476.16**	**16843.84**	**19262.64**	**22642.73**	**25380.21**	**28695.45**	**33848.12**
山　西	102.49	220.31	335.87	527.44	725.29	871.64	998.38	1118.16	1256.97	1426.04	1610.61
安　徽	668.60	1290.06	1792.99	2409.50	3136.51	3680.87	4189.94	4922.55	5491.83	6068.93	7076.95
江　西	301.23	640.13	947.04	1315.20	1817.89	2123.17	2441.59	2911.81	3223.62	3608.16	4219.89
河　南	462.93	1084.78	1540.62	2066.61	3069.13	3579.95	4128.16	4940.71	5635.00	6538.09	8055.30
湖　北	533.33	1220.18	1758.42	2375.79	3565.89	4016.50	4525.98	5288.18	5833.46	6485.00	7531.38
湖　南	425.85	863.68	1174.78	1544.53	2161.45	2571.70	2978.58	3461.33	3939.34	4569.23	5353.99
西部地区	**2717.11**	**5429.66**	**7652.16**	**10213.95**	**14007.72**	**16247.22**	**18536.24**	**21511.09**	**24165.47**	**27081.65**	**31126.77**
内蒙古	10.50	71.59	120.40	196.68	364.42	456.73	553.96	769.25	893.39	1023.38	1113.94
广　西	333.98	624.74	899.02	1237.63	1643.34	1926.47	2221.20	2543.57	2934.58	3184.88	3826.50
重　庆	614.39	1131.97	1558.73	2077.36	2765.42	3112.49	3472.15	3928.19	4256.16	4645.77	5272.70
四　川	853.26	1710.55	2345.51	3006.45	4003.10	4628.20	5256.22	5949.63	6701.48	7546.97	8532.35
贵　州	258.41	518.27	712.99	913.50	1282.95	1479.11	1671.33	1914.11	2149.04	2492.51	2920.95
云　南	243.33	546.59	736.33	983.04	1380.36	1581.13	1836.42	2289.76	2611.14	2943.70	3406.84
西　藏	0.08	2.62	12.19	16.66	22.54	28.47	30.05	38.17	43.48	49.43	52.82
陕　西	223.86	464.24	728.71	1044.92	1496.80	1747.54	1987.05	2340.78	2540.27	2861.04	3407.45
甘　肃	71.63	133.87	189.23	254.49	409.75	497.35	599.31	676.43	762.49	851.96	922.34
青　海	8.72	22.29	41.43	78.16	115.72	142.15	163.23	195.84	227.60	257.07	289.89
宁　夏	34.03	78.50	115.07	148.72	202.55	257.41	296.87	342.57	391.85	452.12	517.73
新　疆	64.92	124.44	192.56	256.34	320.76	390.17	448.45	522.80	653.99	772.81	863.26
东北地区	**314.30**	**722.67**	**1190.69**	**1754.74**	**2427.69**	**2991.76**	**3507.27**	**4157.96**	**4688.46**	**5227.89**	**5740.05**
辽　宁	201.46	433.22	701.61	1033.76	1394.63	1687.96	1947.05	2259.57	2502.48	2740.44	2967.31
吉　林	77.05	163.99	268.70	383.61	551.47	703.81	834.73	1015.03	1144.47	1281.64	1452.43
黑龙江	35.80	125.46	220.38	337.38	481.59	599.99	725.50	883.36	1041.52	1205.81	1320.31

数据来源：国家统计局。

表 3－78　2014—2018 年全国各地区商品房现房销售金额

单位：亿元

类　别	2014 年	2015 年	2016 年	2017 年	2018 年
总　计	**16082.15**	**19228.34**	**25154.43**	**26285.92**	**22198.91**
一、东部地区	**8145.44**	**10860.72**	**14746.67**	**14961.36**	**12586.03**
北　京	684.86	1025.56	1502.14	890.20	758.54
天　津	444.04	520.46	895.80	418.48	286.99
河　北	697.82	924.90	900.11	1144.15	745.91
上　海	948.88	1513.92	1692.69	1251.64	1378.30
江　苏	1268.17	1574.26	2351.98	2448.59	2280.89
浙　江	807.58	1184.93	2136.96	2302.13	1500.49
福　建	287.31	392.65	524.35	785.32	709.42
山　东	946.81	1133.37	1341.89	1525.27	1438.37
广　东	1847.88	2346.02	2998.30	3388.41	3057.19
海　南	212.09	244.64	402.45	807.16	429.93
二、中部地区	**3373.54**	**3676.45**	**4446.63**	**5064.84**	**4291.00**
山　西	204.02	183.75	315.31	326.50	190.04
安　徽	473.34	541.48	672.82	785.30	593.67
江　西	231.40	339.19	508.84	598.35	506.80
河　南	1072.06	1038.88	1232.67	1370.55	1407.13
湖　北	825.29	886.21	840.64	1076.79	944.43
湖　南	567.42	686.95	876.35	907.35	648.93
三、西部地区	**2982.14**	**3373.48**	**4335.71**	**4479.79**	**3935.40**
内蒙古	436.10	393.35	463.67	430.57	346.31
广　西	244.13	225.39	279.93	360.75	349.13
重　庆	446.17	542.89	785.24	735.12	583.38
四　川	640.69	708.17	1016.85	1044.09	883.76
贵　州	190.62	227.36	317.76	316.66	251.43
云　南	345.37	471.70	607.33	577.19	581.89
西　藏	4.08	9.45	13.12	17.36	21.67
陕　西	156.68	240.80	214.77	333.76	361.24
甘　肃	142.27	211.18	225.90	203.38	196.18
青　海	61.63	33.59	47.73	73.69	26.80
宁　夏	126.48	119.31	159.05	167.26	162.14
新　疆	187.90	190.28	204.37	219.97	171.47
四、东北地区	**1581.03**	**1317.70**	**1625.42**	**1779.93**	**1386.48**
辽　宁	926.68	710.89	771.31	862.44	737.74
吉　林	284.83	189.36	319.90	293.26	261.78
黑龙江	369.53	417.45	534.20	624.24	386.96

数据来源：国家统计局。

表 3－79 2018 年全国各地区商品房现房销售金额（月度累计）

单位：亿元

类别	1—2 月	1—3 月	1—4 月	1—5 月	1—6 月	1－7 月	1—8 月	1—9 月	1—10 月	1—11 月	1—12 月
总 计	**1922.26**	**4009.21**	**5636.75**	**7431.51**	**10320.10**	**11985.35**	**13404.83**	**15397.81**	**16867.06**	**18550.01**	**22198.91**
东部地区	**1170.84**	**2372.08**	**3292.10**	**4327.44**	**5893.93**	**6867.94**	**7701.30**	**8821.55**	**9515.34**	**10469.81**	**12586.03**
北 京	56.02	93.66	151.83	220.64	302.52	349.16	395.56	451.14	487.41	556.32	758.54
天 津	31.03	84.98	103.48	120.12	165.88	181.08	192.85	208.98	219.38	237.54	286.99
河 北	19.86	81.42	102.68	120.61	290.75	335.91	386.19	485.62	536.76	593.80	745.91
上 海	150.62	275.17	380.83	468.31	591.41	709.83	857.31	1009.75	1083.34	1219.92	1378.30
江 苏	208.10	399.61	550.68	745.95	1032.88	1169.91	1287.21	1443.45	1568.64	1719.76	2280.89
浙 江	157.00	337.97	481.11	649.38	836.65	940.30	1016.29	1124.23	1207.81	1298.40	1500.49
福 建	95.12	136.47	183.70	255.73	357.73	424.60	472.21	536.24	587.92	629.05	709.42
山 东	80.76	222.36	331.78	442.13	593.66	717.82	828.13	972.83	1071.86	1195.69	1438.37
广 东	296.73	580.72	778.56	1030.15	1364.07	1659.45	1871.68	2166.26	2397.72	2620.59	3057.19
海 南	75.60	159.72	227.43	274.44	358.37	379.87	393.86	423.05	354.49	398.75	429.93
中部地区	**328.79**	**722.41**	**1012.66**	**1333.28**	**1906.52**	**2203.33**	**2455.98**	**2842.93**	**3099.86**	**3460.50**	**4291.00**
山 西	14.94	27.60	45.64	60.19	80.71	95.58	107.50	122.30	141.14	157.68	190.04
安 徽	55.93	110.13	159.31	190.06	247.88	288.95	325.01	374.22	411.48	457.39	593.67
江 西	47.60	100.09	132.23	184.93	245.38	278.45	307.44	360.25	385.58	425.77	506.80
河 南	68.01	196.67	291.35	398.69	555.37	655.96	748.95	879.50	1000.01	1126.42	1407.13
湖 北	90.32	177.17	233.32	297.39	486.88	542.07	582.71	662.19	697.64	748.57	944.43
湖 南	51.99	110.75	150.83	202.03	290.31	342.31	384.36	444.47	464.01	544.66	648.93
西部地区	**331.36**	**733.02**	**1013.83**	**1309.83**	**1900.68**	**2182.26**	**2411.91**	**2769.88**	**3170.20**	**3420.28**	**3935.40**
内蒙古	3.11	18.71	36.46	59.39	131.66	168.78	196.75	248.63	289.35	313.59	346.31
广 西	34.10	59.92	91.75	118.67	157.35	180.68	210.87	239.14	339.38	285.65	349.13
重 庆	63.17	120.00	151.34	202.75	265.67	300.02	338.54	397.30	424.09	461.91	583.38
四 川	105.71	205.72	267.27	328.24	494.77	544.68	556.79	622.73	702.32	777.26	883.76
贵 州	24.22	64.40	82.06	102.82	134.89	151.51	169.23	187.23	202.64	226.20	251.43
云 南	44.91	114.29	155.63	196.98	272.32	309.12	346.13	405.64	469.74	528.55	581.89
西 藏	0.08	0.41	8.55	9.44	13.02	13.53	14.03	15.77	18.91	20.04	21.67
陕 西	20.01	59.53	86.17	114.40	183.48	218.53	237.04	263.16	280.09	302.18	361.24
甘 肃	13.59	30.66	44.31	56.40	91.29	110.34	131.76	150.62	169.30	185.67	196.18
青 海	0.65	2.12	5.03	9.19	12.98	16.56	19.01	24.04	22.86	24.60	26.80
宁 夏	12.03	32.42	45.19	59.67	75.62	89.13	102.97	113.84	127.04	141.91	162.14
新 疆	9.78	24.83	40.06	51.88	67.64	79.37	88.79	101.78	124.47	152.72	171.47
东北地区	**91.27**	**181.70**	**318.15**	**460.96**	**618.97**	**731.81**	**835.64**	**963.45**	**1081.66**	**1199.42**	**1386.48**
辽 宁	55.89	107.84	192.04	281.75	380.26	437.15	489.72	552.60	610.70	661.03	737.74
吉 林	20.47	34.44	54.23	72.36	97.47	115.64	134.99	159.86	174.27	198.85	261.78
黑龙江	14.91	39.42	71.88	106.84	141.23	179.02	210.93	250.99	296.69	339.53	386.96

数据来源：国家统计局。

表 3－80　2014—2018 年全国各地区商品房期房销售金额

单位：亿元

类　别	2014 年	2015 年	2016 年	2017 年	2018 年
总　计	**60210.26**	**68052.50**	**92472.62**	**107415.39**	**127773.82**
一、东部地区	**32369.42**	**39027.12**	**55327.46**	**59477.50**	**66671.76**
北　京	2053.88	2492.09	3059.46	1905.82	1618.45
天　津	1042.89	1269.55	2582.43	1853.82	1719.63
河　北	2230.18	2446.69	3401.72	3484.22	3289.05
上　海	2550.65	3579.62	5003.16	2775.03	3373.20
江　苏	5630.24	6821.94	9941.04	10618.27	12246.39
浙　江	4115.42	5114.52	7468.14	10037.86	12589.36
福　建	3476.21	3193.17	4006.44	4919.87	5870.07
山　东	3932.86	4274.63	5561.01	6571.70	8627.33
广　东	6613.95	9096.78	13216.31	15404.35	15684.94
海　南	723.13	738.12	1087.75	1906.56	1653.36
二、中部地区	**11167.55**	**12678.12**	**18653.24**	**23599.91**	**29557.12**
山　西	542.12	591.89	711.83	1030.98	1420.57
安　徽	2871.85	2827.95	4362.72	5080.47	6483.29
江　西	1390.37	1524.48	2169.53	2994.17	3713.09
河　南	2368.52	2906.67	4380.23	5758.85	6648.16
湖　北	2263.01	2775.16	4153.41	5182.13	6586.95
湖　南	1731.69	2051.97	2875.52	3553.31	4705.06
三、西部地区	**13145.10**	**13565.98**	**15709.81**	**20751.32**	**27191.37**
内蒙古	628.71	658.83	685.41	526.24	767.63
广　西	1287.92	1522.37	1927.54	2655.89	3477.37
重　庆	2368.82	2409.33	2646.76	3822.73	4689.32
四　川	3356.69	3491.68	4342.06	5713.02	7648.58
贵　州	1179.70	1344.31	1472.77	1924.11	2669.52
云　南	1251.00	1195.15	1310.44	1984.00	2824.95
西　藏	30.17	11.63	25.03	17.93	31.15
陕　西	1441.35	1356.63	1570.40	2327.32	3046.21
甘　肃	460.07	493.75	647.56	686.93	726.16
青　海	149.64	172.40	188.72	222.81	263.09
宁　夏	338.48	250.98	250.65	296.87	355.59
新　疆	652.56	658.91	642.47	573.48	691.79
四、东北地区	**3528.19**	**2781.28**	**2782.12**	**3586.66**	**4353.58**
辽　宁	2165.42	1544.08	1485.60	1909.26	2229.57
吉　林	523.76	627.51	709.68	841.91	1190.65
黑龙江	839.02	609.69	586.84	835.49	933.36

数据来源：国家统计局。

表 3-81　2018 年全国各地区商品房期房销售金额（月度累计）

单位：亿元

类　别	1—2 月	1—3 月	1—4 月	1—5 月	1—6 月	1－7 月	1—8 月	1—9 月	1—10 月	1—11 月	1—12 月
总　计	**10531.39**	**21587.97**	**30585.73**	**41346.07**	**56625.13**	**66314.80**	**75991.18**	**88734.42**	**99046.62**	**110958.09**	**127773.82**
东部地区	**5756.97**	**11753.63**	**16537.81**	**22242.37**	**30139.73**	**35349.39**	**40388.56**	**46998.90**	**52164.19**	**58033.30**	**66671.76**
北　京	145.94	192.14	307.91	396.87	491.14	590.17	776.74	937.04	1099.23	1285.66	1618.45
天　津	96.24	233.57	334.74	490.01	776.90	1006.12	1171.52	1283.65	1427.59	1581.31	1719.63
河　北	96.02	376.86	559.98	741.12	1078.63	1291.03	1489.42	1926.91	2310.82	2793.84	3289.05
上　海	191.29	432.39	590.29	763.59	1120.88	1565.35	1840.88	2253.33	2565.81	2938.59	3373.20
江　苏	1122.37	2101.88	2990.52	4156.43	5549.40	6605.89	7712.99	8907.72	9925.62	10845.00	12246.39
浙　江	1256.49	2420.06	3454.19	4677.07	6402.52	7386.40	8224.40	9360.15	10099.68	11085.28	12589.36
福　建	628.87	1278.77	1719.44	2247.92	3005.32	3402.04	3782.51	4240.23	4672.25	5162.49	5870.07
山　东	479.14	1236.75	1906.86	2704.74	3726.71	4394.30	5073.40	6130.51	6783.85	7594.06	8627.33
广　东	1437.83	2873.34	3899.18	5168.37	6969.87	8011.75	9156.92	10704.47	11878.22	13241.11	15684.94
海　南	302.78	607.87	774.69	896.24	1018.36	1096.34	1159.79	1254.88	1401.15	1505.96	1653.36
中部地区	**2165.63**	**4596.72**	**6537.05**	**8905.79**	**12569.64**	**14640.51**	**16806.65**	**19799.80**	**22280.35**	**25234.95**	**29557.12**
山　西	87.55	192.72	290.23	467.26	644.58	776.06	890.88	995.85	1115.83	1268.35	1420.57
安　徽	612.68	1179.92	1633.68	2219.44	2888.63	3391.92	3864.92	4548.33	5080.34	5611.54	6483.29
江　西	253.63	540.04	814.82	1130.26	1572.51	1844.72	2134.14	2551.56	2838.04	3182.39	3713.09
河　南	394.91	888.10	1249.28	1667.93	2513.77	2923.99	3379.22	4061.20	4634.98	5411.67	6648.16
湖　北	443.01	1043.01	1525.10	2078.40	3079.01	3474.43	3943.27	4625.99	5135.82	5736.43	6586.95
湖　南	373.86	752.93	1023.95	1342.50	1871.14	2229.39	2594.22	3016.86	3475.33	4024.57	4705.06
西部地区	**2385.76**	**4696.64**	**6638.33**	**8904.12**	**12107.04**	**14064.96**	**16124.33**	**18741.21**	**20995.28**	**23661.37**	**27191.37**
内蒙古	7.39	52.88	83.93	137.29	232.76	287.95	357.21	520.62	604.03	709.79	767.63
广　西	299.87	564.82	807.27	1118.96	1486.00	1745.79	2010.33	2304.42	2595.20	2899.23	3477.37
重　庆	551.22	1011.97	1407.39	1874.60	2499.76	2812.46	3133.62	3530.89	3832.08	4183.86	4689.32
四　川	747.55	1504.83	2078.24	2678.21	3508.34	4083.52	4699.43	5326.91	5999.16	6769.72	7648.58
贵　州	234.20	453.87	630.93	810.67	1148.07	1327.60	1502.10	1726.88	1946.40	2266.30	2669.52
云　南	198.43	432.30	580.70	786.06	1108.03	1272.02	1490.29	1884.12	2141.40	2415.16	2824.95
西　藏	—	2.20	3.64	7.22	9.52	14.93	16.02	22.40	24.57	29.39	31.15
陕　西	203.86	404.71	642.54	930.52	1313.32	1529.01	1750.01	2077.62	2260.18	2558.86	3046.21
甘　肃	58.04	103.21	144.92	198.10	318.46	387.00	467.55	525.81	593.19	666.29	726.16
青　海	8.07	20.17	36.40	68.96	102.75	125.59	144.21	171.80	204.74	232.47	263.09
宁　夏	22.00	46.09	69.88	89.05	126.93	168.29	193.90	228.73	264.80	310.21	355.59
新　疆	55.14	99.61	152.51	204.46	253.11	310.80	359.66	421.02	529.52	620.10	691.79
东北地区	**223.04**	**540.97**	**872.54**	**1293.79**	**1808.72**	**2259.95**	**2671.64**	**3194.52**	**3606.80**	**4028.47**	**4353.58**
辽　宁	145.57	325.38	509.57	752.01	1014.37	1250.81	1457.33	1706.97	1891.78	2079.40	2229.57
吉　林	56.58	129.55	214.47	311.24	453.99	588.17	699.74	855.17	970.20	1082.79	1190.65
黑龙江	20.88	86.04	148.50	230.54	340.36	420.97	514.57	632.37	744.82	866.28	933.36

数据来源：国家统计局。

6. 各地区商品住宅销售金额

表 3－82　2014—2018 年全国各地区住宅销售金额

单位：亿元

类　别	2014 年	2015 年	2016 年	2017 年	2018 年
总　计	**62395.58**	**72753.00**	**99064.17**	**110239.51**	**126392.60**
一、东部地区	**33746.58**	**42454.03**	**59811.32**	**62002.29**	**67193.73**
北　京	2102.46	2512.89	2795.81	2077.01	1971.15
天　津	1294.33	1646.43	3245.60	2032.93	1816.53
河　北	2501.62	2854.21	3710.88	3925.37	3567.27
上　海	2923.44	4319.93	5233.29	3336.09	3864.03
江　苏	5969.60	7374.87	11055.36	11325.84	12693.86
浙　江	4172.58	5519.27	8280.85	10300.34	12096.31
福　建	2939.58	2839.76	3793.41	4202.00	5074.52
山　东	4009.48	4510.76	6070.54	6891.65	8682.81
广　东	6960.26	9967.32	14240.33	15437.89	15595.29
海　南	873.22	908.60	1385.26	2473.18	1831.95
二、中部地区	**11853.16**	**13775.99**	**19676.01**	**23832.87**	**29044.87**
山　西	639.83	702.29	900.79	1225.90	1473.17
安　徽	2691.80	2714.33	4231.59	4878.56	6174.85
江　西	1379.50	1606.67	2207.17	2879.66	3524.32
河　南	2739.71	3300.33	4839.03	5897.68	6903.79
湖　北	2543.76	3198.53	4383.81	5380.31	6591.36
湖　南	1858.58	2253.85	3113.62	3570.76	4377.39
三、西部地区	**12646.66**	**13110.88**	**15878.66**	**19896.80**	**25192.47**
内蒙古	765.04	766.06	838.08	731.69	909.04
广　西	1274.57	1459.43	1948.23	2635.74	3330.75
重　庆	2253.28	2244.43	2635.64	3601.56	4442.87
四　川	3145.02	3269.52	4296.27	5173.60	6621.21
贵　州	1000.01	1068.14	1269.43	1623.37	2278.10
云　南	1165.39	1236.81	1411.38	1973.72	2690.84
西　藏	28.55	16.70	34.70	25.19	42.94
陕　西	1368.12	1381.27	1585.71	2215.17	2808.78
甘　肃	513.47	603.08	712.35	738.22	774.63
青　海	155.83	139.83	172.06	211.71	224.05
宁　夏	352.03	283.98	325.89	369.30	420.63
新　疆	625.35	641.62	648.94	597.52	648.64
四、东北地区	**4149.18**	**3412.10**	**3698.18**	**4507.55**	**4961.54**
辽　宁	2518.87	1907.63	1988.03	2452.23	2615.75
吉　林	667.62	680.26	806.49	920.85	1233.50
黑龙江	962.69	824.21	903.66	1134.47	1112.28

数据来源：国家统计局。

表3－83　2018年全国各地区住宅销售金额（月度累计）

单位：亿元

类　别	1—2月	1—3月	1—4月	1—5月	1—6月	1－7月	1—8月	1—9月	1—10月	1—11月	1—12月
总　计	**10552.74**	**21608.69**	**30613.77**	**41349.90**	**56604.29**	**66328.09**	**75831.12**	**88364.20**	**98354.86**	**109946.88**	**126392.60**
东部地区	**5942.78**	**12090.70**	**16997.59**	**22839.28**	**30861.85**	**36236.80**	**41276.75**	**47899.29**	**52956.38**	**58763.60**	**67193.73**
北　京	160.85	228.80	378.26	511.19	629.27	750.16	958.54	1132.94	1308.51	1523.44	1971.15
天　津	106.14	257.93	370.38	534.46	841.89	1075.06	1242.42	1362.28	1506.07	1676.05	1816.53
河　北	104.41	422.94	610.94	791.34	1256.12	1485.37	1709.04	2200.47	2590.97	3072.32	3567.27
上　海	284.92	572.38	769.28	989.48	1401.35	1893.27	2291.12	2757.20	3120.28	3485.27	3864.03
江　苏	1187.93	2248.22	3192.20	4403.81	5918.77	7013.45	8108.11	9320.77	10355.82	11312.44	12693.86
浙　江	1222.02	2391.10	3386.07	4596.16	6209.75	7140.37	7923.64	9008.28	9714.78	10665.56	12096.31
福　建	576.26	1122.70	1519.63	1989.27	2618.54	2986.08	3306.31	3709.01	4064.86	4462.74	5074.52
山　东	485.52	1265.36	1952.18	2752.34	3767.26	4439.31	5097.12	6131.65	6782.24	7588.45	8682.81
广　东	1462.33	2894.11	3925.99	5226.54	6990.92	8143.58	9270.76	10798.48	11964.06	13304.59	15595.29
海　南	352.41	687.15	892.65	1044.68	1227.99	1310.16	1369.69	1478.21	1548.78	1672.74	1831.95
中部地区	**2120.69**	**4558.61**	**6445.11**	**8754.35**	**12348.05**	**14401.62**	**16529.13**	**19491.88**	**21858.29**	**24754.85**	**29044.87**
山　西	89.26	195.27	304.26	486.76	665.27	797.64	913.80	1023.69	1152.40	1301.22	1473.17
安　徽	585.85	1143.10	1576.28	2130.29	2762.03	3244.48	3691.08	4334.23	4834.46	5346.86	6174.85
江　西	249.69	535.38	789.42	1078.87	1496.20	1750.55	2029.69	2409.77	2682.17	3013.07	3524.32
河　南	381.42	908.78	1286.42	1710.71	2578.92	3017.57	3482.52	4200.41	4809.29	5604.61	6903.79
湖　北	470.35	1070.91	1527.78	2081.29	3062.89	3469.82	3934.48	4633.72	5101.57	5712.83	6591.36
湖　南	344.11	705.16	960.95	1266.43	1782.74	2121.56	2477.55	2890.05	3278.41	3776.26	4377.39
西部地区	**2209.62**	**4311.72**	**6114.32**	**8205.90**	**11271.83**	**13104.38**	**14977.26**	**17353.81**	**19461.54**	**21899.07**	**25192.47**
内蒙古	8.20	55.70	94.25	159.52	298.77	369.50	445.86	619.97	720.60	834.36	909.04
广　西	299.64	550.82	794.62	1089.31	1447.09	1695.13	1958.20	2231.52	2506.91	2784.08	3330.75
重　庆	519.84	948.13	1307.92	1751.68	2330.74	2625.28	2932.18	3314.61	3602.48	3933.23	4442.87
四　川	648.01	1285.22	1777.73	2275.03	3041.28	3542.46	4031.22	4569.35	5159.78	5844.80	6621.21
贵　州	208.65	397.71	549.45	696.07	995.78	1148.26	1306.03	1499.27	1688.31	1950.75	2278.10
云　南	194.69	420.29	567.47	765.21	1057.75	1223.00	1432.72	1779.40	2040.10	2300.59	2690.84
西　藏	0.06	1.78	6.52	10.43	14.97	20.62	22.02	29.55	34.10	39.84	42.94
陕　西	183.20	367.17	586.51	865.34	1239.57	1444.66	1641.69	1918.86	2078.02	2348.87	2808.78
甘　肃	59.05	108.22	155.33	212.03	345.90	418.61	496.18	560.98	636.79	715.62	774.63
青　海	7.52	19.11	34.58	68.36	97.40	116.05	131.05	156.40	181.33	199.08	224.05
宁　夏	27.79	60.57	90.13	116.53	160.69	206.02	239.09	277.13	320.08	370.40	420.63
新　疆	52.97	97.00	149.81	196.39	241.89	294.80	341.02	396.74	493.05	577.45	648.64
东北地区	**279.65**	**647.67**	**1056.76**	**1550.37**	**2122.56**	**2585.29**	**3048.00**	**3619.23**	**4078.64**	**4529.36**	**4961.54**
辽　宁	180.20	392.54	630.43	922.74	1238.19	1461.84	1699.16	1977.39	2197.34	2413.73	2615.75
吉　林	68.73	146.11	235.53	333.59	475.65	611.50	729.10	887.23	997.20	1096.40	1233.50
黑龙江	30.72	109.02	190.79	294.04	408.72	511.96	619.74	754.62	884.10	1019.23	1112.28

数据来源：国家统计局。

表 3-84 2014—2018 年全国各地区住宅现房销售金额

单位：亿元

类　别	2014 年	2015 年	2016 年	2017 年	2018 年
总　计	**12094. 65**	**14677. 42**	**19239. 07**	**19088. 25**	**15340. 89**
一、东部地区	**6244. 92**	**8490. 72**	**11507. 62**	**11025. 66**	**8774. 51**
北　京	487. 44	669. 35	912. 26	666. 03	534. 00
天　津	379. 33	436. 50	791. 93	290. 75	189. 18
河　北	537. 65	714. 36	670. 39	940. 47	629. 81
上　海	767. 53	1182. 10	1190. 94	856. 80	959. 78
江　苏	1030. 66	1236. 27	1926. 45	1876. 01	1523. 36
浙　江	620. 03	944. 69	1684. 76	1614. 74	935. 90
福　建	192. 61	269. 63	375. 91	454. 60	333. 14
山　东	723. 75	877. 68	1074. 69	1129. 30	1018. 57
广　东	1300. 55	1927. 73	2496. 41	2434. 83	2268. 82
海　南	205. 37	232. 41	383. 88	762. 14	381. 95
二、中部地区	**2539. 86**	**2835. 04**	**3454. 23**	**3648. 82**	**3056. 73**
山　西	155. 72	146. 34	267. 24	283. 93	164. 99
安　徽	359. 81	388. 83	505. 65	452. 86	375. 79
江　西	191. 48	270. 04	402. 72	448. 20	348. 68
河　南	815. 52	793. 68	942. 04	1048. 96	1061. 41
湖　北	579. 75	684. 86	650. 68	783. 94	704. 71
湖　南	437. 59	551. 29	685. 89	630. 93	401. 16
三、西部地区	**2105. 23**	**2319. 81**	**2962. 94**	**3014. 48**	**2389. 96**
内蒙古	300. 05	292. 57	311. 00	294. 26	242. 32
广　西	199. 74	182. 28	229. 64	303. 36	259. 41
重　庆	290. 31	314. 89	465. 62	435. 09	270. 19
四　川	440. 03	487. 51	687. 77	624. 65	438. 22
贵　州	124. 03	130. 20	192. 15	181. 28	137. 51
云　南	243. 22	291. 47	423. 16	422. 84	388. 29
西　藏	2. 62	7. 09	13. 12	11. 75	13. 42
陕　西	125. 49	187. 23	177. 24	243. 45	235. 13
甘　肃	123. 54	170. 17	178. 17	168. 91	163. 56
青　海	52. 37	28. 12	37. 91	55. 02	19. 60
宁　夏	85. 68	84. 96	110. 81	120. 41	114. 15
新　疆	118. 15	143. 32	136. 35	153. 46	108. 17
四、东北地区	**1204. 64**	**1031. 86**	**1314. 29**	**1399. 29**	**1119. 69**
辽　宁	709. 74	570. 81	656. 19	739. 16	620. 50
吉　林	217. 54	145. 44	255. 30	218. 79	205. 45
黑龙江	277. 36	315. 61	402. 80	441. 33	293. 74

数据来源：国家统计局。

表 3－85 2018 年全国各地区住宅现房销售金额（月度累计）

单位：亿元

类别	1—2 月	1—3 月	1—4 月	1—5 月	1—6 月	1－7 月	1—8 月	1—9 月	1—10 月	1—11 月	1—12 月
总 计	**1397.13**	**2830.30**	**3976.87**	**5286.61**	**7379.16**	**8595.19**	**9608.56**	**11071.99**	**11990.85**	**13210.82**	**15340.89**
东部地区	**861.02**	**1691.83**	**2347.46**	**3146.07**	**4310.06**	**5029.64**	**5656.53**	**6498.28**	**6953.11**	**7628.12**	**8774.51**
北 京	45.95	72.91	114.34	171.83	213.33	250.79	287.70	330.03	353.39	389.98	534.00
天 津	18.96	37.64	53.78	68.11	100.13	110.92	118.92	131.37	138.42	152.36	189.18
河 北	16.46	71.62	88.17	102.74	268.89	310.17	357.18	454.04	491.90	531.87	629.81
上 海	105.52	171.06	231.39	294.98	387.07	468.13	601.73	723.42	784.20	874.99	959.78
江 苏	159.82	319.27	441.23	603.19	830.62	934.71	1022.06	1142.20	1237.90	1356.75	1523.36
浙 江	108.79	227.77	315.44	430.37	547.38	605.35	652.05	727.23	769.85	831.82	935.90
福 建	59.94	72.87	97.99	135.87	176.94	211.36	233.26	261.93	292.49	306.72	333.14
山 东	57.82	151.28	231.83	315.27	423.73	509.46	581.52	689.86	761.70	846.53	1018.57
广 东	215.29	415.73	556.17	763.52	1023.35	1271.53	1434.39	1644.41	1801.68	1979.81	2268.82
海 南	72.48	151.68	217.12	260.19	338.61	357.22	367.72	393.79	321.59	357.29	381.95
中部地区	**245.74**	**542.95**	**744.65**	**969.43**	**1396.47**	**1624.06**	**1811.50**	**2108.37**	**2272.21**	**2525.24**	**3056.73**
山 西	11.61	22.91	39.44	52.25	69.50	83.13	93.46	106.35	122.84	136.48	164.99
安 徽	37.10	77.75	110.60	130.92	169.20	197.11	221.44	254.13	276.24	302.14	375.79
江 西	32.09	73.57	97.06	126.42	168.87	191.43	209.28	246.66	263.20	292.52	348.68
河 南	54.10	149.33	216.23	295.55	416.64	497.91	571.58	676.23	766.50	863.73	1061.41
湖 北	75.95	147.43	188.10	236.11	380.28	421.57	454.27	522.32	540.48	580.95	704.71
湖 南	34.89	71.96	93.22	128.18	191.97	232.91	261.47	302.68	302.95	349.42	401.16
西部地区	**212.97**	**444.29**	**619.90**	**794.27**	**1170.85**	**1345.38**	**1458.50**	**1681.32**	**1880.47**	**2082.56**	**2389.96**
内蒙古	1.92	12.09	24.76	42.04	97.19	123.93	141.00	177.03	201.18	216.28	242.32
广 西	28.55	50.86	74.45	94.00	121.29	138.43	163.32	182.75	200.55	217.74	259.41
重 庆	36.16	62.25	77.04	95.99	120.96	132.12	154.18	183.15	196.39	218.80	270.19
四 川	55.25	106.56	133.49	161.73	272.60	293.63	257.12	289.82	332.03	374.64	438.22
贵 州	13.82	34.00	42.99	53.17	71.13	81.72	90.09	102.97	110.86	125.68	137.51
云 南	34.00	78.78	110.62	140.53	181.86	207.70	235.24	274.98	315.08	351.84	388.29
西 藏	0.06	0.33	3.69	4.23	6.55	6.90	7.40	8.63	11.07	12.02	13.42
陕 西	14.40	35.75	54.67	74.28	122.28	146.95	157.54	172.20	183.63	194.64	235.13
甘 肃	11.05	21.94	34.29	44.43	72.71	89.09	108.46	124.71	140.70	155.04	163.56
青 海	0.45	1.52	3.68	5.76	7.86	10.11	11.84	15.11	16.56	17.78	19.60
宁 夏	9.81	22.06	31.20	41.29	51.70	61.81	72.29	79.49	89.09	100.18	114.15
新 疆	7.51	18.13	29.02	36.81	44.71	52.99	60.01	70.49	83.31	97.91	108.17
东北地区	**77.39**	**151.24**	**264.85**	**376.85**	**501.78**	**596.11**	**682.03**	**784.01**	**885.06**	**974.90**	**1119.69**
辽 宁	47.57	92.14	162.26	231.66	312.88	361.15	408.34	461.62	511.64	554.85	620.50
吉 林	18.08	28.70	45.59	59.78	79.84	95.33	110.83	132.57	144.19	158.64	205.45
黑龙江	11.74	30.40	57.01	85.42	109.06	139.62	162.85	189.83	229.23	261.41	293.74

数据来源：国家统计局。

表 3-86 2014—2018 年全国各地区住宅期房销售金额

单位：亿元

类别	2014 年	2015 年	2016 年	2017 年	2018 年
总计	**50300.94**	**58075.57**	**79825.10**	**91151.26**	**111051.70**
一、东部地区	**27501.67**	**33963.31**	**48303.70**	**50976.62**	**58419.22**
北京	1615.02	1843.53	1883.55	1410.98	1437.15
天津	915.00	1209.93	2453.67	1742.18	1627.35
河北	1963.98	2139.85	3040.49	2984.90	2937.46
上海	2155.92	3137.83	4042.36	2479.29	2904.24
江苏	4938.94	6138.59	9128.91	9449.83	11170.50
浙江	3552.55	4574.58	6596.08	8685.60	11160.42
福建	2746.97	2570.13	3417.49	3747.40	4741.39
山东	3285.73	3633.08	4995.85	5762.35	7664.24
广东	5659.71	8039.60	11743.91	13003.06	13326.47
海南	667.85	676.19	1001.38	1711.04	1450.00
二、中部地区	**9313.30**	**10940.95**	**16221.78**	**20184.05**	**25988.14**
山西	484.11	555.94	633.55	941.96	1308.18
安徽	2331.99	2325.50	3725.94	4425.70	5799.05
江西	1188.02	1336.63	1804.45	2431.46	3175.64
河南	1924.19	2506.65	3896.98	4848.73	5842.38
湖北	1964.00	2513.67	3733.13	4596.37	5886.65
湖南	1420.99	1702.56	2427.73	2939.83	3976.23
三、西部地区	**10541.43**	**10791.07**	**12915.72**	**16882.32**	**22802.50**
内蒙古	464.99	473.49	527.08	437.43	666.72
广西	1074.83	1277.15	1718.59	2332.38	3071.34
重庆	1962.97	1929.54	2170.02	3166.48	4172.68
四川	2704.99	2782.01	3608.50	4548.95	6182.99
贵州	875.98	937.94	1077.28	1442.09	2140.59
云南	922.16	945.34	988.22	1550.89	2302.55
西藏	25.93	9.61	21.58	13.44	29.53
陕西	1242.64	1194.04	1408.46	1971.72	2573.65
甘肃	389.92	432.91	534.18	569.31	611.08
青海	103.46	111.71	134.15	156.69	204.45
宁夏	266.35	199.02	215.08	248.88	306.47
新疆	507.20	498.30	512.59	444.06	540.46
四、东北地区	**2944.54**	**2380.24**	**2383.89**	**3108.26**	**3841.85**
辽宁	1809.13	1336.81	1331.83	1713.07	1995.25
吉林	450.08	534.82	551.19	702.06	1028.05
黑龙江	685.34	508.61	500.87	693.14	818.54

数据来源：国家统计局。

表3－87　2018年全国各地区住宅期房销售金额（月度累计）

单位：亿元

类　别	1—2月	1—3月	1—4月	1—5月	1—6月	1－7月	1—8月	1—9月	1—10月	1—11月	1—12月
总　计	**9155.61**	**18778.39**	**26636.91**	**36063.29**	**49225.14**	**57732.91**	**66222.56**	**77292.21**	**86364.01**	**96736.06**	**111051.70**
东部地区	**5081.76**	**10398.87**	**14650.12**	**19693.21**	**26551.80**	**31207.16**	**35620.21**	**41401.00**	**46003.27**	**51135.48**	**58419.22**
北　京	114.90	155.89	263.92	339.36	415.93	499.36	670.84	802.91	955.12	1133.46	1437.15
天　津	87.18	220.29	316.60	466.36	741.76	964.14	1123.49	1230.90	1367.65	1523.69	1627.35
河　北	87.96	351.32	522.77	688.60	987.24	1175.20	1351.86	1746.43	2099.07	2540.46	2937.46
上　海	179.40	401.32	537.89	694.50	1014.28	1425.14	1689.39	2033.78	2336.08	2610.28	2904.24
江　苏	1028.10	1928.96	2750.97	3800.62	5088.15	6078.74	7086.05	8178.57	9117.93	9955.70	11170.50
浙　江	1113.23	2163.33	3070.63	4165.79	5662.37	6535.02	7271.59	8281.05	8944.93	9833.74	11160.42
福　建	516.32	1049.83	1421.64	1853.40	2441.60	2774.72	3073.05	3447.08	3772.38	4156.02	4741.39
山　东	427.70	1114.07	1720.35	2437.07	3343.53	3929.85	4515.61	5441.79	6020.54	6741.92	7664.24
广　东	1247.05	2478.39	3369.83	4463.02	5967.57	6872.05	7836.37	9154.07	10162.38	11324.78	13326.47
海　南	279.94	535.47	675.53	784.49	889.38	952.94	1001.97	1084.42	1227.20	1315.45	1450.00
中部地区	**1874.94**	**4015.66**	**5700.46**	**7784.92**	**10951.58**	**12777.56**	**14717.62**	**17383.51**	**19586.08**	**22229.61**	**25988.14**
山　西	77.65	172.36	264.82	434.51	595.77	714.51	820.34	917.35	1029.56	1164.74	1308.18
安　徽	548.75	1065.35	1465.68	1999.38	2592.83	3047.37	3469.64	4080.09	4558.22	5044.72	5799.05
江　西	217.60	461.81	692.36	952.46	1327.33	1559.12	1820.41	2163.11	2418.97	2720.55	3175.64
河　南	327.32	759.46	1070.19	1415.16	2162.28	2519.66	2910.94	3524.18	4042.79	4740.89	5842.38
湖　北	394.40	923.48	1339.68	1845.17	2682.61	3048.26	3480.22	4111.40	4561.10	5131.88	5886.65
湖　南	309.23	633.20	867.73	1138.25	1590.77	1888.65	2216.07	2587.37	2975.45	3426.84	3976.23
西部地区	**1996.65**	**3867.43**	**5494.42**	**7411.64**	**10100.98**	**11759.00**	**13518.76**	**15672.49**	**17581.08**	**19816.51**	**22802.50**
内蒙古	6.28	43.61	69.49	117.47	201.57	245.56	304.86	442.94	519.42	618.07	666.72
广　西	271.09	499.96	720.17	995.31	1325.80	1556.70	1794.88	2048.78	2306.35	2566.33	3071.34
重　庆	483.67	885.88	1230.87	1655.69	2209.78	2493.16	2778.00	3131.46	3406.09	3714.43	4172.68
四　川	592.76	1178.66	1644.24	2113.30	2768.68	3248.83	3774.10	4279.53	4827.75	5470.16	6182.99
贵　州	194.84	363.71	506.46	642.90	924.65	1066.54	1215.94	1396.30	1577.45	1825.07	2140.59
云　南	160.69	341.50	456.85	624.68	875.89	1015.30	1197.48	1504.42	1725.01	1948.75	2302.55
西　藏	—	1.45	2.83	6.19	8.42	13.72	14.62	20.92	23.04	27.82	29.53
陕　西	168.80	331.42	531.84	791.07	1117.29	1297.71	1484.14	1746.67	1894.38	2154.23	2573.65
甘　肃	48.00	86.28	121.04	167.60	273.19	329.52	387.71	436.27	496.10	560.58	611.08
青　海	7.07	17.59	30.90	62.60	89.54	105.93	119.21	141.29	164.77	181.29	204.45
宁　夏	17.98	38.51	58.93	75.25	108.98	144.21	166.81	197.65	230.99	270.23	306.47
新　疆	45.46	78.87	120.79	159.58	197.18	241.81	281.01	326.25	409.74	479.54	540.46
东北地区	**202.25**	**496.43**	**791.90**	**1173.52**	**1620.78**	**1989.19**	**2365.97**	**2835.21**	**3193.58**	**3554.46**	**3841.85**
辽　宁	132.63	300.40	468.18	691.09	925.32	1100.68	1290.82	1515.77	1685.70	1858.88	1995.25
吉　林	50.65	117.41	189.94	273.81	395.81	516.17	618.27	754.66	853.01	937.76	1028.05
黑龙江	18.98	78.62	133.78	208.62	299.65	372.33	456.88	564.79	654.87	757.82	818.54

数据来源：国家统计局。

7. 各地区办公楼销售金额

表 3－88　2014—2018 年全国各地区办公楼销售金额

单位：亿元

类　别	2014 年	2015 年	2016 年	2017 年	2018 年
总　计	**2944.22**	**3760.92**	**5483.81**	**6441.36**	**6276.83**
一、东部地区	**1939.52**	**2809.18**	**4200.60**	**4407.97**	**4069.40**
北　京	359.32	702.74	1261.90	374.21	237.21
天　津	17.11	24.71	44.71	79.32	67.42
河　北	48.78	84.33	121.80	148.92	100.32
上　海	300.43	488.68	903.17	394.07	484.83
江　苏	185.36	222.47	255.37	421.61	336.78
浙　江	205.92	216.35	464.60	674.13	629.10
福　建	201.48	195.07	219.98	622.06	480.77
山　东	179.69	278.74	184.83	267.54	299.08
广　东	428.75	583.87	731.56	1394.74	1344.55
海　南	12.66	12.23	12.66	31.38	89.33
二、中部地区	**428.56**	**355.28**	**600.12**	**919.57**	**985.69**
山　西	31.58	19.42	33.48	37.53	32.20
安　徽	75.84	80.29	145.68	144.77	143.17
江　西	38.84	34.33	66.82	120.74	102.13
河　南	164.40	123.18	141.16	226.34	225.26
湖　北	69.01	48.32	123.33	255.69	329.48
湖　南	48.88	49.74	89.64	134.49	153.46
三、西部地区	**514.43**	**536.66**	**577.59**	**981.70**	**1145.57**
内蒙古	27.16	26.74	11.83	33.80	17.45
广　西	29.48	40.56	47.50	77.81	114.44
重　庆	109.41	118.02	98.86	162.13	138.98
四　川	109.51	88.73	120.53	270.61	341.83
贵　州	57.02	51.92	60.36	75.34	73.05
云　南	78.99	67.34	87.68	88.89	115.77
西　藏	2.18	1.48	0.74	1.24	1.04
陕　西	43.74	53.77	58.41	161.05	253.60
甘　肃	11.13	14.86	45.45	40.99	23.16
青　海	6.64	22.84	13.06	21.65	7.29
宁　夏	6.41	10.18	5.75	13.23	15.74
新　疆	32.77	40.23	27.41	34.96	43.20
四、东北地区	**61.71**	**59.80**	**105.50**	**132.12**	**76.16**
辽　宁	41.45	33.48	59.67	39.99	19.13
吉　林	8.30	12.83	24.43	39.96	39.59
黑龙江	11.96	13.49	21.39	52.16	17.45

数据来源：国家统计局。

表 3－89　2018 年全国各地区办公楼销售金额（月度累计）

单位：亿元

类　别	1—2 月	1—3 月	1—4 月	1—5 月	1—6 月	1－7 月	1—8 月	1—9 月	1—10 月	1—11 月	1—12 月
总　计	**538.83**	**1103.42**	**1599.42**	**2095.38**	**2837.33**	**3268.21**	**3654.39**	**4224.45**	**4638.50**	**5136.42**	**6276.83**
东部地区	**355.91**	**708.57**	**1019.78**	**1337.47**	**1800.28**	**2076.03**	**2313.13**	**2679.49**	**2934.28**	**3250.89**	**4069.40**
北　京	20.48	24.98	38.43	42.74	88.77	99.74	111.95	133.83	146.14	174.57	237.21
天　津	8.13	33.38	35.12	36.76	41.88	45.45	48.28	49.55	50.85	47.93	67.42
河　北	0.29	0.72	2.69	9.92	21.28	25.17	30.58	39.15	47.29	53.33	100.32
上　海	29.23	64.02	105.83	126.34	161.35	212.77	222.11	291.29	288.91	336.34	484.83
江　苏	37.68	59.01	82.03	117.26	143.01	168.96	197.02	221.64	237.35	258.33	336.78
浙　江	63.82	118.48	201.92	263.29	354.56	399.26	427.31	464.58	506.81	547.27	629.10
福　建	50.98	105.22	127.31	161.96	237.15	264.75	288.33	323.82	380.18	425.23	480.77
山　东	13.97	30.52	46.19	76.06	108.02	141.91	172.93	210.83	232.57	262.28	299.08
广　东	124.23	240.89	335.67	456.26	591.06	655.38	750.03	877.98	976.35	1072.22	1344.55
海　南	7.10	31.34	44.54	46.88	53.20	62.63	64.60	66.82	67.83	73.39	89.33
中部地区	**77.77**	**162.04**	**244.47**	**321.40**	**462.42**	**528.87**	**592.89**	**675.34**	**752.47**	**823.57**	**985.69**
山　西	3.04	6.33	7.57	9.39	14.52	20.63	22.91	26.60	28.47	30.32	32.20
安　徽	16.00	25.46	35.14	45.93	63.82	72.46	81.72	99.31	115.26	122.78	143.17
江　西	8.98	18.36	27.01	34.52	49.37	55.64	61.66	67.85	75.77	87.01	102.13
河　南	19.80	42.83	64.72	84.27	106.45	119.34	145.79	165.47	180.26	202.36	225.26
湖　北	13.03	43.46	72.50	97.22	168.23	179.37	190.48	214.42	241.65	253.26	329.48
湖　南	16.91	25.59	37.52	50.07	60.05	81.42	90.33	101.69	111.06	127.84	153.46
西部地区	**96.73**	**219.43**	**313.74**	**409.91**	**537.80**	**620.46**	**702.70**	**816.77**	**894.95**	**996.42**	**1145.57**
内蒙古	0.38	2.88	4.30	6.38	7.75	10.60	12.94	15.80	16.41	16.97	17.45
广　西	5.40	19.46	25.56	39.52	50.25	60.32	68.98	77.85	82.31	89.43	114.44
重　庆	14.77	25.37	42.23	57.49	75.61	89.09	96.70	106.21	109.58	115.14	138.98
四　川	37.02	78.36	112.94	147.46	180.86	200.20	231.47	249.62	279.81	310.23	341.83
贵　州	6.82	18.43	24.24	28.55	35.49	42.04	44.65	52.73	58.65	63.31	73.05
云　南	9.41	23.02	31.20	37.50	58.39	61.34	66.06	81.57	94.29	108.14	115.77
西　藏	—	—	0.51	0.55	0.56	0.69	0.69	0.88	0.88	0.88	1.04
陕　西	19.81	37.42	53.68	66.85	93.10	111.72	131.77	172.54	186.41	210.21	253.60
甘　肃	0.93	5.56	6.44	8.53	12.51	18.49	19.86	20.91	21.30	22.30	23.16
青　海	—	—	0.20	0.26	1.35	1.55	1.95	3.68	3.96	7.17	7.29
宁　夏	0.38	5.45	5.92	6.48	8.91	9.45	10.67	12.26	12.71	14.44	15.74
新　疆	1.82	3.49	6.54	10.33	13.03	14.97	16.97	22.73	28.63	38.21	43.20
东北地区	**8.42**	**13.38**	**21.42**	**26.60**	**36.83**	**42.85**	**45.67**	**52.85**	**56.81**	**65.53**	**76.16**
辽　宁	6.81	8.23	10.41	12.18	14.19	15.15	15.64	16.28	17.00	17.54	19.13
吉　林	1.52	3.61	7.25	8.86	15.20	19.15	20.77	25.48	27.89	31.86	39.59
黑龙江	0.09	1.54	3.76	5.56	7.44	8.55	9.27	11.08	11.92	16.13	17.45

数据来源：国家统计局。

表 3－90　2014—2018 年全国各地区办公楼现房销售金额

单位：亿元

类　别	2014 年	2015 年	2016 年	2017 年	2018 年
总　计	**691. 90**	**1044. 93**	**1479. 06**	**1842. 74**	**1595. 41**
一、东部地区	**469. 88**	**806. 80**	**1142. 02**	**1355. 06**	**1090. 81**
北　京	59. 49	222. 69	406. 82	116. 00	142. 79
天　津	7. 50	16. 08	14. 10	55. 11	37. 18
河　北	27. 52	40. 07	60. 72	66. 54	14. 63
上　海	66. 45	191. 86	258. 91	197. 60	194. 98
江　苏	51. 26	73. 57	86. 29	123. 05	86. 91
浙　江	58. 52	83. 15	140. 92	250. 79	222. 39
福　建	13. 16	19. 89	28. 64	114. 62	76. 19
山　东	43. 33	38. 56	56. 75	105. 74	95. 55
广　东	142. 44	119. 75	87. 79	305. 36	209. 54
海　南	0. 21	1. 19	1. 09	20. 25	10. 64
二、中部地区	**87. 52**	**88. 24**	**123. 68**	**260. 39**	**233. 84**
山　西	8. 10	6. 45	3. 14	8. 55	2. 77
安　徽	17. 02	20. 45	36. 64	44. 44	48. 59
江　西	2. 00	8. 14	19. 09	28. 57	18. 96
河　南	27. 51	21. 88	29. 93	41. 70	41. 24
湖　北	25. 15	17. 62	12. 03	82. 86	88. 11
湖　南	7. 74	13. 71	22. 86	54. 26	34. 18
三、西部地区	**117. 31**	**120. 72**	**172. 96**	**195. 98**	**243. 70**
内蒙古	6. 50	8. 80	4. 16	8. 18	7. 37
广　西	1. 28	4. 05	11. 20	8. 20	14. 53
重　庆	42. 73	32. 60	54. 10	60. 90	70. 97
四　川	24. 20	25. 62	31. 65	43. 67	39. 45
贵　州	2. 19	9. 86	18. 16	20. 85	8. 99
云　南	20. 81	20. 00	35. 81	9. 37	32. 98
西　藏	—	1. 33	—	—	1. 04
陕　西	1. 44	5. 85	1. 59	24. 85	36. 08
甘　肃	1. 45	2. 64	5. 52	4. 17	8. 13
青　海	0. 88	0. 52	3. 09	4. 09	0. 41
宁　夏	1. 90	2. 65	2. 58	2. 58	11. 47
新　疆	13. 92	6. 80	5. 09	9. 12	12. 28
四、东北地区	**17. 19**	**29. 16**	**40. 40**	**31. 32**	**27. 06**
辽　宁	11. 10	18. 94	28. 34	13. 56	15. 24
吉　林	2. 53	3. 77	4. 84	4. 72	6. 97
黑龙江	3. 56	6. 45	7. 22	13. 03	4. 84

数据来源：国家统计局。

表 3－91　2018 年全国各地区办公楼现房销售金额（月度累计）

单位：亿元

类 别	1—2 月	1—3 月	1—4 月	1—5 月	1—6 月	1－7 月	1—8 月	1—9 月	1—10 月	1—11 月	1—12 月
总 计	**133.80**	**293.34**	**435.17**	**548.30**	**713.44**	**846.97**	**930.74**	**1034.28**	**1122.65**	**1245.89**	**1595.41**
东部地区	**97.75**	**210.28**	**307.87**	**375.20**	**491.88**	**592.33**	**655.05**	**727.04**	**783.76**	**866.89**	**1090.81**
北 京	3.42	6.67	16.47	20.23	55.19	60.16	66.22	71.57	76.13	98.63	142.79
天 津	2.73	26.95	27.91	28.48	30.83	31.59	32.11	32.73	33.37	35.49	37.18
河 北	0.20	0.39	0.41	0.62	1.04	1.04	1.04	0.93	1.47	1.56	14.63
上 海	21.68	47.70	72.45	84.02	94.27	121.55	126.07	138.63	133.69	155.26	194.98
江 苏	13.39	20.05	26.74	34.97	41.86	51.67	58.06	65.53	70.42	77.40	86.91
浙 江	16.64	41.51	68.08	91.44	123.31	142.98	153.48	161.97	186.57	198.78	222.39
福 建	8.92	11.27	12.92	16.48	24.26	33.92	39.94	45.29	49.25	53.97	76.19
山 东	4.90	11.32	15.71	21.89	34.22	48.97	63.98	70.05	73.51	79.29	95.55
广 东	25.51	43.77	66.33	75.36	84.83	97.40	109.85	136.02	154.56	157.04	209.54
海 南	0.36	0.65	0.85	1.71	2.08	3.07	4.31	4.31	4.78	9.45	10.64
中部地区	**16.59**	**33.96**	**57.65**	**75.86**	**97.17**	**111.05**	**118.16**	**129.08**	**139.90**	**150.04**	**233.84**
山 西	0.31	0.42	0.60	0.83	1.00	1.32	1.62	1.74	1.84	2.27	2.77
安 徽	4.66	6.68	11.94	13.55	18.75	22.70	24.59	27.86	30.14	32.45	48.59
江 西	4.02	4.72	5.24	5.92	9.70	10.90	11.98	12.11	12.33	14.81	18.96
河 南	1.68	10.81	20.51	25.68	27.61	28.69	29.71	31.68	33.89	35.60	41.24
湖 北	3.67	6.26	9.31	15.13	21.65	28.46	29.45	30.73	35.17	37.66	88.11
湖 南	2.25	5.07	10.04	14.76	18.47	18.97	20.80	24.96	26.53	27.26	34.18
西部地区	**14.28**	**40.67**	**58.11**	**83.76**	**108.06**	**126.18**	**139.06**	**157.37**	**177.36**	**205.98**	**243.70**
内蒙古	0.30	1.13	1.51	2.43	3.45	3.91	4.17	6.17	6.60	6.76	7.37
广 西	0.88	1.18	2.73	3.57	4.77	5.96	6.50	7.62	8.12	8.75	14.53
重 庆	4.85	8.19	12.91	23.82	27.99	36.13	41.07	48.63	50.17	53.28	70.97
四 川	5.61	9.35	14.69	20.42	22.36	24.30	26.26	27.99	30.69	38.00	39.45
贵 州	0.78	1.88	2.34	3.53	4.99	5.63	6.43	6.80	7.49	8.26	8.99
云 南	0.66	4.66	5.15	6.91	15.54	15.83	16.33	16.49	25.99	32.60	32.98
西 藏	—	—	0.51	0.55	0.56	0.69	0.69	0.88	0.88	0.88	1.04
陕 西	0.57	4.06	7.26	9.50	11.56	15.19	16.90	20.11	21.69	27.32	36.08
甘 肃	0.25	4.49	4.65	5.52	6.22	6.86	7.56	7.61	7.65	7.98	8.13
青 海	—	—	0.08	0.13	0.32	0.41	0.45	0.45	0.45	0.45	0.41
宁 夏	0.21	5.28	5.62	6.06	8.20	8.56	9.51	10.83	10.98	11.43	11.47
新 疆	0.18	0.46	0.66	1.30	2.11	2.71	3.19	3.80	6.66	10.25	12.28
东北地区	**5.18**	**8.45**	**11.54**	**13.48**	**16.32**	**17.42**	**18.47**	**20.80**	**21.63**	**22.99**	**27.06**
辽 宁	4.61	7.33	9.18	10.26	11.55	12.21	12.59	13.02	13.42	13.86	15.24
吉 林	0.48	0.83	1.19	1.68	2.24	2.36	3.03	3.89	4.17	4.30	6.97
黑龙江	0.09	0.29	1.17	1.55	2.52	2.84	2.84	3.88	4.03	4.83	4.84

数据来源：国家统计局。

表 3－92　2014—2018 年全国各地区办公楼期房销售金额

单位：亿元

类　别	2014 年	2015 年	2016 年	2017 年	2018 年
总　计	**2252.32**	**2715.99**	**4004.75**	**4598.61**	**4681.42**
一、东部地区	**1469.63**	**2002.38**	**3058.58**	**3052.92**	**2978.60**
北　京	299.84	480.05	855.08	258.22	94.42
天　津	9.61	8.63	30.61	24.22	30.24
河　北	21.26	44.26	61.08	82.38	85.69
上　海	233.98	296.81	644.26	196.48	289.85
江　苏	134.10	148.90	169.08	298.56	249.87
浙　江	147.40	133.20	323.68	423.33	406.71
福　建	188.32	175.18	191.35	507.43	404.58
山　东	136.36	240.19	128.08	161.80	203.53
广　东	286.31	464.12	643.77	1089.38	1135.01
海　南	12.46	11.04	11.57	11.12	78.68
二、中部地区	**341.04**	**267.04**	**476.44**	**659.18**	**751.85**
山　西	23.48	12.98	30.34	28.98	29.43
安　徽	58.82	59.84	109.04	100.33	94.58
江　西	36.85	26.19	47.73	92.17	83.16
河　南	136.89	101.30	111.24	184.65	184.02
湖　北	43.86	30.69	111.30	172.83	241.37
湖　南	41.14	36.03	66.79	80.23	119.28
三、西部地区	**397.13**	**415.93**	**404.63**	**785.72**	**901.87**
内蒙古	20.66	17.94	7.67	25.62	10.09
广　西	28.19	36.52	36.30	69.62	99.91
重　庆	66.68	85.42	44.75	101.22	68.01
四　川	85.32	63.11	88.88	226.94	302.38
贵　州	54.83	42.05	42.20	54.49	64.06
云　南	58.17	47.34	51.88	79.52	82.79
西　藏	2.18	0.15	0.74	1.24	—
陕　西	42.30	47.91	56.82	136.21	217.52
甘　肃	9.68	12.22	39.93	36.82	15.03
青　海	5.77	22.32	9.97	17.56	6.89
宁　夏	4.51	7.53	3.17	10.65	4.27
新　疆	18.85	33.43	22.32	25.84	30.92
四、东北地区	**44.52**	**30.64**	**65.10**	**100.80**	**49.11**
辽　宁	30.36	14.53	31.33	26.43	3.89
吉　林	5.77	9.07	19.60	35.24	32.61
黑龙江	8.40	7.04	14.17	39.13	12.60

数据来源：国家统计局。

表 3－93 2018 年全国各地区办公楼期房销售金额（月度累计）

单位：亿元

类　别	1—2 月	1—3 月	1—4 月	1—5 月	1—6 月	1－7 月	1—8 月	1—9 月	1—10 月	1—11 月	1—12 月
总　计	**405.02**	**810.07**	**1164.25**	**1547.08**	**2123.89**	**2421.24**	**2723.66**	**3190.17**	**3515.84**	**3890.53**	**4681.42**
东部地区	**258.16**	**498.31**	**711.91**	**962.27**	**1308.39**	**1483.70**	**1658.08**	**1952.46**	**2150.52**	**2384.01**	**2978.60**
北　京	17.07	18.32	21.96	22.52	33.59	39.57	45.73	62.26	70.00	75.94	94.42
天　津	5.40	6.43	7.21	8.28	11.04	13.86	16.17	16.82	17.48	12.43	30.24
河　北	0.09	0.34	2.28	9.30	20.24	24.13	29.54	38.22	45.81	51.77	85.69
上　海	7.55	16.33	33.38	42.32	67.08	91.22	96.04	152.66	155.22	181.09	289.85
江　苏	24.29	38.96	55.35	82.29	101.15	117.30	138.97	156.11	166.94	180.93	249.87
浙　江	47.18	76.98	133.84	171.85	231.25	256.29	273.83	302.61	320.24	348.49	406.71
福　建	42.05	93.94	114.39	145.48	212.89	230.83	248.39	278.53	330.94	371.26	404.58
山　东	9.08	19.20	30.48	54.17	73.81	92.95	108.95	140.78	159.06	182.99	203.53
广　东	98.72	197.12	269.33	380.89	506.22	557.98	640.18	741.96	821.78	915.18	1135.01
海　南	6.73	30.69	43.69	45.17	51.12	59.56	60.29	62.51	63.05	63.94	78.68
中部地区	**61.18**	**128.08**	**186.82**	**245.54**	**365.25**	**417.82**	**474.73**	**546.26**	**612.56**	**673.53**	**751.85**
山　西	2.73	5.91	6.97	8.56	13.52	19.31	21.29	24.86	26.62	28.05	29.43
安　徽	11.34	18.78	23.20	32.38	45.06	49.76	57.12	71.45	85.12	90.33	94.58
江　西	4.96	13.64	21.77	28.60	39.67	44.74	49.68	55.74	63.44	72.21	83.16
河　南	18.13	32.02	44.21	58.59	78.84	90.64	116.08	133.79	146.37	166.76	184.02
湖　北	9.35	37.21	63.20	82.10	146.58	150.91	161.03	183.69	206.48	215.60	241.37
湖　南	14.67	20.52	27.48	35.31	41.58	62.45	69.53	76.73	84.54	100.58	119.28
西部地区	**82.45**	**178.76**	**255.63**	**326.15**	**429.73**	**494.28**	**563.64**	**659.40**	**717.59**	**790.44**	**901.87**
内蒙古	0.07	1.75	2.79	3.95	4.30	6.69	8.77	9.62	9.81	10.21	10.09
广　西	4.52	18.28	22.83	35.95	45.48	54.36	62.48	70.23	74.20	80.68	99.91
重　庆	9.92	17.18	29.32	33.67	47.62	52.96	55.64	57.58	59.41	61.86	68.01
四　川	31.41	69.01	98.25	127.03	158.51	175.90	205.21	221.64	249.11	272.23	302.38
贵　州	6.04	16.55	21.89	25.02	30.49	36.41	38.21	45.93	51.16	55.04	64.06
云　南	8.75	18.35	26.05	30.58	42.85	45.51	49.73	65.08	68.30	75.53	82.79
西　藏	—	—	—	—	—	—	—	—	—	—	—
陕　西	19.24	33.35	46.42	57.35	81.54	96.53	114.87	152.43	164.72	182.90	217.52
甘　肃	0.69	1.08	1.79	3.01	6.29	11.63	12.31	13.29	13.66	14.32	15.03
青　海	—	—	0.12	0.12	1.02	1.14	1.50	3.23	3.51	6.72	6.89
宁　夏	0.16	0.16	0.30	0.43	0.71	0.90	1.16	1.42	1.74	3.00	4.27
新　疆	1.63	3.03	5.88	9.03	10.92	12.26	13.77	18.94	21.97	27.96	30.92
东北地区	**3.24**	**4.93**	**9.88**	**13.12**	**20.51**	**25.43**	**27.21**	**32.05**	**35.18**	**42.54**	**49.11**
辽　宁	2.20	0.90	1.23	1.93	2.63	2.94	3.04	3.26	3.58	3.69	3.89
吉　林	1.04	2.78	6.06	7.18	12.96	16.78	17.74	21.59	23.71	27.56	32.61
黑龙江	—	1.25	2.59	4.01	4.92	5.70	6.42	7.20	7.89	11.30	12.60

数据来源：国家统计局。

8. 各地区商业营业用房销售金额

表 3－94　2014—2018 年全国各地区商业营业用房销售金额

单位：亿元

类　别	2014 年	2015 年	2016 年	2017 年	2018 年
总　计	**8905.90**	**8845.57**	**10580.80**	**13252.71**	**13348.62**
一、东部地区	**3700.14**	**3577.49**	**4740.63**	**5809.97**	**5701.06**
北　京	202.03	231.62	376.65	271.42	119.39
天　津	101.23	73.91	140.06	133.87	98.81
河　北	319.13	324.03	394.35	452.22	285.26
上　海	226.44	227.89	470.49	208.23	269.37
江　苏	683.39	726.30	893.99	1125.80	1304.08
浙　江	449.59	447.12	653.06	971.17	985.46
福　建	373.51	374.86	353.40	506.23	585.29
山　东	554.88	507.17	496.30	724.71	796.09
广　东	745.57	624.73	896.03	1286.90	1128.61
海　南	44.36	39.86	66.31	129.44	128.69
二、中部地区	**1989.91**	**1966.59**	**2422.75**	**3380.76**	**3250.95**
山　西	61.23	45.75	79.83	74.37	82.72
安　徽	551.63	539.29	606.60	765.69	675.63
江　西	176.43	191.39	347.94	505.30	522.55
河　南	437.64	457.80	552.52	879.31	801.74
湖　北	419.71	353.65	380.00	521.65	502.82
湖　南	343.28	378.70	455.86	634.45	665.50
三、西部地区	**2498.24**	**2778.01**	**2937.18**	**3473.24**	**3814.52**
内蒙古	195.50	194.74	232.12	137.49	138.69
广　西	183.47	184.59	159.27	212.17	281.75
重　庆	373.75	483.48	552.77	629.66	536.02
四　川	637.65	711.92	741.30	1029.81	1201.19
贵　州	292.25	422.90	426.30	499.81	533.69
云　南	291.02	297.13	325.52	351.44	451.86
西　藏	3.52	2.89	2.69	8.85	8.16
陕　西	147.77	137.23	115.77	233.59	272.41
甘　肃	68.17	77.90	106.32	94.43	106.67
青　海	47.02	41.35	46.18	59.64	54.32
宁　夏	88.99	70.17	69.75	70.67	72.18
新　疆	169.12	153.70	159.18	145.68	157.61
四、东北地区	**717.60**	**523.47**	**480.24**	**588.74**	**582.09**
辽　宁	417.32	265.64	174.94	222.42	270.93
吉　林	108.31	104.84	150.24	145.93	152.29
黑龙江	191.97	153.00	155.06	220.39	158.87

数据来源：国家统计局。

表 3－95　2018 年全国各地区商业营业用房销售金额（月度累计）

单位：亿元

类　别	1—2 月	1—3 月	1—4 月	1—5 月	1—6 月	1－7 月	1—8 月	1—9 月	1—10 月	1—11 月	1—12 月
总　计	**1057.93**	**2207.50**	**3096.81**	**4135.01**	**5771.94**	**6702.13**	**7640.22**	**8881.32**	**9880.81**	**11064.00**	**13348.62**
东部地区	**436.47**	**903.78**	**1253.47**	**1670.35**	**2325.33**	**2697.62**	**3133.11**	**3632.80**	**4029.80**	**4519.81**	**5701.06**
北　京	14.45	20.26	27.44	43.03	48.54	58.02	75.43	89.20	96.00	103.31	119.39
天　津	7.76	17.77	22.02	26.94	45.81	51.76	58.13	64.12	71.64	75.90	98.81
河　北	10.32	27.03	39.73	48.97	75.43	93.07	108.37	136.44	166.75	203.36	285.26
上　海	13.14	38.39	49.32	65.60	87.63	100.89	112.42	127.46	153.35	235.04	269.37
江　苏	89.50	162.02	221.51	325.19	430.40	491.29	574.88	673.39	746.82	826.24	1304.08
浙　江	92.93	171.39	245.11	332.82	471.52	560.71	636.49	704.23	755.03	817.82	985.46
福　建	48.85	98.43	141.73	189.98	289.09	324.52	377.67	426.14	470.02	523.77	585.29
山　东	45.55	127.69	189.32	245.67	334.29	401.10	467.94	569.81	629.97	695.06	796.09
广　东	99.86	200.23	262.85	328.69	467.36	535.20	625.77	734.20	827.00	918.74	1128.61
海　南	14.10	40.58	54.43	63.47	75.27	81.06	96.01	107.80	113.22	120.57	128.69
中部地区	**261.82**	**521.36**	**744.37**	**1012.40**	**1450.44**	**1663.94**	**1857.12**	**2154.52**	**2393.91**	**2678.57**	**3250.95**
山　西	8.20	15.37	19.70	25.16	34.46	40.18	47.57	52.76	59.07	73.32	82.72
安　徽	59.87	109.53	163.26	206.66	278.00	324.10	373.27	438.33	486.87	540.00	675.63
江　西	38.60	77.88	116.63	182.60	242.43	281.09	304.65	382.51	410.81	446.08	522.55
河　南	53.34	111.80	161.59	235.25	330.79	384.14	435.58	502.83	564.31	637.05	801.74
湖　北	42.72	86.17	124.69	157.72	277.50	304.44	331.39	366.92	408.22	433.22	502.82
湖　南	59.10	120.62	158.50	205.01	287.26	329.99	364.65	411.16	464.63	548.90	665.50
西部地区	**339.24**	**732.19**	**1005.10**	**1304.18**	**1774.92**	**2033.13**	**2302.46**	**2688.30**	**2996.28**	**3340.93**	**3814.52**
内蒙古	1.53	7.76	14.24	19.56	40.26	54.32	69.01	101.51	118.63	128.68	138.69
广　西	20.67	39.78	58.10	77.81	107.20	126.52	143.79	173.22	197.03	228.25	281.75
重　庆	64.81	130.40	171.95	219.56	287.13	314.75	347.57	400.01	429.06	467.64	536.02
四　川	135.00	279.48	365.38	468.19	617.08	698.61	780.25	876.55	976.37	1067.47	1201.19
贵　州	39.79	94.86	129.94	176.67	236.95	270.49	302.30	342.22	378.96	447.95	533.69
云　南	32.12	75.54	103.78	134.59	195.26	219.26	250.65	324.51	359.03	403.36	451.86
西　藏	0.02	0.83	5.16	5.51	6.43	6.48	6.66	7.06	7.81	8.02	8.16
陕　西	18.81	49.00	75.32	94.77	132.52	155.14	173.72	202.59	222.71	239.66	272.41
甘　肃	10.71	18.15	23.81	28.58	44.02	50.53	71.97	82.04	90.27	98.97	106.67
青　海	1.06	2.57	5.83	8.66	15.80	22.67	28.01	33.46	39.40	46.85	54.32
宁　夏	5.09	11.14	17.20	23.06	29.75	38.19	42.80	48.33	53.47	60.05	72.18
新　疆	9.61	22.67	34.40	47.22	62.51	76.18	85.73	96.80	123.54	144.02	157.61
东北地区	**20.40**	**50.16**	**93.88**	**148.08**	**221.25**	**307.44**	**347.53**	**405.70**	**460.81**	**524.69**	**582.09**
辽　宁	10.43	24.72	49.14	81.62	111.43	174.98	192.06	215.53	234.13	250.57	270.93
吉　林	5.42	11.87	20.98	32.94	50.25	61.36	70.44	86.97	101.99	131.29	152.29
黑龙江	4.55	13.57	23.76	33.52	59.57	71.09	85.03	103.20	124.70	142.83	158.87

数据来源：国家统计局。

表 3－96　2014—2018 年全国各地区商业营业用房现房销售金额

单位：亿元

类　别	2014 年	2015 年	2016 年	2017 年	2018 年
总　计	**2443.79**	**2713.98**	**3373.33**	**4034.69**	**3935.87**
一、东部地区	**989.07**	**1121.25**	**1512.00**	**1805.03**	**1916.20**
北　京	74.68	90.96	117.56	65.17	48.05
天　津	42.37	34.93	62.52	61.09	40.61
河　北	114.61	121.24	149.59	108.33	86.92
上　海	81.11	100.24	172.34	137.88	121.12
江　苏	166.14	231.82	301.89	375.56	616.02
浙　江	102.05	126.87	231.11	339.09	261.52
福　建	46.21	66.85	77.05	127.58	167.81
山　东	137.08	178.45	164.89	220.81	259.03
广　东	220.10	161.81	223.34	354.00	290.23
海　南	4.72	8.10	11.70	15.51	24.88
二、中部地区	**585.87**	**649.46**	**741.90**	**996.40**	**828.07**
山　西	32.47	25.44	38.29	26.89	16.97
安　徽	84.47	123.39	115.25	260.49	150.75
江　西	31.43	55.56	75.45	94.14	123.76
河　南	163.73	196.93	231.99	250.68	248.35
湖　北	177.81	149.35	146.93	186.82	126.93
湖　南	95.97	98.78	133.99	177.38	161.31
三、西部地区	**589.28**	**731.05**	**906.14**	**958.37**	**988.62**
内蒙古	105.34	74.14	115.24	89.42	68.46
广　西	32.72	27.38	31.01	35.31	57.19
重　庆	70.34	133.52	186.24	161.68	166.39
四　川	129.22	143.31	192.15	273.29	311.64
贵　州	53.84	75.71	95.03	103.09	94.33
云　南	67.10	131.97	116.71	105.75	113.41
西　藏	1.46	1.03		5.61	6.82
陕　西	23.83	43.19	29.10	56.05	66.40
甘　肃	12.91	32.11	37.70	25.45	21.82
青　海	7.84	4.62	5.06	14.04	6.34
宁　夏	34.30	29.24	42.02	37.68	32.21
新　疆	50.39	34.82	55.87	50.99	43.59
四、东北地区	**279.57**	**212.22**	**213.29**	**274.89**	**202.98**
辽　宁	153.99	101.04	71.45	88.54	90.48
吉　林	55.11	33.28	47.91	54.60	40.46
黑龙江	70.47	77.90	93.93	131.76	72.04

数据来源：国家统计局。

表 3－97　2018 年全国各地区商业营业用房现房销售金额（月度累计）

单位：亿元

类　别	1—2 月	1—3 月	1—4 月	1—5 月	1—6 月	1－7 月	1—8 月	1—9 月	1—10 月	1—11 月	1—12 月
总　计	**275.64**	**618.27**	**871.38**	**1161.58**	**1622.42**	**1853.30**	**2099.40**	**2408.99**	**2694.83**	**2992.07**	**3935.87**
东部地区	**131.54**	**290.29**	**402.98**	**525.04**	**710.11**	**812.75**	**918.05**	**1052.57**	**1182.39**	**1315.47**	**1916.20**
北　京	2.56	6.55	11.80	15.52	17.48	20.08	22.69	26.99	32.87	39.13	48.05
天　津	4.42	11.46	11.82	12.74	23.21	25.19	27.95	30.37	31.65	33.56	40.61
河　北	3.08	7.85	12.44	15.46	18.96	22.30	25.08	27.33	39.64	51.10	86.92
上　海	8.84	27.94	35.94	47.08	56.61	61.32	66.93	73.95	93.37	109.29	121.12
江　苏	29.89	50.73	65.25	88.27	129.29	149.08	169.47	195.50	213.13	236.35	616.02
浙　江	23.21	49.89	70.45	94.03	122.39	141.56	157.29	174.52	187.63	200.14	261.52
福　建	10.50	21.73	33.77	51.71	82.61	93.40	106.63	123.95	136.22	154.13	167.81
山　东	15.20	54.51	76.24	93.97	118.26	139.26	158.95	183.64	202.25	223.37	259.03
广　东	33.11	57.61	81.30	99.60	129.96	147.75	168.42	198.74	225.04	246.36	290.23
海　南	0.73	2.02	3.98	6.65	11.33	12.81	14.63	17.57	20.61	22.03	24.88
中部地区	**55.95**	**117.22**	**170.82**	**239.77**	**348.74**	**396.24**	**443.60**	**508.99**	**570.89**	**646.58**	**828.07**
山　西	2.58	3.61	4.84	6.03	8.50	8.72	9.61	11.10	12.50	14.44	16.97
安　徽	12.80	22.83	33.22	41.46	54.33	62.00	70.75	82.95	94.63	110.44	150.75
江　西	10.45	19.19	26.95	48.87	60.76	69.65	75.10	88.73	96.79	104.17	123.76
河　南	10.21	27.09	41.33	59.70	87.06	103.05	119.65	139.06	161.26	182.66	248.35
湖　北	7.19	15.44	24.07	33.80	70.52	77.04	83.62	91.94	100.91	108.67	126.93
湖　南	12.72	29.06	40.41	49.90	67.56	75.79	84.86	95.21	104.81	126.19	161.31
西部地区	**80.80**	**191.33**	**259.96**	**334.19**	**474.14**	**541.10**	**621.41**	**710.54**	**790.72**	**858.33**	**988.62**
内蒙古	0.76	4.23	7.77	10.23	21.31	27.82	35.84	46.52	59.07	64.35	68.46
广　西	3.43	5.88	11.55	17.25	24.91	29.21	32.80	37.39	39.61	43.63	57.19
重　庆	13.53	33.99	41.41	55.93	76.06	86.05	92.16	109.55	118.33	125.97	166.39
四　川	36.36	71.94	92.35	113.40	156.08	175.97	215.82	240.22	267.17	284.15	311.64
贵　州	8.62	25.65	33.04	41.09	52.58	57.53	65.08	69.18	75.71	82.93	94.33
云　南	7.86	20.97	28.65	36.34	54.00	62.13	66.98	79.96	90.52	101.25	113.41
西　藏	0.02	0.08	4.35	4.65	5.52	5.55	5.55	5.87	6.57	6.74	6.82
陕　西	4.30	14.24	18.01	22.90	34.94	39.78	44.59	51.43	54.76	58.65	66.40
甘　肃	2.25	3.85	4.84	5.73	11.32	13.11	14.32	16.69	19.11	20.32	21.82
青　海	0.20	0.58	1.13	3.12	4.47	5.66	6.26	8.02	5.39	5.90	6.34
宁　夏	1.63	4.28	7.29	10.76	13.79	16.56	18.71	20.88	23.88	26.88	32.21
新　疆	1.84	5.64	9.58	12.78	19.16	21.72	23.31	24.83	30.61	37.55	43.59
东北地区	**7.35**	**19.43**	**37.62**	**62.58**	**89.43**	**103.20**	**116.35**	**136.89**	**150.83**	**171.68**	**202.98**
辽　宁	2.85	7.01	18.55	36.12	50.15	55.96	60.06	68.16	75.03	81.11	90.48
吉　林	1.73	4.54	6.78	9.67	13.87	15.96	18.76	20.90	22.94	29.89	40.46
黑龙江	2.77	7.88	12.29	16.80	25.41	31.28	37.53	47.83	52.86	60.69	72.04

数据来源：国家统计局。

表 3－98　2014—2018 年全国各地区商业营业用房期房销售金额

单位：亿元

类　别	2014 年	2015 年	2016 年	2017 年	2018 年
总　计	**6462.11**	**6131.59**	**7207.48**	**9218.02**	**9412.75**
一、东部地区	**2711.07**	**2456.24**	**3228.63**	**4004.94**	**3784.86**
北　京	127.36	140.66	259.09	206.25	71.34
天　津	58.86	38.98	77.54	72.77	58.20
河　北	204.52	202.80	244.76	343.89	198.34
上　海	145.34	127.65	298.15	70.34	148.25
江　苏	517.24	494.48	592.11	750.24	688.05
浙　江	347.54	320.25	421.95	632.08	723.95
福　建	327.30	308.00	276.35	378.64	417.47
山　东	417.80	328.72	331.41	503.90	537.06
广　东	525.47	462.93	672.68	932.90	838.38
海　南	39.64	31.77	54.61	113.92	103.80
二、中部地区	**1404.05**	**1317.13**	**1680.85**	**2384.36**	**2422.88**
山　西	28.76	20.31	41.54	47.48	65.75
安　徽	467.15	415.90	491.36	505.20	524.88
江　西	145.00	135.83	272.49	411.16	398.78
河　南	273.91	260.87	320.52	628.62	553.39
湖　北	241.90	204.30	233.07	334.82	375.88
湖　南	247.31	279.92	321.87	457.08	504.19
三、西部地区	**1908.97**	**2046.97**	**2031.04**	**2514.87**	**2825.91**
内蒙古	90.17	120.59	116.88	48.07	70.23
广　西	150.75	157.21	128.26	176.86	224.56
重　庆	303.41	349.96	366.52	467.98	369.63
四　川	508.43	568.61	549.14	756.52	889.54
贵　州	238.41	347.19	331.26	396.72	439.35
云　南	223.92	165.16	208.81	245.69	338.45
西　藏	2.06	1.87	2.69	3.25	1.34
陕　西	123.95	94.04	86.67	177.54	206.00
甘　肃	55.26	45.79	68.63	68.97	84.84
青　海	39.19	36.73	41.12	45.60	47.98
宁　夏	54.69	40.93	27.73	32.99	39.96
新　疆	118.73	118.88	103.32	94.68	114.02
四、东北地区	**438.03**	**311.25**	**266.96**	**313.85**	**379.11**
辽　宁	263.34	164.59	103.49	133.88	180.45
吉　林	53.20	71.56	102.33	91.33	111.83
黑龙江	121.49	75.10	61.14	88.64	86.83

数据来源：国家统计局。

表 3－99　2018 年全国各地区商业营业用房期房销售金额（月度累计）

单位：亿元

类　别	1—2 月	1—3 月	1—4 月	1—5 月	1—6 月	1－7 月	1—8 月	1—9 月	1—10 月	1—11 月	1—12 月
总　计	**782.29**	**1589.23**	**2225.44**	**2973.43**	**4149.52**	**4848.83**	**5540.82**	**6472.32**	**7185.98**	**8071.93**	**9412.75**
东部地区	**304.92**	**613.51**	**850.49**	**1145.31**	**1615.23**	**1884.86**	**2215.06**	**2580.23**	**2847.40**	**3204.33**	**3784.86**
北　京	11.90	13.72	15.64	27.50	31.06	37.93	52.73	62.21	63.14	64.18	71.34
天　津	3.34	6.31	10.20	14.20	22.59	26.57	30.17	33.76	39.98	42.34	58.20
河　北	7.23	19.18	27.30	33.51	56.47	70.76	83.30	109.11	127.12	152.26	198.34
上　海	4.30	10.45	13.38	18.51	31.02	39.57	45.49	53.51	59.98	125.75	148.25
江　苏	59.60	111.29	156.27	236.91	301.11	342.22	405.41	477.89	533.69	589.89	688.05
浙　江	69.72	121.50	174.67	238.78	349.13	419.16	479.20	529.71	567.40	617.67	723.95
福　建	38.35	76.70	107.96	138.27	206.47	231.12	271.04	302.19	333.80	369.64	417.47
山　东	30.35	73.18	113.07	151.70	216.03	261.84	308.99	386.17	427.72	471.69	537.06
广　东	66.76	142.62	181.55	229.09	337.40	387.44	457.35	535.46	601.96	672.37	838.38
海　南	13.37	38.56	50.46	56.82	63.94	68.25	81.38	90.22	92.61	98.54	103.80
中部地区	**205.88**	**404.15**	**573.55**	**772.63**	**1101.71**	**1267.70**	**1413.52**	**1645.52**	**1823.02**	**2031.99**	**2422.88**
山　西	5.62	11.76	14.86	19.13	25.97	31.46	37.96	41.65	46.57	58.88	65.75
安　徽	47.07	86.70	130.04	165.20	223.66	262.09	302.52	355.39	392.23	429.55	524.88
江　西	28.15	58.69	89.68	133.73	181.67	211.45	229.55	293.77	314.02	341.92	398.78
河　南	43.13	84.71	120.26	175.54	243.72	281.09	315.93	363.77	403.06	454.39	553.39
湖　北	35.52	70.73	100.61	123.92	206.98	227.41	247.77	274.98	307.32	324.54	375.88
湖　南	46.38	91.56	118.10	155.11	219.70	254.20	279.79	315.95	359.83	422.71	504.19
西部地区	**258.44**	**540.85**	**745.13**	**969.99**	**1300.78**	**1492.03**	**1681.06**	**1977.76**	**2205.56**	**2482.60**	**2825.91**
内蒙古	0.77	3.53	6.47	9.33	18.95	26.49	33.17	54.99	59.56	64.34	70.23
广　西	17.24	33.90	46.54	60.56	82.29	97.31	110.99	135.83	157.42	184.62	224.56
重　庆	51.27	96.41	130.55	163.63	211.07	228.70	255.42	290.46	310.73	341.67	369.63
四　川	98.65	207.53	273.04	354.78	461.00	522.64	564.43	636.33	709.20	783.33	889.54
贵　州	31.17	69.21	96.90	135.59	184.38	212.96	237.23	273.04	303.25	365.03	439.35
云　南	24.26	54.57	75.12	98.25	141.26	157.13	183.67	244.55	268.51	302.11	338.45
西　藏	—	0.75	0.81	0.85	0.91	0.94	1.12	1.19	1.25	1.28	1.34
陕　西	14.51	34.77	57.31	71.87	97.58	115.35	129.13	151.16	167.95	181.00	206.00
甘　肃	8.46	14.30	18.97	22.85	32.70	37.41	57.65	65.35	71.16	78.65	84.84
青　海	0.86	1.99	4.69	5.54	11.33	17.01	21.75	25.43	34.01	40.95	47.98
宁　夏	3.46	6.86	9.91	12.31	15.96	21.63	24.08	27.45	29.59	33.17	39.96
新　疆	7.77	17.03	24.82	34.44	43.35	54.46	62.43	71.97	92.93	106.47	114.02
东北地区	**13.05**	**30.73**	**56.26**	**85.50**	**131.81**	**204.23**	**231.18**	**268.81**	**309.99**	**353.00**	**379.11**
辽　宁	7.58	17.71	30.59	45.51	61.28	119.03	132.00	147.37	159.10	169.46	180.45
吉　林	3.69	7.33	14.20	23.27	36.37	45.40	51.67	66.07	79.04	101.40	111.83
黑龙江	1.78	5.69	11.48	16.72	34.16	39.81	47.51	55.37	71.85	82.14	86.83

数据来源：国家统计局。

（七）各地区房地产待售数据

表 3－100　2014—2018 年全国商品房待售面积

单位：万平方米

类　别	2014 年	2015 年	2016 年	2017 年	2018 年
商品房待售面积	**62169**	**71853**	**69539**	**58923**	**52414**
住　宅	40684	45248	40257	30163	25091
办公楼	2627	3276	3631	3664	3649
商业营业用房	11773	14664	15838	15204	13793

数据来源：国家统计局。

表 3－101　2018 年全国商品房待售面积（月度累计）

单位：万平方米

类　别	1—2 月	1—3 月	1—4 月	1—5 月	1—6 月	1－7 月	1—8 月	1—9 月	1—10 月	1—11 月	1—12 月
商品房待售面积	**58468**	**57329**	**56687**	**56010**	**55083**	**54428**	**53873**	**53191**	**52789**	**52627**	**52414**
住　宅	30121	29167	28522	28056	27414	26869	26446	26010	25688	25484	25091
办公楼	3594	3637	3613	3645	3598	3559	3571	3545	3530	3555	3649
商业营业用房	14842	14639	14715	14519	14351	14303	14193	14021	13975	13960	13793

数据来源：国家统计局。

表 3－102　2013—2017 年全国各地区商品房待售面积

单位：万平方米

类　别	2013 年	2014 年	2015 年	2016 年	2017 年
总　计	**49295. 01**	**62169. 39**	**71853. 48**	**69539. 30**	**58923. 14**
北　京	1861. 44	2064. 59	2167. 46	2143. 91	2080. 18
天　津	941. 03	1124. 80	1055. 91	880. 55	617. 26
河　北	1590. 09	2042. 98	2180. 05	1582. 40	1056. 46
辽　宁	3426. 59	4811. 55	4626. 24	4127. 14	1225. 73
上　海	1809. 15	2040. 16	2054. 74	1901. 21	1265. 60
江　苏	4327. 16	5652. 73	6908. 99	6519. 11	3558. 56
浙　江	2387. 29	3496. 01	4244. 88	4224. 85	1584. 36
福　建	1045. 84	1312. 68	2010. 43	2058. 50	2095. 21
山　东	2801. 94	3398. 39	4276. 80	4178. 11	2026. 05
广　东	4469. 53	5467. 99	5637. 94	5502. 46	5590. 51
海　南	786. 24	955. 66	1316. 47	1271. 84	3437. 37

续表

类　别	2013 年	2014 年	2015 年	2016 年	2017 年
山　西	1057. 52	1408. 49	1816. 06	1761. 03	2021. 26
吉　林	1346. 52	1504. 36	1570. 25	1671. 96	2079. 59
黑龙江	1777. 37	2041. 95	2500. 98	2593. 61	1129. 94
安　徽	1342. 14	1636. 74	2509. 40	2401. 44	3257. 31
江　西	928. 38	1179. 99	1496. 06	1434. 56	2846. 55
河　南	2716. 66	3694. 06	3606. 83	3395. 26	1848. 01
湖　北	2201. 79	2746. 05	2650. 93	2373. 46	2015. 46
湖　南	2219. 95	2950. 87	3309. 54	2901. 46	4988. 58
内蒙古	1078. 43	1063. 81	1483. 39	1384. 99	1598. 85
广　西	1225. 46	1507. 45	1677. 60	1772. 74	852. 75
重　庆	1353. 52	1815. 32	2356. 78	2308. 47	2051. 69
四　川	1971. 50	2307. 52	2819. 13	3061. 03	2678. 67
贵　州	868. 85	1086. 68	1526. 79	1346. 63	1031. 20
云　南	1167. 77	1426. 67	1948. 59	1944. 31	1505. 73
西　藏	29. 50	70. 67	62. 37	61. 92	36. 56
陕　西	355. 53	539. 44	687. 92	892. 39	936. 86
甘　肃	464. 87	659. 38	742. 93	916. 62	822. 57
青　海	130. 00	206. 43	264. 27	222. 29	178. 86
宁　夏	881. 05	967. 16	1207. 15	1247. 29	1036. 68
新　疆	731. 88	988. 81	1136. 62	1457. 76	1468. 73

数据来源：国家统计局。

表 3－103　2013—2017 年全国各地区住宅待售面积

单位：万平方米

类　别	2013 年	2014 年	2015 年	2016 年	2017 年
总　计	**32402. 82**	**40684. 13**	**45248. 05**	**40257. 07**	**30162. 96**
北　京	829. 34	863. 66	867. 03	834. 51	803. 85
天　津	637. 32	783. 37	684. 48	461. 74	264. 71
河　北	1236. 72	1607. 06	1681. 52	1133. 05	703. 02
辽　宁	2591. 28	3583. 98	3460. 26	3038. 52	811. 33
上　海	807. 02	958. 48	903. 83	675. 13	739. 90
江　苏	2707. 35	3592. 81	4270. 57	3774. 76	2481. 75
浙　江	1220. 80	2005. 53	2357. 22	2060. 31	949. 14

续表

类 别	2013 年	2014 年	2015 年	2016 年	2017 年
福 建	459.52	616.15	1001.31	854.43	1267.33
山 东	2078.83	2383.48	2912.09	2738.99	635.68
广 东	2844.98	3545.82	3493.35	3085.78	3021.18
海 南	673.35	817.54	1107.78	1029.57	1390.58
山 西	799.47	1040.36	1285.72	1234.27	885.17
吉 林	973.98	1071.69	1062.27	1081.85	643.78
黑龙江	1263.26	1444.25	1696.17	1695.25	599.72
安 徽	866.58	983.87	1483.73	1202.47	1945.03
江 西	651.46	861.15	1032.13	938.28	1995.61
河 南	2106.96	2875.05	2768.26	2530.41	1025.65
湖 北	1543.12	1934.28	1802.80	1466.32	992.72
湖 南	1563.76	2018.62	2180.76	1684.87	2414.75
内蒙古	721.35	701.79	973.20	848.89	989.74
广 西	857.94	1024.32	1124.51	1187.21	634.28
重 庆	558.25	802.28	1003.88	874.70	578.08
四 川	1215.33	1245.98	1404.38	1131.58	781.85
贵 州	570.04	620.37	816.84	698.17	464.13
云 南	792.50	918.93	1220.54	1142.42	796.93
西 藏	23.29	60.88	39.64	33.93	17.23
陕 西	279.57	403.18	451.19	536.93	513.31
甘 肃	367.93	487.50	538.35	615.31	541.76
青 海	103.49	160.77	189.36	149.06	90.68
宁 夏	585.43	627.00	733.43	715.57	482.25
新 疆	472.60	643.98	701.45	802.81	701.84

数据来源：国家统计局。

表 3－104　2013—2017 年全国各地区别墅、高档公寓待售面积

单位：万平方米

类 别	2013 年	2014 年	2015 年	2016 年	2017 年
总 计	**2577.46**	**3086.62**	**3407.19**	**3010.26**	**2482.22**
北 京	199.83	213.95	247.26	224.19	232.87
天 津	73.07	97.14	94.34	59.64	39.40
河 北	39.48	61.79	47.76	39.53	38.73

续表

类 别	2013 年	2014 年	2015 年	2016 年	2017 年
辽 宁	92.10	132.64	142.81	109.85	14.10
上 海	284.17	340.66	360.89	265.36	36.25
江 苏	384.59	485.71	568.53	495.36	101.44
浙 江	172.50	277.47	344.19	333.79	27.76
福 建	59.51	63.61	79.37	74.82	26.86
山 东	85.17	94.42	116.62	115.91	203.65
广 东	363.89	371.09	376.26	376.85	412.93
海 南	101.96	123.43	135.69	103.39	243.73
山 西	6.52	13.48	19.06	12.97	45.77
吉 林	19.77	20.94	31.70	27.35	59.44
黑龙江	11.63	11.81	18.41	32.27	40.95
安 徽	73.39	76.31	72.67	60.14	92.86
江 西	37.65	40.81	48.73	40.28	24.35
河 南	17.18	16.26	34.73	18.31	34.50
湖 北	95.17	70.94	56.17	44.30	72.47
湖 南	73.70	116.02	100.49	117.06	301.55
内蒙古	45.75	25.65	31.15	39.15	30.97
广 西	35.36	51.49	53.93	29.10	85.08
重 庆	34.45	79.03	63.61	57.37	42.74
四 川	56.69	61.18	74.75	66.69	51.90
贵 州	30.65	18.20	22.40	24.17	12.97
云 南	123.64	154.52	173.68	153.94	119.05
西 藏	5.98	3.55	7.73	0.74	0.00
陕 西	0.97	1.05	1.58	1.00	3.46
甘 肃	0.00	0.00	0.13	3.57	1.69
青 海	0.00	0.50	0.50	0.50	0.00
宁 夏	18.27	23.10	28.12	29.16	36.86
新 疆	34.44	39.87	53.96	53.49	47.88

数据来源：国家统计局。

表 3－105　2013—2017 年全国各地区办公楼待售面积

单位：万平方米

类 别	2013 年	2014 年	2015 年	2016 年	2017 年
总 计	**1954.45**	**2627.40**	**3276.09**	**3631.05**	**3664.24**
北 京	180.09	307.16	332.48	320.61	336.03
天 津	106.37	118.08	94.07	98.21	115.86

续表

类　别	2013 年	2014 年	2015 年	2016 年	2017 年
河　北	42.35	37.51	37.16	44.10	34.69
辽　宁	58.83	100.57	94.97	104.98	29.00
上　海	238.19	262.27	285.59	326.13	57.12
江　苏	229.53	317.56	463.13	458.17	61.71
浙　江	222.58	302.17	407.74	484.80	82.27
福　建	48.88	47.60	67.47	114.23	59.77
山　东	48.95	92.35	180.09	212.53	327.79
广　东	208.08	198.69	219.70	262.75	442.04
海　南	8.42	11.82	17.75	9.97	467.18
山　西	18.03	22.60	47.70	41.54	108.24
吉　林	22.68	20.33	48.94	56.11	148.18
黑龙江	14.87	35.86	41.95	47.11	52.02
安　徽	38.02	45.67	100.19	99.32	198.39
江　西	12.10	15.20	32.21	38.53	98.87
河　南	53.57	78.49	90.40	99.42	65.24
湖　北	107.16	83.86	55.40	78.92	89.31
湖　南	48.74	96.41	87.54	91.07	272.89
内蒙古	32.09	39.95	39.68	27.84	22.10
广　西	4.67	19.54	40.17	29.88	8.15
重　庆	32.23	90.41	125.65	154.29	130.21
四　川	33.74	79.04	93.28	117.24	112.93
贵　州	22.03	64.36	98.78	97.37	72.68
云　南	46.45	62.36	74.53	54.87	69.04
西　藏	0.30	1.04	0.84	8.10	1.57
陕　西	6.72	5.45	12.79	20.44	32.94
甘　肃	5.41	6.52	9.63	19.06	20.54
青　海	2.41	3.94	11.18	15.81	14.80
宁　夏	19.66	26.46	28.43	45.45	71.38
新　疆	41.31	34.11	36.65	52.21	61.29

数据来源：国家统计局。

表 3－106　2013—2017 年全国各地区商业营业用房待售面积

单位：万平方米

类　别	2013 年	2014 年	2015 年	2016 年	2017 年
总　计	**9345.39**	**11773.45**	**14664.02**	**15838.26**	**15203.80**
北　京	400.01	434.89	461.28	431.98	428.57
天　津	86.15	133.82	133.62	162.72	153.23
河　北	213.16	272.22	303.45	260.41	207.39
辽　宁	575.18	782.95	783.68	725.30	235.34
上　海	325.16	372.36	398.12	374.57	315.45
江　苏	1055.05	1317.96	1659.71	1762.33	726.40
浙　江	653.55	788.70	921.23	1034.21	396.22
福　建	240.53	293.14	460.19	536.22	463.21
山　东	519.16	673.69	861.79	920.59	410.46
广　东	700.12	818.36	887.91	984.74	1594.21
海　南	56.26	65.26	102.29	121.21	980.87
山　西	172.60	240.82	296.07	309.76	813.44
吉　林	245.43	300.02	326.31	379.21	567.82
黑龙江	338.33	374.36	496.80	547.78	388.12
安　徽	357.79	488.03	770.47	883.22	843.24
江　西	221.41	253.27	350.40	360.70	564.58
河　南	425.05	531.12	563.86	605.31	562.31
湖　北	387.44	531.55	557.23	572.33	590.34
湖　南	385.19	522.28	671.50	682.75	1073.72
内蒙古	244.69	239.42	330.49	355.71	360.98
广　西	200.45	256.22	287.94	341.80	117.95
重　庆	368.20	428.18	571.64	575.70	561.96
四　川	294.03	436.51	616.66	748.44	744.43
贵　州	187.44	250.24	456.94	408.65	349.46
云　南	188.64	270.15	410.55	450.60	368.13
西　藏	5.27	5.54	14.85	14.45	13.24
陕　西	52.82	87.78	152.22	239.97	266.33
甘　肃	72.02	126.20	135.16	207.44	194.18
青　海	19.75	25.79	51.10	49.14	65.85
宁　夏	199.10	231.45	330.98	346.35	345.40
新　疆	155.41	221.16	299.58	444.69	500.99

数据来源：国家统计局。

表 3－107　2013—2017 年全国各地区其他房屋待售面积

单位：万平方米

类　别	2013 年	2014 年	2015 年	2016 年	2017 年
总　计	**5592.35**	**7084.42**	**8665.32**	**9812.92**	**9892.14**
北　京	452.00	458.87	506.67	556.81	511.73
天　津	111.20	89.52	143.74	157.88	83.47
河　北	97.86	126.19	157.92	144.84	111.36
辽　宁	201.31	344.05	287.34	258.35	150.05
上　海	438.77	447.05	467.20	525.38	153.12
江　苏	335.23	424.41	515.58	523.86	288.71
浙　江	290.35	399.60	558.69	645.53	156.73
福　建	296.91	355.80	481.46	553.62	304.90
山　东	155.00	248.86	322.83	306.01	652.12
广　东	716.34	905.13	1036.98	1169.20	533.08
海　南	48.20	61.03	88.65	111.08	598.74
山　西	67.43	104.71	186.57	175.45	214.42
吉　林	104.43	112.32	132.73	154.80	719.82
黑龙江	160.92	187.48	266.07	303.47	90.08
安　徽	79.76	119.17	155.01	216.43	270.65
江　西	43.41	50.37	81.31	97.05	187.49
河　南	131.09	209.40	184.31	160.11	194.82
湖　北	164.07	196.36	235.49	255.89	343.09
湖　南	222.27	313.56	369.75	442.76	1227.22
内蒙古	80.30	82.65	140.02	152.55	226.03
广　西	162.40	207.37	224.98	213.84	92.37
重　庆	394.83	494.45	655.60	703.78	781.45
四　川	428.40	545.98	704.81	1063.76	1039.46
贵　州	89.35	151.72	154.23	142.45	144.93
云　南	140.17	175.23	242.97	296.43	271.63
西　藏	0.64	3.21	7.04	5.44	4.52
陕　西	16.43	43.03	71.71	95.05	124.29
甘　肃	19.51	39.16	59.78	74.80	66.09
青　海	4.36	15.93	12.63	8.28	7.53
宁　夏	76.86	82.25	114.30	139.93	137.65
新　疆	62.56	89.56	98.93	158.05	204.61

数据来源：国家统计局。

（八）各地区房地产开发企业房屋出租面积数据

表 3－108 2013—2017 年全国各地区房地产开发企业房屋出租面积

单位：万平方米

类 别	2013 年	2014 年	2015 年	2016 年	2017 年
总 计	**3762.59**	**3269.08**	**2975.46**	**3219.71**	**3579.15**
北 京	834.94	561.38	480.61	380.28	350.29
天 津	27.28	12.05	108.16	7.91	12.12
河 北	9.85	30.52	17.54	15.38	7.46
辽 宁	1.27	5.18	7.77	39.28	55.08
上 海	1.90	2.95	0.76	12.49	19.19
江 苏	23.84	73.23	43.44	47.22	20.27
浙 江	48.74	30.90	34.09	36.77	28.98
福 建	9.81	24.50	3.20	3.51	15.06
山 东	1206.37	1142.46	1202.42	1322.51	1646.30
广 东	164.06	170.45	104.07	184.20	166.28
海 南	173.99	100.66	96.57	126.21	138.75
山 西	91.67	82.03	33.96	51.34	66.34
吉 林	171.24	119.50	101.67	118.18	91.28
黑龙江	27.37	13.66	5.96	7.23	8.77
安 徽	97.45	79.16	109.16	63.71	95.20
江 西	110.75	80.66	28.59	37.23	29.60
河 南	37.41	60.79	12.96	53.93	41.52
湖 北	27.98	34.46	24.70	20.79	39.10
湖 南	318.56	247.50	220.72	268.31	275.41
内蒙古	33.72	12.65	31.15	12.48	9.05
广 西	7.47	6.87	4.63	15.60	39.70
重 庆	125.41	147.05	96.77	45.32	55.29
四 川	52.08	58.02	21.71	81.67	81.03
贵 州	19.94	17.13	12.35	14.62	20.05
云 南	17.44	36.36	55.61	52.86	80.07
西 藏	1.45	—	—	—	—
陕 西	19.32	8.73	19.87	61.28	63.32
甘 肃	7.39	13.27	6.88	5.32	22.27
青 海	5.12	3.25	3.52	6.47	0.05
宁 夏	38.92	25.30	28.10	53.35	57.00
新 疆	49.86	68.43	58.54	74.28	44.31

数据来源：国家统计局。

表 3－109　2013—2017 年全国各地区房地产开发企业住宅出租面积

单位：万平方米

类　别	2013 年	2014 年	2015 年	2016 年	2017 年
总　计	**200.53**	**239.58**	**257.81**	**241.46**	**302.72**
北　京	41.29	22.29	19.04	17.81	14.58
天　津	0.23	—	5.14	4.22	1.72
河　北	1.13	0.28	—	2.15	0.07
辽　宁	0.02	—	—	2.01	1.43
上　海	0.23	0.05	0.50	—	—
江　苏	2.54	21.08	7.58	1.89	13.78
浙　江	9.09	0.03	0.04	—	—
福　建	—	4.19	0.05	2.19	—
山　东	75.32	72.16	120.59	83.41	110.15
广　东	7.79	18.72	6.33	10.95	10.25
海　南	5.74	1.85	6.29	0.30	6.95
山　西	0.70	13.96	0.57	0.83	18.99
吉　林	3.56	8.13	8.64	9.29	5.38
黑龙江	1.29	5.05	—	—	—
安　徽	2.21	—	6.61	—	3.08
江　西	11.07	1.62	1.51	12.90	7.65
河　南	3.10	5.21	—	3.75	0.33
湖　北	3.83	8.16	1.51	2.68	1.58
湖　南	15.23	14.69	9.66	18.62	24.62
内蒙古	1.47	1.99	1.43	0.11	3.17
广　西	0.05	0.13	0.04	0.09	0.78
重　庆	2.58	12.79	0.84	0.78	0.78
四　川	0.17	—	1.01	3.34	0.01
贵　州	2.98	0.31	—	0.01	—
云　南	4.20	10.97	42.37	38.63	65.19
西　藏	—	—	—	—	—
陕　西	0.73	0.15	1.47	1.47	—
甘　肃	0.32	2.11	0.19	—	—
青　海	—	0.30	—	—	—
宁　夏	1.96	1.96	1.96	2.36	11.13
新　疆	1.70	11.40	14.43	21.71	1.10

数据来源：国家统计局。

表 3－110　2013—2017 年全国各地区房地产开发企业别墅、高档公寓出租面积

单位：万平方米

类　别	2013 年	2014 年	2015 年	2016 年	2017 年
总　计	**82.44**	**76.04**	**84.16**	**78.91**	**68.91**
北　京	15.79	13.03	13.95	11.93	8.65
天　津	—	—	0.33	0.33	0.50
河　北	—	—	—	—	—
辽　宁	—	—	—	—	—
上　海	—	—	—	—	—
江　苏	—	—	1.20	1.66	1.67
浙　江	—	—	—	—	—
福　建	—	—	—	—	—
山　东	63.61	60.39	66.26	62.08	55.43
广　东	0.27	0.28	0.04	0.09	—
海　南	—	—	—	0.10	—
山　西	—	—	0.05	—	—
吉　林	—	—	—	—	—
黑龙江	—	—	—	—	—
安　徽	0.24	—	—	—	—
江　西	—	—	—	—	—
河　南	—	—	—	—	—
湖　北	—	—	—	—	0.14
湖　南	2.49	2.31	2.30	2.64	2.19
内蒙古	—	—	—	—	0.22
广　西	0.04	0.04	0.04	0.09	—
重　庆	—	—	—	—	—
四　川	—	—	—	—	—
贵　州	—	—	—	—	—
云　南	—	—	—	—	—
西　藏	—				—
陕　西	—	—	—	—	—
甘　肃	—	—	—	—	—
青　海	—	—	—	—	—
宁　夏	—	—	—	—	—
新　疆	—	—	—	—	0.09

数据来源：国家统计局。

表 3－111　2013—2017 年全国各地区房地产开发企业办公楼出租面积

单位：万平方米

类　别	2013 年	2014 年	2015 年	2016 年	2017 年
总　计	**1028.17**	**859.05**	**956.10**	**876.36**	**1051.87**
北　京	301.95	226.28	192.27	114.11	129.14
天　津	11.33	8.65	100.67	0.38	7.48
河　北	—	—	8.02	4.12	0.02
辽　宁	0.13	—	0.02	0.63	7.27
上　海	0.18	—	—	—	11.50
江　苏	1.19	—	3.46	1.00	2.71
浙　江	3.37	3.23	3.01	2.22	2.22
福　建	—	—	—	—	—
山　东	558.19	502.65	501.86	578.44	692.42
广　东	13.06	12.54	13.14	37.07	32.33
海　南	16.55	20.29	24.24	26.85	44.19
山　西	1.87	5.35	0.77	0.23	1.74
吉　林	3.78	8.97	3.13	5.57	2.57
黑龙江	0.86	—	0.49	—	—
安　徽	10.61	3.17	21.46	8.64	10.79
江　西	3.31	0.14	3.74	6.66	1.27
河　南	4.72	3.04	0.96	0.06	2.79
湖　北	3.33	5.67	2.39	3.36	1.92
湖　南	73.30	39.52	42.02	59.35	52.40
内蒙古	—	0.10	2.75	—	0.14
广　西	—	0.05	0.17	—	4.69
重　庆	2.72	5.89	18.01	7.05	20.41
四　川	8.14	5.80	5.69	3.59	5.78
贵　州	2.57	0.20	0.28	2.39	5.46
云　南	1.87	1.43	1.41	1.90	0.17
西　藏	—	—	—	—	—
陕　西	0.29	0.34	3.72	6.81	4.38
甘　肃	0.50	0.58	—	—	1.15
青　海	—	1.58	—	3.08	—
宁　夏	2.60	1.53	0.78	1.28	3.57
新　疆	1.73	2.02	1.63	1.60	3.38

数据来源：国家统计局。

表3－112　2013—2017年全国各地区房地产开发企业商业营业用房出租面积

单位：万平方米

类　别	2013年	2014年	2015年	2016年	2017年
总　计	**2058.33**	**1681.06**	**1314.75**	**1593.48**	**1650.70**
北　京	379.43	216.83	181.07	163.09	133.90
天　津	6.70	1.04	—	0.16	—
河　北	8.72	18.77	6.80	8.02	4.46
辽　宁	1.12	5.10	7.29	33.17	38.65
上　海	0.76	2.90	0.26	12.49	6.19
江　苏	20.11	37.01	28.98	44.34	3.40
浙　江	34.66	27.63	30.77	34.35	26.77
福　建	9.17	20.31	2.79	1.24	14.10
山　东	364.00	373.99	367.02	415.25	542.09
广　东	137.89	134.73	82.01	125.09	106.12
海　南	138.34	71.15	58.60	89.42	70.99
山　西	83.98	61.50	32.48	40.98	28.72
吉　林	133.73	81.36	70.62	89.77	67.71
黑龙江	25.22	8.53	5.48	6.05	8.66
安　徽	80.40	65.93	72.90	50.19	67.22
江　西	92.06	69.16	15.52	9.37	15.39
河　南	28.16	47.54	10.06	39.69	27.93
湖　北	19.68	14.84	13.13	7.57	25.79
湖　南	179.82	136.79	117.62	143.61	143.61
内蒙古	29.71	9.12	26.08	11.70	5.26
广　西	7.42	6.63	4.42	12.69	33.15
重　庆	106.35	106.41	60.33	23.74	32.21
四　川	40.96	40.41	13.53	61.16	66.56
贵　州	13.29	14.89	8.56	11.65	12.00
云　南	9.81	23.16	11.82	9.22	13.88
西　藏	1.45	—	—	—	—
陕　西	18.29	3.70	14.67	51.51	57.92
甘　肃	6.57	10.58	6.68	5.20	18.90
青　海	5.12	1.37	3.52	1.49	0.05
宁　夏	32.45	20.34	25.31	48.37	40.75
新　疆	42.95	49.37	36.44	42.92	38.33

数据来源：国家统计局。

表 3－113　2013—2017 年全国各地区房地产开发企业其他房屋出租面积

单位：万平方米

类　别	2013 年	2014 年	2015 年	2016 年	2017 年
总　计	**475. 55**	**489. 39**	**446. 80**	**508. 40**	**573. 85**
北　京	112. 27	95. 98	88. 24	85. 28	72. 68
天　津	9. 03	2. 36	2. 35	3. 15	2. 92
河　北	—	11. 47	2. 72	1. 09	2. 90
辽　宁	—	0. 08	0. 46	3. 46	7. 74
上　海	0. 73	—	—	—	1. 50
江　苏	—	15. 13	3. 42	—	0. 39
浙　江	1. 60	—	0. 28	0. 20	—
福　建	0. 64	—	0. 36	0. 08	0. 97
山　东	208. 87	193. 66	212. 95	245. 41	301. 63
广　东	5. 31	4. 45	2. 58	11. 09	17. 57
海　南	13. 36	7. 38	7. 44	9. 64	16. 62
山　西	5. 11	1. 22	0. 14	9. 30	16. 90
吉　林	30. 17	21. 04	19. 27	13. 55	15. 61
黑龙江	—	0. 08	—	1. 18	0. 11
安　徽	4. 22	10. 06	8. 19	4. 88	14. 12
江　西	4. 31	9. 74	7. 81	8. 31	5. 29
河　南	1. 42	5. 00	1. 94	10. 44	10. 47
湖　北	1. 13	5. 78	7. 66	7. 19	9. 82
湖　南	50. 20	56. 50	51. 42	46. 72	54. 77
内蒙古	2. 55	1. 43	0. 88	0. 68	0. 48
广　西	—	0. 06	—	2. 82	1. 08
重　庆	13. 76	21. 97	17. 59	13. 75	1. 90
四　川	2. 81	11. 82	1. 47	13. 57	8. 68
贵　州	1. 10	1. 73	3. 50	0. 58	2. 58
云　南	1. 56	0. 81	0. 01	3. 12	0. 83
西　藏	—	—	—	—	—
陕　西	—	4. 54	0. 02	1. 50	1. 02
甘　肃	—	0. 01	—	0. 12	2. 22
青　海	—	—	—	1. 90	—
宁　夏	1. 92	1. 47	0. 06	1. 34	1. 55
新　疆	3. 48	5. 64	6. 04	8. 05	1. 49

数据来源：国家统计局。

二、港澳台地区房地产数据[①]

（一）香港

表 3－114　2014—2018 年香港地区新落成私人楼宇

单位：个，千平方米

年　份	住　宅		商住两用			商　业		工　业	
	楼宇数目	实用楼面面积	楼宇数目	住宅实用楼面面积	非住宅实用楼面面积	楼宇数目	实用楼面面积	楼宇数目	实用楼面面积
2014 年	181	422. 7	51	206. 8	32. 2	19	132. 2	17	172. 2
2015 年	283	275. 8	113	293. 6	28. 5	16	213. 3	18	52. 7
2016 年	262	330. 4	67	283. 5	68. 1	21	193. 4	13	91. 4
2017 年	355	394. 7	128	231. 3	34. 1	24	239. 4	22	195. 2
2018 年	308	467. 4	140	314. 2	92. 1	21	199. 2	12	68. 4

年　份	其　他			所有种类			
	楼宇数目	住宅实用楼面面积	非住宅实用楼面面积	楼宇数目	住宅实用楼面面积	非住宅实用楼面面积	统　计
2014 年	198	15. 2	117. 9	466	644. 8	454. 5	1099. 3
2015 年	182	15. 6	153. 4	612	585. 0	447. 9	1032. 9
2016 年	193	23. 1	238. 6	556	637．0	591. 6	1228. 6
2017 年	174	5. 5	272. 7	703	631. 5	741. 3	1372. 9
2018 年	251	11. 0	257. 3	732	792. 6	616. 9	1409. 5

数据来源：香港房屋署，香港房屋协会。

① 注：港澳台地区数据货币均为当地货币，即港元、澳元、台币。

表 3 -115　2014—2018 年香港地区获批可动工兴建私人楼宇

单位：个，千平方米

年份	住宅				商住两用					
	楼宇数目		实用楼面面积		楼宇数目		住宅实用楼面面积		非住宅实用楼面面积	
	初次呈交图则	重大修改	初次呈交图则	重大修改	初次呈交图则	重大修改	初次呈交图则	重大修改	初次呈交图则	重大修改
2014 年	254	200	240.2	96.3	41	5	220.2	60.5	62.0	27.3
2015 年	261	65	369.4	13.6	99	66	192.3	284.9	50.9	69.7
2016 年	262	110	317.3	187.8	53	36	96.2	40.3	53.1	12.7
2017 年	165	151	296.3	117.8	35	28	112.8	336.0	113.5	120.9
2018 年	85	178	300.8	117.6	99	6	226.2	50.9	23.8	38.6

年份	商业				工业			
	楼宇数目		实用楼面面积		楼宇数目		实用楼面面积	
	初次呈交图则	重大修改	初次呈交图则	重大修改	初次呈交图则	重大修改	初次呈交图则	重大修改
2014 年	16	1	169.0	32.0	6	1	103.8	2.1
2015 年	20	1	198.1	2.9	21	1	206.3	19.0
2016 年	9	6	187.4	59.2	12	3	63.3	12.8
2017 年	14	3	244.3	9.9	9	1	54.2	8.4
2018 年	12	3	44.9	1.9	7	3	74.6	23.8

年份	其他					
	楼宇数目		住宅实用楼面面积		非住宅实用楼面面积	
	初次呈交图则	重大修改	初次呈交图则	重大修改	初次呈交图则	重大修改
2014 年	45	12	27.7	2.2	142.1	75.1
2015 年	85	26	28.0	2.4	382.1	173.2
2016 年	47	8	4.2	0.0	163.5	71.5
2017 年	46.0	9	9.5	0.3	184.8	42.3
2018 年	35	9	5.7	1.8	60.8	31.1

年份	所有统计							
	楼宇数目		住宅实用楼面面积		非住宅实用楼面面积		统计实用楼面面积	
	初次呈交图则	重大修改	初次呈交图则	重大修改	初次呈交图则	重大修改	初次呈交图则	重大修改
2014 年	362	219	488.0	159.0	476.9	136.4	965.0	295.5
2015 年	486	159	589.7	300.9	837.5	264.8	1427.2	565.8
2016 年	383	163	417.7	228.1	467.4	156.3	885.1	384.4
2017 年	269	192	418.7	454.1	596.8	181.5	1015.5	635.6
2018 年	238	199	532.7	170.3	204.1	95.4	736.8	265.7

数据来源：香港房屋署，香港房屋协会。

表 3－116　2014—2018 年香港地区私人住宅楼宇平均售价

单位：元/平方米

年　份	少于 40 平方米			40～69.9 平方米			70～99.9 平方米		
	香　港	九　龙	新　界	香　港	九　龙	新　界	香　港	九　龙	新　界
2014 年	128912	104403	91436	129629	108820	81476	153720	138586	89607
2015 年	146515	117955	107763	147969	120994	94297	171848	148980	101364
2016 年	137558	112486	102680	140103	115792	91942	162731	149335	97811
2017 年	158293	130558	121633	160860	131061	106554	186054	163325	112805
2018 年	180366	149819	138429	176517	147295	120122	210426	177561	128339

年　份	100～159.9 平方米			160 平方米或以上		
	香　港	九　龙	新　界	香　港	九　龙	新　界
2014 年	183962	160259	85479	249984	235620	73677
2015 年	198709	166958	96962	238707	206485	88734
2016 年	197622	167980	94692	238737	231700	82547
2017 年	215818	179974	103235	251606	273418	91785
2018 年	231949	195619	116293	286369	270109	102444

数据来源：香港房屋署，香港房屋协会。
注：2015—2017 年数据根据最新公布数据有调整。

表 3－117　2014—2018 年香港地区私人住宅楼宇新订租约平均租金

单位：元/平方米·月

年　份	少于 40 平方米			40～69.9 平方米			70～99.9 平方米		
	香　港	九　龙	新　界	香　港	九　龙	新　界	香　港	九　龙	新　界
2014 年	397	311	253	358	300	218	391	321	227
2015 年	435	345	272	392	324	238	421	355	249
2016 年	415	329	266	372	302	226	395	329	233
2017 年	452	354	296	403	327	251	433	356	259
2018 年	488	391	315	429	354	267	455	376	270

年　份	100～159.9 平方米			160 平方米或以上		
	香　港	九　龙	新　界	香　港	九　龙	新　界
2014 年	412	322	250	466	329	247
2015 年	438	349	256	466	342	256
2016 年	422	326	247	433	349	235
2017 年	444	349	256	454	368	240
2018 年	452	381	269	473	370	251

数据来源：香港房屋署，香港房屋协会。
注：2015—2017 年数据根据最新公布数据有调整。

表 3－118　2014—2018 年香港政府土地拍卖/投标（市区）

单位：平方米，百万元

年　份	住　宅		商　业		商业/住宅	
	面　积	已征收的地价	面　积	已征收的地价	面　积	已征收的地价
2014 年	50763	17250	9240	9459	0	0
2015 年	31043	9410	10638	8899	0	0
2016 年	117952	48280	15924	9916	0	0
2017 年	57630	54344	41576	67731	0	0
2018 年	65314	69299	0	0	0	0

年　份	工业/货仓		其他用途		统　计	
	面　积	已征收的地价	面　积	已征收的地价	面　积	已征收的地价
2014 年	0	0	2123	523	62126	27232
2015 年	0	0	0	0	41681	18309
2016 年	0	0	1512	369	135388	58565
2017 年	0	0	0	0	99206	122075
2018 年	0	0	0	0	65314	69299

数据来源：香港房屋署，香港房屋协会。

表 3－119　2014—2018 年香港政府土地拍卖/投标（新界）

单位：平方米，百万元

年　份	住　宅		商　业		商业/住宅	
	面　积	已征收的地价	面　积	已征收的地价	面　积	已征收的地价
2014 年	278610	18552	12902	1830	14160	3940
2015 年	149132	22636	13727	3053	0	0
2016 年	222549	23933	1775	1109	0	0
2017 年	27166	5216	0	0	0	0
2018 年	11279	1314	0	0	0	0

年　份	工业/货仓		其他用途		统　计	
	面　积	已征收的地价	面　积	已征收的地价	面　积	已征收的地价
2014 年	0	0	1070	137	306742	24459
2015 年	1265	449	3426	435	167550	26573
2016 年	3707	834	2640	314	230671	26190
2017 年	1730	451	4361	691	33257	6358
2018 年	5738	1459	63899	9793	80916	12566

数据来源：香港房屋署，香港房屋协会。

表 3－120　2014—2018 年香港政府土地批租（私人协约方式批地）

单位：平方米

年　份	市　区					新　界				
	工业/仓库	住　宅	公用事业/团体用途	其他用途	统　计	工业/仓库	住　宅	公用事业/团体用途	其他用途	统　计
2014 年	0	2427	1749	0	4176	0	131735	2084	0	133819
2015 年	0	11629	19522	0	31151	0	166839	2835	0	169674
2016 年	0	14494	6430	68555	89479	0	35332	20375	682889	738596
2017 年	0	27799	11779	0	39578	0	51298	1451	0	52749
2018 年	0	28258	0	0	28258	0	5438	0	0	5438

数据来源：香港房屋署，香港房屋协会。

（二）澳门

表 3－121　2014—2018 年澳门地区新动工及建成楼宇

年　份	新动工楼宇			建成楼宇		
	楼宇数目	单位数目	建筑面积（平方米）	楼宇数目	单位数目	建筑面积（平方米）
2014 年	81	1900	2239079	49	3001	439809
2015 年	95	5405	1984202	98	4364	2577817
2016 年	81	5122	868422	60	498	192191
2017 年	47	3223	410902	69	4511	839517
2018 年	68	1670	575816	66	4259	1293667

数据来源：澳门统计暨普查局。

表 3－122　2014—2018 年澳门地区楼宇单位买卖数目

年　份	总　数	住宅（总数）	商　业	办公室	工　业	停车位	其他用途
2014 年	13230	7625	1212	296	299	3662	136
2015 年	9771	5976	658	231	74	2752	80
2016 年	14108	10170	555	197	84	3013	89
2017 年	13985	10581	589	284	117	2284	130
2018 年	15073	10822	631	263	235	3084	38

数据来源：澳门统计暨普查局。

表 3－123　2014—2018 年澳门地区楼宇单位买卖价值

单位：百万元

类　别	总　数	住宅（总数）	商　业	办公室	工　业	停车位	其他用途
2014 年	83690	49795	16368	2808	4705	5949	4065
2015 年	51660	33449	9140	1885	1008	4687	1492
2016 年	74129	58755	7816	1320	1068	4194	975
2017 年	85228	69442	7340	2399	1543	3498	1006
2018 年	89604	69426	9694	3809	1963	4104	608

数据来源：澳门统计暨普查局。

表 3－124　2014—2018 年澳门地区楼宇单位买卖平均成交价

单位：元/平方米

年　份	住宅（全澳）	办公室	工　业
2014 年	99795	121112	54250
2015 年	86826	113444	50564
2016 年	86342	100057	47568
2017 年	100822	113198	54411
2018 年	108427	163863	56393

数据来源：澳门统计暨普查局。

（三）台湾

表 3－125　2014—2018 年台湾地区建筑物所有权登记

单位：栋、千平方公尺

年　份	第一次登记		移转登记			
	栋　数	面　积	栋　数	面　积	买卖登记	
					栋　数	面　积
2014 年	115865	33530	457911	57899	320598	37386
2015 年	126742	35471	438047	59189	292550	35483
2016 年	122307	32643	378661	47307	245396	27709
2017 年	110419	30290	405806	49399	266086	29102
2018 年	116589	31344	418546	51023	277967	30416

数据来源：台湾内政部统计通报。

表 3－126　2018 年台湾地区住宅交易指标

类　别	成交天数（中位数）	住宅屋龄（年）	住宅面积（坪①）
1 月	62.0	19.0	40.1
2 月	64.0	19.2	40.2
3 月	64.0	19.3	40.5
4 月	63.0	19.3	40.6
5 月	60.0	19.6	40.2
6 月	56.0	19.5	40.1
7 月	56.0	19.6	39.7
8 月	56.0	19.5	39.7
9 月	58.0	19.5	40.0
10 月	59.0	19.6	40.3
11 月	59.0	19.6	40.3
12 月	60.0	19.9	40.1

数据来源：信义不动产第四季度报告。

① 注：坪原为日本面积单位，1 日坪（台坪）＝3.305785123967 平方公尺（平方米）。

表 3-127 2018 年台湾地区各类产品交易占比变化

单位:%

类别	公寓	大楼	店面	办公室	套房	别墅+透天
1月	12.9	68.5	3.5	1.9	3.0	6.9
2月	13.6	68.2	3.7	2.0	2.7	7.1
3月	13.3	68.3	3.5	1.9	2.7	7.7
4月	13.2	68.5	3.7	2.3	2.6	7.1
5月	14.2	68.2	3.5	2.1	2.8	6.6
6月	14.3	69.2	3.8	2.1	2.6	6.0
7月	14.4	69.3	3.5	1.7	2.6	6.5
8月	13.5	69.0	3.6	1.7	3.0	6.9
9月	13.3	68.4	3.5	1.8	3.3	7.0
10月	13.8	67.9	3.8	1.7	3.7	6.4
11月	13.8	67.7	3.8	2.2	3.5	6.4
12月	14.5	66.6	3.8	2.2	3.2	6.9

数据来源：信义不动产第四季度报告。

表 3-128 2018 年台湾地区住宅产品总价分布变化

单位:%

类别	300万元以下	300万~500万元	500万~700万元	700万~1000万元	1000万~1500万元	1500万~2000万元	2000万~2500万元	2500万~3000万元	3000万~5000万元	5000万元以上
1月	4.1	9.6	14.5	23.3	22.0	11.9	6.0	2.7	4.0	1.9
2月	4.0	9.6	14.5	23.1	22.3	12.3	5.6	3.1	3.7	1.9
3月	3.9	8.9	14.7	23.4	23.0	11.4	5.9	3.0	3.8	2.0
4月	3.5	8.5	14.0	24.5	23.6	10.9	5.8	3.3	3.7	2.2
5月	4.0	8.7	14.3	23.8	23.2	11.0	6.1	3.0	3.6	2.2
6月	3.9	8.8	13.8	23.3	23.3	11.3	6.1	2.9	4.4	2.2
7月	4.0	9.0	14.9	22.7	22.6	11.5	5.9	3.1	4.4	1.8
8月	3.8	8.2	15.4	22.8	22.7	11.6	5.4	3.4	4.9	1.7
9月	3.8	8.7	15.4	22.6	22.2	11.5	5.8	3.8	4.6	1.6
10月	4.3	8.5	14.1	22.7	22.9	11.9	6.0	3.5	4.4	1.6
11月	4.4	9.5	13.5	22.1	23.5	11.4	6.6	3.5	4.0	1.6
12月	4.6	8.9	14.0	21.8	23.4	11.9	6.3	3.1	4.2	1.8

数据来源：信义不动产第四季度报告。

表 3－129　2018 年台湾地区住宅产品面积分布变化

单位：%

类　别	15 坪以下	15～25 坪	25～35 坪	35～45 坪	45～55 坪	55 坪以上
1 月	7.4	14.0	24.6	21.5	14.5	18.0
2 月	7.2	13.7	25.8	20.4	15.1	17.8
3 月	7.2	13.3	25.3	21.2	15.8	17.1
4 月	6.8	12.9	25.3	21.4	17.0	16.6
5 月	7.1	14.0	24.3	22.3	16.0	16.3
6 月	7.0	15.0	24.3	21.6	15.2	16.9
7 月	7.5	15.3	24.3	21.2	15.0	16.7
8 月	7.8	14.9	23.7	21.2	15.2	17.1
9 月	8.0	13.6	24.0	21.3	15.7	17.4
10 月	7.8	13.4	24.0	21.9	15.3	17.6
11 月	7.9	13.6	24.3	21.4	15.5	17.4
12 月	7.7	15.1	23.3	20.9	15.4	17.6

数据来源：信义不动产第四季度报告。

表 3－130　2018 年台北市住宅成交均价表现

类　别	成交天数（中位数）	住宅屋龄（年）	住宅面积（坪）	住宅总价（万元）	公寓单价（万元/坪）	大楼单价（万元/坪）	住宅单价（万元/坪）
1 月	66.5	24.4	36.6	2，305	49.1	64.1	60.9
2 月	65.0	24.4	37.1	2，295	49.6	63.8	60.9
3 月	63.0	24.8	37.2	2，303	49.8	63.9	61.0
4 月	63.5	24.9	37.9	2，362	49.3	63.4	60.7
5 月	57.0	25.4	37.4	2，388	50.0	64.1	61.3
6 月	56.0	24.9	38.2	2，417	48.2	64.6	61.4
7 月	57.0	24.8	38.1	2，374	49.2	64.1	60.9
8 月	61.0	24.7	38.0	2，296	48.4	63.4	60.1
9 月	62.0	25.2	37.3	2，245	50.3	63.2	60.3
10 月	64.0	25.7	37.1	2，239	51.0	64.3	61.4
11 月	62.0	25.2	37.2	2，272	52.2	64.4	61.8
12 月	62.0	25.1	37.7	2，292	51.1	63.6	60.9

数据来源：信义不动产第四季度报告。

三、房地产信贷数据

（一）全国住房公积金

表 3-131　2017 年底全国公积金机构情况

类　别	公积金机构和从业人员	2017 年
机构数量	全国设区城市（个）	342
	未纳入设区城市（个）	149
	其中：省直分中心（个）	24
	县（市、区）分中心（个）	48
	石油、电力、煤炭等企业分中心（个）	77
从业人员	全国总数（万人）	4.25
	在编（万人）	2.69
	非在编（万人）	1.56

数据来源：《全国住房公积金 2017 年年度报告》。

表 3-132　2017 年各地区住房公积金缴存情况

地　区	实缴单位数（万个）	实缴职工数（万人）	全年缴存额（亿元）	缴存总额（亿元）	缴存余额（亿元）
全　国	**262.33**	**13737.22**	**18726.74**	**124845.12**	**51620.74**
北　京	15.83	732.23	1711.59	11116.27	3719.37
天　津	5.71	260.95	436.28	3481.41	1232.80
河　北	5.58	477.99	545.88	3854.02	1778.10
山　西	4.42	336.96	356.44	2365.39	911.14
内蒙古	3.70	230.76	345.33	2324.36	1170.93
辽　宁	8.46	476.56	702.97	5691.72	2263.11
吉　林	3.61	239.43	297.94	2163.43	1017.82
黑龙江	3.81	281.69	375.92	2835.30	1283.38
上　海	35.24	809.91	1133.69	8248.83	3578.39
江　苏	26.65	1232.35	1562.51	10013.24	3850.16
浙　江	19.54	716.28	1191.01	7991.13	2866.85
安　徽	5.65	405.37	546.28	4187.27	1513.12
福　建	10.53	374.02	523.77	3530.81	1375.06
江　西	4.46	258.20	346.92	1971.63	1038.74
山　东	12.99	894.06	1042.01	6857.75	3099.63
河　南	7.55	736.09	603.67	3860.69	1907.77
湖　北	6.83	465.33	666.91	4034.02	2024.75

续表

地　区	实缴单位数（万个）	实缴职工数（万人）	全年缴存额（亿元）	缴存总额（亿元）	缴存余额（亿元）
湖　南	6.06	405.48	530.46	3194.46	1621.57
广　东	32.11	1788.57	2035.20	12970.41	4665.83
广　西	5.05	279.82	377.65	2503.18	995.93
海　南	2.36	99.58	110.83	704.91	339.40
重　庆	3.21	246.40	337.68	2103.35	893.12
四　川	10.37	598.08	878.01	5417.74	2422.49
贵　州	3.87	238.04	315.99	1695.15	865.91
云　南	4.76	257.20	465.45	2947.38	1297.35
西　藏	0.41	32.78	73.70	407.32	220.63
陕　西	5.27	367.74	400.13	2777.21	1148.42
甘　肃	3.09	181.90	249.88	1686.23	882.17
青　海	0.84	49.64	94.82	656.32	288.73
宁　夏	0.94	59.57	95.25	688.97	264.56
新　疆	3.15	177.65	337.05	2352.43	970.87
新疆兵团	0.28	26.59	35.52	212.79	112.64

数据来源：《全国住房公积金2017年年度报告》。

表3-133　2017年各地区住房公积金提取情况

地　区	提取额（亿元）	提取率（%）	住房消费提取额（亿元）	非住房消费提取额（亿元）	提取总额（亿元）
全　国	**12729.8**	**67.98**	**10118.95**	**2610.85**	**73224.38**
北　京	1261.91	73.73	1125.17	136.74	7396.91
天　津	362.19	83.02	288.3	73.89	2248.61
河　北	311.99	57.15	216.99	95	2075.92
山　西	141.8	39.78	100.11	41.69	1454.24
内蒙古	224.62	65.05	165.98	58.64	1153.43
辽　宁	508.3	72.31	391.77	116.53	3428.61
吉　林	196.89	66.08	138.61	58.28	1145.6
黑龙江	245.52	65.31	175.01	70.51	1551.92
上　海	737.09	65.02	605.91	131.18	4670.44
江　苏	1151.64	73.7	914.18	237.46	6163.08
浙　江	942.25	79.11	781.45	160.8	5124.27
安　徽	441.83	80.88	340.88	100.95	2674.15
福　建	366.54	69.98	280.58	85.96	2155.76

续表

地　区	提取额（亿元）	提取率（%）	住房消费提取额（亿元）	非住房消费提取额（亿元）	提取总额（亿元）
江　西	201.56	58.1	147.23	54.33	932.89
山　东	712.4	68.37	563.83	148.57	3758.12
河　南	332.86	55.14	243.85	89.01	1952.92
湖　北	413.01	61.93	305.62	107.39	2009.27
湖　南	314.48	59.28	233.08	81.4	1572.89
广　东	1458.17	71.65	1235.91	222.26	8304.58
广　西	260.12	68.88	206.23	53.89	1507.25
海　南	83.66	75.48	64.64	19.02	365.52
重　庆	231.75	68.63	182.2	49.55	1210.22
四　川	564.91	64.34	443.54	121.37	2995.26
贵　州	174.6	55.25	131.96	42.64	829.24
云　南	296.19	63.64	237.87	58.32	1650.03
西　藏	42.08	57.1	32.69	9.39	186.69
陕　西	220.51	55.11	168.48	52.03	1628.79
甘　肃	151.37	60.58	105.45	45.92	804.06
青　海	69	72.77	51.89	17.11	367.59
宁　夏	74.54	78.26	61.55	12.99	424.41
新　疆	214.63	63.68	163.24	51.39	1381.56
新疆兵团	21.39	60.22	14.75	6.64	100.15

数据来源：《全国住房公积金2017年年度报告》。

表3－134　2017年各地区住房公积金个人住房贷款情况

地　区	放贷笔数（万笔）	贷款发放额（亿元）	累计放贷笔数（万笔）	贷款总额（亿元）	贷款余额（亿元）	个贷率（%）
全　国	**254.76**	**9534.85**	**3082.57**	**75602.83**	**45049.78**	**87.27**
北　京	5.78	535.78	102.77	5527.32	3500.2	94.11
天　津	2.8	120.09	94.67	2844.04	1372.43	111.33
河　北	6.68	222.31	92.6	2065.3	1338.12	75.26
山　西	5.32	179.07	48.73	975.77	656.83	72.09
内蒙古	7.96	265.84	96.33	1677.39	891.47	76.13
辽　宁	12.42	419.71	156.65	3382.51	1955.38	86.4
吉　林	5.9	198.82	62.8	1323.35	847.34	83.25
黑龙江	7.47	260.13	79.82	1630.1	889.28	69.29
上　海	9.28	586.28	243.09	7059.1	3531.01	98.68

续表

地　区	放贷笔数（万笔）	贷款发放额（亿元）	累计放贷笔数（万笔）	贷款总额（亿元）	贷款余额（亿元）	个贷率（%）
江　苏	21.57	747.89	279.45	6954.31	3750.63	97.41
浙　江	13.09	622.9	164.54	5055.91	2902.47	101.24
安　徽	9.77	287.09	116.36	2485.54	1532.12	101.26
福　建	5.78	243.58	90.73	2303.9	1373.58	99.89
江　西	6.17	213.38	67.67	1532.54	1010.98	97.33
山　东	19.09	658.9	183.98	4230.44	2589.11	83.53
河　南	10.23	304.01	109.17	2353.71	1543.3	80.9
湖　北	10.82	351.62	115.37	2660.31	1639.33	80.96
湖　南	11.59	377.1	114.62	2211.99	1415.51	87.29
广　东	15.08	661.25	161.82	5291.56	3429.61	73.5
广　西	6.7	224.85	61.68	1280.44	879.24	88.28
海　南	1.9	79.53	15.13	403.29	304.85	89.82
重　庆	5.82	203.95	48.78	1240.39	871.7	97.6
四　川	14.2	464.62	135.41	3079.93	2071.41	85.51
贵　州	6.42	198.87	59.31	1233.34	840.78	97.1
云　南	9.02	328.38	110.82	2010.37	1105.96	85.25
西　藏	1.03	56.96	7.09	226.57	138.52	62.78
陕　西	7.59	240.78	62.84	1280.01	872.94	76.01
甘　肃	5.64	182.83	67.08	1088.04	661.53	74.99
青　海	1.92	66.8	23.33	374.93	167.23	57.92
宁　夏	2.01	66.92	24.67	450.67	216.78	81.94
新　疆	5.24	152.12	80.61	1298.82	712.33	73.37
新疆兵团	0.47	12.49	4.65	70.94	37.81	33.57

数据来源：《全国住房公积金 2017 年年度报告》。

表 3－135　2017 年各地区住房公积金增值收益及分配情况

地　区	业务收入（亿元）	业务支出（亿元）	增值收益（亿元）	增值收益率（%）	提取贷款风险准备金（亿元）	提取管理费用（亿元）	提取公租房（廉租房）建设补充资金（亿元）
全　国	**1657.69**	**894.47**	**763.22**	**1.57**	**212.16**	**106.75**	**453.85**
北　京	122.84	62.87	59.96	1.72	9.31	0.51	50.15
天　津	45.99	30.36	15.63	1.31	1.2	3.69	10.74
河　北	53.14	28.12	25.02	1.5	1.73	5.24	18.01

续表

地 区	业务收入（亿元）	业务支出（亿元）	增值收益（亿元）	增值收益率（%）	提取贷款风险准备金（亿元）	提取管理费用（亿元）	提取公租房（廉租房）建设补充资金（亿元）
山 西	30.65	14.99	15.67	1.92	3.24	3.26	14.19
内蒙古	36.21	17.71	18.5	1.67	7.39	3.83	7.04
辽 宁	70.32	37.37	32.95	1.51	9.75	4.38	19.02
吉 林	31.32	15.47	15.85	1.63	6.19	2.67	6.99
黑龙江	36.63	19.18	17.45	1.43	4.8	2.72	9.94
上 海	122.71	61.24	61.47	1.82	36.31	1.78	23.38
江 苏	125.35	77.37	47.98	1.31	22.93	5.48	22.85
浙 江	97.07	56.48	40.6	1.48	21.71	4.13	14.76
安 徽	54.25	31.06	23.19	1.59	2.37	4.66	16.34
福 建	46.24	27.31	18.93	1.46	4.6	1.31	13.01
江 西	36.61	20.06	16.55	1.71	2.76	2.6	11.2
山 东	96.38	51.09	45.29	1.54	6.99	6.11	33.09
河 南	57.1	30.66	26.43	1.49	9.47	4.56	12.66
湖 北	67.12	37.28	29.85	1.57	5.03	5.16	18.52
湖 南	51.15	24.93	26.21	1.73	4.41	5.72	17.1
广 东	149.06	79.04	70.02	1.6	18.96	5.59	45.69
广 西	30.31	14.8	15.52	1.65	4.19	2.81	8.52
海 南	10.35	5.21	5.14	1.6	3.08	0.63	1.42
重 庆	27.72	16.49	11.23	1.33	1.19	2.7	7.33
四 川	74.95	36.66	38.29	1.69	9.89	6.86	21.57
贵 州	25.57	14.72	10.85	1.35	1.1	3.29	6.46
云 南	39.6	19.78	19.82	1.63	2.06	4.73	13.05
西 藏	3.91	2.95	0.96	0.47	0.57	0.1	0.28
陕 西	33.6	17.42	16.18	1.53	2.85	3.58	9.7
甘 肃	30.09	16.5	13.59	1.63	2.8	4.01	6.78
青 海	10.96	6.62	4.33	1.56	2.36	0.66	1.25
宁 夏	8.25	4.36	3.89	1.53	0.4	0.72	2.78
新 疆	28.53	14.59	13.94	1.53	2.3	3.02	8.56
新疆兵团	3.71	1.78	1.93	1.82	0.22	0.24	1.47

数据来源：《全国住房公积金2017年年度报告》。

（二）房地产贷款

表 3－136　2014—2018 年各季度房地产开发贷款情况

单位：亿元，%

类　别	房地产开发贷款余额		地产开发贷款余额		房产开发贷款余额		购房贷款余额	
	绝对值	同比	绝对值	同比	绝对值	同比	绝对值	同比
2018Q4	101900	22.6	—	—	—	—	257500	17.8
2018Q3	100600	24.5	—	—	—	—	248800	17.9
2018Q2	96400	24.2	14600	7.1	81800	27.7	238400	18.6
2018Q1	91000	20.7	14000	2.2	77000	25.3	228600	20.0
2017Q4	83000	16.7	13000	－8.0	70000	21.7	219000	22.2
2017Q3	81000	15.1	14000	12.8	67000	22.7	211000	26.2
2017Q2	77600	9.8	13600	17.9	64000	18.3	201000	30.8
2017Q1	75400	7.4	14100	21.5	61300	17.3	190500	35.7
2016Q4	71100	8.4	14500	－4.9	56600	12.2	191400	35.0
2016Q3	70400	7.6	15700	0.9	54700	9.6	179300	33.4
2016Q2	70700	10.1	16600	7.5	54100	10.9	165500	30.9
2016Q1	70200	15.5	18000	22.8	52200	13.0	151800	25.5
2015Q4	65600	16.5	15200	12.8	50400	17.9	141800	23.2
2015Q3	65400	21.3	15500	28.2	49900	19.5	134500	20.9
2015Q2	64200	23.5	15400	32.8	48800	20.9	126400	17.8
2015Q1	60800	24.1	14600	30.6	46200	22.2	121000	17.6
2014Q4	56300	18.9	13500	25.7	42800	21.7	115200	17.5
2014Q3	53900	19.5	12100	12.7	41800	22.0	111200	17.5
2014Q2	52000	20.4	11600	9.7	40400	23.7	107400	18.4
2014Q1	49000	26.8	11200	7.6	37800	18.3	102900	20.1

数据来源：中国人民银行。

注：2018 年第三、四季度地产、房产开发贷款未分类统计。

四、人口和建设用地数据

表3-137　2013—2017年全国建设用地供应情况

单位：万公顷，万亿

类　别	2013年	2014年	2015年	2016年	2017年
国有建设用地供应面积	75.08	64.80	54.03	53.11	60.32
#住宅用地	14.20	10.45	8.38	7.45	8.43
#商服用地	6.70	5.02	3.69	3.51	3.09
#工矿仓储用地	21.35	14.96	12.73	12.31	12.28
#其他用地	32.83	34.37	29.23	29.84	36.52
国有建设用地出让面积	36.70	27.18	22.14	20.82	22.54
国有建设用地合同价款	4.20	3.34	2.98	3.56	4.99

数据来源：自然资源部。
注：根据最新公告部分数据有微调。

表3-138　2013—2017年全国城市数量及人口、面积情况

单位：万人，平方公里

类　别	城市个数	地　级	县　级	城区人口	城区暂住人口	城区面积	建成区面积	城市建设用地面积
2013年	658	286	368	37697.1	5621.1	183416.1	47855.3	47108.5
2014年	653	288	361	38576.5	5951.5	184098.6	49772.6	49982.7
2015年	656	291	361	39437.8	6561.5	191775.5	52102.3	51584.1
2016年	657	293	360	40299.2	7414.0	198178.6	54331.5	52761.3
2017年	661	294	363	40975.7	8164.1	198357.2	56225.4	55155.5

数据来源：住房和城乡建设部。

表3-139　2013—2017年全国县城数量及人口、面积情况

单位：万人，平方公里

类　别	县个数	县城人口	县城暂住人口	县城面积	建成区面积	城市建设用地面积
2013年	1613	13701	1566	86225	19503	17935
2014年	1596	14038	1615	79946	20111	18694
2015年	1568	14017	1598	75204	20043	18718
2016年	1537	13858	1583	72591	19467	18242
2017年	1526	13923	1701	71583	19854	18864

数据来源：住房和城乡建设部。

表 3－140　2017 年全国各省、市、自治区城市人口和城市面积

单位：万人，平方公里

地区名称	市区面积	市区人口	市区暂住人口	城区面积	城区人口	城区暂住人口	建成区面积
全　国	**2196209.8**	**76808.5**	**12005.2**	**198357.17**	**40975.72**	**8164.07**	**56225.38**
北　京	16410.0	2293.7	13.0	16410.00	1876.60	—	1445.54
天　津	11760.3	1050.0	186.5	2585.18	684.80	162.10	1087.57
河　北	47775.2	3469.5	266.9	6907.30	1695.71	152.30	2120.20
辽　宁	78914.6	3096.4	301.1	12799.79	2035.43	229.66	2643.80
上　海	6340.5	2418.3	—	6340.50	2418.33	—	998.75
江　苏	67019.8	5703.3	967.4	15368.38	2861.20	354.51	4426.51
浙　江	54532.0	3438.6	1589.4	11590.49	1631.01	812.95	2829.27
福　建	46494.9	2138.3	759.4	4473.89	938.10	338.92	1516.88
山　东	90403.9	5906.6	631.3	22733.65	3055.98	477.21	4971.47
广　东	95054.4	8106.5	2183.3	16834.70	3948.42	1528.33	5911.05
海　南	17138.3	557.4	132.6	1444.67	210.71	88.28	323.82
山　西	33892.8	1576.3	170.0	3297.75	1004.93	134.01	1178.32
吉　林	106234.2	1930.4	160.1	5105.63	1025.47	140.45	1452.15
黑龙江	200028.5	2310.1	138.4	2582.94	1311.54	113.00	1819.70
安　徽	39380.5	2505.2	474.8	6082.46	1182.17	359.62	2039.30
江　西	41959.2	2064.5	200.0	2421.59	1016.38	131.51	1454.10
河　南	46234.8	4328.8	498.7	5131.54	2075.19	424.55	2685.29
湖　北	90876.6	4116.3	471.0	8084.10	1835.41	384.86	2340.79
湖　南	49166.5	2636.2	461.7	4591.99	1380.56	402.61	1709.35
内蒙古	147077.5	982.3	236.2	4884.54	670.09	220.61	1269.16
广　西	68539.8	2392.8	252.2	5789.43	896.60	232.33	1413.65
重　庆	43263.1	2489.9	504.3	7440.00	1121.62	378.85	1423.09
四　川	82433.1	4127.3	569.7	8359.03	2065.83	410.12	2832.25
贵　州	34176.6	1371.7	128.8	3184.43	624.66	108.48	986.35
云　南	84818.3	1658.2	131.5	3157.40	857.69	89.44	1142.13
西　藏	31300.5	57.7	39.4	603.22	36.75	37.58	147.56
陕　西	49054.7	1740.1	98.8	2620.92	1000.46	74.37	1287.05
甘　肃	87442.1	895.9	150.7	1590.66	532.31	114.52	868.71
青　海	166331.5	226.9	23.4	688.15	175.08	16.03	199.87
宁　夏	23697.4	341.4	71.0	2159.18	233.50	66.30	458.12
新　疆	238458.4	878.3	193.6	3093.66	573.19	180.57	1243.58

数据来源：住房和城乡建设部。

表 3－141 2017 年全国各省、市、自治区城市建设用地面积

单位：平方公里

地区名称	城市建设用地面积									本年征用土地面积	
	小计	居住用地	公共管理与公共服务用地	商业服务业设施用地	工业用地	物流仓储用地	道路交通设施用地	公用设施用地	绿地与广场用地		耕地
全国	**55155.47**	**16979.27**	**5098.33**	**3843.01**	**11083.70**	**1664.99**	**8364.82**	**1968.65**	**6152.70**	**1934.37**	**841.27**
北京	1465.30	423.39	172.42	136.30	263.09	51.32	271.24	31.71	115.83	17.55	4.83
天津	995.02	277.53	77.53	76.97	242.45	60.12	134.63	20.95	104.84	14.61	8.15
河北	2014.17	697.27	167.40	124.24	273.99	60.86	312.48	71.38	306.55	63.78	25.94
辽宁	2748.49	870.76	183.26	163.43	719.31	65.52	393.71	61.38	291.12	22.56	10.49
上海	1910.74	546.49	151.31	117.55	550.59	57.03	135.90	212.37	139.50	23.00	14.00
江苏	4431.72	1307.62	366.10	314.14	1064.76	121.87	619.69	124.38	513.16	165.18	83.57
浙江	2682.49	789.72	233.43	210.76	588.52	65.99	442.11	75.38	276.58	133.44	59.12
福建	1472.75	492.15	147.93	104.76	276.01	34.84	215.82	46.34	154.90	70.53	15.86
山东	4660.19	1411.77	485.42	327.76	1024.96	155.09	630.74	154.77	469.68	140.43	60.42
广东	5577.44	1670.89	446.33	366.99	1488.04	127.36	870.82	133.45	473.56	117.89	52.13
海南	256.76	91.57	26.93	16.16	16.99	2.68	57.66	9.68	35.09	21.13	2.12
山西	1140.08	369.35	125.67	73.87	143.33	38.25	177.80	71.81	140.00	17.68	13.92
吉林	1407.49	508.69	106.54	90.15	286.83	47.78	201.18	57.75	108.57	64.97	37.81
黑龙江	1813.17	637.45	164.37	89.66	357.68	71.43	267.80	62.83	161.95	8.87	5.74
安徽	2001.94	625.68	157.04	174.63	370.71	54.63	320.07	61.49	237.69	148.25	73.98
江西	1402.64	408.15	150.23	100.10	277.54	33.66	217.69	51.00	164.27	94.02	26.87
河南	2530.78	763.21	287.71	134.88	386.42	80.92	411.80	99.56	366.28	45.56	19.83
湖北	2499.44	756.71	234.45	153.66	573.79	72.54	394.80	96.81	216.68	95.41	50.71
湖南	1635.89	563.55	185.70	109.92	239.66	45.27	212.08	85.37	194.34	69.51	17.66
内蒙古	1202.73	362.26	107.53	105.37	161.40	48.26	227.57	38.63	151.71	74.41	22.77
广西	1372.12	410.79	145.13	82.64	220.45	52.48	249.22	55.22	156.19	118.50	31.43
重庆	1213.18	371.77	111.60	77.45	244.58	30.99	232.63	30.39	113.77	108.26	43.55
四川	2660.07	817.40	256.45	207.87	450.81	70.86	428.34	81.84	346.50	109.50	55.40
贵州	945.30	308.05	88.87	75.73	155.24	27.94	152.26	26.94	110.27	18.70	7.00
云南	1087.65	388.35	120.41	102.95	122.57	36.51	149.32	32.92	134.62	51.13	26.67
西藏	124.84	31.95	20.77	15.49	14.78	4.20	23.41	8.99	5.25	11.96	8.93
陕西	1229.90	297.26	117.88	101.34	145.98	27.14	208.51	42.21	289.58	37.95	28.84
甘肃	861.12	209.60	80.09	57.83	171.35	30.37	138.36	42.45	131.07	34.84	25.65
青海	178.70	60.81	14.82	8.91	13.23	13.42	25.15	6.70	35.66	5.40	0.20
宁夏	402.58	128.99	52.98	19.12	42.58	13.50	70.86	15.74	58.81	14.39	5.55
新疆	1230.78	380.09	112.03	102.38	196.06	62.16	171.17	58.21	148.68	14.96	2.13

数据来源：住房和城乡建设部。

表 3－142　2017 年全国（按城市分）城市人口和面积

单位：万人，平方公里

城市名称	市区面积	市区人口	市区暂住人口	城区面积	城区人口	城区暂住人口	建成区面积
全　国	**2196209.8**	**76808.5**	**12005.2**	**198357.17**	**40975.72**	**8164.07**	**56225.38**
北　京	**16410.0**	**2293.7**	**13.0**	**16410.00**	**1876.60**	**—**	**1445.54**
天　津	**11760.3**	**1050.0**	**186.5**	**2585.18**	**684.80**	**162.10**	**1087.57**
河　北	**47775.2**	**3469.5**	**266.9**	**6907.30**	**1695.71**	**152.30**	**2120.20**
石家庄	2194.1	409.5	68.9	518.81	264.14	19.83	285.62
晋　州	619.0	57.1	1.1	90.78	13.25	0.71	14.83
新　乐	525.0	51.4	0.5	45.92	8.93	0.23	13.87
唐　山	3874.0	305.1	4.1	1361.33	193.98	4.09	249.00
遵　化	1521.0	76.8	2.6	85.80	22.26	2.06	26.20
迁　安	1227.0	77.0	4.0	128.10	31.30	3.20	44.33
秦皇岛	2131.5	143.9	27.1	330.25	98.18	27.06	134.97
邯　郸	2649.1	381.3	19.9	556.00	190.12	10.35	175.62
武　安	1806.0	83.8	1.9	95.00	24.06	0.72	35.20
邢　台	132.3	89.4	7.7	114.80	89.44	7.69	103.05
南　宫	863.3	50.7	1.6	53.50	14.30	0.65	16.03
沙　河	999.0	45.3	0.4	37.00	9.24	0.41	17.55
保　定	2564.8	284.6	22.2	344.93	144.00	21.38	190.03
涿　州	751.3	69.7	2.1	52.20	34.49	0.97	34.94
安　国	485.1	41.0	0.5	81.00	10.50	0.48	13.12
高碑店	620.0	57.7	1.1	36.80	13.21	0.95	20.58
白沟新城	54.4	5.8	3.3	54.35	5.42	3.34	18.54
张家口	6963.8	196.8	16.9	407.21	99.54	6.05	99.80
承　德	1252.7	59.7	4.5	724.03	54.73	4.42	123.56
平　泉	3295.5	47.9	0.8	26.00	16.20	0.57	17.10
沧　州	320.0	66.3	8.5	183.00	55.48	6.65	83.00
泊　头	1007.0	63.6	0.2	22.00	16.93	0.20	20.03
任　丘	1012.0	89.2	8.2	74.40	35.13	3.22	47.75
黄　骅	2202.0	60.6	5.6	200.00	14.70	5.30	36.80
河　间	1322.0	86.7	2.8	69.40	15.85	1.69	20.90
廊　坊	960.0	86.9	18.9	292.00	47.90	9.30	68.72
霸　州	784.0	65.9	11.7	79.00	15.02	1.52	17.60
三　河	643.0	71.0	4.2	169.00	20.04	1.90	19.31
衡　水	1509.6	99.9	8.3	401.40	60.31	4.03	75.59
深　州	1252.0	58.1	3.2	83.19	19.00	0.10	21.00

续表

城市名称	市区面积	市区人口	市区暂住人口	城区面积	城区人口	城区暂住人口	建成区面积
辛　集	951.0	63.5	2.7	137.10	17.96	1.93	31.56
定　州	1283.7	123.4	1.5	53.00	40.10	1.30	44.00
山　西	**33892.8**	**1576.3**	**170.0**	**3297.75**	**1004.93**	**134.01**	**1178.32**
太　原	1500.0	369.2	68.0	1000.00	288.09	82.88	340.00
古　交	1512.0	21.8	3.4	25.75	14.70	2.40	17.03
大　同	2080.0	158.9	2.1	130.20	121.03	4.94	125.20
阳　泉	5221.9	79.6	1.7	68.93	61.89	1.87	62.20
长　治	334.0	74.3	6.0	76.20	70.89	4.19	59.30
潞　城	630.0	22.6	0.1	132.00	9.43	0.06	10.50
晋　城	2164.0	99.2	7.5	143.00	49.30	—	47.80
高　平	946.0	48.5	0.9	63.00	12.65	0.40	17.80
朔　州	4093.7	67.8	6.7	176.00	37.84	5.53	49.70
晋　中	1311.0	62.3	13.4	450.00	43.12	13.00	82.49
介　休	743.7	43.5	0.2	42.00	22.18	0.03	22.58
运　城	1237.0	65.0	42.0	88.90	39.00	4.00	66.00
永　济	1221.1	45.0	0.2	214.34	16.90	0.20	25.78
河　津	593.1	38.8	1.3	131.80	20.70	1.30	28.82
忻　州	1982.0	55.0	2.8	183.00	27.65	2.60	36.56
原　平	2571.0	50.2	2.5	148.00	16.07	2.35	17.71
临　汾	1307.0	91.2	3.8	60.00	58.16	3.54	54.00
侯　马	220.1	25.1	0.6	20.43	15.89	—	20.43
霍　州	765.0	32.1	2.6	19.50	13.37	1.63	15.40
吕　梁	1339.0	33.6	3.2	50.20	25.95	1.69	33.32
孝　义	946.0	49.1	0.1	54.50	29.10	0.26	28.10
汾　阳	1175.3	43.5	1.1	20.00	11.02	1.14	17.60
内蒙古	**147077.5**	**982.3**	**236.2**	**4884.54**	**670.09**	**220.61**	**1269.16**
呼和浩特	2054.0	134.7	70.3	265.05	134.71	70.27	260.00
包　头	2965.0	225.2	61.5	885.00	137.80	53.06	210.02
乌　海	1754.0	51.8	11.2	67.17	44.46	10.54	62.30
赤　峰	7057.4	139.6	20.1	560.00	77.50	19.25	106.07
通　辽	3212.0	85.0	2.8	75.63	43.20	2.00	61.20
霍林郭勒	585.0	7.5	5.4	36.04	7.45	5.38	17.00
鄂尔多斯	2884.1	23.1	26.5	199.42	23.14	26.47	116.42
呼伦贝尔	1518.9	30.5	5.0	252.00	29.94	5.00	59.46

续表

城市名称	市区面积	市区人口	市区暂住人口	城区面积	城区人口	城区暂住人口	建成区面积
满洲里	732.4	17.2	4.1	732.44	17.17	4.05	27.06
牙克石	27590.0	33.1	0.0	39.00	13.21	—	27.70
扎兰屯	16800.0	43.1	1.7	385.00	13.14	0.30	19.20
额尔古纳	28000.0	8.1	0.4	303.00	3.67	0.14	10.48
根　河	19659.0	6.4	—	350.00	6.44	—	17.50
巴彦淖尔	2354.0	54.1	6.8	80.51	31.83	6.74	51.00
乌兰察布	420.0	31.4	5.7	70.00	25.56	4.33	70.00
丰　镇	2704.0	32.5	0.5	25.00	13.34	0.45	25.00
乌兰浩特	772.0	31.9	2.5	86.10	24.56	2.00	44.30
阿尔山	7408.7	4.8	1.9	15.40	3.33	1.45	11.40
二连浩特	4015.0	3.3	4.4	48.78	3.12	4.40	30.00
锡林浩特	14592.0	19.0	5.6	409.00	16.52	4.78	43.05
辽　宁	**78914.6**	**3096.4**	**301.1**	**12799.79**	**2035.43**	**229.66**	**2643.80**
沈　阳	5116.0	590.6	128.9	1610.00	432.46	79.45	553.00
新　民	3318.0	68.1	2.0	22.50	17.40	0.49	22.50
大　连	5244.0	382.8	77.9	1523.00	328.80	72.17	404.50
瓦房店	3793.5	93.1	8.7	167.50	28.60	4.44	35.80
庄　河	4086.0	85.3	3.2	239.00	32.51	2.27	42.80
鞍　山	792.0	148.7	9.4	625.60	131.20	9.40	172.62
海　城	2581.0	107.9	6.3	104.00	21.28	2.15	36.40
抚　顺	1409.8	140.5	2.4	605.50	129.12	1.60	141.34
本　溪	1518.0	90.2	3.2	1518.00	82.70	2.88	109.00
丹　东	941.2	78.3	6.8	620.80	60.88	5.06	84.89
东　港	2398.0	59.2	1.6	126.00	15.74	1.30	22.00
凤　城	5515.0	55.8	2.2	329.33	17.37	2.20	21.00
锦　州	728.0	95.6	1.3	436.00	95.60	1.30	77.10
凌　海	2585.5	51.5	1.7	136.74	12.43	1.30	21.08
北　镇	1782.0	48.0	1.5	78.80	14.21	1.27	14.90
营　口	880.3	93.2	7.8	538.25	77.06	7.75	180.07
盖　州	2930.0	69.8	0.6	150.00	22.82	0.29	29.45
大石桥	1610.0	69.5	0.3	150.00	25.93	0.23	43.36
阜　新	490.0	75.1	0.8	448.00	75.11	0.80	76.50
辽　阳	1111.2	86.0	6.1	728.19	73.37	6.00	105.94
灯　塔	1166.0	43.8	0.4	127.00	10.75	0.21	13.87

续表

城市名称	市区面积	市区人口	市区暂住人口	城区面积	城区人口	城区暂住人口	建成区面积
盘　锦	235.9	96.3	10.8	197.56	74.41	10.24	94.63
铁　岭	675.2	53.5	5.2	216.15	38.33	5.15	65.91
调兵山	262.2	22.9	1.0	23.97	19.99	1.00	18.95
开　原	2813.3	56.4	3.6	150.39	17.79	3.50	27.93
朝　阳	1170.5	62.4	1.5	570.00	52.25	1.53	59.02
北　票	4469.0	57.3	0.3	183.00	18.20	0.20	23.41
凌　源	3263.0	63.5	1.1	462.24	21.40	1.00	24.93
葫芦岛	13911.9	97.0	3.3	443.77	69.20	3.28	88.40
兴　城	2118.3	54.1	1.5	268.50	18.52	1.20	32.50
吉　林	**106234.2**	**1930.4**	**160.1**	**5105.63**	**1025.47**	**140.45**	**1452.15**
长　春	7825.0	428.4	82.2	1855.00	325.40	78.72	520.56
榆　树	4723.8	135.5	8.4	109.00	23.95	5.70	23.48
德　惠	3439.2	90.3	2.9	124.83	23.00	2.00	31.00
吉　林	1995.0	179.8	2.2	498.75	125.45	1.44	189.04
蛟　河	6429.0	47.5	1.4	27.50	14.50	0.13	19.91
桦　甸	6626.0	44.8	1.6	192.00	15.50	0.63	19.50
舒　兰	4557.0	67.2	3.1	180.00	11.21	2.11	25.00
磐　石	3960.0	51.0	1.9	25.00	11.62	0.60	23.80
四　平	1111.7	62.4	5.6	118.11	62.43	5.63	66.48
双　辽	3121.3	39.4	1.4	149.20	11.50	1.36	22.00
辽　源	429.0	45.5	2.1	46.30	45.48	2.06	46.30
通　化	745.4	43.6	2.4	64.75	43.61	2.40	56.96
集　安	3341.1	21.2	0.2	44.89	7.72	0.18	8.71
白　山	2736.0	53.8	3.9	388.11	37.22	3.04	47.35
临　江	3027.0	15.7	0.5	170.84	9.31	0.40	10.05
松　原	1327.0	59.9	3.3	81.80	46.36	3.23	51.10
扶　余	4673.0	77.3	2.7	17.20	10.28	2.78	14.01
白　城	2568.8	48.8	2.0	67.50	26.95	1.50	43.38
洮　南	5103.0	41.2	0.7	54.00	11.10	0.44	26.55
大　安	4879.0	42.9	0.9	200.00	15.20	0.72	19.27
延　吉	1748.3	55.0	8.9	40.66	47.16	7.71	35.50
图　们	1142.7	11.3	0.8	15.00	7.85	0.62	11.06
敦　化	11957.0	46.0	2.1	116.00	20.19	—	30.80
珲　春	5145.4	22.9	4.2	125.39	17.96	3.67	25.91

续表

城市名称	市区面积	市区人口	市区暂住人口	城区面积	城区人口	城区暂住人口	建成区面积
龙　井	2208.0	17.5	0.3	31.05	11.50	0.28	12.00
和　龙	5069.0	17.6	0.5	145.00	9.27	0.27	12.55
公主岭	4172.6	103.4	3.9	137.75	15.63	2.44	32.58
梅河口	2174.0	60.5	10.4	80.00	18.12	10.39	27.30
黑龙江	**200028.5**	**2310.1**	**138.4**	**2582.94**	**1311.54**	**113.00**	**1819.70**
哈尔滨	10198.3	550.8	78.6	463.74	425.64	66.93	438.34
尚　志	8824.9	65.1	1.1	152.00	15.10	0.45	21.32
五　常	7512.3	90.1	0.4	100.55	18.73	0.30	26.70
齐齐哈尔	4377.1	134.9	2.1	140.81	109.00	0.40	140.81
讷　河	6651.0	68.5	1.1	20.00	8.92	1.11	15.02
鸡　西	2300.0	79.8	1.8	80.61	67.40	1.76	80.60
虎　林	9334.0	15.3	0.2	46.22	6.99	0.10	11.14
密　山	7731.0	33.5	0.2	87.38	8.98	0.12	19.36
鹤　岗	4551.0	63.9	0.8	85.00	53.80	0.70	53.22
双鸭山	1760.0	144.2	1.4	118.00	46.60	1.40	58.00
大　庆	5107.0	136.9	24.7	322.01	114.93	23.90	247.35
伊　春	19459.0	80.4	1.8	179.85	75.60	0.92	154.02
铁　力	6440.0	35.1	0.2	21.40	11.53	0.10	16.50
佳木斯	1875.0	77.1	0.5	188.00	59.30	0.50	95.68
同　江	6300.0	17.6	1.4	10.80	4.79	1.35	10.80
富　锦	8227.0	42.2	0.3	17.90	12.20	0.35	16.20
抚　远	6262.5	11.4	0.4	12.60	4.20	0.05	5.60
七台河	3646.0	57.4	4.7	67.60	37.64	3.40	67.60
牡丹江	2675.0	87.2	0.7	92.68	66.80	0.70	82.24
海　林	8711.0	28.0	0.2	24.25	10.10	0.05	17.70
宁　安	7924.0	41.4	1.0	13.50	7.28	0.20	11.23
穆　棱	6187.0	28.5	0.4	10.44	7.61	0.25	10.44
绥芬河	421.4	7.0	3.2	27.95	6.37	2.33	27.35
东　宁	7139.0	20.9	0.2	19.29	7.74	0.09	14.70
黑　河	14446.0	19.0	3.7	27.88	13.59	1.22	20.00
北　安	7194.0	42.5	0.3	57.31	12.98	0.16	23.13
五大连池	9874.0	33.7	0.4	10.00	3.63	0.36	5.62
绥　化	2743.0	83.1	3.0	92.77	35.20	1.50	45.00
安　达	3586.0	52.6	0.5	25.95	22.89	0.40	25.10

续表

城市名称	市区面积	市区人口	市区暂住人口	城区面积	城区人口	城区暂住人口	建成区面积
肇　东	3905.0	86.3	0.3	48.77	24.20	0.10	42.00
海　伦	4667.0	76.1	2.9	17.68	11.80	1.80	16.93
上　海	**6340.5**	**2418.3**	**—**	**6340.50**	**2418.33**	**—**	**998.75**
江　苏	**67019.8**	**5703.3**	**967.4**	**15368.38**	**2861.20**	**354.51**	**4426.51**
南　京	6588.5	682.7	39.2	4226.41	608.62	34.06	796.35
无　锡	1643.9	259.3	44.5	1261.26	221.97	32.80	338.42
江　阴	988.0	125.5	46.1	198.00	34.71	3.29	125.00
宜　兴	1996.6	108.3	28.4	599.86	48.12	2.86	82.74
徐　州	3040.0	343.7	7.9	604.78	197.41	1.30	265.00
新　沂	1571.0	112.9	4.9	120.00	32.57	3.32	36.51
邳　州	2088.0	193.8	3.9	124.00	37.23	2.00	47.63
常　州	2838.7	299.7	52.7	772.51	159.70	28.87	265.64
溧　阳	1535.0	79.1	8.0	140.24	21.48	0.47	29.95
苏　州	2826.7	356.3	131.5	1523.88	269.78	63.16	473.33
常　熟	1264.0	106.9	94.6	349.40	43.46	0.83	98.00
张家港	998.5	92.9	55.0	172.52	36.82	1.43	56.60
昆　山	927.7	86.3	88.5	148.30	45.20	2.71	72.00
太　仓	810.0	48.7	47.7	147.97	16.48	10.79	51.30
南　通	1706.0	215.1	57.3	398.00	116.26	43.58	225.84
启　东	1208.0	111.6	16.2	50.00	22.90	2.20	31.40
如　皋	1477.0	142.6	3.0	108.16	31.52	1.30	40.21
海　门	1148.8	99.8	15.4	60.00	25.97	4.39	28.80
连云港	2602.0	222.6	27.5	718.50	93.90	15.97	223.00
淮　安	4531.0	332.2	22.6	309.69	130.35	20.67	185.00
盐　城	5131.0	244.4	26.6	608.76	121.97	14.89	153.34
东　台	3221.0	112.9	8.8	128.50	30.60	3.20	36.90
扬　州	2358.0	229.9	26.0	415.34	105.85	15.22	163.93
仪　征	853.0	59.5	2.9	67.70	20.91	0.30	39.28
高　邮	1922.0	81.2	2.3	135.00	23.14	1.76	27.00
镇　江	1082.0	103.5	19.8	555.43	79.65	9.52	141.30
丹　阳	1047.0	80.8	25.5	154.22	31.02	5.40	34.19
扬　中	332.0	28.2	6.3	94.75	14.24	2.77	14.63
句　容	1386.4	58.9	1.2	92.80	15.92	1.16	28.50
泰　州	1567.1	164.0	23.8	441.44	84.11	9.77	121.80

续表

城市名称	市区面积	市区人口	市区暂住人口	城区面积	城区人口	城区暂住人口	建成区面积
兴　化	2393.4	156.6	3.6	64.00	20.40	1.70	38.60
靖　江	655.6	68.7	12.1	143.00	22.19	4.05	33.62
泰　兴	1174.0	118.6	5.8	74.64	25.85	2.17	30.90
宿　迁	2108.0	176.3	8.1	359.32	70.90	6.60	89.80
浙　江	**54532.0**	**3438.6**	**1589.4**	**11590.49**	**1631.01**	**812.95**	**2829.27**
杭　州	8006.2	600.3	416.8	1726.96	370.91	266.16	591.08
建　德	2364.0	51.1	4.4	85.00	11.84	1.71	10.60
宁　波	3731.6	289.6	204.9	1097.00	192.49	140.33	345.49
余　姚	1527.0	83.7	15.9	355.00	39.22	6.18	50.54
慈　溪	1361.0	105.3	38.7	270.48	42.43	9.87	46.20
温　州	1311.0	170.4	56.8	849.26	152.28	54.71	254.70
瑞　安	1350.0	124.6	59.2	111.40	20.29	9.66	23.00
乐　清	1384.6	130.3	55.4	287.73	34.18	16.43	23.29
嘉　兴	1040.8	96.1	74.7	293.00	47.46	43.82	145.18
海　宁	862.7	69.0	39.8	150.54	17.98	4.60	52.84
平　湖	500.0	49.6	28.1	152.12	19.74	15.18	40.00
桐　乡	727.5	69.8	55.7	189.50	23.01	3.16	51.20
湖　州	1565.0	116.1	59.0	640.69	54.20	39.10	117.20
绍　兴	2942.0	221.5	110.6	497.04	102.91	50.75	223.94
诸　暨	2311.0	108.6	36.1	346.62	28.35	12.78	56.44
嵊　州	1790.0	72.9	10.7	214.70	23.54	8.49	41.40
金　华	2049.4	97.9	62.3	579.69	57.11	23.07	104.30
兰　溪	1311.0	66.3	5.8	206.30	19.09	2.86	36.31
义　乌	1105.0	80.0	56.9	419.44	47.11	40.41	103.41
东　阳	1739.0	84.0	47.8	373.00	31.85	10.10	42.57
永　康	1049.0	61.0	53.7	134.80	17.45	7.22	37.91
衢　州	2354.5	85.0	11.8	200.10	29.76	6.42	73.07
江　山	2019.0	61.7	2.5	141.25	13.40	2.00	17.50
舟　山	1026.3	71.3	9.6	578.70	51.02	9.59	64.07
台　州	1536.3	160.4	20.9	750.28	99.87	5.20	141.25
温　岭	836.0	122.0	8.9	121.90	25.67	4.71	36.03
临　海	2171.0	120.0	16.1	360.00	29.53	2.06	46.65
丽　水	1502.0	41.1	24.8	266.13	20.69	15.01	38.00

续表

城市名称	市区面积	市区人口	市区暂住人口	城区面积	城区人口	城区暂住人口	建成区面积
龙　泉	3059. 0	29. 1	1. 8	191. 86	7. 63	1. 37	15. 10
安　徽	**39380. 5**	**2505. 2**	**474. 8**	**6082. 46**	**1182. 17**	**359. 62**	**2039. 30**
合　肥	1312. 5	270. 1	251. 5	1126. 61	219. 93	175. 97	461. 00
巢　湖	2031. 0	92. 0	2. 6	48. 00	33. 20	1. 35	48. 00
芜　湖	1394. 7	140. 1	42. 5	721. 70	105. 21	42. 00	175. 00
蚌　埠	956. 9	115. 1	17. 3	365. 48	80. 77	15. 13	147. 00
淮　南	1690. 0	180. 7	1. 2	469. 02	105. 80	2. 92	104. 49
马鞍山	704. 0	82. 6	19. 7	175. 84	58. 75	15. 52	98. 00
淮　北	754. 0	105. 1	12. 8	210. 00	62. 43	12. 75	87. 52
铜　陵	1200. 7	73. 9	8. 7	205. 60	43. 89	7. 60	81. 32
安　庆	821. 2	74. 1	17. 9	311. 50	65. 89	5. 55	92. 10
桐　城	1571. 0	75. 4	0. 9	91. 56	16. 56	0. 65	27. 67
黄　山	2376. 7	46. 0	12. 8	461. 80	28. 52	11. 94	69. 63
滁　州	1404. 3	55. 8	13. 8	282. 60	38. 75	11. 68	86. 94
天　长	1770. 0	64. 4	7. 1	33. 00	14. 53	5. 82	29. 80
明　光	2335. 0	64. 4	1. 6	40. 00	14. 80	1. 40	27. 00
阜　阳	1923. 8	229. 0	5. 6	338. 87	79. 14	5. 64	130. 00
界　首	667. 3	82. 6	0. 5	77. 95	18. 32	0. 41	21. 80
宿　州	2868. 0	190. 6	10. 2	164. 51	50. 04	8. 30	82. 31
六　安	3834. 0	204. 3	25. 5	166. 12	43. 90	16. 50	77. 80
亳　州	2226. 0	167. 0	3. 6	86. 90	32. 00	3. 20	69. 00
池　州	2431. 7	67. 1	3. 4	252. 93	27. 56	3. 39	37. 60
宣　城	2620. 8	86. 5	12. 5	131. 77	26. 56	9. 26	58. 40
宁　国	2487. 0	38. 5	3. 1	320. 70	15. 62	2. 64	26. 92
福　建	**46494. 9**	**2138. 3**	**759. 4**	**4473. 89**	**938. 10**	**338. 92**	**1516. 88**
福　州	2444. 0	279. 7	75. 0	1219. 37	223. 10	57. 84	290. 82
福　清	2030. 0	136. 7	28. 4	224. 50	32. 29	2. 92	51. 00
厦　门	1699. 0	231. 0	291. 7	348. 23	197. 37	150. 00	348. 23
莆　田	2284. 0	239. 6	47. 9	244. 00	59. 60	14. 50	93. 52
三　明	1171. 6	28. 4	1. 1	220. 00	21. 18	1. 03	38. 70
永　安	2942. 0	33. 0	8. 8	300. 00	13. 60	3. 67	24. 85
泉　州	892. 0	248. 6	70. 5	539. 00	103. 10	32. 90	220. 00
石　狮	160. 0	33. 7	35. 3	48. 00	14. 47	22. 75	38. 20

续表

城市名称	市区面积	市区人口	市区暂住人口	城区面积	城区人口	城区暂住人口	建成区面积
晋　江	649. 0	113. 6	117. 2	60. 00	21. 65	11. 85	38. 00
南　安	2036. 0	163. 5	34. 2	130. 00	25. 79	4. 97	34. 80
漳　州	400. 6	61. 6	12. 2	95. 24	43. 13	10. 05	69. 84
龙　海	1128. 0	70. 9	5. 3	27. 00	20. 02	1. 11	23. 35
南　平	6044. 8	84. 6	7. 8	344. 72	29. 55	5. 24	48. 46
邵　武	2836. 7	30. 9	3. 2	95. 00	9. 31	2. 21	20. 70
武夷山	2798. 0	24. 5	0. 9	26. 00	9. 00	0. 51	10. 41
建　瓯	4233. 1	55. 2	4. 0	35. 00	10. 60	3. 50	16. 10
龙　岩	4901. 0	101. 8	0. 9	200. 00	43. 66	0. 64	65. 40
漳　平	2958. 0	29. 7	2. 0	45. 00	11. 30	1. 34	15. 00
宁　德	1537. 0	44. 8	7. 4	107. 50	19. 89	7. 43	34. 03
福　安	1880. 1	67. 1	4. 0	41. 33	13. 47	2. 95	15. 75
福　鼎	1470. 0	59. 6	1. 7	124. 00	16. 02	1. 51	19. 72
江　西	**41959. 2**	**2064. 5**	**200. 0**	**2421. 59**	**1016. 38**	**131. 51**	**1454. 10**
南　昌	3095. 4	305. 8	60. 2	358. 90	246. 19	31. 28	327. 35
景德镇	580. 0	47. 5	10. 2	198. 50	42. 59	10. 21	86. 00
乐　平	1974. 0	90. 0	0. 4	49. 20	16. 99	0. 24	25. 13
萍　乡	1065. 0	88. 6	3. 2	85. 70	42. 81	2. 58	51. 22
九　江	1572. 0	105. 2	7. 3	175. 51	72. 28	3. 55	127. 09
瑞　昌	1423. 1	49. 0	0. 8	23. 67	20. 58	0. 79	21. 13
共青城	181. 3	17. 1	8. 0	15. 00	5. 52	2. 11	15. 00
庐　山	780. 0	29. 6	1. 6	12. 00	6. 80	1. 25	10. 90
新　余	1789. 0	91. 4	1. 0	230. 00	47. 35	0. 97	79. 00
鹰　潭	137. 5	24. 0	1. 1	74. 00	22. 29	0. 70	39. 40
贵　溪	2480. 0	64. 5	1. 7	90. 00	13. 26	0. 90	31. 72
赣　州	5366. 2	235. 7	57. 5	328. 24	122. 63	43. 54	174. 96
瑞　金	2449. 0	70. 6	1. 5	52. 00	28. 78	1. 31	29. 36
吉　安	1381. 5	63. 3	6. 6	230. 00	40. 38	6. 53	57. 58
井冈山	1297. 5	17. 1	3. 4	8. 90	2. 95	1. 75	8. 90
宜　春	2532. 4	114. 6	13. 2	88. 00	45. 68	13. 18	72. 00
丰　城	2845. 0	147. 9	0. 4	62. 60	37. 33	0. 09	52. 00
樟　树	1291. 0	61. 0	0. 1	46. 34	25. 12	0. 05	29. 30
高　安	2439. 0	89. 8	5. 3	52. 00	25. 60	1. 26	33. 12
抚　州	3428. 3	169. 5	4. 7	128. 02	76. 08	3. 58	91. 18

续表

城市名称	市区面积	市区人口	市区暂住人口	城区面积	城区人口	城区暂住人口	建成区面积
上 饶	1770.0	148.9	11.8	92.01	67.44	5.24	79.46
德 兴	2082.0	33.6	0.2	21.00	7.73	0.40	12.30
山 东	**90403.9**	**5906.6**	**631.3**	**22733.65**	**3055.98**	**477.21**	**4971.47**
济 南	5022.0	483.8	73.2	1665.87	336.32	67.68	463.64
青 岛	3269.4	387.4	115.4	2295.39	336.10	109.73	638.44
胶 州	1324.0	85.0	4.3	504.10	44.36	1.17	58.69
即 墨	1921.0	116.9	5.5	793.79	56.82	1.48	59.96
平 度	3167.0	139.4	3.4	719.90	47.03	0.57	64.30
莱 西	1568.0	74.5	1.9	448.09	30.44	1.20	34.94
淄 博	2989.1	288.1	20.7	705.10	165.32	9.20	275.51
枣 庄	3076.1	244.9	8.5	349.46	96.13	4.76	153.01
滕 州	1496.0	173.2	4.1	107.50	37.67	1.71	59.77
东 营	5525.4	111.5	25.0	1388.20	72.81	20.51	152.80
烟 台	2724.0	189.5	56.8	914.00	150.78	56.16	331.60
龙 口	901.0	63.7	7.8	104.00	27.01	2.40	43.80
莱 阳	1731.5	86.2	1.0	265.49	29.10	0.98	42.72
莱 州	1928.0	84.8	5.0	368.20	34.00	5.00	52.31
蓬 莱	1128.6	44.7	3.4	158.60	16.10	1.71	25.53
招 远	1433.2	56.5	1.8	138.00	19.38	1.05	32.80
栖 霞	2016.0	60.1	6.9	32.00	13.97	4.40	17.10
海 阳	1886.8	64.7	1.5	262.00	24.31	1.50	34.44
潍 坊	2006.0	191.7	5.8	1194.99	126.90	3.64	179.34
青 州	1569.0	94.7	4.8	300.00	34.42	1.55	52.00
诸 城	2151.0	111.4	12.6	501.40	45.68	2.98	51.30
寿 光	1990.0	109.6	20.4	328.30	34.02	2.46	40.50
安 丘	1712.0	97.0	2.5	362.00	35.25	1.37	62.16
高 密	1527.0	89.4	2.0	198.00	27.37	1.58	59.90
昌 邑	1628.0	58.8	—	120.00	17.82	—	25.00
济 宁	1647.5	186.9	20.4	883.87	140.76	14.82	221.77
曲 阜	815.0	65.3	4.5	66.00	18.80	2.60	27.00
邹 城	1616.0	120.5	3.2	97.86	32.50	2.30	48.50
泰 安	2087.0	162.9	19.7	587.63	82.89	18.84	156.85
新 泰	1933.0	144.3	1.1	496.47	53.00	1.00	69.60
肥 城	1277.0	99.2	0.7	137.10	30.65	0.54	43.86

续表

城市名称	市区面积	市区人口	市区暂住人口	城区面积	城区人口	城区暂住人口	建成区面积
威　海	2606.7	134.4	45.7	631.42	82.53	13.81	194.16
荣　成	1526.2	66.2	15.1	491.70	35.02	6.20	56.60
乳　山	1664.9	55.1	4.1	140.60	16.01	4.00	34.24
日　照	2043.1	137.3	17.6	403.70	65.84	15.15	107.10
莱　芜	2246.0	129.5	5.8	614.14	65.00	3.53	120.00
临　沂	2656.9	294.6	36.8	1277.63	180.44	35.23	230.60
德　州	1752.4	124.1	23.6	602.00	80.37	23.49	156.23
乐　陵	1168.0	72.1	0.6	100.00	25.35	0.49	33.00
禹　城	990.0	54.0	0.6	60.00	18.97	0.54	37.50
聊　城	1710.0	126.6	14.4	412.69	74.09	13.30	104.68
临　清	950.0	83.4	0.4	262.00	32.20	0.30	31.40
滨　州	3763.1	109.4	17.2	799.90	76.94	12.77	140.12
菏　泽	2261.0	233.5	5.7	444.56	85.51	3.51	146.70
河　南	**46234.8**	**4328.8**	**498.7**	**5131.54**	**2075.19**	**424.55**	**2685.29**
郑　州	1010.3	506.0	264.2	572.56	373.58	264.24	500.77
巩　义	1041.0	84.2	2.6	36.00	32.60	1.02	31.50
荥　阳	908.0	70.2	6.0	92.39	15.40	2.40	38.48
新　密	1001.0	88.9	—	78.22	22.06	—	26.31
新　郑	887.0	80.6	34.0	34.30	20.15	6.00	33.80
登　封	1219.0	72.7	5.3	58.79	15.83	4.30	25.65
开　封	1837.0	169.5	3.3	192.25	98.80	3.30	129.98
洛　阳	593.5	216.4	43.0	331.42	203.33	30.70	216.37
偃　师	948.0	90.0	2.0	21.00	17.55	1.18	19.50
平顶山	443.0	113.7	2.5	260.03	94.05	1.90	73.40
舞　钢	635.0	32.7	0.4	68.03	12.10	0.20	16.42
汝　州	1573.0	118.0	1.8	136.50	34.40	5.57	40.35
安　阳	543.6	119.6	1.8	153.00	73.56	0.48	83.00
林　州	2046.0	114.8	3.1	38.00	19.30	1.93	24.15
鹤　壁	679.0	65.0	1.8	130.42	46.74	1.73	64.12
新　乡	346.0	116.6	0.3	140.00	78.11	0.17	120.36
卫　辉	862.0	54.9	0.0	45.00	15.10	0.04	22.93
辉　县	2007.0	90.5	3.5	116.50	20.24	1.88	22.01
焦　作	543.6	102.1	4.6	140.00	79.10	—	113.30
沁　阳	624.0	54.2	0.5	34.00	13.94	0.05	21.00

续表

城市名称	市区面积	市区人口	市区暂住人口	城区面积	城区人口	城区暂住人口	建成区面积
孟　州	541.6	38.4	0.4	113.37	14.90	0.40	16.80
濮　阳	263.0	76.3	3.5	153.56	57.50	2.64	62.00
许　昌	1099.0	133.6	12.1	190.00	46.20	10.38	103.00
禹　州	1461.0	130.4	16.4	52.26	28.94	14.50	45.81
长　葛	650.0	77.3	0.5	75.55	19.40	0.36	26.00
漯　河	1020.0	137.4	1.5	106.82	58.58	0.62	67.67
三门峡	1948.0	63.3	1.1	73.00	47.05	1.07	56.00
义　马	112.0	17.1	0.8	112.00	17.09	0.75	18.67
灵　宝	3011.0	75.7	3.3	29.00	17.56	1.05	23.00
南　阳	2144.6	212.3	37.1	640.77	124.57	35.83	155.47
邓　州	2294.0	187.7	9.7	40.00	33.13	4.95	33.00
商　丘	1697.0	155.5	3.6	103.00	96.33	0.12	63.00
永　城	1994.5	157.0	3.8	81.29	41.86	3.10	45.60
信　阳	3604.0	155.5	3.0	259.51	55.90	2.80	98.12
周　口	269.0	58.0	5.6	100.00	36.41	4.56	72.05
项　城	1083.0	135.0	0.6	60.00	30.26	—	35.26
驻马店	1365.1	85.6	4.2	185.00	44.00	3.40	85.37
济　源	1931.0	72.2	10.9	78.00	19.57	10.93	55.07
湖　北	**90876.6**	**4116.3**	**471.0**	**8084.10**	**1835.41**	**384.86**	**2340.79**
武　汉	8569.2	853.7	341.7	1452.00	576.96	291.52	628.11
黄　石	233.8	85.1	3.4	233.80	85.05	3.38	80.63
大　冶	1566.0	98.5	3.0	276.68	27.86	2.25	32.45
十　堰	8916.0	118.4	12.9	410.50	58.56	11.53	111.08
丹江口	3121.0	46.3	1.5	214.94	19.93	1.00	28.60
宜　昌	4234.3	126.4	5.0	541.00	91.40	5.00	169.84
宜　都	1352.5	40.0	1.0	221.50	17.00	0.96	24.90
当　阳	2149.7	46.8	1.2	220.30	17.75	1.15	23.60
枝　江	1374.4	47.8	1.8	100.00	19.00	1.10	24.08
襄　阳	3672.9	226.5	11.9	374.30	109.51	13.94	191.46
老河口	1032.0	54.0	0.7	208.00	27.35	0.75	27.00
枣　阳	3277.0	115.0	3.0	437.80	30.50	2.10	54.20
宜　城	2115.0	55.9	0.9	48.00	18.15	0.73	27.43
鄂　州	1596.5	110.8	2.7	247.00	42.63	1.53	64.55
荆　门	2251.9	78.2	13.3	248.70	46.25	9.09	63.48

续表

城市名称	市区面积	市区人口	市区暂住人口	城区面积	城区人口	城区暂住人口	建成区面积
钟 祥	4403.4	107.0	1.0	175.00	26.45	0.95	27.00
孝 感	1018.3	95.5	4.6	115.25	52.63	2.27	54.50
应 城	1095.6	65.4	0.3	183.78	17.63	0.47	17.65
安 陆	1352.9	66.4	1.2	91.10	19.95	0.59	19.85
汉 川	1632.0	114.3	1.3	84.60	36.62	0.98	26.50
荆 州	1576.0	108.2	4.1	88.70	81.96	3.70	88.70
石 首	1427.0	62.6	5.0	22.56	14.86	0.12	22.56
洪 湖	2519.0	92.1	0.3	41.40	13.61	0.25	17.60
松 滋	2176.9	83.2	0.7	96.00	12.72	0.35	17.55
黄 冈	362.4	38.9	3.8	52.22	30.02	2.30	52.22
麻 城	3604.0	117.0	3.0	251.27	25.51	2.07	37.45
武 穴	1241.7	82.3	4.1	31.00	25.20	4.10	30.20
咸 宁	1503.1	62.7	4.9	165.00	36.58	4.66	68.10
赤 壁	1723.0	49.0	1.0	51.20	24.67	0.59	29.00
随 州	1425.4	174.0	13.3	266.00	48.00	2.80	55.91
广 水	2645.5	95.0	1.2	73.85	30.85	0.92	32.08
恩 施	3967.3	83.3	2.4	52.00	23.58	2.49	36.00
利 川	4605.5	91.4	6.9	133.00	19.15	3.50	19.00
仙 桃	2519.1	156.5	3.6	240.00	38.10	2.30	54.77
潜 江	2004.0	101.6	1.6	311.25	42.34	0.40	50.30
天 门	2612.4	167.0	3.0	324.40	27.08	3.02	32.44
湖 南	**49166.5**	**2636.2**	**461.7**	**4591.99**	**1380.56**	**402.61**	**1709.35**
长 沙	1199.8	282.7	249.4	1199.84	282.66	249.37	358.50
浏 阳	5008.0	140.0	11.5	27.90	19.16	6.84	27.90
株 洲	882.9	129.7	—	862.69	114.51	—	145.82
醴 陵	2158.0	105.2	6.4	113.80	21.82	2.93	30.40
湘 潭	657.7	88.3	3.2	169.02	78.84	2.92	80.04
湘 乡	1966.6	92.8	1.8	26.00	22.50	1.00	21.50
韶 山	247.3	12.7	0.6	32.00	4.57	0.38	5.01
衡 阳	697.6	122.1	32.4	189.00	115.67	29.63	129.90
耒 阳	2678.0	158.6	21.2	49.65	39.70	17.20	44.80
常 宁	2659.8	97.0	2.0	38.40	22.00	2.00	19.99
邵 阳	436.0	77.0	6.9	83.00	61.09	6.87	73.00
武 冈	1549.0	77.6	6.7	40.00	21.70	6.20	21.03

续表

城市名称	市区面积	市区人口	市区暂住人口	城区面积	城区人口	城区暂住人口	建成区面积
岳阳	1313. 0	107. 0	3. 7	161. 00	83. 50	2. 40	105. 00
汨罗	1484. 0	67. 1	1. 4	20. 20	13. 30	2. 50	19. 79
临湘	1718. 0	54. 3	2. 7	25. 00	14. 20	0. 50	15. 10
常德	2797. 8	140. 4	25. 6	332. 07	70. 41	24. 49	99. 55
津市	556. 2	23. 5	0. 8	71. 19	10. 16	0. 83	17. 02
张家界	2571. 3	56. 3	2. 1	55. 20	18. 85	3. 72	33. 25
益阳	1851. 0	135. 9	9. 9	109. 00	56. 82	9. 84	79. 00
沅江	1797. 0	76. 1	5. 8	19. 68	17. 20	1. 90	19. 06
郴州	2246. 0	81. 1	10. 8	580. 00	57. 08	6. 76	78. 20
资兴	2747. 0	37. 9	1. 6	24. 63	15. 54	1. 42	21. 46
永州	3193. 0	117. 6	9. 8	100. 00	47. 45	8. 41	66. 02
怀化	722. 8	62. 3	23. 2	64. 00	62. 30	0. 08	64. 00
洪江	2173. 5	44. 5	3. 1	14. 71	5. 12	1. 80	6. 90
娄底	428. 0	56. 4	8. 5	62. 20	44. 30	5. 72	49. 80
冷水江	439. 0	37. 5	3. 2	48. 81	18. 61	1. 22	24. 31
涟源	1895. 0	119. 8	3. 8	25. 00	15. 80	2. 28	15. 00
吉首	1093. 3	34. 8	3. 8	48. 00	25. 70	3. 40	38. 00
广东	**95054. 4**	**8106. 5**	**2183. 3**	**16834. 70**	**3948. 42**	**1528. 33**	**5911. 05**
广州	7434. 4	897. 9	677. 2	2099. 20	644. 89	540. 10	1263. 34
韶关	2915. 9	74. 8	1. 5	1437. 39	63. 52	1. 20	105. 08
乐昌	2451. 0	53. 0	0. 2	38. 00	16. 38	0. 08	16. 68
南雄	2361. 4	49. 1	0. 2	23. 80	9. 60	0. 40	12. 59
深圳	1997. 5	1252. 8	—	1997. 47	1252. 83	—	925. 20
珠海	1724. 0	118. 9	217. 5	790. 19	76. 80	179. 08	141. 31
汕头	1956. 0	557. 8	42. 2	277. 22	237. 40	32. 58	277. 22
佛山	2810. 4	405. 7	262. 7	734. 72	133. 48	48. 57	158. 91
江门	1785. 8	142. 3	43. 2	566. 00	94. 29	36. 82	154. 50
台山	3287. 8	97. 0	3. 0	156. 77	17. 22	1. 42	31. 10
开平	1659. 9	68. 8	12. 0	152. 00	23. 65	5. 67	33. 46
鹤山	1082. 7	37. 6	3. 0	91. 40	12. 05	1. 18	27. 68
恩平	1697. 0	49. 7	1. 2	88. 00	17. 91	0. 17	38. 74
湛江	1703. 3	169. 0	—	115. 50	91. 28	—	110. 89
廉江	2835. 0	182. 8	19. 7	46. 44	27. 00	3. 00	38. 00
雷州	3459. 0	181. 5	12. 6	39. 30	22. 40	10. 00	28. 86

续表

城市名称	市区面积	市区人口	市区暂住人口	城区面积	城区人口	城区暂住人口	建成区面积
吴　川	858.5	120.5	0.8	36.90	26.68	0.77	25.60
茂　名	2716.0	296.7	4.2	154.71	74.34	1.56	119.26
高　州	3276.0	185.7	8.2	165.00	30.28	6.33	33.50
化　州	2356.7	175.8	0.1	267.90	29.62	0.11	35.80
信　宜	3080.5	148.3	5.5	64.40	26.00	4.30	26.80
肇　庆	2960.2	141.0	27.8	532.45	61.82	18.27	120.86
四　会	1163.0	42.7	16.0	50.00	17.70	7.00	28.13
惠　州	2665.6	154.7	144.4	1181.65	109.21	106.98	269.95
梅　州	3053.0	97.0	4.1	376.00	43.76	2.98	61.82
兴　宁	2104.9	118.9	0.5	121.00	25.21	0.27	28.01
汕　尾	392.4	50.1	6.0	283.16	22.30	1.39	31.03
陆　丰	1684.0	171.0	9.6	56.00	21.00	1.95	22.00
河　源	362.0	32.1	8.9	39.28	26.61	6.51	39.28
阳　江	896.0	121.8	8.9	384.63	43.99	5.95	64.83
阳　春	4065.0	120.0	0.8	319.80	20.90	0.10	32.27
清　远	3687.4	143.8	33.9	311.03	47.83	23.91	74.51
英　德	5634.2	117.9	1.2	168.47	34.47	1.20	34.73
连　州	2667.6	54.6	0.2	80.00	14.25	0.06	17.00
东　莞	2465.0	211.3	438.6	2465.00	211.30	438.60	988.89
中　山	1800.1	170.5	134.9	255.45	47.77	31.00	150.19
潮　州	1240.7	171.8	11.5	241.02	77.04	0.48	83.12
揭　阳	1031.0	209.5	8.6	210.27	80.20	4.17	137.00
普　宁	1620.0	248.0	5.2	114.00	56.40	0.82	66.76
云　浮	1945.1	333.9	5.7	134.88	26.89	2.07	29.85
罗　定	168.3	130.4	1.5	168.30	32.15	1.28	26.30
广　西	**68539.8**	**2392.8**	**252.2**	**5789.43**	**896.60**	**232.33**	**1413.65**
南　宁	9947.0	447.0	112.4	865.08	229.90	103.43	315.22
柳　州	3555.2	179.6	54.7	501.78	125.16	53.70	225.09
桂　林	2767.0	130.5	7.1	612.63	86.95	6.86	104.40
梧　州	1850.2	79.5	13.2	485.01	48.08	13.22	58.26
岑　溪	2783.0	96.1	1.1	30.00	17.15	0.64	22.06
北　海	957.0	67.0	8.7	957.00	37.83	8.69	77.26
防城港	2816.4	62.1	4.2	238.33	17.80	3.61	41.38
东　兴	548.6	15.0	2.4	130.40	7.23	2.00	12.10

续表

城市名称	市区面积	市区人口	市区暂住人口	城区面积	城区人口	城区暂住人口	建成区面积
钦　州	4767.2	150.8	6.3	354.38	33.02	4.76	90.50
贵　港	3533.0	201.5	1.8	301.50	43.04	1.66	79.21
桂　平	4074.0	201.7	0.4	73.50	20.25	0.12	36.50
玉　林	1251.3	111.8	20.6	302.04	56.51	18.08	74.24
北　流	2457.0	151.5	3.4	135.40	20.88	2.20	26.12
百　色	3702.0	36.2	5.9	362.60	20.64	5.65	51.23
靖　西	3331.0	65.5	2.2	35.78	14.77	1.40	18.27
贺　州	5676.6	120.1	2.1	78.00	22.92	1.54	38.04
河　池	6209.0	100.9	1.0	124.00	34.10	0.97	41.92
来　宾	4363.0	113.4	2.2	92.00	30.32	2.07	49.33
合　山	350.0	13.8	0.1	20.00	5.81	0.06	7.52
崇　左	2951.0	37.5	0.7	50.00	17.52	0.43	32.00
凭　祥	650.3	11.4	1.7	40.00	6.72	1.24	13.00
海　南	**17138.3**	**557.4**	**132.6**	**1444.67**	**210.71**	**88.28**	**323.82**
海　口	2315.0	171.1	77.4	562.40	108.28	43.72	140.59
三　亚	1920.8	58.2	32.3	188.00	26.10	28.90	51.63
三　沙	16.0	0.1	0.1	2.45	0.12	0.07	0.31
儋　州	3400.0	97.8	4.2	194.05	22.26	1.90	35.39
五指山	1127.0	11.4	1.5	60.00	5.00	0.80	5.89
琼　海	1710.1	51.5	7.6	40.20	14.12	6.80	27.58
文　昌	2488.4	59.8	5.3	84.00	13.36	3.51	21.93
万　宁	1885.0	62.6	2.1	260.00	7.02	0.70	12.00
东　方	2276.0	45.0	2.2	53.57	14.45	1.88	28.50
重　庆	**43263.1**	**2489.9**	**504.3**	**7440.00**	**1121.62**	**378.85**	**1423.09**
四　川	**82433.1**	**4127.3**	**569.7**	**8359.03**	**2065.83**	**410.12**	**2832.25**
成　都	3639.8	811.6	173.9	1277.19	664.78	101.94	885.61
都江堰	1208.4	62.3	17.5	102.13	20.34	11.74	37.96
彭　州	1420.0	80.3	3.4	133.80	24.43	3.77	27.00
邛　崃	1377.0	65.5	4.6	144.28	16.60	2.33	25.10
崇　州	1089.8	66.4	11.6	63.42	13.04	4.67	31.07
简　阳	2213.0	149.0	5.0	112.00	34.80	1.80	34.00
自　贡	1438.0	148.7	15.0	778.32	104.55	11.83	120.18
攀枝花	2047.6	66.8	13.4	342.56	56.23	13.41	78.51

续表

城市名称	市区面积	市区人口	市区暂住人口	城区面积	城区人口	城区暂住人口	建成区面积
泸　州	2132. 0	152. 0	33. 6	411. 38	118. 01	33. 61	153. 88
德　阳	1096. 0	94. 4	22. 2	193. 59	50. 48	17. 95	85. 71
广　汉	551. 0	60. 4	7. 6	60. 50	32. 55	1. 30	53. 98
什　邡	820. 3	43. 0	2. 9	21. 00	13. 00	0. 30	16. 70
绵　竹	1245. 0	50. 7	3. 4	15. 00	9. 61	3. 34	12. 50
绵　阳	2751. 4	173. 3	40. 9	480. 50	97. 95	40. 15	149. 52
江　油	2720. 2	86. 6	1. 4	199. 41	33. 75	1. 30	35. 00
广　元	4535. 0	92. 7	17. 6	216. 70	40. 87	12. 16	62. 24
遂　宁	1876. 0	148. 9	6. 9	316. 00	48. 19	6. 88	80. 53
内　江	1569. 0	140. 2	14. 6	278. 93	60. 40	4. 10	81. 00
隆　昌	794. 0	77. 4	9. 0	57. 00	16. 91	4. 81	25. 20
乐　山	2506. 0	116. 1	17. 2	368. 42	61. 53	15. 32	77. 35
峨眉山	1181. 0	43. 0	3. 7	90. 20	14. 92	2. 66	21. 82
南　充	2527. 0	194. 3	34. 0	420. 00	102. 00	28. 00	133. 00
阆　中	1877. 0	85. 9	5. 5	150. 00	26. 00	5. 00	34. 50
眉　山	1796. 0	120. 2	9. 5	253. 56	46. 94	7. 09	64. 79
宜　宾	1835. 0	112. 8	34. 0	146. 35	70. 40	33. 53	102. 31
广　安	1534. 4	88. 5	9. 6	136. 20	29. 30	5. 14	67. 76
华　蓥	466. 0	37. 0	0. 7	92. 40	11. 30	0. 53	14. 69
达　州	3462. 0	303. 7	5. 8	160. 00	96. 85	5. 20	107. 78
万　源	4065. 0	63. 8	2. 0	18. 27	11. 36	1. 78	15. 35
雅　安	1681. 0	62. 0	0. 7	196. 89	26. 21	0. 66	36. 61
巴　中	2566. 0	135. 9	12. 7	160. 29	39. 78	3. 80	56. 00
资　阳	1633. 0	108. 5	5. 5	186. 87	27. 96	5. 32	50. 00
马尔康	6639. 0	5. 6	0. 6	369. 16	2. 60	0. 25	5. 06
康　定	11486. 0	13. 6	3. 3	5. 99	3. 84	1. 91	5. 20
西　昌	2655. 2	66. 8	20. 6	400. 72	38. 35	16. 54	44. 34
贵　州	**34176. 6**	**1371. 7**	**128. 8**	**3184. 43**	**624. 66**	**108. 48**	**986. 35**
贵　阳	2526. 0	245. 0	88. 9	1230. 00	207. 00	78. 00	359. 00
清　镇	1386. 6	52. 9	4. 5	51. 60	15. 20	3. 54	26. 00
六盘水	476. 0	47. 9	5. 3	276. 64	30. 77	4. 72	72. 50
盘　州	4057. 0	129. 5	1. 0	30. 00	12. 50	0. 77	19. 60
遵　义	5382. 0	219. 4	—	531. 51	105. 00	—	133. 87
赤　水	1852. 0	31. 9	3. 3	75. 40	11. 57	2. 62	17. 50
仁　怀	1789. 8	70. 0	1. 1	89. 00	23. 46	1. 57	24. 30
安　顺	2703. 0	118. 7	7. 0	145. 88	41. 93	4. 56	68. 00

续表

城市名称	市区面积	市区人口	市区暂住人口	城区面积	城区人口	城区暂住人口	建成区面积
铜　仁	2395.9	52.8	4.3	57.66	39.72	1.45	42.89
兴　义	2915.0	86.6	3.6	73.40	32.53	2.85	45.50
毕　节	3412.0	176.3	3.0	170.08	30.51	3.00	45.00
凯　里	1306.0	57.0	1.8	130.26	39.65	1.26	70.69
都　匀	2285.3	50.0	3.1	300.00	23.00	2.66	41.70
福　泉	1690.0	33.7	2.1	23.00	11.82	1.48	19.80
云　南	**84818.3**	**1658.2**	**131.5**	**3157.40**	**857.69**	**89.44**	**1142.13**
昆　明	5675.1	443.0	6.2	1782.60	391.48	1.74	438.23
安　宁	1301.8	35.4	7.9	240.76	21.80	5.10	37.39
曲　靖	4388.4	127.3	11.4	103.52	68.89	9.71	95.15
宣　威	6053.5	155.0	7.3	50.00	25.75	3.01	37.32
玉　溪	1867.1	79.4	8.6	99.70	38.23	2.17	38.42
保　山	5011.0	93.9	6.1	68.00	32.67	2.50	36.48
腾　冲	5845.0	72.7	3.5	47.40	17.80	0.10	27.22
昭　通	2240.0	92.7	5.4	61.00	26.29	5.12	43.05
丽　江	1262.8	15.7	6.5	26.00	10.67	6.40	24.00
普　洱	3928.0	31.6	3.9	50.00	19.31	3.38	26.50
临　沧	2557.0	33.8	2.9	35.18	18.24	0.67	22.50
楚　雄	4433.0	53.1	8.0	51.22	24.90	5.50	46.51
个　旧	1587.0	41.5	2.0	34.60	20.00	2.00	13.16
开　远	1950.0	28.6	3.2	45.00	17.92	2.92	21.40
蒙　自	2228.0	41.5	10.9	38.85	18.40	10.50	32.26
弥　勒	4004.0	56.4	1.5	36.70	15.70	1.18	22.89
文　山	2887.5	51.7	2.7	38.00	18.94	2.67	36.39
景　洪	6959.0	43.0	14.2	83.63	11.69	7.92	27.40
大　理	1815.0	66.8	3.8	87.20	27.15	3.66	42.51
瑞　丽	1020.0	22.3	8.6	55.00	6.81	8.54	26.20
芒　市	2987.0	39.5	1.2	50.00	12.80	1.02	19.50
泸　水	3204.0	18.4	2.9	11.94	5.55	1.13	9.23
香格里拉	11614.1	15.1	2.6	61.10	6.70	2.50	18.42
西　藏	**31300.5**	**57.7**	**39.4**	**603.22**	**36.75**	**37.58**	**147.56**
拉　萨	4168.6	24.3	26.6	496.52	14.60	26.15	83.40
昌　都	10808.9	9.5	4.5	18.20	6.50	4.40	8.50
山　南	2211.0	7.3	2.3	34.00	4.30	1.50	14.66

续表

城市名称	市区面积	市区人口	市区暂住人口	城区面积	城区人口	城区暂住人口	建成区面积
日喀则	3875. 0	12. 0	4. 9	42. 00	6. 95	4. 53	28. 50
林　芝	10237. 0	4. 6	1. 1	12. 50	4. 40	1. 00	12. 50
陕　西	**49054. 7**	**1740. 1**	**98. 8**	**2620. 92**	**1000. 46**	**74. 37**	**1287. 05**
西　安	5440. 7	733. 7	1. 2	808. 66	493. 12	0. 74	661. 08
铜　川	2373. 2	73. 4	1. 9	55. 00	40. 58	1. 23	48. 85
宝　鸡	3625. 1	140. 6	6. 6	156. 30	84. 09	3. 27	93. 18
咸　阳	507. 5	94. 6	12. 6	507. 50	89. 90	11. 98	71. 95
兴　平	454. 9	57. 0	1. 8	67. 30	19. 79	1. 80	22. 89
渭　南	2390. 0	130. 2	4. 7	267. 00	51. 95	2. 77	66. 49
韩　城	1595. 9	40. 2	2. 0	77. 20	16. 08	1. 10	18. 20
华　阴	675. 2	25. 5	0. 6	65. 00	11. 10	0. 57	18. 00
延　安	6488. 9	67. 9	13. 6	62. 06	30. 57	10. 38	41. 00
汉　中	545. 6	57. 4	11. 6	110. 62	42. 02	2. 37	44. 29
榆　林	11095. 6	97. 7	31. 3	179. 00	33. 60	30. 24	78. 38
神　木	7480. 7	45. 0	6. 0	30. 00	17. 70	3. 80	29. 00
安　康	3643. 6	101. 3	1. 8	160. 00	32. 88	1. 82	45. 00
商　洛	2644. 6	56. 5	0. 3	40. 00	23. 85	0. 38	26. 00
杨陵区	93. 2	19. 1	2. 9	35. 28	13. 23	1. 92	22. 74
甘　肃	**87442. 1**	**895. 9**	**150. 7**	**1590. 66**	**532. 31**	**114. 52**	**868. 71**
兰　州	1711. 6	206. 7	63. 3	345. 45	189. 58	63. 06	330. 57
嘉峪关	1350. 1	20. 6	4. 0	120. 00	20. 63	1. 20	70. 40
金　昌	3019. 0	21. 2	3. 9	52. 30	15. 80	3. 10	43. 70
白　银	3478. 0	50. 3	13. 5	99. 50	37. 24	6. 99	67. 25
天　水	5861. 0	128. 3	10. 1	60. 00	64. 58	5. 03	56. 00
武　威	5081. 0	103. 8	1. 0	33. 56	33. 89	0. 33	33. 56
张　掖	4240. 0	51. 0	0. 9	200. 00	24. 31	0. 39	43. 50
平　凉	1936. 0	58. 1	7. 3	255. 00	27. 11	5. 82	42. 00
酒　泉	3386. 0	43. 6	12. 7	235. 00	26. 20	12. 68	53. 40
玉　门	13500. 0	13. 9	0. 5	15. 00	7. 15	0. 41	11. 93
敦　煌	31200. 0	18. 7	4. 0	19. 86	9. 31	2. 37	15. 01
庆　阳	996. 0	40. 4	12. 5	25. 44	19. 80	0. 92	25. 44
定　西	4226. 0	47. 2	2. 0	35. 90	19. 01	1. 88	25. 20
陇　南	4683. 0	57. 0	2. 4	40. 00	14. 65	2. 06	13. 80
临　夏	88. 6	26. 8	11. 5	38. 05	16. 80	7. 33	24. 00
合　作	2685. 7	8. 4	1. 2	15. 60	6. 25	0. 95	12. 95

续表

城市名称	市区面积	市区人口	市区暂住人口	城区面积	城区人口	城区暂住人口	建成区面积
青　海	**166331. 5**	**226. 9**	**23. 4**	**688. 15**	**175. 08**	**16. 03**	**199. 87**
西　宁	510. 0	138. 8	10. 2	380. 00	124. 27	8. 48	94. 00
海　东	3571. 0	42. 4	2. 6	147. 00	23. 20	2. 47	33. 78
玉　树	15413. 0	14. 2	3. 1	15. 50	9. 75	2. 25	14. 26
格尔木	119137. 5	24. 1	3. 7	72. 75	12. 89	0. 87	35. 83
德令哈	27700. 0	7. 5	3. 8	72. 90	4. 97	1. 96	22. 00
宁　夏	**23697. 4**	**341. 4**	**71. 0**	**2159. 18**	**233. 50**	**66. 30**	**458. 12**
银　川	2310. 6	112. 7	44. 5	1773. 50	112. 66	44. 47	178. 75
灵　武	4009. 0	24. 8	4. 1	18. 00	7. 16	0. 35	16. 30
宁　东	766. 0	2. 3	4. 1	40. 00	2. 29	4. 10	5. 70
石嘴山	2380. 8	43. 2	4. 6	118. 20	37. 39	4. 56	102. 80
吴　忠	1414. 5	41. 5	1. 7	60. 00	26. 42	1. 32	55. 13
青铜峡	2438. 3	29. 2	0. 5	32. 45	13. 92	0. 32	32. 45
固　原	3501. 0	46. 5	10. 3	52. 33	15. 73	10. 30	34. 99
中　卫	6877. 3	41. 3	1. 4	64. 70	17. 93	0. 88	32. 00
新　疆	**238458. 4**	**878. 3**	**193. 6**	**3093. 66**	**573. 19**	**180. 57**	**1243. 58**
乌鲁木齐	13787. 9	216. 6	78. 4	1528. 80	216. 55	78. 39	438. 06
克拉玛依	7735. 2	32. 2	12. 8	75. 94	29. 65	12. 49	75. 77
吐鲁番	15729. 2	29. 2	1. 8	21. 87	6. 89	1. 72	21. 85
哈　密	85035. 0	43. 3	8. 4	71. 17	20. 82	5. 97	52. 25
昌　吉	7971. 0	35. 9	10. 4	96. 96	24. 84	9. 24	62. 68
阜　康	11726. 0	18. 4	5. 2	21. 77	7. 91	3. 13	21. 60
博　乐	7956. 0	26. 8	4. 5	31. 58	16. 60	4. 48	25. 60
阿拉山口	1204. 0	1. 2	1. 0	27. 00	1. 24	1. 04	10. 85
库尔勒	7267. 3	46. 6	4. 9	115. 00	36. 96	18. 37	72. 85
阿克苏	18264. 5	51. 3	17. 3	175. 78	25. 96	10. 37	46. 50
阿图什	16151. 0	28. 2	4. 5	20. 30	7. 06	3. 25	15. 00
喀　什	1056. 8	64. 7	10. 8	70. 34	24. 90	7. 67	70. 34
和　田	510. 2	40. 2	3. 3	80. 00	19. 10	1. 60	35. 60
伊　宁	644. 0	55. 8	3. 6	55. 45	33. 99	2. 81	42. 40
奎　屯	1109. 9	13. 8	7. 0	45. 00	13. 48	6. 66	25. 56
霍尔果斯	1908. 6	5. 2	1. 0	20. 00	2. 00	1. 00	20. 00
乌　苏	14290. 0	22. 2	6. 2	24. 95	7. 91	2. 18	23. 35
塔　城	4356. 0	17. 1	0. 4	22. 06	8. 70	0. 10	14. 80
阿勒泰	10826. 0	16. 4	1. 1	110. 50	6. 76	0. 41	16. 00

续表

城市名称	市区面积	市区人口	市区暂住人口	城区面积	城区人口	城区暂住人口	建成区面积
石河子	460.0	35.9	2.2	150.00	31.65	2.17	49.11
阿拉尔	5897.2	32.0	3.0	34.32	6.12	1.80	11.50
图木舒克	1927.2	16.1	0.3	92.70	2.57	0.52	12.50
五家渠	761.1	9.6	3.0	58.43	9.60	2.95	23.90
北　屯	271.0	6.7	1.3	21.40	6.73	1.25	21.40
铁门关	590.3	2.0	0.5	18.90	2.00	0.50	5.41
双　河	742.2	5.6	1.0	22.50	2.00	0.50	22.50
可克达拉	20.8	—	—	20.80	—	—	—
昆　玉	260.1	5.1	—	60.14	1.20	—	6.20

数据来源：住房和城乡建设部。

表 3－143　2017 年全国（按城市分）城市建设用地面积

单位：平方公里

城市名称	城市建设用地面积									本年征用土地面积	
	小计	居住用地	公共管理与公共服务用地	商业服务业设施用地	工业用地	物流仓储用地	道路交通设施用地	公用设施用地	绿地与广场用地		耕地
全　国	**55155.47**	**16979.27**	**5098.33**	**3843.01**	**11083.70**	**1664.99**	**8364.82**	**1968.65**	**6152.70**	**1934.37**	**841.27**
北　京	**1465.30**	**423.39**	**172.42**	**136.30**	**263.09**	**51.32**	**271.24**	**31.71**	**115.83**	**17.55**	**4.83**
天　津	**995.02**	**277.53**	**77.53**	**76.97**	**242.45**	**60.12**	**134.63**	**20.95**	**104.84**	**14.61**	**8.15**
河　北	**2014.17**	**697.27**	**167.40**	**124.24**	**273.99**	**60.86**	**312.48**	**71.38**	**306.55**	**63.78**	**25.94**
石家庄	265.81	98.27	26.20	15.75	15.92	5.09	44.89	13.55	46.14	0.44	0.36
晋　州	14.83	4.20	1.17	1.00	2.30	0.86	3.30	0.50	1.50	0.55	0.36
新　乐	13.69	2.65	1.22	1.38	1.13	0.74	2.37	1.27	2.93	—	—
唐　山	237.44	82.17	13.12	11.15	40.42	4.91	33.44	7.73	44.50	—	—
遵　化	25.81	7.33	1.10	0.28	2.20	0.40	5.10	1.50	7.90	0.38	—
迁　安	42.50	11.85	3.84	4.34	7.94	0.22	5.49	0.28	8.54	—	—
秦皇岛	132.19	38.78	9.96	11.24	14.74	4.62	22.22	4.74	25.89	3.72	1.89
邯　郸	174.31	68.97	21.99	14.55	18.04	13.83	13.66	8.19	15.08	14.18	5.00
武　安	35.20	10.71	2.62	1.41	8.57	1.77	5.97	1.04	3.11	0.52	0.30
邢　台	103.05	41.05	7.42	6.41	17.70	2.41	17.34	2.11	8.61	—	—
南　宫	16.03	4.93	1.44	1.67	3.23	0.16	2.90	0.25	1.45	1.80	—
沙　河	17.21	6.36	2.05	1.33	3.78	0.44	0.43	1.19	1.63	—	—
保　定	183.34	62.83	15.78	9.90	46.77	4.58	23.87	6.03	13.58	14.78	3.19
涿　州	34.94	11.49	3.90	2.10	5.63	0.31	5.08	0.65	5.78	—	—

续表

城市名称	城市建设用地面积									本年征用土地面积	
	小计	居住用地	公共管理与公共服务用地	商业服务业设施用地	工业用地	物流仓储用地	道路交通设施用地	公用设施用地	绿地与广场用地		耕地
安　国	13.12	5.24	0.71	0.83	0.71	0.20	2.42	0.09	2.92	0.82	0.63
高碑店	20.58	6.16	2.06	1.26	1.88	0.30	5.20	1.12	2.60	0.87	—
白沟新城	17.11	6.53	0.58	3.14	3.42	0.26	2.50	0.22	0.46	0.30	0.28
张家口	99.79	25.62	9.25	4.63	8.37	2.97	20.93	3.83	24.19	1.28	0.38
承　德	71.68	24.40	7.73	4.53	12.80	1.88	10.54	1.45	8.35	1.73	0.63
平　泉	16.90	4.78	1.04	0.63	0.81	0.66	3.40	1.33	4.25	1.23	0.75
沧　州	83.00	31.94	5.65	3.68	11.40	2.12	14.53	1.34	12.34	2.59	2.01
泊　头	20.03	6.84	1.30	1.02	4.05	0.18	2.85	0.24	3.55	1.28	0.01
任　丘	47.74	16.66	4.51	3.37	4.51	1.67	6.89	2.20	7.93	1.02	0.60
黄　骅	36.12	11.55	3.66	1.68	5.11	0.92	6.72	0.58	5.90	0.50	—
河　间	20.80	7.01	1.00	0.87	1.93	0.87	3.43	2.29	3.40	0.33	—
廊　坊	68.72	23.39	3.67	3.03	7.17	2.87	12.44	3.13	13.02	2.43	0.13
霸　州	17.51	8.40	0.79	1.18	1.32	0.30	2.63	0.80	2.09	2.68	1.94
三　河	19.15	2.49	3.72	2.65	0.93	0.97	4.69	0.70	3.00	0.92	0.49
衡　水	71.40	27.25	5.03	4.05	6.68	1.64	11.01	1.38	14.36	0.62	0.45
深　州	20.77	4.55	1.45	2.12	2.00	1.10	4.05	0.38	5.12	—	—
辛　集	29.40	10.93	1.53	1.81	4.16	0.39	5.46	0.43	4.69	1.38	0.66
定　州	44.00	21.94	1.91	1.25	8.37	1.22	6.73	0.84	1.74	7.43	5.88
山　西	**1140.08**	**369.35**	**125.67**	**73.87**	**143.33**	**38.25**	**177.80**	**71.81**	**140.00**	**17.68**	**13.92**
太　原	339.00	101.00	42.00	22.00	52.00	12.00	40.00	36.00	34.00	13.00	12.00
古　交	16.90	5.20	3.41	0.49	4.89	0.03	2.70	0.08	0.10	—	—
大　同	134.86	49.09	13.41	10.76	14.45	5.64	24.86	1.55	15.10	—	—
阳　泉	51.04	17.81	2.51	0.88	11.32	1.32	11.37	1.27	4.56	0.32	—
长　治	58.88	16.70	12.94	0.54	12.97	2.59	8.81	3.05	1.23	—	—
潞　城	8.50	3.84	0.82	0.56	1.10	0.07	0.95	0.13	1.03	—	—
晋　城	47.80	16.60	7.50	5.00	4.00	1.00	9.50	0.70	3.50	—	—
高　平	17.10	7.00	1.47	1.80	0.85	1.31	2.32	0.40	1.95	0.01	—
朔　州	46.87	12.40	4.00	5.35	0.98	1.85	7.68	2.14	12.47	0.63	—
晋　中	78.52	25.30	5.98	6.43	9.78	4.02	13.95	11.74	1.32	—	—
介　休	25.55	8.63	2.19	2.58	4.65	0.95	3.96	0.20	2.39	0.34	—
运　城	41.75	13.62	1.52	1.34	3.89	1.20	7.62	2.54	10.02	—	—
永　济	25.43	4.13	2.30	0.33	3.06	0.36	3.15	2.30	9.80	—	—
河　津	28.80	5.53	1.48	1.55	3.03	1.17	5.38	1.08	9.58	—	—

续表

城市名称	城市建设用地面积									本年征用土地面积	
	小计	居住用地	公共管理与公共服务用地	商业服务业设施用地	工业用地	物流仓储用地	道路交通设施用地	公用设施用地	绿地与广场用地		耕地
忻　州	36.18	11.20	3.51	3.53	1.22	0.83	6.95	0.54	8.40	0.63	0.41
原　平	17.71	6.53	1.80	0.94	3.19	0.32	1.91	0.39	2.63	—	—
临　汾	53.59	21.98	4.71	4.12	1.30	1.53	6.70	2.73	10.52	2.15	1.31
侯　马	20.43	8.03	1.97	1.59	2.23	0.87	3.96	0.31	1.47	—	—
霍　州	14.96	6.40	1.96	0.70	0.44	0.43	2.09	0.33	2.61	—	—
吕　梁	32.33	11.44	4.00	1.80	5.35	0.02	5.31	0.33	4.08	—	—
孝　义	27.62	10.05	4.38	0.98	1.71	0.62	6.45	1.48	1.95	0.48	0.09
汾　阳	16.26	6.87	1.81	0.60	0.92	0.12	2.15	2.52	1.27	0.12	0.11
内蒙古	**1202.73**	**362.26**	**107.53**	**105.37**	**161.40**	**48.26**	**227.57**	**38.63**	**151.71**	**74.41**	**22.77**
呼和浩特	239.37	76.74	28.00	25.91	19.29	8.51	43.00	4.71	33.21	16.30	6.15
包　头	195.79	58.60	15.82	9.83	52.50	7.50	24.40	3.49	23.65	—	—
乌　海	40.78	19.45	4.15	2.28	1.68	1.02	6.73	0.47	5.00	7.27	—
赤　峰	104.39	32.37	4.11	5.04	13.70	7.55	25.46	5.13	11.03	4.57	1.15
通　辽	62.50	14.39	7.34	3.64	8.16	5.29	12.28	3.35	8.05	—	—
霍林郭勒	16.82	3.00	2.13	1.82	1.22	1.65	3.90	1.60	1.50	1.99	—
鄂尔多斯	116.42	26.65	9.30	15.45	3.57	0.05	32.86	0.95	27.59	—	—
呼伦贝尔	59.46	21.69	3.75	3.19	10.61	1.13	9.51	2.24	7.34	0.29	—
满洲里	27.00	8.00	3.00	1.00	2.00	1.00	8.00	2.00	2.00	—	—
牙克石	25.81	7.03	1.65	1.57	3.44	1.12	5.30	0.25	5.45	6.30	—
扎兰屯	18.92	8.71	2.30	1.33	0.70	0.30	3.95	0.38	1.25	1.06	—
额尔古纳	10.49	6.25	0.75	0.88	0.69	0.20	1.02	0.28	0.42	—	—
根　河	12.83	6.39	0.90	0.03	1.80	0.85	1.22	0.72	0.92	—	—
巴彦淖尔	50.59	15.42	4.34	3.39	5.61	4.19	10.86	2.34	4.44	—	—
乌兰察布	53.26	16.36	6.11	9.27	6.28	—	5.82	3.18	6.24	35.16	14.26
丰　镇	26.81	8.05	1.75	3.96	5.38	0.98	4.00	0.38	2.31	—	—
乌兰浩特	38.23	15.10	3.80	4.67	4.10	0.61	3.85	2.00	4.10	0.52	0.35
阿尔山	11.43	4.30	0.43	0.90	0.27	0.34	1.50	1.80	1.89	—	—
二连浩特	48.78	3.30	2.73	7.30	14.33	2.77	15.95	1.40	1.00	—	—
锡林浩特	43.05	10.46	5.17	3.91	6.07	3.20	7.96	1.96	4.32	0.95	0.86
辽　宁	**2748.49**	**870.76**	**183.26**	**163.43**	**719.31**	**65.52**	**393.71**	**61.38**	**291.12**	**22.56**	**10.49**
沈　阳	620.00	182.40	51.10	28.80	160.10	11.30	98.12	8.84	79.34	—	—
新　民	—	—	—	—	—	—	—	—	—	—	—

续表

城市名称	城市建设用地面积									本年征用土地面积	
	小计	居住用地	公共管理与公共服务用地	商业服务业设施用地	工业用地	物流仓储用地	道路交通设施用地	公用设施用地	绿地与广场用地		耕地
大　连	420.85	120.45	32.14	23.05	116.52	10.29	57.27	11.37	49.76	3.60	1.08
瓦房店	35.20	12.50	3.00	4.80	8.60	0.90	0.60	0.70	4.10	—	—
庄　河	41.90	16.69	1.34	2.17	11.16	0.24	4.09	1.34	4.87	0.18	0.09
鞍　山	172.62	58.86	7.78	8.90	53.71	3.94	27.11	3.76	8.56	1.80	1.02
海　城	36.40	18.33	3.25	2.48	4.68	1.15	4.29	0.48	1.74	2.64	—
抚　顺	141.34	34.50	11.19	7.64	47.17	4.91	8.09	5.99	21.85	1.99	1.86
本　溪	92.40	27.96	6.80	12.72	21.90	0.93	13.76	1.88	6.45	2.11	0.99
丹　东	96.37	30.34	4.23	6.23	22.60	2.36	16.48	2.56	11.57	0.49	0.30
东　港	20.57	7.35	1.73	0.83	4.90	0.15	4.82	0.38	0.41	0.04	0.03
凤　城	21.00	11.66	1.24	0.44	3.15	0.61	3.42	0.25	0.23	0.20	0.18
锦　州	106.60	42.33	6.65	6.52	24.23	4.70	9.10	1.69	11.38	—	—
凌　海	19.52	9.56	1.31	4.50	0.57	0.36	2.50	0.30	0.42	0.62	0.48
北　镇	14.89	5.60	2.09	1.56	1.81	0.12	1.40	0.38	1.93	—	—
营　口	172.67	37.90	8.57	7.71	50.31	6.67	35.86	2.58	23.07	0.15	0.02
盖　州	29.45	9.10	1.02	2.35	6.96	0.40	5.38	0.38	3.86	—	—
大石桥	43.36	12.63	3.05	4.74	12.80	0.44	4.50	0.45	4.75	—	—
阜　新	76.50	20.73	3.90	6.42	18.97	3.20	12.47	0.69	10.12	—	—
辽　阳	105.94	37.97	3.39	8.24	27.12	7.05	15.03	2.57	4.57	4.37	2.50
灯　塔	13.26	4.82	1.39	0.08	3.35	0.31	2.27	0.33	0.71	—	—
盘　锦	97.61	36.07	7.36	5.36	22.89	1.98	16.58	1.81	5.56	0.49	—
铁　岭	65.91	21.74	2.09	3.63	17.04	—	11.78	4.93	4.70	0.01	—
调兵山	18.95	5.10	0.50	0.70	4.11	0.10	2.14	0.20	6.10	0.50	0.48
开　原	27.13	6.82	1.16	1.32	8.09	0.36	2.99	0.46	5.93	0.11	0.11
朝　阳	59.02	17.82	4.71	3.17	18.02	0.59	9.26	1.56	3.89	—	—
北　票	23.41	10.31	1.44	1.14	5.51	0.44	2.54	0.59	1.44	—	—
凌　源	24.93	12.84	0.29	0.33	6.22	0.43	1.81	2.91	0.10	—	—
葫芦岛	119.68	43.38	5.43	4.51	34.16	0.91	19.11	1.68	10.50	2.93	1.35
兴　城	31.01	15.00	5.11	3.09	2.66	0.68	0.94	0.32	3.21	0.33	—
吉　林	1407.49	508.69	106.54	90.15	286.83	47.78	201.18	57.75	108.57	64.97	37.81
长　春	510.42	149.45	48.14	27.70	120.76	17.00	81.40	30.12	35.85	26.79	18.48
榆　树	20.32	10.31	1.24	1.47	1.52	0.92	2.56	0.40	1.90	—	—
德　惠	30.97	19.40	0.55	2.00	0.46	1.80	2.56	0.90	3.30	3.13	2.84

续表

城市名称	城市建设用地面积									本年征用土地面积	
	小计	居住用地	公共管理与公共服务用地	商业服务业设施用地	工业用地	物流仓储用地	道路交通设施用地	公用设施用地	绿地与广场用地		耕地
吉　林	**189.04**	**58.58**	**10.87**	**12.22**	**55.61**	**5.34**	**26.24**	**3.12**	**17.06**	**—**	**—**
蛟　河	19.91	8.95	1.68	4.26	1.66	0.70	1.58	0.47	0.61	10.17	—
桦　甸	19.50	9.34	1.22	0.81	3.00	0.32	2.97	1.17	0.67	—	—
舒　兰	24.51	16.20	1.20	1.00	2.30	0.10	1.21	1.00	1.50	4.40	—
磐　石	18.60	6.93	0.85	1.59	2.20	0.30	2.65	0.57	3.51	13.09	12.07
四　平	65.20	23.31	4.41	7.85	11.95	0.15	6.95	3.20	7.38	0.83	0.79
双　辽	21.52	9.00	1.29	1.37	6.24	0.70	2.12	0.40	0.40	—	—
辽　源	46.30	27.60	1.86	0.79	8.81	0.84	3.40	1.40	1.60	—	—
通　化	56.31	17.97	4.48	10.52	8.01	1.94	6.40	1.78	5.21	—	—
集　安	7.21	2.82	0.64	0.30	0.93	0.12	0.85	0.26	1.29	—	—
白　山	42.36	20.31	2.49	1.54	6.54	1.00	5.47	0.99	4.02	—	—
临　江	9.84	4.57	0.49	0.10	1.72	0.28	1.22	0.16	1.30	0.20	0.14
松　原	50.86	15.77	3.66	1.60	6.80	1.22	9.83	1.21	10.77	0.65	0.38
扶　余	14.01	5.79	1.33	0.93	2.10	1.34	1.84	0.40	0.28	0.36	0.31
白　城	43.04	11.91	3.17	2.87	11.64	3.49	7.94	0.71	1.31	0.22	0.16
洮　南	26.55	15.00	1.27	1.65	3.61	0.96	2.48	0.30	1.28	—	—
大　安	19.27	7.29	1.40	0.39	2.87	0.81	2.40	2.42	1.69	0.35	0.24
延　吉	35.00	12.00	4.65	1.50	5.10	1.48	7.93	0.72	1.62	2.45	0.92
图　们	9.92	3.67	0.59	0.30	1.66	0.39	2.26	0.32	0.73	0.12	0.08
敦　化	27.65	8.51	2.29	3.46	5.73	1.02	3.45	1.31	1.88	0.74	0.62
珲　春	25.91	10.33	1.62	1.26	4.39	2.45	5.09	0.24	0.53	1.33	0.67
龙　井	10.88	4.11	1.41	0.32	1.99	0.50	1.10	0.95	0.50	—	—
和　龙	10.88	5.72	0.38	0.21	1.66	0.45	2.12	0.21	0.13	—	—
公主岭	32.21	9.70	2.76	1.50	6.98	1.81	5.87	2.74	0.85	0.14	0.11
梅河口	19.30	14.15	0.60	0.64	0.59	0.35	1.29	0.28	1.40	—	—
黑龙江	**1813.17**	**637.45**	**164.37**	**89.66**	**357.68**	**71.43**	**267.80**	**62.83**	**161.95**	**8.87**	**5.74**
哈尔滨	426.42	135.79	53.08	25.53	94.74	11.10	54.97	10.84	40.37	—	—
尚　志	21.32	5.14	1.44	0.50	7.74	0.60	2.26	0.74	2.90	0.70	0.25
五　常	20.07	12.24	1.21	0.73	1.84	0.37	1.58	0.15	1.95	0.12	0.09
齐齐哈尔	140.81	40.18	17.05	4.50	30.85	5.60	19.18	14.25	9.20	0.70	—
讷　河	15.00	4.46	1.07	0.79	1.92	0.94	2.38	0.32	3.12	0.02	—
鸡　西	79.21	45.34	2.07	2.61	9.94	1.93	8.82	1.44	7.06	0.17	0.13

续表

城市名称	城市建设用地面积									本年征用土地面积	
	小计	居住用地	公共管理与公共服务用地	商业服务业设施用地	工业用地	物流仓储用地	道路交通设施用地	公用设施用地	绿地与广场用地		耕地
虎　林	11.14	4.14	0.78	0.48	2.02	0.96	2.12	0.16	0.48	—	—
密　山	17.44	8.95	0.62	0.47	2.34	1.42	1.89	0.29	1.46	0.34	0.25
鹤　岗	53.21	19.28	1.93	3.76	11.27	1.02	9.22	1.37	5.36	—	—
双鸭山	58.00	16.05	3.35	4.13	9.35	1.95	9.15	1.95	12.07	0.33	0.18
大　庆	322.01	77.60	33.79	13.79	75.06	21.02	68.20	10.72	21.83	1.31	0.50
伊　春	152.22	66.32	14.23	8.26	18.95	4.76	15.60	7.09	17.01	—	—
铁　力	15.68	8.56	0.20	0.02	1.67	0.92	1.99	0.02	2.30	—	—
佳木斯	80.30	27.17	6.42	6.01	15.26	2.82	11.37	2.69	8.56	—	—
同　江	10.69	3.39	0.95	0.98	1.65	0.78	2.02	0.16	0.76	0.49	0.38
富　锦	16.18	8.03	0.94	0.52	1.72	0.65	3.57	0.25	0.50	—	—
抚　远	5.03	2.50	1.03	0.45	0.28	0.01	0.43	0.19	0.14	—	—
七台河	67.60	40.70	1.60	1.00	9.23	0.97	10.70	0.70	2.70	0.73	0.68
牡丹江	67.11	24.66	5.12	3.37	18.85	2.12	8.80	1.04	3.15	—	—
海　林	17.70	5.80	0.25	2.06	0.80	0.87	2.82	0.60	4.50	0.43	0.32
宁　安	11.22	4.90	0.63	0.18	2.45	0.32	0.69	1.74	0.31	—	—
穆　棱	10.44	3.77	0.86	0.87	0.92	0.35	1.58	0.16	1.93	0.16	—
绥芬河	20.23	4.85	1.55	1.04	5.46	0.82	3.65	0.96	1.90	—	—
东　宁	14.44	6.88	1.07	0.85	3.06	0.23	1.71	0.12	0.52	0.01	0.01
黑　河	20.00	5.50	3.94	1.36	2.13	1.15	2.12	0.89	2.91	—	—
北　安	22.63	4.77	1.17	1.54	6.05	2.73	3.99	0.42	1.96	0.02	0.02
五大连池	5.62	1.36	0.30	0.39	1.04	0.68	0.95	0.15	0.75	—	—
绥　化	37.10	11.58	2.97	1.16	11.82	1.37	6.45	0.45	1.30	2.46	2.37
安　达	21.82	10.45	1.57	0.75	5.13	1.35	1.83	0.39	0.35	—	—
肇　东	35.60	20.00	2.00	1.04	2.00	1.10	3.10	2.16	4.20	0.06	—
海　伦	16.93	7.09	1.18	0.52	2.14	0.52	4.66	0.42	0.40	0.82	0.56
上　海	**1910.74**	**546.49**	**151.31**	**117.55**	**550.59**	**57.03**	**135.90**	**212.37**	**139.50**	**23.00**	**14.00**
江　苏	**4431.72**	**1307.62**	**366.10**	**314.14**	**1064.76**	**121.87**	**619.69**	**124.38**	**513.16**	**165.18**	**83.57**
南　京	777.23	216.92	91.17	59.65	163.21	21.23	124.94	18.16	81.95	13.55	4.81
无　锡	294.19	89.51	20.27	26.81	70.75	6.29	44.05	3.63	32.88	4.79	2.36
江　阴	120.50	45.01	2.80	7.78	25.14	2.92	16.43	5.72	14.70	2.27	1.01
宜　兴	82.74	22.96	4.54	5.83	27.32	0.77	11.89	1.57	7.86	0.40	0.22
徐　州	255.02	66.22	31.37	8.63	30.04	22.17	15.67	22.08	58.84	6.38	3.88

续表

城市名称	城市建设用地面积									本年征用土地面积	
	小计	居住用地	公共管理与公共服务用地	商业服务业设施用地	工业用地	物流仓储用地	道路交通设施用地	公用设施用地	绿地与广场用地		耕地
新 沂	36.51	12.86	5.44	1.32	7.22	1.18	2.59	3.78	2.12	—	—
邳 州	47.62	19.52	4.17	1.58	9.18	0.32	6.06	1.56	5.23	—	—
常 州	265.41	48.62	15.70	15.68	88.77	6.35	45.22	8.49	36.58	22.18	10.04
溧 阳	28.83	9.06	2.78	2.28	7.48	0.68	3.09	1.12	2.34	—	—
苏 州	470.97	135.52	31.79	34.60	129.21	8.08	66.70	9.39	55.68	15.09	4.18
常 熟	84.18	34.80	3.55	13.06	14.62	1.20	9.25	1.70	6.00	—	—
张家港	46.45	18.19	4.23	3.59	2.21	0.19	3.03	0.53	14.48	0.30	0.02
昆 山	67.64	21.83	5.00	2.31	16.01	1.75	7.79	4.10	8.85	—	—
太 仓	51.30	9.22	1.30	3.00	10.96	1.20	5.21	1.21	19.20	4.80	2.12
南 通	223.57	68.11	15.00	16.23	61.22	6.24	35.27	2.45	19.05	9.70	3.87
启 东	31.19	7.96	2.85	4.04	6.64	0.78	1.61	1.25	6.06	1.50	1.50
如 皋	38.18	14.44	2.62	3.03	7.83	0.24	4.40	0.56	5.06	5.09	2.49
海 门	28.80	11.20	1.45	2.04	4.87	0.35	0.68	3.73	4.48	3.13	1.92
连云港	249.50	95.24	16.82	21.15	56.12	14.27	31.63	5.40	8.87	8.02	5.77
淮 安	254.69	80.43	21.38	14.62	77.11	3.77	39.77	1.66	15.95	12.18	7.65
盐 城	151.85	42.71	14.84	7.79	50.53	3.97	22.45	4.53	5.03	8.29	5.51
东 台	36.79	9.04	3.20	6.12	2.22	2.10	5.91	0.82	7.38	—	—
扬 州	163.66	43.22	10.12	11.03	34.15	1.67	27.26	2.18	34.03	2.68	1.40
仪 征	39.01	8.43	2.20	1.29	12.14	2.17	4.27	0.97	7.54	2.88	1.75
高 邮	23.64	6.25	2.35	1.46	2.68	0.94	4.30	1.53	4.13	3.64	2.42
镇 江	140.94	44.58	10.85	7.86	41.20	3.26	20.28	2.65	10.26	4.70	2.62
丹 阳	34.19	7.06	5.70	7.20	7.30	0.80	0.92	4.22	0.99	1.40	0.88
扬 中	14.21	3.85	0.98	0.90	2.75	0.43	2.46	0.64	2.20	1.32	0.68
句 容	28.15	11.19	1.46	1.63	5.66	0.25	4.25	0.50	3.21	10.21	4.19
泰 州	163.34	47.71	16.09	12.53	47.87	4.04	22.16	5.75	7.19	—	—
兴 化	37.73	13.95	2.47	1.92	11.60	0.28	4.42	0.51	2.58	—	—
靖 江	32.65	11.29	0.66	0.54	2.43	0.19	4.46	0.16	12.92	2.37	1.83
泰 兴	21.41	9.32	1.65	0.74	2.88	0.31	5.55	0.34	0.62	9.19	5.70
宿 迁	89.63	21.40	9.30	5.90	25.44	1.48	15.72	1.49	8.90	9.12	4.75
浙 江	**2682.49**	**789.72**	**233.43**	**210.76**	**588.52**	**65.99**	**442.11**	**75.38**	**276.58**	**133.44**	**59.12**
杭 州	538.26	147.43	73.60	52.46	89.43	10.22	91.08	14.90	59.14	19.55	5.80
建 德	12.45	3.65	1.12	1.26	0.08	0.06	2.62	0.21	3.45	4.12	1.25

续表

城市名称	城市建设用地面积									本年征用土地面积	
	小计	居住用地	公共管理与公共服务用地	商业服务业设施用地	工业用地	物流仓储用地	道路交通设施用地	公用设施用地	绿地与广场用地		耕地
宁　波	352.24	89.02	25.62	19.08	117.98	16.14	59.76	4.61	20.03	5.44	3.13
余　姚	48.50	14.86	3.41	3.53	11.31	0.44	11.29	0.74	2.92	2.23	1.52
慈　溪	43.74	20.47	2.83	2.59	9.18	0.12	4.82	0.43	3.30	3.50	2.29
温　州	187.23	50.83	14.61	36.83	5.73	7.56	36.26	10.49	24.92	20.58	3.57
瑞　安	20.29	9.11	1.92	1.87	0.12	0.51	4.00	0.17	2.59	4.47	2.09
乐　清	37.17	11.47	1.92	4.11	0.14	0.75	9.35	0.62	8.81	1.02	0.53
嘉　兴	144.45	38.83	12.30	11.12	33.48	4.93	22.52	1.69	19.58	4.82	4.00
海　宁	47.40	15.88	3.87	3.48	9.81	0.11	6.20	0.34	7.71	1.84	1.43
平　湖	35.67	8.69	2.41	5.08	8.20	0.63	5.32	1.14	4.20	0.70	0.61
桐　乡	49.20	14.12	2.79	2.78	11.83	2.19	9.19	1.50	4.80	5.01	2.25
湖　州	117.20	35.03	8.53	8.79	29.57	1.22	26.06	2.10	5.90	2.61	1.21
绍　兴	220.13	74.97	12.95	16.92	61.21	3.69	24.94	8.21	17.24	6.35	3.80
诸　暨	53.24	22.64	5.63	2.60	6.16	1.04	4.24	6.63	4.30	6.60	3.47
嵊　州	38.65	10.37	2.46	2.21	13.26	0.32	5.48	1.02	3.53	2.30	1.46
金　华	104.30	32.54	9.24	5.67	24.72	1.32	17.48	1.54	11.79	7.31	3.62
兰　溪	34.32	10.85	2.14	1.29	13.24	0.18	3.67	0.37	2.58	2.08	0.69
义　乌	103.15	32.92	6.98	8.05	14.83	7.09	21.97	0.89	10.42	6.90	3.19
东　阳	41.67	12.50	1.37	0.64	12.82	0.62	5.56	1.14	7.02	3.36	1.73
永　康	37.91	9.26	2.65	0.59	15.23	0.75	6.39	1.57	1.47	0.96	0.18
衢　州	73.70	16.42	4.84	2.94	25.64	2.01	12.78	1.92	7.15	1.90	0.81
江　山	17.11	4.93	1.43	1.80	2.51	0.72	2.82	0.65	2.25	0.88	0.56
舟　山	58.50	21.12	7.57	2.83	6.62	0.56	9.96	1.65	8.19	2.91	1.41
台　州	132.36	42.03	9.34	5.14	33.89	0.82	19.19	2.40	19.55	11.00	5.78
温　岭	36.03	14.28	1.42	2.66	7.62	0.37	5.25	1.45	2.98	2.46	1.34
临　海	43.47	9.94	3.03	1.60	15.47	1.15	6.26	1.64	4.38	1.27	0.80
丽　水	39.54	12.18	6.16	2.46	4.36	0.35	4.47	5.23	4.33	0.83	0.28
龙　泉	14.61	3.38	1.29	0.38	4.08	0.12	3.18	0.13	2.05	0.44	0.32
安　徽	**2001.94**	**625.68**	**157.04**	**174.63**	**370.71**	**54.63**	**320.07**	**61.49**	**237.69**	**148.25**	**73.98**
合　肥	446.00	128.66	43.90	33.55	79.55	5.35	70.13	6.90	77.96	14.00	7.33
巢　湖	47.60	16.20	5.40	9.20	2.40	1.60	2.60	3.00	7.20	7.20	4.00
芜　湖	169.61	38.00	6.20	15.11	14.00	4.00	37.50	12.00	42.80	9.38	5.09

续表

城市名称	城市建设用地面积									本年征用土地面积	
	小计	居住用地	公共管理与公共服务用地	商业服务业设施用地	工业用地	物流仓储用地	道路交通设施用地	公用设施用地	绿地与广场用地		耕地
蚌　埠	143.36	48.55	10.61	6.02	25.30	10.00	22.60	10.91	9.37	5.02	2.90
淮　南	104.16	46.40	9.51	7.72	18.65	1.00	16.49	1.16	3.23	4.52	3.77
马鞍山	90.10	22.12	7.42	4.51	32.82	1.79	12.98	1.30	7.16	3.93	2.54
淮　北	93.91	33.63	6.99	8.90	19.10	2.94	11.20	1.68	9.47	4.61	1.52
铜　陵	80.87	21.85	6.90	6.75	13.20	5.77	13.59	3.91	8.90	9.61	—
安　庆	101.91	33.48	9.36	26.12	9.48	4.02	10.13	2.76	6.56	11.41	6.26
桐　城	31.11	5.89	2.97	4.46	10.15	0.40	3.40	1.16	2.68	1.65	1.25
黄　山	55.74	20.26	3.83	4.12	9.87	0.58	9.35	1.12	6.61	6.96	1.13
滁　州	86.94	26.30	5.90	3.70	23.15	1.67	16.65	3.43	6.14	10.94	6.52
天　长	30.50	9.09	1.43	1.80	8.39	0.18	5.50	0.33	3.78	0.80	—
明　光	21.37	5.72	2.52	0.93	4.95	0.59	3.90	0.46	2.30	0.16	0.11
阜　阳	127.07	57.60	7.53	8.40	21.72	4.57	19.12	2.12	6.01	33.14	18.41
界　首	21.47	5.97	3.36	2.96	1.39	0.69	4.09	0.41	2.60	4.49	2.99
宿　州	80.22	26.15	2.42	10.53	16.02	3.00	12.00	2.10	8.00	6.52	4.24
六　安	77.80	24.93	5.38	4.84	13.65	1.86	11.87	2.63	12.64	1.85	0.81
亳　州	69.00	19.20	5.82	7.97	13.95	2.30	13.20	1.65	4.91	7.09	3.79
池　州	38.55	13.98	3.81	2.56	5.32	1.38	7.35	0.78	3.37	2.13	1.05
宣　城	57.81	13.72	4.33	3.06	17.17	0.75	12.53	1.09	5.16	2.45	—
宁　国	26.84	7.98	1.45	1.42	10.48	0.19	3.89	0.59	0.84	0.39	0.27
福　建	**1472.75**	**492.15**	**147.93**	**104.76**	**276.01**	**34.84**	**215.82**	**46.34**	**154.90**	**70.53**	**15.86**
福　州	272.72	113.20	33.97	16.09	40.66	1.98	36.36	6.33	24.13	6.97	2.44
福　清	48.81	16.30	5.05	8.15	4.30	5.86	6.21	1.09	1.85	6.01	2.08
厦　门	348.23	90.58	31.58	23.31	84.74	9.55	56.75	7.79	43.93	25.09	—
莆　田	88.12	46.12	7.94	3.16	15.23	1.65	11.23	0.81	1.98	2.80	2.00
三　明	33.93	10.37	2.68	1.12	11.00	1.35	4.57	0.90	1.94	1.60	0.11
永　安	24.85	8.44	1.74	0.97	3.01	0.82	3.49	0.42	5.96	0.20	0.06
泉　州	219.74	77.35	20.69	27.50	44.30	5.50	21.84	3.56	19.00	—	—
石　狮	36.06	7.96	8.10	2.42	4.47	0.99	6.25	2.20	3.67	0.58	0.22
晋　江	38.01	11.00	3.25	1.85	3.81	0.20	9.00	5.00	3.90	2.00	0.50
南　安	33.00	9.78	1.26	3.42	2.80	0.63	4.45	5.50	5.16	3.55	1.45
漳　州	69.54	19.03	8.69	0.96	15.03	0.85	16.17	3.85	4.96	1.38	0.16

续表

城市名称	城市建设用地面积									本年征用土地面积	
	小计	居住用地	公共管理与公共服务用地	商业服务业设施用地	工业用地	物流仓储用地	道路交通设施用地	公用设施用地	绿地与广场用地		耕地
龙　海	22.01	5.92	1.46	1.91	0.53	0.54	3.05	1.50	7.10	3.60	1.92
南　平	48.46	16.04	4.83	2.30	12.03	0.83	4.77	1.08	6.58	9.59	2.95
邵　武	21.34	6.43	1.58	0.43	7.03	0.91	2.47	0.69	1.80	0.95	0.19
武夷山	10.16	3.00	0.80	0.68	0.90	0.13	1.95	0.55	2.15	1.36	0.42
建　瓯	14.94	6.10	1.12	0.81	2.94	0.17	2.20	0.13	1.47	—	—
龙　岩	61.49	17.72	6.74	4.37	7.38	0.95	13.05	1.70	9.58	2.28	0.19
漳　平	13.17	3.27	0.75	0.94	4.06	0.38	1.61	0.65	1.51	1.00	0.20
宁　德	32.70	12.23	3.13	1.80	6.41	0.38	4.87	0.40	3.48	1.39	0.91
福　安	15.75	3.96	1.05	1.06	2.45	0.68	2.48	1.03	3.04	—	—
福　鼎	19.72	7.35	1.52	1.51	2.93	0.49	3.05	1.16	1.71	0.18	0.06
江　西	**1402.64**	**408.15**	**150.23**	**100.10**	**277.54**	**33.66**	**217.69**	**51.00**	**164.27**	**94.02**	**26.87**
南　昌	313.55	95.00	45.00	21.80	61.00	4.05	48.00	6.70	32.00	17.26	9.25
景德镇	80.44	20.44	5.75	7.88	20.80	1.70	12.84	1.21	9.82	1.97	0.93
乐　平	25.11	6.29	3.20	3.28	5.57	0.98	2.02	0.92	2.85	—	—
萍　乡	51.07	15.93	4.52	0.57	8.68	1.18	7.70	5.39	7.10	0.68	0.16
九　江	121.53	39.25	8.53	8.04	26.98	2.33	16.68	5.60	14.12	2.70	0.94
瑞　昌	21.56	9.03	2.26	0.89	3.42	0.69	2.12	1.54	1.61	—	—
共青城	9.68	3.14	1.11	1.32	0.40	0.27	1.55	0.14	1.75	3.67	—
庐　山	10.75	2.20	0.90	0.80	2.30	0.20	2.50	0.35	1.50	—	—
新　余	71.56	23.02	5.90	3.21	16.15	0.84	11.76	1.27	9.41	0.16	0.10
鹰　潭	34.81	10.24	2.95	2.11	6.90	1.42	6.62	0.61	3.96	2.18	—
贵　溪	31.71	7.81	2.19	1.77	11.01	0.58	4.58	1.22	2.55	1.66	0.55
赣　州	172.52	48.21	20.23	12.45	32.08	5.76	25.30	7.96	20.53	34.63	9.12
瑞　金	29.33	8.59	2.40	4.50	1.69	1.32	5.96	2.11	2.76	0.40	0.16
吉　安	57.46	14.75	9.69	3.03	15.39	1.53	7.17	0.58	5.32	19.85	3.00
井冈山	8.57	2.20	1.05	1.80	0.90	0.18	1.30	0.10	1.04	—	—
宜　春	72.00	16.48	5.53	6.92	11.07	3.91	12.07	3.97	12.05	—	—
丰　城	51.10	10.28	3.57	3.30	19.41	1.25	6.87	1.79	4.63	—	—
樟　树	28.69	8.15	3.74	4.48	2.06	0.81	5.80	0.73	2.92	—	—
高　安	33.12	7.19	5.02	1.45	7.65	0.73	6.75	1.07	3.26	—	—
抚　州	91.18	26.04	8.51	6.27	18.45	3.23	13.57	3.31	11.80	8.54	2.62
上　饶	74.80	29.40	6.88	3.13	4.43	0.39	15.21	4.08	11.28	—	—

续表

城市名称	城市建设用地面积									本年征用土地面积	
	小计	居住用地	公共管理与公共服务用地	商业服务业设施用地	工业用地	物流仓储用地	道路交通设施用地	公用设施用地	绿地与广场用地		耕地
德　兴	12. 10	4. 51	1. 30	1. 10	1. 20	0. 31	1. 32	0. 35	2. 01	0. 32	0. 04
山　东	**4660. 19**	**1411. 77**	**485. 42**	**327. 76**	**1024. 96**	**155. 09**	**630. 74**	**154. 77**	**469. 68**	**140. 43**	**60. 42**
济　南	463. 64	124. 90	76. 44	32. 08	88. 03	10. 13	75. 60	15. 54	40. 92	27. 50	17. 17
青　岛	520. 40	157. 68	43. 79	31. 66	150. 05	31. 70	55. 04	16. 09	34. 39	15. 85	7. 74
胶　州	58. 69	14. 00	5. 25	2. 73	19. 93	2. 92	6. 56	2. 56	4. 74	—	—
即　墨	56. 13	23. 37	2. 48	3. 50	14. 12	0. 47	8. 76	0. 56	2. 87	—	—
平　度	64. 30	25. 70	5. 02	2. 34	19. 31	0. 35	7. 30	0. 53	3. 75	3. 51	2. 62
莱　西	34. 66	12. 40	3. 61	1. 02	7. 64	2. 26	3. 70	0. 78	3. 25	—	—
淄　博	274. 86	95. 41	19. 50	17. 36	78. 34	6. 88	33. 64	5. 71	18. 02	8. 86	5. 53
枣　庄	141. 59	55. 31	13. 30	11. 54	23. 79	4. 76	13. 75	5. 75	13. 39	3. 13	1. 45
滕　州	55. 13	26. 81	5. 66	4. 76	11. 27	—	1. 31	3. 65	1. 67	—	—
东　营	150. 76	43. 61	19. 78	14. 21	31. 45	3. 75	11. 85	11. 24	14. 87	2. 98	0. 53
烟　台	288. 32	69. 48	37. 40	22. 76	62. 25	15. 71	33. 55	12. 48	34. 69	7. 18	2. 19
龙　口	43. 80	10. 93	5. 02	5. 65	2. 15	2. 28	7. 97	2. 05	7. 75	—	—
莱　阳	42. 72	19. 14	7. 35	7. 47	1. 73	0. 38	2. 50	1. 30	2. 85	0. 57	—
莱　州	52. 31	18. 20	3. 71	3. 31	15. 09	1. 01	6. 53	0. 40	4. 06	—	—
蓬　莱	24. 45	7. 52	4. 00	4. 51	0. 68	1. 89	3. 32	0. 43	2. 10	1. 06	0. 20
招　远	32. 80	9. 89	1. 70	3. 20	8. 42	0. 07	4. 70	0. 03	4. 79	—	—
栖　霞	16. 58	4. 36	1. 34	1. 98	3. 74	0. 60	2. 46	0. 24	1. 86	—	—
海　阳	29. 78	8. 22	2. 81	1. 80	4. 88	0. 63	1. 95	1. 87	7. 62	0. 83	0. 37
潍　坊	176. 67	61. 32	12. 91	12. 02	33. 10	5. 67	25. 25	6. 00	20. 40	—	—
青　州	50. 90	14. 20	4. 00	4. 30	6. 50	0. 40	10. 60	1. 40	9. 50	—	—
诸　城	50. 95	15. 98	4. 58	3. 77	9. 67	3. 43	5. 12	1. 59	6. 81	6. 93	3. 36
寿　光	40. 50	9. 40	4. 02	3. 25	5. 08	0. 44	8. 21	3. 80	6. 30	2. 91	2. 91
安　丘	62. 15	15. 44	4. 83	2. 88	18. 40	1. 62	9. 22	3. 26	6. 50	—	—
高　密	59. 26	17. 04	6. 35	0. 15	12. 78	2. 98	8. 86	5. 38	5. 72	—	—
昌　邑	23. 58	7. 47	3. 53	0. 97	5. 42	0. 70	5. 02	0. 30	0. 17	—	—
济　宁	187. 92	61. 72	11. 80	16. 18	48. 99	4. 53	28. 83	1. 31	14. 56	—	—
曲　阜	27. 00	9. 00	3. 00	2. 00	4. 90	0. 60	1. 50	3. 00	3. 00	—	—
邹　城	48. 49	14. 14	7. 63	2. 75	7. 65	2. 00	5. 95	1. 75	6. 62	1. 50	0. 61
泰　安	156. 85	50. 88	16. 23	15. 06	38. 65	1. 69	22. 32	2. 32	9. 70	0. 84	0. 46
新　泰	69. 60	16. 20	4. 75	12. 16	1. 57	2. 61	7. 87	4. 44	20. 00	—	—

续表

城市名称	城市建设用地面积									本年征用土地面积	
	小计	居住用地	公共管理与公共服务用地	商业服务业设施用地	工业用地	物流仓储用地	道路交通设施用地	公用设施用地	绿地与广场用地		耕地
肥　城	43.86	20.54	2.48	2.91	5.17	0.57	5.64	1.03	5.52	1.19	0.53
威　海	191.82	49.28	13.38	20.06	54.73	3.68	29.50	5.26	15.93	3.30	0.49
荣　成	56.60	15.01	3.51	5.30	9.24	2.07	4.46	1.21	15.80	—	—
乳　山	34.24	7.61	4.68	2.18	5.73	1.11	5.76	1.37	5.80	—	—
日　照	107.10	34.21	7.11	7.31	21.03	1.65	25.58	0.92	9.29	17.00	—
莱　芜	72.92	22.99	6.22	5.44	14.87	1.85	13.69	0.73	7.13	3.32	1.72
临　沂	211.50	59.58	24.52	11.68	37.90	8.41	24.75	12.40	32.26	10.41	5.55
德　州	154.37	40.97	26.76	1.29	41.38	2.90	22.73	2.49	15.85	1.36	0.65
乐　陵	32.60	5.00	5.50	2.00	3.80	1.60	7.30	3.70	3.70	—	—
禹　城	36.00	10.16	4.39	1.81	7.07	1.02	5.90	2.50	3.15	2.60	1.28
聊　城	98.98	30.22	10.33	7.45	21.42	2.69	20.06	0.63	6.18	1.58	1.12
临　清	31.40	10.34	4.06	0.91	5.20	1.15	4.59	0.63	4.52	—	—
滨　州	137.19	36.62	15.56	5.69	31.74	3.02	20.55	3.53	20.48	5.80	—
菏　泽	146.82	49.52	15.13	6.36	30.10	10.91	20.99	2.61	11.20	10.22	3.94
河　南	**2530.78**	**763.21**	**287.71**	**134.88**	**386.42**	**80.92**	**411.80**	**99.56**	**366.28**	**45.56**	**19.83**
郑　州	486.45	124.56	71.06	17.96	43.48	19.51	89.86	19.54	100.48	12.54	—
巩　义	29.36	8.60	2.38	1.08	9.18	0.66	4.72	0.51	2.23	2.39	0.10
荥　阳	26.30	9.00	2.60	1.00	6.22	0.70	3.70	0.70	2.38	—	—
新　密	24.57	6.25	1.05	2.00	3.36	1.20	3.40	4.50	2.81	—	—
新　郑	31.27	9.50	4.26	3.54	4.17	0.84	4.43	0.74	3.79	6.94	4.48
登　封	18.74	9.12	3.30	0.98	0.49	0.02	2.97	0.02	1.84	—	—
开　封	125.12	40.56	15.66	7.01	25.67	2.69	17.60	4.93	11.00	5.04	3.75
洛　阳	215.22	70.23	25.09	9.24	36.78	11.35	30.97	4.79	26.77	4.10	2.28
偃　师	19.14	5.50	1.20	2.10	3.40	0.70	2.80	1.10	2.34	0.40	0.15
平顶山	73.40	28.50	4.89	4.00	15.54	3.27	10.93	1.35	4.92	—	—
舞　钢	16.38	3.31	1.84	0.17	3.75	0.10	2.48	0.92	3.81	—	—
汝　州	39.70	12.78	2.50	3.00	10.04	1.18	6.18	0.42	3.60	2.00	1.62
安　阳	82.88	25.98	10.25	3.14	11.85	3.20	15.98	3.12	9.36	0.52	—
林　州	24.15	11.00	2.52	0.94	1.62	0.35	3.78	0.23	3.71	—	—
鹤　壁	64.07	15.09	6.17	4.17	16.41	1.03	9.69	1.96	9.55	—	—
新　乡	112.93	41.18	10.14	6.67	26.56	1.95	12.69	2.79	10.95	—	—
卫　辉	22.08	7.27	2.09	1.52	3.83	0.50	2.58	1.01	3.28	1.42	1.11

续表

城市名称	城市建设用地面积									本年征用土地面积	
	小计	居住用地	公共管理与公共服务用地	商业服务业设施用地	工业用地	物流仓储用地	道路交通设施用地	公用设施用地	绿地与广场用地		耕地
辉　县	21.45	10.55	1.45	0.41	2.55	0.60	2.92	0.45	2.52	—	—
焦　作	113.26	40.64	13.39	5.65	27.32	1.81	14.19	1.56	8.70	—	—
沁　阳	20.44	7.09	1.40	1.35	0.58	1.21	4.00	1.44	3.37	—	—
孟　州	16.52	5.30	0.83	0.94	1.51	0.33	4.42	0.72	2.47	0.12	0.05
濮　阳	61.55	22.71	3.60	5.30	5.70	1.60	8.84	2.20	11.60	—	—
许　昌	84.01	23.04	7.35	5.25	10.44	2.10	14.70	7.35	13.78	—	—
禹　州	45.38	12.60	5.01	2.30	10.75	2.17	6.05	0.70	5.80	—	—
长　葛	25.24	4.50	2.70	0.95	4.00	0.90	5.45	0.24	6.50	—	—
漯　河	65.13	16.46	4.27	2.12	5.65	2.22	11.89	7.57	14.95	4.44	3.54
三门峡	44.97	13.14	6.31	3.48	5.09	0.49	8.09	1.04	7.33	—	—
义　马	18.56	3.99	2.05	0.81	3.11	0.60	2.97	0.53	4.50	0.37	0.11
灵　宝	22.37	5.19	3.38	0.84	4.94	0.55	2.90	1.18	3.39	—	—
南　阳	155.44	46.47	21.81	8.62	31.16	4.34	27.07	5.75	10.22	1.66	1.21
邓　州	30.43	8.00	0.50	3.20	5.80	1.20	5.65	0.70	5.38	—	—
商　丘	63.00	11.19	6.20	1.82	1.39	0.70	10.01	3.13	28.56	—	—
永　城	43.90	12.20	5.10	4.60	3.76	0.60	7.92	2.20	7.52	2.24	1.43
信　阳	85.38	26.63	12.39	3.01	16.23	2.99	15.55	0.99	7.59	—	—
周　口	56.14	15.86	5.68	5.26	5.15	2.94	10.35	3.92	6.98	—	—
项　城	30.36	9.81	3.83	1.46	1.98	1.98	4.88	1.70	4.72	—	—
驻马店	71.00	23.96	10.07	6.67	8.04	1.22	12.13	5.68	3.23	—	—
济　源	44.49	15.45	3.39	2.32	8.92	1.12	7.06	1.88	4.35	1.38	—
湖　北	**2499.44**	**756.71**	**234.45**	**153.66**	**573.79**	**72.54**	**394.80**	**96.81**	**216.68**	**95.41**	**50.71**
武　汉	840.19	263.51	94.24	42.65	212.93	25.55	126.60	28.17	46.54	23.04	12.10
黄　石	78.12	21.54	5.63	2.29	21.17	0.52	17.81	1.32	7.84	—	—
大　冶	32.45	8.42	2.51	1.39	5.07	—	5.31	1.25	8.50	1.35	0.81
十　堰	111.08	32.51	12.69	4.32	32.98	3.50	11.82	4.13	9.13	—	—
丹江口	21.03	7.51	1.88	1.16	6.15	0.12	2.85	0.65	0.71	0.50	—
宜　昌	169.84	47.18	12.18	9.61	36.85	7.92	28.39	11.73	15.98	—	—
宜　都	24.86	5.62	3.06	2.10	3.19	0.75	4.43	4.85	0.86	1.10	0.26
当　阳	21.57	4.25	0.44	0.53	7.83	0.47	3.60	1.31	3.14	0.48	—
枝　江	24.07	6.93	1.03	2.01	6.35	0.56	3.73	0.93	2.53	2.02	0.86
襄　阳	175.21	48.50	15.24	9.24	49.94	2.61	29.00	8.30	12.38	8.96	6.20

续表

城市名称	城市建设用地面积									本年征用土地面积	
	小计	居住用地	公共管理与公共服务用地	商业服务业设施用地	工业用地	物流仓储用地	道路交通设施用地	公用设施用地	绿地与广场用地		耕地
老河口	26.91	9.00	1.20	2.13	4.05	0.99	4.85	3.00	1.69	—	—
枣 阳	53.95	14.49	3.56	4.76	17.71	1.07	10.29	0.57	1.50	1.00	1.00
宜 城	27.26	8.77	1.91	1.37	5.25	0.67	4.76	0.57	3.96	1.33	0.86
鄂 州	64.55	17.95	5.10	3.12	15.50	2.28	5.25	3.20	12.15	0.15	—
荆 门	63.48	13.51	5.66	3.94	11.90	1.51	11.99	4.31	10.66	—	—
钟 祥	26.85	6.33	1.65	0.78	4.95	1.87	5.43	0.35	5.49	1.00	0.01
孝 感	54.40	15.75	3.65	4.25	13.85	1.95	10.35	0.65	3.95	3.37	2.32
应 城	17.40	6.16	2.30	1.55	2.60	0.79	2.61	0.40	0.99	—	—
安 陆	19.83	7.90	0.56	0.65	2.73	0.75	4.70	0.93	1.61	0.95	0.08
汉 川	28.55	8.61	3.98	6.85	2.71	1.46	3.89	0.51	0.54	0.47	—
荆 州	88.70	22.64	9.27	5.10	22.04	2.14	13.71	2.65	11.15	33.89	20.28
石 首	19.33	6.02	1.01	5.02	1.50	0.80	2.95	0.50	1.53	0.36	—
洪 湖	17.60	4.01	0.37	1.20	2.80	0.20	3.72	2.10	3.20	2.69	0.78
松 滋	17.36	6.10	2.23	1.26	3.97	0.13	2.37	0.20	1.10	1.70	0.75
黄 冈	52.22	15.73	5.38	4.99	8.66	1.08	10.01	0.56	5.81	—	—
麻 城	37.15	8.66	3.01	3.66	6.58	1.05	8.22	0.48	5.49	1.52	0.54
武 穴	30.18	9.30	4.00	1.20	2.00	1.60	6.03	2.10	3.95	—	—
咸 宁	52.80	24.25	2.38	1.79	12.25	0.43	6.20	0.25	5.25	—	—
赤 壁	27.00	10.16	1.02	1.45	5.60	1.15	4.15	1.49	1.98	—	—
随 州	51.90	17.38	5.16	4.93	10.46	1.78	6.11	1.25	4.83	—	—
广 水	31.99	13.45	3.22	2.69	4.48	0.69	6.57	0.66	0.23	0.90	0.45
恩 施	36.00	10.50	6.20	3.80	5.60	1.70	2.80	1.50	3.90	3.83	0.08
利 川	18.90	5.20	1.20	1.40	2.10	1.20	1.90	1.80	4.10	1.21	1.08
仙 桃	54.77	21.24	3.89	2.17	11.19	1.18	9.61	2.25	3.24	—	—
潜 江	49.50	15.94	4.82	6.12	7.71	1.88	6.85	1.32	4.86	—	—
天 门	32.44	11.69	2.82	2.18	3.14	0.19	5.94	0.57	5.91	3.59	2.25
湖 南	**1635.89**	**563.55**	**185.70**	**109.92**	**239.66**	**45.27**	**212.08**	**85.37**	**194.34**	**69.51**	**17.66**
长 沙	338.35	128.70	40.87	20.47	33.04	7.56	61.41	4.15	42.15	7.71	3.19
浏 阳	26.80	8.10	2.40	1.90	2.10	0.70	1.10	1.30	9.20	—	—
株 洲	139.97	44.24	13.00	9.53	33.35	3.03	22.06	3.47	11.29	19.53	1.74
醴 陵	30.35	11.92	5.23	2.35	5.71	1.06	1.76	0.04	2.28	—	—
湘 潭	80.02	27.11	8.45	5.23	12.88	4.30	12.36	4.36	5.33	4.30	2.12

续表

城市名称	城市建设用地面积									本年征用土地面积	
	小计	居住用地	公共管理与公共服务用地	商业服务业设施用地	工业用地	物流仓储用地	道路交通设施用地	公用设施用地	绿地与广场用地		耕地
湘　乡	21. 30	8. 00	1. 70	1. 70	4. 60	0. 60	3. 30	0. 40	1. 00	0. 68	0. 25
韶　山	4. 77	1. 16	0. 52	0. 76	0. 75	—	0. 60	0. 23	0. 75	0. 56	0. 31
衡　阳	139. 09	40. 10	13. 20	6. 70	29. 70	3. 10	19. 50	3. 90	22. 89	4. 55	1. 92
耒　阳	36. 57	13. 20	6. 82	1. 48	5. 40	1. 54	2. 47	1. 34	4. 32	1. 95	0. 90
常　宁	19. 99	6. 44	3. 75	1. 00	2. 20	0. 90	2. 20	1. 00	2. 50	3. 00	—
邵　阳	71. 18	26. 33	8. 87	4. 92	4. 36	2. 85	5. 95	4. 52	13. 38	1. 50	0. 78
武　冈	20. 85	7. 20	3. 00	2. 90	1. 10	0. 95	2. 10	1. 50	2. 10	1. 80	0. 50
岳　阳	94. 10	26. 00	10. 00	6. 50	18. 50	4. 00	4. 10	12. 00	13. 00	0. 50	—
汨　罗	19. 79	6. 23	1. 82	1. 62	4. 33	0. 11	3. 42	0. 47	1. 79	0. 25	0. 04
临　湘	15. 77	6. 09	1. 20	0. 87	3. 75	0. 08	2. 12	0. 19	1. 47	0. 95	0. 57
常　德	99. 55	26. 61	11. 19	5. 94	20. 55	4. 12	18. 09	3. 87	9. 18	4. 95	2. 96
津　市	16. 82	5. 27	1. 75	0. 43	4. 82	0. 74	1. 88	0. 57	1. 36	0. 54	0. 38
张家界	32. 33	10. 33	6. 38	2. 06	1. 53	—	5. 30	4. 94	1. 79	0. 98	0. 10
益　阳	71. 34	28. 36	10. 20	3. 25	5. 71	—	2. 02	16. 20	5. 60	3. 49	1. 12
沅　江	15. 46	8. 81	1. 26	0. 20	0. 50	—	0. 40	2. 41	1. 88	—	—
郴　州	74. 14	25. 68	6. 61	4. 90	6. 63	2. 05	12. 33	1. 65	14. 29	1. 16	0. 37
资　兴	20. 36	6. 52	1. 19	0. 87	7. 74	0. 56	1. 12	0. 24	2. 12	1. 30	—
永　州	65. 56	16. 23	5. 63	6. 96	7. 85	2. 11	9. 59	8. 23	8. 96	2. 35	0. 28
怀　化	53. 51	24. 62	5. 90	8. 63	2. 20	2. 02	6. 20	0. 57	3. 37	—	—
洪　江	6. 90	1. 57	0. 50	0. 08	0. 91	0. 12	0. 90	0. 47	2. 35	0. 31	0. 13
娄　底	49. 80	16. 20	5. 05	4. 95	11. 40	1. 26	2. 84	3. 57	4. 53	—	—
冷水江	24. 96	7. 63	1. 01	1. 32	4. 65	0. 41	4. 06	2. 20	3. 68	0. 35	—
涟　源	15. 46	4. 90	2. 70	2. 10	2. 40	0. 40	1. 40	0. 68	0. 88	6. 80	—
吉　首	30. 80	20. 00	5. 50	0. 30	1. 00	0. 70	1. 50	0. 90	0. 90	—	—
广　东	**5577. 44**	**1670. 89**	**446. 33**	**366. 99**	**1488. 04**	**127. 36**	**870. 82**	**133. 45**	**473. 56**	**117. 89**	**52. 13**
广　州	708. 52	218. 71	110. 76	56. 40	190. 21	20. 02	78. 54	7. 11	26. 77	24. 00	9. 53
韶　关	105. 08	35. 91	10. 40	5. 41	28. 80	2. 31	12. 30	1. 04	8. 91	—	—
乐　昌	16. 67	6. 55	1. 35	0. 65	4. 10	0. 31	0. 88	0. 35	2. 48	0. 24	—
南　雄	12. 43	5. 08	0. 13	0. 28	3. 12	0. 14	0. 85	0. 18	2. 65	5. 37	1. 47
深　圳	932. 92	211. 75	60. 03	37. 26	273. 14	20. 16	235. 18	23. 77	71. 63	—	—
珠　海	269. 68	63. 26	24. 51	20. 96	83. 32	9. 15	45. 60	6. 18	16. 70	—	—
汕　头	243. 00	98. 29	19. 02	32. 48	30. 06	13. 61	34. 06	7. 59	7. 89	—	—

续表

城市名称	城市建设用地面积									本年征用土地面积	
	小计	居住用地	公共管理与公共服务用地	商业服务业设施用地	工业用地	物流仓储用地	道路交通设施用地	公用设施用地	绿地与广场用地		耕地
佛　山	161.79	48.65	12.08	16.58	44.35	6.33	14.24	3.40	16.16	3.20	0.71
江　门	154.38	47.92	10.00	7.57	41.70	0.92	30.33	2.19	13.75	3.99	0.33
台　山	30.89	10.84	2.42	1.86	5.50	0.05	6.07	0.18	3.97	0.40	0.07
开　平	31.09	13.51	1.44	1.96	9.89	0.10	2.18	0.27	1.74	2.78	1.05
鹤　山	27.68	9.95	3.73	0.26	4.13	0.60	4.77	0.70	3.54	0.05	0.02
恩　平	28.87	10.52	2.09	0.86	10.23	0.10	2.79	0.76	1.52	2.06	0.53
湛　江	109.82	43.01	11.47	13.70	4.12	4.15	15.02	2.00	16.35	10.06	2.00
廉　江	38.00	14.11	3.22	1.93	4.80	1.16	9.02	0.27	3.49	4.67	—
雷　州	28.86	9.69	2.91	6.60	0.66	0.75	2.18	3.34	2.73	0.33	—
吴　川	25.45	10.15	1.55	2.05	1.75	0.85	2.12	1.35	5.63	—	—
茂　名	160.38	66.56	11.05	6.14	30.92	1.52	19.98	8.34	15.87	1.35	0.56
高　州	43.62	13.18	5.09	2.15	4.20	5.00	3.30	6.00	4.70	0.13	0.12
化　州	35.78	5.25	5.62	1.43	5.48	0.83	7.83	0.89	8.45	0.53	0.17
信　宜	26.80	9.90	0.80	1.75	2.30	0.40	1.35	3.35	6.95	0.93	—
肇　庆	114.55	37.86	10.94	5.92	32.24	2.17	16.75	1.03	7.64	9.32	1.64
四　会	28.06	8.11	2.09	4.40	3.12	0.86	4.52	1.38	3.58	—	—
惠　州	261.81	83.46	16.72	17.52	65.97	6.12	32.17	8.81	31.04	9.06	3.31
梅　州	52.56	22.54	5.90	4.50	4.88	0.31	7.87	0.52	6.04	0.55	0.26
兴　宁	28.01	9.46	2.13	2.50	0.70	1.35	3.09	0.70	8.08	0.23	0.23
汕　尾	21.74	9.23	1.64	1.73	4.02	0.25	2.99	0.67	1.21	0.23	0.03
陆　丰	21.98	4.35	3.10	2.00	2.20	0.65	2.40	1.78	5.50	0.77	—
河　源	—	—	—	—	—	—	—	—	—	9.00	9.00
阳　江	64.83	23.93	5.33	5.45	7.83	0.53	10.83	0.77	10.16	1.15	1.06
阳　春	29.30	15.65	1.00	2.00	4.81	0.39	4.74	0.61	0.10	15.00	15.00
清　远	149.56	40.26	12.12	11.37	58.38	1.91	12.73	1.80	10.99	2.17	1.67
英　德	34.73	8.03	6.08	1.86	6.43	0.55	4.18	2.78	4.82	0.88	0.23
连　州	16.01	5.89	0.05	0.02	0.81	—	4.75	0.39	4.10	0.50	0.13
东　莞	1085.77	279.79	49.25	60.48	385.06	16.07	180.11	25.85	89.16	4.17	0.51
中　山	129.91	49.99	7.49	8.32	39.07	1.52	12.56	1.03	9.93	1.89	0.90
潮　州	64.07	22.40	2.66	3.45	10.74	0.93	10.22	0.72	12.95	0.12	0.07
揭　阳	147.69	40.71	10.13	7.21	59.30	1.20	16.30	1.03	11.81	0.76	0.19
普　宁	66.76	36.54	2.89	3.88	7.50	0.53	7.86	0.86	6.70	—	—

续表

城市名称	城市建设用地面积									本年征用土地面积	
	小计	居住用地	公共管理与公共服务用地	商业服务业设施用地	工业用地	物流仓储用地	道路交通设施用地	公用设施用地	绿地与广场用地		耕地
云　浮	39.89	8.22	4.88	4.55	7.10	3.32	4.24	3.31	4.27	0.88	0.33
罗　定	28.50	11.68	2.26	1.55	5.10	0.24	3.92	0.15	3.60	1.12	1.01
广　西	**1372.12**	**410.79**	**145.13**	**82.64**	**220.45**	**52.48**	**249.22**	**55.22**	**156.19**	**118.50**	**31.43**
南　宁	307.88	90.65	43.31	20.98	33.95	7.58	57.96	9.17	44.28	10.16	—
柳　州	225.09	62.40	21.00	13.48	53.19	9.27	39.27	4.31	22.17	12.51	6.26
桂　林	104.39	30.63	12.02	2.68	18.32	3.33	15.02	6.44	15.95	11.98	3.36
梧　州	56.78	19.35	5.86	2.91	8.72	2.30	10.82	3.01	3.81	9.15	1.51
岑　溪	21.63	9.74	1.38	1.21	1.55	0.69	5.01	1.02	1.03	1.88	—
北　海	77.26	27.00	9.80	4.40	6.86	2.00	16.00	2.70	8.50	4.48	—
防城港	40.52	7.55	2.77	3.84	8.83	4.46	7.71	1.14	4.22	0.17	0.04
东　兴	12.10	2.33	1.46	1.36	1.17	0.42	3.21	0.59	1.56	0.26	0.12
钦　州	89.98	22.79	7.45	5.78	21.68	8.35	14.22	1.79	7.92	5.93	—
贵　港	76.30	23.91	6.89	3.07	17.31	2.52	14.66	3.00	4.94	1.61	0.83
桂　平	30.48	7.52	2.65	2.15	6.82	1.16	6.28	0.45	3.45	0.41	0.18
玉　林	70.61	26.60	9.62	9.53	2.21	2.28	11.80	2.39	6.18	9.20	5.98
北　流	25.85	7.20	0.33	0.68	2.69	0.28	5.82	0.83	8.02	2.05	0.78
百　色	47.23	15.62	4.37	1.25	7.19	2.22	6.70	2.55	7.33	14.97	—
靖　西	18.26	7.50	0.65	0.20	3.40	0.10	3.34	0.35	2.72	11.09	2.38
贺　州	38.04	12.67	5.62	2.97	6.81	0.51	5.43	3.78	0.25	8.42	7.15
河　池	41.75	12.14	3.80	1.18	9.18	1.17	8.36	3.12	2.80	1.33	1.13
来　宾	49.33	11.73	2.46	2.26	6.74	1.85	11.13	6.21	6.95	9.49	
合　山	7.32	4.25	0.11	0.06	0.98	0.01	0.94	0.18	0.79	0.05	—
崇　左	20.03	6.42	2.03	0.45	2.43	0.60	3.91	1.54	2.65	1.20	—
凭　祥	11.29	2.79	1.55	2.20	0.42	1.38	1.63	0.65	0.67	2.16	1.71
海　南	**256.76**	**91.57**	**26.93**	**16.16**	**16.99**	**2.68**	**57.66**	**9.68**	**35.09**	**21.13**	**2.12**
海　口	101.92	37.99	10.31	8.93	8.81	0.59	26.50	0.79	8.00	7.04	—
三　亚	47.39	15.26	7.33	0.89	2.43	0.10	9.94	0.51	10.93	1.41	0.37
三　沙	0.32	0.02	0.06	0.01	—	—	0.20	0.01	0.02	—	—
儋　州	30.77	12.85	3.31	1.37	2.35	0.48	4.16	0.90	5.35	9.45	0.52
五指山	5.85	2.40	0.12	0.05	0.01	—	2.00	0.27	1.00	—	—
琼　海	27.46	9.27	0.78	0.23	1.34	0.52	3.77	4.42	7.13	1.92	1.10

续表

城市名称	城市建设用地面积									本年征用土地面积	
	小计	居住用地	公共管理与公共服务用地	商业服务业设施用地	工业用地	物流仓储用地	道路交通设施用地	公用设施用地	绿地与广场用地		耕地
文　昌	13.41	2.98	1.91	1.65	0.58	0.23	4.95	0.36	0.75	—	—
万　宁	10.73	4.70	1.10	0.60	0.75	0.04	1.91	0.18	1.45	0.28	0.13
东　方	18.91	6.10	2.01	2.43	0.72	0.72	4.23	2.24	0.46	1.03	—
重　庆	**1213.18**	**371.77**	**111.60**	**77.45**	**244.58**	**30.99**	**232.63**	**30.39**	**113.77**	**108.26**	**43.55**
四　川	**2660.07**	**817.40**	**256.45**	**207.87**	**450.81**	**70.86**	**428.34**	**81.84**	**346.50**	**109.50**	**55.40**
成　都	810.11	269.68	86.40	75.70	117.84	18.38	137.40	17.35	87.36	15.10	6.61
都江堰	36.92	18.93	2.54	4.08	0.41	0.20	7.27	0.25	3.24	2.25	0.69
彭　州	27.00	6.96	2.24	6.34	1.95	0.90	3.49	1.19	3.93	—	—
邛　崃	25.10	6.80	1.32	0.86	9.15	0.11	4.18	0.36	2.32	0.50	0.30
崇　州	29.45	5.49	1.29	1.37	15.45	0.07	4.40	0.25	1.13	—	—
简　阳	32.71	8.18	4.90	3.00	2.10	2.00	4.03	2.10	6.40	3.00	—
自　贡	120.28	39.91	6.65	5.93	29.11	2.02	13.65	2.94	20.07	23.49	11.03
攀枝花	76.18	21.22	4.09	6.56	22.91	3.42	6.19	3.92	7.87	2.56	0.62
泸　州	151.84	34.28	10.67	6.51	23.45	1.76	33.79	2.67	38.71	16.73	9.95
德　阳	85.16	24.02	7.27	3.66	23.47	1.23	18.04	2.14	5.33	1.92	0.97
广　汉	48.70	11.21	3.31	3.45	13.28	2.06	7.55	2.61	5.23	5.15	3.69
什　邡	16.60	4.40	0.59	1.32	2.92	0.50	2.89	2.31	1.67	—	—
绵　竹	12.49	2.18	0.20	0.26	0.36	0.03	3.98	0.30	5.18	—	—
绵　阳	149.34	42.77	22.01	9.55	31.90	2.34	24.98	3.85	11.94	—	—
江　油	34.84	10.20	3.40	1.42	6.37	0.60	6.25	0.37	6.23	6.40	3.10
广　元	61.18	14.33	6.74	3.34	11.23	1.56	9.91	3.01	11.06	0.50	0.17
遂　宁	76.84	23.82	3.72	5.63	10.67	2.58	16.37	1.48	12.57	—	—
内　江	81.00	30.14	7.87	4.73	15.14	2.20	14.33	1.75	4.84	3.38	2.31
隆　昌	33.77	6.99	3.87	1.10	4.06	1.20	5.80	3.75	7.00	—	—
乐　山	71.17	24.00	8.74	8.11	9.39	0.98	8.13	1.34	10.48	—	—
峨眉山	21.58	9.58	3.09	2.90	1.49	0.07	1.87	0.28	2.30	—	—
南　充	133.00	49.32	13.62	8.83	20.25	6.78	19.68	5.79	8.73	5.00	1.00
阆　中	34.50	10.40	3.05	2.70	5.86	1.55	4.50	1.11	5.33	0.50	0.10
眉　山	62.12	24.00	4.95	8.53	6.97	1.51	8.71	3.73	3.72	3.77	1.97
宜　宾	94.26	19.71	6.36	6.38	10.46	4.01	15.62	2.75	28.97	12.17	8.57
广　安	66.08	25.64	6.52	2.39	10.32	4.65	7.88	3.17	5.51	1.23	0.82
华　蓥	14.69	4.34	1.25	0.47	2.62	0.09	0.98	1.59	3.35	0.46	0.15
达　州	91.57	27.46	7.79	7.15	15.53	3.84	14.85	3.61	11.34	0.54	—

续表

城市名称	城市建设用地面积									本年征用土地面积	
	小计	居住用地	公共管理与公共服务用地	商业服务业设施用地	工业用地	物流仓储用地	道路交通设施用地	公用设施用地	绿地与广场用地		耕地
万　源	15.35	8.64	0.93	1.18	0.52	0.54	1.08	0.65	1.81	—	—
雅　安	34.36	8.35	3.86	2.47	8.25	0.48	7.42	1.18	2.35	2.75	2.29
巴　中	15.94	1.06	0.42	0.83	1.30	0.66	0.89	0.78	10.00	—	—
资　阳	46.09	9.92	5.18	9.45	4.37	1.40	6.51	0.54	8.72	1.29	1.06
马尔康	4.43	1.73	0.85	0.23	0.09	0.02	0.73	0.07	0.71	0.01	—
康　定	5.02	1.55	0.92	0.82	0.06	0.16	0.91	0.25	0.35	0.80	—
西　昌	40.40	10.19	9.84	0.62	11.56	0.96	4.08	2.40	0.75	—	—
贵　州	**945.30**	**308.05**	**88.87**	**75.73**	**155.24**	**27.94**	**152.26**	**26.94**	**110.27**	**18.70**	**7.00**
贵　阳	344.96	96.41	39.15	27.33	60.07	9.51	60.54	5.32	46.63	—	—
清　镇	25.63	9.21	2.80	4.13	3.90	0.17	4.15	0.94	0.33	1.24	0.78
六盘水	61.25	26.22	4.08	4.63	9.83	0.82	8.80	4.86	2.01	4.61	—
盘　州	27.30	12.15	1.94	1.87	3.12	0.98	4.14	0.42	2.68	—	—
遵　义	133.87	35.86	12.65	8.41	24.82	1.15	36.84	3.61	10.53	—	—
赤　水	11.09	3.35	1.53	1.06	3.14	0.07	1.22	0.18	0.54	—	—
仁　怀	24.30	9.00	2.00	1.00	4.00	2.00	1.50	1.30	3.50	2.40	0.70
安　顺	65.87	22.86	5.50	5.44	11.02	2.71	10.87	1.83	5.64	3.06	2.16
铜　仁	39.28	17.66	2.06	3.37	3.90	1.80	3.97	1.65	4.87	3.24	1.63
兴　义	45.07	16.05	4.03	5.87	6.90	3.21	3.79	1.94	3.28	0.34	0.12
毕　节	44.99	13.00	4.68	5.20	8.56	3.30	2.40	2.25	5.60	2.50	1.05
凯　里	64.73	29.10	1.40	2.69	4.30	—	4.35	1.49	21.40	1.31	0.56
都　匀	40.68	11.68	5.80	3.50	8.48	1.82	6.69	0.65	2.06	—	—
福　泉	16.28	5.50	1.25	1.23	3.20	0.40	3.00	0.50	1.20	—	—
云　南	**1087.65**	**388.35**	**120.41**	**102.95**	**122.57**	**36.51**	**149.32**	**32.92**	**134.62**	**51.13**	**26.67**
昆　明	432.10	181.00	45.04	37.15	53.14	12.11	45.45	8.30	49.91	18.48	7.92
安　宁	34.03	6.76	4.12	2.28	10.01	2.23	4.20	0.62	3.81	—	—
曲　靖	86.35	35.45	5.50	12.54	10.83	2.33	12.37	0.86	6.47	3.93	1.89
宣　威	37.26	10.34	5.23	1.50	4.50	1.77	4.81	4.58	4.53	2.37	1.54
玉　溪	38.23	7.87	2.50	1.86	4.60	3.23	11.03	0.50	6.64	3.56	2.72
保　山	36.48	10.02	2.92	2.40	1.90	0.80	8.51	0.70	9.23	—	—
腾　冲	26.90	9.32	2.14	3.52	2.80	0.20	3.38	0.21	5.33	0.60	0.60
昭　通	33.61	9.40	3.40	2.10	4.98	1.00	6.76	1.13	4.84	3.79	2.27
丽　江	20.88	4.25	2.33	2.10	2.00	2.08	2.52	1.58	4.02	0.89	0.22
普　洱	24.42	5.38	8.05	2.64	0.49	2.30	2.40	0.51	2.65	1.48	—

续表

城市名称	城市建设用地面积									本年征用土地面积	
	小计	居住用地	公共管理与公共服务用地	商业服务业设施用地	工业用地	物流仓储用地	道路交通设施用地	公用设施用地	绿地与广场用地		耕地
临　沧	21.77	8.00	1.00	3.10	1.70	0.45	4.07	1.15	2.30	0.06	—
楚　雄	44.20	17.38	5.68	5.73	3.87	1.24	8.58	0.62	1.10	1.28	0.29
个　旧	12.51	3.53	1.93	0.59	2.49	0.40	1.90	0.35	1.32	—	—
开　远	21.40	5.70	2.60	2.12	3.34	2.09	1.20	2.55	1.80	0.31	0.15
蒙　自	22.02	6.49	1.17	2.52	2.27	0.19	5.94	2.68	0.76	2.81	—
弥　勒	20.04	5.70	2.75	0.29	0.97	0.49	2.12	2.66	5.06	2.82	2.81
文　山	35.09	9.15	5.43	5.50	4.11	1.60	4.43	0.55	4.32	7.10	6.03
景　洪	27.40	8.02	2.00	0.70	0.01	0.19	4.20	1.00	11.28	—	—
大　理	40.13	14.43	7.07	3.21	4.65	1.02	5.58	1.17	3.00	0.65	0.13
瑞　丽	26.20	8.20	1.50	5.01	1.80	0.30	5.36	0.13	3.90	—	—
芒　市	20.35	8.18	3.02	2.77	1.80	0.47	2.59	0.66	0.86	—	—
泸　水	7.87	3.51	1.98	0.25	0.20	0.02	0.75	0.20	0.96	0.30	—
香格里拉	18.41	10.27	3.05	3.07	0.11	—	1.17	0.21	0.53	0.70	0.10
西　藏	**124.84**	**31.95**	**20.77**	**15.49**	**14.78**	**4.20**	**23.41**	**8.99**	**5.25**	**11.96**	**8.93**
拉　萨	66.84	16.25	5.73	8.41	10.43	1.97	16.17	5.30	2.58	10.71	8.79
昌　都	7.57	0.50	5.10	0.38	0.63	0.01	0.55	0.20	0.20	—	—
山　南	9.98	4.20	2.34	0.80	0.82	0.42	0.94	0.29	0.17	—	—
日喀则	27.95	7.50	6.50	3.30	2.50	1.50	2.75	1.70	2.20	—	—
林　芝	12.50	3.50	1.10	2.60	0.40	0.30	3.00	1.50	0.10	1.25	0.14
陕　西	**1229.90**	**297.26**	**117.88**	**101.34**	**145.98**	**27.14**	**208.51**	**42.21**	**289.58**	**37.95**	**28.84**
西　安	625.31	144.32	71.20	50.67	78.42	14.12	113.85	23.93	128.80	32.32	25.46
铜　川	48.85	12.35	4.47	3.04	6.62	0.36	8.23	0.69	13.09	—	—
宝　鸡	91.83	10.98	8.23	11.02	16.42	3.01	14.15	4.35	23.67	—	—
咸　阳	71.48	20.56	5.47	3.09	14.68	0.68	15.06	0.10	11.84	0.50	—
兴　平	22.89	6.59	1.10	0.50	4.28	0.16	3.42	0.20	6.64	—	—
渭　南	63.74	23.53	5.61	3.14	5.09	1.51	8.56	1.53	14.77	2.20	1.90
韩　城	18.20	6.57	0.75	1.10	0.85	0.80	3.15	0.80	4.18	—	—
华　阴	17.12	5.00	1.42	1.96	2.25	0.43	1.68	0.75	3.63	—	—
延　安	40.98	13.81	2.33	2.37	2.13	0.24	6.01	0.90	13.19	—	—
汉　中	43.34	9.87	2.97	5.62	4.81	1.45	5.98	2.57	10.07	0.63	0.28
榆　林	69.74	16.71	3.76	9.58	6.59	0.91	11.96	1.61	18.62	—	—
神　木	29.00	7.09	3.20	1.60	1.24	0.39	5.04	0.58	9.86	—	—
安　康	45.00	13.20	1.65	1.17	0.79	0.15	5.75	2.60	19.69	1.70	0.65

续表

城市名称	城市建设用地面积									本年征用土地面积	
	小计	居住用地	公共管理与公共服务用地	商业服务业设施用地	工业用地	物流仓储用地	道路交通设施用地	公用设施用地	绿地与广场用地		耕地
商　洛	19.70	3.10	2.30	2.60	0.60	2.00	2.80	0.60	5.70	—	—
杨陵区	22.72	3.58	3.42	3.88	1.21	0.93	2.87	1.00	5.83	0.60	0.55
甘　肃	**861.12**	**209.60**	**80.09**	**57.83**	**171.35**	**30.37**	**138.36**	**42.45**	**131.07**	**34.84**	**25.65**
兰　州	317.33	72.11	34.12	21.13	50.16	8.15	67.76	10.80	53.10	24.29	18.78
嘉峪关	104.54	12.35	4.37	6.58	52.89	3.82	15.02	0.61	8.90	—	—
金　昌	43.70	7.93	2.85	1.63	17.47	1.46	5.39	1.44	5.53	0.30	—
白　银	66.19	17.61	5.60	3.09	21.78	1.36	6.34	4.13	6.28	1.48	—
天　水	50.57	11.20	3.24	4.00	10.33	5.79	7.05	4.17	4.79	0.49	0.49
武　威	33.46	14.12	2.20	3.06	0.56	0.36	5.26	0.50	7.40	—	—
张　掖	39.95	17.16	3.17	3.16	1.97	2.56	2.58	4.23	5.12	1.19	0.78
平　凉	40.44	13.85	4.90	2.34	3.48	1.87	6.85	1.05	6.10	0.52	0.52
酒　泉	43.76	10.54	4.32	5.06	3.09	1.10	4.85	1.18	13.62	—	—
玉　门	11.13	1.70	1.20	0.79	3.30	0.36	2.35	0.29	1.14	0.37	0.17
敦　煌	14.97	2.20	0.80	2.08	0.80	0.20	2.38	0.35	6.16	0.22	
庆　阳	24.87	6.12	4.73	0.04	1.89	0.60	3.38	2.30	5.81	4.20	4.20
定　西	23.87	5.71	1.90	0.04	2.09	1.52	2.91	5.54	4.16	1.33	0.28
陇　南	12.78	6.64	0.86	0.40	0.16	0.02	2.00	0.70	2.00	—	—
临　夏	23.60	7.51	4.53	3.33	0.17	0.19	2.60	4.66	0.61	0.45	0.43
合　作	9.96	2.85	1.30	1.10	1.21	1.01	1.64	0.50	0.35	—	—
青　海	**178.70**	**60.81**	**14.82**	**8.91**	**13.23**	**13.42**	**25.15**	**6.70**	**35.66**	**5.40**	**0.20**
西　宁	89.67	28.64	5.85	2.43	4.28	8.50	13.00	3.94	23.03		
海　东	18.94	7.42	1.97	1.29	0.99	1.61	0.85	1.16	3.65	0.50	0.20
玉　树	13.74	5.16	1.27	0.42	0.45	0.47	2.24	0.52	3.21	—	—
格尔木	35.83	15.43	2.23	2.24	4.39	1.92	6.52	0.67	2.43	—	—
德令哈	20.52	4.16	3.50	2.53	3.12	0.92	2.54	0.41	3.34	4.90	—
宁　夏	**402.58**	**128.99**	**52.98**	**19.12**	**42.58**	**13.50**	**70.86**	**15.74**	**58.81**	**14.39**	**5.55**
银　川	178.75	54.69	30.38	3.22	17.47	7.47	29.40	9.43	26.69	6.47	—
灵　武	16.30	5.81	0.53	1.36	3.05	0.03	2.10	0.37	3.05	0.32	0.22
宁　东	5.70	0.50	1.00	0.50	0.10	—	1.60	1.00	1.00	0.62	—
石嘴山	54.18	21.86	2.71	3.77	9.32	0.20	12.08	1.00	3.24	—	—
吴　忠	54.92	18.03	6.86	3.55	7.47	0.43	8.57	1.97	8.04	2.59	1.69
青铜峡	31.37	9.83	5.60	2.40	2.90	2.37	4.20	0.84	3.23	0.71	0.37
固　原	33.59	9.60	3.56	2.15	1.51	2.40	6.95	0.52	6.90	3.07	2.66

续表

城市名称	城市建设用地面积									本年征用土地面积	
	小计	居住用地	公共管理与公共服务用地	商业服务业设施用地	工业用地	物流仓储用地	道路交通设施用地	公用设施用地	绿地与广场用地		耕地
中　卫	27.77	8.67	2.34	2.17	0.76	0.60	5.96	0.61	6.66	0.61	0.61
新　疆	**1230.78**	**380.09**	**112.03**	**102.38**	**196.06**	**62.16**	**171.17**	**58.21**	**148.68**	**14.96**	**2.13**
乌鲁木齐	438.06	123.30	33.18	30.81	103.37	31.85	66.95	10.59	38.01	2.98	1.62
克拉玛依	71.08	24.33	10.71	6.47	4.25	0.67	10.91	3.21	10.53	1.40	—
吐鲁番	21.85	9.68	1.81	1.46	1.96	1.30	2.53	1.18	1.93	—	—
哈　密	52.25	20.17	4.65	4.44	2.25	1.57	6.79	4.18	8.20	—	—
昌　吉	62.68	21.41	4.50	6.32	10.22	1.17	11.92	0.77	6.37	—	—
阜　康	21.50	4.64	1.25	1.10	0.26	1.01	2.91	1.11	9.22	0.36	0.26
博　乐	25.59	9.72	1.86	3.14	4.03	1.21	2.33	1.03	2.27	—	—
阿拉山口	10.81	0.61	0.60	0.52	3.30	1.40	2.02	1.01	1.35	—	—
库尔勒	72.85	20.65	6.50	3.80	15.35	3.21	2.90	11.10	9.34	6.30	—
阿克苏	46.21	21.38	5.07	4.06	3.90	0.92	4.95	1.96	3.97	0.90	—
阿图什	14.69	4.53	3.30	2.04	0.40	0.26	2.04	0.53	1.59	0.15	—
喀　什	70.34	24.37	4.86	8.23	4.55	7.60	8.68	3.00	9.05	0.35	0.20
和　田	35.60	12.11	4.91	2.80	5.61	1.73	3.62	2.15	2.67	1.85	—
伊　宁	42.39	16.00	3.90	3.30	3.22	0.55	8.60	2.32	4.50	—	—
奎　屯	25.06	4.20	2.91	4.20	1.12	0.17	3.46	3.50	5.50	—	—
霍尔果斯	17.68	4.04	1.66	1.90	5.76	1.66	2.16	0.35	0.15	—	—
乌　苏	23.35	7.57	1.90	1.46	3.51	1.20	2.47	0.70	4.54	—	—
塔　城	14.76	5.26	1.17	1.70	1.03	0.22	1.37	1.73	2.28	—	—
阿勒泰	16.00	4.53	2.00	2.20	0.10	0.21	3.10	0.36	3.50	—	—
石河子	49.11	15.90	5.77	2.37	5.09	1.78	8.15	3.45	6.60	—	—
阿拉尔	11.46	2.36	1.78	1.16	1.56	0.57	0.07	1.79	2.17	0.10	0.05
图木舒克	12.50	3.89	0.82	1.31	2.82	0.20	1.98	0.20	1.28	—	—
五家渠	23.90	8.70	3.58	3.64	1.75	0.92	2.15	0.87	2.29	—	—
北　屯	21.40	6.09	2.16	2.68	2.18	0.72	5.47	0.33	1.77	—	—
铁门关	3.66	0.81	0.62	0.17	0.22	0.05	0.53	0.06	1.20	0.57	—
双　河	—	—	—	—	—	—	—	—	—	—	—
可克达拉	15.29	2.17	0.42	0.76	1.15	—	2.84	0.63	7.32	—	—
昆　玉	10.71	1.67	0.14	0.34	7.10	0.01	0.27	0.10	1.08	—	—

数据来源：住房和城乡建设部。

五、市政公用设施投资及建设数据

表 3－144　2013—2017 年全国城市市政公用设施建设固定资产投资

单位：亿元，%

类　别	投资完成额	增长率	占同期全社会固定资产投资比重	占同期国内生产总值的比重
2013	16349.8	6.89	3.66	2.87
2014	16245.0	－0.63	3.17	2.55
2015	16204.4	－0.25	2.88	2.39
2016	17460.0	7.75	2.88	2.35
2017	19327.6	10.70	3.01	2.34

数据来源：住房和城乡建设部。

表 3－145　2017 年全国城市市政公用设施建设固定资产投资（1）

单位：万元

类　别	本年完成投资	供　水	燃　气	集中供热	轨道交通	道路桥梁	园林绿化
全　国	**193276146**	**5801366**	**4456833**	**5841997**	**50452154**	**69966525**	**6733719**
北　京	13717733	394839	660604	1175539	3427629	2038338	157917
天　津	3014976	5886	40548	13345	1334089	849072	369
河　北	3964229	130102	181639	521469	582118	1103142	195028
辽　宁	2664691	116383	49654	286054	580386	675925	20048
上　海	5760147	102670	163587	—	2994607	1418858	—
江　苏	18059574	1145641	186962	—	5337146	6647835	578003
浙　江	10811169	420658	186018	—	3632709	3575421	382076
福　建	7128613	263653	63770	—	2527427	3049368	88149
山　东	12008962	456634	267318	845664	2533553	4303847	488341
广　东	11289939	261344	49456	—	4330176	2988560	135384
海　南	1193224	34828	3730	—	—	593955	140400
山　西	3487857	55042	128622	376524	—	2395456	99541
吉　林	2682566	153559	73864	112294	842352	630892	479407
黑龙江	2144321	118178	47737	300922	594461	688263	80671
安　徽	7454578	286428	166447	58511	1078362	3423657	150077
江　西	5723360	107248	102206	—	548458	2397570	134570
河　南	8680683	189901	149459	1071247	1229948	3502484	304161

续表

类 别	本年完成投资	供 水	燃 气	集中供热	轨道交通	道路桥梁	园林绿化
湖 北	13021487	164256	81458	1281	4256102	4508789	487887
湖 南	7699626	208481	75041	—	1367791	4172541	194968
内蒙古	5592699	192266	47846	344681	427806	2391943	227310
广 西	5856089	153418	62757	—	1045694	2839751	71667
重 庆	7819593	128751	131480	—	3069937	3024252	28283
四 川	11492553	220316	64765	—	3927749	4890095	133832
贵 州	2681140	56571	120	—	633293	1148807	161068
云 南	4893918	85686	28403	—	1548716	1418624	580496
西 藏	322519	—	2858	100000	—	196870	—
陕 西	4310795	55232	256743	111463	1219093	1162145	607860
甘 肃	2532923	132198	41263	117325	377300	1253432	135588
青 海	1310431	5294	8933	9809	—	889540	333130
宁 夏	767516	2549	11737	183407	—	185478	206699
新 疆	5188235	153354	1121808	212462	1005252	1601615	130789

数据来源：住房和城乡建设部。

表 3－146　2017 年全国城市市政公用设施建设固定资产投资（2）

单位：万元

类 别	排 水				市容环境卫生		地下综合管廊	其 他	本年新增固定资产
		污水处理	污泥处置	再生水利用		垃圾处理			
全 国	**13436186**	**4210541**	**211000**	**297157**	**17596381**	**5081455**	**2408345**	**13909530**	**134609680**
北 京	1451002	709907	61441	168824	2072816	1040059	186242	1298990	5153774
天 津	119478	95478	—	543	261422	8493	—	382274	820552
河 北	546844	130279	4830	800	581950	74723	35881	47214	4983791
山 西	281020	27549	2275	—	95687	506582	490526	52952	1336555
内蒙古	486042	371549	17098	—	222149	102899	102080	269335	4189524
辽 宁	1315712	377474	14644	17272	1466442	320470	106742	1061363	12727051
吉 林	830933	361271	1700	10297	1085202	199609	117727	498543	5636151
黑龙江	362759	112890	1283	—	479811	126225	77469	167451	4237390
上 海	886665	127160	14641	5405	1319198	241732	141944	666010	9552637
江 苏	665657	89617	—	—	220005	378921	213734	2260436	2392262
浙 江	168504	80764	—	4890	193563	6718	420	51526	132426
安 徽	130105	17156	39607		198688	25964	17080	77915	2875945
福 建	95973	47422	1257	3840	206496	46256	24676	41473	2173722
江 西	157138	70747	—	—	75443	65810	54205	15698	1896976

续表

类　别	排　水	污水处理	污泥处置	再生水利用	市容环境卫生	垃圾处理	地下综合管廊	其　他	本年新增固定资产
山　东	577063	128812	4003	1486	1037032	318316	140710	358685	3214080
河　南	558863	100848	6722	—	743007	107805	71059	1023633	5507933
湖　北	744154	242985	—	15982	1257818	170944	71531	60567	9886637
湖　南	1392157	479496	6419	—	898021	261584	67902	969952	12319666
广　东	293251	75036	2580	127	466485	184369	166273	736699	2405975
广　西	376046	31473	5850	24435	1024478	43187	16698	517136	3827446
海　南	288333	61718	2423	—	464434	94997	52830	835038	4285235
重　庆	307695	55193	—	—	794577	71883	26776	262735	12567634
四　川	489807	154726	2530	—	796058	182868	125257	787063	8185362
贵　州	125913	52860	1529	4000	131420	58584	28108	365364	1128599
云　南	237131	13735	60	5085	321841	67925	39113	605096	2191792
西　藏	21941	14426	—	—	—	850	—	—	115410
陕　西	210835	34916	4705	1324	579784	80140	9608	27500	3882048
甘　肃	90549	42377	15403	7922	60978	18592	9022	305698	1081873
青　海	32176	30612	—	—	17323	13526	—	700	1302798
宁　夏	23822	3413	—	—	144568	1400	351	7856	368084
新　疆	168618	68652	—	24925	379685	260024	14381	154628	4230352

数据来源：住房和城乡建设部。

表 3－147　2013—2017 年全国城市轨道交通情况

类　别	建成轨道交通的城市个数（个）	建成轨道交通线路长度（公里）	正在建设轨道交通的城市个数（个）	正在建设轨道交通线路长度（公里）
2013 年	16	2213. 28	35	2760. 38
2014 年	22	2714. 79	36	3004. 37
2015 年	24	3069. 23	38	3994. 15
2016 年	30	3586. 34	39	4870. 18
2017 年	32	4594. 26	50	4913. 56

数据来源：住房和城乡建设部。

表 3－148　2017 年城市轨道交通（建成）（1）

类　别	线路长度（公里）								
	合计	按轨道类型					按敷设方式		
		地铁	轻轨	单轨	有轨	磁浮	地面线	地下线	高架线
全　国	**4594. 26**	**3967. 08**	**302. 92**	**78. 52**	**197. 29**	**48. 45**	**373. 60**	**3044. 84**	**1175. 82**
北　京	**608. 00**	**599. 00**	**—**	**—**	**9. 00**	**—**	**55. 00**	**411. 00**	**142. 00**
天　津	**175. 33**	**115. 22**	**52. 25**	**—**	**7. 86**	**—**	**17. 52**	**96. 64**	**61. 17**

续表

类别	线路长度（公里）								
	合计	按轨道类型					按敷设方式		
		地铁	轻轨	单轨	有轨	磁浮	地面线	地下线	高架线
河　北	**30.20**	**30.20**	**—**	**—**	**—**	**—**	**—**	**30.20**	**—**
石家庄	30.20	30.20	—	—	—	—	—	30.20	—
辽　宁	**309.04**	**78.09**	**230.95**	**—**	**—**	**—**	**90.88**	**93.25**	**124.91**
沈　阳	49.79	49.79	—	—	—	—	—	49.79	—
大　连	259.25	28.30	230.95	—	—	—	90.88	43.46	124.91
吉　林	**18.14**	**18.14**	**—**	**—**	**—**	**—**	**—**	**18.14**	**—**
长　春	18.14	18.14	—	—	—	—	—	18.14	—
黑龙江	**22.98**	**22.98**	**—**	**—**	**—**	**—**	**—**	**22.98**	**—**
哈尔滨	22.98	22.98	—	—	—	—	—	22.98	—
上　海	**668.64**	**638.74**	**—**	**—**	**—**	**29.90**	**16.41**	**403.27**	**248.96**
江　苏	**584.79**	**529.98**	**—**	**—**	**54.81**	**—**	**62.31**	**343.25**	**179.23**
南　京	364.11	347.56	—	—	16.55	—	24.28	188.28	151.55
无　锡	55.72	55.72	—	—	—	—	0.10	41.73	13.89
苏　州	138.89	120.70	—	—	18.19	—	17.86	113.24	7.79
昆　山	6.00	6.00	—	—	—	—	—	—	6.00
淮　安	20.07	—	—	—	20.07	—	20.07	—	—
浙　江	**184.57**	**184.57**	**—**	**—**	**—**	**—**	**0.20**	**141.73**	**42.64**
杭　州	110.06	110.06	—	—	—	—	0.20	102.26	7.60
宁　波	74.51	74.51	—	—	—	—	—	39.47	35.04
安　徽	**52.34**	**52.34**	**—**	**—**	**—**	**—**	**—**	**52.34**	**—**
合　肥	52.34	52.34	—	—	—	—	—	52.34	—
江　西	**7.90**	**7.90**	**—**	**—**	**—**	**—**	**—**	**7.90**	**—**
南　昌	7.90	7.90	—	—	—	—	—	7.90	—
山　东	**33.55**	**24.78**	**—**	**—**	**8.77**	**—**	**8.77**	**24.78**	**—**
青　岛	33.55	24.78	—	—	8.77	—	8.77	24.78	—
河　南	**102.70**	**102.70**	**—**	**—**	**—**	**—**	**1.27**	**85.40**	**16.03**
郑　州	102.70	102.70	—	—	—	—	1.27	85.40	16.03
湖　北	**283.67**	**236.84**	**—**	**—**	**46.83**	**—**	**45.20**	**163.70**	**74.77**
武　汉	283.67	236.84	—	—	46.83	—	45.20	163.70	74.77
湖　南	**68.71**	**50.16**	**—**	**—**	**—**	**18.55**	**0.22**	**48.81**	**19.68**
长　沙	68.71	50.16	—	—	—	18.55	0.22	48.81	19.68
广　东	**811.61**	**741.59**	**—**	**—**	**70.02**	**—**	**68.79**	**640.30**	**102.52**
广　州	399.29	391.59	—	—	7.70	—	47.81	349.04	2.44
深　圳	302.46	290.74	—	—	11.72	—	17.42	233.78	51.26

续表

类　别	线路长度（公里）								
	合计	按轨道类型					按敷设方式		
		地铁	轻轨	单轨	有轨	磁浮	地面线	地下线	高架线
佛　山	21.48	21.48	—	—	—	—	—	21.48	
肇　庆	50.60	—	—	—	50.60	—	3.15	2.27	45.18
东　莞	37.78	37.78	—	—	—	—	0.41	33.73	3.64
广　西	**53.10**	**53.10**	**—**	**—**	**—**	**—**	**—**	**53.10**	**—**
南　宁	53.10	53.10	—	—	—	—	—	53.10	—
重　庆	**262.56**	**164.32**	**19.72**	**78.52**	**—**	**—**	**4.31**	**134.91**	**123.34**
四　川	**179.46**	**179.46**	**—**	**—**	**—**	**—**	**—**	**171.36**	**8.10**
成　都	179.46	179.46	—	—	—	—	—	171.36	8.10
云　南	**88.76**	**88.76**	**—**	**—**	**—**	**—**	**2.27**	**65.59**	**20.90**
昆　明	88.76	88.76	—	—	—	—	2.27	65.59	20.90
陕　西	**39.15**	**39.15**	**—**	**—**	**—**	**—**	**0.45**	**27.13**	**11.57**
西　安	39.15	39.15	—	—	—	—	0.45	27.13	11.57
甘　肃	**9.06**	**9.06**	**—**	**—**	**—**	**—**	**—**	**9.06**	**—**
兰　州	9.06	9.06	—	—	—	—	—	9.06	—

数据来源：住房和城乡建设部。

表 3－149　2017 年城市轨道交通（建成）（2）

类　别	车站数（个）				换乘站数（个）	配置车辆数（辆）					
	合计	地面站	地下站	高架站		合计	地铁	轻轨	单轨	有轨	磁浮
全　国	**2944**	**316**	**2122**	**506**	**670**	**22663**	**21628**	**314**	**492**	**209**	**20**
北　京	**370**	**27**	**277**	**66**	**56**	**5342**	**5328**	**—**	**—**	**14**	**—**
天　津	**129**	**19**	**79**	**31**	**24**	**744**	**698**	**38**	**—**	**8**	**—**
河　北	**26**	**—**	**26**	**—**	**9**	**198**	**198**	**—**	**—**	**—**	**—**
石家庄	26	—	26	—	9	198	198	—	—	—	—
辽　宁	**152**	**49**	**68**	**35**	**17**	**586**	**410**	**176**	**—**	**—**	**—**
沈　阳	44	—	44	—	2	384	384	—	—	—	—
大　连	108	49	24	35	15	202	26	176	—	—	—
吉　林	**15**	**—**	**15**	**—**	**7**	**—**	**—**	**—**	**—**	**—**	**—**
长　春	15	—	15	—	7	—	—	—	—	—	—
黑龙江	**23**	**—**	**23**	**—**	**3**	**102**	**102**	**—**	**—**	**—**	**—**
哈尔滨	23	—	23	—	3	102	102	—	—	—	—
上　海	**390**	**12**	**277**	**101**	**125**	**4750**	**4736**	**—**	**—**	**—**	**14**
江　苏	**369**	**63**	**241**	**65**	**58**	**2469**	**2410**	**—**	**—**	**59**	**—**
南　京	190	30	112	48	27	1607	1592	—	—	15	—
无　锡	46	—	37	9	9	276	276	—	—		—

续表

类别	车站数（个）				换乘站数（个）	配置车辆数（辆）					
	合计	地面站	地下站	高架站		合计	地铁	轻轨	单轨	有轨	磁浮
苏　州	107	10	92	5	22	554	536	—	—	18	—
昆　山	3	—	—	3	—	6	6	—	—	—	—
淮　安	23	23	—	—	—	26	—	—	—	26	—
浙　江	**120**	**—**	**100**	**20**	**12**	**366**	**366**	**—**	**—**	**—**	**—**
杭　州	69	—	66	3	—	—	—	—	—	—	—
宁　波	51	—	34	17	12	366	366	—	—	—	—
安　徽	**47**	**—**	**47**	**—**	**—**	**324**	**324**	**—**	**—**	**—**	**—**
合　肥	47	—	47	—	—	324	324	—	—	—	—
江　西	**7**	**—**	**7**	**—**	**—**	**72**	**72**	**—**	**—**	**—**	**—**
南　昌	7	—	7	—	—	72	72	—	—	—	—
山　东	**44**	**22**	**22**	**—**	**6**	**151**	**144**	**—**	**—**	**7**	**—**
青　岛	44	22	22	—	6	151	144	—	—	7	—
河　南	**60**	**—**	**53**	**7**	**17**	**106**	**106**	**—**	**—**	**—**	**—**
郑　州	60	—	53	7	17	106	106	—	—	—	—
湖　北	**228**	**58**	**122**	**48**	**67**	**1420**	**1374**	**—**	**—**	**46**	**—**
武　汉	228	58	122	48	67	1420	1374	—	—	46	
湖　南	**46**	**—**	**42**	**4**	**15**	**61**	**55**	**—**	**—**	**—**	**6**
长　沙	46	—	42	4	15	61	55	—	—	—	6
广　东	**488**	**59**	**392**	**37**	**114**	**3307**	**3232**	**—**	**—**	**75**	**—**
广　州	229	37	192	—	55	430	423	—	—	7	—
深　圳	223	21	171	31	56	2716	2656	—	—	60	—
佛　山	15	—	15	—	—	33	33	—	—	—	—
肇　庆	6	1		5	2	8	—	—	—	8	—
东　莞	15	—	14	1	1	120	120	—	—	—	—
广　西	**43**	**—**	**43**	**—**	**12**	**51**	**51**	**—**	**—**	**—**	**—**
南　宁	43	—	43	—	12	51	51	—	—	—	—
重　庆	**156**	**4**	**83**	**69**	**47**	**1372**	**780**	**100**	**492**	**—**	**—**
四　川	**137**	**1**	**127**	**9**	**47**	**1110**	**1110**	**—**	**—**	**—**	**—**
成　都	137	1	127	9	47	1110	1110	—	—	—	—
云　南	**59**	**2**	**50**	**7**	**23**	**86**	**86**	**—**	**—**	**—**	**—**
昆　明	59	2	50	7	23	86	86	—	—	—	—
陕　西	**26**	**—**	**19**	**7**	**6**	**36**	**36**	**—**	**—**	**—**	**—**
西　安	26	—	19	7	6	36	36	—	—	—	—
甘　肃	**9**	**—**	**9**	**—**	**5**	**10**	**10**	**—**	**—**	**—**	**—**
兰　州	9	—	9	—	5	10	10	—	—	—	—

数据来源：住房和城乡建设部。

表 3－150　2017 年城市轨道交通（在建）（1）

类别	线路长度（公里）								
	合计	按轨道类型					按敷设方式		
		地铁	轻轨	单轨	有轨	磁浮	地面线	地下线	高架线
全　国	**4913.56**	**4574.38**	**77.38**	**46.20**	**214.40**	**1.20**	**159.73**	**3963.01**	**790.82**
北　京	**391.20**	**381.20**	**—**	**—**	**8.80**	**1.20**	**8.40**	**271.90**	**110.90**
天　津	**154.83**	**154.83**	**—**	**—**	**—**	**—**	**0.62**	**154.21**	**—**
河　北	**49.34**	**49.34**	**—**	**—**	**—**	**—**	**—**	**49.34**	**—**
石家庄	49.34	49.34	—	—	—	—	—	49.34	—
山　西	**23.65**	**23.65**	**—**	**—**	**—**	**—**	**—**	**23.65**	**—**
太　原	23.65	23.65	—	—	—	—	—	23.65	—
内蒙古	**49.02**	**49.02**	**—**	**—**	**—**	**—**	**0.11**	**46.06**	**2.85**
呼和浩特	49.02	49.02	—	—	—	—	0.11	46.06	2.85
辽　宁	**104.46**	**61.30**	**43.16**	**—**	**—**	**—**	**23.60**	**61.53**	**19.33**
沈　阳	104.46	61.30	43.16	—	—	—	23.60	61.53	19.33
吉　林	**45.82**	**27.16**	**18.66**	**—**	**—**	**—**	**—**	**32.54**	**13.28**
长　春	45.82	27.16	18.66	—	—	—	—	32.54	13.28
黑龙江	**69.73**	**69.73**	**—**	**—**	**—**	**—**	**—**	**69.73**	**—**
哈尔滨	69.73	69.73	—	—	—	—	—	69.73	—
上　海	**174.35**	**174.35**	**—**	**—**	**—**	**—**	**—**	**153.55**	**20.80**
江　苏	**483.37**	**455.87**	**—**	**—**	**27.50**	**—**	**22.50**	**432.16**	**28.71**
南　京	150.71	150.71	—	—	—	—	2.39	130.07	18.25
无　锡	58.23	58.23	—	—	—	—	—	58.23	—
徐　州	64.38	64.38	—	—	—	—	0.09	63.73	0.56
常　州	54.03	54.03	—	—	—	—	0.73	49.87	3.43
苏　州	116.84	89.34	—	—	27.50	—	19.29	91.08	6.47
南　通	39.18	39.18	—	—	—	—	—	39.18	—
浙　江	**412.43**	**295.30**	**—**	**—**	**117.13**	**—**	**3.02**	**271.62**	**137.79**
杭　州	154.27	154.27	—	—	—	—	—	154.27	—
宁　波	110.73	110.73	—	—	—	—	—	75.68	35.05
温　州	117.13	—	—	—	117.13		3.02	11.37	102.74
绍　兴	30.30	30.30	—	—	—	—	—	30.30	—
安　徽	**169.53**	**123.33**	**—**	**46.20**	**—**	**—**	**—**	**120.51**	**49.02**
合　肥	123.33	123.33	—	—	—	—	—	119.10	4.23
芜　湖	46.20	—	—	46.20	—	—	—	1.41	44.79
福　建	**297.87**	**297.87**	**—**	**—**	**—**	**—**	**4.60**	**256.15**	**37.12**
福　州	98.97	98.97	—	—	—	—	0.67	91.54	6.76
厦　门	198.90	198.90	—	—	—	—	3.93	164.61	30.36
江　西	**92.30**	**92.30**	**—**	**—**	**—**	**—**	**0.48**	**85.25**	**6.57**
南　昌	92.30	92.30	—	—	—	—	0.48	85.25	6.57
山　东	**353.45**	**353.45**	**—**	**—**	**—**	**—**	**2.32**	**231.31**	**119.82**

续表

类别	线路长度（公里）								
	合计	按轨道类型					按敷设方式		
		地铁	轻轨	单轨	有轨	磁浮	地面线	地下线	高架线
济南	47.69	47.69	—	—	—	—	0.20	31.29	16.20
青岛	305.76	305.76	—	—	—	—	2.12	200.02	103.62
河南	**116.02**	**116.02**	**—**	**—**	**—**	**—**	**—**	**116.02**	**—**
郑州	75.38	75.38	—	—	—	—	—	75.38	—
洛阳	40.64	40.64	—	—	—	—	—	40.64	—
湖北	**160.09**	**160.09**	**—**	**—**	**—**	**—**	**—**	**148.73**	**11.36**
武汉	160.09	160.09	—	—	—	—	—	148.73	11.36
湖南	**140.58**	**140.58**	**—**	**—**	**—**	**—**	**—**	**140.58**	**—**
长沙	140.58	140.58	—	—	—	—	—	140.58	—
广东	**484.21**	**484.21**	**—**	**—**	**—**	**—**	**19.54**	**385.92**	**78.75**
广州	182.10	182.10	—	—	—	—	16.00	160.10	6.00
深圳	133.42	133.42	—	—	—	—	1.26	95.88	36.28
佛山	110.70	110.70	—	—	—	—	—	94.50	16.20
东莞	57.99	57.99	—	—	—	—	2.28	35.44	20.27
广西	**79.24**	**79.24**	**—**	**—**	**—**	**—**	**—**	**79.24**	**—**
南宁	79.24	79.24	—	—	—	—	—	79.24	—
海南	**8.37**	**—**	**—**	**—**	**8.37**	**—**	**8.37**	**—**	**—**
三亚	8.37	—	—	—	8.37	—	8.37	—	—
重庆	**187.25**	**187.25**	**—**	**—**	**—**	**—**	**3.50**	**129.77**	**53.98**
四川	**376.77**	**337.47**	**—**	**—**	**39.30**	**—**	**40.16**	**286.54**	**50.07**
成都	376.77	337.47	—	—	39.30	—	40.16	286.54	50.07
贵州	**75.71**	**75.71**	**—**	**—**	**—**	**—**	**3.31**	**66.43**	**5.97**
贵阳	75.71	75.71	—	—	—	—	3.31	66.43	5.97
云南	152.14	138.84	—	—	13.30	—	15.10	105.20	31.84
昆明	115.24	115.24	—	—	—	—	0.30	96.60	18.34
安宁	23.60	23.60	—	—	—	—	1.50	8.60	13.50
蒙自	13.30	—	—	—	13.30	—	13.30	—	—
陕西	**147.10**	**131.54**	**15.56**	**—**	**—**	**—**	**4.10**	**130.34**	**12.66**
西安	147.10	131.54	15.56	—	—	—	4.10	130.34	12.66
甘肃	**26.00**	**26.00**	**—**	**—**	**—**	**—**	**—**	**26.00**	**—**
兰州	26.00	26.00	—	—	—	—	—	26.00	—
新疆	**88.73**	**88.73**	**—**	**—**	**—**	**—**	**—**	**88.73**	**—**
乌鲁木齐	88.73	88.73	—	—	—	—	—	88.73	—

数据来源：住房和城乡建设部。

表 3－151　2017 年城市轨道交通（在建）（2）

类　别	车站数（个）				换乘站数（个）	配置车辆数（辆）					
	合计	地面站	地下站	高架站		合计	地铁	轻轨	单轨	有轨	磁浮
全　国	**3171**	**66**	**2780**	**325**	**937**	**71657**	**71079**	**29**	**240**	**249**	**60**
北　京	**178**	**7**	**147**	**24**	**81**	**4048**	**3926**	**—**	**—**	**62**	**60**
天　津	**129**	**1**	**128**	**—**	**51**	**888**	**888**	**—**	**—**	**—**	**—**
河　北	**39**	**—**	**39**	**—**	**11**	**288**	**288**	**—**	**—**	**—**	**—**
石家庄	39	—	39	—	11	288	288	—	—	—	—
山　西	**23**	**—**	**23**	**—**	**7**	**144**	**144**	**—**	**—**	**—**	**—**
太　原	23	—	23	—	7	144	144	—	—	—	—
内蒙古	**43**	**—**	**40**	**3**	**10**	**312**	**312**	**—**	**—**	**—**	**—**
呼和浩特	43	—	40	3	10	312	312	—	—	—	—
辽　宁	**58**	**4**	**47**	**7**	**19**	**42**	**32**	**10**	**—**	**—**	**—**
沈　阳	58	4	47	7	19	42	32	10	—	—	—
吉　林	**39**	**—**	**26**	**13**	**13**	**—**	**—**	**—**	**—**	**—**	**—**
长　春	39	—	26	13	13	—	—	—	—	—	—
黑龙江	**54**	**—**	**54**	**—**	**16**	**690**	**690**	**—**	**—**	**—**	**—**
哈尔滨	54	—	54	—	16	690	690	—	—	—	—
上　海	**120**	**—**	**111**	**9**	**36**	**1482**	**1482**	**—**	**—**	**—**	**—**
江　苏	**349**	**16**	**323**	**10**	**93**	**51899**	**51872**	**—**	**—**	**27**	
南　京	92	—	88	4	31	884	884	—	—	—	—
无　锡	42	—	42	—	12	474	474	—	—	—	—
徐　州	54	—	53	1	17	49362	49362	—	—	—	—
常　州	44	—	41	3	3	342	342	—	—	—	—
苏　州	89	16	71	2	24	627	600	—	—	27	—
南　通	28	—	28	—	6	210	210	—	—	—	—
浙　江	**230**	**2**	**177**	**51**	**22**	**822**	**694**	**—**	**—**	**128**	**—**
杭　州	91	—	91	—	—	—	—	—	—	—	—
宁　波	76	—	59	17	17	660	660	—	—	—	—
温　州	40	2	4	34	—	128	—	—	—	128	—
绍　兴	23	—	23	—	5	34	34	—	—	—	—
安　徽	**136**	**—**	**97**	**39**	**2**	**1224**	**984**	**—**	**240**	**—**	**—**
合　肥	100	—	96	4	—	984	984	—	—	—	—
芜　湖	36	—	1	35	2	240	—	—	240	—	—
福　建	**191**	**—**	**181**	**10**	**55**	**308**	**308**	**—**	**—**	**—**	**—**
福　州	64	—	63	1	17	93	93	—	—	—	—
厦　门	127	—	118	9	38	215	215	—	—	—	—
江　西	**72**	**—**	**67**	**5**	**19**	**600**	**600**	**—**	**—**	**—**	**—**
南　昌	72	—	67	5	19	600	600	—	—	—	—
山　东	**178**	**—**	**134**	**44**	**64**	**1368**	**1368**	**—**	**—**	**—**	**—**

续表

类别	车站数（个）				换乘站数（个）	配置车辆数（辆）					
	合计	地面站	地下站	高架站		合计	地铁	轻轨	单轨	有轨	磁浮
济　南	24	—	17	7	11			—	—	—	—
青　岛	154	—	117	37	53	1368	1368	—	—	—	—
河　南	92	—	92	—	34	137	137	—	—	—	—
郑　州	59	—	59	—	28	96	96	—	—	—	—
洛　阳	33	—	33	—	6	41	41	—	—	—	—
湖　北	103	—	95	8	33	1188	1188	—	—	—	—
武　汉	103	—	95	8	33	1188	1188	—	—	—	—
湖　南	102	—	102	—	30	141	141	—	—	—	—
长　沙	102	—	102	—	30	141	141	—	—	—	—
广　东	251	—	210	41	60	490	490	—	—	—	—
广　州	75	—	75	—	7	—	—	—	—	—	—
深　圳	94	—	68	26	27	144	144	—	—	—	—
佛　山	61	—	54	7	23	142	142	—	—	—	—
东　莞	21	—	13	8	3	204	204	—	—	—	—
广　西	63	—	63	—	18	88	88	—	—	—	—
南　宁	63	—	63	—	18	88	88	—	—	—	—
海　南	15	15	—	—	—	14	—	—	—	14	—
三　亚	15	15	—	—	—	14	—	—	—	14	—
重　庆	108	3	82	23	48	1132	1132	—	—	—	—
四　川	243	—	225	18	95	2752	2752	—	—	—	—
成　都	243	—	225	18	95	2752	2752	—	—	—	—
贵　州	57	2	50	5	22	498	498	—	—	—	—
贵　阳	57	2	50	5	22	498	498	—	—	—	—
云　南	102	15	76	11	33	469	451	—	—	18	—
昆　明	80	—	73	7	28	451	451	—	—	—	—
安　宁	7	—	3	4	1		—	—	—	—	—
蒙　自	15	15	—	—	4	18	—	—	—	18	
陕　西	105	1	100	4	39	19	—	19	—	—	—
西　安	105	1	100	4	39	19	—	19	—	—	—
甘　肃	20	—	20	—	5	26	26	—	—	—	—
兰　州	20	—	20	—	5	26	26	—	—	—	—
新　疆	71	—	71	—	21	588	588	—	—	—	—
乌鲁木齐	71	—	71	—	21	588	588	—	—	—	—

数据来源：住房和城乡建设部。

六、农村住户固定资产投资和建房数据

表 3－152　2013—2017 年全国农村住户固定资产投资和建房情况

类　别	投资总额（亿元）	竣工房屋投　资（亿元）	住宅（亿元）	房屋施工面积（万平方米）	房屋竣工面积（万平方米）	住宅（万平方米）	竣工房屋造　价（元/平方米）	住宅（元/平方米）
2013 年	10546.7	7249.6	6735.9	109242.0	92661.7	85953.0	782.4	783.7
2014 年	10755.8	7387.5	6843	103672.9	90287.4	83769.6	818.2	816.9
2015 年	10409.8	7157.1	6709.6	98376.7	85316.8	79380.2	838.9	845.2
2016 年	9964.9	6812.6	6331.3	92039.7	79649.1	73051.4	855.3	866.7
2017 年	9554.4	6446.3	5899.3	84395.0	72727.0	66870.0	886.4	882.2

数据来源：国家统计局。

表 3－153　2017 年按省分全国农村住户固定资产投资和建房情况

类　别	投资总额（亿元）	竣工房屋投　资（亿元）	住宅（亿元）	房屋施工面积（万平方米）	房屋竣工面积（万平方米）	住宅（万平方米）	竣工房屋造　价（元/平方米）	住宅（元/平方米）
全　国	9554.4	6446.3	5899.3	84395.0	72727.0	66870.0	886.4	882.2
北　京	63.1	54.1	53.0	450.0	421.0	413.0	1286.0	1282.8
天　津	14.2	7.3	6.8	73.0	65.0	61.0	1119.9	1108.7
河　北	394.6	295.4	264.9	2817.0	2561.0	2233.0	1153.4	1186.2
辽　宁	318.4	181.2	179.4	2758.0	2568.0	2463.0	705.5	728.2
上　海	185.3	110.1	88.4	1021.0	1012.0	819.0	1088.2	1078.9
江　苏	232.0	110.9	98.0	1257.0	1200.0	856.0	924.6	1144.7
浙　江	153.0	42.1	40.8	428.0	413.0	398.0	1020.6	1026.3
福　建	212.3	36.3	34.3	414.0	393.0	368.0	922.5	932.2
山　东	5.7	4.6	4.0	41.0	34.0	33.0	1353.9	1213.8
广　东	276.8	148.7	138.4	1933.0	1729.0	1645.0	859.9	841.6
海　南	570.0	457.5	450.8	3960.0	3126.0	3078.0	1463.6	1464.5
山　西	458.7	332.3	267.3	4947.0	3868.0	3714.0	859.1	719.8
吉　林	305.9	193.9	187.6	2314.0	1685.0	1674.0	1151.0	1120.8
黑龙江	314.9	195.3	183.8	3013.0	2476.0	2344.0	788.7	784.2
安　徽	966.7	552.9	432.3	10903.0	10568.0	8883.0	523.2	486.6

续表

类 别	投资总额（亿元）	竣工房屋投 资（亿元）	住宅（亿元）	房屋施工面积（万平方米）	房屋竣工面积（万平方米）	住宅（万平方米）	竣工房屋造 价（元/平方米）	住宅（元/平方米）
江 西	606.6	493.1	437.2	5399.0	4973.0	4631.0	991.5	944.0
河 南	409.8	287.3	272.7	3424.0	3098.0	3017.0	927.2	904.0
湖 北	631.1	474.2	442.5	5009.0	3977.0	3744.0	1192.4	1182.0
湖 南	357.8	273.1	263.9	4195.0	2600.0	2307.0	1050.4	1143.8
内蒙古	590.8	365.7	357.7	6638.0	6052.0	5839.0	604.2	612.7
广 西	119.0	106.4	91.5	994.0	747.0	747.0	1424.9	1224.4
重 庆	96.5	67.6	64.0	1032.0	856.0	791.0	789.6	809.6
四 川	666.2	423.7	399.7	5771.0	4695.0	4310.0	902.5	927.5
贵 州	215.8	134.6	132.6	1739.0	1638.0	1599.0	821.8	829.4
云 南	461.1	488.5	430.6	5955.0	4775.0	4225.0	1023.0	1019.2
西 藏	—	—	—	—	—	—	—	—
陕 西	351.2	260.1	255.4	2564.0	2398.0	2259.0	1084.5	1130.4
甘 肃	131.4	76.9	68.4	1367.0	1288.0	1135.0	597.3	602.7
青 海	63.7	48.0	45.4	624.0	598.0	570.0	803.1	796.7
宁 夏	88.3	36.7	29.0	538.0	538.0	451.0	682.1	642.9
新 疆	293.5	187.6	178.8	2817.0	2375.0	2264.0	790.1	789.9

数据来源：国家统计局。

表 3－154　2013—2017 年全国建制镇及住宅基本情况

类 别	建制镇统计个数（万个）	建成区面积（万公顷）	建成区户籍人口（亿人）	建成区暂住人口（亿人）	本年住宅竣工建筑面积（亿平方米）	年末实有住宅建筑面积（亿平方米）	人均住宅建筑面积（平方米）
2013 年	1.74	369.0	1.52	0.30	2.65	52.0	34.1
2014 年	1.77	379.5	1.56	0.31	2.66	54.0	34.6
2015 年	1.78	390.8	1.60	0.31	2.53	55.4	34.6
2016 年	1.81	397.0	1.62	0.32	2.32	56.7	34.9
2017 年	1.81	392.6	1.55	—	3.00	53.9	34.8

数据来源：住房和城乡建设部。

表 3－155　2013—2017 年全国乡及住宅基本情况

类　别	乡统计个数（万个）	建成区面积（万公顷）	建成区户籍人口（亿人）	建成区暂住人口（亿人）	本年住宅竣工建筑面积（亿平方米）	年末实有住宅建筑面积（亿平方米）	人均住宅建筑面积（平方米）
2013 年	1.23	73.69	0.31	0.02	0.39	9.6	31.2
2014 年	1.19	72.23	0.30	0.02	0.36	9.3	31.2
2015 年	1.15	70.00	0.29	0.02	0.32	9.0	31.2
2016 年	1.09	67.30	0.28	0.02	0.29	8.7	31.2
2017 年	1.03	63.38	0.25	—	0.56	7.9	31.5

数据来源：住房和城乡建设部。

Ⅳ.市场篇

导 读

本篇重点介绍了全国土地市场、新建商品房市场，北京、上海、广东、重庆四省市的房地产市场情况，首次增加了中国主要城市地价监测情况。

一、土地市场

1. 土地供应

2018 年全年全国国有建设用地供应总量 64.3 万公顷，比上年增长 6.6%。其中，工矿仓储用地 13.2 万公顷，增长 7.2%；房地产用地 14.4 万公顷，增长 24.6%；基础设施等用地 36.8 万公顷，增长 0.7%。

2018 年国家在国有建设用地供应上实施差别化供地政策，工矿仓储用地、房地产用地和基础设施等其他用地分别占土地供应总量的 20.5%、22.4% 和 57.1%，三类用地占比分别较上年下降 0.5 个、3.2 个和提升 3.7 个百分点。

2. 土地出让收入与支出情况

根据财政部数据，2018 年国有土地使用权出让收入 65096 亿元，同比增长 25%%；国有土地使用权出让收入相关支出 69941 亿元，同比增长 34.2%。

3. 房地产开发企业土地购置面积及成交价款

2018 年，房地产开发企业土地购置面积[①] 29141 万平方米，同比上涨 14.2%，较上年回落 1.6 个百分点。年内土地购置规模逐季攀升，从同比增速走势来看，前三季度购置面积保持着稳步增长的态势，且增幅持续扩大，随后增速大幅放缓（见表 4-1）。

表 4-1　2018 年全国各季度土地购置面积及增长情况

单位：万平方米，%

类别	Q1		Q2		Q3		Q4	
	数额	同比	数额	同比	数额	同比	数额	同比
土地购置面积	3802	0.5	7283	11.0	8281	29.5	9775	11.4

数据来源：国家统计局。

2018 年全国土地成交价款 16102 亿元,[②] 增长 18.0%，较上年回落 31.4 个百分点。2018 年各季度土地成交价款总值呈现逐季上涨，同比涨幅呈现冲高并大幅回落态势（见表 4-2）。

表 4-2　2018 年全国各季度土地成交价款及增长情况

单位：亿元，%

类别	Q1		Q2		Q3		Q4	
	数额	同比	数额	同比	数额	同比	数额	同比
土地成交价款	1634	20.3	3631	20.3	4737	25.6	6100	11.0

数据来源：国家统计局。

---

① 土地购置面积：指房地产开发企业在本年内通过各种方式获得土地使用权的土地面积。

② 土地成交价款：指房地产开发企业在本年内进行土地使用权交易活动的最终金额。在土地一级市场，是指土地最后的划拨款、“招拍挂”价格和出让价；在土地二级市场是指土地转让、出租、抵押等最后确定的合同价格。土地成交价款与土地购置面积同口径。

2018 年，在全国 31 个省（自治区、直辖市）中，土地购置面积同比下降的地区有 9 个，其中北京市和云南省、安徽省位居跌幅榜前三，分别下降 47.2%、30.5% 和 22.2%；22 个地区高于上年同期，其中贵州、四川、辽宁等省涨幅位居前三，分别为 89.8%、63.0% 和 58.6%。土地成交价款同比下降的有 10 个，其中云南省和上海市、北京市位居跌幅榜前三，分别下降 42.8%、42.3% 和 38.3%；同比上涨的有 21 个，其中辽宁、新疆和四川省（自治区）涨幅位居前三，分别为 151.7%、144.3% 和 130.3%。

全国 31 个省（自治区、直辖市）中，土地成交均价过万的城市有 3 个，其中北京市土地成交均价最高，为 23068 元/平方米，天津市、上海市紧随其后（见表 4－3）。

表 4－3　2018 年全国土地购置面积及土地成交价款情况

单位：万平方米，亿元，%

区　域	购置面积	同　比	成交价款	同　比
一、东部地区	**13362.45**	**18.9**	**10111.77**	**22.2**
北　京	218.19	－47.2	503.33	－38.3
天　津	226.32	0.1	348.31	96.0
河　北	1150.91	11.3	280.94	8.0
上　海	144.58	－19.6	221.85	－42.3
江　苏	2508.77	16.1	1723.90	4.7
浙　江	3026.02	34.6	3002.82	42.8
福　建	1286.82	40.4	1165.07	53.5
山　东	2709.19	29.6	917.46	82.3
广　东	1968.44	6.9	1900.20	20.6
海　南	123.22	－2.6	47.91	－10.1
二、中部地区	**7162.84**	**－2.5**	**2935.47**	**－4.9**
山　西	287.80	6.8	81.94	－14.2
安　徽	2938.98	－22.2	1337.71	－19.6
江　西	534.70	－7.2	242.48	30.0
河　南	1018.43	0.3	498.93	－6.7
湖　北	954.35	41.1	317.48	－12.8
湖　南	1428.57	38.2	456.94	88.1
三、西部地区	**6791.25**	**23.5**	**2452.84**	**26.8**
内蒙古	362.59	27.7	56.91	28.4
广　西	602.95	－10.7	201.19	－7.4
重　庆	1260.92	13.4	625.56	10.0
四　川	1520.10	89.8	742.95	130.3
贵　州	596.56	35.9	139.76	7.1
云　南	571.55	－30.5	159.50	－42.8

续表

区　域	购置面积	同　比	成交价款	同　比
西　藏	33.02	24.3	3.73	9.6
陕　西	794.76	41.9	237.25	4.5
甘　肃	180.98	63.0	35.83	107.4
青　海	56.39	25.7	19.46	19.9
宁　夏	144.90	-12.0	16.10	-19.7
新　疆	666.52	45.5	214.60	144.3
四、东北地区	**1825.03**	**28.1**	**602.07**	**75.2**
辽　宁	809.86	58.6	294.73	151.7
吉　林	769.11	15.1	227.29	28.9
黑龙江	246.06	-0.1	80.05	59.1

数据来源：国家统计局（不含港、澳、台）。

2018 年，全国土地成交均价[①] 5525 元/平方米，较上年上涨 176 元。年内土地成交均价呈现低开高走态势并逐季上涨（见表 4-4）。

表 4-4　2018 年全国各季度土地成交均价及增长情况

单位：元/平方米,%

类　别	Q1		Q2		Q3		Q4	
	数　额	同　比	数　额	同　比	数　额	同　比	数　额	同　比
土地成交均价	4298	19.6	4986	8.4	5720	-3.1	6240	-0.3

数据来源：国家统计局。

根据全国城市地价动态监测系统显示，2018 年四季度，全国 105 个主要监测城市综合地价平均水平为 4335 元/平方米，环比增速为 1.1%，较上年同期上涨 6.2 %（见表 4-5）。

表 4-5　2018 年各季度 105 个监测城市地价水平变化情况

单位：元/平方米,%

类　别	Q1			Q2			Q3			Q4		
	数　额	环　比	同　比	数　额	环　比	同　比	数　额	环　比	同　比	数　额	环　比	同　比
105 个监测城市地价水平	4148	1.6	7.1	4221	1.8	6.2	4286	1.5	7.1	4335	1.1	6.2

数据来源：根据国土资源部数据整理。

① 土地成交均价：由土地成交价款/土地购置面积计算而得。

2018 年全国 105 个主要监测城市商服、住宅、工业地价分别为 7600 元/平方米、7080 元/平方米和 834 元/平方米。商服、住宅、工业地价环比增速依次为 0.96%、1.40%、0.73%，各用途地价环比增速均有所放缓（2017 年商服、住宅、工业地价环比增速依次为 1.12%、2.47%、0.84%）；商服、住宅、工业地价同比增速依次为 4.82%、8.55%、3.53%，其中，住宅地价增速仍明显快于其他用途，但幅度有所放缓（2017 年商服、住宅、工业地价同比增速依次为 4.52%、10.21%、3.02%）。

4. 土地成交结构

2018 年，东部地区土地购置面积共计 13362 万平方米，同比上涨 18.9%；中部地区共计 7163 万平方米，同比下降 2.5%；西部地区共计 6791 万平方米，同比上涨 23.5%；东北地区共计 1825 万平方米，同比上涨 28.1%。从绝对量上看，东部地区土地购置面积依然多于其他区；年底东部、中部、西部地区同比增速呈现不同程度下滑态势（见表 4-6）。

表 4-6　2018 年全国各季度各区域土地购置面积及增长情况

单位：万平方米，%

类　别	Q1		Q2		Q3		Q4	
	土地购置面积	同　比	土地购置面积	同　比	土地购置面积	同　比	土地购置面积	同比
东部地区	1716.74	1.2	3252.26	17.0	3619.22	43.4	4774.23	12.7
中部地区	1108.91	-3.9	1772.20	-12.7	2141.15	13.3	2140.58	-5.8
西部地区	791.42	4.7	1678.69	25.4	1942.77	28.6	2378.37	25.6
东北地区	184.99	4.5	579.91	42.0	577.93	23.4	482.20	29.8

数据来源：国家统计局整理。

2018 年东部地区土地成交价款共计 10112 亿元，同比上涨 22.2%；中部地区共计 2935 亿元，同比下降 4.9%；西部地区共计 2453 亿元，同比上涨 26.8%；东北地区共计 602 亿元，同比上涨 75.2%。具体看，年内东部地区成交价款绝对值远高于其他地区，东北地区成交价款同比涨势突出，中部地区同比涨幅由涨转跌，变动幅度最大（见表 4-7）。

表 4-7　2018 年全国各季度各区域土地成交价款及增长情况

单位：亿元，%

类　别	Q1		Q2		Q3		Q4	
	土地成交价款	同　比	土地成交价款	同　比	土地成交价款	同　比	土地成交价款	同比
东部地区	1047.88	30.7	2100.18	19.2	2922.59	32.0	4041.12	15.4
中部地区	341.21	5.8	694.59	-3.9	925.73	-4.8	973.94	-9.0
西部地区	175.83	-8.8	633.83	52.5	688.10	46.1	955.08	11.8
东北地区	68.98	66.5	202.82	72.7	200.45	72.5	129.82	89.0

数据来源：国家统计局整理。

2018 年东部、中部、西部和东北地区土地成交均价分别为 7567 元/平方米、4098 元/平方米、3612 元/平方米和 3299 元/平方米，每平方米较上年分别上涨 201 元、下降 105 元、上涨 95 元和上涨 887 元。东北地区地价涨幅突出，为 36.8%（见表 4－8）。

表 4－8　2018 年全国各季度各区域土地成交均价及增长情况

单位：元/平方米，%

类　别	Q1		Q2		Q3		Q4	
	土地成交均价	同　比	土地成交均价	同　比	土地成交均价	同　比	土地成交均价	同比
东部地区	6104	29.1	6458	1.9	8075	－7.9	8464	2.4
中部地区	3077	10.1	3919	10.1	4324	－15.9	4550	－3.4
西部地区	2222	－13.0	3776	21.6	3542	13.6	4016	－11.0
东北地区	3729	59.3	3497	21.6	3468	39.7	2692	45.6

数据来源：国家统计局数据整理。

根据全国城市地价动态监测系统数据，2018 年四季度，东部地区综合地价为 10428 元/平方米，同比增长 6.5%，环比增长 1.3%；中部地区综合地价为 3001 元/平方米，同比增长 5.5%，环比增长 1.3%；西部地区综合地价为 3798 元/平方米，同比增长 6.1%，环比增长 0.7%。综合来看，全年四个季度东、中、西地区平均地价水平皆呈东高、西次、中低的布局。其中，东部地区综合地价水平仍处于高位运行，高于全国总体水平，但增速稳中有降；中部地区综合地价增速平稳波动；西部地区综合地价增速呈现放缓趋势（见图 4－1）。

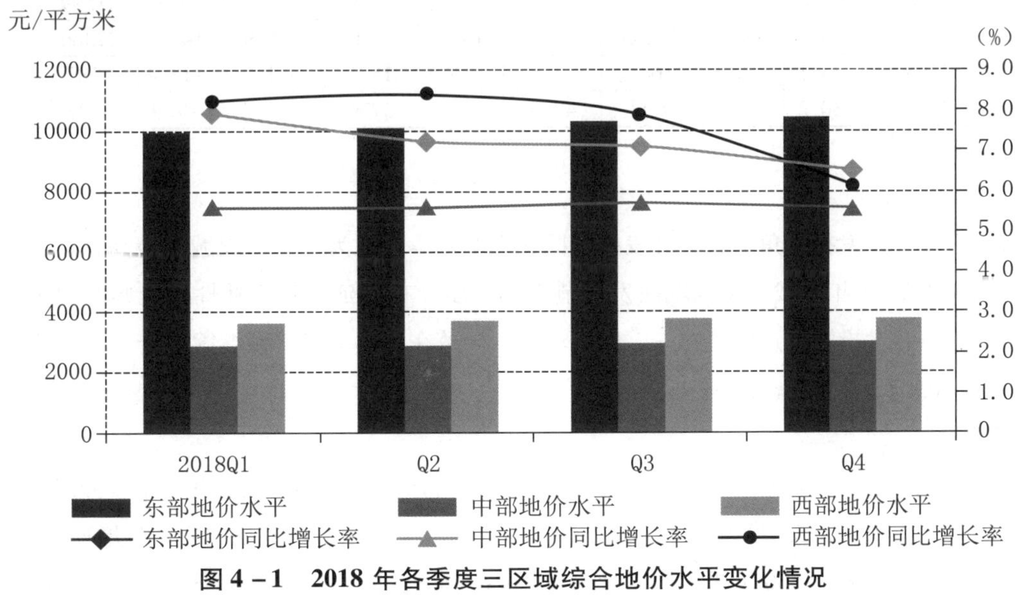

图 4－1　2018 年各季度三区域综合地价水平变化情况

数据来源：根据国土资源部数据整理。

二、新房市场

1. 房地产开发投资

2018 年，全国房地产开发投资 120264 亿元，比上年名义增长 9.5%，投资额绝对值再创历史新高，增速较上年提高 2.5 个百分点。其中，住宅投资 85192 亿元，增长 13.4%，比上年提高 4 个百分点，住宅投资占房地产开发投资的比重为 70.8%；办公楼投资 5996 亿元，同比下降 11.3%，办公楼投资占房地产开发投资的比重为 5.0%；商业营业用房投资 14177 亿元，同比下降 9.4%，商业营业用房投资占房地产开发投资的比重为 11.8%。

从全年同比增幅走势看，开发投资额累计增速保持平稳并一直高位维持在 10% 左右，年底有所放缓，但下调幅度有限，最终投资增速定格在 9.5%。

从季度开发投资看，房地产投资同比增速先扬后抑，呈现平缓下滑态势。二季度起，开发投资规模持续突破 3 万亿元，四季度环比虽小幅回落，但同比增速仍然维持在相对高位运行，增幅较上年同期提高 4.2 个百分点，这主要是受新开工增速和土地购置面积上涨所致。

分类市场看，住宅投资增速远高于其他物业投资，其走势与开发投资走势保持平行，且增幅整体高出总投资 4 个百分点左右。四季度，住宅投资同比增长 11.7%，涨幅较上年同期提高 5 个百分点，较三季度收窄 2.8 个百分点；办公楼和商业营业用房则不改负增长趋势。在“去库存”取得初步成效后，住宅库存量处于明显下降通道，部分城市开始增加供给，而商办物业由于存量基数大且销售较难，投资相对乏力（见表 4－9）。

表 4－9　2018 年各季度房地产开发投资情况

单位：亿元,%

类别	Q1			Q2			Q3			Q4		
	数额	环比	同比	数额	环比	同比	数额	环比	同比	数额	环比	同比
房地产投资	21291	－27.0	10.4	34240	60.8	9.3	33134	－3.2	10.3	31599	－4.6	8.4
#住宅	14705	－26.6	13.3	24285	65.1	13.8	23816	－1.9	14.5	22386	－6.0	11.7
#办公楼	1193	－33.1	－0.1	1641	37.5	－16.5	1575	－4.0	－13.4	1587	0.8	－11.0
#商业营业用房	2743	－30.2	－6.5	4111	49.9	－11.7	3796	－7.7	－7.9	3527	－7.1	－10.3

数据来源：国家统计局。

从全年各能级城市开发投资角度看，开发投资同比涨幅基本表现为三、四线城市最高，一线城市次之，二线城市最低，反映出 2018 年内城市及区域间发展节奏不同步，有递延性和互补性，最典型的表现是热点城市投资受到压制，房企开发投资重点主要在三、四线城市，导致在总体上投资额继续上升，全国增幅保持稳定并高于 40 重点城市（见表 4－10）。

2. 商品房建设

2018 年，全国房屋新开工面积 209342 万平方米，增长 17.2%，比上年提高 10.2 个百分点，累计增速创新高。其中住宅新开工面积 153353 万平方米，增长 19.7%。新开工和销售增速反向变动且增速差继续扩大。

2018 年，房屋竣工面积 93550 万平方米，比上年下降 7.8%，降幅扩大 3.4 个百分点。其中，住宅竣工面积 66016 万平方米，下降 8.1%。

2018 年，房屋施工面积 822300 万平方米，比上年增长 5.2%，增幅上升 2.2 个百分点。其中，住宅施工面积 569987 万平方米，增长 6.3%（见表 4－11）。

表 4－10　2018 年和 2017 年房地产开发投资指标区域对比

单位：亿元、%

类　别		2017 年度					2018 年度					
		全国	40 重点城市	一线城市	二线城市	三、四线城市		全国	40 重点城市	一线城市	二线城市	三、四线城市
开发投资	金额	109799	60111	12383	47728	49688	金额	120264	63342	13249	50093	56922
	同比	7.0	6.3	3.1	7.2	7.9	同比	9.5	5.4	7.0	5.0	14.6
#住宅开发投资	金额	75148	38735	6626	32109	36413	金额	85192	41955	7289	34666	43237
	同比	9.4	8.4	1.5	9.9	10.5	同比	13.4	8.3	10.0	8.0	18.7

注：一线城市指北京、上海、广州、深圳；二线城市指 40 重点城市中除一线城市外的直辖市、省会城市和计划单列市，共 36 个；三、四线城市指全国除 40 重点城市外的所有城市。

数据来源：根据国家统计局数据整理。

表 4－11　2018 年各季度全国房屋建设情况

单位：万平方米，%

类　别	Q1			Q2			Q3			Q4		
	数　额	环　比	同　比	数　额	环　比	同　比	数　额	环　比	同　比	数　额	环　比	同　比
房屋新开工面积	34615	－27.3	9.7	61202	76.8	13.0	56766	－7.2	25.3	56759	0.0	19.2
房屋竣工面积	20709	－52.7	－10.1	16422	－20.7	－11.2	14001	－14.7	－13.4	42418	68.5	－3.1
房屋施工面积	646556	－17.3	1.5	709649	9.8	2.5	767218	8.1	3.9	822300	7.2	5.2

注：施工面积为季度末数据。

数据来源：国家统计局。

3. 新建商品房销售

2018 年，新建商品房销售面积 171654 万平方米，同比增长 1.3%，较上年同期回落 6.4 个百分点。其中，住宅销售面积 147929 万平方米，增长 2.2%，较上年同期回落 3.1 个百分点；办公楼销售面积 4363 万平方米，下降 8.3%，较上年同期回落 32.6 个百分点；商业营业用房销售面积 11971 万平方米，下降 6.8%，较上年同期回落 25.5 个百分点。新建商品房销售额 149973 亿元，增长 12.2%，较上年回落 1.5 个百分点。其中，住宅销售额 126393 亿元，增长 14.7%，较上年上涨 3.4 个百分点；办公楼销售额 6277 亿元，下降 2.6%，较上年回落 20.1 个百分点；商业营业用房销售额 13349 亿元，增长 0.7%，较上年回落 24.6 个百分点。销售面积及金额再创历史新高。

2018 年年底商品房待售面积 52414 万平方米，比上年年底减少 6510 万平方米，同比下降 11%。其中，住宅待售面积 25091 万平方米，比上年年底减少 5072 万平方米，同比下降 16.8%；办公楼待售面积 3649 万平方米，比上年年底减少 15 万平方米，同比下降 0.4%；商业营业用房待售面积 13793 万平方米，比上年年底减少 1411 万平方米，下降 9.3%。

从全年同比增幅走势看，房地产销售面积及金额累计增速出现平稳向下的态势，其中销售面积增幅快速回落，销售金额回落相对较缓，销售金额增幅大于销售面积增幅态势未改（见表 4－12）。

表 4－12　2018 年各季度商品房销售及增长情况

单位：万平方米，亿元,%

类　别	Q1			Q2			Q3			Q4		
	面　积	环　比	同　比	面　积	环　比	同　比	面　积	环　比	同　比	面　积	环　比	同　比
商品房	30088	－43.7	3.6	47055	56.4	3.1	42170	－10.4	2.0	52341	24.1	－2.0
#住宅	26114	－41.5	2.5	40738	56.0	3.6	36627	－10.1	3.6	44450	21.4	－0.5
	金额	环比	同比	金额	环比	同比	金额	环比	同比	金额	环比	同比
商品房	25597	－38.8	10.4	41348.	61.5	15.0	37187	－10.1	13.5	45841	23.3	9.7
#住宅	21609	－36.1	11.4	34995.	61.9	17.0	31760	－9.2	17.0	38029	19.7	12.5

数据来源：国家统计局。

从各月成交走势情况看，销售面积环比增速呈现“W”走势；同比增速走势表现相对平稳。从月度销售金额和面积的绝对值来看，受益于重点城市市场回暖以及房企年底冲击销售规模，12 月单月销售面积由负转正，为 2.3 亿平方米，同比增长 0.9%，扭转了自 9 月以来销售持续负增长且跌幅扩大的趋势（见图 4－2）。

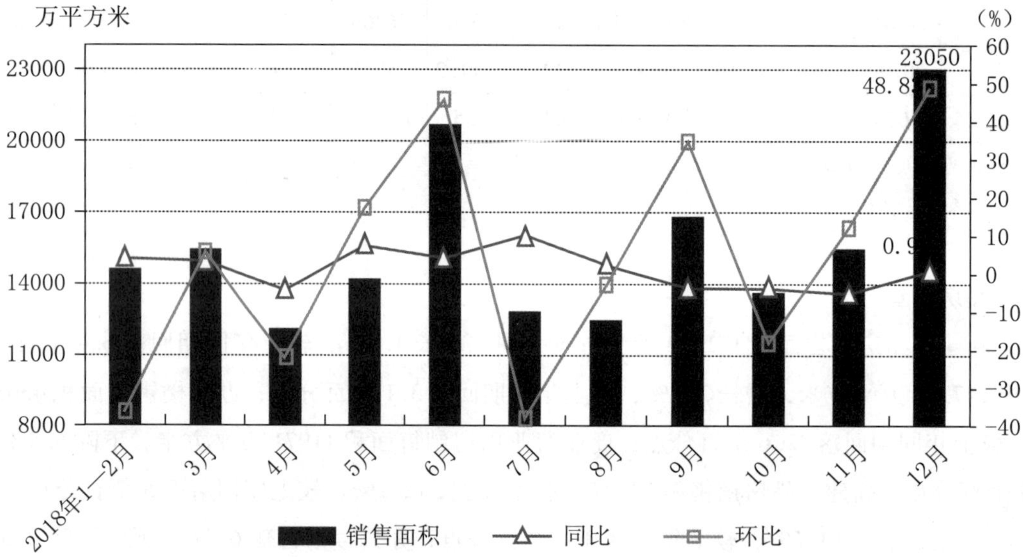

图 4－2　2018 年全国商品房月度销售面积及同比增速

数据来源：国家统计局。

2018 年 40 个重点城市商品房销售总面积 60701 万平方米，同比上涨 0.4%；销售总金额 77182 亿元，同比上涨 11.7%。其中，商品住宅销售面积 50114 万平方米，同比上涨 1.0%；商品住宅销售金额 63512 亿元，同比上涨 13.9%（见表 4－13）。

表 4－13　2018 年各季度 40 个重点城市商品房销售及增长情况

单位：万平方米，亿元，%

类　别	Q1		Q2		Q3		Q4	
	数　额	同　比	数　额	同　比	数　额	同　比	数　额	同　比
销售面积	10583	－2.5	17223	2.7	14624	－0.8	18270	1.1
销售金额	13009	3.3	21399	13.5	18910	12	23865	15.1
销售均价	12292	5.9	12425	10.5	12931	12.9	13062	13.9

数据来源：根据国家统计局整理。

从全年各能级城市情况来看，商品房销售面积及金额同比增幅基本表现为三、四线城市最高，二线城市次之，一线城市最低，这也反映出 2018 年企业开发企业销售的增长点主要在三、四线城市（见表 4－14）。

表 4－14　2017—2018 年商品房销售数据区域对比

单位：万平方米，亿元，%

类　别	2017 年度						2018 年度					
		全国	40 重点城市	一线城市	二线城市	三、四线城市		全国	40 重点城市	一线城市	二线城市	三、四线城市
商品房销售	面积	169408	60441	4990	55451	108967	面积	171654	60701	4735	55966	110953
	同比	7.7	－2.0	－29.2	1.5	13.9	同比	1.3	0.4	－5.1	0.9	1.8
	金额	133701	69073	13139	55934	64628	金额	149973	77182	14140	63042	72791
	同比	13.7	3.1	－26.1	13.6	27.7	同比	12.2	11.7	7.6	12.7	12.6
商品住宅销售	面积	144789	49608	3839	45769	95181	面积	147929	50114	3571	46543	97815
	同比	5.3	－5.3	－27.4	－2.8	11.8	同比	2.2	1.0	－7.0	1.7	2.8
	金额	110240	55774	10365	45409	54466	金额	126393	63512	11468	52044	62881
	同比	11.3	0.1	－24.3	8.0	25.7	同比	14.7	13.9	10.7	14.6	15.5

数据来源：根据国家统计局数据整理。

具体来看，40 个重点城市中，15 个城市销售面积下滑，海口以 28.4% 跌幅居首，北京跌幅达到 20%，杭州、石家庄、哈尔滨、天津、南京、西宁、广州等地跌幅在 11.8%～18.4% 之间，兰州、大连、成都、青岛、重庆、乌鲁木齐等地跌幅不超过 10%；25 城市销售面积上涨，呼和浩特以 25.1% 涨幅居首。从绝对值来看，重庆市以 6536 万平方米商品房销售面积遥遥领先，郑州、成都、武汉等地以 3712 万平方米、3683 万平方米、3647 万平方米次之，前十的还有西安、长沙、苏州、昆明、南昌、青岛等地，销售面积在 1808～2622 万平方米之间。9 城市销售金额下滑，海口市以 21.0% 跌幅居首，石家庄、北京、天津等地次之，跌幅分别为 15.5%、15.0%、11.7%；哈尔滨、厦门、西宁、兰州、杭州等地跌幅在 4.1%～8.6% 之间。31 个城市上涨，呼和浩特市以 60.4% 涨幅居首。商品房销售金额前十的城市有重庆、武汉、上海、杭州、深圳、成都、郑州、苏州、广州、南京等地，销售金额在 2732 亿～5273 亿元之间。

4. 新建商品房价格

2018 年全国新建商品房成交均价为 8737 元/平方米，同比增长 10.7%。其中住宅成交均价 8544 元/平方米，同比增长 12.2%。

从国家统计局公布的70大中城市房价数据变化看，2018 年同比综合平均涨幅整体呈扩大趋势，环比综合平均涨幅则在平稳区间内变动，房地产市场总体继续保持稳定。但伴随全国范围内“因城施策”的楼市调控政策效果显现，各地市场分化显著，部分城市仍有房价上涨压力（见图 4－3）。

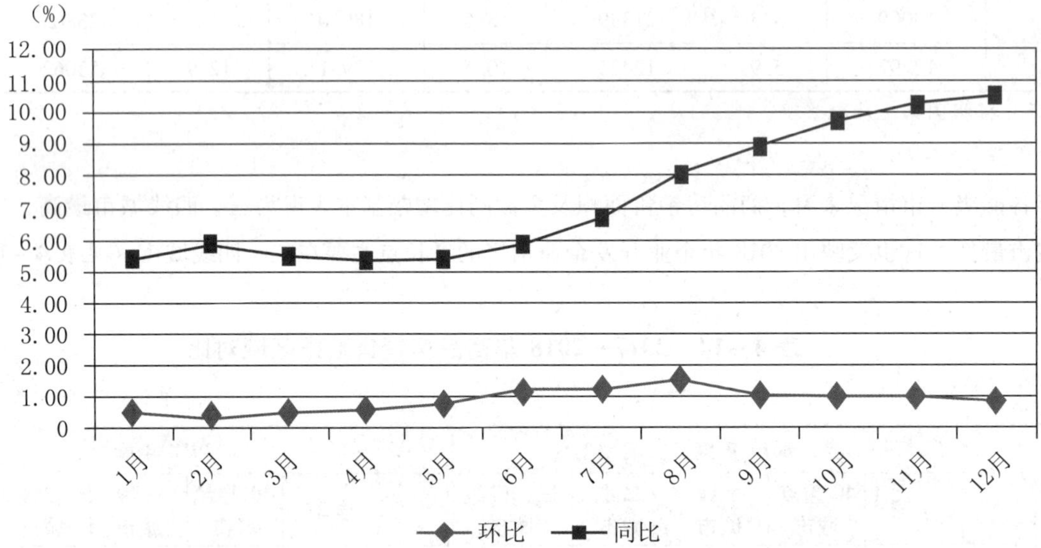

图 4－3　2018 年各月度 70 大中城市新建商品住房同比及环比价格指数平均涨幅情况

数据来源：国家统计局。

5. 房地产贷款

2018 年年底，人民币房地产贷款余额为 38.7 万亿元，同比增长 20%，增速比 2017 年回落 0.9 个百分点；全年房地产贷款增加 6.45 万亿元，占同期各项贷款增量的 39.9%，比 2017 年占比水平低 1.2 个百分点。

2018 年年底，房地产开发贷款余额为 10.19 万亿元，同比增长 22.6%，增速比 2017 年高 5.5 个百分点。其中，保障性住房开发贷款余额 4.32 万亿元，同比增长 29.5%，增速比 2017 年低 3.1 个百分点。个人住房贷款余额为 25.75 万亿元，同比增长 17.8%，增速比 2017 年回落 4.4 个百分点（见表 4－15）。

表 4－15　2018 年各季度末房地产贷款余额及增长情况

单位：万亿元，%

类　别	Q1 末			Q2 末			Q3 末			Q4 末		
	数　额	环　比	同　比	数　额	环　比	同　比	数　额	环　比	同　比	数　额	环　比	同　比
房地产	34.1	5.9	20.1	35.8	4.9	20.4	37.5	4.7	20.4	38.7	3.3	20.2
房产开发	7.7	10.0	25.6	8.2	6.2	27.8	10.1	23.0	50.1	10.2	1.3	45.6
#保障性住房开发	3.8	15.2	38.2	4.1	7.4	37.4	4.3	4.2	32.8	4.3	1.6	30.9
个人购房	22.9	4.4	20.0	23.8	4.3	18.6	24.9	4.4	17.9	25.8	3.5	17.6

数据来源：国家统计局。

（中房研协测评研究中心）

三、北京市房地产市场

2018 年以来，在以习近平同志为核心的党中央坚强领导下，北京市认真贯彻落实党中央、国务院决策部署，坚持以人民为中心的发展思想，坚持房子是用来住的、不是用来炒的定位，坚持城市主体责任，坚持供需双向调节精准施策，房地产市场运行总体平稳，商品住房供应显著增加，结构性矛盾明显缓解，新房交易量价平稳，二手房交易量升价降，住房租赁交易量价趋稳，市场预期逐步回归理性，符合调控预期。

（一）主要指标情况

1. 房地产开发投资增加，住宅投资增长较快

全年完成房地产开发投资 3873 亿元，同比增长 3.4%，其中住宅投资增长 17.4%；房地产开发投资占全社会固定资产投资的 48.4%，比 2017 年提高 6.5 个百分点。全年土地购置面积 218 万平方米，同比下降 47.2%；土地成交价款 503 亿元，同比下降 38.3%。

2. 商品房新开工面积下降，施工和竣工面积增长

全年商品房新开工面积 2321 万平方米，同比下降 6.2%。其中住宅新开工 1234 万平方米，同比增长 0.6%；办公 221 万平方米，同比下降 39.3%；商业 108 万平方米，同比下降 32%。商品房施工面积 1.3 亿平方米，同比增长 4.4%。其中住宅施工 5877 万平方米，同比增长 9%；办公 2221 万平方米，同比下降 8.6%；商业 1160 万平方米，同比下降 6.9%。商品房竣工面积 1558 万平方米，同比增长 6.2%。其中住宅竣工 731 万平方米，增长 21.1%；办公 250 万平方米，下降 22.2%；商业 163 万平方米，下降 2.5%。

3. 商品房供应加快，其中新建商品住房增长一倍

全年新建商品房供应 1685.2 万平方米，同比增长 52.1%。其中，住宅 984 万平方米、8.5 万套，同比增长 87.9%、102.3%。2018 年年底纯商品住房库存量较年初增长 56%（见图 4-4）。

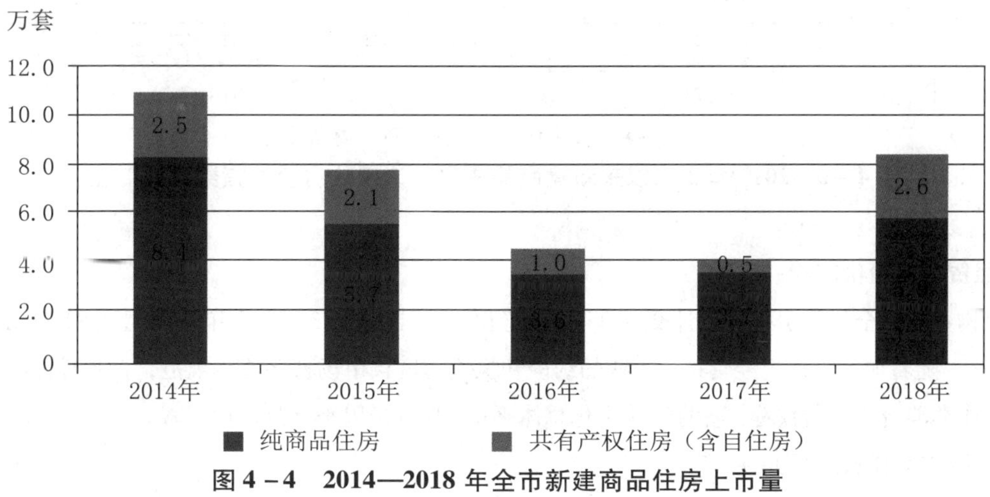

图 4-4　2014—2018 年全市新建商品住房上市量

4. 商业办公签约持续下滑，住房签约量回升

新建商品房网签 833 万平方米，同比下降 17%，主要是商办类销售不畅，仅网签 174.3 万平方米，同比下降 37.1%；住房网签 478.3 万平方米、4.1 万套，同比增长 7.1%、25.8%。二手住房网签 15.2 万套，同比增长 13%（见图 4-5）。

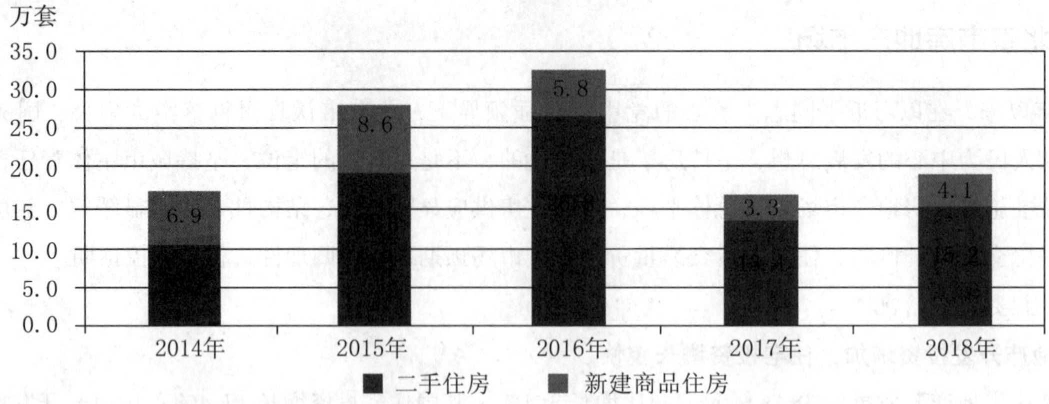

图 4-5 2014—2018 年全市商品住房网签量

5. 房价平稳可控

全年新建商品住房签约均价 4.09 万元/平方米，同比上涨 7.9%。各月价格指数环比涨幅平稳，在 -0.3% ~1% 之间；2018 年 12 月价格指数同比增长 2.3%。全年二手住房成交均价 6.12 万元/平方米，同比下降 4.2%。各月指数环比涨幅在 -0.6% ~0.4% 之间；同比指数自 2017 年 10 月以来，连续 15 个月下降，12 月同比下降 1.9%（见图 4-6）。

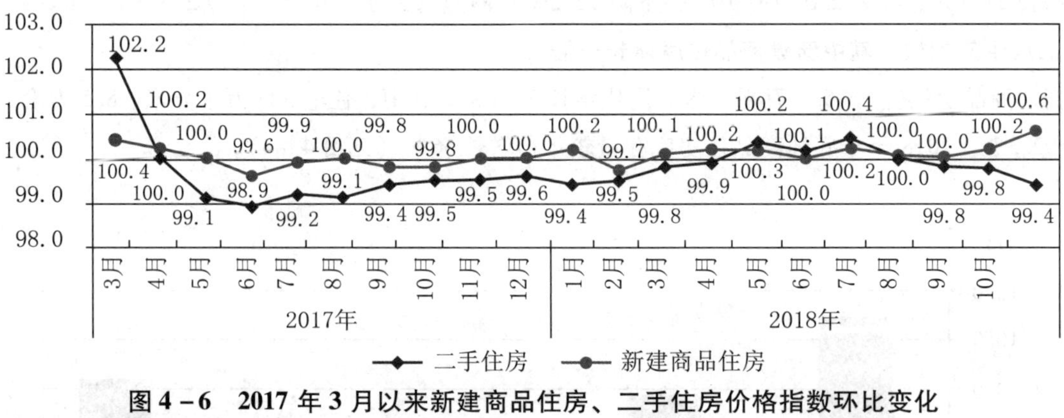

图 4-6 2017 年 3 月以来新建商品住房、二手住房价格指数环比变化

6. 住房租赁交易量价趋稳

据经纪机构数据，全年住房租赁累计交易 254.2 万套次，同比增长 3%。全年平均租金 82.6 元/平方米·月，同比上涨 9.2%，随着加大对违规经营租赁企业的约谈和执法力度，市场秩序逐步规范，自 8 月份起，租金环比持续下降。从居住类消费价格指数看，各月环比变化总体平稳，9 月份以来逐月环比下降。

7. 住房保障年度任务超额完成

全年保障性住房新开工 5.45 万套，完成棚户区改造 3.43 万户，均超额完成年度任务。全年分配公租房 3.23 万套（户）、网申共有产权住房 2.9 万套，其中 30% 的房源面向符合条件的非京籍家庭。2019 年计划多渠道建设筹集政策性产权住房 6 万套，完成棚户区改造 1.15 万户。

（二）市场简要分析

2018 年北京市房地产市场总体保持平稳，这一成果取得，根本上是坚决贯彻以人民为中心的发展思想，紧紧抓住住房市场发展不平衡、不充分这个主要矛盾，坚持多主体供给、多渠道保障、租购并举的住房制度改革方向，着力改善住房供应结构，补齐住房租赁市场短板，支持合理自住需求，坚决遏制投机炒房。

1. 住房市场体系不断完善，结构性矛盾逐步缓解

以解决新市民住房问题为主要出发点，加快普通商品住房供应，大力发展共有产权住房，多主体供给租赁住房，逐步缓解住房供需矛盾、租售矛盾。从商品住房供应结构看，全年90平方米以下中小户型房源占比超过一半；单套拟售总价500万元以下房源占比较上年提高6.3个百分点。从租赁住房供给看，开工集体土地租赁住房项目12个，商办转化、改建租赁住房项目15个，限房价项目竞自持租赁住房150万平方米、3.1万套。

2. 合理自住需求有效满足，加杠杆投资购房明显遏制

从商品住房成交结构看，一是新房以刚需型为主，140平方米以下房源网签占68.7%，比上年提高12.3个百分点；二手房以中小户型为主，90平方米以下房源网签占68.8%，比上年提高0.9个百分点。二是购买第二套住房占比为22.1%，较上年下降0.6个百分点。三是贷款购房占比为65.1%，较上年下降0.4个百分点。另据调研，经纪机构新增客源、带看量比上年分别下降11.8%、19.2%，成交周期由上年的41天延长到53天，市场逐步回归理性。

（三）市场走势判断及工作考虑

初步判断，如宏观经济和信贷环境不出现大的变化，在现有调控政策措施持续作用下，2019年北京市房地产市场总体上仍将保持平稳运行。

下一步，以习近平新时代中国特色社会主义思想为指导，认真贯彻落实党中央、国务院决策部署，一方面，立足当前，保持战略定力，保持政策连续性和稳定性，综合施策，精准施策，促进供求平衡，合理引导预期，确保房地产市场稳定；另一方面，着眼长远，加快建立和完善符合市情、适应市场规律的房地产长效机制。

（倪娜　张举　北京市住建委）

四、上海市房地产市场

2018年，上海市认真贯彻国家“因城施策”的房地产调控要求，加快建立多主体供应、多渠道保障、租购并举的住房制度，坚持“房子是用来住的、不是用来炒的”定位，坚持“两个不是权宜之计”不动摇，因地制宜，精准施策，保持房地产调控政策的连续性和稳定性，确保上海房地产市场平稳健康发展。

（一）2018年上海市房地产市场基本情况

在全国房地产调控从紧基调不变的背景下，上海市加强市场监管，实施了规范企业购买商品住房等精细化调控措施，投资投机性购房需求得到有效抑制，楼市预期进一步回归理性，市场运行总体平稳。房地产市场呈现开发投资低位增长、房屋新开工面积小幅增加和销售面积略有回升的态势。

1. 房地产开发投资低位增长

2018年，上海市房地产开发投资低位增长，完成投资4033.18亿元，比上年增长4.6%。从全年走势看，房地产开发投资呈现总体平稳、低位波动态势。1—2月的投资增速（10.1%）为全年最高点，此后总体保持平稳，增速在3.0%~5.3%区间波动（见图4-7）。2018年，上海市房地产开发投资占全市固定资产投资的52.9%，比重同比下降0.3个百分点。

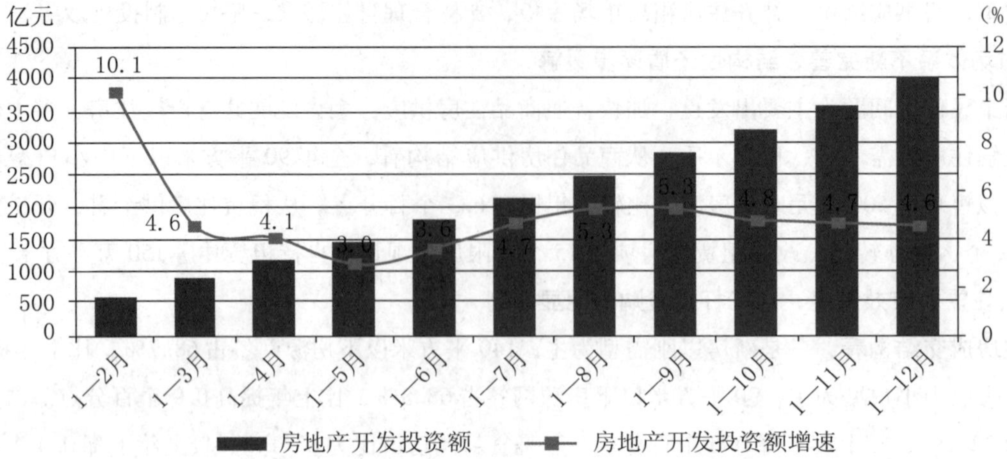

图 4-7　2018 年上海市房地产开发投资情况

从房屋类型看，住宅和办公楼投资小幅增长，商业营业用房投资下降。2018 年，上海市住宅投资 2225.92 亿元，比上年增长 3.4%，占房地产开发投资的 55.2%，比重下降 0.6 个百分点；办公楼投资 692.71 亿元，增长 7.9%，占 17.2%；商业用房投资 461.42 亿元，下降 8.9%，占 11.4%。

从投资结构看，土地购置费快速增长、占比提升，建安工程投资下降。2018 年，上海市房地产开发投资中的土地购置费 1846.14 亿元，比上年增长 21.2%，占全部房地产开发投资的 45.8%，比重提高 6.3 个百分点；建安工程投资 1971.77 亿元，下降 6.3%，占 48.9%。

2. 房屋在建规模略有下降

2018 年，房屋在建规模略有下降，上海市房屋施工面积 14672.37 万平方米，比上年下降 4.5%。其中，住宅施工面积 7520.39 万平方米，下降 6.2%。

2018 年，上海市房屋新开工面积 2687.17 万平方米，比上年增长 2.6%。其中，住宅新开工面积 1473.17 万平方米，增长 5.0%；商办新开工面积 517.77 万平方米，下降 22.3%，连续两年出现两位数下降。住宅项目中市场化新建住宅新开工面积 676.08 万平方米，比上年下降 5.6%，占全部住宅新开工面积的 45.9%，比重下降 5.1 个百分点；保障性住宅新开工面积 797.09 万平方米，增长 16.1%。

2018 年，上海市房屋竣工面积 3115.76 万平方米，比上年下降 8.0%。其中，住宅竣工面积 1730.27 万平方米，下降 7.1%（见表 4-16）。从住宅结构看，市场化新建住宅竣工面积 987.99 万平方米，比上年下降 5.2%，占全部住宅竣工面积的 57.1%；保障性住宅竣工面积 742.28 万平方米，下降 9.6%。

表 4-16　2018 年上海市房屋新开工和竣工面积情况

指　标	新开工面积（万平方米）	比上年增长（%）	竣工面积（万平方米）	比上年增长（%）
全部房屋	2687.17	2.6	3115.76	-8.0
#住宅	1473.17	5.0	1730.27	-7.1
办公楼	310.84	-15.7	413.46	-7.1
商业营业用房	206.93	-30.5	341.05	-12.0

3. 到位资金更加依赖企业自筹资金

2018 年，上海市房地产开发项目本年到位资金 5330.46 亿元，比上年下降 1.0%。从资金来源渠道看，受新建房屋销售面积持续低位以及房地产行业金融监管严格、房企融资渠道收窄影响，项目建设资金更加依赖于企业自筹资金。开发项目本年到位资金中仅自筹资金保持增长、且增幅超两成，其他各类到位资金则均呈下降态势（见表4－17）。

表4－17　2018年上海市房地产开发项目本年到位资金情况

单位：亿元，%

指　标	资　金	比上年增长	比　重
本年到位资金	5330.46	－1.0	100.0
#国内贷款	1326.02	－4.9	24.9
自筹资金	1896.42	22.4	35.6
其他资金	2107.91	－13.5	39.5
#定金及预付款	1566.41	－4.9	29.4

另据人民银行上海市总部统计，截至2018年年底，上海市中外资金融机构本外币商业性房地产贷款余额21242.50亿元，比上年增长7.0%。其中，房地产开发贷款余额6072.37亿元，增长11.3%；个人购房贷款余额14110.14亿元，增长4.2%。上海市公积金贷款余额3921.96亿元，比上年增长11.1%。

4. 房地产市场销售略有回升

2018年，上海市房地产市场保持调控政策的连续性和稳定性，从限购、限贷、价格监管到规范企业购房、加强摇号监管，充分体现了中央"房住不炒"的调控决心。在中央决定坚决遏制房价上涨后，市场短期预期有所转变，观望情绪有所增强。但在经历了2017年的楼市交易低迷、成交量大幅萎缩后，销售略有回升。

（1）新建房屋销售面积小幅增长。2018年，上海市新建房屋销售面积1767.01万平方米，比上年增长4.5%。其中，住宅销售面积1333.29万平方米，下降0.6%（见图4－8）。2018年上海市新房预售许可证发放节奏加快，供应规模较上年大幅增加，带动市场化新建住宅成交增加，全年销售596.63万平方米，比上年增长3.8%，占全部新建住宅销售面积的44.7%，比重提高1.8个百分点；政策主导的保障性新建住宅销售面积736.66万平方米，下降3.9%。

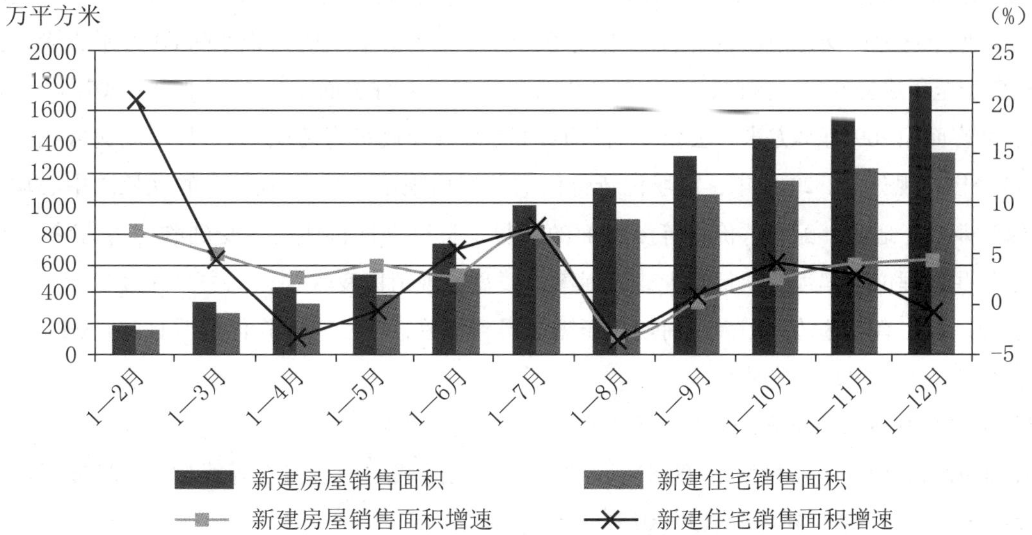

图4－8　2018年上海市新建商品房及住宅销售情况

2018 年，上海市场化新建住宅成交量仍处低位，月均销售量不足 50 万平方米，由于 2017 年尤其是下半年供应大幅减少、成交基数较低，市场化新建住宅成交同比“由降转增”。从历史数据看，市场化新建住宅成交量为 2010 年以来的低位水平，不足 2015 年和 2016 年成交量的一半，仅稍高于 2017 年成交水平。

2018 年，随着上海市对“类住宅”项目分类施策、清理整顿工作的推进落实，商办销售逐步恢复正常化。全市办公楼销售面积 147.08 万平方米，比上年增长 18.5%；商业营业用房销售面积 101.75 万平方米，比上年增长 28.3%。

（2）存量房销售低位盘整。据市房地产交易中心统计，2018 年上海存量房网签面积 1513.46 万平方米，比上年增长 0.2%。其中，存量住宅网签面积 1229.65 万平方米，增长 4.3%。伴随新房市场供应明显增加、交易量的回升，带动了部分置换型需求“卖旧买新”，存量房市场成交量小幅增长，但成交水平依然处于历年低位（见图 4－9）。

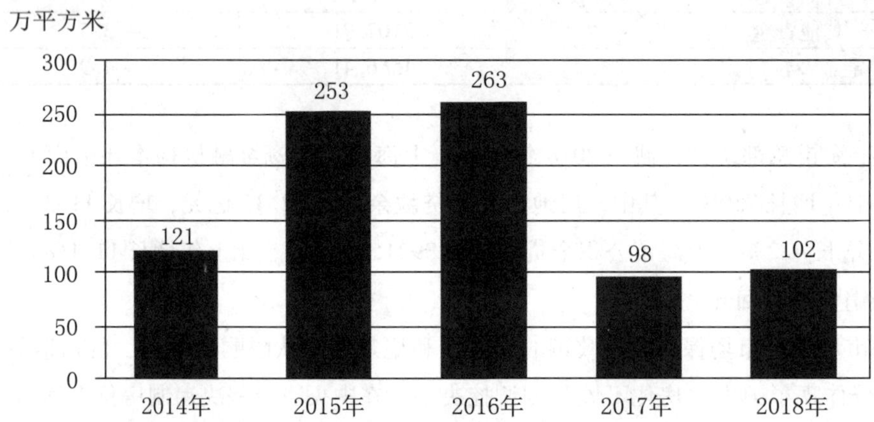

图 4－9　2014—2018 年上海市存量住宅网签月均成交量

从月度成交量看，1 月份、2 月份适逢春节，成交量较低，3 月份是成交小高峰，当月成交 129 万平方米，为年内最高值。4—9 月份成交面积基本保持平稳，在 110 万平方米上下小幅波动。10 月份，虽然为传统销售旺季，但市场观望气氛持续，购房者更为理性，当月成交量低于前三季度月均水平逾一成，只有 92 万平方米。11 月份和 12 月份，成交环比有所回升，但当月成交均不足 100 万平方米。总体来看，5 月份以后，二手房成交虽然同比保持增长，但环比总体呈下行趋势，市场仍处低位盘整阶段。

（3）市场化新建住宅供应大幅增加。2018 年，上海市新房预售许可证发放节奏加快，市场化新建住宅供应量大幅增加。据市房地产交易中心统计，全年市场化新建住宅新增供应面积 809.60 万平方米，比上年增长 1.1 倍，明显高于全年成交水平。因此，上海市场化新建住宅网上可售面积也有所上升。2018 年年底，市场化新建住宅网上可售面积 709 万平方米，去化周期约 14.4 个月（年底可售面积/当年月均成交量）。

（4）楼盘销售出现分化。2018 年，市场化新建住宅销售出现了“冷热不均”的现象。中心城区项目多以改善为主，因其兼具了地段、配套、价格等多方面的优势，且综合性价比高，受到购房者青睐，认筹率较高。而郊区尤其是一些地理位置偏远的项目则少有人问津，楼盘呈现销售疲软状态，去化速度较慢。随着下半年供应量的持续上升，购房者可选范围扩大，前期积压需求得到释放，项目销售分化情况日趋加剧，下半年起市中心项目的销售情况也开始出现一定分化。

5. 新建住宅销售均价为每平方米 28981 元

2018 年，上海市新建住宅销售均价 28981 元/平方米。从区域均价看：内环线以内 107730 元/平方米，内外环线之间 54150 元/平方米，外环线以外 20151 元/平方米。

剔除征收安置住房和共有产权保障住房等保障性住房后的市场化新建住宅的区域均价分别为：内环线以内

108155 元/平方米，内外环线之间 74694 元/平方米，外环线以外 37298 元/平方米。

（二）2018 年住房保障工作情况

1. 基本情况

2018 年全市共新开工建设和实施棚户区改造 5.4 万套（户），基本建成 4.9 万套（户），聚焦市政府“全年新增供应 5.5 万套保障房”目标，合计完成 8 万套。

2. 廉租住房

2018 年全市共新增受理家庭 0.7 万户、新增配租家庭 0.6 万户。截至 2018 年 12 月底，全市廉租住房历年累计受益达 12.4 万户，扣除因住房状况改善、收入或财产增加等各种原因退出保障的，正在享受的家庭为 4.3 万户。

3. 共有产权保障住房

2018 年本市选取虹口、松江和金山等三个区开展扩大共有产权保障住房受益面（向常住人口供应）试点工作。第六批次共有产权保障住房共计受理 3.9 万户，符合条件的家庭约 3.4 万户，历年批次累计签约 9.3 万户。第四季度开始启动第七批次共有产权保障房申请供应工作，历年批次累计受理约 16 万户。

4. 公共租赁住房

上海市公共租赁住房主要解决本市青年职工、引进人才和来沪务工人员等稳定就业常住人口阶段性居住困难。截至 2018 年年底，全市累计筹措公租房 17.5 万套、供应 12.6 万套，累计保障家庭 45.2 万户。

（三）2019 年上海市房地产市场趋势判断

1. 房地产开发投资增速回落

2018 年，上海市房地产开发投资在土地购置费的支撑下，总体保持低位增长，预计 2019 年上海市房地产开发投资增速将回落，主要原因：一是房屋在建规模有所下降，2018 年上海市施工面积下降 4.5%。二是土地购置费增速将出现回落，2018 年土地购置费增长 21.2%，占比继续提高，但增速回落 4.9 个百分点。2017 年以来，上海市土地市场回归理性，大部分土地低溢价率成交，且为加快建立租购并举的住房制度，租赁住房用地供应大幅增加，此类项目土地费大幅低于市场化住房用地。三是房地产开发投资基数持续走高，2018 年投资额已超 4000 亿元，这对投资增长也将产生一定的压力。

2. 楼市交易量延续低位运行

从政策面看，中央坚决遏制房价上涨，对稳定市场预期起到积极作用，2019 年明确以“稳地价稳房价稳预期”为目标，“房住不炒”的定位不变。从市场面看，面对复杂的国内外经济形势，市场的观望情绪有所增强，房价短期预期有所改变。部分企业在融资收紧、偿债压力增加、项目去化率下降的情况下，为保证资金周转和完成销售目标，房企推盘节奏预计有所加快。从资金面看，随着降准等稳健货币政策的实施，市场整体流动性有所宽松，但房地产信贷政策的从紧态势并未改变。综合判断，在政策从紧基调不变的情况下，预计 2019 年上海市楼市交易量不会出现明显波动，将延续低位运行走势。

（四）上海市房地产市场平稳健康发展的对策建议

1. 继续坚持调控政策不放松的同时，稳步推进租购并举

2016 年 10 月以来，上海市多次出台政策，从多个方面对房地产市场进行调控，取得了较明显的效果。尤其是对新建商品住房销售方案备案实行“市、区两级审核”制度，直接影响新房定价，在很大程度上抑制了房价的上涨，进而影响市场预期，使市场重回理性。因此，建议在中短期内继续严格执行房价调控政策，确保上海房价继续保持平稳。

从长期看，用“看得见的手”强行调控房价并不利于市场的平稳健康发展，并非长久之计。因此，要进一步完善“四位一体”的住房保障体系，加大共有产权保障住房、廉租房、公租房的供应力度，将更多收入偏低的人群纳入保障房体系。同时，要进一步推进租购并举，在金融信贷、税收优惠等方面给予政策层面的支持，对企业在市场定位、行业监管、房源获取等方面加强指导与规范，通过多种渠道分流购房人群，保证住宅供应体系和房地产市场长期平稳健康发展。

2. 推进房地产市场供给侧结构性改革

随着经济社会的发展，上海市的土地供应、人口结构、住宅存量都在不断变化。在这些因素的相互作用下，房地产市场的供给和需求在总量上和结构上都需要不断地相互适应。因此，要充分发挥市场的主体作用和政府的指导作用，在房地产市场推进供给侧结构性改革，增强土地、住宅的供给主体（包括政府和房地产企业）对市场发展的预见性，在城市功能规划、基础设施建设、房型结构设计等多个方面统筹协调、共同推进，使上海市房地产市场保持长期的平稳健康，防止房地产市场过度的“冷热交替”。

3. 从政策层面加强管理，合理引导市场预期

综观上海房价的变动情况，市场预期对房价变动影响较大。因此，建议从政策层面加强管理，合理引导市场预期。从金融监管层面，在严禁“首付贷”“过桥贷”等行为的同时，也要控制好信贷额度，严控信贷审核关；从舆论宣传层面，要把握好“房住不炒”的宣传，在加强政策解读的同时，稳定市场预期，促进上海市房地产市场平稳健康发展。

（罗欣蟾　上海市统计局）

五、广东省房地产市场

（一）广东省新房市场运行情况

2018 年，广东省商品房销售市场总体保持平稳运行，销售面积同比降幅保持在 10% 左右，销售额同比基本持平，处于低位盘整阶段。其中珠三角地区逐步筑底回升，粤东西北地区处于寻底调整阶段。商品房新开工面积较同期销售面积略高，待开发土地面积较大幅度增长。全年到位资金增速较上半年有明显提升，资金状况总体稳健。完成投资保持较高增长水平，但主要由土地购置费增加拉动。

1. 销售市场整体低位盘整，房住不炒彰显调控效能

2018 年，全省商品房销售面积 14336.31 万平方米，销售额 18742.12 亿元，同比分别下降 10.2% 和 0.3%；销售均价 13073 元/平方米，同比上涨 11.0%（见表 4－18）。

表 4－18　2014—2018 年广东省商品房销售情况

单位：万平方米，亿元，元/平方米

类　别	2014 年	2015 年	2016 年	2017 年	2018 年
销售面积	9315.76	11681.01	14611.60	15958.381	14336.31
销售金额	8461.84	11442.80	16214.61	18792.76	18742.12
销售均价	9083	9796	11097	11776	13073

数据来源：广东省统计局。

按用途分，全省商品住宅销售面积 12075.1 万平方米，销售额 15595.29 亿元，同比下降 10.7% 和增长 1.0%；销售均价 12915 元/平方米，同比上涨 13.1%。非商品住宅销售 2261.21 万平方米，同比下降 7.2%；销售金额 3146.83 亿元，同比下降 6.2%（见表 4－19）。

表 4－19　2018 年广东省各用途商品房销售情况

单位：万平方米，亿元，%

类　别	销售面积	同比	销售金额	同比	销售均价	同比
商品房	14336.31	－10.2	18742.12	－0.3	13073	11.0
#商品住宅	12075.10	－10.7	15595.29	1.0	12915	13.1
#非住宅商品房	2261.21	－7.2	3146.83	－6.2	13917	1.1
办公楼	604.45	－8.3	1344.55	－3.6	22244	5.2
商业营业用房	736.09	－16.9	1128.61	－12.3	15333	5.5
其他用房	920.67	3.3	673.67	0.1	7317	－3.1

数据来源：广东省统计局。

从市场走势看，2018 年商品房销售面积同比降幅保持在 10% 左右，销售额同比基本持平，商品房销售市场总体保持平稳运行，处于低位盘整阶段（见图 4－10）。

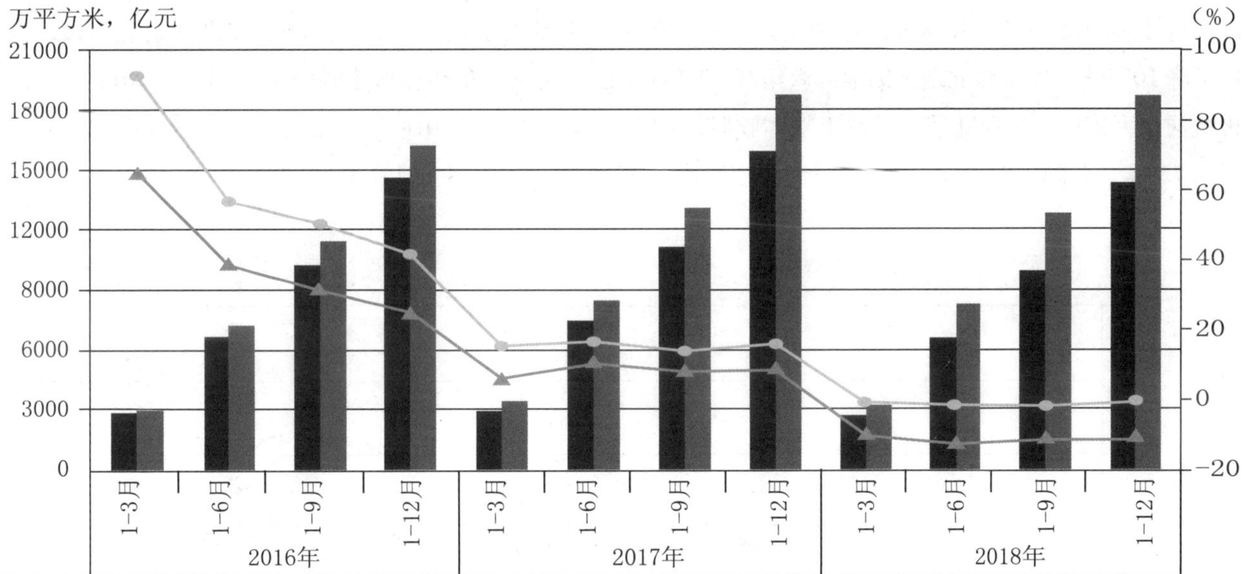

	2016年 1−3月	2016年 1−6月	2016年 1−9月	2016年 1−12月	2017年 1−3月	2017年 1−6月	2017年 1−9月	2017年 1−12月	2018年 1−3月	2018年 1−6月	2018年 1−9月	2018年 1−12月
销售面积	2835.06	6722.22	10317.98	14611.60	3011.06	7466.17	11198.10	15958.81	2730.36	6562.38	9997.28	14336.31
销售金额	3022.72	7241.80	11522.86	16214.61	3404.35	8455.17	13106.21	18792.76	3454.06	8333.94	12870.73	18742.12
销售面积同比	65.1	39.3	32.0	25.1	6.2	11.1	8.5	9.2	-9.3	-12.1	-10.7	-10.2
销售金额同比	92.6	56.7	50.5	41.7	15.3	16.8	13.7	15.9	-0.9	-1.4	-1.8	-0.3

图 4－10　2016—2018 年广东省商品房销售面积、销售金额走势

数据来源：广东省统计局。

从信贷情况看，2018 年广东省中外资银行业机构新增房地产贷款余额合计 8980.24 亿元，占各项新增贷款余额的 47.5%，同比下降 2.8 个百分点。其中，新增个人住房贷款 5238.87 亿元，占各项新增贷款余额的 27.7%，同比下降 4.2 个百分点，比 2015 年、2016 年分别大幅下降 19.7 个和 27.6 个百分点。数据反映，随着近两年金融稳杠杆、资产防泡沫政策的贯彻实施，信贷资金大量流入房地产市场的势头明显得到遏制，对有效抑制房地产市场过热发展起到了关键作用（见表 4－20）。

表 4－20　2014—2018 年广东省中外资银行业机构新增个人住房贷款情况

单位：亿元

年　份	各项新增贷款余额	新增房地产贷款	新增个人住房贷款	新增房地产贷款占总新增贷款余额比重	新增个人房贷占总新增贷款比重
2014 年	8931. 84	2356. 39	1696. 27	26. 4%	19. 0%
2015 年	10472. 54	5242. 36	4966. 91	50. 1%	47. 4%
2016 年	15267. 64	9222. 62	8450. 27	60. 4%	55. 3%
2017 年	15103. 54	7599. 39	4811. 50	50. 3%	31. 9%
2018 年	18908. 87	8980. 24	5238. 87	47. 5%	27. 7%

数据来源：中国人民银行广州分行。

从地区市场表现看，在分类调控、因城施策的原则下，珠三角地区的热点城市围绕“房住不炒”定位不断加强市场调控，限贷、限购、限价、限签、限转让等调控措施促使珠三角地区商品房销售面积同比自 2017 年以来持续负增长，其中 2018 年降幅同比虽进一步扩大，但呈逐季收窄趋势，市场总体进入筑底阶段，全年同比下降 10. 4%。粤东西北地区因地方政策环境相对宽松，受珠三角热点城市外溢需求带动，2017 年商品房销售量同比大幅增长，但随着信贷政策整体收紧，增幅逐步回落，至 2018 年年底均进入负增长区间，同比分别下降 7. 8%、4. 9% 和 13. 4%，处于寻底调整阶段（见图 4－11、表 4－21、表 4－22）。

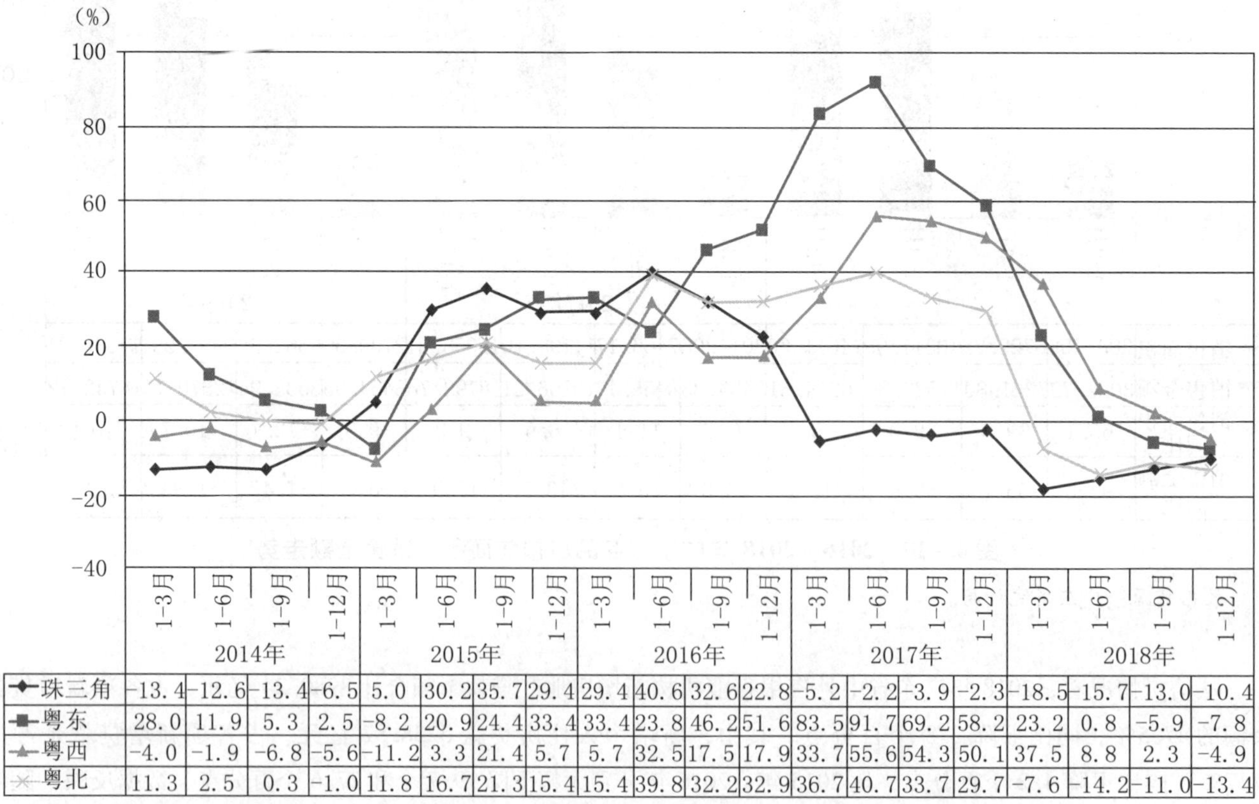

	2014年 1-3月	1-6月	1-9月	1-12月	2015年 1-3月	1-6月	1-9月	1-12月	2016年 1-3月	1-6月	1-9月	1-12月	2017年 1-3月	1-6月	1-9月	1-12月	2018年 1-3月	1-6月	1-9月	1-12月
珠三角	-13. 4	-12. 6	-13. 4	-6. 5	5. 0	30. 2	35. 7	29. 4	29. 4	40. 6	32. 6	22. 8	-5. 2	-2. 2	-3. 9	-2. 3	-18. 5	-15. 7	-13. 0	-10. 4
粤东	28. 0	11. 9	5. 3	2. 5	-8. 2	20. 9	24. 4	33. 4	33. 4	23. 8	46. 2	51. 6	83. 5	91. 7	69. 2	58. 2	23. 2	0. 8	-5. 9	-7. 8
粤西	-4. 0	-1. 9	-6. 8	-5. 6	-11. 2	3. 3	21. 4	5. 7	5. 7	32. 5	17. 5	17. 9	33. 7	55. 6	54. 3	50. 1	37. 5	8. 8	2. 3	-4. 9
粤北	11. 3	2. 5	0. 3	-1. 0	11. 8	16. 7	21. 3	15. 4	15. 4	39. 8	32. 2	32. 9	36. 7	40. 7	33. 7	29. 7	-7. 6	-14. 2	-11. 0	-13. 4

图 4－11　2014—2018 年广东省各地区商品房销售面积同比增速走势

数据来源：广东省统计局。

表 4－21　2018 年广东省各地区商品房销售情况

单位：万平方米，亿元，%

类　别	销售面积	同比	销售金额	同比	销售均价	同比
珠三角	9359.75	－10.4	15232.84	－0.3	16275	11.2
东　翼	1140.94	－7.8	910.69	－7.0	7982	0.9
西　翼	1481.88	－4.9	1060.50	7.0	7156	12.5
粤北山区	2353.74	－13.4	1538.09	－0.1	6535	15.4

数据来源：广东省统计局。

表 4－22　2018 年广东省各市商品房销售情况

单位：万平方米，亿元，%

城市/地区	商品房销售面积	#住宅	销售面积同比	#住宅	商品房销售额	#住宅	销售额同比	#住宅
广东省	14336.31	12075.10	－10.2	－10.7	18742.12	15595.29	－0.3	1.0
广州市	1550.28	1138.20	－11.8	－16.8	3102.66	2456.44	0.1	1.6
深圳市	722.01	572.99	7.6	10.0	3908.42	3176.71	21.5	25.4
珠海市	301.58	220.75	－40.8	－47.5	704.47	499.62	－35.6	－43.3
汕头市	477.58	432.83	－25.3	－27.2	453.51	389.93	－28.0	－29.7
佛山市	2352.31	1689.09	－16.0	－18.7	2656.62	2016.12	－13.6	－14.6
韶关市	457.54	427.27	1.9	0.1	261.18	235.03	10.9	9.2
河源市	501.60	466.02	－6.4	－8.1	298.86	278.25	11.0	10.6
梅州市	410.42	377.04	－17.7	－18.6	266.29	237.53	－7.0	－8.1
惠州市	1663.37	1575.72	1.1	2.1	1778.41	1688.66	9.2	9.9
汕尾市	237.56	227.00	2.7	23.5	186.72	177.94	32.0	79.7
东莞市	690.15	534.72	－13.7	－9.2	1224.14	964.75	－9.3	－5.1
中山市	737.39	562.00	－15.7	－13.5	817.88	679.04	－7.5	－3.7
江门市	684.40	605.36	－13.2	－14.9	575.64	521.00	0.6	1.3
阳江市	412.09	385.83	－8.8	－9.2	249.86	225.77	0.8	0.9
湛江市	547.35	511.40	－7.1	－7.8	442.01	404.92	3.8	3.0
茂名市	522.43	471.39	1.2	－5.9	368.64	331.67	16.2	9.5
肇庆市	658.27	594.92	10.1	9.7	464.60	417.33	27.1	29.3
清远市	652.56	569.57	－27.5	－29.6	528.25	474.49	－9.7	－8.3
潮州市	153.52	144.66	5.4	7.0	98.48	90.73	15.1	16.5
揭阳市	272.28	258.99	23.4	22.2	171.97	158.85	40.6	40.5
云浮市	331.63	309.34	－0.9	6.3	183.51	170.53	12.3	22.5
按经济区域分								
珠三角	9359.75	7493.75	－10.4	－11.0	15232.84	12419.66	－0.3	1.0
粤　东	1140.94	1063.48	－7.8	－5.5	910.69	817.44	－7.0	－3.2
粤　西	1481.88	1368.62	－4.9	－7.5	1060.50	962.36	7.0	4.6
粤　北	2353.74	2149.25	－13.4	－13.9	1538.09	1395.83	－0.1	1.0

数据来源：广东省统计局。

从库存情况看，截至 2018 年年底，全省商品房待售面积 4971.25 万平方米，其中商品住宅待售面积 2358.02 万平方米，非住宅待售面积 2613.23 万平方米，同比分别下降 2.3% 和增长 1.5%。数据显示，商品住宅待售面积处于近年低位，去库存政策成效显著；非住宅商品房待售面积自 2014 年以来持续增加，但走势逐渐趋于平缓（见图 4－12）。

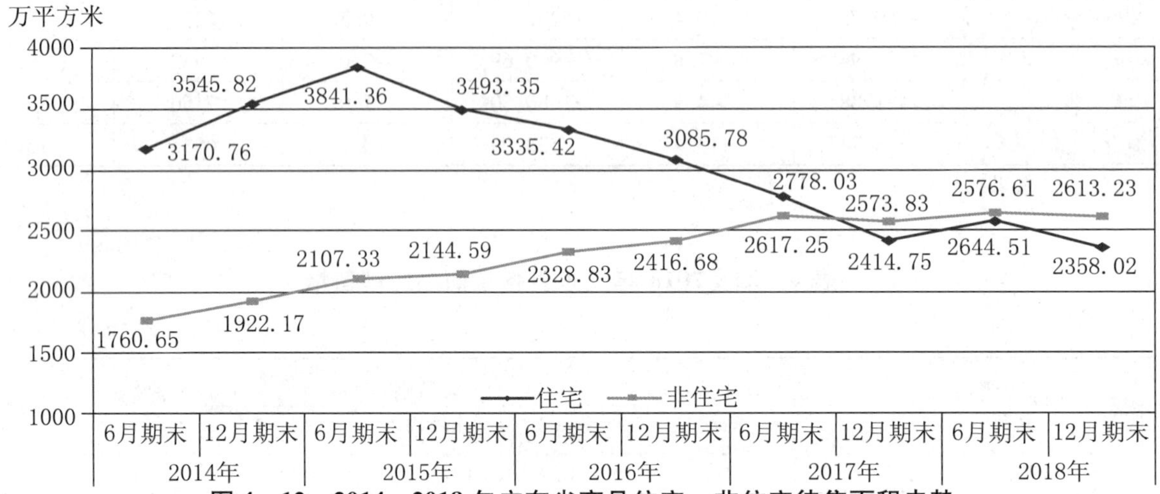

图 4－12　2014—2018 年广东省商品住宅、非住宅待售面积走势

数据来源：广东省统计局。

2. 投资增速较高但存隐忧，开发稳健有利平衡供求

2018 年全省完成房地产投资 14412.19 亿元，同比增长 19.3%，全年保持较高增长水平。从投资构成看，建安工程投资 8429.72 亿元，设备工器具购置 132.46 亿元，同比分别增长 1.2% 和 10.0%，合计拉动投资增长 0.9 个百分点，对总体投资增长的贡献率仅为 4.83%，同比大幅下降 53.12 个百分点；土地购置费 4917.70 亿元，同比增长 69.7%，拉动房地产总体投资增长 16.7 个百分点，对总体投资增长的贡献率高达 86.42%，同比提高 49.4 个百分点，即 2018 年房地产投资增长主要由土地购置费拉动。由此反映，土地购置费大幅增加，一定程度削弱了建安工程投资等其他项目的支出能力，对项目的顺利施工建设也将带来一定的隐忧（见图 4－13、表 4－23）。

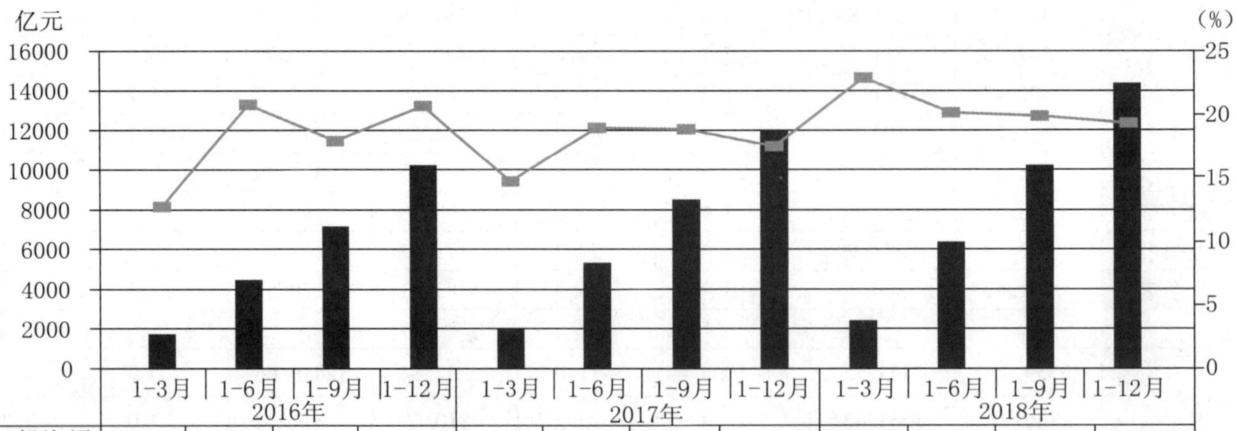

	1-3月	1-6月	1-9月	1-12月	1-3月	1-6月	1-9月	1-12月	1-3月	1-6月	1-9月	1-12月
	2016年				2017年				2018年			
投资额	1746.55	4512.99	7222.55	10307.80	2004.11	5370.26	8586.35	12075.69	2462.38	6454.56	10295.15	14412.19
同比	12.8	20.8	18.0	20.7	14.7	19.0	18.9	17.2	22.9	20.2	19.9	19.3

图 4－13　2016—2018 年广东省房地产企业完成投资情况

数据来源：广东省统计局。

表 4－23　2018 年广东省房地产完成投资按构成分

单位：亿元

项　目		本年完成投资				
			建安工程	设备工器具购置	其他费用	土地购置费
当前期	投资额	14412.19	8429.72	132.46	5850.01	4917.70
	同　比	19.30	1.20	10.00	61.30	69.70
	拉动增长	19.30	0.83 个百分点	0.1 个百分点	18.37 个百分点	16.68 个百分点
	贡献率	100.00	4.32	0.51	95.17	86.42
上年同期	投资额	12075.69	8328.87	120.46	3626.36	2898.45
	同　比	17.20	13.70	21.50	25.80	29.20
	拉动增长	17.20	9.76 个百分点	0.21 个百分点	7.23 个百分点	6.37 个百分点
	贡献率	100.00	56.74	1.21	42.05	37.02

数据来源：广东省统计局。

从开发建设情况看，2018 年全省商品房施工面积 79935.06 万平方米，同比增长 10.3%，全年保持平稳增长态势。其中，本年商品房新开工面积 19144.08 万平方米，同比增长 14.1%；商品房竣工面积 7615.25 万平方米，同比下降 7.1%。从商品住宅静态供求关系比较，2018 年全省商品住宅新开工面积与同期销售面积的比值为 1.13∶1，供求关系略显宽松，与 2012—2014 年相当，明显高于 2015—2017 年水平，一定程度反映出未来一年供求关系趋于改善。从区域情况看，虽然各地区供求比相近，但考虑到珠三角楼市已呈触底回升趋势，粤东西北则可能进一步回落调整，意味着珠三角地区的供求关系相比其他地区较为紧张（见图 4－14、表 4－24）。

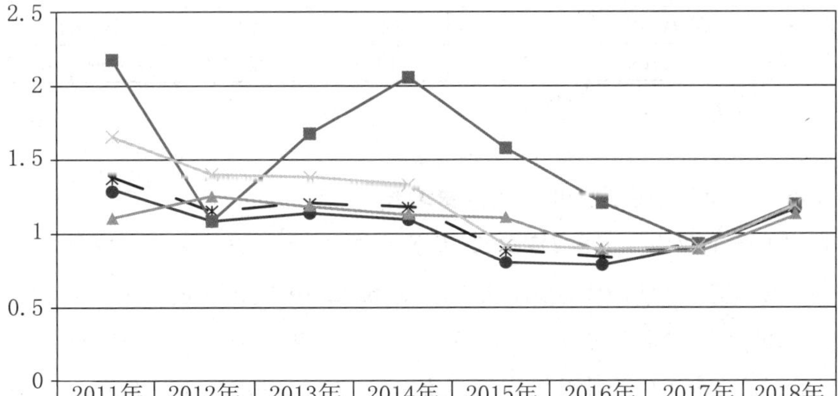

	2011年	2012年	2013年	2014年	2015年	2016年	2017年	2018年
珠三角	1.24	1.04	1.08	1.04	0.75	0.73	0.86	1.12
东翼	2.12	1.03	1.62	2.00	1.52	1.15	0.88	1.14
粤西翼	1.05	1.19	1.13	1.08	1.06	0.83	0.85	1.07
粤北山区	1.60	1.35	1.33	1.27	0.87	0.85	0.87	1.16
全省	1.32	1.10	1.15	1.12	0.83	0.78	0.86	1.13

图 4－14　2011—2018 年广东省各地区商品住宅静态供求比（新开工面积与销售面积比值）走势

数据来源：广东省统计局。

表 4－24　2018 年广东省各市商品房施工、新开工情况

单位：万平方米，%

城市/地区	商品房施工面积	#住宅	施工面积同比	#住宅	商品房新开工面积	#住宅	新开工面积同比	#住宅
广东省	79935.06	54791.17	10.3	10.8	19144.08	13593.10	14.1	16.2
广州市	10999.01	6507.72	3.2	1.7	1775.45	994.06	-4.2	-11.2
深圳市	6747.69	3450.31	18.2	15.4	1529.57	794.68	52.7	78.1
珠海市	3419.18	1904.62	5.1	-0.2	598.28	287.71	-40.6	-45.5
汕头市	3070.83	1975.36	15.3	13.6	766.50	493.09	20.2	29.9
佛山市	9961.27	6573.86	9.4	12.8	2180.64	1564.18	12.2	15.7
韶关市	2027.95	1599.13	12.4	15.7	435.93	359.24	3.6	4.7
河源市	1541.51	1220.61	9.3	7.6	624.39	504.28	0.5	-1.3
梅州市	2104.38	1574.09	21.6	16.6	730.86	504.71	20.6	7.5
惠州市	7789.36	6100.21	2.4	3.7	2107.37	1660.36	5.8	3.1
汕尾市	885.32	735.20	46.1	56.9	355.44	310.33	118.7	150.2
东莞市	4421.66	3075.71	-2.9	-4.2	640.22	424.17	-22.5	-26.2
中山市	5512.52	3820.27	3.4	2.5	1172.17	793.80	8.2	6.1
江门市	3660.20	2698.14	15.8	22.0	1182.27	930.79	53.5	72.9
阳江市	1991.58	1506.96	11.4	13.4	493.38	408.31	13.2	22.2
湛江市	2845.99	2091.22	10.1	12.2	616.78	482.96	-11.7	-5.9
茂名市	2654.08	1996.01	32.6	29.8	800.83	578.04	49.1	42.8
肇庆市	3370.75	2550.78	35.7	40.4	1167.24	955.06	121.9	145.7
清远市	3939.62	3061.81	9.6	10.1	976.84	738.35	20.9	15.6
潮州市	716.60	542.54	2.4	-0.1	182.47	141.75	-39.2	-44.3
揭阳市	804.33	666.59	38.0	39.1	316.63	271.65	38.7	32.6
云浮市	1471.21	1140.05	26.4	31.8	490.84	395.59	55.5	85.8
按经济区域分								
珠三角	55832.53	36656.87	7.7	8.0	12337.34	8404.81	12.4	15.4
粤　东	5526.19	3944.42	20.5	21.2	1636.89	1216.81	20.4	23.3
粤　西	7491.65	5594.19	17.5	18.2	1910.99	1469.31	14.4	17.4
粤　北	11084.68	8595.69	14.2	14.4	3258.85	2502.18	17.6	15.1

数据来源：广东省统计局。

3. 企业资金状况稳中有变，企业土地储备数量增长

2018 年广东省房地产企业到位资金 21722.28 亿元，同比增长 13.4%，增速较上半年有明显提升，资金状况总体稳健。其中，国内贷款 4236.05 亿元，自筹资金 6292.10 亿元，定金及预收款 7250.92 亿元，个人按揭贷款 3008.94 亿元，同比分别增长 3.7%、17.8%、21.1% 和 1.2%；分别占到位资金的 19.5%、29.0%、33.4% 和 13.9%，合计占 95.7%。利用外资及其他到位资金分别为 13.28 亿元和 920.99 亿元，同比下降 74.8% 和增长 28.8%，分别占到位资金的 0.1% 和 4.2%。数据反映，受房地产信贷政策持续收紧影响，企业国内贷款增速相比 2017 年大幅回落，企业到位资金主要依赖自筹资金和销售回款。与此同时，2018 年第四季度起全国房地产企业迎来了第一轮偿债高峰，2019—2020 年将有近万亿元的待偿债务。面对在建工程和后市供应的增长，以及日益凸显的偿债压力，当前行业相对稳健的资金状况仍面临金融环境、市场预期等方面的变化风险，企业仍需进一步加快销售回笼节奏（见图 4－15）。

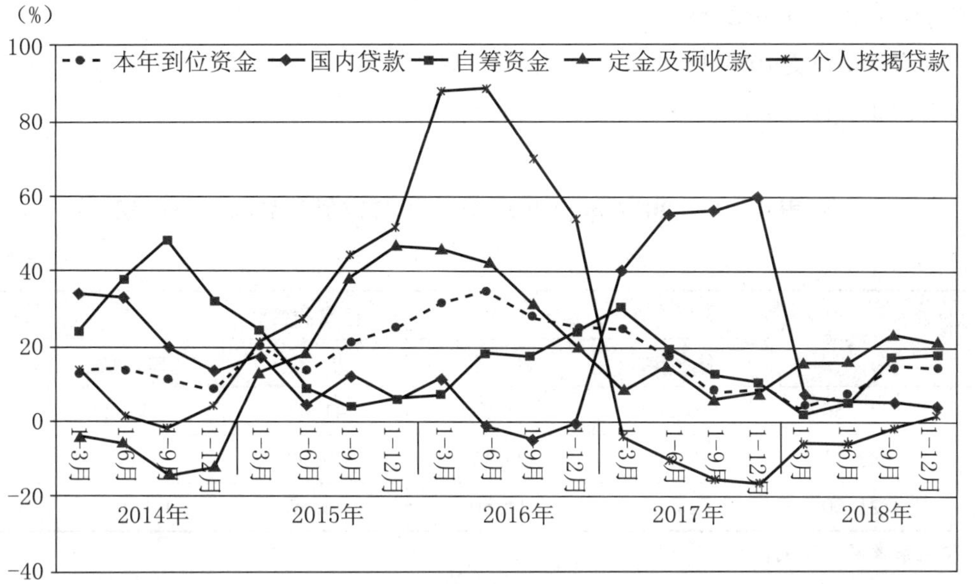

图 4-15　2014—2018 年广东省房地产企业主要来源资金同比增速走势

数据来源：广东省统计局。

从 2018 年新增纳入统计的土地购置情况看，全省房地产企业购置面积 1968.44 万平方米，成交价款 1900.20 亿元，同比分别增长 6.9% 和 20.6%；成交均价 9653 元/平方米，同比增长 12.8%。截至 12 月期末，全省待开发土地面积 4442.17 万平方米，同比增长 29.0%。数据显示，房地产企业待开发土地面积有较大幅度提高，对于进一步改善后市商品房供求关系奠定了较好基础（见图 4-16）。

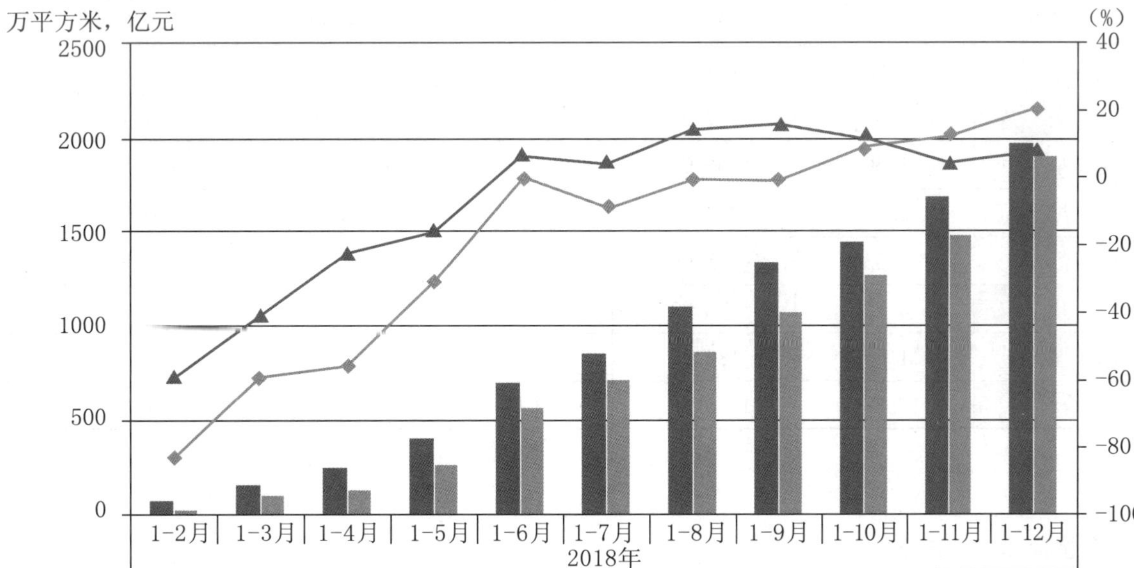

2018年	1-2月	1-3月	1-4月	1-5月	1-6月	1-7月	1-8月	1-9月	1-10月	1-11月	1-12月
土地购置面积	75.91	161.96	254.75	410.19	707.11	859.48	1106.89	1337.58	1449.22	1687.92	1968.44
土地成交价款	29.01	105.88	136.60	271.38	567.68	720.61	866.04	1080.01	1272.28	1482.38	1900.20
购置面积同比	-59.3	-40.9	-22.2	-16.1	6.0	4.2	13.9	16.4	12.4	4.9	6.9
成交价款同比	-82.6	-58.9	-55.1	-30.9	0.2	-9.3	0.1	0.3	8.6	12.2	20.6

图 4-16　2018 年广东省房地产企业土地购置情况

数据来源：广东省统计局。

（二）广州存量商品房市场运行情况

2018 年，广州存量房成交 1083.11 万平方米，同比下降 21.0%。其中，存量住宅、商业及写字楼的成交面积同比分别下降 24.4%、11.5% 和 3.5%（见表 4－25、表 4－26）。

表 4－25　2017 年和 2018 年广州市存量商品房成交面积

单位：万平方米，%

年　份	存量房合计					
		住　宅	商　业	办　公	车　位	其　他
2017 年	1370.56	1168.02	31.83	41.01	11.02	118.68
2018 年	1083.11	882.49	28.17	39.59	31.96	100.90
2018 年同比	－21.00	－24.40	－11.50	－3.50	190.00	－15.00

数据来源：阳光家缘网，下同。

表 4－26　2017 年和 2018 年广州市各区存量商品房成交情况

单位：万套，万平方米，%

行政区	2017 年		2018 年		2018 年同比	
	套　数	面　积	套　数	面　积	套　数	面　积
越　秀	1.68	116.08	1.22	76.35	－27.5	－34.2
海　珠	2.08	139.58	1.39	84.73	－32.9	－39.3
荔　湾	1.22	84.22	0.81	49.76	－33.9	－40.9
天　河	1.72	137.10	1.22	94.30	－29.0	－31.2
白　云	1.83	134.85	1.14	90.37	－37.8	－33.0
黄　埔	0.49	52.91	0.47	66.28	－4.4	25.3
花　都	1.50	166.04	1.20	125.64	－20.2	－24.3
番　禺	2.00	212.34	2.20	232.12	10.0	9.3
南　沙	0.53	70.60	0.47	58.64	－9.9	－16.9
从　化	0.70	76.82	0.57	61.63	－17.9	－19.8
增　城	1.65	180.02	1.36	143.27	－17.7	－20.4
全市合计	15.38	1370.56	12.04	1083.11	－21.7	－21.0

1. 存量商品住宅市场

2018 年全市存量住宅成交 10.24 万套，成交面积 882.49 万平方米，同比分别下降 24.1% 和 24.4%。从区域成交情况来看，主要受轨道交通发展及区域配套成熟的带动，外围区域市场相对活跃，成交面积前三名分别为番禺区、增城区和花都区，其他行政区的成交面积均不足 100 万平方米，荔湾区、南沙区和黄埔区则不足 50 万平方米。其中，番禺区 2018 年存量住宅成交套数和成交面积分别增长 8.7% 和 9.6%，是唯一保持增长的行政区；白云区成交套数和成交面积同比分别下降 39.5% 和 42.4%，均为各区中降幅最大（见表 4－27）。

表 4－27　2017 年和 2018 年广州市各区存量住宅成交情况

单位：套，万平方米，%

行政区	2017 年		2018 年		2018 年同比	
	套　数	面　积	套　数	面　积	套　数	面　积
番　禺	1.69	167.91	1.83	183.98	8.7	9.6
增　城	1.49	166.34	1.21	127.84	－18.9	－23.1
花　都	1.29	140.05	1.00	108.06	－22.1	－22.8
海　珠	1.92	128.00	1.25	77.47	－34.8	－39.5
天　河	1.46	119.21	0.96	76.70	－34.1	－35.7
白　云	1.57	123.42	0.95	71.08	－39.5	－42.4
越　秀	1.48	98.16	1.01	64.35	－31.7	－34.4
从　化	0.59	60.69	0.52	52.45	－12.3	－13.6
荔　湾	1.09	72.03	0.73	45.87	－33.0	－36.3
南　沙	0.48	56.40	0.41	44.93	－14.8	－20.3
黄　埔	0.44	35.81	0.36	29.75	－18.2	－16.9
全市合计	13.50	1168.02	10.24	882.49	－24.1	－24.4

2. 存量商业物业市场

2018 年，广州存量商业用房成交 3410 宗，同比略降 0.9%；总成交面积 28.17 万平方米，同比下降 11.5%。从各区成交量看，成交面积排名前三的依次是花都区、番禺区和南沙区，分别为 6.10 万平方米、5.65 万平方米和 3.04 万平方米，同比分别增长 17.1%、27.5% 和 398.4%；黄埔区成交面积同比增长 517.1%，增幅为各区最大；荔湾区成交面积同比下降 79.1%，降幅为各区最大（见表 4－28）。

表 4－28　2017 年和 2018 年广州市各区存量商业物业成交情况

单位：套，万平方米，%

行政区	2017 年		2018 年		2018 年同比	
	套　数	面　积	套　数	面　积	套　数	面　积
花　都	563	5.21	481	6.10	－14.6	17.1
番　禺	449	4.13	563	5.65	25.4	27.5
南　沙	76	0.61	104	3.04	36.8	398.4
越　秀	621	2.30	703	2.44	13.2	6.1
天　河	316	4.18	269	2.40	－14.9	－42.6
黄　埔	55	0.35	212	2.16	285.5	517.1
海　珠	340	4.30	236	1.82	－30.6	－57.7
增　城	252	3.21	290	1.51	15.1	－53.0
白　云	175	1.82	184	1.38	5.1	－24.2
荔　湾	418	4.12	222	0.86	－46.9	－79.1
从　化	176	1.31	146	0.81	－17.0	－38.2
全市合计	3441	31.83	3410	28.17	－0.9	－11.5

3. 存量办公物业市场

2018 年广州存量办公物业成交 4277 宗，宗成交面积 39.59 万平方米，同比分别增长 5.8% 和下降 3.5%。其中，成交量排名前三的依次为天河区、番禺区和越秀区，成交面积分别为 11.02 万平方米、7.67 万平方米和 5.68 万平方米，同比分别增长 12.8%、116.3% 和下降 19.4%（见表 4－29）。

表 4－29　2017 年和 2018 年广州市各区存量办公物业成交情况

单位：套，万平方米，%

行政区	2017 年		2018 年		2018 年同比	
	套　数	面　积	套　数	面　积	套　数	面　积
天　河	750	9.77	979	11.02	30.5	12.8
番　禺	527	3.55	795	7.68	50.9	116.3
越　秀	593	7.05	551	5.68	－7.1	－19.4
花　都	262	1.98	439	3.21	67.6	62.1
白　云	591	3.60	378	2.57	－36.0	－28.6
黄　埔	183	2.13	325	2.44	77.6	14.6
海　珠	226	2.33	235	2.32	4.0	－0.4
增　城	357	2.26	252	1.69	－29.4	－25.2
荔　湾	265	6.14	148	1.27	－44.2	－79.3
从　化	230	1.70	54	0.87	－76.5	－48.8
南　沙	57	0.50	121	0.84	112.3	68.0
全市合计	4041	41.01	4277	39.59	5.8	－3.5

（三）深圳市存量商品房市场运行情况

2018 年，深圳市存量商品房成交 7.3 万套，成交面积 609.49 万平方米，同比分别下降 1.1% 和 3.6%。其中，存量住宅、商业物业及办公物业成交面积同比分别下降 1.5%、19.1% 和 5.6%（见表 4－30、表 4－31）。

表 4－30　2017 年和 2018 年深圳市存量商品房成交面积

单位：万平方米，%

年　份	存量房合计				
		住　宅	商　业	办　公	其　他
2017 年	632.12	538.62	44.18	14.35	34.97
2018 年	609.49	530.65	35.75	13.54	29.55
2018 年同比	－3.60	－1.50	－19.10	－5.60	－15.50

数据来自：深圳房地产信息网，世联行。

表 4－31　2017 年和 2018 年深圳市各区存量商品房成交情况

单位：万套，万平方米,%

行政区	2017 年		2018 年		2018 年同比	
	套　数	面　积	套　数	面　积	套　数	面　积
罗　湖	1.22	86.20	1.21	82.89	－0.7	－3.8
福　田	1.43	124.03	1.52	125.58	5.9	1.2
南　山	1.20	110.03	1.26	120.65	4.9	9.7
盐　田	0.17	13.65	0.16	13.55	－3.3	－0.7
宝　安	1.41	138.33	1.48	129.34	5.6	－6.5
龙　岗	1.96	159.90	1.68	137.48	－14.6	－14.0
全市合计	7.38	632.12	7.30	609.49	－1.1	－3.6

数据来自：深圳房地产信息网。

1. 存量商品住宅市场

2018 年深圳市存量商品住宅共成交面积 530.65 万平方米，同比下降 1.5%。其中，龙岗区成交面积 124.33 万平方米，为全市各区最高；但同比下降 10.7%，降幅为全市最大（见表 4－32）。

表 4－32　2017 年和 2018 年深圳市各区存量住宅成交面积

单位：万平方米,%

行政区	罗　湖	福　田	南　山	盐　田	宝　安	龙　岗	全市合计
2017 年	73.21	103.33	97.78	10.85	114.27	139.19	538.62
2018 年	73.68	101.76	102.03	10.67	117.02	124.33	530.65
2018 年同比	0.60	－1.50	4.30	－1.70	2.40	－10.70	－1.50

数据来自：世联行。

2. 存量商业物业市场

深圳市近几年来，公寓的供应量较大，且深圳房地产调控政策日益严格，投资氛围受到影响，同时二手公寓的高税费等问题，使得投资客更青睐一手公寓。2018 年深圳二手商业物业成交面积约 35.75 万平方米，同比下降 19.1%；成交套数 5657 套，同比下降 25.5%。

3. 存量办公物业市场

在市场低迷的大环境下，2018 年深圳市存量办公物业成交面积 13.54 万平方米，同比下降 5.6%；成交套数 1092 套，同比下降 4.1%。其中，福田区成交 7.09 万平方米、462 套，罗湖区成交 2.97 万平方米、270 套，是二手写字楼的主力成交区域。

（钟武贞　广东省房地产业协会）

六、重庆市房地产市场

（一）重庆市主城区土地市场情况

1. 房地产用地供应节奏放缓，供应规模大幅下滑

2018 年重庆市主城区房地产类用地供应 104 宗，较 2017 年减少 38 宗；供应面积 910.66 万平方米，较 2017 年下降 35.18%；供应最大可建面积 1737.62 万平方米，较 2017 年下降 41.53%。受核心位置土地储备逐渐减少以及“两江四岸”开发暂缓等因素的综合影响，2018 年主城区土地供应节奏开始放缓，土地供应规模跌至近十年来的新低（见表 4－33）。

表 4－33　2017 年和 2018 年主城各区房地产类土地供应分布情况

单位：万平方米

区　域	2017 年		2018 年	
	宗　数	面　积	宗　数	面　积
渝中区	3	6.19	0	0.00
渝北区	40	494.27	23	339.44
沙坪坝区	17	193.09	15	92.21
九龙坡区	7	27.54	13	41.17
南岸区	13	119.86	7	53.69
江北区	2	2.92	7	33.50
大渡口区	14	139.71	8	50.77
北碚区	13	101.89	14	119.26
巴南区	33	319.35	17	180.62
合　计	142	1404.82	104	910.66

数据来源：重庆市房地产开发协会。

2018 年主城区土地供应主力依旧是渝北区和巴南区，但供应面积均较上年有所下滑。江北区和北碚区是 2018 年主城仅有的两个土地供应增加的区域，其中江北区主要是由于连续多年土地供应低迷，2017 年仅两宗地供应，低基数效应使得增幅明显，而北碚区则在水土、蔡家等新兴组团的助力下崭露头角，成为全市房地产开发的新热点。

2. 土地成交面积下滑，土地价格连续三年快涨

2018 年主城区房地产类用地成交 88 宗，较上年减少 38 宗；成交面积 846.99 万平方米，较上年下降 32.04%；成交金额 835.38 亿元，较上年下降 30.39%；土地折算楼面地价 5180.37 元/平方米，较上年增长 11.53%。由于土地供应减少，土地价格不断上涨，2018 年主城区土地楼面价突破 5000 元/平方米大关，其中大渡口、巴南、北碚房地产开发相对滞后的区域楼面价也稳稳站上 4000 元/平方米，楼面价连续三年快速上涨。全年有 4 宗地楼面价突破 10000 元/平方米，其中 3 宗位于大杨石组团，1 宗位于照母山，核心位置价值优势明显（见表 4－34）。

表 4－34　2017 年和 2018 年主城区房地产类土地区域成交

单位：万平方米，亿元，元/平方米

区　域	2017 年					2018 年				
	宗　数	面　积	可建面积	金　额	楼面价格	宗　数	面　积	可建面积	金额	楼面价格
渝中区	3	6. 19	27. 36	26. 34	9626. 00	0	0. 00	0. 00	0. 00	/
渝北区	38	459. 22	878. 04	438. 10	4989. 50	20	328. 46	563. 25	324. 89	5768. 08
沙坪坝区	15	194. 82	306. 64	111. 75	3644. 39	13	93. 35	192. 62	101. 85	5287. 56
九龙坡区	7	27. 54	90. 03	67. 90	7541. 63	11	38. 71	91. 29	57. 80	6331. 26
南岸区	11	92. 92	180. 97	92. 46	5109. 05	7	53. 69	90. 13	64. 40	7145. 05
江北区	2	2. 92	15. 54	13. 06	8404. 54	4	21. 69	49. 15	18. 18	3699. 32
大渡口区	13	136. 80	347. 67	148. 56	4273. 08	4	15. 67	30. 48	14. 26	4676. 69
北碚区	12	101. 07	185. 07	75. 69	4089. 68	14	119. 26	189. 65	82. 79	4365. 31
巴南区	25	224. 77	552. 28	226. 23	4096. 31	15	176. 16	406. 01	171. 22	4217. 12
合计	126	1246. 25	2583. 61	1200. 09	4645. 01	88	846. 99	1612. 59	835. 38	5180. 37

数据来源：重庆市房地产开发协会。

（二）重庆市房地产投资建设情况

1. 房地产开发投资总体稳步增长

2018 年重庆市完成房地产开发投资 4248. 76 亿元，较上年增长 6. 75%，投资总额首次突破 4000 亿元。分物业来看，住宅和其他物业投资增长明显，办公楼和商业出现下降，2018 年以来，全市房地产开发在高质量发展道路上稳步前行，新建住宅在工艺标准、设计用材等方面显著升级，加上在建规模的回升，使得住宅投资稳步增长。而其他物业由于开发品质的提升，配套性物业建设增多，拉动其他物业投资较快增长（见表4－35）。

表 4－35　2017 年和 2018 年重庆市房地产开发投资对比

单位：亿元，%

物业类型	2017 年	2018 年	增　幅
合　计	3980. 08	4248. 76	6. 75
住　宅	2632. 88	3012. 65	14. 42
办公楼	157. 28	104. 81	－33. 36
商　业	671. 80	564. 66	－15. 95
其　他	518. 12	566. 65	9. 36

数据来源：重庆市房地产开发协会。

2. 新开工面积快速增长，商业地产开发持续低迷

2018 年新开工面积 7386. 16 万平方米，较上年增长 30. 04%，由于 2018 年全市房地产销售顺畅，企业加快开工建设以期赶上好时机，同时近年来全市对已经出让未开工的闲置土地清查力度加大，使得新老项目在 2018 年集中开工建设，开工面积出现较快上涨。分物业来看，住宅、办公楼和其他涨幅均超过 30%，商业在库存积压的背景下，企业开发意愿持续低迷，开工面积出现负增长（见表 4 – 36）。

表 4 – 36　2017 年和 2018 年重庆市各物业新开工量对比

单位：万平方米,%

物业类型	2017 年	2018 年	增　幅
合　计	5680. 04	7386. 16	30. 04%
住　宅	3759. 63	5145. 20	36. 85%
办公楼	94. 86	132. 72	39. 90%
商　业	768. 10	725. 19	–5. 59%
其　他	1057. 45	1383. 06	30. 79%

数据来源：重庆市房地产开发协会。

3. 大部分区域开工建设积极，渝东南开工普遍下滑

全市 38 个区县，2018 年新开工面积上涨的有 29 个，大部分区县新开工面积均实现增长。渝东南 6 个区县中有 3 个出现下降，该片区受限于城区拓展空间不足，土地储备紧缺等影响，在 2018 年房地产开发活力逐步走低。

4. 受前两年开发规模下滑影响，竣工面积出现回落

2018 年竣工面积 4083. 45 万平方米，较上年下降 19. 23%，自 2016 年开始，重庆市房地产开发规模连续两年走低，按正常工期推算，2018 年正好开始进入竣工低谷期，同时一部分中小企业经营困难，尤其是乡镇项目延期交房的现象较为突出，使得 2018 年竣工面积走低（见表 4 – 37）。

表 4 – 37　2017 年和 2018 年重庆市竣工量对比情况

单位：万平方米,%

物业类型	2017 年	2018 年	增　幅
合　计	5055. 73	4083. 45	– 19. 23
住　宅	3316. 37	2784. 64	– 16. 03
办公楼	142. 01	129. 04	–9. 13
商　业	724. 40	509. 48	– 29. 67
其　他	872. 96	660. 30	– 24. 36

数据来源：重庆市房地产开发协会。

5. 房地产竣工节奏整体放缓，渝东南项目加速收尾

2018 年全市 38 个区县只有 9 个竣工面积实现上涨，大部分区域竣工面积出现下滑。其中渝东南竣工面积有所增长，该片区新开工面积增速走低，竣工面积增多，开发项目加速收尾，同时无新项目补缺，房地产开发规模不断萎缩，不利于当地房地产开发健康稳定发展。

（三）重庆市房地产销售情况

1. 成交量小幅下滑，房价涨幅扩大

2018 年全市商品房销售面积 6536. 2 万平方米，较上年下降 2. 6%，前三季度由于市场供应短缺，销售量表现欠佳，年底受到市场降温影响，开盘消化速度变慢，使得全年房地产销售略低于 2017 年（见表4－38）。

表 4－38　2017 年和 2018 年重庆市新建商品房面积销售量对比

单位：万平方米，%

物业类型	2017 年	2018 年	增　幅
合　计	6711. 00	6536. 25	－2. 60
住　宅	5452. 65	5424. 76	－0. 51
办公楼	168. 47	127. 37	－24. 39
商　业	634. 37	513. 97	－18. 98
其　他	455. 51	470. 14	3. 21

数据来源：重庆市房地产开发协会。

2018 年房地产销售均价 8066. 9 元/平方米，较上年增长 18. 8%；其中住宅销售均价 8190 元/平方米，较上年增长 24%。由于 2018 年重庆市房地产市场供不应求加上高质量和精装修等溢价因素的带动，房价上涨明显（见表 4－39）。

表 4－39　2017 年和 2018 年重庆市各类新建商品房销售均价对比

单位：万平方米，%

物业类型	2017 年	2018 年	增　幅
合　计	6791. 6	8066. 9	18. 8
住　宅	6605. 2	8190. 0	24. 0
办公楼	9623. 3	10911. 6	13. 4
商　业	9925. 6	10428. 9	5. 1
其　他	3611. 5	3293. 2	－8. 8

数据来源：重庆市房地产开发协会。

2. 各片区销售分化明显，渝东北量价齐涨

2017 年全市有 20 个区县销售面积出现上涨，18 个区县销售面积出现下降。从区域来看，只有渝东北销售面积实现增长，渝东北地区的万州、开州等区县人口规模大，购房需求旺盛，房地产销售好于其他区域（见表 4－40）。

表 4－40 重庆市各区县新建商品房销售情况对比

单位：万平方米，元/平方米，%

区域		销售面积			销售均价		
		2017 年	2018 年	同比增幅	2017 年	2018 年	同比增幅
主城区	渝中区	80.90	74.07	－8.44	12871.30	18629.25	44.73
	大渡口区	179.99	192.05	6.70	7039.11	9257.73	31.52
	江北区	298.76	307.24	2.84	11635.54	12832.73	10.29
	沙坪坝区	307.59	312.24	1.51	7840.95	9261.42	18.12
	九龙坡区	523.11	381.26	－27.12	8164.05	9204.47	12.74
	南岸区	334.29	366.31	9.58	9971.10	10868.55	9.00
	北碚区	235.08	269.89	14.81	7056.76	9475.76	34.28
	渝北区	987.10	927.51	－6.04	9918.08	11757.67	18.55
	巴南区	460.60	559.68	21.51	7027.57	8922.51	26.96
非主城区	涪陵区	171.72	139.87	－18.55	4916.47	5470.05	11.26
	长寿区	162.73	97.23	－40.25	3306.25	4259.44	28.83
	江津区	301.62	311.24	3.19	4488.79	5746.28	28.01
	合川区	271.57	245.77	－9.50	4547.14	5452.62	19.91
	永川区	256.91	202.59	－21.14	4787.63	5214.54	8.92
	南川区	96.57	89.57	－7.24	4462.86	5824.62	30.51
	綦江区	223.74	190.81	－14.72	4345.43	4712.87	8.46
	潼南区	125.12	131.47	5.07	3460.02	4225.30	22.12
	铜梁区	167.82	152.80	－8.95	5086.69	4861.55	－4.43
	大足区	175.82	188.54	7.23	4068.99	4550.84	11.84
	荣昌区	109.44	103.43	－5.49	4183.68	4760.90	13.80
	璧山区	211.12	227.71	7.86	5014.12	6730.28	34.23
	万州区	185.59	206.52	11.28	5311.95	6088.81	14.62
	梁平区	76.61	60.37	－21.20	4878.40	5892.68	20.79
	城口县	12.78	16.46	28.78	4922.00	4873.58	－0.98
	丰都县	43.30	67.84	56.66	4343.30	5134.49	18.22
	垫江县	60.95	63.82	4.71	4434.93	5162.77	16.41
	忠　县	55.82	72.55	29.96	3990.16	4256.41	6.67
	开州区	93.65	93.84	0.21	5480.33	6332.37	15.55
	云阳县	90.85	70.27	－22.66	4226.45	5578.02	31.98
	奉节县	80.29	95.70	19.19	4842.15	5618.72	16.04
	巫山县	36.48	36.27	－0.58	5620.93	5981.28	6.41
	巫溪县	36.18	33.65	－7.01	4278.49	4489.62	4.93
	黔江区	56.63	58.54	3.37	4982.23	4996.71	0.29
	石柱县	57.92	55.12	－4.83	3822.49	4980.73	30.30
	秀山县	53.82	59.61	10.77	5347.28	4631.65	－13.38
	酉阳县	14.66	2.60	－82.25	5133.90	4639.86	－9.62
	彭水县	40.13	35.54	－11.45	4353.70	5147.21	18.23
	武隆区	33.73	36.23	7.41	5304.57	5814.76	9.62

数据来源：重庆市房地产开发协会。

3. 主城区进入低库存时代，非主城库存增加

2018 年 12 月底，全市待售面积 1750.7 万平方米、较上年年底下降 14.7%，其中主城区 936.6 万平方米、

较上年下降21.5%；住宅待售面积383.6万平方米、较上年下降33.6%，非住宅待售面积1367.1万、较上年下降7.2%。库存持续下降，尤其是主城区住宅库存降至153.5万平方米，降幅达41.5%，低库存时代已经来临，而非主城区的商业和其他分别较上年增长了12.6%和4.7%。

（四）重庆市房地产开发企业情况（见表4－41）

表4－41　2018年12月底开发企业资质及新成立企业情况

单位：个

类　别	企业总数	一　级	二　级	三　级	四　级	暂　定	2017年新增
主城区	1223	37	403	169	9	605	125
渝西地区	903	10	210	211	13	459	124
渝东北	342	4	94	72	13	159	43
渝东南	150	1	28	40	1	80	18
合　计	2618	52	735	492	36	1303	310

数据来源：重庆市房地产开发协会。

（王芳　李倩　重庆市房地产开发协会）

七、全国主要城市地价监测①

（一）2018年第一季度全国重点区域和主要城市地价状况

1. 全国地价总体水平保持温和上行，综合、住宅、工业地价环比增速放缓；各用途地价同比增速持续上升

2018年第一季度，全国主要监测城市地价总体水平为4148元/平方米，商服、住宅、工业地价分别为7350元/平方米、6666元/平方米和813元/平方米（见图4－17）。

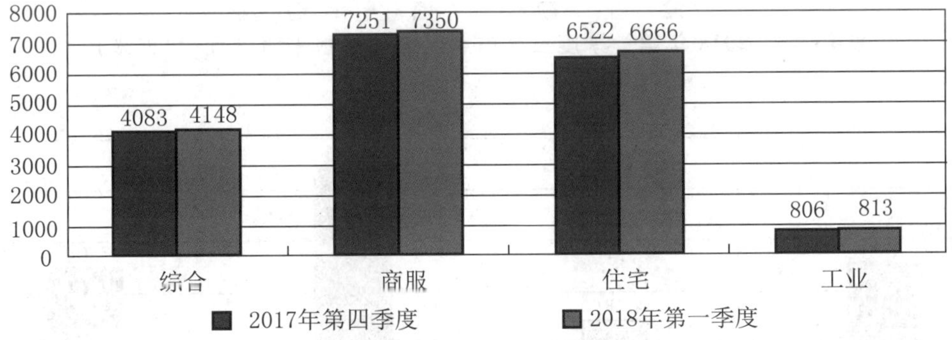

图4－17　全国主要城市分用途地价水平（元/平方米）

综合、住宅、工业地价环比增速放缓，商服地价环比增速有所上升。第一季度，全国主要监测城市综合、商服、住宅、工业地价环比增速依次为1.58%、1.37%、2.21%、0.82%，分别较上一季度变化－0.09、0.25、－0.26、－0.02个百分点。与上一季度相比，综合、工业地价环比增速出现放缓，住宅地价增速则持续三个季度回落。总体来看，本季度住宅地价增速仍处于较高位运行，综合、商服地价增速温和上行，工业地价

① 全国主要监测城市指106个监测城市，自本季度起，海南省三亚市纳入全国监测数据；重点监测城市指直辖市、省会城市和计划单列市。

变化平稳。①

各用途地价同比增速持续上升。第一季度，全国主要监测城市综合、商服、住宅、工业地价同比增速依次为7.13%、5.33%、10.43%、3.44%，较上一季度分别上升0.42、0.81、0.22、0.42个百分点。其中，住宅、综合、商服地价分别处于快速、较快速和低速增长状态，工业地价平稳波动。

重点城市定基地价指数②稳步上升。2018年一季度，以2000年为基期的重点城市平均地价指数稳步上升，综合、商服、住宅、工业地价指数分别为286、281、353、216，较上一年度分别增加5、4、6、3个点。

重点监测城市中，地价总体水平为6212元/平方米，较上一季度增长1.56%，较去年同期增长7.49%。商服、住宅和工业地价水平分别为9965元/平方米、9703元/平方米和1111元/平方米；环比增速分别为1.35%、1.91%和1.13%，其中住宅地价环比增速较主要监测城市放缓明显；同比增速依次为5.71%、9.87%和4.72%。综合、商服、住宅地价环比、同比增速均较上一季度有所下降，工业地价环比、同比增速则有所上升。

2. 三大重点区域综合、商服地价环比增速均有所回落，住宅地价同比增速整体放缓

2018年第一季度，三大重点区域综合地价水平均高于全国总体水平，整体呈上升态势。长江三角洲、珠江三角洲、环渤海地区综合地价水平分别为5876元/平方米、7566元/平方米、4448元/平方米（见图4-18）。

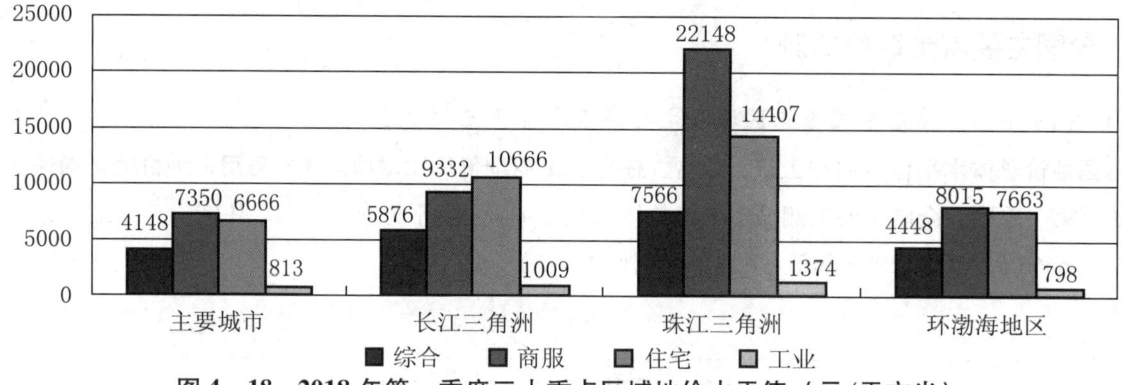

图4-18 2018年第一季度三大重点区域地价水平值（元/平方米）

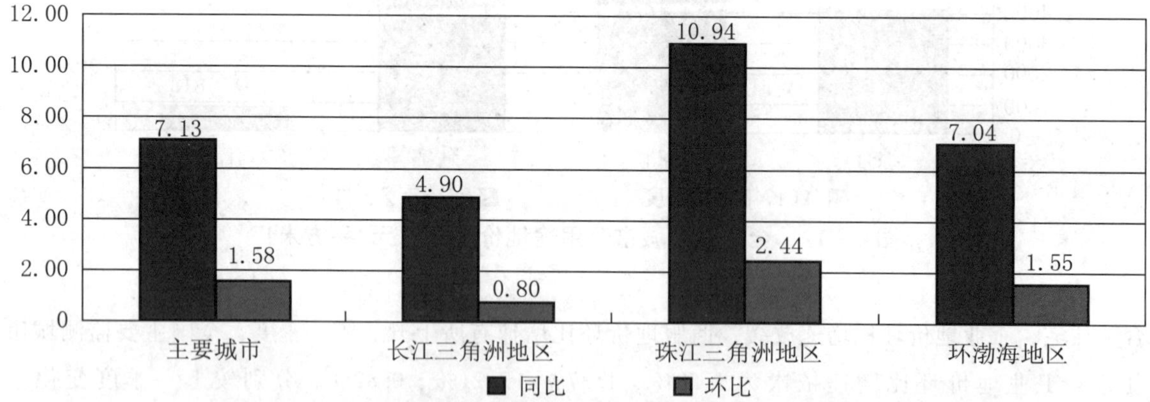

图4-19 2018年第一季度三大重点区域综合地价增速（%）

---

① 环比指标（A）：A≥3%为快速增长，市场处于高位运行；3%>A≥2%为较快增长，市场处于较高位运行；2%>A≥1%为低速增长，市场处于温和上行；1%>A≥-1%为市场运行平稳，A<-1为负增长，对应的同比量化指标（A）分别为：A≥10%、10%>A≥7%、7%>A≥4%、4%>A≥0%，A<0为负增长，下同。

② 重点城市定基地价指数包括除拉萨以外的35个直辖市、省会城市和计划单列市。重点城市地价增长率包括36个直辖市、省会城市和计划单列市。

从环比增速看，长江三角洲、珠江三角洲、环渤海地区综合地价增速均放缓，依次为0.80%、2.44%、1.55%，分别下降0.04、0.25、0.02个百分点。其中，珠江三角洲地区综合地价保持较快速增长，环渤海地区保持低速增长，长江三角洲地区变化平稳（见图4－19）。

分用途看，长江三角洲地区各用途地价环比增速平稳运行，商服、住宅地价环比增速依次为0.36%、0.92%，分别较上一季度下降0.06、0.51个百分点，其中，住宅地价增速由低速增长回落至平稳波动区间，南京、宁波两市住宅地价环比下降；工业地价环比增速为0.74%，较上一季度上升0.30个百分点。珠江三角洲地区商服、住宅地价环比增速依次为1.02%、3.02%，分别较上一季度下降0.06、0.55个百分点，其中住宅地价环比增速仍处于高位运行；工业地价增速较上一季度上升0.04个百分点，为2.49%，保持较快速增长，其中广州工业地价快速增长。环渤海地区商服、住宅、工业地价增速依次为1.29%、2.05%、1.01%，住宅地价增速较上一季度上升0.03个百分点，商服、工业地价增速分别下降0.08和0.07个百分点。三大重点区域中，住宅地价快速增长的城市均集中在三线城市，例如：嘉兴、珠海、佛山市顺德区、东莞、中山、廊坊、烟台等7个城市的增速均超过3%，处于高位运行。

从同比增速看，长江三角洲地区综合地价增速为4.90%，较上一季度上升0.11个百分点；珠江三角洲、环渤海地区综合地价增速依次为10.94%、7.04%，较上一季度分别下降0.29、0.02个百分点。珠江三角洲、环渤海及长江三角洲地区地价分别处于快速增长、较快速增长及低速增长态势。

分用途看，三大重点区域的住宅地价增速均有所回落，工业地价增速则整体上升。长江三角洲地区商服、住宅、工业地价增速依次为2.51%、7.14%、2.92%，较上一季度分别变化0.46、－1.30、0.56个百分点，住宅地价增速保持较高位运行。珠江三角洲地区商服、住宅、工业地价增速较上一季度分别变化－0.61、－0.76、0.93个百分点，依次为4.42%、15.10%、9.62%，住宅地价增速仍处于高位运行，广州、珠海、佛山市顺德区、东莞、中山均超过10.0%。环渤海地区商服、住宅、工业地价增速依次为6.08%、9.87%、3.86%，较上一季度分别变化0.15、－0.49、0.44个百分点，其中住宅地价增速处于较高位运行，北京、唐山、廊坊、烟台均超过10%。

3. 东中西部地区综合、住宅地价环比增速放缓，西部地区住宅地价环比、同比增速高于东、中部地区

2018年第一季度，全国重点城市中，东部、中部、西部地区平均地价水平呈东高、西次、中低的布局。西部地区仅工业地价平均水平略低于中部地区（见图4－20）。

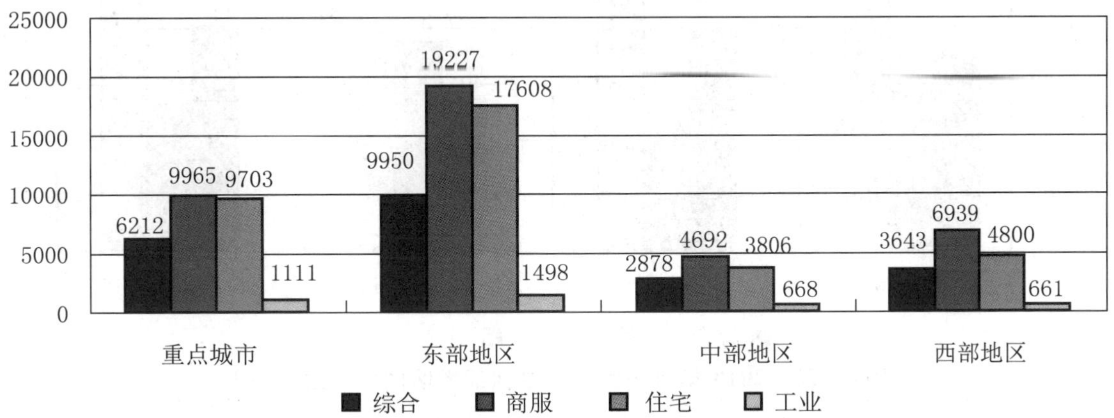

图4－20 2018年第一季度东中西部地区地价水平值（元/平方米）

从环比增速看，东中西部地区综合、住宅地价增速本季度均有所放缓。东部地区各用途地价增速保持低速增长，综合、商服、住宅地价增速下降，住宅地价增速为 1.73%，较上一季度下降 0.53 个百分点；中部地区各用途地价增速均呈放缓态势，住宅地价增速为 1.83%，较上一季度下降 0.07 个百分点；西部地区综合、住宅、工业地价增速较上一季度放缓，商服地价增速则略有上升，其中住宅地价增速为 2.24%，较上一季度下降 0.72 个百分点，但仍处于较高位运行，增速超过东部及中部地区平均水平，区域内仅西安住宅地价快速增长，为 7.07%（见图 4-21）。

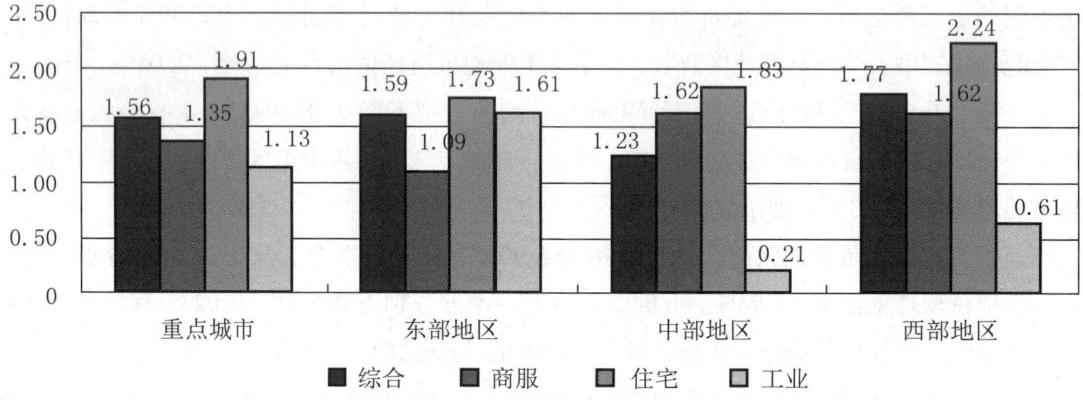

图 4-21　2018 年第一季度东中西部地区环比增速（%）

从同比增速看，东部地区综合、商服、住宅、工业地价增速依次为 7.96%、5.05%、10.07%、6.52%，较上一季度分别变化 -0.41、-0.45、-1.0、0.61 个百分点，住宅地价增速仍处于高位运行。中部地区综合、商服、住宅地价增速依次为 5.49%、7.54%、7.84%，较上一季度分别下降 0.98、1.65、1.44 个百分点，商服、住宅地价仍增长较快；工业地价增速与上一季度持平，为 1.16%。西部地区各用途地价增速均较上一季度有所上升，住宅地价同比增速为 10.81%，较上一季度上升 0.86 个百分点，处于高位运行（见图 4-22）。

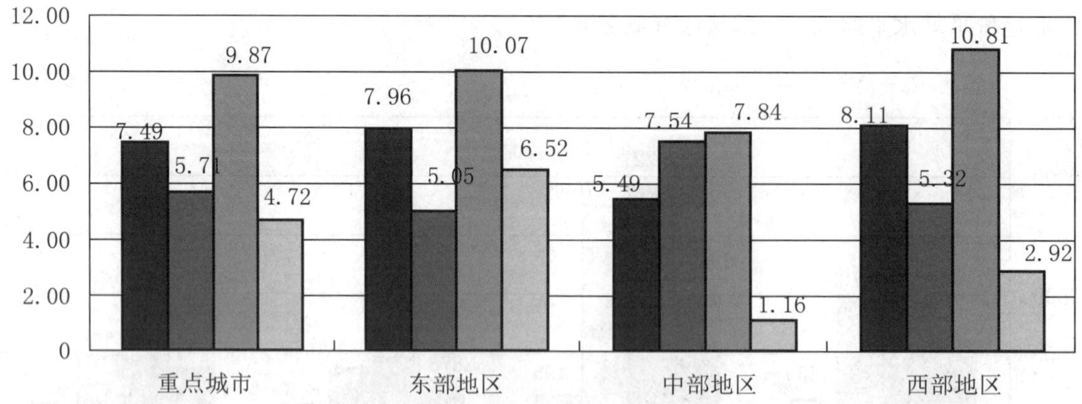

图 4-22　2018 年第一季度东中西部地区同比增速（%）

4. 一线城市综合、商服、住宅地价环比、同比增速放缓；二线城市各用途地价环比增速回落；三线城市综合、商服、住宅地价环比、同比增速持续增长，① 住宅地价增速超过一、二线城市

2018 年第一季度，主要监测城市中，一线城市综合、商服、住宅地价环比、同比增速放缓，工业地价环比、同比增速上升；二线城市各用途地价环比增速均有所放缓，除工业地价同比增速上升外，其他用途地价同比增速回落；三线城市综合、商服、住宅地价环比增速上升，工业地价环比增速放缓，各用途地价同比增速均有所上升（见图 4－23）。

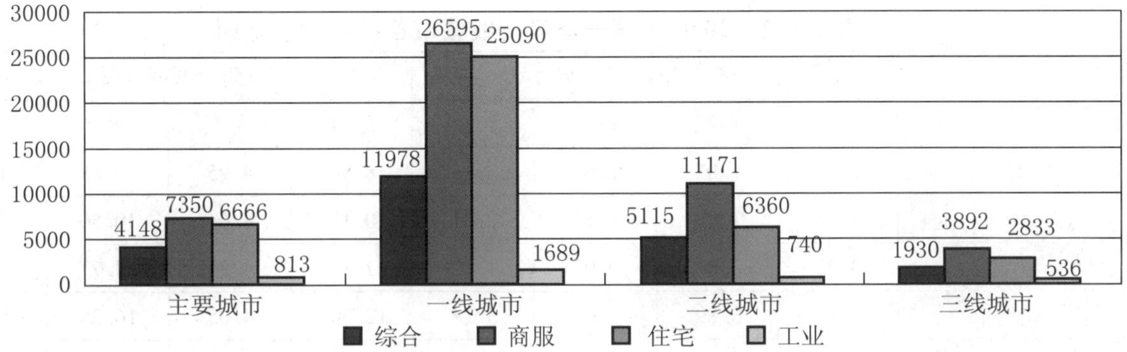

图 4－23　2018 年第一季度一、二、三线城市地价水平值（元/平方米）

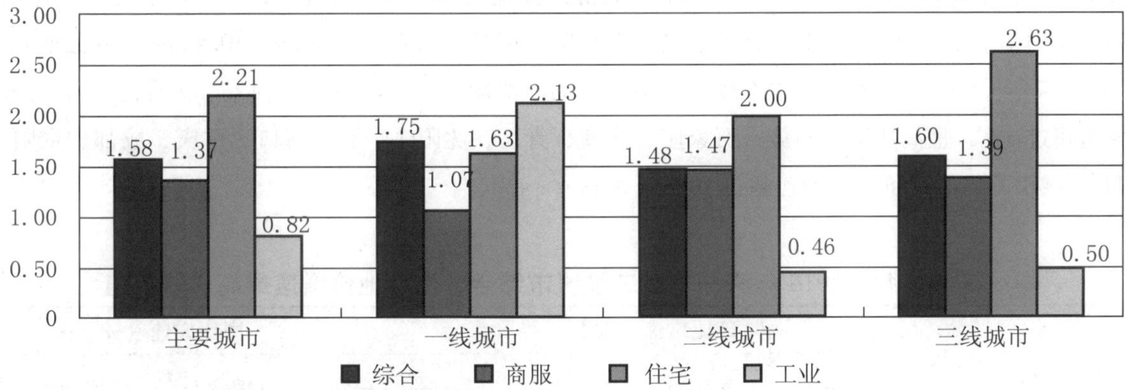

图 4－24　2018 年第一季度一、二、三线城市地价环比增速（%）

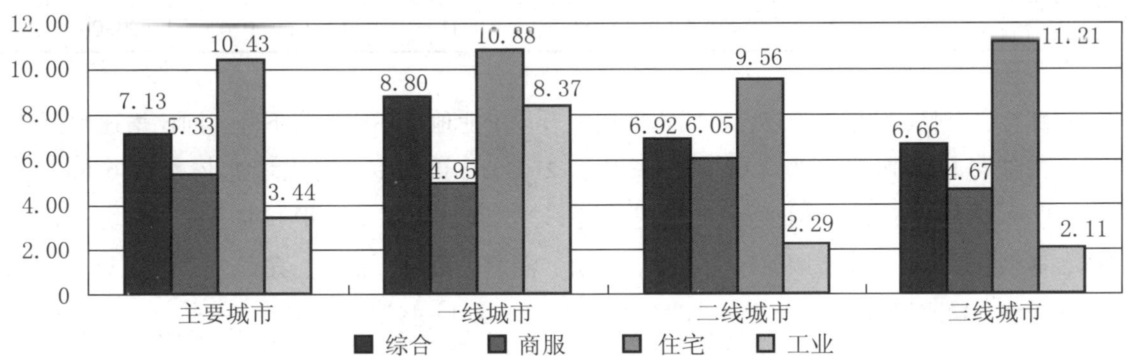

图 4－25　2018 年第一季度一、二、三线城市地价同比增速（%）

① 106 个监测城市中，一线城市包括北京、上海、广州、深圳；二线城市包括除一线城市外的直辖市、省会城市和计划单列市，共 32 个；三线城市包括除一线、二线城市外的 70 个监测城市。下同

一线城市，从环比看，综合、商服、住宅、工业地价平均增速依次为1.75%、1.07%、1.63%、2.13%，较上一季度分别变化-0.07、-0.09、-0.47、0.31个百分点。广州住宅地价较快速增长；北京住宅地价低速增长；上海、深圳住宅地价增速平稳。与上一季度比较，4个一线城市住宅地价增速均放缓。从同比看，综合、商服、住宅、工业地价平均增速依次为8.80%、4.95%、10.88%、8.37%，较上一季度分别变化-0.62、-0.51、-1.79和0.69个百分点。北京和广州住宅地价增速均超过10.0%，仍处快速增长区间，上海住宅地价较快速增长，深圳住宅地价则低速增长（见图4-24、图4-25、表4-42）。

表4-42　2018年第一季度一线城市各用途地价增速

类　别	环比增速（%）				同比增速（%）			
	综合	商服	住宅	工业	综合	商服	住宅	工业
一线城市	1.75	1.07	1.63	2.13	8.80	4.95	10.88	8.37
北　京	1.70	1.92	1.64	2.01	10.15	8.04	10.80	7.01
上　海	0.92	0.80	0.93	1.12	7.16	4.34	7.77	5.34
广　州	2.18	0.89	2.67	3.16	12.50	4.05	16.25	11.71
深　圳	0.85	0.69	0.85	1.78	5.57	3.84	6.34	8.40

二线城市，各用途地价环比增速均呈放缓态势，除工业地价同比增速上升外，其他用途地价同比增速均呈放缓态势。综合、商服、住宅、工业环比增速依次为1.48%、1.47%、2.0%、0.46%，同比增速依次为6.92%、6.05%、9.56%、2.29%。本季度，济南、青岛、沈阳、长春、海口、西安、太原等7个城市住宅地价环比增速超过3%，呈高速增长态势；石家庄、济南、青岛、沈阳、宁波、海口、重庆、成都、贵阳、西安、太原等11个城市的住宅地价同比增速超过10%（见图4-43）。

表4-43　2018年第一季度二线城市综合、住宅地价增速最高、最低值

类　别	环比增速（%）				同比增速（%）			
	综合最高	综合最低	住宅最高	住宅最低	综合最高	综合最低	住宅最高	住宅最低
监测城市	西　安	宁　波	西　安	宁　波	西　安	南　京	西　安	南　京
数　值	6.26	-0.26	7.07	-0.41	18.61	0.03	23.00	-0.24

三线城市综合、商服、住宅地价环比、同比增速上升；工业地价环比增速下降，同比增速则上升。综合、商服、住宅、工业环比增速依次为1.60%、1.39%、2.63%、0.50%，同比增速依次为6.66%、4.67%、11.21%、2.11%，其中住宅地价环比、同比增速超过一、二线城市平均水平。本季度，廊坊、淄博、烟台、安阳、焦作、嘉兴、珠海、佛山市顺德区、东莞、中山、湘潭、岳阳、北海、宜宾、三亚等15个城市的住宅地价环比快速上涨，增速超过3%，比上一季度增加5个（见表4-44）。

表 4 －44　2018 年第一季度三线城市综合、住宅地价增速最高、最低值

类　别	环比增速（%）				同比增速（%）			
	综合最高	综合最低	住宅最高	住宅最低	综合最高	综合最低	住宅最高	住宅最低
监测城市	安　阳	抚　顺	安　阳	鸡　西	安　阳	阜　新	安　阳	鹤　岗
数　值	20.31	－0.17	25.24	－0.15	54.63	－2.92	66.45	－1.49

总体而言，20 个[①]热点城市中，12 个城市住宅地价环比增速回落，其中，上海连续 6 个季度持续降速，北京连续 5 个季度持续降速，南京、合肥为负增长；13 个城市住宅地价同比涨幅回落，其中南京为负增长。本季度，北京、天津、上海、南京、福州、深圳、合肥等 7 个城市住宅地价同、环比涨幅均有所放缓，其中南京住宅地价环比、同比均下降。

5. 主要监测城市住宅地价环比上升的城市略有增加，总体延续上一季度变化趋势

2018 年第一季度，全国主要监测城市住宅地价环比上涨的城市有 96 个，较上一季度增加 2 个，其中，50 个城市涨幅收窄，较上一季度增加 2 个。住宅地价环比增速超过 3.0% 的城市有 22 个，较上一季度减少 5 个；环比下降的城市有 6 个，与上一季度持平。此外，41 个城市的增速稳定在 －1.0% ~1.0%。与上年同期相比，地价上涨的城市 98 个，与上一季度持平；增速超过 7.0% 的城市 56 个，比上一季度增加 4 个，其中，北京等 37 个城市地价增速超过 10.0%，西安、烟台、安阳、嘉兴、中山、株洲、北海、三亚等 8 个城市超过 20%；同比下降的城市 6 个，比上一季度增加 1 个。

（二）2018 年第二季度全国重点区域和主要城市地价状况

1. 全国地价总体水平保持温和上行，综合地价环比、同比增速上升；住宅地价环比增速上升，同比增速略有放缓

2018 年第二季度，全国主要监测城市地价总体水平为 4221 元/平方米，商服、住宅、工业地价分别为 7439 元/平方米、6831 元/平方米和 821 元/平方米（见图 4 －26）。

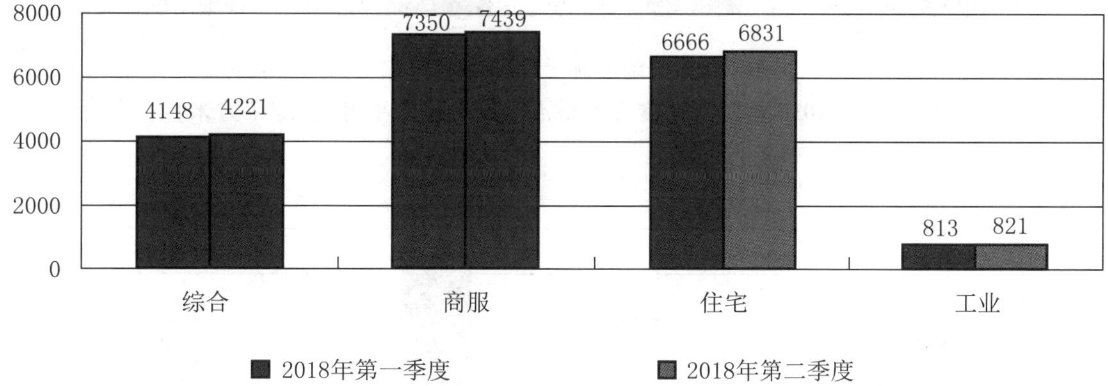

图 4 －26　全国主要城市分用途地价水平（元/平方米）

① 20 个热点城市是指北京、上海、广州、深圳、天津、南京、苏州、杭州、合肥、厦门、郑州、武汉、济南、无锡、福州、成都、石家庄、南昌、长沙、青岛。下同

综合、住宅、工业地价环比增速上升，商服地价环比增速有所放缓。第二季度，全国主要监测城市综合、商服、住宅、工业地价环比增速依次为1.75%、1.21%、2.48%、1.0%，较上一季度分别变化0.17、-0.16、0.27、0.18个百分点。与上一季度相比，综合、工业地价环比增速上升，住宅地价在连续三个季度降速后首现回升，商服地价增速放缓。总体来看，本季度住宅地价增速仍处于较高位运行，综合、商服、工业地价增速温和上行。

综合、工业地价同比增速持续上升，住宅地价同比增速微幅下降，商服地价同比与上一季度持平。第二季度，全国主要监测城市综合、商服、住宅、工业地价同比增速依次为7.23%、5.33%、10.42%、3.74%，较上一季度分别变化0.10、0、-0.01、0.30个百分点。其中，住宅、商服地价分别处于快速和低速增长状态，工业地价平稳波动。

重点城市定基地价指数稳步上升。2018年二季度，以2000年为基期的重点城市平均地价指数稳步上升，综合、商服、住宅、工业地价指数分别为291、284、360、219，较上一季度分别增加5、3、7、3个点。

重点监测城市中，地价总体水平为6316元/平方米，较上一季度增长1.67%，增速上升；较去年同期增长7.16%，增速下降。商服、住宅和工业地价水平分别为10085元/平方米、9902元/平方米和1126元/平方米；环比增速分别为1.20%、2.05%和1.32%，除商服地价增速下降，其他用途地价增速均上升；同比增速依次为5.48%、9.19%和4.89%。综合、商服、住宅地价同比增速持续下降，工业地价同比增速则有所上升。

2. 三大重点区域综合、住宅地价环比增速均有所上升；商服、住宅地价同比增速均有所放缓

2018年第二季度，三大重点区域综合地价水平均高于全国总体水平，整体呈上升态势。长江三角洲、珠江三角洲、环渤海地区综合地价水平分别为5931元/平方米、7762元/平方米、4531元/平方米（见图4-27）。

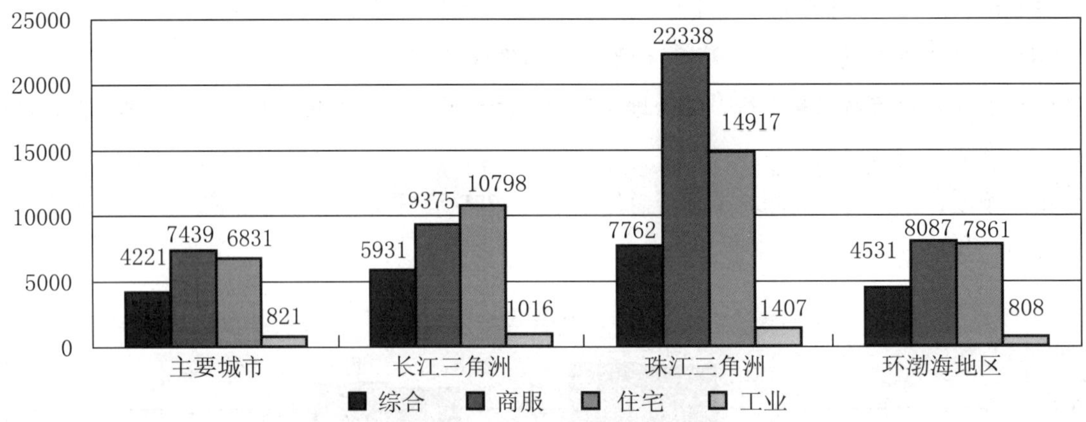

图4-27　2018年第二季度三大重点区域地价水平值（元/平方米）

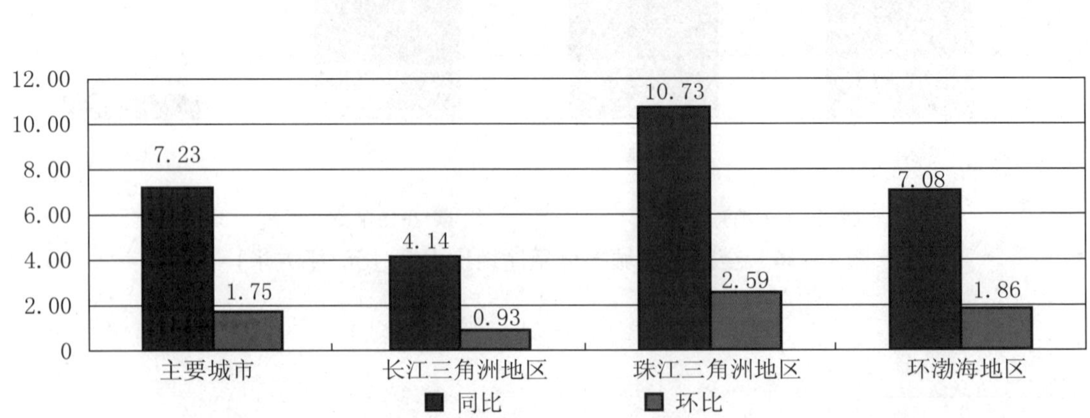

图4-28　2018年第二季度三大重点区域综合地价增速（%）

从环比增速看，长江三角洲、珠江三角洲、环渤海地区综合地价增速回升，依次为0.93%、2.59%、1.86%，分别上升0.13、0.15、0.31个百分点。其中，珠江三角洲地区综合地价保持较快速增长，环渤海地区保持低速增长，长江三角洲地区变化平稳（见图4－28）。

分用途看，三大重点区域住宅地价增速均有所上升。长江三角洲地区商服、住宅地价增速回升，依次为0.46%、1.24%，分别较上一季度上升0.10、0.32个百分点；工业地价环比增速为0.69%，较上一季度下降0.05个百分点。珠江三角洲地区住宅地价环比增速上升0.52个百分点，为3.54%，仍位于快速增长区间；商服、工业地价环比增速依次为0.86%、2.39%，较上一季度分别下降0.16、0.10个百分点。环渤海地区商服、住宅、工业地价增速依次为0.90%、2.58%、1.29%，商服地价增速较上一季度下降0.39个百分点，住宅、工业地价增速分别上升0.53和0.28个百分点。三大重点区域中，嘉兴、广州、珠海、佛山市顺德、中山、烟台、潍坊等7个城市的增速均超过3%，处于高位运行，住宅地价快速增长的城市大部分集中在东部三线城市。

从同比增速看，长江三角洲、珠江三角洲地区综合地价增速依次为4.14%、10.73%，较上一季度分别下降0.76、0.21个百分点；环渤海地区综合地价增速为7.08%，较上一季度上升0.04个百分点。珠江三角洲、环渤海及长江三角洲地区地价分别处于快速增长、较快速增长及低速增长态势。

分用途看，三大重点区域的商服、住宅地价增速均有所放缓。长江三角洲地区商服、住宅、工业地价增速均放缓，依次为2.35%、5.67%、2.82%，较上一季度分别下降0.16、1.47、0.10个百分点，住宅地价增速降入低速区间运行。珠江三角洲地区商服、住宅、工业地价增速较上一季度分别变化－0.29、－0.61、0.25个百分点，依次为4.13%、14.49%、9.87%，商服、住宅地价增速持续放缓，住宅地价增速仍处于高位运行，广州、珠海、佛山市顺德区、东莞、中山均超过10.0%。环渤海地区商服、住宅、工业地价增速依次为5.41%、9.74%、4.36%，较上一季度分别变化－0.67、－0.13、0.50个百分点，住宅地价增速处于较高位运行，唐山、廊坊、烟台、潍坊均超过10%。

3. 东中西部地区综合、住宅、工业地价环比增速上升；西部地区除商服地价环比外，各用途地价环比、同比增速持续上升

2018年第二季度，全国重点城市中，东部、中部、西部地区平均地价水平呈东高、西次、中低的布局。中部地区仅工业地价平均水平略高于西部地区（见图4－29）。

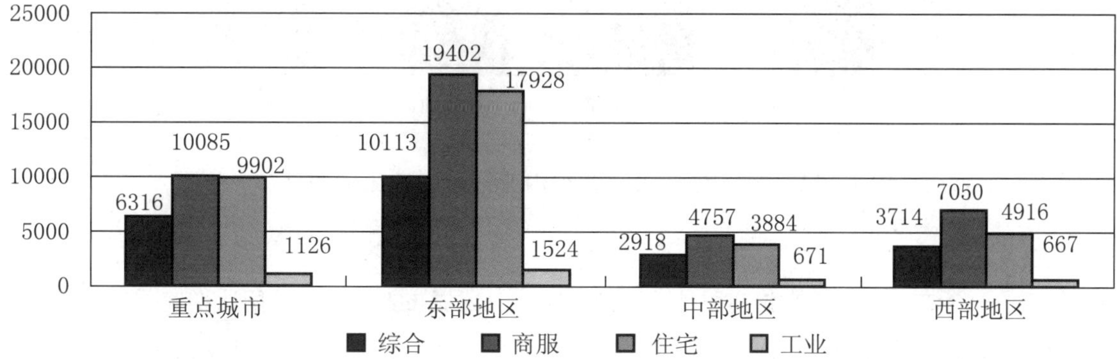

图4－29　2018年第二季度东中西部地区地价水平值（元/平方米）

从环比增速看，东中西部地区综合、住宅地价增速继上一季度放缓后，本季度均有所回升，其中，住宅地价增速依次为1.82%、2.05%、2.41%，较上一季度分别上升0.09、0.22、0.17个百分点，中部和西部地区住宅地价增速处于较高位运行，青岛、沈阳、广州、海口、长春、哈尔滨、西安等 7 个城市地价增速超过 3.0%；东中西部地区商服地价增速均放缓，工业地价增速上升（见图 4－30）。

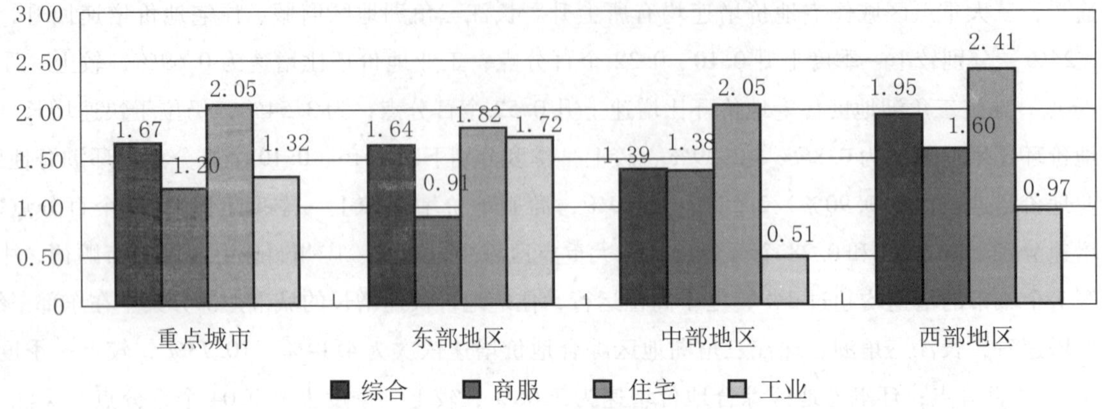

图 4－30　2018 年第二季度东中西部地区环比增速（%）

从同比增速看，东部和中部地区综合、商服、住宅地价增速下降，工业地价增速上升；西部地区各用途地价增速持续上升。东部地区综合、商服、住宅、工业地价增速依次为 7.27%、4.71%、8.66%、6.57%，较上一季度分别变化 -0.69、-0.34、-1.41、0.05 个百分点，住宅地价增速降入较高位运行。中部地区综合、商服、住宅、工业地价增速依次为 5.40%、6.89%、7.76%、1.38%，较上一季度分别变化 -0.09、-0.65、-0.08、0.22 个百分点。西部地区各用途地价增速持续上升，综合、住宅地价同比增速为 8.36% 和 10.91%，较上一季度分别上升 0.25、0.10 个百分点，住宅地价增速仍处于高位运行（见图 4－31）。

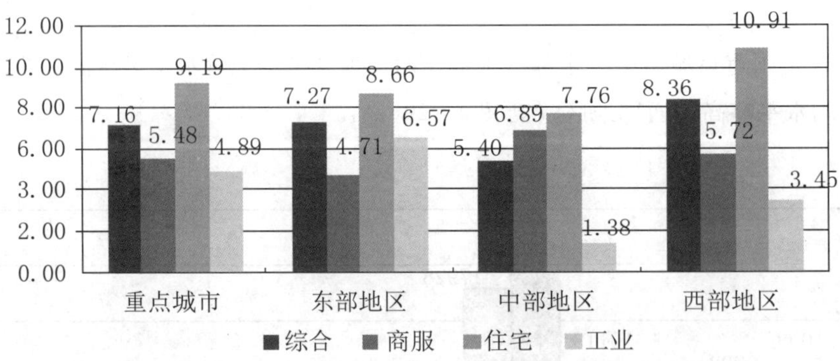

图 4－31　2018 年第二季度东中西部地区同比增速（%）

4. 环比显示，一、二、三线城市仅商服地价增速下降；三线城市各用途地价同比增速上升

2018 年第二季度，主要监测城市中，一线、二线城市综合、住宅、工业地价环比增速上升，商服地价环比增速下降，综合、商服、住宅地价同比增速下降，工业地价同比则上升；三线城市，除商服地价环比增速放缓外，其他各用途地价环比、同比增速均上升（见图 4－32）。

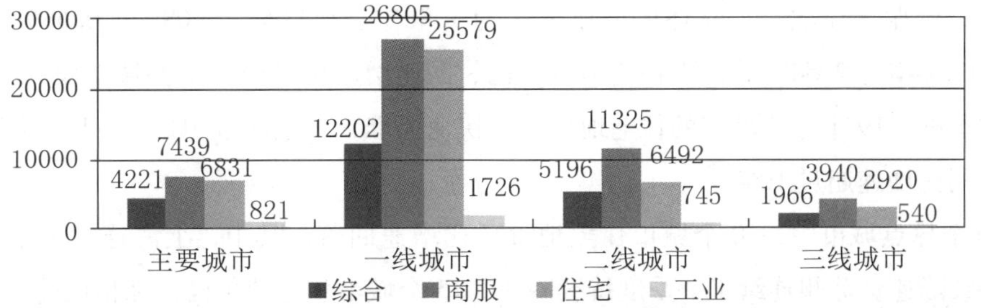

图 4－32　2018 年第二季度一、二、三线城市地价水平值（元/平方米）

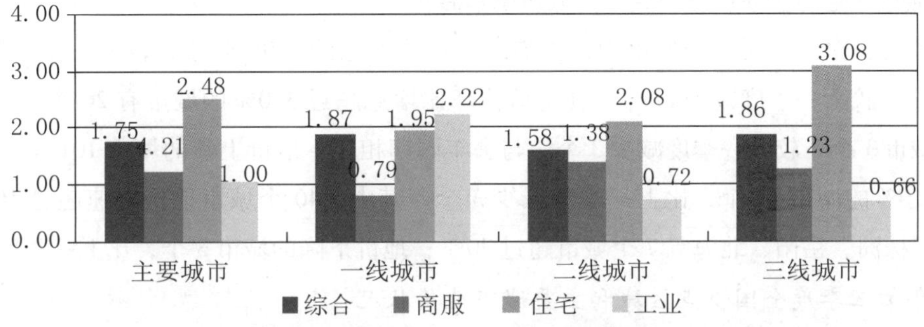

图 4－33　2018 年第二季度一、二、三线城市地价环比增速（%）

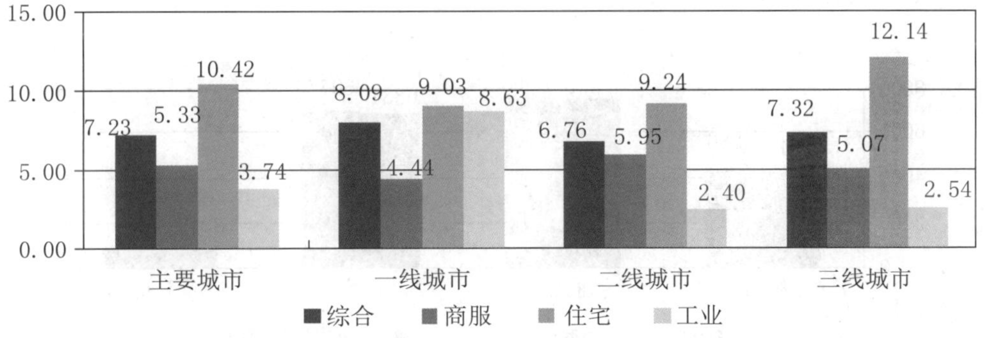

图 4－34　2018 年第二季度一、二、三线城市地价同比增速（%）

一线城市，从环比看，综合、商服、住宅、工业地价平均增速依次为 1.87%、0.79%、1.95%、2.22%，较上一季度分别变化 0.12、－0.28、0.32、0.09 个百分点。广州住宅地价快速增长；北京住宅地价低速增长；上海、深圳住宅地价增速平稳。与上一季度比较，广州住宅地价增速上升，其他 3 个城市住宅地价增速均放缓。从同比看，综合、商服、住宅、工业地价平均增速依次为 8.09%、4.44%、9.03%、8.63%，较上一季度分别变化－0.71、－0.51、－1.85、0.26 个百分点。其中，广州住宅地价增速为 15.53%，仍处于快速增长区间，北京住宅地价降入较快速增长区间，上海和深圳住宅地价低速增长（见图 4－33）。

二线城市，综合、商服、住宅、工业环比增速依次为 1.58%、1.38%、2.08%、0.72%，同比增速依次为 6.76%、5.95%、9.24%、2.40%。本季度，青岛、沈阳、长春、哈尔滨、海口、西安等 6 个城市住宅地价环比增速超过 3%，呈高速增长态势；石家庄、济南、青岛、沈阳、长春、海口、重庆、成都、西安、太原等 10 个城市的住宅地价同比增速超过 10%（见图 4－34）。

三线城市综合、商服、住宅、工业环比增速依次为 1.86%、1.23%、3.08%、0.66%，同比增速依次为 7.32%、5.07%、12.14%、2.54%，其中住宅地价环比、同比增速超过全国主要城市及一二线城市平均水平，处于高位运行。本季度，19 个三线城市的住宅地价环比快速上涨，增速超过 3%，比上一季度增加 4 个；29 个三线城市住宅地价同比增速超过 10%。

总体而言，20 个热点城市中，10 个城市住宅地价环比增速回落，其中，上海连续 7 个季度持续降速，北京连续 6 个季度持续降速，苏州连续 4 个季度持续降速；15 个城市住宅地价同比涨幅回落。本季度，北京、天津、济南、上海、厦门、深圳、南昌、成都、苏州等 9 个城市住宅地价同、环比涨幅均有所放缓，另外，南京、厦门住宅地价环比、同比均为负增长。

5. 主要监测城市住宅地价环比涨幅收窄的城市明显减少

2018 年第二季度，全国主要监测城市中，住宅地价环比上涨的城市 98 个，较上一季度增加 2 个，其中，33 个城市涨幅收窄，较上一季度减少 17 个。住宅地价环比增速超过 3.0% 的城市有 26 个，较上一季度增加 4 个；地价下降的城市 3 个，较上一季度减少 3 个。与去年同期相比，地价上涨的城市 101 个，较上一季度增加 3 个；增速超过 7.0% 的城市 53 个，比上一季度减少 3 个，其中，40 个城市地价增速超过 10.0%，西安、烟台、安阳、中山、株洲、岳阳、北海等 7 个城市超过 20%；地价下降的城市 3 个，比上一季度减少 3 个。

（三）2018 年第三季度全国重点区域和主要城市地价状况

1. 全国地价总体水平持续上行，综合、商服、住宅地价环比、同比增速均有所放缓

2018 年第三季度，全国主要监测城市地价总体水平为 4286 元/平方米，商服、住宅、工业地价分别为 7526 元/平方米、6977 元/平方米和 828 元/平方米（见图 4－35）。

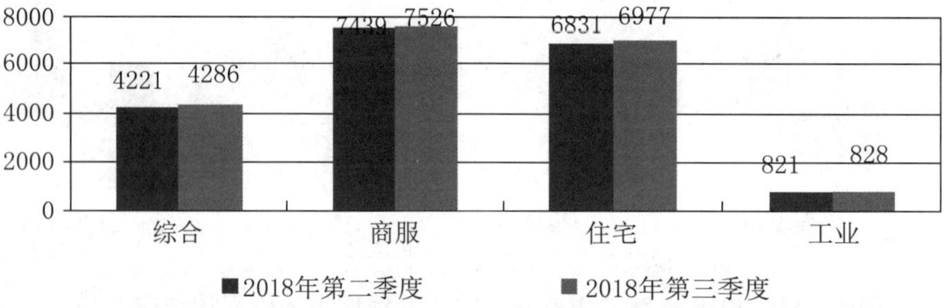

图 4－35　全国主要城市分用途地价水平（元/平方米）

各用途地价环比增速均有所放缓。第三季度，全国主要监测城市综合、商服、住宅、工业地价环比增速依次为 1.53%、1.17%、2.13%、0.88%，较上一季度分别下降 0.22、0.04、0.35、0.12 个百分点，各用途地价环比增速均有所放缓。总体来看，本季度住宅地价增速仍高于其他用途。

综合、商服、住宅地价同比增速放缓，工业地价同比增速略有上升。第三季度，全国主要监测城市综合、商服、住宅、工业地价同比增速依次为 7.07%、5.21%、10.15%、3.76%，较上一季度分别变化 －0.16、－0.12、－0.27、0.02 个百分点。

重点城市定基地价指数稳步上升。2018 年三季度，以 2000 年为基期的重点城市平均地价指数稳步上升，综合、商服、住宅、工业地价指数分别为 295、288、368、222，较上一季度分别增加 4、4、8、3 个点。

重点监测城市中，地价总体水平为 6420 元/平方米，较上一季度增长 1.65%，较上年同期增长 7.13%，增速均放缓。商服、住宅和工业地价水平分别为 10226 元/平方米、10100 元/平方米和 1140 元/平方米；环比增速分别为 1.40%、2.0% 和 1.26%，除商服外，其他用途地价增速下降；同比增速依次为 5.58%、9.01% 和 5.08%，住宅增速放缓，商服和工业增速上升。

2. 三大重点区域住宅地价环比增速回落；长江三角洲地区各用途地价环比、同比增速均有所放缓

2018 年第三季度，三大重点区域综合地价水平均高于全国总体水平，整体呈上升态势。长江三角洲、珠江三角洲、环渤海地区综合地价水平分别为 5970 元/平方米、7972 元/平方米、4612 元/平方米（见图 4－36）。

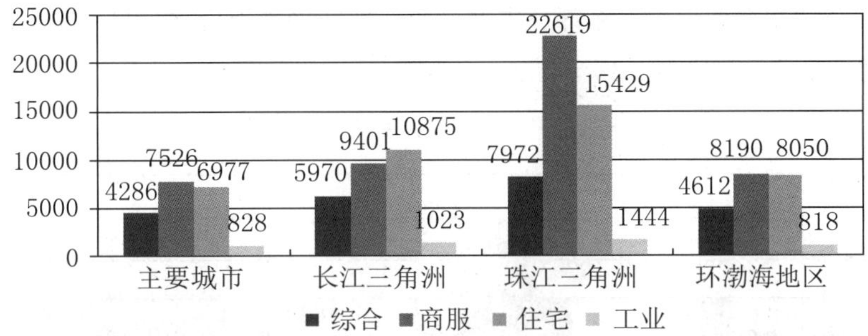

图4－36　2018 年第三季度三大重点区域地价水平值（元/平方米）

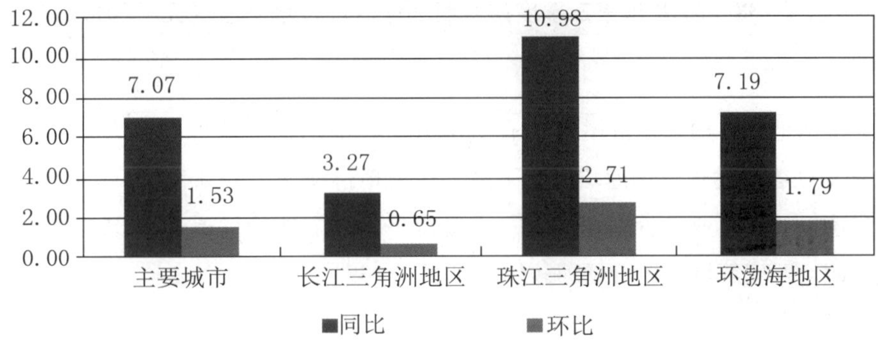

图 4－37　2018 年第三季度三大重点区域综合地价增速（%）

从环比增速看，长江三角洲、珠江三角洲、环渤海地区综合地价增速依次为 0.65%、2.71%、1.79%，分别变化－0.28、0.12、－0.07 个百分点，其中长江三角洲地区持续多季度平稳增长（见图 4－37）。

分用途看，三大重点区域住宅地价增速均有所回落。长江三角洲地区商服、住宅、工业地价增速依次为 0.28%、0.71%、0.65%，分别较上一季度下降 0.18、0.53、0.04 个百分点，其中，南京住宅地价持续下降，温州住宅地价下降。珠江三角洲地区住宅地价环比增速下降 0.11 个百分点，为 3.43%；商服、工业地价环比增速依次为 1.26%、2.63%，较上一季度分别上升 0.40、0.24 个百分点。环渤海地区商服、住宅、工业地价增速依次为 1.27%、2.41%、1.21%，商服地价增速较上一季度上升 0.37 个百分点，住宅、工业地价增速分别下降 0.17 和 0.08 个百分点。三大重点区域中，珠海、中山、烟台、大连等城市的增速较快，住宅地价快速增长的城市分布在东部二、三线城市。

从同比增速看，长江三角洲、珠江三角洲、环渤海地区综合地价增速依次为 3.27%、10.98%、7.19%，较上一季度分别变化－0.87、0.25、0.11 个百分点。珠江三角洲、环渤海地区地价增速较快，长江三角洲地区相对平稳。

分用途看，长江三角洲地区商服、住宅、工业地价增速持续放缓，依次为 1.67%、4.27%、2.52%，较上一季度分别下降 0.68、1.40、0.30 个百分点，住宅地价增速放缓较为明显。珠江三角洲地区商服、住宅、工业地价增速较上一季度分别变化 0.16、-0.14、0.69 个百分点，依次为 4.29%、14.35%、10.56%，住宅地价增速持续放缓，但仍高于其他两大重点区域，其中，中山、珠海涨幅超过 20.0%，佛山市顺德、东莞涨幅超过 15.0%。环渤海地区商服、住宅、工业地价增速依次为 5.03%、9.78%、4.70%，较上一季度分别变化 -0.38、0.04、0.34 个百分点，烟台涨幅超过 20%，廊坊、潍坊、大连涨幅超过 10%。

3. 东部地区各用途地价环比增速上升；西部地区各用途地价环比增速下降

2018 年第三季度，全国重点城市中，东部、中部、西部地区平均地价水平呈东高、西次、中低的布局。中部地区仅工业地价平均水平略高于西部地区（见图 4-38）。

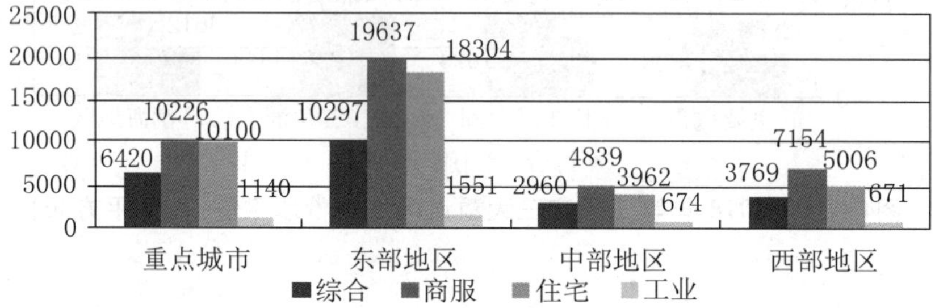

图 4-38　2018 年第三季度东中西部地区地价水平值（元/平方米）

从环比增速看，东部地区各用途地价增速均有所上升，其中，住宅地价增速为 2.10%，较上一季度上升 0.28 个百分点；西部地区各用途地价增速均有所下降，住宅地价增速下降 0.58 个百分点，增速为 1.83%。中部综合、商服地价增速上升，工业地价增速与上一季度持平，住宅地价增速为 2.02%，较上一季度下降 0.03 个百分点。大连、拉萨、西安等城市地价增速较快（见图 4-39）。

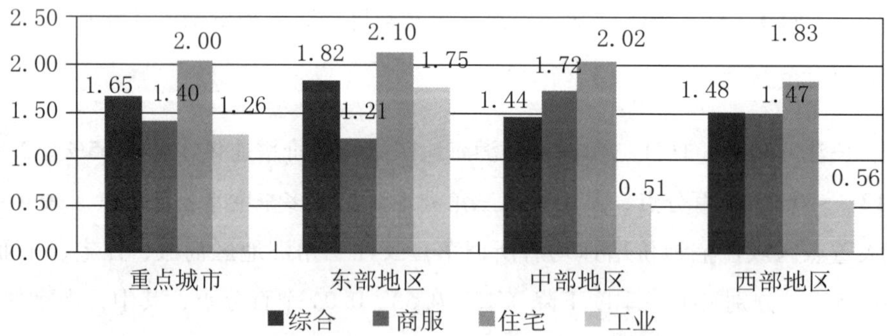

图 4-39　2018 年第三季度东中西部地区环比增速（%）

从同比增速看，东部地区综合、商服、住宅、工业地价增速依次为 7.39%、4.64%、8.78%、6.89%，较上一季度分别变化 0.12、-0.07、0.12、0.32 个百分点。中部地区综合、商服、住宅、工业地价增速依次为 5.52%、6.66%、8.05%、1.45%，较上一季度分别变化 0.12、-0.23、0.29、0.07 个百分点。西部地区综合、商服、住宅、工业地价同比增速依次为 7.88%、6.38%、9.91%、3.56%，较上一季度分别变化 -0.48、0.66、-1.0、0.11 个百分点（见图 4-40）。

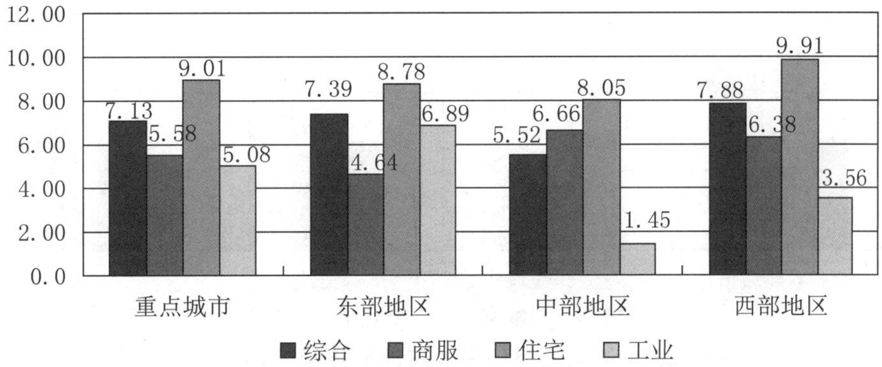

图 4－40　2018 年第三季度东中西部地区同比增速（%）

4. 一线三线城市综合、住宅地价环比、同比增速放缓；二线城市商服、住宅地价环比、同比增速上升

2018 年第三季度，主要监测城市中，一线城市综合、住宅地价环比、同比增速放缓；二线城市综合地价环比增速与上一季度持平，商服、住宅地价环比增速上升，各用途地价同比增速上升；三线城市各用途地价环比、同比增速均放缓（见图 4－41）。

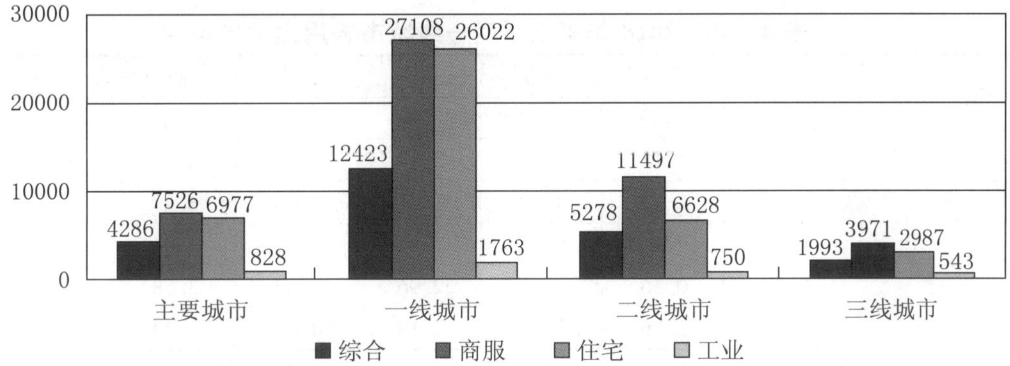

图 4－41　2018 年第三季度一、二、三线城市地价水平值（元/平方米）

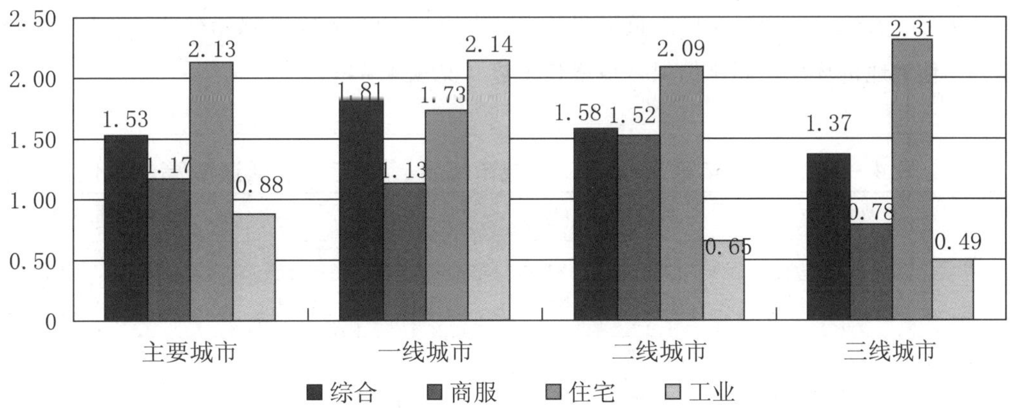

图 4－42　2018 年第三季度一、二、三线城市地价环比增速（%）

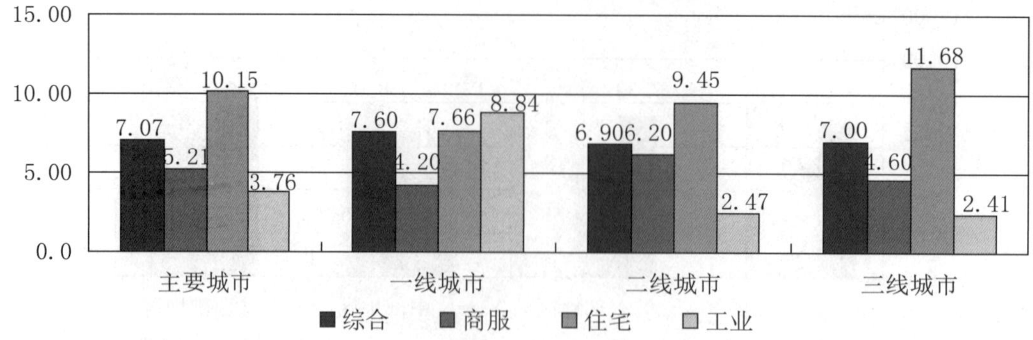

图 4－43　2018 年第三季度一二三线城市地价同比增速（%）

一线城市，从环比看，综合、商服、住宅、工业地价平均增速依次为 1.81%、1.13%、1.73%、2.14%，较上一季度分别变化－0.06、0.34、－0.22、－0.08 个百分点。与上一季度比较，北京、上海、广州住宅地价增速放缓，深圳住宅地价增速上升。从同比看，综合、商服、住宅、工业地价平均增速依次为 7.60%、4.20%、7.66%、8.84%，较上一季度分别变化－0.49、－0.24、－1.37、0.21 个百分点。其中，广州住宅地价增速为 14.48%，仍明显快于其他一线城市（见图 4－42、图 4－43、表 4－45）。

表 4－45　2018 年第三季度一线城市各用途地价增速

类　别	环比增速（%）				同比增速（%）			
	综合	商服	住宅	工业	综合	商服	住宅	工业
一线城市	1.81	1.13	1.73	2.14	7.60	4.20	7.66	8.84
北　京	1.51	1.41	1.52	1.74	6.56	6.20	6.61	7.84
上　海	0.37	0.54	0.28	1.44	3.00	3.04	2.90	4.75
广　州	2.28	0.56	2.91	2.96	11.37	3.68	14.48	13.45
深　圳	2.17	2.06	2.23	2.18	4.67	3.74	4.96	7.41

二线城市，综合、商服、住宅、工业地价环比增速依次为 1.58%、1.52%、2.09%、0.65%，同比增速依次为 6.90%、6.20%、9.45%、2.47%。本季度，沈阳、大连、西安、拉萨等城市住宅地价环比增速超过 4%；石家庄、济南、沈阳、大连、长春、海口、重庆、西安、太原、拉萨等 10 个城市住宅地价同比增速超过 10%。另外，南京综合、住宅地价环比、同比仍保持负增长态势（见表 4－46）。

表 4－46　2018 年第三季度二线城市综合、住宅地价增速最高、最低值

类　别	环比增速（%）				同比增速（%）			
	综合最高	综合最低	住宅最高	住宅最低	综合最高	综合最低	住宅最高	住宅最低
监测城市	西　安	成　都	西　安	成　都	西　安	南　京	西　安	南　京
数　值	4.96	－0.75	5.73	－1.65	26.83	－0.38	31.34	－0.63

三线城市综合、商服、住宅、工业地价环比增速依次为 1.37%、0.78%、2.31%、0.49%，同比增速依次为 7.0%、4.60%、11.68%、2.41%，各用途地价环比、同比增速均放缓，其中住宅地价环比、同比增速仍超

过全国主要城市及一、二线城市平均水平。本季度，16 个城市的住宅地价环比增速超过 3%，比上一季度减少 3 个；27 个城市住宅地价同比增速超过 10%（见表 4－47）。

表 4－47　2018 年第三季度三线城市综合、住宅地价增速最高、最低值

类　别	环比增速（%）				同比增速（%）			
	综合最高	综合最低	住宅最高	住宅最低	综合最高	综合最低	住宅最高	住宅最低
监测城市	烟　台	三　亚	烟　台	汕　头	安　阳	抚　顺	烟　台	锦　州
数　值	9.52	－1.7	11.36	－1.72	45.84	－0.34	58.48	－0.57

总体而言，热点城市中，[1] 10 个城市住宅地价环比增速回落，其中，上海市连续 8 个季度持续降速，北京连续 7 个季度持续降速，成都连续 3 个季度持续降速；11 个城市住宅地价同比涨幅回落。本季度，北京、青岛、上海、南京、广州、南昌、成都等 7 个城市住宅地价同、环比涨幅均有所放缓，南京住宅地价环比、同比仍保持负增长态势。

5. 主要监测城市综合及住宅地价环比涨幅收窄的城市增多

2018 年第三季度，全国主要监测城市的综合地价环比情况，93 个城市上涨，比上一季度减少 3 个，其中，45 个城市涨幅收窄，比上一季度增加 13 个。地价下降的城市 7 个，较上一季度增加 4 个。另外，37 个城市的地价增速稳定在 －1.0% ~1.0% 之间。与去年同期相比，99 个城市地价上涨，其中，安阳、烟台、株洲、西安分别达到 45.84%、45.57%、36.45%、26.83%；地价下降的城市为 5 个，较上一季度减少 1 个。

住宅地价环比上涨的城市 93 个，较上一季度减少 5 个，其中，49 个城市涨幅收窄，较上一季度增加 16 个。地价下降的城市 7 个，较上一季度增加 4 个。此外，34 个城市的地价增速稳定在 －1.0% ~1.0%。与上年同期相比，地价上涨的城市 100 个，较上一季度减少 1 个；西安、烟台、安阳、珠海、中山、株洲、北海等 7 个城市涨幅超过 20%；地价下降的城市 4 个，比上一季度增加 1 个。

（四）2018 年第四季度全国重点区域和主要城市地价状况

1. 全国地价总体水平持续上行，各用途地价环比、同比增速均有所放缓

2018 年第四季度，全国主要监测城市地价总体水平为 4335 元/平方米，商服、住宅、工业地价分别为 7600 元/平方米、7080 元/平方米和 834 元/平方米（见图 4－44）。

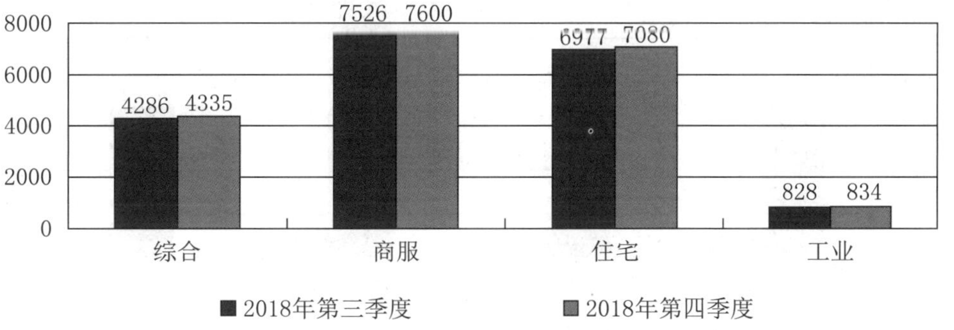

图 4－44　全国主要城市分用途地价水平（元/平方米）

① 本季度纳入统计的热点城市是指北京、上海、广州、深圳、天津、南京、苏州、合肥、郑州、武汉、济南、无锡、福州、成都、石家庄、南昌、长沙、青岛。

各用途地价环比增速持续放缓。第四季度，全国主要监测城市综合、商服、住宅、工业地价环比增速依次为1.09%、0.96%、1.40%、0.73%，较上一季度分别下降0.44、0.21、0.73、0.15个百分点，各用途地价环比增速均有所放缓。总体来看，住宅地价增速回落最明显，商服、工业地价增速平稳。

各用途地价同比增速均有所放缓。第四季度，全国主要监测城市综合、商服、住宅、工业地价同比增速依次为6.17%、4.82%、8.55%、3.53%，较上一季度分别下降0.90、0.39、1.60、0.23个百分点。其中，住宅地价增速仍明显快于其他用途，但放缓的幅度也相对较大。

重点城市定基地价指数稳步上升。2018年，以2000年为基期的重点城市平均地价指数稳步上升，综合、商服、住宅、工业地价指数分别为299、291、372、224，较上一季度分别增加4、3、4、2个点。

重点监测城市中，地价总体水平为6496元/平方米，较上一季度增长1.16%，较去年同期增长6.19%，增速持续放缓。商服、住宅和工业地价水平分别为10347元/平方米、10219元/平方米和1153元/平方米；环比增速分别为1.16%、1.23%和1.05%；同比增速依次为5.24%、7.33%和4.90%。各用途地价增速环比、同比均放缓。

2. 三大重点区域住宅地价环比、同比增速放缓

2018年第四季度，三大重点区域综合地价水平均高于全国总体水平，整体呈上升态势。长江三角洲、珠江三角洲、环渤海地区综合地价水平分别为5990元/平方米、8170元/平方米、4680元/平方米（见图4-45）。

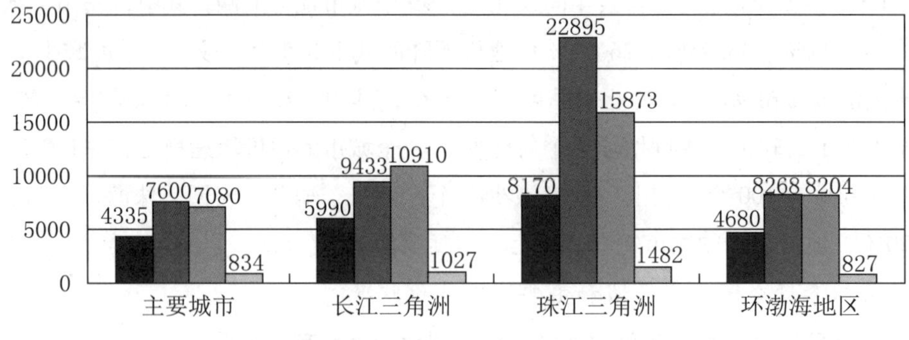

图4-45 2018年第四季度三大重点区域地价水平值（元/平方米）

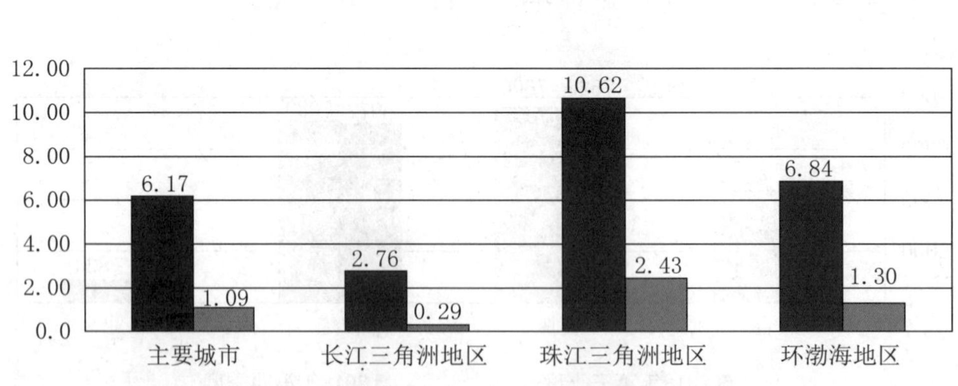

图4-46 2018年第四季度三大重点区域综合地价增速（%）

从环比增速看，长江三角洲、珠江三角洲、环渤海地区综合地价增速依次为0.29%、2.43%、1.30%，分别下降0.36、0.28、0.49个百分点。其中，珠江三角洲地区综合地价增速较快，长江三角洲地区地价变化相对平稳。

分用途看，三大重点区域各用途地价增速均有所放缓。长江三角洲地区商服、住宅、工业地价增速持续放缓，依次为0.22%、0.28%、0.31%，较上一季度分别下降0.06、0.43、0.34个百分点，区域内城市住宅地价普遍涨幅较小或负增长，其中，上海、南京、宁波、温州、嘉兴、湖州住宅地价下降。珠江三角洲地区商服、住宅、工业地价增速均放缓，依次为1.21%、2.83%、2.57%，较上一季度分别下降0.05、0.60、0.06个百分点，其中佛山顺德、东莞、珠海等城市住宅地价增速超过3%。环渤海地区商服、住宅、工业地价增速依次为0.93%、1.63%、1.02%，较上一季度分别下降0.34、0.78、0.19个百分点。

从同比增速看，长江三角洲、珠江三角洲、环渤海地区综合地价增速依次为2.76%、10.62%、6.84%，较上一季度分别下降0.51、0.36、0.35个百分点。

分用途看，三大重点区域住宅、工业地价增速均放缓。长江三角洲地区商服、住宅、工业地价增速持续放缓，依次为1.44%、3.23%、2.50%，较上一季度分别下降0.23、1.04、0.02个百分点，住宅地价增速放缓较快。珠江三角洲地区商服、住宅、工业地价增速较上一季度分别变化0.14、-0.85、-0.07个百分点，依次为4.43%、13.50%、10.49%，住宅地价增速持续放缓，但仍高于其他两大重点区域，其中，珠海、佛山市顺德、中山涨幅超过15.0%，广州、东莞涨幅超过10.0%。环渤海地区商服、住宅、工业地价增速依次为4.49%、9.26%、4.63%，较上一季度分别下降0.54、0.52、0.07个百分点，烟台增速为51.66%，廊坊、潍坊、大连涨幅超过10%（见图4-46）。

3. 东中西部地区各用途地价环比增速下降；除中部地区综合、工业地价同比增速上升，其他各用途地价同比增速下降

2018年第四季度，全国重点城市中，东部、中部、西部地区平均地价水平呈东高、西次、中低的布局。中部地区仅工业地价平均水平略高于西部地区（图4-47）。

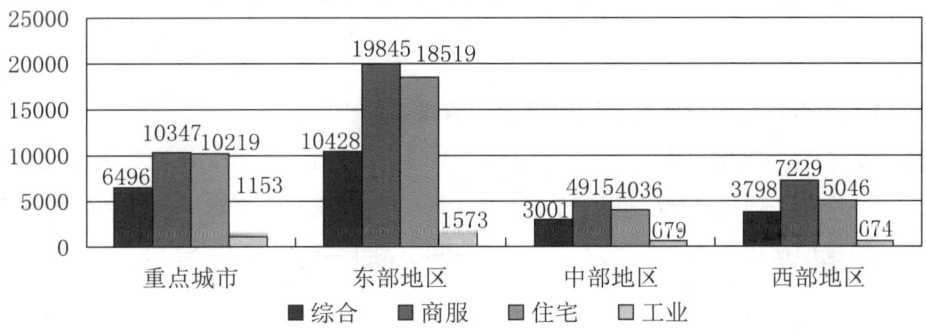

图4-47　2018年第四季度东中西部地区地价水平值（元/平方米）

从环比增速看，东中西部地区各用途地价增速稳中有降。东部、中部、西部地区综合地价增速依次为1.34%、1.33%、0.66%，较上一季度分别下降0.48、0.11、0.82个百分点；住宅地价增速依次为1.35%、1.84%、0.67%，较上一季度分别下降0.75、0.18、1.16个百分点（见图4-48）。

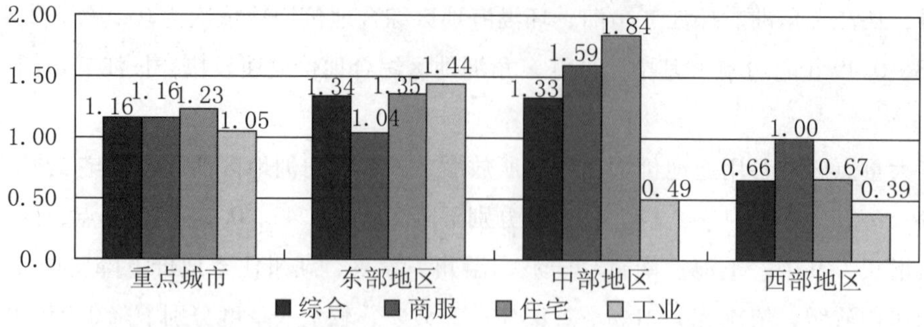

图 4－48　2018 年第四季度东中西部地区环比增速（%）

从同比增速看，东部、西部地区各用途地价增速均下降，中部地区商服、住宅地价增速下降。东部地区综合、商服、住宅、工业地价增速依次为 6.47%、4.34%、6.99%、6.71%，较上一季度分别下降 0.92、0.30、1.79、0.18 个百分点。中部地区综合、商服、住宅、工业地价增速依次为 5.54%、6.46%、7.98%、1.73%，较上一季度分别变化 0.02、－0.20、－0.07、0.28 个百分点。西部地区综合、商服、住宅、工业地价同比增速依次为 6.09%、5.88%、7.48%、2.55%，较上一季度分别下降 1.79、0.50、2.43、1.01 个百分点（见图 4－49）。

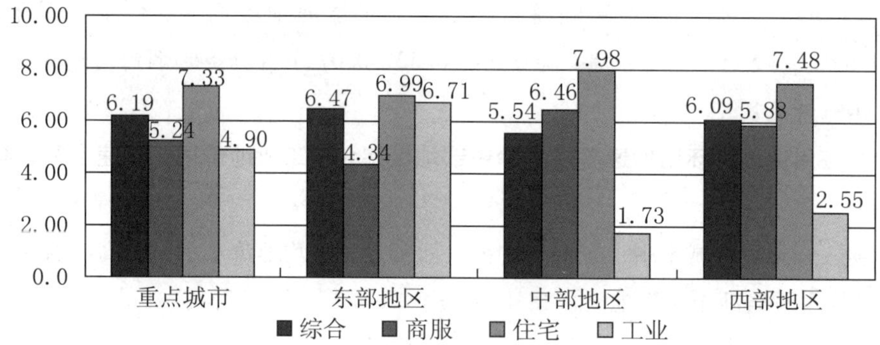

图 4－49　2018 年第四季度东中西部地区同比增速（%）

4. 一、二、三线城市各用途地价环比、同比增速均放缓

2018 年第四季度，主要监测城市中，一线、二线、三线城市综合、商服、住宅、工业地价环比、同比增速均放缓。其中，三线城市住宅地价环比、同比增速仍快于一、二线城市平均水平，其同比增速超过 10%；一线城市工业地价环比、同比增速快于商、住用途（见图 4－50、图 4－51、表 4－52）。

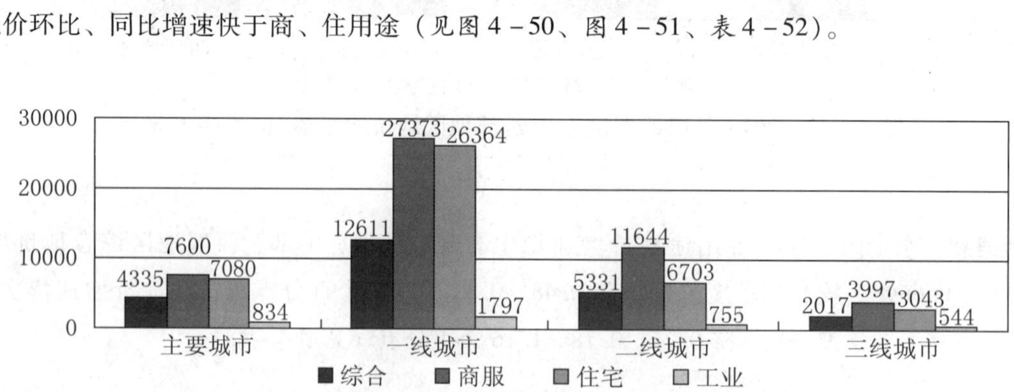

图 4－50　2018 年第四季度一、二、三线城市地价水平值（元/平方米）

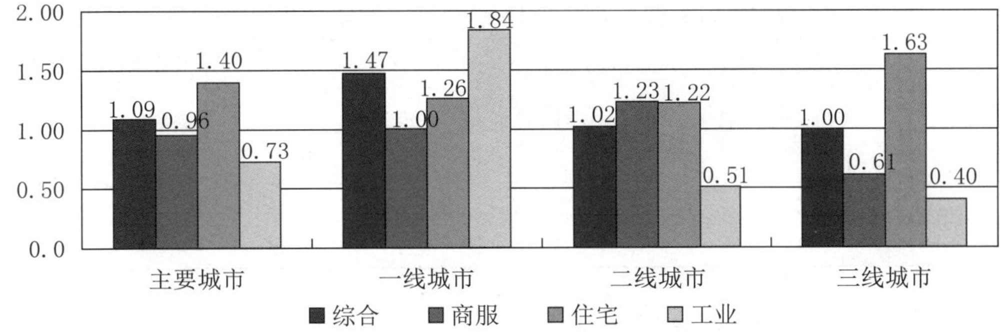

图 4－51　2018 年第四季度一、二、三线城市地价环比增速（%）

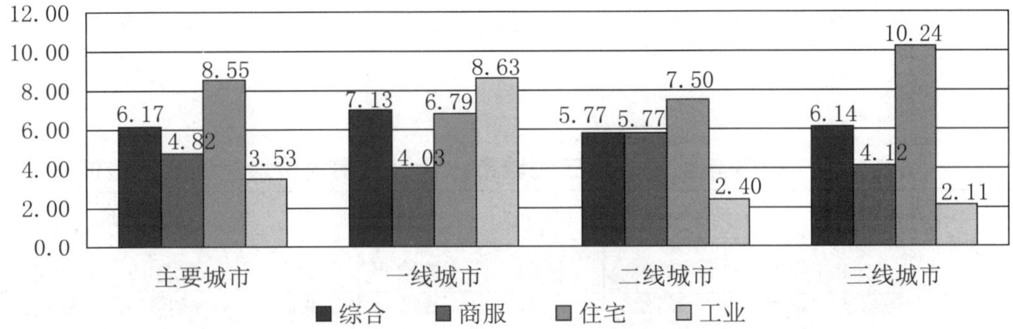

图 4－52　2018 年第四季度一、二、三线城市地价同比增速（%）

一线城市，从环比看，综合、商服、住宅、工业地价增速依次为 1.47%、1.0%、1.26%、1.84%，较上一季度分别下降 0.34、0.13、0.47、0.30 个百分点。与上一季度比较，北京、上海、广州住宅地价增速持续放缓，深圳住宅地价增速持续上升，其中，上海住宅地价出现负增长。从同比看，综合、商服、住宅、工业地价增速依次为 7.13%、4.03%、6.79%、8.63%，较上一季度分别下降 0.47、0.17、0.87、0.21 个百分点；其中，广州住宅、工业地价增速分别为 12.61%、13.01%，明显快于其他城市；北京和深圳工业地价增速较快，分别为 7.69%、7.51%（见表 4－48）。

表 4－48　2018 年第四季度一线城市各用途地价增速

类　别	环比增速（%）				同比增速（%）			
	综合	商服	住宅	工业	综合	商服	住宅	工业
一线城市	1.47	1.00	1.26	1.84	7.13	4.03	6.79	8.63
北　京	0.96	1.03	0.92	1.29	5.77	5.41	5.79	7.69
上　海	-0.11	0.42	-0.25	0.73	1.90	2.40	1.66	4.55
广　州	1.79	0.68	2.17	2.96	9.97	3.18	12.61	13.01
深　圳	2.26	1.75	2.57	2.14	5.84	4.90	6.24	7.51

二线城市，综合、商服、住宅、工业地价环比增速依次为 1.02%、1.23%、1.22%、0.51%，同比增速依次为 5.77%、5.77%、7.50%、2.40%。本季度，石家庄、济南、沈阳、大连、长春、哈尔滨、海口、西安、拉萨等 9 个城市住宅地价同比增速超过 10%；南京、宁波、厦门、成都住宅地价下降，环比、同比均为负增长（见表 4－49）。

表 4 -49　2018 年第四季度二线城市综合、住宅地价增速最高、最低值

类　别	环比增速（%）				同比增速（%）			
	综合最高	综合最低	住宅最高	住宅最低	综合最高	综合最低	住宅最高	住宅最低
监测城市	沈　阳	成　都	沈　阳	成　都	西　安	厦　门	西　安	厦　门
数　值	3.17	-3.57	3.61	-4.76	21.98	-4.94	25.02	-5.51

三线城市综合、商服、住宅、工业地价环比增速依次为 1.0%、0.61%、1.63%、0.40%，同比增速依次为6.14%、4.12%、10.24%、2.11%，各用途地价环比、同比增速持续放缓，其中住宅地价环比、同比增速仍超过全国主要城市及一、二线城市平均水平。本季度，焦作、佛山顺德、东莞、张家口、包头、珠海、北海等7 个城市住宅地价环比增速超过3%，比上一季度减少9 个，另有9 个城市住宅地价下降；23 个城市住宅地价同比增速超过10%（见表4 -50）。

表 4 -50　2018 年第四季度三线城市综合、住宅地价增速最高、最低值

类　别	环比增速（%）				同比增速（%）			
	综合最高	综合最低	住宅最高	住宅最低	综合最高	综合最低	住宅最高	住宅最低
监测城市	焦　作	三　亚	焦　作	南　充	烟　台	抚　顺	烟　台	汕　头
数　值	5.10	-1.56	6.09	-2.53	40.20	-0.34	51.66	-0.57

总体而言，20 个热点城市中，[①] 15 个城市住宅地价环比增速回落，其中，上海连续9 个季度持续降速，北京连续8 个季度持续降速；14 个城市住宅地价同比涨幅回落。本季度，北京、济南、青岛、郑州、上海、福州、广州、南昌、成都、苏州等10 个城市住宅地价同、环比涨幅均有所放缓，南京、厦门、成都住宅地价环比、同比均为负增长。

5. 主要监测城市综合及住宅地价环比涨幅收窄的城市持续增多

2018 年第四季度，全国主要监测城市的综合地价环比上涨的城市86 个，比上一季度减少7 个，其中，60个城市涨幅收窄，比上一季度增加15 个。地价环比下降的城市12 个，较上一季度增加5 个。与去年同期相比，99 个城市地价上涨，数量与上一季度持平，同比增速超过10.0% 的城市22 个，较上一季度减少4 个，地价下降的城市为5 个，与上一季度持平。

住宅地价环比上涨的城市85 个，较上一季度减少8 个，其中，62 个城市涨幅收窄，较上一季度增加13个。住宅地价环比下降的城市14 个，较上一季度增加7 个。与去年同期相比，地价上涨的城市98 个，较上一季度减少2 个；增速超过10.0% 的城市33 个，比上一季度减少5 个，其中，烟台、安阳、株洲、西安超过20%；地价下降的城市7 个，比上一季度增加3 个。

（中国土地勘测规划院　城市地价动态监测组）

① 本季度纳入统计的20 个热点城市是指北京、上海、广州、深圳、天津、南京、杭州、苏州、合肥、郑州、武汉、济南、无锡、福州、厦门、成都、石家庄、南昌、长沙、青岛。

Ⅴ.城市篇

导读

本篇第一部分是2018年全国四十个重点城市的经济数据汇集。第二部分是四十个重点城市房地产行业数据，包括土地、投资、建设、销售等。第三部分是国家统计局发布的七十城市价格指数，中国房地产测评中心发布的系列房地产交易及租赁指数。

一、重点城市经济数据

(一) 四十重点城市经济数据

表 5-1　2018 年四十重点城市宏观经济数据

类　别	GDP（亿元）	同比（%）	进出口总额（亿元）	同比（%）	固定资产投资同比（%）	社会消费品零售总额（亿元）	同比（%）
北　京	30320.0	6.6	27182.5	23.9	-9.9	11747.7	2.7
天　津	18809.6	3.6	8077.0	5.6	-5.6	5533.0	1.7
石家庄	6082.6	7.5	915.5	6.1	6.4	2934.1	9.1
太　原	3884.5	9.2	1086.3	18.7	26.2	1811.9	8.1
呼和浩特	2903.5	3.9	116.7	7.0	-26.5	1603.2	5.6
沈　阳	6292.4	5.4	984.3	13.5	15.3	4051.2	9.2
大　连	7668.5	6.5	4701.4	13.9	10.1	3880.1	7.8
长　春	7175.7	7.2	1054.6	10.4	6.7	3028.0	7.0
哈尔滨	6300.5	5.1	209.7	-8.0	-7.2	4125.1	4.2
上　海	32679.9	6.6	34009.9	5.5	5.2	12668.7	7.9
南　京	12820.4	8.0	654.91*	7.6	9.4	5832.5	8.4
无　锡	11438.6	7.4	934.44*	15.0	5.8	3672.7	9.0
苏　州	18597.5	6.8	23375.6	9.3	4.5	5746.9	7.4
杭　州	13509.0	6.7	5245.0	3.1	10.8	5715.0	9.0
宁　波	10745.5	7.0	8576.3	12.9	3.6	4154.9	8.1
温　州	6006.2	7.8	1507.2	13.6	8.1	3337.1	9.0
合　肥	7822.9	8.5	308.13*	23.5	7.1	2976.7	9.1
福　州	7856.8	8.6	2425.7	5.0	11.7	4666.5	11.3
厦　门	4791.4	7.7	6002.1	3.2	10.1	1542.4	6.6
南　昌	5274.7	8.9	787.6	18.2	10.9	2131.6	11.1
济　南	7856.6	7.4	825.0	16.2	9.6	4404.5	10.0
青　岛	12001.5	7.4	5321.2	5.7	7.9	4842.5	10.0
郑　州	10143.3	8.1	4105.0	2.2	10.9	4268.1	9.7
武　汉	14847.3	8.0	2148.4	11.0	10.6	6843.9	10.5
长　沙	11003.4	8.5	1283.3	36.8	11.5	4765.0	9.9
广　州	22859.4	6.2	9810.2	1.0	8.2	9256.2	7.6
深　圳	24222.0	7.6	29983.7	7.0	20.6	6168.9	7.6
南　宁	4341.4	5.4	738.8	21.7	11.8	—	9.0
北　海	—	8.3	320.8	38.9	8.0	265.4	7.0
海　口	1510.5	7.6	341.2	62.3	-6.2	757.6	5.9
三　亚	595.5	7.2	62.9	25.8	-12.9	241.8	8.0
重　庆	20363.2	6.0	5222.6	15.9	7.0	—	8.7
成　都	15342.8	8.0	4983.2	26.4	10.0	6801.8	10.0
贵　阳	3798.5	9.9	34.94*	15.2	15.0	1299.5	8.0

续表

类 别	GDP（亿元）	同比（%）	进出口总额（亿元）	同比（%）	固定资产投资同比（%）	社会消费品零售总额（亿元）	同比（%）
昆 明	5206.9	8.4	131.2*	67.6	5.5	2787.4	10.0
西 安	8349.9	8.2	3303.9	29.6	8.5	4658.7	9.6
兰 州	2732.9	6.5	133.2	23.9	12.1	1352.1	7.4
西 宁	1286.4	9.0	31.3	-5.0	9.0	564.4	6.7
银 川	1901.5	7.2	168.8	-37.6	-21.9	552.7	4.8
乌鲁木齐	3060.0	7.6	513.5	12.4	10.0	1354.0	2.8

数据来源：各地方统计局。

注：南京、无锡、合肥、贵阳、昆明进出口总额单位为亿美元。

（二）四十重点城市公共财政收入数据

表 5－2　2014—2018 年四十重点城市公共财政收入情况

单位：亿元

类 别	2014 年	2015 年	2016 年	2017 年	2018 年
北 京	4027.2	4723.9	5081.3	5430.8	5785.9
天 津	2390.0	2667.0	2723.5	2310.1	2106.2
石家庄	343.5	375.0	410.8	460.7	519.7
太 原	258.9	274.2	282.7	311.9	373.2
呼和浩特	211.5	247.4	269.7	201.6	204.7
沈 阳	785.5	606.2	620.9	656.2	720.6
大 连	780.8	579.9	611.9	657.7	704.0
长 春	397.3	388.2	415.5	450.1	478.0
哈尔滨	423.5	407.7	376.2	368.1	384.4
上 海	4585.6	5519.5	6406.1	6642.3	7108.2
南 京	903.5	1020.0	1142.6	1271.9	1470.0
无 锡	768.0	830.0	875.0	930.0	1012.3
苏 州	1443.8	1560.8	1730.0	1908.1	2120.0
杭 州	1027.3	1233.9	1402.4	1567.4	1825.1
宁 波	860.6	1006.4	1114.5	1245.3	1379.7
温 州	352.5	403.1	439.9	465.4	547.6
合 肥	500.3	571.5	614.9	655.9	712.5
福 州	510.9	560.5	598.9	634.2	680.4
厦 门	543.8	606.1	647.9	696.8	754.5
南 昌	342.2	389.2	402.2	417.1	461.8
济 南	543.1	614.3	641.2	677.2	752.8
青 岛	895.2	1006.3	1100.0	1157.1	1231.9
郑 州	833.9	942.9	1011.2	1056.7	1152.1
武 汉	1101.0	1245.6	1322.1	1402.9	1528.7
长 沙	632.8	719.0	743.7	800.4	879.7

续表

类　别	2014 年	2015 年	2016 年	2017 年	2018 年
广　州	1241.5	1349.1	1393.9	1533.1	1632.3
深　圳	2082.4	2727.1	3136.4	3332.1	3538.4
南　宁	274.9	297.1	312.8	332.2	359.0
北　海	47.3	47.6	50.1	64.3	71.6
海　口	100.1	111.5	115.5	125.4	169.9
三　亚	77.8	88.9	89.6	93.0	100.4
重　庆	1921.9	2155.1	2227.9	2252.4	2265.5
成　都	1025.0	1154.4	1175.4	1275.5	1424.2
贵　阳	331.6	374.2	366.3	377.8	411.3
昆　明	478.0	502.2	530.0	560.9	595.6
西　安	583.8	651.0	641.1	654.5	684.7
兰　州	152.3	185.2	215.5	234.2	253.3
西　宁	83.9	97.8	75.2	79.2	92.9
银　川	153.6	171.3	173.2	177.5	181.2
乌鲁木齐	340.6	368.7	369.7	400.8	458.3

资料来源：各地方财政局网站。

二、重点城市建设和交易数据

（一）四十重点城市房地产业数据概览

表 5－3　2018 年四十重点城市房地产开发投资总体情况

类　别		绝对量（亿元）		比上年增长（%）	比重（%）	
		自年初累计	上年		自年初累计	上年
完成投资		**63341.81**	**60110.81**	**5.4**	**100.0**	**100.0**
一、按工程用途分	住宅	41954.84	38735.05	8.3	66.2	64.4
	其中：90 平方米及以下住房	11951.64	13132.25	－9.0	18.9	21.8
	144 平方米以上住房	8718.75	8088.48	7.8	13.8	13.5
	其中：别墅、高档公寓	2689.80	2595.17	3.6	4.2	4.3
	办公楼	4841.12	5374.98	－9.9	7.6	8.9
	商业营业用房	7292.87	7921.06	－7.9	11.5	13.2
	其他	9252.98	8079.72	14.5	14.6	13.4
二、按构成分	建筑工程	30040.53	33095.52	－9.2	47.4	55.1
	安装工程	3983.26	4715.90	－15.5	6.3	7.8
	设备工器具购置	687.28	733.51	－6.3	1.1	1.2
	其他费用	28630.73	21565.88	32.8	45.2	35.9
	其中：土地购置费	24240.82	16887.50	43.5	38.3	28.1
计划总投资		**411788.70**	**369370.35**	**11.5**		
新增固定资产		**19220.82**	**20121.08**	**－4.5**		

数据来源：国家统计局。

表 5－4　2018 年四十重点城市房地产开发投资实际到位资金总体情况

类　别	绝对量（亿元）		比上年增长（%）	比重（%）	
	自年初累计	上年		自年初累计	上年
一、实际到位资金合计	**127333.69**	**122731.17**	**3.8**	**—**	**—**
1. 上年末结余资金	**37087.68**	**33676.90**	**10.1**	**—**	**—**
2. 实际到位资金	**90246.01**	**89054.27**	**1.3**	**100.0**	**100.0**
（1）国内贷款	16109.41	17552.29	－8.2	17.9	19.7
其中：银行贷款	12695.90	14071.75	－9.8	14.1	15.8
非银行金融机构贷款	3413.51	3480.54	－1.9	3.8	3.9
（2）利用外资	70.39	97.83	－28.1	0.1	0.1
（3）自筹资金	28209.82	26628.26	5.9	31.3	29.9
（4）定金及预收款	31048.48	28472.89	9.0	34.4	32.0
（5）个人按揭贷款	10815.33	11958.38	－9.6	12.0	13.4
（6）其他到位资金	3992.59	4344.62	－8.1	4.4	4.9
二、本年各项应付款合计	**18113.78**	**17003.06**	**6.5**	**100.0**	**100.0**
其中：工程款	**9070.64**	**8430.67**	**7.6**	**50.1**	**49.6**

数据来源：国家统计局。

表 5－5　2018 年四十重点城市房地产开房地产土地购置与销售情况

类　别	绝对量		比上年增减	
	自年初累计	上年	绝对数	（%）
一、土地购置与待开发情况				
1. 土地购置面积（万平方米）	9411.59	8774.59	637.00	7.3
2. 土地成交价款（亿元）	8322.41	8471.94	－149.52	－1.8
3. 待开发土地面积（万平方米）	16768.35	13319.45	3448.90	25.9
二、房屋建筑、销售面积				
1. 施工面积（万平方米）	336293.83	325560.58	10733.25	3.3
其中：新开工面积	75095.80	68059.23	7036.57	10.3
2. 竣工面积（万平方米）	38603.12	42178.03	－3574.01	－8.5
其中：不可销售面积	3307.79	3593.45	－285.66	－7.9
3. 商品房销售面积（万平方米）	60700.60	60441.47	259.13	0.4
其中：期房销售面积	50535.59	47615.68	2919.91	6.1
三、房屋竣工价值（亿元）	**15316.76**	**15934.18**	**－617.43**	**－3.9**
四、商品房销售额（亿元）	**77182.07**	**69072.94**	**8109.13**	**11.7**
其中：期房销售额	65931.76	56562.34	9369.41	16.6

数据来源：国家统计局。

（二）四十重点城市房地产开发投资数据

表 5－6 2014—2018 年四十重点城市房地产开发投资额

单位：亿元

类　别	2014 年	2015 年	2016 年	2017 年	2018 年
合　计	**50677.26**	**52315.74**	**56543.43**	**60110.81**	**63341.81**
北　京	3715.33	4177.05	4000.57	3692.54	3873.35
天　津	1699.65	1871.55	2300.01	2233.39	2424.49
石家庄	1025.33	965.13	1015.77	1212.27	1010.71
太　原	469.68	597.83	680.13	470.63	529.41
呼和浩特	563.13	509.05	520.52	238.40	174.25
沈　阳	1975.82	1337.66	709.67	814.24	996.72
大　连	1429.34	897.46	535.17	566.64	688.51
长　春	532.57	501.32	596.65	573.78	778.63
哈尔滨	686.66	593.98	526.13	498.59	584.99
上　海	3206.48	3468.94	3709.03	3856.53	4033.18
南　京	1125.49	1429.02	1845.60	2170.21	2354.17
无　锡	1249.37	989.75	1027.58	1197.92	1311.53
苏　州	1764.44	1864.95	2163.24	2305.82	2557.91
杭　州	2301.98	2472.60	2606.63	2734.20	3068.90
宁　波	1328.14	1228.84	1270.33	1374.47	1587.47
温　州	807.98	765.76	901.79	1023.96	1176.57
合　肥	1127.35	1259.14	1352.59	1557.41	1527.17
福　州	1455.07	1381.12	1679.44	1694.18	1439.68
厦　门	704.06	774.07	765.80	879.86	884.58
南　昌	414.07	485.37	674.60	790.69	890.43
济　南	917.54	1014.40	1164.14	1232.63	1370.43
青　岛	1117.73	1122.35	1369.14	1330.54	1485.21
郑　州	1743.51	2000.20	2778.95	3358.84	3258.41
武　汉	2353.63	2581.79	2517.44	2686.34	2780.01
长　沙	1313.62	1006.84	1266.63	1493.44	1508.72
广　州	1816.15	2137.59	2540.85	2702.89	2701.93
深　圳	1069.49	1331.03	1756.52	2130.86	2640.71
南　宁	551.82	657.19	854.00	958.09	1106.36
北　海	157.49	133.98	176.31	168.28	202.28
海　口	300.47	456.39	551.29	603.25	609.42
三　亚	380.02	466.65	410.04	549.76	403.14
重　庆	3630.23	3751.28	3725.95	3980.08	4248.76
成　都	2215.53	2435.25	2641.14	2492.65	2273.16
贵　阳	1010.38	1001.03	923.26	1024.09	985.26
昆　明	1492.62	1451.31	1530.50	1683.33	1839.79
西　安	1742.28	1820.85	1949.50	2234.84	2213.68
兰　州	317.08	320.56	370.39	418.26	575.22
西　宁	246.86	280.43	316.50	351.33	292.25
银　川	388.90	409.17	474.94	402.82	295.25
乌鲁木齐	329.98	366.87	344.71	422.74	659.15

数据来源：国家统计局。

表 5－7　2018 年四十重点城市房地产开发投资额（月度累计）

单位：亿元

类别	1—3 月	1—4 月	1—5 月	1—6 月	1—7 月	1—8 月	1—9 月	1—10 月	1—11 月	1—12 月
合计	**11376.23**	**16227.53**	**21999.74**	**29493.85**	**34845.16**	**40399.68**	**46862.18**	**52575.92**	**58185.80**	**63341.81**
北京	531.40	708.94	1052.13	1429.88	1766.64	2114.99	2565.48	3002.94	3409.47	3873.35
天津	460.72	694.84	980.75	1301.37	1489.22	1651.63	1893.40	2087.52	2231.18	2424.49
石家庄	152.08	243.13	355.46	483.46	565.80	660.89	769.41	859.46	937.37	1010.71
太原	80.95	129.34	193.11	292.98	340.20	394.24	434.85	461.83	489.29	529.41
呼和浩特	12.16	26.95	47.07	80.17	105.89	129.97	146.34	162.33	171.27	174.25
沈阳	161.89	266.29	396.89	533.43	657.43	766.83	865.57	923.64	976.23	996.72
大连	120.00	189.22	257.98	324.21	368.67	434.22	540.23	608.12	643.07	688.51
长春	17.66	51.62	169.89	245.51	358.88	461.86	579.19	670.00	752.97	778.63
哈尔滨	20.85	59.31	124.54	210.99	280.60	339.40	423.46	487.81	554.55	584.99
上海	909.39	1182.39	1478.17	1816.91	2153.97	2491.14	2853.66	3201.44	3573.56	4033.18
南京	551.82	804.98	1070.38	1263.55	1505.39	1701.01	1938.99	2163.41	2268.31	2354.17
无锡	289.02	407.04	554.39	708.79	848.18	961.86	1101.72	1176.03	1292.55	1311.53
苏州	648.73	862.08	1125.13	1392.78	1629.80	1827.52	2073.57	2223.29	2402.39	2557.91
杭州	505.36	724.61	969.57	1351.10	1535.34	1823.25	2115.73	2410.02	2759.58	3068.90
宁波	339.04	450.73	567.82	776.26	924.70	1066.85	1246.43	1371.57	1460.53	1587.47
温州	199.06	294.58	448.46	574.83	686.24	817.29	901.18	997.13	1139.61	1176.57
合肥	344.84	496.57	669.12	821.22	968.17	1124.22	1261.85	1354.45	1442.11	1527.17
福州	338.08	441.63	536.41	665.36	790.70	886.62	1064.33	1225.70	1333.62	1439.68
厦门	173.04	235.99	313.39	424.77	517.57	584.90	676.88	750.26	824.36	884.58
南昌	136.27	186.67	239.30	344.72	425.13	517.33	615.92	710.25	811.05	890.43
济南	279.23	403.26	533.24	700.53	819.86	929.45	1056.69	1157.68	1278.14	1370.43
青岛	228.74	349.26	501.56	729.56	839.16	940.09	1079.26	1200.78	1340.35	1485.21
郑州	556.32	857.27	1143.01	1478.30	1729.30	1959.99	2247.98	2526.10	2880.18	3258.41
武汉	517.64	760.48	995.20	1425.39	1609.33	1873.74	2145.15	2377.81	2543.82	2780.01
长沙	262.47	363.48	492.46	679.24	803.04	984.66	1170.42	1320.18	1400.10	1508.72
广州	443.11	638.74	860.94	1171.73	1394.43	1697.43	1967.31	2212.46	2442.86	2701.93
深圳	389.40	573.93	814.66	1102.83	1325.90	1544.02	1829.18	2124.03	2409.23	2640.71
南宁	193.14	280.94	352.18	505.21	576.27	645.40	732.00	870.03	999.64	1106.36
北海	20.96	39.30	69.91	98.14	107.18	116.77	131.29	144.10	164.69	202.28
海口	130.38	176.25	222.20	281.51	325.03	359.40	386.48	442.08	528.69	609.42
三亚	131.66	166.75	196.96	223.67	256.77	291.07	310.90	332.13	365.21	403.14
重庆	798.12	1099.66	1461.72	1967.85	2272.61	2632.02	3134.65	3469.47	3861.25	4248.76
成都	471.02	651.54	855.69	1092.36	1265.74	1457.91	1691.72	1866.19	2079.26	2273.16
贵阳	239.56	318.23	424.00	559.86	642.29	718.27	758.37	853.74	984.82	985.26
昆明	334.97	436.30	544.53	777.41	921.61	1047.74	1254.97	1483.40	1666.16	1839.79
西安	290.53	434.04	621.83	1019.68	1171.49	1356.14	1610.92	1815.28	2038.85	2213.68
兰州	45.62	86.56	135.80	245.18	300.78	361.76	439.63	497.99	539.07	575.22
西宁	13.50	45.79	83.20	134.22	177.88	214.89	221.65	255.73	286.48	292.25
银川	21.84	54.82	80.41	120.07	150.70	183.22	214.26	243.56	279.47	295.25
乌鲁木齐	15.66	34.01	60.32	138.80	237.27	329.68	411.17	536.01	624.48	659.15

数据来源：国家统计局。

表 5-8　2014—2018 年四十重点城市住宅开发投资额

单位：亿元

类　别	2014 年	2015 年	2016 年	2017 年	2018 年
合　计	**32542.18**	**33238.71**	**35746.35**	**38735.05**	**41954.84**
北　京	1846.08	1889.54	1925.86	1694.67	2026.06
天　津	1122.26	1251.53	1598.27	1559.70	1863.50
石家庄	685.33	635.89	663.78	867.67	731.67
太　原	341.08	437.34	494.58	329.21	397.34
呼和浩特	410.07	356.35	370.69	179.85	120.29
沈　阳	1416.34	934.97	490.38	620.45	775.06
大　连	1064.70	682.18	392.47	404.45	514.46
长　春	359.21	355.03	401.45	376.60	529.53
哈尔滨	493.81	413.31	361.60	315.08	372.10
上　海	1724.65	1813.32	1965.43	2152.40	2225.92
南　京	796.27	1080.97	1392.76	1569.52	1574.64
无　锡	844.13	685.76	678.52	934.96	1001.34
苏　州	1303.50	1419.09	1655.24	1839.59	2111.60
杭　州	1337.92	1442.21	1560.20	1713.13	1953.30
宁　波	773.25	747.55	792.68	932.47	1101.06
温　州	550.63	517.98	671.95	773.98	919.22
合　肥	715.04	778.73	861.02	1095.45	1165.86
福　州	926.58	856.65	1123.59	1176.99	966.43
厦　门	384.62	458.70	427.60	550.36	536.32
南　昌	304.67	360.56	471.84	486.38	612.79
济　南	613.86	725.65	805.76	822.84	929.59
青　岛	731.11	756.91	956.18	925.51	1034.84
郑　州	1176.93	1338.16	1916.40	2418.66	2345.82
武　汉	1560.55	1777.93	1726.79	1840.31	1957.17
长　沙	858.26	642.21	693.59	809.32	908.77
广　州	994.90	1331.03	1594.44	1769.49	1733.76
深　圳	730.28	897.13	1044.54	1009.65	1303.33
南　宁	368.23	465.04	583.20	679.13	772.04
北　海	126.32	105.33	134.12	133.85	163.68
海　口	207.90	276.14	342.41	412.59	419.31
三　亚	272.51	311.42	260.73	329.52	297.17
重　庆	2451.37	2390.49	2319.97	2632.88	3012.65
成　都	1349.41	1472.25	1417.95	1300.46	1245.90
贵　阳	627.19	583.02	490.16	595.06	639.74
昆　明	934.93	875.87	931.82	1058.90	1161.24
西　安	1321.91	1304.60	1337.35	1505.03	1446.51
兰　州	212.53	211.21	238.01	264.71	300.07
西　宁	151.67	159.04	173.38	171.17	175.33
银　川	239.01	254.10	278.16	240.25	198.20
乌鲁木齐	213.17	243.52	201.46	242.82	411.24

数据来源：国家统计局。

表 5－9 2018 年四十重点城市住宅开发投资额（月度累计）

单位：亿元

类 别	1—3 月	1—4 月	1—5 月	1—6 月	1—7 月	1—8 月	1—9 月	1—10 月	1—11 月	1—12 月
合 计	**7311.64**	**10562.31**	**14435.20**	**19395.39**	**23029.27**	**26837.38**	**31168.85**	**34920.26**	**38613.12**	**41954.84**
北 京	234.54	311.47	479.69	683.79	832.51	1011.37	1251.44	1515.26	1758.45	2026.06
天 津	319.87	497.09	694.99	928.02	1096.52	1240.10	1432.19	1595.67	1719.79	1863.50
石家庄	112.23	177.48	263.24	353.75	408.68	480.32	559.23	623.91	680.02	731.67
太 原	59.22	91.08	141.09	213.36	251.81	293.22	323.79	342.17	366.31	397.34
呼和浩特	9.07	21.18	36.95	60.12	77.93	90.88	102.63	113.53	118.77	120.29
沈 阳	111.15	192.22	299.22	400.15	501.78	596.22	673.34	722.23	761.16	775.06
大 连	82.42	133.44	183.98	236.60	271.63	321.98	400.25	454.82	480.27	514.46
长 春	12.25	34.03	119.02	172.49	254.59	329.45	413.74	469.73	511.37	529.53
哈尔滨	13.48	36.53	69.78	127.44	170.62	205.43	259.93	302.56	350.89	372.10
上 海	491.00	646.07	810.37	997.40	1180.94	1367.10	1575.52	1763.34	1959.56	2225.92
南 京	361.18	533.26	712.90	837.93	1007.26	1144.76	1306.52	1458.19	1521.36	1574.64
无 锡	194.89	279.96	397.15	528.39	637.93	728.58	831.35	895.22	986.42	1001.34
苏 州	541.92	723.27	939.19	1145.38	1350.04	1513.70	1725.00	1842.71	1995.42	2111.60
杭 州	295.50	425.59	584.65	845.74	961.26	1175.22	1367.21	1545.02	1766.78	1953.30
宁 波	214.35	287.19	363.04	509.66	637.66	740.18	862.13	948.81	1010.22	1101.06
温 州	158.85	224.12	344.81	443.61	539.14	646.66	715.16	792.24	892.85	919.22
合 肥	246.87	358.11	485.65	600.80	715.12	842.43	951.88	1031.14	1101.48	1165.86
福 州	222.69	296.48	362.67	453.40	545.77	612.46	727.41	829.69	896.27	966.43
厦 门	92.66	132.09	166.63	239.63	320.87	361.58	413.96	453.63	498.26	536.32
南 昌	84.47	115.66	150.13	226.09	280.19	342.50	417.23	490.20	556.77	612.79
济 南	182.50	263.72	356.93	459.40	540.75	621.13	704.38	775.19	861.70	929.59
青 岛	168.86	254.71	353.04	509.94	585.34	654.96	751.85	833.00	934.04	1034.84
郑 州	381.89	602.62	812.98	1050.92	1231.08	1406.39	1610.87	1788.48	2059.20	2345.82
武 汉	346.07	519.42	698.64	972.67	1104.92	1294.53	1480.72	1664.09	1774.37	1957.17
长 沙	153.65	215.86	287.75	405.07	478.06	586.59	705.67	799.00	840.15	908.77
广 州	308.26	442.78	582.48	814.77	940.82	1164.98	1358.40	1487.20	1605.64	1733.76
深 圳	186.01	278.20	409.44	550.93	650.65	748.88	896.86	1043.91	1185.52	1303.33
南 宁	128.79	191.32	248.44	346.08	400.38	450.02	499.66	604.59	703.42	772.04
北 海	17.09	31.83	54.77	78.57	86.91	94.30	105.52	116.33	133.67	163.68
海 口	91.60	125.78	159.69	201.15	231.92	259.07	281.51	318.59	381.01	419.31
三 亚	95.98	123.74	144.59	163.01	190.07	216.16	228.50	243.89	268.25	297.17
重 庆	543.50	756.99	1026.32	1393.29	1615.40	1867.11	2247.11	2486.85	2765.18	3012.65
成 都	241.03	339.68	446.35	566.63	662.73	769.45	904.04	1000.84	1126.44	1245.90
贵 阳	150.67	199.64	267.22	352.54	411.38	464.27	491.43	560.07	635.93	639.74
昆 明	199.44	264.02	331.43	471.05	571.41	646.81	767.49	918.35	1045.08	1161.24
西 安	204.02	300.12	429.67	684.63	787.57	912.04	1077.03	1184.25	1329.51	1446.51
兰 州	25.85	49.08	76.71	128.85	158.75	189.63	228.53	258.91	281.50	300.07
西 宁	6.40	28.15	50.77	77.36	103.22	127.02	130.85	153.79	172.08	175.33
银 川	12.34	37.02	54.11	80.40	100.55	124.72	145.98	167.38	188.10	198.20
乌鲁木齐	9.10	21.32	38.70	84.38	135.09	195.15	242.53	325.45	389.88	411.24

数据来源：国家统计局。

表 5－10　2014—2018 年四十重点城市土地购置费

单位：亿元

类　别	2014 年	2015 年	2016 年	2017 年	2018 年
合　计	**11162.86**	**12341.18**	**13844.00**	**16887.50**	**24240.82**
北　京	1378.94	2052.92	1921.89	1711.49	2047.27
天　津	281.37	319.02	579.75	759.71	1141.06
石家庄	173.13	118.22	86.17	82.01	66.69
太　原	87.83	89.95	100.89	105.04	189.94
呼和浩特	78.58	43.09	43.65	15.61	24.87
沈　阳	174.82	81.77	89.92	114.03	464.26
大　连	201.27	121.41	99.13	111.44	297.21
长　春	114.69	116.99	104.38	105.10	200.10
哈尔滨	126.92	88.06	67.61	73.14	140.54
上　海	873.61	1004.41	1208.28	1523.05	1846.14
南　京	345.83	489.64	645.52	774.49	1024.76
无　锡	269.39	117.43	171.61	391.71	485.11
苏　州	501.74	491.45	590.66	867.28	1255.86
杭　州	1097.03	1213.53	1295.41	1385.23	1758.23
宁　波	390.37	421.44	500.43	568.50	868.46
温　州	260.53	187.41	252.18	412.82	735.88
合　肥	285.91	267.17	323.16	568.88	784.77
福　州	335.33	349.20	471.77	492.94	643.83
厦　门	242.17	297.22	268.02	433.39	465.60
南　昌	46.07	67.65	84.84	106.89	225.79
济　南	235.68	254.58	224.16	168.32	378.05
青　岛	245.68	253.64	251.09	253.91	449.46
郑　州	152.50	122.51	498.79	811.89	901.48
武　汉	321.68	490.55	466.69	805.63	940.97
长　沙	184.18	91.82	187.07	210.17	271.08
广　州	461.67	505.00	815.27	871.27	1336.39
深　圳	195.67	316.76	407.21	720.28	986.28
南　宁	99.72	171.87	200.50	239.83	397.04
北　海	23.08	14.68	11.69	9.86	20.46
海　口	44.50	70.68	104.12	96.85	125.22
三　亚	58.75	153.17	119.45	96.20	66.89
重　庆	649.64	733.81	562.48	709.96	1484.73
成　都	565.18	585.84	548.05	491.46	578.19
贵　阳	54.70	55.48	48.17	82.43	150.54
昆　明	347.98	212.05	211.87	213.88	517.71
西　安	154.39	196.92	135.69	303.64	493.23
兰　州	20.60	29.06	32.37	54.97	119.01
西　宁	22.47	49.66	47.17	31.05	44.31
银　川	29.75	44.42	40.84	42.10	69.18
乌鲁木齐	29.51	50.73	26.03	71.08	244.24

数据来源：国家统计局。

表 5－11 2018 年四十重点城市土地购置费（月度累计）

单位：亿元

类别	1—3 月	1—4 月	1—5 月	1—6 月	1—7 月	1—8 月	1—9 月	1—10 月	1—11 月	1—12 月
合计	3703.41	5610.47	7954.20	11110.92	13144.65	15357.34	18138.38	20425.55	22613.45	24240.82
北京	206.12	268.22	457.32	649.81	837.50	1060.03	1291.95	1555.88	1787.22	2047.27
天津	226.37	379.06	558.48	741.15	810.67	858.58	975.65	1072.83	1131.37	1141.06
石家庄	15.23	22.34	26.81	36.87	42.61	45.61	51.90	56.10	60.47	66.69
太原	30.72	50.48	85.77	136.33	150.30	166.90	174.06	176.96	178.77	189.94
呼和浩特	0.08	1.32	2.23	6.87	11.75	16.88	19.65	21.85	24.33	24.87
沈阳	82.30	132.42	215.40	285.80	351.93	395.17	422.94	433.87	454.60	464.26
大连	36.63	78.64	109.21	142.82	152.95	185.36	238.77	268.54	285.74	297.21
长春	0.95	9.16	47.68	66.04	95.38	117.58	150.71	166.51	197.27	200.10
哈尔滨	6.20	19.17	42.48	68.14	82.88	93.25	110.36	119.79	132.92	140.54
上海	336.90	478.17	624.90	781.65	943.71	1114.80	1287.89	1460.35	1639.28	1846.14
南京	237.83	359.61	496.40	588.50	689.11	774.92	897.27	999.78	1021.01	1024.76
无锡	75.52	129.49	193.74	275.95	327.20	366.93	421.26	436.27	482.37	485.11
苏州	313.52	441.80	596.78	724.89	848.59	944.93	1080.87	1147.04	1222.76	1255.86
杭州	233.04	374.15	514.09	773.44	866.80	1039.87	1241.23	1429.28	1630.70	1758.23
宁波	195.77	268.57	334.25	473.09	555.84	625.63	733.57	801.77	824.64	868.46
温州	127.46	199.73	321.57	396.80	449.28	536.36	601.87	644.82	732.16	735.88
合肥	143.28	229.75	333.70	411.51	495.08	592.66	667.61	716.16	751.38	784.77
福州	75.26	104.68	125.75	199.30	270.13	308.61	436.66	537.91	601.48	643.83
厦门	79.65	100.49	147.18	218.72	280.16	305.48	355.49	400.27	445.01	465.60
南昌	16.90	24.35	36.96	72.80	92.52	120.16	143.31	165.42	202.94	225.79
济南	54.63	81.11	121.79	179.68	220.47	252.45	291.74	315.95	350.90	378.05
青岛	54.98	91.38	142.47	223.15	265.61	302.67	349.40	374.65	424.77	449.46
郑州	143.86	224.46	297.16	407.54	437.63	485.50	575.52	641.38	760.55	901.48
武汉	143.75	218.38	278.22	402.56	474.92	594.49	717.12	824.11	858.56	940.97
长沙	38.24	53.93	77.84	126.13	156.44	190.82	229.68	252.35	259.43	271.08
广州	166.32	268.14	363.07	549.27	673.27	857.78	1013.99	1150.26	1268.23	1336.39
深圳	128.13	193.72	284.44	399.15	485.80	556.34	652.78	792.73	901.75	986.28
南宁	62.59	102.27	118.08	198.18	221.23	238.45	256.22	331.39	384.29	397.04
北海	—	1.00	3.88	5.61	6.76	8.61	9.46	9.72	11.02	20.46
海口	19.44	32.15	44.63	58.67	77.67	85.42	93.23	97.70	116.43	125.22
三亚	14.30	16.89	22.25	30.14	35.21	44.00	47.93	47.93	63.99	66.89
重庆	177.94	268.90	409.07	649.83	744.53	863.31	1103.01	1210.83	1365.94	1484.73
成都	94.46	141.20	185.55	239.20	280.88	331.06	405.75	458.73	518.60	578.19
贵阳	27.96	32.27	47.75	81.07	83.77	88.17	97.54	114.28	148.18	150.54
昆明	65.55	83.90	97.25	164.48	193.46	258.11	326.70	419.07	464.60	517.71
西安	48.71	73.64	109.38	206.31	233.27	269.25	350.90	387.60	459.57	493.23
兰州	12.30	19.24	29.78	55.17	64.48	79.97	92.56	102.88	112.79	119.01
西宁	4.00	13.32	21.44	33.79	34.63	35.64	36.20	38.67	44.31	44.31
银川	5.97	20.17	25.43	32.66	41.63	46.37	52.01	56.64	65.18	69.18
乌鲁木齐	0.54	2.81	4.05	17.87	58.63	99.21	133.61	187.24	227.92	244.24

数据来源：国家统计局。

（三）四十重点城市房地产开发企业实际到位资金数据

表 5 – 12　2014—2018 年四十重点城市房地产开发企业实际到位资金

单位：亿元

类　别	2014 年	2015 年	2016 年	2017 年	2018 年
合　计	**69065.68**	**73068.40**	**85569.51**	**89029.14**	**90246.01**
北　京	6622.01	7282.11	8051.29	6988.28	5726.70
天　津	2823.48	3208.66	4397.22	4366.66	3941.31
石家庄	1080.41	1069.49	1100.33	1323.92	1070.94
太　原	535.43	614.01	705.58	873.53	849.63
呼和浩特	531.58	511.84	520.50	277.90	231.42
沈　阳	2136.88	1527.28	1055.86	1124.03	1361.73
大　连	1659.37	1190.99	840.57	1051.23	1008.86
长　春	683.33	737.94	772.92	705.10	994.72
哈尔滨	758.20	769.22	713.32	858.71	925.96
上　海	5269.90	5531.86	6408.78	5384.65	5330.46
南　京	2150.05	2458.25	3781.41	3432.33	3372.77
无　锡	1477.78	1388.75	1428.90	1741.88	1994.90
苏　州	2975.04	3170.48	4669.80	4501.67	4806.36
杭　州	3112.14	3173.96	4154.25	4521.40	3631.55
宁　波	1472.25	1288.94	1588.91	2010.97	2293.53
温　州	872.64	873.21	1112.48	1245.89	1582.03
合　肥	1585.99	1666.35	2211.58	2387.37	2279.31
福　州	1843.01	1799.00	2188.58	2176.90	2094.31
厦　门	1143.91	1247.21	1143.96	1124.95	1008.84
南　昌	664.01	731.04	985.16	1209.52	1219.57
济　南	1162.07	1467.13	1823.81	1838.87	2182.86
青　岛	1465.53	1703.78	2310.64	2272.76	2534.09
郑　州	1860.41	2121.70	2989.56	3280.93	3224.22
武　汉	2483.81	2924.08	3619.38	4101.02	4696.78
长　沙	1667.15	1584.91	1996.05	2140.00	2088.78
广　州	2434.80	2820.17	3511.84	3786.75	4030.88
深　圳	1631.90	2938.53	3400.48	3229.59	3836.35
南　宁	852.53	864.35	1260.71	1423.03	1669.81
北　海	171.10	149.88	174.39	213.34	242.13
海　口	522.86	700.44	731.47	857.28	815.70
三　亚	486.29	559.03	576.73	881.91	580.87
重　庆	5344.98	5024.58	5006.57	5755.97	6685.28
成　都	3378.25	3538.56	3895.15	4414.32	3925.80
贵　阳	1042.38	964.27	889.03	951.85	1057.79
昆　明	1575.06	1669.15	1484.44	1670.14	1697.42
西　安	1973.34	2106.22	2325.03	2940.95	3122.68
兰　州	416.63	467.56	522.83	645.41	607.66
西　宁	288.35	298.60	351.04	363.39	281.91
银　川	489.06	476.12	437.31	441.79	424.74
乌鲁木齐	421.75	448.73	431.65	512.94	815.34

数据来源：国家统计局。

表 5－13　2018 年四十重点城市房地产开发企业实际到位资金（月度累计）

单位：亿元

类　别	1—3 月	1—4 月	1—5 月	1—6 月	1—7 月	1—8 月	1—9 月	1—10 月	1—11 月	1—12 月
合　计	**20169. 17**	**26063. 14**	**33450. 36**	**42837. 42**	**50327. 31**	**57459. 03**	**65818. 33**	**73341. 65**	**81351. 12**	**90246. 01**
北　京	1282. 91	1585. 66	1961. 16	2345. 86	2800. 36	3186. 08	3848. 07	4276. 85	4917. 61	5726. 70
天　津	1106. 37	1253. 79	1588. 52	1946. 43	2196. 33	2506. 67	2938. 49	3218. 55	3568. 45	3941. 31
石家庄	197. 27	297. 06	406. 65	517. 48	613. 37	725. 13	823. 66	893. 49	956. 80	1070. 94
太　原	145. 09	226. 08	339. 33	471. 89	536. 96	597. 81	687. 28	735. 57	779. 42	849. 63
呼和浩特	36. 31	48. 47	72. 76	109. 51	143. 84	165. 18	182. 57	205. 41	222. 50	231. 42
沈　阳	262. 74	351. 76	530. 91	690. 78	831. 26	967. 70	1094. 23	1195. 48	1277. 14	1361. 73
大　连	242. 53	313. 00	450. 22	546. 78	617. 96	707. 58	794. 56	874. 19	932. 47	1008. 86
长　春	107. 68	165. 84	247. 82	353. 93	467. 03	578. 28	728. 37	850. 87	958. 10	994. 72
哈尔滨	157. 43	233. 18	337. 79	431. 53	511. 51	579. 64	713. 47	795. 81	868. 38	925. 96
上　海	1330. 14	1799. 50	2133. 19	2533. 04	2987. 20	3402. 88	3864. 19	4307. 97	4781. 91	5330. 46
南　京	914. 04	1151. 37	1419. 07	1696. 24	2007. 85	2243. 49	2605. 81	2854. 80	3080. 36	3372. 77
无　锡	466. 09	608. 03	709. 41	978. 29	1167. 86	1299. 54	1458. 55	1624. 15	1824. 61	1994. 90
苏　州	1113. 20	1443. 32	1910. 50	2392. 19	2774. 92	3170. 12	3641. 11	4052. 34	4476. 94	4806. 36
杭　州	504. 91	677. 73	987. 18	1460. 05	1835. 40	2221. 44	2562. 04	2902. 93	3256. 78	3631. 55
宁　波	486. 99	635. 17	784. 99	1014. 51	1282. 04	1404. 54	1621. 34	1881. 36	2023. 58	2293. 53
温　州	224. 34	361. 22	545. 95	722. 82	858. 19	1023. 28	1158. 81	1278. 28	1448. 73	1582. 03
合　肥	534. 59	704. 37	913. 97	1146. 96	1356. 61	1584. 73	1779. 66	1936. 22	2153. 47	2279. 31
福　州	471. 10	623. 94	778. 04	961. 62	1128. 05	1290. 45	1484. 89	1693. 80	1846. 07	2094. 31
厦　门	260. 78	312. 18	391. 59	582. 54	667. 63	682. 43	777. 30	841. 05	900. 14	1008. 84
南　昌	340. 34	363. 09	430. 93	537. 55	659. 23	750. 95	861. 69	965. 64	1080. 71	1219. 57
济　南	499. 63	600. 37	757. 15	961. 28	1100. 42	1291. 45	1542. 69	1708. 88	1993. 03	2182. 86
青　岛	482. 59	637. 86	904. 89	1137. 20	1376. 27	1560. 71	1802. 32	1997. 33	2225. 86	2534. 09
郑　州	669. 07	970. 34	1229. 55	1580. 23	1841. 86	2035. 25	2290. 89	2560. 97	2865. 40	3224. 22
武　汉	932. 15	1288. 14	1717. 95	2294. 64	2617. 82	2975. 54	3374. 63	3735. 12	4134. 70	4696. 78
长　沙	456. 86	591. 38	742. 13	935. 07	1162. 92	1361. 72	1562. 19	1768. 51	1875. 76	2088. 78
广　州	828. 30	1104. 22	1419. 00	1853. 50	2179. 40	2479. 21	2777. 80	3008. 47	3419. 91	4030. 88
深　圳	946. 82	1096. 10	1402. 53	1748. 76	2052. 74	2313. 88	2657. 09	3314. 58	3582. 55	3836. 35
南　宁	300. 96	416. 55	536. 53	694. 86	818. 99	947. 73	1084. 75	1238. 40	1439. 75	1669. 81
北　海	45. 28	70. 78	102. 14	132. 93	152. 85	164. 43	178. 71	189. 46	205. 18	242. 13
海　口	288. 72	307. 21	414. 10	481. 59	530. 73	564. 54	605. 73	651. 30	720. 03	815. 70
三　亚	365. 11	386. 63	419. 45	455. 42	469. 31	497. 48	517. 92	535. 27	554. 24	580. 87
重　庆	1581. 28	2053. 62	2634. 36	3420. 24	3979. 41	4575. 65	5153. 66	5529. 86	6089. 62	6685. 28
成　都	1005. 58	1311. 33	1597. 28	2029. 80	2272. 07	2620. 39	2894. 84	3205. 22	3571. 73	3925. 80
贵　阳	221. 59	295. 01	365. 26	517. 35	601. 73	677. 56	759. 63	834. 59	959. 68	1057. 79
昆　明	401. 74	462. 13	556. 68	732. 93	878. 75	1015. 04	1217. 97	1380. 88	1521. 98	1697. 42
西　安	632. 76	857. 48	1083. 37	1543. 56	1760. 62	1994. 61	2287. 03	2566. 85	2857. 57	3122. 68
兰　州	107. 70	141. 88	193. 73	305. 70	347. 87	399. 33	451. 27	501. 05	571. 15	607. 66
西　宁	60. 65	74. 99	104. 22	149. 99	177. 30	203. 83	210. 28	240. 50	269. 52	281. 91
银　川	61. 93	98. 66	152. 61	184. 22	230. 98	252. 85	304. 42	346. 86	396. 64	424. 74
乌鲁木齐	95. 61	143. 72	177. 45	238. 18	331. 67	439. 90	518. 41	642. 79	742. 65	815. 34

数据来源：国家统计局。

表 5-14 2014—2018 年四十重点城市房地产开发国内贷款

单位：亿元

类 别	2014 年	2015 年	2016 年	2017 年	2018 年
合 计	**14905.15**	**14326.91**	**15742.30**	**17546.35**	**16109.41**
北 京	2158.03	1970.97	2148.48	1947.08	1657.07
天 津	817.16	954.00	1066.99	1186.03	822.89
石家庄	96.36	128.31	77.05	131.87	120.28
太 原	81.22	71.87	72.69	128.12	81.81
呼和浩特	66.47	43.80	18.08	10.60	16.40
沈 阳	119.52	124.09	152.36	111.76	114.40
大 连	440.73	247.97	143.38	153.80	100.71
长 春	85.26	146.94	110.64	64.58	44.42
哈尔滨	70.17	96.91	59.21	54.55	78.60
上 海	1638.84	1516.59	1446.18	1393.78	1326.02
南 京	533.01	455.09	687.75	832.32	637.51
无 锡	280.09	252.95	214.79	347.52	287.18
苏 州	594.82	497.17	733.88	1016.24	1079.65
杭 州	793.96	614.53	698.32	864.26	815.03
宁 波	355.61	269.03	242.75	345.26	336.41
温 州	130.67	59.49	176.39	152.96	183.92
合 肥	217.83	258.02	343.16	506.88	410.84
福 州	265.42	325.63	315.58	317.23	334.25
厦 门	161.75	233.90	220.74	147.77	144.11
南 昌	105.23	102.12	177.32	284.51	181.95
济 南	191.69	248.60	242.73	220.58	402.44
青 岛	363.23	339.96	384.74	497.32	428.21
郑 州	280.09	200.61	350.74	566.60	396.78
武 汉	505.15	511.55	789.15	697.58	883.60
长 沙	346.58	258.92	350.26	383.96	292.37
广 州	501.99	459.76	548.14	765.93	805.37
深 圳	538.02	730.79	812.56	1196.93	1159.98
南 宁	141.14	116.51	198.34	225.91	256.56
北 海	8.03	5.69	10.44	8.36	13.47
海 口	104.67	89.63	128.57	144.59	96.54
三 亚	167.82	136.71	129.83	115.66	89.05
重 庆	1190.77	1033.07	1012.91	917.21	1085.29
成 都	571.86	684.23	585.12	682.76	637.47
贵 阳	121.15	131.91	123.19	69.04	68.50
昆 明	291.32	401.83	375.84	412.81	242.36
西 安	315.59	288.42	279.98	305.19	260.19
兰 州	72.67	93.90	116.13	157.47	66.33
西 宁	45.28	68.12	68.80	69.01	43.62
银 川	90.15	76.53	73.43	60.00	45.13
乌鲁木齐	45.80	80.80	55.64	52.33	62.70

数据来源：国家统计局。

表 5－15　2018 年四十重点城市房地产开发国内贷款（月度累计）

单位：亿元

类　别	1—3 月	1—4 月	1—5 月	1—6 月	1—7 月	1—8 月	1—9 月	1—10 月	1—11 月	1—12 月
合　计	**4710.03**	**5770.78**	**6754.09**	**8030.26**	**9168.77**	**10415.40**	**11901.81**	**13058.45**	**14490.31**	**16109.41**
北　京	482.10	603.94	725.19	817.93	918.51	1017.01	1147.07	1146.88	1417.03	1657.07
天　津	339.37	382.36	464.68	520.97	552.63	610.50	683.75	724.29	808.03	822.89
石家庄	28.75	42.78	48.06	76.79	85.95	109.82	112.45	115.79	117.45	120.28
太　原	14.86	19.73	35.54	39.29	39.99	42.47	72.18	72.19	74.53	81.81
呼和浩特	3.97	4.55	4.99	7.92	11.54	13.50	13.51	13.51	15.51	16.40
沈　阳	31.64	42.17	48.88	52.22	55.62	70.04	83.66	96.09	98.18	114.40
大　连	24.46	27.75	58.93	67.38	71.92	76.78	84.49	86.75	93.11	100.71
长　春	9.07	10.05	14.72	16.23	22.08	27.70	41.48	43.42	44.12	44.42
哈尔滨	41.11	48.91	49.45	51.86	53.52	55.75	60.88	62.33	68.72	78.60
上　海	445.81	581.25	635.01	679.59	773.37	899.69	984.59	1096.12	1212.33	1326.02
南　京	247.19	306.85	251.72	281.75	358.09	397.42	448.83	526.24	572.82	637.51
无　锡	106.19	116.38	76.75	110.39	163.01	196.46	225.15	236.03	262.53	287.18
苏　州	302.17	388.84	513.01	599.89	672.75	759.07	841.25	910.31	976.15	1079.65
杭　州	91.78	131.86	224.89	349.32	449.15	509.97	621.61	667.19	736.02	815.03
宁　波	104.06	123.72	114.63	157.48	202.58	216.69	240.75	270.13	295.21	336.41
温　州	29.58	47.04	76.71	97.98	105.14	138.23	140.68	151.73	165.62	183.92
合　肥	128.82	172.87	211.99	250.58	270.56	303.79	338.86	360.14	398.49	410.84
福　州	99.13	137.69	158.97	178.62	191.56	238.68	256.45	274.97	284.01	334.25
厦　门	49.75	56.32	61.94	74.29	86.00	96.11	114.75	116.95	119.03	144.11
南　昌	65.37	60.24	66.46	72.47	99.71	119.18	135.50	152.87	167.08	181.95
济　南	117.43	128.06	141.04	173.45	192.28	227.28	266.20	314.70	363.95	402.44
青　岛	95.33	116.48	154.97	178.65	225.38	253.11	299.19	343.10	378.16	428.21
郑　州	87.82	121.48	145.80	169.47	188.89	248.21	280.58	299.77	343.33	396.78
武　汉	171.16	215.33	259.55	325.41	344.23	420.95	552.67	611.45	719.72	883.60
长　沙	91.96	113.03	129.77	151.38	168.54	199.24	223.74	283.58	251.58	292.37
广　州	241.09	311.92	381.59	494.05	569.46	596.76	619.27	638.93	718.61	805.37
深　圳	406.95	437.03	522.54	579.47	629.51	667.06	815.40	1024.12	1104.43	1159.98
南　宁	50.55	60.86	67.95	80.81	108.40	128.66	147.09	165.37	202.75	256.56
北　海	1.17	2.22	4.44	7.24	8.07	8.63	9.96	11.12	12.11	13.47
海　口	47.14	39.41	40.90	54.45	55.02	57.28	70.78	77.12	81.67	96.54
三　亚	29.08	31.45	38.16	43.64	43.94	67.13	76.78	83.26	84.43	89.05
重　庆	276.79	364.74	431.71	530.84	625.05	716.23	821.02	891.75	985.16	1085.29
成　都	202.13	239.95	268.60	326.67	346.04	406.03	490.11	550.02	609.71	637.47
贵　阳	22.52	24.82	26.86	40.26	55.88	58.78	64.48	64.84	66.55	68.50
昆　明	84.46	94.02	101.26	129.31	155.43	163.84	183.07	206.06	223.10	242.36
西　安	77.07	86.56	103.74	133.12	144.24	157.76	177.28	194.91	223.63	260.19
兰　州	19.67	21.93	24.64	32.17	38.02	41.29	44.36	50.22	58.24	66.33
西　宁	17.77	20.10	22.62	28.06	31.80	32.51	39.47	40.66	42.42	43.62
银　川	12.06	11.33	18.94	20.06	22.02	22.64	26.90	31.32	36.29	45.13
乌鲁木齐	12.67	24.74	26.50	28.82	32.89	43.19	45.56	52.24	58.48	62.70

数据来源：国家统计局。

表 5－16 2014—2018 年四十重点城市房地产开发利用外资

单位：亿元

类 别	2014 年	2015 年	2016 年	2017 年	2018 年
合 计	**501.57**	**238.69**	**101.30**	**97.83**	**70.39**
北 京	7.78	5.75	1.00	18.48	—
天 津	7.19	6.54	2.05	0.02	—
石家庄	—	—	—	0.05	0.04
太 原	—	—	—	—	—
呼和浩特	—	—	—	—	—
沈 阳	35.46	9.95	—	2.10	0.11
大 连	17.28	16.21	0.01	0.61	—
长 春	—	—	—	—	0.01
哈尔滨	2.70	1.32	0.90	—	—
上 海	69.61	33.92	2.31	5.22	0.11
南 京	12.35	12.50	—	—	5.89
无 锡	24.47	13.46	6.02	8.51	35.12
苏 州	19.13	4.73	0.02	2.38	1.61
杭 州	56.74	0.71	23.82	9.82	0.77
宁 波	2.67	12.82	5.22	0.01	2.02
温 州	—	—	—	—	—
合 肥	0.78	—	—	—	—
福 州	0.55	0.80	—	0.29	0.28
厦 门	21.43	5.48	—	16.46	0.36
南 昌	—	6.14	0.70	—	—
济 南	0.21	12.45	7.72	—	15.85
青 岛	5.05	0.21	2.50	1.67	0.32
郑 州	—	1.30	—	0.99	—
武 汉	16.97	—	0.50	1.10	—
长 沙	3.20	—	—	—	—
广 州	6.91	10.57	18.84	9.05	3.91
深 圳	20.46	3.21	—	7.91	—
南 宁	—	1.55	—	—	—
北 海	—	—	—	—	—
海 口	—	0.79	—	—	—
三 亚	—	—	—	—	—
重 庆	113.13	65.90	29.06	9.32	3.19
成 都	39.34	0.97	0.63	0.55	—
贵 阳	3.05	—	—	—	—
昆 明	15.11	5.10	—	3.28	0.80
西 安	—	6.32	—	0.02	—
兰 州	—	—	—	—	—
西 宁	—	—	—	—	—
银 川	—	—	—	—	—
乌鲁木齐	—	—	—	—	—

数据来源：国家统计局。

表 5 - 17　2018 年四十重点城市房地产开发利用外资（月度累计）

单位：亿元

类　别	1—3 月	1—4 月	1—5 月	1—6 月	1—7 月	1—8 月	1—9 月	1—10 月	1—11 月	1—12 月
合　计	10.82	11.13	13.66	16.99	17.64	18.05	24.27	47.51	67.40	70.39
北　京	—	—	—	—	—	—	—	—	—	—
天　津	—	—	—	—	—	—	—	—	—	—
石家庄	0.04	0.04	0.04	0.04	0.04	0.04	0.04	0.04	0.04	0.04
太　原	—	—	—	—	—	—	—	—	—	—
呼和浩特	—	—	—	—	—	—	—	—	—	—
沈　阳	0.11	0.11	0.11	0.11	0.11	0.11	0.11	0.11	0.11	0.11
大　连	—	—	—	—	—	—	—	—	—	—
长　春	0.01	0.01	0.01	0.01	0.01	0.01	0.01	0.01	0.01	0.01
哈尔滨	—	—	—	—	—	—	—	—	—	—
上　海	0.00	0.01	0.01	0.02	0.02	0.03	0.03	0.03	0.03	0.11
南　京	4.57	4.57	4.57	4.57	4.57	4.57	4.57	4.99	5.44	5.89
无　锡	1.54	1.54	3.77	4.27	4.32	4.32	9.72	31.82	35.12	35.12
苏　州	0.30	0.30	0.30	0.30	0.30	0.30	0.30	0.30	0.30	1.61
杭　州	0.35	0.44	0.44	0.76	0.77	0.77	0.77	0.77	0.77	0.77
宁　波	—	—	—	2.02	2.02	2.02	2.02	2.02	2.02	2.02
温　州	—	—	—	—	—	—	—	—	—	—
合　肥	—	—	—	—	—	—	—	—	—	—
福　州	0.03	0.07	0.08	0.13	0.14	0.17	0.17	0.18	0.20	0.28
厦　门	—	—	—	—	—	0.26	0.26	0.26	0.26	0.36
南　昌	—	—	—	—	—	—	—	—	—	—
济　南	—	—	—	—	—	—	—	—	15.85	15.85
青　岛	—	—	—	—	—	—	0.32	0.32	0.32	0.32
郑　州	—	—	—	—	—	—	—	—	—	—
武　汉	—	—	—	—	—	—	—	—	—	—
长　沙	—	—	—	—	—	—	—	—	—	—
广　州	0.86	0.91	1.13	1.57	2.14	2.25	2.54	3.26	3.54	3.91
深　圳	—	—	—	—	—	—	—	—	—	—
南　宁	—	—	—	—	—	—	—	—	—	—
北　海	—	—	—	—	—	—	—	—	—	—
海　口	—	—	—	—	—	—	—	—	—	—
三　亚	—	—	—	—	—	—	—	—	—	—
重　庆	3.00	3.13	3.19	3.19	3.19	3.19	3.19	3.19	3.19	3.19
成　都	—	—	—	—	—	—	—	—	—	—
贵　阳	—	—	—	—	—	—	—	—	—	—
昆　明	—	—	—	—	—	—	0.20	0.20	0.20	0.80
西　安	—	—	—	—	—	—	—	—	—	—
兰　州	—	—	—	—	—	—	—	—	—	—
西　宁	—	—	—	—	—	—	—	—	—	—
银　川	—	—	—	—	—	—	—	—	—	—
乌鲁木齐	—	—	—	—	—	—	—	—	—	—

数据来源：国家统计局。

表5－18　2014—2018年四十重点城市房地产开发自筹资金

单位：亿元

类　别	2014年	2015年	2016年	2017年	2018年
合　计	**25241.75**	**25607.69**	**25700.09**	**26634.36**	**28209.82**
北　京	1815.41	2277.20	1978.50	1732.12	1534.85
天　津	875.23	932.39	899.63	783.86	1073.90
石家庄	778.87	839.18	896.08	973.21	804.20
太　原	213.70	313.96	295.59	221.48	195.69
呼和浩特	391.10	380.19	389.10	184.02	120.92
沈　阳	1417.31	952.74	370.24	268.72	386.64
大　连	709.25	428.55	342.06	284.47	276.17
长　春	254.43	222.94	256.89	226.63	375.50
哈尔滨	418.29	390.68	311.02	369.42	301.52
上　海	1560.83	1519.99	1490.78	1549.20	1896.42
南　京	580.21	440.09	562.63	774.16	969.54
无　锡	618.59	483.37	390.22	495.27	516.87
苏　州	894.23	774.19	796.71	756.69	987.79
杭　州	885.86	772.65	720.33	952.32	1234.09
宁　波	665.69	408.94	467.50	535.93	609.81
温　州	313.38	394.41	424.18	492.71	671.80
合　肥	419.89	386.10	438.67	853.02	519.90
福　州	864.11	662.66	808.31	753.34	837.59
厦　门	380.83	563.48	462.66	546.44	644.47
南　昌	137.51	202.52	280.94	278.58	377.05
济　南	435.65	532.65	575.79	671.01	699.96
青　岛	504.74	693.04	872.46	612.79	554.72
郑　州	837.40	1055.81	1411.34	1676.52	1841.33
武　汉	1074.93	1399.41	1146.18	1386.15	1435.50
长　沙	539.74	395.79	402.88	531.96	433.14
广　州	753.86	843.88	1172.28	1191.65	1296.06
深　圳	545.65	783.13	1081.80	790.67	1099.76
南　宁	241.83	260.89	345.90	385.30	403.80
北　海	92.37	88.36	89.16	83.50	95.36
海　口	170.05	182.57	340.98	227.33	291.79
三　亚	204.93	309.97	261.90	357.55	227.76
重　庆	1824.41	1666.53	1488.38	1482.81	1641.94
成　都	1332.43	1506.55	1377.57	1504.94	1164.31
贵　阳	241.54	199.59	204.39	233.08	232.24
昆　明	808.56	730.97	616.64	656.90	455.47
西　安	886.75	1028.95	1162.86	1195.20	1279.10
兰　州	164.48	158.40	173.15	184.51	177.66
西　宁	104.05	114.26	149.18	166.10	92.72
银　川	144.23	180.37	132.30	119.56	106.62
乌鲁木齐	139.43	130.34	112.91	145.22	345.85

数据来源：国家统计局。

表 5－19　2018 年四十重点城市房地产开发自筹资金（月度累计）

单位：亿元

类　别	1—3 月	1—4 月	1—5 月	1—6 月	1—7 月	1—8 月	1—9 月	1—10 月	1—11 月	1—12 月
合　计	**5939. 45**	**7611. 29**	**10005. 51**	**13119. 88**	**15409. 65**	**17671. 60**	**20577. 87**	**23065. 39**	**25590. 48**	**28209. 82**
北　京	301. 48	359. 89	431. 59	538. 55	702. 89	849. 84	1104. 73	1253. 66	1356. 80	1534. 85
天　津	292. 73	330. 80	437. 36	531. 08	560. 36	657. 39	835. 87	917. 38	970. 60	1073. 90
石家庄	146. 89	222. 09	313. 13	391. 91	466. 64	541. 85	614. 96	670. 07	721. 25	804. 20
太　原	34. 78	43. 75	61. 18	99. 21	120. 06	144. 05	159. 03	172. 99	182. 24	195. 69
呼和浩特	16. 33	22. 14	35. 42	53. 93	75. 31	86. 78	96. 51	112. 76	117. 89	120. 92
沈　阳	80. 87	100. 96	163. 19	226. 07	257. 07	302. 48	336. 94	356. 67	370. 93	386. 64
大　连	59. 54	65. 09	111. 45	141. 14	150. 46	178. 34	209. 21	241. 55	255. 30	276. 17
长　春	22. 16	39. 95	70. 57	101. 20	152. 17	195. 30	253. 03	301. 97	361. 21	375. 50
哈尔滨	58. 43	88. 34	131. 93	164. 51	186. 95	216. 58	245. 95	263. 47	286. 42	301. 52
上　海	504. 29	654. 97	836. 59	1011. 48	1164. 02	1284. 36	1435. 61	1572. 25	1703. 75	1896. 42
南　京	218. 54	282. 42	395. 35	471. 26	550. 61	628. 70	780. 81	846. 31	922. 17	969. 54
无　锡	110. 38	152. 05	170. 05	243. 02	297. 58	322. 96	351. 88	385. 28	475. 45	516. 87
苏　州	228. 78	291. 72	390. 18	497. 33	588. 25	670. 05	819. 29	885. 05	989. 58	987. 79
杭　州	127. 11	152. 27	241. 04	446. 26	561. 45	721. 83	808. 77	975. 12	1094. 05	1234. 09
宁　波	91. 77	128. 65	162. 61	219. 44	264. 81	285. 44	369. 63	469. 94	508. 50	609. 81
温　州	74. 02	157. 50	223. 32	292. 17	356. 73	442. 36	506. 13	556. 68	637. 06	671. 80
合　肥	150. 93	177. 51	226. 20	270. 84	341. 51	380. 61	453. 54	472. 18	500. 28	519. 90
福　州	170. 10	202. 36	246. 36	329. 38	396. 26	441. 35	540. 63	662. 28	744. 33	837. 59
厦　门	135. 90	165. 28	220. 18	341. 45	397. 86	420. 64	501. 35	548. 74	596. 72	644. 47
南　昌	73. 96	78. 18	91. 10	142. 37	171. 98	193. 63	230. 51	273. 27	317. 09	377. 05
济　南	128. 62	159. 28	239. 28	262. 39	296. 43	390. 27	482. 94	506. 71	612. 65	699. 96
青　岛	107. 04	135. 62	182. 73	229. 64	310. 33	355. 66	413. 01	452. 39	515. 22	554. 72
郑　州	363. 67	530. 48	689. 29	927. 44	1100. 34	1144. 62	1291. 22	1458. 49	1632. 45	1841. 33
武　汉	389. 77	551. 56	693. 95	931. 92	1022. 11	1080. 90	1148. 48	1250. 75	1304. 94	1435. 50
长　沙	93. 27	115. 23	143. 95	182. 13	226. 48	267. 99	318. 65	345. 79	384. 81	433. 14
广　州	170. 43	218. 32	321. 70	389. 22	490. 56	661. 37	812. 25	880. 74	1060. 39	1296. 06
深　圳	264. 80	267. 99	364. 02	451. 48	541. 25	594. 70	711. 16	934. 04	1016. 97	1099. 76
南　宁	65. 02	86. 39	104. 01	152. 13	167. 11	194. 10	239. 94	290. 29	362. 85	403. 80
北　海	19. 75	22. 70	31. 11	40. 60	45. 30	51. 31	58. 92	65. 61	74. 90	95. 36
海　口	115. 65	115. 69	147. 23	161. 93	172. 22	177. 91	185. 67	206. 04	246. 60	291. 79
三　亚	115. 43	162. 47	165. 07	184. 16	202. 28	199. 02	204. 53	208. 54	217. 18	227. 76
重　庆	363. 04	446. 92	603. 68	796. 35	937. 05	1070. 77	1225. 31	1294. 50	1492. 14	1641. 94
成　都	362. 00	468. 91	563. 83	684. 31	726. 30	881. 90	919. 17	1003. 93	1076. 75	1164. 31
贵　阳	43. 49	55. 85	76. 05	120. 52	133. 55	144. 71	160. 28	175. 88	202. 84	232. 24
昆　明	125. 87	147. 58	165. 59	215. 91	242. 03	276. 12	325. 05	379. 25	416. 31	455. 47
西　安	243. 71	300. 15	394. 60	618. 75	690. 68	785. 66	916. 35	1055. 93	1184. 46	1279. 10
兰　州	27. 11	41. 66	52. 35	96. 78	109. 02	131. 60	152. 51	165. 56	169. 44	177. 66
西　宁	14. 72	17. 88	27. 70	42. 61	54. 47	69. 09	64. 74	73. 71	82. 59	92. 72
银　川	11. 02	23. 36	47. 24	55. 27	70. 22	56. 93	79. 49	89. 83	102. 36	106. 62
乌鲁木齐	16. 05	27. 33	33. 34	63. 73	108. 95	172. 43	213. 80	289. 78	323. 01	345. 85

数据来源：国家统计局。

表5－20　2014—2018年四十重点城市房地产开发其他资金

单位：亿元

类　别	2013年	2014年	2015年	2016年	2017年	2018年
合　计	**31794.58**	**28417.19**	**32895.12**	**44025.83**	**44750.59**	**45856.39**
北　京	3313.4	2640.8	3028.19	3923.32	3290.6	2534.78
天　津	1087.95	1123.91	1315.72	2428.54	2396.75	2044.52
石家庄	247.81	205.19	102	127.19	218.79	146.42
太　原	261.3	240.51	228.18	337.3	523.92	572.13
呼和浩特	130.28	74.01	87.85	113.31	83.28	94.1
沈　阳	847.11	564.58	440.5	533.26	741.46	860.58
大　连	685.8	492.11	498.27	355.12	612.35	631.98
长　春	440.53	343.64	368.07	405.38	413.89	574.79
哈尔滨	436.09	267.04	280.31	342.19	434.74	545.84
上　海	2192.26	2000.62	2461.37	3469.51	2436.45	2107.91
南　京	1177.5	1024.48	1550.57	2531.04	1825.86	1759.83
无　锡	648.65	554.63	638.98	817.87	890.58	1155.73
苏　州	1565.26	1466.86	1894.4	3139.2	2726.36	2737.31
杭　州	1633.98	1375.57	1786.06	2711.78	2695.01	1581.66
宁　波	502.28	448.28	598.16	873.44	1129.76	1345.29
温　州	409.19	428.59	419.31	511.91	600.23	726.31
合　肥	922.4	947.49	1022.23	1429.75	1027.46	1348.57
福　州	996.42	712.92	809.91	1064.7	1106.04	922.19
厦　门	713.9	579.9	444.36	460.56	414.29	219.9
南　昌	474.22	421.28	420.26	526.2	646.43	660.57
济　南	517.47	534.52	673.44	997.57	947.27	1064.61
青　岛	725.39	592.51	670.57	1050.93	1160.98	1550.84
郑　州	724.16	742.92	863.98	1227.48	1036.82	986.11
武　汉	1001.55	886.75	1013.12	1683.56	2016.19	2377.68
长　沙	909.71	777.63	930.2	1242.91	1224.08	1363.27
广　州	1270.28	1172.05	1505.95	1772.58	1820.11	1925.54
深　圳	788.73	527.77	1421.41	1506.11	1234.08	1576.61
南　宁	381.22	469.56	485.4	716.47	811.82	1009.45
北　海	58.1	70.7	55.82	74.8	121.48	133.3
海　口	240.12	248.14	427.45	261.92	485.36	427.37
三　亚	165.68	113.54	112.35	183.01	408.7	264.06
重　庆	2193.89	2216.67	2259.07	2476.21	3346.63	3954.86
成　都	1436.06	1434.61	1346.82	1931.83	2226.08	2124.02
贵　阳	677.36	676.63	632.77	561.45	649.73	757.05
昆　明	441.74	460.07	531.25	491.95	597.15	998.79
西　安	803.65	771	782.54	882.19	1440.54	1583.39
兰　州	161.03	179.48	215.25	233.55	303.43	363.67
西　宁	83.36	139.02	116.23	133.06	128.28	145.57
银　川	251.93	254.69	219.21	231.58	262.23	272.99
乌鲁木齐	276.82	236.52	237.58	263.1	315.39	406.79

数据来源：国家统计局。

注：其他资金包括定金及预收款、个人按揭贷款及其他到位资金。

表 5－21　2018 年四十重点城市房地产开发定金及预收款（月度累计）

单位：亿元

类　别	1—3 月	1—4 月	1—5 月	1—6 月	1—7 月	1—8 月	1—9 月	1—10 月	1—11 月	1—12 月
合　计	**5984.86**	**7979.65**	**10865.00**	**14266.81**	**16972.51**	**19473.78**	**22190.18**	**24872.14**	**27611.14**	**31048.48**
北　京	321.64	410.08	562.97	711.47	869.46	994.91	1213.99	1457.87	1689.31	2049.82
天　津	259.58	321.98	434.58	602.38	737.58	890.82	1012.70	1147.50	1310.28	1532.04
石家庄	11.16	20.34	26.60	31.20	37.49	45.24	55.86	65.06	72.98	90.73
太　原	49.16	90.53	129.54	177.08	199.87	224.27	248.11	270.26	290.98	329.61
呼和浩特	7.69	9.95	19.13	27.57	32.75	37.09	41.65	44.86	48.93	51.45
沈　阳	85.75	117.85	183.55	257.42	321.05	364.02	408.50	450.80	483.76	527.83
大　连	111.51	152.41	193.66	237.28	275.13	313.76	349.06	381.11	405.39	442.56
长　春	43.49	66.81	98.01	146.18	178.78	215.54	265.24	311.08	338.00	353.56
哈尔滨	33.46	56.15	100.87	142.68	171.14	192.71	266.87	311.53	342.80	364.95
上　海	243.83	368.49	480.71	632.94	798.37	933.47	1094.75	1264.34	1409.77	1566.41
南　京	227.44	281.84	391.85	504.45	587.67	667.44	770.36	863.29	924.65	1097.53
无　锡	136.74	195.48	269.31	331.15	400.55	441.21	503.06	565.51	617.06	687.29
苏　州	332.98	429.19	597.79	799.72	941.76	1077.23	1241.45	1415.96	1593.60	1739.67
杭　州	202.74	269.33	364.14	458.11	567.53	687.66	792.62	875.78	982.27	1062.20
宁　波	183.83	249.68	339.80	420.20	521.78	576.50	650.59	737.99	789.48	891.31
温　州	82.11	106.54	167.32	229.54	272.22	300.56	347.27	387.66	447.46	522.07
合　肥	137.26	189.22	257.29	346.78	429.40	519.35	577.83	649.49	739.79	794.69
福　州	134.16	193.35	258.35	311.90	363.84	399.20	437.84	476.65	515.57	586.56
厦　门	27.68	32.39	41.58	46.93	54.67	59.69	65.85	71.85	77.63	89.95
南　昌	151.87	145.60	174.64	200.65	233.64	260.49	285.30	309.68	335.82	376.57
济　南	168.47	197.51	274.21	395.34	459.99	506.01	596.57	674.41	758.65	807.25
青　岛	221.40	306.75	447.97	556.18	643.65	722.49	827.77	917.36	1032.61	1202.66
郑　州	131.30	184.35	234.70	279.62	322.34	383.23	431.88	480.08	538.03	594.28
武　汉	252.84	339.07	562.58	777.02	949.84	1134.09	1288.59	1426.51	1590.27	1783.50
长　沙	168.14	223.45	285.72	363.67	477.29	555.52	633.60	709.36	770.16	851.23
广　州	259.17	359.70	482.70	688.88	770.48	857.28	948.17	1044.63	1172.83	1415.70
深　圳	167.33	221.62	290.58	441.37	531.72	627.41	697.96	846.95	902.35	977.30
南　宁	109.39	159.25	227.10	282.64	330.55	374.73	420.48	461.19	509.24	586.30
北　海	16.75	30.87	44.72	58.70	69.78	73.30	76.81	78.36	81.48	90.83
海　口	102.65	125.59	183.10	211.29	233.82	247.21	262.67	265.23	270.05	316.76
三　亚	200.49	153.28	171.83	180.74	184.14	190.99	194.93	200.31	208.38	217.38
重　庆	555.76	769.86	1018.70	1328.71	1524.45	1750.45	1937.54	2097.90	2258.80	2486.96
成　都	308.54	450.19	583.74	800.19	939.03	1042.46	1142.75	1273.67	1466.10	1656.45
贵　阳	79.76	113.66	142.74	203.26	232.25	265.90	300.54	331.88	381.88	416.48
昆　明	128.13	136.15	186.67	238.76	297.25	365.41	456.49	507.53	553.51	633.49
西　安	205.78	324.95	384.04	506.46	600.09	696.53	801.68	873.33	980.15	1082.44
兰　州	43.51	56.85	88.13	133.50	151.55	163.83	182.25	204.11	240.43	255.18
西　宁	12.08	17.99	28.76	38.25	46.21	53.68	62.64	74.99	87.29	92.89
银　川	23.30	38.69	54.81	69.51	90.91	119.80	137.54	158.65	179.39	187.87
乌鲁木齐	46.00	62.64	80.52	97.11	122.50	142.33	160.42	187.44	214.00	236.71

数据来源：国家统计局。

表 5－22　2018 年四十重点城市房地产开发个人按揭贷款（月度累计）

单位：亿元

类　别	1—3 月	1—4 月	1—5 月	1—6 月	1—7 月	1—8 月	1—9 月	1—10 月	1—11 月	1—12 月
合　计	2309.99	3255.44	4203.06	5281.05	6249.73	7104.44	7979.50	8810.04	9728.75	10815.33
北　京	92.01	119.10	129.81	157.25	178.54	199.01	224.55	235.16	260.80	304.52
天　津	71.02	103.64	118.41	132.82	165.62	163.42	178.71	186.41	205.59	222.88
石家庄	6.01	8.41	13.74	16.52	22.14	26.61	37.34	39.85	42.29	50.28
太　原	35.93	60.79	98.32	134.33	151.49	159.67	177.53	188.58	198.52	206.23
呼和浩特	3.85	5.13	6.77	10.05	12.55	16.91	19.78	22.58	27.76	30.08
沈　阳	58.57	81.36	113.97	131.72	162.33	190.26	214.12	239.29	261.16	272.32
大　连	43.68	63.48	81.04	94.52	113.75	128.55	138.94	148.81	159.61	169.02
长　春	22.67	34.87	47.71	69.22	94.05	116.72	140.50	162.62	176.41	184.55
哈尔滨	15.36	27.84	39.01	51.97	65.04	77.76	95.47	110.19	120.71	129.70
上　海	54.91	73.78	87.93	103.79	122.77	136.71	177.45	197.01	244.61	303.57
南　京	149.71	195.21	275.97	311.20	374.16	405.23	450.82	470.95	508.96	559.63
无　锡	62.91	79.98	103.83	131.46	142.69	163.79	180.05	201.53	219.91	252.91
苏　州	178.75	233.15	288.14	356.23	414.72	477.74	539.65	603.14	673.69	767.53
杭　州	69.70	107.99	132.81	171.27	205.78	236.49	258.96	290.22	335.31	366.48
宁　波	86.74	121.41	157.17	192.72	244.26	276.25	301.63	337.39	360.73	392.81
温　州	24.20	37.35	56.40	71.04	85.52	100.96	111.10	118.46	130.27	147.28
合　肥	89.92	130.08	174.52	227.75	253.91	295.99	330.73	367.35	407.78	447.71
福　州	51.51	65.50	86.47	107.94	117.94	135.48	153.33	173.18	187.32	204.64
厦　门	28.36	33.98	41.83	46.26	52.93	58.95	63.82	67.40	70.43	77.35
南　昌	43.72	71.88	87.70	109.98	134.86	154.57	168.75	184.29	203.71	228.00
济　南	24.26	48.27	65.54	80.88	92.32	99.67	113.48	126.24	143.65	154.54
青　岛	38.09	57.06	77.14	93.62	114.82	126.88	140.16	157.93	167.08	189.63
郑　州	79.97	116.64	146.93	193.48	217.58	240.05	262.98	283.24	311.19	343.19
武　汉	90.64	113.00	135.37	165.17	192.92	239.24	272.45	320.29	353.41	417.69
长　沙	77.57	109.66	146.80	189.13	235.16	279.16	320.31	358.14	389.54	424.55
广　州	80.54	98.21	137.57	156.12	177.01	195.77	227.08	252.58	274.84	314.60
深　圳	75.37	127.78	175.86	217.18	249.30	279.42	313.99	376.13	424.50	474.20
南　宁	63.95	92.31	116.99	145.21	173.66	207.05	231.10	256.55	283.24	322.74
北　海	7.18	14.64	21.46	25.73	28.96	30.16	31.99	33.31	34.75	40.51
海　口	10.52	19.18	24.25	30.59	39.75	42.38	45.19	49.27	50.19	56.59
三　亚	7.94	15.18	17.00	18.58	20.39	21.23	22.40	23.47	24.22	25.77
重　庆	244.61	333.70	438.31	578.21	689.56	801.78	882.14	940.28	1014.77	1116.92
成　都	79.14	117.24	135.39	160.90	192.94	209.07	246.87	276.75	311.35	347.58
贵　阳	67.43	89.35	106.60	138.50	158.08	183.90	203.29	226.05	269.26	301.20
昆　明	43.29	62.99	79.36	116.49	149.23	173.51	202.08	229.13	265.23	286.95
西　安	80.98	115.72	143.61	216.64	249.55	275.27	301.10	326.45	348.02	376.63
兰　州	16.13	19.62	26.53	38.45	45.71	57.05	63.42	71.21	83.08	88.38
西　宁	5.44	8.39	12.93	19.78	21.91	24.01	25.64	31.22	36.31	39.96
银　川	8.61	15.04	19.23	25.47	31.06	35.49	41.03	46.25	55.09	66.92
乌鲁木齐	18.79	26.53	34.66	42.87	54.75	62.29	69.58	81.12	93.47	109.28

数据来源：国家统计局。

表 5－23　2018 年四十重点城市房地产开发其他到位资金（月度累计）

单位：亿元

类　别	1—3 月	1—4 月	1—5 月	1—6 月	1—7 月	1—8 月	1—9 月	1—10 月	1—11 月	1—12 月
合　计	**1214.02**	**1434.85**	**1609.05**	**2122.42**	**2509.00**	**2775.76**	**3144.70**	**3488.12**	**3863.04**	**3992.59**
北　京	85.67	92.65	111.59	120.65	130.96	125.32	157.72	183.29	193.68	180.44
天　津	143.66	115.01	133.50	159.18	180.13	184.54	227.46	242.96	273.94	289.58
石家庄	4.44	3.40	5.08	1.01	1.11	1.58	3.01	2.69	2.79	5.42
太　原	10.36	11.28	14.75	22.00	25.55	27.36	30.43	31.55	33.15	36.30
呼和浩特	4.47	6.70	6.45	10.04	11.69	10.90	11.13	11.69	12.41	12.56
沈　阳	5.80	9.31	21.22	23.24	35.09	40.79	50.89	52.52	63.01	60.42
大　连	3.33	4.27	5.14	6.46	6.71	10.15	12.86	15.98	19.06	20.41
长　春	10.28	14.15	16.80	21.09	19.93	23.01	28.11	31.76	38.36	36.69
哈尔滨	9.07	11.94	16.53	20.52	34.86	36.85	44.29	48.29	49.73	51.19
上　海	81.28	120.99	92.94	105.22	128.66	148.62	171.75	178.23	211.42	237.93
南　京	66.59	80.47	99.62	123.01	132.76	140.13	150.43	143.02	146.32	102.67
无　锡	48.34	62.60	85.70	158.00	159.71	170.80	188.69	203.99	214.55	215.54
苏　州	70.22	100.12	121.07	138.72	157.14	185.73	199.17	237.59	243.61	230.13
杭　州	13.23	15.85	23.87	34.33	50.72	64.73	79.31	93.85	108.36	152.98
宁　波	20.59	11.70	10.79	22.65	46.59	47.65	56.73	63.89	67.65	61.16
温　州	14.42	12.79	22.20	32.09	38.57	41.17	53.63	63.75	68.32	56.97
合　肥	27.67	34.69	43.98	51.01	61.24	85.00	78.69	87.05	107.13	106.16
福　州	16.17	24.98	27.81	33.65	58.30	75.57	96.46	106.54	114.64	130.97
厦　门	19.07	24.22	26.06	73.61	76.18	46.78	31.26	35.85	36.07	52.59
南　昌	5.43	7.19	11.03	12.07	19.05	23.09	41.62	45.54	57.00	56.00
济　南	60.84	67.24	37.07	49.23	59.41	68.23	83.50	86.82	98.28	102.81
青　岛	20.74	21.96	42.08	79.10	82.09	102.56	121.88	126.23	132.48	158.54
郑　州	6.30	17.40	12.83	10.22	12.70	19.14	24.23	39.39	40.39	48.64
武　汉	27.74	69.18	66.50	95.12	108.71	100.37	112.44	126.13	166.35	176.49
长　沙	25.92	30.00	35.90	48.75	55.45	59.82	65.88	71.65	79.67	87.50
广　州	76.21	115.15	94.31	123.66	169.74	165.77	168.48	188.33	189.70	195.25
深　圳	32.37	41.67	49.54	59.26	100.96	145.28	118.58	133.35	134.30	125.11
南　宁	12.06	17.74	20.48	34.07	39.27	43.18	46.15	65.00	81.66	100.41
北　海	0.43	0.35	0.41	0.67	0.73	1.03	1.04	1.05	1.93	1.95
海　口	12.75	7.33	18.62	23.33	29.91	39.75	41.42	53.63	71.51	54.02
三　亚	12.16	24.25	27.39	28.30	18.56	19.11	19.28	19.69	20.04	20.91
重　庆	138.09	135.27	138.77	182.93	200.10	233.23	284.46	302.23	335.56	350.97
成　都	53.78	35.03	45.72	57.73	67.77	80.92	95.93	100.86	107.82	119.99
贵　阳	8.39	11.33	13.00	14.80	21.96	24.27	31.04	35.94	39.15	39.37
昆　明	19.99	21.38	23.81	32.46	34.82	36.16	51.08	58.70	63.64	78.36
西　安	25.22	30.10	57.38	68.58	76.07	79.39	90.61	116.23	121.30	124.32
兰　州	1.29	1.82	2.07	4.80	3.56	5.56	8.73	9.95	19.96	20.11
西　宁	10.63	10.63	12.20	21.28	22.91	24.54	17.79	19.91	20.90	12.72
银　川	6.94	10.24	12.39	13.91	16.76	18.00	19.45	20.82	23.52	18.19
乌鲁木齐	2.10	2.48	2.43	5.65	12.57	19.68	29.05	32.20	53.70	60.80

数据来源：国家统计局。

（四）四十重点城市土地购置数据

表5－24　2014—2018年四十重点城市土地成交价款

单位：亿元

类　别	2014年	2015年	2016年	2017年	2018年
合　计	**5516.20**	**4649.42**	**5977.41**	**8471.99**	**8322.41**
北　京	763.67	811.13	470.12	815.90	503.33
天　津	121.09	74.20	239.88	177.72	348.31
石家庄	26.05	28.10	27.33	53.27	51.36
太　原	14.49	57.81	98.63	60.96	25.30
呼和浩特	16.13	9.55	8.64	4.57	3.74
沈　阳	95.85	73.08	36.86	39.43	146.37
大　连	172.86	73.61	26.69	26.41	60.99
长　春	146.17	149.94	119.16	150.19	193.51
哈尔滨	41.36	40.50	25.85	37.72	57.75
上　海	395.63	179.98	375.12	384.53	221.85
南　京	59.08	95.21	242.11	539.27	208.39
无　锡	231.04	49.58	41.69	214.61	223.32
苏　州	308.21	155.01	366.47	470.25	429.82
杭　州	217.82	149.75	288.36	363.87	457.20
宁　波	77.18	75.67	133.83	212.02	389.01
温　州	130.13	100.60	209.06	439.87	508.26
合　肥	229.97	225.03	338.30	824.74	437.33
福　州	94.53	78.79	148.44	177.21	256.29
厦　门	82.47	145.96	198.59	237.34	364.35
南　昌	70.83	45.25	61.90	72.74	113.12
济　南	169.99	132.48	85.43	69.80	172.43
青　岛	78.66	105.79	85.85	97.84	200.20
郑　州	114.91	75.18	343.84	412.49	312.62
武　汉	109.71	135.98	124.70	255.77	82.79
长　沙	84.31	40.60	63.08	72.19	192.57
广　州	205.37	177.61	283.19	442.87	504.58
深　圳	95.19	269.19	530.94	339.40	318.88
南　宁	88.17	57.90	101.22	110.38	82.82
北　海	1.29	0.24	3.52	4.66	6.39
海　口	28.67	21.07	44.31	15.64	39.67
三　亚	12.72	34.48	6.84	28.97	2.15
重　庆	679.99	539.12	429.73	568.45	625.56
成　都	181.98	179.29	205.84	154.89	258.47
贵　阳	22.21	38.28	7.62	93.35	65.13
昆　明	107.38	52.96	107.85	222.49	105.41
西　安	136.46	110.27	51.29	190.30	130.23
兰　州	39.05	11.33	14.49	9.38	9.26
西　宁	11.87	8.86	8.23	14.22	16.00
银　川	25.06	15.68	6.66	6.71	8.47
乌鲁木齐	28.69	24.41	15.72	59.56	189.19

数据来源：国家统计局。

表 5－25　2018 年四十重点城市土地成交价款（月度累计）

单位：亿元

类　别	1—3 月	1—4 月	1—5 月	1—6 月	1—7 月	1—8 月	1—9 月	1—10 月	1—11 月	1—12 月
合　计	**830.31**	**1205.15**	**1729.24**	**2578.96**	**3208.21**	**3994.68**	**4965.32**	**5903.53**	**7013.75**	**8322.41**
北　京	37.54	47.27	47.06	87.48	88.13	145.03	145.03	226.50	395.26	503.33
天　津	103.65	133.62	185.55	188.57	221.22	235.66	272.47	292.25	316.64	348.31
石家庄	8.75	11.53	12.88	16.91	21.83	29.77	30.33	31.08	38.51	51.36
太　原	2.86	4.02	4.27	7.66	7.86	9.71	9.71	20.34	24.83	25.30
呼和浩特	—	—	—	—	—	—	—	—	—	3.74
沈　阳	21.39	23.41	61.03	66.63	112.45	120.62	133.04	135.21	146.16	146.37
大　连	6.78	1.99	8.21	32.82	35.96	48.56	52.48	53.91	58.15	60.99
长　春	13.45	25.91	65.23	79.27	105.22	123.69	139.45	157.92	186.36	193.51
哈尔滨	11.51	20.66	27.06	28.15	33.50	37.58	37.58	43.88	49.39	57.75
上　海	71.28	73.24	112.80	125.49	168.04	169.42	199.95	179.77	186.26	221.85
南　京	14.67	51.86	70.18	73.54	81.86	82.58	179.10	169.92	169.92	208.39
无　锡	46.84	64.99	76.50	171.38	172.94	172.94	142.68	142.68	211.90	223.32
苏　州	123.02	138.02	178.95	212.25	226.56	250.58	309.26	354.99	436.44	429.82
杭　州	9.72	55.32	31.50	41.71	54.83	94.46	106.65	137.32	261.01	457.20
宁　波	35.79	20.00	45.05	73.71	104.43	108.85	210.60	287.58	326.44	389.01
温　州	17.01	32.24	55.30	116.90	179.94	256.87	320.85	447.03	476.65	508.26
合　肥	59.42	83.02	144.68	210.86	283.92	342.57	369.26	379.15	434.13	437.33
福　州	16.97	35.26	51.09	94.27	105.77	163.98	200.43	212.18	225.00	256.29
厦　门	—	28.37	26.01	36.01	45.97	123.68	215.27	230.39	255.85	364.35
南　昌	9.52	9.52	9.98	14.36	30.95	38.88	54.58	69.05	84.57	113.12
济　南	23.89	34.11	47.48	54.80	76.35	89.38	118.62	153.95	173.70	172.43
青　岛	6.22	10.72	18.13	26.81	56.52	101.34	109.34	125.00	159.69	200.20
郑　州	18.66	21.30	56.20	116.67	118.38	162.03	202.71	234.90	275.52	312.62
武　汉	22.32	22.32	22.32	36.27	38.27	38.28	65.14	75.94	82.79	82.79
长　沙	23.95	24.71	28.32	60.87	76.77	94.03	121.26	136.86	159.32	192.57
广　州	18.24	18.24	22.66	36.24	57.98	112.27	132.41	166.34	254.05	504.58
深　圳	8.33	14.12	47.10	96.73	125.03	121.06	156.63	270.71	306.22	318.88
南　宁	9.58	10.25	14.42	31.79	31.79	33.85	43.00	50.36	48.67	82.82
北　海	1.05	1.05	1.05	1.05	1.34	1.41	1.41	1.41	2.03	6.39
海　口	7.33	9.53	26.29	26.29	26.29	26.29	31.89	31.89	32.04	39.67
三　亚	2.15	2.15	2.15	2.15	2.15	2.15	2.15	2.15	2.15	2.15
重　庆	34.86	54.27	84.68	215.01	268.48	322.19	361.37	494.21	547.58	625.56
成　都	11.15	86.02	86.11	96.21	97.72	132.13	187.18	206.55	209.98	258.47
贵　阳	1.52	1.52	2.40	10.95	13.87	16.43	16.43	34.40	63.21	65.13
昆　明	8.38	8.61	19.09	29.99	34.72	37.88	82.40	91.23	96.13	105.41
西　安	17.42	18.69	30.52	30.65	30.65	42.63	70.08	85.05	105.26	130.23
兰　州	1.69	1.69	2.00	2.64	3.19	3.78	6.57	6.90	7.04	9.26
西　宁	—	—	1.51	1.51	1.58	1.94	1.94	1.94	15.96	16.00
银　川	—	0.10	0.10	5.50	5.98	6.36	7.42	7.42	7.52	8.47
乌鲁木齐	1.95	3.14	3.40	18.51	59.02	93.84	118.65	155.20	180.92	189.19

数据来源：国家统计局。

表 5－26　2014—2018 年四十重点城市土地购置面积

单位：万平方米

类 别	2014 年	2015 年	2016 年	2017 年	2018 年
合 计	**11508.84**	**8568.81**	**8572.01**	**8773.95**	**9411.59**
北 京	580.76	390.96	268.50	413.30	218.19
天 津	122.74	173.98	476.91	225.99	226.32
石家庄	74.77	56.43	58.59	124.14	146.45
太 原	66.04	238.68	155.86	98.70	44.35
呼和浩特	49.82	22.70	27.86	16.03	5.17
沈 阳	305.24	223.00	105.88	113.20	217.24
大 连	342.53	170.81	137.25	61.68	111.56
长 春	532.10	487.19	436.70	480.98	543.32
哈尔滨	128.20	107.98	56.88	133.72	119.06
上 海	313.18	263.39	229.11	179.73	144.58
南 京	71.29	116.84	283.19	288.62	186.36
无 锡	612.84	180.31	146.09	220.53	394.61
苏 州	604.21	331.21	558.52	435.38	351.05
杭 州	128.17	138.75	219.28	147.17	212.38
宁 波	232.08	103.25	175.95	278.64	569.60
温 州	146.91	88.23	136.33	250.21	320.50
合 肥	631.87	417.23	501.64	684.87	385.43
福 州	212.40	207.74	164.35	158.69	339.43
厦 门	58.30	97.75	98.00	82.44	74.08
南 昌	254.51	89.70	134.26	148.46	102.62
济 南	273.89	274.45	170.34	144.77	265.91
青 岛	292.49	235.01	213.82	187.63	384.01
郑 州	398.57	222.45	473.70	442.47	301.58
武 汉	227.06	161.67	222.12	104.80	77.05
长 沙	279.50	106.68	204.77	205.85	354.13
广 州	318.69	134.85	246.91	162.77	186.92
深 圳	105.73	137.72	189.29	152.61	132.61
南 宁	245.72	149.75	192.76	165.95	121.36
北 海	6.19	2.87	27.87	24.74	10.05
海 口	113.89	65.06	76.15	33.68	86.10
三 亚	24.04	70.80	42.35	46.17	4.08
重 庆	1864.59	1626.77	959.00	1112.22	1260.92
成 都	365.47	387.47	531.16	162.28	307.41
贵 阳	110.35	202.17	33.29	221.71	120.63
昆 明	324.16	193.39	231.06	408.90	209.21
西 安	335.96	300.34	191.13	328.07	221.19
兰 州	386.23	84.69	39.53	58.71	86.51
西 宁	82.58	31.08	17.19	42.71	37.28
银 川	160.98	106.50	44.42	74.42	95.69
乌鲁木齐	124.79	168.95	94.00	151.00	436.64

数据来源：国家统计局。

表 5－27　2018 年四十重点城市土地购置面积（月度累计）

单位：万平方米

类　别	1—3 月	1—4 月	1—5 月	1—6 月	1—7 月	1—8 月	1—9 月	1—10 月	1—11 月	1—12 月
合　计	**1114.46**	**1579.34**	**2303.19**	**3512.21**	**4407.74**	**5196.38**	**6172.27**	**7153.46**	**8276.43**	**9411.59**
北　京	15.13	53.70	52.20	66.15	72.30	97.19	97.19	148.10	174.07	218.19
天　津	40.69	60.61	70.08	81.66	112.52	131.75	146.92	172.30	198.14	226.32
石家庄	29.71	19.40	22.92	35.06	49.94	63.68	64.47	66.89	69.69	146.45
太　原	3.50	6.14	6.18	12.44	15.48	17.73	17.73	35.72	41.08	44.35
呼和浩特	—	—	—	—	—	—	—	—	—	5.17
沈　阳	20.28	32.26	72.32	97.96	148.19	172.15	182.90	192.33	217.24	217.24
大　连	23.69	5.90	11.12	58.57	65.60	70.88	81.64	91.58	106.75	111.56
长　春	17.53	36.64	162.77	206.12	316.11	353.69	392.63	463.41	521.82	543.32
哈尔滨	9.70	21.33	35.45	43.63	63.28	72.74	72.74	77.19	102.91	119.06
上　海	26.86	31.10	69.91	85.41	92.28	93.86	107.59	104.05	103.28	144.58
南　京	20.05	37.68	40.80	41.22	66.40	66.51	169.21	167.51	167.51	186.36
无　锡	35.86	93.29	139.20	210.18	217.17	217.17	193.87	193.87	380.16	394.61
苏　州	102.30	133.35	159.08	219.96	241.25	253.05	288.98	317.17	348.27	351.05
杭　州	14.10	36.03	39.27	39.27	46.05	66.96	80.23	78.31	123.91	212.38
宁　波	132.18	117.18	136.33	183.05	240.63	250.51	360.23	409.70	475.47	569.60
温　州	15.13	38.53	85.89	139.54	162.25	169.61	216.39	259.66	308.34	320.50
合　肥	71.23	94.92	140.26	196.42	278.06	324.71	348.39	361.73	383.93	385.43
福　州	22.83	33.54	43.15	125.56	133.73	163.05	261.84	288.29	305.70	339.43
厦　门	—	5.51	3.34	10.20	10.20	21.86	37.26	43.13	47.01	74.08
南　昌	17.37	17.37	21.10	17.00	32.10	44.78	61.94	69.31	82.76	102.62
济　南	35.66	73.74	89.63	103.45	142.29	175.69	204.65	260.31	271.72	265.91
青　岛	22.96	38.30	64.71	103.33	154.19	193.84	214.90	232.04	319.09	384.01
郑　州	37.05	41.02	74.73	127.32	134.09	179.30	191.65	224.97	248.41	301.58
武　汉	9.42	9.42	9.42	23.58	34.73	34.73	73.59	75.77	77.05	77.05
长　沙	38.28	40.95	53.85	148.59	188.72	204.35	233.76	252.40	317.37	354.13
广　州	7.90	7.90	11.51	44.84	57.68	96.34	100.72	103.11	149.93	186.92
深　圳	9.76	15.95	39.23	58.50	68.66	65.74	107.31	101.22	129.27	132.61
南　宁	12.21	14.45	33.04	48.11	48.11	54.01	69.42	83.13	76.99	121.36
北　海	3.60	3.60	3.60	3.60	8.36	8.58	8.58	8.58	5.93	10.05
海　口	51.65	51.65	65.52	65.52	65.52	65.52	70.42	70.42	70.75	86.10
三　亚	4.08	4.08	4.08	4.08	4.08	4.08	4.08	4.08	4.08	4.08
重　庆	125.99	191.71	260.53	497.12	586.40	715.85	753.41	1034.49	1109.61	1260.92
成　都	22.81	82.34	87.37	99.97	105.71	177.21	213.24	243.34	252.48	307.41
贵　阳	8.14	8.14	8.14	33.42	41.56	60.15	60.15	74.69	112.57	120.63
昆　明	33.59	33.81	47.28	73.30	78.83	86.92	135.31	158.37	200.84	209.21
西　安	42.91	51.30	93.36	87.71	87.71	96.28	131.91	153.17	183.87	221.19
兰　州	12.52	12.52	16.38	21.90	25.49	30.12	49.10	54.06	57.67	86.51
西　宁	—	—	19.21	19.21	19.79	24.73	24.73	24.73	36.25	37.28
银　川	—	1.00	1.00	23.52	32.88	38.23	63.30	63.30	79.29	95.69
乌鲁木齐	6.03	8.78	9.24	49.72	147.08	232.84	279.88	391.02	409.55	436.64

数据来源：国家统计局。

（五）四十重点城市房地产建设数据

1. 四十重点城市房屋施工面积

表5－28　2014—2018年四十重点城市房屋施工面积

单位：万平方米

类别	2014年	2015年	2016年	2017年	2018年
合计	308748.45	311325.95	320962.74	325560.58	336293.83
北京	13588.08	12993.08	12976.00	12412.74	12962.61
天津	10652.37	10230.22	9349.76	8795.82	10324.37
石家庄	4967.87	4083.90	3963.23	4242.72	3713.92
太原	4636.18	4830.54	5716.47	5565.06	6033.42
呼和浩特	5860.47	5574.45	5133.32	4170.59	3504.62
沈阳	11495.78	8341.31	7058.07	6967.08	6525.79
大连	6279.66	4911.50	4655.07	4477.89	4219.82
长春	6058.49	6122.45	6522.22	6687.31	7216.32
哈尔滨	6086.31	5578.78	4842.49	4482.15	4673.76
上海	14690.18	15095.33	15111.24	15362.25	14672.37
南京	6540.23	7084.44	7691.41	8163.04	8656.96
无锡	6812.33	6574.41	5981.17	5726.74	5981.74
苏州	10908.95	11285.85	12124.10	11891.86	11658.52
杭州	10506.53	11145.90	11567.82	11527.37	11755.16
宁波	7422.16	6737.89	6565.28	6833.12	7472.48
温州	4670.44	4646.93	4718.89	4715.70	4861.93
合肥	6986.81	7199.30	7818.54	8283.56	8233.22
福州	7598.91	7800.01	7760.77	7947.59	7921.37
厦门	4219.86	4333.83	4312.20	4287.70	4343.24
南昌	4244.74	4458.93	4982.72	5948.81	6093.95
济南	5265.66	6633.99	7920.35	8014.94	9117.03
青岛	8170.67	8971.23	9100.73	9532.69	10390.38
郑州	10574.15	10818.24	14229.97	16394.83	18643.11
武汉	10238.43	11062.52	11803.10	11912.98	11759.79
长沙	9688.60	9304.76	9679.47	9814.09	10702.85
广州	9369.93	9345.57	10061.92	10658.49	10999.01
深圳	4492.18	4978.41	5173.99	5676.07	6747.69
南宁	4519.36	5174.93	6191.24	7171.62	8129.81
北海	1551.12	1577.04	1568.26	1328.19	1228.79
海口	2252.04	2571.66	3081.90	3336.61	3337.73
三亚	1491.69	1475.96	1479.81	1907.73	1490.48
重庆	28623.93	28985.67	27363.39	25960.99	27226.56
成都	17202.89	18334.84	19880.94	19396.65	19514.56
贵阳	6815.79	6847.81	6086.75	5790.77	6058.28
昆明	8772.72	9200.41	9518.45	10090.20	10293.44
西安	12332.19	13332.63	14686.85	15408.82	15238.05
兰州	3284.56	3800.49	4010.16	4140.20	4314.16
西宁	1808.27	1893.55	2146.77	2235.27	1875.88
银川	4208.92	4231.36	4272.83	4144.19	3795.57
乌鲁木齐	3859.00	3755.80	3855.08	4156.16	4605.11

数据来源：国家统计局。

表 5-29　2018 年四十重点城市房屋施工面积（月度累计）

单位：万平方米

类　别	1—3 月	1—4 月	1—5 月	1—6 月	1—7 月	1—8 月	1—9 月	1—10 月	1—11 月	1—12 月
合　计	271785.50	278020.74	285758.86	294589.34	300790.88	307145.98	314332.83	321184.90	329201.14	336293.83
北　京	10737.13	10914.31	11222.64	11496.95	11716.54	11844.54	12150.61	12426.79	12705.31	12962.61
天　津	7216.30	7613.50	8017.95	8384.27	8632.11	8928.36	9221.24	9422.52	9528.02	10324.37
石家庄	2605.39	2680.44	2784.07	2980.09	3126.68	3212.51	3324.65	3523.39	3563.18	3713.92
太　原	4961.77	5111.62	5326.76	5594.97	5732.83	5817.34	5908.44	5943.47	5987.67	6033.42
呼和浩特	3382.17	3448.80	3474.38	3600.71	3663.37	3680.04	3682.34	3726.47	3735.06	3504.62
沈　阳	5441.09	5562.84	5891.60	6026.29	6192.31	6333.79	6427.33	6483.13	6598.59	6525.79
大　连	3792.38	3860.49	3951.38	4014.98	4052.36	4087.15	4169.78	4229.73	4205.68	4219.82
长　春	5765.09	5826.23	5960.38	6153.99	6438.21	6594.66	6813.45	6997.76	7189.81	7216.32
哈尔滨	3643.57	3713.94	3844.23	4045.87	4173.76	4333.18	4414.86	4466.29	4654.75	4673.76
上　海	12075.51	12414.37	12727.18	12995.50	13181.62	13540.72	13900.54	14169.72	14536.33	14672.37
南　京	7190.59	7417.89	7720.52	7841.59	7957.52	8097.87	8231.40	8528.15	8580.66	8656.96
无　锡	4656.69	4823.46	4985.19	5158.02	5287.05	5397.10	5532.79	5631.59	5791.27	5981.74
苏　州	9805.74	10192.09	10471.31	10784.83	10993.87	11157.89	11325.39	11483.02	11683.07	11658.52
杭　州	9267.77	9553.39	9776.27	10046.04	10187.77	10486.67	10661.62	10827.00	11317.61	11755.16
宁　波	5834.74	5806.10	5918.97	6182.42	6469.47	6550.75	6720.82	6966.56	7196.40	7472.48
温　州	3606.61	3646.27	3791.22	3937.54	4022.64	4235.09	4265.54	4436.72	4631.16	4861.93
合　肥	6699.44	6805.71	6962.44	7216.69	7418.99	7557.63	7845.47	7966.26	8111.29	8233.22
福　州	6463.36	6608.88	6699.35	6909.54	7069.03	7227.16	7497.89	7562.53	7696.13	7921.37
厦　门	3838.61	3895.47	3942.03	4018.37	4078.66	4183.69	4254.91	4286.70	4313.90	4343.24
南　昌	5047.45	5097.43	5197.85	5271.30	5372.03	5461.24	5604.52	5785.20	5968.51	6093.95
济　南	7017.84	7210.27	7441.28	7622.18	7835.93	8161.85	8380.30	8618.65	8884.62	9117.03
青　岛	7891.67	8054.97	8571.15	8747.04	9001.03	9173.92	9408.43	9757.16	9989.83	10390.38
郑　州	14379.84	14770.12	15188.73	15820.95	16318.89	16508.17	16760.29	17190.24	17879.60	18643.11
武　汉	9481.96	9547.45	9707.07	10022.48	10252.63	10526.37	10816.67	11062.41	11499.07	11759.79
长　沙	8907.27	9214.46	9398.04	9769.08	9689.21	9893.18	10198.17	10356.19	10539.10	10702.85
广　州	9336.49	9601.33	9710.80	9961.91	10037.15	10158.29	10244.61	10355.71	10606.98	10999.01
深　圳	5162.40	5374.92	5609.90	5879.56	6028.97	6110.55	6290.78	6468.95	6571.01	6747.69
南　宁	6835.05	6993.01	7135.19	7358.26	7458.75	7609.09	7705.45	7789.53	7967.28	8129.81
北　海	880.71	918.51	950.46	984.63	1008.24	1047.40	1061.58	1075.84	1107.45	1228.79
海　口	2927.11	2985.33	3052.33	3066.06	3125.23	3142.32	3165.83	3200.84	3296.60	3337.73
三　亚	1386.23	1392.74	1405.30	1412.34	1428.97	1440.51	1450.35	1451.56	1487.32	1490.48
重　庆	21596.23	22197.22	22885.58	23551.75	24070.27	24644.73	25507.02	26093.23	26840.63	27226.56
成　都	15506.98	15838.70	16341.11	16900.39	17185.35	17687.37	18196.29	18767.38	19226.93	19514.56
贵　阳	4833.04	4874.69	5088.09	5312.92	5390.68	5437.55	5542.37	5605.87	5895.59	6058.28
昆　明	8861.43	8859.67	8922.70	9134.01	9213.55	9396.67	9611.44	9780.00	9969.40	10293.44
西　安	12924.53	13103.10	13397.23	13716.02	13910.72	14065.48	14290.99	14503.76	14857.39	15238.05
兰　州	3482.11	3567.74	3616.61	3720.78	3826.54	3949.60	4099.30	4228.99	4297.34	4314.16
西　宁	1583.28	1614.99	1685.34	1735.05	1760.60	1796.45	1829.66	1853.41	1872.07	1875.88
银　川	3214.76	3298.82	3364.43	3451.21	3532.04	3541.99	3612.43	3689.92	3797.28	3795.57
乌鲁木齐	3545.19	3609.45	3621.78	3762.77	3949.32	4127.12	4207.26	4472.27	4621.24	4605.11

数据来源：国家统计局。

表 5－30　2014—2018 年四十重点城市住宅施工面积

单位：万平方米

类　别	2014 年	2015 年	2016 年	2017 年	2018 年
合　计	**204860.46**	**201506.27**	**204196.08**	**205276.41**	**212344.17**
北　京	6977.99	6261.21	5857.61	5390.89	5877.06
天　津	7204.46	6968.75	6311.70	5911.03	7151.20
石家庄	3610.03	2984.68	2804.15	3058.82	2582.88
太　原	3481.25	3510.63	4085.60	3903.83	4315.31
呼和浩特	4054.42	3733.50	3490.50	2729.47	2246.06
沈　阳	8210.81	5868.45	4970.33	4920.09	4683.80
大　连	4640.67	3685.24	3414.12	3319.06	3099.16
长　春	4209.35	4136.75	4295.59	4395.42	4673.07
哈尔滨	4220.25	3702.37	3225.70	2994.68	3109.40
上　海	8525.85	8372.12	8073.94	8013.80	7520.39
南　京	4401.06	4774.96	5247.76	5395.02	5602.71
无　锡	4644.66	4605.92	4276.26	4173.36	4464.81
苏　州	7652.38	7938.57	8554.74	8400.80	8337.12
杭　州	5782.56	5928.77	6005.42	5944.15	6160.57
宁　波	3950.76	3637.52	3501.94	3758.08	4264.07
温　州	3099.65	3037.33	3103.36	3080.67	3300.94
合　肥	4485.64	4326.43	4680.41	4854.62	4918.64
福　州	5108.45	4992.32	4919.79	5070.58	4913.29
厦　门	2274.32	2137.30	1953.07	2017.81	1964.96
南　昌	2996.90	3084.00	3575.61	4202.43	4295.04
济　南	3507.45	4475.31	5254.90	5336.74	5936.68
青　岛	5333.51	5875.02	5905.53	6255.55	6832.27
郑　州	6988.92	7256.23	9603.74	11231.26	12714.82
武　汉	7305.43	7974.42	8334.84	8419.85	8263.94
长　沙	6562.78	6202.81	6215.82	6180.33	6842.98
广　州	5769.59	5759.97	6105.68	6399.47	6507.72
深　圳	2870.00	3156.99	3079.28	2964.67	3450.31
南　宁	3107.84	3502.95	4034.47	4704.22	5290.67
北　海	1263.34	1255.55	1247.81	1065.06	928.51
海　口	1590.83	1765.50	1971.74	2083.62	2143.40
三　亚	1181.04	1090.16	1060.33	1327.09	1058.39
重　庆	20294.49	19390.32	17932.69	16747.92	17859.42
成　都	10697.93	11058.81	11831.95	11261.57	11148.81
贵　阳	4732.79	4532.50	3838.08	3578.17	3750.43
昆　明	5525.42	5844.12	5867.14	6262.71	6445.15
西　安	9661.51	9737.48	10448.32	10846.77	10602.21
兰　州	2425.33	2692.86	2736.27	2720.47	2761.19
西　宁	1157.15	1134.27	1258.80	1240.83	1102.44
银　川	2652.50	2607.82	2650.21	2561.24	2398.97
乌鲁木齐	2701.15	2506.35	2470.86	2554.28	2825.38

数据来源：国家统计局。

表 5-31　2018 年四十重点城市住宅施工面积（月度累计）

单位：万平方米

类别	1—3 月	1—4 月	1—5 月	1—6 月	1—7 月	1—8 月	1—9 月	1—10 月	1—11 月	1—12 月
合计	**169624.68**	**173790.62**	**179132.09**	**185150.26**	**189362.67**	**193577.94**	**198285.36**	**202389.80**	**207648.09**	**212344.17**
北京	4705.76	4830.41	4945.00	5107.43	5201.14	5268.93	5419.36	5541.56	5689.42	5877.06
天津	4835.02	5118.99	5458.15	5729.21	5933.00	6141.98	6338.73	6486.69	6607.27	7151.20
石家庄	1850.86	1895.49	1980.27	2147.13	2289.05	2367.93	2461.38	2430.40	2461.46	2582.88
太原	3515.06	3636.28	3798.39	3977.48	4085.97	4157.82	4211.54	4240.35	4287.27	4315.31
呼和浩特	2229.45	2278.30	2297.65	2395.22	2409.98	2417.68	2418.52	2437.56	2444.29	2246.06
沈阳	3800.07	3899.81	4170.67	4281.28	4405.17	4516.10	4586.08	4631.95	4697.19	4683.80
大连	2766.17	2816.10	2892.37	2941.33	2967.32	2991.00	3067.99	3111.88	3085.13	3099.16
长春	3792.39	3830.57	3935.33	4089.02	4276.05	4386.96	4538.92	4595.88	4656.55	4673.07
哈尔滨	2393.57	2438.76	2553.27	2678.50	2759.79	2808.26	2883.67	2929.97	3083.36	3109.40
上海	6103.09	6326.65	6497.53	6643.18	6748.54	6927.29	7134.35	7298.99	7464.37	7520.39
南京	4664.36	4812.66	5018.19	5117.52	5210.91	5285.12	5351.76	5521.93	5561.17	5602.71
无锡	3370.46	3496.75	3639.01	3776.30	3874.49	3979.25	4090.13	4187.81	4301.89	4464.81
苏州	6963.39	7248.50	7457.77	7692.92	7804.14	7946.39	8090.42	8220.87	8358.57	8337.12
杭州	4675.45	4838.57	5011.02	5200.01	5300.25	5496.90	5603.13	5654.51	5928.01	6160.57
宁波	3172.01	3156.55	3227.60	3401.99	3572.89	3627.92	3724.92	3898.44	4060.22	4264.07
温州	2342.62	2370.63	2493.34	2602.00	2672.54	2858.92	2896.72	3008.05	3145.22	3300.94
合肥	3857.40	3924.82	4028.12	4180.03	4293.25	4411.80	4615.90	4717.93	4826.90	4918.64
福州	4053.94	4152.84	4179.08	4327.36	4431.18	4537.70	4736.12	4689.71	4778.38	4913.29
厦门	1771.47	1804.24	1817.41	1853.92	1885.68	1881.33	1916.20	1924.68	1941.49	1964.96
南昌	3581.00	3622.91	3683.91	3727.08	3792.75	3861.03	3966.14	4100.19	4213.80	4295.04
济南	4667.00	4792.95	4945.01	5044.97	5197.89	5420.98	5493.53	5607.29	5813.20	5936.68
青岛	5183.75	5302.52	5622.24	5734.80	5916.22	6024.84	6181.00	6431.87	6600.87	6832.27
郑州	9786.24	10065.31	10396.85	10852.33	11170.89	11315.51	11495.75	11697.64	12168.61	12714.82
武汉	6534.13	6595.72	6783.85	7000.17	7141.70	7350.31	7515.98	7719.90	8045.63	8263.94
长沙	5556.71	5770.73	5882.14	6122.54	6134.33	6254.33	6487.66	6610.81	6751.26	6842.98
广州	5592.15	5713.89	5752.18	5904.05	5930.42	6005.20	6058.95	6121.02	6257.40	6507.72
深圳	2603.60	2736.49	2846.39	2993.64	3090.99	3140.63	3227.27	3334.03	3381.51	3450.31
南宁	4363.31	4464.34	4580.01	4748.31	4821.74	4917.58	4973.28	5050.95	5169.06	5290.67
北海	636.74	670.69	699.41	729.55	751.73	778.06	789.74	803.33	829.93	928.51
海口	1852.32	1901.51	1956.69	1967.50	2014.64	2028.43	2044.83	2070.73	2123.75	2143.40
三亚	972.12	976.58	988.97	996.00	1012.63	1023.61	1025.10	1026.11	1054.13	1058.39
重庆	14008.60	14377.97	14846.70	15332.07	15717.45	16109.20	16735.06	17125.95	17585.18	17859.42
成都	8771.49	8959.14	9243.54	9543.61	9709.13	10008.21	10344.79	10701.57	10939.14	11148.81
贵阳	2928.95	2950.69	3105.33	3243.30	3292.64	3321.64	3375.56	3428.18	3626.70	3750.43
昆明	5534.09	5536.29	5576.79	5734.86	5773.80	5890.94	6008.65	6142.87	6302.87	6445.15
西安	8938.09	9040.79	9245.18	9487.92	9649.66	9762.23	9917.71	10038.71	10332.47	10602.21
兰州	2244.11	2293.09	2332.23	2398.12	2469.82	2552.05	2639.58	2700.41	2743.32	2761.19
西宁	902.51	923.53	967.96	996.02	1012.74	1045.02	1071.59	1087.68	1099.80	1102.44
银川	1978.48	2051.70	2103.06	2174.59	2236.28	2234.17	2280.00	2335.63	2405.62	2398.97
乌鲁木齐	2126.77	2166.85	2173.51	2276.97	2403.89	2524.68	2567.40	2725.75	2825.68	2825.38

数据来源：国家统计局。

表 5 -32　2014—2018 年四十重点城市办公楼施工面积

单位：万平方米

类　别	2014 年	2015 年	2016 年	2017 年	2018 年
合　计	**20787. 97**	**23133. 42**	**24635. 39**	**25539. 71**	**25555. 45**
北　京	2253. 98	2409. 63	2447. 26	2428. 40	2220. 52
天　津	864. 64	872. 41	723. 32	693. 83	623. 55
石家庄	274. 74	252. 17	363. 28	344. 35	299. 52
太　原	261. 03	283. 43	370. 57	354. 37	323. 85
呼和浩特	205. 69	213. 34	179. 82	168. 64	125. 97
沈　阳	393. 19	300. 61	259. 39	225. 29	225. 49
大　连	194. 25	157. 84	161. 54	139. 45	152. 26
长　春	316. 01	382. 16	429. 30	447. 92	487. 36
哈尔滨	195. 79	195. 77	188. 14	177. 87	188. 72
上　海	1779. 04	1978. 49	2180. 50	2282. 08	2139. 02
南　京	390. 45	479. 96	470. 82	628. 63	657. 27
无　锡	404. 06	337. 88	241. 69	225. 03	235. 49
苏　州	461. 36	521. 74	566. 63	646. 63	625. 72
杭　州	1284. 85	1410. 34	1466. 54	1473. 81	1456. 76
宁　波	599. 08	507. 00	514. 03	483. 31	494. 27
温　州	113. 53	129. 95	130. 23	108. 67	92. 56
合　肥	421. 27	527. 05	587. 13	707. 15	723. 12
福　州	490. 87	545. 89	551. 41	563. 76	642. 44
厦　门	556. 79	757. 06	831. 81	810. 13	760. 33
南　昌	337. 92	351. 37	381. 09	423. 84	397. 55
济　南	440. 52	612. 74	715. 26	752. 91	853. 09
青　岛	540. 76	619. 55	655. 21	646. 82	669. 43
郑　州	920. 71	916. 87	974. 41	1064. 58	1175. 29
武　汉	550. 19	681. 52	792. 25	910. 65	906. 08
长　沙	502. 57	558. 99	659. 11	676. 67	644. 79
广　州	860. 34	903. 03	1075. 97	1121. 67	1207. 40
深　圳	337. 32	467. 48	562. 84	911. 54	1168. 28
南　宁	241. 47	306. 86	512. 72	491. 29	509. 41
北　海	6. 69	13. 53	11. 50	11. 25	17. 59
海　口	107. 91	119. 19	161. 31	181. 70	158. 70
三　亚	14. 49	32. 68	29. 85	53. 23	40. 64
重　庆	1072. 22	1145. 29	1020. 20	907. 70	809. 16
成　都	1046. 76	1155. 63	1224. 06	1192. 11	1401. 30
贵　阳	463. 79	546. 62	524. 44	480. 04	469. 57
昆　明	613. 63	638. 44	631. 09	700. 83	639. 39
西　安	567. 98	872. 93	998. 93	1051. 88	1068. 52
兰　州	129. 62	166. 71	203. 96	217. 85	227. 15
西　宁	112. 52	146. 01	150. 97	155. 39	95. 06
银　川	209. 39	272. 68	304. 06	298. 29	244. 48
乌鲁木齐	250. 55	342. 58	382. 73	380. 15	378. 33

数据来源：国家统计局。

表 5－33　2018 年四十重点城市办公楼施工面积（月度累计）

单位：万平方米

类　别	1—3 月	1—4 月	1—5 月	1—6 月	1—7 月	1—8 月	1—9 月	1—10 月	1—11 月	1—12 月
合　计	**22089.49**	**22400.76**	**22755.25**	**23198.18**	**23440.90**	**23717.32**	**24248.44**	**24711.39**	**25154.45**	**25555.45**
北　京	2009.63	2020.57	2052.89	2080.75	2138.16	2149.43	2184.86	2222.27	2242.77	2220.52
天　津	551.31	552.38	559.79	572.66	581.17	580.69	580.69	580.89	574.02	623.55
石家庄	235.31	250.98	253.18	259.90	260.93	264.03	267.10	284.65	287.82	299.52
太　原	277.08	291.76	292.83	301.10	304.34	305.34	320.86	322.25	322.85	323.85
呼和浩特	123.80	124.05	124.05	124.05	124.98	126.83	126.83	126.18	126.18	125.97
沈　阳	178.73	178.90	180.03	184.40	191.71	195.23	195.48	196.25	196.25	225.49
大　连	141.51	144.72	144.72	144.72	147.27	151.04	151.77	152.16	152.26	152.26
长　春	390.77	404.87	404.87	407.49	424.50	441.14	462.57	470.82	487.36	487.36
哈尔滨	149.49	159.16	168.34	170.79	187.15	187.15	187.67	187.67	188.51	188.72
上　海	1884.08	1907.26	1929.85	1954.51	1968.40	2027.38	2046.26	2072.57	2112.28	2139.02
南　京	576.07	600.05	601.81	601.93	602.00	634.85	638.78	647.92	648.68	657.27
无　锡	205.65	207.58	211.76	221.55	221.55	221.55	223.76	223.76	231.11	235.49
苏　州	583.01	610.34	610.89	623.59	634.06	635.64	636.51	638.01	638.67	625.72
杭　州	1246.57	1269.93	1278.06	1280.89	1276.51	1290.30	1319.34	1364.72	1420.26	1456.76
宁　波	429.91	428.39	433.83	441.39	462.17	466.45	487.55	490.41	494.46	494.27
温　州	80.00	80.00	80.05	86.75	86.75	87.76	87.77	88.13	89.94	92.56
合　肥	585.04	592.85	608.06	659.50	676.33	676.32	706.47	709.07	710.91	723.12
福　州	541.91	546.30	562.77	565.82	574.09	584.21	585.53	605.86	613.91	642.44
厦　门	758.58	759.71	781.77	791.37	791.78	751.32	753.35	759.53	760.04	760.33
南　昌	374.07	374.97	382.99	383.46	386.18	386.42	387.90	390.02	398.17	397.55
济　南	621.67	634.69	635.56	654.41	656.58	676.85	736.32	788.21	816.22	853.09
青　岛	548.69	554.08	591.13	591.58	602.56	605.54	619.08	627.99	638.49	669.43
郑　州	950.83	966.63	980.93	1020.82	1027.60	1037.80	1053.59	1111.10	1137.96	1175.29
武　汉	797.98	799.36	822.50	838.15	848.69	852.79	891.36	899.40	907.58	906.08
长　沙	623.63	628.88	649.51	661.89	620.35	624.99	630.50	635.98	634.23	644.79
广　州	1059.26	1079.48	1081.87	1098.21	1114.17	1127.13	1143.90	1147.51	1168.65	1207.40
深　圳	892.50	920.76	986.35	1041.00	1036.80	1054.10	1100.82	1117.04	1137.31	1168.28
南　宁	473.46	477.45	478.54	491.34	492.11	493.48	495.09	497.26	509.20	509.41
北　海	14.19	14.20	14.20	14.20	14.21	14.21	14.22	14.22	14.47	17.59
海　口	143.68	145.60	145.66	145.66	145.66	145.66	152.60	152.60	152.73	158.70
三　亚	44.23	44.23	44.23	44.23	44.23	44.23	44.23	44.23	44.23	40.64
重　庆	734.37	734.49	741.43	747.94	748.43	760.56	790.45	798.99	830.11	809.16
成　都	1064.22	1106.01	1120.48	1155.79	1183.15	1229.05	1258.49	1304.54	1375.20	1401.30
贵　阳	436.38	436.48	436.53	438.96	445.67	445.67	458.25	458.45	469.32	469.57
昆　明	557.87	547.94	549.24	562.16	567.76	569.19	603.88	618.51	627.39	639.39
西　安	949.11	949.11	974.83	984.47	993.66	1007.41	1018.13	1031.92	1052.95	1068.52
兰　州	195.97	200.14	200.66	203.04	203.15	205.40	213.20	226.49	227.27	227.15
西　宁	89.21	89.61	90.43	92.54	92.71	93.06	94.71	94.71	95.06	95.06
银　川	252.12	252.30	235.63	237.62	237.62	240.71	242.20	242.20	242.38	244.48
乌鲁木齐	317.57	314.54	313.00	317.55	325.79	326.40	336.37	366.92	377.23	378.33

数据来源：国家统计局。

表 5-34 2014—2018 年四十重点城市商业营业用房施工面积

单位：万平方米

类别	2014 年	2015 年	2016 年	2017 年	2018 年
合计	**37659.61**	**39878.65**	**41468.47**	**41532.44**	**40913.94**
北京	1278.52	1326.24	1354.82	1246.34	1160.15
天津	1217.15	1163.11	1162.28	994.93	929.56
石家庄	723.31	607.08	531.33	547.30	595.77
太原	430.86	468.98	532.72	535.94	540.33
呼和浩特	1032.33	1054.07	945.29	857.74	735.72
沈阳	1985.39	1469.14	1239.65	1183.53	989.15
大连	792.85	600.06	624.36	600.31	577.88
长春	852.47	872.80	1009.82	1010.89	1159.38
哈尔滨	922.30	1013.03	790.90	714.74	822.84
上海	1751.99	1944.02	1990.81	2016.16	1876.24
南京	719.69	787.95	799.41	857.24	944.76
无锡	1224.93	1130.73	1000.37	839.63	756.15
苏州	1436.67	1459.46	1480.65	1329.52	1177.89
杭州	1107.99	1316.62	1423.98	1488.37	1460.03
宁波	1047.16	897.78	903.58	868.85	835.31
温州	476.46	515.74	536.86	524.66	437.44
合肥	1141.76	1377.27	1455.73	1500.64	1381.59
福州	807.08	972.48	958.15	905.22	947.63
厦门	375.78	404.03	409.10	364.60	413.64
南昌	447.62	505.29	529.76	705.97	704.37
济南	622.29	737.72	905.95	841.46	945.97
青岛	1018.84	1090.20	1045.81	1085.80	1046.35
郑州	1096.08	1119.62	1439.36	1613.06	1820.61
武汉	1188.48	1209.18	1214.09	1135.88	1043.12
长沙	1121.97	1070.80	1243.16	1320.88	1453.45
广州	1134.01	1117.17	1226.30	1259.11	1260.17
深圳	481.78	614.59	705.77	818.45	915.13
南宁	402.96	457.91	550.01	620.82	714.18
北海	144.07	161.39	174.37	136.34	144.50
海口	189.16	230.29	360.32	469.51	415.76
三亚	123.63	119.75	146.96	185.66	171.27
重庆	3316.67	4111.50	4193.65	3988.08	3836.44
成都	2210.79	2453.13	2673.99	2819.03	2718.79
贵阳	657.55	826.27	746.27	798.01	833.92
昆明	1195.87	1188.46	1250.42	1245.10	1270.25
西安	1196.41	1600.30	1876.13	1849.14	1774.47
兰州	355.20	450.74	515.87	559.32	584.59
西宁	296.08	329.08	404.63	482.73	388.56
银川	737.59	667.51	640.94	640.24	525.10
乌鲁木齐	397.87	437.16	474.90	571.27	605.50

数据来源：国家统计局。

表 5－35　2018 年四十重点城市商业营业用房施工面积（月度累计）

单位：万平方米

类　别	1—3 月	1—4 月	1—5 月	1—6 月	1—7 月	1—8 月	1—9 月	1—10 月	1—11 月	1—12 月
合　计	**34762.29**	**35364.35**	**35952.76**	**36818.59**	**37419.78**	**38086.25**	**38728.17**	**39777.26**	**40497.93**	**40913.94**
北　京	1065.24	1065.49	1086.12	1100.60	1112.61	1129.87	1140.51	1159.56	1167.98	1160.15
天　津	760.38	813.99	822.90	843.39	864.22	891.05	901.67	912.59	872.44	929.56
石家庄	346.24	349.88	362.48	368.40	370.37	372.17	378.41	583.99	586.81	595.77
太　原	469.88	465.22	472.37	518.51	522.04	525.48	538.01	539.97	539.33	540.33
呼和浩特	677.36	680.19	682.10	699.31	744.49	749.92	751.03	758.87	760.10	735.72
沈　阳	921.17	933.47	950.69	951.71	972.39	985.51	994.11	998.64	1043.92	989.15
大　连	529.35	540.74	544.56	553.02	557.79	561.37	570.98	575.29	579.47	577.88
长　春	863.76	865.59	884.09	896.20	932.77	950.10	969.49	1067.59	1145.93	1159.38
哈尔滨	605.33	615.50	619.59	680.65	689.49	775.85	789.31	796.15	819.84	822.84
上　海	1664.93	1676.40	1704.70	1720.23	1741.87	1763.81	1792.89	1805.77	1846.15	1876.24
南　京	790.12	808.86	841.54	844.61	851.26	867.15	894.58	921.24	926.29	944.76
无　锡	675.05	696.39	708.17	721.52	729.38	736.94	739.32	732.86	752.33	756.15
苏　州	1007.31	1016.69	1018.73	1050.22	1111.26	1124.01	1130.83	1136.21	1183.12	1177.89
杭　州	1213.49	1231.01	1241.21	1259.59	1258.20	1283.18	1294.60	1348.09	1419.81	1460.03
宁　波	739.51	728.73	735.49	757.20	777.83	789.24	810.60	817.17	833.17	835.31
温　州	385.13	387.22	390.36	397.30	399.90	400.99	399.25	423.13	435.33	437.44
合　肥	1268.55	1278.00	1291.94	1299.75	1300.83	1308.00	1335.82	1337.50	1348.71	1381.59
福　州	787.04	798.75	819.89	833.67	840.19	849.95	888.86	940.87	957.99	947.63
厦　门	331.13	330.40	333.48	341.36	343.65	400.65	411.31	412.27	413.57	413.64
南　昌	575.30	580.76	598.76	610.32	621.44	626.35	641.59	659.10	687.25	704.37
济　南	765.30	783.30	805.13	810.84	833.89	859.10	885.00	927.51	928.92	945.97
青　岛	832.71	838.63	877.19	903.89	929.09	951.01	961.10	991.72	1011.16	1046.35
郑　州	1446.62	1467.57	1483.65	1529.90	1640.68	1652.17	1655.74	1763.03	1778.26	1820.61
武　汉	858.26	864.67	873.09	892.96	929.54	955.75	985.87	1004.05	1034.44	1043.12
长　沙	1228.97	1250.21	1269.02	1327.35	1299.87	1339.96	1366.56	1384.08	1408.33	1453.45
广　州	1105.11	1143.91	1153.68	1197.40	1193.20	1196.69	1201.10	1224.26	1235.55	1260.17
深　圳	757.52	784.99	790.30	835.86	847.79	856.86	869.13	881.78	895.54	915.13
南　宁	633.62	646.95	643.68	650.58	654.03	659.41	679.27	686.35	699.18	714.18
北　海	131.50	133.24	134.43	137.55	137.89	139.67	141.26	141.46	141.43	144.50
海　口	367.55	369.31	373.37	375.18	377.57	378.40	378.53	381.96	410.74	415.76
三　亚	157.46	160.68	160.68	160.68	160.68	160.97	170.14	170.34	172.22	171.27
重　庆	3313.24	3435.95	3494.31	3543.86	3583.18	3635.83	3694.02	3765.64	3827.14	3836.44
成　都	2332.91	2398.53	2462.53	2545.32	2562.48	2588.05	2624.35	2695.63	2740.45	2718.79
贵　阳	696.66	701.61	729.69	761.12	765.10	780.27	802.12	807.51	824.44	833.92
昆　明	1128.07	1135.79	1146.18	1169.81	1187.22	1213.07	1218.27	1223.36	1219.65	1270.25
西　安	1532.58	1556.26	1591.65	1629.31	1630.72	1643.46	1695.38	1722.97	1735.67	1774.47
兰　州	476.58	486.85	488.98	500.38	518.51	522.12	545.56	578.02	583.32	584.59
西　宁	350.00	354.75	364.29	377.07	382.50	383.55	385.12	385.97	387.97	388.56
银　川	460.73	468.04	479.49	479.90	484.46	487.40	496.63	499.23	520.84	525.10
乌鲁木齐	510.64	519.84	522.26	542.09	559.42	590.93	599.87	615.54	623.14	605.50

数据来源：国家统计局。

2. 四十重点城市房屋新开工面积

表 5 -36　2014—2018 年四十重点城市房屋新开工面积

单位：万平方米

类　别	2014 年	2015 年	2016 年	2017 年	2018 年
合　计	**68723.24**	**60319.66**	**67593.10**	**68059.23**	**75095.80**
北　京	2449.39	2706.91	2795.57	2361.51	2321.11
天　津	2815.27	2817.19	2511.47	2334.62	2479.34
石家庄	1388.01	787.70	1089.64	1524.44	1142.79
太　原	730.79	1061.08	1445.54	1011.67	1254.29
呼和浩特	708.44	713.56	550.62	364.98	308.89
沈　阳	2316.55	1228.83	1043.56	1334.90	1416.16
大　连	1222.18	607.78	594.40	512.20	580.83
长　春	1395.98	1000.01	1003.36	947.83	1429.65
哈尔滨	1069.43	1159.41	896.86	1194.27	1095.87
上　海	2782.02	2605.08	2840.95	2618.00	2687.17
南　京	1217.34	1609.58	2281.02	2026.37	1942.31
无　锡	1575.91	873.98	978.18	1105.74	1503.02
苏　州	3139.60	2153.41	2966.51	2565.14	2800.76
杭　州	2411.72	2030.82	2137.54	2176.52	2708.53
宁　波	1468.21	884.58	1052.10	1772.63	2202.89
温　州	808.29	631.36	788.54	1104.39	1414.55
合　肥	2050.78	1977.96	2113.31	2041.56	1789.83
福　州	1746.33	1388.91	1409.65	1212.44	1830.94
厦　门	739.58	592.47	548.46	605.41	414.56
南　昌	636.93	854.55	1280.32	1639.14	1277.60
济　南	1294.94	1690.34	1944.94	1726.08	2604.43
青　岛	2044.24	1962.07	2085.39	2030.78	2803.11
郑　州	2749.32	2834.01	5287.21	5449.61	4363.47
武　汉	2318.66	2320.02	2629.89	3020.10	3106.92
长　沙	2603.32	1342.64	2201.03	2113.09	2931.94
广　州	2407.67	1741.28	2132.38	1853.88	1775.45
深　圳	932.68	1208.27	975.33	970.83	1529.57
南　宁	1051.03	1124.33	1494.73	1486.21	1709.74
北　海	360.66	271.00	261.03	337.01	356.10
海　口	359.14	485.32	811.61	569.81	628.33
三　亚	233.37	257.43	237.33	296.47	170.57
重　庆	6254.04	5810.85	4875.16	5680.04	7386.16
成　都	4609.67	3796.82	4312.79	4239.29	4722.45
贵　阳	1149.62	1172.79	892.69	894.93	1366.64
昆　明	2064.74	1097.73	1472.27	1598.73	1705.43
西　安	2438.30	2509.70	2867.08	2490.33	2433.41
兰　州	624.36	621.81	814.39	755.74	814.92
西　宁	461.21	630.75	642.29	551.57	332.39
银　川	1206.23	841.82	721.43	614.13	628.60
乌鲁木齐	887.29	915.52	606.50	926.87	1125.09

数据来源：国家统计局。

表 5－37　2018 年四十重点城市房屋新开工面积（月度累计）

单位：万平方米

类　别	1—3 月	1—4 月	1—5 月	1—6 月	1—7 月	1—8 月	1—9 月	1—10 月	1—11 月	1—12 月
合　计	12420.89	18421.49	26071.59	34481.99	41106.16	47261.53	54283.36	60372.53	68171.62	75095.80
北　京	154.78	261.76	587.17	879.40	1081.22	1200.78	1508.02	1740.30	2013.65	2321.11
天　津	629.09	992.36	1250.26	1601.51	1848.79	2112.71	2409.08	2592.16	2815.37	2479.34
石家庄	69.04	144.09	247.72	443.74	590.33	676.16	788.30	974.97	1014.76	1142.79
太　原	158.38	308.24	523.37	787.22	906.02	990.53	1081.63	1116.66	1140.13	1254.29
呼和浩特	3.40	49.36	74.94	201.26	263.92	274.14	275.51	302.42	311.01	308.89
沈　阳	233.54	355.30	684.05	814.88	980.90	1122.38	1215.92	1271.72	1387.18	1416.16
大　连	77.08	145.19	236.08	299.68	334.98	369.78	455.39	515.35	521.17	580.83
长　春	29.72	90.86	225.01	407.26	691.48	847.93	1066.72	1205.68	1387.33	1429.65
哈尔滨	80.56	150.93	275.53	451.11	578.99	726.01	807.69	859.12	1047.58	1095.87
上　海	262.82	552.72	868.35	1129.82	1306.44	1642.54	1996.24	2246.00	2573.24	2687.17
南　京	474.65	701.95	1004.17	1120.70	1243.60	1381.40	1514.93	1789.30	1840.55	1942.31
无　锡	244.98	406.76	568.49	742.84	871.87	981.92	1117.55	1227.96	1391.66	1503.02
苏　州	877.43	1275.11	1534.28	1847.79	2037.07	2209.71	2376.63	2534.32	2734.37	2800.76
杭　州	190.12	471.29	694.28	964.05	1098.01	1395.17	1630.94	1778.36	2223.13	2708.53
宁　波	339.87	460.20	559.29	812.32	1099.48	1182.70	1353.10	1598.85	1828.70	2202.89
温　州	101.06	145.81	290.77	444.51	529.61	742.06	845.56	958.76	1153.29	1414.55
合　肥	329.51	439.77	584.73	838.98	998.32	1136.96	1424.80	1538.89	1667.91	1789.83
福　州	372.73	513.45	604.90	788.03	947.52	1105.42	1375.56	1436.78	1573.66	1830.94
厦　门	34.00	51.10	114.97	179.34	239.63	283.06	328.65	360.38	387.58	414.56
南　昌	244.78	294.76	388.65	462.09	562.82	652.03	795.32	975.99	1147.94	1277.60
济　南	487.90	680.33	911.33	1092.24	1305.98	1631.90	1850.36	2088.71	2354.67	2604.43
青　岛	428.17	576.18	1092.35	1269.99	1531.74	1702.43	1936.95	2184.86	2417.53	2803.11
郑　州	578.51	977.08	1348.84	1922.47	2412.67	2601.94	2843.35	3273.30	3712.47	4363.47
武　汉	701.04	844.27	1102.70	1467.74	1692.40	1966.14	2252.48	2456.61	2871.51	3106.92
长　沙	675.99	983.18	1166.76	1394.37	1797.33	2001.30	2306.29	2464.31	2710.07	2931.94
广　州	331.43	493.01	591.21	851.51	917.29	1025.44	1111.76	1188.91	1440.18	1775.45
深　圳	178.89	322.69	537.48	763.66	907.12	983.27	1108.42	1278.30	1378.89	1529.57
南　宁	461.57	560.26	695.66	904.53	1004.72	1151.80	1248.24	1332.26	1510.01	1709.74
北　海	41.07	78.87	110.83	144.99	168.61	207.77	221.94	236.20	267.81	356.10
海　口	213.52	271.74	338.75	352.47	413.22	428.74	452.45	484.45	582.95	628.33
三　亚	55.32	61.84	74.40	81.44	98.06	109.61	119.45	120.65	156.41	170.57
重　庆	1704.00	2276.42	3005.01	3623.66	4142.18	4684.29	5473.64	6045.03	6813.60	7386.16
成　都	811.18	1142.89	1645.31	2207.82	2492.93	2994.96	3503.26	3828.87	4333.88	4722.45
贵　阳	265.76	307.41	507.76	703.85	781.61	828.48	900.18	963.67	1213.68	1366.64
昆　明	146.62	220.06	318.30	525.27	659.56	842.69	1018.52	1187.08	1364.47	1705.43
西　安	320.70	421.73	710.88	992.42	1211.51	1366.28	1589.12	1744.74	2079.64	2433.41
兰　州	38.28	123.92	162.72	266.89	372.65	495.71	590.20	719.89	788.24	814.92
西　宁	19.64	71.50	141.85	191.56	217.11	252.95	286.17	309.92	328.57	332.39
银　川	34.20	118.06	186.65	261.81	342.62	348.84	419.26	492.00	589.06	628.60
乌鲁木齐	19.55	79.02	105.80	246.79	425.83	603.63	683.77	948.78	1097.75	1125.09

数据来源：国家统计局。

表5-38　2014—2018年四十重点城市住宅新开工面积

单位：万平方米

类　别	2014年	2015年	2016年	2017年	2018年
合　计	**44265.59**	**38518.73**	**43365.93**	**45046.19**	**49923.74**
北　京	1282.28	1158.17	1199.43	1159.64	1233.58
天　津	1986.56	1966.85	1943.39	1822.72	1862.93
石家庄	1077.67	555.80	730.69	1239.88	747.77
太　原	451.87	703.98	983.47	689.07	951.37
呼和浩特	510.68	490.75	444.76	272.13	193.97
沈　阳	1665.01	936.52	791.83	1079.73	1121.36
大　连	939.24	486.05	403.13	395.91	442.56
长　春	886.94	679.73	604.86	645.04	911.95
哈尔滨	708.43	743.51	664.98	909.99	756.38
上　海	1547.29	1560.28	1436.13	1402.91	1473.17
南　京	906.42	1164.80	1684.30	1283.59	1263.53
无　锡	1075.53	648.71	729.95	896.36	1195.22
苏　州	2210.45	1592.38	2310.14	1948.17	2071.73
杭　州	1225.67	1000.27	1225.97	1243.82	1590.42
宁　波	795.74	518.55	619.21	1107.64	1444.84
温　州	470.49	412.05	539.32	703.98	1089.56
合　肥	1231.06	1147.47	1370.22	1351.76	1261.55
福　州	1030.24	823.28	952.21	831.73	1102.46
厦　门	304.26	280.39	189.73	333.87	222.83
南　昌	503.36	595.46	975.82	1188.93	869.47
济　南	918.30	1193.66	1218.81	1205.14	1609.42
青　岛	1333.69	1368.57	1379.21	1423.94	1848.17
郑　州	1954.73	1983.60	3596.27	3854.71	3006.85
武　汉	1678.98	1819.96	1848.90	2203.54	2234.84
长　沙	1651.89	882.53	1326.36	1292.47	2021.89
广　州	1466.33	1048.05	1258.57	1118.95	994.06
深　圳	549.50	777.32	472.09	422.43	794.68
南　宁	669.12	737.46	953.00	1021.72	1200.76
北　海	267.95	195.30	216.27	295.44	280.82
海　口	208.83	345.38	461.19	393.08	453.79
三　亚	182.77	161.58	144.70	223.31	127.78
重　庆	4275.96	3668.92	2998.92	3759.63	5145.20
成　都	2685.65	2226.86	2559.17	2373.76	2691.01
贵　阳	629.73	629.78	554.14	555.44	951.95
昆　明	1233.11	666.61	907.55	987.16	1124.81
西　安	1794.35	1458.80	1933.83	1791.87	1738.99
兰　州	470.78	379.20	532.04	403.83	494.20
西　宁	241.69	377.22	378.72	268.65	213.39
银　川	774.66	522.13	440.29	404.36	445.70
乌鲁木齐	468.38	610.77	386.37	539.91	738.77

数据来源：国家统计局。

表 5 - 39　2018 年四十重点城市住宅新开工面积（月度累计）

单位：万平方米

类　别	1—3 月	1—4 月	1—5 月	1—6 月	1—7 月	1—8 月	1—9 月	1—10 月	1—11 月	1—12 月
合　计	**8260.63**	**12241.77**	**17489.50**	**23347.34**	**27821.96**	**31983.99**	**36614.97**	**40268.01**	**45410.94**	**49923.74**
北　京	105.88	180.39	334.29	507.35	588.15	657.72	801.99	909.46	1057.39	1233.58
天　津	454.75	707.91	901.17	1169.53	1370.21	1561.01	1753.87	1895.66	2079.19	1862.93
石家庄	49.69	94.37	179.14	345.88	487.94	566.82	660.27	620.42	651.30	747.77
太　原	131.09	252.31	414.42	589.48	684.20	756.46	809.38	839.53	862.59	951.37
呼和浩特	—	37.54	56.89	154.69	169.45	178.57	179.52	197.21	203.94	193.97
沈　阳	212.93	312.68	583.53	694.50	818.39	928.00	997.98	1043.47	1108.71	1121.36
大　连	55.89	105.82	180.27	229.24	253.60	277.28	356.81	400.71	399.07	442.56
长　春	25.83	64.02	168.78	314.14	501.16	616.09	768.05	827.36	881.05	911.95
哈尔滨	50.06	95.26	193.76	318.99	400.28	442.64	518.12	564.43	717.82	756.38
上　海	130.45	311.76	483.19	630.25	747.61	913.93	1117.31	1270.31	1411.48	1473.17
南　京	316.17	464.47	677.93	775.34	864.51	938.53	1009.08	1169.15	1202.57	1263.53
无　锡	178.94	305.23	447.50	584.78	684.04	788.79	899.88	997.56	1111.25	1195.22
苏　州	651.05	936.82	1137.85	1373.00	1482.62	1617.55	1761.05	1891.52	2028.95	2071.73
杭　州	67.84	226.47	399.28	587.88	688.14	893.30	1020.18	1063.71	1326.31	1590.42
宁　波	217.52	291.11	355.32	519.40	689.13	744.17	845.64	1019.25	1181.03	1444.84
温　州	76.72	108.36	230.51	345.65	416.19	602.57	692.45	771.41	910.92	1089.56
合　肥	233.36	301.31	407.93	564.88	651.73	770.29	974.39	1066.87	1169.81	1261.55
福　州	189.83	285.85	331.30	462.30	569.12	679.21	877.44	831.04	922.21	1102.46
厦　门	16.20	21.76	54.94	91.49	123.77	141.83	176.61	185.08	201.90	222.83
南　昌	154.81	197.16	254.22	309.67	375.35	443.62	548.73	682.78	788.23	869.47
济　南	317.27	443.22	600.08	700.05	854.20	1077.41	1149.96	1263.72	1469.63	1609.42
青　岛	277.17	395.26	714.96	829.26	1013.19	1119.62	1275.87	1454.40	1624.77	1848.17
郑　州	385.43	672.76	974.30	1383.06	1698.88	1843.49	2016.49	2218.38	2543.62	3006.85
武　汉	453.27	557.01	740.88	1026.88	1165.37	1373.98	1535.69	1715.07	2024.52	2234.84
长　沙	468.07	684.63	795.75	949.31	1249.51	1369.89	1602.90	1725.46	1876.06	2021.89
广　州	207.40	281.55	317.12	476.65	506.54	569.00	622.02	651.82	788.20	994.06
深　圳	84.97	157.98	256.71	379.10	473.45	513.55	581.30	687.58	725.88	794.68
南　宁	293.20	355.17	465.92	629.44	702.72	799.99	855.78	933.40	1051.50	1200.76
北　海	21.39	55.34	84.06	114.13	136.31	162.64	174.32	187.91	214.51	280.82
海　口	148.92	198.11	253.29	264.16	312.62	325.10	341.49	365.44	423.53	453.79
三　亚	41.74	46.20	58.55	65.59	82.11	93.10	94.51	95.51	123.53	127.78
重　庆	1277.10	1626.75	2120.49	2592.73	2976.58	3340.58	3904.73	4291.43	4798.46	5145.20
成　都	396.91	585.64	870.04	1172.11	1336.69	1636.90	1969.84	2160.89	2448.05	2691.01
贵　阳	198.09	219.83	370.91	493.34	542.67	571.67	615.08	667.70	834.70	951.95
昆　明	80.24	133.02	204.87	365.71	412.68	529.60	645.93	780.15	930.30	1124.81
西　安	229.57	289.05	489.05	697.63	877.72	986.07	1137.48	1214.18	1494.38	1738.99
兰　州	16.76	65.74	94.82	160.71	232.41	314.64	369.35	430.18	473.09	494.20
西　宁	11.42	34.17	78.60	106.66	123.38	155.67	182.24	198.33	210.45	213.39
银　川	20.44	90.61	136.59	199.08	260.76	263.35	309.18	359.90	419.84	445.70
乌鲁木齐	12.26	49.15	70.27	173.32	298.58	419.36	462.08	619.63	720.21	738.77

数据来源：国家统计局。

表 5－40　2014—2018 年四十重点城市办公楼新开工面积

单位：万平方米

类　别	2014 年	2015 年	2016 年	2017 年	2018 年
合　计	**4945.58**	**4580.93**	**4507.14**	**4124.06**	**4168.56**
北　京	421.37	585.56	464.41	364.61	221.31
天　津	132.38	210.63	41.48	67.49	19.64
石家庄	46.43	79.32	143.39	29.12	67.98
太　原	119.45	55.37	100.74	43.68	32.51
呼和浩特	18.91	17.32	1.65	8.73	1.74
沈　阳	69.14	9.08	18.39	31.22	12.77
大　连	26.96	8.36	15.24	12.09	7.54
长　春	73.63	67.65	78.33	27.79	96.70
哈尔滨	52.76	60.69	21.00	15.42	45.81
上　海	365.25	304.87	384.49	368.84	310.84
南　京	49.33	126.02	67.34	207.09	100.56
无　锡	55.28	38.56	16.40	21.03	39.66
苏　州	156.42	76.47	100.54	144.32	105.94
杭　州	356.08	235.66	148.48	248.01	252.60
宁　波	99.17	57.72	90.13	69.55	95.66
温　州	32.56	21.21	16.41	18.87	12.15
合　肥	89.70	191.07	157.57	152.96	139.33
福　州	150.01	89.28	95.33	75.58	120.52
厦　门	149.62	110.76	102.01	83.39	19.56
南　昌	32.98	47.77	88.99	77.93	37.78
济　南	75.22	153.67	143.10	114.62	277.57
青　岛	159.45	118.90	115.67	94.64	130.90
郑　州	178.08	167.29	202.83	276.77	268.50
武　汉	127.35	142.08	169.57	229.63	204.72
长　沙	157.25	83.25	171.09	106.81	86.93
广　州	214.83	162.85	261.63	163.44	172.04
深　圳	91.30	126.79	165.80	261.28	297.03
南　宁	116.95	78.61	200.04	26.88	43.54
北　海	0.34	7.56	0.01	0.10	7.21
海　口	2.48	5.79	48.71	12.76	18.03
三　亚	4.98	4.45	—	0.65	8.98
重　庆	264.17	157.43	160.79	94.86	132.72
成　都	335.34	244.90	207.05	255.98	442.77
贵　阳	128.80	128.34	39.52	50.32	36.77
昆　明	144.78	47.66	117.88	82.16	62.35
西　安	158.42	346.58	188.59	120.89	127.21
兰　州	34.86	49.39	24.14	45.94	32.06
西　宁	49.22	45.84	38.45	44.08	7.27
银　川	72.21	57.09	62.33	17.90	5.83
乌鲁木齐	132.12	59.08	37.61	56.65	65.53

数据来源：国家统计局。

表 5－41　2018 年四十重点城市办公楼新开工面积（月度累计）

单位：万平方米

类别	1—3 月	1—4 月	1—5 月	1—6 月	1—7 月	1—8 月	1—9 月	1—10 月	1—11 月	1—12 月
合　计	**805.82**	**1120.54**	**1478.74**	**1887.98**	**2155.98**	**2445.95**	**2907.81**	**3352.98**	**3766.11**	**4168.56**
北　京	4.07	9.94	42.22	73.46	122.98	124.70	160.45	195.16	215.59	221.31
天　津	4.37	7.28	14.69	20.13	24.48	24.48	24.48	24.69	24.71	19.64
石家庄	3.37	18.99	21.19	27.91	28.94	32.05	35.12	53.11	56.28	67.98
太　原	0.13	0.52	1.59	9.86	13.10	14.10	29.62	31.01	31.61	32.51
呼和浩特	0.57	0.81	0.81	0.81	1.74	1.74	1.74	1.74	1.74	1.74
沈　阳	0.07	0.24	1.37	1.83	8.07	11.69	11.84	12.61	12.61	12.77
大　连	—	—	—	—	2.55	6.33	7.05	7.44	7.54	7.54
长　春	0.01	14.11	14.11	16.74	33.75	50.59	72.01	80.26	96.70	96.70
哈尔滨	6.81	16.48	26.43	28.88	45.24	45.24	45.36	45.36	45.60	45.81
上　海	45.90	72.66	102.44	125.46	142.20	203.34	225.53	253.59	293.59	310.84
南　京	16.71	40.69	42.30	42.37	42.50	75.34	79.27	90.80	91.56	100.56
无　锡	14.59	12.42	16.60	27.91	27.91	27.91	30.84	30.84	37.75	39.66
苏　州	36.37	64.23	73.37	83.98	103.43	104.11	104.98	105.28	105.95	105.94
杭　州	42.20	65.56	73.69	76.61	75.68	83.67	118.82	153.58	197.35	252.60
宁　波	26.38	29.66	35.20	43.45	64.23	68.51	84.63	87.49	89.49	95.66
温　州	—	—	0.05	6.74	6.74	7.72	7.74	7.76	9.58	12.15
合　肥	18.74	30.56	30.76	82.20	83.20	86.57	116.72	119.32	121.16	139.33
福　州	52.48	56.87	66.77	69.83	78.10	86.22	87.54	107.87	115.92	120.52
厦　门	2.77	3.90	12.34	12.98	13.39	14.60	14.03	20.21	20.72	19.56
南　昌	6.58	7.48	15.50	19.87	22.59	22.83	24.31	26.43	34.58	37.78
济　南	47.56	60.58	61.45	78.88	81.06	101.32	160.80	212.69	240.70	277.57
青　岛	22.21	27.17	64.22	64.67	75.99	78.97	92.51	96.16	101.57	130.90
郑　州	49.10	65.19	79.49	119.39	120.24	130.44	146.23	203.74	230.60	268.50
武　汉	94.48	107.93	131.07	141.11	151.95	156.05	194.62	195.73	203.19	204.72
长　沙	24.39	29.64	50.97	62.67	63.22	68.16	73.66	79.14	77.39	86.93
广　州	40.82	49.33	51.72	66.09	82.05	95.01	112.35	112.54	133.68	172.04
深　圳	59.19	88.45	147.16	199.35	197.54	216.65	229.17	245.50	266.06	297.03
南　宁	16.22	20.19	21.28	25.56	26.33	27.71	29.31	31.49	43.43	43.54
北　海	3.80	3.81	3.81	3.82	3.82	3.83	3.83	3.84	4.08	7.21
海　口	7.65	9.58	9.64	9.64	9.64	9.64	16.57	16.57	16.71	18.03
三　亚	8.98	8.98	8.98	8.98	8.98	8.98	8.98	8.98	8.98	8.98
重　庆	11.67	11.79	28.73	35.27	35.30	42.26	72.15	80.69	111.81	132.72
成　都	104.30	146.09	160.32	195.64	222.70	266.41	295.85	351.13	407.47	442.77
贵　阳	2.81	2.91	2.97	5.39	12.11	12.11	24.69	24.89	36.52	36.77
昆　明	1.53	2.72	4.01	16.94	22.53	23.97	28.84	43.47	52.35	62.35
西　安	25.40	25.40	51.12	64.71	73.89	81.65	84.20	97.98	115.03	127.21
兰　州	0.66	4.83	5.35	7.73	7.84	10.08	17.89	31.18	31.96	32.06
西　宁	1.57	1.83	2.64	4.75	4.92	5.27	6.92	6.92	7.27	7.27
银　川	0.03	0.22	0.22	0.22	0.22	0.22	1.70	1.70	2.92	5.83
乌鲁木齐	1.28	1.52	2.14	6.15	14.85	15.46	25.44	54.09	64.38	65.53

数据来源：国家统计局。

表 5 -42　2014—2018 年四十重点城市商业营业用房新开工面积

单位：万平方米

类　别	2014 年	2015 年	2016 年	2017 年	2018 年
合　计	**8915. 42**	**8043. 95**	**8139. 19**	**7388. 15**	**7503. 35**
北　京	208. 17	343. 62	278. 50	156. 30	108. 32
天　津	275. 08	292. 38	228. 70	166. 68	187. 29
石家庄	197. 36	111. 93	123. 27	153. 97	258. 63
太　原	80. 10	137. 77	102. 68	108. 14	93. 03
呼和浩特	73. 56	116. 21	53. 17	64. 04	88. 23
沈　阳	418. 45	210. 36	142. 51	125. 17	148. 11
大　连	120. 31	56. 41	100. 02	54. 98	76. 69
长　春	246. 23	141. 33	195. 31	143. 14	248. 35
哈尔滨	148. 57	235. 05	105. 41	136. 81	192. 06
上　海	388. 03	307. 57	401. 78	297. 68	206. 93
南　京	104. 60	133. 29	174. 96	215. 81	224. 27
无　锡	313. 77	144. 82	160. 58	65. 96	120. 83
苏　州	399. 61	281. 64	226. 04	169. 86	221. 63
杭　州	315. 18	338. 96	244. 72	234. 41	236. 78
宁　波	200. 46	92. 28	101. 84	132. 61	142. 45
温　州	134. 22	81. 39	101. 04	112. 77	54. 31
合　肥	442. 99	401. 83	291. 57	219. 36	130. 40
福　州	232. 69	202. 27	113. 73	74. 15	208. 88
厦　门	87. 37	56. 36	48. 04	26. 61	25. 95
南　昌	53. 31	112. 54	136. 63	206. 20	173. 96
济　南	125. 37	128. 01	260. 70	140. 14	228. 86
青　岛	216. 34	152. 57	207. 66	223. 88	271. 93
郑　州	243. 20	285. 20	514. 22	512. 84	417. 12
武　汉	225. 30	159. 51	232. 54	279. 35	235. 20
长　沙	361. 56	180. 34	358. 36	295. 27	387. 35
广　州	290. 48	240. 16	268. 10	207. 33	186. 25
深　圳	118. 00	153. 91	154. 75	136. 97	185. 83
南　宁	107. 74	89. 47	118. 31	118. 36	136. 70
北　海	53. 08	36. 79	28. 99	15. 54	26. 76
海　口	106. 89	46. 09	93. 16	77. 47	57. 21
三　亚	12. 59	18. 87	37. 76	21. 56	13. 84
重　庆	774. 73	1037. 72	899. 94	768. 10	725. 19
成　都	641. 48	522. 59	533. 16	681. 29	518. 24
贵　阳	124. 83	217. 00	147. 82	138. 43	137. 57
昆　明	314. 88	158. 01	110. 86	179. 09	193. 46
西　安	292. 44	415. 89	398. 04	226. 47	277. 53
兰　州	69. 41	88. 60	144. 91	142. 36	110. 42
西　宁	100. 68	97. 63	130. 15	138. 52	51. 74
银　川	159. 20	109. 12	106. 62	90. 66	71. 38
乌鲁木齐	137. 16	108. 44	62. 64	129. 87	123. 66

数据来源：国家统计局。

表 5－43　2018 年四十重点城市商业营业用房新开工面积（月度累计）

单位：万平方米

类　别	1—3 月	1—4 月	1—5 月	1—6 月	1—7 月	1—8 月	1—9 月	1—10 月	1—11 月	1—12 月
合　计	1316.84	1941.27	2520.66	3291.69	3975.82	4573.92	5185.59	6112.70	6874.12	7503.35
北　京	3.04	8.87	22.90	41.09	53.62	67.41	77.89	93.64	101.48	108.32
天　津	45.16	93.61	107.81	125.61	144.99	168.72	180.53	191.89	198.41	187.29
石家庄	11.25	14.89	27.48	33.54	35.38	37.18	43.43	244.42	247.42	258.63
太　原	6.08	15.71	22.86	68.99	71.38	74.78	87.57	88.87	89.03	93.03
呼和浩特	0.13	5.70	7.60	24.58	69.76	70.47	70.88	78.97	80.20	88.23
沈　阳	16.41	27.44	44.66	46.82	68.58	81.47	90.07	94.59	139.88	148.11
大　连	13.70	25.09	28.91	37.37	41.69	45.28	55.33	59.64	64.69	76.69
长　春	2.44	4.27	22.77	34.57	71.14	84.26	103.65	156.40	233.76	248.35
哈尔滨	9.57	19.75	27.00	62.00	70.84	153.28	156.96	163.80	187.39	192.06
上　海	16.09	31.46	58.63	74.10	82.89	104.27	135.41	151.50	195.50	206.93
南　京	68.31	87.05	119.76	122.90	134.22	149.86	177.29	198.92	203.84	224.27
无　锡	29.19	49.64	61.41	74.77	82.16	89.73	91.37	96.53	116.44	120.83
苏　州	37.93	54.59	64.70	102.20	137.88	150.79	156.88	164.45	211.36	221.63
杭　州	37.27	49.81	59.77	78.16	70.51	93.60	120.83	161.15	196.02	236.78
宁　波	19.93	24.48	31.05	48.55	69.20	82.54	103.04	109.58	126.28	142.45
温　州	3.37	5.83	8.91	16.05	18.65	20.98	25.88	38.10	49.69	54.31
合　肥	28.31	37.25	50.95	53.77	55.37	59.15	86.97	88.34	97.52	130.40
福　州	46.75	58.15	67.35	80.87	84.40	91.05	129.90	181.90	199.08	208.88
厦　门	6.67	6.67	9.22	16.87	18.59	19.41	22.13	24.80	26.11	25.95
南　昌	53.50	58.98	75.47	80.49	91.61	96.52	111.76	129.27	156.50	173.96
济　南	49.57	67.56	88.02	93.73	116.77	141.99	167.89	210.40	211.81	228.86
青　岛	71.76	78.09	116.65	143.34	169.62	191.55	201.54	218.96	238.52	271.93
郑　州	58.88	79.55	87.38	131.93	242.71	254.20	257.59	364.88	379.57	417.12
武　汉	55.59	69.82	78.19	90.65	126.90	153.11	183.23	200.49	230.36	235.20
长　沙	79.65	101.41	119.82	169.54	211.05	251.16	278.08	295.59	346.98	387.35
广　州	39.19	60.41	73.26	120.87	117.07	120.44	124.76	150.77	162.07	186.25
深　圳	22.87	47.62	52.39	94.61	114.26	120.48	130.82	143.56	166.25	185.83
南　宁	47.40	59.38	65.11	71.95	75.45	80.26	100.12	107.19	120.03	136.70
北　海	14.05	15.78	16.97	20.10	20.44	22.22	23.81	24.01	23.98	26.76
海　口	15.77	17.52	21.58	22.99	25.05	25.61	25.95	29.19	54.14	57.21
三　亚	1.33	1.74	1.74	1.74	1.74	2.03	10.47	10.67	12.55	13.84
重　庆	169.11	288.02	348.43	378.54	418.59	481.57	533.08	601.26	670.48	725.19
成　都	129.52	191.34	260.82	343.82	362.41	389.23	425.13	452.79	495.83	518.24
贵　阳	38.32	43.26	62.92	86.30	90.29	105.45	109.32	114.71	128.09	137.57
昆　明	11.74	19.53	30.41	45.75	105.93	132.01	137.21	142.30	136.42	193.46
西　安	24.71	48.54	83.41	111.40	118.85	139.24	198.92	220.28	231.80	277.53
兰　州	15.80	26.08	28.20	38.85	56.98	60.59	68.15	100.60	105.90	110.42
西　宁	2.73	18.36	27.92	40.56	45.99	47.04	48.61	49.46	51.47	51.74
银　川	10.38	16.59	25.79	29.46	34.00	34.64	43.87	45.40	66.31	71.38
乌鲁木齐	3.38	11.48	12.42	32.25	48.85	80.35	89.30	113.39	120.98	123.66

数据来源：国家统计局。

3. 四十重点城市房屋竣工面积

表 5 -44　2014—2018 年四十重点城市商品房竣工面积

单位：万平方米

类　别	2014 年	2015 年	2016 年	2017 年	2018 年
合　计	**44252.00**	**42207.63**	**44916.57**	**42178.03**	**38603.12**
北　京	3054.12	2631.45	2369.95	1466.67	1557.90
天　津	2924.82	2903.57	2914.25	2023.41	2092.22
石家庄	589.57	417.05	396.48	376.05	141.30
太　原	585.79	423.32	560.46	393.68	357.58
呼和浩特	461.87	301.29	333.36	379.83	354.10
沈　阳	1225.87	1036.99	903.15	823.03	660.64
大　连	726.32	289.32	191.92	294.10	326.03
长　春	772.58	590.15	761.95	905.66	1087.51
哈尔滨	1369.83	1360.56	1518.21	678.24	448.97
上　海	2313.29	2647.18	2550.64	3387.56	3115.76
南　京	967.40	1449.10	1241.33	1077.49	1176.85
无　锡	950.83	1171.01	1323.60	1129.90	758.84
苏　州	1527.19	1653.14	1882.07	2145.62	1507.34
杭　州	1501.64	1665.23	1922.99	2085.61	1636.93
宁　波	1271.09	1007.76	1097.22	1032.62	688.87
温　州	539.99	597.72	770.88	680.85	478.06
合　肥	1055.13	1033.90	1180.33	1179.34	1419.79
福　州	833.86	1064.05	823.82	1155.74	722.66
厦　门	585.48	446.65	453.55	426.36	639.73
南　昌	510.97	433.82	417.14	558.97	634.51
济　南	516.76	615.99	1134.12	631.29	1203.81
青　岛	1135.74	1523.35	1425.79	1486.53	1624.77
郑　州	1889.36	1076.66	1455.24	1537.06	1946.07
武　汉	765.42	804.58	813.17	776.30	458.63
长　沙	1412.05	1349.29	1646.66	1159.87	1441.27
广　州	1919.46	1511.49	1202.24	1320.66	1523.98
深　圳	425.31	360.21	490.03	285.06	261.56
南　宁	465.43	574.97	471.61	578.22	792.21
北　海	169.62	147.15	235.90	190.27	51.81
海　口	393.66	218.89	306.72	548.10	279.74
三　亚	318.08	190.29	234.98	117.71	201.74
重　庆	3717.78	4630.29	4421.30	5055.73	4083.45
成　都	2119.26	1435.73	2734.24	1857.47	1724.77
贵　阳	1073.69	1405.66	974.00	313.63	208.07
昆　明	630.54	721.96	468.97	680.33	324.26
西　安	1514.14	955.62	1545.43	1571.73	969.69
兰　州	118.52	194.51	260.52	192.98	137.70
西　宁	490.96	289.88	319.05	342.82	231.93
银　川	727.23	704.68	765.66	859.64	762.23
乌鲁木齐	681.35	373.19	397.61	471.90	569.82

数据来源：国家统计局。

表 5-45　2018 年四十重点城市商品房竣工面积（月度累计）

单位：万平方米

类别	1—3 月	1—4 月	1—5 月	1—6 月	1—7 月	1—8 月	1—9 月	1—10 月	1—11 月	1—12 月
合计	**7750.40**	**9311.52**	**11084.06**	**13672.45**	**15919.04**	**17371.55**	**19278.78**	**21643.52**	**25762.67**	**38603.12**
北京	186.28	296.73	320.89	335.27	420.84	487.78	591.04	663.87	930.14	1557.90
天津	77.58	112.86	162.32	232.03	242.42	285.74	331.76	416.70	642.13	2092.22
石家庄	14.04	16.76	18.58	50.69	56.57	61.81	74.55	102.44	107.74	141.30
太原	24.21	21.12	42.77	53.58	53.58	68.52	68.52	70.99	169.14	357.58
呼和浩特	86.79	124.43	144.78	188.31	203.28	203.28	260.99	261.73	274.37	354.10
沈阳	159.78	178.84	197.52	252.85	269.55	280.63	330.23	382.56	610.50	660.64
大连	90.75	137.79	165.32	195.09	201.74	204.61	245.42	274.59	270.98	326.03
长春	62.49	92.78	148.18	167.39	258.67	333.70	414.54	470.94	961.32	1087.51
哈尔滨	41.86	46.53	78.09	97.58	118.48	130.31	170.17	202.41	325.35	448.97
上海	1088.08	1232.94	1353.24	1588.91	1900.07	2049.48	2194.22	2344.51	2494.31	3115.76
南京	156.25	214.36	286.79	424.76	478.43	569.01	679.38	753.66	935.77	1176.85
无锡	176.58	215.71	230.84	265.03	297.71	323.25	358.14	387.16	403.86	758.84
苏州	442.47	596.54	674.30	752.32	877.82	939.06	991.74	1033.78	1099.08	1507.34
杭州	548.15	612.70	722.61	796.71	884.50	938.79	1005.43	1105.13	1268.73	1636.93
宁波	220.33	298.31	328.68	349.55	375.77	411.57	463.08	482.64	519.95	688.87
温州	84.24	84.24	83.82	117.07	130.46	147.46	178.15	218.90	280.24	478.06
合肥	381.34	424.89	570.06	656.66	719.32	735.13	757.66	1031.06	1176.21	1419.79
福州	109.91	122.75	165.93	180.17	210.28	225.04	243.37	281.89	290.96	722.66
厦门	164.03	205.44	213.10	288.99	326.37	370.32	394.42	425.49	449.38	639.73
南昌	206.40	256.47	281.95	326.65	347.22	421.81	468.78	526.49	566.44	634.51
济南	105.07	155.43	274.64	404.26	448.52	462.72	534.32	715.13	784.46	1203.81
青岛	168.47	208.74	298.62	413.63	575.90	649.80	692.83	782.61	993.78	1624.77
郑州	195.99	207.07	261.62	405.60	436.54	536.26	558.11	616.35	800.91	1946.07
武汉	169.71	209.13	269.66	309.52	359.24	370.27	381.56	404.94	413.99	458.63
长沙	463.95	495.89	511.72	652.43	987.16	1032.11	1121.73	1194.01	1273.01	1441.27
广州	331.83	360.75	451.13	520.72	614.55	617.32	639.06	665.14	764.68	1523.98
深圳	66.62	84.29	98.10	131.30	142.22	158.84	166.96	174.93	193.48	261.56
南宁	74.92	95.38	118.84	135.68	258.91	397.96	397.96	437.50	474.62	792.21
北海	8.94	8.94	12.84	12.84	12.84	37.46	37.46	37.46	41.06	51.81
海口	79.36	79.36	88.86	109.18	113.21	113.21	162.66	162.66	174.72	279.74
三亚	34.68	34.68	37.12	42.31	42.31	42.31	57.56	57.56	60.62	201.74
重庆	708.45	872.36	979.19	1337.68	1520.34	1693.16	1946.77	2174.90	2623.06	4083.45
成都	363.05	460.93	533.68	706.27	725.90	755.75	826.27	997.99	1043.02	1724.77
贵阳	4.34	11.35	24.89	24.89	24.89	24.89	24.89	28.45	159.23	208.07
昆明	46.51	46.51	74.32	112.90	126.20	95.78	95.78	157.66	204.40	324.26
西安	310.37	317.36	367.83	460.82	471.52	483.86	621.67	656.60	779.52	969.69
兰州	32.41	32.41	41.00	41.52	41.52	46.22	47.23	82.42	84.45	137.70
西宁	7.50	7.50	17.79	17.79	38.41	38.41	38.41	38.41	38.41	231.93
银川	125.64	173.65	230.18	271.48	304.68	326.64	390.94	444.44	569.73	762.23
乌鲁木齐	131.02	157.60	202.24	242.03	301.07	301.24	314.99	377.44	508.91	569.82

数据来源：国家统计局。

表 5－46　2014—2018 年四十重点城市住宅竣工面积

单位：万平方米

类　别	2014 年	2015 年	2016 年	2017 年	2018 年
合　计	**31275.87**	**28954.95**	**30847.10**	**27581.05**	**24882.90**
北　京	1804.34	1378.22	1267.06	604.04	731.20
天　津	2130.25	2182.99	2189.14	1433.24	1522.27
石家庄	442.38	259.91	306.19	319.64	117.51
太　原	491.04	322.01	458.32	249.13	278.41
呼和浩特	345.11	235.10	235.46	240.14	237.66
沈　阳	993.88	768.76	802.08	688.26	495.71
大　连	577.18	233.48	146.62	236.56	218.08
长　春	634.43	434.66	538.51	592.77	751.67
哈尔滨	1007.90	964.85	1145.41	474.68	301.68
上　海	1535.55	1588.95	1532.88	1862.74	1730.27
南　京	722.29	1063.87	911.63	805.85	845.34
无　锡	622.75	881.07	969.40	862.31	546.18
苏　州	1129.36	1274.57	1402.80	1472.03	1007.20
杭　州	928.01	1070.27	1113.35	1170.81	842.02
宁　波	712.21	613.39	651.57	622.09	364.44
温　州	393.85	431.30	534.04	457.07	336.16
合　肥	700.68	709.50	860.61	779.88	909.21
福　州	600.12	745.09	524.62	765.17	441.12
厦　门	349.68	274.17	239.57	228.78	347.87
南　昌	426.81	346.31	338.63	389.41	462.35
济　南	384.53	370.55	802.77	491.10	897.37
青　岛	809.86	1047.67	951.51	968.60	1079.25
郑　州	1122.87	670.50	1056.28	1025.56	1357.10
武　汉	645.98	654.63	600.10	597.82	305.71
长　沙	1042.34	949.47	1105.99	805.06	976.82
广　州	1220.51	981.30	818.43	831.83	867.63
深　圳	269.26	202.37	280.64	183.79	124.91
南　宁	329.78	423.16	338.10	440.47	584.23
北　海	139.28	118.88	206.54	174.94	30.27
海　口	326.11	172.05	234.29	316.94	190.96
三　亚	280.05	155.30	212.46	96.90	165.99
重　庆	2771.55	3185.90	3084.00	3316.37	2784.64
成　都	1384.25	858.64	1738.50	1075.10	1036.27
贵　阳	795.36	1080.00	636.96	201.92	121.25
昆　明	387.78	482.05	211.05	394.52	209.92
西　安	1288.67	747.84	1251.00	1231.43	621.07
兰　州	89.88	164.80	166.03	135.18	67.11
西　宁	391.04	195.03	187.11	177.97	123.61
银　川	502.21	409.04	517.92	526.89	547.99
乌鲁木齐	546.74	307.30	279.51	334.08	304.45

数据来源：国家统计局。

表 5－47　2018 年四十重点城市住宅竣工面积（月度累计）

单位：万平方米

类　别	1—3 月	1—4 月	1—5 月	1—6 月	1—7 月	1—8 月	1—9 月	1—10 月	1—11 月	1—12 月
合　计	**4713.02**	**5680.57**	**6766.87**	**8505.42**	**9923.21**	**10872.10**	**12183.27**	**13827.61**	**16343.12**	**24882.90**
北　京	85.83	165.08	157.33	173.04	212.10	221.59	257.69	283.35	401.70	731.20
天　津	48.35	69.50	108.58	152.70	157.73	194.05	233.69	295.72	447.22	1522.27
石家庄	11.92	14.63	16.45	47.18	53.01	58.25	70.97	94.98	98.59	117.51
太　原	22.03	18.94	36.66	36.66	36.66	50.29	50.29	52.14	130.38	278.41
呼和浩特	57.80	71.15	88.56	127.73	140.40	140.40	180.80	181.54	189.95	237.66
沈　阳	137.23	153.48	167.60	206.33	221.22	230.82	270.42	307.89	466.43	495.71
大　连	66.03	108.76	129.95	149.01	153.93	155.80	185.09	206.13	196.55	218.08
长　春	52.39	67.91	112.54	126.31	165.15	228.17	299.92	344.40	655.34	751.67
哈尔滨	12.45	16.35	37.91	55.77	68.83	78.16	101.66	125.64	199.17	301.68
上　海	583.76	664.73	713.14	886.90	1071.06	1192.85	1280.47	1368.58	1451.21	1730.27
南　京	140.96	180.24	210.87	317.49	358.24	414.19	486.27	533.92	669.67	845.34
无　锡	108.70	147.72	159.71	187.78	213.90	233.77	252.80	275.86	283.03	546.18
苏　州	280.94	347.39	398.16	466.13	518.33	553.95	594.92	633.85	694.32	1007.20
杭　州	308.52	337.41	399.93	437.78	473.39	504.17	536.65	606.49	663.80	842.02
宁　波	89.57	136.78	155.01	159.49	169.28	197.06	240.48	244.68	265.63	364.44
温　州	61.62	61.62	61.38	78.39	87.53	100.60	124.59	154.09	199.63	336.16
合　肥	262.61	288.00	360.56	391.96	425.22	432.07	454.24	653.92	736.59	909.21
福　州	68.84	75.55	102.70	104.26	131.44	141.09	151.12	179.83	185.18	441.12
厦　门	64.38	91.43	96.52	132.80	156.60	189.11	197.75	229.84	242.84	347.87
南　昌	155.24	193.76	213.97	239.26	263.80	319.74	358.96	400.22	424.64	462.35
济　南	64.86	105.82	198.49	291.51	327.21	336.06	393.52	539.18	606.37	897.37
青　岛	91.24	110.23	185.05	241.37	377.27	416.73	448.09	511.67	645.55	1079.25
郑　州	140.40	150.89	192.15	313.52	317.36	383.80	397.87	441.42	568.49	1357.10
武　汉	115.06	132.08	164.85	200.43	233.35	243.87	247.83	267.12	269.66	305.71
长　沙	334.88	354.38	366.99	471.94	713.33	744.82	802.26	832.38	875.93	976.82
广　州	163.07	180.92	245.09	287.35	348.65	351.11	361.98	367.79	424.49	867.63
深　圳	27.78	41.77	50.49	69.21	77.90	94.07	93.60	98.55	98.55	124.91
南　宁	58.85	77.23	95.13	109.60	194.06	285.27	285.27	323.88	354.16	584.23
北　海	8.53	8.53	8.53	8.53	8.53	17.66	17.66	17.66	20.96	30.27
海　口	47.67	47.67	54.08	70.33	73.58	73.58	116.71	116.71	119.65	190.96
三　亚	28.88	28.88	28.88	34.07	34.07	34.07	47.81	47.81	50.87	165.99
重　庆	452.26	553.96	601.70	820.80	939.12	1030.94	1203.42	1366.37	1640.50	2784.64
成　都	233.93	293.27	327.86	423.46	432.79	451.19	494.78	609.50	626.17	1036.27
贵　阳	2.10	2.10	15.64	15.64	15.64	15.64	15.64	15.64	82.34	121.25
昆　明	29.65	29.65	48.13	79.19	84.59	59.53	59.53	103.38	139.07	209.92
西　安	139.73	142.42	174.28	247.60	254.85	259.45	353.85	378.73	474.66	621.07
兰　州	14.02	14.02	18.45	18.88	18.88	23.44	24.03	40.86	40.86	67.11
西　宁	7.50	7.50	11.21	11.21	26.36	26.36	26.36	26.36	26.36	123.61
银　川	77.70	109.69	143.07	174.09	195.70	216.08	278.27	328.89	421.10	547.99
乌鲁木齐	55.75	79.13	109.28	139.72	172.15	172.32	186.01	220.68	255.54	304.45

数据来源：国家统计局。

表 5－48　2014—2018 年四十重点城市办公楼竣工面积

单位：万平方米

类别	2014 年	2015 年	2016 年	2017 年	2018 年
合计	**2243.34**	**2451.21**	**2456.44**	**2792.66**	**2828.33**
北京	387.45	385.38	343.74	321.18	249.87
天津	117.15	171.18	143.22	138.64	113.42
石家庄	17.34	62.77	29.94	11.76	6.34
太原	9.30	12.08	11.36	55.88	8.79
呼和浩特	18.61	6.77	2.68	20.64	7.79
沈阳	20.89	11.73	11.25	17.82	8.63
大连	2.47	0.18	5.19	1.63	17.72
长春	7.08	31.18	17.65	57.13	68.75
哈尔滨	49.86	19.30	26.14	16.13	49.58
上海	165.03	219.23	279.31	444.83	413.46
南京	25.04	73.28	30.49	18.65	49.36
无锡	88.61	43.29	44.54	20.75	27.32
苏州	27.81	55.56	70.13	107.18	85.45
杭州	109.76	116.29	208.47	241.84	218.12
宁波	121.27	71.93	62.79	44.89	59.15
温州	10.64	16.70	28.38	15.96	3.03
合肥	57.08	50.21	32.81	92.55	124.81
福州	45.65	58.85	54.54	19.98	66.61
厦门	58.50	45.63	44.91	59.45	70.61
南昌	20.75	16.73	14.53	36.92	31.28
济南	10.42	62.03	50.17	50.00	48.44
青岛	62.17	78.75	114.25	90.05	126.35
郑州	162.11	115.02	89.92	119.20	106.68
武汉	16.81	18.45	34.43	35.08	41.33
长沙	53.25	62.06	83.53	46.44	55.69
广州	135.59	124.40	112.85	64.19	188.44
深圳	10.97	47.48	51.33	34.41	60.34
南宁	22.88	22.36	22.22	25.08	25.17
北海	0.65	0.39	—	0.03	—
海口	1.24	5.01	2.68	45.09	6.45
三亚	—	6.41	0.23	0.26	4.65
重庆	115.03	195.72	100.97	142.01	129.04
成都	124.80	80.23	115.30	123.81	107.37
贵阳	47.06	56.06	96.40	17.57	25.52
昆明	30.84	31.87	11.33	47.07	8.45
西安	17.99	29.64	30.29	75.25	60.02
兰州	6.41	1.50	6.87	10.85	24.47
西宁	11.97	21.02	32.46	49.09	14.51
银川	24.47	24.57	25.77	60.90	35.03
乌鲁木齐	28.39	—	13.39	12.49	80.30

数据来源：国家统计局。

表 5－49　2018 年四十重点城市办公楼竣工面积（月度累计）

单位：万平方米

类　别	1—3 月	1—4 月	1—5 月	1—6 月	1—7 月	1—8 月	1—9 月	1—10 月	1—11 月	1—12 月
合　计	**658.44**	**775.41**	**926.64**	**1071.28**	**1218.03**	**1290.89**	**1391.97**	**1506.91**	**1900.66**	**2828.33**
北　京	28.52	28.52	34.61	34.82	52.48	75.57	101.15	110.69	137.92	249.87
天　津	3.28	10.97	10.97	30.33	30.33	30.33	30.33	30.33	44.66	113.42
石家庄	0.35	0.35	0.35	0.40	0.40	0.40	0.40	0.40	1.34	6.34
太　原	—	—	0.28	0.28	0.28	0.28	0.28	0.28	7.82	8.79
呼和浩特	7.78	7.79	7.79	7.79	7.79	7.79	7.79	7.79	7.79	7.79
沈　阳	0.10	0.10	0.10	0.10	0.10	0.10	3.55	5.37	13.55	8.63
大　连	6.00	8.80	13.80	16.60	17.72	17.72	17.72	17.72	17.72	17.72
长　春	0.01	0.14	1.31	1.35	10.35	10.40	11.43	11.43	64.93	68.75
哈尔滨	1.00	1.00	3.06	3.06	3.06	3.06	3.79	9.79	44.84	49.58
上　海	179.85	207.47	238.18	245.08	272.35	264.94	276.87	297.51	309.86	413.46
南　京	0.00	0.11	4.47	5.08	5.03	18.94	22.26	36.17	47.43	49.36
无　锡	7.94	7.94	9.38	9.38	9.38	9.38	14.88	14.88	19.45	27.32
苏　州	32.77	46.98	41.33	41.33	49.44	56.97	61.61	61.61	61.61	85.45
杭　州	55.60	68.87	77.42	85.29	102.68	107.01	118.96	128.92	179.00	218.12
宁　波	15.98	21.34	24.98	35.15	43.25	43.25	43.25	45.62	49.05	59.15
温　州	1.10	1.10	1.10	1.17	2.05	2.15	2.15	2.15	2.15	3.03
合　肥	18.79	24.12	54.10	57.64	68.30	68.30	71.02	85.82	102.64	124.81
福　州	16.53	16.53	16.75	24.88	24.88	24.88	27.49	27.49	27.49	66.61
厦　门	25.70	27.70	27.70	43.28	43.28	43.21	47.24	41.79	46.78	70.61
南　昌	0.11	4.33	9.53	9.77	13.26	14.12	17.50	18.08	18.52	31.28
济　南	26.31	27.85	27.85	27.90	27.90	27.90	27.90	27.90	27.90	48.44
青　岛	8.98	19.69	22.12	47.53	47.72	56.36	56.36	59.78	79.39	126.35
郑　州	11.60	11.60	11.60	13.16	27.89	36.99	38.00	41.41	41.62	106.68
武　汉	16.32	24.09	27.94	29.65	30.15	30.67	30.75	31.42	37.94	41.33
长　沙	12.39	12.39	12.88	15.14	16.69	20.23	22.80	31.40	33.26	55.69
广　州	33.29	33.29	35.87	35.87	42.01	42.32	42.32	47.46	57.10	188.44
深　圳	10.08	11.52	13.22	18.84	18.84	18.84	20.30	20.30	29.81	60.34
南　宁	—	—	—	—	—	—	—	—	—	25.17
北　海	—	—	—	—	—	—	—	—	—	—
海　口	0.01	0.01	0.01	0.01	0.01	0.01	0.01	0.01	2.04	6.45
三　亚	—	—	—	—	—	—	—	—	—	4.65
重　庆	29.12	31.39	51.15	63.77	75.80	80.52	92.81	93.85	124.91	129.04
成　都	12.55	16.87	25.25	41.86	41.86	42.73	44.59	49.76	49.76	107.37
贵　阳	2.11	6.26	6.26	6.26	6.26	6.26	6.26	6.26	25.52	25.52
昆　明	—	—	—	—	5.40	5.40	5.40	5.40	8.97	8.45
西　安	33.36	35.39	43.24	44.51	43.26	46.01	46.94	47.37	49.09	60.02
兰　州	11.98	11.98	12.62	12.62	12.62	12.62	12.62	16.11	18.14	24.47
西　宁	—	—	3.07	3.07	3.07	3.07	3.07	3.07	3.07	14.51
银　川	22.03	22.03	22.32	24.31	24.31	24.31	24.31	24.31	30.28	35.03
乌鲁木齐	26.87	26.87	34.02	34.02	37.84	37.84	37.84	47.25	77.29	80.30

数据来源：国家统计局。

表 5－50　2014—2018 年四十重点城市商业营业用房竣工面积

单位：万平方米

类　别	2014 年	2015 年	2016 年	2017 年	2018 年
合　计	**4204.83**	**4729.36**	**4786.69**	**5022.09**	**4326.83**
北　京	216.24	259.92	171.61	166.94	162.83
天　津	267.75	247.78	293.59	209.21	119.33
石家庄	93.00	74.58	48.42	35.13	15.47
太　原	38.37	29.22	42.51	42.31	34.13
呼和浩特	47.29	32.10	64.04	79.69	60.99
沈　阳	156.11	190.50	66.71	67.08	115.47
大　连	79.57	26.21	22.17	33.16	59.05
长　春	85.94	60.09	123.02	146.25	142.76
哈尔滨	147.89	256.77	191.94	93.00	61.22
上　海	208.36	306.45	266.06	387.73	341.05
南　京	63.66	131.10	96.29	92.42	104.18
无　锡	159.63	176.13	198.30	141.66	101.36
苏　州	179.85	159.24	198.59	254.87	223.19
杭　州	114.04	122.77	153.81	216.81	196.25
宁　波	138.42	87.52	111.43	110.27	91.45
温　州	28.02	42.49	68.41	77.53	34.37
合　肥	113.81	146.48	88.38	135.57	204.88
福　州	35.26	93.16	115.22	95.01	54.83
厦　门	37.55	23.93	45.13	24.68	49.62
南　昌	34.62	38.52	29.01	75.67	78.96
济　南	38.82	88.75	108.69	48.84	88.91
青　岛	90.44	169.21	139.22	227.10	169.52
郑　州	175.46	144.27	119.73	162.00	146.37
武　汉	53.09	60.59	93.00	82.09	43.14
长　沙	146.02	132.20	175.03	124.74	165.33
广　州	258.50	160.44	129.24	133.72	144.81
深　圳	39.22	31.69	39.09	31.96	30.24
南　宁	50.33	50.99	43.02	26.59	76.26
北　海	13.40	11.39	17.01	7.87	15.16
海　口	15.10	11.12	22.40	114.25	30.24
三　亚	21.30	6.06	6.93	5.95	12.15
重　庆	340.59	606.07	634.46	724.40	509.48
成　都	231.86	201.00	275.96	263.13	210.99
贵　阳	59.60	202.32	80.05	44.06	26.37
昆　明	100.87	61.02	74.51	84.19	33.82
西　安	123.17	72.38	192.88	183.32	108.97
兰　州	13.04	17.62	47.50	23.89	25.44
西　宁	56.55	36.71	50.45	52.30	69.74
银　川	96.27	140.19	89.90	150.90	77.42
乌鲁木齐	35.82	20.43	52.97	45.78	91.10

数据来源：国家统计局。

表 5－51　2018 年四十重点城市商业营业用房竣工面积（月度累计）

单位：万平方米

类　别	1—3 月	1—4 月	1—5 月	1—6 月	1—7 月	1—8 月	1—9 月	1—10 月	1—11 月	1—12 月
合　计	905.96	1122.65	1374.08	1664.90	1971.22	2142.43	2320.91	2560.79	3036.84	4326.83
北　京	27.03	27.76	45.46	41.15	44.56	65.56	82.09	92.78	132.58	162.83
天　津	8.58	11.56	12.84	17.11	19.29	19.49	23.68	26.93	35.68	119.33
石家庄	1.77	1.77	1.77	2.54	2.54	2.54	2.54	6.43	6.43	15.47
太　原	0.09	0.09	0.61	0.89	0.89	0.89	0.89	1.52	4.55	34.13
呼和浩特	11.10	22.74	25.68	28.18	28.18	28.18	31.18	31.18	32.48	60.99
沈　阳	9.44	11.26	13.58	20.36	21.86	23.05	26.70	34.78	95.30	115.47
大　连	13.60	14.28	15.46	19.15	19.76	19.76	25.30	27.78	30.75	59.05
长　春	4.64	13.35	16.18	17.25	58.33	65.87	69.23	73.50	129.13	142.76
哈尔滨	14.36	15.15	21.64	22.96	30.58	33.08	42.20	42.78	53.87	61.22
上　海	139.06	146.99	163.90	167.49	193.28	196.73	207.46	225.63	243.70	341.05
南　京	2.86	10.98	27.94	34.49	40.37	44.99	63.12	68.31	83.15	104.18
无　锡	24.78	24.79	26.49	32.02	33.60	39.28	44.30	47.70	51.12	101.36
苏　州	63.66	126.95	135.03	142.68	186.49	195.08	197.70	198.16	199.07	223.19
杭　州	55.92	63.62	76.35	90.53	101.67	107.49	111.78	116.16	125.81	196.25
宁　波	49.04	55.41	57.13	57.94	59.90	60.29	61.61	71.67	74.68	91.45
温　州	5.74	5.74	5.60	12.17	12.70	12.78	13.87	15.96	17.68	34.37
合　肥	32.79	41.66	73.76	123.29	127.66	128.33	129.78	171.27	198.07	204.88
福　州	3.44	3.91	7.26	11.72	11.91	12.45	12.99	15.20	16.15	54.83
厦　门	12.43	14.95	15.25	21.53	24.20	26.00	30.99	31.92	34.47	49.62
南　昌	34.41	41.46	41.53	54.06	46.61	54.90	58.59	64.92	67.92	78.96
济　南	2.84	5.80	17.93	24.39	26.29	27.18	29.13	38.90	40.64	88.91
青　岛	36.85	38.42	40.76	51.26	60.45	76.70	79.96	85.38	98.87	169.52
郑　州	11.63	11.70	15.57	23.97	29.23	32.87	35.36	36.69	42.35	146.37
武　汉	5.70	16.63	33.04	34.93	38.58	38.58	38.59	41.48	41.48	43.14
长　沙	39.69	41.05	42.16	47.87	111.59	115.68	131.33	138.81	150.19	165.33
广　州	46.18	46.10	49.48	51.88	61.33	61.33	65.44	80.25	85.41	144.81
深　圳	3.38	5.48	7.26	10.24	10.34	10.79	14.12	14.50	23.54	30.24
南　宁	6.85	8.84	9.60	11.87	25.71	53.19	53.19	53.62	58.60	76.26
北　海	0.24	0.24	4.15	4.15	4.15	14.45	14.45	14.45	14.75	15.16
海　口	16.73	16.73	16.99	17.90	17.97	17.97	22.83	22.83	23.99	30.24
三　亚	5.79	5.79	5.79	5.79	5.79	5.79	7.27	7.27	7.27	12.15
重　庆	96.45	123.51	140.51	198.89	224.15	258.50	283.42	309.08	370.19	509.48
成　都	35.35	50.31	72.83	98.94	105.85	109.80	112.59	123.73	133.12	210.99
贵　阳	0.13	1.40	1.40	1.40	1.40	1.40	1.40	4.96	24.51	26.37
昆　明	3.19	3.19	6.08	13.57	15.87	10.51	10.51	19.23	24.14	33.82
西　安	41.23	42.66	47.56	62.92	63.22	64.89	77.85	82.17	92.76	108.97
兰　州	0.88	0.88	3.65	3.65	3.65	3.65	3.98	10.11	10.11	25.44
西　宁	—	—	2.10	2.10	5.09	5.09	5.09	5.09	5.09	69.74
银　川	8.74	18.91	38.28	42.06	46.16	47.30	48.39	50.01	54.90	77.42
乌鲁木齐	29.36	30.56	35.49	39.61	50.00	50.00	50.00	57.64	102.31	91.10

数据来源：国家统计局。

（六）四十重点城市房地产销售数据

1. 四十重点城市商品房销售面积

表 5－52　2014—2018 年四十重点城市商品房销售面积

单位：万平方米

类　别	2014 年	2015 年	2016 年	2017 年	2018 年
合　计	**45833.93**	**50006.05**	**61697.92**	**60441.47**	**60700.60**
北　京	1454.19	1554.25	1658.93	869.95	696.19
天　津	1612.98	1771.07	2711.08	1482.12	1249.87
石家庄	888.26	757.82	798.42	1027.34	844.69
太　原	419.21	448.28	609.84	786.41	839.42
呼和浩特	363.91	381.81	425.49	316.51	396.05
沈　阳	1498.40	1065.06	1184.32	1300.24	1354.82
大　连	746.40	637.33	707.49	839.84	775.95
长　春	758.84	799.12	1017.75	1147.19	1288.44
哈尔滨	1041.05	895.98	1057.96	1269.54	1050.58
上　海	2084.66	2431.36	2705.69	1691.60	1767.01
南　京	1207.58	1543.16	1558.18	1429.61	1220.73
无　锡	837.07	985.28	1272.72	1168.02	1367.85
苏　州	1599.16	2133.73	2494.05	1936.66	1994.13
杭　州	1122.91	1482.17	2327.86	2054.11	1675.98
宁　波	726.44	1007.21	1336.95	1543.64	1624.38
温　州	418.28	524.85	772.67	1069.91	1165.27
合　肥	1594.79	1589.21	2098.34	1283.40	1389.58
福　州	965.60	914.70	1221.33	1685.46	1711.05
厦　门	790.21	570.83	528.86	527.88	529.42
南　昌	824.66	901.02	1244.65	1610.43	1846.31
济　南	865.35	1192.12	1425.29	1216.27	1236.30
青　岛	1163.53	1418.58	1939.22	1900.74	1808.02
郑　州	1591.91	1898.67	2859.18	3097.81	3712.11
武　汉	2273.16	2627.19	3255.66	3532.61	3646.94
长　沙	1518.47	1907.91	2613.26	2260.79	2386.74
广　州	1540.02	1653.07	1949.10	1757.75	1550.28
深　圳	532.57	831.46	736.19	671.03	722.01
南　宁	802.57	1000.73	1327.53	1544.13	1745.19
北　海	207.65	195.78	222.57	376.61	409.63
海　口	337.66	373.40	432.71	549.59	393.32
三　亚	100.99	112.08	151.53	213.79	244.79
重　庆	5100.39	5381.37	6257.15	6711.00	6536.25
成　都	2951.30	2997.43	3928.77	3925.91	3682.52
贵　阳	935.55	959.55	981.87	1068.67	1114.56
昆　明	1289.37	1305.03	1520.87	1827.25	1909.72
西　安	1696.39	1762.70	2036.18	2459.35	2621.72
兰　州	480.36	628.12	828.79	697.93	642.42
西　宁	305.71	311.86	352.60	388.22	332.22
银　川	724.59	529.81	564.86	595.22	612.83
乌鲁木齐	461.79	524.96	582.00	606.94	605.30

数据来源：国家统计局。

表 5－53 2018 年四十重点城市商品房销售面积（月度累计）

单位：万平方米

类别	1—3 月	1—4 月	1—5 月	1—6 月	1—7 月	1—8 月	1—9 月	1—10 月	1—11 月	1—12 月
合计	**10583.31**	**14962.41**	**20062.13**	**27806.31**	**32382.86**	**36612.43**	**42430.36**	**47208.52**	**52783.22**	**60700.60**
北京	78.89	118.52	177.70	229.90	288.82	354.21	407.05	461.37	535.54	696.19
天津	188.13	265.82	372.96	582.40	734.19	851.51	935.62	1027.29	1144.91	1249.87
石家庄	53.41	77.52	127.60	305.31	358.19	410.93	494.02	592.91	652.80	844.69
太原	140.84	211.54	348.96	461.36	534.99	595.40	654.18	718.07	779.64	839.42
呼和浩特	32.02	43.35	74.78	139.84	167.12	184.20	267.24	304.58	366.86	396.05
沈阳	195.00	335.47	451.15	627.85	766.47	892.37	1028.41	1145.91	1254.45	1354.82
大连	136.67	215.87	297.15	392.40	456.27	507.45	603.56	652.43	708.51	775.95
长春	170.97	273.63	380.80	544.11	678.20	789.40	918.28	1028.24	1136.33	1288.44
哈尔滨	102.69	186.93	285.19	407.62	516.91	612.36	728.13	842.83	973.92	1050.58
上海	355.44	449.17	528.61	734.18	985.11	1105.93	1310.37	1426.31	1561.76	1767.01
南京	201.08	307.96	440.58	613.10	702.54	807.86	927.14	1012.83	1098.02	1220.73
无锡	219.88	329.00	443.38	592.26	693.82	810.41	957.41	1102.82	1190.44	1367.85
苏州	303.35	426.91	635.70	884.74	1067.70	1250.14	1438.62	1601.86	1766.35	1994.13
杭州	407.50	548.18	660.59	852.96	1003.87	1120.47	1245.44	1348.42	1463.34	1675.98
宁波	309.49	465.32	651.10	866.57	1004.81	1091.55	1220.32	1318.51	1478.51	1624.38
温州	152.59	198.91	293.06	517.80	568.01	634.52	815.71	857.23	938.51	1165.27
合肥	248.82	342.83	488.76	642.61	736.13	811.16	941.67	1048.45	1149.39	1389.58
福州	371.09	461.12	581.66	796.47	888.24	970.63	1119.05	1228.77	1368.92	1711.05
厦门	111.71	152.75	202.95	282.31	326.46	368.03	405.16	448.00	486.53	529.42
南昌	209.42	316.95	460.90	707.69	836.99	987.94	1192.09	1365.93	1573.45	1846.31
济南	209.76	327.39	469.46	613.78	688.29	771.57	914.11	1016.66	1126.26	1236.30
青岛	282.63	440.47	598.90	792.59	919.06	1035.54	1254.19	1378.22	1558.81	1808.02
郑州	532.50	728.10	952.06	1411.19	1646.49	1886.31	2274.77	2670.34	3118.37	3712.11
武汉	571.56	898.46	1258.72	1825.10	2030.65	2271.66	2654.30	2924.01	3229.83	3646.94
长沙	450.20	608.12	774.64	996.26	1199.30	1396.44	1592.99	1794.11	2083.33	2386.74
广州	218.04	298.04	398.68	598.08	667.06	754.23	923.28	1034.47	1157.66	1550.28
深圳	138.71	190.37	250.94	326.01	385.52	444.54	508.48	564.58	622.76	722.01
南宁	307.91	434.54	565.57	782.23	910.45	1023.99	1200.64	1333.84	1485.60	1745.19
北海	65.11	102.42	153.67	189.45	219.19	252.09	279.09	298.69	323.33	409.63
海口	108.18	142.05	183.77	232.85	264.92	285.51	303.14	315.02	332.12	393.32
三亚	92.54	119.56	141.85	158.38	167.10	176.90	194.83	201.40	227.12	244.79
重庆	1571.57	2085.29	2690.07	3491.47	3917.04	4355.67	4905.43	5320.74	5780.21	6536.25
成都	808.60	1072.65	1327.99	1715.75	2001.14	2256.87	2511.10	2857.12	3306.14	3682.52
贵阳	237.84	317.80	375.66	543.16	612.32	665.45	745.85	827.23	975.92	1114.56
昆明	325.32	437.45	563.76	813.33	900.53	1016.22	1270.12	1458.24	1648.70	1909.72
西安	375.05	587.56	830.48	1210.87	1404.52	1567.69	1812.49	1954.90	2204.54	2621.72
兰州	87.53	120.69	165.99	306.18	382.16	439.35	480.89	538.83	596.05	642.42
西宁	27.42	47.75	90.47	134.48	162.52	184.52	219.10	250.06	282.66	332.22
银川	89.40	134.13	175.15	238.91	300.56	347.61	403.18	470.62	548.74	612.83
乌鲁木齐	94.44	141.79	190.70	244.79	289.20	323.79	372.90	466.70	546.88	605.30

数据来源：国家统计局。

表 5－54　2014—2018 年四十重点城市商品房现房销售面积

单位：万平方米

类　别	2014 年	2015 年	2016 年	2017 年	2018 年
合　计	**9371.61**	**10720.04**	**13641.38**	**12825.79**	**10165.01**
北　京	488.20	510.04	661.84	358.12	313.80
天　津	571.39	577.72	871.49	312.54	190.40
石家庄	332.60	311.12	204.89	357.76	250.10
太　原	34.31	65.61	117.21	79.19	52.30
呼和浩特	237.31	171.71	201.07	151.70	108.62
沈　阳	461.73	313.07	359.45	325.32	315.79
大　连	232.86	197.54	312.93	381.45	259.15
长　春	208.07	142.37	264.29	220.75	184.90
哈尔滨	362.90	357.18	534.33	561.76	301.97
上　海	767.80	944.63	1162.71	812.54	771.86
南　京	331.31	367.63	222.28	333.99	210.51
无　锡	196.14	256.26	383.04	382.26	427.79
苏　州	238.46	344.94	532.10	347.50	450.39
杭　州	189.04	309.53	557.02	489.02	238.30
宁　波	164.61	271.37	411.70	337.81	263.20
温　州	32.50	87.79	149.28	136.34	104.51
合　肥	88.00	117.63	167.58	142.52	96.15
福　州	97.64	96.08	134.97	285.47	194.47
厦　门	110.63	88.50	83.48	92.96	168.96
南　昌	44.18	143.23	168.97	218.48	281.00
济　南	76.40	125.70	121.30	132.19	101.57
青　岛	200.97	303.10	318.58	299.96	178.33
郑　州	250.64	211.98	256.77	593.21	856.21
武　汉	623.57	630.82	403.21	576.59	342.34
长　沙	240.90	368.17	591.89	437.92	242.68
广　州	290.84	401.65	396.08	379.59	303.82
深　圳	105.08	148.58	141.95	167.36	154.14
南　宁	125.32	96.65	92.31	155.38	126.09
北　海	58.88	61.04	78.14	132.89	69.95
海　口	47.00	62.70	87.25	156.78	74.49
三　亚	31.01	27.48	50.54	63.66	61.66
重　庆	838.32	1015.77	1476.70	1301.50	890.96
成　都	443.34	516.91	721.29	610.46	348.40
贵　阳	60.66	70.65	117.69	78.51	53.47
昆　明	260.53	372.25	537.23	520.73	393.47
西　安	148.38	242.17	294.38	335.51	342.03
兰　州	57.47	106.74	143.58	135.10	128.26
西　宁	89.42	50.29	68.15	81.67	16.39
银　川	145.31	143.87	165.89	198.12	201.87
乌鲁木齐	87.93	89.55	77.80	141.16	94.69

数据来源：国家统计局。

表 5－55　2018 年四十重点城市商品房现房销售面积（月度累计）

单位：万平方米

类　别	1—3 月	1—4 月	1—5 月	1—6 月	1—7 月	1—8 月	1—9 月	1—10 月	1—11 月	1—12 月
合　计	**1772.29**	**2496.85**	**3323.48**	**4842.39**	**5612.00**	**6157.09**	**7053.94**	**7730.12**	**8541.28**	**10165.01**
北　京	32.77	46.92	85.14	116.66	149.40	165.22	186.62	200.54	226.76	313.80
天　津	48.98	62.98	75.26	109.02	121.61	131.09	141.95	151.28	161.73	190.40
石家庄	8.09	12.42	20.02	126.44	132.52	140.00	167.62	189.14	200.91	250.10
太　原	8.88	17.72	22.74	30.05	34.94	37.09	40.46	42.67	47.44	52.30
呼和浩特	7.14	10.89	20.65	55.03	70.82	76.62	81.81	87.04	90.83	108.62
沈　阳	47.58	80.92	105.95	156.35	184.17	212.82	243.38	275.24	296.02	315.79
大　连	41.86	78.40	105.68	139.90	161.05	173.71	198.97	213.29	232.95	259.15
长　春	28.45	45.78	61.85	83.04	98.07	110.08	118.34	131.26	148.05	184.90
哈尔滨	34.91	59.63	87.90	115.46	150.68	176.57	208.93	238.98	273.98	301.97
上　海	189.54	241.32	263.31	356.52	448.43	485.02	566.34	600.72	665.67	771.86
南　京	32.50	61.51	102.96	151.97	152.56	156.02	170.27	177.17	195.82	210.51
无　锡	71.92	99.02	133.64	179.51	210.67	245.60	279.22	316.95	351.10	427.79
苏　州	61.41	86.92	127.28	211.79	252.83	286.36	338.17	368.47	412.79	450.39
杭　州	52.66	80.60	112.97	141.48	160.29	173.22	196.36	210.45	217.10	238.30
宁　波	74.05	102.35	133.48	165.38	190.62	201.30	200.08	210.44	235.02	263.20
温　州	24.03	27.99	31.12	49.49	53.30	55.24	71.59	73.08	77.44	104.51
合　肥	15.33	25.73	30.47	41.16	45.46	49.86	55.84	58.92	61.95	96.15
福　州	54.12	60.17	74.78	96.62	108.20	120.27	147.14	159.71	170.62	194.47
厦　门	33.07	43.12	52.99	77.76	96.09	105.20	118.16	128.41	136.66	168.96
南　昌	37.14	48.92	70.82	120.26	133.88	153.37	186.23	196.71	216.29	281.00
济　南	27.34	32.11	36.17	42.10	52.45	53.77	71.45	85.93	91.69	101.57
青　岛	37.90	55.18	67.62	91.08	101.29	114.68	131.92	137.39	148.88	178.33
郑　州	96.75	144.66	214.87	324.91	391.53	434.49	508.08	590.98	659.11	856.21
武　汉	47.83	71.90	106.22	163.24	176.21	186.33	219.67	232.20	269.42	342.34
长　沙	49.91	65.61	94.36	119.47	134.61	151.81	167.63	171.56	206.23	242.68
广　州	50.64	64.70	81.70	117.90	132.03	146.97	182.62	208.34	228.34	303.82
深　圳	28.13	40.29	54.56	65.02	85.67	94.92	109.74	121.00	129.31	154.14
南　宁	16.20	29.41	38.47	51.95	60.45	66.49	77.05	87.04	101.38	126.09
北　海	11.58	20.33	30.22	37.97	43.05	48.41	51.46	53.90	56.46	69.95
海　口	19.50	27.23	39.56	57.80	64.61	68.39	69.16	70.07	73.40	74.49
三　亚	7.91	14.94	19.58	22.42	23.78	27.94	36.35	38.50	53.82	61.66
重　庆	192.48	243.26	315.73	421.57	474.57	533.17	614.68	659.15	714.29	890.96
成　都	71.75	100.19	125.00	202.44	221.68	206.74	228.78	269.74	301.80	348.40
贵　阳	9.77	12.81	16.58	23.62	26.94	29.54	34.96	40.34	47.95	53.47
昆　明	75.22	99.48	125.65	187.04	206.96	231.12	267.97	311.63	362.28	393.47
西　安	49.30	75.27	98.86	193.44	221.11	234.16	253.46	266.80	279.37	342.03
兰　州	16.81	21.25	26.93	55.02	74.54	87.29	97.15	110.57	120.63	128.26
西　宁	0.92	2.91	4.33	7.95	10.24	12.46	14.00	12.64	14.30	16.39
银　川	43.23	59.09	77.71	97.43	113.03	128.64	143.88	161.94	177.34	201.87
乌鲁木齐	14.66	22.95	30.36	36.10	41.69	45.11	56.47	69.93	86.17	94.69

数据来源：国家统计局。

表 5 – 56　2014—2018 年四十重点城市商品房期房销售面积

单位：万平方米

类　别	2014 年	2015 年	2016 年	2017 年	2018 年
合　计	**36462. 32**	**39286. 01**	**48056. 54**	**47615. 68**	**50535. 59**
北　京	965. 99	1044. 21	997. 10	511. 83	382. 39
天　津	1041. 59	1193. 35	1839. 59	1169. 59	1059. 47
石家庄	555. 66	446. 69	593. 53	669. 57	594. 59
太　原	384. 90	382. 67	492. 62	707. 22	787. 12
呼和浩特	126. 59	210. 10	224. 43	164. 81	287. 42
沈　阳	1036. 67	751. 99	824. 87	974. 91	1039. 03
大　连	513. 55	439. 80	394. 56	458. 39	516. 80
长　春	550. 77	656. 75	753. 46	926. 44	1103. 55
哈尔滨	678. 16	538. 80	523. 64	707. 78	748. 60
上　海	1316. 87	1486. 73	1542. 98	879. 06	995. 15
南　京	876. 27	1175. 52	1335. 90	1095. 62	1010. 22
无　锡	640. 94	729. 02	889. 67	785. 75	940. 07
苏　州	1360. 70	1788. 79	1961. 95	1589. 16	1543. 74
杭　州	933. 88	1172. 64	1770. 84	1565. 10	1437. 68
宁　波	561. 83	735. 84	925. 25	1205. 83	1361. 18
温　州	385. 79	437. 07	623. 39	933. 57	1060. 76
合　肥	1506. 79	1471. 58	1930. 76	1140. 88	1293. 43
福　州	867. 96	818. 62	1086. 36	1399. 99	1516. 58
厦　门	679. 58	482. 34	445. 38	434. 92	360. 46
南　昌	780. 48	757. 79	1075. 68	1391. 95	1565. 31
济　南	788. 96	1066. 42	1303. 99	1084. 08	1134. 73
青　岛	962. 56	1115. 49	1620. 63	1600. 78	1629. 68
郑　州	1341. 26	1686. 68	2602. 41	2504. 60	2855. 90
武　汉	1649. 58	1996. 37	2852. 44	2956. 02	3304. 59
长　沙	1277. 57	1539. 75	2021. 37	1822. 87	2144. 06
广　州	1249. 18	1251. 41	1553. 02	1378. 16	1246. 45
深　圳	427. 48	682. 88	594. 24	503. 67	567. 87
南　宁	677. 25	904. 07	1235. 22	1388. 75	1619. 10
北　海	148. 77	134. 74	144. 43	243. 72	339. 67
海　口	290. 67	310. 71	345. 46	392. 81	318. 83
三　亚	69. 99	84. 60	101. 00	150. 13	183. 14
重　庆	4262. 07	4365. 60	4780. 44	5409. 51	5645. 28
成　都	2507. 96	2480. 52	3207. 48	3315. 45	3334. 13
贵　阳	874. 88	888. 90	864. 18	990. 16	1061. 09
昆　明	1028. 84	932. 78	983. 64	1306. 51	1516. 25
西　安	1548. 01	1520. 53	1741. 80	2123. 84	2279. 69
兰　州	422. 89	521. 38	685. 22	562. 82	514. 16
西　宁	216. 29	261. 57	284. 45	306. 55	315. 83
银　川	579. 28	385. 94	398. 97	397. 10	410. 96
乌鲁木齐	373. 87	435. 40	504. 20	465. 77	510. 62

数据来源：国家统计局。

表 5－57　2018 年四十重点城市商品房期房销售面积（月度累计）

单位：万平方米

类　别	1—3 月	1—4 月	1—5 月	1—6 月	1—7 月	1—8 月	1—9 月	1—10 月	1—11 月	1—12 月
合　计	**8811.02**	**12465.56**	**16738.65**	**22963.92**	**26770.85**	**30455.34**	**35376.42**	**39478.39**	**44241.94**	**50535.59**
北　京	46.12	71.59	92.56	113.24	139.42	188.99	220.43	260.82	308.78	382.39
天　津	139.15	202.84	297.70	473.37	612.58	720.42	793.67	876.01	983.19	1059.47
石家庄	45.32	65.11	107.58	178.87	225.68	270.93	326.40	403.77	451.88	594.59
太　原	131.96	193.81	326.22	431.31	500.04	558.31	613.72	675.40	732.20	787.12
呼和浩特	24.88	32.46	54.14	84.81	96.29	107.58	185.43	217.54	276.04	287.42
沈　阳	147.41	254.55	345.20	471.50	582.31	679.55	785.03	870.67	958.43	1039.03
大　连	94.80	137.47	191.47	252.50	295.23	333.74	404.59	439.14	475.56	516.80
长　春	142.53	227.85	318.96	461.07	580.13	679.31	799.94	896.98	988.28	1103.55
哈尔滨	67.78	127.30	197.29	292.16	366.24	435.79	519.20	603.85	699.94	748.60
上　海	165.90	207.85	265.30	377.67	536.68	620.91	744.02	825.59	896.09	995.15
南　京	168.58	246.45	337.62	461.13	549.98	651.84	756.88	835.66	902.20	1010.22
无　锡	147.95	229.98	309.74	412.74	483.15	564.81	678.20	785.87	839.34	940.07
苏　州	241.94	340.00	508.41	672.95	814.88	963.78	1100.45	1233.39	1353.56	1543.74
杭　州	354.84	467.58	547.62	711.48	843.59	947.25	1049.08	1137.97	1246.24	1437.68
宁　波	235.43	362.97	517.62	701.19	814.19	890.25	1020.25	1108.07	1243.49	1361.18
温　州	128.56	170.92	261.94	468.31	514.71	579.28	744.13	784.15	861.07	1060.76
合　肥	233.48	317.10	458.28	601.44	690.67	761.30	885.83	989.53	1087.44	1293.43
福　州	316.96	400.95	506.88	699.85	780.03	850.36	971.91	1069.05	1198.30	1516.58
厦　门	78.64	109.63	149.96	204.54	230.37	262.83	287.00	319.59	349.87	360.46
南　昌	172.28	268.04	390.08	587.42	703.11	834.57	1005.86	1169.22	1357.16	1565.31
济　南	182.42	295.28	433.28	571.68	635.84	717.79	842.66	930.73	1034.56	1134.73
青　岛	244.73	385.29	531.28	701.51	817.77	920.86	1122.27	1240.83	1409.93	1629.68
郑　州	435.75	583.44	737.19	1086.29	1254.96	1451.82	1766.69	2079.36	2459.26	2855.90
武　汉	523.73	826.56	1152.50	1661.86	1854.44	2085.33	2434.63	2691.82	2960.41	3304.59
长　沙	400.30	542.52	680.28	876.79	1064.69	1244.63	1425.37	1622.55	1877.11	2144.06
广　州	167.39	233.35	316.98	480.18	535.03	607.26	740.66	826.12	929.32	1246.45
深　圳	110.58	150.08	196.38	260.99	299.85	349.62	398.74	443.59	493.45	567.87
南　宁	291.71	405.12	527.11	730.28	850.01	957.50	1123.60	1246.81	1384.23	1619.10
北　海	53.53	82.10	123.45	151.48	176.14	203.68	227.63	244.79	266.87	339.67
海　口	88.68	114.82	144.21	175.04	200.31	217.12	233.99	244.95	258.72	318.83
三　亚	84.63	104.62	122.27	135.96	143.32	148.96	158.48	162.90	173.31	183.14
重　庆	1379.09	1842.03	2374.34	3069.89	3442.47	3822.50	4290.75	4661.59	5065.92	5645.28
成　都	736.85	972.46	1202.99	1513.31	1779.46	2050.13	2282.32	2587.38	3004.34	3334.13
贵　阳	228.08	304.99	359.07	519.54	585.38	635.92	710.90	786.89	927.97	1061.09
昆　明	250.10	337.98	438.11	626.29	693.57	785.10	1002.15	1146.60	1286.42	1516.25
西　安	325.75	512.30	731.61	1017.43	1183.41	1333.53	1559.03	1688.10	1925.16	2279.69
兰　州	70.73	99.43	139.06	251.16	307.62	352.06	383.73	428.26	475.42	514.16
西　宁	26.50	44.84	86.14	126.52	152.29	172.06	205.09	237.42	268.36	315.83
银　川	46.17	75.04	97.44	141.48	187.53	218.98	259.29	308.68	371.40	410.96
乌鲁木齐	79.78	118.85	160.34	208.69	247.52	278.69	316.43	396.77	460.71	510.62

数据来源：国家统计局。

2. 四十重点城市商品住宅销售面积

表 5－58　2014—2018 年四十重点城市住宅销售面积

单位：万平方米

类　别	2014 年	2015 年	2016 年	2017 年	2018 年
合　计	**39299.59**	**42790.26**	**52391.84**	**49607.79**	**50113.58**
北　京	1136.53	1126.84	981.37	608.78	526.76
天　津	1477.63	1668.18	2521.87	1342.87	1140.73
石家庄	725.68	539.68	652.52	816.94	723.90
太　原	394.09	421.65	556.44	722.10	771.21
呼和浩特	306.92	321.44	344.80	249.97	342.43
沈　阳	1342.38	949.88	1099.39	1191.25	1202.67
大　连	670.73	596.67	654.62	758.17	702.09
长　春	663.35	701.78	834.49	951.83	1116.08
哈尔滨	919.81	807.23	908.16	1089.16	920.00
上　海	1780.91	2009.17	2019.80	1341.62	1333.29
南　京	1124.73	1429.18	1406.29	1208.98	982.65
无　锡	736.44	864.51	1164.75	1023.11	1246.02
苏　州	1446.07	1940.92	2258.60	1687.88	1788.30
杭　州	952.51	1292.35	1888.28	1520.17	1329.40
宁　波	595.20	846.92	1126.06	1283.72	1299.17
温　州	381.58	456.23	641.63	802.27	975.70
合　肥	1326.22	1285.90	1705.72	960.46	1103.88
福　州	816.65	748.99	1021.23	1276.80	1255.68
厦　门	510.37	345.89	322.34	237.28	170.68
南　昌	751.48	815.99	1077.82	1289.79	1536.52
济　南	723.92	924.43	1232.72	974.72	965.29
青　岛	1022.28	1238.99	1752.08	1633.84	1578.31
郑　州	1293.28	1695.21	2571.44	2735.37	3330.57
武　汉	1978.96	2413.77	2931.06	3085.78	3229.75
长　沙	1331.36	1687.06	2308.24	1823.81	1973.34
广　州	1196.23	1344.86	1624.01	1367.48	1138.20
深　圳	474.81	747.83	660.08	520.97	572.99
南　宁	720.95	878.87	1150.15	1307.68	1438.25
北　海	199.98	188.85	215.27	360.63	397.53
海　口	297.58	330.28	394.33	487.37	331.44
三　亚	99.13	105.15	141.52	194.73	212.95
重　庆	4423.68	4477.71	5105.46	5452.65	5424.76
成　都	2476.25	2447.13	3279.17	2976.47	2660.02
贵　阳	789.95	789.79	826.21	868.98	943.29
昆　明	978.23	1008.25	1128.89	1387.77	1430.17
西　安	1514.15	1583.53	1866.50	2105.94	2141.12
兰　州	439.43	578.62	713.92	609.40	565.93
西　宁	264.38	260.65	292.11	305.11	274.02
银　川	614.01	454.46	492.84	519.99	529.20
乌鲁木齐	401.75	465.41	519.66	525.97	509.28

数据来源：国家统计局。

表 5－59　2018 年四十重点城市住宅销售面积（月度累计）

单位：万平方米

类　别	1—3 月	1—4 月	1—5 月	1—6 月	1—7 月	1—8 月	1—9 月	1—10 月	1—11 月	1—12 月
合　计	8740.30	12367.27	16645.43	23041.00	26858.91	30397.98	35247.02	39216.96	43821.82	50113.58
北　京	54.17	84.67	128.46	161.42	210.51	266.27	305.22	347.94	403.31	526.76
天　津	159.14	233.10	335.56	527.69	671.32	782.10	860.48	944.83	1058.58	1140.73
石家庄	50.43	72.76	116.08	284.56	328.64	375.13	447.92	532.11	582.90	723.90
太　原	127.08	194.86	325.61	427.71	491.59	547.03	599.81	658.88	714.43	771.21
呼和浩特	24.15	33.12	61.74	125.47	147.30	159.17	226.77	259.43	317.65	342.43
沈　阳	178.37	307.80	413.30	575.57	677.89	794.84	912.78	1018.44	1113.62	1202.67
大　连	125.87	193.63	265.26	346.65	403.66	452.01	543.34	587.53	640.12	702.09
长　春	154.14	245.99	343.07	484.05	605.00	701.56	814.45	909.52	996.93	1116.08
哈尔滨	95.39	172.07	263.44	360.69	460.09	545.65	644.37	744.23	856.21	920.00
上　海	278.82	339.38	401.66	577.50	788.92	893.39	1055.58	1153.22	1235.97	1333.29
南　京	170.20	253.49	361.35	508.08	588.94	662.90	761.84	829.07	898.36	982.65
无　锡	203.44	304.81	411.68	547.11	639.44	747.08	886.79	1022.11	1099.09	1246.02
苏　州	270.60	381.74	565.71	783.77	948.24	1112.62	1279.13	1425.37	1571.70	1788.30
杭　州	322.24	421.24	497.19	640.35	760.39	857.54	961.21	1046.95	1153.66	1329.40
宁　波	245.49	371.07	533.57	709.60	818.17	888.24	1008.05	1079.37	1201.75	1299.17
温　州	125.46	165.61	256.13	421.54	461.26	517.44	658.39	692.43	770.55	975.70
合　肥	204.68	268.18	382.23	505.39	578.70	636.91	739.42	833.42	921.53	1103.88
福　州	291.64	363.34	457.96	606.62	678.41	741.04	849.30	917.01	1002.48	1255.68
厦　门	38.07	60.45	83.54	99.81	112.65	116.97	129.30	143.01	160.03	170.68
南　昌	173.12	261.32	378.61	574.66	683.74	816.77	990.58	1145.73	1319.89	1536.52
济　南	162.61	264.03	378.51	489.54	541.40	605.28	707.46	789.52	872.82	965.29
青　岛	245.54	387.26	523.57	687.29	790.60	887.72	1080.88	1196.92	1362.08	1578.31
郑　州	470.16	635.34	814.23	1240.11	1453.95	1662.13	2017.63	2377.38	2790.97	3330.57
武　汉	504.78	794.39	1124.87	1595.33	1782.66	1988.76	2346.81	2579.69	2869.42	3229.75
长　沙	378.33	507.04	643.03	831.38	997.84	1172.15	1349.10	1498.59	1722.66	1973.34
广　州	164.71	227.99	311.19	461.26	516.03	586.84	716.00	799.60	888.42	1138.20
深　圳	111.69	150.61	196.51	258.76	311.65	356.30	404.35	449.02	498.44	572.99
南　宁	264.50	374.83	474.20	664.99	770.58	867.04	1006.31	1114.44	1227.90	1438.25
北　海	63.56	100.01	149.99	185.16	213.80	246.01	270.56	289.97	313.48	397.53
海　口	96.27	125.12	159.80	202.07	227.50	243.35	259.12	269.36	282.48	331.44
三　亚	77.41	99.81	121.51	136.67	143.73	151.31	167.84	174.06	197.54	212.95
重　庆	1318.78	1750.62	2266.35	2930.43	3285.36	3647.30	4109.97	4467.29	4842.68	5424.76
成　都	576.78	747.42	922.02	1214.86	1435.86	1629.17	1798.94	2051.32	2383.23	2660.02
贵　阳	205.58	270.54	311.10	458.76	513.47	562.83	628.33	697.08	828.06	943.29
昆　明	242.10	331.15	428.09	596.00	664.13	755.85	947.33	1091.06	1231.23	1430.17
西　安	305.53	485.16	695.88	1008.42	1164.84	1296.45	1481.51	1589.84	1797.18	2141.12
兰　州	75.29	104.72	144.99	273.51	340.71	386.37	424.33	475.31	527.45	565.93
西　宁	24.96	43.35	84.72	120.83	141.63	158.59	186.51	211.01	233.13	274.02
银　川	73.63	111.85	145.54	201.35	255.49	296.96	346.21	407.83	475.14	529.20
乌鲁木齐	85.60	127.37	167.19	216.01	252.82	282.91	323.11	397.08	458.73	509.28

数据来源：国家统计局。

表 5－60　2014—2018 年四十重点城市住宅现房销售面积

单位：万平方米

类　别	2014 年	2015 年	2016 年	2017 年	2018 年
合　计	**7304.03**	**8213.28**	**10341.60**	**9377.88**	**7001.56**
北　京	339.91	331.17	360.26	227.75	202.45
天　津	519.27	520.00	780.05	231.43	126.29
石家庄	252.20	194.87	138.65	289.87	230.98
太　原	32.58	55.99	114.47	72.48	50.06
呼和浩特	190.75	143.66	145.07	119.56	88.02
沈　阳	389.88	259.93	321.12	292.57	288.27
大　连	201.72	178.85	281.73	340.56	226.89
长　春	161.77	110.85	214.93	154.57	143.93
哈尔滨	314.33	307.67	443.99	462.69	249.23
上　海	620.42	722.43	809.79	579.39	491.06
南　京	308.70	328.51	184.57	286.28	194.71
无　锡	162.16	198.10	321.31	289.53	344.54
苏　州	189.38	286.73	437.62	260.73	331.06
杭　州	143.63	255.01	435.61	297.00	121.06
宁　波	108.60	190.33	278.55	231.05	140.92
温　州	22.20	68.88	93.99	104.42	79.78
合　肥	51.07	67.33	85.28	51.41	31.50
福　州	90.91	68.97	103.00	204.82	98.98
厦　门	52.06	39.96	32.62	33.13	23.02
南　昌	34.60	110.69	135.15	151.96	210.35
济　南	64.45	87.60	88.15	72.51	61.98
青　岛	157.40	236.18	250.42	218.64	101.57
郑　州	194.43	176.68	203.98	551.36	782.56
武　汉	450.96	509.76	295.61	431.69	263.81
长　沙	181.67	294.26	488.18	296.93	121.54
广　州	168.36	303.56	330.07	266.16	191.17
深　圳	83.32	133.02	129.92	119.87	115.28
南　宁	109.97	79.64	73.35	125.60	78.28
北　海	56.50	56.64	74.29	124.13	67.86
海　口	42.48	55.56	77.61	138.29	58.45
三　亚	30.58	26.30	48.43	59.36	57.37
重　庆	580.09	655.08	995.37	817.20	431.66
成　都	308.90	333.99	488.40	350.13	121.20
贵　阳	47.99	49.46	68.82	38.29	34.55
昆　明	194.80	249.42	379.68	367.03	265.20
西　安	131.33	196.53	268.06	258.31	232.59
兰　州	53.79	89.50	115.88	114.94	113.91
西　宁	83.21	46.29	56.37	66.15	11.98
银　川	116.93	115.96	128.73	162.74	154.77
乌鲁木齐	60.71	77.89	62.52	117.34	62.73

数据来源：国家统计局。

表 5－61　2018 年四十重点城市住宅现房销售面积（月度累计）

单位：万平方米

类　别	1—3 月	1—4 月	1—5 月	1—6 月	1—7 月	1—8 月	1—9 月	1—10 月	1—11 月	1—12 月
合　计	**1164.19**	**1654.43**	**2258.35**	**3373.84**	**3914.22**	**4282.30**	**4957.93**	**5409.47**	**5960.19**	**7001.56**
北　京	18.45	25.76	54.06	72.05	100.01	110.54	123.47	129.80	140.78	202.45
天　津	25.64	37.44	47.57	70.46	78.54	84.77	92.68	98.42	105.45	126.29
石家庄	6.05	10.30	17.83	124.15	130.09	137.38	165.00	185.75	197.32	230.98
太　原	8.47	17.26	21.99	28.87	33.38	35.37	38.55	40.66	45.03	50.06
呼和浩特	3.82	5.68	13.62	47.13	60.02	62.75	66.71	69.57	72.62	88.02
沈　阳	41.81	73.43	94.79	142.27	168.64	196.00	224.71	253.31	271.54	288.27
大　连	37.89	67.50	90.36	117.91	136.92	149.13	171.56	184.51	203.03	226.89
长　春	23.19	38.33	51.95	70.35	82.50	91.99	98.12	108.84	119.54	143.93
哈尔滨	31.57	54.14	79.29	100.61	131.11	151.64	172.36	200.46	229.77	249.23
上　海	130.06	155.51	168.30	241.54	303.61	328.54	390.49	411.38	444.13	491.06
南　京	29.19	49.78	94.50	139.07	140.28	143.25	156.93	162.85	180.62	194.71
无　锡	61.21	83.14	112.63	150.18	175.18	205.26	234.92	264.67	291.01	344.54
苏　州	40.86	58.29	81.80	146.08	176.99	200.34	240.62	261.98	297.93	331.06
杭　州	27.19	40.78	58.10	71.57	77.05	83.84	97.76	102.69	112.03	121.06
宁　波	39.32	53.04	75.77	96.84	107.22	112.74	119.90	122.09	132.36	140.92
温　州	18.27	21.10	23.70	37.36	40.49	41.96	57.37	58.74	62.57	79.78
合　肥	3.74	7.98	10.80	14.36	16.21	18.66	21.30	22.38	23.61	31.50
福　州	35.03	37.03	46.15	54.08	61.59	69.67	81.63	85.54	88.20	98.98
厦　门	2.32	3.48	4.10	7.23	11.26	11.81	14.83	19.03	21.52	23.02
南　昌	31.46	41.71	59.62	90.74	100.79	115.47	144.22	151.04	164.77	210.35
济　南	11.63	13.41	14.13	18.43	23.18	24.03	37.63	51.19	55.74	61.98
青　岛	20.18	33.11	41.57	52.25	57.16	61.38	72.34	74.09	81.54	101.57
郑　州	84.08	121.57	184.52	290.12	354.08	394.01	465.83	540.71	604.64	782.56
武　汉	37.18	55.59	83.90	124.68	132.88	141.31	172.68	179.32	214.31	263.81
长　沙	29.86	35.18	55.46	70.53	80.21	90.72	99.33	92.47	103.12	121.54
广　州	26.89	36.23	46.89	69.90	78.95	88.42	112.48	124.72	138.09	191.17
深　圳	19.94	28.94	42.42	50.64	68.72	75.81	86.91	95.55	102.60	115.28
南　宁	11.41	19.53	24.09	33.93	39.33	43.05	49.32	56.10	64.54	78.28
北　海	11.50	20.23	30.01	37.42	42.47	47.80	50.71	53.11	55.27	67.86
海　口	16.79	23.43	34.44	50.30	54.61	57.17	57.75	57.98	59.51	58.45
三　亚	6.78	13.81	18.45	21.16	22.44	26.55	34.77	36.92	50.47	57.37
重　庆	103.72	129.60	160.21	206.49	226.08	257.66	304.61	323.28	352.51	431.66
成　都	21.33	29.55	37.75	92.84	96.35	62.41	69.10	86.75	96.90	121.20
贵　阳	5.43	7.62	9.88	13.88	16.22	18.03	22.80	26.72	32.46	34.55
昆　明	51.45	70.64	91.77	124.89	140.80	158.81	182.26	210.24	243.23	265.20
西　安	30.68	49.10	65.43	137.38	157.73	164.22	175.31	183.91	189.91	232.59
兰　州	13.58	17.50	22.36	47.73	65.35	77.26	86.35	98.51	107.23	113.91
西　宁	0.88	2.62	3.21	5.28	6.22	7.74	8.14	9.04	9.97	11.98
银　川	32.61	44.67	58.31	72.24	84.62	97.19	108.50	122.86	134.95	154.77
乌鲁木齐	12.74	20.42	26.62	30.91	34.95	37.65	47.97	52.30	59.38	62.73

数据来源：国家统计局。

表 5－62　2014—2018 年四十重点城市住宅期房销售面积

单位：万平方米

类　别	2014 年	2015 年	2016 年	2017 年	2018 年
合　计	**31995.54**	**34576.98**	**42050.24**	**40229.91**	**43112.02**
北　京	796.61	795.67	621.11	381.03	324.31
天　津	958.37	1148.19	1741.83	1111.44	1014.44
石家庄	473.48	344.81	513.87	527.07	492.92
太　原	361.51	365.66	441.97	649.62	721.16
呼和浩特	116.17	177.78	199.73	130.41	254.41
沈　阳	952.50	689.95	778.27	898.68	914.40
大　连	469.01	417.82	372.88	417.61	475.20
长　春	501.58	590.93	619.56	797.26	972.16
哈尔滨	605.48	499.56	464.16	626.48	670.77
上　海	1160.49	1286.74	1210.01	762.23	842.23
南　京	816.03	1100.67	1221.72	922.69	787.94
无　锡	574.28	666.41	843.44	733.58	901.48
苏　州	1256.68	1654.19	1820.99	1427.15	1457.24
杭　州	808.87	1037.34	1452.67	1223.17	1208.34
宁　波	486.60	656.59	847.51	1052.66	1158.25
温　州	359.38	387.35	547.63	697.85	895.92
合　肥	1275.14	1218.57	1620.44	909.05	1072.38
福　州	725.74	680.02	918.23	1071.98	1156.70
厦　门	458.31	305.94	289.71	204.14	147.66
南　昌	716.88	705.30	942.66	1137.84	1326.17
济　南	659.47	836.83	1144.56	902.21	903.31
青　岛	864.88	1002.81	1501.66	1415.20	1476.74
郑　州	1098.86	1518.53	2367.46	2184.01	2548.00
武　汉	1528.00	1904.01	2635.44	2654.09	2965.94
长　沙	1149.69	1392.80	1820.06	1526.88	1851.81
广　州	1027.87	1041.30	1293.93	1101.32	947.03
深　圳	391.49	614.81	530.16	401.10	457.71
南　宁	610.98	799.23	1076.80	1182.08	1359.97
北　海	143.49	132.21	140.98	236.50	329.67
海　口	255.11	274.72	316.73	349.08	272.99
三　亚	68.55	78.85	93.09	135.37	155.58
重　庆	3843.58	3822.63	4110.09	4635.45	4993.11
成　都	2167.35	2113.14	2790.78	2626.34	2538.82
贵　阳	741.95	740.34	757.40	830.69	908.74
昆　明	783.43	758.82	749.22	1020.73	1164.97
西　安	1382.81	1387.00	1598.44	1847.63	1908.53
兰　州	385.64	489.12	598.05	494.46	452.01
西　宁	181.16	214.36	235.74	238.96	262.04
银　川	497.08	338.50	364.11	357.25	374.43
乌鲁木齐	341.04	387.52	457.14	408.63	446.55

数据来源：国家统计局。

表 5－63　2018 年四十重点城市住宅期房销售面积（月度累计）

单位：万平方米

类别	1—3 月	1—4 月	1—5 月	1—6 月	1—7 月	1—8 月	1—9 月	1—10 月	1—11 月	1—12 月
合　计	**7576.11**	**10712.84**	**14387.08**	**19667.16**	**22944.69**	**26115.68**	**30289.09**	**33807.49**	**37861.63**	**43112.02**
北　京	35.72	58.92	74.39	89.37	110.50	155.73	181.75	218.15	262.54	324.31
天　津	133.50	195.65	288.00	457.23	592.78	697.33	767.80	846.41	953.14	1014.44
石家庄	44.38	62.46	98.26	160.41	198.55	237.75	282.93	346.36	385.58	492.92
太　原	118.61	177.60	303.62	398.84	458.20	511.65	561.26	618.22	669.40	721.16
呼和浩特	20.33	27.44	48.12	78.35	87.28	96.43	160.06	189.86	245.02	254.41
沈　阳	136.57	234.37	318.52	433.30	509.25	598.85	688.07	765.13	842.08	914.40
大　连	87.98	126.14	174.91	228.74	266.74	302.88	371.77	403.02	437.09	475.20
长　春	130.95	207.66	291.12	413.70	522.50	609.57	716.32	800.68	877.39	972.16
哈尔滨	63.83	117.92	184.15	260.08	328.98	394.01	472.01	543.77	626.45	670.77
上　海	148.76	183.87	233.36	335.96	485.31	564.85	665.09	741.84	791.85	842.23
南　京	141.02	203.71	266.85	369.01	448.66	519.65	604.91	666.22	717.74	787.94
无　锡	142.23	221.67	299.05	396.92	464.25	541.82	651.87	757.44	808.08	901.48
苏　州	229.73	323.46	483.90	637.69	771.25	912.29	1038.52	1163.39	1273.77	1457.24
杭　州	295.05	380.46	439.09	568.78	683.35	773.70	863.45	944.26	1041.63	1208.34
宁　波	206.17	318.03	457.81	612.75	710.95	775.51	888.15	957.29	1069.40	1158.25
温　州	107.19	144.51	232.43	384.18	420.77	475.48	601.02	633.69	707.98	895.92
合　肥	200.94	260.19	371.43	491.03	562.49	618.25	718.11	811.04	897.92	1072.38
福　州	256.61	326.32	411.81	552.54	616.81	671.36	767.67	831.47	914.29	1156.70
厦　门	35.75	56.97	79.44	92.58	101.39	105.16	114.47	123.98	138.51	147.66
南　昌	141.66	219.61	318.99	483.93	582.96	701.30	846.36	994.69	1155.12	1326.17
济　南	150.99	250.62	364.38	471.11	518.22	581.25	669.83	738.33	817.08	903.31
青　岛	225.36	354.15	482.00	635.05	733.44	826.34	1008.53	1122.83	1280.54	1476.74
郑　州	386.08	513.78	629.71	950.00	1099.87	1268.12	1551.80	1836.67	2186.34	2548.00
武　汉	467.60	738.80	1040.96	1470.66	1649.78	1847.45	2174.13	2400.36	2655.11	2965.94
长　沙	348.47	471.87	587.57	760.85	917.63	1081.43	1249.77	1406.12	1619.54	1851.81
广　州	137.82	191.76	264.30	391.37	437.08	498.43	603.53	674.88	750.33	947.03
深　圳	91.75	121.67	154.09	208.12	242.93	280.49	317.44	353.47	395.84	457.71
南　宁	253.09	355.31	450.10	631.06	731.26	823.99	956.99	1058.34	1163.36	1359.97
北　海	52.06	79.78	119.98	147.73	171.33	198.21	219.84	236.86	258.21	329.67
海　口	79.48	101.69	125.35	151.77	172.89	186.19	201.37	211.39	222.97	272.99
三　亚	70.63	86.00	103.06	115.52	121.29	124.76	133.08	137.14	147.07	155.58
重　庆	1215.06	1621.02	2106.14	2723.94	3059.28	3389.64	3805.37	4144.01	4490.18	4993.11
成　都	555.45	717.87	884.27	1122.02	1339.52	1566.76	1729.84	1964.57	2286.32	2538.82
贵　阳	200.14	262.92	301.22	444.88	497.26	544.80	605.52	670.36	795.60	908.74
昆　明	190.65	260.51	336.31	471.11	523.32	597.04	765.08	880.82	988.00	1164.97
西　安	274.86	436.06	630.46	871.04	1007.11	1132.22	1306.20	1405.93	1607.27	1908.53
兰　州	61.71	87.22	122.63	225.78	275.36	309.10	337.98	376.80	420.23	452.01
西　宁	24.08	40.73	81.52	115.55	135.41	150.85	178.37	201.97	223.16	262.04
银　川	41.01	67.18	87.23	129.11	170.87	199.78	237.71	284.97	340.19	374.43
乌鲁木齐	72.85	106.95	140.57	185.11	217.86	245.26	275.14	344.79	399.34	446.55

数据来源：国家统计局。

3. 四十重点城市办公楼销售面积

表 5－64　2014—2018 年四十重点城市办公楼销售面积

单位：万平方米

类　别	2014 年	2015 年	2016 年	2017 年	2018 年
合　计	1720.41	2130.03	2848.30	3284.37	3128.17
北　京	136.80	243.02	413.86	108.34	75.78
天　津	13.53	15.93	31.06	43.28	37.46
石家庄	30.94	63.76	61.26	74.96	53.25
太　原	14.15	11.24	30.45	30.38	24.56
呼和浩特	7.81	4.08	9.81	19.62	12.35
沈　阳	14.02	17.33	10.77	11.14	11.50
大　连	6.67	5.45	15.33	15.05	4.57
长　春	9.73	15.80	28.96	49.97	48.41
哈尔滨	12.42	14.73	20.27	40.05	14.70
上　海	120.28	197.41	306.40	124.10	147.08
南　京	24.68	31.84	53.28	76.92	71.85
无　锡	27.97	40.21	29.74	36.57	29.84
苏　州	28.25	54.81	57.93	86.08	58.57
杭　州	73.04	81.74	224.74	284.84	174.26
宁　波	50.90	41.44	60.13	64.88	117.92
温　州	2.45	21.12	16.01	7.14	13.67
合　肥	52.73	68.64	129.10	115.60	86.51
福　州	44.86	44.86	55.05	119.55	101.79
厦　门	87.15	64.17	64.62	124.12	134.01
南　昌	27.86	30.56	58.38	107.80	86.67
济　南	45.49	156.84	58.11	50.31	74.06
青　岛	42.57	56.57	55.53	97.88	76.71
郑　州	133.61	96.88	95.74	137.75	147.82
武　汉	57.83	35.21	92.11	156.57	175.70
长　沙	37.60	36.40	82.15	114.12	106.87
广　州	142.76	152.60	153.09	176.96	189.25
深　圳	23.17	56.54	50.57	98.56	96.60
南　宁	14.43	25.67	31.08	58.10	62.94
北　海	0.63	0.33	0.46	3.08	0.14
海　口	4.47	7.07	6.97	13.27	20.45
三　亚	0.21	1.98	1.69	3.04	16.44
重　庆	98.15	115.84	106.99	168.47	127.37
成　都	122.30	94.31	116.22	235.26	273.37
贵　阳	61.18	49.23	58.98	86.21	62.81
昆　明	58.31	53.95	104.49	97.96	104.27
西　安	45.83	50.30	64.04	145.19	209.61
兰　州	11.36	9.14	43.20	27.04	13.75
西　宁	7.87	23.35	18.96	26.61	8.38
银　川	7.15	12.70	6.79	15.86	17.60
乌鲁木齐	19.25	26.99	24.00	31.71	39.30

数据来源：国家统计局。

表 5－65　2018 年四十重点城市办公楼销售面积（月度累计）

单位：万平方米

类　别	1—3 月	1—4 月	1—5 月	1—6 月	1—7 月	1—8 月	1—9 月	1—10 月	1—11 月	1—12 月
合　计	**543.23**	**786.37**	**1028.04**	**1401.56**	**1630.52**	**1820.13**	**2101.95**	**2319.93**	**2591.00**	**3128.17**
北　京	7.06	10.33	11.99	22.55	26.41	30.53	36.18	40.40	52.41	75.78
天　津	14.70	15.95	17.09	20.54	23.11	24.72	25.83	26.71	26.09	37.46
石家庄	0.06	1.16	6.86	11.61	14.21	17.63	24.29	31.54	36.21	53.25
太　原	5.23	6.13	7.30	11.20	15.46	17.10	20.62	22.23	23.48	24.56
呼和浩特	2.66	3.37	5.14	5.62	7.86	9.70	10.53	10.95	11.44	12.35
沈　阳	4.34	4.99	6.13	7.79	8.82	9.30	9.76	10.16	10.54	11.50
大　连	1.73	2.56	2.91	3.19	3.23	3.23	3.23	3.74	3.87	4.57
长　春	4.74	6.16	8.04	18.10	22.34	24.07	29.94	32.40	38.23	48.41
哈尔滨	0.75	2.13	3.52	4.63	5.46	5.89	8.26	9.06	13.24	14.70
上　海	15.80	27.72	33.87	42.74	62.50	66.18	86.11	90.58	101.23	147.08
南　京	9.77	14.45	21.50	27.22	31.14	42.70	46.42	49.02	51.59	71.85
无　锡	4.20	7.39	9.98	12.01	14.13	15.72	17.71	18.57	23.33	29.84
苏　州	12.63	15.80	21.87	25.32	29.86	34.01	41.47	46.51	49.88	58.57
杭　州	40.37	63.18	84.62	111.20	124.30	129.92	139.85	149.40	150.99	174.26
宁　波	21.63	34.53	43.12	55.56	68.19	72.99	70.14	75.93	96.16	117.92
温　州	3.41	4.78	5.02	5.70	6.55	7.83	11.51	13.05	13.41	13.67
合　肥	15.13	22.30	31.36	46.49	49.62	54.16	63.41	69.27	72.26	86.51
福　州	17.74	20.85	25.41	36.99	38.83	41.75	50.62	67.38	88.06	101.79
厦　门	27.88	32.27	43.07	69.63	84.32	90.73	99.57	111.70	121.61	134.01
南　昌	14.78	21.64	27.29	38.86	44.11	49.43	55.88	64.38	75.14	86.67
济　南	7.09	10.32	11.34	20.16	30.45	35.51	49.41	58.23	69.88	74.06
青　岛	8.61	14.42	26.48	38.93	46.98	54.81	61.43	62.74	67.56	76.71
郑　州	23.36	39.82	53.10	64.53	73.38	89.61	104.23	116.02	132.04	147.82
武　汉	25.60	39.74	53.41	89.37	95.75	105.95	122.73	138.63	144.56	175.70
长　沙	22.44	32.98	43.14	50.76	63.91	69.79	76.47	81.82	92.05	106.87
广　州	24.69	34.11	42.35	61.07	66.88	75.71	93.35	102.54	117.54	189.25
深　圳	15.97	24.33	37.48	43.62	46.70	55.73	63.81	72.64	77.78	96.60
南　宁	12.89	16.24	22.40	30.21	35.30	40.68	46.79	48.45	51.59	62.94
北　海	0.09	0.09	0.12	0.13	0.14	0.14	0.14	0.14	0.14	0.14
海　口	1.57	2.80	3.78	6.70	11.82	12.64	12.73	12.94	14.64	20.45
三　亚	9.28	12.45	12.51	12.53	13.63	13.76	13.85	14.08	15.07	16.44
重　庆	27.75	41.94	52.12	66.06	79.83	86.71	93.75	100.30	106.16	127.37
成　都	60.42	91.09	118.00	143.78	156.99	180.38	196.40	220.58	247.05	273.37
贵　阳	16.58	21.38	24.96	31.01	36.74	38.05	45.67	51.85	55.62	62.81
昆　明	22.78	29.60	35.22	58.01	60.47	63.54	76.35	85.14	94.69	104.27
西　安	28.66	42.41	53.33	76.69	93.16	107.49	140.99	151.97	171.38	209.61
兰　州	2.30	2.66	3.80	6.67	11.08	11.62	12.23	12.48	13.23	13.75
西　宁		0.11	0.11	1.58	1.74	2.21	4.25	4.65	8.09	8.38
银　川	5.93	6.62	7.32	9.84	10.65	12.22	14.31	14.85	16.85	17.60
乌鲁木齐	2.61	5.57	10.99	12.95	14.48	15.99	21.69	26.84	35.95	39.30

数据来源：国家统计局。

表 5-66　2014—2018 年四十重点城市办公楼现房销售面积

单位：万平方米

类别	2014 年	2015 年	2016 年	2017 年	2018 年
合计	**410.44**	**581.25**	**787.69**	**941.36**	**814.94**
北京	31.26	78.14	156.59	44.68	48.63
天津	6.80	9.04	11.47	31.99	20.53
石家庄	19.84	38.36	26.14	33.30	0.54
太原	0.63	2.07	0.98	2.64	0.04
呼和浩特	5.53	1.05	3.90	5.49	6.16
沈阳	7.04	13.69	6.00	4.04	8.51
大连	0.90	1.21	12.85	4.33	3.62
长春	3.22	5.84	3.97	7.29	7.42
哈尔滨	3.10	7.54	5.76	11.06	4.98
上海	36.43	76.13	95.96	70.52	72.50
南京	4.09	7.88	11.01	9.48	2.21
无锡	11.51	20.02	21.32	27.35	19.68
苏州	10.25	13.88	16.85	28.15	36.42
杭州	17.58	23.19	48.40	101.34	66.85
宁波	22.77	24.14	33.77	24.02	51.08
温州	—	7.53	3.21	2.47	3.02
合肥	10.05	16.35	32.41	42.04	28.76
福州	0.14	6.86	3.68	14.78	5.33
厦门	9.85	10.83	9.28	22.22	32.09
南昌	1.79	10.72	14.99	25.00	10.35
济南	3.24	8.85	13.10	26.41	10.30
青岛	9.33	13.07	21.89	32.53	32.34
郑州	11.19	9.05	11.39	17.06	21.85
武汉	19.95	10.76	10.10	49.75	43.84
长沙	5.42	10.10	25.02	40.33	26.79
广州	47.46	43.89	12.63	16.29	18.10
深圳	7.91	9.29	6.59	39.02	22.86
南宁	0.53	2.09	6.42	8.10	10.33
北海	—	0.33	—	—	—
海口	—	0.12	0.62	7.71	5.48
三亚	—	0.44	0.04	2.96	0.95
重庆	37.68	34.38	51.73	60.83	67.60
成都	27.77	25.73	32.38	39.19	28.35
贵阳	0.87	10.01	19.46	24.02	5.40
昆明	20.93	13.46	41.48	16.85	27.26
西安	0.53	7.11	0.97	29.55	35.20
兰州	1.00	1.04	4.98	3.54	4.68
西宁	1.32	0.99	4.25	5.17	0.20
银川	1.49	3.11	3.19	2.96	13.68
乌鲁木齐	11.05	2.95	2.92	6.91	10.98

数据来源：国家统计局。

表 5－67　2018 年四十重点城市办公楼现房销售面积（月度累计）

单位：万平方米

类　别	1—3 月	1—4 月	1—5 月	1—6 月	1—7 月	1—8 月	1—9 月	1—10 月	1—11 月	1—12 月
合　计	**157.78**	**226.49**	**290.86**	**374.36**	**451.24**	**491.52**	**535.36**	**585.11**	**646.50**	**814.94**
北　京	2.59	5.10	6.39	14.13	15.81	18.07	21.02	22.50	32.57	48.63
天　津	11.82	12.71	13.29	15.07	15.70	16.06	16.76	17.40	18.98	20.53
石家庄	—	—	—	—	—	—	—	0.45	0.45	0.54
太　原	—	—	—	—	0.04	0.04	0.04	0.04	0.04	0.04
呼和浩特	1.04	1.55	2.88	3.36	3.81	4.60	5.17	5.38	5.44	6.16
沈　阳	3.77	4.34	4.59	5.86	6.44	6.74	7.01	7.24	7.57	8.51
大　连	1.72	2.44	2.79	3.07	3.10	3.10	3.10	3.24	3.24	3.62
长　春	0.71	1.31	1.57	2.00	2.13	2.43	3.44	3.75	3.95	7.42
哈尔滨	0.12	0.92	1.32	1.90	2.15	2.15	3.91	3.99	4.96	4.98
上　海	11.40	19.45	23.30	26.53	40.71	42.59	46.99	50.28	55.82	72.50
南　京	0.16	0.37	0.61	1.35	1.62	1.73	1.89	2.04	2.20	2.21
无　锡	3.09	5.51	7.50	8.14	9.94	10.71	11.23	11.65	14.89	19.68
苏　州	10.34	12.41	16.88	19.04	21.98	24.19	28.44	30.57	32.48	36.42
杭　州	12.89	22.30	33.58	41.17	48.36	51.32	56.87	63.37	60.58	66.85
宁　波	16.83	23.12	25.03	28.53	34.83	36.89	28.57	30.62	40.94	51.08
温　州	2.25	2.37	2.55	2.55	2.71	2.72	2.80	2.82	2.83	3.02
合　肥	4.81	8.72	9.98	15.13	16.02	16.47	18.39	19.68	20.38	28.76
福　州	1.00	1.01	1.01	1.01	1.01	2.01	2.94	3.80	4.77	5.33
厦　门	3.75	4.24	6.53	10.33	16.04	17.58	19.36	20.98	22.56	32.09
南　昌	2.08	2.34	2.59	5.01	5.86	6.87	7.00	7.16	9.54	10.35
济　南	3.00	3.08	3.36	3.41	8.27	8.48	9.72	9.85	10.16	10.30
青　岛	3.15	5.05	7.28	16.35	19.54	25.63	26.38	26.90	27.70	32.34
郑　州	5.65	11.56	13.76	15.48	15.96	16.05	16.43	17.00	17.20	21.85
武　汉	4.68	6.38	9.74	13.98	17.63	18.08	18.53	21.36	22.82	43.84
长　沙	5.97	10.23	14.59	17.28	17.69	18.80	21.39	22.43	23.31	26.79
广　州	7.22	7.48	8.21	6.87	7.08	7.87	9.83	10.61	10.78	18.10
深　圳	1.89	4.84	5.36	6.67	8.13	9.66	11.77	13.61	13.66	22.86
南　宁	1.13	2.21	3.41	5.14	5.92	6.52	7.51	7.90	8.12	10.33
北　海	—	—	—	—	—	—	—	—	—	—
海　口	0.25	0.32	0.69	0.82	2.89	3.40	3.40	3.60	5.14	5.48
三　亚	0.03	0.03	0.03	0.03	0.03	0.03	0.03	0.03	0.74	0.95
重　庆	9.62	13.72	20.68	24.84	33.62	37.94	44.85	50.06	53.24	67.60
成　都	9.24	11.20	15.54	15.94	17.13	19.18	20.85	23.84	27.59	28.35
贵　阳	1.21	1.39	1.99	2.66	3.15	3.67	3.82	4.46	4.88	5.40
昆　明	3.76	4.23	6.21	16.47	16.65	16.93	17.07	22.77	26.64	27.26
西　安	2.88	6.07	7.90	11.05	14.17	15.94	19.15	20.98	22.88	35.20
兰　州	1.82	1.82	2.14	2.92	3.85	3.99	4.07	4.12	4.52	4.68
西　宁	—	—	—	0.10	0.15	0.20	0.20	0.20	0.20	0.20
银　川	5.73	6.25	6.80	9.02	9.60	10.86	12.65	12.85	13.63	13.68
乌鲁木齐	0.18	0.43	0.77	1.14	1.50	2.01	2.78	5.61	9.12	10.98

数据来源：国家统计局。

表 5－68　2014—2018 年四十重点城市办公楼期房销售面积

单位：万平方米

类　别	2014 年	2015 年	2016 年	2017 年	2018 年
合　计	**1309.94**	**1548.78**	**2060.61**	**2343.00**	**2313.22**
北　京	105.54	164.88	257.27	63.66	27.15
天　津	6.73	6.88	19.59	11.29	16.93
石家庄	11.10	25.40	35.12	41.66	52.71
太　原	13.52	9.17	29.47	27.74	24.52
呼和浩特	2.28	3.03	5.91	14.13	6.19
沈　阳	6.98	3.64	4.77	7.10	2.99
大　连	5.77	4.24	2.47	10.73	0.94
长　春	6.51	9.96	24.99	42.67	40.99
哈尔滨	9.32	7.18	14.51	28.99	9.72
上　海	83.85	121.28	210.44	53.59	74.58
南　京	20.59	23.96	42.27	67.44	69.64
无　锡	16.45	20.18	8.42	9.22	10.16
苏　州	17.99	40.93	41.08	57.94	22.15
杭　州	55.46	58.55	176.34	183.50	107.41
宁　波	28.13	17.30	26.35	40.86	66.84
温　州	2.45	13.59	12.80	4.66	10.65
合　肥	42.67	52.29	96.69	73.56	57.75
福　州	44.72	38.00	51.37	104.78	96.46
厦　门	77.30	53.34	55.34	101.90	101.92
南　昌	26.07	19.84	43.39	82.80	76.32
济　南	42.25	147.99	45.02	23.91	63.77
青　岛	33.24	43.50	33.64	65.36	44.37
郑　州	122.42	87.83	84.35	120.70	125.96
武　汉	37.88	24.45	82.02	106.82	131.86
长　沙	32.17	26.31	57.13	73.79	80.07
广　州	95.30	108.72	140.46	160.67	171.15
深　圳	15.26	47.25	43.99	59.54	73.74
南　宁	13.90	23.58	24.66	50.00	52.61
北　海	0.63	—	0.46	3.08	0.14
海　口	4.47	6.94	6.34	5.57	14.97
三　亚	0.21	1.54	1.65	0.08	15.49
重　庆	60.47	81.46	55.26	107.64	59.77
成　都	94.53	68.58	83.83	196.07	245.01
贵　阳	60.31	39.22	39.52	62.18	57.41
昆　明	37.39	40.49	63.01	81.11	77.00
西　安	45.30	43.19	63.07	115.64	174.42
兰　州	10.36	8.10	38.22	23.51	9.06
西　宁	6.55	22.36	14.71	21.44	8.18
银　川	5.67	9.58	3.60	12.90	3.92
乌鲁木齐	8.19	24.03	21.09	24.80	28.31

数据来源：国家统计局。

表 5－69　2018 年四十重点城市办公楼期房销售面积（月度累计）

单位：万平方米

类　别	1—3 月	1—4 月	1—5 月	1—6 月	1—7 月	1—8 月	1—9 月	1—10 月	1—11 月	1—12 月
合　计	**385.45**	**559.88**	**737.18**	**1027.20**	**1179.28**	**1328.61**	**1566.59**	**1734.83**	**1944.50**	**2313.22**
北　京	4.47	5.22	5.60	8.42	10.60	12.47	15.16	17.90	19.83	27.15
天　津	2.88	3.24	3.80	5.47	7.41	8.66	9.07	9.32	7.11	16.93
石家庄	0.06	1.16	6.86	11.61	14.21	17.63	24.29	31.10	35.77	52.71
太　原	5.23	6.13	7.30	11.20	15.42	17.07	20.58	22.19	23.44	24.52
呼和浩特	1.62	1.83	2.26	2.26	4.05	5.10	5.36	5.57	6.00	6.19
沈　阳	0.58	0.65	1.53	1.93	2.38	2.55	2.75	2.92	2.97	2.99
大　连	0.01	0.12	0.12	0.12	0.13	0.13	0.13	0.50	0.63	0.94
长　春	4.03	4.85	6.47	16.10	20.21	21.63	26.50	28.65	34.28	40.99
哈尔滨	0.62	1.21	2.20	2.73	3.31	3.74	4.35	5.07	8.27	9.72
上　海	4.40	8.27	10.57	16.22	21.79	23.59	39.12	40.31	45.41	74.58
南　京	9.61	14.08	20.89	25.88	29.51	40.97	44.54	46.98	49.39	69.64
无　锡	1.11	1.88	2.47	3.87	4.19	5.00	6.48	6.92	8.44	10.16
苏　州	2.29	3.39	4.99	6.28	7.88	9.82	13.03	15.95	17.40	22.15
杭　州	27.48	40.88	51.04	70.03	75.93	78.61	82.98	86.03	90.40	107.41
宁　波	4.81	11.41	18.09	27.03	33.36	36.11	41.57	45.31	55.22	66.84
温　州	1.16	2.42	2.47	3.15	3.85	5.12	8.72	10.23	10.57	10.65
合　肥	10.32	13.58	21.38	31.36	33.60	37.68	45.02	49.59	51.88	57.75
福　州	16.75	19.83	24.39	35.97	37.81	39.73	47.68	63.59	83.29	96.46
厦　门	24.14	28.03	36.54	59.30	68.28	73.15	80.21	90.73	99.05	101.92
南　昌	12.71	19.30	24.70	33.84	38.25	42.57	48.88	57.22	65.60	76.32
济　南	4.09	7.24	7.99	16.75	22.19	27.03	39.69	48.38	59.72	63.77
青　岛	5.46	9.37	19.19	22.58	27.43	29.18	35.05	35.84	39.86	44.37
郑　州	17.71	28.26	39.34	49.05	57.41	73.56	87.80	99.02	114.84	125.96
武　汉	20.92	33.36	43.67	75.40	78.12	87.87	104.20	117.27	121.74	131.86
长　沙	16.46	22.75	28.55	33.48	46.22	50.98	55.08	59.40	68.74	80.07
广　州	17.47	26.63	34.14	54.20	59.80	67.85	83.52	91.93	106.77	171.15
深　圳	14.08	19.49	32.12	36.95	38.57	46.07	52.05	59.04	64.12	73.74
南　宁	11.75	14.02	18.99	25.08	29.38	34.16	39.28	40.56	43.47	52.61
北　海	0.09	0.09	0.12	0.13	0.14	0.14	0.14	0.14	0.14	0.14
海　口	1.32	2.48	3.09	5.88	8.93	9.23	9.32	9.34	9.51	14.97
三　亚	9.25	12.42	12.48	12.50	13.60	13.73	13.82	14.05	14.33	15.49
重　庆	18.13	28.22	31.44	41.22	46.22	48.77	48.90	50.24	52.92	59.77
成　都	51.17	79.89	102.47	127.83	139.85	161.19	175.55	196.75	219.46	245.01
贵　阳	15.38	19.99	22.97	28.35	33.59	34.38	41.85	47.39	50.74	57.41
昆　明	19.02	25.37	29.02	41.53	43.82	46.61	59.27	62.37	68.05	77.00
西　安	25.77	36.34	45.43	65.63	79.00	91.55	121.84	130.99	148.49	174.42
兰　州	0.49	0.84	1.66	3.75	7.22	7.63	8.16	8.36	8.71	9.06
西　宁	—	0.11	0.11	1.48	1.59	2.01	4.05	4.45	7.89	8.18
银　川	0.20	0.37	0.51	0.82	1.05	1.37	1.66	2.01	3.23	3.92
乌鲁木齐	2.43	5.14	10.22	11.81	12.98	13.98	18.92	21.23	26.83	28.31

数据来源：国家统计局。

4. 四十重点城市商业营业用房销售面积

表 5 - 70　2014—2018 年四十重点城市商业营业用房销售面积

单位：万平方米

类　别	2014 年	2015 年	2016 年	2017 年	2018 年
合　计	**3078.42**	**3159.65**	**3883.28**	**4306.02**	**4129.77**
北　京	79.50	84.81	125.85	74.63	35.02
天　津	65.56	56.34	97.03	77.42	53.37
石家庄	102.36	117.61	80.36	112.12	46.07
太　原	8.04	11.79	16.84	20.94	26.65
呼和浩特	29.75	28.40	59.49	36.00	29.67
沈　阳	122.98	85.48	51.10	71.17	98.47
大　连	49.48	20.78	24.94	41.29	43.05
长　春	57.26	53.97	105.03	106.58	93.50
哈尔滨	90.57	54.55	102.89	97.31	96.70
上　海	102.86	113.70	205.87	79.33	101.75
南　京	42.35	64.49	80.50	106.60	132.30
无　锡	69.65	78.18	74.26	89.10	72.72
苏　州	100.41	114.95	146.02	115.90	108.28
杭　州	55.78	57.78	127.94	165.03	158.87
宁　波	50.56	79.78	85.81	76.24	94.83
温　州	28.12	38.40	58.30	92.93	66.50
合　肥	187.59	197.23	189.14	138.01	131.02
福　州	57.19	70.93	72.95	112.26	126.12
厦　门	30.33	28.78	36.67	34.99	51.58
南　昌	38.19	48.12	91.58	163.70	163.35
济　南	39.79	42.57	40.38	80.85	81.75
青　岛	72.29	94.40	82.74	130.21	119.87
郑　州	126.73	79.95	153.15	177.66	182.82
武　汉	162.26	103.24	131.82	188.18	152.20
长　沙	120.93	118.06	117.58	214.71	199.90
广　州	133.25	96.80	119.66	93.09	101.99
深　圳	23.59	19.84	23.49	27.22	24.13
南　宁	26.51	29.47	52.54	47.05	91.58
北　海	5.14	4.20	5.18	8.52	9.00
海　口	30.03	24.87	16.45	29.87	20.59
三　亚	0.67	0.41	4.09	4.61	11.35
重　庆	348.49	463.05	622.18	634.37	513.97
成　都	210.21	232.77	234.92	342.56	328.62
贵　阳	69.86	99.15	77.73	87.73	87.79
昆　明	117.07	129.08	124.53	140.13	143.04
西　安	82.61	86.77	72.46	129.05	159.66
兰　州	25.81	34.47	62.85	42.54	44.16
西　宁	29.45	21.60	31.09	48.24	42.38
银　川	59.96	51.23	48.43	35.97	43.24
乌鲁木齐	25.24	21.69	29.47	31.93	41.91

数据来源：国家统计局。

表 5－71　2018 年四十重点城市商业营业用房销售面积（月度累计）

单位：万平方米

类　别	1—3 月	1—4 月	1—5 月	1—6 月	1—7 月	1—8 月	1—9 月	1—10 月	1—11 月	1—12 月
合　计	**718.09**	**1013.15**	**1355.65**	**1866.80**	**2164.99**	**2455.42**	**2846.58**	**3174.48**	**3531.31**	**4129.77**
北　京	5.96	7.99	13.88	15.65	18.52	23.42	26.35	27.37	29.48	35.02
天　津	9.76	11.10	13.75	25.96	29.33	33.68	37.21	41.62	45.70	53.37
石家庄	1.51	1.58	1.76	4.22	9.02	11.26	12.51	17.38	20.40	46.07
太　原	5.62	6.96	9.07	13.06	15.48	18.47	20.25	21.88	25.24	26.65
呼和浩特	2.82	4.08	4.96	5.75	7.83	9.76	20.80	23.98	26.73	29.67
沈　阳	6.84	13.26	20.05	30.19	63.16	69.05	78.69	86.30	92.64	98.47
大　连	5.32	13.84	20.83	27.23	29.95	31.23	35.05	37.97	39.73	43.05
长　春	8.57	14.41	21.71	31.56	38.50	47.00	56.69	67.73	78.61	93.50
哈尔滨	5.68	11.31	15.89	38.18	45.67	51.40	64.82	75.73	86.71	96.70
上　海	26.94	30.16	34.77	42.92	48.13	51.73	56.36	64.60	86.92	101.75
南　京	17.07	29.14	49.85	58.14	61.62	79.28	93.48	106.26	117.91	132.30
无　锡	10.82	14.75	17.81	27.43	33.03	38.04	42.31	48.20	53.68	72.72
苏　州	14.08	19.16	35.10	57.00	65.87	74.14	86.26	93.85	103.57	108.28
杭　州	31.35	45.93	60.77	80.03	98.48	110.39	120.71	128.02	133.84	158.87
宁　波	20.83	28.76	36.55	51.54	57.82	63.62	66.19	72.59	79.90	94.83
温　州	11.02	15.09	18.21	27.46	31.22	37.86	47.94	51.33	53.75	66.50
合　肥	17.33	33.19	49.47	58.80	70.47	79.37	94.05	97.32	104.48	131.02
福　州	21.84	27.43	34.45	60.41	64.63	72.08	82.51	91.45	103.07	126.12
厦　门	2.46	5.73	7.33	17.66	21.93	32.09	39.78	44.48	48.61	51.58
南　昌	17.40	28.23	45.57	75.18	84.24	89.42	107.39	114.81	128.13	163.35
济　南	18.18	23.81	27.87	36.70	44.74	50.19	61.99	67.51	74.40	81.75
青　岛	24.97	32.69	41.08	50.95	59.51	68.93	84.55	90.65	99.16	119.87
郑　州	25.25	36.64	63.45	80.98	91.16	102.56	117.94	137.79	152.33	182.82
武　汉	27.97	37.23	48.26	86.94	94.92	109.32	117.26	130.98	137.21	152.20
长　沙	40.17	55.24	72.78	88.91	105.68	116.45	125.50	146.84	172.71	199.90
广　州	14.00	17.62	19.91	27.26	31.65	36.57	49.78	55.92	65.94	101.99
深　圳	2.75	4.55	5.29	8.70	10.37	13.65	15.84	17.55	19.60	24.13
南　宁	13.59	20.10	26.18	34.73	40.60	45.34	60.36	70.69	80.32	91.58
北　海	1.36	2.17	2.46	3.06	3.98	4.68	6.21	6.38	7.50	9.00
海　口	4.95	7.82	10.58	12.27	13.01	15.23	15.73	16.43	18.24	20.59
三　亚	4.57	5.77	5.90	7.19	7.48	9.56	10.86	10.93	11.18	11.35
重　庆	136.22	177.88	221.31	277.17	304.79	333.70	380.85	409.67	445.98	513.97
成　都	79.33	107.05	134.47	162.62	179.75	201.48	228.91	264.40	295.61	328.62
贵　阳	12.11	20.75	32.01	44.61	49.96	54.31	61.41	66.53	73.98	87.79
昆　明	21.05	28.20	35.59	55.37	60.06	68.17	91.01	103.44	125.17	143.04
西　安	27.88	42.93	55.66	80.08	93.46	104.19	118.98	132.14	141.33	159.66
兰　州	8.53	10.26	12.42	19.52	22.59	32.13	34.29	37.99	41.21	44.16
西　宁	1.44	3.08	4.39	10.37	15.70	19.95	24.33	29.25	34.89	42.38
银　川	6.19	10.81	14.85	18.71	23.35	25.98	28.92	32.36	37.18	43.24
乌鲁木齐	4.35	6.43	9.40	12.28	17.31	19.75	22.51	34.19	38.28	41.91

数据来源：国家统计局。

表 5－72　2014—2018 年四十重点城市商业营业用房现房销售面积

单位：万平方米

类　别	2014 年	2015 年	2016 年	2017 年	2018 年
合　计	**879.89**	**1058.38**	**1344.41**	**1307.62**	**1139.94**
北　京	38.15	40.50	61.10	31.57	16.97
天　津	24.20	28.47	44.85	39.90	27.64
石家庄	50.36	56.18	39.05	31.59	17.87
太　原	0.65	6.83	1.76	3.95	1.86
呼和浩特	25.75	17.91	40.87	17.70	10.78
沈　阳	58.08	36.62	22.37	24.29	13.11
大　连	20.27	11.81	12.11	23.39	24.13
长　春	27.67	14.99	32.85	39.71	23.04
哈尔滨	33.26	30.39	65.10	57.36	38.05
上　海	52.03	59.67	107.86	56.57	57.91
南　京	7.43	17.67	19.45	23.47	10.62
无　锡	21.24	37.28	37.22	57.69	49.49
苏　州	31.63	37.98	64.04	46.21	63.26
杭　州	14.85	16.85	37.70	56.68	45.12
宁　波	19.00	39.26	57.45	29.93	34.06
温　州	6.16	6.26	18.11	19.17	14.50
合　肥	11.70	20.84	22.66	24.47	10.91
福　州	3.00	10.34	15.21	22.32	25.44
厦　门	5.21	4.87	13.04	8.70	21.37
南　昌	7.27	20.25	16.44	18.84	44.87
济　南	4.48	20.26	8.19	15.46	16.69
青　岛	23.48	41.28	34.32	39.42	36.22
郑　州	23.08	20.40	32.79	19.59	34.51
武　汉	87.71	54.55	57.27	62.85	17.42
长　沙	39.64	32.65	38.70	54.90	42.99
广　州	27.03	19.71	17.29	25.95	31.08
深　圳	9.47	4.64	4.65	7.18	9.27
南　宁	5.36	5.18	3.06	6.45	12.90
北　海	1.42	2.28	2.84	5.20	1.54
海　口	1.98	3.70	4.44	4.60	3.89
三　亚	0.35	0.40	0.09	0.19	0.43
重　庆	93.92	138.11	205.49	180.06	159.04
成　都	33.84	50.03	50.82	86.11	83.42
贵　阳	3.99	5.06	24.30	10.55	13.49
昆　明	22.05	72.95	54.35	69.46	36.31
西　安	10.57	31.55	17.33	33.61	43.64
兰　州	2.07	14.19	20.18	12.48	7.27
西　宁	3.96	2.99	3.66	9.59	3.83
银　川	19.86	19.34	27.48	20.54	23.26
乌鲁木齐	7.73	4.15	7.91	9.94	11.74

数据来源：国家统计局。

表 5－73　2018 年四十重点城市商业营业用房现房销售面积（月度累计）

单位：万平方米

类　别	1—3 月	1—4 月	1—5 月	1—6 月	1—7 月	1—8 月	1—9 月	1—10 月	1—11 月	1—12 月
合　计	**213.68**	**283.63**	**373.64**	**533.21**	**605.28**	**675.43**	**762.00**	**850.48**	**944.90**	**1139.94**
北　京	2.56	4.24	5.40	6.01	6.90	8.72	10.16	10.99	12.76	16.97
天　津	7.10	7.34	8.15	16.21	17.93	20.28	21.89	23.02	24.62	27.64
石家庄	1.35	1.43	1.50	1.60	1.73	1.93	1.93	2.24	2.44	17.87
太　原	0.40	0.45	0.73	1.18	1.18	1.33	1.54	1.63	2.03	1.86
呼和浩特	2.28	3.26	3.63	3.98	5.39	6.68	7.31	8.65	9.22	10.78
沈　阳	1.55	2.16	4.63	5.87	6.23	6.65	7.69	9.48	11.25	13.11
大　连	1.60	7.30	11.01	16.37	17.80	18.04	20.78	21.69	22.71	24.13
长　春	4.40	5.77	7.71	9.96	11.45	13.61	14.66	16.06	19.62	23.04
哈尔滨	2.63	3.49	5.61	10.35	14.07	16.54	26.27	27.66	30.83	38.05
上　海	18.78	21.04	23.23	27.76	29.95	31.88	34.48	40.99	53.36	57.91
南　京	2.62	4.48	5.83	8.98	8.07	8.42	8.76	9.56	10.23	10.62
无　锡	6.52	8.74	10.58	17.06	20.35	23.83	26.86	31.54	35.88	49.49
苏　州	7.72	10.08	20.87	36.24	41.17	46.16	52.55	57.43	61.47	63.26
杭　州	10.16	14.31	17.80	23.09	28.91	31.95	35.01	37.50	37.46	45.12
宁　波	8.21	11.05	14.70	16.21	19.38	20.88	19.94	24.33	27.31	34.06
温　州	2.03	2.97	3.25	5.72	6.17	6.59	7.30	7.38	7.83	14.50
合　肥	2.24	3.61	3.88	4.36	5.02	5.49	6.50	6.77	7.51	10.91
福　州	5.77	6.38	7.52	12.60	13.36	14.19	16.18	19.72	22.98	25.44
厦　门	0.59	1.11	2.25	7.68	10.01	12.63	16.11	17.55	19.72	21.37
南　昌	1.65	2.80	6.62	19.66	22.18	22.53	24.91	28.29	31.21	44.87
济　南	8.99	10.76	11.99	12.94	13.51	13.74	13.88	14.17	14.49	16.69
青　岛	14.45	16.18	17.88	19.36	21.40	23.69	27.87	30.74	33.16	36.22
郑　州	1.85	5.01	8.91	10.60	11.86	14.67	15.26	20.80	22.72	34.51
武　汉	1.89	2.45	4.73	12.61	13.63	14.38	15.04	15.90	16.64	17.42
长　沙	9.66	13.64	16.10	19.03	21.33	25.13	27.67	31.06	36.08	42.99
广　州	8.58	10.32	10.89	12.60	14.92	18.39	21.81	23.99	26.09	31.08
深　圳	0.18	0.38	0.65	1.58	2.69	3.32	4.93	5.37	6.44	9.27
南　宁	0.98	3.06	4.68	5.42	6.64	7.29	7.60	8.35	9.60	12.90
北　海	0.08	0.09	0.20	0.53	0.56	0.60	0.62	0.66	1.05	1.54
海　口	0.74	1.44	1.64	2.74	2.87	2.90	2.97	3.24	3.42	3.89
三　亚	—	—	—	0.13	0.13	0.19	0.38	0.38	0.43	0.43
重　庆	33.05	39.64	56.53	75.01	85.39	91.56	105.18	114.30	122.95	159.04
成　都	18.37	24.23	30.34	40.06	44.60	55.74	59.75	69.66	76.84	83.42
贵　阳	3.13	3.79	4.71	7.07	7.56	7.82	8.32	9.13	10.58	13.49
昆　明	6.42	8.81	9.61	16.00	17.03	18.09	23.77	27.67	34.60	36.31
西　安	10.16	13.49	16.53	26.68	28.85	31.88	34.81	36.55	39.37	43.64
兰　州	1.24	1.60	1.92	3.65	4.42	4.95	5.49	6.31	6.85	7.27
西　宁	0.04	0.29	1.12	2.37	3.58	4.14	5.27	3.01	3.80	3.83
银　川	2.89	5.51	8.69	11.28	13.26	14.66	16.32	18.64	20.45	23.26
乌鲁木齐	0.80	0.97	1.62	2.64	3.80	3.97	4.22	8.08	8.90	11.74

数数据来源：国家统计局。

表5－74　2014—2018年四十重点城市商业营业用房期房销售面积

单位：万平方米

类　别	2014年	2015年	2016年	2017年	2018年
合　计	**2198.52**	**2101.27**	**2538.87**	**2998.41**	**2989.84**
北　京	41.35	44.30	64.75	43.06	18.05
天　津	41.37	27.88	52.19	37.52	25.73
石家庄	52.00	61.43	41.31	80.53	28.20
太　原	7.39	4.96	15.07	16.99	24.79
呼和浩特	3.99	10.49	18.62	18.30	18.89
沈　阳	64.90	48.85	28.73	46.89	85.36
大　连	29.20	8.97	12.83	17.90	18.92
长　春	29.59	38.97	72.17	66.88	70.46
哈尔滨	57.31	24.15	37.79	39.95	58.65
上　海	50.83	54.03	98.01	22.76	43.83
南　京	34.91	46.81	61.05	83.13	121.68
无　锡	48.42	40.90	37.04	31.41	23.23
苏　州	68.78	76.98	81.97	69.69	45.02
杭　州	40.94	40.94	90.24	108.35	113.75
宁　波	31.55	40.52	28.36	46.30	60.77
温　州	21.96	32.14	40.19	73.76	52.01
合　肥	175.89	176.39	166.48	113.53	120.12
福　州	54.20	60.59	57.74	89.94	100.69
厦　门	25.12	23.92	23.63	26.29	30.20
南　昌	30.92	27.87	75.13	144.86	118.49
济　南	35.31	22.30	32.19	65.39	65.06
青　岛	48.81	53.12	48.42	90.79	83.66
郑　州	103.66	59.54	120.36	158.06	148.31
武　汉	74.55	48.69	74.55	125.33	134.78
长　沙	81.29	85.41	78.88	159.81	156.90
广　州	106.22	77.09	102.38	67.13	70.91
深　圳	14.12	15.20	18.84	20.05	14.86
南　宁	21.15	24.28	49.48	40.60	78.67
北　海	3.72	1.92	2.33	3.33	7.46
海　口	28.05	21.17	12.01	25.26	16.70
三　亚	0.32	0.01	4.00	4.42	10.92
重　庆	254.57	324.94	416.69	454.32	354.94
成　都	176.37	182.74	184.09	256.45	245.20
贵　阳	65.87	94.09	53.43	77.18	74.30
昆　明	95.02	56.12	70.18	70.67	106.73
西　安	72.04	55.22	55.13	95.45	116.02
兰　州	23.73	20.28	42.68	30.07	36.89
西　宁	25.49	18.60	27.43	38.65	38.56
银　川	40.09	31.88	20.95	15.43	19.98
乌鲁木齐	17.52	17.55	21.56	21.99	30.17

数据来源：国家统计局。

表 5－75　2018 年四十重点城市商业营业用房期房销售面积（月度累计）

单位：万平方米

类别	1—3 月	1—4 月	1—5 月	1—6 月	1—7 月	1—8 月	1—9 月	1—10 月	1—11 月	1—12 月
合　计	504.40	729.53	982.01	1333.59	1559.71	1779.99	2084.58	2323.99	2586.42	2989.84
北　京	3.40	3.75	8.49	9.64	11.62	14.70	16.19	16.38	16.72	18.05
天　津	2.66	3.75	5.60	9.75	11.40	13.40	15.32	18.60	21.08	25.73
石家庄	0.16	0.16	0.26	2.63	7.29	9.33	10.58	15.14	17.95	28.20
太　原	5.22	6.51	8.34	11.89	14.30	17.14	18.72	20.24	23.21	24.79
呼和浩特	0.54	0.82	1.33	1.77	2.45	3.08	13.49	15.33	17.51	18.89
沈　阳	5.29	11.09	15.42	24.31	56.92	62.41	71.00	76.81	81.39	85.36
大　连	3.72	6.54	9.82	10.85	12.15	13.19	14.27	16.29	17.02	18.92
长　春	4.17	8.64	14.00	21.60	27.05	33.39	42.03	51.67	58.98	70.46
哈尔滨	3.05	7.82	10.27	27.82	31.60	34.86	38.56	48.07	55.88	58.65
上　海	8.16	9.12	11.54	15.16	18.18	19.84	21.88	23.61	33.55	43.83
南　京	14.44	24.66	44.02	49.15	53.56	70.86	84.72	96.71	107.68	121.68
无　锡	4.30	6.02	7.23	10.37	12.68	14.21	15.44	16.67	17.81	23.23
苏　州	6.36	9.08	14.23	20.76	24.70	27.98	33.71	36.42	42.09	45.02
杭　州	21.19	31.63	42.97	56.94	69.57	78.44	85.70	90.52	96.38	113.75
宁　波	12.62	17.71	21.84	35.33	38.44	42.74	46.25	48.26	52.60	60.77
温　州	8.99	12.12	14.96	21.74	25.05	31.28	40.64	43.95	45.93	52.01
合　肥	15.09	29.58	45.59	54.44	65.45	73.88	87.55	90.55	96.97	120.12
福　州	16.06	21.05	26.92	47.81	51.26	57.89	66.33	71.73	80.09	100.69
厦　门	1.88	4.62	5.08	9.98	11.93	19.46	23.67	26.93	28.89	30.20
南　昌	15.75	25.43	38.95	55.52	62.06	66.90	82.48	86.52	96.91	118.49
济　南	9.19	13.05	15.88	23.76	31.23	36.45	48.11	53.33	59.92	65.06
青　岛	10.52	16.51	23.21	31.59	38.11	45.24	56.68	59.91	66.00	83.66
郑　州	23.40	31.63	54.54	70.38	79.30	87.89	102.68	116.99	129.61	148.31
武　汉	26.08	34.78	43.53	74.33	81.30	94.94	102.22	115.08	120.56	134.78
长　沙	30.51	41.61	56.67	69.88	84.35	91.33	97.83	115.78	136.63	156.90
广　州	5.42	7.30	9.02	14.66	16.73	18.18	27.97	31.93	39.85	70.91
深　圳	2.57	4.17	4.64	7.12	7.68	10.33	10.91	12.18	13.16	14.86
南　宁	12.61	17.04	21.50	29.32	33.96	38.05	52.76	62.34	70.72	78.67
北　海	1.28	2.08	2.26	2.53	3.42	4.08	5.59	5.72	6.44	7.46
海　口	4.20	6.38	8.94	9.53	10.15	12.33	12.76	13.19	14.83	16.70
三　亚	4.57	5.77	5.90	7.05	7.34	9.37	10.48	10.55	10.75	10.92
重　庆	103.17	138.25	164.79	202.17	219.40	242.14	275.67	295.37	323.03	354.94
成　都	60.95	82.83	104.14	122.57	135.15	145.74	169.15	194.73	218.77	245.20
贵　阳	8.98	16.96	27.30	37.54	42.40	46.49	53.10	57.40	63.40	74.30
昆　明	14.62	19.40	25.98	39.37	43.03	50.08	67.24	75.77	90.57	106.73
西　安	17.73	29.45	39.14	53.40	64.61	72.31	84.17	95.58	101.96	116.02
兰　州	7.29	8.66	10.50	15.87	18.17	27.17	28.80	31.68	34.36	36.89
西　宁	1.41	2.80	3.27	7.99	12.11	15.81	19.06	26.24	31.09	38.56
银　川	3.30	5.30	6.17	7.43	10.09	11.32	12.61	13.72	16.72	19.98
乌鲁木齐	3.55	5.46	7.78	9.64	13.52	15.77	18.30	26.11	29.39	30.17

数据来源：国家统计局。

5. 四十重点城市商品房销售金额

表 5－76　2014—2018 年四十重点城市商品房销售金额

单位：亿元

类　别	2014 年	2015 年	2016 年	2017 年	2018 年
合　计	**40713. 97**	**48841. 11**	**67019. 51**	**69072. 94**	**77182. 07**
北　京	2738. 74	3517. 65	4561. 60	2796. 03	2377. 00
天　津	1486. 94	1790. 01	3478. 22	2272. 30	2006. 62
石家庄	509. 59	651. 80	661. 20	1044. 85	882. 91
太　原	320. 75	336. 55	467. 57	709. 09	928. 28
呼和浩特	199. 19	198. 29	273. 36	206. 05	330. 52
沈　阳	931. 58	730. 70	844. 16	1048. 30	1204. 72
大　连	687. 87	569. 10	661. 78	866. 29	895. 93
长　春	475. 11	530. 12	667. 37	805. 01	1062. 34
哈尔滨	643. 55	575. 17	706. 72	1058. 66	967. 40
上　海	3499. 53	5093. 55	6695. 85	4026. 67	4751. 50
南　京	1352. 20	1772. 89	2766. 35	2237. 74	2731. 98
无　锡	640. 63	775. 37	1106. 02	1247. 26	1575. 70
苏　州	1547. 01	2200. 00	3322. 54	2893. 63	3117. 83
杭　州	1560. 35	2137. 59	3666. 98	4180. 99	4008. 49
宁　波	780. 54	1078. 55	1501. 14	2056. 77	2459. 64
温　州	587. 86	660. 59	1010. 29	1316. 42	1560. 25
合　肥	1141. 36	1222. 90	1966. 04	1379. 75	1687. 91
福　州	1035. 01	1065. 93	1354. 29	1863. 55	2315. 10
厦　门	1215. 19	920. 29	1058. 82	1192. 98	1106. 85
南　昌	543. 34	642. 03	1022. 91	1373. 16	1580. 58
济　南	637. 64	916. 25	1175. 49	1172. 91	1474. 91
青　岛	970. 90	1262. 86	1789. 95	1999. 20	2282. 46
郑　州	1205. 17	1430. 99	2333. 89	2673. 82	3134. 00
武　汉	1807. 46	2247. 76	3271. 20	4148. 65	4780. 50
长　沙	928. 68	1117. 22	1675. 06	1738. 73	1958. 67
广　州	2420. 70	2415. 52	3193. 33	3099. 52	3102. 66
深　圳	1316. 69	2822. 17	3323. 64	3216. 65	3908. 42
南　宁	531. 87	665. 08	914. 24	1200. 77	1358. 14
北　海	94. 18	91. 62	106. 13	212. 92	273. 09
海　口	266. 87	296. 77	391. 31	658. 86	520. 49
三　亚	197. 07	203. 61	280. 22	551. 46	601. 37
重　庆	2814. 99	2952. 21	3432. 00	4557. 85	5272. 70
成　都	2075. 28	2060. 87	2948. 07	3428. 37	3633. 40
贵　阳	524. 69	578. 55	584. 93	776. 84	1043. 31
昆　明	823. 16	964. 83	1069. 17	1463. 59	1999. 90
西　安	1096. 65	1146. 01	1344. 20	2093. 73	2666. 55
兰　州	310. 31	407. 93	547. 07	532. 81	509. 05
西　宁	175. 89	179. 58	208. 38	257. 85	242. 97
银　川	322. 52	262. 09	270. 57	308. 16	360. 03
乌鲁木齐	296. 91	350. 12	367. 48	404. 72	505. 88

数据来源：国家统计局。

表 5－77　2018 年四十重点城市商品房销售金额（月度累计）

单位：亿元

类　别	1—3 月	1—4 月	1—5 月	1—6 月	1—7 月	1—8 月	1—9 月	1—10 月	1—11 月	1—12 月
合　计	**13008.57**	**18474.25**	**24888.96**	**34407.45**	**40332.69**	**45945.46**	**53317.10**	**59294.31**	**66386.64**	**77182.07**
北　京	285.80	459.75	617.51	793.66	939.33	1172.30	1388.18	1586.63	1841.98	2377.00
天　津	318.55	438.22	610.12	942.79	1187.20	1364.37	1492.63	1646.97	1818.85	2006.62
石家庄	61.84	83.53	126.15	335.98	384.04	434.70	528.45	623.24	679.78	882.91
太　原	147.72	222.29	366.86	492.31	577.24	647.31	714.02	783.78	865.55	928.28
呼和浩特	27.48	36.35	53.10	99.52	121.91	135.98	218.63	251.71	308.17	330.52
沈　阳	167.47	283.56	382.04	532.61	680.57	798.77	917.72	1021.46	1119.77	1204.72
大　连	168.34	257.61	353.52	461.28	539.55	607.42	720.55	778.13	828.53	895.93
长　春	127.90	210.76	299.36	432.65	548.18	636.00	753.16	850.41	951.13	1062.34
哈尔滨	101.42	177.99	267.36	382.26	475.34	563.07	672.84	784.78	905.00	967.40
上　海	707.56	971.13	1231.90	1712.29	2275.18	2698.19	3263.08	3649.15	4158.51	4751.50
南　京	401.26	539.13	742.40	1076.57	1282.06	1483.43	1757.25	1918.94	2090.28	2731.98
无　锡	238.43	376.74	511.59	694.20	803.06	941.53	1118.37	1295.51	1393.56	1575.70
苏　州	468.46	669.04	992.24	1321.47	1606.14	1889.17	2165.46	2446.47	2698.96	3117.83
杭　州	956.73	1281.89	1542.55	1979.85	2338.71	2610.96	2876.03	3148.55	3465.46	4008.49
宁　波	471.65	708.93	1016.03	1354.22	1566.37	1691.71	1890.66	2004.97	2237.25	2459.64
温　州	213.59	282.07	428.78	708.12	791.08	892.02	1145.05	1201.31	1292.42	1560.25
合　肥	288.48	390.59	578.45	773.39	895.11	991.23	1159.98	1304.90	1450.49	1687.91
福　州	477.07	597.39	742.10	1057.43	1196.90	1307.67	1486.33	1637.51	1830.65	2315.10
厦　门	212.36	315.32	439.93	609.82	696.50	761.52	844.63	927.48	1026.58	1106.85
南　昌	190.34	285.74	415.93	614.99	723.78	863.51	1037.09	1177.96	1342.28	1580.58
济　南	250.71	392.46	562.39	738.13	823.28	932.91	1109.67	1226.30	1355.61	1474.91
青　岛	340.51	525.92	730.97	981.98	1133.74	1274.40	1539.56	1667.31	1911.03	2282.46
郑　州	451.18	622.56	836.62	1232.65	1426.00	1629.70	1943.45	2242.76	2648.79	3134.00
武　汉	723.65	1124.75	1555.84	2321.82	2583.03	2921.72	3402.96	3762.32	4208.89	4780.50
长　沙	351.70	471.32	608.59	784.79	966.12	1146.79	1306.36	1465.05	1701.85	1958.67
广　州	461.59	620.01	822.20	1160.98	1318.57	1514.00	1845.52	2071.05	2347.06	3102.66
深　圳	743.86	1036.48	1356.36	1732.52	2069.39	2365.96	2691.02	3007.33	3334.68	3908.42
南　宁	237.20	345.99	446.99	610.23	705.59	803.89	921.63	1101.91	1142.31	1358.14
北　海	43.26	71.10	107.07	128.13	148.30	170.14	189.48	201.74	214.82	275.09
海　口	137.19	179.53	231.16	286.86	328.49	356.65	386.90	401.92	439.58	520.49
三　亚	262.87	341.03	382.78	421.25	440.67	456.89	500.72	515.41	567.98	601.37
重　庆	1131.97	1558.73	2077.36	2765.42	3112.49	3472.15	3928.19	4256.16	4645.77	5272.70
成　都	750.79	1007.54	1273.60	1684.48	1963.73	2221.44	2448.74	2783.20	3231.98	3633.40
贵　阳	198.33	271.47	340.40	493.29	555.18	611.50	695.46	770.07	910.08	1043.31
昆　明	310.93	425.04	558.24	831.48	923.31	1052.23	1336.07	1536.23	1731.15	1999.90
西　安	368.51	577.30	838.57	1199.59	1394.87	1582.72	1847.23	1985.12	2234.55	2666.55
兰　州	74.45	100.43	138.37	248.49	301.12	354.37	383.65	424.08	471.94	509.05
西　宁	17.39	33.13	64.58	98.52	120.01	137.41	163.23	186.34	212.35	242.97
银　川	51.14	77.01	98.69	135.50	174.72	202.69	237.21	276.00	321.09	360.03
乌鲁木齐	68.88	104.43	140.25	175.91	215.83	247.02	289.94	374.14	449.93	505.88

数据来源：国家统计局。

表 5 –78　2014—2018 年四十重点城市商品房现房销售金额

单位：亿元

类　别	2014 年	2015 年	2016 年	2017 年	2018 年
合　计	**7742.60**	**10087.28**	**13166.05**	**12510.59**	**11250.31**
北　京	684.86	1025.56	1502.14	890.20	758.54
天　津	444.04	520.46	895.80	418.48	286.99
石家庄	208.57	325.39	183.49	321.15	282.70
太　原	23.20	37.07	65.03	52.08	35.31
呼和浩特	125.17	83.99	142.22	98.05	74.80
沈　阳	281.00	203.81	235.64	217.97	208.67
大　连	208.94	180.79	274.87	344.25	258.15
长　春	109.77	85.51	122.24	113.95	100.94
哈尔滨	203.14	204.38	331.64	386.71	223.94
上　海	948.88	1513.92	1692.69	1251.64	1378.30
南　京	223.26	196.62	239.46	200.12	574.37
无　锡	134.22	198.26	313.06	348.91	306.36
苏　州	240.03	357.08	613.33	430.91	474.35
杭　州	231.88	381.33	739.69	853.65	491.37
宁　波	160.33	243.61	386.76	316.86	267.51
温　州	30.99	104.43	132.95	142.71	93.44
合　肥	57.07	79.31	114.30	104.93	93.57
福　州	74.23	113.68	115.61	219.71	159.59
厦　门	94.63	87.81	119.67	192.41	264.10
南　昌	27.46	102.33	131.76	139.84	166.45
济　南	53.82	84.03	77.28	103.48	82.46
青　岛	162.52	236.61	268.78	291.41	226.63
郑　州	178.95	120.11	153.69	279.60	376.68
武　汉	476.17	498.42	386.30	536.98	323.90
长　沙	149.38	226.94	354.81	331.89	196.86
广　州	500.43	590.83	647.80	604.49	527.37
深　圳	267.70	484.54	468.83	695.36	873.54
南　宁	65.99	59.33	67.76	106.87	93.73
北　海	26.34	25.69	31.36	64.73	36.02
海　口	36.12	55.83	82.70	168.46	70.75
三　亚	63.40	51.52	95.81	141.21	133.92
重　庆	446.17	542.89	785.24	735.12	583.38
成　都	312.57	349.08	554.03	484.92	333.73
贵　阳	30.84	42.86	75.51	63.45	50.83
昆　明	165.48	288.10	357.13	317.75	331.39
西　安	87.29	161.84	146.07	234.34	251.47
兰　州	29.59	69.09	89.61	80.19	74.04
西　宁	48.78	24.69	35.04	55.64	10.62
银　川	70.76	74.63	84.16	98.65	108.48
乌鲁木齐	58.61	54.91	51.80	71.51	65.03

数据来源：国家统计局。

表 5－79　2018 年四十重点城市商品房现房销售金额（月度累计）

单位：亿元

类　别	1—3 月	1—4 月	1—5 月	1—6 月	1—7 月	1—8 月	1—9 月	1—10 月	1—11 月	1—12 月
合　计	**1945.62**	**2759.10**	**3631.12**	**5160.70**	**6003.84**	**6654.93**	**7614.25**	**8402.32**	**9221.71**	**11250.31**
北　京	93.66	151.83	220.64	302.52	349.16	395.56	451.14	487.41	556.32	758.54
天　津	84.98	103.48	120.12	165.88	181.08	192.85	208.98	219.38	237.54	286.99
石家庄	5.87	9.42	14.77	157.46	163.33	171.09	201.94	218.27	227.24	282.70
太　原	6.07	11.40	14.73	20.76	24.64	25.83	27.88	29.32	32.27	35.31
呼和浩特	4.33	6.45	10.96	33.11	45.82	51.37	57.68	62.95	65.44	74.80
沈　阳	30.08	50.34	67.37	98.77	116.66	135.25	155.19	175.50	190.60	208.67
大　连	46.81	86.25	115.76	151.70	173.29	187.20	210.89	225.51	238.23	258.15
长　春	15.96	23.25	31.43	42.12	50.40	55.57	59.61	67.42	78.83	100.94
哈尔滨	26.63	47.52	67.05	89.91	115.41	134.87	159.92	183.96	208.91	223.94
上　海	275.17	380.83	468.31	591.41	709.83	857.31	1009.75	1083.34	1219.92	1378.30
南　京	34.54	53.22	79.27	143.67	145.68	150.15	167.15	177.51	203.47	574.37
无　锡	55.03	78.17	105.75	138.63	159.94	185.06	207.73	235.93	257.93	306.36
苏　州	80.80	111.17	154.02	229.88	277.81	313.90	353.32	382.46	428.64	474.35
杭　州	103.90	153.15	208.80	270.77	301.63	327.88	367.80	406.91	431.89	491.37
宁　波	74.12	103.15	135.81	164.60	188.67	199.59	203.38	210.06	238.05	267.51
温　州	24.95	29.44	32.76	48.61	52.05	54.79	68.43	69.96	75.15	93.44
合　肥	12.04	24.09	29.84	39.67	44.76	49.09	55.61	58.46	61.67	93.57
福　州	44.48	48.77	59.80	78.79	90.17	103.00	123.69	132.17	139.43	159.59
厦　门	31.06	43.89	58.12	102.34	132.36	148.17	177.70	201.97	223.55	264.10
南　昌	20.76	27.43	49.74	70.41	79.71	87.77	107.48	113.11	126.01	166.45
济　南	19.79	22.99	25.28	30.19	43.22	44.62	56.78	65.96	74.57	82.46
青　岛	43.21	58.05	70.04	96.28	109.10	128.44	145.64	152.32	162.80	226.63
郑　州	54.69	82.95	113.88	160.21	188.44	205.88	240.86	274.48	306.73	376.68
武　汉	51.03	75.05	99.19	161.51	182.30	188.76	203.56	216.95	240.67	323.90
长　沙	40.27	55.37	74.80	94.15	105.44	119.42	132.97	140.90	161.29	196.86
广　州	107.70	134.68	167.43	228.00	253.74	288.98	338.22	382.04	426.67	527.37
深　圳	156.02	218.81	306.01	369.84	506.90	562.39	656.50	723.95	777.92	873.54
南　宁	11.27	21.50	29.81	40.61	47.04	50.54	56.48	141.76	74.20	93.73
北　海	6.25	11.46	16.16	19.86	22.56	25.50	27.10	28.48	29.76	36.02
海　口	17.78	24.44	34.76	50.87	57.28	61.27	62.07	63.32	69.75	70.75
三　亚	23.68	50.77	55.91	60.52	63.11	66.88	86.91	89.09	118.46	133.92
重　庆	120.00	151.34	202.75	265.67	300.02	338.54	397.30	424.09	461.91	583.38
成　都	68.36	94.00	116.32	211.52	227.92	201.55	216.93	255.93	288.46	333.73
贵　阳	13.05	15.97	19.20	25.21	27.98	29.53	33.39	38.27	43.81	50.83
昆　明	56.68	78.37	98.06	154.06	169.64	189.01	222.80	268.03	309.60	331.39
西　安	39.17	57.02	73.60	134.34	155.78	166.67	181.15	191.19	203.83	251.47
兰　州	12.14	14.43	17.37	33.92	44.35	51.49	56.53	64.02	69.63	74.04
西　宁	0.58	2.16	3.45	5.96	7.24	8.77	9.73	7.72	8.55	10.62
银　川	24.54	33.84	43.72	53.93	62.25	70.89	79.23	88.80	96.39	108.48
乌鲁木齐	8.13	12.64	18.35	23.05	27.14	29.51	34.82	43.41	55.61	65.03

数据来源：国家统计局。

表5－80　2014—2018年四十重点城市商品房期房销售金额

单位：亿元

类　别	2014年	2015年	2016年	2017年	2018年
合　计	**32971.33**	**38753.83**	**53853.46**	**56562.34**	**65931.76**
北　京	2053.88	2492.09	3059.46	1905.82	1618.45
天　津	1042.89	1269.55	2582.43	1853.82	1719.63
石家庄	301.02	326.41	477.70	723.70	600.20
太　原	297.55	299.48	402.54	657.01	892.97
呼和浩特	74.02	114.30	131.14	108.00	255.72
沈　阳	650.57	526.89	608.52	830.34	996.05
大　连	478.92	388.32	386.91	522.04	637.78
长　春	365.35	444.61	545.13	691.06	961.40
哈尔滨	440.41	370.79	375.08	671.96	743.46
上　海	2550.65	3579.62	5003.16	2775.03	3373.20
南　京	1128.93	1576.27	2526.89	2037.62	2157.62
无　锡	506.41	577.12	792.96	898.35	1269.34
苏　州	1306.99	1842.92	2709.21	2462.73	2643.48
杭　州	1328.47	1756.25	2927.29	3327.33	3517.12
宁　波	620.21	834.94	1114.38	1739.91	2192.13
温　州	556.87	556.16	877.33	1173.70	1466.81
合　肥	1084.29	1143.59	1851.74	1274.82	1594.34
福　州	960.77	952.25	1238.69	1643.84	2155.51
厦　门	1120.56	832.48	939.15	1000.57	842.75
南　昌	515.87	539.71	891.14	1233.32	1414.13
济　南	583.82	832.21	1098.21	1069.43	1392.45
青　岛	808.38	1026.25	1521.18	1707.79	2055.83
郑　州	1026.22	1310.88	2180.20	2394.22	2757.31
武　汉	1331.29	1749.33	2884.89	3611.67	4456.60
长　沙	779.30	890.28	1320.25	1406.85	1761.81
广　州	1920.28	1824.68	2545.53	2495.03	2575.29
深　圳	1048.99	2337.63	2854.81	2521.29	3034.89
南　宁	465.87	605.75	846.48	1093.91	1264.41
北　海	67.84	65.93	74.77	148.19	239.07
海　口	230.75	240.94	308.60	490.39	449.74
三　亚	133.67	152.09	184.42	410.24	467.45
重　庆	2368.82	2409.33	2646.76	3822.73	4689.32
成　都	1762.71	1711.78	2394.03	2943.45	3299.67
贵　阳	493.84	535.69	509.42	713.39	992.48
昆　明	657.69	676.72	712.04	1145.84	1668.51
西　安	1009.36	984.17	1198.14	1859.39	2415.09
兰　州	280.71	338.85	457.45	452.62	435.01
西　宁	127.10	154.89	173.34	202.21	232.34
银　川	251.76	187.46	186.41	209.50	251.54
乌鲁木齐	238.29	295.21	315.68	333.22	440.85

数据来源：国家统计局。

表 5－81 2018 年四十重点城市商品房期房销售金额（月度累计）

单位：亿元

类 别	1—3 月	1—4 月	1—5 月	1—6 月	1—7 月	1—8 月	1—9 月	1—10 月	1—11 月	1—12 月
合 计	**11062.95**	**15715.15**	**21257.84**	**29246.74**	**34328.85**	**39290.53**	**45702.85**	**50892.00**	**57164.93**	**65931.76**
北 京	192.14	307.91	396.87	491.14	590.17	776.74	937.04	1099.23	1285.66	1618.45
天 津	233.57	334.74	490.01	776.90	1006.12	1171.52	1283.65	1427.59	1581.31	1719.63
石家庄	55.97	74.11	111.38	178.51	220.72	263.61	326.51	404.97	452.54	600.20
太 原	141.65	210.89	352.12	471.55	552.60	621.47	686.14	754.45	833.28	892.97
呼和浩特	23.14	29.89	42.14	66.41	76.09	84.61	160.96	188.76	242.73	255.72
沈 阳	137.39	233.22	314.67	433.85	563.91	663.52	762.52	845.96	929.17	996.05
大 连	121.53	171.36	237.76	309.58	366.26	420.22	509.66	552.62	590.30	637.78
长 春	111.95	187.51	267.93	390.54	497.78	580.43	693.55	782.99	872.30	961.40
哈尔滨	74.79	130.47	200.30	292.35	359.93	428.20	512.92	600.82	696.09	743.46
上 海	432.39	590.29	763.59	1120.88	1565.35	1840.88	2253.33	2565.81	2938.59	3373.20
南 京	366.72	485.91	663.13	932.90	1136.38	1333.28	1590.09	1741.42	1886.81	2157.62
无 锡	183.40	298.58	405.84	555.56	643.12	756.47	910.64	1059.58	1135.63	1269.34
苏 州	387.67	557.87	838.22	1091.59	1328.33	1575.27	1812.14	2064.01	2270.33	2643.48
杭 州	852.83	1128.74	1333.75	1709.08	2037.08	2283.08	2508.23	2741.64	3033.57	3517.12
宁 波	397.53	605.78	880.22	1189.62	1377.70	1492.12	1687.27	1794.91	1999.20	2192.13
温 州	188.64	252.63	396.02	659.51	739.04	837.23	1076.62	1131.34	1217.27	1466.81
合 肥	276.44	366.50	548.61	733.72	850.34	942.13	1104.37	1246.44	1388.82	1594.34
福 州	432.59	548.61	682.30	978.64	1106.73	1204.68	1362.64	1505.34	1691.22	2155.51
厦 门	181.30	271.43	381.80	507.48	564.14	613.35	666.93	725.51	803.03	842.75
南 昌	169.57	258.31	366.19	544.58	644.07	775.74	929.61	1064.85	1216.27	1414.13
济 南	230.92	369.48	537.12	707.94	780.06	888.30	1052.89	1160.34	1281.04	1392.45
青 岛	297.30	467.86	660.93	885.70	1024.64	1145.96	1393.92	1514.99	1748.23	2055.83
郑 州	396.50	539.62	722.75	1072.44	1237.56	1423.82	1702.59	1968.28	2342.05	2757.31
武 汉	672.62	1049.71	1456.64	2160.32	2400.73	2732.96	3199.40	3545.37	3968.22	4456.60
长 沙	311.43	415.94	533.79	690.65	860.67	1027.38	1173.39	1324.15	1540.56	1761.81
广 州	353.89	485.33	654.77	932.98	1064.84	1225.02	1507.30	1689.01	1920.38	2575.29
深 圳	587.83	817.67	1050.36	1362.68	1562.48	1803.57	2034.52	2283.38	2556.75	3034.89
南 宁	225.93	324.49	417.18	569.62	658.55	753.35	865.15	960.15	1068.11	1264.41
北 海	37.01	59.64	90.92	108.28	125.74	144.64	162.39	173.26	185.06	239.07
海 口	119.41	155.09	196.41	235.99	271.21	295.38	324.82	338.60	369.83	449.74
三 亚	239.19	290.26	326.87	360.73	377.57	390.01	413.81	426.32	449.52	467.45
重 庆	1011.97	1407.39	1874.60	2499.76	2812.46	3133.62	3530.89	3832.08	4183.86	4689.32
成 都	682.43	913.54	1157.29	1472.96	1735.82	2019.89	2231.81	2527.28	2943.53	3299.67
贵 阳	185.28	255.50	321.20	468.08	527.19	581.98	662.07	731.79	866.28	992.48
昆 明	254.25	346.67	460.18	677.42	753.66	863.22	1113.27	1268.20	1421.55	1668.51
西 安	329.34	520.28	764.98	1065.25	1239.09	1416.06	1666.09	1793.93	2030.71	2415.09
兰 州	62.31	86.00	121.00	214.57	256.77	302.88	327.11	360.07	402.31	435.01
西 宁	16.81	30.97	61.13	92.56	112.77	128.64	153.50	178.62	203.80	232.34
银 川	26.60	43.17	54.96	81.57	112.47	131.80	157.98	187.20	224.70	251.54
乌鲁木齐	60.74	91.79	121.90	152.86	188.70	217.51	255.11	330.73	394.31	440.85

数据来源：国家统计局。

6. 四十重点城市商品住宅销售金额

表 5－82　2014—2018 年四十重点城市住宅销售金额

单位：亿元

类　别	2014 年	2015 年	2016 年	2017 年	2018 年
合　计	33120.91	40495.80	55717.21	55773.60	63512.19
北　京	2102.46	2512.89	2795.81	2077.01	1971.15
天　津	1294.33	1646.43	3245.60	2032.93	1816.53
石家庄	403.65	420.83	479.87	795.51	752.78
太　原	281.97	307.93	408.85	637.42	836.03
呼和浩特	158.15	158.97	179.15	141.52	282.55
沈　阳	787.33	609.45	751.74	946.36	1043.93
大　连	598.37	519.75	596.93	759.61	802.66
长　春	387.84	447.34	502.17	648.26	903.12
哈尔滨	528.96	494.38	575.55	856.18	821.74
上　海	2923.44	4319.93	5233.29	3336.09	3864.03
南　京	1233.20	1609.31	2514.99	1844.73	1936.64
无　锡	537.86	655.11	998.36	1082.43	1456.27
苏　州	1393.93	2005.89	3070.74	2601.81	2899.19
杭　州	1336.87	1905.95	3061.11	3226.63	3238.45
宁　波	648.15	933.46	1321.80	1815.78	2104.86
温　州	528.82	576.35	908.01	1121.62	1404.38
合　肥	917.39	965.95	1588.35	1098.95	1442.62
福　州	825.25	848.81	1129.28	1346.66	1805.82
厦　门	907.32	654.71	813.93	665.62	575.46
南　昌	467.76	567.55	830.65	1045.56	1271.60
济　南	518.15	695.81	1036.06	946.63	1173.94
青　岛	803.02	1045.28	1576.31	1642.28	1952.91
郑　州	850.87	1224.37	2081.13	2276.69	2716.39
武　汉	1464.16	2028.43	2878.15	3534.29	4094.84
长　沙	726.61	935.26	1421.97	1328.92	1538.46
广　州	1763.07	1894.01	2654.56	2418.36	2456.44
深　圳	1141.45	2517.30	3003.22	2533.04	3176.71
南　宁	440.03	547.49	778.35	1006.96	1107.06
北　海	88.70	86.24	101.37	198.90	264.31
海　口	222.38	252.20	349.69	569.94	419.09
三　亚	194.05	189.24	256.52	455.87	495.04
重　庆	2253.28	2244.43	2635.64	3601.56	4442.87
成　都	1618.47	1611.21	2419.10	2558.33	2602.34
贵　阳	387.39	392.27	445.52	569.32	834.14
昆　明	593.51	723.70	773.39	1137.59	1585.41
西　安	924.39	985.04	1191.74	1719.72	2137.81
兰　州	257.50	352.32	439.93	434.95	409.27
西　宁	127.07	119.96	146.25	179.71	184.51
银　川	252.44	204.42	219.23	254.39	295.80
乌鲁木齐	231.32	285.84	302.90	325.46	395.05

数据来源：国家统计局。

表 5－83　2018 年四十重点城市住宅销售金额（月度累计）

单位：亿元

类别	1—3 月	1—4 月	1—5 月	1—6 月	1—7 月	1—8 月	1—9 月	1—10 月	1—11 月	1—12 月
合计	**10669.38**	**15145.36**	**20493.86**	**28343.57**	**33308.55**	**38036.42**	**44201.89**	**49143.64**	**55116.02**	**63512.19**
北京	228.80	378.26	511.19	629.27	750.16	958.54	1132.94	1308.51	1523.44	1971.15
天津	257.93	370.38	534.46	841.89	1075.06	1242.42	1362.28	1506.07	1676.05	1816.53
石家庄	59.85	79.60	116.30	315.63	350.27	393.89	476.77	557.10	604.07	752.78
太原	129.54	200.16	339.17	449.92	522.82	585.31	645.10	709.17	776.90	836.03
呼和浩特	21.22	28.77	43.57	88.42	103.52	112.71	182.44	210.57	263.67	282.55
沈阳	153.20	259.78	348.63	486.36	579.83	688.95	789.84	882.66	970.11	1043.93
大连	154.07	228.92	311.69	400.48	470.80	535.08	641.50	693.44	740.33	802.66
长春	115.35	185.07	263.53	376.87	479.40	558.07	659.75	743.75	814.56	903.12
哈尔滨	91.23	158.39	239.24	329.61	411.48	487.95	581.18	671.76	770.20	821.74
上海	572.38	769.28	989.48	1401.35	1893.27	2291.12	2757.20	3120.28	3485.27	3864.03
南京	340.35	445.75	596.50	890.01	1079.43	1222.86	1452.86	1580.09	1714.86	1936.64
无锡	221.93	352.44	479.29	649.33	749.37	879.03	1047.90	1216.08	1304.32	1456.27
苏州	431.53	621.40	920.90	1222.53	1482.77	1747.03	2000.18	2262.25	2496.45	2899.19
杭州	790.02	1015.28	1189.65	1531.80	1818.12	2042.08	2263.75	2496.09	2788.86	3238.45
宁波	408.05	614.66	898.97	1188.50	1370.39	1478.42	1667.17	1758.89	1940.20	2104.86
温州	191.07	250.81	391.32	635.83	710.49	798.38	1021.00	1068.62	1156.24	1404.38
合肥	249.89	328.00	493.64	660.24	764.94	846.18	987.52	1115.29	1250.11	1442.62
福州	371.40	471.28	587.61	832.02	953.59	1039.67	1178.27	1279.25	1415.53	1805.82
厦门	122.64	195.79	269.69	328.63	372.27	387.62	430.36	472.87	536.92	575.46
南昌	152.71	225.88	316.03	470.01	558.49	680.58	824.49	949.11	1085.57	1271.60
济南	204.23	330.48	485.83	628.53	685.49	761.25	886.36	975.80	1072.38	1173.94
青岛	286.64	451.30	621.07	829.77	953.72	1061.02	1289.28	1407.87	1630.44	1952.91
郑州	380.65	518.72	686.17	1044.36	1214.81	1381.31	1660.52	1926.49	2295.35	2716.39
武汉	611.99	949.64	1341.82	1941.67	2173.91	2481.68	2921.21	3219.70	3641.61	4094.84
长沙	275.15	364.64	464.59	605.49	742.69	900.25	1037.62	1158.16	1340.11	1538.46
广州	355.70	482.32	651.84	926.44	1060.07	1222.14	1500.97	1685.81	1911.68	2456.44
深圳	627.62	856.29	1093.57	1408.78	1701.16	1939.69	2192.77	2433.61	2705.23	3176.71
南宁	197.55	289.75	366.75	506.58	583.45	665.68	759.11	841.06	930.03	1107.06
北海	41.57	68.64	103.87	124.46	143.76	164.75	181.64	193.68	206.38	264.31
海口	122.43	155.49	198.55	241.34	272.25	289.66	316.69	329.27	349.37	419.09
三亚	208.48	271.18	309.17	342.90	357.51	369.00	405.39	419.13	466.53	495.04
重庆	948.13	1307.92	1751.68	2330.74	2625.28	2932.18	3314.61	3602.48	3933.23	4442.87
成都	500.99	670.95	841.24	1150.55	1367.26	1557.89	1710.16	1950.68	2299.75	2602.34
贵阳	156.11	212.32	259.59	390.68	436.45	486.18	550.07	609.55	729.07	834.14
昆明	240.07	329.66	437.88	633.27	709.54	817.92	1040.71	1204.54	1354.51	1585.41
西安	280.38	453.50	681.03	970.51	1126.42	1276.98	1473.25	1575.39	1781.93	2137.81
兰州	55.94	77.02	108.97	204.25	246.17	280.11	304.72	339.80	379.77	409.27
西宁	15.15	27.80	57.72	83.55	97.96	109.54	129.37	146.23	161.01	184.51
银川	38.22	59.20	75.98	106.77	139.26	162.98	192.43	227.09	264.36	295.80
乌鲁木齐	59.22	88.64	115.68	144.27	174.90	200.32	232.54	295.46	349.61	395.05

数据来源：国家统计局。

表 5－84　2014—2018 年四十重点城市住宅现房销售金额

单位：亿元

类　别	2014 年	2015 年	2016 年	2017 年	2018 年
合　计	**5670.87**	**7523.81**	**9758.75**	**8728.11**	**7369.38**
北　京	487.44	669.35	912.26	666.03	534.00
天　津	379.33	436.50	791.93	290.75	189.18
石家庄	144.94	199.93	91.27	255.09	260.96
太　原	21.94	30.00	61.66	44.72	32.60
呼和浩特	94.76	67.36	71.07	63.70	55.64
沈　阳	209.80	156.32	206.18	189.76	183.74
大　连	176.63	161.82	234.24	300.55	212.75
长　春	76.65	65.65	92.67	75.58	74.26
哈尔滨	156.67	163.22	258.60	298.32	173.45
上　海	767.53	1182.10	1190.94	856.80	959.78
南　京	198.47	139.47	169.93	142.23	215.56
无　锡	103.90	151.94	262.91	249.55	238.21
苏　州	200.85	307.71	530.61	338.35	362.45
杭　州	184.70	318.07	595.98	530.48	276.38
宁　波	111.49	174.65	286.91	232.94	149.52
温　州	23.47	82.53	100.54	116.86	71.33
合　肥	30.93	41.68	57.03	38.36	37.19
福　州	66.59	73.42	90.01	147.94	89.40
厦　门	57.06	48.52	56.23	76.38	78.59
南　昌	21.42	72.79	94.85	85.97	100.86
济　南	44.36	56.55	56.54	52.42	49.31
青　岛	119.97	179.51	198.19	184.95	117.33
郑　州	97.50	90.99	112.83	231.03	298.99
武　汉	296.26	390.74	276.95	350.68	195.71
长　沙	100.41	178.76	283.65	201.06	98.00
广　州	258.73	436.28	557.53	432.19	373.75
深　圳	208.98	429.87	425.76	486.53	701.44
南　宁	55.06	47.95	51.05	86.91	55.92
北　海	24.76	22.79	29.58	57.63	34.74
海　口	32.70	49.00	75.56	142.03	52.74
三　亚	62.46	49.70	92.85	130.21	125.24
重　庆	290.31	314.89	465.62	435.09	270.19
成　都	210.65	243.44	388.53	290.02	128.55
贵　阳	22.75	24.28	40.35	18.54	18.76
昆　明	111.64	172.83	239.53	232.15	226.28
西　安	67.14	120.78	118.40	164.93	150.08
兰　州	26.25	54.69	67.36	65.35	58.81
西　宁	41.69	20.75	26.49	39.32	8.51
银　川	51.24	53.18	59.04	74.67	72.52
乌鲁木齐	33.43	43.81	37.11	52.01	36.68

数据来源：国家统计局。

表 5－85　2018 年四十重点城市住宅现房销售金额（月度累计）

单位：亿元

类　别	1—3 月	1—4 月	1—5 月	1—6 月	1—7 月	1—8 月	1—9 月	1—10 月	1—11 月	1—12 月
合　计	**1250.86**	**1784.32**	**2405.14**	**3506.61**	**4093.47**	**4541.19**	**5247.17**	**5722.65**	**6344.69**	**7369.38**
北　京	72.91	114.34	171.83	213.33	250.79	287.70	330.03	353.39	389.98	534.00
天　津	37.64	53.78	68.11	100.13	110.92	118.92	131.37	138.42	152.36	189.18
石家庄	4.23	7.62	12.83	155.35	161.02	168.41	199.27	214.60	223.20	260.96
太　原	5.58	10.86	13.92	19.19	22.57	23.71	25.62	27.00	29.53	32.60
呼和浩特	2.13	3.29	6.65	27.60	37.13	39.50	43.57	46.04	47.99	55.64
沈　阳	24.70	43.63	57.57	86.75	103.33	120.73	139.17	156.80	169.39	183.74
大　连	40.88	71.15	93.88	120.67	138.22	151.55	170.98	183.86	194.86	212.75
长　春	13.42	18.98	24.67	33.17	39.66	43.17	45.69	52.10	58.89	74.26
哈尔滨	22.44	40.85	57.39	72.94	93.51	107.77	123.00	144.72	164.29	173.45
上　海	171.06	231.39	294.98	387.07	468.13	601.73	723.42	784.20	874.99	959.78
南　京	29.47	42.33	70.05	128.25	131.10	134.58	150.81	159.21	183.35	215.56
无　锡	44.85	63.41	85.83	112.62	129.61	150.57	169.97	191.95	206.89	238.21
苏　州	60.80	85.20	113.79	172.72	206.45	233.00	261.95	281.92	321.29	362.45
杭　州	64.24	90.42	122.05	158.29	170.98	186.26	210.27	229.57	255.64	276.38
宁　波	41.21	56.16	82.29	101.39	112.20	118.50	128.67	129.39	139.27	149.52
温　州	21.65	24.30	27.16	38.98	41.68	43.90	56.00	57.39	61.96	71.33
合　肥	4.58	9.79	14.31	18.60	20.99	23.84	27.57	29.19	30.70	37.19
福　州	26.84	28.80	36.13	43.81	53.13	61.89	74.14	78.00	80.57	89.40
厦　门	7.72	12.35	15.60	26.29	35.08	36.67	47.39	61.52	70.01	78.59
南　昌	15.90	20.20	29.85	43.09	46.84	49.03	64.97	66.99	74.62	100.86
济　南	5.79	7.11	7.85	11.41	17.24	18.36	27.65	36.15	43.77	49.31
青　岛	17.01	26.92	33.28	45.69	49.50	52.67	62.39	65.26	71.95	117.33
郑　州	39.50	54.54	77.49	118.87	144.63	159.82	192.58	219.28	246.62	298.99
武　汉	36.02	53.19	69.48	108.96	121.74	126.57	138.18	142.66	162.88	195.71
长　沙	22.79	27.91	38.13	49.11	55.70	64.25	70.34	69.34	77.44	98.00
广　州	62.40	79.59	103.43	157.81	178.16	203.69	240.99	267.23	303.88	373.75
深　圳	128.86	172.91	254.33	305.38	427.93	473.47	542.60	593.58	644.14	701.44
南　宁	8.47	14.05	18.05	26.10	29.81	31.71	35.49	40.59	47.15	55.92
北　海	6.21	11.41	15.97	19.47	22.15	25.05	26.60	27.92	29.08	34.74
海　口	15.64	20.99	29.76	43.79	48.62	50.90	51.45	51.70	54.07	52.74
三　亚	21.55	48.64	53.78	58.02	60.51	64.16	83.51	85.70	111.44	125.24
重　庆	62.25	77.04	95.99	120.96	132.12	154.18	183.15	196.39	218.80	270.19
成　都	23.96	30.91	37.99	113.42	117.92	62.86	69.04	86.73	101.20	128.55
贵　阳	3.00	4.29	5.67	8.76	10.05	10.94	13.21	15.00	17.95	18.76
昆　明	37.03	53.00	69.43	97.84	111.14	127.65	151.55	181.49	208.21	226.28
西　安	18.84	30.07	39.85	81.30	95.54	100.83	107.00	113.42	117.28	150.08
兰　州	6.38	8.35	10.50	24.37	33.24	39.82	44.37	50.66	55.24	58.81
西　宁	0.49	1.82	2.23	3.33	3.93	4.84	5.16	5.96	6.50	8.51
银　川	15.48	21.70	28.07	34.09	39.97	46.07	51.47	58.69	64.00	72.52
乌鲁木齐	6.94	11.02	14.98	17.70	20.24	21.90	26.56	28.64	33.33	36.68

数据来源：国家统计局。

表 5-86 2014—2018 年四十重点城市住宅期房销售金额

单位：亿元

类别	2014 年	2015 年	2016 年	2017 年	2018 年
合 计	**27450.07**	**32971.99**	**45958.46**	**47045.49**	**56142.81**
北 京	1615.02	1843.53	1883.55	1410.98	1437.15
天 津	915.00	1209.93	2453.67	1742.18	1627.35
石家庄	258.71	220.89	388.60	540.42	491.82
太 原	260.04	277.94	347.20	592.70	803.44
呼和浩特	63.39	91.61	108.08	77.82	226.91
沈 阳	577.53	453.13	545.56	756.59	860.19
大 连	421.73	357.93	362.70	459.07	589.91
长 春	311.20	381.70	409.50	572.68	828.86
哈尔滨	372.29	331.16	316.95	557.86	648.29
上 海	2155.92	3137.83	4042.36	2479.29	2904.24
南 京	1034.73	1469.84	2345.06	1702.50	1721.08
无 锡	433.97	503.18	735.45	832.88	1218.06
苏 州	1193.07	1698.18	2540.13	2263.45	2536.74
杭 州	1152.17	1587.88	2465.13	2696.14	2962.07
宁 波	536.66	758.82	1034.89	1582.84	1955.34
温 州	505.35	493.81	807.47	1004.76	1333.05
合 肥	886.46	924.27	1531.32	1060.59	1405.43
福 州	758.66	775.39	1039.27	1198.72	1716.42
厦 门	850.25	606.20	757.70	589.24	496.87
南 昌	446.34	494.76	735.80	959.59	1170.75
济 南	473.79	639.26	979.52	894.20	1124.63
青 岛	683.05	865.77	1378.13	1457.33	1835.58
郑 州	753.36	1133.38	1968.30	2045.66	2417.41
武 汉	1167.90	1637.69	2601.19	3183.61	3899.13
长 沙	626.19	756.50	1138.32	1127.86	1440.46
广 州	1504.34	1457.73	2097.03	1986.17	2082.68
深 圳	932.48	2087.43	2577.46	2046.51	2475.27
南 宁	384.97	499.53	727.29	920.05	1051.14
北 海	63.93	63.44	71.79	141.27	229.57
海 口	189.68	203.20	274.13	427.92	366.35
三 亚	131.59	139.54	163.66	325.66	369.80
重 庆	1962.97	1929.54	2170.02	3166.48	4172.68
成 都	1407.83	1367.78	2030.57	2268.31	2473.79
贵 阳	364.64	367.99	405.17	550.78	815.38
昆 明	481.87	550.88	533.86	905.44	1359.13
西 安	857.25	864.26	1073.34	1554.78	1987.73
兰 州	231.25	297.63	372.56	369.60	350.46
西 宁	85.38	99.21	119.75	140.39	176.00
银 川	201.20	151.24	160.19	179.72	223.28
乌鲁木齐	197.89	242.03	265.79	273.44	358.37

数据来源：国家统计局。

表 5-87　2018 年四十重点城市住宅期房销售金额（月度累计）

单位：亿元

类　别	1—3 月	1—4 月	1—5 月	1—6 月	1—7 月	1—8 月	1—9 月	1—10 月	1—11 月	1—12 月
合　计	**9418.52**	**13361.04**	**18088.73**	**24836.96**	**29215.08**	**33495.22**	**38954.72**	**43420.99**	**48771.33**	**56142.81**
北　京	155.89	263.92	339.36	415.93	499.36	670.84	802.91	955.12	1133.46	1437.15
天　津	220.29	316.60	466.36	741.76	964.14	1123.49	1230.90	1367.65	1523.69	1627.35
石家庄	55.63	71.98	103.47	160.27	189.25	225.48	277.51	342.50	380.88	491.82
太　原	123.96	189.30	325.24	430.73	500.25	561.61	619.48	682.17	747.37	803.44
呼和浩特	19.09	25.48	36.92	60.82	66.38	73.20	138.87	164.54	215.68	226.91
沈　阳	128.50	216.15	291.06	399.61	476.50	568.23	650.66	725.86	800.72	860.19
大　连	113.19	157.76	217.81	279.81	332.59	383.52	470.52	509.58	545.47	589.91
长　春	101.93	166.09	238.86	343.70	439.74	514.90	614.06	691.65	755.66	828.86
哈尔滨	68.78	117.54	181.84	256.67	317.98	380.17	458.17	527.04	605.91	648.29
上　海	401.32	537.89	694.50	1014.28	1425.14	1689.39	2033.78	2336.08	2610.28	2904.24
南　京	310.87	403.42	526.45	761.76	948.33	1088.29	1302.05	1420.88	1531.51	1721.08
无　锡	177.08	289.03	393.46	536.71	619.76	728.46	877.93	1024.13	1097.43	1218.06
苏　州	370.72	536.21	807.12	1049.80	1276.32	1514.03	1738.22	1980.33	2175.17	2536.74
杭　州	725.78	924.86	1067.60	1373.51	1647.15	1855.82	2053.48	2266.52	2533.21	2962.07
宁　波	366.84	558.51	816.68	1087.11	1258.19	1359.92	1538.49	1629.50	1800.93	1955.34
温　州	169.42	226.51	364.17	596.85	668.81	754.48	965.01	1011.23	1094.28	1333.05
合　肥	245.32	318.21	479.34	641.65	743.95	822.33	959.95	1086.10	1219.40	1405.43
福　州	344.57	442.47	551.47	788.20	900.46	977.78	1104.12	1201.25	1334.96	1716.42
厦　门	114.91	183.44	254.09	302.34	337.19	350.95	382.98	411.35	466.92	496.87
南　昌	136.82	205.68	286.19	426.92	511.65	631.56	759.52	882.12	1010.95	1170.75
济　南	198.45	323.37	477.97	617.12	668.25	742.89	858.71	939.65	1028.60	1124.63
青　岛	269.62	424.38	587.78	784.08	904.21	1008.35	1226.89	1342.61	1558.49	1835.58
郑　州	341.15	464.18	608.68	925.49	1070.18	1221.48	1467.93	1707.21	2048.73	2417.41
武　汉	575.96	896.45	1272.34	1832.72	2052.16	2355.10	2783.03	3077.04	3478.74	3899.13
长　沙	252.35	336.73	426.46	556.37	686.98	836.00	967.28	1088.82	1262.67	1440.46
广　州	293.30	402.72	548.42	768.64	881.91	1018.45	1259.98	1418.58	1607.80	2082.68
深　圳	498.76	683.38	839.24	1103.41	1273.24	1466.22	1650.17	1840.03	2061.09	2475.27
南　宁	189.07	275.70	348.70	480.48	553.65	633.97	723.62	800.48	882.88	1051.14
北　海	35.37	57.24	87.90	104.98	121.61	139.70	155.04	165.76	177.31	229.57
海　口	106.79	134.50	168.78	197.55	223.64	238.77	265.24	277.57	295.31	366.35
三　亚	186.93	222.54	255.40	284.88	296.99	304.84	321.88	333.43	355.10	369.80
重　庆	885.88	1230.87	1655.69	2209.78	2493.16	2778.00	3131.46	3406.09	3714.43	4172.68
成　都	477.04	640.04	803.25	1037.13	1249.35	1495.03	1641.12	1863.95	2198.55	2473.79
贵　阳	153.10	208.03	253.92	381.92	426.40	475.23	536.86	594.55	711.13	815.38
昆　明	203.05	276.66	368.45	535.43	598.40	690.27	889.16	1023.05	1146.29	1359.13
西　安	261.54	423.43	641.18	889.21	1030.88	1176.15	1366.26	1461.97	1664.64	1987.73
兰　州	49.56	68.67	98.47	179.89	212.93	240.29	260.35	289.14	324.53	350.46
西　宁	14.66	25.98	55.49	80.22	94.03	104.70	124.21	140.27	154.51	176.00
银　川	22.74	37.50	47.91	72.68	99.29	116.91	140.95	168.40	200.36	223.28
乌鲁木齐	52.28	77.62	100.70	126.57	154.67	178.42	205.98	266.82	316.28	358.37

数据来源：国家统计局。

7. 四十重点城市办公楼销售金额

表5-88　2014—2018年四十重点城市办公楼销售金额

单位：亿元

类　别	2014年	2015年	2016年	2017年	2018年
合　计	**2422.06**	**3250.84**	**4752.72**	**5137.39**	**5116.18**
北　京	359.32	702.74	1261.90	374.21	237.21
天　津	17.11	24.71	44.71	79.32	67.42
石家庄	20.36	65.68	78.16	95.20	52.34
太　原	21.04	12.68	29.08	30.82	27.49
呼和浩特	8.15	3.69	7.14	15.37	11.28
沈　阳	19.89	19.56	29.42	11.23	10.65
大　连	5.81	6.96	24.91	24.21	7.11
长　春	7.24	11.97	22.41	39.54	38.10
哈尔滨	10.38	11.98	18.46	48.15	17.29
上　海	300.43	488.68	903.17	394.07	484.83
南　京	37.40	52.43	87.16	151.39	141.82
无　锡	25.73	42.14	22.45	31.22	25.92
苏　州	25.83	50.92	57.32	103.76	67.25
杭　州	111.06	116.63	320.10	512.07	362.57
宁　波	45.33	36.90	54.26	55.76	146.74
温　州	3.15	23.03	13.94	8.85	19.07
合　肥	43.10	60.68	116.89	106.86	91.92
福　州	68.62	61.62	84.21	226.91	169.84
厦　门	92.68	99.45	91.07	303.40	253.56
南　昌	26.76	21.45	49.59	99.92	80.30
济　南	40.75	145.80	55.94	49.64	103.68
青　岛	65.12	82.09	69.81	139.96	112.34
郑　州	141.02	94.22	98.30	170.18	178.43
武　汉	65.78	36.72	116.33	242.78	318.83
长　沙	42.48	34.55	79.59	117.22	137.14
广　州	296.92	262.47	266.23	345.56	345.78
深　圳	74.28	219.71	229.15	466.80	500.88
南　宁	18.70	32.90	35.06	61.42	73.39
北　海	0.38	0.24	0.28	2.11	0.10
海　口	11.59	8.99	9.69	23.50	40.24
三　亚	0.58	3.24	2.43	6.51	44.44
重　庆	109.41	118.02	98.86	162.13	138.98
成　都	96.54	72.65	101.36	234.85	308.48
贵　阳	46.97	38.30	48.24	62.05	60.63
昆　明	75.91	64.91	85.54	80.95	112.72
西　安	42.84	49.04	54.99	156.28	248.24
兰　州	10.60	13.00	44.75	40.11	21.29
西　宁	6.55	22.72	12.99	21.53	7.06
银　川	5.40	10.03	5.44	13.04	14.84
乌鲁木齐	20.85	27.36	21.41	28.52	35.97

数据来源：国家统计局。

表 5-89 2018 年四十重点城市办公楼销售金额（月度累计）

单位：亿元

类别	1—3 月	1—4 月	1—5 月	1—6 月	1—7 月	1—8 月	1—9 月	1—10 月	1—11 月	1—12 月
合计	**892.84**	**1312.97**	**1723.13**	**2314.38**	**2666.63**	**2956.79**	**3420.63**	**3755.43**	**4183.85**	**5116.18**
北京	24.98	38.43	42.74	88.77	99.74	111.95	133.83	146.14	174.57	237.21
天津	33.38	35.12	36.76	41.88	45.45	48.28	49.55	50.85	47.93	67.42
石家庄	0.07	1.79	6.38	11.60	14.76	18.55	25.02	32.17	36.72	52.34
太原	5.60	6.61	7.67	12.42	18.21	19.83	23.33	25.00	26.33	27.49
呼和浩特	1.81	2.19	3.23	4.18	6.70	7.73	9.85	10.34	10.83	11.28
沈阳	4.24	4.93	5.69	7.13	7.90	8.29	8.78	9.20	9.58	10.65
大连	3.77	5.18	6.02	6.20	6.27	6.27	6.27	6.54	6.56	7.11
长春	3.35	7.00	8.31	14.39	18.34	19.56	24.06	26.45	30.42	38.10
哈尔滨	1.38	3.60	5.40	7.28	8.39	9.11	10.92	11.76	15.93	17.29
上海	64.02	105.83	126.34	161.35	212.77	222.11	291.29	288.91	336.34	484.83
南京	19.91	29.45	45.49	56.05	64.47	81.36	90.38	94.82	101.43	141.82
无锡	3.65	6.17	8.29	9.73	11.19	12.97	15.98	16.83	20.93	25.92
苏州	13.23	16.46	22.52	27.27	34.35	39.10	46.96	53.65	58.16	67.25
杭州	84.47	144.90	188.74	228.48	252.38	263.99	287.85	312.16	317.85	362.57
宁波	19.02	34.40	42.85	65.34	78.89	84.52	83.82	90.76	120.37	146.74
温州	2.69	4.77	5.02	6.04	7.65	9.95	15.38	18.36	18.86	19.07
合肥	13.71	21.16	28.85	43.12	46.55	51.22	63.62	74.13	77.66	91.92
福州	37.37	41.39	48.88	63.38	66.68	72.95	91.05	119.83	144.70	169.84
厦门	55.65	65.68	87.17	144.69	166.71	180.07	193.31	211.58	227.59	253.56
南昌	14.58	22.02	28.10	40.38	45.24	50.27	55.80	62.14	71.17	80.30
济南	9.73	12.84	14.12	24.62	37.49	45.48	68.53	82.03	98.80	103.68
青岛	10.73	17.83	38.98	51.59	63.95	78.53	86.77	88.32	94.93	112.34
郑州	34.64	53.00	68.89	82.67	92.44	114.88	131.13	142.29	160.03	178.43
武汉	42.47	71.30	95.12	165.09	175.92	186.52	209.21	236.15	246.92	318.83
长沙	22.37	33.57	45.63	54.74	75.63	83.88	93.86	101.37	116.11	137.14
广州	55.62	73.50	93.78	126.24	139.38	158.66	187.73	202.31	229.03	345.78
深圳	79.01	124.28	199.36	232.23	249.72	280.61	321.15	376.38	419.55	500.88
南宁	14.10	18.57	25.87	33.93	40.68	46.99	52.99	54.78	58.81	73.39
北海	0.06	0.07	0.09	0.10	0.10	0.10	0.10	0.10	0.10	0.10
海口	2.90	5.26	7.09	13.24	20.93	22.80	23.04	23.57	27.49	40.24
三亚	27.86	37.09	37.27	37.33	39.05	39.15	39.42	39.84	41.46	44.44
重庆	25.37	42.23	57.49	75.61	89.09	96.70	106.21	109.58	115.14	138.98
成都	71.66	103.52	134.21	164.85	182.60	208.32	225.37	251.11	280.06	308.48
贵阳	16.72	22.04	25.54	31.11	36.29	37.48	45.05	50.71	54.51	60.63
昆明	22.48	30.59	36.63	57.42	60.23	64.77	80.01	92.57	105.64	112.72
西安	36.97	52.96	65.74	91.72	109.89	129.65	169.59	183.29	206.62	248.24
兰州	5.24	5.86	7.53	11.38	17.34	18.11	19.14	19.53	20.53	21.29
西宁	—	0.12	0.12	1.11	1.27	1.67	3.40	3.68	6.89	7.06
银川	5.45	5.92	6.48	8.89	9.43	10.65	12.11	12.53	14.26	14.84
乌鲁木齐	2.54	5.35	8.76	10.87	12.55	13.78	18.78	23.68	33.04	35.97

数据来源：国家统计局。

表 5-90　2014—2018 年四十重点城市办公楼现房销售金额

单位：亿元

类　别	2014 年	2015 年	2016 年	2017 年	2018 年
合　计	**551.08**	**895.34**	**1262.07**	**1467.76**	**1318.53**
北　京	59.49	222.69	406.82	116.00	142.79
天　津	7.50	16.08	14.10	55.11	37.18
石家庄	15.87	31.51	34.84	35.71	0.61
太　原	0.38	0.95	0.92	2.60	0.07
呼和浩特	5.09	0.97	2.86	3.67	5.62
沈　阳	7.97	15.77	6.26	4.22	8.06
大　连	0.30	1.05	21.73	7.58	6.45
长　春	1.48	3.08	3.44	4.37	5.57
哈尔滨	2.44	5.94	4.94	9.02	4.68
上　海	66.45	191.86	258.91	197.60	194.98
南　京	6.24	15.30	23.51	14.64	3.74
无　锡	9.97	12.27	14.15	21.24	14.76
苏　州	8.86	13.72	16.65	34.21	36.28
杭　州	24.13	34.35	65.03	180.46	121.13
宁　波	18.21	23.37	30.22	18.42	54.77
温　州		10.06	4.84	2.75	1.67
合　肥	10.21	13.14	26.12	33.43	32.42
福　州	0.33	8.24	5.15	19.47	8.30
厦　门	9.49	10.06	20.32	71.00	59.82
南　昌	1.60	7.68	15.56	20.69	11.16
济　南	3.30	5.61	10.34	27.22	13.26
青　岛	11.22	10.16	25.65	48.56	49.53
郑　州	16.06	9.88	13.13	23.99	28.48
武　汉	23.97	13.59	11.14	74.84	83.56
长　沙	4.72	10.52	19.64	47.95	30.46
广　州	108.15	70.99	22.57	36.27	28.93
深　圳	23.41	36.99	25.58	169.51	111.36
南　宁	0.63	1.00	9.39	6.21	10.79
北　海	—	0.24	—	—	—
海　口	—	0.15	0.87	13.61	9.15
三　亚	—	1.04	0.12	6.32	1.42
重　庆	42.73	32.60	54.10	60.90	70.97
成　都	23.53	23.99	27.97	35.42	30.36
贵　阳	0.66	7.44	15.17	16.35	4.85
昆　明	20.54	19.74	35.35	7.53	32.00
西　安	0.92	5.23	0.62	24.42	34.56
兰　州	1.17	0.86	5.11	3.52	6.94
西　宁	0.88	0.41	3.09	4.09	0.17
银　川	1.33	2.55	2.27	2.39	11.38
乌鲁木齐	11.87	4.22	3.58	6.47	10.31

数据来源：国家统计局。

表 5－91　2018 年四十重点城市办公楼现房销售金额（月度累计）

单位：亿元

类别	1—3 月	1—4 月	1—5 月	1—6 月	1—7 月	1—8 月	1—9 月	1—10 月	1—11 月	1—12 月
合　计	**244.70**	**367.57**	**461.60**	**590.93**	**707.40**	**771.49**	**847.86**	**915.86**	**1023.84**	**1318.53**
北　京	6.67	16.47	20.23	55.19	60.16	66.22	71.57	76.13	98.63	142.79
天　津	26.95	27.91	28.48	30.83	31.59	32.11	32.73	33.37	35.49	37.18
石家庄	—	—	—	—	—	—	—	0.52	0.52	0.61
太　原	—	—	—	—	0.07	0.07	0.07	0.07	0.07	0.07
呼和浩特	0.60	0.82	1.66	2.61	2.85	3.03	4.89	5.22	5.31	5.62
沈　阳	3.57	4.17	4.29	5.35	5.87	6.16	6.44	6.68	7.01	8.06
大　连	3.75	4.91	5.75	5.93	5.98	5.98	5.98	6.14	6.14	6.45
长　春	0.57	0.94	1.12	1.43	1.55	1.82	2.55	2.82	2.94	5.57
哈尔滨	0.13	1.01	1.39	2.36	2.68	2.68	3.72	3.88	4.67	4.68
上　海	47.70	72.45	84.02	94.27	121.55	126.07	138.63	133.69	155.26	194.98
南　京	0.35	0.60	1.18	2.10	2.75	2.94	3.14	3.46	3.70	3.74
无　锡	2.36	4.00	5.39	5.89	7.10	7.96	8.53	8.92	11.92	14.76
苏　州	9.30	11.48	15.78	18.63	23.59	26.01	29.68	32.05	34.35	36.28
杭　州	21.20	36.70	54.98	69.24	79.76	85.25	95.25	111.93	109.66	121.13
宁　波	15.33	23.17	25.05	29.56	35.54	37.43	30.44	32.44	45.42	54.77
温　州	0.88	1.05	1.18	1.18	1.42	1.43	1.52	1.52	1.54	1.67
合　肥	3.08	7.43	8.25	12.59	13.51	13.87	15.79	16.48	17.43	32.42
福　州	1.05	1.09	1.09	1.09	1.09	3.33	4.93	5.65	6.33	8.30
厦　门	8.05	9.08	11.33	18.42	27.71	30.91	34.44	36.52	40.13	59.82
南　昌	2.55	2.79	3.03	6.02	7.01	7.96	8.09	8.28	10.42	11.16
济　南	4.20	4.28	4.43	4.48	10.97	11.15	12.60	12.72	13.10	13.26
青　岛	4.05	6.71	10.35	18.77	24.45	36.40	37.11	37.78	38.69	49.53
郑　州	8.54	17.33	21.33	22.59	23.16	23.28	23.77	24.46	24.76	28.48
武　汉	5.68	8.62	14.26	20.62	27.30	27.89	28.72	33.01	35.43	83.56
长　沙	4.81	9.62	14.27	17.76	18.24	19.90	23.80	25.22	25.92	30.46
广　州	15.98	17.00	18.43	12.72	13.18	14.39	17.26	18.97	19.24	28.93
深　圳	10.52	26.98	30.31	36.88	46.81	53.70	68.15	80.96	81.32	111.36
南　宁	1.01	2.33	3.09	4.02	5.00	5.49	6.23	6.48	6.75	10.79
北　海	—	—	—	—	—	—	—	—	—	—
海　口	0.56	0.76	1.62	1.93	2.91	4.15	4.15	4.63	8.28	9.15
三　亚	0.09	0.09	0.09	0.09	0.09	0.09	0.09	0.09	1.10	1.42
重　庆	8.19	12.91	23.82	27.99	36.13	41.07	48.63	50.17	53.28	70.97
成　都	7.65	11.27	15.82	16.44	17.76	19.36	20.70	23.02	29.75	30.36
贵　阳	1.01	1.17	1.86	2.45	2.85	3.31	3.44	3.97	4.37	4.85
昆　明	4.44	4.91	6.49	15.03	15.27	15.61	15.74	25.20	31.69	32.00
西　安	3.95	7.08	9.28	11.25	14.81	16.27	19.25	20.70	26.12	34.56
兰　州	4.49	4.49	4.96	5.60	6.25	6.36	6.41	6.45	6.79	6.94
西　宁	—	—	—	0.09	0.13	0.17	0.17	0.17	0.17	0.17
银　川	5.28	5.62	6.06	8.20	8.56	9.51	10.75	10.89	11.35	11.38
乌鲁木齐	0.14	0.32	0.92	1.31	1.76	2.16	2.52	5.20	8.79	10.31

数据来源：国家统计局。

表 5－92　2014—2018 年四十重点城市办公楼期房销售金额

单位：亿元

类　别	2014 年	2015 年	2016 年	2017 年	2018 年
合　计	**1870.97**	**2355.51**	**3490.66**	**3669.63**	**3797.65**
北　京	299.84	480.05	855.08	258.22	94.42
天　津	9.61	8.63	30.61	24.22	30.24
石家庄	4.49	34.17	43.32	59.49	51.73
太　原	20.65	11.73	28.16	28.22	27.43
呼和浩特	3.06	2.72	4.27	11.71	5.67
沈　阳	11.92	3.78	23.15	7.01	2.59
大　连	5.51	5.91	3.18	16.63	0.65
长　春	5.77	8.88	18.97	35.17	32.53
哈尔滨	7.93	6.04	13.52	39.13	12.60
上　海	233.98	296.81	644.26	196.48	289.85
南　京	31.16	37.13	63.65	136.75	138.08
无　锡	15.76	29.87	8.30	9.98	11.17
苏　州	16.98	37.19	40.67	69.56	30.97
杭　州	86.93	82.28	255.07	331.61	241.44
宁　波	27.12	13.53	24.04	37.33	91.98
温　州	3.15	12.97	9.10	6.10	17.41
合　肥	32.89	47.54	90.77	73.44	59.50
福　州	68.29	53.38	79.06	207.44	161.54
厦　门	83.19	89.39	70.75	232.40	193.74
南　昌	25.15	13.76	34.03	79.23	69.14
济　南	37.45	140.19	45.60	22.42	90.42
青　岛	53.90	71.93	44.16	91.40	62.81
郑　州	124.96	84.34	85.18	146.19	149.95
武　汉	41.81	23.13	105.20	167.94	235.27
长　沙	37.76	24.02	59.95	69.27	106.68
广　州	188.77	191.48	243.66	309.29	316.85
深　圳	50.87	182.72	203.57	297.29	389.51
南　宁	18.08	31.90	25.67	55.21	62.59
北　海	0.38	—	0.28	2.11	0.10
海　口	11.59	8.84	8.82	9.89	31.09
三　亚	0.58	2.20	2.31	0.18	43.01
重　庆	66.68	85.42	44.75	101.22	68.01
成　都	73.01	48.65	73.39	199.43	278.12
贵　阳	46.32	30.86	33.07	45.70	55.78
昆　明	55.36	45.17	50.19	73.42	80.72
西　安	41.92	43.81	54.36	131.86	213.68
兰　州	9.43	12.14	39.64	36.59	14.36
西　宁	5.68	22.32	9.90	17.43	6.89
银　川	4.07	7.48	3.17	10.65	3.46
乌鲁木齐	8.98	23.14	17.83	22.05	25.66

数据来源：国家统计局。

表 5 -93　2018 年四十重点城市办公楼期房销售金额（月度累计）

单位：亿元

类　别	1—3 月	1—4 月	1—5 月	1—6 月	1—7 月	1—8 月	1—9 月	1—10 月	1—11 月	1—12 月
合　计	**648.14**	**945.40**	**1261.53**	**1723.44**	**1959.22**	**2185.30**	**2572.77**	**2839.57**	**3160.01**	**3797.65**
北　京	18.32	21.96	22.52	33.59	39.57	45.73	62.26	70.00	75.94	94.42
天　津	6.43	7.21	8.28	11.04	13.86	16.17	16.82	17.48	12.43	30.24
石家庄	0.07	1.79	6.38	11.60	14.76	18.55	25.02	31.66	36.20	51.73
太　原	5.60	6.61	7.67	12.42	18.14	19.76	23.26	24.93	26.26	27.43
呼和浩特	1.21	1.36	1.57	1.57	3.84	4.70	4.96	5.12	5.52	5.67
沈　阳	0.67	0.75	1.40	1.78	2.03	2.13	2.34	2.52	2.57	2.59
大　连	0.01	0.27	0.27	0.27	0.29	0.29	0.29	0.40	0.42	0.65
长　春	2.78	6.06	7.18	12.96	16.78	17.74	21.51	23.63	27.48	32.53
哈尔滨	1.25	2.59	4.01	4.92	5.70	6.42	7.20	7.89	11.26	12.60
上　海	16.33	33.38	42.32	67.08	91.22	96.04	152.66	155.22	181.09	289.85
南　京	19.56	28.85	44.31	53.95	61.73	78.42	87.24	91.35	97.72	138.08
无　锡	1.29	2.17	2.90	3.84	4.09	5.01	7.45	7.91	9.00	11.17
苏　州	3.93	4.98	6.73	8.64	10.77	13.09	17.28	21.60	23.81	30.97
杭　州	63.27	108.20	133.76	159.24	172.61	178.74	192.60	200.23	208.19	241.44
宁　波	3.68	11.23	17.81	35.77	43.35	47.09	53.38	58.32	74.95	91.98
温　州	1.81	3.72	3.83	4.86	6.24	8.53	13.86	16.83	17.32	17.41
合　肥	10.63	13.73	20.60	30.54	33.04	37.35	47.83	57.65	60.23	59.50
福　州	36.32	40.30	47.79	62.29	65.59	69.62	86.12	114.18	138.37	161.54
厦　门	47.59	56.60	75.85	126.27	139.00	149.15	158.87	175.06	187.46	193.74
南　昌	12.04	19.23	25.07	34.36	38.23	42.31	47.71	53.86	60.75	69.14
济　南	5.52	8.55	9.68	20.14	26.52	34.33	55.93	69.31	85.70	90.42
青　岛	6.67	11.12	28.63	32.82	39.51	42.13	49.66	50.55	56.24	62.81
郑　州	26.10	35.66	47.55	60.09	69.28	91.60	107.36	117.83	135.28	149.95
武　汉	36.79	62.69	80.86	144.46	148.62	158.63	180.50	203.15	211.48	235.27
长　沙	17.57	23.96	31.36	36.98	57.39	63.98	70.06	76.15	90.19	106.68
广　州	39.64	56.50	75.35	113.52	126.20	144.27	170.47	183.34	209.79	316.85
深　圳	68.49	97.31	169.04	195.35	202.91	226.91	253.00	295.41	338.23	389.51
南　宁	13.09	16.24	22.78	29.91	35.68	41.50	46.76	48.30	52.06	62.59
北　海	0.06	0.07	0.09	0.10	0.10	0.10	0.10	0.10	0.10	0.10
海　口	2.34	4.50	5.46	11.31	18.02	18.65	18.89	18.94	19.20	31.09
三　亚	27.77	37.00	37.18	37.24	38.96	39.06	39.33	39.75	40.36	43.01
重　庆	17.18	29.32	33.67	47.62	52.96	55.64	57.58	59.41	61.86	68.01
成　都	64.01	92.24	118.38	148.41	164.84	188.96	204.67	228.09	250.30	278.12
贵　阳	15.70	20.87	23.69	28.65	33.44	34.17	41.61	46.74	50.14	55.78
昆　明	18.04	25.68	30.14	42.39	44.96	49.15	64.26	67.38	73.95	80.72
西　安	33.03	45.87	56.46	80.46	95.07	113.38	150.35	162.59	180.50	213.68
兰　州	0.76	1.37	2.57	5.78	11.09	11.75	12.73	13.08	13.74	14.36
西　宁	—	0.12	0.12	1.02	1.14	1.50	3.23	3.51	6.72	6.89
银　川	0.16	0.30	0.43	0.69	0.87	1.13	1.36	1.64	2.91	3.46
乌鲁木齐	2.40	5.03	7.84	9.55	10.80	11.61	16.26	18.48	24.25	25.66

数据来源：国家统计局。

8. 四十重点城市商业营业用房销售金额

表5－94 2014—2018年四十重点城市商业营业用房销售金额

单位：亿元

类 别	2014年	2015年	2016年	2017年	2018年
合 计	4063.18	4025.23	5151.39	6095.79	6461.58
北 京	202.03	231.62	376.65	271.42	119.39
天 津	101.23	73.91	140.06	133.87	98.81
石家庄	72.33	128.52	99.83	129.09	54.46
太 原	14.34	15.04	24.95	30.72	49.46
呼和浩特	24.21	19.89	72.98	44.66	27.52
沈 阳	116.15	96.51	50.51	79.23	128.27
大 连	68.31	25.30	33.28	56.62	62.72
长 春	61.12	56.46	104.59	96.93	104.78
哈尔滨	94.18	56.47	90.42	122.06	110.59
上 海	226.44	227.89	470.49	208.23	269.37
南 京	71.20	96.90	144.26	201.66	607.11
无 锡	74.88	76.38	83.38	114.32	82.29
苏 州	115.57	129.46	176.27	160.17	123.05
杭 州	96.18	87.79	230.31	344.19	390.47
宁 波	65.64	85.61	87.93	109.08	133.75
温 州	52.93	54.34	71.92	117.20	91.14
合 肥	171.19	180.90	234.63	148.43	122.01
福 州	102.17	120.47	96.69	164.36	189.45
厦 门	66.24	68.53	91.34	92.68	131.00
南 昌	42.98	48.15	128.56	196.84	191.74
济 南	52.28	46.18	44.06	118.91	115.06
青 岛	84.68	115.71	113.86	194.43	178.12
郑 州	150.61	87.93	130.65	193.47	195.49
武 汉	233.82	146.53	193.25	285.75	284.28
长 沙	142.49	123.87	131.40	244.33	238.37
广 州	272.43	183.37	207.30	213.73	186.75
深 圳	63.67	65.11	83.24	133.36	129.21
南 宁	51.97	54.62	67.08	72.96	114.40
北 海	4.30	3.89	3.68	7.50	9.05
海 口	30.44	27.95	23.16	50.34	44.53
三 亚	1.44	0.74	11.65	26.82	48.91
重 庆	373.75	483.48	552.77	629.66	536.02
成 都	302.70	301.65	300.72	483.53	538.31
贵 阳	83.38	139.41	84.82	134.80	136.34
昆 明	106.83	125.53	135.94	138.15	185.91
西 安	102.93	90.64	78.35	171.56	212.03
兰 州	39.20	37.98	57.46	47.59	65.31
西 宁	40.63	35.25	44.07	53.40	47.64
银 川	48.94	43.29	38.93	31.76	41.01
乌鲁木齐	37.37	31.99	39.95	41.97	67.44

数据来源：国家统计局。

表 5－95　2018 年四十重点城市商业营业用房销售金额（月度累计）

单位：亿元

类　别	1—3 月	1—4 月	1—5 月	1—6 月	1—7 月	1—8 月	1—9 月	1—10 月	1—11 月	1—12 月
合　计	1057.04	1487.07	1985.17	2766.35	3220.92	3678.37	4226.13	4694.05	5248.43	6461.58
北　京	20.26	27.44	43.03	48.54	58.02	75.43	89.20	96.00	103.31	119.39
天　津	17.77	22.02	26.94	45.81	51.76	58.13	64.12	71.64	75.90	98.81
石家庄	1.46	1.61	1.86	4.47	12.41	15.06	16.67	21.40	25.36	54.46
太　原	10.25	12.55	15.86	22.06	26.50	32.17	35.11	38.14	47.50	49.46
呼和浩特	2.06	2.95	3.75	4.37	7.89	10.42	19.43	22.81	25.01	27.52
沈　阳	7.75	15.25	23.41	33.85	86.43	93.41	103.13	112.11	119.97	128.27
大　连	8.41	19.58	29.95	39.25	44.42	46.34	52.20	56.37	59.22	62.72
长　春	7.27	14.59	22.79	34.85	42.85	49.00	59.62	69.56	92.58	104.78
哈尔滨	8.19	15.08	21.28	43.00	51.60	60.17	73.90	89.92	102.47	110.59
上　海	38.39	49.32	65.60	87.63	100.89	112.42	127.46	153.35	235.04	269.37
南　京	35.45	54.13	90.59	106.50	112.60	149.51	179.64	206.06	233.66	607.11
无　锡	11.92	16.78	20.40	30.48	37.17	43.02	47.29	53.28	58.76	82.29
苏　州	19.34	25.28	40.84	60.24	73.66	84.05	97.12	105.46	115.91	123.05
杭　州	67.14	102.33	137.20	187.49	235.21	269.66	287.98	303.13	320.53	390.47
宁　波	28.07	37.75	47.75	66.36	76.01	82.63	88.28	96.15	109.49	133.75
温　州	14.47	20.84	26.68	40.50	45.07	53.07	66.37	70.65	73.37	91.14
合　肥	21.04	33.00	44.31	55.79	66.17	74.97	86.26	91.33	97.58	122.01
福　州	34.75	44.55	56.14	96.96	103.11	114.20	125.84	137.56	154.30	189.45
厦　门	7.68	17.42	21.48	52.43	61.38	81.99	99.81	112.04	124.21	131.00
南　昌	20.87	34.78	66.47	91.81	103.37	109.40	130.66	139.36	153.51	191.74
济　南	22.81	30.78	35.20	48.35	60.47	68.50	86.64	96.90	106.83	115.06
青　岛	38.75	50.38	62.60	79.72	91.45	107.57	134.11	141.22	153.55	178.12
郑　州	24.80	37.47	64.85	85.63	97.15	109.79	126.16	144.94	160.82	195.49
武　汉	53.75	76.26	86.34	166.58	180.05	194.26	210.58	236.61	247.38	284.28
长　沙	49.66	66.06	89.56	111.96	132.05	144.58	155.18	176.13	204.89	238.37
广　州	32.95	40.40	45.16	57.25	64.31	75.15	92.43	104.21	118.68	186.75
深　圳	13.65	23.46	28.21	49.45	58.84	75.38	88.95	105.10	112.55	129.21
南　宁	18.91	27.92	36.65	47.76	55.56	62.37	74.12	85.55	100.10	114.40
北　海	1.54	2.26	2.59	3.06	3.83	4.68	6.45	6.67	7.04	9.05
海　口	9.28	15.86	20.19	22.84	25.03	32.99	34.36	35.71	39.58	44.53
三　亚	23.43	28.06	29.02	33.25	35.09	39.64	46.81	47.23	48.34	48.91
重　庆	130.40	171.95	219.56	287.13	314.75	347.57	400.01	429.06	467.64	536.02
成　都	137.12	177.74	231.27	285.48	316.44	351.76	389.30	441.81	485.27	538.31
贵　阳	24.24	35.23	52.64	68.20	76.72	83.33	95.69	104.40	115.55	136.34
昆　明	26.39	39.00	48.54	84.54	90.28	99.56	131.60	145.05	167.99	185.91
西　安	41.08	58.58	75.00	107.14	124.40	138.50	160.30	176.33	187.14	212.03
兰　州	11.75	14.50	17.34	26.81	30.27	47.84	50.69	54.35	60.54	65.31
西　宁	1.65	4.53	6.05	12.90	19.09	24.32	28.50	33.97	40.95	47.64
银　川	6.17	10.18	13.76	16.86	22.50	25.01	28.11	31.15	35.68	41.01
乌鲁木齐	6.19	9.21	14.31	19.05	26.14	30.53	36.06	51.35	60.23	67.44

数据来源：国家统计局。

表5－96　2014—2018年四十重点城市商业营业用房现房销售金额

单位：亿元

类　别	2014年	2015年	2016年	2017年	2018年
合　计	**1026.47**	**1206.97**	**1552.52**	**1654.21**	**1860.80**
北　京	74.68	90.96	117.56	65.17	48.05
天　津	42.37	34.93	62.52	61.09	40.61
石家庄	39.20	63.58	55.88	27.53	20.81
太　原	0.80	5.88	2.45	4.66	2.22
呼和浩特	17.50	10.54	54.31	27.53	9.92
沈　阳	59.53	30.46	18.16	21.67	14.15
大　连	24.51	13.27	15.83	26.51	35.47
长　春	24.73	11.70	21.54	25.23	16.84
哈尔滨	37.77	27.72	50.26	55.96	38.93
上　海	81.11	100.24	172.34	137.88	121.12
南　京	13.30	31.94	41.06	28.98	352.38
无　锡	19.75	33.75	34.83	73.14	46.09
苏　州	27.83	31.72	62.00	52.04	64.98
杭　州	18.06	22.67	62.19	112.49	86.76
宁　波	20.19	35.19	46.45	34.13	40.83
温　州	6.42	8.38	18.55	17.39	17.44
合　肥	11.00	20.20	22.66	22.53	14.53
福　州	4.98	26.77	13.55	24.25	33.51
厦　门	7.21	9.85	28.06	17.83	61.03
南　昌	4.15	20.31	19.12	24.53	46.47
济　南	4.18	16.90	6.82	16.05	14.35
青　岛	24.50	39.76	38.03	50.97	50.70
郑　州	18.96	13.47	23.08	21.49	31.50
武　汉	118.44	73.95	72.48	92.11	27.57
长　沙	34.35	28.13	38.90	66.52	46.87
广　州	65.78	38.81	29.66	60.20	53.70
深　圳	20.44	14.16	14.12	33.37	43.97
南　宁	6.95	6.99	4.52	7.09	16.68
北　海	1.20	1.68	1.21	3.55	1.11
海　口	2.71	5.50	4.63	10.06	5.89
三　亚	0.78	0.70	0.10	0.40	1.34
重　庆	70.34	133.52	186.24	161.68	166.39
成　都	47.98	50.37	67.03	108.15	130.34
贵　阳	3.94	9.08	18.38	26.15	27.21
昆　明	25.67	75.34	58.01	50.84	42.79
西　安	13.70	32.19	21.52	36.82	45.04
兰　州	1.62	10.81	14.80	9.21	6.94
西　宁	5.81	3.51	3.84	11.82	1.72
银　川	15.13	17.28	20.35	16.71	20.74
乌鲁木齐	8.93	4.76	9.47	10.48	13.80

数据来源：国家统计局。

表 5－97　2018 年四十重点城市商业营业用房现房销售金额（月度累计）

单位：亿元

类　别	1—3 月	1—4 月	1—5 月	1—6 月	1—7 月	1—8 月	1—9 月	1—10 月	1—11 月	1—12 月
合　计	**284.53**	**384.00**	**502.69**	**707.76**	**802.33**	**905.25**	**1030.17**	**1147.76**	**1260.33**	**1860.80**
北　京	6.55	11.80	15.52	17.48	20.08	22.69	26.99	32.87	39.13	48.05
天　津	11.46	11.82	12.74	23.21	25.19	27.95	30.37	31.65	33.56	40.61
石家庄	1.33	1.49	1.62	1.79	2.00	2.36	2.36	2.83	3.21	20.81
太　原	0.48	0.52	0.80	1.57	1.58	1.64	1.77	1.84	2.25	2.22
呼和浩特	1.61	2.28	2.51	2.76	4.48	6.34	6.70	8.20	8.58	9.92
沈　阳	1.52	2.13	4.97	6.01	6.32	6.71	7.41	9.51	11.57	14.15
大　连	1.91	9.69	15.51	23.28	26.43	26.87	31.08	32.46	34.05	35.47
长　春	1.86	3.16	5.27	7.08	8.40	9.76	10.50	11.40	14.20	16.84
哈尔滨	3.63	4.98	7.22	12.96	17.05	20.54	29.23	31.07	34.38	38.93
上　海	27.94	35.94	47.08	56.61	61.32	66.93	73.95	93.37	109.29	121.12
南　京	3.67	5.34	6.14	11.02	9.49	10.23	10.70	12.30	13.86	352.38
无　锡	7.12	9.69	11.72	16.84	19.69	22.70	25.21	29.35	33.34	46.09
苏　州	9.71	12.41	21.21	33.63	41.78	47.62	53.94	58.38	62.24	64.98
杭　州	15.72	22.54	28.08	37.07	44.23	49.63	55.12	58.00	59.06	86.76
宁　波	10.94	14.32	17.62	19.87	23.69	25.44	25.58	28.59	33.06	40.83
温　州	2.18	3.84	4.14	7.40	7.87	8.35	9.72	9.83	10.40	17.44
合　肥	3.15	5.41	5.67	6.29	7.23	7.89	8.63	8.94	9.52	14.53
福　州	8.43	9.21	10.65	18.23	19.01	19.94	22.32	25.18	27.68	33.51
厦　门	1.83	3.53	6.78	21.58	26.09	33.13	42.82	48.42	56.69	61.03
南　昌	1.74	3.83	16.30	19.63	24.05	24.56	27.75	31.12	34.03	46.47
济　南	8.21	9.58	10.21	11.29	11.92	12.00	12.21	12.53	12.84	14.35
青　岛	22.06	23.93	25.88	27.34	30.62	34.24	40.57	43.52	46.16	50.70
郑　州	2.22	5.47	8.31	10.81	12.27	14.31	14.91	19.09	21.16	31.50
武　汉	3.53	4.20	6.27	21.32	22.61	23.44	24.30	25.37	26.42	27.57
长　沙	10.78	14.62	18.17	21.54	24.51	27.66	30.26	33.90	38.47	46.87
广　州	18.68	22.03	23.14	25.19	27.62	34.53	39.30	42.81	45.83	53.70
深　圳	1.09	3.35	5.79	12.01	16.59	19.64	30.17	33.16	35.95	43.97
南　宁	0.92	3.53	6.31	7.23	8.54	9.19	9.51	10.14	11.91	16.68
北　海	0.04	0.06	0.18	0.37	0.40	0.44	0.46	0.52	0.64	1.11
海　口	1.03	2.04	2.39	3.76	4.03	4.07	4.28	4.70	5.07	5.89
三　亚	—	—	—	0.36	0.36	0.48	1.16	1.16	1.34	1.34
重　庆	33.99	41.41	55.93	76.06	86.05	92.16	109.55	118.33	125.97	166.39
成　都	27.30	35.95	44.49	60.16	66.70	91.05	96.03	111.45	119.46	130.34
贵　阳	9.04	10.51	11.66	13.99	15.08	15.27	16.73	19.29	21.48	27.21
昆　明	6.68	11.21	12.11	24.80	25.44	26.22	32.42	35.71	41.40	42.79
西　安	11.13	14.02	17.28	27.79	29.92	33.01	37.10	38.77	40.63	45.04
兰　州	1.20	1.44	1.68	3.63	4.44	4.80	5.17	6.11	6.52	6.94
西　宁	0.08	0.34	1.22	2.42	2.99	3.51	4.15	1.34	1.63	1.72
银　川	2.99	5.48	8.10	9.82	11.63	13.01	14.52	16.35	17.93	20.74
乌鲁木齐	0.75	0.92	1.97	3.54	4.63	4.93	5.21	8.22	9.43	13.80

数据来源：国家统计局。

表 5－98　2014—2018 年四十重点城市商业营业用房期房销售金额

单位：亿元

类　别	2014 年	2015 年	2016 年	2017 年	2018 年
合　计	**3036. 68**	**2818. 27**	**3598. 87**	**4441. 58**	**4600. 78**
北　京	127. 36	140. 66	259. 09	206. 25	71. 34
天　津	58. 86	38. 98	77. 54	72. 77	58. 20
石家庄	33. 13	64. 93	43. 95	101. 56	33. 65
太　原	13. 53	9. 16	22. 51	26. 06	47. 24
呼和浩特	6. 71	9. 34	18. 67	17. 14	17. 60
沈　阳	56. 62	66. 06	32. 35	57. 66	114. 13
大　连	43. 80	12. 03	17. 45	30. 11	27. 25
长　春	36. 39	44. 76	83. 05	71. 69	87. 94
哈尔滨	56. 41	28. 74	40. 16	66. 11	71. 67
上　海	145. 34	127. 65	298. 15	70. 34	148. 25
南　京	57. 89	64. 96	103. 20	172. 68	254. 73
无　锡	55. 13	42. 63	48. 55	41. 18	36. 20
苏　州	87. 74	97. 74	114. 27	108. 13	58. 07
杭　州	78. 12	65. 12	168. 12	231. 70	303. 72
宁　波	45. 44	50. 42	41. 48	74. 95	92. 91
温　州	46. 51	45. 96	53. 37	99. 80	73. 70
合　肥	160. 18	160. 70	211. 98	125. 90	107. 48
福　州	97. 20	93. 70	83. 13	140. 11	155. 94
厦　门	59. 03	58. 67	63. 28	74. 85	69. 97
南　昌	38. 83	27. 84	109. 44	172. 31	145. 27
济　南	48. 10	29. 28	37. 24	102. 86	100. 71
青　岛	60. 18	75. 95	75. 84	143. 47	127. 43
郑　州	131. 65	74. 46	107. 56	171. 98	163. 99
武　汉	115. 38	72. 58	120. 77	193. 65	256. 71
长　沙	108. 14	95. 74	92. 49	177. 81	191. 50
广　州	206. 66	144. 56	177. 64	153. 53	133. 05
深　圳	43. 22	50. 95	69. 12	100. 00	85. 24
南　宁	45. 02	47. 64	62. 56	65. 87	97. 73
北　海	3. 10	2. 20	2. 47	3. 95	7. 93
海　口	27. 73	22. 45	18. 53	40. 28	38. 64
三　亚	0. 66	0. 04	11. 55	26. 41	47. 56
重　庆	303. 41	349. 96	366. 52	467. 98	369. 63
成　都	254. 72	251. 28	233. 68	375. 38	407. 97
贵　阳	79. 44	130. 33	66. 44	108. 65	109. 13
昆　明	81. 16	50. 19	77. 93	87. 32	143. 12
西　安	89. 23	58. 44	56. 84	134. 74	166. 99
兰　州	37. 58	27. 17	42. 66	38. 38	58. 37
西　宁	34. 83	31. 74	40. 23	41. 58	45. 92
银　川	33. 81	26. 01	18. 58	15. 05	20. 27
乌鲁木齐	28. 44	27. 23	30. 48	31. 49	53. 64

数据来源：国家统计局。

表 5－99　2018 年四十重点城市商业营业用房销售金额（月度累计）

单位：亿元

类　别	1—3 月	1—4 月	1—5 月	1—6 月	1—7 月	1—8 月	1—9 月	1—10 月	1—11 月	1—12 月
合　计	772. 51	1103. 08	1482. 48	2058. 59	2418. 59	2773. 12	3195. 95	3546. 30	3988. 11	4600. 78
北　京	13. 72	15. 64	27. 50	31. 06	37. 93	52. 73	62. 21	63. 14	64. 18	71. 34
天　津	6. 31	10. 20	14. 20	22. 59	26. 57	30. 17	33. 76	39. 98	42. 34	58. 20
石家庄	0. 12	0. 12	0. 24	2. 68	10. 41	12. 70	14. 30	18. 56	22. 15	33. 65
太　原	9. 77	12. 03	15. 06	20. 49	24. 91	30. 53	33. 34	36. 30	45. 26	47. 24
呼和浩特	0. 46	0. 67	1. 23	1. 61	3. 41	4. 08	12. 73	14. 60	16. 43	17. 60
沈　阳	6. 23	13. 12	18. 45	27. 84	80. 10	86. 70	95. 72	102. 61	108. 40	114. 13
大　连	6. 50	9. 88	14. 44	15. 97	17. 99	19. 47	21. 12	23. 91	25. 18	27. 25
长　春	5. 41	11. 43	17. 52	27. 77	34. 45	39. 24	49. 12	58. 15	78. 37	87. 94
哈尔滨	4. 55	10. 10	14. 06	30. 03	34. 55	39. 63	44. 66	58. 85	68. 09	71. 67
上　海	10. 45	13. 38	18. 51	31. 02	39. 57	45. 49	53. 51	59. 98	125. 75	148. 25
南　京	31. 78	48. 80	84. 45	95. 49	103. 10	139. 28	168. 94	193. 77	219. 81	254. 73
无　锡	4. 80	7. 09	8. 68	13. 64	17. 48	20. 32	22. 08	23. 93	25. 42	36. 20
苏　州	9. 63	12. 87	19. 63	26. 60	31. 88	36. 44	43. 18	47. 09	53. 67	58. 07
杭　州	51. 43	79. 79	109. 11	150. 42	190. 98	220. 03	232. 85	245. 13	261. 47	303. 72
宁　波	17. 13	23. 44	30. 13	46. 50	52. 32	57. 19	62. 70	67. 56	76. 43	92. 91
温　州	12. 29	17. 00	22. 54	33. 10	37. 21	44. 72	56. 64	60. 82	62. 97	73. 70
合　肥	17. 89	27. 59	38. 64	49. 50	58. 94	67. 08	77. 63	82. 39	88. 06	107. 48
福　州	26. 32	35. 34	45. 48	78. 73	84. 10	94. 26	103. 52	112. 38	126. 62	155. 94
厦　门	5. 84	13. 88	14. 69	30. 84	35. 30	48. 86	56. 99	63. 62	67. 52	69. 97
南　昌	19. 13	30. 96	50. 17	72. 18	79. 33	84. 85	102. 91	108. 25	119. 49	145. 27
济　南	14. 59	21. 20	24. 99	37. 06	48. 55	56. 50	74. 43	84. 38	93. 99	100. 71
青　岛	16. 69	26. 44	36. 72	52. 38	60. 83	73. 32	93. 54	97. 70	107. 39	127. 43
郑　州	22. 58	32. 01	56. 53	74. 82	84. 87	95. 48	111. 25	125. 86	139. 66	163. 99
武　汉	50. 21	72. 06	80. 07	145. 26	157. 44	170. 83	186. 27	211. 24	220. 96	256. 71
长　沙	38. 88	51. 43	71. 39	90. 42	107. 54	116. 92	124. 92	142. 23	166. 41	191. 50
广　州	14. 27	18. 37	22. 02	32. 06	36. 70	40. 62	53. 13	61. 40	72. 85	133. 05
深　圳	12. 56	20. 11	22. 42	37. 44	42. 25	55. 74	58. 78	71. 94	76. 60	85. 24
南　宁	17. 98	24. 39	30. 34	40. 53	47. 02	53. 18	64. 61	75. 41	88. 20	97. 73
北　海	1. 49	2. 21	2. 41	2. 68	3. 43	4. 23	5. 99	6. 15	6. 40	7. 93
海　口	8. 25	13. 82	17. 80	19. 08	21. 00	28. 92	30. 08	31. 02	34. 51	38. 64
三　亚	23. 43	28. 06	29. 02	32. 88	34. 73	39. 16	45. 65	46. 07	46. 99	47. 56
重　庆	96. 41	130. 55	163. 63	211. 07	228. 70	255. 42	290. 46	310. 73	341. 67	369. 63
成　都	109. 81	141. 78	186. 78	225. 32	249. 74	260. 72	293. 27	330. 36	365. 81	407. 97
贵　阳	15. 20	24. 72	40. 98	54. 20	61. 64	68. 06	78. 96	85. 11	94. 08	109. 13
昆　明	19. 71	27. 79	36. 43	59. 74	64. 84	73. 34	99. 17	109. 34	126. 59	143. 12
西　安	29. 95	44. 56	57. 72	79. 35	94. 48	105. 49	123. 20	137. 56	146. 52	166. 99
兰　州	10. 55	13. 07	15. 66	23. 17	25. 84	43. 04	45. 52	48. 24	54. 02	58. 37
西　宁	1. 57	4. 19	4. 83	10. 48	16. 10	20. 81	24. 35	32. 63	39. 32	45. 92
银　川	3. 17	4. 70	5. 66	7. 04	10. 87	12. 01	13. 59	14. 80	17. 75	20. 27
乌鲁木齐	5. 43	8. 29	12. 34	15. 51	21. 50	25. 61	30. 86	43. 13	50. 80	53. 64

数据来源：国家统计局。

（七）四十重点城市商品房销售均价

表 5－100　2014—2018 年四十重点城市商品房销售均价

单位：元/平方米

类　别	2014 年	2015 年	2016 年	2017 年	2018 年
合　计	**8883**	**9767**	**10863**	**11428**	**12715**
北　京	18833	22633	27497	32140	34143
天　津	9219	10107	12830	15331	16055
石家庄	5737	8601	8281	10170	10452
太　原	7651	7508	7667	9017	11059
呼和浩特	5474	5193	6425	6510	8345
沈　阳	6217	6861	7128	8062	8892
大　连	9216	8929	9354	10315	11546
长　春	6261	6634	6557	7017	8245
哈尔滨	6182	6419	6680	8339	9208
上　海	16787	20949	24747	23804	26890
南　京	11198	11489	17754	15653	22380
无　锡	7653	7870	8690	10678	11520
苏　州	9674	10311	13322	14941	15635
杭　州	13896	14422	15753	20354	23917
宁　波	10745	10708	11228	13324	15142
温　州	14054	12586	13075	12304	13390
合　肥	7157	7695	9369	10751	12147
福　州	10719	11653	11089	11057	13530
厦　门	15378	16122	20021	22599	20907
南　昌	6589	7126	8218	8527	8561
济　南	7369	7686	8247	9644	11930
青　岛	8344	8902	9230	10518	12624
郑　州	7571	7537	8163	8631	8443
武　汉	7951	8556	10048	11744	13108
长　沙	6116	5856	6410	7691	8206
广　州	15719	14612	16384	17633	20014
深　圳	24723	33942	45146	47936	54132
南　宁	6627	6646	6887	7776	7782
北　海	4536	4680	4768	5654	6716
海　口	7903	7948	9043	11988	13233
三　亚	19513	18166	18493	25794	24567
重　庆	5519	5486	5485	6792	8067
成　都	7032	6875	7504	8733	9867
贵　阳	5608	6029	5957	7269	9361
昆　明	6384	7393	7030	8010	10472
西　安	6465	6501	6602	8513	10171
兰　州	6460	6495	6601	7634	7924
西　宁	5753	5758	5910	6642	7314
银　川	4451	4947	4790	5177	5875
乌鲁木齐	6429	6669	6314	6668	8358

数据来源：根据国家统计局数据整理。

表 5－101　2018 年四十重点城市商品房销售均价（月度累计）

单位：元/平方米

类　别	1—3 月	1—4 月	1—5 月	1—6 月	1—7 月	1—8 月	1—9 月	1—10 月	1—11 月	1—12 月
合　计	**12292**	**12347**	**12406**	**12374**	**12455**	**12549**	**12566**	**12560**	**12577**	**12715**
北　京	36228	38791	34750	34522	32523	33096	34103	34390	34395	34143
天　津	16932	16486	16359	16188	16170	16023	15953	16032	15886	16055
石家庄	11578	10775	9886	11005	10722	10578	10697	10512	10413	10452
太　原	10488	10508	10513	10671	10790	10872	10915	10915	11102	11059
呼和浩特	8582	8385	7101	7117	7295	7382	8181	8264	8400	8345
沈　阳	8588	8453	8468	8483	8879	8951	8924	8914	8926	8892
大　连	12317	11934	11897	11755	11825	11970	11938	11927	11694	11546
长　春	7481	7702	7861	7952	8083	8057	8202	8271	8370	8245
哈尔滨	9876	9522	9375	9378	9196	9195	9241	9311	9292	9208
上　海	19907	21621	23305	23322	23096	24397	24902	25585	26627	26890
南　京	19955	17506	16851	17559	18249	18362	18953	18946	19037	22380
无　锡	10844	11451	11538	11721	11574	11618	11681	11747	11706	11520
苏　州	15443	15672	15609	14936	15043	15112	15052	15273	15280	15635
杭　州	23478	23384	23351	23212	23297	23302	23092	23350	23682	23917
宁　波	15240	15235	15605	15627	15589	15498	15493	15206	15132	15142
温　州	13998	14181	14631	13676	13927	14058	14037	14014	13771	13390
合　肥	11594	11393	11835	12035	12160	12220	12318	12446	12620	12147
福　州	12856	12955	12758	13276	13475	13472	13282	13326	13373	13530
厦　门	19010	20643	21677	21601	21335	20692	20847	20703	21100	20907
南　昌	9089	9015	9024	8690	8647	8741	8700	8624	8531	8561
济　南	11952	11988	11980	12026	11961	12091	12139	12062	12036	11930
青　岛	12048	11940	12205	12390	12336	12307	12275	12098	12260	12624
郑　州	8473	8550	8787	8735	8661	8640	8544	8399	8494	8443
武　汉	12661	12519	12360	12722	12720	12862	12821	12867	13031	13108
长　沙	7812	7750	7856	7877	8056	8212	8201	8166	8169	8206
广　州	21170	20803	20623	19412	19767	20073	19989	20020	20274	20014
深　圳	53627	54446	54051	53143	53678	53223	52923	53267	53547	54132
南　宁	7704	7962	7903	7801	7750	7851	7676	8261	7689	7782
北　海	6644	6942	6968	6763	6766	6749	6789	6754	6644	6716
海　口	12682	12639	12579	12320	12400	12492	12763	12759	13236	13233
三　亚	28406	28524	26985	26597	26372	25828	25700	25591	25008	24567
重　庆	7203	7475	7722	7921	7946	7972	8008	7999	8037	8067
成　都	9285	9393	9590	9818	9813	9843	9752	9741	9776	9867
贵　阳	8339	8542	9061	9082	9067	9189	9324	9309	9325	9361
昆　明	9558	9716	9902	10223	10253	10354	10519	10535	10500	10472
西　安	9826	9825	10097	9907	9931	10096	10192	10155	10136	10171
兰　州	8506	8321	8336	8116	7879	8066	7978	7870	7918	7924
西　宁	6342	6938	7138	7326	7384	7447	7450	7452	7513	7314
银　川	5720	5741	5635	5672	5813	5831	5883	5865	5851	5875
乌鲁木齐	7294	7365	7354	7186	7463	7629	7775	8017	8227	8358

数据来源：根据国家统计局数据整理。

表 5－102　2014—2018 年四十重点城市住宅销售均价

单位：元/平方米

类　别	2014 年	2015 年	2016 年	2017 年	2018 年
合　计	**8428**	**9464**	**10635**	**11243**	**12674**
北　京	18499	22300	28489	34118	37420
天　津	8760	9870	12870	15139	15924
石家庄	5562	7798	7354	9738	10399
太　原	7155	7303	7348	8827	10840
呼和浩特	5153	4946	5196	5661	8251
沈　阳	5865	6416	6838	7944	8680
大　连	8921	8711	9119	10019	11432
长　春	5847	6374	6018	6811	8092
哈尔滨	5751	6124	6338	7861	8932
上　海	16415	21501	25910	24866	28981
南　京	10964	11260	17884	15259	19708
无　锡	7304	7578	8571	10580	11687
苏　州	9639	10335	13596	15415	16212
杭　州	14035	14748	16211	21225	24360
宁　波	10890	11022	11738	14145	16202
温　州	13859	12633	14152	13981	14394
合　肥	6917	7512	9312	11442	13069
福　州	10105	11333	11058	10547	14381
厦　门	17778	18928	25251	28052	33716
南　昌	6225	6955	7707	8106	8276
济　南	7158	7527	8405	9712	12162
青　岛	7855	8437	8997	10052	12373
郑　州	6579	7223	8093	8323	8156
武　汉	7399	8404	9819	11453	12679
长　沙	5458	5544	6160	7287	7796
广　州	14739	14083	16346	17685	21582
深　圳	24040	33661	45498	48622	55441
南　宁	6103	6229	6767	7700	7697
北　海	4435	4566	4709	5515	6649
海　口	7473	7636	8868	11694	12645
三　亚	19576	17997	18125	23410	23247
重　庆	5094	5012	5162	6605	8190
成　都	6536	6584	7377	8595	9783
贵　阳	4904	4967	5392	6552	8843
昆　明	6067	7178	6851	8197	11085
西　安	6105	6221	6385	8166	9985
兰　州	5860	6089	6162	7137	7232
西　宁	4807	4602	5007	5890	6733
银　川	4111	4498	4448	4892	5590
乌鲁木齐	5758	6142	5829	6188	7757

数据来源：根据国家统计局数据整理。

表 5－103　2018 年四十重点城市住宅销售均价（月度累计）

单位：元/平方米

类　别	1—3 月	1—4 月	1—5 月	1—6 月	1—7 月	1—8 月	1—9 月	1—10 月	1—11 月	1—12 月
合　计	**12207**	**12246**	**12312**	**12301**	**12401**	**12513**	**12541**	**12531**	**12577**	**12674**
北　京	42237	44675	39794	38983	35635	35999	37119	37607	37773	37420
天　津	16208	15889	15927	15954	16014	15886	15832	15940	15833	15924
石家庄	11868	10940	10019	11092	10658	10500	10644	10470	10363	10399
太　原	10194	10272	10416	10519	10635	10700	10755	10763	10874	10840
呼和浩特	8787	8687	7057	7047	7028	7081	8045	8117	8301	8251
沈　阳	8589	8440	8435	8450	8553	8668	8653	8667	8711	8680
大　连	12240	11823	11750	11553	11663	11838	11807	11803	11565	11432
长　春	7483	7523	7682	7786	7924	7955	8101	8177	8171	8092
哈尔滨	9564	9205	9081	9138	8943	8943	9019	9026	8995	8932
上　海	20529	22667	24635	24266	23998	25645	26120	27057	28199	28981
南　京	19997	17585	16508	17517	18328	18447	19070	19059	19089	19708
无　锡	10909	11563	11642	11868	11719	11766	11817	11898	11867	11687
苏　州	15947	16278	16279	15598	15637	15702	15637	15871	15884	16212
杭　州	24517	24102	23927	23921	23910	23813	23551	23842	24174	24360
宁　波	16622	16565	16848	16749	16749	16644	16539	16296	16145	16202
温　州	15230	15145	15278	15084	15403	15429	15508	15433	15005	14394
合　肥	12209	12231	12915	13064	13218	13286	13355	13382	13566	13069
福　州	12735	12971	12831	13716	14056	14030	13873	13950	14120	14381
厦　门	32214	32389	32283	32926	33047	33138	33284	33066	33551	33716
南　昌	8821	8644	8347	8179	8168	8333	8323	8284	8225	8276
济　南	12559	12517	12835	12839	12661	12577	12529	12359	12286	12162
青　岛	11674	11654	11862	12073	12063	11952	11928	11762	11970	12373
郑　州	8096	8164	8427	8422	8355	8310	8230	8103	8224	8156
武　汉	12124	11954	11929	12171	12195	12479	12448	12481	12691	12679
长　沙	7273	7192	7225	7283	7443	7680	7691	7728	7779	7796
广　州	21596	21155	20947	20085	20543	20826	20963	21083	21518	21582
深　圳	56193	56855	55650	54443	54586	54440	54230	54198	54274	55441
南　宁	7469	7730	7734	7618	7572	7678	7544	7547	7574	7697
北　海	6540	6863	6925	6722	6724	6697	6713	6679	6584	6649
海　口	12717	12427	12425	11943	11967	11903	12222	12224	12368	12645
三　亚	26932	27170	25444	25090	24874	24387	24153	24080	23617	23247
重　庆	7189	7471	7729	7954	7991	8039	8065	8064	8122	8190
成　都	8686	8977	9124	9471	9522	9562	9506	9509	9650	9783
贵　阳	7594	7848	8344	8516	8500	8638	8754	8744	8805	8843
昆　明	9916	9955	10229	10625	10684	10821	10986	11040	11001	11085
西　安	9177	9347	9787	9624	9670	9850	9944	9909	9915	9985
兰　州	7430	7355	7516	7468	7225	7250	7181	7149	7200	7232
西　宁	6070	6413	6813	6915	6917	6907	6936	6930	6906	6733
银　川	5191	5293	5221	5303	5451	5488	5558	5568	5564	5590
乌鲁木齐	6918	6959	6919	6679	6918	7081	7197	7441	7621	7757

数据来源：根据国家统计局数据整理。

表 5－104　2014—2018 年四十重点城市办公楼销售均价

单位：元/平方米

类　别	2014 年	2015 年	2016 年	2017 年	2018 年
合　计	**14078**	**15262**	**16686**	**15642**	**16355**
北　京	26266	28917	30491	34540	31302
天　津	12650	15514	14396	18327	17998
石家庄	6582	10301	12759	12700	9829
太　原	14866	11285	9550	10145	11193
呼和浩特	10441	9042	7272	7834	9134
沈　阳	14190	11286	27310	10081	9261
大　连	8713	12770	16254	16086	15558
长　春	7441	7573	7740	7913	7870
哈尔滨	8352	8137	9106	12022	11762
上　海	24978	24754	29477	31754	32964
南　京	15156	16468	16359	19681	19738
无　锡	9199	10481	7547	8537	8686
苏　州	9144	9291	9895	12054	11482
杭　州	15206	14268	14243	17977	20806
宁　波	8906	8904	9025	8594	12444
温　州	12869	10904	8702	12395	13950
合　肥	8175	8840	9054	9244	10625
福　州	15296	13735	15298	18980	16685
厦　门	10635	15498	14094	24444	18921
南　昌	9603	7018	8494	9269	9265
济　南	8959	9296	9627	9867	13999
青　岛	15295	14511	12572	14299	14645
郑　州	10554	9726	10268	12354	12071
武　汉	11374	10429	12630	15506	18146
长　沙	11300	9489	9689	10272	12832
广　州	20798	17199	17391	19528	18271
深　圳	32055	38862	45313	47362	51851
南　宁	12960	12818	11281	10571	11660
北　海	6000	7407	5967	6851	7143
海　口	25924	12723	13908	17709	19677
三　亚	27637	16338	14357	21414	27032
重　庆	11147	10188	9239	9624	10912
成　都	7894	7703	8721	9983	11284
贵　阳	7678	7779	8179	7198	9653
昆　明	13017	12031	8186	8264	10810
西　安	9347	9749	8586	10764	11843
兰　州	9333	14225	10358	14834	15484
西　宁	8323	9730	6853	8091	8425
银　川	7547	7900	8013	8222	8432
乌鲁木齐	10835	10139	8919	8994	9153

数据来源：根据国家统计局数据整理。

表 5－105　2018 年四十重点城市办公楼销售均价（月度累计）

单位：元/平方米

类　别	1—3 月	1—4 月	1—5 月	1—6 月	1—7 月	1—8 月	1—9 月	1—10 月	1—11 月	1—12 月
合　计	**16436**	**16697**	**16761**	**16513**	**16354**	**16245**	**16274**	**16188**	**16148**	**16355**
北　京	35382	37202	35646	39366	37766	36669	36990	36173	33309	31302
天　津	22707	22019	21510	20389	19667	19531	19183	19038	18371	17998
石家庄	11667	15431	9300	9991	10387	10522	10301	10200	10141	9829
太　原	10707	10783	10507	11089	11779	11596	11314	11246	11214	11193
呼和浩特	6805	6499	6284	7438	8524	7969	9354	9443	9467	9134
沈　阳	9770	9880	9282	9153	8957	8914	8996	9055	9089	9261
大　连	21792	20234	20687	19436	19412	19412	19412	17487	16951	15558
长　春	7068	11364	10336	7950	8209	8126	8036	8164	7957	7870
哈尔滨	18400	16901	15341	15724	15366	15467	13220	12980	12032	11762
上　海	40519	38178	37301	37752	34043	33561	33828	31896	33225	32964
南　京	20379	20381	21158	20591	20703	19054	19470	19343	19661	19738
无　锡	8690	8349	8307	8102	7919	8251	9023	9063	8971	8686
苏　州	10475	10418	10297	10770	11504	11497	11324	11535	11660	11482
杭　州	20924	22934	22304	20547	20304	20319	20583	20894	21051	20806
宁　波	8793	9962	9937	11760	11569	11580	11950	11953	12518	12444
温　州	7889	9979	10000	10596	11679	12708	13362	14069	14064	13950
合　肥	9061	9489	9200	9275	9381	9457	10033	10702	10747	10625
福　州	21065	19851	19237	17134	17172	17473	17987	17784	16432	16685
厦　门	19961	20353	20239	20780	19771	19847	19414	18942	18715	18921
南　昌	9865	10176	10297	10391	10256	10170	9986	9652	9472	9265
济　南	13724	12442	12451	12212	12312	12808	13870	14087	14139	13999
青　岛	12462	12365	14721	13252	13612	14328	14125	14077	14051	14645
郑　州	14829	13310	12974	12811	12597	12820	12581	12264	12120	12071
武　汉	16590	17942	17809	18473	18373	17605	17046	17035	17081	18146
长　沙	9969	10179	10577	10784	11834	12019	12274	12389	12614	12832
广　州	22527	21548	22144	20671	20840	20956	20110	19730	19485	18271
深　圳	49474	51081	53191	53239	53473	50352	50329	51814	53941	51851
南　宁	10939	11435	11549	11231	11524	11551	11325	11307	11399	11660
北　海	6667	7778	7500	7692	7143	7143	7143	7143	7143	7143
海　口	18471	18786	18757	19761	17707	18038	18099	18215	18777	19677
三　亚	30022	29791	29792	29792	28650	28452	28462	28295	27512	27032
重　庆	9142	10069	11030	11446	11160	11152	11329	10925	10846	10912
成　都	11860	11365	11374	11465	11631	11549	11475	11384	11336	11284
贵　阳	10084	10309	10232	10032	9878	9850	9864	9780	9800	9653
昆　明	9868	10334	10400	9898	9960	10194	10479	10873	11156	10810
西　安	12900	12488	12327	11960	11796	12062	12029	12061	12056	11843
兰　州	22783	22030	19816	17061	15650	15585	15650	15649	15518	15484
西　宁	—	10909	10909	7025	7299	7557	8000	7914	8517	8425
银　川	9191	8943	8852	9035	8854	8715	8463	8438	8463	8432
乌鲁木齐	9732	9605	7971	8394	8667	8618	8658	8823	9191	9153

数据来源：根据国家统计局数据整理。

表 5－106　2014—2018 年四十重点城市商业营业用房销售均价

单位：元/平方米

类　别	2014 年	2015 年	2016 年	2017 年	2018 年
合　计	**13199**	**12739**	**13266**	**14156**	**15646**
北　京	25414	27312	29929	36369	34092
天　津	15440	13118	14434	17291	18514
石家庄	7067	10928	12423	11514	11821
太　原	17828	12752	14823	14670	18559
呼和浩特	8139	7002	12269	12406	9275
沈　阳	9444	11291	9885	11132	13026
大　连	13805	12176	13345	13713	14569
长　春	10673	10461	9958	9095	11206
哈尔滨	10398	10351	8788	12543	11436
上　海	22014	20043	22854	26249	26474
南　京	16813	15027	17920	18917	45889
无　锡	10750	9770	11228	12831	11316
苏　州	11509	11262	12072	13820	11364
杭　州	17242	15192	18002	20856	24578
宁　波	12982	10731	10247	14307	14104
温　州	18822	14153	12337	12612	13705
合　肥	9125	9172	12405	10755	9312
福　州	17865	16984	13255	14641	15021
厦　门	21841	23808	24912	26488	25397
南　昌	11256	10006	14038	12024	11738
济　南	13139	10848	10911	14707	14075
青　岛	11714	12258	13762	14932	14859
郑　州	11885	10998	8531	10890	10693
武　汉	14410	14193	14660	15185	18678
长　沙	11783	10492	11175	11380	11924
广　州	20445	18944	17323	22960	18311
深　圳	26992	32822	35437	48993	53547
南　宁	19603	18535	12767	15507	12492
北　海	8373	9257	7113	8803	10056
海　口	10137	11239	14076	16853	21627
三　亚	21483	17909	28472	58178	43093
重　庆	10725	10441	8884	9926	10429
成　都	14400	12959	12801	14115	16381
贵　阳	11936	14061	10912	15365	15530
昆　明	9126	9725	10916	9859	12997
西　安	12459	10446	10814	13294	13280
兰　州	15189	11020	9142	11187	14789
西　宁	13798	16321	14173	11070	11241
银　川	8162	8450	8038	8830	9484
乌鲁木齐	14802	14746	13557	13144	16092

数据来源：根据国家统计局数据整理。

表 5－107　2018 年四十重点城市商业营业用房销售均价（月度累计）

单位：元/平方米

类　别	1—3 月	1—4 月	1—5 月	1—6 月	1—7 月	1—8 月	1—9 月	1—10 月	1—11 月	1—12 月
合　计	**14720**	**14678**	**14644**	**14819**	**14877**	**14981**	**14846**	**14787**	**14863**	**15646**
北　京	33993	34343	31001	31016	31328	32208	33852	35075	35044	34092
天　津	18207	19838	19593	17646	17647	17260	17232	17213	16608	18514
石家庄	9669	10190	10568	10592	13758	13375	13325	12313	12431	11821
太　原	18238	18032	17486	16891	17119	17417	17338	17431	18819	18559
呼和浩特	7305	7230	7560	7600	10077	10676	9341	9512	9357	9275
沈　阳	11330	11501	11676	11212	13684	13528	13106	12991	12950	13026
大　连	15808	14147	14378	14414	14831	14838	14893	14846	14906	14569
长　春	8483	10125	10497	11042	11130	10426	10517	10270	11777	11206
哈尔滨	14419	13333	13392	11262	11298	11706	11401	11874	11818	11436
上　海	14250	16353	18867	20417	20962	21732	22615	23738	27041	26474
南　京	20767	18576	18173	18318	18273	18858	19217	19392	19817	45889
无　锡	11017	11376	11454	11112	11253	11309	11177	11054	10946	11316
苏　州	13736	13194	11635	10568	11183	11337	11259	11237	11191	11364
杭　州	21416	22280	22577	23427	23884	24428	23857	23678	23949	24578
宁　波	13476	13126	13064	12875	13146	12988	13337	13246	13703	14104
温　州	13131	13810	14651	14749	14436	14017	13844	13764	13650	13705
合　肥	12141	9943	8957	9488	9390	9446	9172	9385	9340	9312
福　州	15911	16241	16296	16050	15954	15844	15251	15042	14970	15021
厦　门	31220	30401	29304	29689	27989	25550	25090	25189	25552	25397
南　昌	11994	12320	14586	12212	12271	12234	12167	12138	11981	11738
济　南	12547	12927	12630	13174	13516	13648	13976	14353	14359	14075
青　岛	15519	15411	15239	15647	15367	15606	15862	15579	15485	14859
郑　州	9822	10227	10221	10574	10657	10705	10697	10519	10557	10693
武　汉	19217	20483	17891	19160	18969	17770	17958	18065	18029	18678
长　沙	12362	11959	12306	12593	12495	12416	12365	11995	11863	11924
广　州	23536	22928	22682	21001	20319	20550	18568	18636	17998	18311
深　圳	49636	51560	53327	56839	56741	55223	56155	59886	57423	53547
南　宁	13915	13891	13999	13752	13685	13756	12280	12102	12463	12492
北　海	11324	10415	10528	10000	9623	10000	10386	10455	9387	10056
海　口	18747	20281	19083	18615	19239	21661	21844	21735	21700	21627
三　亚	51269	48631	49186	46245	46912	41464	43103	43211	43238	43093
重　庆	9573	9667	9921	10359	10327	10416	10503	10473	10486	10429
成　都	17285	16603	17199	17555	17604	17459	17007	16710	16416	16381
贵　阳	20017	16978	16445	15288	15356	15343	15582	15692	15619	15530
昆　明	12537	13830	13639	15268	15032	14605	14460	14023	13421	12997
西　安	14735	13645	13475	13379	13311	13293	13473	13344	13241	13280
兰　州	13775	14133	13961	13735	13400	14890	14783	14306	14691	14789
西　宁	11458	14708	13781	12440	12159	12190	11714	11614	11737	11241
银　川	9968	9417	9266	9011	9636	9627	9720	9626	9597	9484
乌鲁木齐	14230	14323	15223	15513	15101	15458	16020	15019	15734	16092

数据来源：根据国家统计局数据整理。

（八）三十五重点城市商品房待售数据

表 5－108　2013—2017 年三十五重点城市商品房待售面积

单位：万平方米

类　别	2013 年	2014 年	2015 年	2016 年	2017 年
总　计	**18351.36**	**22451.00**	**24808.44**	**23485.12**	**20520.40**
北　京	1861.44	2064.59	2167.46	2143.91	2080.18
天　津	941.03	1124.80	1055.91	880.55	617.26
石家庄	274.07	343.42	219.57	118.85	115.69
太　原	46.46	154.10	137.88	171.47	135.86
呼和浩特	218.33	219.69	316.05	205.99	176.12
沈　阳	1022.00	1221.59	1171.04	957.02	585.66
大　连	765.87	1299.70	1151.52	1038.36	797.04
长　春	497.36	523.11	570.13	711.51	718.61
哈尔滨	930.65	1009.26	1238.60	1477.26	1147.41
上　海	1809.15	2040.16	2054.74	1901.21	2026.05
南　京	671.70	489.01	517.96	436.23	322.18
杭　州	555.09	861.52	989.27	900.95	735.30
宁　波	491.45	663.91	784.32	721.69	646.63
合　肥	220.18	207.02	259.93	199.73	204.55
福　州	132.11	222.79	460.64	405.64	461.49
厦　门	259.37	263.02	264.09	291.82	307.37
南　昌	103.92	112.46	198.25	266.77	244.31
济　南	101.44	117.35	169.46	172.02	139.85
青　岛	399.48	504.97	673.39	638.09	469.99
郑　州	320.56	461.72	477.61	348.98	456.95
武　汉	687.91	780.88	626.15	445.93	239.07
长　沙	823.37	1095.14	1188.99	1030.77	750.64
广　州	704.98	781.93	865.60	793.59	774.42
深　圳	351.66	319.85	336.51	272.98	261.30
南　宁	252.45	391.62	455.30	329.82	307.32
海　口	149.20	188.88	242.70	261.75	186.75
重　庆	1353.52	1815.32	2356.78	2308.47	2051.69
成　都	698.96	1100.51	1255.13	1308.25	1103.37
贵　阳	246.96	250.02	384.39	259.99	228.59
昆　明	518.14	586.90	735.97	723.07	604.63
西　安	75.07	186.36	284.82	359.14	362.30
兰　州	106.88	144.68	161.63	207.60	174.45
西　宁	80.47	156.13	139.32	123.93	72.75
银　川	511.33	525.37	657.59	723.08	655.90
乌鲁木齐	168.79	223.25	239.75	348.72	358.72

数据来源：国家统计局。

表 5－109　2013—2017 年三十五重点城市住宅待售面积

单位：万平方米

类　别	2013 年	2014 年	2015 年	2016 年	2017 年
总　计	**10684. 34**	**13061. 96**	**13783. 44**	**11714. 37**	**8725. 38**
北　京	829. 34	863. 66	867. 03	834. 51	803. 85
天　津	637. 32	783. 37	684. 48	461. 74	264. 71
石家庄	220. 16	284. 72	179. 46	91. 18	86. 61
太　原	37. 79	130. 58	101. 22	118. 38	89. 60
呼和浩特	134. 96	140. 19	201. 12	126. 43	88. 70
沈　阳	796. 79	889. 54	838. 50	725. 44	429. 07
大　连	557. 33	966. 48	870. 49	767. 46	578. 42
长　春	320. 84	336. 92	336. 68	397. 91	350. 76
哈尔滨	690. 21	716. 83	863. 57	978. 73	668. 73
上　海	807. 02	958. 48	903. 83	675. 13	635. 68
南　京	509. 04	324. 44	335. 45	282. 30	208. 68
杭　州	333. 22	555. 23	597. 24	415. 49	263. 30
宁　波	225. 17	329. 70	419. 00	362. 20	276. 23
合　肥	118. 17	83. 22	94. 48	41. 36	38. 37
福　州	72. 77	143. 53	274. 14	218. 84	127. 76
厦　门	92. 12	88. 94	95. 48	76. 28	62. 57
南　昌	49. 47	58. 50	130. 78	178. 69	137. 11
济　南	61. 49	60. 73	86. 49	93. 14	74. 06
青　岛	261. 83	330. 89	418. 51	359. 91	210. 15
郑　州	216. 40	306. 34	315. 28	199. 31	294. 16
武　汉	459. 11	511. 14	396. 50	239. 79	99. 17
长　沙	528. 24	694. 84	697. 52	486. 07	294. 41
广　州	299. 97	364. 05	418. 52	376. 18	322. 89
深　圳	203. 06	191. 95	231. 66	140. 17	147. 20
南　宁	121. 29	212. 56	246. 89	157. 35	146. 81
海　口	99. 75	127. 84	154. 33	157. 73	79. 75
重　庆	558. 25	802. 28	1003. 88	874. 70	578. 08
成　都	323. 41	526. 09	533. 94	369. 78	209. 92
贵　阳	158. 89	122. 95	188. 73	133. 96	137. 56
昆　明	338. 84	353. 07	401. 40	374. 01	274. 04
西　安	61. 72	142. 61	176. 34	204. 76	167. 58
兰　州	75. 16	94. 42	107. 36	128. 37	99. 68
西　宁	65. 64	119. 27	98. 86	82. 90	37. 76
银　川	350. 97	340. 77	386. 21	404. 81	294. 13
乌鲁木齐	68. 60	105. 83	128. 07	179. 35	147. 91

数据来源：国家统计局。

表 5－110　2013—2017 年三十五重点城市别墅、高档公寓待售面积

单位：万平方米

类　别	2013 年	2014 年	2015 年	2016 年	2017 年
总　计	**1158.44**	**1426.25**	**1542.80**	**1280.60**	**1101.98**
北　京	199.83	213.95	247.26	224.19	232.87
天　津	73.07	97.14	94.34	59.64	39.40
石家庄	1.83	11.74	11.97	0.00	5.86
太　原	0.27	4.80	3.72	4.16	3.50
呼和浩特	18.88	9.60	8.94	10.35	10.20
沈　阳	48.31	57.75	45.65	28.09	27.41
大　连	14.70	33.00	41.95	29.32	28.67
长　春	17.74	18.76	20.70	17.63	18.13
哈尔滨	7.86	6.19	13.17	27.72	22.93
上　海	284.17	340.66	360.89	265.36	203.65
南　京	20.20	36.77	20.67	20.55	23.44
杭　州	25.60	49.42	64.62	47.94	32.62
宁　波	42.90	57.88	52.86	45.27	41.21
合　肥	8.22	5.59	9.94	6.16	10.76
福　州	12.45	13.75	23.46	20.07	13.62
厦　门	18.59	14.43	14.34	12.89	9.23
南　昌	7.80	8.28	19.17	14.71	11.80
济　南	5.53	6.15	13.30	15.40	16.96
青　岛	14.41	19.12	34.96	33.08	21.40
郑　州	1.70	2.50	12.78	5.04	10.82
武　汉	68.75	44.67	32.16	22.45	14.93
长　沙	43.96	69.84	60.94	62.68	46.51
广　州	40.55	48.99	64.48	52.85	38.15
深　圳	12.53	12.57	15.96	21.22	18.47
南　宁	7.83	20.15	18.74	3.94	4.48
海　口	22.64	34.60	24.12	19.06	15.79
重　庆	34.45	79.03	63.61	57.37	42.74
成　都	37.04	53.16	71.43	53.54	42.21
贵　阳	27.71	8.09	7.42	9.10	6.77
昆　明	21.28	34.72	45.89	58.67	48.16
西　安	0.68	0.63	0.53	0.00	1.10
兰　州	—	—	—	3.45	1.69
西　宁	—	—	—	0.00	0.00
银　川	11.04	10.02	18.25	17.79	24.56
乌鲁木齐	5.92	2.30	4.61	10.91	11.92

数据来源：国家统计局。

表 5－111　2013—2017 年三十五重点城市办公楼待售面积

单位：万平方米

类　别	2013 年	2014 年	2015 年	2016 年	2017 年
总　计	**1242.30**	**1694.55**	**1987.21**	**2151.73**	**2202.67**
北　京	180.09	307.16	332.48	320.61	336.03
天　津	106.37	118.08	94.07	98.21	115.86
石家庄	8.06	6.16	6.47	9.35	12.64
太　原	3.72	3.06	9.15	8.83	10.15
呼和浩特	7.91	11.28	7.59	3.91	22.95
沈　阳	30.38	39.64	39.69	37.40	9.38
大　连	18.52	47.69	41.58	47.04	28.24
长　春	13.69	13.25	41.49	48.61	77.02
哈尔滨	5.30	30.12	37.33	38.12	31.39
上　海	238.19	262.27	285.59	326.13	327.79
南　京	16.74	16.21	30.59	32.94	23.66
杭　州	72.82	88.03	121.07	163.99	178.56
宁　波	56.76	78.64	92.11	91.90	96.63
合　肥	13.01	15.99	44.39	25.39	36.37
福　州	5.00	4.29	17.30	11.64	8.21
厦　门	19.91	17.47	13.42	41.68	58.07
南　昌	7.23	9.09	21.85	23.65	35.65
济　南	5.23	4.69	15.79	8.03	11.96
青　岛	18.79	31.02	56.80	90.95	70.73
郑　州	25.99	32.97	51.17	51.99	57.48
武　汉	72.33	52.55	37.55	55.21	40.80
长　沙	33.31	74.45	69.32	63.75	68.04
广　州	107.38	89.29	80.27	57.20	55.27
深　圳	14.08	16.09	14.72	29.86	28.83
南　宁	1.30	8.54	30.44	16.99	11.57
海　口	4.13	4.27	2.86	5.40	3.56
重　庆	32.23	90.41	125.65	154.29	130.21
成　都	27.40	69.40	80.59	89.42	81.57
贵　阳	8.68	42.41	56.17	47.53	32.08
昆　明	40.07	51.28	59.92	44.51	58.04
西　安	1.77	0.23	3.96	7.23	21.27
兰　州	4.84	6.18	6.85	16.38	15.05
西　宁	0.54	3.39	10.51	14.51	12.81
银　川	18.91	24.96	25.39	37.86	64.37
乌鲁木齐	21.60	23.98	23.07	31.20	30.44

数据来源：国家统计局。

表 5－112　2013—2017 年三十五重点城市商业营业用房待售面积

单位：万平方米

类　别	2013 年	2014 年	2015 年	2016 年	2017 年
总　计	**3294.26**	**4007.97**	**4667.66**	**4796.40**	**4704.21**
北　京	400.01	434.89	461.28	431.98	428.57
天　津	86.15	133.82	133.62	162.72	153.23
石家庄	25.62	23.14	12.28	12.06	12.20
太　原	4.84	17.54	25.26	42.69	33.45
呼和浩特	60.55	56.81	89.14	64.55	48.02
沈　阳	156.77	240.69	240.76	155.87	122.47
大　连	120.05	172.08	147.23	142.69	120.01
长　春	105.30	115.80	132.43	178.49	200.61
哈尔滨	150.15	164.88	204.22	267.37	237.84
上　海	325.16	372.36	398.12	374.57	410.46
南　京	74.33	81.56	89.76	66.19	42.21
杭　州	106.98	142.72	153.66	183.83	176.66
宁　波	134.17	144.23	131.94	135.40	157.00
合　肥	52.66	66.88	76.71	59.95	48.30
福　州	16.12	17.38	58.40	58.07	75.55
厦　门	37.81	46.86	52.09	65.16	70.01
南　昌	40.96	36.61	36.53	50.48	56.86
济　南	13.69	26.58	38.22	36.73	29.12
青　岛	81.00	97.93	130.71	147.70	155.13
郑　州	50.89	75.65	76.51	69.72	78.80
武　汉	80.98	150.13	109.04	95.15	67.62
长　沙	131.06	156.38	227.37	237.99	218.44
广　州	133.62	122.10	138.25	131.14	152.31
深　圳	103.06	96.27	65.57	77.44	72.74
南　宁	59.31	67.18	68.21	70.36	72.70
海　口	16.00	20.54	34.16	40.92	44.23
重　庆	368.20	428.18	571.64	575.70	561.96
成　都	97.41	164.36	227.30	266.26	259.05
贵　阳	42.75	36.95	93.08	54.07	36.85
昆　明	56.47	78.47	128.51	136.87	120.90
西　安	7.98	23.94	65.75	102.04	112.18
兰　州	23.41	37.66	24.58	38.68	44.18
西　宁	10.78	18.62	18.51	19.94	19.41
银　川	87.37	99.99	167.84	184.33	197.30
乌鲁木齐	32.69	38.78	38.98	59.32	67.84

数据来源：国家统计局。

表 5－113　2013—2017 年三十五重点城市其他房屋待售面积

单位：万平方米

类　别	2013 年	2014 年	2015 年	2016 年	2017 年
总　计	**3130. 46**	**3686. 52**	**4370. 13**	**4822. 62**	**4888. 14**
北　京	452. 00	458. 87	506. 67	556. 81	511. 73
天　津	111. 20	89. 52	143. 74	157. 88	83. 47
石家庄	20. 23	29. 40	21. 36	6. 27	4. 25
太　原	0. 11	2. 92	2. 24	1. 56	2. 65
呼和浩特	14. 91	11. 42	18. 21	11. 09	16. 46
沈　阳	38. 07	51. 73	52. 09	38. 31	24. 75
大　连	69. 96	113. 46	92. 22	81. 17	70. 35
长　春	57. 54	57. 13	59. 53	86. 50	90. 22
哈尔滨	84. 99	97. 43	133. 48	193. 04	209. 45
上　海	438. 77	447. 05	467. 20	525. 38	652. 12
南　京	71. 59	66. 81	62. 17	54. 80	47. 63
杭　州	42. 06	75. 54	117. 30	137. 64	116. 76
宁　波	75. 36	111. 33	141. 28	132. 18	116. 78
合　肥	36. 35	40. 93	44. 36	73. 02	81. 52
福　州	38. 22	57. 59	110. 80	117. 08	249. 98
厦　门	109. 54	109. 75	103. 09	108. 69	116. 72
南　昌	6. 27	8. 26	9. 08	13. 95	14. 69
济　南	21. 03	25. 34	28. 95	34. 12	24. 70
青　岛	37. 86	45. 12	67. 37	39. 54	33. 98
郑　州	27. 28	46. 76	34. 65	27. 95	26. 51
武　汉	75. 48	67. 06	83. 07	55. 78	31. 48
长　沙	130. 77	169. 48	194. 78	242. 96	169. 75
广　州	164. 02	206. 48	228. 55	229. 06	243. 95
深　圳	31. 47	15. 54	24. 57	25. 52	12. 53
南　宁	70. 55	103. 33	109. 77	85. 12	76. 24
海　口	29. 32	36. 23	51. 34	57. 71	59. 21
重　庆	394. 83	494. 45	655. 60	703. 78	781. 45
成　都	250. 73	340. 65	413. 31	582. 78	552. 83
贵　阳	36. 64	47. 70	46. 40	24. 43	22. 11
昆　明	82. 76	104. 09	146. 14	167. 68	151. 65
西　安	3. 61	19. 57	38. 76	45. 12	61. 27
兰　州	3. 46	6. 41	22. 84	24. 17	15. 54
西　宁	3. 51	14. 85	11. 43	6. 58	2. 77
银　川	54. 08	59. 65	78. 14	96. 09	100. 11
乌鲁木齐	45. 90	54. 67	49. 64	78. 85	112. 52

数据来源：国家统计局。

（九）三十五重点城市房地产开发企业房屋出租面积数据

表5－114　2013—2017年三十五重点城市房地产开发企业房屋出租面积

单位：万平方米

类　别	2013年	2014年	2015年	2016年	2017年
总　计	**2922.71**	**2498.96**	**2392.65**	**2356.36**	**2717.13**
北　京	834.94	561.38	480.61	380.28	350.29
天　津	27.28	12.05	108.16	7.91	12.12
石家庄	—	—	15.95	—	0.07
太　原	0.33	1.60	2.20	0.35	10.50
呼和浩特	0.43	0.61	—	3.10	—
沈　阳	4.15	—	20.35	1.70	14.95
大　连	19.47	53.19	21.25	38.73	—
长　春	30.91	30.90	28.32	36.19	28.98
哈尔滨	9.42	12.17	1.57	3.51	1.31
上　海	1206.37	1142.46	1202.42	1322.51	1646.30
南　京	17.15	6.88	4.99	1.63	1.85
杭　州	19.64	8.35	20.31	17.73	62.95
宁　波	61.62	31.67	18.01	34.89	20.59
合　肥	30.89	31.71	13.87	5.72	12.13
福　州	11.30	1.67	—	12.18	8.58
厦　门	34.77	29.42	18.19	13.25	17.82
南　昌	10.98	6.10	1.35	3.33	4.35
济　南	13.78	6.13	22.94	18.21	6.61
青　岛	32.42	32.37	39.15	20.83	37.62
郑　州	38.26	58.18	1.50	14.66	3.25
武　汉	13.17	15.74	1.36	24.08	24.12
长　沙	9.89	5.01	13.78	7.57	19.07
广　州	176.98	146.93	101.94	89.88	57.98
深　圳	41.54	35.88	43.22	68.83	102.66
南　宁	10.58	1.88	2.30	5.99	1.69
海　口	3.13	6.14	4.50	13.71	35.47
重　庆	125.41	147.05	96.77	45.32	55.29
成　都	33.25	19.28	11.79	23.23	39.76
贵　阳	6.94	2.93	2.53	6.26	10.71
昆　明	5.36	13.30	10.50	8.51	5.86
西　安	15.57	7.15	19.64	48.67	57.12
兰　州	3.19	7.25	0.55	2.65	5.24
西　宁	5.12	0.49	2.50	5.98	0.05
银　川	29.90	16.50	22.43	22.63	38.06
乌鲁木齐	38.56	46.63	37.69	46.36	23.78

数据来源：国家统计局。

表 5-115　2013—2017 年三十五重点城市房地产开发企业住宅出租面积

单位：万平方米

类　别	2013 年	2014 年	2015 年	2016 年	2017 年
总　计	**140.59**	**154.61**	**188.55**	**163.64**	**181.75**
北　京	41.29	22.29	19.04	17.81	14.58
天　津	0.23	—	5.14	4.22	1.72
石家庄	—	—	—	—	—
太　原	—	—	—	—	—
呼和浩特	—	—	—	—	—
沈　阳	2.15	—	2.83	1.66	12.84
大　连	0.39	18.01	4.03	0.08	—
长　春	0.03	0.03	—	—	—
哈尔滨	—	3.67	—	2.19	—
上　海	75.32	72.16	120.59	83.41	110.15
南　京	0.96	1.87	3.35	0.04	0.44
杭　州	0.97	1.16	3.51	—	5.38
宁　波	0.31	—	—	0.10	—
合　肥	—	—	—	0.34	6.99
福　州	—	—	—	3.24	—
厦　门	—	0.04	—	—	—
南　昌	0.30	—	—	—	—
济　南	—	—	6.32	—	—
青　岛	0.08	—	0.29	—	0.39
郑　州	0.42	0.37	—	12.88	3.25
武　汉	—	0.15	—	—	0.26
长　沙	—	—	—	0.05	0.44
广　州	10.70	7.89	4.34	7.68	11.22
深　圳	0.55	0.56	1.21	5.45	3.85
南　宁	0.86	—	—	—	0.00
海　口	—	—	—	—	0.78
重　庆	2.58	12.79	0.84	0.78	0.78
成　都	—	—	—	—	0.01
贵　阳	—	—	—	0.01	—
昆　明	0.05	—	—	7.07	—
西　安	0.73	0.07	1.47	1.47	—
兰　州	—	0.22	0.19	—	—
西　宁	—	—	—	—	—
银　川	1.96	1.96	1.96	1.98	8.67
乌鲁木齐	0.72	11.36	13.46	13.21	—

数据来源：国家统计局。

表 5-116　2013—2017 年三十五重点城市房地产开发企业别墅、高档公寓出租面积

单位：万平方米

类　别	2013 年	2014 年	2015 年	2016 年	2017 年
总　计	**81.90**	**75.70**	**84.04**	**78.73**	**68.45**
北　京	15.79	13.03	13.95	11.93	8.65
天　津	—	—	0.33	0.33	0.50
石家庄	—	—	—	—	—
太　原	—	—	—	—	—
呼和浩特	—	—	—	—	—
沈　阳	—	—	1.20	1.66	1.67
大　连	—	—	—	—	—
长　春	—	—	—	—	—
哈尔滨	—	—	—	—	—
上　海	63.61	60.39	66.26	62.08	55.43
南　京	—	—	—	—	—
杭　州	—	—	—	—	—
宁　波	—	—	—	0.10	—
合　肥	—	—	—	—	—
福　州	—	—	—	—	—
厦　门	—	—	—	—	—
南　昌	—	—	—	—	—
济　南	—	—	—	—	—
青　岛	—	—	—	—	—
郑　州	—	—	—	—	—
武　汉	—	—	—	—	—
长　沙	—	—	—	—	—
广　州	2.49	2.29	2.30	2.64	2.19
深　圳	—	—	—	—	—
南　宁	—	—	—	—	—
海　口	—	—	—	—	—
重　庆	—	—	—	—	—
成　都	—	—	—	—	—
贵　阳	—	—	—	—	—
昆　明	—	—	—	—	—
西　安	—	—	—	—	—
兰　州	—	—	—	—	—
西　宁	—	—	—	—	—
银　川	—	—	—	—	—
乌鲁木齐	—	—	—	—	—

数据来源：国家统计局。

表 5－117　2013—2017 年三十五重点城市房地产开发企业办公楼出租面积

单位：万平方米

类　别	2013 年	2014 年	2015 年	2016 年	2017 年
总　计	**983.34**	**820.16**	**898.68**	**798.97**	**958.92**
北　京	301.95	226.28	192.27	114.11	129.14
天　津	11.33	8.65	100.67	0.38	7.48
石家庄	—	—	8.00	—	0.02
太　原	—	—	—	—	0.52
呼和浩特	0.18	—	—	—	—
沈　阳	—	—	3.46	—	1.38
大　连	1.19	—	—	1.00	—
长　春	3.37	3.23	2.83	2.22	2.22
哈尔滨	—	—	—	—	—
上　海	558.19	502.65	501.86	578.44	692.42
南　京	0.30	0.20	—	—	—
杭　州	2.16	3.47	8.61	4.75	23.07
宁　波	7.53	7.92	7.62	15.13	12.63
合　肥	—	2.20	0.38	—	—
福　州	—	—	—	—	—
厦　门	1.60	7.65	1.60	3.10	1.60
南　昌	0.86	—	—	—	—
济　南	—	—	—	—	0.62
青　岛	6.94	2.59	4.08	7.22	3.36
郑　州	0.02	0.06	—	0.63	—
武　汉	4.72	2.64	—	—	—
长　沙	3.02	1.79	2.28	1.69	1.92
广　州	40.52	29.34	9.75	11.49	3.79
深　圳	21.58	6.76	25.80	33.54	36.60
南　宁	—	0.10	0.30	—	—
海　口	—	0.05	0.17	—	4.69
重　庆	2.72	5.89	18.01	7.05	20.41
成　都	6.46	4.13	3.76	3.51	5.42
贵　阳	2.57	0.01	—	1.40	0.71
昆　明	1.41	0.28	1.41	0.89	—
西　安	0.20	0.14	3.72	6.74	3.99
兰　州	0.50	0.58	—	—	1.15
西　宁	—	—	—	3.08	—
银　川	2.60	1.53	0.78	1.28	3.44
乌鲁木齐	1.41	2.02	1.32	1.32	2.34

数据来源：国家统计局。

表 5－118　2013—2017 年三十五重点城市房地产开发企业商业营业用房出租面积

单位：万平方米

类　别	2013 年	2014 年	2015 年	2016 年	2017 年
总　计	**1390.73**	**1144.89**	**933.79**	**979.55**	**1104.55**
北　京	379.43	216.83	181.07	163.09	133.90
天　津	6.70	1.04	—	0.16	—
石家庄	—	—	5.23	—	0.05
太　原	0.33	1.60	2.09	0.02	9.56
呼和浩特	0.25	0.61	—	3.10	—
沈　阳	2.00	—	10.78	0.04	0.74
大　连	17.89	35.18	17.08	37.65	—
长　春	27.50	27.63	25.49	33.77	26.77
哈尔滨	9.16	8.50	1.21	1.24	0.34
上　海	364.00	373.99	367.02	415.25	542.09
南　京	11.14	4.79	1.64	0.33	1.20
杭　州	16.13	3.71	8.20	12.97	25.22
宁　波	52.96	20.35	9.71	17.16	4.12
合　肥	26.96	29.29	13.49	5.35	0.09
福　州	11.30	1.67	—	6.58	8.58
厦　门	29.29	19.87	14.17	9.44	10.30
南　昌	9.82	6.10	1.35	3.33	4.35
济　南	13.78	6.13	16.12	18.21	5.99
青　岛	23.32	29.05	32.51	11.34	24.96
郑　州	37.82	49.98	1.50	0.91	—
武　汉	8.45	11.75	1.36	19.27	17.79
长　沙	6.88	2.83	6.50	3.10	8.90
广　州	85.20	72.96	63.64	39.38	31.26
深　圳	19.34	27.16	14.81	27.81	36.15
南　宁	8.11	0.51	2.00	5.99	1.69
海　口	3.13	6.09	4.32	12.20	28.92
重　庆	106.35	106.41	60.33	23.74	32.21
成　都	26.50	14.75	6.55	16.09	33.49
贵　阳	3.27	2.50	2.53	4.51	8.83
昆　明	3.91	13.01	9.09	0.13	5.86
西　安	14.64	2.40	14.44	38.96	52.48
兰　州	2.69	6.46	0.36	2.65	4.09
西　宁	5.12	0.49	2.50	1.00	0.05
银　川	23.43	11.55	19.64	19.31	24.40
乌鲁木齐	33.95	29.73	17.04	25.47	20.18

数据来源：国家统计局。

表5－119　2013—2017年三十五重点城市房地产开发企业其他房屋出租面积

单位：万平方米

类　别	2013年	2014年	2015年	2016年	2017年
总　计	**408.06**	**379.31**	**371.64**	**414.19**	**471.92**
北　京	112.27	95.98	88.24	85.28	72.68
天　津	9.03	2.36	2.35	3.15	2.92
石家庄	—	—	2.72	—	—
太　原	—	—	0.11	0.33	0.42
呼和浩特	—	—	—	—	—
沈　阳	—	—	3.28	—	—
大　连	—	—	0.15	—	—
长　春	—	—	—	0.20	—
哈尔滨	0.26	—	0.36	0.08	0.97
上　海	208.87	193.66	212.95	245.41	301.63
南　京	4.76	0.01	—	1.26	0.22
杭　州	0.38	—	—	—	9.29
宁　波	0.81	3.40	0.68	2.50	3.84
合　肥	3.93	0.23	—	0.03	5.04
福　州	—	—	—	2.36	—
厦　门	3.88	1.86	2.42	0.70	5.92
南　昌	—	—	—	—	—
济　南	—	—	0.50	—	—
青　岛	2.09	0.73	2.27	2.27	8.90
郑　州	—	7.76	—	0.23	—
武　汉	—	1.20	—	4.81	6.07
长　沙	—	0.40	5.00	2.72	7.81
广　州	40.55	36.74	24.21	31.33	11.71
深　圳	0.07	1.40	1.40	2.04	26.06
南　宁	1.61	1.27	—	—	—
海　口	—	—	—	1.51	1.08
重　庆	13.76	21.97	17.59	13.75	1.90
成　都	0.29	0.40	1.47	3.64	0.83
贵　阳	1.10	0.42	—	0.35	1.18
昆　明	—	—	—	0.42	—
西　安	—	4.54	0.02	1.50	0.66
兰　州	—	—	—	—	—
西　宁	—	—	—	1.90	—
银　川	1.92	1.47	0.06	0.06	1.55
乌鲁木齐	2.48	3.52	5.87	6.36	1.26

数据来源：国家统计局。

（十）九十城市存量商品房交易面积数据

表 5－120　2018 年九十城市存量商品房交易面积

单位：万平方米

城市	存量房	存量住宅	城市	存量房	存量住宅
北　京	883.0	478.0	丹　东	54.4	51.8
天　津	929.0	875.0	锦　州	100.8	94.4
石家庄	384.5	337.4	吉　林	437.2	385.1
太　原	203.4	197.4	齐齐哈尔	230.9	215.4
呼和浩特	231.3	219.3	大　庆	346.9	343.8
沈　阳	1357.8	1097.8	牡丹江	165.3	142.3
大　连	369.9	334.0	徐　州	475.0	412.8
长　春	909.4	853.2	常　州	425.3	356.4
哈尔滨	927.0	879.5	扬　州	391.6	378.1
上　海	1513.5	1229.7	绍　兴	505.1	381.2
南　京	702.1	672.0	金　华	790.3	567.8
无　锡	725.0	632.3	芜　湖	357.3	336.7
苏　州	1965.8	1633.4	蚌　埠	118.3	105.1
杭　州	902.2	720.2	安　庆	259.5	241.8
宁　波	1384.7	870.7	宣　城	148.8	129.1
温　州	866.8	714.8	泉　州	401.9	305.6
合　肥	801.2	716.5	九　江	175.6	146.6
福　州	557.8	452.8	赣　州	359.1	298.0
厦　门	350.3	179.1	淄　博	307.2	299.8
南　昌	561.8	482.7	烟　台	504.3	485.6
济　南	360.2	311.0	潍　坊	272.5	245.0
青　岛	589.1	510.4	泰　安	145.7	138.7
郑　州	607.0	586.3	洛　阳	207.8	191.9
武　汉	793.0	684.3	平顶山	104.6	99.8
长　沙	512.8	471.4	南　阳	129.6	123.5
广　州	1083.0	882.0	宜　昌	158.7	150.9
深　圳	609.5	530.7	株　洲	72.2	64.5
南　宁	299.9	278.8	岳　阳	126.8	112.4
北　海	197.6	191.1	常　德	154.2	138.9
海　口	129.2	120.2	韶　关	169.3	144.3
三　亚	38.6	22.6	汕　头	173.9	140.3
重　庆	2733.1	2566.8	佛　山	1091.3	830.9
成　都	1522.5	1217.8	江　门	356.3	278.4
贵　阳	337.1	320.1	湛　江	84.7	83.7
昆　明	819.2	712.5	惠　州	450.0	252.8
西　安	720.9	639.4	中　山	751.7	534.8
兰　州	245.7	235.2	桂　林	118.8	108.4
西　宁	155.3	150.8	泸　州	120.8	90.7
银　川	230.3	206.8	绵　阳	270.4	245.5
乌鲁木齐	466.3	443.0	南　充	202.2	188.9
唐　山	387.8	324.7	遵　义	75.8	69.0
秦皇岛	223.8	207.8	大　理	66.2	56.8
大　同	82.4	80.4	宝　鸡	109.6	107.7
包　头	151.6	135.5	天　水	25.1	24.5
本　溪	24.1	22.8	金　华	790.3	567.8

数据来源：中房研协研究中心收集整理。

三、城市价格指数

（一）三十五城市住房租赁价格指数

表 5－121　2018 年三十五城市住房租赁价格指数

类　别	1月	2月	3月	4月	5月	6月	7月	8月	9月	10月	11月	12月
北　京	1127.2	1131.1	1134.8	1141.1	1141.2	1145.5	1150.0	1161.6	1158.9	1151.8	1151.7	1148.1
天　津	1064.0	1066.1	1036.3	1034.0	1034.4	1032.8	1030.9	1038.0	1032.4	1026.3	1024.9	1023.4
石家庄	1035.2	1029.6	1017.7	1016.5	1014.9	1014.2	1013.3	1011.7	1009.3	1006.9	1004.6	1004.2
太　原	1014.8	1017.5	1015.1	1013.5	1012.9	1011.4	1010.8	1009.1	1006.2	1004.0	1001.0	999.0
呼和浩特	1015.2	1016.5	1014.9	1014.6	1014.0	1014.0	1013.9	1012.4	1011.8	1009.4	1008.8	1008.5
沈　阳	1011.3	1014.0	1002.4	1001.4	1000.5	999.0	998.3	995.8	993.3	989.1	986.1	986.1
大　连	1041.8	1043.7	1035.2	1032.3	1026.2	1030.8	1037.8	1046.0	1043.3	1034.0	1030.7	1036.8
长　春	1008.8	1011.5	1011.5	1010.7	1009.7	1009.6	1009.4	1006.8	1005.0	1003.6	1002.4	1001.2
哈尔滨	1009.1	1012.0	1009.1	1008.0	1006.8	1005.6	1005.3	1004.6	1002.8	1000.4	998.3	996.6
上　海	1088.9	1090.6	1083.8	1081.9	1092.2	1090.2	1092.9	1095.5	1098.7	1092.9	1085.9	1090.8
南　京	1021.2	1028.8	1034.0	1038.5	1036.2	1038.1	1040.5	1049.5	1046.7	1041.3	1038.2	1044.4
杭　州	1075.0	1089.4	1050.4	1046.6	1049.9	1052.2	1056.5	1068.7	1070.1	1059.2	1048.2	1045.0
宁　波	1032.6	1037.1	1035.4	1034.2	1033.7	1032.8	1032.1	1031.0	1029.1	1028.1	1025.8	1024.5
合　肥	1025.7	1034.7	1022.9	1017.1	1013.2	1010.4	1009.1	1007.2	1003.9	998.5	994.0	990.0
福　州	1025.5	1028.2	1028.1	1026.7	1025.8	1025.3	1024.8	1024.3	1022.9	1021.0	1020.1	1019.6
厦　门	1046.9	1050.4	1024.0	1019.7	1015.7	1014.0	1012.9	1009.7	1005.9	1002.9	1000.1	1000.1
南　昌	1023.8	1025.7	1020.8	1018.5	1016.8	1015.1	1013.8	1012.4	1008.8	1005.6	1003.2	1002.4
济　南	1043.1	1039.1	1004.6	999.8	994.0	989.2	988.6	982.9	975.0	964.7	954.2	945.2
青　岛	1029.4	1036.3	1001.4	998.6	1015.9	1017.2	1027.0	1028.5	1017.7	1009.3	1002.5	997.7
郑　州	1014.9	1011.7	1006.6	1004.2	1003.1	1000.9	1000.5	999.4	997.2	995.9	992.9	992.1
武　汉	1025.8	1033.2	1025.3	1034.6	1027.9	1037.1	1034.9	1045.0	1039.5	1029.9	1023.9	1020.9
长　沙	1028.8	1031.0	1016.8	1013.1	1010.2	1008.3	1006.2	1004.0	1000.0	995.8	990.5	990.4
广　州	1095.8	1102.0	1085.6	1081.5	1080.0	1083.7	1087.1	1082.6	1080.3	1077.3	1079.0	1076.6
深　圳	1030.4	1031.3	1062.1	1057.4	1060.7	1060.5	1066.5	1073.8	1076.4	1077.4	1071.5	1079.4
南　宁	1024.6	1024.1	1017.9	1016.0	1015.2	1014.5	1014.5	1013.5	1011.9	1011.3	1009.3	1008.4
海　口	1026.2	1030.0	1028.2	1025.9	1025.2	1023.4	1023.0	1022.2	1021.1	1020.3	1018.7	1015.3
重　庆	1021.8	1030.2	1015.3	1011.3	1020.7	1018.9	1018.0	1019.1	1024.0	1019.3	1018.3	1017.5
成　都	1043.6	1047.7	1032.3	1043.8	1034.7	1034.9	1032.6	1041.1	1045.9	1039.7	1035.8	1034.2
贵　阳	1001.7	998.6	990.8	988.6	986.9	986.1	985.2	983.7	981.0	979.0	977.3	975.4
昆　明	1025.8	1022.4	1023.7	1022.0	1021.3	1020.9	1020.6	1020.0	1019.1	1017.3	1016.1	1014.7
西　安	1015.0	1013.8	1004.0	1003.6	1003.4	1003.1	1003.5	1003.0	1001.4	1000.3	998.8	996.7
兰　州	1009.0	1012.3	1004.8	1003.4	1002.1	1000.1	998.9	997.6	993.4	991.1	988.9	986.9
西　宁	1011.4	1012.7	1014.6	1014.3	1013.4	1011.0	1009.8	1010.2	1013.2	1011.5	1007.5	1007.0
银　川	997.2	999.9	1008.2	1007.3	1006.8	1005.7	1005.7	1005.5	1004.9	1003.5	1001.7	999.2
乌鲁木齐	1011.9	1010.7	1023.1	1026.1	1028.0	1029.4	1036.8	1039.0	1038.7	1031.2	1029.6	1031.0

数据来源：中国房地产测评中心。

（二）七十大中城市价格指数

表 5－122　2018 年七十大中城市新建商品住宅价格定基指数

类别	1月	2月	3月	4月	5月	6月	7月	8月	9月	10月	11月	12月
北京	133.6	134.7	134.9	135.1	135.3	135.3	135.6	135.6	135.7	135.9	136.7	138.1
天津	128.0	129.3	129.3	129.4	130.0	130.4	130.4	130.6	131.0	131.1	130.7	130.8
石家庄	123.6	124.0	124.9	125.2	126.7	127.1	129.7	130.9	132.4	136.8	138.7	142.2
太原	112.3	112.5	113.2	114.8	115.6	116.3	117.6	119.9	121.1	121.7	123.3	124.4
呼和浩特	107.2	108.0	108.5	109.6	111.3	112.5	115.2	118.5	121.8	123.8	127.4	129.9
沈阳	114.9	116.3	116.9	117.8	119.8	121.5	123.1	124.5	126.1	128.0	128.9	129.5
大连	112.4	113.3	114.1	115.4	117.3	119.5	120.7	121.9	122.6	123.4	125.2	126.3
长春	113.4	113.3	114.5	115.5	117.0	118.9	120.0	120.9	121.2	122.3	124.6	125.9
哈尔滨	114.3	114.5	115.6	117.2	118.6	120.2	122.8	124.0	125.5	128.1	129.3	130.0
上海	145.1	144.9	145.2	145.1	144.8	144.8	144.7	144.9	144.7	144.8	145.6	146.4
南京	145.3	145.9	145.4	145.1	144.9	144.5	144.4	144.4	145.0	145.3	147.5	147.4
杭州	132.6	132.9	133.3	133.4	133.4	134.1	135.2	136.0	136.3	138.0	138.9	140.5
宁波	121.7	121.7	122.1	123.4	124.0	124.3	125.5	127.9	128.3	128.3	128.4	128.1
合肥	148.3	148.1	148.0	147.7	147.9	148.1	149.0	151.3	152.8	153.6	154.2	154.8
福州	127.0	128.0	127.5	127.4	125.9	128.7	130.4	133.3	134.7	136.0	138.7	139.2
厦门	151.6	151.1	150.9	151.3	152.9	152.9	152.9	152.7	152.7	152.6	151.9	151.2
南昌	123.6	123.6	124.4	124.7	125.5	127.5	129.7	131.6	132.7	133.2	134.9	135.6
济南	121.5	122.1	122.3	122.4	122.9	127.3	131.1	134.8	136.6	137.6	139.9	140.9
青岛	117.3	117.9	118.3	118.5	120.9	123.7	126.3	128.3	128.8	129.5	131.9	133.4
郑州	129.4	129.8	129.7	130.3	132.5	134.9	136.7	138.8	139.4	140.7	141.9	142.3
武汉	129.9	130.3	130.1	129.8	131.2	132.8	134.2	136.1	136.4	139.9	142.1	143.9
长沙	125.9	126.7	127.1	127.3	129.4	131.9	135.5	138.2	139.0	139.1	139.4	140.0
广州	136.4	136.7	137.0	136.8	139.3	141.9	142.7	144.0	144.7	145.0	145.0	149.3
深圳	144.3	144.9	144.7	144.8	144.7	145.2	145.9	146.6	146.4	145.7	145.3	145.9
南宁	123.1	123.6	124.2	124.4	124.8	127.2	128.3	130.4	131.0	131.4	132.0	134.2
海口	108.7	113.4	115.8	118.0	120.5	129.8	132.8	134.0	134.5	135.3	135.7	137.5
重庆	118.0	119.1	119.8	121.1	122.2	124.4	126.0	127.3	128.7	129.6	131.0	132.1
成都	105.5	106.4	106.6	106.8	109.1	128.8	130.1	131.6	132.5	134.7	137.1	139.0
贵阳	117.1	117.3	118.2	119.7	120.4	121.8	123.9	126.2	128.8	134.2	136.8	137.5
昆明	114.5	115.6	116.6	117.4	118.5	120.8	124.3	126.2	128.7	130.5	131.4	132.6
西安	121.1	122.6	123.7	125.7	127.7	129.1	130.7	134.6	143.0	144.8	146.9	148.5
兰州	109.2	110.0	110.4	111.0	111.8	113.2	114.0	115.3	116.6	118.7	119.7	120.9
西宁	107.0	107.8	107.8	107.7	107.8	110.7	111.2	112.9	115.2	116.4	117.9	119.6
银川	105.0	105.9	106.7	107.3	107.8	109.2	110.3	112.1	113.1	113.3	113.7	114.6
乌鲁木齐	105.2	106.5	107.4	108.6	110.0	110.9	111.2	112.8	113.3	113.6	114.6	115.0

续表

类　别	1月	2月	3月	4月	5月	6月	7月	8月	9月	10月	11月	12月
唐　山	109.4	109.5	110.4	111.1	111.4	112.8	114.7	118.0	119.6	121.1	122.7	122.6
秦皇岛	112.4	114.0	115.6	116.4	117.1	118.4	119.6	122.9	125.3	127.9	129.8	131.9
包　头	102.7	105.7	106.4	107.0	107.9	108.9	110.9	113.6	114.2	115.8	116.3	116.3
丹　东	102.0	101.6	102.0	104.0	109.6	113.1	113.7	114.1	115.3	115.7	116.9	119.1
锦　州	96.9	98.8	99.7	100.4	100.7	101.2	101.7	102.3	104.2	105.7	107.4	109.8
吉　林	109.6	109.3	109.6	110.3	110.7	112.1	113.9	116.6	117.8	119.6	121.3	122.1
牡丹江	105.0	104.8	105.3	106.2	106.2	108.4	109.9	111.4	113.1	115.0	115.5	116.5
无　锡	131.0	132.9	132.7	132.4	132.2	132.0	134.0	138.5	139.2	139.8	141.0	140.8
扬　州	121.0	121.7	122.4	123.4	124.1	124.8	128.2	129.8	131.6	133.2	135.5	136.0
徐　州	119.3	121.9	122.8	123.8	125.4	126.2	129.1	133.4	134.9	137.4	139.6	141.1
温　州	114.0	114.2	114.1	114.0	114.2	114.7	114.9	115.7	116.0	115.9	115.5	115.8
金　华	118.7	118.9	119.2	120.8	121.5	121.9	123.3	124.7	124.5	124.6	124.3	124.0
蚌　埠	117.2	117.1	116.7	116.7	116.9	116.6	119.1	121.2	123.3	124.1	125.6	126.3
安　庆	113.5	113.6	113.6	113.3	113.2	114.4	115.1	117.3	119.1	121.7	122.3	122.9
泉　州	110.1	110.6	110.7	110.7	110.6	111.1	111.0	112.0	112.0	112.2	112.5	112.4
九　江	121.2	121.2	121.9	122.1	123.1	123.8	125.2	127.1	128.0	128.7	130.6	131.8
赣　州	115.1	116.4	116.6	116.8	117.3	118.0	118.7	121.0	122.3	123.0	123.8	124.9
烟　台	115.5	115.2	115.6	117.1	118.0	119.0	122.4	124.0	124.8	126.3	127.3	129.2
济　宁	110.3	109.9	110.3	111.0	111.8	113.3	114.9	116.8	117.5	119.7	121.7	123.0
洛　阳	113.6	114.1	114.6	115.5	116.0	116.1	117.4	118.2	120.3	122.0	124.8	126.0
平顶山	111.3	112.0	112.2	113.5	114.5	114.2	115.1	115.8	117.4	117.8	118.9	119.7
宜　昌	114.2	115.4	116.5	116.9	117.8	119.4	122.8	124.3	125.9	126.3	127.0	128.4
襄　阳	108.4	108.7	108.8	109.5	109.6	110.4	112.9	116.2	116.8	119.7	121.1	122.8
岳　阳	112.8	114.2	115.0	115.2	116.4	117.2	118.2	120.9	122.3	123.2	123.6	123.3
常　德	112.5	111.2	111.3	111.8	112.6	113.2	113.3	116.3	117.9	120.4	121.7	123.0
惠　州	130.5	131.4	131.3	131.5	131.9	132.5	133.1	134.0	134.4	135.3	135.6	135.9
湛　江	116.2	116.6	117.0	117.3	117.4	117.8	119.0	121.2	122.2	124.1	124.6	125.4
韶　关	112.1	116.3	117.0	117.5	118.1	118.9	119.3	121.0	121.7	122.1	122.9	122.7
桂　林	110.1	112.1	112.8	113.5	114.2	114.9	115.5	116.2	117.4	118.2	120.9	121.4
北　海	115.2	117.7	118.7	119.6	120.9	122.5	123.0	126.8	127.8	129.4	130.8	131.5
三　亚	110.0	112.0	112.8	114.9	117.7	121.5	126.0	144.3	144.6	144.5	145.1	145.3
泸　州	110.3	110.7	111.1	111.5	112.3	113.8	114.4	116.5	119.5	121.4	122.0	122.3
南　充	110.5	112.2	112.9	113.9	115.5	116.8	117.8	120.8	123.0	125.0	125.3	125.3
遵　义	109.2	110.3	111.3	112.2	113.0	114.0	115.1	116.9	118.2	120.4	122.5	123.3
大　理	108.9	109.7	110.8	112.1	113.1	114.4	116.2	118.4	120.2	122.7	126.1	128.3

数据来源：国家统计局。

注：1. 定基指数以2015年价格为100。

2. 本表所列北京市“新建商品住宅价格指数”与北京市有关部门发布的“新建普通住房价格”在统计口径、统计标准等方面均有不同。

表 5－123　2018 年七十大中城市二手住宅价格定基指数

类　别	1 月	2 月	3 月	4 月	5 月	6 月	7 月	8 月	9 月	10 月	11 月	12 月
北　京	146.8	146.4	146.1	146.1	146.6	146.7	147.2	147.2	146.9	146.5	145.6	145.3
天　津	125.1	128.3	128.5	130.7	132.5	134.4	134.1	135.2	135.1	135.0	134.5	134.3
石家庄	118.3	119.0	119.1	119.5	120.9	121.8	123.6	124.9	125.3	125.0	124.8	124.7
太　原	114.9	114.2	115.9	117.4	118.4	119.1	120.4	121.6	122.9	123.1	124.4	124.5
呼和浩特	101.8	102.6	103.0	103.5	104.3	105.3	107.8	110.5	112.7	114.6	118.3	120.0
沈　阳	109.0	109.4	109.4	109.8	110.4	112.0	113.4	114.5	115.7	116.1	117.0	117.6
大　连	107.2	108.0	108.4	109.0	109.9	111.0	112.0	113.3	114.3	114.5	115.6	115.9
长　春	106.5	107.1	107.7	108.4	109.5	111.6	112.1	113.3	114.1	115.3	116.5	117.1
哈尔滨	108.6	109.6	110.8	111.7	112.6	113.7	115.9	117.6	119.0	119.5	120.1	120.8
上　海	141.5	140.9	140.1	139.9	139.4	139.0	138.8	138.6	138.4	138.1	137.9	137.5
南　京	135.2	136.2	136.8	137.8	137.6	137.5	137.5	137.9	138.2	138.3	138.5	138.3
杭　州	134.3	134.9	135.8	136.9	138.1	139.3	140.6	141.6	141.6	141.0	140.2	140.3
宁　波	118.3	118.8	119.9	120.5	121.3	121.9	123.0	124.3	125.0	124.7	124.1	123.7
合　肥	151.4	151.3	151.4	151.7	151.7	152.6	152.9	154.3	155.5	156.0	155.8	156.1
福　州	125.6	125.3	125.1	125.0	124.3	124.2	125.4	126.0	126.0	126.6	126.1	125.5
厦　门	140.7	139.8	139.2	138.6	138.4	138.2	137.6	137.2	136.8	135.5	134.6	133.8
南　昌	118.2	117.9	118.4	119.4	120.7	122.0	124.2	126.5	127.3	128.1	129.9	130.8
济　南	119.4	119.4	119.7	119.9	120.5	121.6	124.7	128.2	129.7	130.5	131.2	131.9
青　岛	122.7	120.7	122.4	124.0	124.9	125.7	128.5	131.0	132.0	133.2	134.1	133.5
郑　州	130.3	130.3	130.1	129.8	129.8	130.5	131.8	133.0	133.3	133.2	132.7	132.4
武　汉	136.8	136.9	136.8	136.8	139.3	139.7	141.5	143.2	143.8	144.9	146.3	147.1
长　沙	126.2	127.3	127.3	128.1	128.5	129.7	132.6	134.6	135.1	135.7	135.9	136.1
广　州	145.9	146.8	147.2	147.9	149.3	149.7	150.1	151.0	151.3	151.1	150.6	150.0
深　圳	145.3	147.1	148.1	148.3	149.6	150.1	151.0	152.6	152.7	151.7	151.4	150.9
南　宁	115.7	116.5	117.0	116.9	117.0	117.8	118.0	119.9	120.4	121.0	121.8	124.3
海　口	103.6	104.4	106.1	107.1	108.5	110.3	113.5	115.8	115.6	115.3	115.2	115.1
重　庆	115.6	115.9	116.3	117.3	118.5	120.0	121.4	123.4	124.4	125.0	125.5	126.2
成　都	110.2	110.6	110.3	109.9	110.5	111.0	112.8	114.4	115.1	115.6	116.2	117.2
贵　阳	107.9	108.7	109.1	109.8	110.2	111.3	113.4	115.2	118.2	120.3	121.2	121.8
昆　明	108.9	110.1	110.6	110.9	112.7	113.5	116.2	118.5	121.6	123.1	123.9	125.6
西　安	105.1	104.9	106.3	108.6	110.3	112.0	113.1	115.7	118.6	120.4	121.2	120.8
兰　州	104.7	105.7	106.0	106.2	106.7	107.3	108.0	109.9	111.9	113.8	115.4	115.7
西　宁	101.7	102.5	102.5	102.4	102.5	103.3	103.6	104.8	106.7	107.4	108.3	109.5
银　川	100.5	100.7	100.8	101.0	101.0	101.7	102.6	103.6	105.0	105.2	105.7	106.0
乌鲁木齐	107.8	109.9	112.2	113.8	115.9	116.2	116.4	118.3	119.7	120.9	121.5	122.0

续表

类 别	1月	2月	3月	4月	5月	6月	7月	8月	9月	10月	11月	12月
唐 山	105.3	105.9	106.2	106.1	106.5	107.4	108.7	109.9	110.9	112.0	113.6	114.3
秦皇岛	108.4	109.2	110.0	110.7	111.3	112.0	113.1	115.5	117.2	118.1	119.4	119.8
包 头	100.3	101.1	101.3	101.8	102.1	102.8	103.7	105.4	105.8	106.0	106.8	107.1
丹 东	100.7	101.0	101.3	102.7	104.0	104.7	105.2	105.8	106.2	106.2	106.8	107.2
锦 州	93.6	93.7	94.1	94.6	95.1	95.6	95.9	95.9	97.3	97.7	98.9	100.6
吉 林	105.5	105.7	106.1	106.5	107.2	108.1	109.3	110.7	111.8	112.3	114.0	114.4
牡丹江	103.5	103.9	104.1	104.2	104.8	105.5	106.2	107.2	107.9	108.7	108.9	109.2
无 锡	129.1	129.6	129.8	130.1	130.5	131.1	132.3	135.1	137.1	137.3	136.4	136.1
扬 州	112.3	112.9	113.3	114.1	114.5	114.9	117.0	119.0	120.6	122.3	122.9	123.1
徐 州	110.9	111.6	111.9	112.9	113.6	114.1	115.5	117.9	118.9	120.1	120.7	121.0
温 州	111.5	111.3	111.4	111.6	112.2	112.6	112.9	113.3	113.2	112.9	112.6	112.5
金 华	113.5	114.4	114.9	115.7	116.6	117.2	118.6	119.9	119.8	119.8	119.5	119.0
蚌 埠	112.3	112.3	112.4	112.6	112.9	113.0	114.9	117.4	118.3	119.1	119.7	120.3
安 庆	113.2	113.9	113.9	113.6	113.8	114.6	115.4	118.0	119.7	121.9	122.4	122.2
泉 州	112.4	112.6	112.8	112.9	113.2	113.7	114.6	115.3	115.2	115.1	114.9	114.4
九 江	114.6	114.7	114.8	115.0	115.4	116.0	117.2	118.9	119.7	120.5	121.7	122.1
赣 州	113.7	114.3	114.6	114.8	115.4	116.5	117.7	119.5	120.8	121.6	122.2	122.7
烟 台	109.2	109.7	110.0	110.7	111.4	112.4	114.7	117.0	118.6	119.8	120.5	121.3
济 宁	107.9	109.1	110.3	111.4	112.7	113.7	116.7	119.5	121.6	123.4	124.8	126.7
洛 阳	106.6	106.7	107.0	107.6	107.8	108.4	110.0	111.9	113.6	114.3	116.3	117.5
平顶山	106.0	106.5	106.7	107.6	108.2	108.4	109.5	110.6	112.1	112.8	113.6	114.2
宜 昌	111.4	111.9	112.5	113.1	113.8	114.3	116.6	119.2	121.3	121.9	122.4	122.7
襄 阳	106.4	106.1	106.3	107.0	107.4	107.8	109.5	112.1	113.4	113.9	115.1	116.1
岳 阳	107.2	107.5	107.7	108.1	108.7	109.5	110.2	112.8	114.3	114.6	114.5	114.4
常 德	106.7	106.9	107.1	107.4	107.8	108.5	109.0	112.5	113.9	114.6	115.0	115.2
惠 州	122.8	123.4	124.0	124.5	124.5	125.1	126.5	127.9	129.0	129.6	130.7	131.0
湛 江	109.4	109.4	109.6	109.7	110.1	110.6	111.8	113.2	113.7	113.9	114.0	113.8
韶 关	107.0	107.2	107.2	107.7	108.5	109.3	110.3	111.7	113.1	113.5	114.5	115.2
桂 林	100.2	100.3	100.6	100.7	100.9	101.7	102.2	103.0	104.4	105.1	106.5	106.9
北 海	112.1	111.9	112.1	112.6	113.1	114.1	114.6	117.1	119.4	119.9	120.7	121.1
三 亚	105.5	105.9	106.9	108.2	109.8	111.7	115.2	117.5	118.2	118.0	118.1	119.5
泸 州	109.0	109.6	110.0	110.3	112.1	112.7	114.2	116.0	118.5	119.4	120.1	120.4
南 充	110.3	111.1	111.9	112.8	113.6	114.5	115.7	118.4	120.5	120.9	120.9	120.8
遵 义	106.5	107.6	108.1	108.5	108.9	109.8	111.6	113.5	114.5	115.2	116.9	117.6
大 理	101.6	102.9	103.3	103.8	104.3	105.1	106.7	108.7	110.0	112.0	114.8	116.5

数据来源：国家统计局。

注：定基指数以2015年价格为100。

表 5－124　2018 年七十大中城市新建商品住宅价格环比指数

类别	1 月	2 月	3 月	4 月	5 月	6 月	7 月	8 月	9 月	10 月	11 月	12 月
北京	100.2	99.7	100.1	100.2	100.2	100.0	100.2	100.0	100.0	100.2	100.6	101.0
天津	100.5	100.1	100.0	100.1	100.5	100.3	100.0	100.2	100.3	100.1	99.7	100.1
石家庄	100.1	100.1	100.7	100.3	101.2	100.3	102.0	100.9	101.1	103.3	101.4	102.5
太原	100.5	100.0	100.6	101.4	100.7	100.6	101.2	101.9	101.0	100.5	101.3	100.9
呼和浩特	100.1	100.5	100.5	101.0	101.6	101.1	102.4	102.9	102.8	101.6	102.9	101.9
沈阳	100.9	100.3	100.5	100.8	101.7	101.4	101.4	101.1	101.3	101.5	100.7	100.5
大连	101.6	101.0	100.7	101.1	101.7	101.8	101.0	101.0	100.6	100.7	101.4	100.9
长春	100.7	100.0	101.0	100.9	101.3	101.6	100.9	100.8	100.2	100.9	101.9	101.1
哈尔滨	100.1	100.7	100.9	101.3	101.2	101.4	102.2	100.9	101.3	102.0	100.9	100.5
上海	99.6	99.8	100.2	99.9	99.8	100.0	99.9	100.1	99.9	100.1	100.5	100.6
南京	99.7	99.9	99.7	99.8	99.8	99.8	99.9	100.0	100.4	100.2	101.5	99.9
杭州	100.0	99.9	100.3	100.1	100.0	100.6	100.8	100.6	100.2	101.2	100.7	101.1
宁波	100.7	100.2	100.3	101.1	100.5	100.3	100.9	102.0	100.3	100.0	100.0	99.8
合肥	99.9	99.7	100.0	99.8	100.2	100.1	100.6	101.6	100.9	100.6	100.4	100.4
福州	100.0	99.9	99.6	99.9	98.9	102.2	101.3	102.2	101.1	101.0	102.0	100.3
厦门	99.7	99.9	99.8	100.3	101.1	100.0	100.0	99.9	100.0	99.9	99.5	99.6
南昌	99.9	99.8	100.6	100.3	100.7	101.6	101.8	101.4	100.8	100.4	101.3	100.5
济南	100.5	99.9	100.2	100.1	100.4	103.6	103.0	102.8	101.3	100.7	101.7	100.7
青岛	100.1	100.0	100.4	100.1	102.0	102.4	102.0	101.6	100.4	100.6	101.8	101.2
郑州	99.7	100.0	99.9	100.5	101.6	101.8	101.3	101.5	100.4	101.0	100.8	100.3
武汉	100.4	99.9	99.8	99.8	101.1	101.2	101.1	101.4	100.3	102.5	101.6	101.3
长沙	100.4	100.2	100.3	100.2	101.6	102.0	102.7	102.0	100.6	100.1	100.3	100.4
广州	99.6	99.6	100.2	99.9	101.8	101.9	100.6	100.9	100.4	100.2	100.0	103.0
深圳	100.0	99.4	99.9	100.1	99.9	100.3	100.5	100.5	99.8	99.5	99.8	100.4
南宁	100.1	100.3	100.5	100.2	100.3	102.0	100.8	101.7	100.4	100.3	100.5	101.6
海口	100.4	100.2	102.1	101.9	102.1	103.9	102.3	100.9	100.3	100.6	100.3	101.4
重庆	100.3	100.3	100.7	101.1	100.9	101.8	101.3	101.0	101.1	100.8	101.1	100.8
成都	100.2	100.0	100.2	100.3	102.1	101.6	101.0	101.1	100.7	101.7	101.8	101.3
贵阳	101.0	100.4	100.7	101.3	100.6	101.2	101.8	101.8	102.1	104.2	101.9	100.6
昆明	101.4	100.3	100.8	100.7	100.9	101.9	102.9	101.5	102.0	101.4	100.7	100.9
西安	100.6	100.5	100.9	101.6	101.6	101.1	101.2	103.0	106.2	101.3	101.4	101.1
兰州	100.4	100.5	100.4	100.5	100.7	101.3	100.7	101.2	101.2	101.7	100.9	100.9
西宁	100.2	100.7	100.0	99.8	100.1	102.7	100.4	101.5	102.1	101.0	101.3	101.4
银川	100.4	100.5	100.8	100.6	100.4	101.4	101.0	101.7	100.9	100.2	100.3	100.8
乌鲁木齐	100.4	101.3	100.8	101.1	101.2	100.9	100.2	101.4	100.4	100.3	100.9	100.4

续表

类　别	1月	2月	3月	4月	5月	6月	7月	8月	9月	10月	11月	12月
唐　山	100.7	100.2	100.8	100.7	100.3	101.2	101.7	102.9	101.4	101.2	101.3	100.0
秦皇岛	100.8	100.6	101.4	100.7	100.6	101.1	100.9	102.8	101.9	102.1	101.5	101.6
包　头	100.8	100.4	100.6	100.6	100.8	101.0	101.8	102.5	100.5	101.4	100.4	100.0
丹　东	100.1	99.8	100.4	102.0	105.3	103.3	100.5	100.4	101.0	100.4	101.0	101.9
锦　州	100.4	100.8	100.9	100.7	100.3	100.5	100.5	100.6	101.9	101.4	101.7	102.3
吉　林	100.5	100.3	100.3	100.6	100.4	101.3	101.6	102.3	101.1	101.5	101.4	100.7
牡丹江	100.3	100.2	100.5	100.8	100.0	102.1	101.4	101.3	101.5	101.7	100.4	100.9
无　锡	99.7	99.6	99.9	99.8	99.9	99.9	101.5	103.4	100.5	100.4	100.9	99.8
扬　州	100.9	100.5	100.6	100.9	100.6	100.5	102.8	101.2	101.4	101.2	101.7	100.4
徐　州	100.6	101.0	100.7	100.8	101.3	100.6	102.3	103.3	101.2	101.9	101.6	101.0
温　州	100.4	100.0	99.9	99.9	100.1	100.4	100.2	100.7	100.2	99.9	99.7	100.3
金　华	100.2	100.0	100.3	101.3	100.6	100.3	101.2	101.1	99.9	100.1	99.7	99.8
蚌　埠	99.9	100.0	99.7	100.0	100.2	99.7	102.1	101.8	101.8	100.6	101.2	100.6
安　庆	100.5	100.3	100.0	99.7	99.9	101.1	100.5	101.9	101.6	102.2	100.5	100.5
泉　州	99.7	100.1	100.1	100.0	99.9	100.4	99.9	100.9	100.0	100.2	100.3	99.9
九　江	100.5	100.4	100.5	100.2	100.8	100.6	101.1	101.5	100.7	100.6	101.5	100.9
赣　州	100.2	100.0	100.2	100.2	100.4	100.6	100.5	102.0	101.1	100.6	100.6	100.9
烟　台	101.0	100.3	100.4	101.2	100.8	100.9	102.9	101.2	100.7	101.2	100.8	101.5
济　宁	100.2	100.4	100.4	100.6	100.8	101.3	101.4	101.7	100.6	101.9	101.7	101.1
洛　阳	100.5	100.0	100.4	100.7	100.4	100.2	101.1	100.7	101.8	101.4	102.3	101.0
平顶山	100.6	100.5	100.1	101.2	100.8	99.7	100.8	100.7	101.4	100.3	100.9	100.7
宜　昌	100.9	100.6	100.9	100.3	100.8	101.4	102.9	101.2	101.3	100.3	100.6	101.1
襄　阳	101.2	99.8	100.2	100.6	100.1	100.7	102.3	102.9	100.6	102.5	101.1	101.4
岳　阳	100.0	100.4	100.7	100.2	101.0	100.7	100.8	102.3	101.2	100.7	100.3	99.8
常　德	100.3	99.8	100.0	100.5	100.7	100.5	100.1	102.7	101.4	102.1	101.1	101.0
惠　州	100.0	100.4	99.9	100.1	100.3	100.5	100.4	100.7	100.4	100.6	100.3	100.2
湛　江	100.1	100.1	100.3	100.2	100.1	100.4	101.0	101.9	100.8	101.5	100.4	100.7
韶　关	99.5	100.3	100.6	100.4	100.5	100.7	100.4	101.4	100.6	100.4	100.6	99.8
桂　林	99.8	100.1	100.6	100.7	100.6	100.7	100.5	100.6	101.0	100.7	102.3	100.4
北　海	99.7	100.4	100.8	100.8	101.1	101.3	100.4	103.1	100.8	101.2	101.1	100.6
三　亚	100.9	101.0	100.7	101.9	102.4	103.2	103.7	100.1	100.2	99.9	100.4	100.2
泸　州	100.8	100.4	100.3	100.4	100.7	101.3	100.5	101.8	102.6	101.6	100.5	100.2
南　充	100.3	101.7	100.6	101.0	101.4	101.2	100.8	102.6	101.8	101.6	100.3	100.0
遵　义	101.1	100.6	100.9	100.8	100.7	100.9	101.0	101.5	101.1	101.9	101.7	100.7
大　理	100.7	100.9	100.9	101.2	100.8	101.2	101.6	101.9	101.5	102.1	102.8	101.8

数据来源：国家统计局。

注：1. 环比以上月价格为100。

2. 本表所列北京市“新建商品住宅价格指数”与北京市有关部门发布的“新建普通住房价格”在统计口径、统计标准等方面均有不同。

表 5－125　2018 年七十大中城市二手住宅价格环比指数

类　别	1 月	2 月	3 月	4 月	5 月	6 月	7 月	8 月	9 月	10 月	11 月	12 月
北　京	99.4	99.5	99.8	99.9	100.3	100.1	100.4	100.0	99.8	99.8	99.4	99.8
天　津	100.6	100.7	100.2	101.7	101.4	101.4	99.8	100.8	99.9	99.9	99.7	99.8
石家庄	99.6	100.2	100.1	100.4	101.2	100.7	101.5	101.1	100.3	99.8	99.8	99.9
太　原	100.9	99.9	101.5	101.3	100.9	100.6	101.1	101.0	101.0	100.2	101.1	100.1
呼和浩特	100.3	100.4	100.5	100.5	100.8	101.0	102.3	102.5	102.1	101.6	103.3	101.4
沈　阳	100.1	100.2	100.1	100.3	100.6	101.4	101.3	100.9	101.1	100.3	100.8	100.5
大　连	100.7	100.6	100.4	100.5	100.8	101.0	100.9	101.2	100.9	100.1	101.0	100.2
长　春	100.5	100.2	100.5	100.6	101.0	102.0	100.4	101.1	100.7	101.0	101.0	100.6
哈尔滨	100.2	100.4	101.0	100.9	100.8	101.0	101.9	101.5	101.2	100.5	100.5	100.6
上　海	100.1	99.6	99.4	99.8	99.7	99.7	99.9	99.9	99.8	99.8	99.9	99.7
南　京	99.6	99.9	100.4	100.7	99.8	100.0	99.9	100.3	100.2	100.1	100.2	99.9
杭　州	100.2	100.4	100.7	100.8	100.9	100.8	100.9	100.7	100.0	99.6	99.5	100.0
宁　波	100.4	100.3	100.9	100.5	100.7	100.4	101.0	101.1	100.5	99.7	99.6	99.6
合　肥	100.0	99.9	100.1	100.2	100.0	100.6	100.2	100.9	100.8	100.3	99.9	100.2
福　州	99.9	99.7	99.8	99.9	99.5	99.9	101.0	100.5	100.0	100.5	99.6	99.5
厦　门	99.2	99.4	99.5	99.6	99.8	99.9	99.6	99.7	99.7	99.1	99.3	99.4
南　昌	99.9	99.8	100.4	100.9	101.0	101.1	101.8	101.8	100.6	100.7	101.4	100.6
济　南	99.6	100.0	100.3	100.2	100.5	101.0	102.5	102.8	101.2	100.6	100.5	100.5
青　岛	100.1	100.3	101.4	101.3	100.8	100.7	102.2	101.9	100.8	100.9	100.7	99.5
郑　州	99.5	99.8	99.9	99.8	100.0	100.5	101.0	100.9	100.2	100.0	99.6	99.8
武　汉	100.3	100.1	99.9	100.0	101.8	100.3	101.3	101.2	100.4	100.8	100.9	100.6
长　沙	100.2	100.9	100.0	100.6	100.3	101.0	102.2	101.5	100.3	100.4	100.2	100.1
广　州	99.9	100.2	100.2	100.5	101.0	100.3	100.3	100.6	100.2	99.8	99.7	99.6
深　圳	100.9	101.3	100.7	100.2	100.8	100.3	100.6	101.1	100.0	99.4	99.8	99.7
南　宁	100.2	99.8	100.4	100.0	100.1	100.7	100.2	101.6	100.3	100.5	100.7	102.0
海　口	100.5	100.7	101.7	101.0	101.3	101.7	103.0	102.0	99.8	99.8	99.9	99.9
重　庆	100.1	100.1	100.3	100.9	101.0	101.3	101.2	101.6	100.8	100.5	100.3	100.6
成　都	99.7	100.2	99.6	99.7	100.6	100.4	101.6	101.4	100.6	100.5	100.5	100.9
贵　阳	100.5	100.3	100.4	100.6	100.4	101.0	101.7	101.6	102.7	101.7	100.8	100.5
昆　明	100.7	100.5	100.4	100.3	101.6	100.8	102.3	102.0	102.6	101.2	100.6	101.4
西　安	100.0	99.8	101.3	102.3	101.5	101.6	101.0	102.4	102.5	101.5	100.7	99.7
兰　州	100.7	100.3	100.2	100.3	100.4	100.6	100.6	101.8	101.8	101.7	101.4	100.3
西　宁	100.3	100.1	100.0	99.9	100.0	100.8	100.3	101.2	101.8	100.7	100.8	101.1
银　川	100.2	99.9	100.1	100.2	100.0	100.8	100.9	100.9	101.4	100.2	100.5	100.2
乌鲁木齐	101.1	101.2	102.1	101.4	101.8	100.3	100.2	101.6	101.2	101.0	100.5	100.4

续表

类别	1月	2月	3月	4月	5月	6月	7月	8月	9月	10月	11月	12月
唐山	100.0	100.1	100.3	99.9	100.4	100.8	101.2	101.1	100.9	101.1	101.4	100.6
秦皇岛	100.0	100.5	100.8	100.6	100.5	100.7	100.9	102.2	101.4	100.7	101.1	100.4
包头	99.9	100.0	100.2	100.5	100.4	100.6	100.9	101.6	100.5	100.2	100.7	100.4
丹东	100.3	100.1	100.3	101.4	101.3	100.6	100.4	100.6	100.4	99.9	100.6	100.4
锦州	100.0	100.1	100.4	100.5	100.6	100.5	100.4	100.0	101.4	100.4	101.3	101.7
吉林	100.2	100.1	100.4	100.4	100.7	100.8	101.2	101.2	101.0	100.5	101.5	100.4
牡丹江	99.8	100.0	100.1	100.2	100.6	100.7	100.7	100.9	100.7	100.7	100.2	100.3
无锡	99.9	100.0	100.1	100.2	100.3	100.4	101.0	102.1	101.5	100.1	99.4	99.7
扬州	100.2	100.3	100.4	100.7	100.4	100.4	101.8	101.7	101.3	101.3	100.5	100.1
徐州	100.3	100.5	100.3	100.9	100.6	100.5	101.2	102.1	100.9	101.0	100.5	100.3
温州	99.9	99.8	100.1	100.2	100.6	100.3	100.3	100.4	100.0	99.8	99.7	99.9
金华	100.3	100.6	100.4	100.7	100.8	100.5	101.2	101.1	99.9	100.0	99.7	99.6
蚌埠	100.0	100.2	100.1	100.2	100.3	100.1	101.6	102.2	100.8	100.6	100.5	100.5
安庆	99.9	100.5	100.0	99.8	100.1	100.7	100.7	102.3	101.4	101.9	100.4	99.8
泉州	100.0	100.2	100.2	100.1	100.3	100.5	100.7	100.6	99.9	99.9	99.8	99.6
九江	100.3	100.2	100.1	100.1	100.4	100.6	101.0	101.5	100.7	100.7	101.0	100.3
赣州	100.4	100.5	100.2	100.2	100.6	100.9	101.0	101.6	101.1	100.6	100.5	100.4
烟台	100.3	100.2	100.3	100.6	100.7	100.9	102.0	102.0	101.4	101.1	100.6	100.7
济宁	100.2	100.3	101.2	101.0	101.2	100.9	102.6	102.5	101.7	101.4	101.2	101.5
洛阳	100.2	100.1	100.2	100.6	100.2	100.5	101.5	101.7	101.6	100.5	101.8	101.0
平顶山	100.6	100.5	100.2	100.8	100.5	100.1	101.1	101.0	101.4	100.6	100.7	100.5
宜昌	101.0	100.5	100.6	100.5	100.6	100.5	102.0	102.2	101.8	100.5	100.4	100.2
襄阳	100.7	100.0	100.1	100.7	100.4	100.3	101.6	102.3	101.2	100.5	101.0	100.9
岳阳	100.2	100.3	100.2	100.4	100.5	100.7	100.7	102.3	101.3	100.3	100.0	99.9
常德	100.0	100.1	100.2	100.3	100.4	100.6	100.5	103.2	101.3	100.6	100.4	100.2
惠州	100.3	100.4	100.5	100.4	100.0	100.4	101.2	101.1	100.8	100.5	100.8	100.2
湛江	100.3	100.0	100.2	100.1	100.3	100.5	101.1	101.3	100.5	100.2	100.1	99.8
韶关	99.7	100.2	100.0	100.5	100.7	100.7	100.9	101.3	101.2	100.4	100.9	100.6
桂林	100.1	99.9	100.3	100.1	100.2	100.8	100.5	100.7	101.4	100.7	101.3	100.4
北海	99.9	99.8	100.2	100.4	100.5	100.9	100.5	102.2	101.9	100.4	100.7	100.3
三亚	100.1	100.1	100.9	101.2	101.5	101.7	103.1	102.1	100.6	99.8	100.1	101.2
泸州	100.3	100.1	100.4	100.3	101.6	100.5	101.4	101.5	102.1	100.8	100.6	100.3
南充	100.5	100.6	100.7	100.7	100.8	100.8	101.1	102.3	101.7	100.3	100.0	99.9
遵义	100.7	100.4	100.5	100.3	100.4	100.9	101.6	101.7	100.8	100.6	101.5	100.6
大理	100.7	100.4	100.3	100.5	100.6	100.8	101.5	101.9	101.2	101.8	102.6	101.5

数据来源：国家统计局。

注：环比以上月价格为100。

表 5-126　2018 年七十大中城市新建商品住宅价格同比指数

类　别	1月	2月	3月	4月	5月	6月	7月	8月	9月	10月	11月	12月
北　京	98.8	99.7	99.4	99.3	99.5	99.9	100.2	100.2	100.4	100.8	101.4	102.3
天　津	99.9	100.6	100.4	100.6	100.9	101.2	101.3	101.6	101.9	101.9	101.9	101.7
石家庄	102.6	102.7	102.5	102.7	104.0	103.9	105.7	106.5	107.5	110.7	112.0	114.9
太　原	107.8	107.5	107.6	107.7	107.5	106.9	107.7	109.5	110.0	109.8	110.8	111.2
呼和浩特	106.8	107.4	107.6	108.1	109.3	110.1	111.8	113.9	116.7	117.6	119.6	121.0
沈　阳	111.4	112.1	111.4	110.3	110.0	109.8	110.3	111.0	111.7	112.7	112.6	112.7
大　连	110.4	110.7	110.8	110.9	111.6	113.0	113.2	113.8	113.8	113.8	114.3	114.4
长　春	109.5	109.0	109.3	109.3	109.5	110.2	110.3	110.8	110.2	110.6	111.9	111.8
哈尔滨	111.5	110.8	111.1	112.0	111.1	110.9	112.6	113.3	113.8	114.3	114.9	114.4
上　海	99.8	99.4	99.7	99.8	99.6	99.8	99.8	99.8	99.8	99.6	100.1	100.4
南　京	98.0	98.5	98.3	98.4	98.4	98.2	98.1	98.4	98.7	99.0	100.8	100.7
杭　州	99.0	99.5	99.6	99.7	99.9	100.3	101.1	101.9	102.4	103.7	104.4	105.6
宁　波	106.2	106.0	105.5	105.6	104.8	104.2	104.8	106.6	107.1	106.9	106.7	106.1
合　肥	99.7	99.7	99.6	99.4	99.7	99.8	100.1	101.8	102.9	103.5	103.8	104.2
福　州	97.7	98.5	98.2	98.3	97.2	99.5	101.0	103.5	105.1	106.1	108.0	108.5
厦　门	102.3	102.2	100.1	100.4	101.2	100.7	100.5	100.3	100.5	100.6	99.9	99.6
南　昌	106.0	105.3	104.6	104.2	103.9	105.3	106.8	107.4	107.9	108.0	108.8	109.3
济　南	100.9	101.4	100.9	100.6	100.5	103.9	106.9	110.2	112.3	113.3	115.4	115.9
青　岛	103.6	103.9	103.3	103.1	104.8	107.0	108.8	110.1	110.4	110.7	112.2	113.3
郑　州	99.0	99.6	99.2	99.6	101.4	103.2	104.7	106.7	107.3	108.4	109.4	109.4
武　汉	100.7	101.3	101.2	100.5	101.5	102.3	103.2	104.8	105.2	107.9	109.7	110.8
长　沙	105.4	105.2	104.4	103.8	104.5	106.3	108.5	110.3	110.9	110.6	110.9	111.1
广　州	103.7	103.1	100.8	99.2	100.1	101.5	101.6	103.3	104.3	104.7	104.9	108.3
深　圳	96.6	97.5	97.7	97.8	98.3	98.7	99.3	100.3	100.0	99.6	99.6	100.1
南　宁	108.4	108.4	107.6	106.6	105.7	106.7	106.2	107.4	107.6	107.6	107.6	108.9
海　口	101.7	105.2	104.8	107.2	110.1	113.1	119.0	121.4	121.7	122.4	123.0	122.1
重　庆	108.3	108.2	107.7	107.4	107.5	107.7	108.2	109.0	110.0	110.6	111.1	111.6
成　都	98.7	100.0	100.8	101.1	103.4	105.3	106.5	108.2	108.9	110.0	111.8	112.7
贵　阳	111.2	110.9	110.3	110.1	109.7	110.3	111.3	112.5	114.0	118.3	119.6	118.8
昆　明	110.6	111.4	111.5	110.4	110.8	112.1	114.7	115.9	118.0	119.2	118.6	116.6
西　安	111.1	111.3	111.2	111.2	111.0	110.4	110.6	113.5	120.0	120.7	121.8	122.4
兰　州	105.3	105.8	105.6	105.7	105.7	106.2	106.6	107.8	108.9	110.4	110.7	110.8
西　宁	105.7	106.2	106.0	105.5	105.1	107.5	107.8	109.0	110.5	111.6	111.6	112.0
银　川	104.1	105.2	105.9	106.2	106.2	107.1	107.7	109.0	109.6	109.7	108.9	109.2
乌鲁木齐	107.5	108.7	109.3	110.1	110.8	111.3	111.2	112.1	111.9	111.6	110.5	109.8

续表

类 别	1月	2月	3月	4月	5月	6月	7月	8月	9月	10月	11月	12月
唐 山	106.9	106.7	106.6	104.9	104.8	105.1	106.7	109.6	111.4	112.9	113.8	113.1
秦皇岛	105.8	107.0	107.7	107.3	107.0	108.0	108.2	110.7	113.2	115.0	115.7	117.4
包 头	103.8	106.8	107.2	107.1	107.4	108.2	109.7	111.8	112.0	113.1	112.5	111.4
丹 东	104.2	103.6	104.1	106.1	111.7	115.0	114.9	114.9	115.8	116.2	116.3	117.1
锦 州	100.9	103.4	103.9	104.4	104.6	104.7	105.1	105.8	107.4	108.7	110.2	112.6
吉 林	108.1	107.5	106.9	106.7	106.1	106.9	107.6	109.3	109.9	111.0	112.1	112.6
牡丹江	106.9	106.6	106.5	106.4	105.8	107.8	108.8	109.2	110.9	112.2	111.9	111.7
无 锡	97.3	98.8	98.4	98.0	97.7	97.8	99.2	102.9	103.6	104.4	105.6	105.2
扬 州	109.1	108.7	107.7	106.8	105.9	105.5	108.0	109.0	110.3	111.2	113.3	113.4
徐 州	108.3	109.8	110.0	109.5	109.1	107.8	109.8	113.0	113.9	115.5	116.6	117.6
温 州	107.2	107.1	106.5	105.0	103.6	103.1	102.3	103.2	103.4	103.0	102.2	101.9
金 华	109.3	109.2	108.2	107.8	107.0	106.3	106.1	106.9	106.5	106.0	105.3	104.5
蚌 埠	108.4	107.6	107.0	104.7	101.5	99.2	100.1	102.3	104.3	105.5	106.8	107.7
安 庆	105.7	105.3	103.9	102.5	102.2	103.0	103.9	105.8	106.5	108.5	109.1	109.0
泉 州	100.1	100.0	99.6	100.0	100.1	99.8	100.0	101.0	101.8	101.5	102.2	101.5
九 江	108.3	107.4	106.5	105.5	104.6	104.4	104.9	106.1	107.0	107.3	108.9	109.8
赣 州	101.1	101.8	101.8	101.5	101.8	101.9	102.2	103.8	104.7	105.6	106.3	107.5
烟 台	109.5	108.7	108.4	109.1	108.6	108.4	110.6	111.4	111.6	112.3	112.3	113.5
济 宁	109.8	109.1	108.5	108.1	107.1	107.1	107.7	108.8	108.6	110.1	111.8	112.6
洛 阳	108.9	109.2	108.2	108.0	107.0	104.7	105.1	105.2	106.9	108.0	110.1	111.0
平顶山	107.0	107.7	107.2	107.1	107.4	106.1	106.4	106.8	107.6	107.5	107.8	108.0
宜 昌	108.2	108.6	108.5	106.6	105.7	105.7	108.7	110.1	111.5	112.1	112.1	112.9
襄 阳	106.7	106.7	106.5	106.2	105.4	104.2	105.9	108.6	108.7	111.6	112.5	114.1
岳 阳	107.9	108.7	108.6	108.1	108.0	107.4	107.4	109.0	109.7	109.6	109.5	108.5
常 德	110.2	108.5	107.2	107.3	106.5	105.4	104.4	106.4	107.5	109.2	110.2	110.7
惠 州	103.7	104.3	103.1	102.7	102.2	102.1	102.6	103.2	103.5	103.9	103.8	103.9
湛 江	108.3	108.1	108.2	107.4	104.8	104.6	104.7	106.2	107.1	108.5	107.3	107.7
韶 关	104.3	107.3	106.0	104.8	104.1	104.4	103.4	104.9	105.1	105.4	106.0	105.4
桂 林	107.2	108.7	108.5	107.8	107.5	107.2	106.4	106.0	106.8	107.0	108.1	108.2
北 海	110.5	112.2	112.3	111.1	108.9	108.0	106.8	109.1	109.5	110.0	110.9	111.8
三 亚	103.3	103.9	102.2	105.4	108.2	112.6	116.5	121.2	119.6	118.1	116.4	115.7
泸 州	106.6	106.8	106.7	106.7	107.2	107.7	107.9	110.2	113.0	114.1	113.7	111.8
南 充	109.9	110.8	110.1	110.1	110.8	110.5	111.0	113.1	114.3	115.1	114.6	114.0
遵 义	107.9	108.7	109.3	109.4	110.0	110.2	110.1	110.9	111.4	112.7	114.1	113.8
大 理	106.4	106.9	108.1	108.7	109.3	109.9	111.4	112.9	113.9	116.0	118.5	118.8

数据来源：国家统计局。

注：1. 同比以上年同月价格为100。

2. 本表所列北京市“新建商品住宅价格指数”与北京市有关部门发布的“新建普通住房价格”在统计口径、统计标准等方面均有不同。

表 5－127　2018 年七十大中城市二手住宅价格同比指数

类　别	1 月	2 月	3 月	4 月	5 月	6 月	7 月	8 月	9 月	10 月	11 月	12 月
北　京	96.9	95.4	93.2	93.1	94.3	95.4	96.5	97.4	97.8	98.0	97.9	98.1
天　津	98.2	100.2	98.8	99.4	101.3	103.6	104.1	105.8	106.1	106.4	106.2	106.0
石家庄	99.8	100.0	99.6	99.6	100.9	101.8	103.9	105.0	105.2	104.6	104.4	104.6
太　原	108.3	107.2	108.3	108.7	109.0	108.8	109.5	110.1	111.0	110.5	110.9	109.9
呼和浩特	102.8	103.6	104.0	104.5	105.2	106.0	108.1	110.6	112.6	114.0	116.9	117.9
沈　阳	107.3	107.3	106.7	105.9	105.4	105.7	106.0	106.3	107.1	107.3	107.7	107.7
大　连	105.9	106.5	106.5	106.3	106.3	106.7	107.4	108.2	108.9	108.4	108.9	108.7
长　春	105.5	105.8	105.7	105.7	106.3	107.7	107.8	108.8	108.9	109.7	110.0	110.1
哈尔滨	106.6	107.6	108.5	109.1	109.0	108.5	110.2	110.6	111.3	110.8	111.1	110.9
上　海	100.8	100.2	98.9	98.0	97.7	97.5	97.8	97.9	97.9	97.4	97.5	97.3
南　京	97.6	98.3	99.0	99.9	99.7	99.2	99.3	99.6	100.2	100.4	101.0	101.1
杭　州	106.9	106.7	106.5	106.6	106.7	106.7	106.8	106.8	106.2	105.4	104.6	104.6
宁　波	107.2	107.2	107.4	107.1	106.7	105.8	106.2	106.7	106.9	106.2	105.5	104.8
合　肥	99.3	100.0	100.1	100.5	100.6	101.6	101.3	101.9	102.7	103.2	103.1	103.1
福　州	104.9	103.8	102.0	101.1	99.8	99.0	99.7	100.1	99.9	100.4	100.0	99.7
厦　门	102.2	99.6	94.5	94.8	94.9	95.2	95.0	95.1	95.1	94.7	94.3	94.4
南　昌	103.1	102.4	102.5	102.6	103.0	103.4	105.0	106.4	107.2	108.2	109.6	110.5
济　南	102.3	101.8	100.8	99.9	99.8	100.0	102.7	106.3	107.8	108.6	109.4	110.1
青　岛	110.6	108.0	107.7	107.7	107.5	107.2	108.8	110.4	110.9	111.4	111.9	111.2
郑　州	99.7	99.1	98.5	97.7	97.6	97.8	98.7	100.1	100.6	101.0	101.0	101.0
武　汉	108.8	108.2	107.0	105.7	106.7	105.6	105.8	106.3	106.3	106.7	107.5	107.9
长　沙	110.6	110.3	108.4	104.6	104.0	104.6	107.0	108.0	107.9	108.0	108.0	108.0
广　州	107.6	105.5	102.4	101.8	102.3	101.7	101.9	102.5	102.5	102.7	102.3	102.3
深　圳	102.6	104.7	105.0	104.4	105.0	105.6	105.6	106.9	107.0	105.9	105.5	104.8
南　宁	107.0	107.2	107.1	106.2	105.4	104.3	103.0	104.2	104.4	104.4	104.7	106.7
海　口	100.6	100.7	101.3	102.3	103.5	104.8	108.2	110.7	111.1	111.4	111.8	111.5
重　庆	108.0	107.7	107.2	107.1	107.2	107.1	107.2	108.2	108.5	108.7	108.9	109.2
成　都	103.5	103.2	102.0	101.1	101.6	101.9	103.2	104.5	104.7	104.6	105.1	105.8
贵　阳	104.9	105.4	105.4	105.0	104.9	105.5	107.1	108.5	110.9	112.6	112.8	112.6
昆　明	106.4	107.8	107.3	106.9	107.8	108.1	110.3	112.0	114.4	115.5	115.3	115.4
西　安	108.9	108.3	108.4	109.4	109.5	109.5	109.7	111.3	114.1	115.7	115.9	115.0
兰　州	103.5	104.8	104.8	104.6	104.4	104.6	104.8	106.3	108.1	110.0	111.0	110.4
西　宁	102.5	103.1	103.1	102.8	102.8	103.3	103.5	104.7	106.1	106.8	106.8	107.2
银　川	101.2	101.6	101.7	101.8	101.6	102.3	103.2	104.0	105.4	105.7	105.5	105.4
乌鲁木齐	109.5	111.4	113.8	115.0	116.2	115.8	114.5	115.3	115.7	115.5	114.1	113.7

续表

类 别	1月	2月	3月	4月	5月	6月	7月	8月	9月	10月	11月	12月
唐 山	103.3	103.5	103.3	102.0	102.3	102.5	103.5	104.6	105.5	106.1	107.4	108.1
秦皇岛	105.4	105.0	104.2	103.6	104.4	105.2	105.8	107.2	107.7	108.7	110.0	110.3
包 头	102.6	103.8	102.9	102.9	103.0	103.3	104.1	105.4	105.6	106.0	106.1	105.9
丹 东	102.7	102.9	103.0	104.2	105.3	105.9	106.0	106.5	106.7	106.4	106.7	106.6
锦 州	100.2	100.4	100.8	101.4	101.9	102.1	102.5	102.5	104.1	104.5	105.7	107.5
吉 林	103.8	103.8	103.7	103.7	103.9	104.4	105.4	106.3	106.9	107.2	108.5	108.5
牡丹江	102.9	103.5	103.4	103.1	103.4	103.5	103.8	104.6	104.9	105.3	105.3	104.8
无 锡	108.5	108.1	106.3	104.4	103.3	102.2	102.7	103.6	105.3	105.8	105.2	104.9
扬 州	105.5	105.3	104.5	104.0	103.4	103.3	104.5	106.0	107.6	108.8	109.8	109.4
徐 州	105.3	105.6	105.6	105.7	105.2	104.4	105.4	107.5	108.2	109.0	109.2	109.3
温 州	106.4	105.9	105.5	104.6	103.9	102.6	102.2	102.1	101.6	101.2	100.7	100.8
金 华	107.5	108.3	108.0	107.3	107.2	107.0	107.8	108.4	107.4	106.7	105.9	104.9
蚌 埠	107.1	106.5	106.0	104.9	103.4	101.6	102.6	104.6	105.3	105.9	106.5	107.2
安 庆	105.9	105.9	105.0	103.3	102.4	102.7	102.5	104.3	105.5	107.6	108.2	107.8
泉 州	105.9	105.0	104.1	102.9	102.4	102.2	103.0	103.6	103.1	102.9	102.5	101.8
九 江	104.4	104.2	103.7	103.5	103.2	102.9	103.3	104.5	105.0	105.8	106.7	106.9
赣 州	102.7	102.4	102.3	102.5	102.8	103.3	103.8	105.3	106.6	107.4	107.9	108.4
烟 台	106.5	106.7	106.5	106.2	105.9	105.9	107.3	108.8	110.0	110.7	111.0	111.2
济 宁	106.6	107.7	108.1	108.4	108.8	108.6	110.4	112.3	113.8	115.1	115.8	116.7
洛 阳	104.2	104.3	104.2	104.3	103.8	103.4	104.6	106.2	107.6	108.0	109.5	110.4
平顶山	105.6	106.3	106.3	106.4	106.3	105.9	106.1	106.1	107.1	107.4	107.7	108.4
宜 昌	106.6	106.8	106.6	105.9	105.1	104.4	106.5	109.1	111.1	111.9	111.6	111.2
襄 阳	105.7	104.9	104.5	104.5	104.4	103.9	105.2	107.5	108.5	109.0	109.5	110.1
岳 阳	104.6	104.8	104.5	104.4	104.4	104.4	104.6	106.8	108.0	107.9	107.4	106.9
常 德	104.2	104.3	103.9	103.9	103.6	103.3	103.1	106.4	107.3	107.8	107.9	107.9
惠 州	106.0	106.1	105.0	104.1	103.1	102.9	103.8	104.8	105.6	106.0	106.8	106.9
湛 江	107.4	107.0	106.8	105.7	104.5	104.2	104.6	105.1	105.1	104.9	104.7	104.3
韶 关	105.1	104.8	103.2	102.6	102.8	102.8	103.0	104.6	105.5	106.0	106.9	107.3
桂 林	103.1	103.3	103.6	103.4	103.3	103.4	103.4	103.3	104.6	105.2	106.0	106.5
北 海	108.0	107.6	107.3	106.2	104.3	103.5	103.2	104.8	106.6	106.7	107.4	107.9
三 亚	101.7	101.4	101.0	102.3	104.4	106.9	110.4	112.4	113.0	112.6	112.0	113.0
泸 州	104.4	104.6	104.7	104.8	106.2	106.2	107.4	108.8	110.6	111.1	110.7	110.3
南 充	107.0	107.5	107.6	108.0	108.1	108.1	108.8	110.7	111.8	111.4	110.6	109.9
遵 义	105.3	106.4	106.4	106.3	106.3	106.9	108.1	109.2	109.6	109.9	110.8	110.5
大 理	102.9	104.3	104.6	104.9	105.4	105.7	107.3	109.2	110.1	111.7	113.9	114.5

数据来源：国家统计局。

注：同比以上年同月价格为100。

（三）中国城市住房（一手房）价格288指数

表5－128　2018年中国城市住房（一手房）价格288指数

类　别	1月	2月	3月	4月	5月	6月	7月	8月	9月	10月	11月	12月
全　国	**1394.0**	**1397.8**	**1409.9**	**1420.7**	**1436.1**	**1447.1**	**1464.8**	**1479.7**	**1482.6**	**1487.7**	**1494.0**	**1497.8**
北　京	1862.3	1863.7	1826.8	1826.6	1826.7	1801.0	1798.1	1772.5	1793.0	1802.2	1789.8	1824.2
上　海	2201.9	2202.6	2207.3	2207.5	2208.7	2233.6	2264.2	2263.9	2263.5	2251.4	2253.6	2275.8
重　庆	1643.2	1640.3	1658.1	1660.1	1661.8	1697.8	1761.7	1772.8	1782.3	1789.1	1762.2	1736.8
天　津	1812.2	1822.3	1846.8	1847.5	1847.8	1847.5	1847.5	1853.1	1838.2	1836.0	1835.2	1769.5
石家庄	1375.8	1359.1	1362.5	1345.9	1366.1	1379.3	1381.1	1398.5	1392.1	1387.9	1370.4	1330.5
张家口	1746.8	1746.8	1745.7	1745.7	1756.5	1758.7	1759.7	1759.5	1759.5	1757.7	1757.7	1757.7
承　德	1185.9	1185.9	1166.6	1166.6	1166.6	1159.3	1168.3	1167.9	1167.9	1172.0	1172.0	1172.0
唐　山	1026.0	1035.5	1019.9	1029.4	1038.3	1026.5	1011.0	1017.1	990.1	999.5	988.6	1013.4
秦皇岛	1068.0	1055.0	1066.0	1053.0	1056.2	1082.4	1101.3	1124.0	1155.6	1134.8	1144.2	1147.9
廊　坊	1470.8	1470.8	1459.5	1462.2	1471.2	1523.9	1523.9	1523.9	1508.1	1491.8	1466.9	1384.7
保　定	1279.6	1267.7	1279.1	1267.2	1260.1	1254.9	1216.9	1199.1	1215.5	1195.4	1168.2	1165.1
沧　州	1747.0	1747.0	1801.2	1801.2	1801.2	1847.6	1873.3	1845.8	1845.8	1828.4	1828.4	1828.4
衡　水	1452.7	1452.7	1471.6	1471.6	1471.6	1455.1	1469.3	1509.6	1509.6	1512.1	1512.1	1512.1
邢　台	1178.0	1178.0	1178.6	1178.6	1183.2	1188.4	1194.8	1215.3	1215.3	1215.3	1215.3	1215.3
邯　郸	1137.6	1128.8	1124.4	1115.7	1122.1	1131.8	1162.6	1169.9	1203.8	1208.6	1225.4	1215.1
泰　州	1300.7	1297.5	1306.0	1306.0	1306.3	1304.5	1306.6	1320.5	1332.1	1338.2	1367.8	1371.1
扬　州	1103.6	1099.8	1120.7	1120.6	1120.6	1126.7	1126.9	1129.6	1137.5	1124.3	1110.6	1110.4
镇　江	1106.7	1148.1	1166.6	1213.7	1253.8	1279.1	1284.2	1264.6	1291.5	1256.8	1225.7	1236.6
南　通	1142.9	1187.0	1194.5	1220.5	1260.0	1238.6	1241.2	1260.6	1286.0	1301.2	1322.2	1320.1
常　州	1397.8	1424.7	1413.3	1413.3	1413.3	1431.3	1480.8	1493.9	1502.7	1534.4	1548.4	1545.1
无　锡	1440.3	1450.5	1471.4	1471.4	1471.7	1485.1	1474.1	1490.8	1495.9	1532.9	1581.9	1592.5
苏　州	1711.6	1699.6	1673.9	1674.2	1673.7	1685.5	1684.0	1698.6	1693.0	1707.5	1722.0	1699.6
南　京	1910.2	1941.7	1904.3	1904.4	1903.4	1894.0	1873.5	1846.8	1813.6	1791.6	1799.7	1783.3
连云港	1156.4	1156.4	1156.4	1156.4	1156.4	1156.4	1164.3	1164.3	1164.3	1164.3	1164.3	1164.3
徐　州	1310.0	1316.4	1354.0	1353.9	1354.5	1378.0	1372.8	1395.9	1399.9	1422.0	1463.9	1465.9
宿　迁	1067.5	1077.4	1087.2	1097.3	1104.6	1111.1	1114.1	1118.8	1126.0	1148.5	1160.6	1143.5
淮　安	1199.4	1213.1	1179.4	1179.2	1179.6	1175.0	1213.2	1211.4	1253.6	1248.5	1261.6	1277.1
盐　城	923.8	924.6	912.5	890.5	886.9	891.3	898.0	862.0	882.9	871.5	889.5	872.4
合　肥	1975.6	1998.3	2009.4	2009.4	2009.6	1978.6	1966.4	1999.2	2015.5	2017.1	2080.0	2077.5
淮　北	792.4	797.0	800.4	802.1	822.9	822.5	820.5	792.4	813.3	794.0	798.7	796.3
亳　州	748.9	746.4	747.2	747.7	749.0	749.4	758.7	768.2	770.9	780.5	782.2	781.0
宿　州	669.7	680.3	689.0	703.0	711.0	718.4	729.3	718.9	717.2	718.3	717.4	718.9
蚌　埠	1378.9	1402.2	1411.9	1422.3	1411.6	1454.8	1473.1	1456.2	1493.6	1494.9	1495.8	1495.3
阜　阳	1357.7	1335.0	1348.8	1354.0	1375.4	1385.9	1425.0	1415.5	1405.0	1410.2	1407.6	1408.9

续表

类　别	1月	2月	3月	4月	5月	6月	7月	8月	9月	10月	11月	12月
淮　南	721.5	734.8	743.8	754.8	745.9	756.1	773.9	807.1	815.3	802.0	827.5	829.7
滁　州	974.6	962.2	968.4	956.0	978.7	997.0	1011.3	1011.3	996.6	1025.7	1025.7	1025.7
六　安	843.9	833.1	820.3	813.1	827.7	858.9	842.4	813.8	809.2	807.7	805.3	798.0
马鞍山	955.4	975.8	996.0	1008.5	1020.1	1030.8	1052.8	1067.1	1070.9	1058.0	1058.2	1056.6
芜　湖	1166.4	1175.4	1161.7	1161.8	1161.8	1165.8	1159.0	1189.6	1196.3	1209.2	1198.4	1202.5
宣　城	1153.9	1162.9	1175.6	1172.3	1147.5	1133.5	1130.9	1156.3	1159.2	1166.5	1180.6	1182.1
铜　陵	884.5	898.3	900.2	910.2	950.8	926.6	956.3	984.8	984.5	993.7	999.8	1020.4
池　州	706.4	709.7	711.0	712.3	748.8	729.5	714.5	706.4	700.8	703.5	724.5	722.2
安　庆	1085.0	1095.5	1101.4	1106.0	1125.9	1118.2	1148.5	1165.1	1143.2	1130.2	1105.3	1099.2
黄　山	899.7	888.8	890.7	879.9	879.9	913.8	915.7	935.7	948.1	967.7	996.7	1006.0
南　昌	1447.3	1471.6	1505.7	1506.5	1506.5	1506.5	1526.0	1526.0	1526.0	1526.0	1526.0	1526.0
九　江	1139.2	1160.8	1198.7	1198.7	1198.7	1198.5	1219.4	1250.8	1250.8	1250.8	1250.8	1250.8
景德镇	997.5	992.1	1001.9	996.5	1006.5	1039.2	1048.3	1066.1	1080.7	1085.2	1063.2	1063.2
上　饶	1195.4	1206.5	1209.9	1221.1	1200.7	1186.3	1193.2	1195.4	1221.8	1237.4	1242.0	1242.4
鹰　潭	1110.2	1111.3	1102.8	1103.9	1130.1	1139.9	1151.2	1178.4	1178.4	1178.4	1178.4	1207.6
抚　州	1079.0	1080.6	1080.6	1082.2	1083.9	1083.9	1094.7	1115.8	1115.8	1108.6	1108.6	1107.0
新　余	1002.7	997.3	997.4	992.0	1016.5	1025.2	1036.1	1035.6	1038.0	1025.5	1045.3	1012.0
宜　春	1147.4	1133.4	1177.1	1162.8	1178.2	1179.1	1211.7	1240.9	1277.8	1286.7	1255.4	1314.2
萍　乡	1038.3	1032.7	1040.6	1035.0	1050.5	1061.0	1094.6	1135.7	1113.7	1113.7	1114.2	1111.7
吉　安	1131.7	1184.7	1214.9	1271.8	1299.3	1344.6	1358.0	1377.3	1362.4	1369.6	1390.5	1373.6
赣　州	1093.5	1085.0	1079.9	1071.5	1070.9	1072.4	1082.5	1103.1	1108.6	1125.6	1113.5	1134.2
郑　州	1509.0	1513.1	1528.1	1527.8	1528.0	1505.2	1525.3	1551.7	1542.3	1558.1	1535.6	1562.7
安　阳	1064.9	1064.9	1092.6	1124.6	1142.1	1185.3	1201.0	1226.1	1226.1	1226.1	1226.1	1226.1
鹤　壁	1579.9	1615.0	1653.7	1723.5	1796.2	1794.5	1870.2	1909.5	1909.5	1909.5	1909.5	1909.5
濮　阳	1470.2	1496.2	1538.4	1581.8	1626.4	1655.8	1702.5	1728.5	1728.5	1728.5	1728.5	1728.5
新　乡	1000.3	1000.3	1015.1	1019.0	1009.6	1033.5	1057.3	1096.5	1096.5	1096.5	1096.5	1096.5
焦　作	1508.2	1450.1	1453.6	1457.1	1460.6	1490.8	1494.4	1498.0	1498.0	1498.0	1498.0	1498.0
三门峡	1499.3	1528.6	1542.7	1556.9	1571.2	1627.8	1642.8	1657.9	1657.9	1657.9	1657.9	1657.9
开　封	1268.7	1283.9	1294.8	1305.8	1316.9	1323.4	1334.6	1345.9	1345.9	1345.9	1345.9	1345.9
洛　阳	1357.7	1386.3	1432.7	1432.7	1432.8	1473.1	1498.2	1523.8	1515.0	1530.9	1506.1	1533.0
商　丘	1220.8	1245.3	1262.2	1279.4	1296.8	1352.9	1371.3	1389.9	1389.9	1389.9	1389.9	1389.9
许　昌	1301.4	1318.3	1342.2	1366.5	1391.2	1420.3	1446.0	1472.2	1472.2	1472.2	1472.2	1472.2
平顶山	1241.5	1259.3	1252.0	1244.7	1237.5	1226.7	1219.6	1212.5	1212.5	1212.5	1212.5	1212.5
周　口	1455.4	1475.3	1481.9	1488.6	1495.3	1513.8	1520.6	1527.4	1527.4	1527.4	1527.4	1527.4
漯　河	1293.9	1306.3	1323.5	1341.0	1358.7	1412.6	1431.2	1450.1	1450.1	1450.1	1450.1	1450.1
南　阳	946.9	946.9	947.2	959.4	964.1	922.0	920.0	920.2	920.2	920.2	920.2	920.2

续表

类别	1月	2月	3月	4月	5月	6月	7月	8月	9月	10月	11月	12月
驻马店	1182.7	1219.1	1239.8	1260.9	1282.3	1295.6	1317.6	1340.0	1340.0	1340.0	1340.0	1340.0
信阳	1418.8	1436.3	1474.6	1514.0	1554.4	1579.0	1621.2	1648.4	1648.4	1648.4	1648.4	1648.4
沈阳	1305.6	1314.6	1332.6	1333.7	1335.1	1374.7	1384.7	1411.8	1439.5	1439.5	1415.8	1406.8
铁岭	913.3	888.6	860.5	860.5	860.7	861.6	861.6	886.9	897.8	897.8	897.8	897.8
阜新	1397.6	1437.0	1488.6	1488.6	1488.6	1531.8	1531.8	1496.6	1497.5	1497.5	1498.4	1498.4
抚顺	902.9	905.8	910.3	911.8	911.8	917.3	917.3	930.2	933.3	933.3	955.7	955.7
朝阳	1395.1	1409.7	1461.4	1461.4	1461.4	1459.9	1451.4	1436.8	1411.2	1411.2	1386.1	1386.1
本溪	907.6	909.0	944.5	945.2	945.2	952.8	952.8	959.6	959.6	959.6	968.4	968.4
辽阳	886.8	898.5	921.3	921.3	921.3	942.5	938.4	934.2	934.2	934.2	952.1	952.1
鞍山	855.0	858.0	863.1	864.7	864.7	881.1	896.3	876.1	889.9	889.9	926.3	926.3
盘锦	944.8	978.1	1020.6	1020.6	1020.6	1022.6	1022.6	987.9	989.1	989.1	982.0	982.0
锦州	602.1	607.6	597.0	617.9	639.6	638.3	647.8	657.5	690.4	690.4	690.4	690.4
葫芦岛	1220.9	1235.2	1259.5	1234.3	1234.3	1273.6	1310.0	1291.3	1272.9	1272.9	1211.5	1211.5
营口	406.8	412.6	401.9	422.0	422.0	424.5	435.2	435.2	428.8	428.8	415.0	415.0
丹东	881.5	884.3	887.8	890.9	894.0	936.0	963.1	956.8	957.4	957.4	959.7	959.7
大连	1049.9	1063.1	1068.7	1068.8	1069.1	1090.4	1103.8	1126.1	1149.4	1156.0	1164.0	1166.2
杭州	1447.7	1418.4	1437.0	1437.9	1436.1	1444.6	1460.0	1471.2	1467.1	1461.5	1487.2	1481.9
湖州	1316.6	1346.2	1316.4	1350.1	1380.0	1403.2	1381.3	1393.8	1392.1	1378.0	1392.4	1394.1
嘉兴	1201.6	1251.6	1264.7	1267.0	1267.0	1268.5	1202.9	1197.5	1200.4	1200.4	1209.4	1216.0
绍兴	1208.7	1208.7	1208.7	1208.7	1208.7	1208.7	1209.2	1216.6	1250.2	1242.5	1247.9	1226.1
舟山	1284.3	1296.7	1328.6	1294.0	1280.6	1294.1	1292.7	1286.7	1320.5	1327.2	1347.6	1372.6
宁波	1482.0	1501.1	1549.8	1549.3	1550.0	1577.1	1593.0	1621.3	1590.4	1575.3	1570.9	1624.8
金华	1153.4	1157.8	1162.8	1167.2	1167.2	1185.4	1181.7	1172.8	1207.4	1238.4	1258.5	1284.0
衢州	1228.6	1235.1	1213.0	1193.3	1221.1	1259.4	1307.5	1355.1	1394.5	1459.8	1463.3	1436.4
台州	1069.8	1096.2	1066.2	1117.8	1105.9	1098.8	1079.2	1104.1	1137.2	1163.9	1173.9	1171.1
丽水	938.0	970.8	994.7	983.9	967.3	1000.4	984.4	996.4	974.3	961.5	924.5	924.7
温州	925.8	922.4	900.4	890.8	877.5	913.3	904.7	899.6	910.8	910.7	887.9	873.0
福州	1922.1	1940.7	1981.2	1981.0	1980.8	1944.0	1986.5	1969.7	1962.8	1950.5	1933.7	1928.8
宁德	1025.1	1012.6	996.4	984.3	984.3	1009.7	1019.3	1031.0	1017.8	1017.8	1019.3	983.0
南平	1076.6	1087.4	1098.5	1110.0	1112.5	1146.1	1119.3	1139.7	1143.7	1179.0	1155.5	1199.8
三明	908.7	903.8	898.1	893.3	893.3	902.5	910.8	908.3	910.4	895.2	901.9	897.6
莆田	880.8	881.7	869.9	870.8	882.5	876.1	869.8	891.7	877.1	876.3	883.7	858.2
龙岩	1246.0	1258.8	1275.5	1286.4	1291.8	1294.8	1286.8	1286.8	1286.8	1271.2	1265.9	1282.7
泉州	1283.2	1300.9	1312.6	1312.4	1312.4	1287.9	1306.0	1300.0	1295.8	1300.7	1300.1	1296.8
漳州	2102.0	2102.0	2090.5	2090.5	2090.5	2173.0	2182.4	2161.5	2144.4	2114.3	1999.8	1982.2
厦门	2234.0	2256.5	2174.0	2173.8	2173.8	2187.0	2130.3	2171.2	2176.3	2167.3	2152.1	2137.5

续表

类别	1月	2月	3月	4月	5月	6月	7月	8月	9月	10月	11月	12月
西安	1307.1	1346.0	1354.2	1359.0	1364.1	1384.8	1396.2	1402.4	1391.3	1397.9	1376.0	1388.9
榆林	1001.7	1001.7	1040.2	1040.2	1009.2	966.1	971.8	1011.6	1011.6	1011.6	1011.6	1011.6
延安	999.4	999.4	998.1	998.1	973.2	958.3	967.8	967.8	967.8	967.8	967.8	967.8
铜川	1015.3	1019.8	1067.5	1072.2	1097.8	1132.9	1139.7	1153.4	1153.4	1153.4	1153.4	1153.4
渭南	1055.6	1055.6	1055.7	1055.7	1056.1	1062.5	1076.4	1117.2	1117.2	1117.2	1117.2	1117.2
宝鸡	1013.6	1013.6	1027.8	1027.8	1027.8	1078.0	1093.1	1124.2	1124.2	1124.2	1124.2	1124.2
咸阳	1005.1	1005.1	1021.3	1021.3	1053.4	1077.6	1084.3	1089.4	1089.4	1089.4	1089.4	1089.4
商洛	1030.4	1030.4	1038.3	1038.3	1038.3	1040.0	1056.5	1021.1	1021.1	1021.1	1021.1	1021.1
汉中	1081.3	1081.3	1074.3	1074.3	1074.3	1090.5	1095.4	1130.6	1130.6	1130.6	1130.6	1130.6
安康	1063.5	1063.5	1080.5	1080.5	1093.6	1117.7	1151.1	1174.6	1174.6	1174.6	1174.6	1174.6
广州	1727.1	1714.8	1705.1	1704.7	1704.0	1712.3	1747.1	1762.0	1781.3	1807.9	1846.1	1939.6
韶关	1206.7	1207.3	1163.8	1115.1	1092.4	1085.7	1105.2	1095.0	1106.7	1118.7	1133.0	1136.2
梅州	1502.0	1502.0	1511.4	1596.2	1669.8	1650.9	1650.9	1668.3	1676.9	1687.2	1676.1	1679.3
河源	1232.8	1232.8	1238.0	1257.9	1274.5	1213.0	1230.1	1253.5	1260.8	1278.4	1307.8	1305.3
清远	1350.0	1354.0	1338.5	1338.4	1339.2	1298.5	1297.1	1300.7	1346.7	1398.4	1432.7	1392.4
潮州	1173.3	1215.3	1254.5	1281.0	1281.0	1211.4	1176.0	1176.0	1223.8	1247.1	1247.1	1199.8
揭阳	1595.3	1584.6	1620.6	1547.4	1528.8	1600.3	1610.7	1586.5	1618.2	1628.9	1617.7	1622.0
汕头	922.9	908.8	879.0	921.7	970.7	1010.8	987.9	1012.1	1020.8	1014.3	1003.2	1004.7
肇庆	1235.2	1236.2	1249.9	1250.0	1249.9	1241.9	1250.7	1251.9	1256.9	1256.9	1256.9	1266.8
惠州	1349.9	1311.9	1344.7	1344.1	1344.3	1358.8	1375.5	1393.8	1380.4	1376.4	1363.8	1344.2
佛山	1683.4	1715.3	1715.4	1715.4	1715.2	1715.2	1731.5	1776.8	1712.1	1742.4	1729.4	1739.2
东莞	1832.3	1842.2	1850.5	1850.7	1851.0	1856.3	1812.8	1804.9	1866.6	1901.4	1929.6	1984.8
云浮	1369.8	1369.8	1353.1	1363.3	1367.3	1403.4	1446.7	1468.7	1480.4	1491.0	1489.2	1504.5
汕尾	1069.1	1069.1	1090.3	1090.3	1071.5	1039.0	1039.0	1039.0	1039.0	1039.0	1039.0	1068.9
江门	1370.5	1347.0	1308.8	1351.3	1421.6	1422.1	1407.1	1432.3	1466.7	1468.3	1455.9	1455.5
中山	1339.4	1348.9	1352.8	1352.9	1353.0	1380.7	1379.3	1389.3	1396.9	1394.1	1414.1	1471.4
深圳	1800.3	1779.5	1774.2	1773.9	1773.5	1752.3	1739.1	1761.3	1727.1	1692.9	1680.0	1656.7
珠海	1331.0	1342.7	1364.8	1416.3	1391.3	1398.5	1439.1	1436.0	1429.9	1417.8	1398.3	1381.7
阳江	1265.0	1267.6	1273.5	1306.9	1396.0	1404.3	1409.1	1414.6	1416.3	1416.3	1419.1	1422.0
茂名	1378.5	1382.8	1382.8	1380.8	1438.7	1467.4	1467.4	1463.5	1467.0	1461.8	1453.1	1504.6
湛江	1338.1	1338.1	1338.1	1351.3	1433.4	1479.7	1503.7	1555.5	1585.2	1585.6	1598.2	1607.7
昆明	1177.8	1197.9	1216.1	1273.6	1300.4	1270.1	1264.7	1269.7	1222.2	1208.7	1217.1	1213.4
昭通	1441.9	1418.8	1458.5	1423.5	1489.0	1524.0	1568.7	1607.1	1654.9	1654.9	1654.9	1654.9
丽江	1148.6	1175.5	1209.9	1238.2	1238.2	1273.3	1268.8	1268.8	1268.8	1268.8	1268.8	1268.8
曲靖	1380.1	1371.8	1451.4	1441.9	1470.8	1502.0	1566.6	1592.6	1638.8	1638.8	1638.8	1638.8
保山	1367.3	1407.0	1458.1	1499.0	1543.9	1614.9	1676.3	1703.1	1778.1	1778.1	1800.3	1800.3

续表

类 别	1月	2月	3月	4月	5月	6月	7月	8月	9月	10月	11月	12月
玉 溪	1422. 1	1380. 9	1422. 9	1462. 7	1420. 3	1440. 2	1482. 4	1516. 0	1558. 4	1558. 4	1558. 4	1558. 4
临 沧	1359. 2	1371. 4	1420. 8	1441. 4	1447. 1	1516. 6	1575. 7	1599. 3	1599. 3	1599. 3	1613. 6	1613. 6
普 洱	1501. 0	1427. 5	1496. 0	1539. 4	1599. 4	1607. 1	1658. 5	1696. 1	1737. 7	1737. 7	1737. 7	1737. 7
呼和浩特	1043. 5	1073. 1	1058. 2	1052. 7	1081. 9	1092. 0	1107. 9	1106. 1	1109. 8	1131. 7	1160. 1	1171. 3
呼伦贝尔	918. 4	913. 4	922. 5	917. 5	917. 5	917. 5	923. 6	956. 0	956. 0	945. 8	945. 8	945. 8
通 辽	1006. 0	993. 8	993. 8	981. 7	979. 3	979. 3	989. 1	997. 5	997. 5	1003. 0	987. 9	987. 9
赤 峰	875. 9	871. 2	887. 1	882. 3	871. 3	875. 2	876. 7	904. 5	904. 5	904. 5	907. 0	907. 0
巴彦淖尔	892. 5	893. 8	893. 8	895. 1	895. 1	882. 9	899. 9	908. 7	908. 7	925. 0	905. 5	913. 9
乌兰察布	1041. 8	1051. 5	1044. 0	1053. 7	1032. 3	1025. 4	1032. 2	997. 1	997. 1	1020. 0	1009. 1	1039. 5
包 头	978. 6	973. 3	978. 2	972. 9	995. 5	987. 0	996. 3	1001. 3	1000. 0	1006. 9	1025. 9	1021. 0
鄂尔多斯	890. 4	893. 1	924. 3	927. 0	927. 0	946. 5	965. 3	965. 3	965. 3	965. 3	978. 8	978. 8
乌 海	905. 2	906. 1	911. 1	912. 0	912. 4	887. 6	890. 5	928. 4	928. 4	928. 4	966. 2	971. 3
长 沙	1454. 4	1446. 6	1448. 5	1449. 1	1450. 0	1448. 0	1480. 6	1504. 7	1471. 9	1473. 8	1490. 3	1476. 1
岳 阳	1344. 3	1293. 8	1270. 8	1231. 9	1304. 8	1303. 7	1297. 7	1302. 6	1323. 2	1305. 9	1305. 9	1305. 9
张家界	1079. 1	1079. 1	1060. 2	1060. 2	1076. 0	1088. 0	1108. 6	1118. 6	1118. 6	1118. 6	1118. 6	1118. 6
常 德	1232. 8	1232. 8	1239. 2	1239. 2	1239. 2	1230. 2	1238. 9	1261. 2	1261. 2	1261. 2	1261. 2	1261. 2
益 阳	1193. 6	1193. 6	1194. 2	1194. 2	1229. 3	1252. 1	1270. 9	1295. 0	1293. 3	1315. 4	1315. 4	1315. 4
湘 潭	1303. 5	1303. 5	1326. 4	1326. 4	1333. 8	1337. 5	1347. 7	1349. 2	1349. 2	1349. 2	1349. 2	1349. 2
株 洲	1413. 4	1413. 4	1413. 4	1413. 4	1420. 3	1452. 4	1478. 0	1509. 5	1509. 5	1509. 5	1509. 5	1509. 5
娄 底	968. 8	968. 8	975. 8	975. 8	975. 8	1000. 0	1006. 4	1035. 1	1035. 1	1035. 1	1035. 1	1035. 1
怀 化	1102. 0	1102. 0	1105. 1	1105. 1	1105. 1	1100. 4	1107. 4	1110. 8	1110. 8	1110. 8	1110. 8	1110. 8
邵 阳	1118. 2	1118. 2	1139. 0	1139. 0	1139. 0	1170. 8	1190. 5	1209. 6	1209. 6	1209. 6	1209. 6	1209. 6
衡 阳	1064. 7	1064. 7	1094. 2	1094. 2	1094. 2	1135. 3	1150. 0	1146. 1	1146. 1	1160. 0	1160. 0	1160. 0
永 州	1036. 9	1036. 9	1082. 5	1082. 5	1085. 6	1084. 6	1092. 7	1083. 7	1083. 7	1083. 7	1083. 7	1083. 7
郴 州	1297. 4	1297. 4	1296. 3	1296. 3	1296. 3	1360. 4	1376. 0	1403. 0	1403. 0	1403. 0	1403. 0	1403. 0
乌鲁木齐	1157. 1	1160. 1	1168. 1	1180. 0	1184. 3	1187. 4	1188. 9	1186. 6	1187. 7	1186. 5	1186. 9	1202. 5
克拉玛依	1304. 0	1305. 6	1313. 2	1323. 2	1332. 5	1334. 6	1341. 5	1341. 5	1343. 1	1343. 5	1343. 8	1348. 6
太 原	1285. 2	1321. 4	1314. 9	1315. 3	1316. 2	1253. 3	1295. 9	1295. 9	1295. 9	1295. 9	1295. 9	1295. 9
大 同	1079. 8	1079. 8	1079. 8	1079. 8	1079. 8	1079. 8	1089. 1	1089. 1	1089. 1	1089. 1	1089. 1	1089. 1
朔 州	969. 7	964. 5	965. 1	959. 9	946. 4	942. 9	955. 8	955. 8	955. 8	955. 8	960. 6	960. 6
忻 州	918. 3	920. 9	922. 2	924. 8	927. 4	933. 3	908. 3	923. 9	923. 9	923. 9	892. 7	902. 4
阳 泉	929. 4	924. 4	924. 7	919. 7	893. 1	891. 6	912. 1	917. 8	931. 3	931. 3	915. 0	923. 2
晋 中	999. 4	1000. 4	984. 5	985. 5	990. 4	1024. 1	1023. 8	1025. 6	1050. 7	1051. 6	1063. 7	1050. 6
吕 梁	949. 8	944. 7	944. 7	939. 6	948. 9	948. 9	927. 7	956. 2	967. 7	967. 7	920. 7	920. 7
长 治	996. 4	1005. 7	996. 1	1005. 4	1005. 4	1035. 9	1057. 9	1087. 7	1100. 8	1100. 8	1128. 0	1154. 1
临 汾	934. 6	928. 4	915. 2	909. 1	942. 8	942. 8	984. 6	984. 7	984. 7	993. 7	980. 4	959. 3

续表

类　别	1月	2月	3月	4月	5月	6月	7月	8月	9月	10月	11月	12月
晋　城	1011.4	1017.7	1019.1	1025.5	1017.1	1039.1	1065.7	1073.8	1073.8	1073.8	1043.6	1065.0
运　城	1111.5	1111.5	1111.5	1111.5	1111.5	1111.5	1113.4	1113.4	1113.4	1113.4	1113.4	1113.4
哈尔滨	1027.4	1020.6	1030.1	1023.3	1009.0	1018.6	1027.9	1055.5	1058.8	1069.9	1094.0	1111.5
黑　河	958.0	958.9	958.9	959.8	959.8	959.8	959.8	969.6	969.6	969.6	969.6	969.6
伊　春	987.8	975.8	975.8	963.9	999.1	999.1	1005.7	1053.6	1053.6	1053.6	1053.6	1053.6
齐齐哈尔	1059.8	1069.6	1069.6	1079.5	1089.6	1086.0	1086.8	1106.5	1109.4	1113.0	1122.4	1120.2
鹤　岗	943.9	931.9	931.9	920.0	921.2	921.2	921.2	921.2	921.2	921.2	921.2	921.2
佳木斯	981.1	974.6	1006.4	999.8	999.8	999.8	1009.7	1009.5	1014.0	1002.8	1008.1	1032.7
双鸭山	897.6	900.1	856.2	858.6	858.6	858.6	864.3	864.3	864.3	864.3	864.3	864.3
绥　化	1065.3	1069.3	1065.5	1069.5	1069.5	1069.5	1080.2	1111.5	1075.2	1039.6	1073.6	1051.0
大　庆	897.4	898.3	907.1	908.0	908.0	907.4	917.1	920.3	911.7	907.8	926.4	936.2
七台河	880.7	881.6	881.6	882.5	899.2	899.2	908.1	908.0	908.0	908.0	908.0	908.0
鸡　西	929.7	933.2	906.1	909.6	909.6	909.6	915.6	948.1	966.7	991.5	1024.5	1024.5
牡丹江	977.8	1005.1	1002.4	1013.0	1025.3	1029.2	1044.9	1023.0	1053.0	1070.5	1071.6	1098.1
淄　博	1090.8	1077.5	1077.5	1064.4	1109.3	1109.3	1109.3	1109.3	1120.4	1118.5	1160.1	1152.0
潍　坊	1089.9	1094.0	1098.1	1102.2	1106.4	1128.0	1149.8	1153.5	1179.0	1187.2	1214.8	1201.9
聊　城	1137.8	1131.7	1144.8	1138.6	1155.6	1186.2	1218.9	1211.7	1200.8	1218.7	1254.3	1237.4
泰　安	1135.1	1127.6	1149.6	1142.0	1178.2	1212.7	1237.0	1238.0	1243.3	1249.0	1286.2	1290.4
莱　芜	1058.0	1045.1	1083.2	1070.1	1056.5	1103.7	1106.6	1117.4	1132.5	1109.0	1097.3	1097.3
青　岛	1703.8	1705.2	1725.7	1726.8	1728.9	1773.6	1799.0	1791.6	1828.3	1863.6	1910.1	1901.2
日　照	1198.7	1202.0	1202.0	1205.4	1223.3	1251.3	1225.8	1222.3	1274.9	1290.0	1302.8	1308.7
济　宁	1202.0	1186.7	1191.2	1176.0	1198.0	1231.1	1237.5	1259.5	1253.3	1217.7	1253.3	1285.3
菏　泽	1159.0	1163.4	1189.9	1194.4	1195.3	1203.8	1214.2	1227.5	1233.4	1231.3	1257.1	1236.0
临　沂	1198.4	1209.5	1239.8	1251.3	1266.2	1316.1	1324.9	1335.5	1337.4	1337.4	1370.2	1385.0
枣　庄	1252.3	1245.5	1245.2	1238.5	1259.9	1270.3	1292.8	1269.3	1296.1	1317.8	1394.9	1386.8
济　南	1595.2	1603.2	1641.9	1641.2	1641.5	1646.5	1659.4	1686.1	1699.0	1689.9	1701.4	1695.5
德　州	1198.6	1192.1	1226.3	1219.7	1223.6	1199.6	1217.6	1240.2	1240.0	1234.1	1244.2	1263.1
滨　州	1190.5	1184.1	1201.9	1195.4	1178.9	1212.6	1233.0	1220.7	1229.5	1233.2	1275.2	1253.9
东　营	871.6	872.9	876.8	878.2	886.9	905.5	896.9	921.7	909.4	895.4	918.7	937.3
烟　台	1270.8	1301.5	1286.3	1286.1	1286.6	1323.6	1334.0	1378.3	1441.6	1430.7	1478.8	1488.7
威　海	1049.7	1052.6	1068.2	1071.1	1112.9	1136.4	1116.0	1142.0	1156.2	1176.4	1194.5	1219.6
武　汉	2185.0	2194.7	2204.1	2203.4	2204.7	2197.4	2190.2	2183.7	2213.4	2245.1	2241.7	2292.6
十　堰	1403.3	1411.2	1417.6	1421.0	1421.0	1422.1	1385.6	1358.6	1341.6	1340.5	1319.6	1319.6
襄　阳	1290.4	1303.7	1363.4	1409.0	1483.6	1536.7	1572.5	1582.2	1571.4	1529.8	1537.0	1537.0
随　州	1436.0	1458.1	1510.4	1515.3	1523.5	1525.8	1470.9	1486.5	1470.9	1436.6	1446.1	1446.1
荆　门	1287.1	1308.3	1340.7	1353.9	1353.9	1392.9	1358.4	1402.2	1401.4	1387.1	1380.6	1359.9
孝　感	1331.7	1366.1	1418.7	1445.9	1503.5	1519.9	1494.5	1510.3	1501.5	1519.2	1543.2	1543.2

续表

类别	1月	2月	3月	4月	5月	6月	7月	8月	9月	10月	11月	12月
宜昌	1236.3	1236.3	1261.4	1261.4	1261.4	1261.4	1273.5	1273.5	1273.5	1273.5	1273.5	1273.5
黄冈	1361.5	1385.7	1407.0	1445.7	1445.7	1460.9	1483.4	1496.4	1471.2	1472.7	1503.9	1503.9
鄂州	1643.1	1618.1	1651.1	1578.0	1578.0	1620.0	1628.7	1674.8	1673.5	1658.9	1689.6	1689.6
荆州	1147.6	1177.9	1201.2	1245.1	1245.1	1260.7	1287.3	1277.9	1259.9	1268.5	1288.7	1288.7
黄石	1106.5	1118.5	1103.5	1097.5	1097.5	1098.2	1125.2	1160.3	1170.4	1152.4	1166.8	1166.8
咸宁	1269.4	1295.3	1310.3	1384.9	1416.5	1373.3	1423.8	1432.1	1442.4	1421.4	1384.0	1384.0
长春	1295.2	1311.1	1323.0	1323.2	1323.8	1348.4	1396.2	1424.6	1445.0	1453.6	1485.5	1475.0
白城	1385.4	1401.9	1425.9	1441.4	1484.9	1484.9	1499.7	1499.7	1499.7	1499.7	1499.7	1499.7
松原	1278.8	1294.3	1292.2	1318.6	1385.0	1379.0	1392.8	1429.2	1429.2	1429.2	1429.2	1429.2
吉林	1060.8	1061.8	1072.0	1073.1	1083.5	1110.6	1127.1	1140.2	1121.6	1165.1	1183.3	1186.4
四平	1385.4	1359.4	1398.8	1350.5	1365.2	1348.8	1347.0	1347.0	1347.0	1347.0	1347.0	1347.0
辽源	1074.1	1073.3	1095.2	1109.7	1088.3	1030.9	1034.3	1034.3	1034.3	1034.3	1034.3	1034.3
白山	1351.6	1365.0	1406.1	1404.5	1414.5	1414.5	1414.5	1414.5	1414.5	1414.5	1414.5	1414.5
通化	1219.6	1248.0	1260.2	1261.7	1298.6	1309.0	1332.6	1332.6	1332.6	1332.6	1332.6	1332.6
西宁	1146.3	1148.5	1133.1	1133.1	1133.1	1128.9	1123.1	1131.2	1141.9	1123.4	1130.9	1174.8
拉萨	1263.1	1264.7	1270.5	1277.6	1279.2	1282.8	1287.4	1287.4	1287.9	1288.0	1288.3	1289.8
海口	1599.2	1599.2	1597.0	1600.0	1600.7	1662.8	1726.6	1783.3	1759.6	1710.2	1677.6	1662.6
三亚	1091.3	1085.8	1059.4	1059.4	1059.7	1069.8	1118.2	1152.3	1153.8	1119.8	1119.3	1064.2
银川	1073.4	1076.4	1090.0	1093.1	1091.4	1109.5	1139.4	1145.5	1171.2	1168.5	1192.6	1194.4
石嘴山	968.8	969.8	969.8	970.8	970.8	970.8	998.9	998.9	1016.0	1016.0	1014.6	1014.6
吴忠	1156.1	1149.9	1156.4	1150.1	1150.1	1132.6	1142.2	1132.0	1132.0	1138.3	1095.2	1103.8
中卫	912.7	907.8	909.7	904.8	904.8	904.8	909.9	916.4	921.7	921.7	941.8	941.8
固原	899.9	895.0	917.0	912.0	912.0	912.0	912.0	912.0	912.0	912.0	901.0	901.0
兰州	1113.5	1106.8	1113.3	1113.3	1113.2	1105.5	1110.3	1121.0	1133.1	1131.8	1150.7	1179.8
嘉峪关	954.7	949.5	949.5	944.4	963.0	1018.7	1018.7	1056.3	1065.9	1065.9	1065.9	1079.6
酒泉	913.9	907.9	894.4	888.5	890.8	886.5	887.9	892.2	901.2	912.2	925.8	925.8
张掖	911.3	900.2	900.8	889.8	889.8	865.7	853.2	889.4	889.4	889.4	893.7	888.7
金昌	944.5	933.0	933.0	921.6	930.8	959.0	959.0	963.9	963.9	963.9	980.6	980.6
武威	888.0	877.2	885.4	874.6	897.6	910.9	924.3	955.7	958.9	974.0	982.6	989.8
白银	883.3	876.5	887.1	880.3	889.1	916.5	898.0	898.0	914.2	938.1	983.1	945.3
庆阳	965.6	953.3	948.9	936.8	950.8	917.9	907.5	940.7	937.7	917.2	917.2	916.8
平凉	945.1	953.9	930.9	939.6	959.3	962.7	986.7	1024.4	1021.0	1029.1	1029.6	1029.6
定西	943.4	936.1	952.2	944.8	952.2	956.1	959.3	968.2	973.1	994.3	994.3	994.3
天水	905.4	908.8	954.6	958.2	987.9	997.9	1009.5	1024.3	1032.9	1033.2	1045.2	1077.5
陇南	872.6	862.0	862.0	851.5	840.7	837.9	843.5	885.1	885.1	885.1	885.1	885.1
贵阳	1217.8	1238.4	1228.2	1227.8	1227.7	1227.7	1237.2	1237.2	1237.2	1237.2	1237.2	1237.2
遵义	910.6	919.1	922.7	931.3	939.9	955.8	972.6	961.0	961.0	978.9	980.7	978.3

续表

类　别	1月	2月	3月	4月	5月	6月	7月	8月	9月	10月	11月	12月
六盘水	998.2	985.5	982.3	969.8	984.3	984.3	994.0	994.0	994.0	994.0	1049.3	1032.4
安　顺	1104.7	1106.0	1120.5	1121.8	1147.1	1189.7	1215.0	1200.4	1175.2	1175.2	1175.8	1176.7
毕　节	901.0	894.0	910.1	903.1	929.0	958.8	997.1	1037.3	1011.4	1011.4	988.5	984.1
铜　仁	922.7	917.7	910.8	905.8	919.1	916.8	917.7	919.3	905.5	905.5	917.6	893.9
成　都	1406.1	1409.5	1433.3	1435.7	1436.9	1468.6	1483.2	1504.9	1509.8	1532.0	1539.2	1570.1
广　元	1017.7	1010.9	1018.7	1005.0	1005.0	1037.1	1042.1	1075.9	1075.9	1075.9	1075.9	1094.6
巴　中	1112.0	1106.6	1117.9	1122.6	1122.6	1133.3	1144.0	1154.3	1154.3	1154.3	1163.6	1172.4
绵　阳	1053.3	1053.3	1053.3	1053.3	1053.3	1053.3	1053.6	1053.6	1053.6	1053.6	1053.6	1053.6
德　阳	966.1	962.9	968.5	962.1	958.8	920.2	923.6	925.7	926.9	927.5	927.5	927.5
达　州	1000.2	1000.2	998.3	1014.5	1014.5	1026.0	1050.6	1054.5	1054.5	1054.5	1053.9	1038.5
南　充	1277.9	1277.9	1279.3	1305.5	1305.5	1306.9	1308.2	1308.9	1308.9	1308.9	1309.6	1310.1
遂　宁	1052.1	1054.2	1058.8	1068.8	1073.1	1077.1	1080.9	1084.1	1084.1	1084.1	1088.5	1092.9
广　安	1317.8	1317.8	1322.7	1338.2	1338.2	1342.9	1347.6	1351.8	1351.8	1351.8	1356.3	1360.5
资　阳	1147.5	1150.0	1169.2	1186.5	1206.0	1225.8	1245.5	1265.3	1265.3	1254.1	1279.6	1305.6
眉　山	926.9	926.9	933.7	956.8	956.8	981.6	991.2	1003.0	1003.0	1003.0	1029.1	1006.8
雅　安	1238.2	1204.8	1215.0	1190.6	1200.6	1210.4	1220.0	1229.6	1229.6	1229.6	1238.3	1246.8
内　江	900.3	900.3	904.2	934.6	934.6	962.7	970.0	1010.4	1010.4	1010.4	1010.4	1023.0
乐　山	1011.2	1011.2	975.6	1010.5	1010.5	995.0	972.1	988.5	988.5	988.5	1000.1	982.9
自　贡	927.1	927.1	908.5	880.2	912.3	932.6	951.1	957.4	957.4	957.4	962.6	944.2
泸　州	932.0	932.0	937.5	955.1	955.1	947.6	957.1	954.2	954.2	954.2	947.5	973.3
宜　宾	951.1	951.1	981.0	1022.5	1031.2	1032.4	1047.1	1084.2	1084.2	1084.2	1026.4	1026.4
攀枝花	1063.6	1063.6	1069.7	1084.3	1084.3	1090.2	1095.9	1101.4	1101.4	1101.4	1107.6	1114.0
南　宁	1528.6	1533.7	1597.8	1597.9	1598.4	1628.1	1663.3	1683.5	1712.9	1722.3	1729.1	1715.2
桂　林	1081.8	1050.6	1084.3	1056.8	1107.2	1155.6	1138.2	1136.5	1156.0	1141.7	1136.2	1129.5
河　池	987.1	987.5	990.6	1010.1	1019.9	1022.4	1048.0	1052.1	1071.9	1069.7	1071.9	1098.6
贺　州	1043.9	1046.3	1049.2	1063.0	1125.1	1157.3	1190.9	1212.8	1223.8	1241.5	1255.6	1236.2
柳　州	1046.6	1050.6	1051.1	1055.1	1060.2	1063.7	1066.6	1081.3	1092.9	1100.7	1114.1	1085.1
百　色	1125.6	1125.6	1140.0	1199.1	1250.4	1189.8	1211.8	1162.0	1151.0	1161.9	1239.6	1218.1
来　宾	1004.0	1004.0	1004.0	1043.0	1062.6	1068.2	1065.0	1087.5	1090.7	1067.2	1082.8	1081.4
梧　州	942.8	939.2	939.6	939.6	955.7	967.5	975.7	967.2	973.5	984.9	949.9	921.7
贵　港	967.9	985.6	1009.0	1032.8	1038.6	1049.4	1064.1	1087.4	1092.5	1096.2	1099.6	1086.6
玉　林	974.1	990.4	1029.6	1062.8	1048.5	1052.5	1083.4	1097.1	1126.9	1137.4	1145.4	1157.4
崇　左	1097.8	1097.8	1097.8	1081.6	1054.7	1042.4	1058.0	1039.3	1039.3	1039.3	1039.3	1050.0
钦　州	777.7	773.4	766.6	786.4	798.0	830.4	800.5	809.0	827.5	841.7	852.4	858.0
防城港	767.6	775.1	775.3	782.9	820.7	853.9	875.7	856.7	842.1	864.6	885.6	855.6
北　海	1147.5	1165.8	1213.6	1213.7	1214.1	1274.3	1328.0	1358.5	1317.9	1349.6	1388.5	1386.0

数据来源：中国房地产测评中心。

（四）中国城市住房（二手房）价格60指数

表5－129　2018年中国城市住房（二手房）价格60指数

类　别	1月	2月	3月	4月	5月	6月	7月	8月	9月	10月	11月	12月
全　国	**1257.6**	**1263.0**	**1272.7**	**1281.7**	**1285.5**	**1291.3**	**1302.7**	**1311.6**	**1311.7**	**1311.7**	**1321.0**	**1321.7**
北　京	1837.9	1827.4	1824.9	1832.4	1837.8	1849.9	1879.1	1892.6	1901.5	1892.6	1874.4	1867.0
上　海	1735.8	1745.4	1744.1	1744.5	1729.1	1720.4	1713.8	1703.3	1692.4	1676.0	1663.5	1658.9
重　庆	1334.9	1344.4	1354.5	1372.2	1401.2	1448.2	1492.5	1512.1	1510.3	1506.5	1496.1	1492.8
天　津	1514.4	1506.7	1519.0	1515.2	1510.4	1523.0	1556.6	1559.7	1558.8	1544.6	1532.7	1531.8
石家庄	1534.6	1536.9	1544.0	1540.7	1544.8	1548.0	1553.1	1542.9	1539.8	1549.0	1557.8	1548.0
唐　山	1007.5	997.0	1011.8	1017.2	1019.4	1024.7	1038.9	1055.3	1067.2	1081.0	1093.4	1103.6
南　京	1704.4	1712.9	1716.3	1719.1	1723.7	1733.8	1763.9	1799.0	1817.3	1818.2	1822.2	1819.0
扬　州	1167.4	1188.6	1201.8	1205.0	1215.9	1224.7	1251.6	1265.7	1273.9	1285.1	1283.2	1281.4
常　州	1290.1	1306.6	1324.9	1338.2	1343.5	1353.1	1384.8	1421.0	1433.3	1436.2	1425.0	1411.5
无　锡	1295.1	1316.5	1333.3	1348.8	1351.6	1358.9	1400.6	1400.4	1415.6	1429.4	1438.5	1448.1
苏　州	1621.8	1623.2	1637.5	1645.1	1646.9	1653.4	1667.4	1679.4	1700.3	1715.8	1731.1	1750.1
徐　州	1209.6	1219.3	1251.0	1265.9	1276.3	1288.7	1303.6	1323.3	1332.9	1343.5	1348.3	1340.4
泰　州	1237.3	1247.3	1240.9	1226.3	1226.2	1247.0	1260.7	1273.2	1279.3	1288.6	1302.8	1322.1
杭　州	1340.6	1338.4	1325.8	1339.3	1341.0	1357.9	1374.0	1373.1	1368.5	1335.9	1324.7	1323.4
宁　波	1246.2	1263.2	1281.6	1267.3	1303.1	1330.9	1371.1	1390.2	1397.7	1408.1	1408.4	1406.9
广　州	1666.7	1667.4	1692.3	1697.9	1696.1	1696.0	1698.7	1702.1	1716.3	1737.6	1722.2	1719.4
佛　山	1366.9	1351.6	1360.1	1361.4	1367.6	1377.6	1394.1	1395.9	1410.7	1424.8	1432.5	1443.9
东　莞	1586.3	1603.7	1596.6	1599.0	1610.3	1622.6	1651.6	1642.3	1655.6	1684.2	1699.6	1694.4
深　圳	1706.9	1712.0	1732.2	1725.0	1721.1	1734.5	1760.4	1758.7	1752.3	1749.8	1747.2	1738.9
珠　海	1458.0	1478.2	1490.9	1490.1	1493.6	1497.9	1498.8	1544.5	1545.7	1532.0	1529.0	1543.2
合　肥	1765.8	1746.0	1717.8	1690.0	1699.3	1706.9	1715.6	1723.9	1729.2	1751.8	1738.6	1735.9
芜　湖	1084.6	1088.7	1091.0	1111.5	1121.4	1135.8	1152.2	1163.2	1171.1	1177.0	1167.2	1151.7
南　昌	1341.7	1354.0	1362.4	1378.9	1384.0	1390.7	1409.5	1427.8	1437.4	1446.4	1449.6	1453.0
赣　州	1125.8	1136.1	1163.7	1196.3	1203.6	1211.0	1224.7	1230.1	1243.2	1255.3	1255.8	1259.8
郑　州	1447.5	1444.2	1446.0	1439.2	1434.3	1432.3	1438.9	1454.9	1482.3	1497.0	1484.1	1478.9
洛　阳	1192.0	1205.0	1230.0	1247.0	1245.0	1251.1	1273.2	1304.4	1324.4	1344.5	1353.3	1363.4
沈　阳	1093.4	1098.0	1112.2	1118.0	1117.0	1119.0	1130.6	1146.2	1155.3	1158.0	1160.9	1163.3
大　连	1010.1	1022.7	1034.4	1043.0	1057.2	1063.8	1072.6	1072.2	1075.5	1074.0	1080.7	1078.7
福　州	1656.7	1662.2	1672.6	1663.8	1661.2	1658.6	1657.6	1652.7	1659.9	1646.1	1649.5	1634.7
厦　门	1954.2	1966.0	1958.6	1945.1	1940.8	1933.2	1926.8	1931.2	1932.8	1948.6	1933.5	1927.9
呼和浩特	1055.1	1068.5	1092.7	1104.9	1105.5	1106.5	1120.3	1156.2	1172.7	1175.6	1203.1	1224.6
包　头	901.2	902.3	907.1	930.8	939.7	946.7	958.8	977.0	989.2	995.9	1002.6	1009.1
长　沙	1256.2	1274.6	1275.3	1283.0	1289.4	1300.2	1321.5	1327.0	1328.0	1323.8	1316.6	1306.8
衡　阳	967.8	967.3	967.5	999.7	1000.5	1008.0	1017.8	1027.5	1029.1	1033.5	1035.1	1039.6

续表

类别	1月	2月	3月	4月	5月	6月	7月	8月	9月	10月	11月	12月
太原	1238.1	1259.6	1283.8	1302.4	1324.6	1345.4	1379.1	1396.6	1415.7	1433.3	1447.7	1457.2
大同	928.1	928.6	935.0	946.1	942.0	938.7	939.6	949.0	959.3	967.7	985.3	1000.1
西安	1271.8	1291.0	1324.8	1383.5	1426.6	1480.7	1544.0	1560.7	1583.9	1588.9	1585.5	1596.3
咸阳	1039.3	1054.8	1089.4	1175.5	1205.3	1233.6	1277.4	1287.3	1292.1	1290.4	1285.7	1279.1
哈尔滨	1027.9	1034.1	1045.3	1052.6	1054.7	1060.2	1079.3	1093.6	1104.8	1114.3	1121.2	1126.6
齐齐哈尔	934.4	934.2	934.1	934.2	934.2	939.8	948.1	953.1	958.9	957.0	954.6	965.8
济南	1508.3	1524.6	1525.8	1534.9	1547.6	1540.0	1550.6	1555.7	1567.3	1544.4	1561.2	1548.2
青岛	1490.6	1520.5	1565.3	1593.3	1620.2	1639.5	1644.2	1672.0	1649.6	1615.5	1588.5	1569.7
武汉	1782.7	1784.6	1786.6	1801.6	1809.5	1809.6	1846.0	1838.7	1847.4	1824.4	1801.5	1772.5
宜昌	1251.7	1264.7	1296.2	1346.9	1356.9	1369.6	1397.2	1414.5	1406.7	1415.5	1412.4	1407.9
长春	1231.0	1250.5	1271.2	1278.4	1286.6	1298.7	1325.2	1353.1	1375.2	1399.8	1417.5	1430.5
海口	1266.6	1280.8	1324.0	1360.7	1361.7	1363.9	1397.2	1445.1	1437.6	1423.4	1398.2	1397.0
三亚	1115.9	1106.5	1143.3	1200.6	1214.9	1224.4	1247.6	1262.9	1253.4	1264.2	1262.5	1260.7
银川	991.4	990.3	995.0	995.0	992.6	992.6	993.9	1000.6	1013.2	1017.4	1019.5	1024.1
兰州	1166.2	1171.4	1186.9	1191.2	1186.6	1186.9	1197.8	1212.1	1222.4	1246.6	1264.8	1279.3
天水	907.3	907.2	907.3	923.2	926.1	929.5	936.4	941.3	952.6	934.7	963.3	977.1
贵阳	1212.6	1230.1	1280.6	1311.5	1324.5	1342.1	1375.8	1397.8	1419.9	1422.7	1411.2	1398.6
成都	1534.9	1560.0	1603.8	1636.5	1663.5	1680.9	1711.9	1724.3	1707.7	1677.6	1668.9	1642.7
绵阳	1044.7	1050.4	1084.8	1092.3	1092.6	1094.9	1103.0	1093.6	1093.7	1095.6	1093.5	1080.2
南宁	1344.2	1368.7	1395.5	1406.9	1399.1	1395.2	1404.0	1429.8	1446.7	1458.7	1457.4	1455.3
柳州	1043.9	1041.2	1061.8	1080.0	1084.6	1089.1	1099.9	1110.8	1121.6	1134.8	1146.2	1158.5
北海	1034.0	1046.6	1055.6	1052.9	1044.0	1047.8	1047.7	1060.1	1075.5	1068.1	1068.2	1062.4
昆明	1087.0	1103.0	1108.1	1125.3	1140.0	1155.8	1184.3	1206.3	1224.5	1225.0	1240.1	1248.0
乌鲁木齐	1453.4	1463.0	1480.0	1513.1	1513.2	1522.9	1526.6	1579.4	1578.3	1573.9	1565.4	1557.2
西宁	1051.0	1057.1	1056.9	1061.9	1063.1	1064.4	1069.1	1079.8	1090.1	1118.0	1132.4	1148.5
拉萨	1259.7	1273.9	1286.3	1286.6	1286.8	1286.9	1286.7	1286.6	1317.8	1336.5	1353.6	1350.2

数据来源：中国房地产测评中心。

Ⅵ.企 业 篇

导 读

本篇第一部分是由中国房地产业协会和中国房地产测评中心联合发布的2018—2019年中国房地产行业三个重要测评榜单及分析。第二部分是第八届“广厦奖”获奖名单、房地产开发企业信用评价A级以上名单。第三部分是中国房地产企业数据，重点收录约六十家优秀房地产开发企业2018年重要财务数据和经营情况。

一、2018—2019 年度中国房地产开发企业测评榜及分析

(一) 2019 年中国房地产开发企业 500 强测评

发布机构：中国房地产业协会　上海易居房地产研究院中国房地产测评中心

发布时间：2018 年 3 月 20 日

发布地点：北京

1. 测评榜单（见表 6－1）

表 6－1　2019 中国房地产开发企业 500 强榜单

2019 年排　名	企业名称	2019 年排　名	企业名称
1	恒大地产集团有限公司	27	龙光地产控股有限公司
2	万科企业股份有限公司	28	祥生地产集团有限公司
3	碧桂园控股有限公司	29	奥园集团有限公司
4	融创中国控股有限公司	30	远洋集团控股有限公司
5	保利发展控股集团股份有限公司	31	大连万达商业管理集团股份有限公司
6	中国海外发展有限公司	32	融侨集团股份有限公司
7	龙湖集团控股有限公司	32	佳兆业集团控股有限公司
8	新城控股集团股份有限公司	33	路劲地产集团有限公司
9	华润置地有限公司	34	上海中建东孚投资发展有限公司
10	广州富力地产股份有限公司	35	美的置业集团有限公司
11	绿地控股集团有限公司	36	禹洲集团
12	华夏幸福基业股份有限公司	37	金辉集团股份有限公司
13	招商局蛇口工业区控股股份有限公司	38	宝龙地产控股有限公司
14	旭辉集团股份有限公司	39	新力地产集团有限公司
14	阳光城集团股份有限公司	39	建发房地产集团有限公司
15	世茂房地产控股有限公司	40	建业住宅集团（中国）有限公司
16	金地（集团）股份有限公司	41	福晟集团
17	江苏中南建设集团股份有限公司	42	时代中国
18	雅居乐地产控股有限公司	42	中骏集团控股有限公司
19	正荣地产控股股份有限公司	43	合景泰富集团控股有限公司
20	中梁控股集团	44	浙江佳源房地产集团有限公司
21	金科地产集团股份有限公司	45	卓越置业集团有限公司
21	融信集团	46	红星地产
22	荣盛房地产发展股份有限公司	47	东原集团
23	泰禾集团股份有限公司	48	俊发集团有限公司
24	绿城房地产集团有限公司	49	正商集团
25	中国金茂控股集团有限公司	50	隆基泰和置业有限公司
26	四川蓝光发展股份有限公司	51	中国铁建房地产集团有限公司

续表

2019 年排名	企业名称	2019 年排名	企业名称
52	北京首都开发控股（集团）有限公司	85	恒泰集团
52	弘阳地产	86	名门地产（河南）有限公司
53	海伦堡中国控股有限公司	87	上海三盛宏业投资（集团）有限责任公司
54	复地（集团）股份有限公司	87	青岛海尔产城创集团有限公司
55	首创置业股份有限公司	88	深圳市益田集团股份有限公司
56	中国电建地产集团有限公司	89	上海上坤置业有限公司
57	广州市敏捷投资有限公司	90	国贸地产集团有限公司
58	联发集团有限公司	91	国瑞置业有限公司
59	朗诗集团股份有限公司	92	中昂地产（集团）有限公司
60	仁恒置地有限公司	92	广东珠江投资股份有限公司
61	中庚地产实业集团有限公司	93	中迪禾邦集团有限公司
62	三盛集团	94	云星集团
63	北大资源集团	95	重庆爱普地产（集团）有限公司
63	景瑞地产（集团）有限公司	96	上海大发房地产集团有限公司
64	华鸿嘉信控股集团有限公司	97	郑州绿都地产集团股份有限公司
65	鑫苑中国	98	亿达中国控股有限公司
66	越秀地产股份有限公司	99	华董（中国）有限公司
66	珠海华发实业股份有限公司	100	天山房地产开发集团有限公司
67	北京鸿坤伟业房地产开发有限公司	101	杭州滨江房产集团股份有限公司
68	重庆华宇集团有限公司	102	桂林彰泰实业集团有限公司
69	重庆协信远创实业有限公司	103	中冶置业集团有限公司
70	大华（集团）有限公司	104	领地集团有限公司
71	中粮地产（集团）股份有限公司	105	力高地产集团有限公司
72	花样年集团（中国）有限公司	106	金融街控股股份有限公司
73	北京北辰实业股份有限公司	107	中锐投资集团
74	北京金隅地产开发集团有限公司	108	光明房地产集团股份有限公司
75	上海建工房产有限公司	109	杭州澳海控股有限公司
76	石榴置业集团股份有限公司	110	四川邦泰集团
77	康桥集团	111	五矿地产有限公司
78	当代节能置业股份有限公司	112	信达地产股份有限公司
78	福州高佳房地产开发有限公司	113	深圳控股有限公司
79	广州市方圆房地产发展有限公司	114	深圳市中洲投资控股股份有限公司
80	和昌集团	115	上海实业城市开发集团有限公司
81	四川新希望房地产开发有限公司	116	鸿通集团
82	星河控股集团	117	北京城建投资发展股份有限公司
83	星河湾集团有限公司	118	四川蓝润实业集团有限公司
84	中天城投集团有限公司	119	上海升龙投资集团有限公司

续表

2019 年排名	企业名称	2019 年排名	企业名称
120	鲁商置业股份有限公司	157	郑州市永威置业有限公司
121	安徽新华房地产集团	158	海盟（中国）投资控股集团股份有限公司
122	新湖中宝股份有限公司	159	中天美好集团有限公司
123	实地集团	160	河南亚新投资集团
124	重庆新鸥鹏地产（集团）有限公司	161	雅戈尔集团股份有限公司
125	文一地产有限公司	162	贵州麒龙房地产开发集团有限公司
126	明发集团有限公司	163	天誉置业（控股）有限公司
127	天津广宇发展股份有限公司	164	银城地产股份有限公司
128	广汇置业服务有限公司	165	云南城投置业股份有限公司
129	大家房产有限公司	166	大唐房地产集团有限公司
130	合生创展集团有限公司	167	海信房地产股份有限公司
131	华景川集团有限公司	168	北京天恒置业集团有限公司
132	保集控股集团	169	北京住总集团有限公司
133	杭州宋都房地产集团有限公司	170	香港合能投资有限公司
134	福星惠誉房地产有限公司	171	正黄集团有限公司
135	宁波奥克斯置业有限公司	172	深圳市宝能投资集团有限公司
136	天津市房地产发展（集团）股份有限公司	173	恒盛地产控股有限公司
137	上海大名城企业股份有限公司	174	天朗地产集团公司
138	新华联不动产股份有限公司	175	京基集团有限公司
139	荣和集团	176	天地源股份有限公司
140	鸿荣源房地产开发有限公司	177	武汉地产开发投资集团有限公司
141	四川滨江地产发展有限公司	178	众安房产有限公司
142	华远地产股份有限公司	179	安徽置地投资有限公司
143	上海城投置地（集团）有限公司	180	美好置业集团股份有限公司
144	中华企业股份有限公司	181	象屿地产集团有限公司
145	重庆飞洋控股（集团）有限公司	182	雨润地产集团
146	荣安地产股份有限公司	183	长春新星宇房地产开发有限责任公司
147	阳光 100 集团有限公司	184	海亮地产控股集团有限公司
148	华安发展控股集团	185	奥山置业有限公司
149	德信控股集团有限公司	186	北京科技园建设（集团）股份有限公司
150	吉林大众置业集团有限公司	187	深圳市新南山控股（集团）股份有限公司
151	福建永鸿投资发展集团	188	中山市大信控股有限公司
152	中国葛洲坝集团房地产开发有限公司	189	河南正弘置业有限公司
153	华南城控股有限公司	190	长春市万龙房地产开发有限责任公司
154	安徽伟星置业有限公司	191	东莞市光大房地产开发有限公司
155	港龙控股集团有限公司	192	苏州新区高新技术产业股份有限公司
156	世纪金源集团有限公司	193	颐和地产集团

续表

2019年排名	企业名称	2019年排名	企业名称
194	上海宝华企业集团有限公司	231	武汉联投置业有限公司
195	安徽三巽集团	232	广州珠江实业集团有限公司
196	长沙房产（集团）有限公司	233	安徽皖投置业有限责任公司
197	深圳华强新城市发展有限公司	234	厦门经济特区房地产开发集团有限公司
198	东渡国际集团有限公司	235	广州市番禺祈福新邨房地产有限公司
199	保亿集团股份有限公司	236	苏宁置业集团有限公司
200	深圳市天健房地产开发实业有限公司	237	南益地产集团有限公司
201	青岛天一仁和房地产集团有限公司	238	庭瑞集团有限公司
202	甘肃天庆房地产集团有限公司	239	广东联泰地产有限公司
203	广西盛天集团	240	中国新城市商业发展有限公司
204	海航地产控股（集团）有限公司	241	吉林亚泰房地产开发有限公司
205	金鹏控股集团有限公司	242	河南亚星置业集团
206	深圳市振业（集团）股份有限公司	243	东亚新华投资有限公司
207	上海证大房地产有限公司	244	杭州开元房地产集团有限公司
208	成都置信实业（集团）有限公司	245	上海城建（集团）公司
209	天阳置业有限公司	246	河南省美景集团有限公司
210	厦门住宅建设集团有限公司	247	吉林省远创房地产开发有限公司
211	广东珠光集团有限公司	248	骋望集团
212	天津住宅建设发展集团有限公司	249	青岛天泰集团股份有限公司
213	国购投资有限公司	250	力旺集团有限公司
214	青岛鑫江置业集团有限公司	251	广东世荣兆业股份有限公司
215	南京栖霞建设股份有限公司	252	冠城大通股份有限公司
216	中垠地产有限公司	253	江苏常发地产集团有限公司
217	苏宁环球股份有限公司	254	广宇集团股份有限公司
218	山东东方佳园房地产开发集团有限公司	255	上海外高桥保税区开发股份有限公司
219	宁波银亿房地产开发有限公司	256	云南子元（集团）股份有限公司
220	安徽高速地产集团有限公司	257	河南碧源控股集团有限公司
221	苏州工业园区建屋发展集团有限公司	258	东海地产股份有限公司
222	天津泰达股份有限公司	259	SOHO 中国有限公司
223	广西大都投资有限公司	260	江苏吴中地产集团有限公司
224	上海陆家嘴金融贸易区开发股份有限公司	261	杭州新天地集团
225	人居置业有限公司	262	青岛伟东置业集团
226	湖南秀龙地产置业集团有限公司	263	合肥城建发展股份有限公司
227	金成房地产集团有限公司	264	长春国信投资集团有限公司
228	祥源控股集团	265	昆吾九鼎投资控股股份有限公司
229	京投发展股份有限公司	266	东旭蓝天新能源股份有限公司
230	广西嘉和置业集团有限公司	267	青特置业有限公司

续表

2019 年排　名	企业名称	2019 年排　名	企业名称
268	河南振兴房地产（集团）有限公司	305	北京方恒置业股份有限公司
269	杭州西湖房地产集团有限公司	306	山东鲁信置业有限公司
270	安徽金大地投资控股有限公司	307	上海万业企业股份有限公司
271	深圳市博林房地产开发有限公司	308	金都房产集团有限公司
272	贵州宏立城集团	309	翠屏国际控股有限公司
273	广东广物房地产（集团）有限公司	310	云南实力集团有限公司
274	华丽家族股份有限公司	311	中邦置业集团有限公司
275	中国宝安集团股份有限公司	312	深圳香江控股股份有限公司
276	五洲国际控股有限公司	313	侨鑫集团有限公司
277	淮矿地产有限责任公司	314	福建三木集团股份有限公司
278	上海新长宁（集团）有限公司	315	新东润地产有限公司
279	广东海骏达置业投资集团有限公司	316	海蓝控股有限公司
280	中国·经纬置地有限公司	317	山东银丰投资集团有限公司
281	广州尚东置业有限公司	318	天元盛世控股集团有限公司
282	杭州兴耀房地产开发集团有限公司	319	浙江省赞成集团有限公司
283	格力地产股份有限公司	320	浙江广厦股份有限公司
284	东莞宏远工业区股份有限公司	321	陕西金泰恒业房地产有限公司
285	福来国际（上海）有限公司	322	金新控股集团有限公司
286	中惠熙元房地产集团有限公司	323	天津天保基建股份有限公司
287	纽宾凯集团有限公司	324	绿都控股集团有限公司
288	三湘印象股份有限公司	325	厦门源昌房地产开发有限公司
289	南京高科股份有限公司	326	中新苏州工业园区置地有限公司
290	安徽中丞房地产开发集团有限公司	327	西安天浩置业有限公司
291	江苏嘉宏投资集团	328	浙江得力房地产开发有限公司
292	郑州朗悦集团有限公司	329	广源房地产开发集团有限公司
293	苏州伟业集团有限公司	330	宇业集团有限公司
294	天津津滨发展股份有限公司	331	上置集团有限公司
295	河南裕华置业有限公司	332	厦门海投房地产有限公司
296	福建正祥投资集团有限公司	333	广东华标创业集团有限公司
297	福建省上一集团有限公司	334	中茵股份有限公司
298	广西金源置业集团有限公司	335	深圳市信义房地产开发有限公司
299	顺发恒业股份公司	336	沈阳格林豪森房地产开发有限公司
300	福建中联房地产开发集团有限公司	337	上海中环投资开发（集团）有限公司
301	浙江郡原地产股份有限公司	338	武汉南国置业股份有限公司
302	江苏九洲投资集团有限公司	339	坤和建设集团有限公司
303	康大时代房地产开发有限公司	340	京能置业股份有限公司
304	上海同济科技实业股份有限公司	341	河南豫发置业有限公司

续表

2019 年排名	企业名称	2019 年排名	企业名称
342	卧龙地产集团股份有限公司	377	北京万通地产股份有限公司
343	武汉庙山投资集团有限公司	378	河南盛润置业集团有限公司
344	浙江金昌房地产集团有限公司	379	江苏凤凰置业投资股份有限公司
345	宁波联合建设开发有限公司	380	江苏亚东建设发展集团有限公司
346	武汉美联地产有限公司	381	中房置业股份有限公司
347	辰兴房地产发展有限公司	382	郑州浩创房地产开发有限公司
348	金轮天地控股有限公司	383	浙江钱江房地产集团有限公司
349	卓达房地产集团有限公司	384	武汉新港建设投资开发集团有限公司
350	中渝置地控股有限公司	385	亚太集团
351	北京和裕房地产开发有限公司	386	华联控股股份有限公司
352	上海鹏欣房地产（集团）有限公司	387	南京建设发展集团有限公司
353	天津松江股份有限公司	388	天津海泰科技发展股份有限公司
354	安徽安粮控股股份有限公司	389	北京天润置地集团有限公司
355	美麟置业集团有限公司	390	福州天福集团有限公司
356	京汉实业投资集团股份有限公司	391	中商控股集团有限公司
357	中赫置地投资控股有限公司	392	万泽实业股份有限公司
358	重庆渝开发股份有限公司	393	合肥滨湖投资控股集团有限公司
359	上海爱家集团	394	江苏富园集团有限公司
360	中国宏泰产业市镇发展有限公司	395	浙江国都房产集团有限公司
361	西安紫薇地产开发有限公司	396	沈阳市城建房地产开发有限公司
362	深圳经济特区房地产（集团）股份有限公司	397	浙江置业房产集团有限公司
363	莱茵达置业股份有限公司	398	深圳市物业发展（集团）股份有限公司
364	武汉中央商务区城建开发有限公司	399	北京市大龙伟业房地产开发股份有限公司
365	沙河实业股份有限公司	400	上海张江高科技园区开发股份有限公司
366	中国武夷实业股份有限公司	401	沈阳鑫丰房地产开发有限公司
367	北京建工集团有限责任公司	402	江苏高成房地产开发有限公司
368	中体产业集团股份有限公司	403	粤海置地控股有限公司
369	祥泰实业有限公司	404	北京华业资本控股股份有限公司
370	德圣地产集团有限公司	405	永恒控股集团有限公司
371	武汉光谷联合股份有限公司	406	广西瀚德集团有限公司
372	上海新黄浦置业股份有限公司	407	青岛啤酒地产投资有限公司
373	辽宁金沙房地产集团有限公司	408	沈阳富禹房屋开发有限公司
374	长春豪邦房地产开发集团有限公司	409	北京中关村科技发展（控股）股份有限公司
375	江苏德惠建设集团有限公司	410	沈阳宏发房屋开发有限公司
376	中珠医疗控股股份有限公司	411	河南天伦地产集团有限公司

续表

2019 年排名	企业名称	2019 年排名	企业名称
412	中核房地产开发有限公司	449	广东元邦房地产开发有限公司
413	莱蒙国际集团有限公司	450	北京润丰房地产开发有限公司
414	东建集团	451	荣丰控股集团股份有限公司
415	上海金桥出口加工区开发股份有限公司	452	众美集团
416	新疆城建（集团）股份有限公司	453	永泰房地产（集团）有限公司
417	柏庄控股集团有限公司	454	杭州市房地产开发集团有限公司
418	长春经开（集团）股份有限公司	455	武汉东湖高新集团股份有限公司
419	新明中国控股有限公司	456	深圳市合正房地产集团有限公司
420	安联集团有限公司	457	北京空港科技园区股份有限公司
421	广州粤泰集团股份有限公司	458	河南新田置业有限公司
422	广西汇东投资置业有限公司	459	昌建地产
423	君华集团有限公司	460	上亿企业集团有限公司
424	南通银洲房地产开发有限公司	461	江苏美好置地有限公司
425	昆明银海房地产开发有限公司	462	河南宏光实业集团
426	美都控股股份有限公司	463	国锐地产有限公司
427	辽宁威利企业集团	464	福建德兴集团
428	滕州市房地产综合开发有限公司	465	辽宁渥尔夫房地产开发有限公司
429	睿古控股集团有限公司	466	中润资源投资股份有限公司
430	镇江市城市建设投资集团有限公司	467	浙江科尔房地产有限公司
431	三庆实业集团有限公司	468	河南中益置业有限公司
432	新天地产集团有限公司	469	云南神州天宇地产集团
433	沈阳浑南置业企业集团	470	杭州和达房地产开发有限公司
434	南京金融城建设发展股份有限公司	471	广东利海集团有限公司
435	郑州汇泉置业有限公司	472	北京鑫一德房地产开发有限公司
436	绿景（中国）地产投资有限公司	473	浙江东日股份有限公司
437	青岛城投房地产开发有限公司	474	无锡红豆置业有限公司
438	深圳市华盛房地产开发有限公司	475	江苏星源房地产开发有限公司
439	杭州中兴房地产开发有限公司	476	浙江飞耀建设集团
440	阳光新业地产股份有限公司	477	钰龙集团股份有限公司
441	云南中原实业集团有限公司	478	武汉三镇实业控股股份有限公司
442	郑州中晟置业集团	479	无锡市民生房地产开发有限公司
443	美达房产集团	480	奥宸地产（集团）有限公司
444	中国城市基础设施集团有限公司	481	上海华鑫股份有限公司
445	西藏城市发展投资股份有限公司	482	江苏新能源置业集团有限公司
446	山东天业恒基股份有限公司	483	河南中岳秀峰房地产集团有限公司
447	北京国华置业有限公司	484	上海爱建股份有限公司
448	宁波房地产股份有限公司	485	合肥华邦投资置业有限公司

续表

2019 年排名	企业名称	2019 年排名	企业名称
486	上海新梅置业股份有限公司	494	河南常绿集团置业有限公司
487	中国上城集团有限公司	495	上海恒实投资集团有限公司
488	西王置业控股有限公司	496	君地置业集团有限公司
489	远太集团（福建）有限公司	497	上海中福地产置业有限公司
490	福州深深房地产开发有限公司	498	明园集团有限公司
491	河南置地房地产集团	499	武汉新纪元地产集团有限公司
492	恒亿集团	500	湖南顺天建设集团有限公司
493	厦门中澳城房地产开发有限公司		

2. 测评分析

（1）年度特征分析

房住不炒因城施策　销售增速略有回调

政策方面，2018 年房地产调控政策呈现三个阶段的变化。前三季度整体偏紧，上半年延续了“房住不炒”的提法，在宏观去杠杆的大背景下，8 月政策转向“坚决遏制房价上涨”，三季度末政治局会议未提房地产，到年底中央经济工作会议提出“房住不炒、因城施策、分类指导”，基调又回到了年初。全年政策调控轨迹由逐步收紧到略有松动。地方上前三季度坚持调控目标不动摇、力度不放松，涉及四限政策持续高压，整治市场秩序。四季度以后调控政策有松动的迹象，先是部分城市局部放松限价，多城市下调房贷利率上浮比例，中央经济工作会议之后，又有城市取消限售，各地政策因市而异。融资方面，2018 上半年地产行业继续去杠杆，融资监管逐步收紧，四季度以后，配合中央调控政策的变化，房企融资出现回暖迹象，最后两个月融资规模有所回升。销售方面，2018 全年全国商品房销售额 14.99 万亿元，同比增长 12.2%，销售面积 17.16 亿平方米，同比增长 1.3%，增速有所回落。房地产开发投资 12.02 万亿元，同比增长 9.5%。

随着“因城施策”的逐步贯彻实施，各城市市场分化愈加显著。年中热点二线城市“一房难求”，8 月以后市场转冷，项目去化率显著下降。成交占比上看，一、二线城市成交规模占比下降，三、四线城市占比上升。企业格局方面，百强房企市场集中度继续提升，年内千亿房企数量达到 30 家，创历史新高。其中，万科、碧桂园、恒大全年业绩继续突破 5000 亿元。龙头房企加大多元化力度，在高科技、扶贫、文化旅游、体育等领域继续发力。

2018 年，租赁市场依旧是热点。在政策推动下，各大房企纷纷布局长租公寓。据不完全统计，前三十强房企中，已进军或表示将进军长租公寓的房企达到了近 20 家，但年内长租公寓市场也发生了一些风险事件，成为市场关注的焦点，说明长租公寓对房企的运营能力提出了很高要求，房企在做大规模的同时也要关注风险。

恒大再次蝉联榜首　十强微变百强分化

中国房地产测评中心经过客观、公正、专业和科学的测评研究，形成了 2019 中国房地产开发企业 500 强榜单。前三强仍由恒大、万科、碧桂园占据。其中，恒大集团再次蝉联第一，全年销售金额 5513.4 亿元。万科上升 1 位，排名第二，碧桂园排名第三。三强全年销售金额都超过了 5000 亿元。融创、保利、中海、龙湖、新城、华润和富力分列第四到第十位。其中，新城和华润是新进十强房企，名次相比上年分别提升了 5 位和 2 位（见表 6－2）。

表 6 -2　2018—2019 年入榜企业名次变化表

企业名称	2019 年排名	排名变化	2018 年排名
恒　大	1	—	1
万　科	2	↑（1）	3
碧桂园	3	↓（1）	2
融　创	4	↑（1）	5
保　利	5	↓（1）	4
中　海	6	↑（1）	7
龙　湖	7	↑（1）	8
新　城	8	↑（5）	13
华　润	9	↑（2）	11
富　力	10	—	10

数据来源：CRIC、中国房地产测评中心。

从入榜频次上分析，1～20、21～50 和 51～100 三个梯队入榜频次均值分别为 10.50 次、6.70 次和 4.74 次。10 强新进房企 2 家。20 强变动相对较小，同比变动率 10%，其中万科、碧桂园、保利、中海、龙湖、华润、富力、绿地、世贸、金地 10 家企业已经连续 11 年排名进入前 20。50 强变动也相对较小，同比变动率 12%。

在 11 年的 500 强测评中，百强变动相对较大。入榜次数 10 次及以上的企业有 29 家；9 次的企业有 8 家；入榜次数为 8、7、6、5、4 次的企业数量分别为 11、8、9、5、7 家；3 次及以下的企业有 23 家，其中有 2 家企业是首次进入百强（见图 6 -1）。

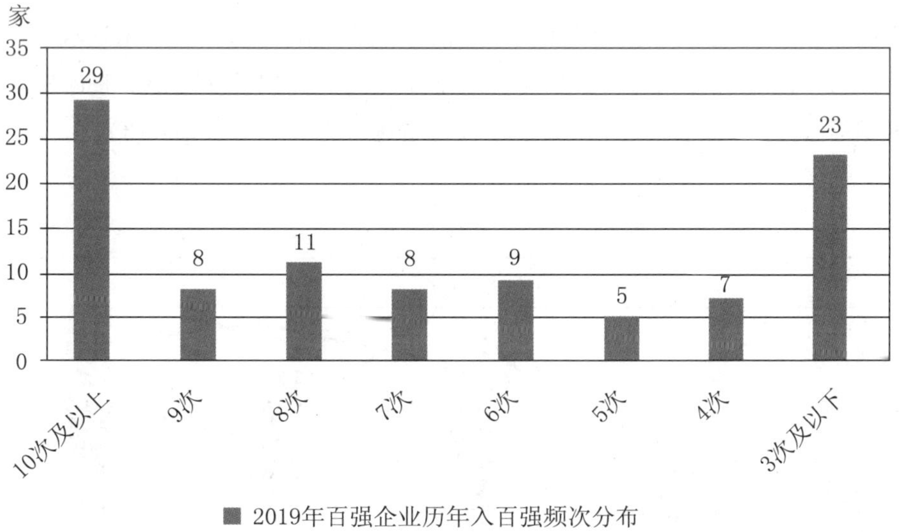

图 6 -1　2019 年中国房地产开发企业 100 强历年进入百强榜单频次分布

数据来源：CRIC、中国房地产测评中心。

华东、华南持续占优　华北占比继续提升

我们以 500 强房企总部所在地区域为标准进行划分。其中，华东地区占比 42.3%，同 2018 年基本持平；华南地区占比 20.4%，华北地区占比 14.9%，西部地区占比 8.9%，东北地区占比 4.0%，同比有所提升；中部地区占比9.4%，同比有所降低。华东、华南与华北三区企业数量占比达到77%，华北地区继2018年之后占比继续提升，发展势头良好（见图6-2）。

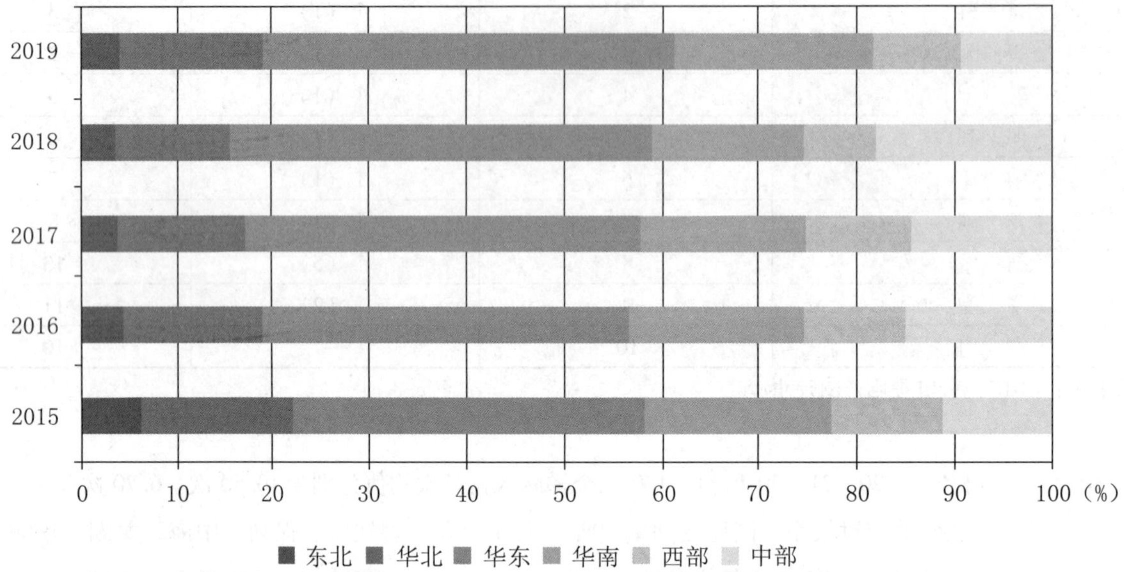

图6-2　2015—2019年中国房地产开发企业500强区域分布图

数据来源：CRIC、中国房地产测评中心。

（2）企业规模分析

资产规模稳步增长　龙头企业保持强势

2018年，500强房地产开发企业总资产均值为603亿元，同比增长26.23%，增速较上年回落2.29个百分点；净资产均值为130.6亿元，同比增长21.2%，增速较上年提升4.17个百分点。整体来看，500强房地产开发企业总资产规模继续保持稳步增长的态势，净资产规模增速出现回升（见图6-3）。

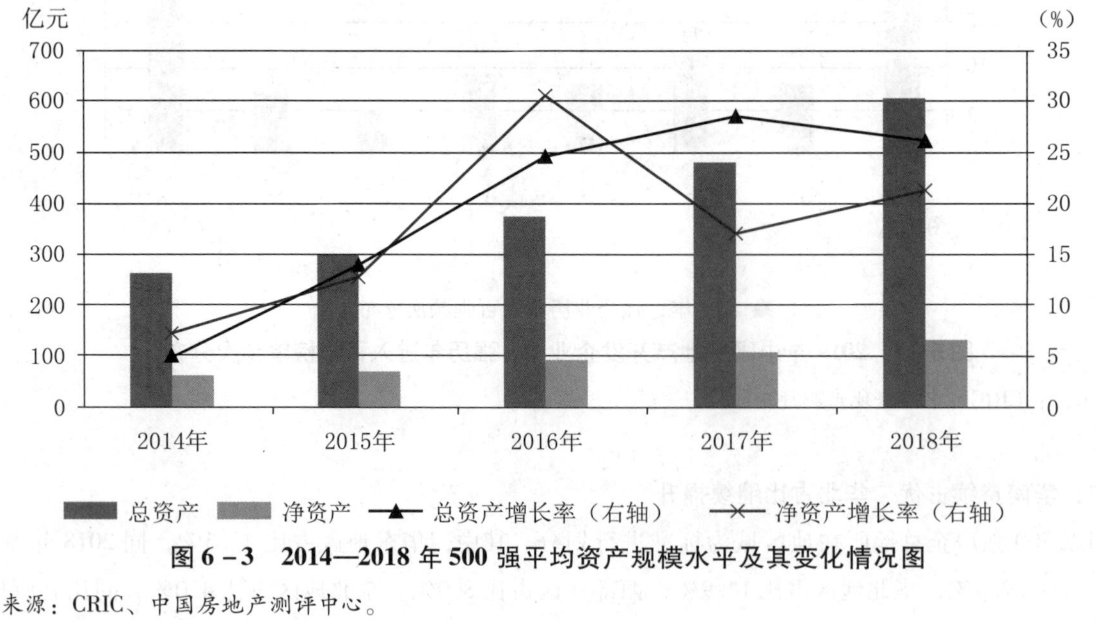

图6-3　2014—2018年500强平均资产规模水平及其变化情况图

数据来源：CRIC、中国房地产测评中心。

2018 年房地产市场呈现“一线冷清、二线稳定、三四线先高后低，余温尚存”的情况。500 强房地产开发企业资产规模的稳步上升，主要得益于低线城市较好的市场状况。净资产增速回升，一方面源于 17 年增速下降较快，基数较低；另一方面，500 强企业 18 年盈利普遍良好，在总体杠杆率保持稳定的情况下，经营成果并没有过多流入债权方。

具体到企业层面，龙头房企凭借自身在拿地、融资等方面的优势，快速进入相对活跃的市场。通过合理的业务布局，保证业绩的稳定性。恒大、碧桂园、万科、融创等房企资产规模都保持较快增长。但是，四季度来，部分龙头房企规模增速较一、二季度增速下降明显，预计未来企业规模会从高速增长变为稳定增长。

在因城施策的宏观背景下，中小房企因地域限制，业绩出现较大分化。比如，新力地产通过深耕南昌、惠州等城市，2018 年销售额同比增长一倍；而中弘股份因为深耕区域政策偏紧，项目出现销售停滞甚至大量退房，从而导致公司陷入困境。

百强业绩表现突出　整体销售再上台阶

2018 年，全国商品房销售面积、销售金额再创历年新高。从具体分类来看，住宅的销售面积和金额分别增长了 2.2% 和 14.7%；商业营业用房销售面积下降 6.8%，销售金额增长 0.7%；办公楼销售面积和金额分别下滑了 8.3% 和 2.6%。500 强房企全年商品房销售面积总额 7.16 亿平方米，同比增长 12.58%；销售金额创下 9.9 万亿元新高，同比增长 17.1%。500 强房企市场份额按面积和金额分别为 41.73% 和 66.01%，分别较上年提升 4.17 和 2.77 个百分点（见表 6－3）。

表 6－3　2018 年全国商品房销售情况与 500 强销售情况对比表

类　别	全国商品房销售	500 强销售
销售面积（万平方米）	171654	71624
增长率（%）	1.30	12.58
销售金额（亿元）	149973	99003
增长率（%）	12.20	17.10

数据来源：国家统计局、CRIC、中国房地产测评中心。

2018 年，行业集中程度进一步提高，百强房企销售业绩表现亮眼。年内千亿房企数量创下新高，达到 30 家。恒大、碧桂园、万科三家龙头房企全年业绩均实现了稳步增长。其中，碧桂园权益销售额为 5018.8 亿元，同比增长 31.25%。万科、恒大则实现销售额 6069.5 亿元和 5513.4 亿元，分别增长了 14.54% 和 10.06%。2018 年，中梁、正荣、中南置地、祥生地产等 13 家企业通过良好的业务布局和营销策略，实现了销售千亿元的突破。

综观全年，多数房企完成业绩目标。其中，金科、阳光城、世茂、新城、宝龙、华润和奥园等在 11 月提前完成了全年的目标。作为标杆房企的万科，2018 年并没有设定销售目标，但是提出了 6300 亿元的回款目标，以践行其有质量发展的目标（见图 6－4、图 6－5）。

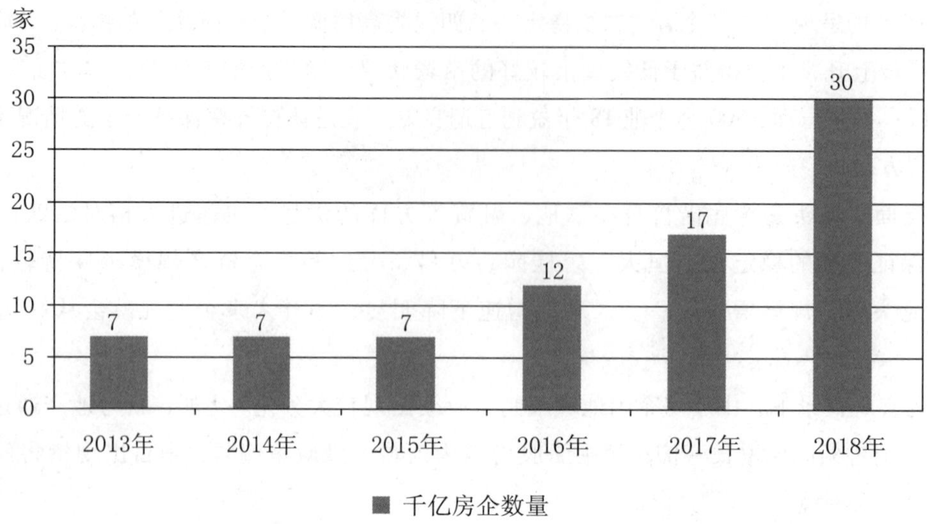

图 6－4　2013—2018 年千亿房企数量统计

数据来源：企业公告、CRIC、中国房地产测评中心。

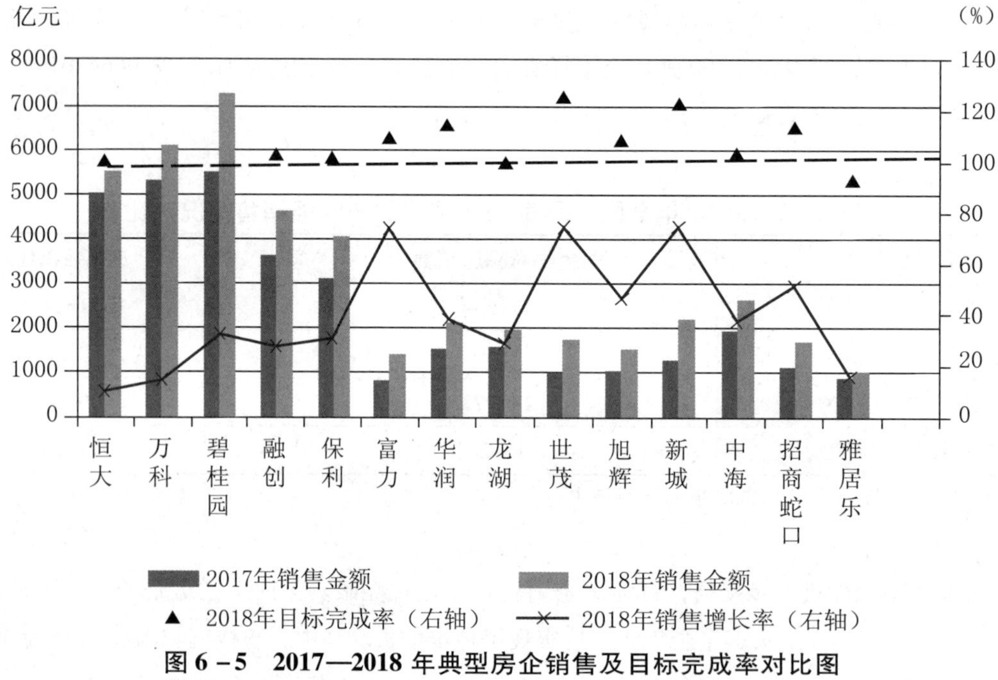

图 6－5　2017—2018 年典型房企销售及目标完成率对比图

数据来源：企业公告、CRIC、中国房地产测评中心。

龙头规模效应凸显　行业集中趋势依旧

2018 年，龙头房企继续发挥规模优势，房地产行业集中度持续提升。前四大房地产开发企业销售金额占比（CR4）从 2013 年的 6.63% 上升至 2018 年的 14.17%，四企业集中度与 2017 年基本持平。与此同时，2018 年，以销售金额计算的 10 强、20 强、50 强、100 强房地产企业市场份额分别为 24.04%、36.06%、51.95%、63.50%，除了 10 强的份额比 2017 年降低 0.01 个百分点，其他数据分别较上年增长 3.85、6.66、8.26 个百分点，各梯队市场份额基本处于稳中有升的趋势。

从本次 500 强测评结果来看，2018 年 10 强房地产开发企业销售总金额约占 500 强销售总金额的 32%，销售面积总计约占500强总销售面积的33%。前50强、100强、200强销售金额分别约占500强总销售金额的68%、84%、96%。总体来看，10强企业占比略有下降，百强企业市场占有率与2017年持平，200强企业市场占有率进一步提高（见图6－6、图6－7）。

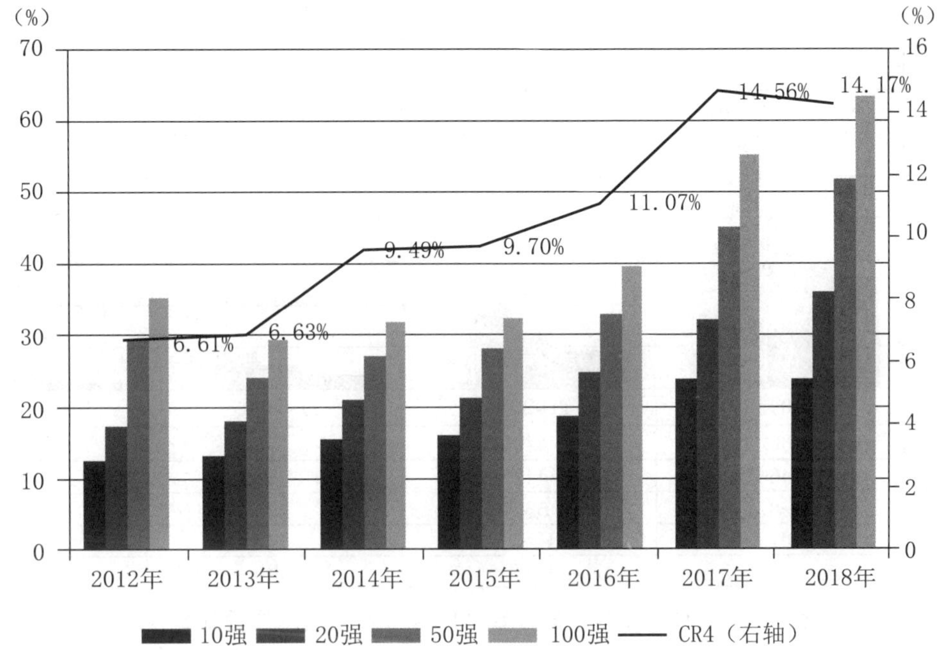

图6－6　2012—2018年房地产企业销售金额市场占有率情况图

数据来源：CRIC、中国房地产测评中心。

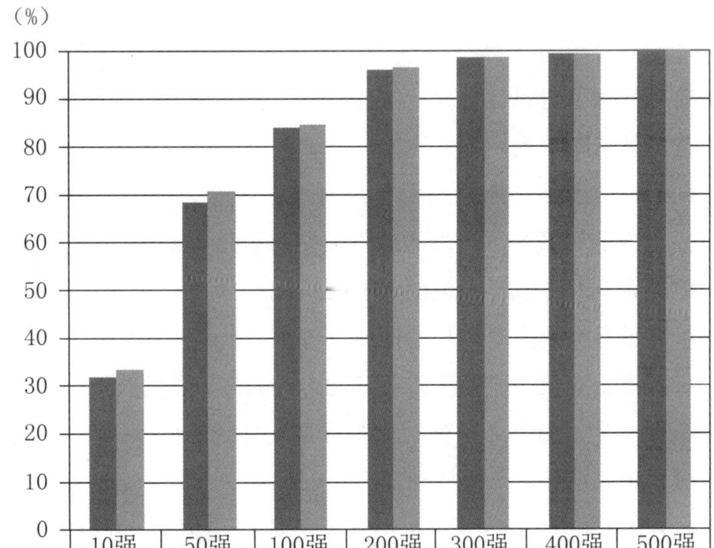

	10强	50强	100强	200强	300强	400强	500强
■房地产销售金额累积百分比	31.63%	68.33%	83.53%	95.91%	98.28%	99.24%	100.00%
■房地产销售面积累积百分比	33.29%	70.47%	84.34%	96.24%	98.38%	99.21%	100.00%

图6－7　2018年500强房地产销售收入累计百分比图

数据来源：CRIC、中国房地产测评中心。

从百强企业销售金额的分段分布来看，2018 年 1 ~10 强、11 ~20 强、21 ~50 强和 51 ~100 强房企销售金额的中位数分别为 3530 亿元、1695 亿元、581 亿元、235 亿元，各组别中位数较上年均有大幅提升，提升比率分别为 14. 65%、56. 37%、29. 98%和 21. 13%，其中 11 ~20 强和 21 ~50 强企业规模加速扩张，销售发展大幅领先（见图 6 –8）。

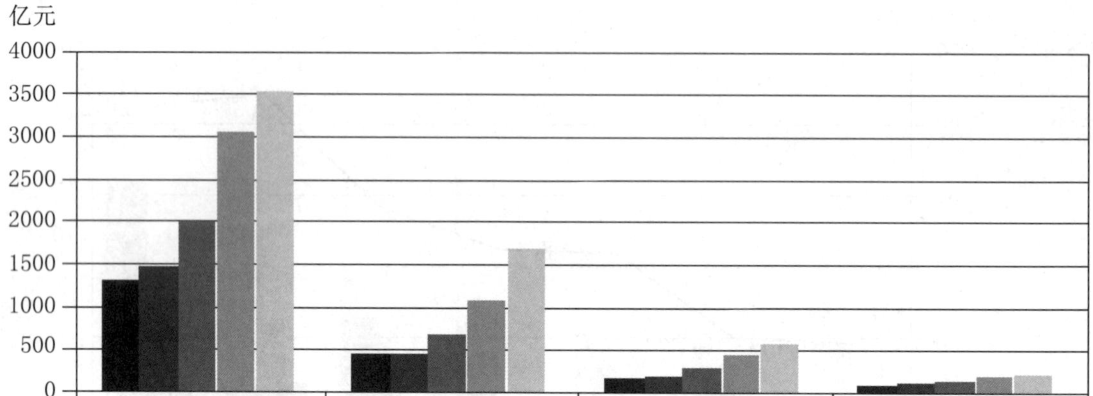

	10强	11~20强	21~50强	51~100强
2015榜单	1302	446	155	97
2016榜单	1466	442	189	102
2017榜单	1987	666	298	145
2018榜单	3079	1084	447	194
2019榜单	3530	1695	581	235

图 6 –8　2015—2019 年榜单 100 强销售金额中位数对比图

数据来源：CRIC、中国房地产测评中心。

（3）风险管理分析

长期负债保持平稳　债务风险整体可控

2018 年初政策延续“房住不炒”的基调，而后各地调控升级政策陆续出台，相关部门加强了各类融资渠道的监管，银保监会加强了对银行贷款、信托贷款、委托贷款以及并购贷款的审核力度，对信托产品要求上下穿透，对一般银行贷款禁止个人经营性、消费贷款挪用购房，交易所加强了公司债的融资限制，对公司债要求禁止公司债与票据互换，旧债到期或长租公寓领域，房企才能发新债。在这一背景下，房企纷纷转向海外融资。5 月 11 日，发改委和财政部联合发布政策限制房企境外发债的资金用途，要求境外发债主要用于偿还到期债务并且限制房地产企业海外融资资金投资境内房地产项目。三季度后，融资政策逐步放松，10 月 31 日，中央政治局召开会议并没有提及房地产和去杠杆，12 月 12 日，发改委发布了《国家发展改革委关于支持优质企业直接融资进一步增强企业债券服务实体经济能力的通知》（发改财金 1806 号），明确表明支持主体信用等级达到 AAA、同时满足一定经营财务指标的优质房企发行企业债券，年末房企融资规模连续两个月有所回升。融资的放松有助于缓和企业债务的风险波动。

长期负债方面，500 强开发企业 2018 年资产负债率均值为 64. 21%，较上年小幅上升 32 个基点；整体来看，房地产开发企业的杠杆保持平稳。短期偿债能力方面，2018 年 500 强开发企业短期偿债能力略有下降，流动比率均值为 1. 99，较上年下降 13. 2%；速动比率均值为 0. 88，较上年下降 15. 4%。房企持有现金较为充裕，短债风险总体可控。中位数看，资产负债率为 0. 6513，高于平均值，表明头部房企的杠杆水平要低于平均水平，显示出头部房企较好的风险管理。流动比率的中位数为 1. 68，速动比率的中位数为 0. 58，都低于平均值，说明一般房企的流动性水平相对于平均来说较低，头部房企的流动性管理相对较好（见图 6 –9）。

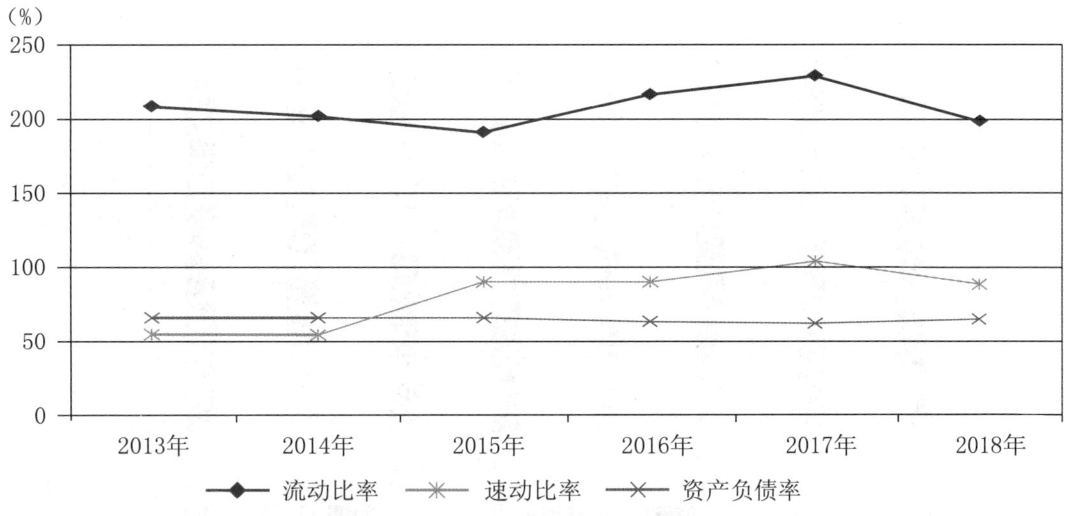

图 6－9　2013—2018 年 500 强偿债能力指标均值对比情况图

数据来源：CRIC、中国房地产测评中心。

到位资金增速回落　利用外资大幅下降

国家统计局数据显示，2018 年房地产开发企业到位资金 16.59 万亿元，同比增长 6.4%，增速较上年有所回落。从资金来源看，国内贷款 24005 亿元，同比下降 4.9%；利用外资 108 亿元，同比下降 35.8%；自筹资金 55831 亿元，同比增长 9.7%；定金及预收款 55418 亿元，同比增长 13.8%；个人按揭贷款 23706 亿元，同比下降 0.8%。受去杠杆以及融资政策收紧影响，国内贷款、个人贷款以及利用外资都有所降低，增长主要来自自筹资金与定金及预收款部分（见表 6－4）。

2018 年，受融资政策调控影响，房企利用外资大幅下降，主要源于上半年政策限制房企境外发债的使用用途，要求境外发债主要用于偿还到期债务并且限制房地产企业海外融资资金投资境内房地产项目。另外受美联储加息的影响，境外融资成本有所上升，也在一定程度上抑制了房企境外融资的需求。

2018 年在限购限贷政策基本维持的影响下，个人按揭贷款继续下降，但降幅比上年有所收窄，年末部分城市个人房贷利率上浮有所松动，使个贷数据有所回暖。年内 500 强房企的预收账款均值 134.60 亿元，同比小幅上升 1.1%，基本保持平稳（见图 6－10、图 6－11）。

表 6－4　2017—2018 年房地产开发企业资金来源及同比变化表

单位：亿元,%

类　别	2018 年	2017 年	同　比
资金来源总额	165963	156053	6.4
国内贷款	24005	25242	－4.9
利用外资	108	168	－35.8
企业自筹资金	55831	50872	9.7
其他资金	86019	79770	7.8
其中：定金及预收款	55418	48694	13.8
个人按揭贷款	23706	23906	－0.8

数据来源：国家统计局。

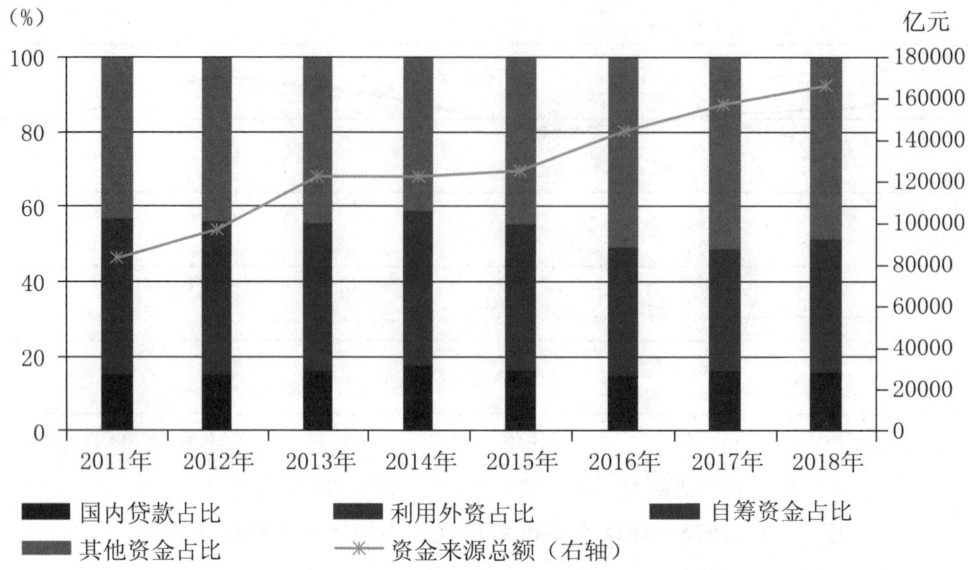

图 6－10　2011—2018 年全国房地产企业资金到位情况图

数据来源：国家统计局。

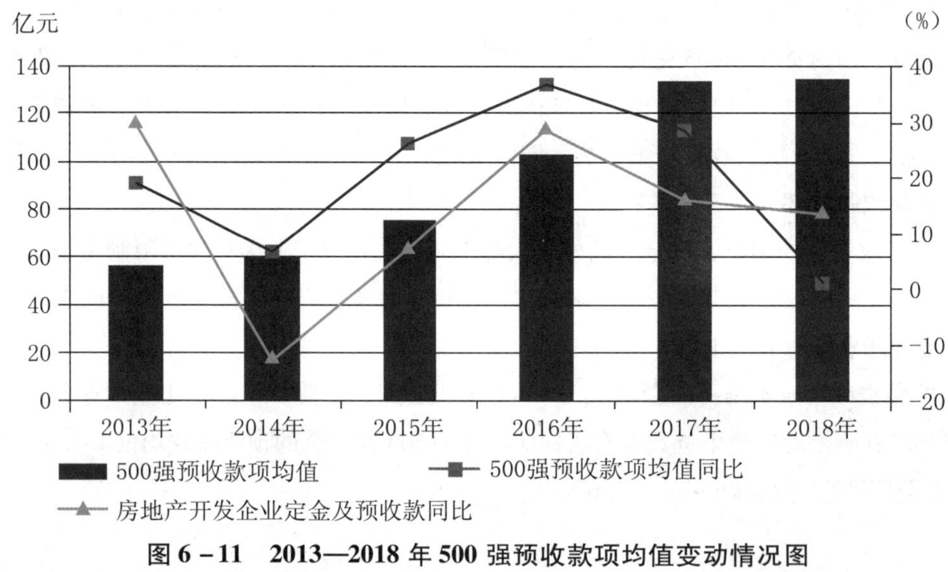

图 6－11　2013—2018 年 500 强预收款项均值变动情况图

数据来源：国家统计局、CRIC、中国房地产测评中心。

融资渠道整体收窄　融资成本逐步抬高

2018 年上半年，随着国内融资监管的收紧，很多房企转向海外市场融资，受到美联储加息周期的影响，房企的融资成本逐步抬高，5 月，发改委发文限制了海外融资的使用范围使得下半年房企海外融资逐月下降，给房企造成一定的融资压力。年底随着监管的放松，房企加大了融资力度。整体而言，2018 年房企融资规模小幅下降。据克而瑞的数据，85 家典型房企 2018 年融资总额为 11920 亿元，同比下降 11.09%。

从融资渠道看，房企融资工具多样，据公开数据整理，华夏幸福最近几年就使用了 21 种不同的融资工具，而相对银行贷款只占所有融资的 26%。综合来说，房企有银行贷款、非标融资、证券市场融资（股权、信用债、ABS）、海外融资（海外股权、海外债券）、私募股权基金、销售回款（个人住房金融）、供应链金融（票据、应付款）等 37 种不同融资渠道。

在融资成本上，2018 年相对于上年有所提高，据克而瑞的数据，2018 年 85 家典型房企境内债券融资成本为 5.75%，同比上升 16 个基点，境外债券融资 7.08%，同比上升 32 个基点，综合成本为 6.4%，同比上升 17 个基点。融资结构上，股权融资以及永续债占比 3.9%，同比下降 10.5%，境外债权融资占比 33.6%，同比上升 10.1%。11 月后海外债发行回温，11 月境内房企境外债发行了 42.65 亿美元，但融资成本走高，恒大集团通过子公司在境外发行的一期美元债，利率高达 11%（见表 6－5）。另外随着监管的放松，近期多家房企分别宣布与信托公司签署战略合作协议，合作规模总计达 500 亿元。但总的来说，房地产由非标融资转向更加依赖于银行贷款、股权、标准化债券及资产支持证券，而海外融资规模可能也会进一步扩大。

表 6－5　2018 年房企典型融资情况列表

企业名称	发行日期	募资途径	募资规模	成本（%）
厦门国贸	2018.01	超短融	10 亿元	5.18
保利置业	2018.04	有担保票据	3.5 亿美元	5.20
新湖中宝	2018.04	公司债	5 亿元	7.50
北京城建	2018.09	债券	15 亿元	6.47
红星美凯龙	2018.09	超短融	5 亿元	5.00
云南城投	2018.10	债券	20 亿人民币	6.30
正荣地产	2018.10	优先票据	7000 万美元	12.50
红星美凯龙	2018.11	公司债	5 亿元	7.50
恒　大	2018.11	优先票据	2500 万美元	11.00
云南城投	2018.11	公司债	21.8 亿元	8.10
滨江集团	2018.11	短融	9 亿元	5.90
金隅集团	2018.11	超短融	10 亿人民币	3.64
美的置业	2018.11	公司债	10 亿人民币	7.50
福晟集团	2018.11	公司债	10 亿人民币	7.90
时代中国	2018.11	优先票据	3 亿美元	10.95

资料整理：CRIC、中国房地产测评中心。

（4）盈利能力分析

净利润额加速增长　财务费用占比上升

2018 年，500 强房地产开发企业净利润均值达 9.67 亿元，同比增长 27.72%，增速较上年出现明显回升（见图 6－12）。典型企业净利润普遍良好，其中恒大集团在引入战略投资者后，半年报净利润 530.26 亿元，超过碧桂园、万科、保利、绿地四家房企之和。

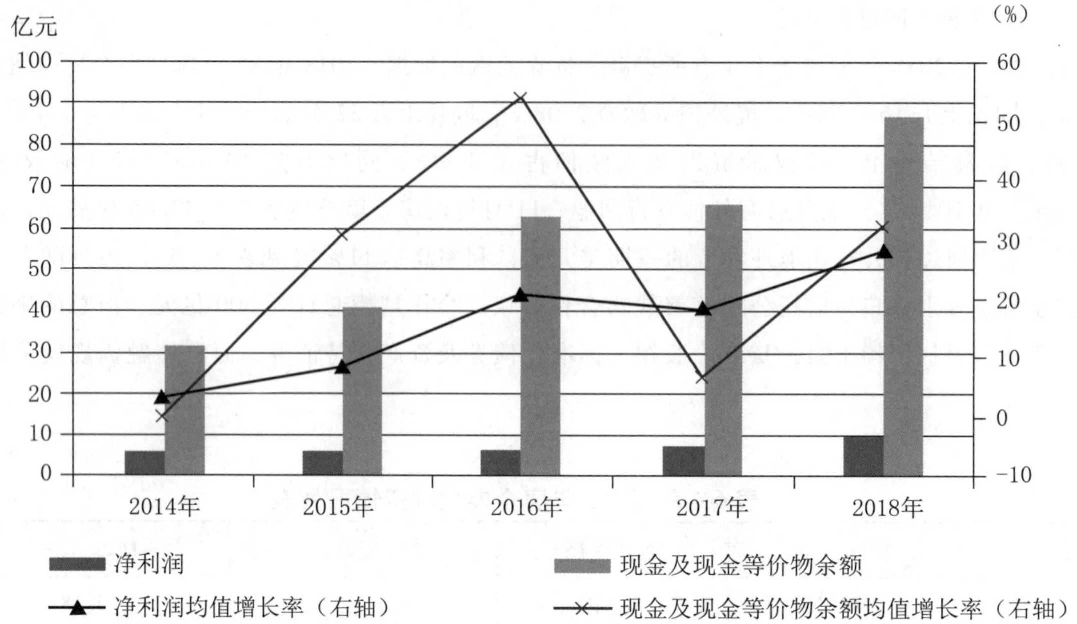

图 6－12　2014—2018 年 500 强绝对盈利能力指标均值变动情况图

数据来源：CRIC、中国房地产测评中心。

与此同时，500 强房企三项费用均值达到 9.6 亿元，三费占营收的比重为 12.38%（见图 6－13）。总体来看，500 强房企三费增长率略高于营收增长率，三费占营收比重较上年有所上升，主要原因是融资环境趋紧，融资费用上升。

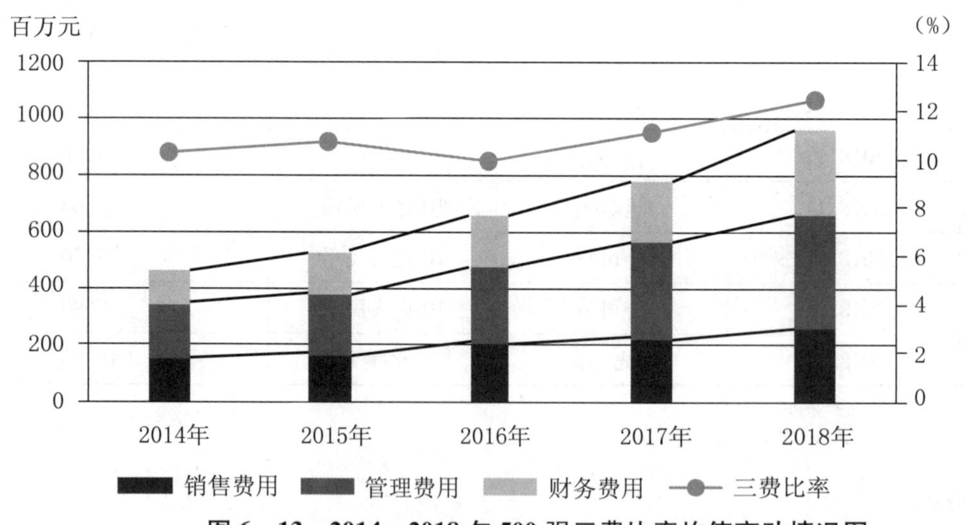

图 6－13　2014—2018 年 500 强三费比率均值变动情况图

数据来源：CRIC、中国房地产测评中心。

盈利表现维持高位　土地价格出现回调

2018 年，500 强房企总资产收益率均值 2.83%，较 2017 年上升了 0.07 个百分点；净资产收益率均值为 6.32%，较 2017 年上升了 0.97 个百分点；成本费用率均值为 19.81%，较 2017 年提升了 2.27 个百分点（见图

6－14）。房地产市场 2016 年、2017 年整体繁荣，项目收益普遍较高。2018 年的结算期对应这一时间段，因此盈利表现良好。（见图 6－15）考虑到行业进入调整期，预计未来两年业绩分化会比较严重。

从成本端看，受制于融资环境依然偏紧，2018 年融资成本有所上升。但是，房企通过多元化融资渠道，如引入战略投资者、谋求上市、与金融机构合作等，融资成本上升幅度总体可控。另外，土地市场变化较大。2018 年年中以前，市场处于量价齐升的状态。三季度以后，土地价格出现回调。其中，三、四线城市价格下降较快；一线城市为完成供地计划，2018 年年底也出现了加速供地的情况。

就企业层面而言，规模房企在融资、拿地和管理方面依然存在优势。而业务布局能力较弱的中小房企，则更适合区域深耕，做质量好的产品，拿体量适合的地块，赚取品质和服务的溢价。规模房企在全国范围内体量巨大，但具体到某个区域，本土中小企业也会有自己的优势。尤其是四季度以来，行业进入调整期，规模房企收缩战线，三、四线城市土地量价齐跌。此时，更加考验中小房企对于所在深耕区域市场的理解力。

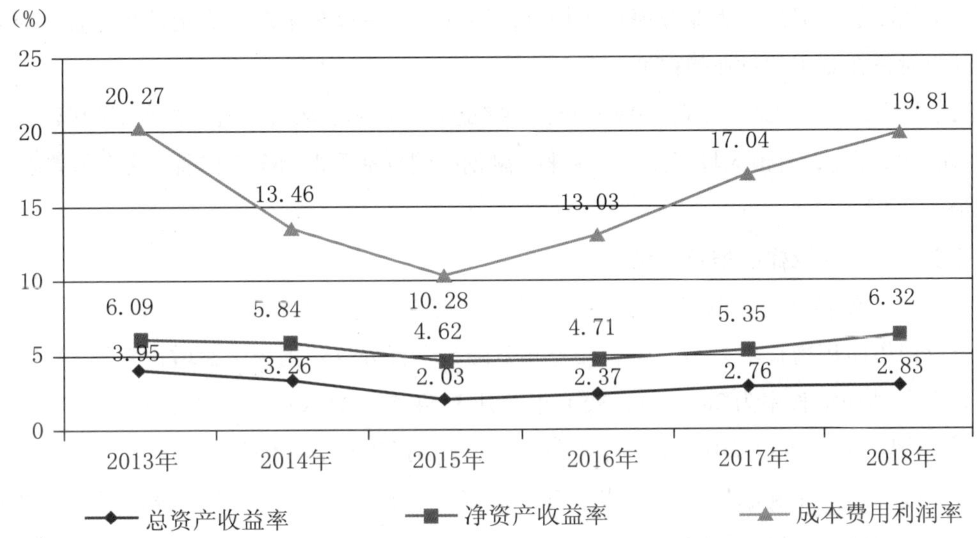

图 6－14　2013—2018 年 500 强相对盈利能力指标变动情况图

数据来源：CRIC、中国房地产测评中心。

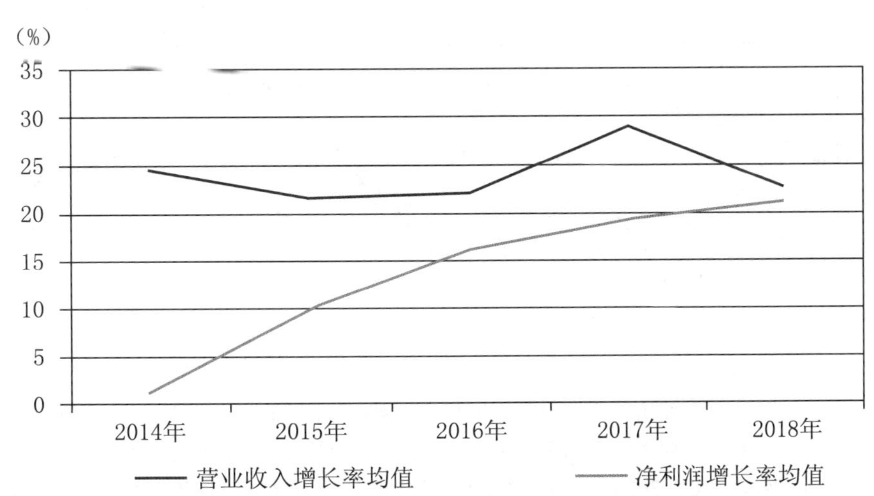

图 6－15　2014—2018 年 500 强营业收入及净利润均值增长率对比情况图

数据来源：CRIC、中国房地产测评中心。

盈利质量有所提升　存量市场蓬勃发展

随着房地产市场进入全面调整，行业本身也开始从高速增长向有质量增长转变。从盈利质量角度看，目前房企合作开发已经成为常态。虽然房企的销售金额权益比有所下降，但通过合资成立项目公司、与土地持有方股权合作、小股操盘等方式，企业一方面能够改善净资产收益率的水平，另一方面也降低了风险。与此同时，企业也更加关注回款速度。总体来看，盈利质量问题得到重视。

从行业整体来看，住宅增量市场短期增长乏力，而存量市场无论是规模还是增速，都呈现出长期向好的态势。2018 年，龙头房企大规模布局商业地产，如印力联合万科 84 亿元购入凯德集团 20 家购物中心、中粮集团 46.8 亿元入股瑞虹新城等。而对于长期深耕商业地产的房企，典型如新城控股，2018 年租金和管理收入达到 21.6 亿元，同比增长 103%。不过对于商业地产来说，城市之间情况分化较大，企业需要仔细甄别。对于受关注度较高的长租公寓领域，2018 年虽然营收表现不好，但是房企依然大力投入。主要是因为政策持续扶持，能够有效降低成本，而未来随着租金上涨以及租赁用地取得等有利因素的出现，前景依然看好。存量市场相对住宅开发，收益率虽然较低，但是因为业务模式的特点，能够在现在或未来产生稳定的现金流，从而保证企业盈利的稳定性，以应对正在到来的行业换挡期。

对于多元化业务的尝试，房地产企业 2019 年更需要考虑投入产出、风险收益、投资期限以及是否政策友好的问题。尤其是跨界的多元化，有恒大投资法拉第未来、融创中国投资乐视的案例在前，房企需要多一份谨慎。

（5）成长潜力分析

行业增速趋于平稳　各级梯队增长分化

2018 年，受政策调控影响，房地产市场继续承压，行业增速进一步放缓，步入平稳增长阶段。年内，500 强房地产开发企业销售面积增长率为 17.3%，较上年下降 5 个百分点；销售金额增长率为 19.3%，较上年下降 15.4 个百分点；营业利润增长率为 28.57%，较上年上升 3.54 个百分点；净资产增长率为 21.20%，较上年上升 4.17 个百分点（见图 6－16）。2018 年，行业销售规模绝对值仍然处于高位，但增长率处于放缓趋势，另外，房企盈利能力提升，营业利润增长率稳步上升，净资产增长率亦升，主要是得益于对应结算周期盈利较好，同时年内行业整体杠杆率保持稳定。

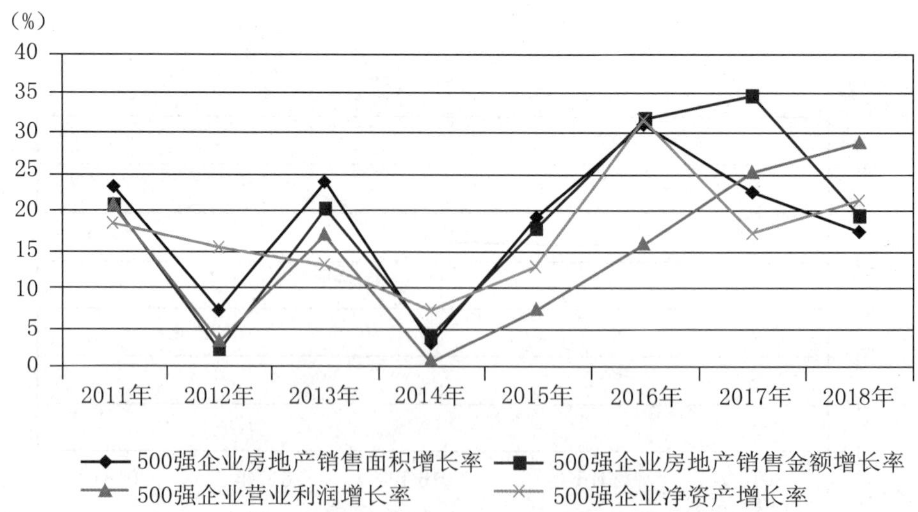

图 6－16　2011—2018 年 500 强业绩增长性指标变化情况图

数据来源：CRIC、中国房地产测评中心。

为了更加细致地了解各个企业的发展状况，本次测评将500强开发企业按成长类型分为四类：销售金额大且增速较快的企业归类为快速成长型；销售金额大但增速较为缓慢或出现销售下滑的企业归类为平稳发展型；销售金额小而增速较快的企业归类为追赶成长型；销售金额小且增速较低或者增速为负的企业归类为滞后发展型（见图6－17）。数据显示，2018年，滞后发展型房企进一步扩容，占比达到50.25%，比上年增加3.34%；追赶成长型房企占比达到29.80%，比上年增加5.91%；快速成长型房企占比缩减为14.29%，比上年减少4.3%；平稳发展型房企占比为5.26%，比上年缩减4.95%（见图6－18）。

2018年，行业整体销售再创历史新高，但受制于调控政策高压，融资渠道持续收紧，行业增长动力不足，增速乏力，整体呈现向追赶成长和滞后发展端偏移的态势，行业金字塔型的结构越来越明显，强者恒强更加显著。以恒大、万科为代表的少数实力雄厚的大型房企受益于行业整合，业绩得到进一步提升，销售回款在规模、增量和稳定性上占据绝对优势，实现稳步增长，优势进一步扩大。中小型房企依然举步维艰，成长空间及市场份额进一步被挤压，500强房企中销售额小且呈现负增长的企业不在少数。

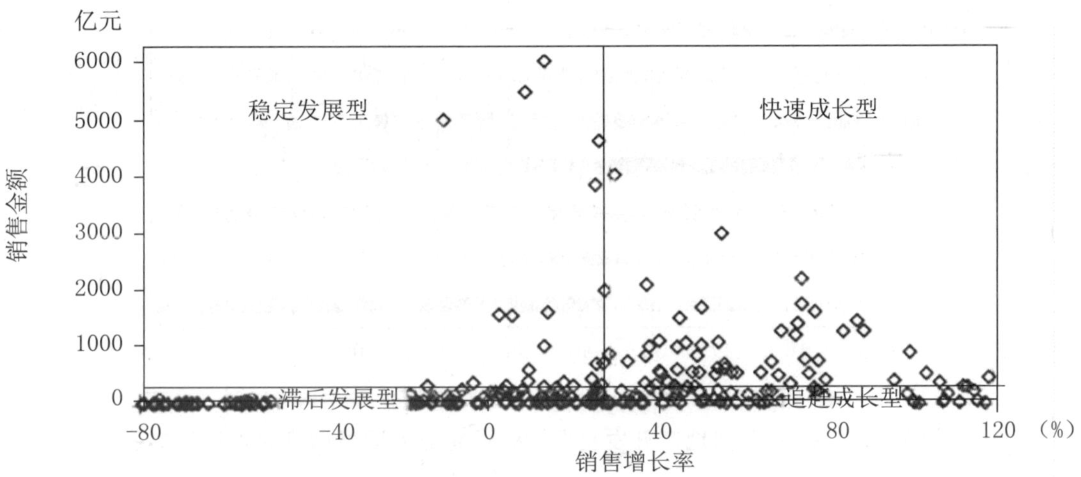

图6－17　2018年房地产开发企业500强成长分类图

数据来源：CRIC、中国房地产测评中心。

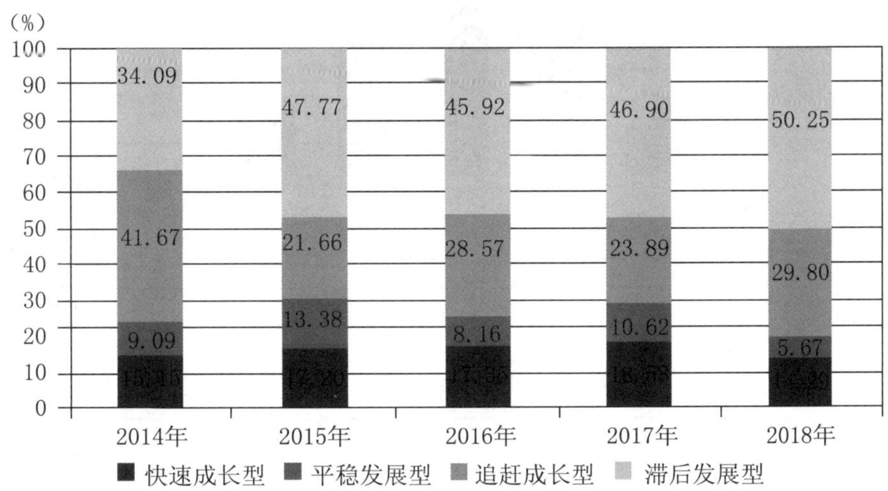

图6－18　2014—2018年房地产开发企业500强不同成长分类占比图

数据来源：CRIC、中国房地产测评中心。

同时，500强房地产开发企业增长态势呈现梯度分化。其中，增长态势最为强劲的为30～50强房企，以中型房企为主，增速快，大多处于快速攀升期。该梯度房企的销售金额与销售面积均值增长率分别达到了59.42%、55.79%，均在50%以上，同时，快速成长型房企占比达到了95%，剩余5%为平稳发展型房企。其次为11～30强房企，以大中型房企为主，相较而言，整体增速开始放缓。该梯度房企的销售金额与销售面积均值增长率分别为43.45%、51.28%，其中，快速成长型房企占比达到了70%，平稳发展型房企占比为30%。再次是51～100强房企，以中小型房企为主，其销售金额与销售面积均值增长率分别为41.84%、39.90%，快速成长型房企占比为35%，其余三类房企类型分别占20%、22%、22%。前10强房企均为龙头房企，增长较为稳定，销售金额均值增长率为21.58%，快速成长型和平稳发展型房企占比均为50%。101～200强房企中，快速成长型与追赶成长型房企占比为48%，51%为滞后发展型。200强之后房企中，主要为小型房企，滞后发展型房企占比均在50%以上，401～500强房企中的滞后发展型房企占比达到了85%（见图6－19、图6－20）。

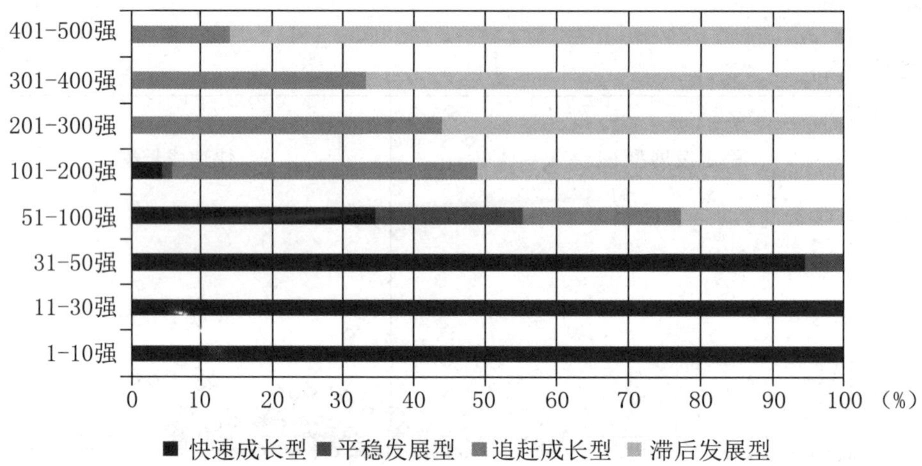

图6－19　2018年房地产开发企业500强企业不同类型房企梯队比较图

数据来源：CRIC、中国房地产测评中心。

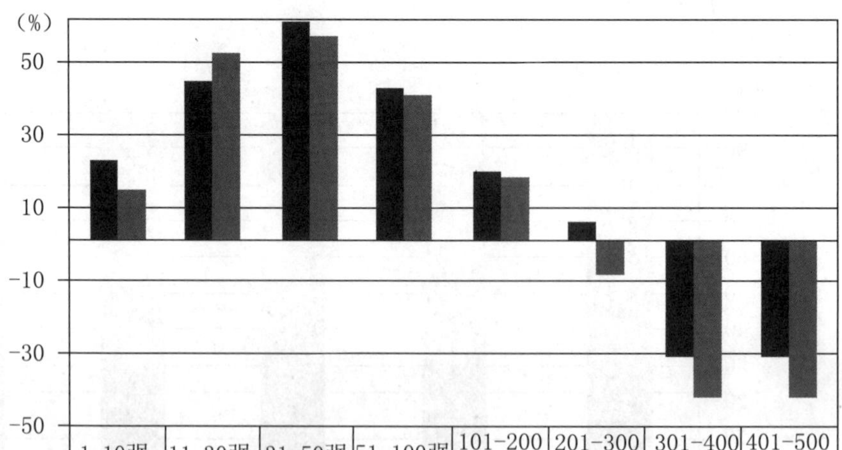

	1-10强	11-30强	31-50强	51-100强	101-200强	201-300强	301-400强	401-500强
■ 销售金额均值增长率	21.58	43.45	59.42	41.84	19.14	5.19	-31.30	-27.06
■ 销售面积均值增长率	13.71	51.28	55.79	39.90	17.39	-9.22	-42.70	-31.34

图6－20　2018年房地产开发企业500强企业销售增长情况梯队比较图

数据来源：CRIC、中国房地产测评中心。

行业渐入精细运营　深入挖掘发展空间

虽然在内外部环境高压下规模扩张受限，2018 年 500 强房企净资产收益率仍处于上升趋势，同比上升 0.97 个百分点，高于上年的同比增幅（2017 年较 2016 年上升 0.64 个百分点）。同时，由于融资成本走高，财务费用占比上升，500 强房企成本费率继续增长，但增幅小于 2017 年，（2018 年、2017 年增幅分别为 2.27%、4.01%）。这主要得益于行业逐渐进入精细化运营阶段，企业从产品、管理、服务方面挖掘利润空间，控制成本，开源节流。行业下行、增长放缓背景下，房企有质量的增长更加落到实处。随着企业不断深挖，提升产品、服务、管理能力，行业潜力将进一步释放，整体仍有较大发展空间。

第一，近两年，房企开始重视向管理要效益，内部管理和运营趋于精细化。以旭辉为代表的众多房企提出开源节流，在企业内部开展降本增效的活动。房企愈加追求人均效能，通过剔除人员冗余或重新竞争上岗，优化用工结构，降低人员成本，并预备适应行业换档期内企业战略调整下的未来用人需求。此外，进行员工激励，加入跟投、股权激励的企业越来越多，如福晟、新城、阳光城、泰禾等。虽然房企人员结构调整尚有争议，但从侧面说明房企精细化管理、成本控制的意识在增强。未来，房企将更多在管理、运营管控上发力。

第二，产品力日益成为获取客户的关键因素。近年来，大部分房企已经逐步发展形成了自身标准化、系统化的产品体系，大中型房企加强住宅产品研发，重视购房者真实需求，推出适老居所、全龄产品。融创将产品力视为撬动产品货值的重要手段，并于 2018 年内发布企业首个中式产品谱系。随着房企的竞争越来越回归到产品竞争的本质，将有更多房企加入产品力提升行列，不断深挖产品价值，以保持市场份额和竞争力。

第三，房企的运营、服务思维越来越强，企业通过服务进行空间赋能产生溢价。运营层面，万科、碧桂园、绿地、融创、龙湖等诸多房企就美好生活提出战略构想（见表 6－6），房企从城市运营商向美好生活运营商转变，万科定位升级“城乡建设与生活服务商”，2019 年年初，碧桂园提出为全世界创造美好生活产品。企业从社区切入探索构建美好生活系统，以品质、环境、娱乐、健康、教育、商业、智能等相关业务元素配套社区，构建美好生活生态圈，提升人居环境。美的地产凭借云科技，以家为容器，以社区为载体，探索更具智慧、健康、品质和活力的新生活方式，推出新智慧生活系统化解决方案，构建全景智慧生活。未来三年，美的地产将打造 200 个标准化智慧社区、20 万套智慧家。

社区服务市场潜力逐步释放，房企在社区商业的布局继续加大，丰富社区生活的同时，帮助企业拓展利润来源。华润置地推出“润街”；金科确定“美邻街”“美邻汇”等社区商业品牌；世茂推出 52 + Mini mall 社区商业产品线；保利“若比邻”专注于社区全渠道消费，打造“社交 + 商业 + 服务”三位一体的邻里空间。同时，社区商业业态不断延伸，覆盖至社区影院、图书馆、社区医院、健身房、社区学堂、儿童娱乐等。未来，社区商业将更加贴合周边居民的衣食住行等日常生活消费需求。此外，房企不断深挖社区服务，向精细化发展。万科北方区域公司发布“客户底线主张 1.0”，解决客户住房生活痛点问题；碧桂园升级凤凰管家服务体系；绿城服务集团联手荷兰国际管家学院，打造高端物业服务品牌，推动物业服务的专业化、定制化发展（见表 6－7）。提供更深层次的软性服务成为未来需要，地产服务领域还有更深层次的内容亟待挖掘，空间广阔。

拿地投资总体审慎　资源靠拢规模房企

2018 年，尤其进入三季度，调控政策效果逐渐显出，房地产市场降温明显，资本市场环境持续走弱，由于对未来政策不清晰，亦有部分房企可供开发的土地较多，房企拿地从积极转为审慎，投资态度相对保守。有较多的房企调整战略方向，收缩投资战线，放缓扩展进程，恒大、碧桂园、融创等均表示放缓投资节奏，上半年拿地较为积极的旭辉、中南、中海等房企下半年也都表示要主动放缓拿地节奏，整体投资将趋于保守，阳光城、泰禾、融信等企业拿地金额较上年下滑幅度较大。一些房企下调 2019 年土地储备量、取消了原来的拿地计划。受此影响，下半年，土地市场价格下降，溢价率显著下滑。第四季度一、二线城市溢价率降至10%，大部分地块以底价成交，三、四线城市溢价率亦回落至18%，且流拍现象频发，流拍率大幅上升。年底，重点城市加大了土地供应步伐，部分城市亦有政策松动的迹象，拿地有所回升，11月招拍挂市场拿地规模达到全年最高点，但整体而言，房企投资依然谨慎。

表6－6　部分房企“美好生活”战略布局、配套美好生活生态圈

企业名称	美好生活 IP	战略布局
万科地产	美好生活场景师	由传统住宅开发商向“城市配套服务商”转型，以专业精神打造各种“美好生活场景”
金科集团	美好生活服务商	“地产＋服务”连接用户，打造优质生活方式
绿城中国	理想生活综合服务商	“一体五翼”：以绿城中国为主体，构建绿城房产、绿城管理、绿城资产、绿城小镇、绿城生活五大业务板块
复星集团	打造全球家庭客户幸福生活方式	深耕健康、快乐、富足三大业务
华夏幸福	以产业新城助力幸福生活	产业高度聚集、城市功能完善、生态环境优美
融创中国	美好生活运营商	提供高品质居住、家庭娱乐和文化旅游产品
融侨集团	城市美好生活综合服务商	“4＋3＋1”均衡发展模式：社区、教育、健康、商业等产业布局
中交地产	美好生活营造者	五大产品系＋“五彩生活”服务理念
中国金茂	营造绿色城市 缔造品质生活	绿色健康、智慧科技、产城融合、配套便捷
泰禾集团	“泰禾＋”、开创中国式美好生活	全面提升城市生活品质，及业主权益及服务体验
旭辉集团	美好生活城市运营商	以长租公寓、商业运营、装配式建筑、教育、社区服务等多个方向的“房地产＋”业务构建房地产生态圈

资料整理：CRIC、中国房地产测评中心。

表6－7　部分房企社区商业配套品牌与业态分布

企业名称	社区商业配套品牌	相关业态
万科地产	第五食堂、万享荟、鱼羊集市、四点半学堂	餐饮、食堂、菜场、教育
碧桂园	凤凰优选超市	超市
中国恒大	恒大影城	院线
世茂房地产	爱世集超市	超市、生鲜
保利发展	若比邻超市	生鲜超市、便利店、无人店
中国金茂	JINMAO－SPORTS、酷乐星球 Kids Planet、JINMAO HOME、JINMAO KITCHEN	娱乐、居家、餐饮
佳兆业	佳兆业壹号街市、CASAMIA 精品	餐饮、超市
绿地集团	G－Super、G－store、G－Coffee、G－Kitchen、G－Fresh、G－Kids	超市、餐饮、菜场、娱乐
东原地产	原聚场、童梦童享、友邻友趣、乐享乐配、优度优家	儿童教育、休闲娱乐、社区服务、精装修服务
星河商置	星河环宇影城	影院

资料整理：CRIC、中国房地产测评中心。

表 6－8　2018 年下半年部分房企土地投资态度

企业名称	土地投资态度
碧桂园	下半年拿地要持审慎态度，精准获取
中国恒大	放缓投资节奏，重点布局一、二线，不去四线
融创中国	继续严格拿地纪律，控制买地节奏和支出
中　海	对市场保持高度谨慎态度
阳光城	谨慎投资，利润标准提高
旭辉集团	放慢拿地节奏，选择在出现窗口期的城市择机而动
融信集团	谨慎投资，把握机遇，提高标准
奥园集团	谨慎投资，提高标准
首开股份	拿地态度审慎
时代中国	偏审慎拿地

资料整理：CRIC、中国房地产测评中心。

另外，房企投资逐渐回归理性，相比规模扩张，实现高质量盈利成为更加重要的战略方向。不少企业在内部提高了拿地前测算阶段的投资回报率，控制项目净利润指标在 10%、12%，甚至 15% 不等。房企放缓投资、提质增效成为共识，行业逐渐告别以快速扩大土储冲规模的做法（见表 6－8）。以 2018 年与 2017 年房企拿地对比来看，大部分企业的拿地金额出现下滑，尤其华夏幸福、泰禾、融信等企业下滑幅度较大，但同时，企业拿地面积同比增幅明显大于拿地金额同比增幅，说明房企拿地成本明显下降，拿地效率提高（见图 6－21）。未来，在土地投资管控上，房企将重点关注区域、城市的前瞻性研究，并通过加强投资模型建设、构建多维度的投资标准体系，以提高投资效率和专业度、控制风险能力，企业投资将更聚焦、更精准、更高效。

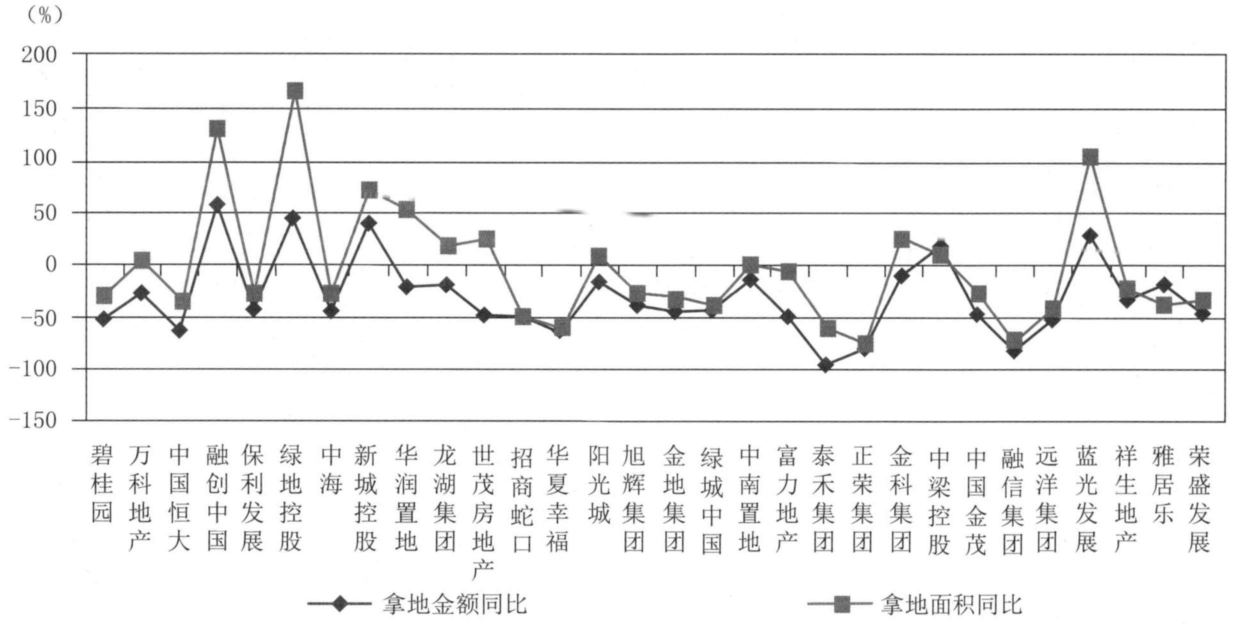

图 6－21　2018 年典型房企拿地同比增长情况

数据来源：CRIC、中国房地产测评中心。

与此同时，资源加紧向规模房企集聚，优秀房企继续扩大领先优势。尽管融资收紧，行业投资整体趋于保守，规模房企融资成本低、流动资金充足、融资渠道广，在土地资源获取上占据明显优势，拿地规模仍然可观。2018年销售前百位的房企中，前十位房企拿地总货值占比超过50%，资源加速向这些规模企业集聚。尤其是调整期下，房地产行业的马太效应进一步放大，很多企业面临市场变局被迫退出或出售资产，收并购成为房企低风险拓展市场的理性选择，房企在土地二级市场交易较为活跃。2018 年 9 月份以来，多项关于收并购政策出台，行政审批事项简化，亦促进了收并购市场的繁荣，年内，合作或收并购拿地、股权转让事件频发，尤以规模房企显出较强实力，借势收并购进行进一步扩张。以万科为例，其通过股权交易获得多个土地项目，已成功收购了嘉凯城、海航、华夏幸福旗下等多个项目公司股权。融创中国在一、二级市场均表现积极，同时，恒大、阳光城、禹洲地产、招商蛇口、保利发展、龙湖集团、绿城中国等房企也频繁通过二级市场收并购地产项目（见表6－9）。

表 6－9　2018 年部分房企并购事件

首次披露时间	交易买方	交易标的	交易额（人民币万元）
2018 年 1 月 1 日	世茂房地产	开城实业 100% 股权	—
2018 年 1 月 9 日	招商蛇口	东风房地产 80% 的股权	87235
2018 年 1 月 12 日	旭辉控股	青岛银盛泰房地产有限公司 50% 股权	152000
2018 年 2 月 1 日	碧桂园	广物地产 45% 股权	—
2018 年 2 月 9 日	招商蛇口	浙江润和房产集团有限公司 100% 股权及相关债权	90748
2018 年 5 月 18 日	泰　禾	创耀实业 90. 91% 股权	85048
2018 年 6 月 4 日	华夏幸福	江门市鼎兴园区建设发展有限公司 49% 股权	161300
2018 年 6 月 21 日	金地＋禹洲	青岛盛港投资有限公司 30% 股权	21900
2018 年 7 月 1 日	福晟国际	福州康安利信投资有限公司 95% 股权	95300
2018 年 7 月 26 日	中国奥园	鹤山市源佳房地产开发有限公司 98% 股权	—
2018 年 8 月 3 日	蓝光发展	呼伦贝尔东北阜丰生物科技有限公司持有的宝鸡鼎丰置业有限公司、宝鸡宝丰置业有限公司 100% 股权	83500
2018 年 9 月 6 日	福　晟	嘉兴市铂金置业有限公司 75% 的股权	43100
2018 年 9 月 7 日	金融街	湖北当代盛景投资有限公司 80% 股权及相应股权对应的债务	345200
2018 年 9 月 18 日	当代置业	天津海逸源房地产开发有限公司的 100% 股权	22600
2018 年 9 月 19 日	阳光城	重庆渝能产业（集团）有限公司 100% 股权及对应的房地产开发项目	497100
2018 年 9 月 24 日	建业地产	巨佳投资有限公司 100% 股权	29000
2018 年 9 月 25 日	弘阳地产	名流置业武汉有限公司 55. 25% 股权	163700
2018 年 9 月 26 日	万　科	北京国晟物业管理有限公司 100% 的股权	129900
2018 年 9 月 28 日	泰　禾	南昌茵梦湖项目 100% 的股权	103200
2018 年 10 月 9 日	万　科	华夏幸福部分环京项目	323400
2018 年 11 月 1 日	中粮地产	上海景时成攀持有的成都鸿悦置业有限公司（项目公司）49% 股权及其所有的附属权利和权力	28600
2018 年 11 月 6 日	万　科	受让海航基础持有的广东兴华实业有限公司 100% 的股权	103500
2018 年 11 月 9 日	蓝光发展	重庆宇晟置业有限公司 100% 的股权	149000
2018 年 11 月 9 日	万　科	嘉凯城名下 5 家公司股权及合计 30 亿元的股东债权款	35500
2018 年 12 月 12 日	财信发展、融创、融侨联合体	重庆星界置业有限公司 100% 股权及 2. 17 亿元债权	105600
2018 年 12 月 12 日	大名城	杭州弘招城房地产开发有限公司 34% 的股权	680
2018 年 12 月 12 日	中　骏	弘辉开发有限公司 51% 的股权	62900
2018 年 12 月 17 日	华夏幸福	霸州市前华房地产开发有限公司 40% 股权	275000

资料整理：CRIC、中国房地产测评中心。

（6）运营绩效分析

运营指标持续回落　房企主动减速提质

2018 年，500 强房地产开发企业存货周转率为 0.13，较上年出现较大降幅；整体流动资产周转率为 0.13，同比下降；总资产周转率为 0.11，降幅较小（见图 6－22）。三大运营指标总体处于近 6 年里较低的水平。

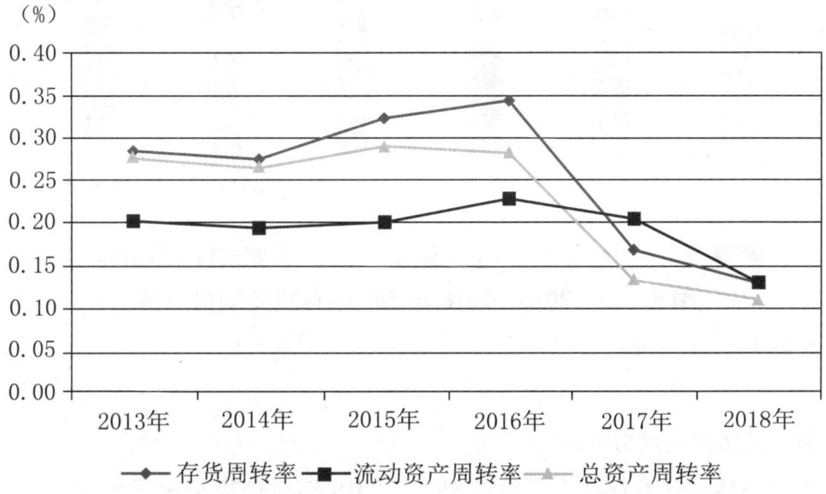

图 6－22　2013—2018 年 500 强运营效率指标变动情况图

数据来源：CRIC、中国房地产测评中心。

受益于高规模的货币化安置等有利政策，三、四线城市的市场需求近几年总体较为旺盛。从城市的特点来说，一方面预售条件较为宽松，土地又多为净土，施工难度低，速度快；另一方面，购买者以刚需为主，适合标准化产品快速复制。以上因素都有利于行业实行高周转策略。但随着去库存任务基本完成，市场销售情况整体趋冷，周转速度势必受到较大的影响。

具体到企业层面，高周转的标杆性企业碧桂园主动提出提质控速，要将安全质量放在第一位，从而保证有质量的发展。总体来看，房企拿地变得更加稳健，拿地销售比出现一定程度的下降。相应的，土地市场溢价率下降、流拍率上升。

货值存量均值上移　存货周转趋势向下

2018 年，500 强房企整体存货货值和存货增长率均继续攀升。500 强房企平均存货货值为 357.96 亿元，较上年提升 30.43%，存货增长率已经连续四年实现增长（见图 6－23）。存货货值的增加，一方面是因为土地市场价格近年总体处于上涨趋势，直到 2018 年下半年开始回落；另一方面，企业规模持续较高速度增长，对于土地存货的需求也有相应的增长；而企业对于未来增长的预期，虽然速度会放缓，但依然是稳健发展。总体来说，土地资源依然是加速流向规模房企。

从存货周转率上看，2018 年 500 强房地产开发企业周转水平延续下行趋势，存货周转率下降至 0.13，但降幅较上年大幅收窄。在销售市场趋冷的背景下，一方面，开发商加速开工，希望尽早推盘，收回现金。房屋新开工面积累计同比增速从 2018 年 2 月的 2.9%，上升到 12 月的 17.2%。另一方面，克而瑞数据显示，新房销售持续降速，百城新开盘项目当天签约率从最高的 8 成下降至 2018 年年底的 3 成，市场观望情绪较浓。两种因素共同作用下，库存周转率持续保持在较低水平。

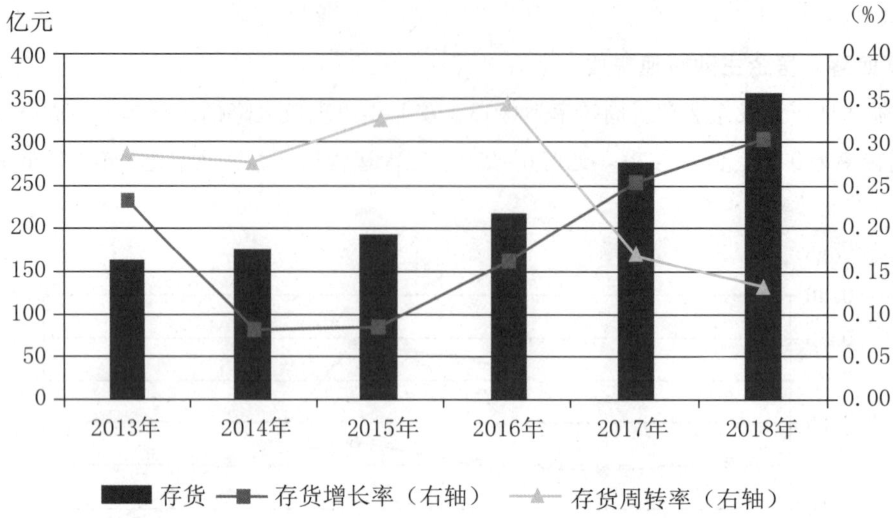

图 6－23　2013—2018 年 500 强存货变动情况图

数据来源：CRIC、中国房地产测评中心。

去化情况普遍下降　优化产品助力周转

2018 年，房地产市场整体去化率都处在下降趋势中。2018 年对销售贡献最大的三、四线城市，下半年开始，去化情况也出现回落。相较以前强调开工速度，预售速度，去化问题现在成为影响企业周转速度的重要因素。

虽然整体去化率在回落，但具体到个案，表现差异很大。地段依然是核心因素，上海的前滩板块，深圳的蛇口、前海，2018 年开盘的项目的认筹比依然高企。良好的区位包含着良好的学区、交通、商圈等要素。只要提供被认可的商品，购买力依然存在。郊区的销售情况普遍不佳，房企更加需要通过提升产品本身的品质来提高去化，如上海长兴岛泰禾大城小院，虽然地处远郊，但 2018 年两次开盘当天销售表现都不错。

随着消费者日趋成熟，买房考虑更加全面，对产品品质有了更高的要求。去化率的普遍下降，倒逼房企更加关注楼盘质量，研究提供更为合理的产品结构。

（7）创新能力和社会责任分析

创新加码推动销售　文化休闲赋能营销

随着市场的波动变化，客户需求提升，营销作为推动房企成长和持续发展的重要环节也不断被加码创新。而由于互联网、大数据的快速崛起，信息的传播也从单一化向多样化转换，微信友圈传播、公众号、自媒体、直播等多种线上方式在前端拉动热度，线下活动的创新增多，从小规模热场向大规模活动转变，从大规模活动向精益型活动转变，例如“主题、战略、科技”等多种发布会、融合“图书馆、艺术、文化”元素的创意售楼处等，线下活动回应线上，双向驱动，形成立体化模式推动销售（见表 6－10）。

2018 年，企业的营销投放更加精准，因地制宜进行圈层营销，针对核心城市导客，踩点节日热度，一些房企不仅在电商节点进行营销活动，还形成了具有企业特色的“购房节”，提升客户品牌感知，通过互联网联动企业多地多盘，将发散型的资源、庞大客户群进行集中整合，折扣力度也从上半年的局部折扣过渡到第三季度的逐渐放开，到第四季度，优惠政策趋于稳定。

表 6－10　2018 年典型房企发布会活动

企业名称	城　市	时　间	内　容
路劲地产	杭　州	11 月 12 日	路劲召开主题为“路从香江来”的品牌发布会，宣布“江南院子”作为企业进入杭州的开篇之作
世茂集团	北京　苏州	7 月 18 日	世茂“龙胤系”产品线发布会两城齐发，结合地域特色，以文化为核心，打造沉浸氛围体验
龙湖集团	杭州	11 月 22 日	龙湖 25 周年，举办“与城市 共龙湖”品牌战略发布会，提出“空间即服务”全新战略
正荣地产	南京	9 月 21 日	以“正中心、荣此城”为主题，南京“正荣中心“综合体发布
金科集团	深圳	4 月 18 日	举办主题战略发布会，发布了“深耕华南、拓展海西、布局大湾区”战略、公开了首个进驻华南的项目“金科博翠天下”

数据来源：企业公告、CRIC、中国房地产测评中心。

营销围绕市场进行决策，文化休闲、运动、体育为房企带来的影响逐年增大，在恒大足球的引领下，体育运动对品牌赋予的能量引得多家房企关注，形成新的营销模式。马拉松、徒步、骑行也成为企业在文化休闲营销中的侧目点。2018 年 10 月，西安（阳光城）国际马拉松赛开跑，赛道将西安文化串联起来，终点设立了阳光城集团的品牌展示区。此举实现了对西安文化的推动，同时阳光城集团的品牌也在活动中得到了强力推广，进一步实现了企业文化的传播，而马拉松带来的巨大流量和关注使得企业更好地纵深植入客户群体。（见表 6－11）

表 6－11　2018 年典型房企运动休闲营销活动

企业名称	内　容
恒大集团、绿地集团、富力地产、佳兆业集团、华夏幸福	足球
阳光城集团、荣盛集团、蓝光发展、祥生地产、融创集团、绿地集团、保利集团、鸿坤集团	马拉松
旭辉集团、中骏集团、俊发集团	徒步
大华集团、三盛集团	骑行

数据来源：企业公告、CRIC、中国房地产测评中心。

产品升级服务优化　绿色住宅科技导向

生活水平的提高让大众对居住品质、需求、功能、环境等要求不断增强，在此背景下，房企纷纷加强内功修炼，聚焦产品升级，以客户需求为导向，追求产品力的提升，向高质房企发展。2018 年 4 月，旭辉集团发布了第五代产品，旭辉 CIFI－5 从全龄层需求出发，深耕城市脉络，结合时代发展，在外立面、社区动线、景观融合、情景空间打造、户型、功能等多维度打造全年龄层社区，配备全生命周期的相应设施。

此外，房企更注重“回归”，基于对生活本源的理解，赋予建筑文化属性，泰禾集团的院子系则是将中国文化融合到建筑生命里，以门头、坊巷、院落为建造体系，结合城市古典规制，在门钹、壁灯、砌砖、石材、台阶等多细节上结合现代进行创新，园林方面景观设计团队也多次对中式园林进行实地考察。绿城集团将中式水墨文化融合到建筑中；中梁控股将水系、景廊完美融合到社区中，使得产品更加内敛却别具匠心；蓝光集团的“芙蓉系”在“雍锦系”的开发经验上，与新人居思想达成完美契合。

在户型方面，针对国家政策，城市能级，房企对于户型面积段的分配更加合理，“房住不炒”的政策调控使得小户型投资需求减少，“租售并举”使得过渡需求减少，极端面积的产品大大减少，面积小型化，购房者更追求一步到位，导致三房的成交比例提升。

房地产企业在专注于产品升级的同时，对链条上提供的服务更加精细化，从基础服务向一站式服务转变，例如北大资源“源客荟”依托微信平台，将客户需求与数据联通，不止于服务已购房的客户，实行一站式服务。近年来房企不断尝试将科技、智能与产品融合，进行不断创新和升级，切实营造绿色生活。金茂府年内发布了 2.0 系列，在金茂府 1.0 的基础上对空间维护进行了升级，实现每个房间个性化调节温湿度，新风系统更加智能，打造仿生态环境，将场景应用于产品中，在升级、智慧生活的同时降低能耗，确保绿色节能实用兼并。景瑞地产采用装配式装修，打造无污染绿色住家，对企业而言，装配式建筑大大减少了工期，对绿色环保做出了贡献；对客户而言，减少了新房入住的时间成本，对生活更加便利，装修更加可控且便利。

税收保持快速增长　企业践行社会责任

企业在不断提升自身利益的同时，积极履行纳税责任。2018 年，500 强企业所得税均值为 3.48 亿元，同比增长 19.13%；营业税金及附加的均值约为 4.70 亿元，同比增长 12.73%（见图 6－24）。

房企在成长壮大的过程中也不忘反哺社会，多家企业在保障房建设、道路、基建方面助力城市发展，对于贫困、较为落后的区域，以及社会中需要帮助的弱势群体提供帮助，以实际行动为公益献礼。2018 年中央一号文件《中共中央国务院关于实施乡村振兴战略的意见》，大力实施乡村振兴战略，房企积极响应，采用与政府合作、建立基金、捐助等方式推动乡村发展，如美的置业出资成立了“韶关市乡村振兴公益基金会”，通过基金会与慈善信托的形式支持韶关市乡村振兴事业。

多年来，恒大身体力行地从事扶贫事业，坚持对贵州省毕节市多县发展提供立体式帮助，在产业方面建设蔬菜大棚、育苗基地、大田和加工基地；就业方面提供培训帮助以及就业推荐；助力易地搬迁扶贫，且在教育、医疗、福利院等方面实行全方位支持，实现长期可持续扶贫模式，积极履行社会责任，为城乡发展带来持续生机。

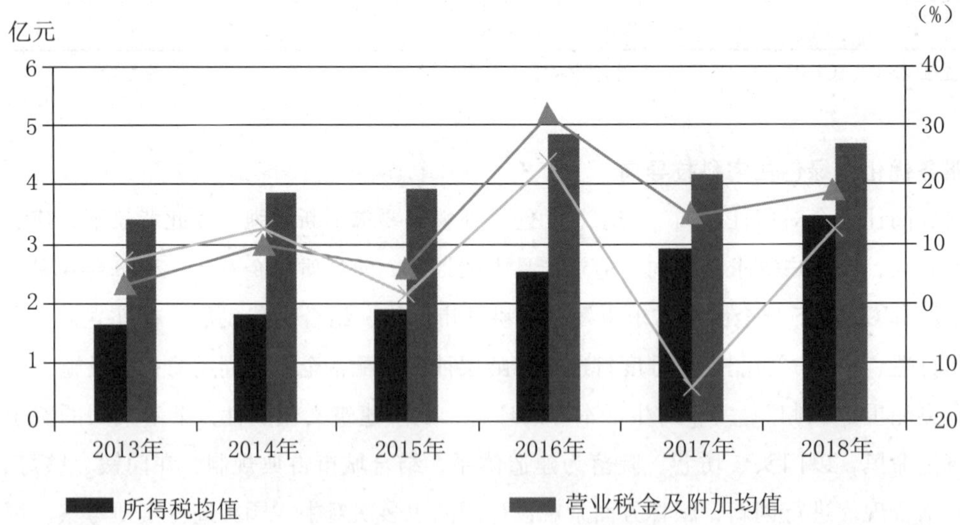

图 6－24　2013—2018 年 500 强营业税及所得税均值及增幅变化图

数据来源：CRIC、中国房地产测评中心。

（二）2018 年中国房地产上市公司综合实力百强测评

发布机构：中国房地产业协会　上海易居房地产研究院中国房地产测评中心

发布时间：2018 年 5 月 25 日

发布地点：深圳

1. 测评榜单（见表 6－12）

表 6－12　2018 年中国房地产上市公司综合实力榜

排　名	企业简称	企业代码	排　名	企业简称	企业代码
1	中国恒大	03333. HK	36	建发股份	600153. SH
2	万　科	000002. SZ	37	合景泰富	01813. HK
3	碧桂园	02007. HK	38	时代中国控股	01233. HK
4	中国海外发展	00688. HK	39	金融街	000402. SZ
5	保利地产	600048. SH	40	中骏置业	01966. HK
6	绿地控股	600606. SH	41	上实城开	0563. HK
7	华夏幸福	600340. SH	42	中国奥园	03883. HK
8	富力地产	02777. HK	43	仁恒置地	Z25. SG
9	融创中国	01918. HK	44	景瑞控股	01862. HK
10	龙湖地产	00960. HK	45	城投控股	600649. SH
11	华润置地	01109. HK	46	宝龙地产	01238. HK
12	招商蛇口	001979. SZ	47	越秀地产	00123. HK
13	新城控股	601155. SH	48	首创置业	02868. HK
14	世茂房地产	00813. HK	49	迪马股份	600565. SH
15	金地集团	600383. SH	50	保利置业集团	00119. HK
16	旭辉控股集团	00884. HK	51	华发股份	600325. SH
17	阳光城	000671. SZ	52	新湖中宝	600208. SH
18	金科股份	000656. SZ	53	泛海控股	000046. SZ
19	雅居乐集团	03383. HK	54	合生创展集团	00754. HK
20	绿城中国	03900. HK	55	中粮地产	000031. SZ
21	中南建设	000961. SZ	56	广宇发展	000537. SZ
22	首开股份	600376. SH	57	深圳控股	00604. HK
23	融信中国	03301. HK	58	瑞安房地产	00272. HK
24	泰禾集团	000732. SZ	59	中天金融	000540. SZ
25	路劲	01098. HK	60	陆家嘴	600663. SH
26	建业地产	00832. HK	61	滨江集团	002244. SZ
27	蓝光发展	600466. SH	62	北京城建	600266. SH
28	远洋集团	03377. HK	63	北辰实业	601588. SH
29	龙光地产	03380. HK	64	亿达中国	03639. HK
30	中国金茂	00817. HK	65	SOHO 中国	00410. HK
31	华侨城	000069. SZ	66	北大资源	00618. HK
32	佳兆业集团	01638. HK	67	朗诗绿色集团	00106. HK
33	荣盛发展	002146. SZ	68	大悦城地产	00207. HK
34	金隅集团	601992. SH	69	国瑞置业	02329. HK
35	禹洲地产	01628. HK	70	光明地产	600708. SH

续表

排　名	企业简称	企业代码	排　名	企业简称	企业代码
71	嘉华国际	00173. HK	86	五矿地产	00230. HK
72	信达地产	600657. SH	87	阳光 100 中国	02608. HK
73	花样年控股	01777. HK	88	莱蒙国际	03688. HK
74	绿地香港	00337. HK	89	苏宁环球	000718. SZ
75	雅戈尔	600177. SH	90	东旭蓝天	000040. SZ
76	银亿股份	000981. SZ	91	海航基础	600515. SH
77	大名城	600094. SH	92	绿景中国地产	00095. HK
78	当代置业	01107. HK	93	鲁商置业	600223. SH
79	福星股份	000926. SZ	94	天房发展	600322. SH
80	云南城投	600239. SH	95	粤泰股份	600393. SH
81	中洲控股	000042. SZ	96	顺发恒业	000631. SZ
82	新华联	000620. SZ	97	南京高科	600064. SH
83	华远地产	600743. SH	98	苏州高新	600736. SH
84	中华企业	600675. SH	99	张江高科	600895. SH
85	鑫苑置业	XIN. N	100	格力地产	600185. SH

2. 测评分析

（1）入榜企业分析

恒大集团首次荣膺桂冠、万科碧桂园分列第二、第三名

中国房地产测评中心对上市房企进行了客观、公正、专业和科学的测评研究，形成了2018 中国房地产上市公司测评研究报告。从核心测评指标来看，2017 年上市房企总资产均值为 873. 43 亿元，同比上升 21. 74%；房地产业务收入均值为 150. 02 亿元，同比增长 1. 92%；净利润均值为 22. 51 亿元，同比增长 31. 21%；资产负债率均值同比下降 0. 29 个百分点至 65. 05%；净负债率均值同比下降 1. 45 个百分点至 89. 87%。（见表 6 – 13）

表 6 – 13　2013—2017 年上市房企部分核心测评指标均值比较

单位：亿元,%

指　标	2013 年均值	2014 年均值	2015 年均值	2016 年均值	2017 年均值
房地产业务收入	92. 08	95. 75	117. 73	147. 20	150. 02
总资产	362. 89	447. 88	586. 18	717. 47	873. 43
净负债率	87. 78	112. 35	115. 61	91. 31	89. 87
资产负债率	65. 13	66. 09	67. 05	65. 34	65. 05
净利润	13. 51	13. 98	13. 48	17. 16	22. 51

数据来源：企业年报、CRIC、中国房地产测评中心。

榜单显示，榜首位置 11 年来首次易主，恒大首次荣膺桂冠，万科和碧桂园紧随其后，分列第二和第三位。中国海外发展、保利地产和绿地控股分别居于第四到第六位，华夏幸福、富力地产、融创中国和龙湖地产分列第七至第十位。（见表 6 – 14）

中国恒大 2017 年实现销售金额 5009. 6 亿元，同比增长 34%。同时，在“规模 + 效益型”战略和”三低一高”经营模式的指导思想下，恒大转型效果显著，规模和效益齐头并进，归母净利润大幅上升 378.73%，达 243.72 亿元。

2017 年，万科实现销售金额 5298.8 亿元，同比增长 45%。除了房地产主业外，万科目前在物业管理、长租公寓、商业地产、物流仓储、滑雪度假等地产相关的多领域加速发展。未来，万科将打造“城乡建设与生活服务商”，致力于提供房地产市场不动产配套服务。

碧桂园首次进入上市公司百强榜单的前三甲，2017 年年内实现合约销售金额 5508 亿元，同比增长 78.3%，成为年度销售冠军。受益于上年三、四线城市房地产市场的火爆，在三、四线城市较早布局的碧桂园不仅实现了规模的继续扩张，盈利亦有大幅提升。

2017 年，受我国房地产市场趋紧、国家环保政策压力的影响，产业链下游行业净利润增速有所下滑，但整体保持稳健增长。首先，绿色健康家居、智能化发展已成大势，大部分上市供应商企业通过技术研发，积极寻求环保升级，推动智能升级，同时抓住精装修发展机遇，提升精装服务整合能力，拓展增长空间，并契合房地产市场新常态对中高端产品需求，推进产品的多元化高品质发展。2017 年，中国联塑正式公布实现 PVC 管材、管件及型材产品的全面无铅化，成为行业标杆，年内，联塑集团实现营业收入 203.6 亿元，比上年同比增长 18.20%，实现净利润 53.17 亿元，同比增长 16.00%。作为家电龙头企业，老板电器以 ROKI 智能烹饪系统构建全系列产品，打造智能生态厨房解决方案，并持续优化产品结构，发展嵌入式产品，年内实现营业收入 70.17 亿元，同比上年增长 20.10%，净资产收益率达 31.66%。在地板行业，得益于“精装修”大势，大亚圣象的 B 端业务出现快增长，企业致力于精装修、家居一体化发展，先后与万科、金地、保利、中海等房企建立合作关系，打造绿色住宅、健康家居，年内实现净利润 6.59 亿元，同比增长 21.82%。其次，企业积极寻求在资本市场的突破。2017 年 9 月，亚士创能成功登陆上交所主板，年内实现营业收入 13.55 亿元，同比增长 26.32%。有机硅行业中，集泰股份登陆深交所中小板，企业年内营收同比增长 59.99%，表现出较大发展潜力。2018 年年初，建筑防水行业又迎新增长，科顺股份登陆深交所创业板，公司致力于提供“一站式”建筑防水解决方案，已与碧桂园、万达、华夏幸福等大型房企建立战略合作，近年来，与百强房地产企业的战略合作比例逐年提高，同时，公司注重新产品研发，拟投入 10540 万元用于研发中心建设，2017 年，科顺实现营业收入 20.39 亿元，同比增长 38.37%。此外，得益于建筑市场整体需求量平稳，全筑股份、三棵树等企业作为装饰设计、涂料行业的的代表企业，在年内运行良好，全筑股份年内实现营收 46.25 亿元，同比增长 38.65%，净利润增幅 64.11%；三棵树继 2016 年上市后，继续保持良好势头，年内实现营业收入 26.19 亿元，同比增长率达 34.45%。金牌橱柜、华帝亦分别实现 73.29%、55.60% 的净利润增幅，表现抢眼。

表 6－14　2014—2018 年部分入榜企业名次变化

企业代码	企业简称	2014 排名	2015 排名	2016 排名	2017 排名	2018 排名
03333. HK	中国恒大	4	4	4	3	1
000002. SZ	万　科	1	1	1	1	2
02007. HK	碧桂园	7	7	9	4	3
00688. HK	中国海外发展	3	5	2	2	4
600048. SH	保利地产	2	2	6	5	5
600606. SH	绿地控股	–	–	3	6	6
600340. SH	华夏幸福	14	11	10	7	7
02777. HK	富力地产	8	8	8	8	8
01918. HK	融创中国	9	13	15	10	9
00960. HK	龙湖地产	5	12	13	11	10

数据来源：CRIC、中国房地产测评中心。

（2）资本市场表现

A 股地产板块表现低迷，港股内房板块估值修复

2017 年，A 股市场呈现分化格局，白马龙头股领涨大盘。地产板块与大盘走势基本一致，但总体表现欠佳。以 2017 年 12 月 29 日收盘价计算，沪深 300 指数全年累计上涨 21.78%，申万房地产行业指数微涨 0.80%，跑输大盘 20.98 个百分点；横向对比来看，房地产板块全年收益率在申万 28 个一级行业里排名第 11 位。港股方面，恒生中国 100 指数全年累计上涨 39.53%，恒生中国内地地产指数则大幅上涨 109.30%，跑赢恒生中国 100 指数 69.77 个百分点。总体来看，不同市场间房地产板块表现各异，A 股房地产板块表现明显弱于大盘，而在业绩大增和估值修复的双重作用下，港股内地房地产板块全年涨幅巨大，市场表现显著优于恒生中国 100 指数。

具体来看，2017 年 4 月中上旬和 9 月中上旬为两个明显的 A 股房地产板块持续走强的时间段，其中 4 月中上旬行情主要受益于雄安新区及粤港澳大湾区概念，而 9 月上涨行情主要的催化因素为估值持续磨底、板块长期滞涨、基本面数据亮眼、龙头优势扩大。进入 2018 年，随着行业集中度持续提升，资源不断向龙头房企倾斜，加之增量资金大规模进场和租赁政策的出台，房地产板块在 1 月份又走出一拨强势向上行情。其中，龙头房企领涨整个板块，比如万科、华夏幸福、荣盛发展、阳光城等公司股价纷纷大涨，万科一度成为全球市值最大房企（见图 6－25）。

在港上市的内地房企估值长期被低估，2017 年在业绩大幅增加的推动下，加之香港市场不再过分担忧房地产政策对内地房企的影响，内房板块估值得到持续修复，全年大涨 109.30%。个股方面，恒大、碧桂园、中海、龙湖、融创、旭辉都涨势惊人，其中，恒大涨幅高达 458%，融创涨幅达到了 414%（见图 6－26）。

图 6－25　2017 年以来沪深 300 指数与房地产行业指数走势

数据来源：企业年报、CRIC、中国房地产测评中心。

图 6-26　2017 年以来恒生中国 100 指数与恒生中国内地地产指数走势

数据来源：企业年报、CRIC、中国房地产测评中心。

从每股收益来看，2017 年，上证、深证 A 股企业每股收益平均值分别为 0.52 元和 0.39 元，沪深上市房企每股收益平均值为 0.50 元，每股收益水平低于上证 A 股，高于深证 A 股，同比继续回升。在港上市房企 2017 年每股收益平均值为 0.79 元，同比大幅增加 61.77%，且依然显著高于沪深上市房企（见图 6-27）。

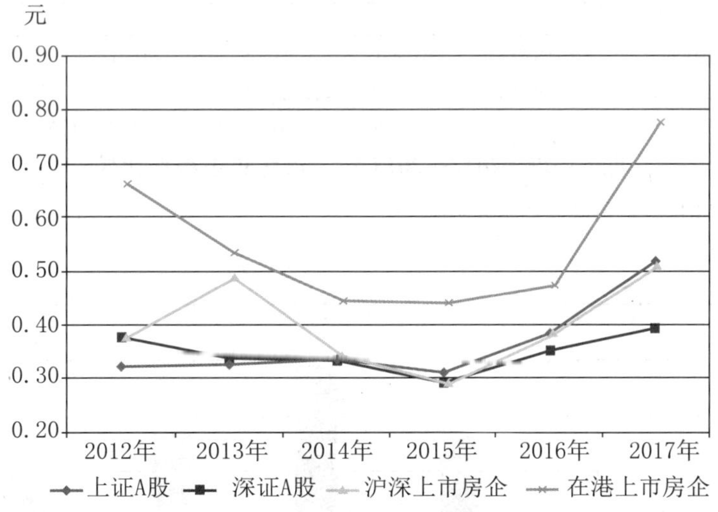

图 6-27　2012—2017 年上市房企每股收益与整体市场比较

数据来源：企业年报、CRIC、中国房地产测评中心。

近两年，沪深上市房企和在港上市房企估值差距持续收缩，2017 年在港上市房企平均市盈率和市净率均有所提升，依次为 9.95 倍、0.82 倍，估值得到明显修复。尽管 2017 年沪深上市房企的平均市盈率和市净率同比均降低，但仍远高于在港上市房企，沪深上市房企平均市盈率与市净率分别为 15.05 倍和 1.41 倍（见图 6-28、图 6-29、图 6-30）。

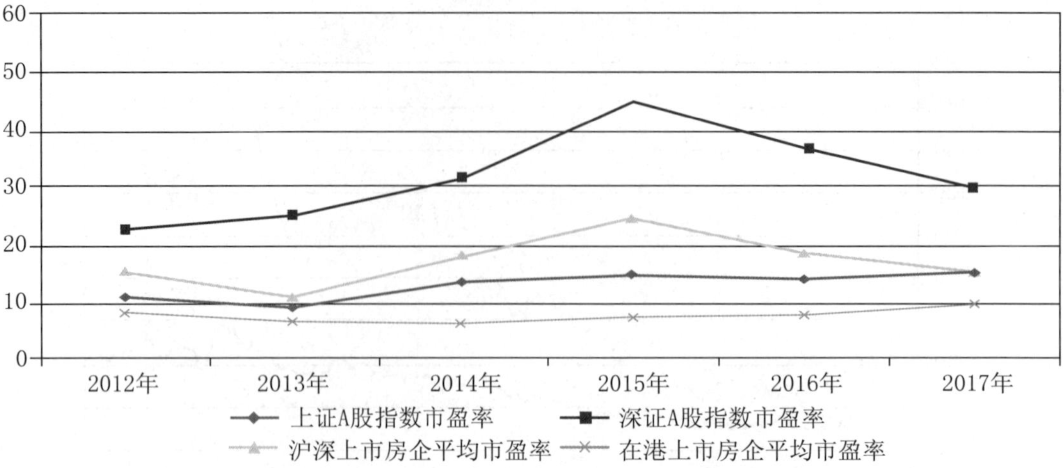

图 6－28　2012—2017 年上市房企市盈率比较

数据来源：企业年报、CRIC、中国房地产测评中心。

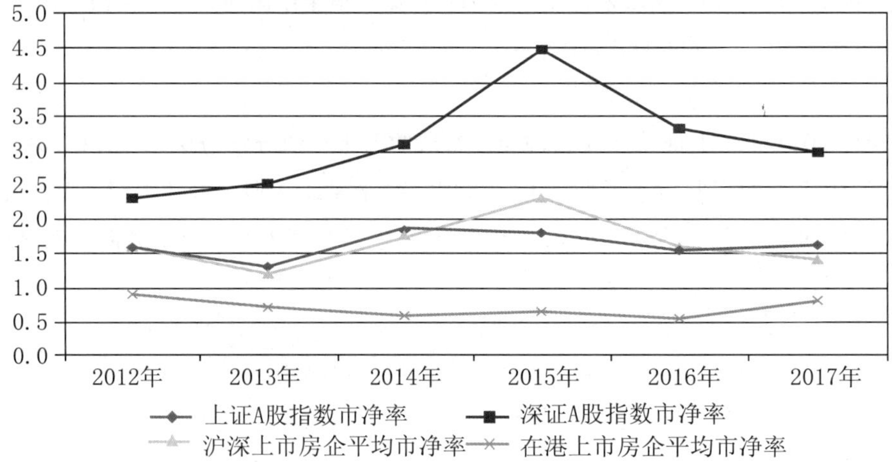

图 6－29　2012—2017 年上市房企市净率比较

数据来源：企业年报、CRIC、中国房地产测评中心。

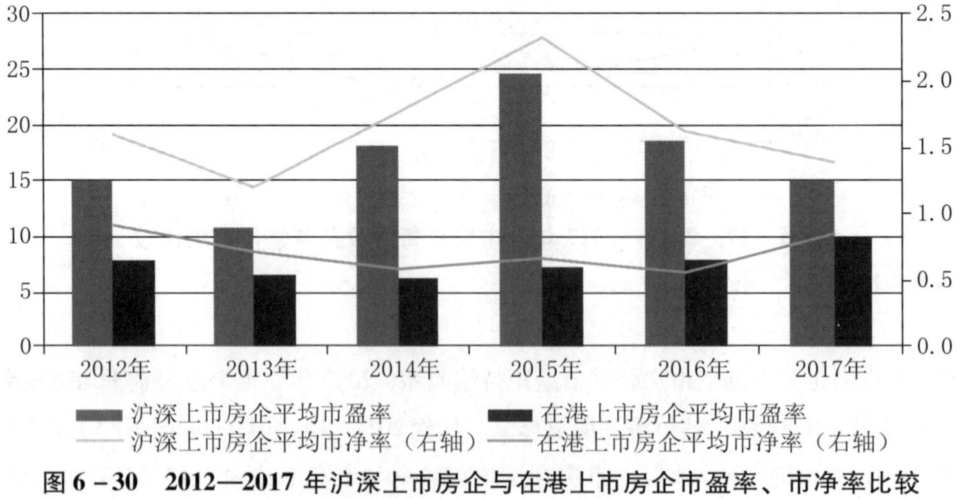

图 6－30　2012—2017 年沪深上市房企与在港上市房企市盈率、市净率比较

数据来源：企业年报、CRIC、中国房地产测评中心。

市值表现方面，2017 年年底，上市房企中市值过千亿的有 8 家，其中，万科突破 3000 亿元，恒大、碧桂园和中国海外发展市值均超过了 2000 亿元。此外，招商蛇口、保利地产、华润置地和融创中国市值也都超过千亿元。

股价表现方面，综合 A 股和港股上市房企，2017 年全年股价累计涨幅前十名里在港上市房企占据前九个席位，中国恒大、融创中国、天誉置业、碧桂园、雅居乐集团、龙光地产、众安房产、佳兆业集团、中国奥园分列涨幅榜第一到第九名，A 股新城控股以 154.91% 的涨幅居于第十名。2017 年是内地房地产企业在香港资本市场备受追捧和肯定的一年，中国恒大更是以 458% 的全年涨幅雄踞榜首位置，融创中国和天誉置业的涨幅也均突破 300%，依次为 414% 和 365%，分列涨幅榜第二和第三位。2017 年全年跌幅最靠前的十只股票全部来自 A 股市场。由此可见，2017 年在港上市房企的股价表现显著优于 A 股市场，一方面因为港股市场的内地房地产板块估值得以修复，另一方面龙头房企受益于行业集中度不断提升，资源向龙头聚拢这一逻辑，股价实现大幅攀升，而大部分龙头房企在港上市，也由此带动了整个香港内房板块的持续走强（见图 6－31）。

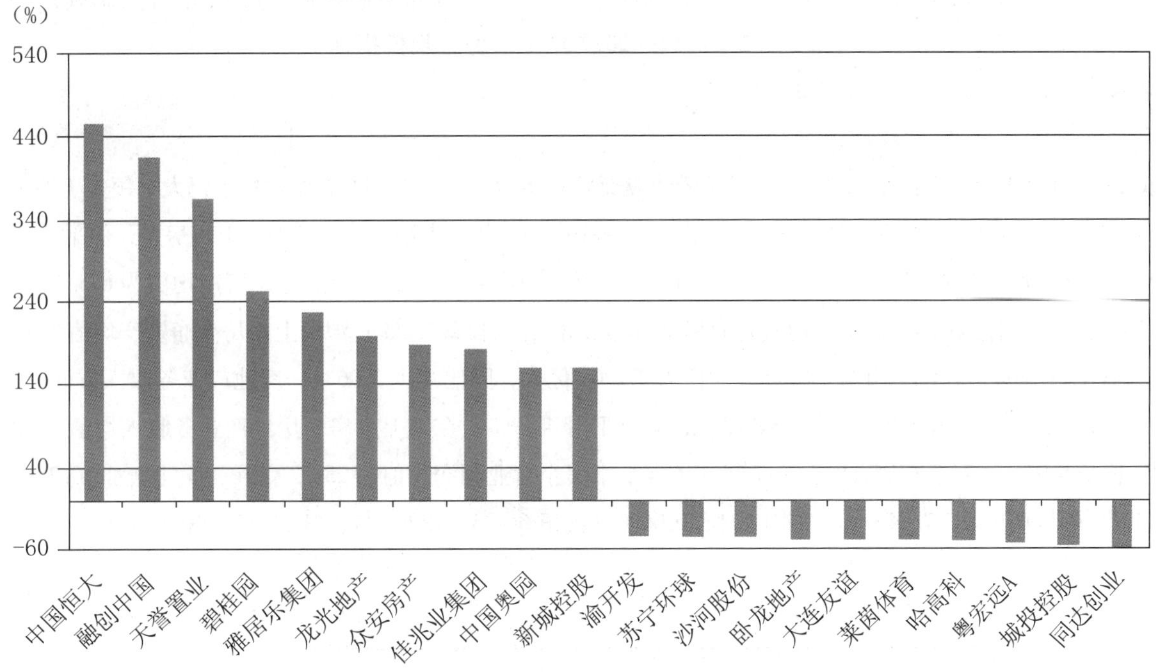

图 6－31　2017 年上市房企股价涨跌幅靠前个股

数据来源：企业年报、CRIC、中国房地产测评中心。

（3）运营规模分析

经营规模增速持续下滑，总资产集中度继续攀升

2017 年，上市房企总资产均值为 837.43 亿元，同比上升 21.74%，标准差为 1916.80 亿元；净资产均值为 196.58 亿元，同比上升 12.48%，标准差为 340.86 亿元；房地产业务收入均值为 150.02 亿元，同比上升 1.92%，标准差为 3580.50 亿元；净利润均值为 22.51 亿元，同比上升 31.21%，标准差为 50.71 亿元。各项规模指标中，总资产均值增速和房地产业务收入均值增速均有不同程度的回落，较上年分别下降 0.66 和 23.12 个百分点，净资产均值增速和净利润均值增速较上年分别提升 1.66 和 3.88 个百分点。从离散程度上看，这四项规模指标的离散程度都很大，说明上市房企之间存在着很大的差异性（见图 6－32）。

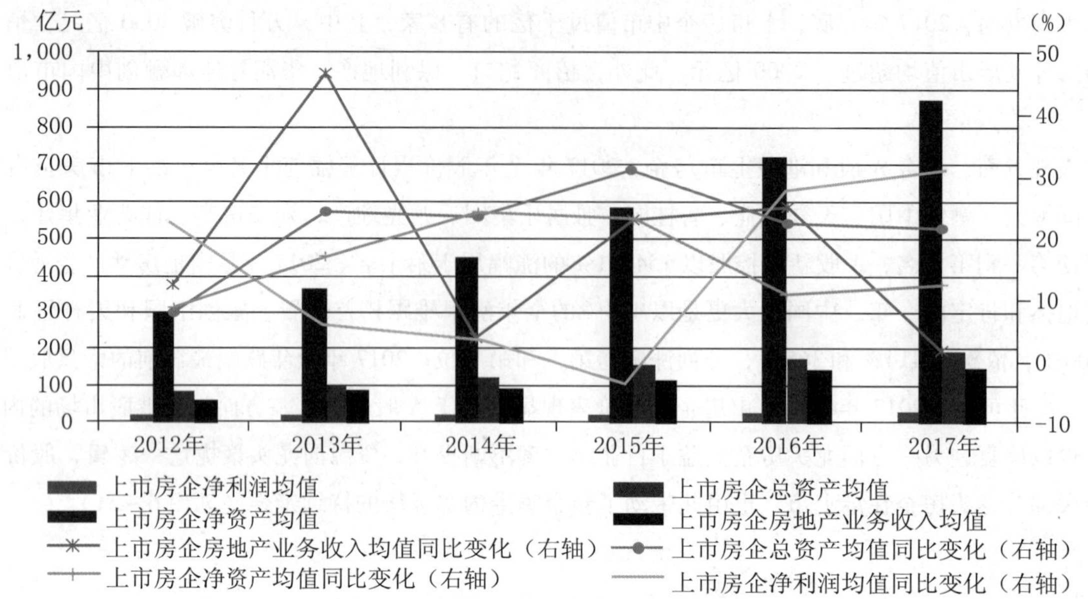

图 6－32　2012—2017 年上市房企规模指标

数据来源：企业年报、CRIC、中国房地产测评中心。

2017 年，在港上市房企的平均总资产、净资产、房地产业务收入和营业利润在绝对值上仍大幅领先于沪深上市房企，在平均总资产和净资产规模扩张速度上，在港上市房企由于基数较大增速落后于沪深上市房企，但平均房地产业务收入和营业利润增速仍高于沪深上市房企。具体来看，2017 年年底，沪深上市房企总资产均值为 685.47 亿元，同比增长 24.58%，在港上市房企总资产均值为 1154.26 亿元，同比增长 20.98%；沪深上市房企净资产均值为 146.05 亿元，同比增长 21.59%，在港上市房企净资产均值为 272.08 亿元，同比减少 3.96%。房地产业务收入方面，2017 年，沪深上市房企房地产业务收入均值为 113.63 亿元，同比下滑 4.19%，在港上市房企房地产业务收入均值为 204.39 亿元，同比增长 8.91%。营业利润方面，2017 年，沪深上市房企营业利润均值为 23.57 亿元，同比增加 30.76%，在港上市房企营业利润均值为 47.84 亿元，同比增长 59.06%（见图 6－33、图 6－34、图 6－35、图 6－36）

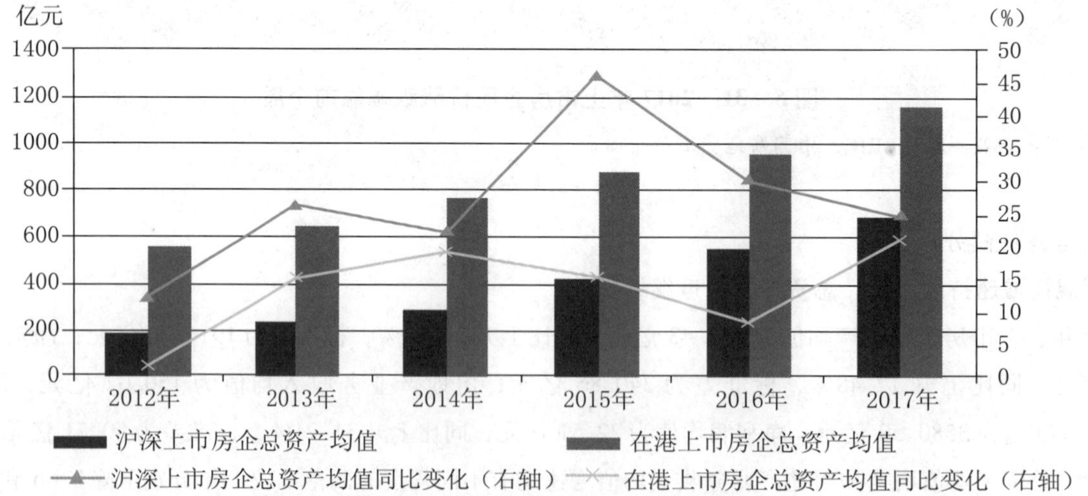

图 6－33　2012—2017 年上市房企总资产均值比较

数据来源：企业年报、CRIC、中国房地产测评中心。

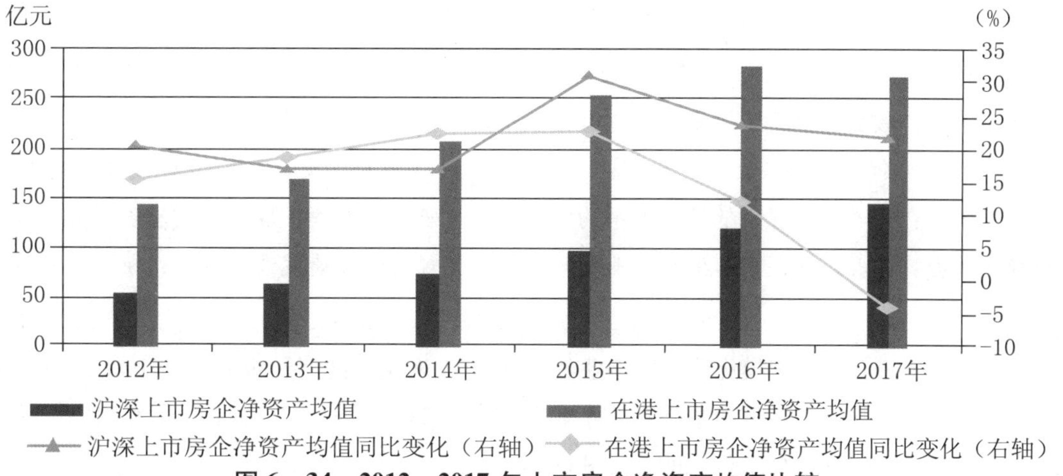

图 6－34　2012—2017 年上市房企净资产均值比较

数据来源：企业年报、CRIC、中国房地产测评中心。

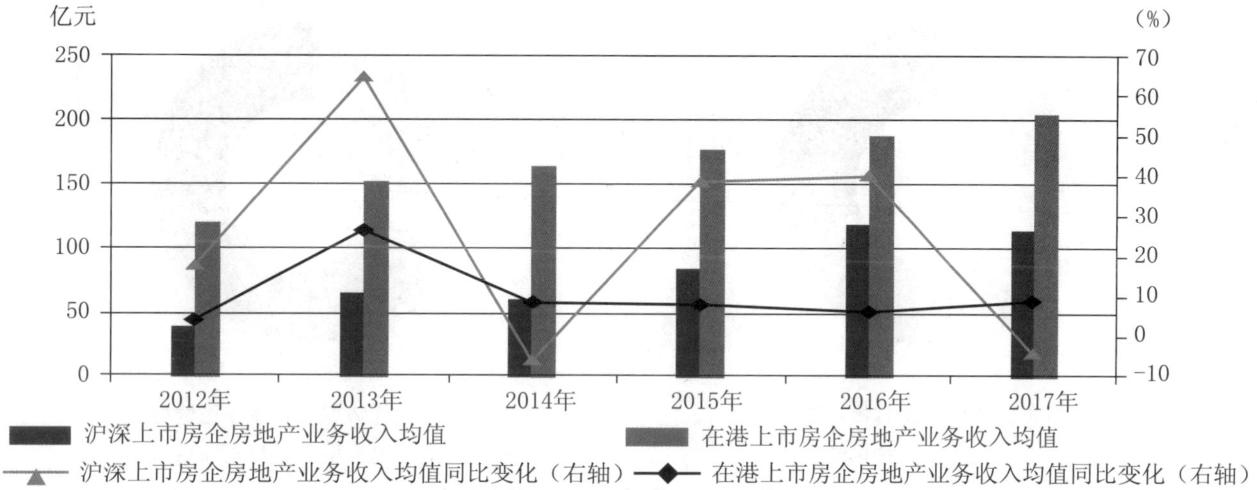

图 6－35　2012—2017 年上市房企房地产业务收入均值比较

数据来源：企业年报、CRIC、中国房地产测评中心。

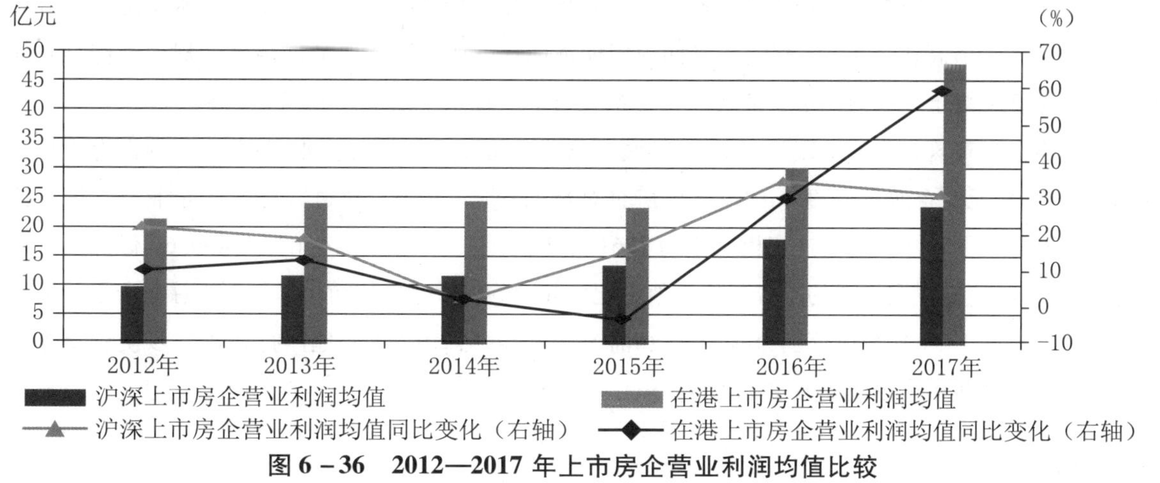

图 6－36　2012—2017 年上市房企营业利润均值比较

数据来源：企业年报、CRIC、中国房地产测评中心。

本次测评根据企业总资产、净资产、房地产业务收入、营业利润规模等指标，将上市房企划分为四种类型：

◆ 规模优势型：该类企业运营规模明显超过行业平均水平，具有较强的规模优势。

◆ 规模稳健型：该类企业规模大致处于行业平均水平之上，且规模增长速度较平稳，具有一定的规模优势。

◆ 规模追赶型：该类企业规模低于行业平均水平，但增长速度较快，规模持续增长能力较强。

◆ 规模滞后型：该类企业规模远低于行业平均水平，且规模增长速度波动较大，缺乏成长后劲。

2017 年，房地产上市公司中规模优势型的企业约占 27%，规模稳健型的企业约占 19%，两类企业合计占比约 46%；规模追赶型和规模滞后型两个阵营的企业分别占约 21% 和 33%，合计占比约 54%。总体来看，更多的企业进入规模稳健型和规模追赶型区间（见图 6 - 37）。

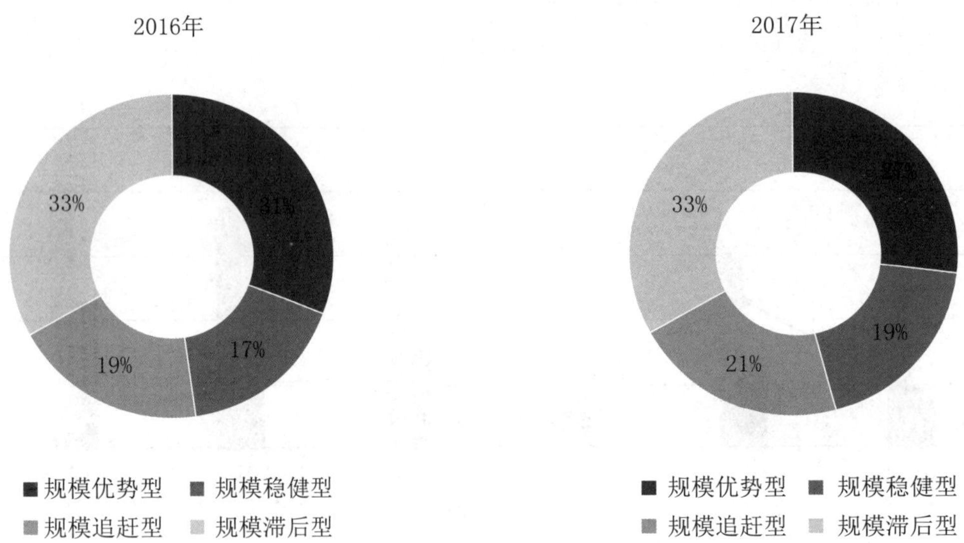

图 6 - 37　上市房企运营规模类型分布

数据来源：企业年报、CRIC、中国房地产测评中心。

四类企业中，规模优势型企业和规模稳健型企业各项规模指标均处于上市房企平均水平之上，其中，规模优势型企业总资产均值高达 2203.46 亿元，其四项规模指标都高达行业均值的两倍多，规模稳健型企业总资产均值也达到了千亿元之上，其余两类企业各项指标都在行业平均水平之下（见图 6 - 38）。

从上市房企总资产规模来看，截至 2017 年年底，总资产超过千亿元的企业有 45 家，约占上市房企总量的 21%，超过 3000 亿元的企业有 12 家，约占上市房企总量的 6%，其中，超过万亿元的企业有 3 家，依次是中国恒大、万科和碧桂园，年末总资产规模分别为 17617.52 亿元、11653.47 亿元和 10496.69 亿元。从总资产累计值占比来看，榜单前 15 名企业的总资产累计值占比已超过 50%，排行榜前 53 名企业总资产累计值占比超过 80%。这两项指标 2016 年的数值分别为前 18 名和前 59 名，可见 2017 年房地产行业进一步洗牌重整，资源持续向龙头靠拢，行业集中度继续提升（见图 6 - 39）。

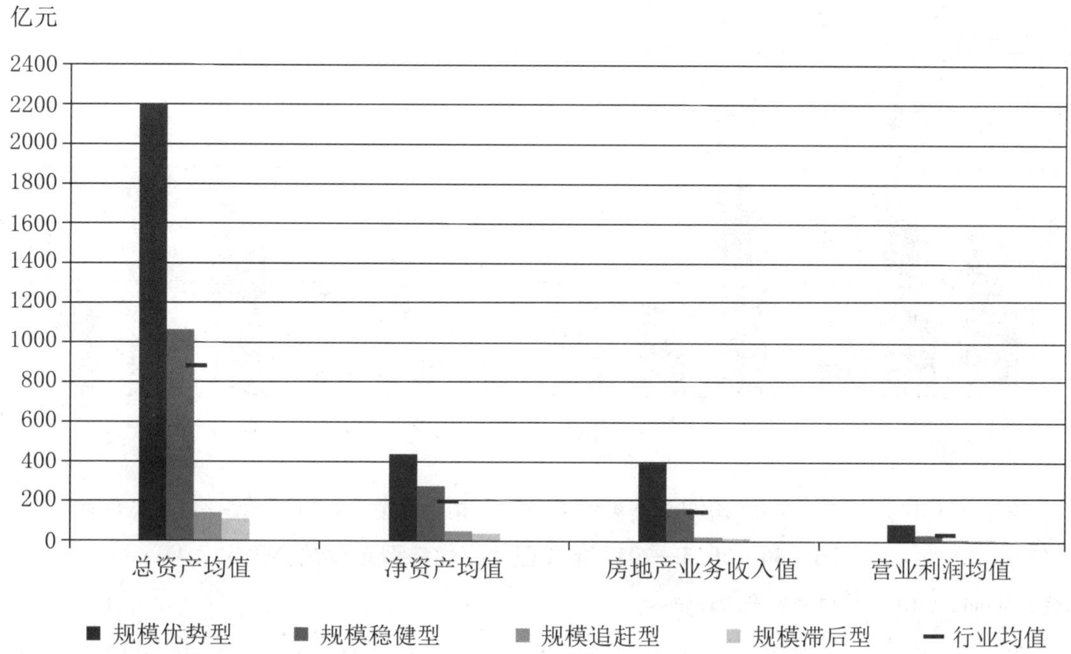

图 6-38　2017 年上市房企规模指标均值分布

数据来源：企业年报、CRIC、中国房地产测评中心。

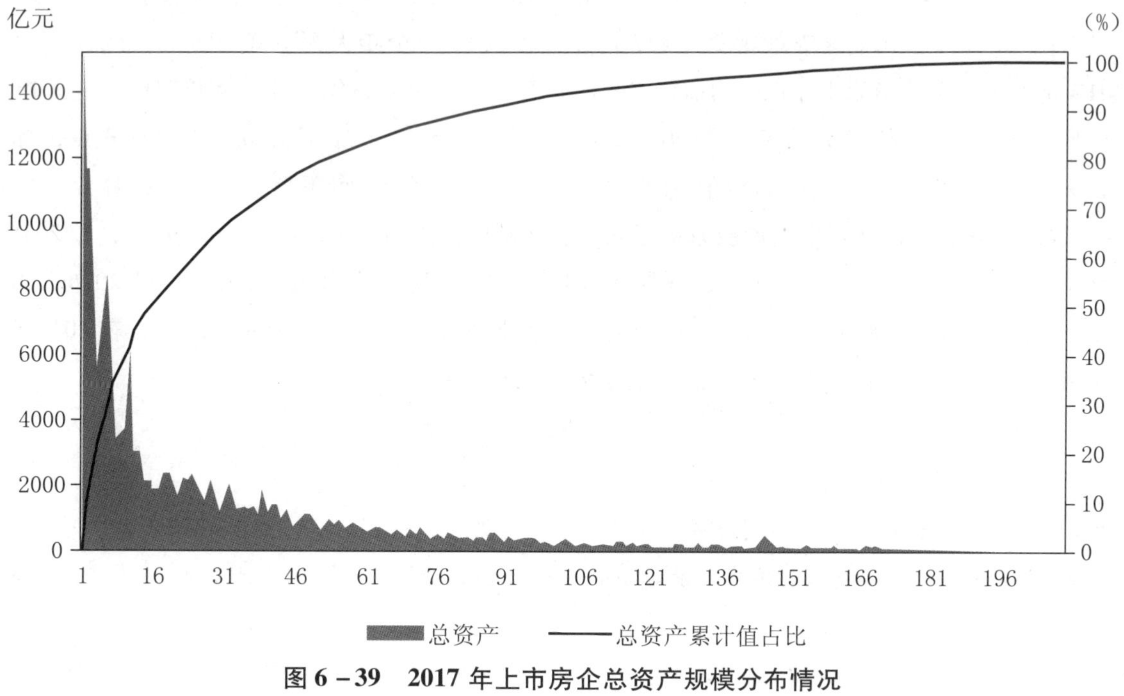

图 6-39　2017 年上市房企总资产规模分布情况

数据来源：企业年报、CRIC、中国房地产测评中心。

销售金额方面，碧桂园、万科、恒大等上市房企继续保持领先优势，稳居规模优势型企业行列。龙头房企均实现了销售金额的大幅增长，其中，碧桂园、万科和恒大三家企业销售金额突破了 5000 亿元。在销售增速方面，融创中国、碧桂园和龙湖增速居前，同比增长率依次为 143%、78% 和 77%（见图 6-40）。

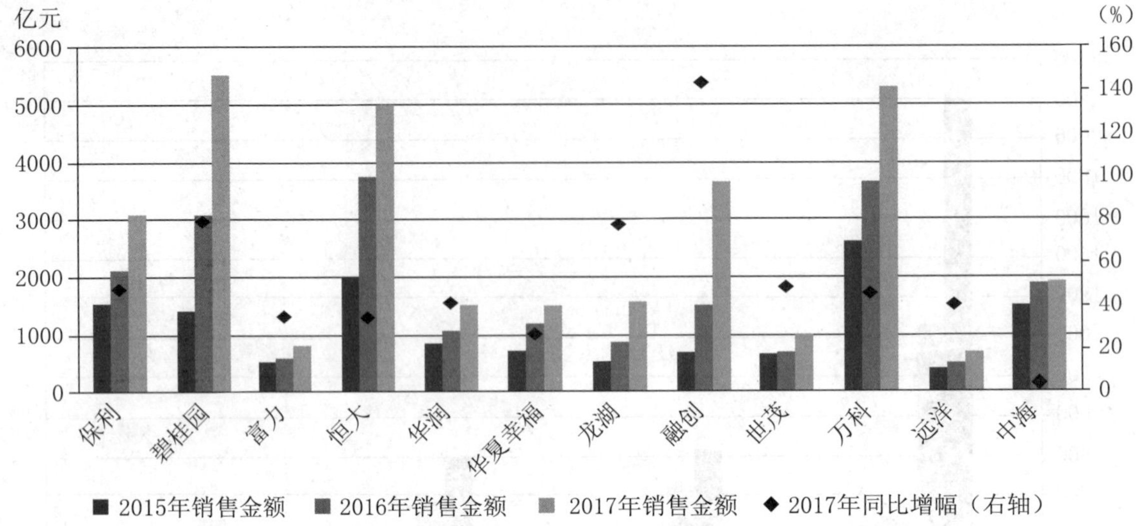

图 6－40　2015—2017 年典型规模优势型企业销售情况

数据来源：Wind、CRIC、中国房地产测评中心。

（4）偿债能力分析

债务指标均值保持平稳，行业整体财务风险可控

2017 年，一方面受行业销售再创新高、销售回款大增影响，大型房企自有资金充沛；另一方面，房地产企业融资环境显著收紧，房企公司债发行规模严重“缩水”，客观上也限定了整个行业杠杆率的天花板，据不完全统计，2017 年公司债融资总规模为 437 亿元，较 2016 年全年大幅下降 90% 。叠加两方面的影响因素，2017 年上市房企的偿债能力指标均值保持平稳运行，债务风险整体可控。从长期偿债能力指标来看，2017 年年底，上市房企资产负债率均值为 65.05%，较 2016 年年底下降 0.29 个百分点，标准差为 19.34%，离散程度较小；净负债率均值为 89.87%，较 2016 年年底下降 1.45 个百分点，标准差为 136.15%，离散程度较大。从短期偿债能力指标来看，上市房企流动比率均值为 191.91%，较 2016 年年底下降 9.10 个百分点，标准差为 112.60%，离散程度较小；速动比率均值为 81.53%，较 2016 年年底增加 0.06 个百分点，标准差为 88.36%，离散程度较大；现金流动负债比率均值为 －1.64%，较 2016 年年底下降 9.27 个百分点，标准差为 32.33%，离散程度很大（见图 6－41）。

本次测评根据行业特征，将上市房企划分为四个抗风险层级：

- ◆ 强抗风险层级：此类企业拥有较强的适应市场波动的能力，能够规避较强风险，并保持业务的相对稳定性。
- ◆ 中抗风险层级：此类企业具备一定适应市场波动的能力，能够规避一定的风险。
- ◆ 低抗风险层级：此类企业适应市场波动能力一般，风险规避能力一般。
- ◆ 弱抗风险层级：此类企业适应市场波动能力较弱，难以规避市场风险。

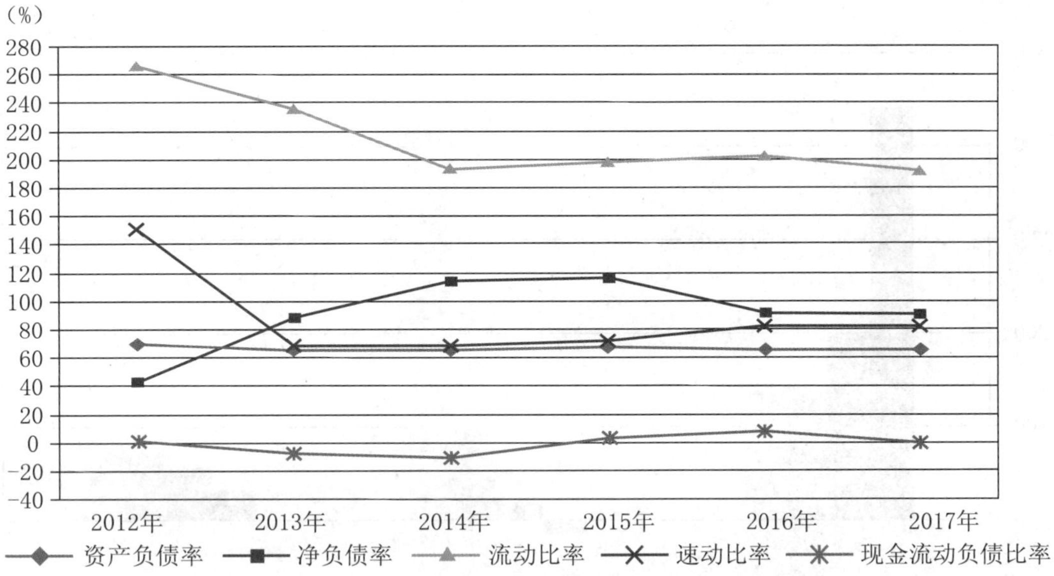

图 6-41 2012—2017 年上市房企偿债能力指标

数据来源：企业年报、CRIC、中国房地产测评中心。

2017 年，综合流动比率、速动比率、净负债率和资产负债率等指标比较分析得出，强抗风险层级和中抗风险层级的企业分别约占上市房企总量的 10% 和 33%，合计占 43%；低抗风险层级和弱抗风险层级企业分别占比约 50% 和 7%，合计占 57%（见图 6-42）。

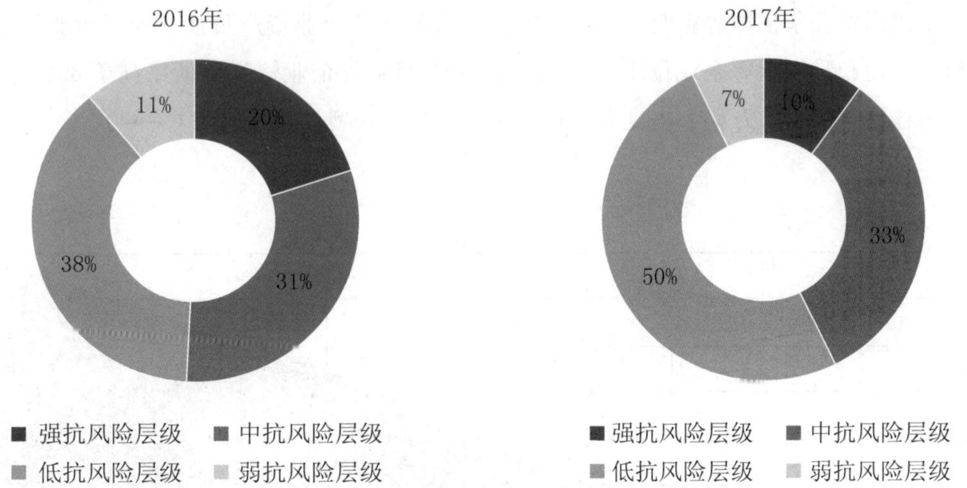

图 6-42 上市房企抗风险能力类型分布

数据来源：企业年报、CRIC、中国房地产测评中心。

从资产负债率看，强抗风险层级和中抗风险层级企业的资产负债率均值分别为 33.41% 和 57.13%；低抗风险层级和弱抗风险层级企业的资产负债率均值分别为 73.31% 和 88.99%。从净负债率看，强抗风险层级和中抗风险层级企业的净负债率均值分别为 -15.63% 和 19.49%；低抗风险层级和弱抗风险层级企业的净负债率均值分别为 109.29% 和 451.53%。从流动比率看，强抗风险层级和中抗风险层级企业的流动比率均值分别为 442.46% 和 200.61%；低抗风险层级和弱抗风险层级企业的速动比率均值分别为 143.65% 和 137.46%（见图 6-43）。

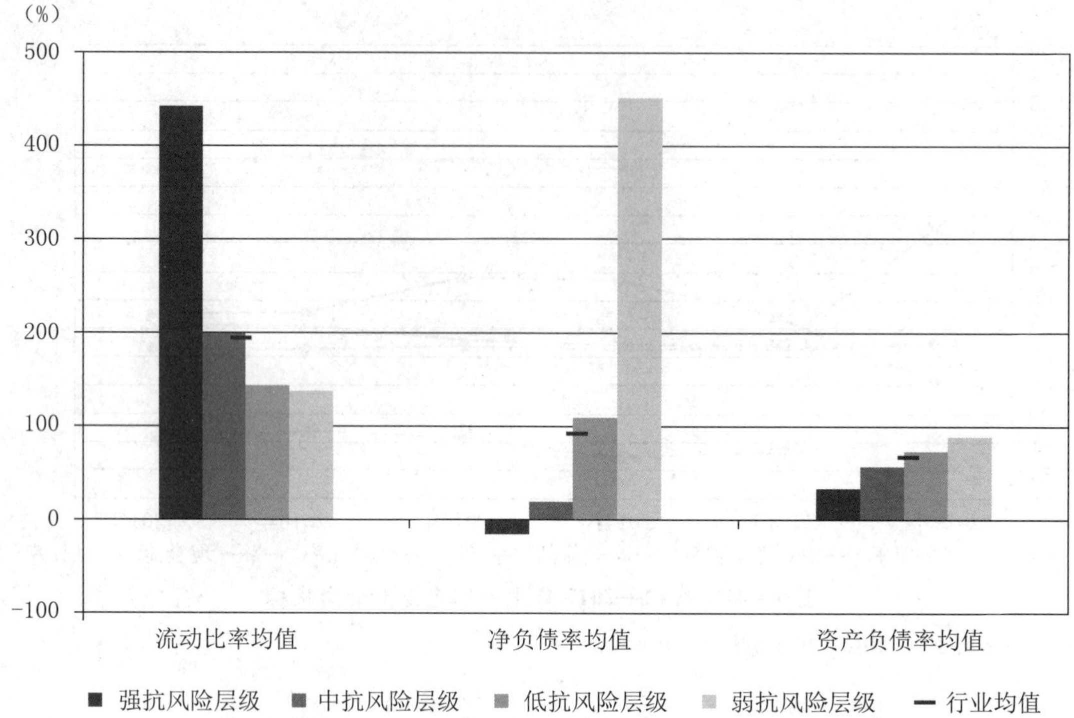

图 6－43　2017 年各类型上市房企偿债能力指标均值比较

数据来源：企业年报、CRIC、中国房地产测评中心。

从企业资产负债率的分布来看，2017 年，约 43% 的企业资产负债率低于 65.05% 的行业均值，SOHO 中国、中国海外发展、中国国贸和华侨城等企业位于这一区间；约 32% 的企业资产负债率处于行业均值和 80% 之间，保利、招商蛇口、金地和雅居乐等企业位于这一区间；另外 25% 的企业资产负债率高于 80%，这一区间的典型企业有绿地、碧桂园、恒大、万科、华夏幸福和泰禾等持续扩张型企业（见图 6－44）。

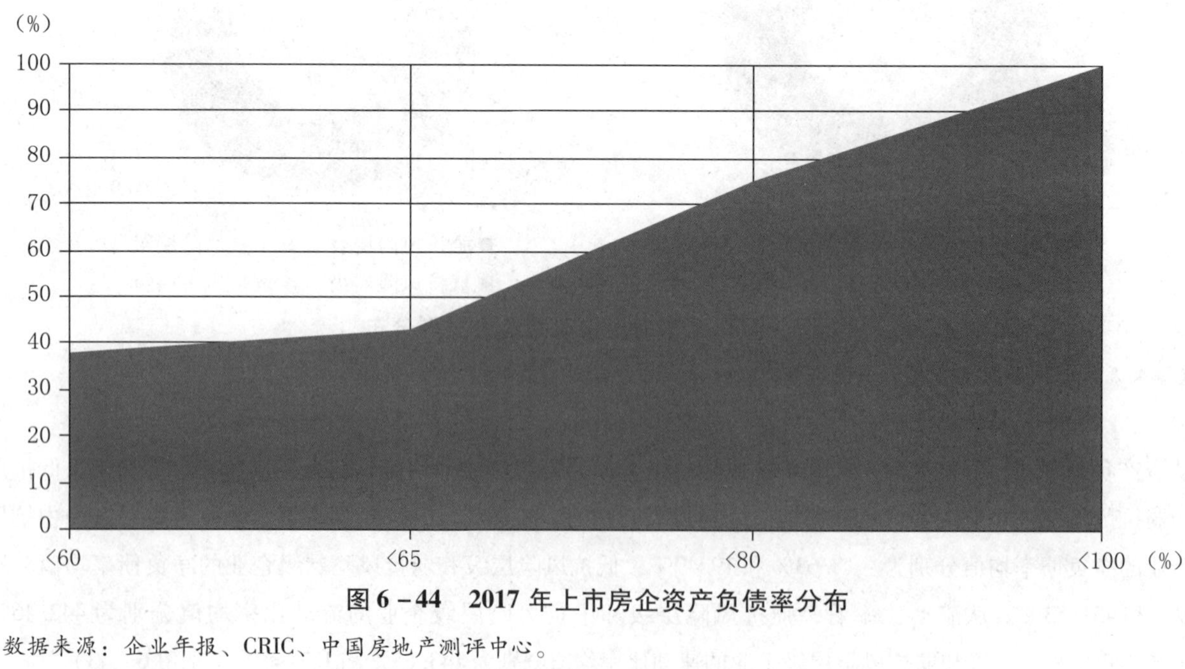

图 6－44　2017 年上市房企资产负债率分布

数据来源：企业年报、CRIC、中国房地产测评中心。

2017 年，12 家典型房企的资产负债率均值为76.86%，较上年上升1.26个百分点，有9家企业同比上升；其中，世茂、龙湖、远洋等7家企业处于60%～80%的区间，中海资产负债率仅为57.62%，万科、华夏幸福、融创、碧桂园、恒大等5家企业高于80%。扣除预收账款后，12家典型房企的资产负债率均值为70.64%，较上年上升12.45个百分点，有11家企业同比上升。12家典型房企净负债率均值为93.38%，较上年上升32.45个百分点，有9家企业同比上升，其中，万科净负债率仅为8.84%，富力超过100%，融创和恒大则高于200%。典型房企的负债率水平相对行业平均水平较高，一方面由于龙头房企内在的扩张诉求引致；另一方面也与这些标杆企业具有较大融资优势有关（见图6-45）。

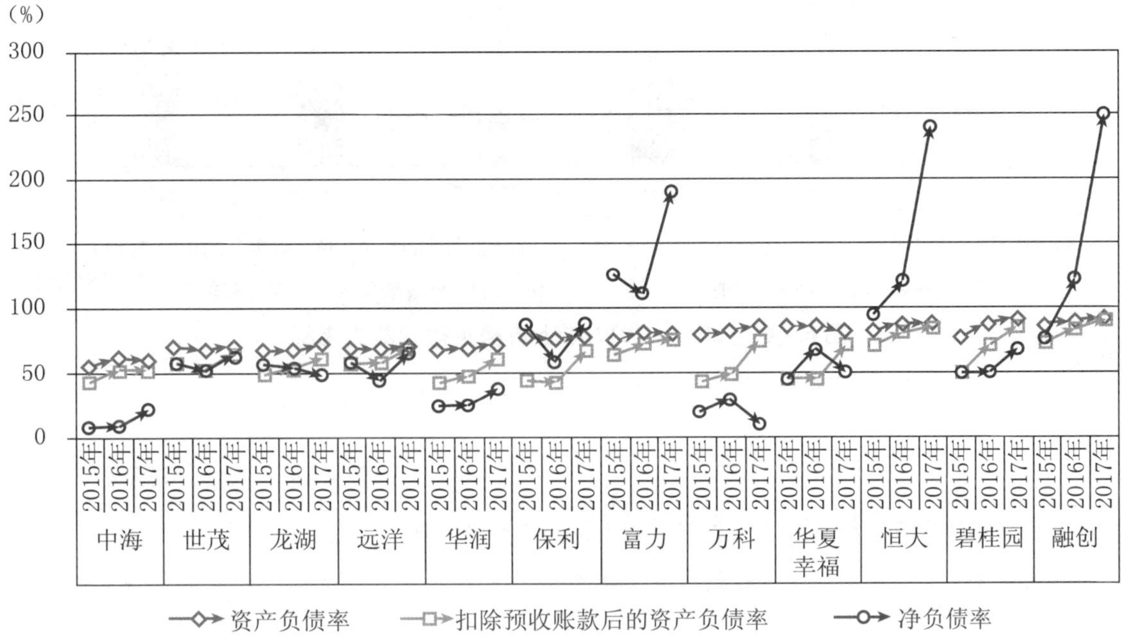

图6-45 2015—2017年典型房企长期偿债能力指标比较

数据来源：企业年报、CRIC、中国房地产测评中心。

（5）盈利能力分析

盈利效率处于上升通道，利润水平保持增长态势

2017年，上市房企净资产收益率均值为9.29%，较上年提升3.58个百分点，标准差为12.74%；总资产净利率均值为2.79%，较上年提升0.79个百分点，标准差为3.28%；总资产报酬率均值为5.64%，较上年提升1.13个百分点，标准差为4.25%。三大盈利效率指标均处于上升修复通道中，可见上市房企增收不增利的情况已得到持续改善。此外，盈利效率指标的离散程度都很大，表明上市房企的盈利效率水平差异性很大。从盈利能力的绝对值指标看，其上升势头得以延续。上市房企营业利润均值为33.46亿元，同比增长45.14%；净利润均值为21.29亿元，同比增长13.57%（见图6-46）。

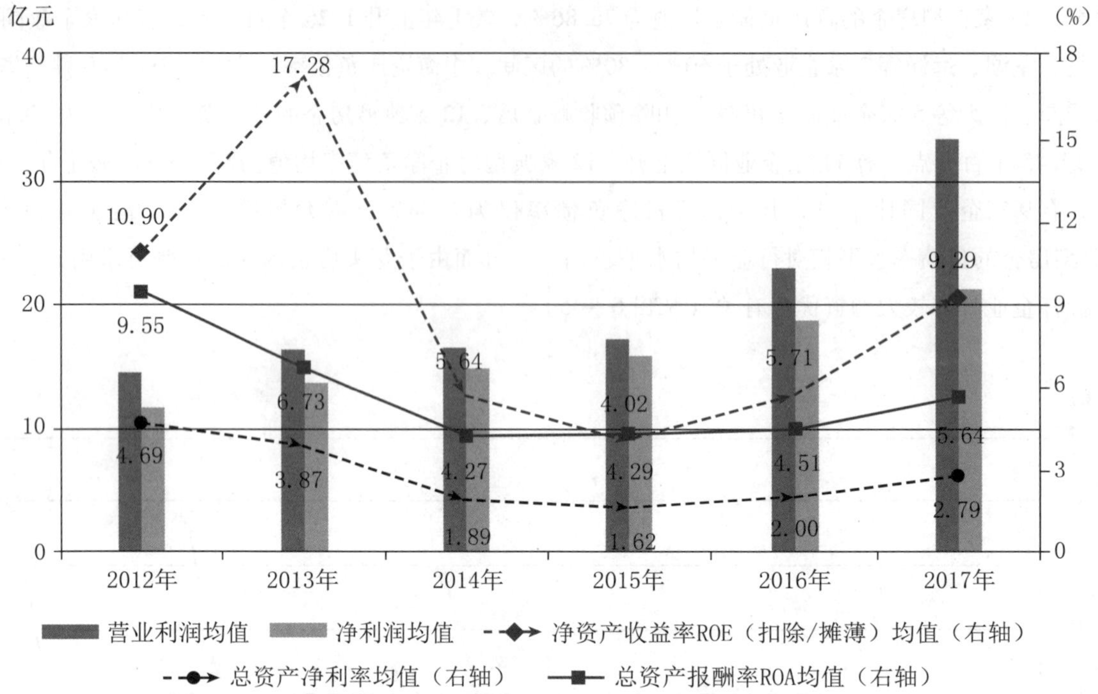

图 6－46　2012—2017 年上市房企盈利能力指标

数据来源：企业年报、CRIC、中国房地产测评中心。

本次测评根据房地产行业特点及盈利特征，将上市房企划分为四种类型：

◆ 盈利突出型企业：利润率水平超过行业平均水平，且近几年保持持续增长或低于行业波动幅度，盈利前景可观。

◆ 盈利稳健型企业：利润率水平处于行业平均水平上下，且近几年波动幅度较小，能够维持现有盈利水平。

◆ 盈利追赶型企业：利润率水平低于行业平均水平，但增速靠前，短期内盈利可能实现突破。

◆ 盈利乏力型企业：利润率水平远低于行业平均水平，缺乏盈利增长点，近几年净利润持续下滑甚至亏损，中长期盈利状况存在较大的不确定性。

从上市房企盈利能力类型分布来看，盈利下滑型企业数量明显下降，而盈利稳健型企业数量明显上升。盈利突出型和盈利稳健型企业数量分别占约 7% 和 27%，二者合计占 34%，较上年提升 6 个百分点；盈利追赶型企业数量占比约为 61%，盈利乏力型企业数量占比为 5%，较上年下降 5 个百分点（见图 6－47）。

从各类型企业盈利能力指标具体表现来看，盈利突出型企业净利润均值和营业利润均值分别为 153.00 亿元和 250.49 亿元，净资产收益率均值和总资产净利率均值分别为 21.64% 和 4.36%。盈利突出型企业无论是绝对值指标还是效率指标均远高于其他类型的企业。另外，盈利乏力型企业数量虽然有明显下降，但整体亏损情况并未得到改善，平均亏损 4.44 个亿，2016 年这一数据为 4.57 亿元，同时净资产收益率和总资产净利率均值均为负数，依次为－19.32% 和－4.22%（见图 6－48）。

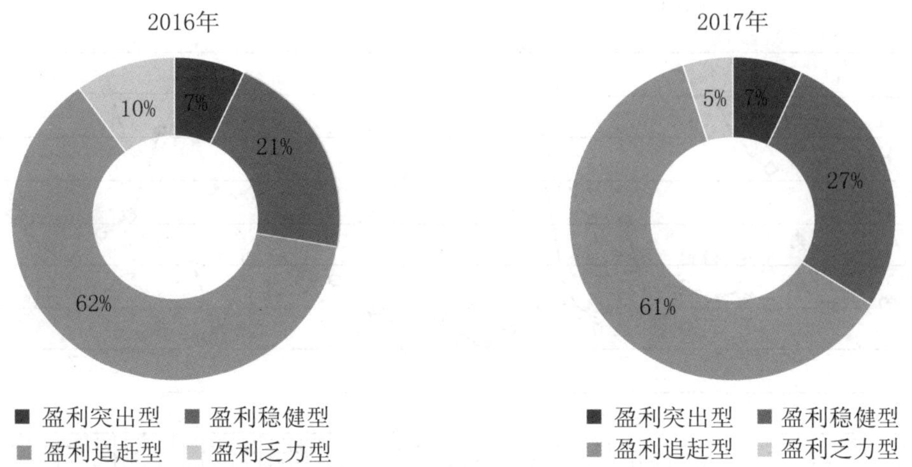

图 6-47 上市房企盈利能力类型分布

数据来源：企业年报、CRIC、中国房地产测评中心。

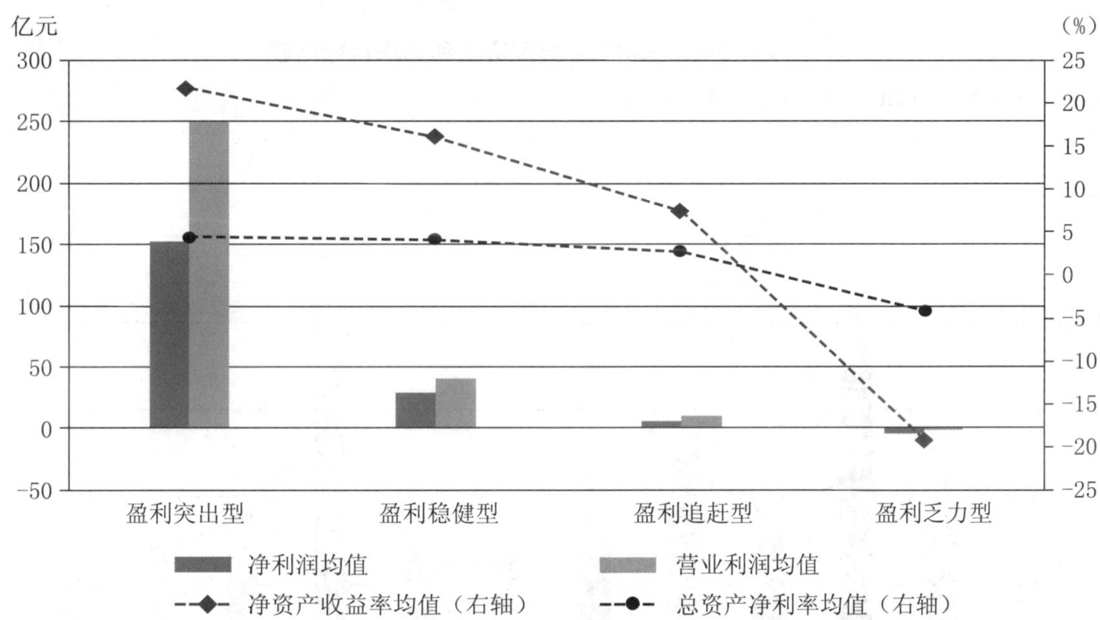

图 6-48 2017 年各类型上市房企盈利指标均值比较

数据来源：企业年报、CRIC、中国房地产测评中心。

2017 年，12 家典型房企纷纷创出销售业绩新高，与此同时，大部分企业的利润率水平和资本报酬率水平均得到明显提升。其中，碧桂园的毛利率提高至 25.91%，净资产收益率更是攀升至 27.82%；中海、龙湖、华润、富力等 4 家企业的净利率均位于 20% 以上。在龙头房企梯队中出现这种业绩和利润率齐升现象的主要原因是年内地价涨幅得到有效控制。另一方面，有些企业受益于三、四线城市房地产市场的火爆，叠加拿地成本低这一因素，利润率水平得以明显修复，典型企业有碧桂园、恒大等。此外，典型企业费用控制压力分化明显，12 家典型企业中有 7 家三费比率同比上升，恒大、世茂、中海等 5 家企业三费比率则有所下降，这与近几年各典型企业融资结构、融资成本、营销力度的差异及销售增幅与结转增幅的差异有关。但总体而言，典型房企的三费控制能力大幅领先于上市房企平均水平（见图 6-49、图 6-50）。

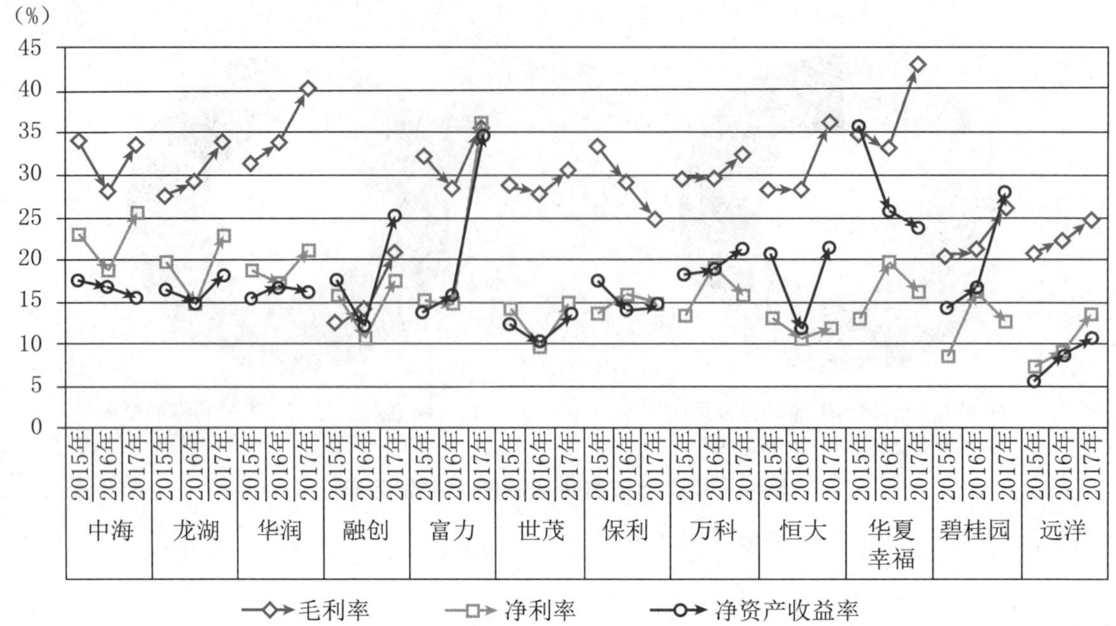

图 6－49　2015—2017 年典型房企利润率指标比较

数据来源：企业年报、CRIC、中国房地产测评中心。

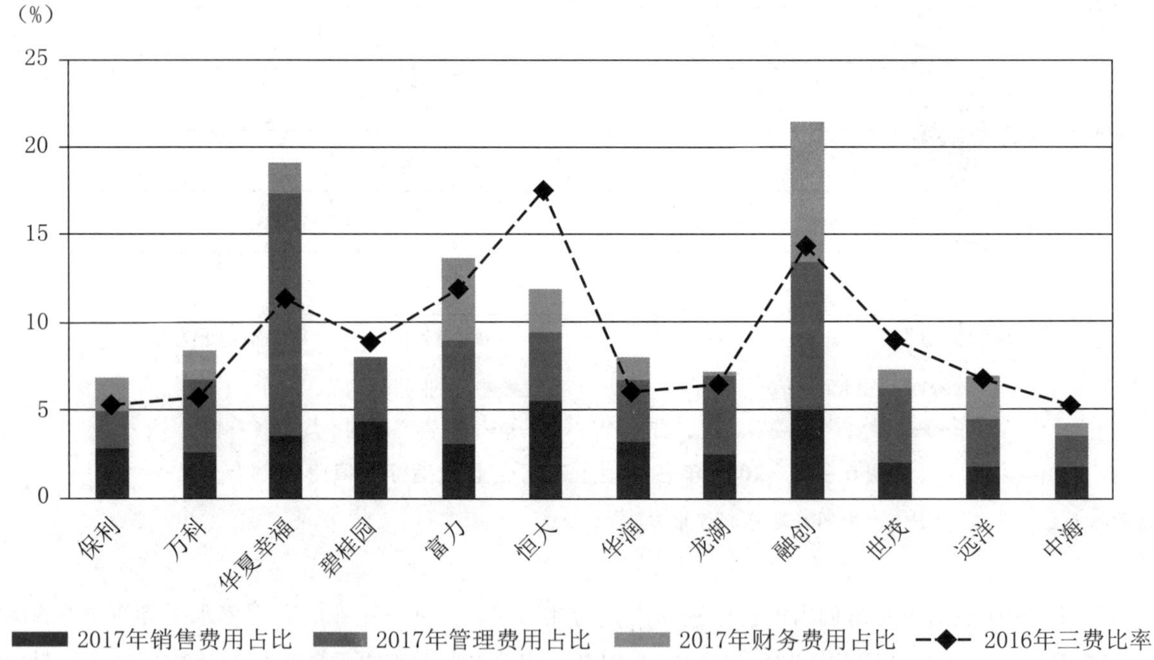

图 6－50　2016—2017 年典型房企三费比率比较

数据来源：企业年报、CRIC、中国房地产测评中心。

（6）成长能力分析

增长率指标现回调趋势，典型房企拿地策略各异

2017 年，上市房企平均房地产业务收入、净利润和净资产规模同比均实现增长，且尽管某些增长率指标出现回调，但大体维持了平稳发展态势。具体来看，上市房企营业收入增长率均值为 29.10%，同比回落 9.62 个百分点，标准差为 60.50%；净利润增长率均值为 31.65%，同比增长 5.26 个百分点，标准差为 195.72%；净资产增长率均值为 18.71%，同比下降 2.98 个百分点，标准差为 42.37%。从成长能力指标上看，离散度很高，表明上市房企的成长能力各异，差别很大（见图 6－51）。

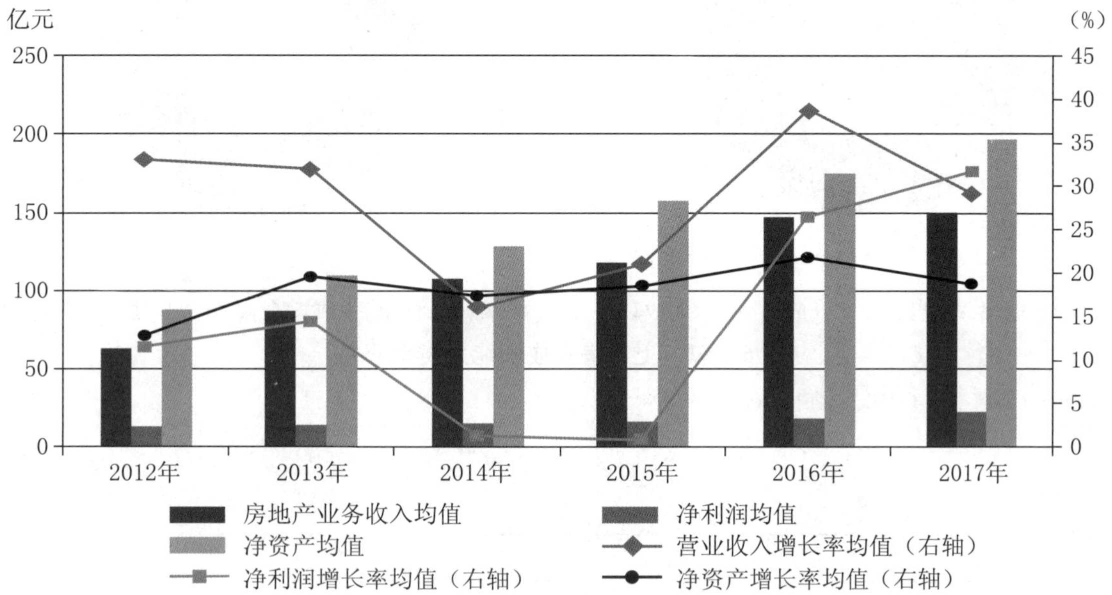

图 6－51　2012—2017 年上市房企成长潜力指标

数据来源：企业年报、CRIC、中国房地产测评中心。

本次测评根据主营业务收入增长率、主营业务利润增长率、净资产增长率等业绩成长能力指标，将上市房企的成长能力划分为四个层级：

- ◆ 高成长性：具备较快的收入和利润增长速度，净资产持续高速增长，为企业未来持续发展奠定了坚实的基础。
- ◆ 中成长性：具备中等业绩成长能力，增速略高于行业平均成长水平，能够为企业未来发展提供一定的基础。
- ◆ 低成长性：具有一定业绩成长能力，增速略低于行业平均水平，企业未来发展受到一定限制。
- ◆ 弱成长性：业绩成长能力远低于行业平均水平，增速与行业平均水平差距显著，企业未来发展受阻。

从成长能力类型来看，2017 年，高成长性和中成长性企业占比分别为 10% 和 65%，低成长性和弱成长性企业占比则分别为 19% 和 6%。整体来看，上市房企成长能力类型分布呈现出向中间层级聚拢趋势，中成长性企业占比显著提高（见图 6－52）。

具体来看，高成长性企业全年营业收入增长率均值为 186.03%，净利润增速均值为 129.05%，净资产增长率均值为 83.50%；而弱成长性企业三项指标对应的数值则均为负数，企业面临较大的经营压力。从成长性各类型企业均值的差距来看，高成长性和其他类型的成长性企业各成长能力指标均值差距较上年均有所扩大，顶部优势愈发凸显（见图 6－53）。

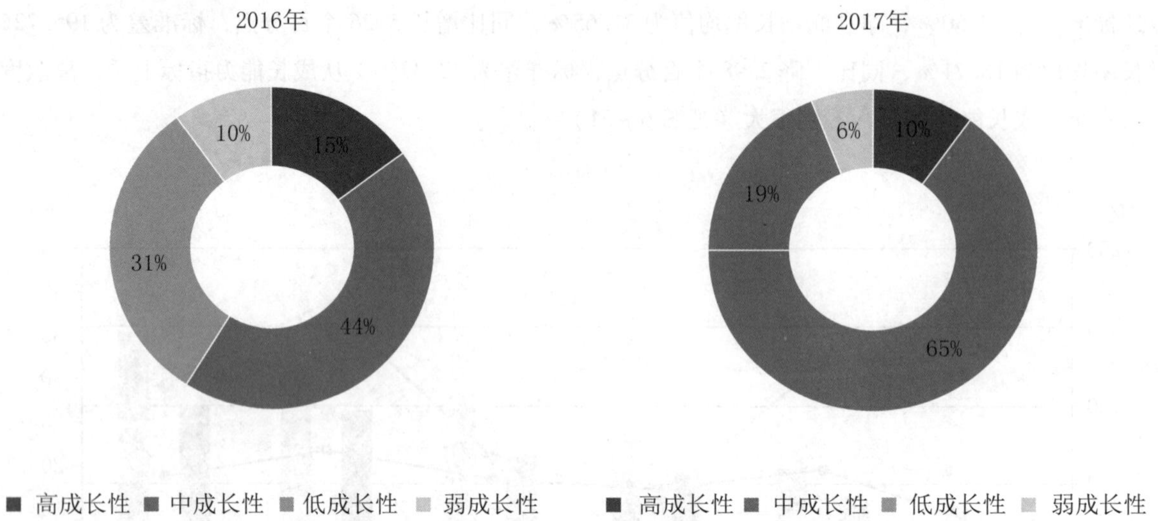

图 6－52　上市房企成长能力类型分布

数据来源：企业年报、CRIC、中国房地产测评中心。

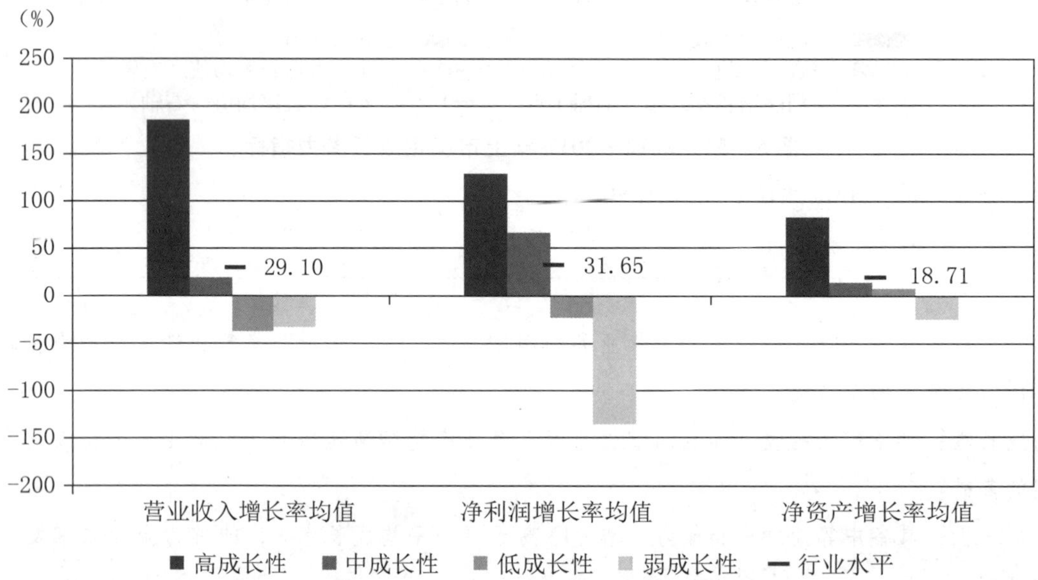

图 6－53　2017 年上市房企成长能力指标均值比较

数据来源：企业年报、CRIC、中国房地产测评中心。

从企业成长能力指标的分布来看，2017 年上市房企在营业收入增长率的分布向小于 20% 移动，净利润增长率的分布向大于 60% 移动。具体在营业收入增长率方面，66% 的企业营业收入出现正增长，较上年低 14 个百分点。营业收入增幅在 0～40% 的企业比重累计为 37%，较上年低 5 个百分点；营收增幅大于 40% 的企业比重累计为 29%，较上年低 9 个百分点。净利润增长率方面，80% 的企业净利润录得正增长，较上年高出 5 个百分点；净利润增幅在 0～40% 的企业比重累计为 29%；净利润增幅大于 40% 的企业比重累计为 51%，较上年高 19 个百分点。总体来看，由于 2016 年营收基数过大，2017 年营收录得正增长的上市房企数量有所减少，而净利润实现正增长的企业数量有所增加（见图 6－54、图 6－55）。

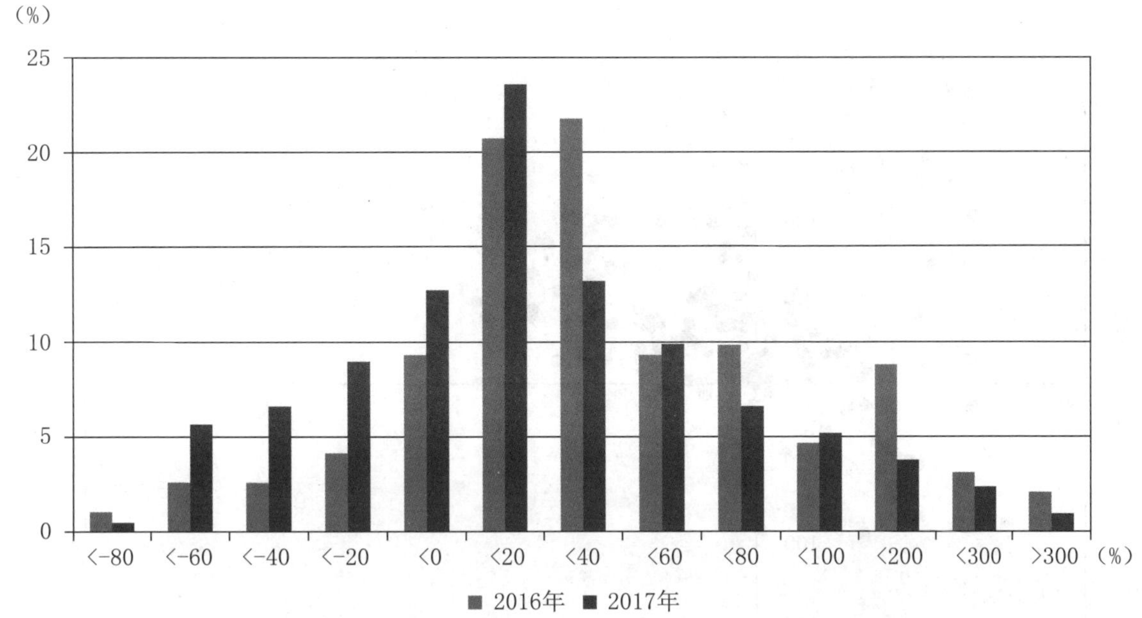

图 6－54　2016—2017 年上市房企营业收入增速分布

数据来源：企业年报、CRIC、中国房地产测评中心。

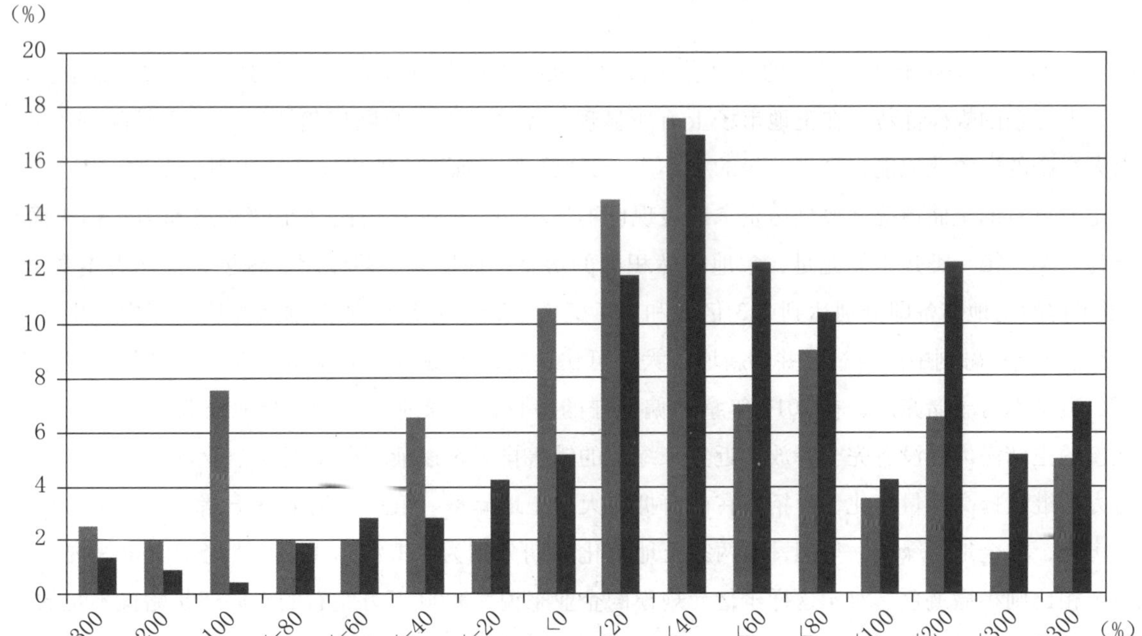

图 6－55　2016—2017 年上市房企净利润增速分布

数据来源：企业年报、CRIC、中国房地产测评中心。

从 12 家典型企业的增长速度来看，除保利和金地营收出现小幅下滑外，其他企业均实现了收入和利润的增长。恒大、融创和碧桂园的营业收入增幅均超过 40%，净利润增幅更是在 100% 以上。此外，从上市房企收入和利润增长率矩阵分布看，更多企业落入收入和利润增长率均在 0～50% 之间的区间内（见图 6－56）。

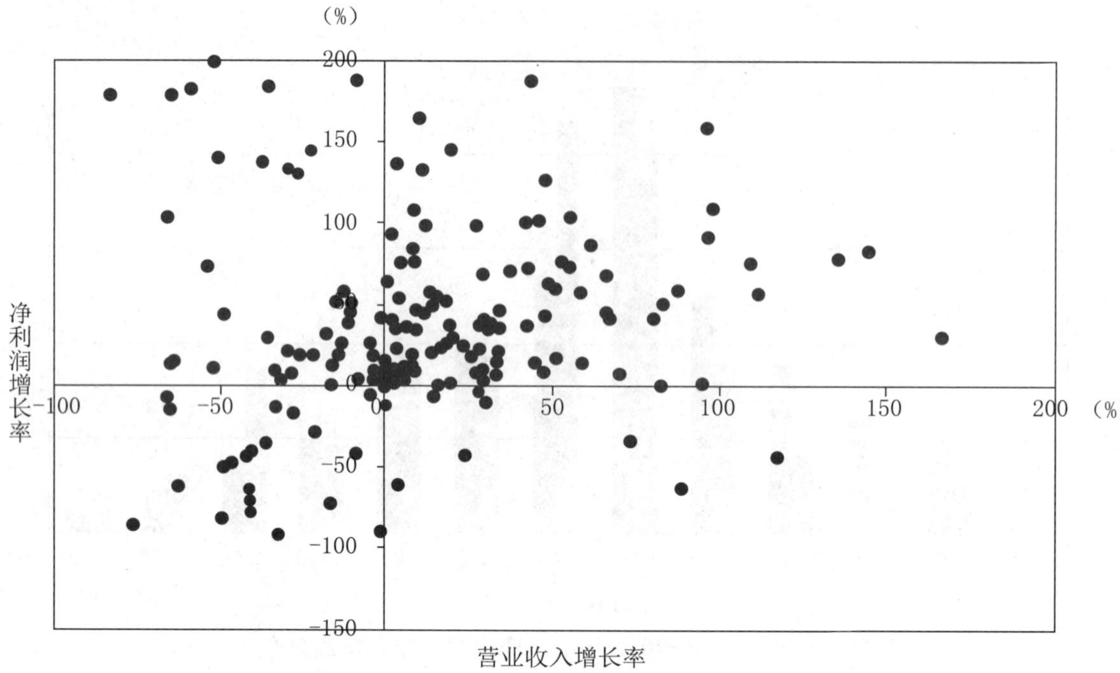

图 6－56　2017 年入榜房企成长能力指标分布

数据来源：企业年报、CRIC、中国房地产测评中心。

2017 年，百强房企在土地市场上的竞争愈加激烈，从招拍挂市场到收并购再到城市旧改，竞争蔓延到各个拿地领域。大房企的规模优势也在土地市场上有所显现，无论是万科收购广信资产包，还是融创收购万达城，都反映出大房企的资源获取能力高于一般的中小房企，“强者恒强”的规律也开始适用于土地市场。

根据企业自身的土储情况，典型房企拿地表现也不尽相同。根据存销比（土储总量和当年销售面积比值）可将其分为三类。第一类是土储充足，拿地依然积极的房企：如恒大、碧桂园、融创，前两者本身土储丰富，在 2017 年年初的土地储备即分别达到 2.3 亿方和 1.7 亿方，2017 年继续加大拿地力度，年内分别斩获 0.8 亿方、1.3 亿方土储；融创中国通过收并购新增了大量可快速变现的货值，不仅实现爆发式增长，土储也成功破亿方。第二类是本身土储充足，在 2017 年拿地偏保守的房企，如绿地、招商。绿地控股拥有上亿方土储，但这样大规模的土储潜力并没有完全释放，近年来绿地的销售排名在逐渐下滑，因此企业首要目标在于激活自己的存量潜力，继续提高存量转化，而招商在前海拥有大量土地储备。第三类是本身土储一般，年内拿地规模略显不足的房企，如金地、绿城、华润，前两家土地消化周期分别为 4.1 和 3.4，虽然处于安全线内，但与其他千亿元房企相比则稍微逊色。对于这样千亿元规模的企业来说，3000 万方左右的土储还是略微不足的，仍有补充的空间。另外还有像华润的年初土储在 4400 万方左右，存销比在 5 年上下，但 2017 年的拿地销售比为 0.6，低于龙头房企的平均水平（见图 6－57）。

从拿地方式上看，2017 年，在高地价、招拍挂竞争激烈的背景下，收并购拿地迅速成为房企拿地的主力方式，融创和阳光城即是其中代表性房企：2017 年 7 月份融创以 438.44 亿元价格收购万达 13 个文旅项目 91% 的股权，凭借这一收购，融创新增 5897 万平方米土地储备。融创近两年来还收购了天朗、中渝置地、融科智地等房企的项目或股权，进行规模化扩张。2017 年，阳光城也借力并购加速扩张，2017 年 6 月 1 日，阳光城公告称将以 16.81 亿元（含债务）收购成都半山艾马仕项目。除了成都半山艾马仕之外，在不到一个月的时间里阳光城还收购了汉口中心最大城市综合体中华城项目及广州江湾新城项目，分别耗资 29.63 亿元和 17.9 亿元。

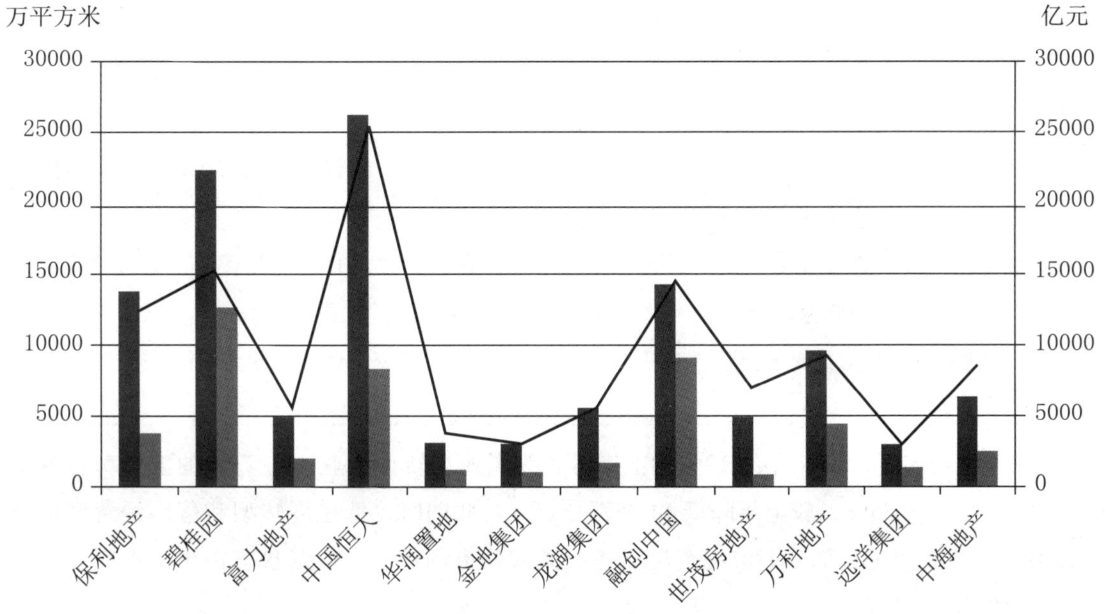

图 6－57　2017 年典型房企土地储备情况

数据来源：企业年报、CRIC、中国房地产测评中心。

（7）经营效率分析

去库存助推周转率提升，大型房企存货规模增加

2017 年，在行业积极去库存的背景下，上市房企平均存货周转率和流动资产周转率小幅提升。2017 年年底，上市房企存货周转率均值微涨 0.02～0.39，流动资产周转率均值小幅上升 0.01～0.31，而总资产周转率均值略降 0.02～0.21（见图 6－58）。

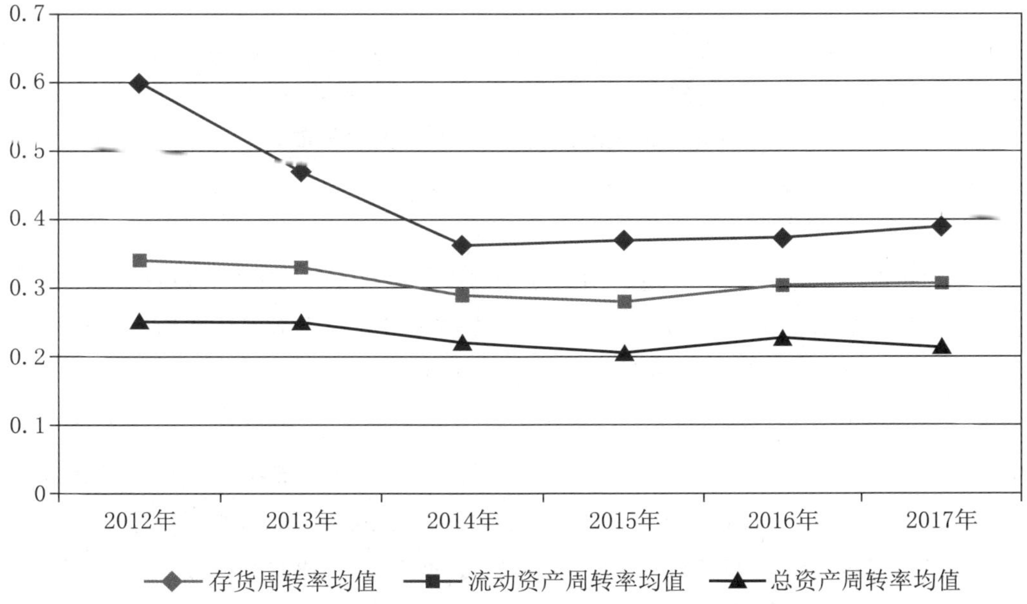

图 6－58　2012—2017 年上市房企经营效率指标

数据来源：企业年报、CRIC、中国房地产测评中心。

本次测评使用总资产周转率、流动资产周转率和存货周转率等指标来衡量房地产上市公司的经营效率，将上市房企划分为四种类型：

- ◆ 高速周转型：资产经营效率超过行业平均水平，企业内部资源得到高效的利用，具有很强的经营效率优势。
- ◆ 平稳经营型：资产经营效率大致处于行业平均水平，企业能有效利用内部资源，具有较强的经营效率。
- ◆ 低速周转型：资产经营效率低于行业平均水平，企业利用内部资源的能力一般，具备一定的经营效率。
- ◆ 落后经营型：资产经营效率远低于行业平均水平，企业利用内部资源的能力相当有限，经营效率相对较低。

从经营效率类型分布看，2017 年约 12% 的上市房企为高速周转型企业，约 23% 的上市房企为平稳经营型企业，两者合计占比约为 35%，较上年降低 14 个百分点。与此同时，低速周转型和落后经营型企业占比则分别为 16% 和 49%。由此可见，部分上市房企没能适应激烈的市场竞争，运营状况在年内有所恶化，落入第四梯队（见图 6－59）。

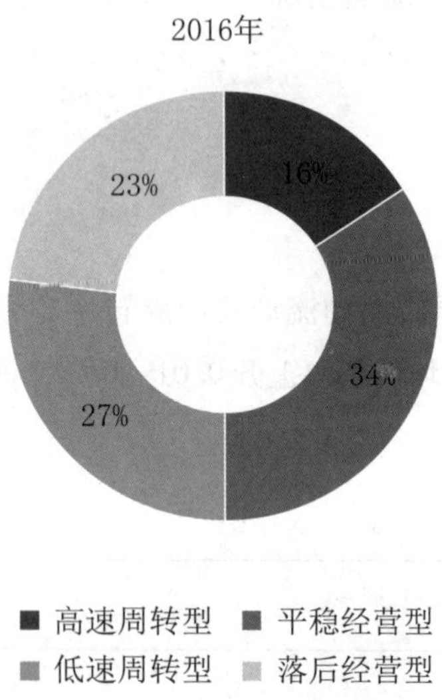

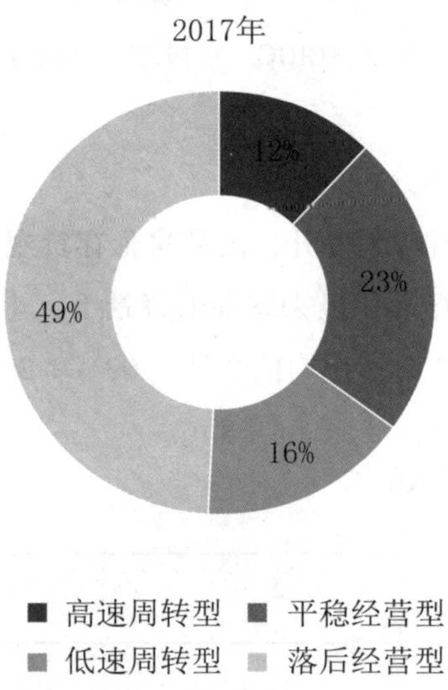

图 6－59　上市房企经营效率类型分布

数据来源：企业年报、CRIC、中国房地产测评中心。

从各类型上市房企表现来看，高速周转型企业存货周转率、流动资产周转率和总资产周转率均领先于行业平均水平，三项指标均值分别为 0.78、0.65 和 0.41；平稳经营型企业三项周转率均值分别为 0.49、0.39 和 0.27；落后经营型企业各项经营效率指标则远低于总体均值水平。

截至 2017 年年底，上市房企存货总计 8.96 万亿元，其中，存货超过 1000 亿元的有 28 家，较上年增加一倍，超过 3000 亿元的有 6 家，分别为恒大、万科、绿地、保利、碧桂园和融创，而这些企业全部进入本次测评榜单的前 20 位。500 亿～1000 亿元的有 20 家，300 亿～500 亿元的有 15 家，100 亿～300 亿元的有 52 家。榜单前 12 位企业的存货货值占全部上市房企存货的 50% 以上，前 31 位企业的存货占比则超过 70%。由此可见，当土地和资金资源越来越有限，获取难度和成本不断提升的情况下，大型房企的品牌优势和资源优势不断凸显，因此出现了房企存货出现向大型房企集中的趋势（见图 6－60）。

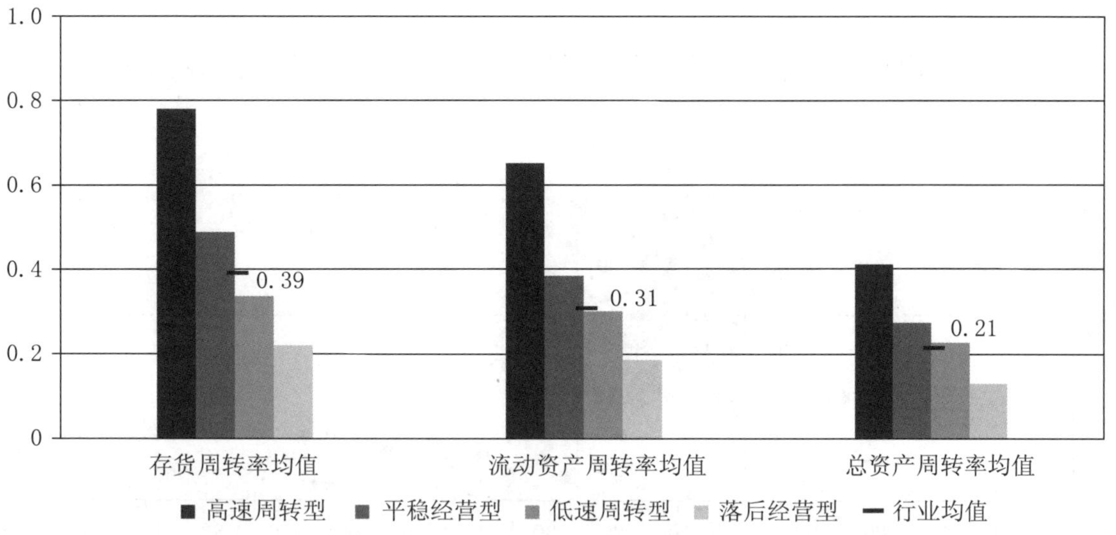

图 6－60　2017 年各类型上市房企经营效率指标均值比较

数据来源：企业年报、CRIC、中国房地产测评中心。

从企业周转与盈利模式的选择来看，2017 年大型房企更倾向选择高周转模式，如万科、恒大、碧桂园、保利、绿地、华润、龙湖等总资产周转率均高于行业平均水平，而净利率表现欠佳，低于行业平均水平。这种高周转模式的选择背后主要的原因是高周转可以带来规模的急剧扩张，而规模则意味着可以更便利地获取各种资源。也有一些龙头房企选择了兼顾周转和盈利，典型的例子是中海外、富力和龙光。其中龙光在保持规模中高速增长的同时，还能实现持续的高利润、高分红，毛利率多年在 35% 左右，净利润率多年在 15% 以上，多次成为香港上市民营房企净利润率最高者，这与龙光战略布局超前和拿地成本低有很大的关系。截至目前，龙光土地储备总货值 5200 亿元，81% 位于粤港澳大湾区，楼面价/售价仅仅为 24%。而大部分追赶型的中型企业仍旧选择了低盈利高周转的策略，如光明、禹洲等（见图 6－61、图 6－62）。

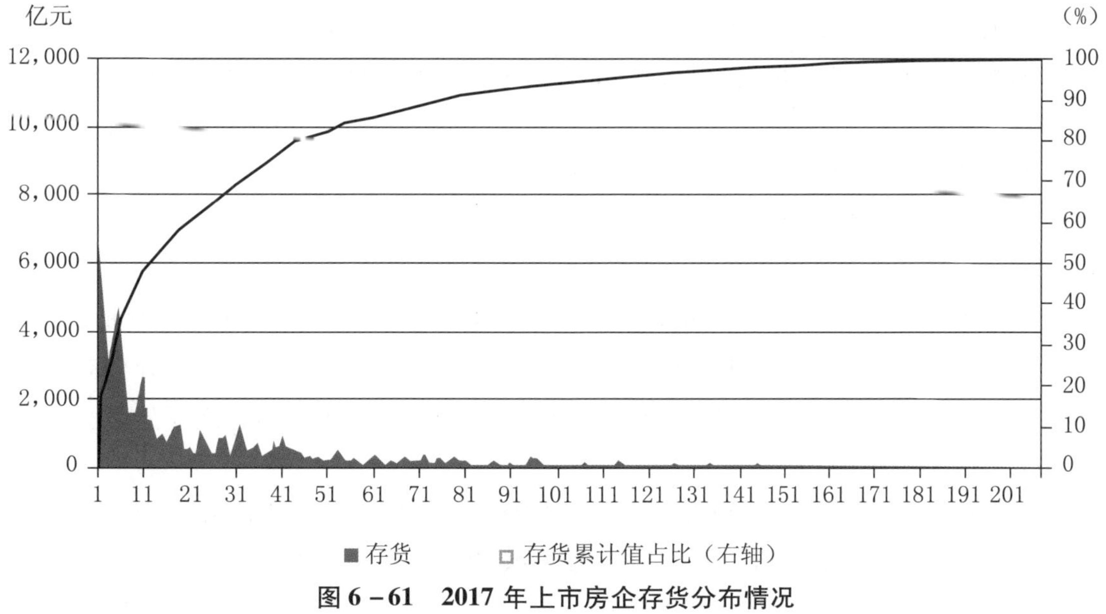

图 6－61　2017 年上市房企存货分布情况

数据来源：企业年报、Wind、中国房地产测评中心。

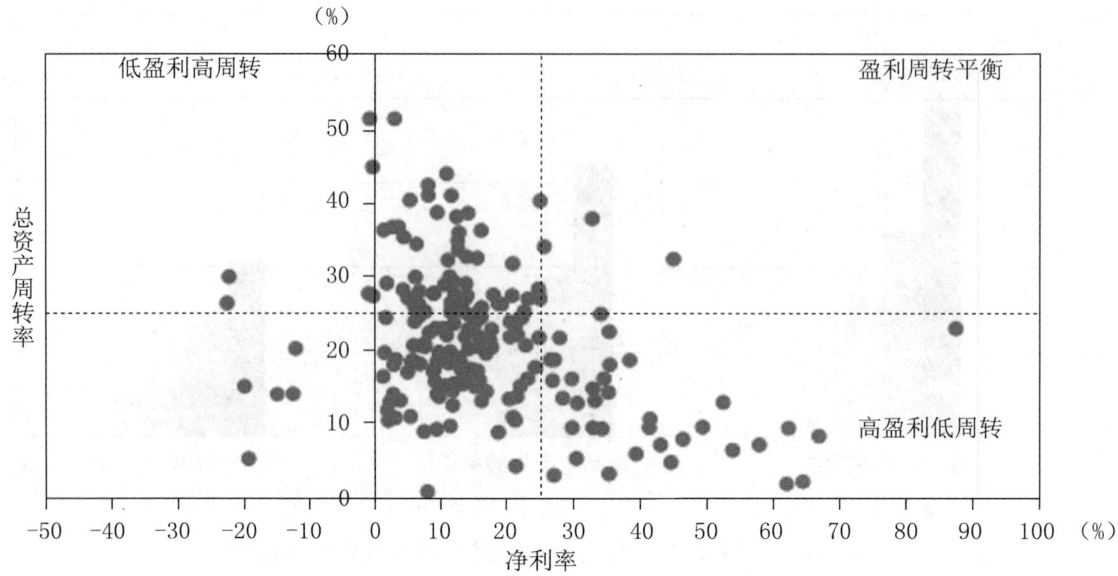

图 6-62　2017 上市房企经营战略组合

数据来源：企业年报、CRIC、中国房地产测评中心。

（8）社会责任分析

企业纳税贡献大幅增长，践行社会责任力度增强

2017 年，大部分房地产企业实现销售规模和利润的大幅增长。上市房企在追求业绩增长的同时，履行社会责任良好，企业主动承担社会责任，且意识越来越强，实现企业与社会共同发展。从纳税指标来看，2017 年，得益于年内业绩创新高，上市房企纳税额大幅提升，均值为 14.86 亿元，同比增加 47.3%。

本次测评以企业纳税额、参与保障房建设情况及企业捐款等为主要指标，将上市房企划分为四个层级：

◆ 高贡献度型：主动纳税，积极投身社会公益事业，参建保障房的领军企业，获得多方社会认同。

◆ 中贡献度型：与行业平均相近的纳税额度，比较重视参加公益活动和保障房项目的建设，积极拓展企业的社会认知度。

◆ 低贡献度型：纳税额较低，有一定的积极性投身于公益活动和保障房建设。

◆ 弱贡献度型：与行业平均水平有一定距离，亟待企业加强重视程度。

从上市房企社会责任类型分布来看，2017 年，约 6% 的上市房企属于高贡献度型，中贡献度型房企占比约为 15%，两类合计占比为 21%，而其余两类企业占比合计约为 79%。上市企业践行社会责任在量上增大的同时，从结构上看，随着行业分化，行业集中度越来越高，行业履行社会责任逐渐分化，向金字塔型格局靠近（见图 6-63、图 6-64）。

从企业纳税来看，较上年相比，2017 年，房企业绩抢眼，恒大、万科、碧桂园步入 5000 亿元阵营，融创、保利、绿地升级为 3000 亿元阵营，多家上市房企进入 1000 亿元阵营，众多上市房企紧随其上，业绩大幅度攀升，收入增加，纳税额较上年有大幅度提高。从高贡献度型企业来看，2017 年纳税均值为 143.76 亿元，较上年增加 78.2%。其中恒大纳税额达 404 亿元，同比上年增长 110%，中海和华润纳税额突破 200 亿元，碧桂园、万科均在 100 亿元以上。中贡献度型企业纳税额均值为 27.02 亿元，同比上年增加 96.9%。而低贡献度型企业纳税和弱贡献度型企业纳税均值为 8.96 亿元和 1.69 亿元，分别同比上年增加 150.2%和 138.0%。

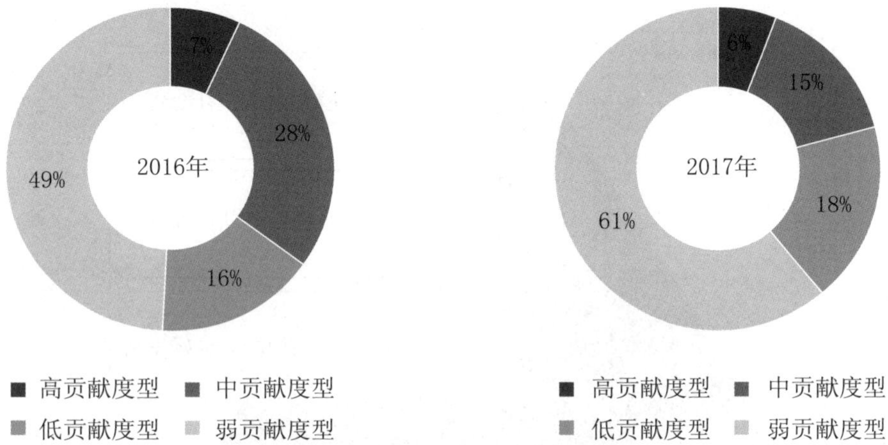

图 6－63　上市房企社会责任类型分布

数据来源：企业年报、CRIC、中国房地产测评中心。

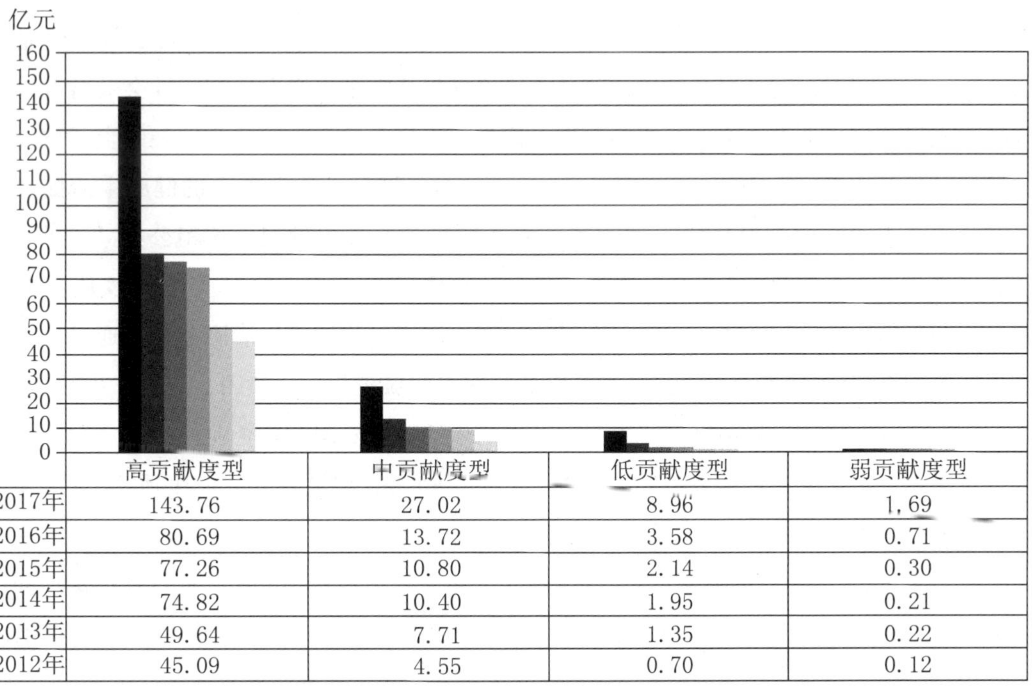

	高贡献度型	中贡献度型	低贡献度型	弱贡献度型
2017年	143.76	27.02	8.96	1.69
2016年	80.69	13.72	3.58	0.71
2015年	77.26	10.80	2.14	0.30
2014年	74.82	10.40	1.95	0.21
2013年	49.64	7.71	1.35	0.22
2012年	45.09	4.55	0.70	0.12

图 6－64　2012—2017 年上市房企纳税额均值比较

数据来源：企业年报、CRIC、中国房地产测评中心。

目前，大部分上市房企已构建较为系统、成熟的社会责任体系，面向股东、消费者、员工、社会大众等主体，积极履行经济绩效、环境保护、社会道德等责任，实现企业与社会共同发展。同时，从产品打造与服务、环境保护与可持续发展、精准扶贫、公益多维度来看，企业社会责任理念升级，社区服务意识增强，一些上市房企倡导科学筑家、爱心筑家，进行长租公寓探索、参与保障房建设，延伸服务为客户创造价值；上市房企探索装配式建筑，推动住宅产业化，通过技术创新达到节能减排，同时，绿色供应链进一步深化；精准扶贫力度加大，尤其是龙头企业，资金力度加大的同时，进行模式创新，响应“造血”式扶贫（见图 6－65）。

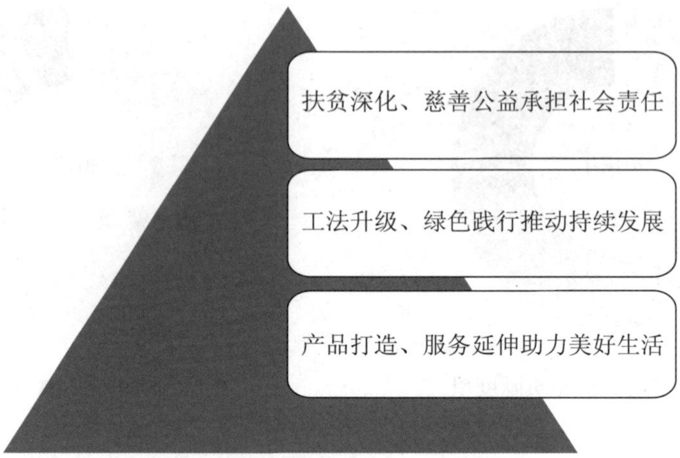

图 6－65　上市房企践行社会责任

资料来源：CRIC、中国房地产测评中心。

在社会主要矛盾转变的大时代下，上市房企积极响应，履行经济责任，从战略定位、商业模式、产品打造、延伸服务上多方面探索，践行社会责任，满足人民美好生活需求，实现经济与社会效益并重。一些上市房企将城市发展与人民美好生活融入到企业战略定位，体现上市房企主动承担社会发展的责任感。万科进一步定位为“城乡建设与生活服务商”，角色之一即是“美好生活场景师”，为普通人的健康生活提供美好产品和服务。万科在产品上深入践行“三好住宅”理念和品质的同时，在长租领域，长租公寓“泊寓”品牌打造上，力求为基层人群提供安全、舒适、人性化、高性价比的租赁住房，解决居住问题，同时实施“万村复苏计划”，助力城中村改造与运营，推动城市更新与空间升级。绿城中国定位为理想生活服务商，通过代建业务，参与城市更新，为原住民改善居住环境，并推出房屋 4S 服务，成立绿城理想生活集团，建立“生活合伙人平台”，提供绿城的生活服务资源，形成优质商家、业主互动有无的生活平台。同时，企业探索开放空间、社区服务、社区文化，为业主提供舒适、人性的居住空间。此外，部分上市房企积极践行“民生地产”“责任地产”理念，参与保障性安居工程及各类棚户区改造，履行社会责任。

2017 年，企业从建造工艺、供应链控制、绿色建筑、生态城市运作等方面，践行环境保护和可持续发展责任。万科、碧桂园、首开股份、中海地产、绿城中国等为代表的上市企业积极推动住宅工业化，改进建造工艺，促进节能减排、保护环境。碧桂园试点 SSGF 新建造技术工法，实现高质高效施工的同时，达到节能减排。同时，企业积极推动绿色建筑发展，万科、保利等领先房企从项目规划、选材、施工及后期运营四个维度，进行全生命周期环保管理，贯彻节能环保、绿色建筑理念。2017 年，万科绿色建筑面积达 4372.4 万平方米，比上年增长了 54.3%，并积极进行绿色技术创新研究，于年内成立了“雄安万科绿色研究发展中心”。2017 年，保利地产新获取国家绿色建筑项目 5 个，其中绿建三星设计标识 2 个、二星设计标识 2 个、一星设计标识 1 个。此外，上市房企开始在城市维度上探索城市的绿色、生态建设、规划与运作。中国金茂推动生态城市建设，联合上海建筑科学研究院建立“中国金茂生态城市建设指标体系”，开展绿色生态城区的规划研究，参与编制

《绿色生态城区规划建设技术导则》，并探索实现“零碳”城市运营模式，探索推广低碳理念及技术应用。此外，上市房企在供应链上的绿色应用探索持续深化，更多企业加入。

在精准扶贫方面，上市房企依托优势，加大精准扶贫力度，创新帮扶长效模式。积极借助自身优势，从产业、教育、就业、文化旅游、搬迁、基础设施等多维度进行扶贫帮扶。2017 年年内，万科捐赠建立西藏非物质文化遗产博物馆，建设张北光伏扶贫电站；招商蛇口在贵州威宁实施“幸福乡村卫生室”，解决群众看病难问题；荣盛发展以红色文化扶贫，联动打造红色旅游线路，改善老区人民生活；蓝光发展计划借助公司文化旅游开发优势，打造“最美乡村扶贫旅游线”。恒大集团继毕节市大方县后，2017 年，继续增加承担毕节市 6 县 3 区的帮扶工作，继续无偿投入 80 亿元，计划到 2020 年帮扶全市 92.43 万贫困人口全部稳定脱贫（见表 6－15）。

表 6－15　2017 年典型上市房企精准扶贫情况

企业名称	销售业绩（亿元）	扶贫资金（万元）	资金投入领域
中国恒大	5010	1100000 （2015 年底—2020 年帮扶毕节市） 40000 （广东精准扶贫）	产业、搬迁、就业、教育
招商蛇口	1126	11618	产业、就业、教育、生态、健康
万　科	5299	10350	产业、就业、能源、教育
华夏幸福	1521	4428	产业、教育
金科股份	681	2384	产业、教育、健康、基础设施
荣盛发展	730	1938	产业、红色文化
绿地控股	3042	1476	产业、教育、健康
保利地产	3092	1145	教育、文化
中国金茂	693	676	教育
蓝光发展	689	342	教育、健康、基础设施
新城控股	1260	154	教育

资料来源：企业年报、CRIC、中国房地产测评中心。

与此同时，上市房企不断创新帮扶模式，以恒大集团、万科为代表的上市房企，探索建立扶贫长效持久机制，通过市场化手段有机连接，打造特色产业，从单纯的“输血式”扶贫向“造血式扶贫”转变。华夏幸福与河北省涞源县确定着力从光伏发电、农产品加工、全域旅游三大脱贫产业；万科联手贫困山区农商，通过“互联网＋社区”农产品产业支持，增强造血功能；恒大集团因地制宜地利用当地资源，引进龙头企业，形成“龙头企业＋合作社＋贫困户＋基地”的产业帮扶模式，实现供产销一体化经营，推动贫困户持续增收、稳定脱贫。

在公益方面，多年来企业以教育、社区服务、儿童、健康为着眼点探索社会公益，开展公益活动工程，落实公益行动，部分企业建立公益基金，为公益慈善事业创造长效平台。截至 2017 年年底，金科股份的“红太阳工程”已累计帮助 2175 名贫困大学新生、2000 多名留守儿童、1100 多名孤寡老人和超过 7 万个苦难家庭。新城控股通过其自主公益品牌“七色光计划”发起创建“光彩图书馆”，旨在消除城市与乡村的知识鸿沟，改善乡村儿童阅读环境，已为四个省份的 9 所学校捐助图书馆。

（9）创新能力分析

产品精细化营销增亮点，盘活存量资源谋求发展

房地产行业进入下半场，产品升级、营销去化、多元业务拓展仍是创新标配，但单纯业务拓展已不能满足发展需要，故大型上市房企开始从模式突破、产业导入寻求赋能，并从存量运营、轻资产化寻找增长点。企业越做越精细、专业、特别，上市房企创新也从粗放向精细化发展，从外延式扩张向内涵式提升。

产品创新方面，产品为王的时代，上市企业升级产品线仍是必不可少，并从各个角度提升产品品质，产品创新越来越多的融入人文因素、彰显内在涵养。融创在豪宅上试图做到细节的极致和品质的精雕细琢，推出王牌品牌“桃源系”和“壹号院系”。同时，不少冲击千亿元军团的上市企业也调整升级自身产品线。融信于年内推出全新融信公馆 ARC，建筑设计灵感源自扎哈·哈迪德大师作品，采用豪华游轮度假风曲线设计一体成型。此外，公司还计划在 2018 年于上海、南京、杭州、厦门、广州等五座核心城市，推出最新的高端系住宅项目。

营销创新方面，在调控政策日渐收紧，房企让利空间逐步收窄的背景下，本年上市房企营销较为平淡，但营销仍是上市房企促进去化、冲刺业绩的突围手段，同时体现出一些创新点：①借力跨界营销，不少上市房企借助互联网，携手非地产行业，进行资源整合，实现金融、电商、资源嫁接。碧桂园与京东合作效应持续，万科联手京东、网易，金茂携手房天下，恒大牵手苏宁易购等，强强联合使顾客享受更多额外福利，实现合作双方客户转化，推动资源互补。②地产试水“新零售”。金茂在“双十一”期间，联手房天下推出第四届“11·11 光盘节”，以“把金茂装进购物车”为活动主题试水地产“新零售”。③上市房企整合旗下项目资源，进行多城市、多项目联动营销。阳光城整合全国资源，二十余城市百盘联动举办“乐享家”置业计划，推动业绩提升，取得不错的突破；“双十一”当天，碧桂园旗下湖南、广西、福建、江西四省超过 100 项目的房源同时在“京碧辉煌 X 营销盛典”上推出，共计成交 3631 套房源。第四，在口碑引爆方面，上市房企借力有强大粉丝影响力的 IP 来吸睛成为地产营销圈的一个新风口。如，2017 年，世茂铜雀台合作歌剧《林徽因》，取得很好的反响；2017 年年初，旭辉管理层通过亲自下厨为媒体朋友熬鸡汤的方式，拉近了旭辉与大众之间的距离，实现了很好的群体覆盖，达到了传播的目的。

同时，在增量与存量并存、城市消费升级、城市更新、城中村改造等新命题的背景下，城市运营重心从物理空间转变为内容生产，如何给物理空间提供更多内容，实现空间赋能，创造新的附加值，成为上市房企热点探索的命题。另外，在“我国社会主要矛盾已经转化为人民日益增长的美好生活需要和不平衡不充分的发展之间的矛盾”的新时代下，服务、生活成为房企争夺的焦点，企业争相创新，通过生活、服务的内容导入，进行存量运营，提供“后开发”服务，从“造房子”到“造生活”，为客户创造美好生活。

2017 年，绿城中国建立我国首个房屋 4S 公司，首推房屋 4S + 服务体系，业务涵盖房屋维修、保养、智能家居、健康住宅、旧房改造升级，为房子提供维修、增值、焕新等系列服务，让房子更健康、更长寿，称国内首个“房屋医院”。同时，诸多企业致力于社区运营、社群空间探索，越来越成为企业差异化争夺的重要部分。万科打造“万科里”社区商业品牌，为家庭式客户高黏性需求，提供教育、美食和生活服务，居住融于餐饮休闲、美食体验、教育，打造安心、便捷、舒适的邻里生活中心，同时，教育进社区，万科教育致力于将课程、师资和管理传输给社区，在社区周围做家门口的好学校。此外，迪马股份旗下的东原地产启动“产品 + 服务 + 社区”大产品体系，打造首个新型社区营运实体“原聚场”，社区植入丰富的社群活动场景空间，加强业主之间互动交流，提升用户体验，并探索高密度城市儿童友好社区环境的研究发展。在开放空间、公共空间利用上，万科长租公寓泊寓置入共享厨房、公共健身房、社交空间，同时联动城市核心地段资源，从公共空间赋能，为客户提供优质的生存空间。

长租公寓、特色小镇、城市更新、物流地产、联合办公、产城融合仍是企业创新热点领域，越来越多的企业介入。房企创新思路逐渐从单纯的粗放式业务拓展向内容、运营、模式等多维度创新深化，从存量再造、轻资产运营进行切入创新。以联合办公为例，上市房企寻求与联合办公企业合作，目前，首创参投优客工场，寻求存量资产盘活、产业发展与资源协同等方面的合作，招商蛇口、万科等企业也分别与优客工场达成协议，在共享办公场所租赁、共同招商、投资及运营等方面进行合作。在长租公寓方面，产品形态日益分化，出现了高端化长租公寓、服务式公寓、社群化长租公寓、青年公寓等；运营方面，企业探索长租公寓发展模式创新，除了以万科、龙湖、旭辉为代表的自持运营外，也有以绿城、阳光城为代表的企业探索与专业化租赁机构合作运营（见图 6－66）。

企业加强在产城融合、产业新城、特色小镇等创新业务上的布局，碧桂园、华夏幸福、华侨城、绿城、万科、融创、泰禾等一批领先的上市房企均有涉足。绿城以特色农业小镇为主；建业地产以文旅小镇为主；碧桂园计划到 2020 年前斥资千亿元打造 100 个科技小镇；绿地则选择有大城市购买力溢出效应、有产业导入支撑的一二线重点城市远郊及周边，围绕智慧健康城、文化旅游城，形成开发模型和产品体系；华侨城与自贡市签约打造彩灯产业新城。同时，在该领域，导入产业资源、进行产业运营越来越成为行业新命题，上市房企进一步在模式、产业运营方面进行深挖。招商蛇口根据其独特的产业特点，提出“前港—中区—后城”的 PPC 片区开发模式，即港口先行、产业园跟进、社区开发的港、产、城三位一体综合开发，实现片区整体联动开发。上市房企探索实业与地产结合的特色小镇新发展模式。碧桂园形成了“为每一个科技小镇找一个主导产业，并引入 1 到几个龙头企业”的产业项目新思路，与“1 个重资产平台加 N 个轻资产平台”的“1＋N”模式，年内分别与中集集团、美的集团等诸多跨界企业合作，推动产业导入，联合拓展产城融合项目。

随着土地开发度区域饱和，存量土地改造和提升成为特大城市发展的重中之重，越来越多的企业积极寻求以旧改为切入点作为获取项目的途径，恒大、万科、碧桂园、招商蛇口、华润置地、佳兆业等多家大型上市房企均已涉入其中，并持续加码。2017 年 6 月，万科再下一城，通过旧改项目首次进入石家庄；佳兆业将城市更新列为核心业务能力。同时，参与国有企业混改亦成为上市企业拓展的新途径，2017 年与 2018 年初，绿地、万科先后参与西安、杭州国有企业混改。

在模式运营方面，PPP 项目模式持续深化。华夏幸福基业在其产业新城业务中，依托于 PPP 项目模式优势，进行 PPP 项目融资创新，2017 年年内，华夏幸福利用票据、PPP 资产证券化等渠道完成发行了多个 PPP 项目产品，创下国内多个首单，创新性地拓宽了 PPP 项目现有融资途径，丰富了融资渠道，同时盘活了存量资产。轻资产运营模式方面，新城就旗下青浦吾悦广场项目成立资产支持专项计划，开创国内商业综合体类 REITS 投资新模式，促进不动产资产证券化向 REITS 靠近。

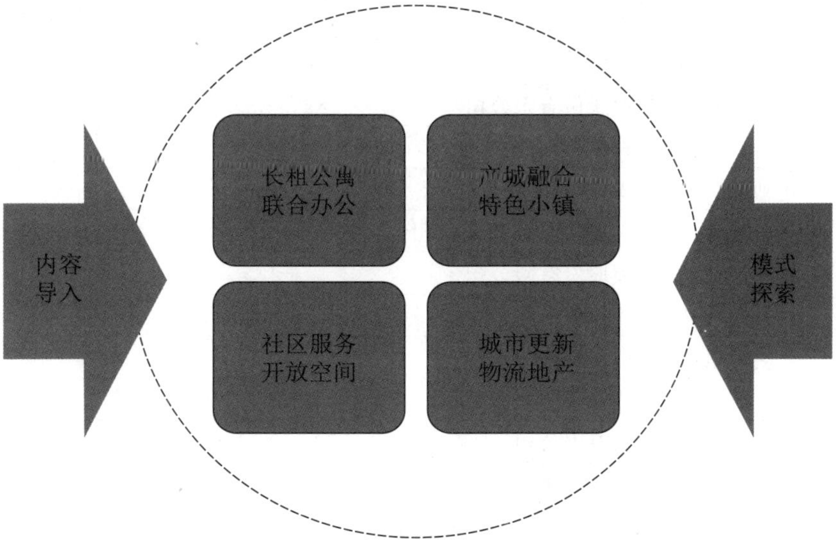

图 6－66　上市房企创新业务探索情况

资料来源：CRIC、中国房地产测评中心。

（三）2018 年中国房地产开发企业品牌价值测评

发布机构：中国房地产业协会　上海易居房地产研究院中国房地产测评中心

发布时间：2018 年 9 月 18 日

发布地点：杭州

1. 测评榜单（见表 **6 – 16**）

表 6 – 16　2018 中国房地产开发企业品牌价值 50 强

排　名	企业名称	品牌价值（亿元）
1	中海地产集团有限公司	586
2	恒大集团	483
3	万科企业股份有限公司	440
4	保利房地产（集团）股份有限公司	327
5	龙湖集团控股有限公司	262
6	碧桂园控股有限公司	259
7	华夏幸福基业股份有限公司	254
8	广州富力地产股份有限公司	247
9	融创中国控股有限公司	243
10	华润置地有限公司	234
11	绿城房地产集团有限公司	231
12	新城控股集团股份有限公司	221
13	绿地控股集团有限公司	219
14	招商局蛇口工业区控股股份有限公司	212
15	世茂房地产控股有限公司	210
16	金地（集团）股份有限公司	203
17	旭辉集团股份有限公司	195
18	融侨集团股份有限公司	188
19	江苏中南建设集团股份有限公司	182
20	正荣地产控股股份有限公司	167
21	雅居乐地产控股有限公司	158
21	泰禾集团股份有限公司	158
22	融信（福建）投资集团有限公司	155
23	四川蓝光发展股份有限公司	152
24	金科地产集团股份有限公司	148
25	阳光城集团股份有限公司	146
25	路劲地产集团有限公司	146
26	龙光地产控股有限公司	145
27	建业住宅集团（中国）有限公司	138
28	上海中建东孚投资发展有限公司	135
29	中梁控股集团	129
30	金辉集团股份有限公司	122

续表

排　名	企业名称	品牌价值（亿元）
31	禹洲地产股份有限公司	118
31	祥生地产集团有限公司	118
32	佳兆业集团控股有限公司	114
33	卓越置业集团有限公司	107
34	远洋地产控股有限公司	103
35	浙江佳源房地产集团有限公司	100
36	合景泰富集团控股有限公司	99
37	福晟集团	96
38	奥园集团有限公司	86
39	中骏集团控股有限公司	77
40	美的置业集团有限公司	76
41	红星地产	72
42	俊发集团有限公司	70
43	广东海伦堡地产集团有限公司	68
44	正商集团	67
45	新力地产集团有限公司	65
46	重庆华宇集团有限公司	64
47	隆基泰和置业有限公司	63
48	东原集团	60
49	北大资源集团	59
50	大华（集团）有限公司	57

2. 测评分析

（1）入榜企业分析

20 强排名有所变化 中海连续 8 年位居榜首

中国地产测评中心经过客观、公正、专业和科学的测评研究，形成了 2018 中国房地产企业品牌价值榜单。其中，榜单前三甲依然由中海、恒大、万科占据。中海连续 8 年位居榜首，品牌价值为 586 亿元。恒大、万科分别以 483 亿元和 440 亿元位居第二、第三位。

从近两年中国房地产品牌价值 20 强榜单来看，2017—2018 年连续两次入选 20 强的企业共有 18 家，换榜率为 10%。其中，新晋的 20 强企业为绿城和正荣。品牌企业凭借强劲的销售表现和运营能力持续占据领先优势。中海地产继续保持稳中求进的品牌经营策略，年内企业加大拿地和开发力度，维持了低三费费用率、低杠杆率、低融资成本，财务结构稳健，盈利水平再上一个台阶。集团凭借着高效的运营管理、系统性的内部人才培养体系以及全国性均衡布局，品牌实力继续保持行业内领先优势。2017 年实现销售额 2321 亿港元，同比增长 10%。截至 2017 年年底，集团系列公司合计土地储备已达到 8278 万平方米，同时，集团商业运营规模不断拓展，发展态势持续向好（见表 6－17）。

中国恒大在“规模＋效益型”战略和“三低一高”经营模式的指导思想下，转型效果显著，规模和效益齐头并进，表现抢眼。2017 年实现销售金额 5009.6 亿元，同比增长 34%，归母净利润大幅上升 378.73%，达

243.72 亿元。同时，企业多元化发展表现亦突出，恒大凭借龙头房企积累的资源优势提前布精准局，多维开拓多元业务，并在 2017 年完成房地产 + 服务的转型，尤其是在旅游和健康产业迎来新的突破。

2017 年，万科实现销售金额 5298.8 亿元，同比增长 45%，毛利率增至 34.1%，盈利能力显著提升。除了房地产主业外，万科目前在物业管理、长租公寓、商业地产、物流仓储、滑雪度假等地产相关的多领域加速发展。未来，万科将打造“城乡建设与生活服务商”，致力于提供房地产市场不动产配套服务。

表 6－17　2018 年品牌 20 强企业名次变化

企业简称	2018 年排名	2017 年排名	2016 年排名
中　海	1	1	1
恒　大	2	2	2
万　科	3	3	3
保　利	4	5	4
龙　湖	5	9	9
碧桂园	6	4	11
华夏幸福	7	7	7
富　力	8	8	8
融　创	9	10	10
华　润	10	11	13
绿　城	11	—	—
新　城	12	16	—
绿　地	13	6	5
招商蛇口	14	12	14
世　茂	15	14	12
金　地	16	13	17
旭　辉	17	17	21
融　侨	18	18	18
中南建设	19	20	25
正　荣	20	22	27

数据来源：CRIC、中国房地产测评中心。

大力拓展增值服务　品牌物业打造多元格局

在物业管理市场竞争日趋激烈的今天，注重物业品牌打造和提升，进而以品牌效应为突破口开拓市场，扩大市场占有率，从而实现企业的可持续发展，已成为当前我国物业服务行业发展的必然趋势。对于业主而言，物业品牌代表着一种归属感和安全感，它是物业企业和业主沟通的重要桥梁，保证了物业企业文化及经营理念向业主传达的准确性。

基于此，本次入榜的品牌物业企业均十分重视服务质量的提升，建立了标准化物业服务管理体系，形成了覆盖各类物业全生命周期需求的产品构架，有效地提升了业务黏性和业绩的稳定性，客户满意度和项目续约率以及物业服务费收缴率均保持在较高水平。

为了应对日益激烈的竞争形势以及成本不断上涨的压力，品牌物业管理公司纷纷通过价值链延伸、细分市场开拓、产品多元化和规模扩张等方式增强自身盈利能力。物业管理处于房地产开发价值链末端，朝前期的营销策划、建筑施工、规划设计等价值环节渗透，通过对建筑开发商进行管理分享的模式提前进入前期物业管理服务阶段，将对品牌的塑造和客户的开发起到很大作用，代表企业有龙湖物业、绿城服务等。龙湖物业是行业中少有的从项目拿地开始就介入的物业公司。龙湖物业设有前期介入体系专家组，全程介入龙湖的房地产开发前期拿地、中期施工到后期交付的开发环节。在拿地规划阶段龙湖地产给予来自物业管理和业主使用方面的意见和建议；在施工阶段，物业前期介入的工程师会在工地督促施工进度、监督施工质量，被誉为龙湖业主专属“工程监理”；在房屋交付前，龙湖物业和龙湖地产又要对房屋进行 7 轮验收和整改，最终才交付给业主。细分市场开拓指除传统住宅业态外，积极拓展商业、办公楼、学校、医院或其他物业形态的物业服务市场。产品多元化，即物业管理公司进行多元化业务创新，从传统物业管理服务往提升家政、社区服务等增值服务占比转型是主要的扩张方向之一，也包含跨领域业务拓展，代表企业有绿城服务（教育、社区零售）、彩生活（社区零售等）、保利物业（养老）等。规模扩张，即管理面积的拓展，包括通过背靠地产商或者外拓项目来扩大在管面积、管理输出或顾问方式扩张、兼并收购方式获得被并购方的管理小区物业管理收费权等方式。

近两年，物业管理行业新三板挂牌风潮延续，2017 年开年以来，新三板物业公司呈现出不断扩容的趋势，共有 19 家企业挂牌；截至 2018 年 8 月 13 日，年内于三板新挂牌的物业管理公司共有 6 家。A 股市场上，2018 年 2 月 1 日南都物业正式挂牌 A 股。港股市场上，2017 年至 2018 年上半年，共有浦江中国、雅生活和碧桂园服务等三家公司成功上市。在资本市场的推动下，物业企业兼并活跃，同时物业管理企业积极加强业务的互联网化，物业管理行业从管理业态到服务内容均呈现出更为丰富多元的趋势。

2017 年，品牌物业管理企业管理面积和城市覆盖范围均快速扩张。彩生活合约总建筑面积达 4.36 亿平方米，服务社区达 2383 个，分别同比增长 10.3% 和 1.9%。集团管理项目遍布中国 222 个城市及一个海外国家（新加坡），实现了合约建筑面积的快速扩张。特别需要强调的是，2017 年彩生活新增管理面积大部分通过投标（全权委托方式）获得，是彩生活品牌、服务质量、市场扩张等核心竞争力的体现。而万科物业截至 2017 年底，已布局中国 80 个最具发展潜力的大中城市，企业以“让更多用户体验物业服务之美好”为使命，年内着重提升商业和写字楼物业管理的能力，并围绕楼宇和业主工作及生活配套提供拎包入住、房屋托管、二次装修等基于楼宇的服务，以及阳光物业、邻里社交和友邻市集等基于生活的服务，服务品质持续保持行业领跑。再如绿城服务，于 2017 年 12 月 31 日，其在管合同建筑面积达 3.78 亿平方米的物业，涵盖居民高端住宅、政府公共建设、商业写字楼、城市综合体等，覆盖全中国 24 个省、直辖市及自治区的 120 个城市。

技术创新服务优化　品牌供应商高质量发展

一方面受房地产调控政策持续深入影响，上下游产业链行业在新房市场的市场空间有走低趋势，尤其是进入 2018 年以来，行业普遍呈现销售增速放缓，市场表现平淡。与此同时，国家环保政策趋严，重拳整顿治理下，小型企业关停整顿，清洁生产压力与日俱增。另一方面，供应商企业亦面临原材料价格上涨、同质化低质竞争的压力，企业利润空间进一步受挤压。行业竞争愈发激烈，品牌效力凸显，有效推动行业“优胜劣汰”，洗牌加剧。

在此背景下，行业转型升级深入推进。一方面，通过技术创新，进行产品升级，提供绿色、环保、高性能产品，并施行清洁生产，成为迫切需要，亦是品牌竞争的内在基础；另一方面，面对房地产企业高速的扩张，提升供货、渠道的服务能力，有效对接市场终端，成为最后关键环节。领先的品牌供应商凭借雄厚的资金与先进的技术，着力产品研发、技术创新，并进行品牌塑造、渠道开拓、服务创新，取得优势，进一步扩大品牌影响力。中小品牌则面临销售量日渐缩减，生存压力与日俱增的局面。

技术创新方面。品牌企业进行产品升级，在产品的性能、外观、舒适性、便捷性上进行革新，表现较为突出。电工领域，以公牛、正泰等为代表的标杆品牌均有动作。公牛升级产品，其生产的车载 USB 充电器和魔方 USB 插座双双斩获 2017 年德国 iF 产品设计奖；正泰拓展产品线，发展泛居家产品、智能家居系统、智能楼宇等。太阳能领域，山东豪客通过核心技术突破，研发了垂直镶嵌式太阳能热水器，实现平板集热器与建筑物的完美融合。同时，企业加大研发力度的投入，突破行业生产的技术问题。作为厨电领域的头部品牌，老板电器继首个数字化智能制造基地后，于 2018 年 3 月启动智能制造二期项目；建筑装饰领域，全筑投入研制建筑装饰施工机器人，力图解决家装环境中的精准定位的痛点，解放建筑装修劳动力，目前已发布样机。

渠道管理方面。在我国房地产行业增速放缓，竞争逐年加剧的背景下，优化市场渠道、增强营销与服务能力成为抢占市场份额的重要手段。密封胶领域，集泰股份针对终端市场，在销售网络建设和专业服务能力等方面已建立起较强的差异化竞争优势。伟业作为铝型材行业的领先企业，积极对接终端，关注终端材料应用需求，建立起“互联网 + 产业”的线上线下融合的网络体系，并且近期进一步提出以“绿色环保 +、产品应用 +、服务模式 +”，提供一站式铝应用配套服务，全力助力开发商解决采购痛点。

同时，企业亦持续推进与房地产开发商的战略合作。蒙娜丽莎成功上市以来，继续与包括万科、保利、碧桂园、雅居乐等 30 多家大型房地产机构建立战略合作，合作项目超过 1000 个。从 2017 年年底至 2018 年年初，久诺相继与 14 家开发商签订外墙装饰战略集采协议，针对不同建筑类型及时提供专业外墙装饰方案，生产量、出货量、销量在市场中具有较强的竞争力。

环保方面。品牌企业在环保责任的表现受到合作伙伴及消费者的高度关注，圣象集团的供应商、同属于母公司大亚科技集团的大亚人造板集团有限公司及该体系内多家关联企业在生产过程中出现环保不达标，圣象集团因此被移出阿拉善 SEE 绿色供应链项目采购白名单，给企业造成负面影响。同时，越来越多生产企业重视这一点，把绿色、环保作为企业品牌理念的重要组成部分，从多维度进行绿色理念植入和贯彻。涂料领域，三棵树是国内首家提出“健康漆”概念的企业，并以“绿色、健康、环保”作为企业定位，贯穿整个企业的发展和未来。近期，其 14 支健康产品通过美国 GREENGUARD（绿色卫士）金级认证，并与同济大学联手建立行业首个绿色建筑美学研究院，推进绿色建筑的发展。千年舟提出了“绿色健康家”的品牌战略定位，从绿色供应、绿色智造、绿色产品、绿色服务、绿色公益多个维度入手，致力于成为绿色健康家居建材集成服务商。松下电器在绿色采购方面较为突出，建立了符合企业自身运营的绿色采购准则，有助于引导供应商企业共同打造稳定、绿色可持续的采购链条，从源头上保证产品绿色性能，其采购案例入选《电子信息行业绿色供应链最佳实践》。此外，上海高昕节能在建筑节能智能服务方面，兰舍硅藻泥在新兴环保材料方面，均取得了一定的成果。

（2）品牌成长分析

品牌价值稳步增长　企业品牌积累不断强化

随着中国房地产行业逐步发展成熟，房地产企业品牌价值实现稳步积累。从 2014—2018 年房地产品牌价值测评结果来看，大多数企业品牌价值均呈现稳步增长的态势。数据显示，品牌 50 强和 20 强企业的品牌价值均值保持持续增长。其中，品牌 50 强房企的品牌价值均值由 2014 年的 101 亿元上升至 2018 年的 167 亿元，平均年增长率为 13.4%。品牌 20 强房企品牌价值均值从 2014 年的 164 亿元上升至 2018 年的 268 亿元，平均年增长率为 13%（见图 6－67）。

从房企品牌价值历年表现来看，在房地产市场不断发展成熟的背景下，房企在品牌积累方面亦不断强化。其中，品牌价值 50 强房企和 20 强房企在 2016 年增幅最高，增长率分别为 26% 和 25%。在其余年度，房企品牌价值增长率均值普遍保持在 10% 左右，2018 年，增长率均为 12%。

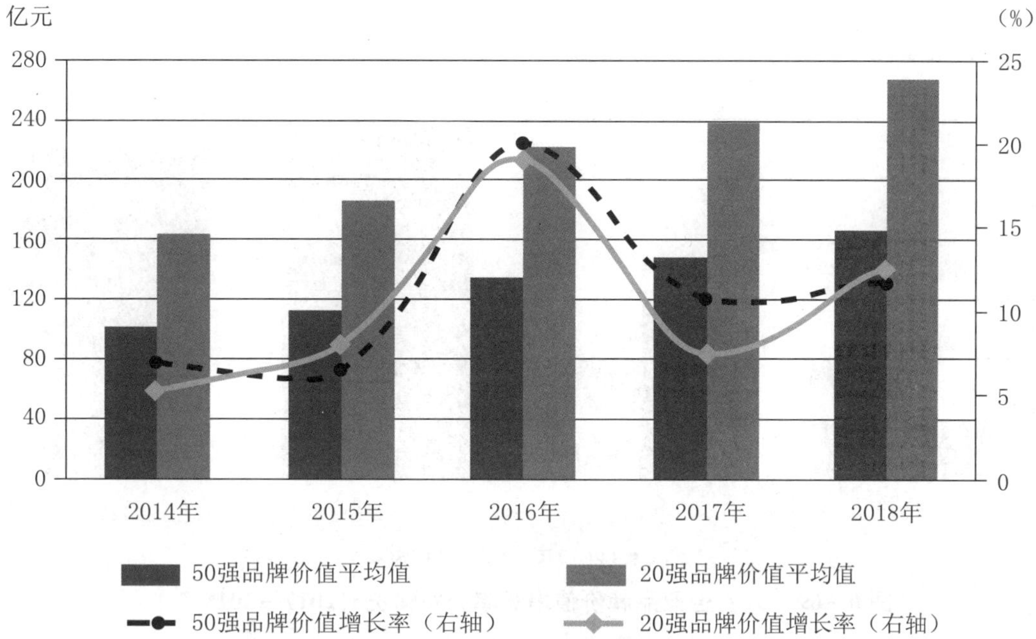

图 6－67　企业品牌价值平均值及增长情况（2014—2018 年）

数据来源：CRIC、中国房地产测评中心。

从 2014—2018 年入榜房地产企业的品牌价值测评结果来看，多数企业品牌价值实现稳步增长。从品牌房企五年的跟踪曲线来看，87% 企业的品牌价值年内实现正向增长，其中，有 70% 以上的企业品牌价值增长率在 10% 以上。随着房地产市场竞争日益激烈，品牌房企积极适应市场调整策略，品牌呈现快速成长的态势，品牌价值得以进一步强化积累（见图 6－68、图 6－69）。

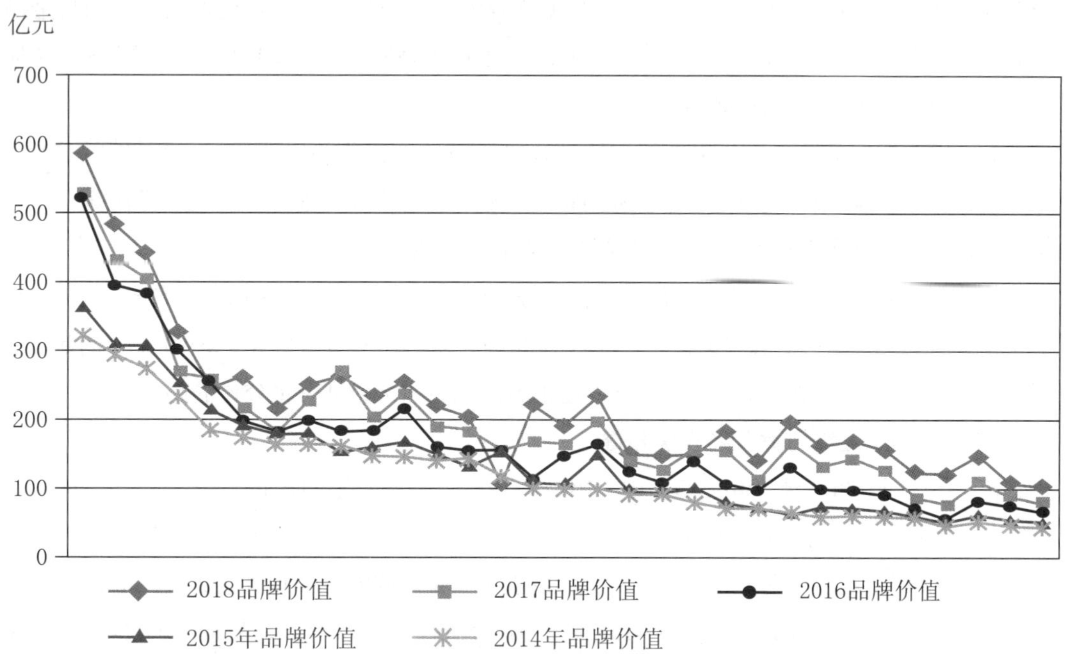

图 6－68　入榜企业品牌价值分布情况（2014—2018 年）

数据来源：CRIC、中国房地产测评中心。

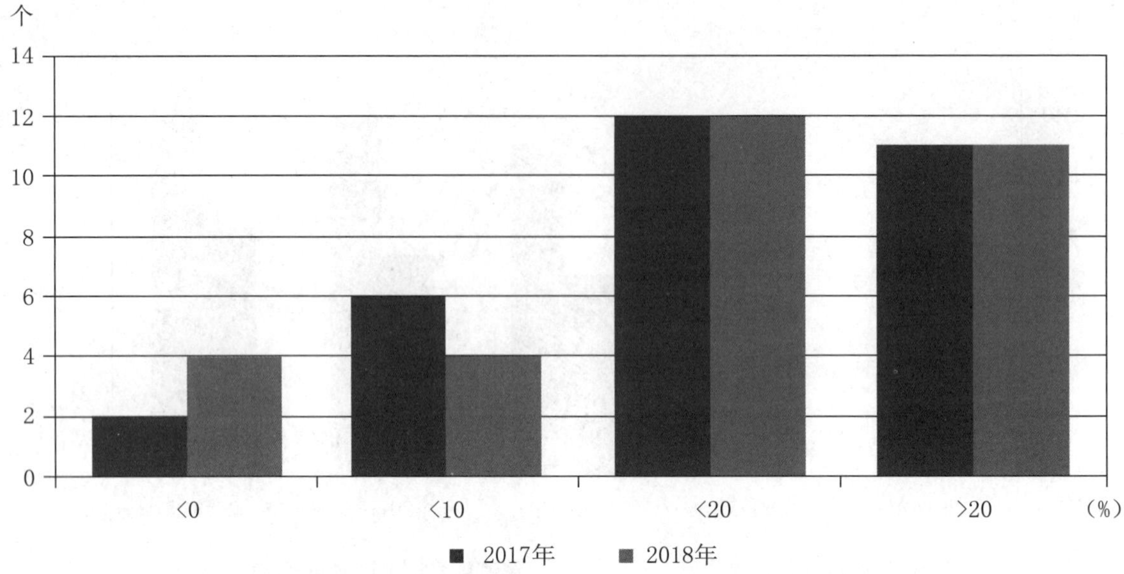

图 6－69　入榜企业品牌价值增长率分布情况（2017—2018 年）

数据来源：CRIC、中国房地产测评中心。

市场环境愈加复杂　品牌房企超额收益分化

2017 年，中国宏观经济运行稳中向好，房地产市场整体呈现量价齐升。房地产市场整体平稳健康运行，房地产开发投资额为 10.98 万亿元，同比增长 7%，较 2016 年 6.9% 的增速略有提升；库存去化取得重大进展，房地产市场发生系统性风险的可能性大幅下降；各地政府坚持“房住不炒”的理念出台各项调控政策，极大地遏制了投机性需求，房地产的金融属性进一步被削弱。同时，受三四线城市大力去库存影响，2017 年，全国商品房销售再创历史新高：全年实现商品房销售面积 169408 万平方米，同比增长 7.7%；商品房销售金额 133701 亿元，同比增长 13.7%。值得注意的是，由于全年调控政策都呈高压状态，尽管销售面积和销售金额的绝对值依然维持高位运行，但增速明显放缓，甚至在某些月份出现了负增长。进入 2018 年，市场环境愈加复杂，各类政策持续，并进一步收紧，竞争更加激烈。

在此背景下，企业间发展亦进一步分化，领先的品牌房企通过加速兼并争夺资源，积极开拓多元业务发展，而部分中小型房企则逐步缩减房产业务或加速转型。而随着国房景气指数的进一步提高，品牌企业继续保持领先优势，在销售、运营、盈利方面均有良好表现，品牌超额收益亦实现稳步增长。数据显示，2017 年，品牌 10 强企业的超额收益均值达到66.76 亿元，继续保持稳定增长态势。11～20 强企业的超额收益均值达到29.27 亿元；21～50 强企业均值为 6.30 亿元。整体来看，10 强企业 2017 年超额收益增长率为 2.89%，20 强企业的超额收益增长率为 6.43%，50 强企业的超额收益增长率为－3.93%，这也验证了品牌房企进一步分化的趋势。

一、二梯队持续扩容　优势品牌日趋成熟稳健

从各梯队品牌价值区间分布来看，50 强房企中，第一、第二梯队企业数量增加，占比较上年均有提升。品牌价值在 200 亿元以上的企业占 28%，数量为 15 家，较 2017 年增加了 5 家。梯队内企业品牌价值均值为 289 亿元。品牌价值均值在 100 亿元和 200 亿元之间的第二梯队有 22 家，占比为 42%，较 2017 年增加了 2 家，品牌价值均值为 142 亿元。品牌价值均值低于 100 亿元的有 15 家，占比为 28%，品牌价值均值为 72 亿元。从近 5 年来看，企业随着品牌年龄的不断积累，品牌价值稳步增长，第一、第二梯队的品牌房企持续扩容。同时，优秀品牌房企继续稳步领先，同时越来越多房企通过良好的产品品质及服务创新实现了品牌价值的大幅提升（见图 6－70、图 6－71）。

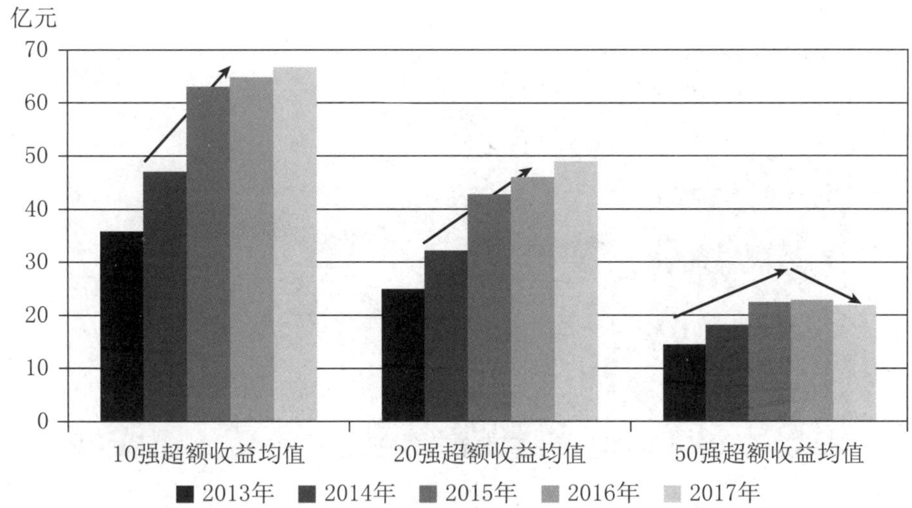

图 6－70　品牌企业超额收益均值情况（2013—2017 年）

数据来源：CRIC、中国房地产测评中心。

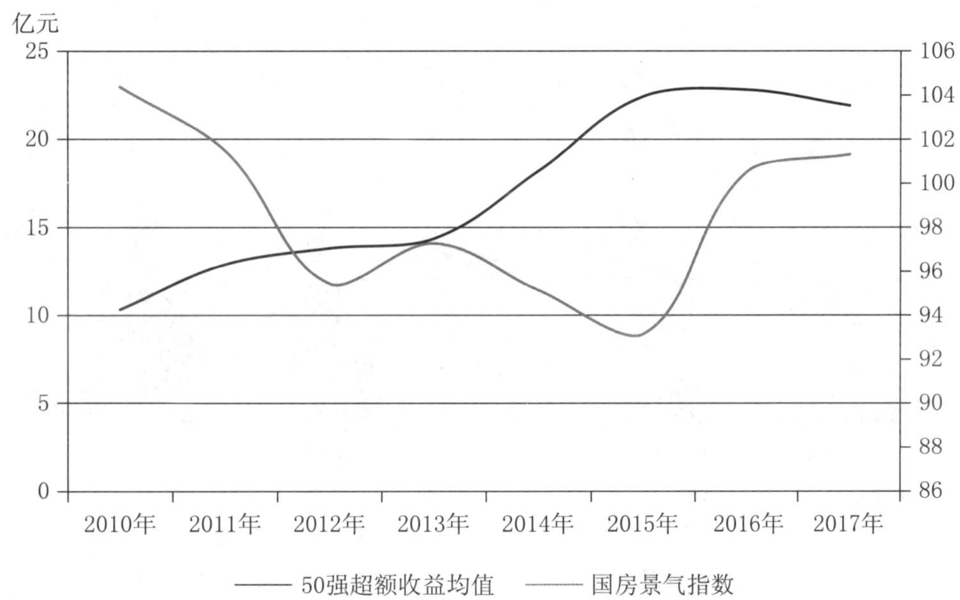

图 6－71　企业超额收益与国房景气指数变化情况（2010—2017 年）

数据来源：CRIC、中国房地产测评中心。

从各企业近几年品牌成长表现来看，以中海、恒大、万科、保利、龙湖等为代表的品牌房企通过持续的品牌策略打造良好的品牌形象，品牌塑造亦愈发成熟稳健。一方面，得益于近两年行业整体平稳向好的市场环境为企业奠定的发展基础；另一方面，品牌房企有效把握了市场机遇，加大力度进行区域深耕以及业务拓展，充分发挥品牌和规模优势，为企业迎来新一轮跨越式发展，市场领先优势再度彰显（见图 6－72、图 6－73）。

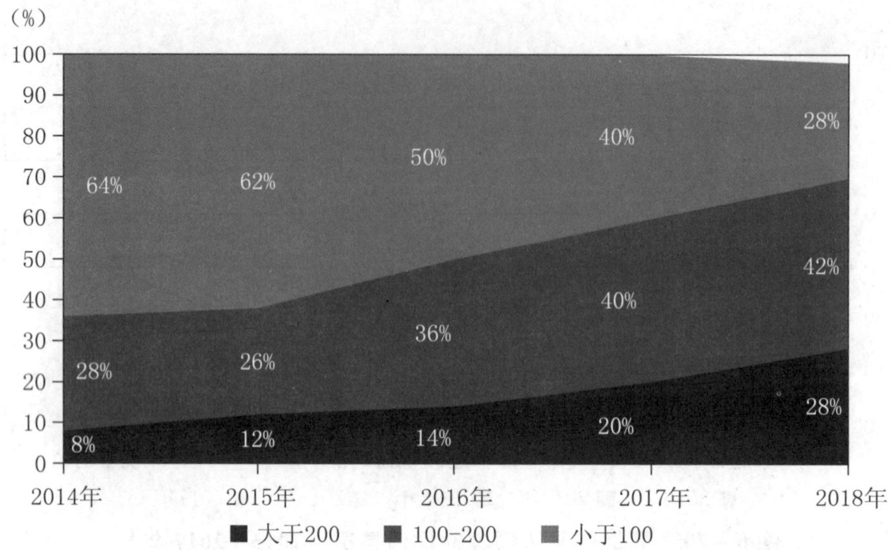

图 6－72　50 强企业品牌价值区间企业数量占比变化（2014—2018 年）

数据来源：CRIC、中国房地产测评中心。

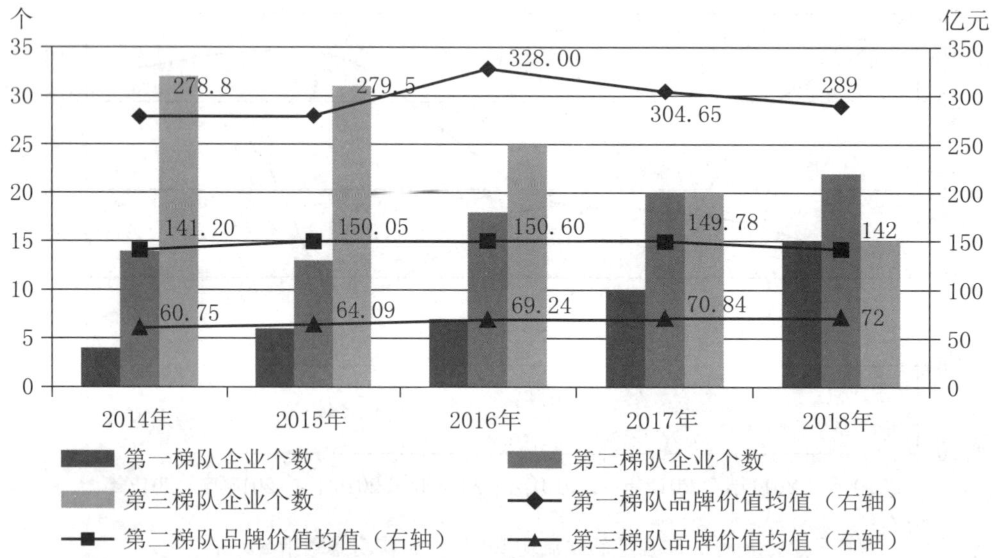

图 6－73　50 强企业品牌价值区间数量及均值情况（2014—2018 年）

数据来源：CRIC、中国房地产测评中心。

（3）品牌特征分析

产品奠定品牌基石　标杆房企注重质量提升

品牌特征是品牌定位和品牌个性的产物，一定的品牌形成消费者对其产品特征、产品功能、品牌名称、名称所代表的意义和其公司的总体感觉和感知，从而形成与竞争对手的差异化。相比可流动商品，房地产产品价值大，使用年限长，位置固定，是购买者的最重要交易，往往是一次性购买行为。一方面，其耐用性和高价值性使得房企的品牌价值对于投资者和消费者，以及房企本身，其重要性不言而喻；另一方面，也使得房地产企业的品牌建设影响因素更为复杂。综合而言，其关键的影响因素主要有：精益求精的品质、优质完善的服务、清晰准确的品牌定位（品牌内涵、核心价值）、持续一致的品牌策略、与时俱进的创新、优化共同的文化。

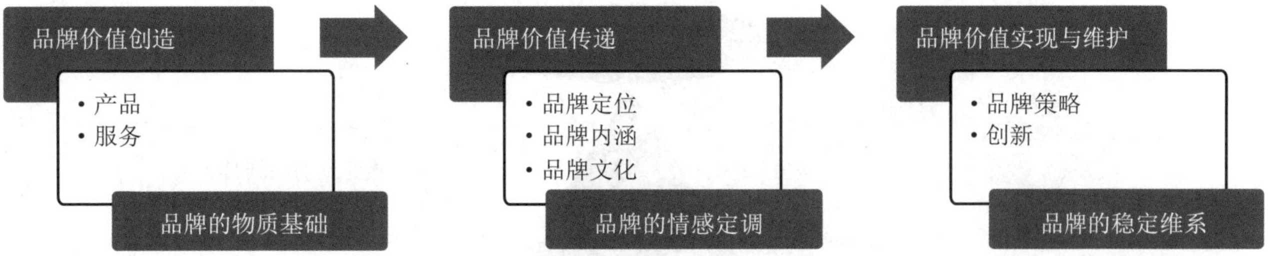

图 6－74　房企品牌建设关键因素及价值过程模型

资料整理：中国房地产测评中心。

品牌价值首先由企业的产品质量、服务决定，产品质量是房地产品牌创造的物质基础，是品牌价值的核心元素。目前，我国房地产行业品牌认知度相对较高，大多数品牌呈现出品牌认知度 > 品牌美誉度 > 品牌忠诚度的状态。美誉度和忠诚度的提高，产品和服务的质量、品质是前提。从长远讲，未来，在激烈的行业洗牌中，品质过硬的企业更能经受住竞争的考验，从而奠定企业品牌长久的价值（见图 6－74）。

一方面，随着我国房地产行业进入内容为王的新时代，品牌房企更多践行有质量的增长，注重产品品质、内容和细节。房企不断进行产品升级，质量提升，并导入服务，以提升品牌影响。2017 年，中南置地发布国内首个健康住宅标准，并将“健康住宅”写入企业战略规划，规定旗下所有楼盘必须符合健康住宅标准。雅居乐细化工程交付图册，保利、绿地、北京城建等品牌房企升级移动质检，多途径探索提升工程质量，以保证产品质量。同时，品牌房企从多方面升级产品线。泰禾进行产品线扩容，在“院子”系产品之上，推出“园”系、“俯”系产品，满足不同层次人群的高品质住宅需求。此外，世茂更新璀璨系产品线，融创打造“桃源系”和“壹号院系”王牌品牌，融信推出公馆 ARC。

另一方面，因品质问题、安全事故而引发的房企信誉危机日益凸显。行业规模化高速发展，在对居住者本身的关注和对产品的研发等方面存在缺失，埋下施工安全、工程质量、财务安全、社区品质等隐患。近期，房企的安全质量问题、业主的维权事件频发。碧桂园因建筑施工安全事故陷入信任危机，势必对其品牌形象造成一定影响，一些房企因房屋质量问题、运营困局亦遭遇数百业主维权，其中不乏品牌房企。未来，产品品质、质量安全将会逐渐成为房企品牌的试金石，而日益引起重视。

品牌意识普遍增强　品牌建设呈现梯度分化

相较于产品和服务的基础作用，品牌定位则使房企在目标市场、产品特点、品牌理念等方面实现与竞争对手的差异化与区隔，形成竞争优势，是其走向成功的关键。品牌内涵是在品牌定位基础之上，从产品或服务的功能和属性衍生出情感利益，进而上升为稳定的情感信仰和价值，形成品牌核心价值。优秀的品牌内涵是房企品牌核心价值的表达，是实现品牌价值传递、维持品牌持久竞争力的重要因素。

品牌是企业重要的竞争力，特别是在调控时期，粗放式野蛮增长渐行渐远，竞争日益激烈，品牌成为房企识别和价值创造的重要资源。高价值的品牌，不仅意味着企业和产品的知名度、市场占有率和竞争力，更意味着在融资、土地、人才、合作等资源获取方面的议价能力，带来超额的附加价值。因此，房企品牌意识越来越强，企业更加注重自身的品牌影响力，进行品牌定位，同时赋予企业品牌内涵，塑造品牌形象，实现价值传递，以提升房企竞争力（见图 6－75）。

目前，房企的品牌建设取得了一定的成效，大部分房企有意识地建设自己的品牌，房企品牌逐渐呈现鲜明特色，知名度、美誉度有所提高。随着房企格局分化，房企品牌建设亦呈现一定的梯度性。

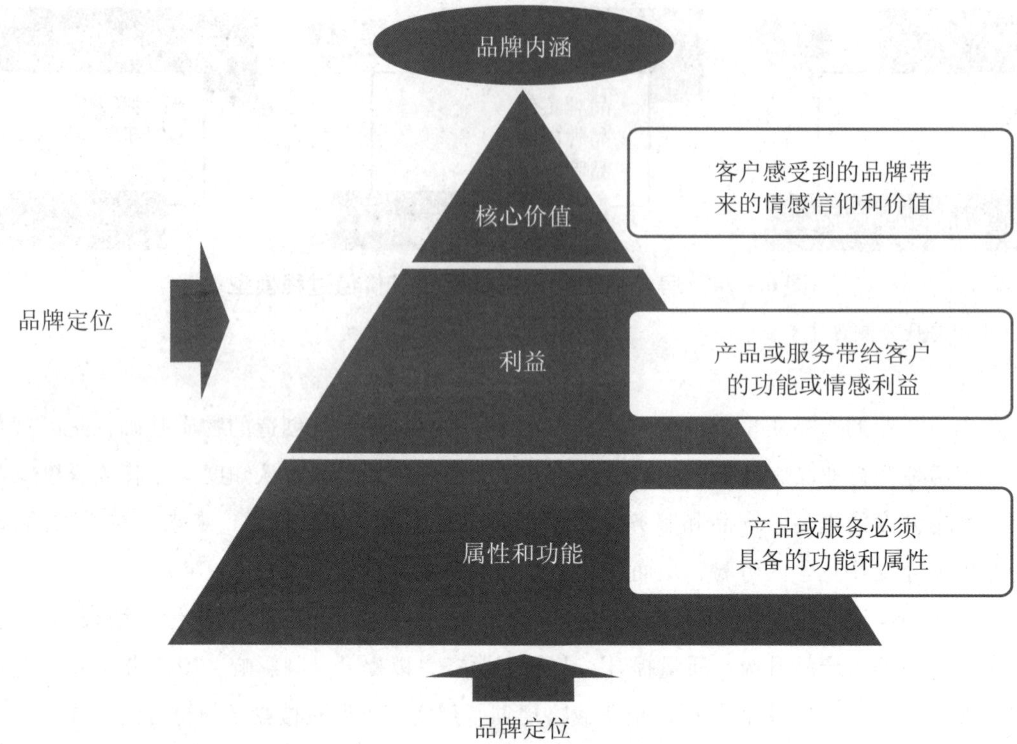

图 6－75　品牌定位与品牌内涵体系模型

资料整理：中国房地产测评中心。

行业形成了以中海、恒大、万科、保利、绿地等为代表的第一梯次品牌企业。中海致力于成为“卓越的国际化不动产开发运营集团”，不断拓展幸福空间、创造无限价值，秉承“正道笃行、创新致远”的核心价值观。万科 2018 年将品牌定位进一步调整为“城乡建设与生活服务商”，坚持“为普通人盖房子，盖有人用的房子”，聚焦主流客户自住需求市场，致力于解决更多普通人的居住问题。融创中国定位“中国高端精品生活创领者”，持之以恒地为客户专注打造高端精品物业。该类品牌房企业务领域较为多元，除住宅业务外，服务触角向金融、旅游、养生、特色小镇、产业新城等多领域延伸，具有综合性、包罗性特点，战略定位具有一定的高度。同时，随着行业的服务转型，企业进行服务、生活导入，定位逐步从“城市运营商”向“生活服务商”晋级。

第二梯次以华夏幸福、雅居乐、泰禾、正荣、融信等品牌房企为代表，在激烈的竞争中凭借着高周转、特色化，实现规模扩张，获得一定的市场优势。该类品牌在业务领域上从以住宅为主的地产业务向多元化发展。2018 年，旭辉确定“地产＋”的发展模式，品牌定位为“品质生活家”。2017 年，雅居乐品牌形象升级为“多元、文化、乐活”，以配合其“以地产为主，多元业务并行”的运营模式。正荣根据其“三驾马车”的多元发展格局，构建了地产、产业、资本分业务品牌形象，其地产板块立足于中高端改善型客户需求，品牌定位为“改善大师”。

此外，中小企业也在品牌塑造上下功夫，逐步明确品牌定位，成为第三梯次企业。该类型房企大多专注于地产业务，以住宅为主，并开始从多元化中寻找发展机会。2018 年，新力地产配合其全国化布局，依托品质坚守战略、服务产品化战略及城市深耕战略，品牌定位为“品质新锐，服务先锋”，确定“活力、果敢、务实、高效”的品牌个性，以树立其目标市场中的差异化品牌形象。与此同时，在激烈的竞争中，一些小型房企由于品牌定位不明显，无法获取市场细分份额，逐渐丧失特色，被边缘化，面临收购，而被淘汰出局（见图 6－76）。

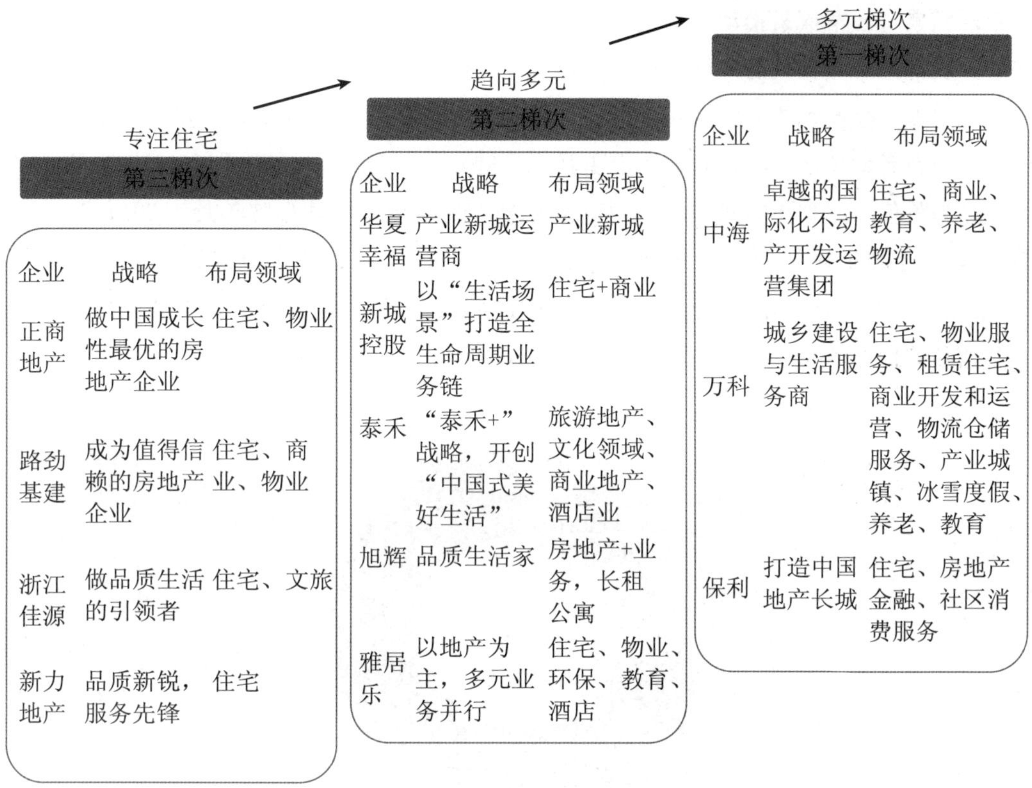

图 6－76　房企品牌建设梯度分化

资料整理：中国房地产测评中心。

目前，各梯次品牌房企战略定位整体呈现了从地产商到城市运营商，以及向生活服务商的转型。战略定位以城市运营商占多数。生活服务商主要集中于大型品牌房企，该类企业凭借着城市运营服务能力及生活业务布局的多元性，在此基础上加以整合，较具优势。据统计，TOP30 品牌房企中，定位城市运营商 + 生活服务商的占比为 32%，与定位城市运营商的持平。TOP50 的品牌房企中定位城市运营商的占比为 41%（见图 6－77）。

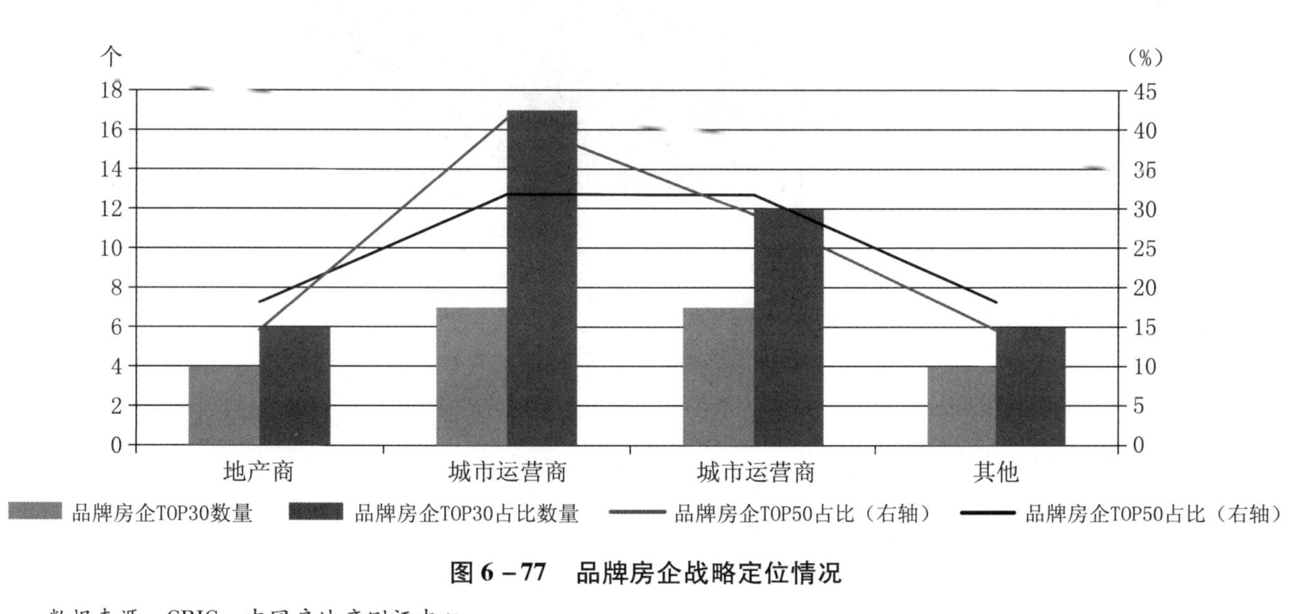

图 6－77　品牌房企战略定位情况

数据来源：CRIC、中国房地产测评中心。

品牌资产不断积累　人本探索推动品牌沉淀

优秀的品牌一般都经历了长久的发展历史，企业品牌价值也随之持续积累。我国房地产业起步较晚，与其他行业企业相比，房地产企业整体品牌年龄较短。品牌年龄反映品牌进入市场的时间，一般来说，品牌建立的越早，拥有的忠诚消费者就越多，品牌效应也会更强，品牌年龄越短，则越需时间的考验。从行业内部来看，我国房地产企业品牌价值与品牌年龄间呈现弱的正相关性。50 强企业平均品牌年龄为 23. 1 年，20 强企业平均品牌年龄为 24. 9 年。品牌年龄在 10 ~20 年之间的企业占 50 强企业的 23% ，20 年以上的占 77% 。品牌年龄最久的为 39 年，最短的仅 10 年。具体来看，老牌房企例如中海、万科、保利等企业凭借规模优势和品牌长期的沉淀和积累，企业品牌价值领先，品牌影响力较强（见图 6 –78、图 6 –79）。

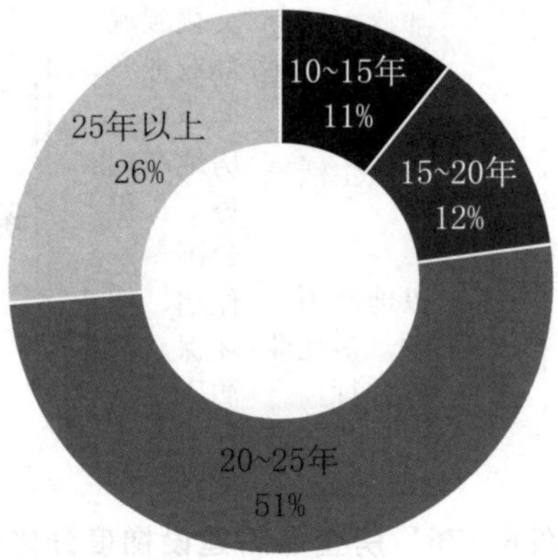

图 6 –78　50 强企业品牌年龄分布情况

数据来源：CRIC、中国房地产测评中心。

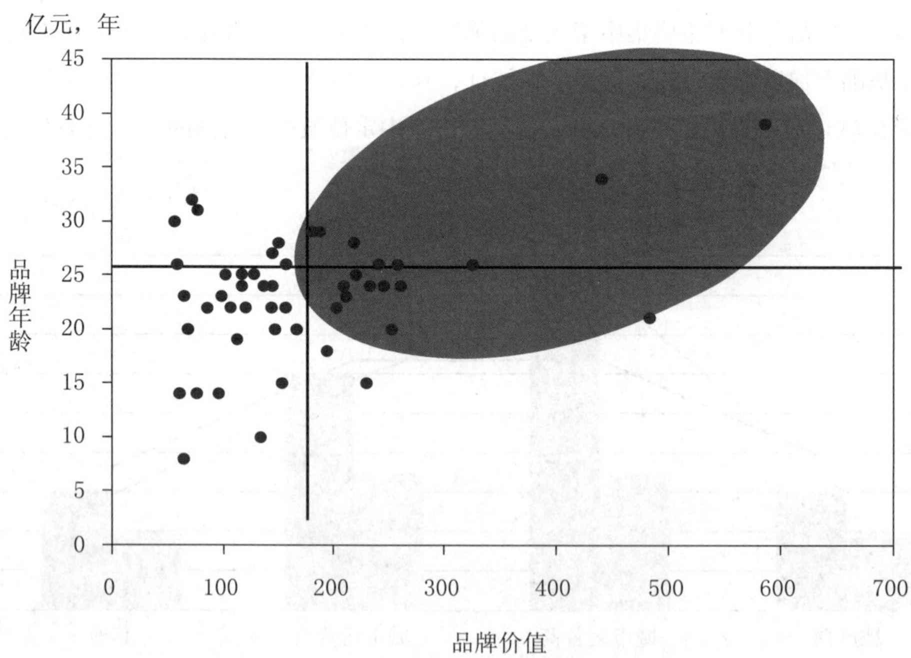

图 6 –79　典型房企品牌年龄与品牌价值关系

数据来源：CRIC、中国房地产测评中心。

同时，品牌房企逐步从人本、文化等维度提升品牌沉淀。随着住房回归居住属性持续推进，以及我国社会主要矛盾的转变，改善型需求增多，人们对居住不仅关注品质，上升到精神追求，行业逐步向精细化、内涵化发展，并赋予人文关怀和精神文化内容。房企品牌建设开始从产品、服务、员工等多方面进行文化导入，关注人的本身需求，践行人本理念和人文关怀，以推进房企品牌可持续性、持久性。

在产品打造上，在快速生产、简单规模复制的行业之风中，一些品牌房企开始关注建筑产品的精神内涵，融入人文因素，回归居住人本需求。近年来，“新中式”住宅的兴起，人本生态型住宅的提出，一定程度上反映出城市人居优化提质及居住回归人性的诉求。

另外，社区品质、生活服务成为房企品牌一大表征，更多品牌房企运用“运营商思维”及“附加值思维”，参与到对生活温度的探索及社区文化的营造，从造房子到造生活，全方位进行人文关怀。融信推出“友邻”计划，万科教育进社区及打造“万科”社区商业品牌，东原地产的首个新型社区运营实体“原聚场”亦较为突出。

此外，“高周转”文化氛围下，房企员工高加班率成为行业常态，房企企业文化日益受到重视。万科从薪酬、员工健康、民主沟通、员工发展、员工生活等多方面入手创造轻松、人性化、具有安全归属、积极的工作环境。福晟同时以真切的人文关怀打造最具幸福感的企业而引发关注，员工幸福食堂、倡导绿色环保与文化交流、合伙人机制等成为亮点。

（4）品牌效应分析

品牌溢价优势明显　推动龙头房企销售增长

在政策调控持续高压的背景下，房地产市场呈现出“强者恒强”，集中度明显提升的态势。事实上，随着消费者的需求日渐多样化，并趋于精细化，房地产企业粗放式发展的路径已不能完全满足客户居住诉求。因此，能否以及如何把握住消费升级的浪潮成为每家房企关注的核心议题。当下房地产行业已进入品牌竞争时代，龙头房企正以其高知名度、美誉度以及消费者的品牌忠诚度形成绝对优势，抢占市场份额，并获取高额产品溢价（见图 6 - 80）。

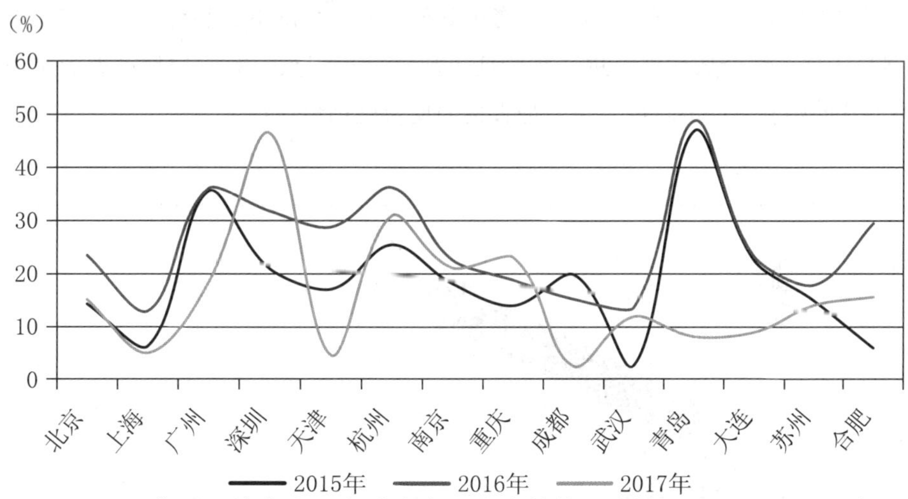

图 6 - 80　典型品牌房企重点城市商品住宅销售溢价情况（2015—2017 年）

数据来源：CRIC、中国房地产测评中心。

购房支出是家庭最为重大的支出之一。从消费者角度看，实体房屋是冰冷固化的，而品牌是有情生动的。对购房者而言，房企品牌就像连接供需两端的“隐性契约”，带给其心里支撑，削弱其对房屋相关风险的疑虑。没有品牌的房地产企业难以给予消费者情感化、个性化的承诺，更不易形成口碑相传的产品辐射力。基于此，消费者更愿意为信守承诺、提供优质产品的企业支付溢价。

本次测评选取中海、万科、保利、富力等 Top 10 品牌房企在代表性重点城市的销售均价与城市平均销售价格进行对比，计算得到各大品牌房企在各城市的销售溢价率。数据显示，品牌房企近三年在重点城市销售溢价率多分布于 15% ~25% 区间范围内，其中，2017 年的平均数据为 16. 28% 。从品牌房企分区域溢价率表现来看，代表性一线城市 2017 年溢价率为 18. 08% ，二线城市溢价率则为 15. 28% 。整体来看，在 2017 年市场整体向好的环境下，二线城市房地产市场热度有增无减，房企品牌对消费者选择影响力趋弱，项目定价优势有逐渐收缩的趋势，一、二线城市品牌溢价率渐趋平衡（见图 6 - 81）。

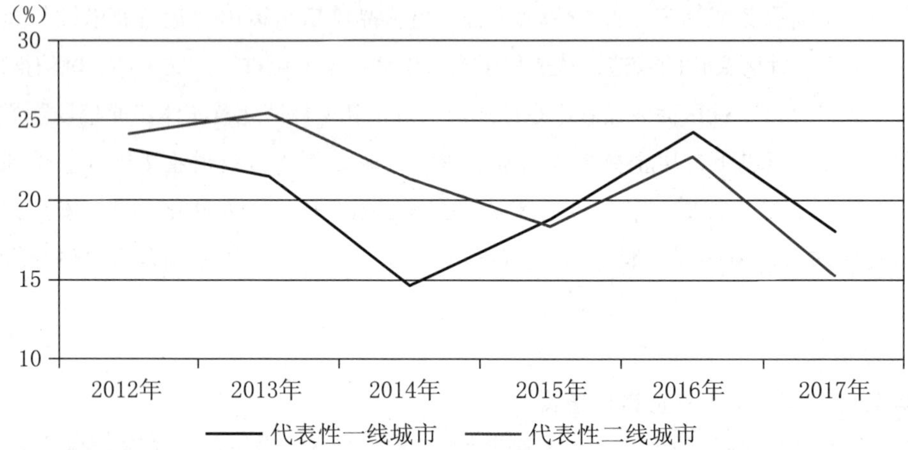

图 6 - 81　典型品牌房企代表性一线及二线城市商品住宅销售溢价情况（2012—2017 年）

数据来源：CRIC、中国房地产测评中心。

本报告选取 2018 年 50 强品牌房企，就其品牌价值和其 2017 年的销售金额数据进行相关性分析得知，品牌价值和销售金额之间的正相关关系较强，表明在不考虑其他因素的情况下，品牌价值对房企销售业绩有正向推动作用（见图 6 - 82）。这一结论从数据上进一步验证了前文所述观点，对于房地产企业来说，较高的品牌价值往往意味着客户的认同感和良好的口碑，也会最直接的反映到销售业绩上。

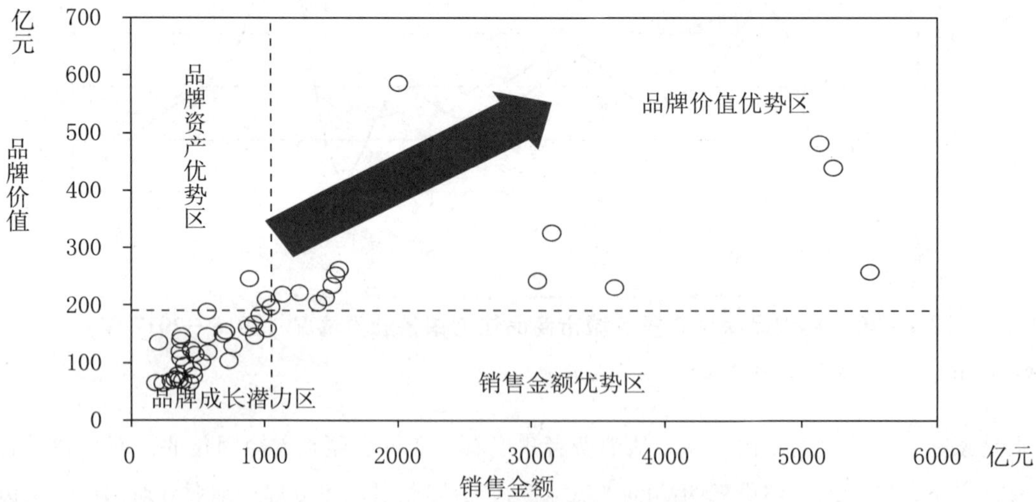

图 6 - 82　品牌价值与销售金额相关性分析（2017 年）

数据来源：CRIC、中国房地产测评中心。

具体来看本次测评所选取的10家典型品牌房企2017年的合同销售金额。在2017年复杂的市场环境下，入榜品牌价值10强的典型品牌房企凭借持续提升的品牌影响力继续保持市场领先地位，销售规模均实现正向增长。其中，恒大、万科、碧桂园销售大幅增长，年内销售额突破5000亿元。龙湖、保利、招商蛇口、富力的销售金额增长率亦达到30%以上，企业保持快速增长的发展态势（见图6－83）。

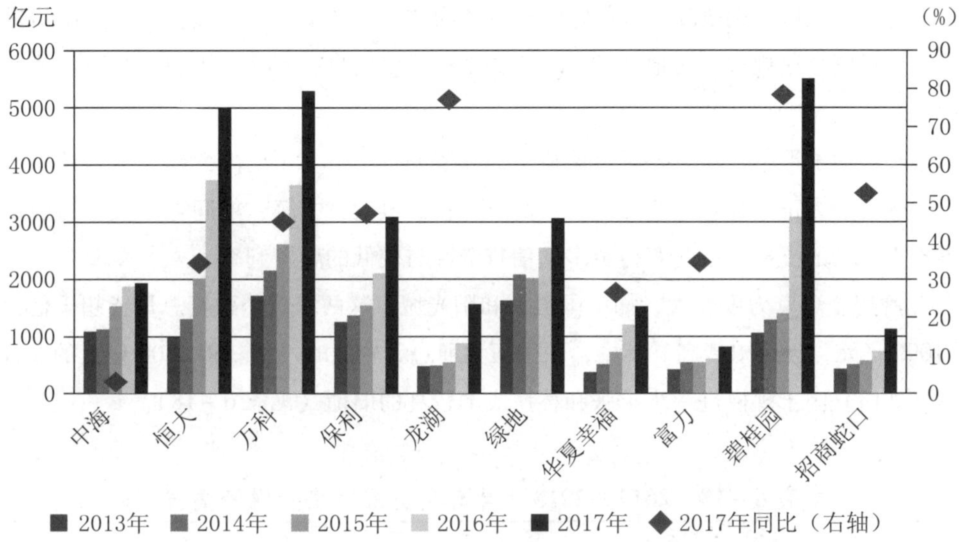

图6－83　品牌房企销售金额趋势（2013—2017年）

数据来源：CRIC、中国房地产测评中心。

再来看典型品牌房企的市场占有率情况，在品牌效应的影响下，大型品牌房企凭借强大的品牌号召力和品牌影响力发展迅猛，远超同行，市场占有率得以稳步提升。2017年前10家典型品牌房企市场占有率达到21.64%，较上年提高了4.27个百分点（见图6－84）。

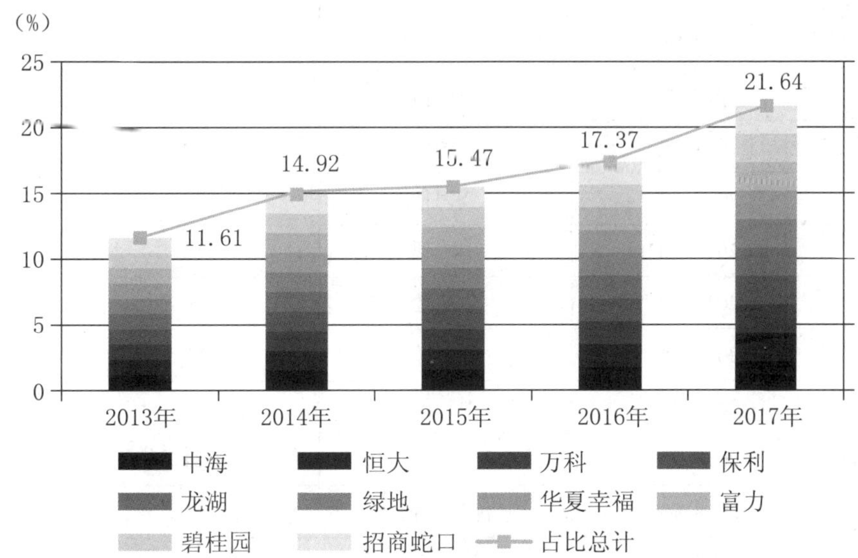

图6－84　典型品牌房企市场份额（2013—2017年）

数据来源：CRIC、中国房地产测评中心。

品牌号召影响力强　融资成本营销费用较低

良好的品牌口碑是公司宝贵的无形资产，是企业实力和影响力的综合体现。品牌效应除表现在溢价高、助销售外，还在获取资源能力方面有所体现。房地产业作为资金密集型产业，其发展周期与资金松紧密切相关。伴随着2016年9月底开启的新一轮政策调控，房地产行业的信贷环境也持续收紧。2016年10月，央行召集17家银行开会，要求各行理性对待楼市，强化房贷管理。不仅房贷业务被严格监管，为严控房地产金融业务风险，银监会、上交所、深交所、发改委等部门陆续出台各项政策，包括严禁违规发放或挪用信贷资金进入房地产领域、严禁银行理财资金违规进入房地产领域、竞买土地需使用自有资金、控制房企公司债发行审核与海外发债等。

在房地产调控政策愈加严格，境内外融资渠道全面收紧的背景下，短期内大部分房企均承受了不同程度的资金压力，房企的融资能力正面临着严峻的考验。而以万科、恒大、中海、华润等为代表的房企凭借较高的品牌信用更易获得资本市场的支持，以此获得更多的信贷资源与较低的融资利率。

2017年部分品牌房企融资力度较大，如中国恒大和阳光城。这两家房企融资总量皆超千亿元，分别融得资金1724亿元和1095亿元，创历史新高。其中，中国恒大通过3轮战略投资获得1300亿元的股权融资资金，此外还发行了多笔海外债，用于规模进一步扩张和替换成本较高的旧债（见表6－18）。

表6－18　2017—2018上半年部分品牌房企融资情况列表

企业名称	发行日期	募资途径	募资规模（亿元）	融资成本（%）
时代地产	2017.01	中　票	3.75（亿美元）	6.25
龙　湖	2017.03	公司债	10亿元	4.75
阳光城	2017.04	公司债	3（亿美元）	6.85
中骏置业	2017.04	中　票	3（亿美元）	5.875
金隅股份	2017.05	公司债	10	5.20、5.38
金地集团	2017.07	公司债	40	4.85、5.05
招商蛇口	2017.08	中票	30	4.7
新　城	2017.08	公司债	2（亿美元）	5.0
万　科	2017.08	公司债	30	4.5
泰禾集团	2017.10	公司债	30	7.5
阳光城	2017.10	中　票	12	7
滨江集团	2017.10	公司债	6	5.8
远洋地产	2017.11	公司债	10	5.29
金隅股份	2017.11	中　票	25	5.85
招商蛇口	2017.12	公司债	24	5.20、5.40
碧桂园	2018.01	优先票据	8.5（亿美元）	4.75、5.125
万　科	2018.06	超短融	20	4.25

数据来源：CRIC、中国房地产测评中心。

由于有着良好的信用背书，品牌房企更能享受我国金融市场发展完善带来的红利，其融资方式也越来越多元化，房地产私募基金、ABS、REITs、永续债等等创新融资方式不断涌现。2017 年多家房企成功发行资产证券化产品，融资金额达 492 亿元，同比大幅增长 86%。2017 年资产证券化融资额占比为 4.53%，较上年增长近 2 个百分点，而 2015 年这一比重仅为 0.3%。超过半数的房地产资产证券化项目单笔发行规模大于 25 亿元，如金融街、世茂、阳光城等企业皆发行了超过 45 亿元规模的产品。2017 年 10 月保利地产公告，与中联前源不动产基金管理有限公司联合发行的国内首单房企租赁住房 REITs 获得上海证券交易所审议通过。这表明，在公司债发行渠道收紧的背景下，除海外融资和股权融资外，资产证券化正逐渐成为品牌房企盘活存量资产，获得资金支持的又一突破口。

进入 2018 年，资金面紧张趋势不改，但品牌房企依然能获得大量成本低廉的资金支持。1 月 17 日，碧桂园宣布配股融资 78.16 亿港元，另发行 156 亿港元可换股债券。2 月 2 日，“中联前海开源—碧桂园租赁住房一号资产支持专项计划”获深交所审批通过，注册规模 100 亿元。处在融资能力第一梯队的还有万科。万科在境内主要采取的是供应链 ABS 融资的方式，截至 3 月底已累计发行 19 单，总规模 225.26 亿元。将核心产品定位为产业新城的品牌房企华夏幸福亦在资本市场上备受青睐：3 月初，华夏幸福公告了 300 亿元的各家银行和金融机构的授信和融资合作；3 月 12 日和 13 日，华夏幸福连续在上交所发行公司债 10.9 亿元，在银行间市场发行短融 15 亿元。

2017 年，12 家典型品牌房企的资产负债率均值为 76.86%，较上年上升 1.26 个百分点，有 9 家企业同比上升；其中，世茂、龙湖、远洋等 7 家企业处于 60% ~80% 的区间，中海资产负债率较低，为 57.62%，万科、华夏幸福、融创、碧桂园、恒大等 5 家企业高于 80%。扣除预收账款后，12 家典型房企的资产负债率均值为 70.64%，较上年上升 12.45 个百分点，有 11 家企业同比上升。12 家典型房企净负债率均值为 93.38%，较上年上升 32.45 个百分点，有 9 家企业同比上升，其中，万科净负债率为 8.84%，富力超过 100%，融创和恒大则高于 200%（见图 6 -85）。总体看，典型品牌房企的负债率水平相对行业平均水平较高，一方面由于其内在的扩张诉求引致；另一方面也与这些品牌企业具有较大融资优势有关，即在融资环境紧张的情况下，凭借良好的品牌信用，优质房企的举债能力显著优于行业内其他公司。

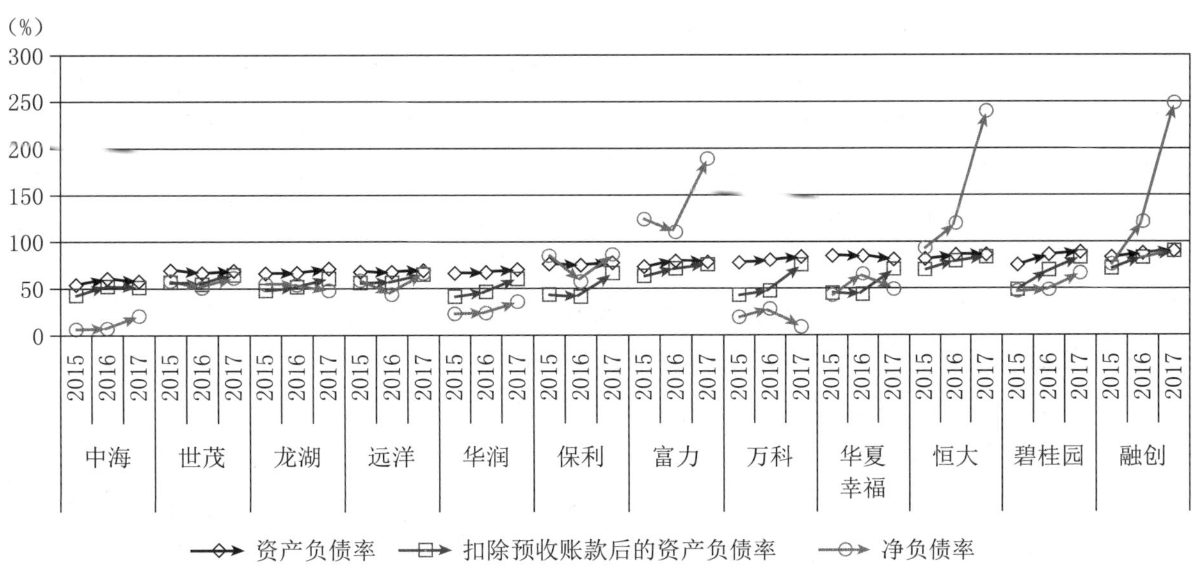

图 6 -85　2015—2017 年典型房企长期偿债能力指标比较

数据来源：CRIC、中国房地产测评中心。

对房地产企业来说，品牌影响力不仅体现在获取资源的便利性方面，还能在很大程度上降低企业运作的各类成本，尤其是营销费用。2017 年，典型品牌房企费用控制情况分化明显，这与近几年各典型企业融资结构、融资成本、营销力度的差异及销售增幅与结转增幅的差异有关。但总体而言，典型房企的三费控制能力大幅领先于上市房企平均水平。其中，中海、保利、龙湖、华润等三费比率均不超过 8%，在行业内表现尤为突出（见图 6－86）。

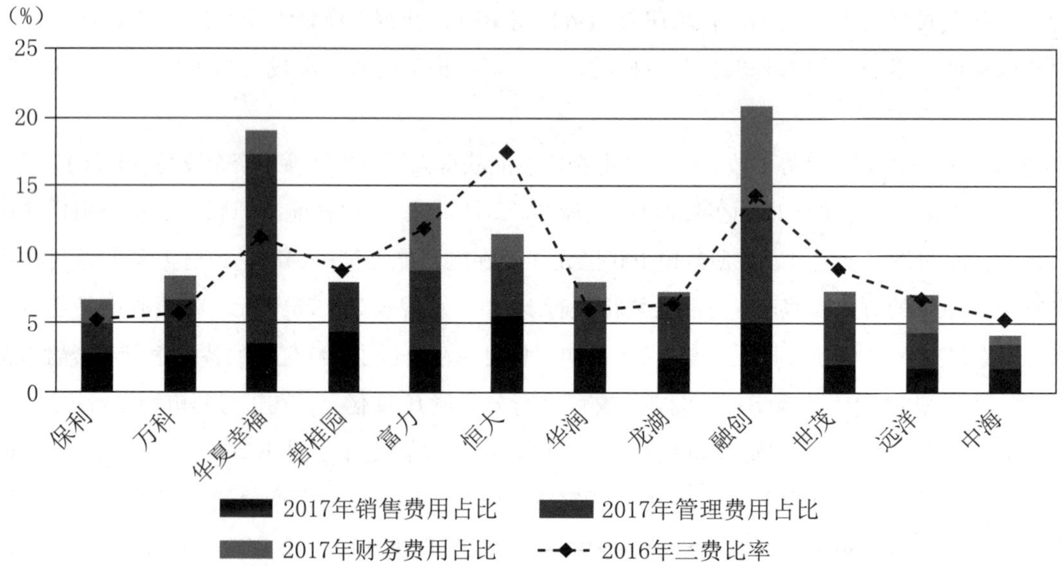

图 6－86　2016—2017 典型品牌房企三费比例构成及变化（2017 年）

数据来源：CRIC、中国房地产测评中心。

品牌盈利能力突出　拿地占优扩大土地储备

房企品牌不仅为企业带来了融资方面的优势，也为其获取土地储备和项目储备提供了更多的便利性。一方面，品牌房企充裕的资金为积极拿地奠定了坚实的基础；另一方面，目前土地出让对房企品牌的考量比重加大。

2017 年，土地市场上的竞争愈加激烈，从招拍挂市场到收并购再到城市旧改，竞争蔓延到各个拿地领域。品牌房企的规模优势也在土地市场上有所显现，无论是万科收购广信资产包，还是融创收购万达城，都反映出品牌房企的资源获取能力高于一般的中小房企，“强者恒强”的规律也开始适用于土地市场。比如恒大、碧桂园和融创，前两者本身土储资源就十分丰富，在 2017 年年初的土地储备即分别达到 2.3 亿方和 1.7 亿方，2017 年继续加大拿地力度，年内分别斩获 0.8 亿方、1.3 亿方土储；融创中国通过收并购新增了大量可快速变现的货值，不仅实现爆发式增长，土储也成功破亿（见图 6－87）。

除在规模上占据优势地位以外，品牌房企的拿地模式也呈现出多样化的趋势，除了招拍挂，联合拿地、收并购亦逐渐成为主流模式。就联合拿地来说，目前大约有三类模式，分别为一线城市大房企“强强联手”、本地房企合作外地企业、房企联合金融机构拿地。其中，大型品牌房企的“强强联合”占据了主导地位。收并购方面，融创以及阳光城是其中的佼佼者。2017 年 7 月份融创以 438.44 亿元价格收购万达 13 个文旅项目 91% 的股权，凭借这一收购，融创新增 5897 万平方米土地储备。融创近两年来还收购了天朗、中渝置地、融科智地等房企的项目或股权，进行规模化扩张。2017 年，阳光城也借力并购加速扩张，2017 年 6 月 1 日，阳光城公告称将以 16.81 亿元（含债务）收购成都半山艾马仕项目。除了成都半山艾马仕之外，在不到一个月的时间里阳光城还收购了汉口中心最大城市综合体中华城项目及广州江湾新城项目，分别耗资 29.63 亿元和 17.9 亿元（见表 6－19）。

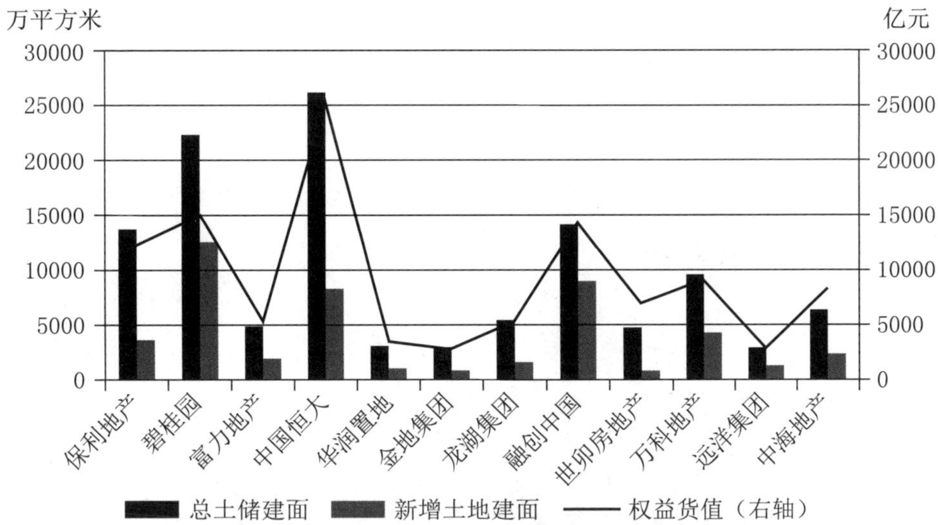

图 6－87　2017 年典型品牌房企土地储备情况

数据来源：CRIC、中国房地产测评中心。

表 6－19　2017 年重点品牌房企联合拿地项目

单位：亿元，万平方米

成交时间	地块名称	拿地企业	出让金额	总建面积
2017 年 1 月	北京门头沟地块	京投、远洋、龙湖、保利、首开	63.30	23.87
2017 年 4 月	重庆陈家坪尹朝社地块	旭辉、东原	39.20	47.36
2017 年 5 月	杭州西湖区三墩北单元 B－R21－08 地块	金辉、建发	37.65	20.48
2017 年 6 月	重庆南岸区茶园组团 J 分区地块	碧桂园、东原	9.65	21.00
2017 年 6 月	重庆巴南区李家沱组团 G 分区地块	旭辉、碧桂园	21.10	41.98
2017 年 9 月	杭州上城区紫阳南星单元 SC0501－01 地块	滨江、保利	59.93	13.48
2017 年 10 月	北京经济技术开发区河西区 X94R1 二类居住用地地块	保利、首开、金地	62.90	16.57
2017 年 11 月	北京市石景山区五里坨建设组团二 1601－053 地块	万科、旭辉、卓越	78.00	35.00
2017 年 11 月	北京市海淀区西北旺镇亮甲店村 HD00－0404－6005、6006 地块	北铁置业、北京建工	54.00	19.00
2017 年 11 月	北京朝阳区东坝乡驹子房村 1109－663 地块	天恒、旭辉、首开、房地	50.00	19.00
2017 年 12 月	杭州良渚新城古墩路北杜文路西商住地块	保利、融信	33.51	20.94

资料来源：CRIC、中国房地产测评中心。

从行业角度来看，一方面，按照目前国家“房住不炒”的定位来看，多数城市房价短期内仍受限制，压缩了房企的盈利空间；另一方面，近年土地价格持续上涨，进一步挤压了企业的利润空间。而对于品牌房企而言，一方面企业品牌认可度高，融资渠道丰富且成本较低；另一方面拿地管控能力较强，并能通过收并购降低获取土地成本，因此具备更为优异的盈利表现。

本报告选取 2018 年 50 强品牌房企，就其品牌价值增长率和其 2017 年净利率进行相关性分析得知，品牌价值增长率和净利率之间呈现较弱的正相关关系。在不考虑其他因素的情况下，品牌价值的增长对房企净利率的提升有一定的正向推动效应（见图 6－88）。

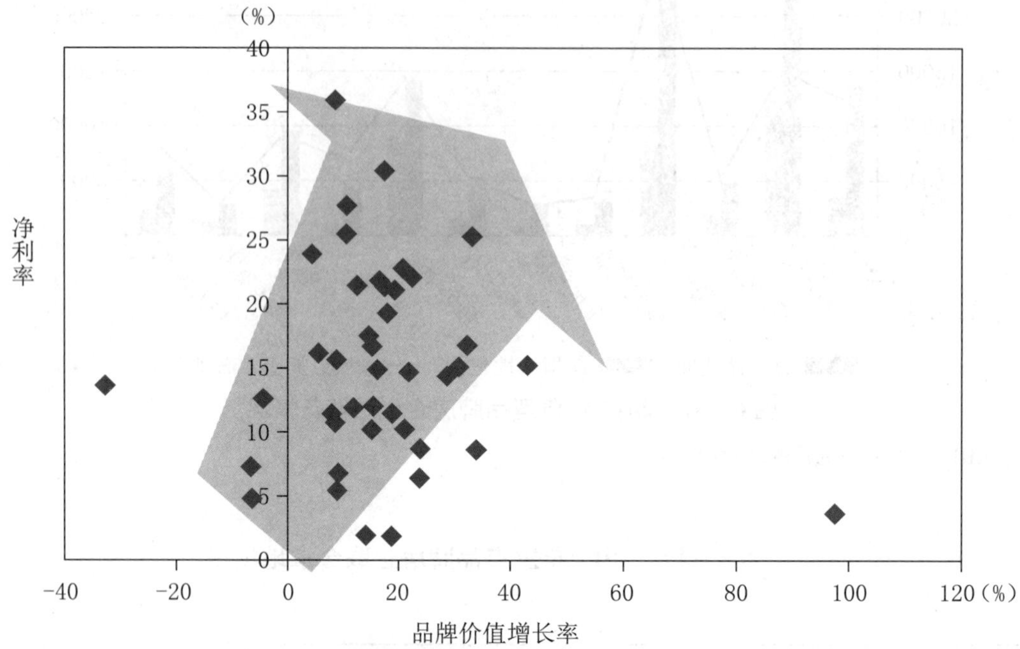

图 6－88　典型房企品牌价值增长率与净利率相关性分析（2017 年）

数据来源：CRIC、中国房地产测评中心。

2017 年，12 家典型品牌房企纷纷创出销售业绩新高，与此同时，大部分企业的利润率水平和资本报酬率水平均得到明显提升。其中，碧桂园的毛利率提高至 25.91%，净资产收益率更是攀升至 27.82%；中海、龙湖、华润、富力等 4 家企业的净利率均位于 20% 以上（见图 6－89）。

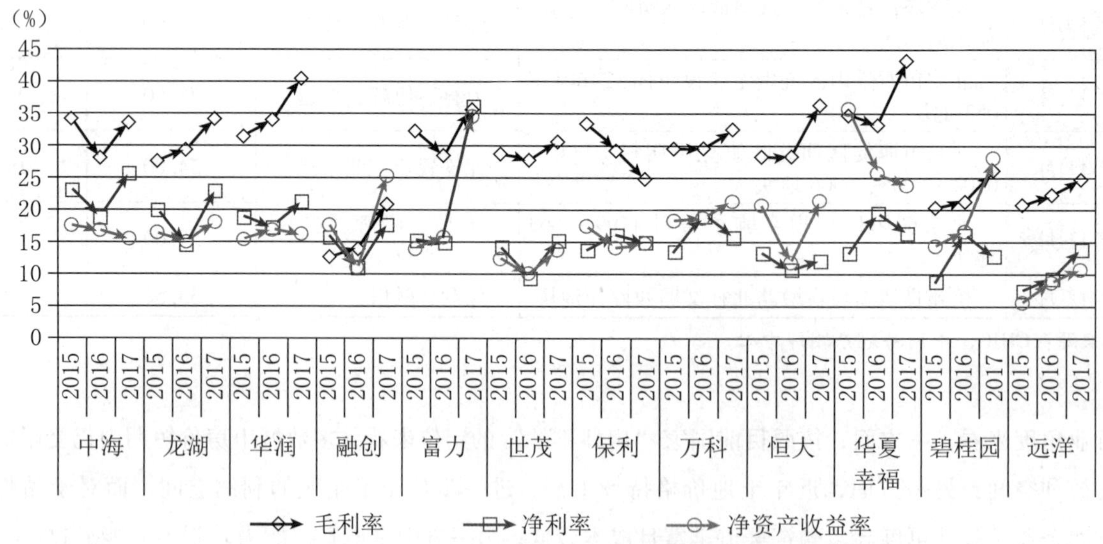

图 6－89　典型品牌房企盈利能力指标（2017 年）

数据来源：CRIC、中国房地产测评中心。

（5）品牌策略分析

差异定位凸显个性　助力中小企业品牌突围

在激烈的竞争中，品牌房企逐渐形成了其业务领域、目标市场，据此进行差异化定位，并提炼形成自己的品牌内涵和品牌个性。以华夏幸福为典型代表，其业务领域聚焦产业新城，品牌定位为“全球产业新城引领者”，坚持“以产兴城，以城带产，产城融合，城乡一体”。近年来，华夏幸福基于此定位，加速产业新城业务异地复制，并逐步兑现，2017 年，业务拓展至长三角区域发展，形势良好。融创专注于打造高端精品物业，定位“中国高端精品生活创领者”，持之以恒的为客户专注打造高端精品物业，渐成特色。

而对中小房企而言，随着行业集中度加剧，受规模化冲击，生存空间进一步挤压，在房企争相进行规模化扩张的浪潮里，一些小而美的品牌房企另辟蹊径，通过差异化定位，走出一条精细化、专业化、特色化发展之路。该类型房企在行业中的分工领域挖掘利润增长点，聚焦核心业务领域与目标市场，降低成本，提高效率，从而找到自己的定位和方向。

朗诗绿色集团始终践行绿色环保的产品差异化道路，以“中国领先的绿色开发运营商和生活服务商”为战略定位，致力于为用户打造覆盖全生命周期的绿色生活体系，其各个业务板块围绕绿色环保的核心渐次开展。美的置业依托集团优势，坚持提供一站式智慧生活解决方案，以“未来新生活方式引领者/中国智慧家居引领者”为品牌定位，以智慧地产为品牌特色，形成具有核心竞争力。建业地产坚持区域聚焦战略，专注于河南市场，品牌定位“中原城市文化进程和社会全面进步的推动者”，以“让河南人民都住上好房子”为宗旨，达到“植根中原、造福百姓”的目标。亿达中国聚焦商务园区业务，致力于成为“中国最好的商务园区运营商”。仁恒置地，坚持“善待土地、用心造好房”的理念，深耕高增长城市，专注于高端市场，提供多元国际化居住体验，营造温度社区，成为高品质的代表（见表 6－20）。

表 6－20　典型房企的品牌差异化定位

企业简称	品牌战略定位	差异化特点	品牌理念
融创中国	中国高端精品生活创领者	专注于高端物业的开发和管理	至臻，致远
华夏幸福	产业新城运营商	专注于产业新城业务	诚意正心干好产业新城
招商蛇口	中国领先的城市和园区综合开发运营服务商	聚焦园区开发与运营业务	用对待生命成长的方式升级城市
正　荣	改善大师	专注中高端改善型客户市场	正直构筑繁荣
亿达中国	中国最好的商务园区运营商	聚焦商务园区业务	立意发展，回报社会，以人为本，文化兴企
美的置业	中国智慧家居引领者	以提供一站式智慧生活解决方案为特色	智慧生活、美的人生
朗　诗	中国领先的绿色开发运营商和生活服务商	专注于绿色地产	人本、阳光、绿色
建业地产	中原城市文化进程和社会全面进步的推动者	专注于河南市场	植根中原、造福百姓
东原地产	中国新社区运营模式的创新践行者	社区运营创新与实践	为新的每一天

资料整理：CRIC、中国房地产测评中心。

横向纵向联合拓展　轻资产化加速品牌扩张

当前环境下，融资、土地竞买政策持续收紧，资源获取障碍增多，品牌房企借助品牌联合、并购，为资源获取、提升市场影响力加码，并通过轻资产运营，进行品牌输出，推动扩张。一方面，房企的品牌优势及其团队、品牌、专业能力是房企品牌联合、并购、品牌输出的基础；另一方面，通过联合并购、品牌输出，有利于进一步提高房企品牌的市场占有率。

以品牌联合、并购来说，目前，各家企业的并购中，仍以增加土储、可扩大企业规模的横向收并购为主导。与此同时，随着中国经济换挡加速，发展实体经济、培育新经济动能成为未来发展重要导向，房地产行业与实体经济融合成为行业未来发展机遇，房企逐渐向实体经济靠拢。故此，联合并购逐步向纵向拓展，产业链上的纵向、跨界联合、并购事件增多。

横向联合、并购方面。房企品牌联合主要集中在联合拿地、合作开发，此助于降低企业拿地成本与开发成本，达到资源共享和优势互补，并通过强强联合，提升品牌效应，促进优势聚集。2018 年 6 月，中骏与旭辉联手，通过建立双方信息通报制度，实现房地产政策、市场、金融等信息的资源共享，双方还将更多参与联合竞买、联合收购、合作开发等。其次，房企通过并购，短期内获得大量优质土地而进入新市场，由此扩大品牌市场分布。2017 年，融信通过对海亮地产的收购，获取其中西部省会城市及其周边地区共 17 市 35 个项目，推动企业业务全国性快速布局，迅速提升行业地位及市场形象。2018 年上半年，福晟通过多次并购，扩大了长沙的物业发展组合。3 月，融创通过对海航地产两家子公司收购，扩大了在海南的布局（见表 6－21）。

表 6－21　并购助推品牌市场布局拓展的典型事件

交易时间	企业简称	交易对象	市场布局拓展情况
2017 年 7 月	融信中国	海亮房地产	获取中西部省会城市及其周边地区共 17 市 35 个项目
2017 年 6 月	万　科	广信房产	获取位于广州市核心区域 16 宗可开发土地
2018 年 7 月	中国奥园	鹤山市源佳房地产	获取汇源新都项目，首次进入鹤山
2018 年 2—7 月	福晟国际	福州康安利信投资、正昊置业、兴汝城房地产	获取长沙多项优质地块，进一步扩大长沙发展组合
2018 年 2 月	招商蛇口	浙江润和房产集团	获杭州、千岛湖相关土地及项目

资料整理：CRIC、中国房地产测评中心。

纵向跨界联合、并购方面。与实体产业跨界联合、并购，助推房企涉足多元领域，拓展新的利润增长点，成为当下热点。以物流地产为例，各大品牌房企争夺物流地产高地，万科收购物流巨头普洛斯，碧桂园与中集集团达成合作，绿地控股与中国远洋海运集团进行合作。其他领域，2018 年 4 月，恒大联手中科院计划 10 年投资 1000 亿元布局高科技领域，6 月，恒大联合苏宁易购，从事苏宁易购广场的开发和运营，降低建设成本的同时，凭借苏宁成熟的运营经验保障广场运作与回报。另外，房地产作为实体载体，可有效连接人、资本、产业，进行整合，通过导入产业而向地产子领域产业链进行纵向拓展，从而促进社会经济的进步。譬如，近年来，房企在产城融合、促进城乡发展方面就发挥了重要作用。未来，此类联合并购将增多，大型品牌房企更占优势。同时，品牌房企也通过与政府合作的方式推动小镇建设。2018 年 6 月，美的置业与南安市政府就智慧家居小镇项目建设签订合作框架协议，4 月，华夏幸福联手武汉青山区共同建设北湖生态新城环保产业小镇（见表 6－22）。

表 6－22　典型品牌房企跨界并购事件

时　间	交易买方	交易标的	业务领域
2017 年 1 月	融　创	链家 6.25% 的股权	长租公寓
2017 年 1 月	阳光城	力合顺德科技园控股 51% 股权	产业地产
2017 年 7 月	融　创	万达商业 13 个文旅项目 91% 的股权和 76 个酒店	文　旅
2017 年 8 月	恒　大	武汉巴登城	文　旅
2018 年 1 月	万　科	普洛斯 21.4% 的股权	物　流
2018 年 1 月	万科印力	凯德商用 20 家购物中心项目公司 100% 的股权	商业地产
2018 年 1 月	绿　地	拟收购上海鹏塔网络科技有限公司 50% 的股权	电子竞技
2018 年 7 月	万　科	太古冷链物流资产包	物　流
2018 年 7 月	碧桂园	陕西泽望实业发展有限公司 100% 股权	汽车配件

资料整理：CRIC、中国房地产测评中心。

此外，品牌房企亦另辟蹊径，通过拓展轻资产业务缓解资金压力，并进行品牌输出，从而促进规模扩张，增强品牌影响力，提升市场占有率。“轻资产”从易于模仿的地产、资本转向从难以复制的品牌、管理中获取增值，房企的管理、运营及资本运作能力是基础。目前，轻资产业务领域呈现多元化，各品牌房企倾向于选择其优势业务领域进行布局。绿城布局代建领域及开拓 4S 房屋医院；万科业务延伸至商业、教育、物流、养老等城市配套服务；朗诗大力输出项目开发管理服务业务；远洋集团以物业服务、养老产业、房地产金融为主；花样年借助彩生活进行物业管理品牌输出；世茂品牌在商业、酒店领域输出运营管理经验。

轻资产化进行品牌输出更考验房企运营能力及专业能力，质量问题、运营情况、投资方的干预等外部因素易于对品牌造成损害。以绿城的代建为例，代建通常冠以代建企业名称，在绿城代建业务提速发展的同时，企业虽坚守品质防线却难守周全，近期房屋质量问题遭遇业主维权，对绿城品牌口碑带来一定的负面影响。因此，通过轻资产化进行品牌输出达到规模扩张之外，注重管理和运营的品质、提升总体表现和效益以及维护品牌形象亦是关键（见图 6－90）。

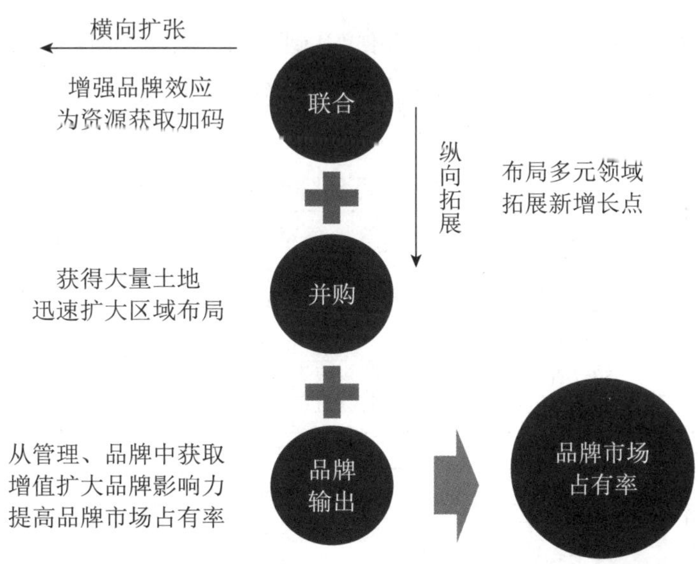

图 6－90　品牌房企借助联合、并购、品牌输出进行品牌扩张

资料整理：中国房地产测评中心。

人本营销走进客户　新媒体影响力大受青睐

营销是企业品牌建设的重要手段，企业通过精准有效的营销策略将品牌理念和个性等传达给消费者，不仅有助于争取市场主动权，也有助于强化品牌效应、增强品牌影响，并培养消费者的品牌忠诚度、提高品牌黏性。品牌房企通过营销方式创新给品牌加码。

近年来，随着“房住不炒”严控房价，房企让利空间收窄，市场逐步转入买方市场，房企的品牌营销理念逐渐趋于人本，营销层次逐渐拔高，房企品牌营销方式不断创新。理念方面，品牌房企更关注客户需要，拉近房企与客户之间的距离，从而提升房企品牌的知名度和形象。2017 年年初，旭辉管理层通过亲自下厨为媒体朋友熬鸡汤的方式，走进客户，实现了很好的群体覆盖。上海万科还通过与瑞士国际航空的跨界品牌合作进行新的尝试，以两者在品质生活的追求为基点产生品牌碰撞，带给公众更多想象。

同时，借势、跨界营销广泛深入应用，拥有着强大粉丝影响力的 IP 成为地产营销圈的一个新风口。借助于热点 IP，一方面，可以通过持续性运作建立品牌效应；另一方面，相较于传统活动更容易传播，获得更大的流量关注。近年来，运动、健康主题受到青睐，房企借此树立其绿色健康的品牌形象。2018 年年内，世界杯主题受热捧，万达通过送六名丹寨儿童去做护旗手和场边广告的模式引起关注；雅居乐、荣盛等房企取道海报和文案形式，借势为企业及新楼盘造势，雅居乐的“东方蹴鞠，乐活世界”，荣盛的“上场见锋芒，足下见真章”等海报创意十足。此外，借势“美好生活”也成为时下热点，万科、碧桂园、绿地、融创等企业纷纷提出自己的美好生活战略构想，将“美好生活”融入企业未来发展计划。企业通过品牌发布会和 IP 概念提出，带动市场关注和舆论热议，提升了房企的品牌曝光度，其中，碧桂园、福晟、华夏幸福、泰禾等房企成为 2018 年中国“美好生活”品牌计划首批房企。除借势 IP 外，房企亦通过自建 IP 来形成品牌影响力。东原精耕儿童社区，成为该领域的典型 IP；万科社区活动“朴里节”成为物业服务小区的典型品牌活动；蓝光在 2017 年结合本土文化，成功打造“蓝丞相”自有产品 IP，取得良好的效果。

互联网 + 媒体时代，房企亦通过设立集团官方号，或多个区域、项目和业务板块号，进行品牌推广和传播。2018 年 1—6 月，就房企主号文章阅读量看，龙头品牌房企远高于其他企业，万科、恒大、碧桂园、华夏幸福、融创、新城、龙湖等品牌官微主号半年平均阅读量均在 1 万次浏览量以上。借助官微，房企积极发布文章推送集团动态。从发文次数看，泰禾集团以 179 次居首，内容丰富，涵盖企业战略、项目开盘、明星助阵等营销推广内容；远洋集团、碧桂园次之。另外，上半年有 9 家品牌房企官微共计 14 篇推文达到了 10 万人以上的阅读量，“华夏幸福严正声明”“正荣最闪亮的星”“最美的金科示范区”等内容获得了较高关注，起到了积极的传播效果（见表 6 - 23）。

表 6 - 23　2018 年 1—6 月品牌房企官微平均阅读量排名

排名	企业名称	官微名称	平均浏览量（万）
1	万科地产	万科周刊	1.75
2	万达集团	万达集团	1.69
3	中国恒大	恒大集团	1.57
4	碧桂园	碧桂园	1.44
5	华夏幸福	华夏幸福	1.19
6	融创中国	融创官微	1.05
7	新城控股	新城控股	1.03
8	龙湖地产	龙湖地产	1.10
9	绿地控股	绿地集团	0.98
10	世茂房地产	世茂房地产	0.97

资料整理：CRIC、中国房地产测评中心、企业官微。

(6) 品牌趋势分析

强势品牌优势放大　强者恒强态势更加显著

2018 年上半年，“房住不炒”政策持续，同时受各类行业调控加码和金融紧缩政策影响，行业普遍面临融资难、土地获取难的问题，尤其是中央政治局会议“坚决遏制房价上涨”的最终定调，行业情况不容乐观，行业竞争更加激烈。大型品牌房企凭借丰富的土地储备和低融资成本，占据相对优势。2018 年上半年，行业业绩进一步分化，大型房企销售金额与土地规模双创新高，而中小房企步履维艰，面临淘汰，市场份额、资源将更加向大型品牌房企靠拢。房地产行业集中度进一步提升，强势品牌效应更加放大，强者恒强的局面持续发酵。

2018 年 1—8 月，房企业绩集中度进一步提高，融创、保利、恒大、碧桂园、绿地、万科等 6 家品牌房企销售额总规模达到了 20295.4 亿元；在土地储备方面，销售金额前十的房企新增货值占百强房企新增总货值 5 成以上。同时，恒大、碧桂园、万科、保利等强势品牌房企凭借着较强的让利优势，在折扣和营销活动上占据主力，进一步促进业绩分化。在运营方面，中海、富力地产、华润、保利、龙湖等品牌房企领先优势凸显，整体靠前。龙头品牌房企具有较高的品牌信用以及较广的资本市场支持，融资成本较低，资金压力小，未来将更加积极主动。其依托自身品牌、产品、资源整合等优势，通过高周转和全国化的布局战略实现逆势扩张，达到规模新高度，强者恒强态势将愈加显著（见图 6 -91）。

从近年来品牌房企销售表现来看，2017 年，房企品牌 20 强销售金额为 42331 亿元，同比增长 54%，远高于全国商品房销售 13.67% 的同比增速，占据绝对领先优势。从市场集中度来看，2017 年品牌 TOP10 销售额市场份额占比为 21.83%，同比上升了 3.81 个百分点。品牌 TOP20、TOP50 市场份额分别为 31.66% 和 36.31%，分别较上年提高 8.37 个百分点和 6.28 个百分点，增长幅度明显高于上年，市场份额加速向前排品牌房企靠拢（见图 6 -92）。

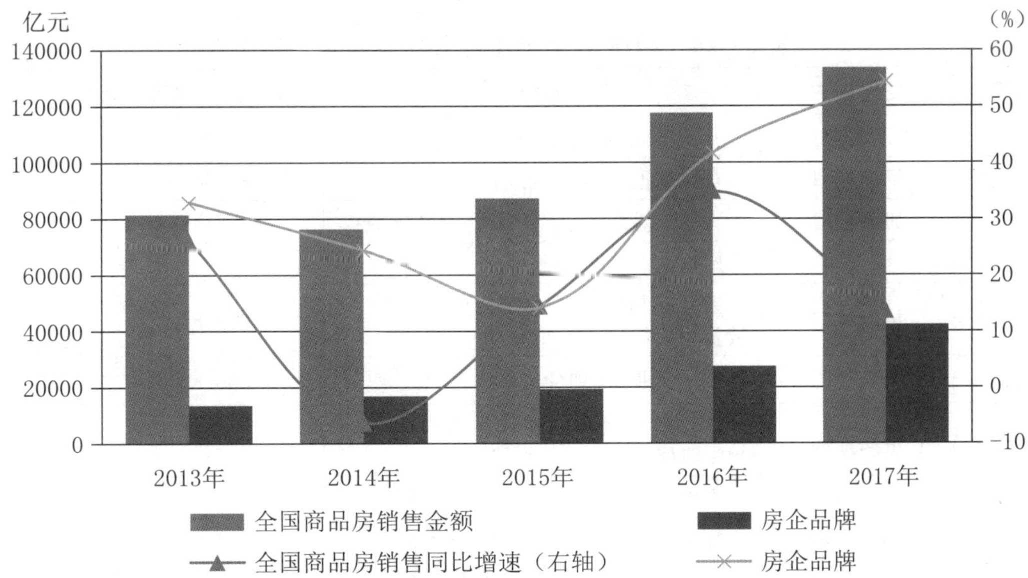

图 6 -91　全国商品房销售与品牌房企 20 强销售情况对比（2013—2017 年）

数据来源：国家统计局、CRIC、中国房地产测评中心。

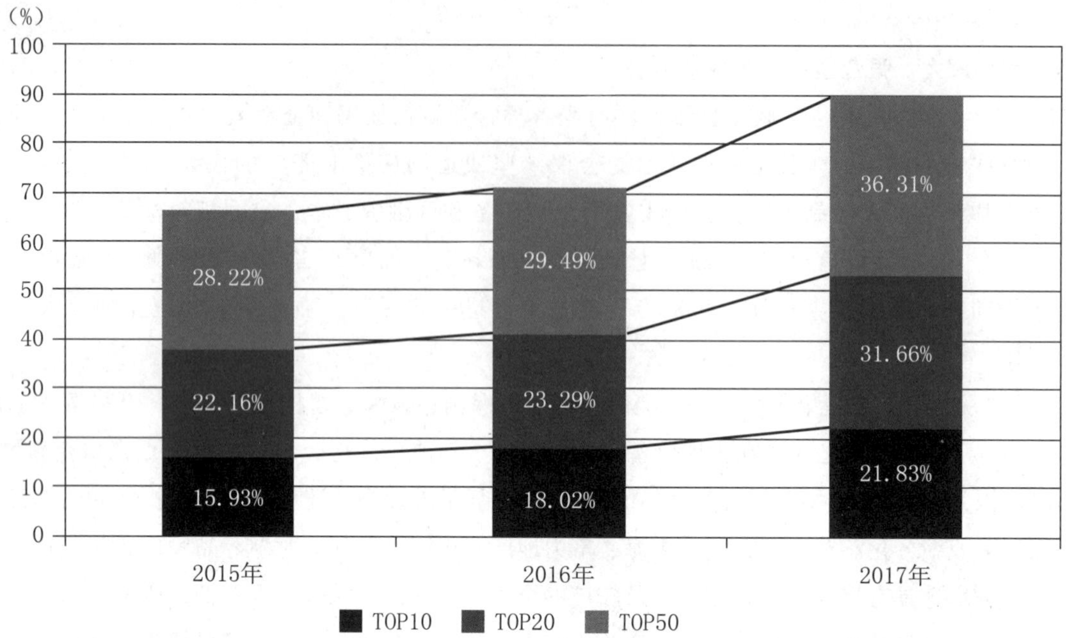

图 6-92　品牌 TOP10、TOP20、TOP50 企业集中度情况（2015—2017 年）

数据来源：CRIC、中国房地产测评中心。

近年来，并购重组整合步伐提速，并购规模逐年扩大，大中型房企依靠规模和资金优势屡屡涉足并购，促使行业内资源、市场进一步向这些房企聚集，中小房企加速退出。2017 年，并购创下历史新高，行业并购案例 315 宗，涉及金额 3291.28 亿元。以万科为例，其在 2017 年就总共收购了 157 家公司，除此之外，恒大、融创、泰禾、阳光城等品牌房企均为并购大户。进入 2018 年，禹洲地产、绿地、旭辉控股集团等多家房企加大收并购力度（见表 6-24）。

表 6-24　2018 年上半年部分品牌房企并购事件

首次披露时间	交易买方	交易标的	交易额（人民币万元）	最新进度
2018 年 1 月 1 日	世茂房地产	开城实业 100% 股权	—	完成
2018 年 1 月 9 日	招商蛇口	东风房地产 80% 的股权	87235.51	签署转让协议
2018 年 1 月 12 日	旭辉控股	青岛银盛泰房地产有限公司 50% 股权	152000.00	完成
2018 年 2 月 1 日	碧桂园	广物地产 45% 股权	—	—
2018 年 2 月 9 日	招商蛇口	浙江润和房产集团有限公司 100% 股权及相关债权	90748.00	进行中
2018 年 5 月 18 日	泰禾集团	创耀实业 90.91% 股权	85048.00	签署转让协议
2018 年 6 月 4 日	华夏幸福	江门市鼎兴园区建设发展有限公司 49% 股权	161300.00	签署转让协议
2018 年 6 月 21 日	金地 + 禹洲	青岛盛港投资有限公司 30% 股权	21900.00	完成
2018 年 7 月 1 日	福晟国际	福州康安利信投资有限公司 95% 股权	95300.00	完成
2018 年 7 月 26 日	中国奥园	鹤山市源佳房地产开发有限公司 98% 股权	—	完成
2018 年 8 月 3 日	蓝光发展	呼伦贝尔东北阜丰生物科技有限公司持有的宝鸡鼎丰置业有限公司、宝鸡宝丰置业有限公司 100% 股权	83500.00	签署转让协议

资料整理：CRIC、中国房地产测评中心。

规模发展问题显现　增速放缓趋于质量增长

规模之战愈演愈烈，集中度不断加剧的同时，长期规模化发展下，存在的安全问题逐渐凸显。安全事故、房屋质量问题频发，企业负债高企，行业市盈率低，业绩易受政策波动等问题推高行业风险。尤其是在我国经济发展从高速增长阶段进入高质量发展阶段，绝对的规模化增长模式逐渐无法适应行业环境，有质量的、稳健增长越来越成为行业的需要，更多品牌房企谋求规模速度与质量的平衡。未来，房企新的增长模式将逐渐转变，精细化、专业化、高质量的增长将成为新的增长模式。在规模化之外，房企品牌建设考量的因素将会越来越多，提高知名度的同时，更加注重美誉度和忠诚度的提升，资源亦将向高质量、高美誉度企业和品牌倾斜。

例如，新城控股提出在原有战略基础之上寻求扩张和效益的平衡，实现快速增长与高质量发展并重。融信在规模化赶超后，转向以“聚焦、平衡、轻资产措施”为企业未来的发展战略，趋向于平衡、健康、稳健，并在管理上进行事业部制改革。尤其在近期，受行业内外部环境影响，品牌房企在战略和开发模式上相继作出相应调整，以适应政策调控和行业变动，以维持稳健发展。领先的品牌房企提出控速，行业呈现一定程度的节奏放慢的迹象。同时，企业从管理机制、产品、服务、质量、营销、标准等方面维度进行品牌建设和品牌沉淀，精细化、集约化、高品质、高质量、稳健的发展目标为更多品牌房企所采用。

从发展速度看。2018 年上半年，房企整体业绩销售规模保持较高增长，但业绩增速较上年同期有所放缓，头部品牌房企中，中海、万科、龙湖表现明显，中海同比增速 4%，龙湖同比增速 2%，万科为 11%。万科注意力集中在内部管理机制及多元化业务，进行战略倾斜。龙湖在有意放缓发展速度的同时，着力打造核心能力，提升管控、品质和品牌，应对未来波动。中海在其 2018 年中期业绩会上也提出在当前情况下，将采取更加谨慎的态度，根据自己的发展逻辑和节奏，保持公司稳健发展。同时，受政策调整影响，包括恒大在内的很多房企放慢了深圳城市更新项目投资的脚步。恒大继 2017 年向“三低一高”发展模式转变之后，进一步提出着力降低负债、改善资本架构，转而通过加强营销、集中去化、加强内部管理等方式提高项目周转。碧桂园暂停三四五线城市“全覆盖”，面对工程质量危机，提出将把安全和质量放在第一位，相对放慢发展速度。就整体而言，行业整体呈现平稳、趋缓的发展态势。

从其他方面看。产品上，以人本生态型住宅的提出为例，更多品牌房企投入高质量人居系统的研究，重视产品研发、创新、材料与品质提升，并在社区建设、生活服务上进行创新。营销上更具有针对性，品牌传播与客群沟通方式发生改变，服务日益成为品牌传播的重要手段，将品质生活需求、服务与房企品牌、营销逐渐有机结合，从而达到美誉度提升。文化因素、人文关怀、社会责任亦成为重要的考量因素。品牌房企在产品上围绕客户思维和客群的物质和精神需求，打造物质家园和精神家园。福晟提出从整个产品模型要素文化体系，为用户打造一个真心能够用来居住的空间。近期，万科从战略角度作出调整，进行乡村振兴、文化艺术、健康、安全食品等领域的探索。融信取道社会公益进行品牌建设，2018 年，推出“美丽中国的践行者、创新者与奋斗者”企业定位，企业形象更具亲和力和责任感（见图 6－93）。

多元战略转型进阶驱使品牌定位更新升级

随着房地产行业进一步向微利时代迈进，多元领域拓展、精细化发展大势所趋并深入推进，行业转型愈发明显，向运营端、服务端靠拢，房企也面临从开发到运营和服务的角色之变。

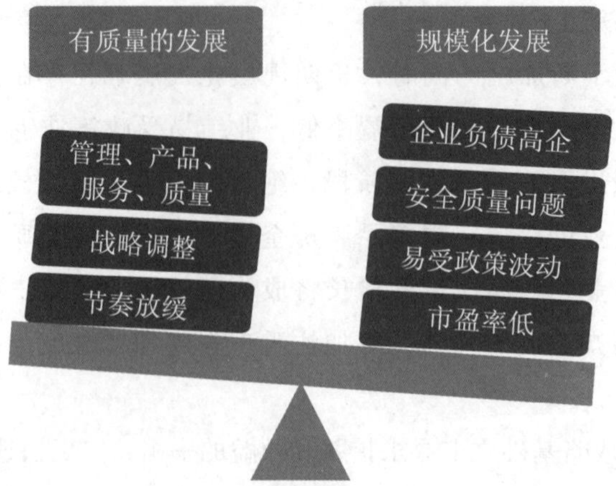

图6-93　品牌房企探索规模与质量的平衡发展

资料整理：中国房地产测评中心。

从品牌房企的多元化发展看，多元业务进一步深入发展。首先，房企业务航道持续扩容，渐成体系，并进行战略转变。恒大形成以民生地产为基础，文化、旅游、健康养生为两翼，以高科技产业为龙头的产业格局；合景泰富形成住宅、商业、写字楼、酒店、购物中心、智慧产业园、旅游小镇多元体系。其次，品牌房企借势"美好生活"，利用多元化领域，建立自己的生活生态圈。新城控股以"以生活场景"打造全生活周期业务链；泰禾以"泰禾+"战略，开创中国式美好生活；中骏基于其居住空间、办公空间、健身健康空间、医疗、教育各业务板块，构建起"Fun+幸福生活"生态圈。再次，多元发展从单纯的粗放式业务拓展向内容、服务、运营深入。最后，房企还呈现与实体经济融合之势，发展为产业经济的新型链接成为未来趋势。

但就目前而言，多元化业务处于战略布局阶段，品牌房企仍以房地产业务占主导，除绿地和华夏幸福的多元化业务较呈规模外，大部分品牌房企的多元化收入占比还较小。从长远看，非地产多元业务收入占比总体呈现逐年增长趋势。碧桂园、万科、融创、绿地、中海等品牌房企近两年增速加快，尤其融创增幅较大，2017年同比增长285%，呈现倍增态势（见图6-94、图6-95）。

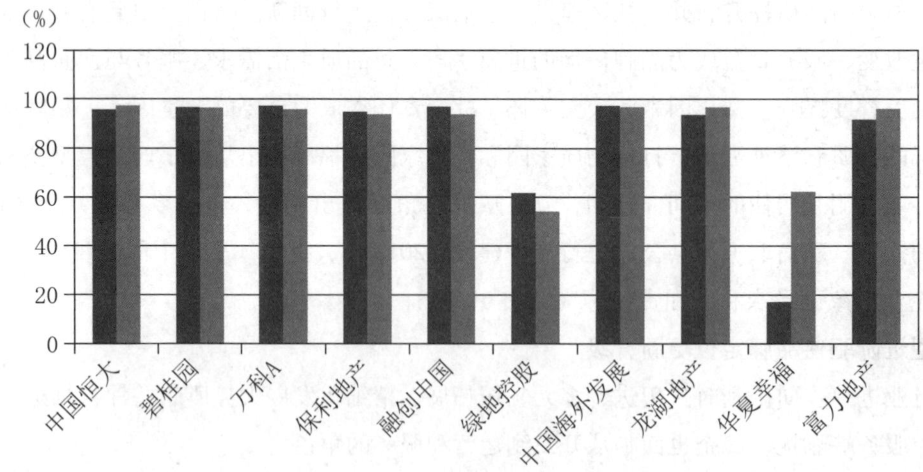

图6-94　2016、2017年典型品牌房企房地产业务占比

数据来源：CRIC、中国房地产测评中心。

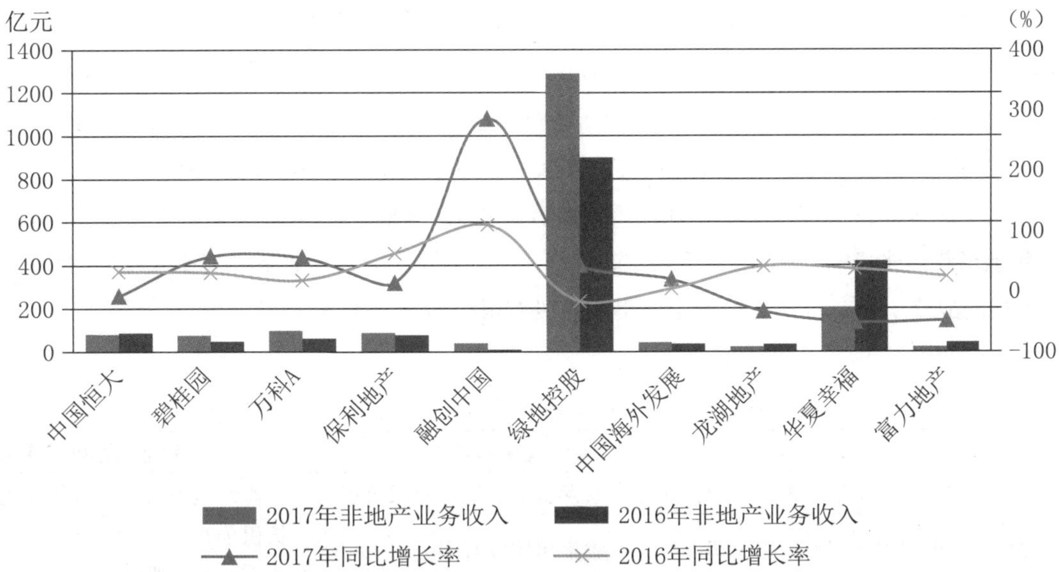

图 6-95　2016、2017 年典型品牌房企非地产业务收入及同比增长率

数据来源：CRIC、中国房地产测评中心。

战略转型、多元化深入发展趋势之下，房企业务持续扩容，企业战略也不断升级，逐步向城市运营商转型，并结合"美好生活"战略，呈现出向综合型运营商+生活服务商转型的趋势。而从品牌建设而言，企业战略定位升级促成品牌形象升级，对品牌定位进行重新梳理成为需要。近两年来，房企品牌升级、企业更名、LOGO 换新不断。如，2018 年，龙湖集团因其业务航道扩容，确立了"空间即服务"战略，以及"连接人与空间"未来方向，并于 8 月进行品牌升级，发布全新品牌标识。此前，雅居乐也于 2017 年根据其"以地产为主，多元业务并行"的战略模式，升级为"多元、文化、乐活"的品牌形象。世茂商业也提出"为城市的大生活"品牌理念（见图 6-96）。

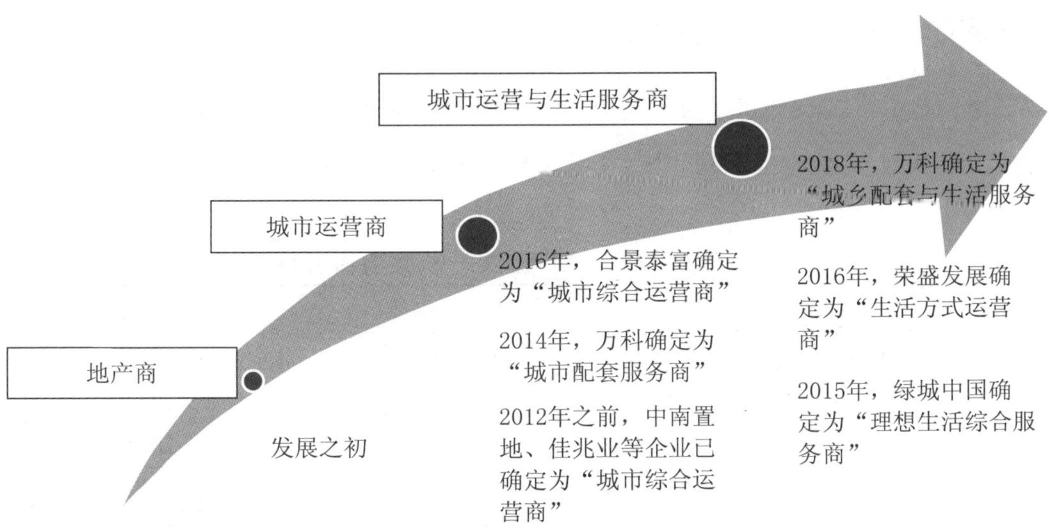

图 6-96　品牌房企战略定位进阶趋势

资料整理：CRIC、中国房地产测评中心。

此外，亦有更多房企进行品牌的LOGO换新，2017年以来，泰禾、雅居乐、万科、新城、龙湖、世茂先后进行LOGO换新。这是在时代不断改变背景下房企积极谋变、助力多元化发展与提质增效的一种表现。2018年7月，新城控股立足于企业业务扩张与规模思考，发布全新品牌标志"seazen"，展现自身"更快、更远"的创新追求。

另一方面，近年来，品牌房企亦以更名的方式来契合企业多元化发展的需要。从2016年"恒大地产"更名为"中国恒大"至今，有更多规模房企在经历更名。房企更名频频，其背后亦是去地产化、多元化发展趋势使然。2018年上半年以来已有10家房企更名。2018年7月13日，中骏置业基于其业务发展的良好表现，以及集团多业态发展的战略决心，正式更名为中骏集团控股有限公司（见表6－25）。

表6－25　2018年上半年部分品牌房企更名详情

时间	原公司名称	现公司名称	多元化业务范围
2018年6月19日	合景泰富地产控股有限公司	合景泰富集团控股有限公司	物业管理、酒店运营、长租公寓等
2018年6月15日	中骏置业控股有限公司	中骏集团控股有限公司	长租公寓、联合办公、大健康产业、商业运营、物业服务等
2018年6月8日	龙湖地产有限公司	龙湖集团控股有限公司	联合办公、长租公寓、商业运营、物业服务等
2018年5月10日	美的地产	美的置业集团	文旅、智慧家居及装配、商业运营、物业服务等
2018年4月	俊发地产责任有限公司	俊发集团有限公司	房地产开发、房建工程、市政道路、物业服务、商业及酒店运营、汽车销售
2018年2月28日	朗诗绿色地产有限公司	朗诗绿色集团有限公司	长租公寓、养老、金融、物业服务、设计、装饰
2018年2月22日	时代地产控股有限公司	时代中国控股有限公司	商业运营、产业地产、家居、物业服务等
2018年1月24日	力高地产	力高集团	商业运营、酒店管理、物业服务等

资料整理：CRIC、中国房地产测评中心。

二、中国房地产业协会重要评奖评级

（一）第八届（2017—2018年度）中国房地产"广厦奖"名单（见表6－26）

发布机构：中国房地产业协会、住房和城乡建设部住宅产业化促进中心

表6－26　"广厦奖"获奖项目名单

序　号	地　区	编　号	项目名称	开发单位
1	北　京	GSJ0611－01－（1/1－1）	顶秀金石家园回迁安置房	北京金瑞通房地产开发有限公司
2	北　京	GSJ0586－01－（1/2－1）	K2 百合湾	石榴置业集团股份有限公司
3	北　京	GSJ0587－01－（1/2－2）	K2 玉兰湾	石榴置业集团股份有限公司
4	天　津	GSJ0583－02－（1/1－1）	天津御景半岛御湖园	天津御景半岛投资有限公司
5	天　津	GSJ0602－02－（2/2－1）	天津市南仓新苑住宅小区	天津市津房置业发展有限责任公司
6	河　北	GSJ0576－03－（1/1－1）	石家庄恒大御景半岛	恒大地产集团石家庄有限公司
7	河　北	GSJ0616－03－（4/4－1）	祥云·凤凰福邸（东区）	河北建工房地产有限公司

续表

序　号	地　区	编　号	项目名称	开发单位
8	河　北	GSJ0617－03－（4/4－2）	“在水一方”C区（一期）	秦皇岛五兴房地产有限公司
9	河　北	GSJ0618－03－（4/4－3）	创业家园供应阳光小区	河北华北石油房地产开发有限公司
10	河　北	GSJ0619－03－（4/4－4）	红山庄园	中诚房地产开发股份有限公司
11	山　西	GSJ0574－04－（1/1－1）	太原星河湾3号园	太原星河湾房地产开发有限公司
12	山　西	GSJ0628－04－（1/1－1）	太原金域阅山小区	山西龙昌房地产开发有限公司
13	内蒙古	GSJ0604－05－（4/4－1）	泽信加州公馆	内蒙古希望阳光实业股份有限公司
14	内蒙古	GSJ0605－05－（4/4－2）	金御华城住宅小区	赤峰中天房地产开发有限公司
15	内蒙古	GSJ0606－05－（4/4－3）	书香庭苑	赤峰明城房地产开发有限责任公司
16	辽　宁	GSJ0682－06－（4/4－2）	华润中央花园	沈阳富瑞达房地产开发有限公司
17	辽　宁	GSJ0683－06－（4/4－3）	大德广场	鞍山市大德房地产开发有限公司
18	辽　宁	GSJ0690－06－（4/4－4）	华润·海中国（悦海园）	华润（大连）有限公司
19	黑龙江	GSJ0582－08－（1/1－1）	罗马庄园	佳木斯市君诚房地产开发有限公司
20	黑龙江	GSJ0629－08－（2/2－1）	金安·向日葵（一期）	金迈投资有限责任公司
21	黑龙江	GSJ0630－08－（2/2－2）	宝宇·天邑澜山	黑龙江宝宇房地产开发有限责任公司
22	上　海	GSJ0599－09－（1/2－1）	上海星河湾花园二期A区	上海金色紫都房地产有限公司
23	上　海	GSJ0600－09－（1/2－2）	汇雅苑南苑	上海中建申拓投资发展有限公司
24	上　海	GSJ0642－09－（5/5－2）	丽冬苑	上海中建申拓投资发展有限公司
25	上　海	GSJ0643－09－（5/5－3）	浙铁绿城长风中心	上海浙铁绿城房地产开发有限公司
26	上　海	GSJ0644－09－（5/5－4）	中建锦绣天地商务办公楼	上海中建八局投资发展有限公司
27	上　海	GSJ0645－09－（5/5－5）	中建万怡酒店	上海中建八局投资发展有限公司
28	江　苏	GSJ0670－10－（5/5－1）	丁家庄二期保障房项目	南京市安居保障房建设发展有限公司
29	江　苏	GSJ0671－10－（5/5－2）	恒通·蓝湾国际	恒通建设集团有限公司
30	江　苏	GSJ0672－10－（5/5－3）	恒通·帝景蓝湾	恒通建设集团有限公司
31	江　苏	GSJ0673－10－（5/5－4）	悦达·悦珑湾	盐城悦达置业发展有限公司
32	江　苏	GSJ0674－10－（5/5－5）	恒通·顺达广场	恒通建设集团有限公司
33	浙　江	GSJ0584－11－（1/1－1）	万科·黄龙国际中心（G、H、I）楼	杭州富民投资有限公司
34	浙　江	GSJ0666－11－（3/3－1）	商城·荷塘月色	义乌中国小商品城房地产开发有限公司
35	浙　江	GSJ0667－11－（3/3－2）	杭州桃李春风	蓝城房产建设管理集团有限公司
36	浙　江	GSJ0668－11－（3/3－3）	杭州远洋乐堤港	远洋集团控股有限公司
37	安　徽	GSJ0675－12－（6/6－1）	合肥城建·琥珀瑞安家园	合肥城建发展股份有限公司
38	安　徽	GSJ0676－12－（6/6－2）	太和同昇·玫瑰庄园	安徽同昇地产集团有限公司
39	安　徽	GSJ0677－12－（6/6－3）	徽南·梦想城	黄山市徽南房地产开发有限公司
40	安　徽	GSJ0678－12－（6/6－4）	天一华侨城（一期）	滁州天一房地产开发有限公司
41	安　徽	GSJ0679－12－（6/6－5）	文峰中心	安徽文峰置业有限公司
42	安　徽	GSJ0680－12－（6/6－6）	辉隆商业广场	安徽辉隆生资建材大市场管理有限公司
43	福　建	GSJ0609－13－（1/1－1）	厦门金都·海尚国际（北区）	厦门金都海湾置业有限公司
44	江　西	GSJ0622－14－（2/2－1）	南昌绿地国博二期博睿小区	南昌绿地申博置业有限公司

续表

序 号	地 区	编 号	项目名称	开发单位
45	江 西	GSJ0623 – 14 – （2/2 – 2）	南昌绿地国际会展中心	南昌绿地会展置业有限公司
46	山 东	GSJ0589 – 15 – （1/9 – 1）	四建美林大厦	济南四建集团房地产开发有限责任公司
47	山 东	GSJ0590 – 15 – （1/9 – 2）	齐悦花园二期住宅项目	山东创业房地产开发有限公司
48	山 东	GSJ0591 – 15 – （1/9 – 3）	曦园小区	新东升置业集团有限公司
49	山 东	GSJ0592 – 15 – （1/9 – 4）	紫园小区	新东升置业集团有限公司
50	山 东	GSJ0593 – 15 – （1/9 – 5）	同圆·领仕郡	山东同圆置业有限公司
51	山 东	GSJ0595 – 15 – （1/9 – 6）	金域华府	山东房源实业集团有限公司
52	山 东	GSJ0596 – 15 – （1/9 – 7）	豪森丽都商业中心	临沂豪尔森置业发展有限公司
53	山 东	GSJ0597 – 15 – （1/9 – 8）	东海·香港城	山东东海房地产开发集团有限公司
54	山 东	GSJ0598 – 15 – （1/9 – 9）	翠湖庄园 B 区	山东中正置业有限公司
55	山 东	GSJ0646 – 15 – （12/12 – 1）	大源·枫香湖畔小区	山东大源置业有限公司
56	山 东	GSJ0647 – 15 – （12/12 – 2）	中铁·诺德名城（一期）	山东中铁诺德房地产开发有限公司
57	山 东	GSJ0648 – 15 – （12/12 – 3）	中建·新悦城	山东中建房地产开发有限公司
58	山 东	GSJ0649 – 15 – （12/12 – 4）	中建·国熙台（一期）	山东中建房地产开发有限公司
59	山 东	GSJ0650 – 15 – （12/12 – 5）	中建·锦绣城（朗园）	山东中建房地产开发有限公司
60	山 东	GSJ0651 – 15 – （12/12 – 6）	瑞源·名嘉国际	青岛鲁泽置业集团有限公司
61	山 东	GSJ0652 – 15 – （12/12 – 7）	东岳国际	山东东岳联邦置业有限公司
62	山 东	GSJ0653 – 15 – （12/12 – 8）	大同天下 G 区	山东新兴置业有限公司
63	山 东	GSJ0654 – 15 – （12/12 – 9）	亿丰·和家园	滕州市亿丰房地产综合开发有限责任公司
64	山 东	GSJ0655 – 15 – （12/12 – 10）	鸿顺·御景城住宅小区	山东鸿顺房地产开发有限公司
65	山 东	GSJ0656 – 15 – （12/12 – 11）	正直花园	临沂市正直房地产开发有限公司
66	山 东	GSJ0657 – 15 – （12/12 – 12）	菏泽东方夏威夷小区	菏泽丹阳房地产开发有限公司
67	河 南	GSJ0661 – 16 – （1/1 – 1）	正商木华广场（写字楼）	河南宏光正商置业有限公司
68	湖 北	GSJ0580 – 17 – （1/2 – 1）	楚天都市佳园	荆州中大豪盛置业有限公司
69	湖 北	GSJ0581 – 17 – （1/2 – 2）	美好名流世家	武汉名流公馆置业有限公司
70	湖 北	GSJ0636 – 17 – （6/6 – 1）	东津世纪城 7 区两江汇	襄阳世纪城投资有限责任公司
71	湖 北	GSJ0637 – 17 – （6/6 – 2）	柳林春晓·合院	湖北十堰柳林春晓投资发展有限公司
72	湖 北	GSJ0638 – 17 – （6/6 – 3）	中建·宜昌之星（A 区）	中建三局宜昌建设发展有限公司
73	湖 北	GSJ0639 – 17 – （6/6 – 4）	孝感城市中央广场（一期）	孝感宏星投资发展有限公司
74	湖 北	GSJ0640 – 17 – （6/6 – 5）	中豪襄阳国际商贸城	湖北中豪商业有限公司
75	湖 北	GSJ0684 – 17 – （6/6 – 6）	CBD 楚世家	武汉明鸿经济发展有限公司
76	湖 南	GSJ0577 – 18 – （1/3 – 1）	五矿·麓谷科技产业园一期	湖南金拓置业有限公司
77	湖 南	GSJ0578 – 18 – （1/3 – 2）	天伦国际	岳阳天伦房地产开发有限公司
78	湖 南	GSJ0579 – 18 – （1/3 – 3）	磐龙世纪城·紫竹台	株洲市云龙发展投资控股集团置业有限公司
79	湖 南	GSJ0612 – 18 – （4/4 – 1）	澳海澜庭（一期）	怀化市澳海房地产开发有限公司
80	湖 南	GSJ0613 – 18 – （4/4 – 2）	长沙 e 中心	浏阳汇远实业有限公司
81	湖 南	GSJ0614 – 18 – （4/4 – 3）	石门碧桂园（一期）	石门碧桂园房地产开发有限公司

续表

序　号	地　区	编　号	项目名称	开发单位
82	湖　南	GSJ0615－18－（4/4－4）	雅士林欣城（A 区）	衡阳雅士林房地产有限公司
83	广　东	GSJ0601－19－（1/1－1）	恒福中心	清远市恒福房地产开发有限公司
84	广　东	GSJ0663－19－（5/5－1）	华发横琴首府	珠海华发实业股份有限公司
85	广　东	GSJ0664－19－（5/5－2）	茶山碧桂园珀乐广场（一期）	碧桂园控股有限公司
86	广　东	GSJ0665－19－（5/5－3）	碧桂园天宝公馆	碧桂园控股有限公司
87	广　东	GSJ0685－19－（5/5－4）	广州远洋天骄花园	远洋集团控股有限公司
88	广　东	GSJ0686－19－（5/5－5）	基盛万科中央公园	广州市番禺区市桥街沙圩一村民委员会
89	广　西	GSJ0624－20－（2/2－1）	远东江滨华府（一期）	贺州市临江房地产开发有限公司
90	广　西	GSJ0625－20－（2/2－2）	北流碧桂园凤凰酒店	北流市碧桂园房地产开发有限公司
91	海　南	GSJ0565－21－（1/1－1）	碧桂园中央半岛君御湾	海南金海晟投资有限公司
92	海　南	GSJ0626－21－（4/4－1）	北京城建·海云家园	北京城建（海南）地产有限公司
93	海　南	GSJ0627－21－（4/4－2）	佳元·七彩澜湾（一组团）	海南中豪威尔房地产有限公司
94	海　南	GSJ0687－21－（4/4－3）	中交绿城·高福小镇（二期）	海南岛三亚日出观光有限公司
95	海　南	GSJ0688－21－（4/4－4）	博鳌·碧桂园东海岸（一期）	碧桂园控股有限公司
96	重　庆	GSJ0607－22－（2/2－1）	龙湖源著天街	重庆嘉逊地产开发有限公司
97	重　庆	GSJ0608－22－（2/2－2）	财信广场 3#楼	重庆财信房地产开发有限公司
98	四　川	GSJ0658－23－（3/3－1）	成都大魔方演艺中心	中国五冶集团有限公司
99	四　川	GSJ0659－23－（3/3－2）	万科城（一期）	成都泰新房地产开发有限公司
100	四　川	GSJ0660－23－（3/3－3）	北京城建·龙樾湾（一、二期）	北京城建成都地产有限公司
101	云　南	GSJ0689－25－（1/1－1）	俊发名城 N－20 地块	云南俊发宝云房地产有限公司
102	陕　西	GSJ0571－27－（1/3－1）	石鼓·天玺台（一、二期）	陕西聚旺伟业房地产开发有限公司
103	陕　西	GSJ0572－27－（1/3－2）	明珠花园（二期）	陕西兴科房建集团房地产有限公司
104	陕　西	GSJ0573－27－（1/3－3）	西北国金中心	西安海荣房地产集团有限公司
105	陕　西	GSJ0620－27－（2/2－1）	昆明澜庭（一期）	西安中建投资开发有限公司
106	陕　西	GSJ0621－27－（2/2－2）	中建·国熙台（西安）	西安中建投资开发有限公司
107	甘　肃	GSJ0567－28－（1/1－1）	润景园住宅小区一期工程	甘肃忠恒房地产开发集团有限公司
108	甘　肃	GSJ0669－28－（1/1－1）	恒顺·紫御润园（一期）	天水恒顺房地产开发有限公司
109	青　海	GSJ0610－29－（1/1－1）	萨尔斯堡（一期）	宁夏中房集团西宁房地产开发有限责任公司
110	宁　夏	GSJ0568－30－（1/3－1）	阳光瑞祥	吴忠市民族房地产开发有限公司
111	宁　夏	GSJ0569－30－（1/3－2）	江元隆府一期	宁夏江元房地产开发有限公司
112	宁　夏	GSJ0570－30－（1/3－3）	建发·大阅城	银川建发集团股份有限公司
113	宁　夏	GSJ0631－30－（4/4－1）	建发·枫林湾（一、二期）	银川建发集团股份有限公司
114	宁　夏	GSJ0632－30－（4/4－2）	恒业·枫林湾（一期）	宁夏恒业房地产开发有限公司
115	宁　夏	GSJ0633－30－（4/4－3）	玺云台南区（一、二期）	宁夏中房实业集团股份有限公司
116	宁　夏	GSJ0634－30－（4/4－4）	中房·粹园	宁夏中房实业集团股份有限公司
117	新　疆	GSJ0566－31－（1/1－1）	石河子 43#小区北新佳苑	新疆北新房地产开发有限公司
118	新　疆	GSJ0662－31－（1/1－1）	特变·世纪广场	新疆特变电工房地产开发有限责任公司

（二）2018 年信用等级 A 级以上房地产开发企业名单（见表 6－27）

发布机构：中国房地产业协会

表 6－27　2018 年信用等级 A 级以上房地产开发企业名单

序　号	单位名称	信用等级	证书编号
1	中国铁建房地产集团有限公司	AAA	201811311100001
2	中国葛洲坝集团房地产开发有限公司	AAA	201811311100002
3	天津市房地产发展（集团）股份有限公司	AAA	201811311100003
4	东胜房地产开发集团有限公司	AAA	201811311100004
5	河北润江房地产开发有限公司	AAA	201811311100005
6	河北建工房地产有限公司	AAA	201811311100006
7	山西九昌房地产开发有限公司	AAA	201811311100007
8	赤峰中天房地产开发有限公司	AAA	201811311100008
9	长春新星宇房地产开发有限责任公司	AAA	201811311100009
10	哈尔滨银开房地产开发有限公司	AAA	201811311100010
11	哈尔滨招商嘉天房地产开发有限责任公司	AAA	201811311100011
12	黑龙江昊诚集团房地产开发有限责任公司	AAA	201811311100012
13	哈尔滨瑞祥房地产开发有限责任公司	AAA	201811311100013
14	哈尔滨市浩宁房地产开发有限公司	AAA	201811311100014
15	哈尔滨福泽房地产开发有限公司	AAA	201811311100015
16	黑龙江峰威伟业房地产开发集团有限公司	AAA	201811311100016
17	上海绿洲投资控股集团有限公司	AAA	201811311100017
18	浙江省省直同人集团有限公司	AAA	201811311100018
19	金都房产集团有限公司	AAA	201811311100019
20	方远建设集团房地产开发有限公司	AAA	201811311100020
21	浙江杨帆地产集团有限公司	AAA	201811311100021
22	鸿翔房地产有限公司	AAA	201811311100022
23	青岛鲁泽置业集团有限公司	AAA	201811311100023
24	山东中建房地产开发有限公司	AAA	201811311100024
25	山东渤海峰源置业有限公司	AAA	201811311100025
26	滨州市建设房地产有限公司	AAA	201811311100026
27	郑州亚新房地产开发有限公司	AAA	201811311100027
28	湖北宏维置业有限公司	AAA	201811311100028
29	中建信和地产有限公司	AAA	201811311100029
30	晋合置业（湖南）有限公司	AAA	201811311100030
31	中铁房地产集团华南有限公司	AAA	201811311100031
32	桂林彰泰实业集团有限公司	AAA	201811311100032
33	金科地产集团股份有限公司	AAA	201811311100033
34	重庆兴茂产业发展（集团）有限公司	AAA	201811311100034
35	重庆龙湖企业拓展有限公司	AAA	201811311100035
36	东原房地产开发集团有限公司	AAA	201811311100036

续表

序　号	单位名称	信用等级	证书编号
37	重庆新鸥鹏地产（集团）有限公司	AAA	201811311100037
38	重庆康德实业（集团）有限公司	AAA	201811311100038
39	重庆泽京房地产开发有限公司	AAA	201811311100039
40	重庆融汇地产（集团）有限公司	AAA	201811311100040
41	重庆华宇集团有限公司	AAA	201811311100041
42	重庆爱普地产（集团）有限公司	AAA	201811311100042
43	中铁房地产集团西南有限公司	AAA	201811311100043
44	陕西金泰恒业房地产有限公司	AAA	201811311100044
45	宁夏中房集团西宁房地产开发有限责任公司	AAA	201811311100045
46	青海天麒置业有限公司	AAA	201811311100046
47	新疆广汇房地产开发有限公司	AAA	201811311100047
48	新疆广汇信邦房地产开发有限公司	AAA	201811311100048
49	新疆金茂实业有限公司	AAA	201811311100049
50	天津渤化海晶建设发展有限公司	AA	201811301100050
51	山西广鑫房地产开发有限公司	AA	201811301100051
52	鞍山市大德房地产开发有限公司	AA	201811301100052
53	黑龙江应赫房地产开发有限公司	AA	201811301100053
54	黑龙江奥博房地产开发有限公司	AA	201811301100054
55	黑龙江嘉兴房地产有限公司	AA	201811301100055
56	哈尔滨博实嘉业房地产开发有限责任公司	AA	201811301100056
57	哈尔滨毅腾房屋开发集团有限公司	AA	201811301100057
58	黑龙江省粮食工程建设综合开发公司	AA	201811301100058
59	黑龙江中青会诚房地产开发有限公司	AA	201811301100059
60	浙江衢州建工房地产开发有限公司	AA	201811301100060
61	浙江苏泊尔房地产开发有限公司	AA	201811301100061
62	六安远大房地产开发有限公司	AA	201811301100062
63	山东省博兴县晔基置业有限公司	AA	201811301100063
64	广州南沙中铁实业发展有限公司	AA	201811301100064
65	广西广汇投资发展有限公司	AA	201811301100065
66	桂林广汇实业投资有限责任公司	AA	201811301100066
67	玉林银丰中药港投资发展有限公司	AA	201811301100067
68	四川广汇蜀信实业有限公司	AA	201811301100068
69	兰州敦煌房地产开发公司	AA	201811301100069
70	武威市天一集团房地产有限公司	AA	201811301100070
71	银川众一集团房地产开发有限公司	AA	201811301100071
72	山西龙昌房地产开发有限公司	A	201811300100072
73	南宁市盛尧房地产开发有限公司	A	201811300100073
74	西宁金座房地产开发有限公司	A	201811300100074

三、中国房地产企业运营数据

（一）中国房地产企业整体运营数据

1. 企业及从业人员规模

表 6－28　2013—2017 年房地产开发企业个数

单位：个

类　别	企业个数	内资企业			港、澳、台投资企业	外商投资企业
			#国有	#集体		
2013	91444	86379	1739	570	3391	1674
2014	94197	89218	1476	457	3414	1565
2015	93426	88773	1329	409	3235	1418
2016	94948	90408	1093	364	3232	1308
2017	95897	91608	943	319	3066	1223

数据来源：国家统计局。

表 6－29　2017 年全国各地区房地产开发企业个数

单位：个

类　别	企业个数	内资企业			港、澳、台投资企业	外商投资企业
			#国有	#集体		
北　京	2400	2203	37	15	115	82
天　津	1249	1164	35	4	45	40
河　北	3317	3269	6	—	27	21
辽　宁	3119	2819	14	2	213	87
上　海	2637	2253	32	13	268	116
江　苏	6530	5980	47	21	385	165
浙　江	6336	6020	36	9	221	95
福　建	3240	2899	63	12	254	87
山　东	7126	6909	81	48	155	62
广　东	8203	7381	74	130	639	183
海　南	1251	1189	17	2	48	14
山　西	2379	2362	56	5	12	5
吉　林	1782	1761	4	1	16	5
黑龙江	1968	1941	27	1	18	9
安　徽	3889	3817	30	4	55	17
江　西	2452	2377	32	—	58	17
河　南	7205	7116	56	3	65	24

续表

类　别	企业个数	内资企业			港、澳、台投资企业	外商投资企业
			#国有	#集体		
湖　北	4059	3954	48	12	78	27
湖　南	3898	3811	48	4	66	21
内蒙古	1803	1799	4	—	2	2
广　西	2541	2458	32	7	48	35
重　庆	2316	2191	10	—	96	29
四　川	4010	3893	23	4	73	44
贵　州	2674	2632	24	1	33	9
云　南	2605	2568	28	5	31	6
西　藏	49	49	1	—	—	—
陕　西	2326	2288	42	8	24	14
甘　肃	1716	1701	27	7	11	4
青　海	321	318	—	—	2	1
宁　夏	561	556	1	—	3	2
新　疆	1935	1930	8	1	5	—

数据来源：国家统计局。

表 6－30　2013—2017 年房地产开发企业从业人员数

单位：人

类　别	平均从业	内资企业			港、澳、台投资企业	外商投资企业
			#国有	#集体		
2013 年	2591814	2397762	66072	12976	121807	72245
2014 年	2760070	2561817	61512	11414	129287	68966
2015 年	2738454	2551484	57273	10771	124494	62476
2016 年	2752298	2576545	47085	9916	118495	57258
2017 年	2830960	2663954	37904	9092	113221	53785

数据来源：国家统计局。

表 6－31　2017 年全国各地区房地产开发企业从业人员数

单位：人

类　别	平均从业	内资企业			港、澳、台投资企业	外商投资企业
			#国有	#集体		
北　京	80069	69892	1525	294	5598	4579
天　津	34820	31664	1272	67	1982	1174

续表

类　别	平均从业	内资企业			港、澳、台投资企业	外商投资企业
			#国有	#集体		
河　北	108820	105821	300	—	1054	1945
辽　宁	60370	51731	219	20	5620	3019
上　海	63755	47223	616	250	11786	4746
江　苏	171665	153463	1488	463	12146	6056
浙　江	117136	109592	1345	93	5600	1944
福　建	95698	85603	2519	296	7875	2220
山　东	226646	218807	4159	3147	5693	2146
广　东	252099	219154	1570	2721	20758	12187
海　南	49749	44231	1186	28	3073	2445
山　西	55229	54524	1961	321	469	236
吉　林	43555	42588	146	10	742	225
黑龙江	38265	37277	729	248	869	119
安　徽	114238	110812	817	37	2591	835
江　西	80716	78659	1061	—	1584	473
河　南	232092	229191	2071	65	2140	761
湖　北	132221	128326	2649	335	2730	1165
湖　南	128476	124778	1781	50	2647	1051
内蒙古	37615	37519	94	—	18	78
广　西	84312	79687	1126	102	3431	1194
重　庆	104044	96903	346	—	5699	1442
四　川	144020	137703	949	138	4142	2175
贵　州	92582	91062	556	7	1247	273
云　南	86747	84336	930	68	1977	434
西　藏	1499	1499	61	—	—	—
陕　西	81737	80009	4982	209	1004	724
甘　肃	44915	44457	1068	119	368	90
青　海	10201	10131	—	—	43	27
宁　夏	16232	16089	44	—	121	22
新　疆	41437	41223	334	4	214	—

数据来源：国家统计局。

2. 企业整体经营情况

表 6－32　2013—2017 年房地产开发企业经营状况

单位：亿元

类　别	主营业务收入					主营业务税金及附加	营业利润
		土地转让收入	商品房销售收入	房屋出租收入	其他收入		
2013 年	70706.67	671.42	66697.99	1364.01	1973.25	6204.18	9562.67
2014 年	66463.80	571.95	62535.06	1464.10	1892.69	5968.43	6143.13
2015 年	70174.34	600.54	65861.30	1600.42	2112.08	6202.38	6165.54
2016 年	90091.51	666.32	85163.32	1786.97	2474.89	6651.62	8673.23
2017 年	95896.90	838.42	90609.15	1568.32	2881.01	5751.77	11728.11

数据来源：国家统计局。

表 6－33　2017 年全国各地区房地产开发企业经营状况

单位：亿元

类　别	主营业务收入					主营业务税金及附加	营业利润
		土地转让收入	商品房销售收入	房屋出租收入	其他收入		
北　京	4110.26	128.62	3189.27	297.73	494.64	344.71	846.01
天　津	2451.20	61.51	2266.09	23.46	100.14	150.87	254.67
河　北	2414.27	38.65	2328.42	8.32	38.88	132.66	315.66
辽　宁	2241.11	7.05	2179.92	19.20	34.94	95.66	1.29
上　海	6232.48	144.37	5409.06	472.21	206.83	527.19	1653.84
江　苏	11061.62	70.49	10749.60	58.21	183.33	578.41	1116.85
浙　江	8926.99	31.29	8622.24	62.86	210.61	423.37	823.58
福　建	3598.84	11.12	3417.28	31.86	138.57	259.30	612.79
山　东	6534.11	12.56	6332.33	37.67	151.55	338.65	463.54
广　东	12101.26	20.98	11634.94	245.79	199.55	1109.73	2465.00
海　南	1623.61	17.00	1545.65	7.69	53.27	85.18	196.94
山　西	825.51	6.77	785.29	7.89	25.55	38.37	37.16
吉　林	909.80	5.98	873.41	7.24	23.17	45.15	54.58
黑龙江	958.83	0.83	927.61	6.60	23.78	64.00	33.51
安　徽	3363.71	26.32	3225.95	15.84	95.60	162.14	342.00
江　西	2260.89	17.80	2197.30	11.62	34.16	102.63	273.94
河　南	3894.88	22.76	3684.55	30.32	157.25	198.24	432.52
湖　北	3683.47	12.76	3512.87	35.11	122.72	203.05	494.00
湖　南	2708.36	14.54	2594.59	14.77	84.46	141.30	141.13
内蒙古	687.11	0.32	667.14	5.71	13.94	36.82	－39.19
广　西	1572.95	23.85	1497.43	19.28	32.39	76.58	176.30
重　庆	2747.38	66.55	2553.51	37.93	89.39	116.68	167.19

续表

类　别	主营业务收入					主营业务税金及附加	营业利润
		土地转让收入	商品房销售收入	房屋出租收入	其他收入		
四　川	4038.76	15.58	3859.76	30.51	132.91	212.57	349.85
贵　州	1583.51	6.65	1488.15	12.42	76.29	87.26	159.52
云　南	1349.64	66.80	1174.03	26.39	82.43	58.95	54.60
西　藏	52.17	0.75	50.82	0.04	0.56	0.90	4.68
陕　西	1925.29	1.12	1868.09	11.12	44.96	72.60	161.81
甘　肃	733.00	1.73	715.27	9.20	6.80	28.43	62.05
青　海	136.20	0.12	127.27	3.09	5.72	7.91	10.47
宁　夏	335.46	1.99	325.25	5.10	3.13	12.67	3.69
新　疆	834.22	1.56	806.03	13.16	13.48	39.77	58.13

数据来源：国家统计局。

表 6－34　2013—2017 年房地产开发企业资产负债

单位：亿元，%

类　别	实收资本合计	资产总计	累计折旧		负债合计	所有者权益	资产负债率
				#本年折旧			
2013 年	59984.76	425218.78	2871.35	626.73	323204.96	102013.83	76.0
2014 年	76566.04	498749.92	3099.89	616.67	384095.53	114654.40	77.0
2015 年	86171.57	551968.06	3265.20	596.61	428729.90	123238.16	77.7
2016 年	79278.30	625733.70	3658.29	640.50	489750.32	135983.38	78.3
2017 年	85649.75	722236.02	3909.38	657.18	571274.85	150961.17	79.1

数据来源：国家统计局。

表 6－35　2017 年全国各地区房地产开发企业资产负债

单位：亿元，%

类　别	实收资本合计	资产总计	累计折旧		负债合计	所有者权益	资产负债率
				#本年折旧			
北　京	6671.81	59060.20	413.13	57.43	47177.95	11882.25	79.9
天　津	3875.94	28208.74	92.48	15.15	21725.47	6483.28	77.0
河　北	1632.30	18325.10	79.64	15.66	15496.18	2828.92	84.6
辽　宁	2887.22	19546.82	119.32	16.47	15766.86	3779.96	80.7
上　海	9152.63	55208.53	423.00	55.83	37837.03	17371.50	68.5
江　苏	9678.62	61005.46	311.20	49.82	47088.91	13916.55	77.2
浙　江	6953.13	48101.08	235.93	41.22	38401.23	9699.85	79.8
福　建	3613.16	30461.11	95.94	15.83	23094.58	7366.53	75.8

续表

类　别	实收资本合计	资产总计	累计折旧	#本年折旧	负债合计	所有者权益	资产负债率
山　东	4671.66	41759.82	238.20	42.51	34196.17	7563.65	81.9
广　东	8148.67	87445.00	389.77	77.35	69964.58	17480.42	80.0
海　南	1753.51	11307.70	114.30	14.43	9344.28	1963.42	82.6
山　西	918.15	10358.66	48.53	8.06	9106.82	1251.84	87.9
吉　林	680.09	6387.37	39.20	5.58	5252.27	1135.10	82.2
黑龙江	1025.01	9766.40	54.02	7.41	6901.93	2864.47	70.7
安　徽	2750.71	22988.08	109.08	19.94	18647.25	4340.83	81.1
江　西	1212.80	12362.91	56.01	10.02	9698.19	2664.71	78.4
河　南	2618.39	27591.98	148.39	32.04	23067.68	4524.30	83.6
湖　北	2833.16	26822.83	120.39	20.13	21368.86	5453.97	79.7
湖　南	1606.15	15427.09	92.29	14.05	12504.38	2922.71	81.1
内蒙古	747.88	7741.66	30.00	5.09	6695.93	1045.73	86.5
广　西	1031.46	13934.85	64.39	12.19	10794.44	3140.41	77.5
重　庆	2599.00	24221.14	113.18	18.97	18054.90	6166.24	74.5
四　川	2957.23	26141.90	153.08	27.01	21144.68	4997.23	80.9
贵　州	1148.99	12025.28	64.01	20.06	9504.55	2520.73	79.0
云　南	1578.85	17660.41	96.52	17.09	14748.30	2912.11	83.5
西　藏	18.53	545.81	2.48	0.43	338.22	207.60	62.0
陕　西	1302.37	12676.07	72.50	13.96	10724.27	1951.80	84.6
甘　肃	503.59	5147.00	35.15	6.86	4269.40	877.60	82.9
青　海	154.54	1452.09	9.08	2.04	1227.49	224.61	84.5
宁　夏	335.43	3014.37	29.27	4.78	2563.44	450.93	85.0
新　疆	588.73	5540.54	58.90	9.77	4568.61	971.93	82.5

数据来源：国家统计局。

3. 开发企业销售排行情况

表 6－36　2018 年度中国房地产开发企业销售面积 TOP200

单位：万平方米

排名	企业名称	销售面积	排名	企业名称	销售面积
1	碧桂园	7730.7	7	新城控股	1791.2
2	中国恒大	5239.5	8	中海地产	1630.7
3	万科地产	4015.6	9	华夏幸福	1538.9
4	绿地控股	3574.5	10	金科集团	1498.7
5	融创中国	3020.4	11	中梁控股	1297.1
6	保利发展	2715.3	12	龙湖集团	1245.9

续表

排名	企业名称	销售面积	排名	企业名称	销售面积
13	阳光城	1238.9	51	禹洲集团	405.2
14	华润置地	1205.9	52	时代中国	393.7
15	中南置地	1158.4	53	敏捷地产	386.8
16	富力地产	1094.1	54	海伦堡	366.0
17	建业地产	1066.5	55	北大资源	353.2
18	世茂房地产	1065.6	56	首开股份	349.5
19	旭辉集团	1029.3	57	华宇集团	332.0
20	蓝光发展	1025.6	58	弘阳地产	328.0
21	荣盛发展	992.7	59	复地集团	305.3
22	正荣集团	907.2	60	首创置业	304.7
23	金地集团	866.0	61	中天城投	303.2
24	奥园集团	818.9	62	当代置业	299.7
25	招商蛇口	815.3	63	卓越集团	281.1
26	绿城中国	813.6	64	宝龙地产	279.4
27	美的置业	800.6	65	领地集团	275.5
28	雅居乐	796.1	66	花样年	269.9
29	祥生地产	743.7	67	鑫苑中国	268.4
30	佳源集团	640.1	68	上坤置业	265.2
31	中国铁建	628.2	69	越秀地产	265.0
32	远洋集团	608.3	70	大唐地产	263.3
33	新力地产	586.9	71	建发房产	251.4
34	龙光集团	565.9	72	彰泰集团	247.9
35	融信集团	562.4	73	恒泰集团	246.8
36	佳兆业	543.2	74	华鸿嘉信	243.7
37	泰禾集团	534.9	75	和昌集团	242.8
38	万达集团	529.2	76	中庚集团	233.8
39	俊发地产	519.5	77	中交地产	232.9
40	金辉集团	511.2	78	保利置业	231.1
41	融侨集团	507.7	79	电建地产	230.6
42	中国金茂	501.2	80	力高地产	221.8
43	东原地产	493.7	81	三盛集团	221.2
44	合景泰富	493.1	82	德信地产	220.5
45	福晟集团	453.0	83	联发集团	218.1
46	隆基泰和	433.1	84	华发股份	217.3
47	路劲基建	432.8	85	协信控股	207.5
48	中骏集团	426.3	86	滨江集团	202.8
49	正商地产	423.6	87	康桥地产	199.3
50	红星地产	406.5	88	方圆地产	196.4

续表

排名	企业名称	销售面积	排名	企业名称	销售面积
89	邦泰集团	196.3	127	明发集团	102.5
90	新希望地产	193.9	128	中洲控股	101.1
91	朗诗绿色集团	191.2	129	景瑞地产	100.3
92	云星集团	186.6	130	仁恒置地	99.9
93	中粮集团	184.1	131	奥克斯地产	98.7
94	光明地产	182.1	132	世纪金源	98.4
95	中迪禾邦	174.6	133	文一地产	98.1
96	北辰实业	169.7	134	福星股份	93.7
97	华地集团	168.5	135	中航里城	93.0
98	永威置业	166.1	136	国购集团	91.0
99	中冶置业	165.6	137	大名城	87.6
100	新鸥鹏地产	157.6	138	港龙地产	87.4
101	海尔地产	149.9	139	华南城	86.2
102	五矿地产	145.2	140	中建信和	83.7
103	合生创展	145.0	141	保集集团	82.6
104	石榴集团	142.4	142	北京城建	81.1
105	国瑞置业	141.3	143	新华联	80.0
106	中天房产	140.9	144	九龙仓	79.2
107	金隅集团	139.9	145	亚新集团	78.4
108	绿都地产	136.7	146	华远地产	77.6
109	鸿通集团	136.3	147	华侨城	75.5
110	鸿坤集团	135.8	148	深业集团	75.4
111	四川滨江	135.4	149	安徽置地	74.5
112	中建东孚	134.1	150	阳光 100	74.1
113	奥山集团	128.4	151	大华集团	71.4
114	星河地产	126.3	152	亿达中国	69.9
115	大发地产	124.2	153	云南城投	69.3
116	金融街	119.6	154	升龙集团	65.6
117	三盛宏业	119.5	155	四川正黄	62.2
118	鲁商置业	114.2	156	天房集团	60.7
119	信达地产	111.0	157	海信地产	60.6
120	华景川集团	109.9	158	雨润地产	58.8
121	实地集团	108.6	159	葛洲坝	58.4
122	麒龙集团	107.4	160	合能地产	56.8
123	中建三局地产	107.2	161	宋都房产	55.8
124	新湖中宝	106.3	162	宝能集团	55.1
125	三巽集团	104.1	163	美好未来	53.1
126	香港置地	103.1	164	银城地产	52.8

续表

排名	企业名称	销售面积	排名	企业名称	销售面积
165	新世界中国	51.9	183	光大地产	41.1
166	星河湾	49.9	184	雅戈尔	40.9
167	天誉置业	48.5	185	苏州高新	39.9
168	众安房产	47.9	186	方直集团	37.6
169	金鹏地产	47.4	187	凯德置地	37.4
170	融汇集团	47.5	188	银亿股份	37.2
171	天地源	46.2	189	国贸地产	37.1
172	大家房产	46.1	190	中华企业	37.0
173	天朗地产	45.8	191	上海建工	35.7
174	正弘置业	45.7	192	锦艺集团	34.9
175	荣安地产	45.2	193	荣和集团	33.2
176	大众置业	45.1	194	华强新城市	33.1
177	澳海控股	45.0	195	天津住宅集团	33.0
178	瑞安房地产	43.6	196	上实发展	32.8
179	北京住总	42.6	197	北科建集团	32.3
180	南山控股	42.2	198	恒盛地产	31.4
181	天一仁和	41.7	199	象屿集团	29.2
182	天安投资	41.3	200	深振业	29.1

数据来源：中国房地产决策咨询系统（CRIC）。

表 6－37　2018 年度中国房地产开发企业销售金额 TOP200

单位：亿元

排名	企业名称	销售金额	排名	企业名称	销售金额
1	碧桂园	7286.9	15	旭辉集团	1625.2
2	万科地产	6069.2	16	金地集团	1623.5
3	中国恒大	5511.0	17	绿城中国	1563.7
4	融创中国	4600.0	18	中南置地	1520.5
5	保利发展	4050.0	19	富力地产	1415.0
6	绿地控股	3812.2	20	正荣集团	1303.4
7	中海地产	2687.9	21	泰禾集团	1303.4
8	新城控股	2204.3	22	金科集团	1291.1
9	华润置地	2106.0	23	中梁控股	1288.7
10	龙湖集团	2006.7	24	中国金茂	1280.0
11	世茂房地产	1761.2	25	融信集团	1218.8
12	招商蛇口	1705.0	26	远洋集团	1095.0
13	华夏幸福	1680.0	27	蓝光发展	1041.7
14	阳光城	1628.4	28	祥生地产	1029.2

续表

排名	企业名称	销售金额	排名	企业名称	销售金额
29	雅居乐	1025.8	67	北大资源	383.4
30	荣盛发展	1005.1	68	朗诗绿色集团	381.3
31	首开股份	990.2	69	华宇集团	375.2
32	龙光集团	915.3	70	复地集团	371.2
33	新力地产	887.3	71	德信地产	366.0
34	中国铁建	886.2	72	三盛集团	350.1
35	佳源集团	875.5	73	金融街	333.1
36	佳兆业	866.1	74	联发集团	320.7
37	滨江集团	850.1	75	当代置业	316.5
38	奥园集团	840.2	76	华鸿嘉信	315.3
39	美的置业	790.3	77	大唐地产	308.6
40	融侨集团	753.0	78	中天城投	307.4
41	金辉集团	746.8	79	新希望地产	303.1
42	建业地产	705.6	80	仁恒置地	302.9
43	首创置业	702.8	81	花样年	301.7
44	合景泰富	655.0	82	鑫苑中国	295.1
45	福晟集团	621.1	83	和昌集团	292.8
46	时代中国	602.3	84	金隅集团	286.6
47	华发股份	554.6	85	中交地产	277.7
48	卓越集团	553.0	86	康桥地产	276.2
49	俊发地产	550.3	87	华侨城	275.6
50	东原地产	548.7	88	协信控股	272.5
51	中粮集团	547.3	89	中冶置业	251.6
52	万达集团	547.2	90	北辰实业	247.4
53	建发房产	544.8	91	景瑞地产	236.3
54	越秀地产	531.0	92	领地集团	235.0
55	中骏集团	515.2	93	海尔地产	233.6
56	禹洲集团	513.3	94	中庚集团	232.1
57	路劲基建	501.9	95	力高地产	230.7
58	正商地产	500.3	96	上坤置业	229.5
59	敏捷地产	463.8	97	方圆地产	221.2
60	弘阳地产	441.2	98	恒泰集团	220.3
61	海伦堡	440.6	99	国瑞置业	219.1
62	红星地产	435.2	100	星河地产	218.5
63	隆基泰和	424.4	101	中天房产	218.4
64	宝龙地产	421.1	102	九龙仓	215.7
65	保利置业	420.1	103	彰泰集团	215.3
66	电建地产	404.2	104	深业集团	215.0

续表

排名	企业名称	销售金额	排名	企业名称	销售金额
105	五矿地产	210.1	141	雅戈尔	119.3
106	石榴集团	204.0	142	文一地产	119.1
107	瑞安房地产	197.4	143	新世界中国	118.5
108	光明地产	195.6	144	葛洲坝	117.9
109	中建东孚	195.4	145	天恒置业	116.1
110	绿都地产	194.3	146	鸿荣源	112.9
111	永威置业	192.3	147	华远地产	111.9
112	信达地产	191.4	148	新华联	111.7
113	大发地产	190.2	149	福星股份	111.2
114	三盛宏业	187.1	150	鲁商置业	108.7
115	大华集团	183.9	151	华景川集团	106.2
116	鸿坤集团	173.9	152	奥克斯地产	105.1
117	邦泰集团	169.9	153	大名城	105.0
118	新湖中宝	168.8	154	银城地产	100.9
119	奥山集团	168.7	155	港龙地产	99.3
120	云星集团	168.1	156	宋都房产	99.0
121	合生创展	163.2	157	阳光100	97.7
122	实地集团	158.0	158	安徽置地	96.6
123	北京城建	156.0	159	北京住总	91.4
124	中建三局地产	155.6	160	亚新集团	89.1
125	中华企业	151.8	161	恒盛地产	88.4
126	中迪禾邦	150.4	162	华南城	88.1
127	新鸥鹏地产	149.6	163	亿达中国	85.8
128	天房集团	139.3	164	宝华集团	81.9
129	星河湾	139.2	165	云南城投	80.3
130	荣安地产	137.8	166	海信地产	79.8
131	明发集团	137.5	167	象屿集团	79.7
132	香港置地	134.0	168	深圳地铁	75.0
133	升龙集团	132.4	169	中建信和	74.5
134	中洲控股	130.2	170	世纪金源	74.2
135	中航里城	130.1	171	国贸地产	72.8
136	鸿通集团	129.9	172	合能地产	70.6
137	四川滨江	129.6	173	三巽集团	70.1
138	华地集团	129.4	174	天朗地产	70.0
139	上海建工	126.5	175	新鸿基	68.6
140	保集集团	124.3	176	北科建集团	68.5

续表

排名	企业名称	销售金额	排名	企业名称	销售金额
177	国购集团	68.2	189	海航地产	57.0
178	方直集团	67.5	190	天安投资	56.8
179	宝能集团	66.6	191	光大地产	56.0
180	大家房产	65.4	192	美好未来	55.9
181	凯德置地	65.2	193	上海证大	55.5
182	天誉置业	63.5	194	苏州高新	54.5
183	天地源	63.4	195	正弘置业	53.6
184	四川正黄	61.6	196	大众置业	53.5
185	众安房产	61.5	197	融汇集团	52.1
186	银亿股份	58.5	198	天阳地产	51.5
187	南山控股	58.1	199	京基集团	51.4
188	上实发展	57.7	200	麒龙集团	51.1

数据来源：中国房地产决策咨询系统（CRIC）。

表 6－38　2018 年度中国房地产开发企业销售权益金额 TOP200

单位：亿元

排名	企业名称	销售金额	排名	企业名称	销售金额
1	中国恒大	5241.0	21	荣盛发展	955.5
2	碧桂园	5203.6	22	蓝光发展	916.7
3	万科地产	4248.4	23	龙光集团	887.8
4	绿地控股	3431.0	24	中国金茂	883.2
5	融创中国	3262.0	25	祥生地产	877.3
6	保利发展	2875.5	26	旭辉集团	861.4
7	中海地产	2511.6	27	正荣集团	833.8
8	华润置地	1811.2	28	融信集团	829.8
9	新城控股	1697.7	29	雅居乐	809.0
10	华夏幸福	1610.0	30	新力地产	796.2
11	世茂房地产	1523.0	31	融侨集团	792.2
12	龙湖集团	1404.7	32	远洋集团	766.5
13	富力地产	1310.6	33	首开股份	731.2
14	阳光城	1250.6	34	奥园集团	714.2
15	招商蛇口	1241.2	35	金辉集团	708.1
16	金地集团	1136.5	36	佳源集团	705.7
17	泰禾集团	1095.3	37	佳兆业	702.6
18	中南置地	1064.8	38	中国铁建	656.7
19	金科集团	1058.7	39	美的置业	648.8
20	中梁控股	990.7	40	越秀地产	559.0

续表

排名	企业名称	销售金额	排名	企业名称	销售金额
41	绿城中国	554.8	79	金隅集团	277.2
42	时代中国	552.5	80	和昌集团	271.7
43	万达集团	547.2	81	花样年	262.1
44	建发房产	544.8	82	中交地产	256.4
45	合景泰富	537.7	83	新希望地产	251.7
46	首创置业	534.1	84	金融街	249.8
47	禹洲集团	519.9	85	中冶置业	247.6
48	中粮集团	507.3	86	深业集团	235.8
49	正商地产	500.3	87	领地集团	235.0
50	俊发地产	480.6	88	华侨城	232.2
51	华发股份	480.3	89	五矿地产	230.0
52	路劲基建	472.8	90	北辰实业	226.5
53	卓越集团	464.1	91	海尔地产	224.6
54	敏捷地产	463.8	92	中建东孚	215.7
55	福晟集团	452.0	93	彰泰集团	215.3
56	海伦堡	440.6	94	康桥地产	211.4
57	建业地产	430.2	95	星河地产	207.4
58	隆基泰和	424.4	96	协信控股	206.6
59	东原地产	422.9	97	仁恒置地	205.4
60	红星地产	403.1	98	绿都地产	205.2
61	中骏集团	398.3	99	大发地产	205.0
62	宝龙地产	384.0	100	石榴集团	204.0
63	滨江集团	374.8	101	恒泰集团	202.2
64	保利置业	370.5	102	九龙仓	200.6
65	电建地产	365.2	103	光明地产	196.5
66	华鸿嘉信	347.5	104	中庚集团	193.8
67	联发集团	345.5	105	景瑞地产	188.8
68	北大资源	333.6	106	三盛宏业	187.5
69	华宇集团	316.9	107	中天房产	181.2
70	复地集团	316.7	108	上坤置业	180.3
71	当代置业	316.5	109	国瑞置业	176.6
72	中天城投	307.4	110	鸿坤集团	175.7
73	信达地产	290.3	111	大华集团	171.8
74	大唐地产	289.6	112	永威置业	171.3
75	弘阳地产	288.1	113	邦泰集团	169.9
76	鑫苑中国	284.6	114	奥山集团	167.8
77	德信地产	282.7	115	保集集团	165.4
78	三盛集团	280.1	116	合生创展	163.2

续表

排名	企业名称	销售金额	排名	企业名称	销售金额
117	实地集团	161.6	155	鲁商置业	97.8
118	港龙地产	157.1	156	北京住总	97.3
119	新湖中宝	156.1	157	华地集团	94.5
120	中建三局地产	155.6	158	安徽置地	90.9
121	云星集团	154.0	159	恒盛地产	88.4
122	中华企业	151.8	160	华南城	88.1
123	中迪禾邦	150.4	161	宝华集团	81.9
124	朗诗绿色集团	150.2	162	云南城投	80.3
125	星河湾	139.3	163	象屿集团	79.7
126	北京城建	138.3	164	深圳地铁	75.0
127	明发集团	137.5	165	中建信和	74.5
128	荣安地产	136.4	166	世纪金源	74.2
129	瑞安房地产	134.4	167	亚新集团	73.5
130	香港置地	134.0	168	合能地产	70.6
131	升龙集团	131.1	169	深振业	70.1
132	新鸥鹏地产	130.4	170	天朗地产	70.0
133	中航里城	130.1	171	国贸地产	69.4
134	鸿通集团	129.9	172	北科建集团	68.6
135	四川滨江	129.6	173	国购集团	68.2
136	上海建工	126.5	174	亿达中国	68.1
137	方圆地产	124.5	175	阳光100	67.1
138	天房集团	119.5	176	宝能集团	66.6
139	葛洲坝	117.9	177	新鸿基	65.9
140	天恒置业	116.1	178	方直集团	65.8
141	雅戈尔	114.5	179	凯德置地	65.2
142	新世界中国	113.2	180	天誉置业	63.5
143	文一地产	113.0	181	天地源	63.4
144	鸿荣源	112.9	182	四川蓝光	63.2
145	华远地产	112.8	183	天阳地产	58.6
146	新华联	111.7	184	银亿股份	58.5
147	福星股份	111.2	185	南山控股	58.1
148	华景川集团	109.9	186	上实发展	57.7
149	银城地产	108.9	187	海航地产	57.0
150	奥克斯地产	105.7	188	天安投资	56.8
151	中洲控股	105.6	189	大家房产	56.1
152	大名城	101.1	190	光大地产	56.0
153	力高地产	100.0	191	美好未来	55.9
154	宋都房产	99.0	192	上海证大	55.5

续表

排名	企业名称	销售金额	排名	企业名称	销售金额
193	三巽集团	54.9	197	融汇集团	52.1
194	苏州高新	54.5	198	京基集团	51.5
195	正弘置业	53.6	199	海信地产	51.1
196	大众置业	53.5	200	麒龙集团	51.0

数据来源：中国房地产决策咨询系统（CRIC）。

4. 上市房企股价情况

表 6-39　沪市房地产企业股价（前复权）涨跌幅排行榜

单位：元

排名	证券代码	证券简称	2017 年收盘价	2018 年收盘价	涨跌幅（%）	最高价	最低价
1	600604. SH	市北高新	7. 19	7. 71	7. 27	11. 36	3. 10
2	600895. SH	张江高科	14. 17	14. 95	5. 51	18. 50	7. 99
3	600848. SH	上海临港	22. 19	20. 68	-6. 79	27. 01	15. 70
4	600736. SH	苏州高新	5. 79	5. 26	-9. 14	6. 90	4. 49
5	600675. SH	中华企业	6. 20	5. 58	-10. 00	6. 47	4. 07
6	600064. SH	南京高科	8. 81	7. 88	-10. 51	9. 71	5. 87
7	600325. SH	华发股份	7. 02	6. 20	-11. 68	8. 94	5. 89
8	600724. SH	宁波富达	3. 77	3. 31	-12. 20	4. 12	2. 90
9	600606. SH	绿地控股	7. 01	6. 11	-12. 82	9. 73	5. 40
10	600048. SH	保利地产	13. 74	11. 79	-14. 19	18. 15	10. 51
11	600603. SH	广汇物流	4. 84	4. 08	-15. 65	5. 85	3. 79
12	600246. SH	万通地产	3. 96	3. 34	-15. 68	5. 32	3. 34
13	600748. SH	上实发展	6. 34	5. 34	-15. 78	6. 83	4. 11
14	600340. SH	华夏幸福	30. 42	25. 45	-16. 34	44. 52	20. 67
15	600376. SH	首开股份	8. 64	7. 19	-16. 81	10. 29	6. 14
16	601155. SH	新城控股	28. 60	23. 69	-17. 17	43. 85	19. 89
17	600665. SH	天地源	4. 16	3. 44	-17. 32	4. 64	3. 08
18	600177. SH	雅戈尔	8. 74	7. 19	-17. 72	9. 72	6. 77
19	600466. SH	蓝光发展	6. 61	5. 38	-18. 56	9. 26	4. 11
20	600890. SH	中房股份	10. 21	8. 27	-19. 00	12. 15	6. 97
21	600383. SH	金地集团	11. 94	9. 62	-19. 42	16. 46	7. 72
22	600223. SH	鲁商置业	3. 87	3. 08	-20. 41	4. 37	2. 61
23	600658. SH	电子城	7. 77	6. 11	-21. 34	8. 01	4. 25
24	600185. SH	格力地产	5. 30	4. 05	-23. 63	6. 35	3. 64
25	600007. SH	中国国贸	16. 76	12. 80	-23. 64	17. 53	12. 80
26	600683. SH	京投发展	5. 47	4. 17	-23. 78	6. 35	3. 48

续表

排名	证券代码	证券简称	2017 年收盘价	2018 年收盘价	涨跌幅（%）	最高价	最低价
27	600052. SH	浙江广厦	3. 79	2. 88	-24. 01	4. 27	2. 59
28	600648. SH	外高桥	18. 30	13. 74	-24. 93	19. 43	12. 33
29	600621. SH	华鑫股份	12. 04	8. 78	-27. 07	15. 01	6. 36
30	600077. SH	宋都股份	3. 55	2. 58	-27. 32	4. 24	2. 26
31	600657. SH	信达地产	5. 44	3. 93	-27. 78	6. 54	3. 11
32	600638. SH	新黄浦	11. 80	8. 52	-27. 78	12. 93	7. 83
33	600641. SH	万业企业	12. 74	9. 08	-28. 73	13. 68	8. 09
34	600684. SH	珠江实业	6. 12	4. 35	-28. 89	7. 20	3. 49
35	600663. SH	陆家嘴	18. 45	12. 99	-29. 59	20. 67	12. 26
36	600743. SH	华远地产	3. 54	2. 42	-31. 61	4. 25	1. 96
37	600162. SH	香江控股	3. 19	2. 18	-31. 62	3. 65	1. 84
38	600708. SH	光明地产	5. 11	3. 49	-31. 76	6. 65	3. 10
39	600225. SH	天津松江	5. 03	3. 42	-32. 01	5. 11	2. 48
40	600639. SH	浦东金桥	16. 58	11. 26	-32. 09	17. 55	10. 05
41	600565. SH	迪马股份	3. 88	2. 60	-33. 03	4. 47	2. 39
42	600173. SH	卧龙地产	5. 68	3. 77	-33. 68	6. 72	3. 20
43	601992. SH	金隅集团	5. 35	3. 50	-34. 56	6. 11	3. 04
44	600153. SH	建发股份	10. 86	7. 05	-35. 06	13. 18	7. 00
45	600649. SH	城投控股	8. 44	5. 47	-35. 20	8. 96	4. 73
46	600647. SH	同达创业	18. 41	11. 88	-35. 46	18. 39	9. 64
47	600463. SH	空港股份	11. 13	7. 16	-35. 65	13. 98	5. 06
48	600159. SH	大龙地产	3. 79	2. 41	-36. 43	4. 58	2. 11
49	600215. SH	长春经开	10. 65	6. 74	-36. 69	11. 16	6. 45
50	600266. SH	北京城建	12. 76	7. 92	-37. 91	13. 98	6. 65
51	600533. SH	栖霞建设	4. 77	2. 94	-38. 42	5. 22	2. 76
52	600555. SH	海航创新	4. 68	2. 88	-38. 46	6. 31	2. 43
53	600095. SH	哈高科	6. 16	3. 72	-39. 61	7. 11	3. 27
54	600732. SH	ST 新梅	7. 56	4. 52	-40. 21	7. 76	3. 46
55	600067. SH	冠城大通	6. 37	3. 72	-41. 60	6. 72	3. 22
56	600716. SH	凤凰股份	5. 52	3. 20	-42. 03	5. 90	2. 90
57	600208. SH	新湖中宝	5. 14	2. 90	-43. 56	5. 59	2. 84
58	600239. SH	云南城投	5. 16	2. 88	-44. 23	6. 24	2. 56
59	600791. SH	京能置业	6. 91	3. 64	-47. 29	7. 96	3. 15
60	600094. SH	大名城	6. 93	3. 65	-47. 29	7. 31	3. 65

续表

排名	证券代码	证券简称	2017 年收盘价	2018 年收盘价	涨跌幅（%）	最高价	最低价
61	600773. SH	西藏城投	11. 66	6. 00	-48. 55	12. 14	5. 57
62	600322. SH	天房发展	6. 41	3. 25	-49. 30	6. 91	3. 25
63	601588. SH	北辰实业	5. 61	2. 71	-51. 73	5. 82	2. 29
64	600503. SH	华丽家族	6. 55	3. 05	-53. 44	6. 84	2. 93
65	600622. SH	光大嘉宝	13. 56	5. 67	-58. 17	13. 99	4. 61
66	600515. SH	海航基础	11. 83	4. 71	-60. 19	13. 09	4. 66
67	600807. SH	ST 天业	10. 01	3. 78	-62. 24	10. 01	1. 82
68	600393. SH	粤泰股份	6. 06	2. 12	-65. 04	6. 73	1. 88
69	600240. SH	*ST 华业	8. 47	2. 59	-69. 41	9. 26	2. 56
70	600568. SH	中珠医疗	7. 72	2. 28	-70. 45	7. 53	2. 15

数据来源：Wind.

表 6-40　深市房地产企业股价（前复权）涨跌幅排行榜

单位：元

排名	证券代码	证券简称	2017 年收盘价	2018 年收盘价	涨跌幅（%）	最高价	最低价
1	000656. SZ	金科股份	4. 69	6. 19	31. 88	6. 26	4. 29
2	002208. SZ	合肥城建	9. 06	9. 88	9. 07	19. 30	8. 03
3	000918. SZ	嘉凯城	7. 00	7. 62	8. 86	9. 50	4. 15
4	000540. SZ	中天金融	4. 87	4. 87	0. 00	4. 87	4. 87
5	000029. SZ	深深房 A	11. 17	11. 17	0. 00	11. 17	11. 17
6	001979. SZ	招商蛇口	19. 04	17. 35	-8. 87	26. 65	16. 10
7	002146. SZ	荣盛发展	9. 05	7. 95	-12. 13	13. 18	6. 70
8	000961. SZ	中南建设	6. 39	5. 61	-12. 18	7. 96	5. 02
9	002016. SZ	世荣兆业	10. 34	9. 02	-12. 76	18. 12	8. 52
10	000014. SZ	沙河股份	10. 77	9. 29	-13. 76	17. 10	8. 72
11	000667. SZ	美好置业	3. 01	2. 50	-16. 98	3. 51	2. 01
12	000002. SZ	万科 A	29. 89	23. 82	-20. 31	39. 58	20. 08
13	000608. SZ	阳光股份	6. 25	4. 90	-21. 62	9. 38	3. 63
14	000069. SZ	华侨城 A	8. 11	6. 35	-21. 72	10. 31	5. 21
15	000043. SZ	中航善达	9. 59	7. 48	-21. 99	10. 13	5. 81
16	000863. SZ	三湘印象	5. 07	3. 91	-22. 84	5. 35	3. 53
17	000534. SZ	万泽股份	13. 74	10. 44	-24. 02	13. 93	10. 07
18	002133. SZ	广宇集团	4. 57	3. 45	-24. 43	5. 05	3. 24
19	000718. SZ	苏宁环球	4. 22	3. 18	-24. 69	5. 47	2. 71
20	000631. SZ	顺发恒业	3. 76	2. 79	-25. 74	4. 37	2. 51
21	000965. SZ	天保基建	5. 19	3. 85	-25. 87	5. 85	3. 65

续表

排名	证券代码	证券简称	2017 年收盘价	2018 年收盘价	涨跌幅（%）	最高价	最低价
22	000616. SZ	海航投资	3. 35	2. 41	-28. 06	3. 76	2. 05
23	000736. SZ	中交地产	10. 35	7. 43	-28. 21	15. 25	7. 31
24	000732. SZ	泰禾集团	19. 78	14. 02	-29. 13	41. 85	13. 87
25	000042. SZ	中洲控股	16. 01	11. 22	-29. 90	19. 25	11. 15
26	000620. SZ	新华联	5. 59	3. 91	-30. 11	6. 58	3. 88
27	000897. SZ	*ST 津滨	3. 38	2. 33	-31. 07	3. 93	2. 11
28	000517. SZ	荣安地产	3. 36	2. 31	-31. 22	5. 92	1. 99
29	000671. SZ	阳光城	7. 80	5. 19	-33. 48	10. 24	4. 87
30	000668. SZ	荣丰控股	14. 94	9. 90	-33. 72	15. 60	7. 27
31	000036. SZ	华联控股	8. 35	5. 51	-34. 01	10. 39	3. 97
32	000573. SZ	粤宏远 A	4. 72	3. 05	-35. 38	5. 57	2. 82
33	000046. SZ	泛海控股	7. 27	4. 67	-35. 80	7. 88	4. 54
34	002305. SZ	南国置业	4. 54	2. 88	-36. 61	4. 88	2. 12
35	000909. SZ	数源科技	10. 48	6. 62	-36. 82	11. 14	5. 99
36	000031. SZ	大悦城	7. 93	4. 88	-38. 46	7. 93	4. 64
37	000402. SZ	金融街	10. 74	6. 44	-40. 06	12. 14	5. 79
38	000514. SZ	渝开发	6. 10	3. 65	-40. 16	7. 18	3. 42
39	000537. SZ	广宇发展	12. 63	7. 49	-40. 72	16. 87	6. 50
40	000558. SZ	莱茵体育	4. 95	2. 90	-41. 41	5. 62	2. 63
41	000691. SZ	亚太实业	7. 83	4. 58	-41. 51	8. 06	3. 05
42	000926. SZ	福星股份	10. 63	6. 12	-42. 45	12. 07	5. 77
43	000090. SZ	天健集团	8. 14	4. 60	-43. 50	9. 25	4. 60
44	000011. SZ	深物业 A	16. 34	9. 18	-43. 80	17. 96	8. 37
45	000615. SZ	京汉股份	9. 69	5. 31	-45. 21	11. 95	5. 11
46	000679. SZ	大连友谊	7. 06	3. 85	-45. 47	7. 31	3. 09
47	000797. SZ	中国武夷	8. 38	4. 55	-45. 68	8. 69	3. 58
48	000006. SZ	深振业 A	9. 56	5. 18	-45. 82	9. 56	4. 67
49	000040. SZ	东旭蓝天	14. 01	7. 23	-48. 38	14. 07	7. 23
50	002244. SZ	滨江集团	7. 86	3. 98	-49. 33	8. 75	3. 35
51	000838. SZ	财信发展	5. 79	2. 93	-49. 41	6. 53	2. 80
52	200160. SZ	东洋 B	2. 27	1. 14	-49. 78	2. 26	0. 90
53	000609. SZ	中迪投资	10. 78	5. 25	-51. 30	11. 58	4. 06
54	002314. SZ	南山控股	6. 20	2. 87	-53. 71	6. 76	2. 59
55	000981. SZ	银亿股份	8. 18	3. 12	-61. 85	9. 95	3. 12
56	000506. SZ	中润资源	7. 37	2. 69	-63. 50	7. 78	2. 65
57	000056. SZ	皇庭国际	13. 22	4. 73	-64. 22	13. 22	4. 67

数据来源：Wind.

表 6－41　港市房地产企业股价（前复权）涨跌幅排行榜

单位：港元,%

排名	证券代码	证券简称	2017 年收盘价	2018 年收盘价	涨跌幅	最高价	最低价
1	1383. HK	太阳城集团	0. 47	1. 23	164. 52	1. 55	0. 46
2	2768. HK	佳源国际控股	7. 11	14. 48	103. 55	16. 20	6. 76
3	1109. HK	华润置地	22. 27	30. 10	35. 16	31. 35	23. 00
4	1570. HK	伟业控股	2. 71	3. 65	34. 69	3. 88	2. 55
5	0106. HK	朗诗绿色集团	0. 72	0. 95	32. 46	1. 18	0. 78
6	0813. HK	世茂房地产	16. 20	20. 90	29. 00	24. 78	14. 92
7	3380. HK	龙光地产	7. 64	9. 81	28. 34	12. 13	6. 84
8	1622. HK	力高集团	3. 50	4. 46	27. 28	5. 07	2. 83
9	0190. HK	香港建设（控股）	5. 55	6. 94	25. 07	7. 74	4. 79
10	0960. HK	龙湖集团	18. 74	23. 04	22. 94	25. 46	16. 35
11	0112. HK	勒泰集团	5. 00	6. 13	22. 60	6. 92	4. 30
12	3883. HK	中国奥园	4. 09	4. 97	21. 63	7. 23	4. 17
13	1233. HK	时代中国控股	7. 39	8. 70	17. 70	13. 68	6. 34
14	1862. HK	景瑞控股	1. 97	2. 25	14. 41	4. 50	1. 84
15	2278. HK	海蓝控股	3. 94	4. 45	12. 94	5. 40	3. 50
16	1098. HK	路劲	12. 55	13. 96	11. 22	15. 51	11. 50
17	0688. HK	中国海外发展	24. 34	26. 90	10. 50	30. 49	22. 37
18	1224. HK	中渝置地	1. 71	1. 89	10. 46	1. 95	1. 65
19	2699. HK	新明中国	1. 17	1. 29	10. 26	1. 48	1. 00
20	0817. HK	中国金茂	3. 20	3. 52	9. 96	4. 95	2. 97
21	1232. HK	金轮天地控股	0. 68	0. 75	9. 71	0. 82	0. 66
22	0755. HK	上海证大	0. 12	0. 13	8. 47	0. 20	0. 11
23	0618. HK	北大资源	0. 25	0. 27	8. 43	0. 62	0. 21
24	0034. HK	九龙建业	7. 60	8. 24	8. 39	8. 92	7. 34
25	3301. HK	融信中国	8. 70	9. 22	5. 98	14. 00	8. 05
26	2608. HK	阳光 100 中国	3. 51	3. 70	5. 41	4. 04	2. 61
27	0123. HK	越秀地产	1. 37	1. 44	5. 18	1. 81	1. 19
28	0230. HK	五矿地产	1. 26	1. 31	4. 08	1. 50	1. 16
29	6166. HK	中国宏泰发展	3. 56	3. 68	3. 39	4. 29	2. 94
30	1908. HK	建发国际集团	6. 66	6. 68	0. 28	8. 97	5. 72
31	0051. HK	海港企业	14. 04	13. 96	－0. 57	15. 97	13. 59
32	0124. HK	粤海置地	1. 75	1. 72	－1. 71	2. 16	1. 56
33	0059. HK	天誉置业	1. 35	1. 33	－1. 73	1. 97	0. 70

续表

排名	证券代码	证券简称	2017 年收盘价	2018 年收盘价	涨跌幅	最高价	最低价
34	3639. HK	亿达中国	2. 51	2. 33	-7. 20	2. 89	2. 12
35	0884. HK	旭辉控股集团	4. 49	4. 16	-7. 45	7. 19	2. 93
36	3333. HK	中国恒大	25. 58	23. 45	-8. 33	28. 19	17. 48
37	2118. HK	天山发展控股	2. 62	2. 39	-8. 71	2. 81	2. 19
38	0173. HK	嘉华国际	4. 10	3. 72	-9. 26	5. 55	3. 21
39	0754. HK	合生创展集团	7. 20	6. 48	-9. 99	8. 82	5. 55
40	1966. HK	中骏集团控股	3. 19	2. 85	-10. 53	4. 37	2. 63
41	1777. HK	花样年控股	1. 02	0. 90	-11. 56	1. 69	0. 75
42	2329. HK	国瑞置业	2. 25	1. 99	-11. 74	2. 62	1. 87
43	1238. HK	宝龙地产	3. 55	3. 08	-13. 24	4. 62	2. 65
44	0604. HK	深圳控股	3. 05	2. 59	-14. 95	3. 40	2. 14
45	0272. HK	瑞安房地产	2. 05	1. 74	-15. 09	2. 58	1. 55
46	2088. HK	西王置业	0. 33	0. 28	-15. 15	0. 35	0. 23
47	3383. HK	雅居乐集团	10. 87	9. 21	-15. 24	15. 68	8. 41
48	1628. HK	禹洲地产	3. 85	3. 23	-16. 14	5. 55	2. 64
49	0832. HK	建业地产	3. 32	2. 77	-16. 52	4. 16	2. 74
50	1329. HK	首创钜大	1. 95	1. 60	-17. 95	2. 27	1. 37
51	0185. HK	正恒国际控股	0. 31	0. 25	-18. 36	0. 34	0. 22
52	1813. HK	合景泰富集团	8. 52	6. 93	-18. 63	12. 56	5. 17
53	1918. HK	融创中国	31. 76	25. 50	-19. 71	38. 34	19. 62
54	3366. HK	华侨城（亚洲）	2. 91	2. 30	-20. 86	4. 75	2. 19
55	0028. HK	天安	5. 03	3. 96	-21. 29	5. 26	3. 74
56	0095. HK	绿景中国地产	2. 93	2. 23	-23. 89	3. 52	2. 12
57	0258. HK	汤臣集团	2. 95	2. 21	-25. 03	3. 72	2. 15
58	2868. HK	首创置业	3. 52	2. 59	-26. 42	4. 70	2. 30
59	2777. HK	富力地产	16. 18	11. 84	-26. 82	21. 85	11. 32
60	2349. HK	中国城市基础设施	0. 42	0. 31	-27. 38	0. 45	0. 26
61	2330. HK	中国上城	0. 24	0. 17	-28. 27	0. 27	0. 15
62	0115. HK	钧濠集团	0. 18	0. 13	-28. 71	0. 29	0. 11
63	2007. HK	碧桂园	13. 38	9. 53	-28. 76	16. 59	7. 89
64	0207. HK	大悦城地产	1. 22	0. 85	-30. 25	1. 43	0. 81
65	0563. HK	上实城市开发	1. 83	1. 27	-30. 42	2. 18	1. 15
66	3377. HK	远洋集团	5. 05	3. 45	-31. 75	6. 24	2. 85
67	1278. HK	中国新城镇	0. 30	0. 20	-32. 53	0. 34	0. 17

续表

排名	证券代码	证券简称	2017 年收盘价	2018 年收盘价	涨跌幅（%）	最高价	最低价
68	0760. HK	新天地产集团	0. 09	0. 06	-34. 04	0. 14	0. 04
69	1207. HK	上置集团	0. 20	0. 13	-34. 67	0. 24	0. 12
70	1838. HK	CHINAPROPERTIES	1. 69	1. 10	-34. 91	1. 83	1. 02
71	0337. HK	绿地香港	2. 99	1. 91	-36. 05	4. 48	1. 78
72	0119. HK	保利置业集团	3. 93	2. 45	-37. 67	4. 42	2. 30
73	0410. HK	SOHO 中国	4. 57	2. 79	-38. 95	4. 96	2. 57
74	1107. HK	当代置业	1. 60	0. 96	-40. 16	1. 94	0. 89
75	3900. HK	绿城中国	9. 84	5. 88	-40. 24	13. 40	5. 05
76	0798. HK	中电光谷	0. 73	0. 43	-40. 87	0. 70	0. 29
77	1638. HK	佳兆业集团	4. 23	2. 50	-40. 93	5. 17	1. 86
78	1321. HK	中国新城市	1. 70	1. 00	-41. 18	1. 70	0. 92
79	0845. HK	恒盛地产	0. 75	0. 42	-44. 67	0. 90	0. 34
80	3688. HK	莱蒙国际	3. 86	2. 10	-45. 55	3. 83	2. 05
81	1168. HK	百仕达控股	1. 03	0. 50	-51. 46	1. 17	0. 50
82	0232. HK	中国航空工业国际	0. 47	0. 19	-58. 72	0. 61	0. 17
83	0217. HK	中国诚通发展集团	0. 51	0. 17	-66. 67	0. 51	0. 17
84	0672. HK	众安房产	0. 92	0. 27	-71. 20	0. 98	0. 27

数据来源：Wind.

表 6-42　海外上市内地房地产企业股价涨跌幅排行榜

单位：美元，%

排名	证券代码	证券简称	2017 年收盘价	2018 年收盘价	涨跌幅	最高价	最低价
1	XIN. N	鑫苑置业	6. 81	3. 80	-39. 64	8. 29	3. 60
2	NASDAQ：HGSH	汉广厦房地产	1. 23	0. 97	-21. 01	4. 48	0. 82
3	NYSE：LEJU	乐居	1. 44	1. 40	-2. 78	2. 35	0. 96

数据来源：新浪财经网。

（二）中国部分优秀房地产企业运营数据

1. 恒大地产集团有限公司

表 6-43　2018 年商品房销售业绩及同比增幅

类　别	数　值	同比（%）
销售金额（亿元）	5513. 40	10. 06
销售面积（万平方米）	5243. 50	4. 25
销售均价（元/平方米）	10515. 00	5. 57

数据来源：企业公告、CRIC.

表 6－44　2017—2018 年企业财务指标

单位：%

财务指标	2018 年	2017 年
净负债率	151.90	183.69
三费费用率	10.19	12.02
总资产周转率	0.26	0.20
长短期债务比	1.11	1.06
现金短债比	0.64	0.81
净利润增长率	79.62	110.30
销售毛利率	36.24	36.09
销售净利率	14.27	11.91

数据来源：企业公告、CRIC.

注：总资产周转率单位为“次”；长短期债务比和现金短债比无单位。下同。

表 6－45　2018 年重点新增土地储备

城　市	宗地名称	属　性	成交时间	建筑面积（万平方米）	成交总价（亿元）	楼板价（元/平方米）
成　都	QBJP2017－9（252）号	商　住	2018－01	36.47	14.38	3943
佛　山	三水区 TD2018（SS）WG0001	商　住	2018－02	28.49	16.60	5826
南　京	金牛湖街道 NO.2018G12 地块	商　住	2018－03	34.70	12.80	3688
呼和浩特	呼国土储告字［2018］01 号	住　宅	2018－04	64.33	13.42	2086
柳　州	静兰路西侧工业园 P（2018）10	商　住	2018－05	19.33	17.02	8805

数据来源：CRIC.

表 6－46　2018 年重点新开盘项目

项目名称	城　市	项目名称	城　市
贵阳文化旅游城	贵　阳	苍南恒大逸合城	温　州
恒大文化旅游城	长　沙	新世界·美丽沙	海　口
恒大海上威尼斯	启　东	恒大未来城	成　都

数据来源：CRIC.

2. 万科企业股份有限公司

表 6－47　2018 年商品房销售业绩及同比增幅

类　别	数　值	同比（%）
销售金额（亿元）	6069.50	14.45
销售面积（万平方米）	4037.70	12.31
销售均价（元/平方米）	15032.00	1.99

数据来源：企业公告、CRIC.

表 6－48　2017—2018 年企业财务指标

单位：%

财务指标	2018 年	2017 年
净负债率	30.89	8.84
三费费用率	8.45	7.08
总资产周转率	0.22	0.24
长短期债务比	1.80	2.06
现金短债比	2.02	2.80
净利润增长率	32.42	31.25
销售毛利率	37.48	34.10
销售净利率	16.55	15.32

数据来源：企业公告、CRIC.

表 6－49　2018 年重点新增土地储备

城　市	宗地名称	属　性	成交时间	建筑面积（万平方米）	成交总价（亿元）	楼板价（元/平方米）
武　汉	武告字（2017 年）21 号	商　住	2018－01	35.54	47.43	13346
天　津	津西青（挂）2018－01 号	住　宅	2018－04	29.85	37.40	12529
南　京	2018 年宁出第 05 号 NO. 2018G26 地块	住　宅	2018－06	39.23	55.60	14173
上　海	徐泾北大型社区崧泽大道北侧 33－01 地块	住　宅	2018－07	8.90	29.53	33180
苏　州	苏地 2018－WG－27 号	住　宅	2018－10	21.55	38.79	18000

数据来源：企业公告、CRIC.

表 6－50　2018 年重点新开盘项目

项目名称	城　市	项目名称	城　市
万科瑧山府	深　圳	万科天空之城	上　海
万科都荟天地	南　京	万科魅力之城 2 期	昆　明
万科海上传奇	上　海	万科魅力之城	长　沙

数据来源：企业公告、CRIC.

3. 碧桂园控股有限公司

表 6－51　2018 年商品房权益销售业绩及同比增幅

类　别	数　值	同比（%）
权益销售金额（亿元）	5018.80	31.30
权益销售面积（万平方米）	5416.00	23.10
销售均价（元/平方米）	9267.00	6.66

数据来源：企业公告、CRIC.

表 6－52　2017—2018 年企业财务指标

单位：%

财务指标	2018 年	2017 年
净负债率	49.55	56.91
三费费用率	7.33	6.62
总资产周转率	0.28	0.28
长短期债务比	1.60	2.15
现金短债比	1.92	2.17
净利润增长率	68.83	110.43
销售毛利率	27.03	25.91
销售净利率	12.81	12.67

数据来源：企业公告、CRIC.

表 6－53　2018 年重点新增土地储备

城　市	宗地名称	属　性	成交时间	建筑面积（万平方米）	成交总价（亿元）	楼板价（元/平方米）
广　州	2018 挂－0126	商　住	2018－02	24.63	20.62	8372
长　沙	［2018］长沙市 023 号	住　宅	2018－05	35.38	12.33	3485
佛　山	2018－0404（顺德区 TD2018（SD）XG0006）	商　住	2018－06	39.15	40.00	10217
上　海	2018 年 52 号公告金山区金山新城 JSC1－0701 单元 02－06 地块	商　住	2018－07	24.69	36.65	14844
佛　山	2018－0828（顺德区 TD2018（SD）XG0010）	商　住	2018－09	88.57	13.40	1513

数据来源：企业公告、CRIC.

表 6－54　2018 年重点新开盘项目

项目名称	城　市	项目名称	城　市
碧桂园凤凰城	西　安	碧桂园·KCC·云南映象	昆　明
碧桂园新亚山湖城	清　远	碧桂园越溪府	杭　州
碧桂园东旭府	杭　州	堂月湾	温　州

数据来源：企业公告、CRIC.

4. 融创中国控股有限公司

表 6－55　2018 年商品房销售业绩及同比增幅

类　别	数　值	同比（%）
销售金额（亿元）	4608.30	27.30
销售面积（万平方米）	3028.00	37.42
销售均价（元/平方米）	15219.00	－7.37

数据来源：企业公告、CRIC.

表 6－56　2017—2018 年企业财务指标

单位:%

财务指标	2018 年	2017 年
净负债率	149. 39	202. 10
三费费用率	11. 07	20. 50
总资产周转率	0. 19	0. 14
长短期债务比	1. 49	1. 79
现金短债比	1. 31	1. 23
净利润增长率	49. 56	296. 97
销售毛利率	24. 96	20. 69
销售净利率	13. 98	17. 71

数据来源：企业公告、CRIC.

表 6－57　2018 年重点新增土地储备

城　市	宗地名称	属　性	成交时间	建筑面积（万平方米）	成交总价（亿元）	楼板价（元/平方米）
宁　波	甬土资告〔2018〕18002 号东部新城核心区以东片区 C1－9#、C2－4#/7#/8#地块	住　宅	2018－07	14. 38	26. 19	18218
宁　波	C1－9#、C2－4#/7#/8#地块	商　住	2018－07	10. 38	27. 38	19920
杭　州	杭政储出〔2018〕42 号	住　宅	2018－11	12. 47	26. 95	21614
杭　州	杭政储出〔2018〕43 号	住　宅	2018－11	8. 91	21. 66	24321
上　海	2018 年 161 号公告闸北区市北高新技术服务业园区 N070501 单元 18－01 地块	住　宅	2018－12	6. 55	30. 52	46610

数据来源：企业公告、CRIC.

表 6－58　2018 年重点新开盘项目

项目名称	城　市	项目名称	城　市
万达城	济　南	同济华城	上　海
融创城	合　肥	融创滨江壹号院	上　海
无锡融创文化旅游城	无　锡	融创昆明文旅城	昆　明

数据来源：企业公告、CRIC.

5. 中国海外发展有限公司

表 6－59　2018 年商品房销售业绩及同比增幅

类　别	数　值	同比（%）
销售金额（亿元）	3012. 40	29. 81
销售面积（万平方米）	1593. 45	10. 17
销售均价（元/平方米）	18905. 00	17. 82

数据来源：企业公告、CRIC.

表 6 - 60　2017—2018 年企业财务指标

单位：%

财务指标	2018 年	2017 年
净负债率	32.49	27.12
三费费用率	4.18	4.33
总资产周转率	0.25	0.27
长短期债务比	5.34	4.86
现金短债比	3.25	3.42
净利润增长率	10.82	9.77
销售毛利率	37.79	32.94
销售净利率	27.24	25.38

数据来源：企业公告、CRIC.

表 6 - 61　2018 年重点新增土地储备

城　市	宗地名称	属　性	成交时间	建筑面积（万平方米）	成交总价（亿元）	楼板价（元/平方米）
北　京	京土整储挂（昌）［2017］103 号	综　合	2018 - 01	29.96	54.50	18192
北　京	京土整储挂（兴）［2017］115 号	综　合	2018 - 02	11.91	32.75	27488
杭　州	杭政储出［2018］16 号	商　住	2018 - 07	9.05	33.39	36894
南　京	2018 年宁新区出第 05 号	住　宅	2018 - 08	32.88	56.40	17152
北　京	京土整储挂（石）［2018］025 号	综　合	2018 - 10	15.28	48.34	31632

数据来源：企业公告、CRIC.

表 6 - 62　2018 年重点新开盘项目

项目名称	城　市	项目名称	城　市
中海寰宇天下	北　京	中海寰宇天下	无　锡
中海华山珑城	济　南	紫御江山	重　庆
中海花湾壹号	广　州	中海和平之门	沈　阳

数据来源：企业公告、CRIC.

6. 龙湖地产有限公司

表 6 - 63　2018 年商品房销售业绩及同比增幅

类　别	数　值	同比（%）
销售金额（亿元）	2006.40	28.55
销售面积（万平方米）	1236.30	21.60
销售均价（元/平方米）	16229.00	5.72

数据来源：企业公告、CRIC.

表 6－64　2017—2018 年企业财务指标

单位：%

财务指标	2018 年	2017 年
净负债率	52.95	47.70
三费费用率	7.48	7.09
总资产周转率	0.46	0.25
长短期债务比	9.20	12.85
现金短债比	3.85	4.79
净利润增长率	26.78	65.87
销售毛利率	34.14	33.90
销售净利率	18.04	22.86

数据来源：企业公告、CRIC.

表 6－65　2018 年重点新增土地储备

城　市	宗地名称	属　性	成交时间	建筑面积（万平方米）	成交总价（亿元）	楼板价（元/平方米）
南　京	2018 年宁出第 08 号 NO.2018G41	住　宅	2018－09	16.87	23.60	13993
长　沙	［2018］长沙市 065 号	商　住	2018－10	59.78	38.86	6500
北　京	京土整储挂（顺）［2018］045 号	商　住	2018－12	6.50	20.40	31390
合　肥	合国土资公告（2018）61 号	商　住	2018－12	38.53	14.52	3776
成　都	LQ21（252）：2018－21	住　宅	2018－12	19.11	17.77	9300

数据来源：企业公告、CRIC.

表 6－66　2018 年重点新开盘项目

项目名称	城　市	项目名称	城　市
龙湖天璞	上　海	龙湖九里晴川	重　庆
龙湖・春江郦城	济　南	龙湖两江新宸	重　庆
龙湖昱湖壹号	重　庆	龙湖西溪天街	杭　州

数据来源：企业公告、CRIC.

7. 新城控股集团股份有限公司

表 6－67　2018 年商品房销售业绩及同比增幅

类　别	数　值	同比（%）
销售金额（亿元）	2210.98	74.78
销售面积（万平方米）	1812.06	74.80
销售均价（元/平方米）	12824.00	－11.71

数据来源：企业公告、CRIC.

表 6－68　2017—2018 年企业财务指标

单位：%

财务指标	2018 年	2017 年
净负债率	49.20	67.40
三费费用率	9.90	10.38
总资产周转率	0.21	0.28
长短期债务比	2.52	1.82
现金短债比	2.31	1.62
净利润增长率	95.00	98.40
销售毛利率	36.69	35.56
销售净利率	22.60	15.40

数据来源：企业公告、CRIC.
注：对 2017 年的数据有修正。

表 6－69　2018 年重点新增土地储备

城　市	宗地名称	属　性	成交时间	建筑面积（万平方米）	成交总价（亿元）	楼板价（元/平方米）
温　州	浙江省温州市开发区西单元 C 街坊核心地块	商　住	2018－02	36.96	32.65	8834
北　京	京土整储挂（顺）［2018］043 号地块	商　住	2018－12	10.41	23.30	22385
南　京	江苏省南京市编号为 NO.2018G56 号地块	商　住	2018－12	11.07	17.50	15802
常　州	武进区延政中大道南侧凤林北路东侧地块	商　住	2018－12	29.56	21.70	7342
杭　州	杭大江东储出［2017］8 号地块	商　住	2018－12	28.56	19.82	6939

数据来源：企业公告、CRIC.

表 6－70　2018 年重点新开盘项目

项目名称	城　市	项目名称	城　市
新城香悦公馆	杭　州	茗悦华庭	张家港
龙湖天璞	杭　州	新城香溢澜庭	济　南
新城桃李郡	常　州	悦隽府	淮　安

数据来源：企业公告、CRIC.

8. 华润置地有限公司

表 6－71　2018 年商品房销售业绩及同比增幅

类　别	数　值	同比（%）
销售金额（亿元）	2106.80	38.50
销售面积（万平方米）	1198.90	25.63
销售均价（元/平方米）	17573.00	10.24

数据来源：企业公告、CRIC.

表 6－72　2017—2018 年企业财务指标

单位：%

财务指标	2018 年	2017 年
净负债率	33.89	35.90
三费费用率	8.32	8.47
总资产周转率	0.20	0.16
长短期债务比	4.98	3.11
现金短债比	3.21	2.10
净利润增长率	25.41	12.93
销售毛利率	43.39	40.18
销售净利率	22.51	21.34

数据来源：企业公告、CRIC.

表 6－73　2018 年重点新增土地储备

城　市	宗地名称	属　性	成交时间	建筑面积（万平方米）	成交总价（亿元）	楼板价（元/平方米）
广　州	增国土规划挂牌告字（2018）6 号	住　宅	2018－04	25.60	32.18	12570
北　京	京土整储挂（丰）［2018］009 号	商　住	2018－06	29.08	49.80	17123
惠　州	惠公易土市直［2018］008 号	住　宅	2018－08	64.11	32.69	5100
杭　州	余政储出［2018］40 号	商　住	2018－12	49.72	36.00	7241
北　京	京土整储挂（昌）［2018］047 号	商　住	2018－12	32.79	69.00	21040

数据来源：企业公告、CRIC.

表 6－74　2018 年重点新开盘项目

项目名称	城　市	项目名称	城　市
华润国际社区	南　京	华润城润府	深　圳
华发华润静安府	上　海	华润华发静安府	上　海
华润城	青　岛	华润江南府	无　锡

数据来源：企业公告、CRIC.

9. 富力地产股份有限公司

表 6－75　2018 年商品房销售业绩及同比增幅

类　别	数　值	同比（%）
销售金额（亿元）	1310.60	60.10
销售面积（万平方米）	1018.00	60.97
销售均价（元/平方米）	12874.00	－0.23

数据来源：企业公告、CRIC.

表 6－76　2017—2018 年企业财务指标

单位:%

财务指标	2018 年	2017 年
净负债率	184.07	169.55
三费费用率	9.74	8.37
总资产周转率	0.23	0.26
长短期债务比	2.12	4.01
现金短债比	0.66	1.13
净利润增长率	－59.26	203.63
销售毛利率	36.37	35.36
销售净利率	10.84	14.03

数据来源：企业公告、CRIC.
注 2：对 2017 年的数据有修正。

表 6－77　2018 年重点新增土地储备

城　市	宗地名称	属　性	成交时间	建筑面积（万平方米）	成交总价（亿元）	楼板价（元/平方米）
郑　州	郑政出〔2018〕61 号地块	住　宅	2018－05	2.50	1.20	4800
乌鲁木齐	水磨沟区 2012－C－063－1 地块	商　住	2018－06	14.73	6.05	4109
通　辽	清河大街以北 201839 号	住　宅	2018－11	18.19	0.87	477
包　头	昆都仑区北部地区〔2018〕2402 号	住　宅	2018－11	8.92	2.20	2465
苏　州	苏地 2018－WG－28 号	商　住	2018－11	34.06	27.47	8067

数据来源：企业公告、CRIC.

表 6－78　2018 年重点新开盘项目

项目名称	城　市	项目名称	城　市
富力桃园 C 区	成　都	富力御湖半岛	宁　波
富力建业尚悦居	郑　州	富力尚悦居	沈　阳
富力·运河Ⅰ号	无　锡	富力白鹭湾	西　安

数据来源：企业公告、CRIC.

10. 招商局蛇口工业区控股股份有限公司

表 6－79　2018 年商品房销售业绩及同比增幅

类　别	数　值	同比（%）
销售金额（亿元）	1705.84	51.26
销售面积（万平方米）	827.35	45.15
销售均价（元/平方米）	20618.00	4.21

数据来源：企业公告、CRIC.

表 6－80　2017—2018 年企业财务指标

单位:%

财务指标	2018 年	2017 年
净负债率	45.01	58.41
三费费用率	6.26	4.75
总资产周转率	0.42	0.26
长短期债务比	2.04	2.27
现金短债比	1.76	1.49
净利润增长率	29.66	23.53
销售毛利率	39.49	37.66
销售净利率	22.04	19.89

数据来源：企业公告、CRIC.

表 6－81　2018 年重点新增土地储备

城　市	宗地名称	属　性	成交时间	建筑面积（万平方米）	成交总价（亿元）	楼板价（元/平方米）
天　津	津北辰北（挂）2017－189 号	商　住	2018－02	25.98	46.00	17705
天　津	津北辰北（挂）2017－188 号	商　住	2018－02	17.77	29.50	16599
宁　波	甬土资告〔2018〕03002 号	住　宅	2018－03	19.34	38.00	19650
杭　州	萧政储出（2018）17 号	住　宅	2018－05	21.87	56.42	25796
无　锡	XDG－2018－3 号地块	住　宅	2018－06	21.64	17.30	7993

数据来源：企业公告、CRIC.

表 6－82　2018 年重点新开盘项目

项目名称	城　市	项目名称	城　市
海上世界双玺花园	深　圳	葛洲坝招商紫郡兰园	南　京
太子湾商务广场	深　圳	红山 6979	深　圳
招商依云曲江	西　安	招商雍华府	广　州

数据来源：CRIC.

11. 旭辉集团股份有限公司

表 6－83　2018 年商品房销售业绩及同比增幅

类　别	数　值	同比（%）
销售金额（亿元）	1520.00	46.15
销售面积（万平方米）	956.94	52.10
销售均价（元/平方米）	15884.00	－3.91

数据来源：企业公告、CRIC.

表 6－84　2017—2018 年企业财务指标

单位:%

财务指标	2018 年	2017 年
净负债率	67.24	50.90
三费费用率	8.60	5.90
总资产周转率	0.22	0.26
长短期债务比	4.81	2.62
现金短债比	3.33	2.52
净利润增长率	15.77	94.3
销售毛利率	25.05	27.09
销售净利率	16.80	19.32

数据来源：企业公告、CRIC.

表 6－85　2018 年重点新增土地储备

城　市	宗地名称	属　性	成交时间	建筑面积（万平方米）	成交总价（亿元）	楼板价（元/平方米）
南　通	南通市本级网挂［2018］21 号	住　宅	2018－04	7.85	8.50	10820
常　州	JZX20180701	商　住	2018－05	14.96	15.30	10229
衢　州	衢市告字［2018］4 号	商　住	2018－05	19.99	9.11	4558
沈　阳	2018－007	商　住	2018－06	22.36	10.73	4800
成　都	成公资土拍告（2018）52 号	住　宅	2018－12	13.70	13.84	10100

数据来源：企业公告、CRIC.

表 6－86　2018 年重点新开盘项目

项目名称	城　市	项目名称	城　市
千江凌云	重　庆	旭辉国悦府	西　安
旭辉湖山樾	南　宁	旭辉正荣首府	郑　州
旭辉华宇江悦府	武　汉	银城旭辉云台天境	南　京

数据来源：CRIC.

12. 阳光城集团股份有限公司

表 6－87　2018 年商品房销售业绩及同比增幅

类　别	数　值	同比（%）
销售金额（亿元）	1628.56	77.93
销售面积（万平方米）	1266.38	92.05
销售均价（元/平方米）	12860.00	－7.35

数据来源：企业公告、CRIC.

表 6 - 88　2017—2018 年企业财务指标

单位:%

财务指标	2018 年	2017 年
净负债率	182.22	252.26
三费费用率	6.99	6.83
总资产周转率	0.24	0.20
长短期债务比	1.34	1.33
现金短债比	0.79	0.75
净利润增长率	75.30	55.68
销售毛利率	26.06	25.08
销售净利率	6.92	6.72

数据来源：企业公告、CRIC.

注：对 2017 年的数据有修正。

表 6 - 89　2018 年重点新增土地储备

城　市	宗地名称	属　性	成交时间	建筑面积（万平方米）	成交总价（亿元）	楼板价（元/平方米）
苏　州	苏地 2017 - WG - 61 号	商　住	2018 - 01	7.60	9.44	12421
绍　兴	绍兴越城区（镜湖）绿洲路一号地块	商　住	2018 - 07	57.91	10.39	1794
温　州	金海园区 C - 09	商　住	2018 - 07	22.55	9.41	4173
杭　州	富政储出［2018］16 号	住　宅	2018 - 08	17.26	19.05	11034
杭　州	富政储出［2018］32 号	商　住	2018 - 12	8.72	26.18	30023

数据来源：企业公告、CRIC.

表 6 - 90　2018 年重点新开盘项目

项目名称	城　市	项目名称	城　市
阳光城未来悦	杭　州	绿岛湖壹号	佛　山
阳光城翡丽公园	杭　州	南宁阳光城丽景湾	南　宁
阳光城 · 丽兹 plus	西　安	阳光城大都会	福　州

数据来源：企业公告、CRIC.

13. 世茂房地产控股有限公司

表 6 - 91　2018 年商品房销售业绩及同比增幅

类　别	数　值	同比（%）
销售金额（亿元）	1761.46	74.80
销售面积（万平方米）	1068.70	76.29
销售均价（元/平方米）	16482.00	-0.84

数据来源：企业公告、CRIC.

表 6 - 92　2017—2018 年企业财务指标

单位:%

财务指标	2018 年	2017 年
净负债率	56. 57	56. 33
三费费用率	7. 69	7. 36
总资产周转率	0. 22	0. 25
长短期债务比	2. 49	3. 81
现金短债比	1. 58	1. 81
净利润增长率	16. 46	40. 75
销售毛利率	31. 51	30. 43
销售净利率	14. 40	15. 01

数据来源：企业公告、CRIC.

表 6 - 93　2018 年重点新增土地储备

城　市	宗地名称	属　性	成交时间	建筑面积（万平方米）	成交总价（亿元）	楼板价（元/平方米）
漳　州	漳州 2017P08（龙文区闽南水乡 05 地块）	商　住	2018 - 01	33. 38	36. 00	10784
天　津	天津武清 2016 - 70 号地块	商　住	2018 - 01	26. 65	31. 99	12004
北　京	北京丰台小瓦窑地块	住　宅	2018 - 01	7. 62	31. 25	41032
福　州	福州宗地 2018 - 01 地块	商　住	2018 - 04	23. 19	33. 12	14282
厦　门	厦门 2018HP01（海沧马銮湾）	商　住	2018 - 06	11. 60	29. 10	25086

数据来源：企业公告、CRIC.

表 6 - 94　2018 年重点新开盘项目

项目名称	城　市	项目名称	城　市
世茂璀璨天城	福　州	世茂御龙湾	晋　江
世茂城	成　都	世茂九溪墅	张家港
世茂 · 公园美地三期	青　岛	世茂璀璨滨江	福　州

数据来源：企业公告、CRIC.

14. 雅居乐集团控股有限公司

表 6 - 95　2018 年商品房销售业绩及同比增幅

类　别	数　值	同比（%）
销售金额（亿元）	1026. 70	14. 45
销售面积（万平方米）	797. 70	8. 43
销售均价（元/平方米）	12871. 00	5. 60

数据来源：企业公告、CRIC.

表 6－96　2017—2018 年企业财务指标

单位：%

财务指标	2018 年	2017 年
净负债率	79.10	71.40
三费费用率	12.10	10.10
总资产周转率	0.26	0.35
长短期债务比	1.51	1.27
现金短债比	1.28	0.90
净利润增长率	23.30	122.30
销售毛利率	43.90	40.10
销售净利率	14.90	13.10

数据来源：企业公告、CRIC.
注：对 2017 年的数据有修正。

表 6－97　2018 年重点新增土地储备

城　市	宗地名称	属　性	成交时间	建筑面积（万平方米）	成交总价（亿元）	楼板价（元/平方米）
商　丘	商土网挂 2018－10 号商丘日月湖	商　住	2018－06	15.80	4.20	2658
河　源	河公易土［2018］11 号	商　住	2018－07	28.30	11.10	3922
成　都	QBJP2018－3（252）号地块	住　宅	2018－07	11.20	5.80	5179
天　津	津宝（挂）2018－048 号宗地	住　宅	2018－12	7.54	2.06	2730
天　津	津宝（挂）2018－050 号宗地	住　宅	2018－12	7.46	1.97	2640

数据来源：企业公告、CRIC.

表 6－98　2018 年重点新开盘项目

项目名称	城　市	项目名称	城　市
雅居乐新城	中　山	雅居乐剑桥郡	中　山
成都雅居乐花园	成　都	沈阳雅居乐花园	沈　阳
雅居乐山海郡	中　山	亚运城天峯	广　州

数据来源：企业公告、CRIC.

15. 正荣集团有限公司

表 6－99　2018 年商品房销售业绩及同比增幅

类　别	数　值	同比（%）
销售金额（亿元）	1080.00	53.95
销售面积（万平方米）	644.30	69.76
销售均价（元/平方米）	16762.00	－9.31

数据来源：企业公告、CRIC.

表 6－100　2017—2018 年企业财务指标

单位:%

财务指标	2018 年	2017 年
净负债率	74.04	166.84
三费费用率	8.46	9.29
总资产周转率	0.21	0.21
长短期债务比	0.95	0.91
现金短债比	1.19	0.94
净利润增长率	46.74	22.38
销售毛利率	22.76	21.09
销售净利率	8.44	7.61

数据来源：企业公告、CRIC.

表 6－101　2018 年重点新增土地储备

城　市	宗地名称	属　性	成交时间	建筑面积（万平方米）	成交总价（亿元）	楼板价（元/平方米）
福　清	2018 拍－02 号	住　宅	2018－01	15.66	10.08	6438
福　清	2018 拍－03 号	住　宅	2018－01	14.89	9.00	6045
平　潭	岚环土让告告字［2018］8 号 2018G036 地块	商　住	2018－06	14.89	11.63	7809
常　熟	2018A－009	住　宅	2018－07	13.08	12.45	9522
濮　阳	濮华地 2017－C－04 号	住　宅	2018－11	21.65	2.23	1029

数据来源：企业公告、CRIC.

表 6－102　2018 年重点新开盘项目

项目名称	城　市	项目名称	城　市
正荣府	福　州	梅溪正荣府	长　沙
正荣府	天　津	都会 1907	合　肥
正荣木兰紫阙	莆　田	正荣悦棠湾	苏　州

数据来源：CRIC.

16. 上海中梁地产集团有限公司

表 6－103　2018 年商品房销售业绩及同比增幅

类　别	数　值	同比（%）
销售金额（亿元）	1288.70	70.04
销售面积（万平方米）	1297.10	108.20
销售均价（元/平方米）	9935.00	－18.33

数据来源：企业公告、CRIC.

表 6－104　2018 年重点新增土地储备

城　市	宗地名称	属　性	成交时间	建筑面积（万平方米）	成交总价（亿元）	楼板价（元/平方米）
安　庆	安庆市东部新城中山大道 2018－7 号	商　住	2018－04	58.89	15.10	2564
义　乌	义乌经开区江湾有机更新区块 1 号	商　住	2018－05	20.69	22.80	11021
温　州	温州市城市中心区 A－28、A－44、A－49b	商　住	2018－07	47.12	69.20	14687
丽　水	丽水市北城板块绿谷信息产业园北侧	商　住	2018－08	22.88	16.30	7124
温　州	温州鹿城市中板块 D－14、D－17 地块	商　住	2018－11	26.49	18.74	7074

数据来源：企业公告、CRIC.

表 6－105　2018 年重点新开盘项目

项目名称	城　市	项目名称	城　市
中梁香缇公馆	徐　州	中梁・玖墅	宁　波
翡翠雅园	丽　水	中梁壹号院	温　州
中梁・首府	徐　州	中梁・玖号院	台　州

数据来源：企业公告、CRIC.

17. 重庆金科实业（集团）有限公司

表 6－106　2018 年商品房销售业绩及同比增幅

类　别	数　值	同比（%）
销售金额（亿元）	1188.00	88.57
销售面积（万平方米）	1342.00	59.19
销售均价（元/平方米）	8852.00	18.45

数据来源：企业公告、CRIC.

表 6－107　2017—2018 年企业财务指标

单位：%

财务指标	2018 年	2017 年
净负债率	136.51	218.22
三费费用率	12.01	10.91
总资产周转率	0.21	0.26
长短期债务比	1.95	2.77
现金短债比	1.08	1.04
净利润增长率	75.97	27.68
销售毛利率	28.57	21.32
销售净利率	9.75	6.58

数据来源：企业公告、CRIC.

表 6－108　2018 年重点新增土地储备

城　市	宗地名称	属　性	成交时间	建筑面积（万平方米）	成交总价（亿元）	楼板价（元/平方米）
杭　州	牛田单元 R21－04 地块	住　宅	2018－04	11.58	33.43	28869
攀枝花	花城新区 2018－R16#号地块	住　宅	2018－05	30.35	4.30	1417
南　昌	九龙湖 JLH1204－A02 地块	综　合	2018－09	12.70	9.66	7606
宁　波	北仑区 ZB03－04－08D 地块	住　宅	2018－12	7.99	10.52	13166
合　肥	高新区新 XZQTD247 项目	住　宅	2018－12	23.82	13.58	5699

数据来源：企业公告、CRIC.

表 6－109　2018 年重点新开盘项目

项目名称	城　市	项目名称	城　市
金科米兰尔家公寓	无　锡	千江凌云	重　庆
金科城	郑　州	金科保利·北郡	常　州
桃李郡	重　庆	金科集美阳光	重　庆

数据来源：CRIC.

18. 融信（福建）投资集团有限公司

表 6－110　2018 年商品房销售业绩及同比增幅

类　别	数　值	同比（%）
销售金额（亿元）	1218.84	73.35
销售面积（万平方米）	562.41	25.15
销售均价（元/平方米）	21672.00	38.52

数据来源：企业公告、CRIC.

表 6－111　2017—2018 年企业财务指标

单位：%

财务指标	2018 年	2017 年
净负债率	105.39	159.09
三费费用率	8.06	4.85
总资产周转率	0.18	0.23
长短期债务比	1.52	2.18
现金短债比	1.01	0.94
净利润增长率	31.18	55.40
销售毛利率	23.47	16.56
销售净利率	10.10	8.72

数据来源：企业公告、CRIC.

表 6-112　2018 年重点新增土地储备

城　市	宗地名称	属　性	成交时间	建筑面积（万平方米）	成交总价（亿元）	楼板价（元/平方米）
杭　州	杭政储出［2017］75 号	商　住	2018-01	3.23	10.19	31551
杭　州	萧政储出（2018）4 号	商　住	2018-01	6.33	11.14	17599
海　宁	海土告字［2018］第 3 号海土字 18004 号	商　住	2018-03	7.92	5.70	7200
杭　州	萧政储出（2018）14 号	住　宅	2018-03	25.12	43.04	17134
海　宁	海土告字［2018］第 21 号海土字 18130 号	商　住	2018-07	11.22	4.42	3939

数据来源：企业公告、CRIC.

表 6-113　2018 年重点新开盘项目

项目名称	城　市	项目名称	城　市
融信公馆 ARC	杭　州	万科·西雅图	杭　州
融信保利创世纪	杭　州	融信江湾公馆	上　海
融信·萧山公馆	杭　州	融信铂悦湾	厦　门

数据来源：企业公告、CRIC.

19. 荣盛房地产发展股份有限公司

表 6-114　2018 年商品房销售业绩及同比增幅

类　别	数　值	同比（%）
销售金额（亿元）	1015.63	54.73
销售面积（万平方米）	983.40	49.51
销售均价（元/平方米）	10328.00	3.49

数据来源：企业公告、CRIC.

表 6-115　2017—2018 年企业财务指标

单位：%

财务指标	2018 年	2017 年
净负债率	87.86	123.75
三费费用率	7.95	7.22
总资产周转率	0.27	0.22
长短期债务比	1.33	1.75
现金短债比	1.14	1.08
净利润增长率	36.15	39.04
销售毛利率	31.46	29.50
销售净利率	14.68	15.71

数据来源：企业公告、CRIC.

注：对 2017 年的数据有修正。

表 6－116　2018 年重点新增土地储备

城　市	宗地名称	属　性	成交时间	建筑面积（万平方米）	成交总价（亿元）	楼板价（元/平方米）
张家口	张家口市 2017－20 号	商　业	2018－01	33.07	0.41	125
漯　河	漯河市郾城区淞江路南侧、岷山路东侧地块	商　住	2018－04	41.23	8.66	2100
滁　州	滁州市 3411030110130047000 号地块	商　住	2018－07	28.66	2.92	1019
漯　河	合肥市 BH2017－06 号地块	住　宅	2018－09	26.80	24.33	9079

数据来源：企业公告、CRIC.

表 6－117　2018 年重点新开盘项目

项目名称	城　市	项目名称	城　市
荣盛锦绣学府	天　津	荣盛城	沈　阳
荣盛锦绣学府	天　津	荣盛祝福花语水岸	郑　州
锦绣外滩	青　岛	荣盛锦绣外滩	青　岛

数据来源：企业公告、CRIC.

20. 绿城中国控股有限公司

表 6－118　2018 年商品房销售业绩及同比增幅

类　别	数　值	同比（%）
销售金额（亿元）	1564.00	6.90
销售面积（万平方米）	812.00	－1.81
销售均价（元/平方米）	19261.00	8.88

数据来源：企业公告、CRIC.

表 6－119　2017—2018 年企业财务指标

单位：%

财务指标	2018 年	2017 年
净负债率	55.29	35.85
三费费用率	12.09	14.19
总资产周转率	0.23	0.21
长短期债务比	3.66	3.14
现金短债比	2.76	2.83
净利润增长率	－11.07	20.18
销售毛利率	22.81	19.25
销售净利率	3.94	6.37

数据来源：企业公告、CRIC.

表 6－120　2018 年重点新增土地储备

城　市	宗地名称	属　性	成交时间	建筑面积（万平方米）	成交总价（亿元）	楼板价（元/平方米）
舟　山	DH－46－01－01、04 号地块	商　住	2018－04	15. 11	13. 57	8981
广　州	南沙 2018NJY－9	住　宅	2018－11	9. 23	9. 92	10741
天　津	津西解放（挂）2018－201 号地块	综　合	2018－12	11. 51	18. 00	15639
南　通	洪江路北、通富北路 R18045 地块	住　宅	2018－12	27. 15	20. 98	7727
重　庆	两江新区礼嘉组团 F 标准分区 F05－11/04 号宗地	住　宅	2018－12	21. 31	13. 20	6194

数据来源：企业公告、CRIC.

表 6－121　2018 年重点新开盘项目

项目名称	城　市	项目名称	城　市
绿城·黄浦湾	武　汉	绿城沈阳全运村	沈　阳
绿城·西溪雲庐	杭　州	绿城新兴玉园	西　安
绿城春江明月	苏　州	绿城深蓝	南　京

数据来源：CRIC.

21. 中国金茂控股集团有限公司

表 6－122　2018 年商品房销售业绩及同比增幅

类　别	数　值	同比（%）
销售金额（亿元）	1280. 00	84. 70
销售面积（万平方米）	501. 24	51. 92
销售均价（元/平方米）	25537. 00	21. 58

数据来源：企业公告、CRIC.

表 6－123　2017—2018 年企业财务指标

单位:%

财务指标	2018 年	2017 年
净负债率	79. 46	73. 28
三费费用率	15. 21	11. 06
总资产周转率	15. 69	15. 98
长短期债务比	3. 00	1. 56
现金短债比	1. 17	0. 81
净利润增长率	43. 23	12. 61
销售毛利率	37. 53	32. 31
销售净利率	19. 05	16. 57

数据来源：企业公告、CRIC.
注：对 2017 年的数据有修正。

表 6－124　2018 年重点新增土地储备

城　市	宗地名称	属　性	成交时间	建筑面积（万平方米）	成交总价（亿元）	楼板价（元/平方米）
无　锡	无锡市滨湖区 XDG－2017－50 号地块	住　宅	2018－07	10.21	11.48	11239
宁　波	宁波北仑区 CX09－01a 号地块	住　宅	2018－07	21.13	10.00	4732
宁　波	宁波余姚市 2018－61 号谭家岭西路北侧、西环南路东侧地块	住　宅	2018－07	6.69	5.02	7506
西　安	西土出告字〔2018〕72 号浐灞生态区 CB4－10－20 地块	住　宅	2018－09	11.74	7.77	6621

数据来源：企业公告、CRIC.

表 6－125　2018 年重点新开盘项目

项目名称	城　市	项目名称	城　市
嘉兴路劲金茂	嘉　兴	徐州楚河金茂府项目	徐　州
苏州姑・金茂悦项目	苏　州	济南高新金茂墅项目	济　南
嘉兴正荣金茂	嘉　兴	株洲・金茂悦项目	株　洲

数据来源：企业公告、CRIC.

22. 四川蓝光发展股份有限公司

表 6－126　2018 年商品房销售业绩及同比增幅

类　别	数　值	同比（%）
销售金额（亿元）	855.39	47.10
销售面积（万平方米）	801.65	31.58
销售均价（元/平方米）	10670.00	11.80

数据来源：企业公告、CRIC.

表 6－127　2017—2018 年企业财务指标

单位：%

财务指标	2018 年	2017 年
净负债率	102.70	91.53
三费费用率	10.98	10.71
总资产周转率	0.25	0.29
长短期债务比	2.66	2.83
现金短债比	1.74	1.62
净利润增长率	99.57	40.55
销售毛利率	27.75	25.04
销售净利率	8.10	5.09

数据来源：企业公告、CRIC.

表 6－128　2018 年重点新增土地储备

城　市	宗地名称	属　性	成交时间	建筑面积（万平方米）	成交总价（亿元）	楼板价（元/平方米）
宁　波	奉土出告字［2018］01019 号	商　住	2018－05	13.00	8.70	6610
达　州	DST（P）［2018］1 号	住　宅	2018－05	20.09	10.24	5100
南　宁	邕宁区龙华路南侧 GC2018－034 号地块	商　住	2018－06	19.63	7.75	3950
衡　水	衡公土告字［2018］22 号	住　宅	2018－06	31.18	7.58	2430
洛　阳	洛龙区 LYTD－2018－19	商　住	2018－08	20.38	8.07	3960

数据来源：企业公告、CRIC.

表 6－129　2018 年重点新开盘项目

项目名称	城　市	项目名称	城　市
蓝光欢乐城	昆　明	蓝光·雍锦里	无　锡
蓝光雍锦香颂	天　津	蓝光公园华府	成　都
蓝光雍锦半岛	合　肥	蓝光·雍锦园	无　锡

数据来源：企业公告、CRIC.

23. 龙光地产控股有限公司

表 6－130　2018 年商品房销售业绩及同比增幅

类　别	数　值	同比（%）
销售金额（亿元）	718.03	65.37
销售面积（万平方米）	440.14	81.43
销售均价（元/平方米）	16314.00	－8.85

数据来源：企业公告、CRIC.

表 6－131　2017—2018 年企业财务指标

单位：%

财务指标	2018 年	2017 年
净负债率	63.95	68.66
三费费用率	8.57	8.48
总资产周转率	0.31	0.28
长短期债务比	2.42	1.62
现金短债比	2.06	1.43
净利润增长率	28.36	34.78
销售毛利率	33.73	34.37
销售净利率	20.38	25.31

数据来源：企业公告、CRIC.

表 6－132　2018 年重点新增土地储备

城　市	宗地名称	属　性	成交时间	建筑面积（万平方米）	成交总价（亿元）	楼板价（元/平方米）
中　山	2018 挂－0103（中土告字［2017］0150 号）古镇镇 W10－17－0150 地块	商　住	2018－02	21.42	12.85	5999
肇　庆	肇鼎国土资新区告［2018］4 号）肇庆新区核心商务区，中央绿轴以东，新区中路以西 2018－5 号	住　宅	2018－04	115.73	16.50	1426
佛　山	2018－0424（顺德区 TD2018（SD）WG0003）	商　住	2018－05	18.48	20.33	11001
佛　山	2018－0428（禅城区 TD2018（CC）XG0005）	商　住	2018－05	49.25	32.60	6619
佛　山	2018－0810（南海区 TD2018（NH）WG0024）	商　住	2018－09	15.80	22.84	14456

数据来源：企业公告、CRIC.

表 6－133　2018 年重点新开盘项目

项目名称	城　市	项目名称	城　市
龙光玖龙台	深　圳	龙光玖龙山花园	惠　州
龙光玖珑臺	南　宁	龙光玖誉府	南　宁
龙光玖珑府	柳　州	龙光玖珑湖	南　宁

数据来源：企业公告、CRIC.

24. 浙江祥生房地产开发有限公司

表 6－134　2018 年商品房销售业绩及同比增幅

类　别	数　值	同比（%）
销售金额（亿元）	1029.20	81.32
销售面积（万平方米）	877.30	54.57
销售均价（元/平方米）	11731.00	17.31

数据来源：企业公告、CRIC.

表 6－135　2018 年重点新增土地储备

城　市	宗地名称	属　性	成交时间	建筑面积（万平方米）	成交总价（亿元）	楼板价（元/平方米）
杭　州	彭埠单元 B1/B2－22 地块	商　住	2018－01	15.55	15.08	9697
杭　州	之江 XH1705－18 地块	商　住	2018－01	13.76	26.98	19609
天台山	中心城区 TSF05 单元 03－1 图则一号地块	商　住	2018－03	39.63	15.38	3881
绍　兴	越城区骆家葑区块 01C－01	商　住	2018－03	13.94	14.00	10046
杭　州	富阳区银湖街道受降板块祝闲线西侧地块	商　住	2018－04	29.25	29.29	10013

数据来源：企业公告、CRIC.

表 6－136 2018 年重点新开盘项目

项目名称	城 市	项目名称	城 市
柯桥祥生群贤府	绍 兴	温州祥生睿城	温 州
温州祥生中央尚品	温 州	泰兴祥生未来城	泰 州
临海祥生江山府	台 州	慈溪祥生明玥府	慈 溪

数据来源：企业公告、CRIC.

25. 中国奥园地产集团股份有限公司

表 6－137 2018 年商品房销售业绩及同比增幅

类 别	数 值	同比（%）
销售金额（亿元）	912.80	100.22
销售面积（万平方米）	886.30	97.48
销售均价（元/平方米）	10300.00	1.40

数据来源：企业公告、CRIC.

表 6－138 2017—2018 年企业财务指标

单位：%

财务指标	2018 年	2017 年
净负债率	58.89	50.98
三费费用率	11.54	10.43
总资产周转率	0.20	0.20
长短期债务比	1.43	0.97
现金短债比	1.67	1.30
净利润增长率	50.59	93.91
销售毛利率	31.07	26.74
销售净利率	9.48	10.21

数据来源：企业公告、CRIC.

表 6－139 2018 年重点新增土地储备

城 市	宗地名称	属 性	成交时间	建筑面积（万平方米）	成交总价（亿元）	楼板价（元/平方米）
苏 州	苏地 2017－WG－75 号	住 宅	2018－02	9.14	8.20	8970
阜 阳	阜国土（拍）告字［2018］1 号	住 宅	2018－03	11.06	4.11	3717
佛 山	南海区 TD2018（NH）WG0006	商 住	2018－03	41.57	11.09	2669
武 汉	武告字（2018 年）17 号	商 住	2018－10	14.28	8.28	5795
梅 州	梅市公资土字［2018］第 18 号	住 宅	2018－11	16.52	5.01	3033

数据来源：CRIC.

表 6－140　2018 年重点新开盘项目

项目名称	城　市	项目名称	城　市
奥园誉湖湾	宁　波	奥园誉峯	广　州
奥园·韶关印象	韶　关	奥园国际城	沈　阳
瀚林学府	南　宁	奥园·观山海商务广场	珠　海

数据来源：CRIC.

26. 远洋集团股份有限公司

表 6－141　2018 年商品房销售业绩及同比增幅

类　别	数　值	同比（%）
销售金额（亿元）	1095. 10	55. 20
销售面积（万平方米）	516. 87	39. 28
销售均价（元/平方米）	21187. 00	11. 43

数据来源：企业公告、CRIC.

表 6－142　2017—2018 年企业财务指标

单位:%

财务指标	2018 年	2017 年
净负债率	72. 86	61. 75
三费费用率	7. 01	11. 37
总资产周转率	0. 19	0. 27
长短期债务比	4. 74	5. 10
现金短债比	2. 76	2. 48
净利润增长率	－25. 45	40. 78
销售毛利率	20. 01	24. 52
销售净利率	11. 26	13. 65

数据来源：企业公告、CRIC.
注：对 2017 年的数据有修正。

表 6－143　2018 年重点新增土地储备

城　市	宗地名称	属　性	成交时间	建筑面积（万平方米）	成交总价（亿元）	楼板价（元/平方米）
重　庆	沙坪坝区西永组团 C 标准分区 C2－1－2/02 号宗地	住　宅	2018－05	7. 15	4. 06	5677
昆　明	呈贡区 KCD2018－6 地块	商　业	2018－06	0. 14	0. 02	1602
苏　州	吴江桃源镇原华强 WJ－J－2018－024	住　宅	2018－07	12. 58	4. 22	3352
绍　兴	浙江绍兴柯桥城区 G－45 地块	住　宅	2018－07	7. 22	6. 26	8668
漳　州	诏安县 G2018－07 地块	商　住	2018－09	6. 65	1. 47	2210

数据来源：企业公告、CRIC.

表 6－144　2018 年重点新开盘项目

项目名称	城　市	项目名称	城　市
远洋外滩壹号	长　沙	远洋仰山	沈　阳
远洋御城	青　岛	远洋朗基国宾御府 1 期	成　都
鲲栖府	天　津	远洋东方境世界观	武　汉

数据来源：企业公告、CRIC.

27. 大连万达集团股份有限公司

表 6－145　2018 年商品房销售业绩及同比增幅

类　别	数　值	同比（%）
销售金额（亿元）	547.20	-38.60
销售面积（万平方米）	529.20	-38.75
销售均价（元/平方米）	10340.00	0.25

数据来源：企业公告、CRIC.

表 6－146　2018 年重点新增土地储备

城　市	宗地名称	属　性	成交时间	建筑面积（万平方米）	成交总价（亿元）	楼板价（元/平方米）
沈　阳	HN－17002GN－SW－02－36 地块	商　住	2018－01	32.84	11.49	3500
聊　城	阳国土告字［2018］2 号地块	商　住	2018－03	1.65	0.20	1232
上　海	MHP0－1312 单元 28－01 地块	商　业	2018－04	9.55	7.56	7915
桂　林	GJ201809 地块	商　业	2018－07	212.04	5.50	259

数据来源：企业公告、CRIC.

表 6－147　2018 年重点新开盘项目

项目名称	城　市	项目名称	城　市
万达茂	南　京	汉街壹号公馆	武　汉
溧水万达广场	南　京	万达公园 ONE	沈　阳
天津滨海万达广场	天　津	蜀都万达广场	成　都

数据来源：企业公告、CRIC.

28. 融侨集团股份有限公司

表 6－148　2018 年商品房销售业绩及同比增幅

类　别	数　值	同比（%）
销售金额（亿元）	753.00	33.96
销售面积（万平方米）	507.70	38.68
销售均价（元/平方米）	14832.00	-3.40

数据来源：企业公告、CRIC.

表 6－149　2018 年重点新增土地储备

城　市	宗地名称	属　性	成交时间	建筑面积（万平方米）	成交总价（亿元）	楼板价（元/平方米）
莆　田	莆土拍告字［2018］1 号城厢区 PS 拍－2017－08 号	住　宅	2018－02	7.48	1.48	1973
重　庆	渝国土房管告字［2018］13 号南岸区弹子石组团 D 分区 D3－1/03 号宗地	商　住	2018－05	3.50	3.48	9946
福　清	融土拍告字［2018］04 号音西街道 2018 拍－13 号	商　住	2018－05	13.92	8.48	6093
太　仓	WG2018－18－2 城厢镇纵二路东、横七路北	住　宅	2018－09	8.88	5.65	6359
荥　阳	荥国土资告字［2018］9 号荷苑路与桃贾路交叉口西南侧荥政储（2018）29－2 号	住　宅	2018－09	7.48	1.48	1973

数据来源：企业公告、CRIC.

表 6－150　2018 年重点新开盘项目

项目名称	城　市	项目名称	城　市
融侨悦江南	福　州	融侨观湖	福　州
融侨华府	淮　安	融侨观邸	南　京
融侨观邸	龙　岩	融侨悦城	南　京

数据来源：企业公告、CRIC.

29. 佳兆业集团控股有限公司

表 6－151　2018 年商品房销售业绩及同比增幅

类　别	数　值	同比（%）
销售金额（亿元）	700.59	56.73
销售面积（万平方米）	383.66	37.71
销售均价（元/平方米）	18261.00	13.81

数据来源：企业公告、CRIC.

表 6－152　2017—2018 年企业财务指标

单位：%

财务指标	2018 年	2017 年
净负债率	397.01	471.01
三费费用率	15.59	9.61
总资产周转率	20.58	20.10
长短期债务比	5.41	4.01
现金短债比	1.35	0.96
净利润增长率	8.23	由负转正
销售毛利率	28.75	27.26
销售净利率	8.51	9.29

数据来源：企业公告、CRIC.
注：对 2017 年的数据有修正。

表 6－153　2018 年重点新增土地储备

城市	宗地名称	属性	成交时间	建筑面积（万平方米）	成交总价（亿元）	楼板价（元/平方米）
徐州	三环东路东 2018－32 号	住宅	2018－05	17.21	17.34	10075
上海	嘉定区徐行镇 13－04 号	住宅	2018－06	8.03	3.98	4960
阳江	滨海新区 w2018018	住宅	2018－07	9.85	2.52	2556
新乡	牧野区 2018－10	商住	2018－08	8.11	2.21	2726
广州	2018 挂－1101	商住	2018－12	167.97	74.26	4421

数据来源：企业公告、CRIC.

表 6－154　2018 年重点新开盘项目

项目名称	城市	项目名称	城市
佳兆业未来城	深圳	佳兆业云顶梅溪湖	长沙
佳兆业城市广场 5 期	深圳	佳兆业东江新城	惠州
佳兆业城市广场	南京	佳兆业城市广场	广州

数据来源：企业公告、CRIC.

30. 路劲基建有限公司

表 6－155　2018 年商品房销售业绩及同比增幅

类别	数值	同比（%）
销售金额（亿元）	316.48	30.55
销售面积（万平方米）	181.40	26.94
销售均价（元/平方米）	17400.00	22.54

数据来源：企业公告、CRIC.

表 6－156　2017—2018 年企业财务指标

单位：%

财务指标	2018 年	2017 年
净负债率	35.74	54.78
三费费用率	10.12	11.12
总资产周转率	0.30	0.25
长短期债务比	0.97	3.46
现金短债比	1.13	1.87
净利润增长率	49.38	80.26
销售毛利率	45.00	40.09
销售净利率	16.54	16.78

数据来源：企业公告、CRIC.

表 6－157　2018 年重点新增土地储备

城　市	宗地名称	属　性	成交时间	建筑面积（万平方米）	成交总价（亿元）	楼板价（元/平方米）
常　州	钟楼区车厂路西侧、清潭西路南侧地块	住　宅	2018－04	12.17	10.10	8298
苏　州	苏地 2018－WG－9 号地土地	住　宅	2018－07	9.90	11.44	11600
佛　山	昆地网［2018］挂字 5－2 号陆家镇童泾路东侧、友谊路北侧	商　住	2018－08	15.58	16.82	10800
杭　州	崇贤新城 B－6 地块	住　宅	2018－10	8.08	10.49	12999
常　州	新北区的 JZX20170701 地块	商　住	2018－11	21.72	13.60	6262

数据来源：企业公告、CRIC.

表 6－158　2018 年重点新开盘项目

项目名称	城　市	项目名称	城　市
路劲·铂隽	常　州	路劲澜山澜	苏　州
路劲天御	无　锡	路劲城	常　州
路劲上海派Ⅱ	上　海	路劲·天隽峰荟	常　州

数据来源：企业公告、CRIC.

31. 美的置业股份有限公司

表 6－159　2018 年商品房销售业绩及同比增幅

类　别	数　值	同比（%）
销售金额（亿元）	790.00	55.82
销售面积（万平方米）	790.70	31.89
销售均价（元/平方米）	9991.00	18.17

数据来源：企业公告、CRIC.

表 6－160　2017—2018 年企业财务指标

单位：%

财务指标	2018 年	2017 年
净负债率	97.42	118.90
三费费用率	13.10	10.42
总资产周转率	0.21	0.21
长短期债务比	1.98	3.22
现金短债比	1.60	2.61
净利润增长率	73.58	90.63
销售毛利率	32.72	27.64
销售净利率	10.91	10.69

数据来源：企业公告、CRIC.
注：对 2017 年的数据有修正。

表 6－161　2018 年重点新增土地储备

城　市	宗地名称	属　性	成交时间	建筑面积（万平方米）	成交总价（亿元）	楼板价（元/平方米）
常　德	太阳大道以东 760 号地块	纯住宅	2018－10	21.58	4.02	1863
邯　郸	邯出告字［2018］08－1 号	纯住宅	2018－11	5.53	0.89	1610
常　熟	高新区 2019A－001 地块	商　住	2018－12	13.27	9.76	7354
徐　州	彭祖大道北侧 2018－46 号	纯住宅	2018－12	17.02	3.72	2186
佛　山	顺德区 TD2018（SD）WG0031	商　住	2018－12	30.62	13.69	4470

数据来源：企业公告、CRIC.

表 6－162　2018 年重点新开盘项目

项目名称	城　市	项目名称	城　市
美的鹭湖森林度假区	佛　山	美的·公园天下	徐　州
美的明州院子	宁　波	美的翰湖苑	佛　山
美的公园天下	无　锡	美的城	沈　阳

数据来源：企业公告、CRIC.

32. 禹洲地产股份有限公司

表 6－163　2018 年商品房销售业绩及同比增幅

类　别	数　值	同比（%）
销售金额（亿元）	560.03	38.94
销售面积（万平方米）	370.27	55.51
销售均价（元/平方米）	15125.00	－10.65

数据来源：企业公告、CRIC.

表 6－164　2017—2018 年企业财务指标

单位：%

财务指标	2018 年	2017 年
净负债率	66.97	57.73
三费费用率	5.30	7.83
总资产周转率	0.25	0.29
长短期债务比	1.66	0.65
现金短债比	1.78	1.05
净利润增长率	19.16	49.73
销售毛利率	30.72	35.40
销售净利率	15.33	14.41

数据来源：企业公告、CRIC.

表 6-165　2018 年重点新增土地储备

城　市	宗地名称	属　性	成交时间	建筑面积（万平方米）	成交总价（亿元）	楼板价（元/平方米）
苏　州	苏地 2017-WG-58 号	住　宅	2018-01	7.65	10.32	13500
苏　州	苏地 2017-WG-59 号	住　宅	2018-01	20.12	27.54	13649
重　庆	渝国土房管告字〔2018〕5 号	住　宅	2018-01	25.17	12.90	5126
福　州	榕高新 2018-01 号	商　住	2018-05	4.25	5.59	13156
中　山	中土告字〔2018〕0053 号	住　宅	2018-10	27.15	15.23	5610

数据来源：CRIC.

表 6-166　2018 年重点新开盘项目

项目名称	城　市	项目名称	城　市
禹洲滨之江	杭　州	禹洲中央城	合　肥
禹洲雍贤府	上　海	禹洲天河茂	合　肥
禹洲天悦湾	福　州	禹洲平湖秋月	合　肥

数据来源：CRIC.

33. 福建金辉集团有限公司

表 6-167　2018 年商品房销售业绩及同比增幅

类　别	数　值	同比（%）
销售金额（亿元）	746.80	67.78
销售面积（万平方米）	511.20	38.12
销售均价（元/平方米）	14609.00	21.47

数据来源：CRIC.

表 6-168　2018 年重点新增土地储备

城　市	宗地名称	属　性	成交时间	建筑面积（万平方米）	成交总价（亿元）	楼板价（元/平方米）
郑　州	郑政经开出〔2017〕084 号	住　宅	2018-04	22.14	23.95	10815
镇　江	智慧人道以西，四平山路以南 2018-3-3	住　宅	2018-06	17.64	8.54	4839
合　肥	肥西〔2018〕15 号	住　宅	2018-07	20.06	13.70	6831
武　汉	武告字（2018 年）20 号	住　宅	2018-10	48.41	31.57	6520
西　安	西土出告字〔2018〕82 号	商　住	2018-11	34.96	12.22	3496

数据来源：企业公告、CRIC.

表 6-169　2018 年重点新开盘项目

项目名称	城　市	项目名称	城　市
金辉春上南滨	重　庆	金辉世界城	西　安
金辉海上铭著	上　海	金辉优步花园	扬　州
金辉中央铭著	重　庆	金辉优步湖畔	天　津

数据来源：企业公告、CRIC.

34. 宝龙地产控股有限公司

表 6－170　2018 年商品房销售业绩及同比增幅

类　别	数　值	同比（%）
销售金额（亿元）	410.36	96.51
销售面积（万平方米）	282.16	80.65
销售均价（元/平方米）	14544.00	8.79

数据来源：企业公告、CRIC.

表 6－171　2017—2018 年企业财务指标

单位:%

财务指标	2018 年	2017 年
净负债率	101.59	86.64
三费费用率	18.59	12.62
总资产周转率	0.17	0.18
长短期债务比	2.34	2.64
现金短债比	1.07	1.02
净利润增长率	－5.69	40.69
销售毛利率	38.55	33.51
销售净利率	18.62	24.80

数据来源：企业公告、CRIC.

表 6－172　2018 年重点新增土地储备

城　市	宗地名称	属　性	成交时间	建筑面积（万平方米）	成交总价（亿元）	楼板价（元/平方米）
常　熟	古里镇元通路以南、金湖路以西地块	住　宅	2018－07	13.32	7.36	5526
海　宁	海土字 18147 号地块	商　住	2018－08	9.20	2.80	3043
宁　波	宁奉城际铁路金海路站 01－18、21 地块	商　住	2018－10	3.42	1.54	4503
义　乌	义乌国际陆港物流园 1－27#地块	商　住	2018－12	14.70	5.84	3973
宁　波	宁奉城际铁路金海路站 03－18 地块	商　住	2018－12	9.65	4.05	4197

数据来源：CRIC.

表 6－173　2018 年重点新开盘项目

项目名称	城　市	项目名称	城　市
三江观邸	宁　波	TOD 奉甬新城	宁　波
愉景城	天　津	大江东宝龙广场	杭　州
宝龙世家	无　锡	旭辉宝龙东湖城	杭　州

数据来源：CRIC.

35. 江西新力置地投资有限公司

表 6－174　2018 年商品房销售业绩及同比增幅

类　别	数　值	同比（%）
销售金额（亿元）	887.30	107.26
销售面积（万平方米）	586.90	84.68
销售均价（元/平方米）	15118.00	12.23

数据来源：CRIC.

表 6－175　2018 年重点新增土地储备

城　市	宗地名称	属　性	成交时间	建筑面积（万平方米）	成交总价（亿元）	楼板价（元/平方米）
南　昌	南昌县 DAJ2017064	住　宅	2018－01	29.32	7.04	2400
南　昌	南昌县 DAJ2017063	住　宅	2018－01	27.70	6.65	2400
南　昌	经开区 DAGJ2017046	住　宅	2018－01	13.87	5.97	4304
南　昌	青云谱区 DADJ2018030	住　宅	2018－08	39.67	18.06	4553
南　昌	高新区 DAFJ2018036	住　宅	2018－10	13.92	9.38	6743

数据来源：CRIC.

表 6－176　2018 年重点新开盘项目

项目名称	城　市	项目名称	城　市
新力城	惠　州	新力琥珀园	惠　州
新力东园	惠　州	新力帝泊湾	惠　州
新力城	武　汉	新力合园	南　昌

数据来源：CRIC.

36. 建业住宅集团（中国）有限公司

表 6－177　2018 年商品房销售业绩及同比增幅

类　别	数　值	同比（%）
销售金额（亿元）	536.75	76.48
销售面积（万平方米）	743.30	62.14
销售均价（元/平方米）	7221.00	8.84

数据来源：企业公告、CRIC.

表 6－178　2017—2018 年企业财务指标

单位:%

财务指标	2018 年	2017 年
净负债率	20. 15	25. 67
三费费用率	20. 07	15. 80
总资产周转率	0. 18	0. 26
长短期债务比	2. 71	2. 52
现金短债比	3. 33	3. 03
净利润增长率	57. 36	122. 53
销售毛利率	34. 44	23. 64
销售净利率	9. 57	6. 48

数据来源：企业公告、CRIC.

表 6－179　2018 年重点新增土地储备

城　市	宗地名称	属　性	成交时间	建筑面积（万平方米）	成交总价（亿元）	楼板价（元/平方米）
周　口	ZK2018－24 号宗地	住　宅	2018－06	14. 71	5. 02	3413
郑　州	郑港出［2018］123 号宗地	住　宅	2018－07	9. 73	4. 39	4512
驻马店	ZMDY－2018－1 号宗地	其　他	2018－08	36. 13	4. 93	1365
洛　阳	LYTD－2018－23 号宗地	商　住	2018－08	18. 51	4. 67	2523
洛　阳	LYTD－2018－43 号宗地	商　住	2018－12	19. 32	5. 11	2645

数据来源：企业公告、CRIC.

表 6－180　2018 年重点新开盘项目

项目名称	城　市	项目名称	城　市
建业比华利庄园	郑　州	建业电影小镇之橙园	郑　州
建业天筑	郑　州	建业壹号城邦	新　乡
建业 LA VIE 半英里	郑　州	建业科技城	洛　阳

数据来源：CRIC.

37. 福晟集团有限公司

表 6－181　2018 年商品房销售业绩及同比增幅

类　别	数　值	同比（%）
销售金额（亿元）	621. 10	56. 76
销售面积（万平方米）	453. 00	29. 58
销售均价（元/平方米）	13711. 00	20. 98

数据来源：CRIC.

表 6－182　2018 年重点新增土地储备

城　市	宗地名称	属　性	成交时间	建筑面积（万平方米）	成交总价（亿元）	楼板价（元/平方米）
郑　州	郑政出 2017－93 号	商　住	2018－01	37.09	7.44	2006
福　州	榕高新 2017－03 号	商　住	2018－02	7.33	8.14	11105
郑　州	郑政出 2018－80 号	商　住	2018－07	23.00	5.72	2489
郑　州	郑政出 2018－79 号	商　住	2018－07	44.40	10.93	2463
郑　州	郑政出 2018－127 号	商　住	2018－10	9.15	3.97	4340

数据来源：企业公告、CRIC.

表 6－183　2018 年重点新开盘项目

项目名称	城　市	项目名称	城　市
谦祥兴隆城	郑　州	福晟钱隆御景	淮　安
福晟钱隆樽品	漳　州	克拉美丽山庄	长　沙
福晟中央美墅	福　州	福晟钱隆樽品	福　州

数据来源：企业公告、CRIC.

38. 时代中国股份有限公司

表 6－184　2018 年商品房销售业绩及同比增幅

类　别	数　值	同比（%）
销售金额（亿元）	605.95	45.56
销售面积（万平方米）	373.30	32.28
销售均价（元/平方米）	16232.00	10.04

数据来源：企业公告、CRIC.

表 6－185　2017—2018 年企业财务指标

单位：%

财务指标	2018 年	2017 年
净负债率	62.56	58.00
三费费用率	7.61	8.00
总资产周转率	0.75	0.72
长短期债务比	5.51	4.52
现金短债比	3.75	2.85
净利润增长率	45.79	65.00
销售毛利率	30.90	28.00
销售净利率	14.00	14.46

数据来源：企业公告、CRIC.
注：对 2017 年的数据有修正。

表 6－186　2018 年重点新增土地储备

城　市	宗地名称	属　性	成交时间	建筑面积（万平方米）	成交总价（亿元）	楼板价（元/平方米）
佛山	南海区 TD2018（NH）WG0013	商　住	2018－06	13.36	19.22	14382
江门	鹤山市沙坪镇南工业城 440784001017GB04428	商　住	2018－06	5.19	1.61	3090
成都	郫都区 PD2018－18（CBP24 地块）	住　宅	2018－10	6.09	3.07	5050
肇庆	四会市贞山街道姚沙村委会地段 SJ－2018－043 地块	商　住	2018－12	17.90	4.73	2640
广州	增城区中新镇九和村 83103208A18072 地块	住　宅	2018－12	10.08	12.10	12000

数据来源：企业公告、CRIC.

表 6－187　2018 年重点新开盘项目

项目名称	城　市	项目名称	城　市
时代倾城	长　沙	南沙时代	广　州
时代倾城	清　远	时代碧桂园天宸府	温　州
时代柏林	广　州	时代天境	东　莞

数据来源：企业公告、CRIC.

39. 中骏置业控股有限公司

表 6－188　2018 年商品房销售业绩及同比增幅

类　别	数　值	同比（%）
销售金额（亿元）	513.58	54.47
销售面积（万平方米）	414.89	116.70
销售均价（元/平方米）	12379.00	－28.71

数据来源：企业公告、CRIC.

表 6－189　2017—2018 年企业财务指标

单位：%

财务指标	2018 年	2017 年
净负债率	60.37	71.75
三费费用率	11.80	11.71
总资产周转率	0.21	0.28
长短期债务比	2.16	1.70
现金短债比	1.90	1.21
净利润增长率	6.62	41.31
销售毛利率	34.56	34.06
销售净利率	20.68	21.41

数据来源：企业公告、CRIC.

表 6－190　2018 年重点新增土地储备

城　市	宗地名称	属　性	成交时间	建筑面积（万平方米）	成交总价（亿元）	楼板价（元/平方米）
北　京	京土整储挂（朝）［2017］102 号	综　合	2018－01	5.89	33.65	57152
重　庆	渝国土房管告字［2018］14 号	综　合	2018－05	35.92	18.20	5067
南　京	2018 年宁出第 04 号	商　住	2018－06	21.83	13.90	6369
宁　波	甬土资告［2018］07014 号	住　宅	2018－08	10.74	13.75	12800
厦　门	土地市场 2018 第 063 号	商　住	2018－12	9.73	38.05	39090

数据来源：企业公告、CRIC.

表 6－191　2018 年重点新开盘项目

项目名称	城　市	项目名称	城　市
中骏西山天璟	北　京	中骏雍景府	天　津
中骏天璟	泉　州	中骏雍景台	惠　州
中骏天悦	上　海	中骏云景台	天　津

数据来源：企业公告、CRIC.

40. 合景泰富集团控股有限公司

表 6－192　2018 年商品房销售业绩及同比增幅

类　别	数　值	同比（%）
销售金额（亿元）	655.02	72.22
销售面积（万平方米）	396.60	75.38
销售均价（元/平方米）	16516.00	－1.80

数据来源：企业公告、CRIC.

表 6－193　2017—2018 年企业财务指标

单位：%

财务指标	2018 年	2017 年
净负债率	64.82	67.90
三费费用率	39.00	14.72
总资产周转率	0.05	0.09
长短期债务比	3.48	14.95
现金短债比	3.26	10.82
净利润增长率	15.25	4.14
销售毛利率	32.78	34.83
销售净利率	55.56	31.23

数据来源：企业公告、CRIC.

表 6－194　2018 年重点新增土地储备

城　市	宗地名称	属　性	成交时间	建筑面积（万平方米）	成交总价（亿元）	楼板价（元/平方米）
南　通	启东市挂［2017］65 号地块	商　住	2018－01	16.09	13.70	8515
温　州	苍土告字〔2018〕2 号县城新区 39－2－1 地块	商　住	2018－02	11.31	12.95	11450
东　莞	东莞横沥 2018WG014 地块	商　住	2018－09	24.81	19.29	7775
台　州	临土告字［2018］021 号	商　住	2018－08	9.96	8.34	8373
苏　州	苏地 2018－WG－28 号	商　住	2018－11	34.06	27.47	8065

数据来源：企业公告、CRIC.

表 6－195　2018 年重点新开盘项目

项目名称	城　市	项目名称	城　市
合景天銮	杭　州	合景庐月湾	合　肥
合景映月台	杭　州	璞丽东方	杭　州
天誉	成　都	未名园映月台	苏　州

数据来源：企业公告、CRIC.

41. 卓越置业集团有限公司

表 6－196　2018 年商品房销售业绩及同比增幅

类　别	数　值	同比（%）
销售金额（亿元）	553.00	50.64
销售面积（万平方米）	281.10	105.03
销售均价（元/平方米）	19673.00	－26.53

数据来源：CRIC.

表 6－197　2018 年重点新增土地储备

城　市	宗地名称	属　性	成交时间	建筑面积（万平方米）	成交总价（亿元）	楼板价（元/平方米）
杭　州	萧政储出（2018）3 号	商　住	2018－01	22.23	10.04	4516
台　州	［2017］091 号	商　住	2018－01	14.34	15.39	10731
佛　山	禅城区 TD2018（CC）XG0001	商　住	2018－03	16.31	20.39	12500
杭　州	杭大江东储出〔2018〕3 号	住　宅	2018－06	7.55	9.86	13051
东　莞	中堂镇 2018WG020	商　住	2018－08	14.43	11.50	7970

数据来源：CRIC.

表 6－198　2018 年重点新开盘项目

项目名称	城　市	项目名称	城　市
卓越中寰	东　莞	卓越浅水湾	长　沙
卓越星源	深　圳	翡翠公园	北　京
卓越东部蔚蓝海岸	惠　州	卓越蔚蓝领秀二期	杭　州

数据来源：CRIC.

42. 云南俊发房地产有限责任公司

表 6 -199　2018 年商品房销售业绩及同比增幅

类　别	数　值	同比（%）
销售金额（亿元）	550.30	44.32
销售面积（万平方米）	519.50	38.76
销售均价（元/平方米）	10593.00	4.01

数据来源：企业公告、CRIC.

表 6 -200　2018 年重点新增土地储备

城　市	宗地名称	属　性	成交时间	建筑面积（万平方米）	成交总价（亿元）	楼板价（元/平方米）
昆　明	五华区 J2011 -002 -05 地块	住　宅	2018 -05	11.08	1.45	1307
昆　明	五华区 J2011 -002 -02 地块	住　宅	2018 -05	5.46	1.61	2951
昆　明	盘龙区 KCPL2016 -7 - A1 地块	商　业	2018 -06	9.65	4.19	4338
昆　明	官渡区 KCGD2012 -3 - A11 -2 地块	住　宅	2018 -06	1.34	0.18	1363
昆　明	盘龙区 KCPL2016 -5 地块	商　住	2018 -06	11.87	7.73	6505

数据来源：企业公告、CRIC.

表 6 -201　2018 年重点新开盘项目

项目名称	城　市	项目名称	城　市
俊发城	昆　明	俊发逸天峰	昆　明
滇池俊府	昆　明	俊发滨河俊园	成　都
河畔俊园	昆　明	俊发澜湾俊园	昆　明

数据来源：企业公告、CRIC.

43. 弘阳地产集团有限公司

表 6 -202　2018 年商品房销售业绩及同比增幅

类　别	数　值	同比（%）
销售金额（亿元）	473.40	84.24
销售面积（万平方米）	352.80	107.84
销售均价（元/平方米）	13416.00	-11.36

数据来源：企业公告、CRIC.

表 6－203　2017—2018 年企业财务指标

单位:%

财务指标	2018 年	2017 年
净负债率	68.30	87.72
三费费用率	15.07	16.08
总资产周转率	0.17	0.17
长短期债务比	1.02	1.51
现金短债比	1.15	0.91
净利润增长率	10.68	28.40
销售毛利率	31.25	40.58
销售净利率	14.32	19.47

数据来源：企业公告、CRIC.
注：对 2017 年的数据有修正。

表 6－204　2018 年重点新增土地储备

城　市	宗地名称	属　性	成交时间	建筑面积（万平方米）	成交总价（亿元）	楼板价（元/平方米）
南　京	高淳 2018G02－03 号	住　宅	2018－04	14.39	5.77	4010
武　汉	美好邓甲村 NK1、NK7	住　宅	2018－03	49.69	22.43	7500
仪　征	2018［17］号 2017－38、39	住　宅	2018－08	27.23	6.50	2387
佛　山	佛山市 TD2018（NH）WG0020 号	住　宅	2018－08	15.78	11.28	7146
常　州	JZX20181401 号	住　宅	2018－09	23.86	17.00	7125

数据来源：企业公告、CRIC.

表 6－205　2018 年重点新开盘项目

项目名称	城　市	项目名称	城　市
时光澜庭	南　京	上悦花园	南　通
九悦华府	徐　州	望麓别院	合　肥
金玺天郡	常　州	印月府	武　汉

数据来源：企业公告、CRIC.

44. 首创置业股份有限公司

表 6－206　2018 年商品房销售业绩及同比增幅

类　别	数　值	同比（%）
销售金额（亿元）	706.40	26.5
销售面积（万平方米）	306.30	27.6
销售均价（元/平方米）	23062.00	0.90

数据来源：企业公告、CRIC.

表 6－207　2017—2018 年企业财务指标

单位:%

财务指标	2018 年	2017 年
净负债率	168.63	122.48
三费费用率	19.56	6.26
总资产周转率	0.15	0.16
长短期债务比	2.71	1.35
现金短债比	0.96	0.82
净利润增长率	－13.58	－2.83
销售毛利率	27.12	28.54
销售净利率	10.39	13.14

数据来源：企业公告、CRIC.
注：对 2017 年的数据有修正。

表 6－208　2018 年重点新增土地储备

城　市	宗地名称	属　性	成交时间	建筑面积（万平方米）	成交总价（亿元）	楼板价（元/平方米）
北　京	朝阳孙河乡北甸西村 2902－14	住　宅	2018－01	21.58	61.00	28269
天　津	天津北辰刘园 2 号	住　宅	2018－03	23.22	46.00	19809
天　津	天津北辰刘园 1 号	住　宅	2018－04	33.54	46.00	13717
重　庆	南岸区茶园组团 B37/03 号宗地	住　宅	2018－04	14.26	12.30	8623
天　津	天津武清 2－2 号	商　住	2018－12	25.82	17.44	6754

数据来源：企业公告、CRIC.

表 6－209　2018 年重点新开盘项目

项目名称	城　市	项目名称	城　市
首创·澜茵山	北　京	中粮首创禧瑞祥	上　海
万和斐丽	北　京	天阅雅苑	上　海
首创禧瑞天著	北　京	首创悦欣汇	北　京

数据来源：企业公告、CRIC.

45. 越秀地产股份有限公司

表 6－210　2018 年商品房销售业绩及同比增幅

类　别	数　值	同比（%）
销售金额（亿元）	577.83	41.39
销售面积（万平方米）	276.89	24.72
销售均价（元/平方米）	20900.00	13.60

数据来源：企业公告、CRIC.

表 6－211　2017—2018 年企业财务指标

单位：%

财务指标	2018 年	2017 年
净负债率	61.20	72.80
三费费用率	13.99	12.17
总资产周转率	0.18	0.18
长短期债务比	8.23	4.64
现金短债比	4.69	2.46
净利润增长率	30.36	35.02
销售毛利率	31.75	25.67
销售净利率	11.50	9.80

数据来源：企业公告、CRIC.
注：对 2017 年的数据有修正。

表 6－212　2018 年重点新增土地储备

城　市	宗地名称	属　性	成交时间	建筑面积（万平方米）	成交总价（亿元）	楼板价（元/平方米）
广　州	南沙横沥镇 2017NJY－12 地块	商　住	2018－01	29.11	36.98	17231
苏　州	苏地 2017－WG－83 号	住　宅	2018－02	16.00	16.80	11000
江　门	JD－2014－21 至 25 号	商　住	2018－03	35.12	4.67	2800
青　岛	青岛李沧 370213－005－001－GB	商　住	2018－05	13.60	9.01	6810
青　岛	胶国土告字［2018］10 号	住　宅	2018－08	12.56	7.68	6114

数据来源：企业公告、CRIC.

表 6－213　2018 年重点新开盘项目

项目名称	城　市	项目名称	城　市
广州星汇海珠湾	广　州	广州紫云府	广　州
南沙滨海新城	广　州	广州越秀保利爱特城	广　州
杭州星汇城	杭　州	南沙滨海花园	广　州

数据来源：企业公告、CRIC.

46. 大悦城控股集团股份有限公司

表 6－214　2018 年商品房销售业绩及同比增幅

类　别	数　值	同比（%）
销售金额（亿元）	398.64	52.39
销售面积（万平方米）	128.86	50.93
销售均价（元/平方米）	30936.00	0.97

数据来源：企业公告、CRIC.

表 6－215　2017—2018 年企业财务指标

单位：%

财务指标	2018 年	2017 年
净负债率	171.18	138.52
三费费用率	15.19	6.77
总资产周转率	0.17	0.20
长短期债务比	4.67	1.14
现金短债比	1.91	0.83
净利润增长率	15.54	30.10
销售毛利率	42.51	36.33
销售净利率	14.20	12.35

数据来源：企业公告、CRIC.
注：对 2017 年的数据有修正。

表 6－216　2018 年重点新增土地储备

城　市	宗地名称	属　性	成交时间	建筑面积（万平方米）	成交总价（亿元）	楼板价（元/平方米）
沈　阳	沈土拍［2018］12 号沈北 2018－009 地块	商　住	2018－06	42.59	8.52	1900
武　汉	武告字（2018 年）15 号地块	商　住	2018－08	15.83	3.60	2277
武　汉	武告字（2018 年）19 号地块	商　服	2018－09	41.76	4.55	1089
武　汉	武告字（2018 年）19 号地块	住　宅	2018－09	20.29	9.44	4655

数据来源：企业公告、CRIC.

表 6－217　2018 年重点新开盘项目

项目名称	城　市	项目名称	城　市
中粮锦云苑	上　海	中粮梦栖祥雲	杭　州
悦耀兰苑	上　海	中粮祥云国际	苏　州
中粮京西祥云	北　京	中粮・梦栖祥雲	杭　州

数据来源：企业公告、CRIC.

47. 花样年股份有限公司

表 6－218　2018 年商品房销售业绩及同比增幅

类　别	数　值	同比（%）
销售金额（亿元）	301.73	49.60
销售面积（万平方米）	269.89	41.30
销售均价（元/平方米）	11180.00	5.90

数据来源：企业公告、CRIC.

表 6－219　2017—2018 年企业财务指标

单位：%

财务指标	2018 年	2017 年
净负债率	46.02	49.40
三费费用率	23.54	29.92
总资产周转率	0.17	0.16
长短期债务比	3.64	7.33
现金短债比	3.52	5.44
净利润增长率	－17.13	32.45
销售毛利率	29.92	29.62
销售净利率	8.35	14.41

数据来源：企业公告、CRIC。
注：对 2017 年的数据有修正。

表 6－220　2018 年重点新增土地储备

城　市	宗地名称	属　性	成交时间	建筑面积（万平方米）	成交总价（亿元）	楼板价（元/平方米）
石家庄	石公资交［2018］2 号裕华区（2018）011 号	商　办	2018－03	4.88	1.49	3054
成　都	XJ2017－11（252）新津县新平镇迎先村 7 组、8 组、狮子村 8 组	商　住	2018－03	9.34	4.90	5250
成　都	青白江区 QBJP2018－2（252）	商　住	2018－04	32.83	15.56	4740
保　定	满城镇东马村东北侧、玉川路东延南侧 2018－21	住　宅	2018－08	4.67	1.09	2327
武　汉	武告字（2018 年）10 号徐东大道二线麦德龙超市以南地块	住　宅	2018－08	2.33	3.38	14519

数据来源：企业公告、CRIC。

表 6－221　2018 年重点新开盘项目

项目名称	城　市	项目名称	城　市
花样城	南　京	花样年花好园	惠　州
花样年家天下	南　京	花样年香門第	成　都
花样年碧螺湾	苏　州		

数据来源：企业公告、CRIC。

48. 保利置业集团有限公司

表 6－222　2018 年商品房销售业绩及同比增幅

类　别	数　值	同比（%）
销售金额（亿元）	408.00	1.49
销售面积（万平方米）	224.20	－15.08
销售均价（元/平方米）	18198.00	19.51

数据来源：企业公告、CRIC。

表 6－223　2017—2018 年企业财务指标

单位:%

财务指标	2018 年	2017 年
净负债率	84.93	82.99
三费费用率	15.39	10.65
总资产周转率	0.17	0.25
长短期债务比	2.97	1.37
现金短债比	1.98	1.08
净利润增长率	1.36	1060.47
销售毛利率	36.66	20.63
销售净利率	11.20	8.10

数据来源：企业公告、CRIC.

表 6－224　2018 年重点新增土地储备

城　市	宗地名称	属　性	成交时间	建筑面积（万平方米）	成交总价（亿元）	楼板价（元/平方米）
济　南	2018 年第 3 号公告槐荫区西客站科技馆南侧	商　住	2018－02	35.94	7.19	2000
牡丹江	牡国土挂告［2018］09 号乜河街以北、滨江大街以南 gp2018－09	商　住	2018－02	14.56	6.83	4688
淄　博	淄国土出告字［2018］9 号张店区新村路以南，纵三路以西 370303003003GB00011 淄博市 2017（存量）－储张 010 号	商　住	2018－03	18.06	3.34	1851
济　南	2018 年第 3 号公告槐荫区西客站片区安置二区八－1	住　宅	2018－04	28.65	3.82	1333
佛　山	2018－0523（顺德区 TD2018（SD）XG0007）	商　住	2018－06	7.94	7.60	9575

数据来源：企业公告、CRIC.

表 6－225　2018 年重点新开盘项目

项目名称	城　市	项目名称	城　市
翡丽甲第	上　海	上湖城章	宁　波
保利领秀前城	南　宁	保利阳光城	惠　州
保利悦都	苏　州	保利名苑	佛　山

数据来源：企业公告、CRIC.

49. 金融街控股股份有限公司

表 6－226　2018 年商品房销售业绩及同比增幅

类　别	数　值	同比（%）
销售金额（亿元）	307.00	29.15
销售面积（万平方米）	107.90	2.45
销售均价（元/平方米）	28452.00	26.07

数据来源：企业公告、CRIC.

表 6－227　2017—2018 年企业财务指标

单位：%

财务指标	2018 年	2017 年
净负债率	184.25	150.82
三费费用率	12.65	8.91
总资产周转率	0.16	0.21
长短期债务比	7.21	8.59
现金短债比	1.22	1.78
净利润增长率	－1.59	45.70
销售毛利率	48.60	29.41
销售净利率	18.26	16.08

数据来源：企业公告、CRIC.

注：对 2017 年的数据有修正。

表 6－228　2018 年重点新增土地储备

城　市	宗地名称	属　性	成交时间	建筑面积（万平方米）	成交总价（亿元）	楼板价（元/平方米）
重　庆	渝国土房管告字［2018］20 号地块	商　住	2018－06	26.47	11.48	4337
唐　山	遵储告［2018］20 号地块	住　宅	2018－08	8.01	0.62	779
惠　州	惠公易土市直［2018］015 号地块	商　住	2018－10	31.85	17.09	5366
唐　山	遵储告［2018］30 号地块	商　业	2018－11	0.35	0.03	860

数据来源：企业公告、CRIC.

表 6－229　2018 年重点新开盘项目

项目名称	城　市	项目名称	城　市
金融街融府	上　海	珠江金茂府	广　州
金融街融穗华府	广　州	金融街融景城	重　庆
金融街·融府	北　京	金融街长安中心	北　京

数据来源：企业公告、CRIC.

50. 当代置业（中国）有限公司

表 6－230　2018 年商品房销售业绩及同比增幅

类　别	数　值	同比（%）
销售金额（亿元）	321.57	44.9
销售面积（万平方米）	303.62	70.0
销售均价（元/平方米）	10442.00	－13.4

数据来源：企业公告、CRIC.

表 6－231　2017—2018 年企业财务指标

单位：%

财务指标	2018 年	2017 年
净负债率	81.90	83.10
三费费用率	13.50	13.80
总资产周转率	0.19	0.23
长短期债务比	0.80	1.42
现金短债比	1.10	1.55
净利润增长率	－19.90	54.60
销售毛利率	23.30	21.00
销售净利率	7.10	9.70

数据来源：企业公告、CRIC.
注：对 2017 年的数据有修正。

表 6－232　2018 年重点新增土地储备

城市	宗地名称	属性	成交时间	建筑面积（万平方米）	成交总价（亿元）	楼板价（元/平方米）
湖州	ZD－03－02－05－1 号	住宅	2018－02	4.29	1.40	3311
阜阳	[2018] －28 号	住宅	2018－07	35.71	7.86	2202
西安	西咸新区 FD2－13－10 号	住宅	2018－08	20.28	4.60	2266
苏州	WJ－J－2018－022 号	住宅	2018－09	5.76	4.34	7533
太原	晋源区 HGZ－1847 号	商住	2018－09	24.56	6.20	2524

数据来源：企业公告、CRIC.

表 6－233　2018 年重点新开盘项目

项目名称	城市	项目名称	城市
合肥当代万国府	合肥	湖州当代上品学府	孤舟
安徽阜阳当代城 MOMΛ	阜阳	当代通州万国府 MOMΛ	通州
南京当代万国府 MOMΛ	南京	贵州当代 MOMΛ 未来城	贵州

数据来源：企业公告、CRIC.

51. 深圳华侨城股份有限公司

表 6－234　2018 年商品房销售业绩及同比增幅

类别	数值	同比（%）
销售金额（亿元）	275.60	28.01
销售面积（万平方米）	75.50	－3.70
销售均价（元/平方米）	36503.00	32.92

数据来源：CRIC.

表 6－235 2017—2018 年企业财务指标

单位：%

财务指标	2018 年	2017 年
净负债率	84.31	52.75
三费费用率	12.85	12.45
总资产周转率	0.19	0.23
长短期债务比	3.25	3.10
现金短债比	1.25	1.88
净利润增长率	21.21	27.45
销售毛利率	60.35	50.25
销售净利率	23.46	22.01

数据来源：企业公告、CRIC.

表 6－236 2018 年重点新增土地储备

城市	宗地名称	属性	成交时间	建筑面积（万平方米）	成交总价（亿元）	楼板价（元/平方米）
杭州	杭政储出［2017］90 号	商住	2018－01	31.38	57.59	18350
重庆	渝国土房管告字［2018］9 号	综合	2018－04	38.40	35.00	9114
无锡	XDG－2017－27 号地块	商住	2018－07	31.41	28.81	9173
惠州	惠公易土市直［2018］008 号	住宅	2018－08	64.11	32.69	5100
武汉	武告宁（2018 年）25 号	商住	2018－12	74.28	52.00	7001

数据来源：CRIC.

表 6－237 2018 年重点新开盘项目

项目名称	城市	项目名称	城市
香山美墅五期	深圳	绿地华侨城海珀滨江	南京
华侨城	重庆	顺德华侨城·天鹅湖	佛山
华侨城欢乐海岸	宁波	红山 6979	深圳

数据来源：CRIC.

52. 九龙仓股份有限公司

表 6－238 2018 年商品房销售业绩及同比增幅

类别	数值	同比（%）
销售金额（亿元）	228.15	－9.96
销售面积（万平方米）	112.74	6.79
销售均价（元/平方米）	20236.00	－15.68

数据来源：企业公告、CRIC.

注 1：九龙仓销售金额为内地发展物业全年应占已签约销售额。

注 2：九龙仓未公布销售面积及销售均价，数据根据 CRIC 系统计算。

表 6－239　2017—2018 年企业财务指标

单位：%

财务指标	2018 年	2017 年
净负债率	31.05	25.03
三费费用率	2.91	2.15
总资产周转率	0.09	0.13
长短期债务比	2.83	2.59
现金短债比	1.55	4.51
净利润增长率	－70.31	4.33
销售毛利率	53.97	55.16
销售净利率	31.87	52.23

数据来源：企业公告、CRIC.
注：对 2017 年的数据有修正。

表 6－240　2018 年重点新增土地储备

城　市	宗地名称	属　性	成交时间	建筑面积（万平方米）	成交总价（亿元）	楼板价（元/平方米）
湖　州	ZD－03－02－05－1 号	住　宅	2018－02	4.29	1.40	3311
阜　阳	［2018］－28 号	住　宅	2018－07	35.71	7.86	2202
西　安	西咸新区 FD2－13－10 号	住　宅	2018－08	20.28	4.60	2266
苏　州	WJ－J－2018－022 号	住　宅	2018－09	5.76	4.34	7533
太　原	晋源区 HGZ－1847 号	商　住	2018－09	24.56	6.20	2524

数据来源：企业公告、CRIC.

表 6－241　2018 年重点新开盘项目

项目名称	城　市	项目名称	城　市
紫御江山	重　庆	九龙仓·珑玺	杭　州
九龙仓静安壹号	上　海	九龙仓御玺	无　锡
九龙仓滨江壹十八	上　海	九龙仓碧玺	无　锡

数据来源：企业公告、CRIC.

53. 保利发展控股集团股份有限公司

表 6－242　2018 年商品房销售业绩及同比增幅

类　别	数　值	同比（%）
销售金额（亿元）	4048.17	30.91
销售面积（万平方米）	2766.11	23.36
销售均价（元/平方米）	14635.00	6.13

数据来源：企业公告、CRIC.

表 6－243　2017—2018 年企业财务指标

单位:%

财务指标	2018 年	2017 年
净负债率	80.55	86.45
三费费用率	6.17	6.20
总资产周转率	0.25	0.25
长短期债务比	4.41	5.94
现金短债比	2.33	2.30
净利润增长率	32.78	15.35
销售毛利率	32.48	31.03
销售净利率	13.44	13.43

数据来源：企业公告、CRIC.

注：对 2017 年的数据有修正。

表 6－244　2018 年重点新增土地储备

城　市	宗地名称	属　性	成交时间	建筑面积（万平方米）	成交总价（亿元）	楼板价（元/平方米）
佛　山	南海区东平路东侧地块	住　宅	2018－03	32.55	49.81	15301
温　州	瓯海区三垟街道吕家岸村地块	住　宅	2018－05	4.47	7.5	16773
成　都	金堂县金泉路北侧地块	住　宅	2018－09	3.96	1.16	2940
广　州	宗地编号 83001204A18082	住　宅	2018－11	5.12	6.44	12570
珠　海	珠国土储 2017－53	住　宅	2018－11	1.43	1.15	8050

数据来源：企业公告、CRIC.

表 6－245　2018 年重点新开盘项目

项目名称	城　市	项目名称	城　市
保利天悦	西　安	保利城央玺二期	泉　州
保利天汇	青　岛	保利国际广场	中　山
中国铁建保利熙悦	上　海	滨江保利翡翠海岸	杭　州

数据来源：企业公告、CRIC.

54. 北京首都开发股份有限公司

表 6－246　2018 年商品房销售业绩及同比增幅

类　别	数　值	同比（%）
销售金额（亿元）	1007.27	45.58
销售面积（万平方米）	377.56	27.97
销售均价（元/平方米）	26678.00	13.76

数据来源：企业公告、CRIC.

表 6－247　2017—2018 年企业财务指标

单位:%

财务指标	2018 年	2017 年
净负债率	160. 67	172. 10
三费费用率	10. 76	9. 75
总资产周转率	0. 15	0. 17
长短期债务比	2. 30	4. 18
现金短债比	1. 12	0. 91
净利润增长率	11. 71	38. 28
销售毛利率	32. 74	32. 71
销售净利率	10. 03	9. 72

数据来源：企业公告、CRIC.
注：对 2017 年的数据有修正。

表 6－248　2018 年重点新增土地储备

城　市	宗地名称	属　性	成交时间	建筑面积（万平方米）	成交总价（亿元）	楼板价（元/平方米）
北　京	京土整储挂（顺）【2018】037 号	住　宅	2018－11	13. 3	45. 00	33835
杭　州	江干区（彭埠单元 R21－16 地块）	住　宅	2018－11	9. 23	33. 47	36262
杭　州	拱墅区上塘单元 FG04 － R21 － 02 地块	住　宅	2018－11	9. 11	32. 12	35258
北　京	昌平区沙河镇七里渠南北村土地一级开发项目 CP00－1600－0015 等地块	住　宅	2018－12	32. 79	69. 00	21043
福　州	地铁一号线新店车辆基地上盖开发地块	商　住	2018－12	33. 42	50. 40	15081

数据来源：企业公告、CRIC.

表 6－249　2018 年重点新开盘项目

项目名称	城　市	项目名称	城　市
和悦华锦	北　京	首开国风润城	沈　阳
棠　颂	北　京	太原国风上观	太　原
花照紫宸	成　都	贵阳首开紫郡	贵　阳

数据来源：企业公告、CRIC.

55. 泰禾（福建）集团有限公司

表 6－250　2018 年商品房销售业绩及同比增幅

类　别	数　值	同比（%）
销售金额（亿元）	1303. 40	29. 41
销售面积（万平方米）	534. 90	20. 69
销售均价（元/平方米）	24367. 00	7. 22

数据来源：CRIC.

表 6－251　2017—2018 年企业财务指标

单位:%

财务指标	2018 年	2017 年
净负债率	384.55	473.39
三费费用率	9.87	10.57
总资产周转率	0.14	0.15
长短期债务比	1.39	2.15
现金短债比	0.26	0.39
净利润增长率	67.61	36.15
销售毛利率	30.36	27.63
销售净利率	12.62	9.59

数据来源：企业公告、CRIC.

表 6－252　2018 年重点新增土地储备

城　市	宗地名称	属　性	成交时间	建筑面积（万平方米）	成交总价（亿元）	楼板价（元/平方米）
郑　州	郑政出〔2018〕15 号地块	住　宅	2018－03	1.19	0.37	3145
郑　州	郑政出〔2018〕52 号地块	住　宅	2018－04	7.06	1.93	2733
张家口	崇告字［2018］1 号地块	商　办	2018－06	3.67	0.32	869
长　沙	［2018］长沙县 027 号地块	住　宅	2018－07	9.46	0.67	710
长　沙	［2018］长沙县 025 号地块	住　宅	2018－07	5.96	0.42	710

数据来源：企业公告、CRIC.

表 6－253　2018 年重点新开盘项目

项目名称	城　市	项目名称	城　市
信达泰禾上海院子	上　海	泰禾金府大院	北　京
泰禾昌平拾景园	北　京	泰禾金尊府	苏　州
泰禾大城小院	上　海	泰禾大城小院二期	上　海

数据来源：企业公告、CRIC.

56. 江苏中南建设集团股份有限公司

表 6－254　2018 年商品房销售业绩及同比增幅

类　别	数　值	同比（%）
销售金额（亿元）	1466.10	52.21
销售面积（万平方米）	1144.40	55.64
销售均价（元/平方米）	12811.00	-2.20

数据来源：CRIC.

表 6－255　2017—2018 年企业财务指标

单位:%

财务指标	2018 年	2017 年
净负债率	191. 52	214. 86
三费费用率	9. 41	9. 28
总资产周转率	0. 19	0. 21
长短期债务比	2. 22	3. 04
现金短债比	1. 13	1. 09
净利润增长率	271. 60	73. 32
销售毛利率	19. 56	16. 53
销售净利率	5. 77	2. 04

数据来源：企业公告、CRIC.
注：对 2017 年的数据有修正。

表 6－256　2018 年重点新增土地储备

城　市	宗地名称	属　性	成交时间	建筑面积（万平方米）	成交总价（亿元）	楼板价（元/平方米）
苏　州	苏地 2017－WG－60 号	住　宅	2018－01	16. 94	23. 11	13648
海　门	2017 年 22 号公告海门镇 CR17030	商　住	2018－01	18. 36	13. 27	7230
南　通	2017 年 58 号公告开发区 R17043	住　宅	2018－01	23. 94	19. 03	7950
南　通	2017 年 59 号公告开发区 R17044	住　宅	2018－01	24. 25	19. 44	8017
合　肥	合国土资公告［2018］15 号	住　宅	2018－05	15. 64	17. 46	11160

数据来源：企业公告、CRIC.

表 6－257　2018 年重点新开盘项目

项目名称	城　市	项目名称	城　市
桐南美麓	上　海	中南樾府	杭　州
中南世纪城	青　岛	中南紫云集	西　安
中南世纪城	昆　山	中南拂晓城	武　汉

数据来源：企业公告、CRIC.

57. 绿地控股集团有限公司

表 6－258　2018 年商品房销售业绩及同比增幅

类　别	数　值	同比（%）
销售金额（亿元）	3875. 00	26. 44
销售面积（万平方米）	3664. 00	50. 26
销售均价（元/平方米）	10576. 00	－15. 85

数据来源：企业公告、CRIC.

表 6-259　2017—2018 年企业财务指标

单位：%

财务指标	2018 年	2017 年
净负债率	171.83	206.02
三费费用率	5.98	5.15
总资产周转率	0.37	0.37
长短期债务比	1.86	1.87
现金短债比	0.86	0.81
净利润增长率	18.06	44.42
销售毛利率	15.35	14.42
销售净利率	4.60	4.67

数据来源：企业公告、CRIC.

表 6-260　2018 年重点新增土地储备

城　市	宗地名称	属　性	成交时间	建筑面积（万平方米）	成交总价（亿元）	楼板价（元/平方米）
重　庆	渝国土房管告字［2018］7 号	住　宅	2018-03	29.36	18.50	6300
长　沙	［2018］长土网 013 号	商　住	2018-04	98.70	30.00	3040
宜　宾	宜市拍［2018］4 号	商　办	2018-06	94.29	13.37	1418
台　州	台土告字［2018］084 号	商　住	2018-10	25.79	16.33	6333
广　州	2018 挂-1102	住　宅	2018-12	12.08	17.75	14689

数据来源：企业公告、CRIC.

表 6-261　2018 年重点新开盘项目

项目名称	城　市	项目名称	城　市
绿地新城里	成　都	新里·波洛克公馆	上　海
绿地新城里	西　安	绿地新城里	南　通
绿地海悦	南　京	绿地华家池印	杭　州

数据来源：企业公告、CRIC.

58. 杭州滨江房产集团股份有限公司

表 6-262　2018 年商品房销售业绩及同比增幅

类　别	数　值	同比（%）
销售金额（亿元）	850.10	38.23
销售面积（万平方米）	202.80	3.95
销售均价（元/平方米）	41918.00	32.98

数据来源：企业公告、CRIC.

表 6-263　2017—2018 年企业财务指标

单位:%

财务指标	2018 年	2017 年
净负债率	97.99%	净现金
三费费用率	6.03%	4.38%
总资产周转率	28.57	25.09
长短期债务比	3.85	5.40
现金短债比	1.34	6.85
净利润增长率	36.46	17.20
销售毛利率	35.74	30.40
销售净利率	14.93	16.77

数据来源：企业公告、CRIC.
注：对 2017 年的数据有修正。

表 6-264　2018 年重点新增土地储备

城　市	宗地名称	属　性	成交时间	建筑面积（万平方米）	成交总价（亿元）	楼板价（元/平方米）
温　州	市中心区 A-28、A-44、A-49b 地块	住　宅	2018-06	35.25	69.20	19631
杭　州	萧政储出（2018）13 号地块	住　宅	2018-07	31.29	100.99	32278
乐　清	市中心区 E-c24-3、E-c47-3 地块	住　宅	2018-08	28.00	14.26	5093
宁　波	海曙区气象路地段 HS06-03-10a 地块	商　住	2018-09	23.13	43.30	18720
南　通	南通 GJ2013-175#B 地块	商　住	2018-10	19.79	2.14	1080

数据来源：企业公告、CRIC.

表 6-265　2018 年重点新开盘项目

项目名称	城　市	项目名称	城　市
江南之星	杭　州	武林壹号	杭　州
万家花城	嘉　兴	公园壹号	金　华
悦景庄	上　海	壹　品	杭　州

数据来源：企业公告、CRIC.

59. 华夏幸福基业股份有限公司

表 6-266　2018 年商品房销售业绩及同比增幅

类　别	数　值	同比（%）
销售金额（亿元）	1627.61	6.93
销售面积（万平方米）	1502.85	58.00
销售均价（元/平方米）	10830.00	-32.32

数据来源：企业公告、CRIC.

表 6－267　2017—2018 年企业财务指标

单位:%

财务指标	2018 年	2017 年
净负债率	161. 06	48. 16
三费费用率	13. 00	17. 49
总资产周转率	0. 21	0. 19
长短期债务比	4. 57	2. 89
现金短债比	1. 95	2. 59
净利润增长率	33. 14	43. 73
销售毛利率	41. 62	48. 04
销售净利率	14. 08	14. 87

数据来源：企业公告、CRIC.

注：对 2017 年的数据有修正，企业重列了 2017 年利润表部分数据。

表 6－268　2018 年重点新增土地储备

城　市	宗地名称	属　性	成交时间	建筑面积（万平方米）	成交总价（亿元）	楼板价（元/平方米）
南　京	溧水区网挂［2018］04 号 NO. 溧水 2018G10	住　宅	2018－05	11. 30	3. 40	3008
南　京	溧水区网挂［2018］04 号 NO. 溧水 2018G09	住　宅	2018－05	11. 24	3. 40	3024
南　京	溧水区网挂［2018］04 号 NO. 溧水 2018G08	住　宅	2018－05	6. 85	2. 10	3064
南　京	溧水区网挂［2018］04 号 NO. 溧水 2018G11	商　住	2018－05	4. 47	1. 60	3578
大　厂	DGZGT［2018］2 号（03）－34－5	住　宅	2018－10	4. 59	1. 72	3747

数据来源：企业公告、CRIC.

表 6－269　2018 年重点新开盘项目

项目名称	城　市	项目名称	城　市
沈阳孔雀城	沈　阳	秦淮源筑	南　京
孔雀城问津兰亭	武　汉	南浔孔雀城	湖　州
新江北孔雀城	滁　州	廊坊孔雀城	廊　坊

数据来源：CRIC.

Ⅶ.发展篇

导　读

本篇包含全国住房保障、房地产金融、房地产评估、物业管理、境外投资、法拍房等细分市场的2018年的创新成果，反映出这些分类地产或行业分支在房地产整体产业中扮演越来越重要的角色。

一、住房保障

2018年，是新一届政府的开局之年，是全面贯彻落实党的十九大精神的第一年，是改革开放四十周年，也是决胜全面建成小康社会的关键一年。这一年，各地区、各有关部门以习近平新时代中国特色社会主义思想为指引，牢固树立“四个意识”、坚定“四个自信”、践行“两个维护”，坚持新发展理念，聚焦“坚持房子是用来住的、不是用来炒的定位，加快建立多主体供给、多渠道保障、租购并举的住房制度，让全体人民住有所居”，切实落实“要抓住人民群众最关心最直接最现实的利益问题”“既尽力而为，又量力而行”、“要精准施策”等保障和改善民生工作总要求，积极健全城镇住房保障体系，不断调整和完善棚改政策，加大公租房保障力度，探索发展共有产权住房，完善举措、开拓进取，各项工作都取得了积极成效。

（一）党中央、国务院高度重视棚户区改造

2018年4月28日，国家主席习近平到武汉市青山区工人村街青和居社区视察时指出，棚户区改造事关千千万万群众安居乐业。我们的城市不能一边是高楼大厦，一边是脏乱差的棚户区。目前全国棚户区改造任务还很艰巨。只要是有利于老百姓的事，我们就要努力去办，而且要千方百计办好。

2018年12月31日，国家主席习近平在发表2019年新年贺词时指出：“解决棚户区问题的住房开工了580万套。”这是对棚改工作的充分肯定，也是对从事棚改工作同志们的极大勉励。

党中央的高度重视是棚改顺利推进，并取得历史性成就的决定性因素。党的十八大以来，各地区、各有关部门单位认真贯彻落实党中央、国务院决策部署，密切配合、攻坚克难，大力推进棚改工作。棚改的持续推进，对稳增长、促改革、调结构、惠民生发挥了一举多得的作用：

第一，改善了棚户区居民住房条件。2013—2018年，全国棚户区改造累计开工3000多万套，帮助近8000万居民“出棚进楼”，共享改革发展成果，促进了社会公平，维护了社会和谐稳定。

第二，促进了以人为核心的新型城镇化。截至2018年年底，全国累计开工改造林区棚户区166万套、垦区危房238万套、国有工矿棚户区305万套，促进了林区、垦区、国有工矿的可持续发展。

第三，促进了房地产市场平稳健康发展。房价上涨较快城市，通过新建棚改安置住房，增加了住房供应；房地产库存过多的三、四线城市和县城，通过棚改货币化安置，促进了房地产去库存。

第四，提升了城市功能和综合承载能力。通过实施棚改，既改善了老城区人居环境，也引导部分人口向城市外围转移，促进了新区发展。

第五，带动了投资消费和经济增长。棚改带动了有效投资和建材、装修、家电等消费，促进了上下游相关产业发展，对经济稳增长发挥了积极作用。2013—2018年，全国棚改完成投资7万多亿元，棚改及相关产业总投资超过15万亿元。

（二）2018年棚户区改造目标任务按期完成

2018年《政府工作报告》明确：“启动新的三年棚改攻坚计划，当年开工580万套。”

年初，住房和城乡建设部代表保障性安居工程协调小组与各省（自治区、直辖市）人民政府及新疆生产建设兵团签订2018年住房保障工作目标责任书，明确各省份棚改目标任务和工作要求。发展改革委、财政部、住房和城乡建设部及时安排下达2198亿元中央补助资金。财政部、住房和城乡建设部印发《试点发行地方政府棚户区改造专项债券管理办法》，安排下达4199亿元棚改专项债券额度，督促指导各地规范棚改融资行为，将棚改融资纳入地方政府债务监管。自然资源部对棚改建设用地计划实行单列，应保尽保。人民银行、银监会支持开发银行、农业发展银行加大棚改贷款支持力度。

2018 年 10 月 8 日，国务院常务会议听取了棚改工作汇报，总结了上半年工作进展、存在问题，部署全力推进棚改工作。国务院办公厅将棚改作为国务院大督查工作重点，督促有关方面及时推进工作、整改问题。自 3 月份起，住房和城乡建设部逐月统计、通报各省份棚改开工、基本建成进度和完成投资情况，7 月份起，对进度偏慢省份及时进行督促。住房和城乡建设部积极开展工程质量安全检查，督促各地控制棚改成本，按合同约定及时偿还贷款。住房和城乡建设部、发展改革委、财政部等部门持续加大对群众回迁安居、投资计划执行、财政资金使用的督促检查力度。审计署开展保障性安居工程年度跟踪审计，督促地方及时整改发现的问题。

湖南、安徽、贵州等地在确保棚改进度的同时，注重抓好棚改项目工程质量和施工安全，加大配套基础设施建设力度，改善周边环境和服务条件，让群众住得放心、舒心、暖心。河南、山东等地对于列入年度棚改计划的项目，采取台账管理等有力措施，督促市、县做好项目前期工作，积极筹措资金，加快工程进度，做好施工组织和项目管理，力争早日竣工。各省（自治区、直辖市）都主动督促指导市县明确棚改新开工项目的竣工时间，作为信息公开的重要内容。

在各方面的共同努力下，2018 年棚改工作进展总体顺利，顺利完成了开工 580 万套的目标任务，完成投资约 1.74 万亿元，约 1400 万户住房困难群众改善了住房条件。顺应房地产市场形势，棚改货币化安置比例呈现逐月下降态势。

2018 年 11 月，住房和城乡建设部、发展改革委、财政部等有关部门联合印发《关于申报 2019 年棚户区改造计划任务的通知》，部署各地科学确定 2019 年棚改计划，要求各地严格把好棚改范围和标准，因地制宜调整完善棚改货币化安置政策，严格评估财政承受能力，积极推进地方政府棚改专项债券发行工作，抓好棚改项目建设管理。

（三）积极调整和完善棚户区改造相关政策

针对媒体反映的“谨防棚改成为地方债务‘黑洞’”的问题，住房和城乡建设部会同发展改革委、财政部认真调查研究，明确了进一步合理界定和把握棚改的范围和标准，有针对性地调整完善棚改货币化安置政策等措施。

第一，将棚改融资纳入地方政府债务监管范围。按照全国金融工作会议精神及关于防范化解重大风险攻坚战的部署，明确了棚改融资的具体政策：对新开工棚改项目，不得以政府购买服务名义实施建设工程或变相举债，确需政府融资的，应当依法通过发行地方政府债券方式融资；对于必要的棚改在建项目，允许项目实施主体在不扩大建设规模和防范风险的前提下，与金融机构协商继续融资。按此要求，各地确定棚改计划，应坚持既尽力而为、又量力而行，切实评估论证财政承受能力，不搞一刀切、不层层下指标、不盲目举债铺摊子。要认真落实财政部会同住房和城乡建设部 2018 年 3 月印发的《试点发行地方政府棚户区改造专项债券管理办法》，加快发行地方政府棚改专项债券，规范棚改融资行为。坚决防范明明本地有财力落实棚改任务还要去举借债务，坚决防范因超标准建设增加棚改成本导致去举借债务，坚决防范不按照相关规定筹集偿债资金。

第二，进一步合理界定和把握好棚改的范围和标准。要重点攻坚改造老城区内脏乱差的棚户区和国有工矿、林区、垦区棚户区，落实七个“严禁”：严禁将房地产开发、城市基础设施建设等项目打包纳入棚改；严禁将因道路拓展、历史街区保护、文物修缮等带来的房屋拆迁改造项目纳入棚改；严禁将农村危房改造项目纳入棚改；严禁将房龄不长、结构比较安全的居民楼纳入棚改；严禁将棚改政策覆盖到一般建制镇；严禁将对小区配套设施进行维修养护、美化亮化，仅对居民房屋进行外立面整治、节能改造等项目纳入棚改；严禁将补偿面积过大、改造成本过高的城郊村、城边村改造纳入棚改。各省（自治区、直辖市）应部署所辖市、县，对照七个“严禁”，即知即改、立行立改，修订完善本地区棚户区范围和标准。

第三，有针对性地调整完善棚改货币化安置政策。要认真落实《关于申报2018年棚户区改造计划任务的通知》（建办保函〔2017〕551号）要求，商品住宅消化周期在15个月以下的市、县，应采取新建棚改安置房的方式；商品住房库存量大、市场房源充足的市、县，可以推进棚改货币化安置。各省厅要督促商品住房库存不足、房价上涨压力大的市、县，尽快取消棚改货币化安置的各种优惠政策，完善支持棚改安置住房建设的政策，引导棚户区居民更多选择实物安置方式。

（四）切实加大公租房保障力度

2018年《政府工作报告》要求，“加大公租房保障力度，对低收入住房困难家庭要应保尽保，将符合条件的新就业无房职工、外来务工人员纳入保障范围”。

住房和城乡建设部会同发展改革委、财政部等有关部门单位督促各地加快公租房建设和竣工分配，积极推进公租房货币化。年初，将政府投资公租房分配纳入2018年住房保障工作目标责任书，明确到2018年年底，政府投资公租房的分配要达到90%以上。财政部安排下达30亿元中央补助资金，支持全国约30万套因配套设施不全影响交付使用的政府投资公租房及其配套设施加快建设。住房和城乡建设部逐月统计、通报各省份公租房累计分配、新增分配进度；对进度偏慢省份及时进行督促。督促各地落实《关于做好城镇住房保障家庭租赁补贴工作的指导意见》（建保〔2016〕281号），加快建立公租房租赁补贴制度，有条件的市、县尽快扩大租赁补贴发放范围。

在各方面的共同努力下，公租房工作取得积极成效。公租房已基本完成分配入住。截至2018年年底，全国列入国家计划的公租房分配比例达到93.5%。全国已有3700多万户困难群众入住公租房，累计近2200万户困难群众领取了租赁补贴（正在领取补贴的570万户），对城镇低保、低收入住房困难家庭基本实现应保尽保。

目前，厦门市切实加大公租房保障力度，取得积极成效。厦门市公租房保障对象已包括三类群体：一是具有本市户籍的家庭，家庭年收入为中等收入、中等偏上收入的住房困难家庭；二是未享受政府其他住房优惠政策且在本市无住房的各类引进人才；三是在本市稳定就业的其他无住房职工，优先保障从事城市公共服务领域、特殊艰苦岗位和本市重点发展产业的在本市无住房职工。其中，第一类本市户籍家庭须满足以下条件：在本市无住房，或申请家庭人均住房建筑面积不高于12平方米；1人户的家庭年收入不高于8万元，2～3人户的家庭年收入不高于20万元，4人及以上户的家庭年收入不高于25万元；单身居民申请的应当年满30周岁。第二、三类申请对象，不限户籍和收入，但必须由单位集体申请集体宿舍型公共租赁住房。

（五）对各类特殊困难群体实施精准保障

住房和城乡建设部会同有关部门，督促各地要建立常态化工作机制，全面梳理低收入特别是低保家庭的住房状况，凡符合公租房保障条件的，积极推进实现应保尽保。

上海、厦门、南京等城市，根据当地经济社会发展水平，动态调整低收入住房困难家庭的认定标准，定期向社会公布。重庆、杭州、西安、成都等城市，在持续做好城镇中等偏下收入住房困难家庭公租房保障工作的基础上，已将进城落户农业转移人口全部纳入城镇住房保障体系。青岛、成都、昆明等城市，积极发挥环卫、公交、卫生、教育等行业主管部门及用人单位的作用，充分考虑环卫工人、公交司机、青年医生、青年教师等住房困难职工的工作和居住需求，有针对性地为其提供相应保障。重庆还指导所辖困难职工数量较多的区、县，确定一定数量的公租房，为这些群体实施定向配租。各城市对符合当地公租房保障条件的军队抚恤优待对象和住房困难伤病残退休军人、城镇残疾人家庭、城市见义勇为人员家庭、省部级以上劳模家庭、优秀青年志愿者、城市归侨侨眷家庭、计划生育特殊困难家庭等，都按照有关规定落实优先保障，并对残疾人家庭在楼层等方面给予照顾。

经过持续努力和推进，到2018年年底，通过推进公租房“精准保障”，已有367万60岁以上老人、62万残疾人、81万优抚对象、13万计划生育特殊困难家庭、4万见义勇为人员等获得公租房保障；有393万新就业无房职工、817万稳定就业外来务工人员通过公租房保障解决了住房问题，促进了以人为核心的新型城镇化；还有16万环卫工人、7万公交司机、48万青年教师、25万青年医生通过公租房保障改善了居住条件，促进了城市公共事业发展。

（六）不断加强公租房运行管理

2018年，住房和城乡建设部积极督促指导各地加强调查研究，试点推行政府购买公租房运营管理服务，推进信息系统和信用体系建设。为吸引企业和其他机构参与公租房的运营管理，住房和城乡建设部会同财政部印发了《推行政府购买公租房运营管理服务试点方案》，按照自愿试点的原则，确定浙江、安徽、山东、湖北、广西、四川、云南、陕西等8省（自治区）开展政府购买公租房运营管理服务试点。开展全国公租房信息系统建设问卷调查，制订了全国公租房信息系统建设实施方案，修订《公租房信息基础数据标准》。总结并推广了上海、湖北等地推进住房保障领域信用体系建设经验做法。

（七）探索推进发展共有产权住房工作

北京市、上海市认真落实《关于支持北京市、上海市发展共有产权住房的意见》（建保〔2017〕210号）要求，深化共有产权住房试点，都制定和完善了管理办法，在建设模式、产权划分、使用管理等方面，探索形成了可复制可推广经验。截至2018年年底，北京市已供应共有产权住房5.3万套，上海市共有产权住房签约近9.8万户。此外，深圳、广州、厦门、南京、成都、烟台等大中城市，也结合实际，积极探索发展共有产权住房。从各城市的情况看，发展共有产权住房的主要政策规定还有一些差异。

从供应对象来看，主要分为两类：一是户籍家庭。准入条件分三种情况：①上海、烟台等地要求是中低收入住房困难家庭；②南京市是中低收入住房困难家庭及无房户；③北京、深圳、厦门等地不限收入但要求无房。二是非户籍新市民。目前，仅北京市在政策上对外宣布，共有产权住房可由各区用于满足本区符合条件的非户籍重点人才居住需求。

从支持政策看，上海、南京、厦门、烟台等地的共有产权住房均由经济适用住房发展而来，均享受经济适用住房的用地划拨、税费减免等政策；北京、深圳、广州等地的共有产权住房由限价商品住房发展而来，用地采取市场出让方式，没有税费减免政策。从建设方式看，除了北京市以集中新建为主外，其他城市都是集中新建与在普通商品住房项目中配建并举。各城市对共有产权住房面积均有严格限制。除了北京市允许城六区之外的其他区超过90平方米、深圳和厦门等地面向高端引进人才的面积限制可适当放宽外，北京市城六区及其他城市均规定不得超过90平方米。

从产权比例的确定来看，都以购房人出资额占以周边同时期、同品质普通商品住房价格测算的住房总价款的比例为基础。各地反映，购房人初次购买的产权份额高一些，有利于政府较快地回笼一些资金、相对减轻财务负担。目前，各城市购房人持有的产权份额均在50%以上。

从使用管理来看，分三种情况：北京市允许出租，租金按产权份额分成；上海、南京、厦门、深圳等地，均只能自住，不得出租、出借；购房人自住期间，黄石市需缴纳政府产权份额部分租金，淮安市住满5年后需缴纳政府部分租金，其他城市均无偿让渡了政府产权份额部分的使用权。从对限售期的规定看，分两种情况：一是淮安市、黄石市无限售期，鼓励购房人增购取得完全产权，越早增购的，增购的价格越优惠；二是北京、上海、深圳、南京、厦门、广州、烟台等地规定有限售期。未满限售期不得转让，确需转让的只能政府回购。

从对上市交易的规定看，分三种情况：淮安、黄石、烟台等地鼓励个人增购，取得完全产权后，上市交易无限制；上海、南京、广州等地允许个人增购，取得完全产权后可上市交易，但政府有优先回购权；北京市不允许个人增购，只能政府回购，或转售给其他符合共有产权住房购买条件的家庭。

从几个城市的情况看，房价收入比过高的一线城市、二线城市及其他热点城市，包括北京、上海、深圳、南京、厦门等地，买不起商品住房、但又有一定支付能力的住房困难群体较多，共有产权住房一经推出，就受到了极大的关注和欢迎。在这些城市发展共有产权住房，有利于加快解决群众住房困难，稳定群众预期，促进社会稳定。

（王国田　亚太建设科技信息研究院有限公司）

二、物业管理

近年来，我国物业管理行业全面贯彻落实“创新、协调、绿色、开放、共享”的发展理念，在向现代服务业转型升级的过程中，取得了令人瞩目的发展成就。政府的减政放权进一步激活了市场，高质量发展的要求提升了行业整体服务水平，人民对美好生活的向往提高了居民品质消费需求，新一代信息技术的广泛应用催生了新的企业发展模式，资本的持续关注重新定义了物业管理价值。可以说，物业管理行业发展步入向现代服务业转型升级的战略机遇期。

（一）行业发展新压力

1. 内部增长动力消减的压力

2017 年开始的全国房地产市场调控，70 个大中城市的房价同比涨幅连续回落，市场持续降温，房地产高周转、挣快钱的模式难以为继，由增量转为存量市场的格局已经毋庸置疑。作为房地产下属、控股或关联的物业服务企业，面临着承接母公司新开发项目的减少，内生式增长动力逐步降低或消失，自给自足的发展模式面临市场考验的压力。

2. 经营成本持续上涨的压力

随着中国劳动力规模的逐年下降，中国的人口红利正在消失，廉价劳动力的时代终结，根据中国物协发布的《全国物业管理行业劳动力市场价格监测报告》，物业一线操作人员到手工资为 2784.4 元/月，每年增幅为 4.71%，管理成本不断上涨的压力明显。同时，由于物业服务费合理调价机制的缺失，物业费上涨成为了一道难以逾越的门槛，企业的利润空间正在一点一点被挤压。

3. 品质消费带来供给侧的压力

随着中国经济的高速发展，品质消费时代的到来，业主维权意识和消费观念的日益成熟，对服务的要求也越来越高。而物业服务企业基于成本控制和利润诉求的考量，市场呈现出中低端服务过剩、高端服务严重不足的局面。在优质不可优价的怪圈中，物业管理行业也正在经受业主期望不断攀升、企业服务品质相对下降的尴尬局面。

4. 行业人才结构重构的压力

随着互联网和新技术的广泛应用，品牌物业服务企业正在利用互联网思维、人工智能、物联网、大数据对内部管理体系、服务界面、社区资源进行转型升级。物业管理正在从“笤帚＋纸笔”的传统劳动密集型行业向新思维、新理念、新技术方向转变，需要大量的互联网、金融、资本、智能科技等跨界人才，对行业的人才结构进行洗牌，重构新生代物业人的思维方式和知识体系。人才已经成为制约行业和企业发展的最大瓶颈。

5. 自由市场竞争加剧的压力

我国物业管理行业的管理面积规模巨大，物业服务企业数量较多，存在着区域发展不平衡，市场高度分散的问题。随着国家体制改革的不断深入，政府减政放权后物业管理资质正式取消，以及2016年取消的物业管理师专业技术人员职业资格，中国物业管理市场正式进入自我调节阶段，自由开放给更多中小物业服务企业公平竞争环境的同时，也加剧了市场竞争的激烈程度。

（二）行业发展新格局

1. 物业管理面积区域分布

2017年全国物业管理行业总面积约246.65亿平方米，比2014年增加71.15亿平方米，年复合增长率12.01%。从各省面积分布来看，广东省、浙江省、江苏省和山东省物业管理面积位居前四。与2014年相比，山东省物业管理面积增幅明显，增长了9.4亿平方米。物业服务企业在横向扩张、布局全国的同时，更注重核心区域的深耕，以巩固核心城市的竞争力与控制力（见图7－1）。

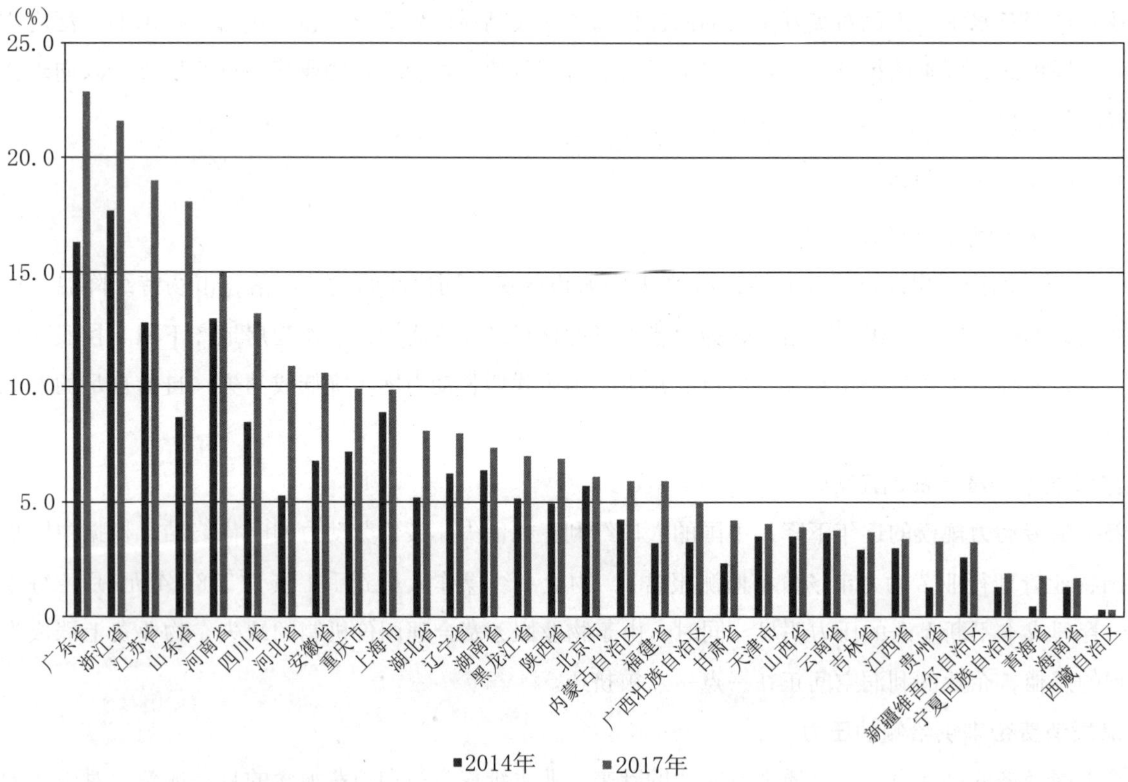

图7－1　全国物业管理面积占比分布情况

从区域分布[①]看，华东地区占比近四成；其次是华北、华南、西南和华中区域，占比均超过10.0%；东北和西北区域的分布相对较低。与2014年相比，除华东、西北区域物业管理面积占比分别上升了3.6%和0.7%外，其他各区域面积占比均略有下降（见图7－2）。

① 区域划分：华东地区（包括山东、江苏、安徽、浙江、福建、上海）；华南地区（包括广东、广西、海南）；华中地区（包括湖北、湖南、河南、江西）；华北地区（包括北京、天津、河北、山西、内蒙古）；西北地区（包括宁夏、新疆、青海、陕西、甘肃）；西南地区（包括四川、云南、贵州、西藏、重庆）；东北地区（包括辽宁、吉林、黑龙江）。下同。

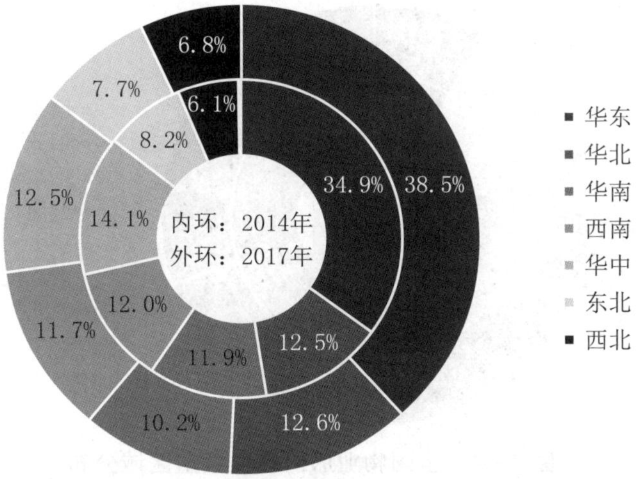

图 7－2　全国物业管理面积区域分布

2. 物业服务企业数量及分布

2017 年全国物业服务企业共 11.8 万家，比 2014 年增长 18.2%，年复合增长率 3.97%。从各省物业服务企业数量及分布来看，广东省、江苏省、山东省和河南省位居前四（见图 7－3）。

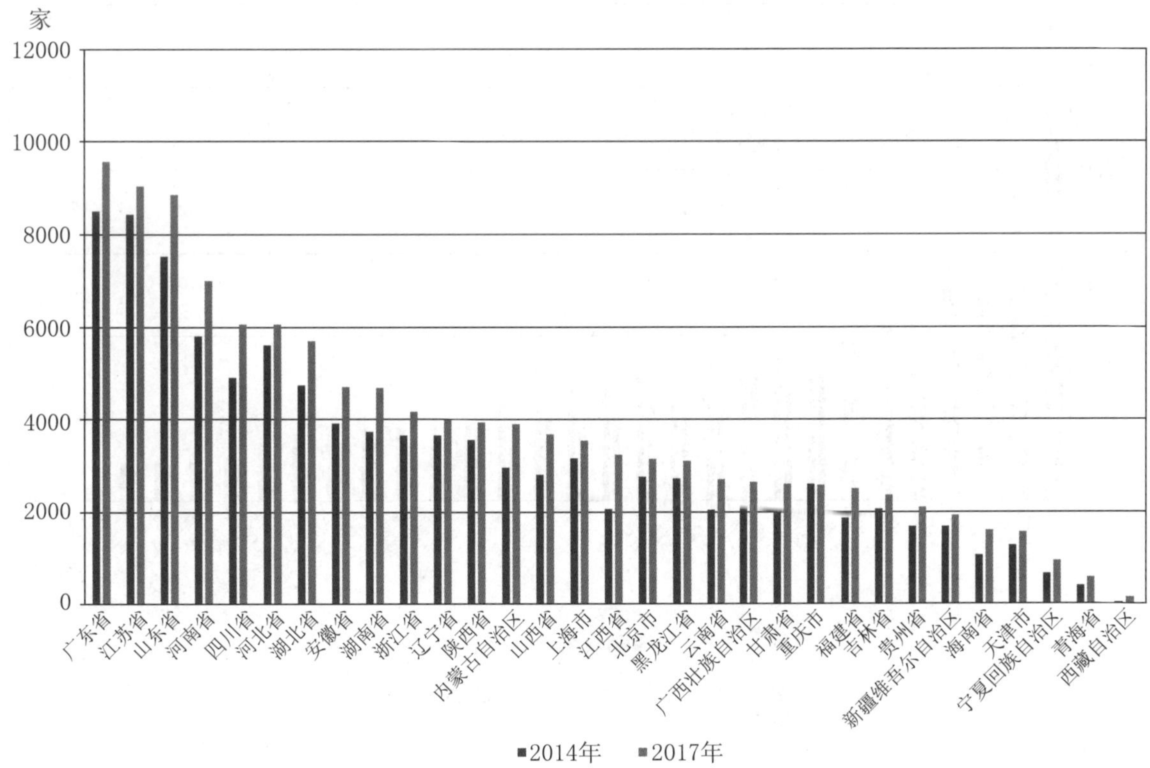

图 7－3　全国物业服务企业数量分布情况

从区域分布看，华东区域物业服务企业数量占比最高，为 30.5%；其次为华北、华南、华中和西南区域，占比均超过 10.0%；西北和东北区域的物业服务企业数量较少，占比分别为 8.5% 和 8.0%。与 2014 年相比，各区域占比波动不大（见图 7－4）。

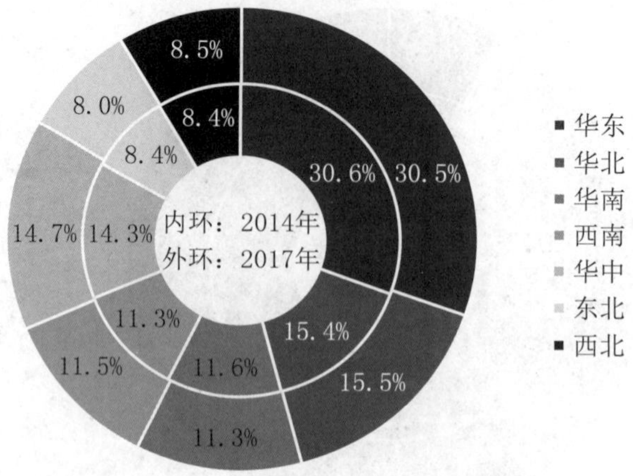

图 7-4　全国物业服务企业数量区域分布

3. 从业人员规模及构成

从调查数据看，2017 年全国物业管理从业人员约 904.7 万人，比 2014 年增长 29.4%，年复合增长率 8.9%。其中，广东省、江苏省、山东省和上海市位居前四（见图 7-5）。

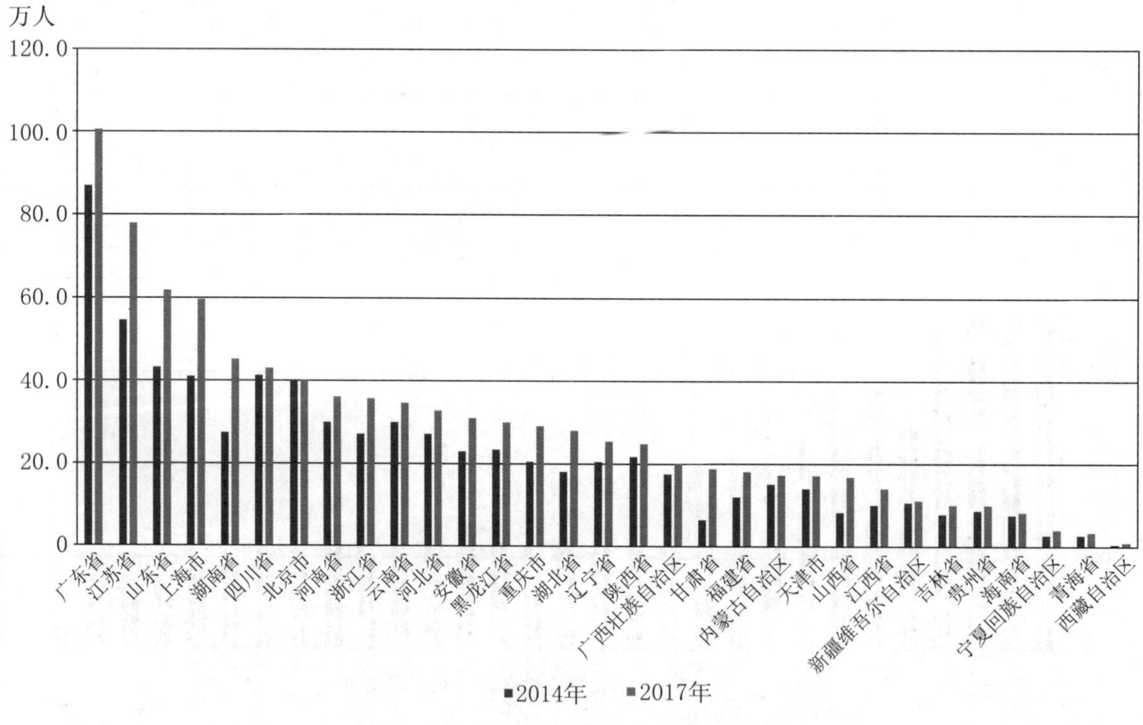

图 7-5　全国物业管理从业人员数量

从区域分布来看，华东区域物业管理从业人员数量占比最大，为 32.9%；其次为华南、华北、西南和华中区域，占比均超过 10.0%；东北和西北区域占比较小，分别为 7.2% 和 7.0%。受企业布局与降本增效经营策略的影响，从业人员增幅低于管理面积的增长幅度（见图 7-6）。

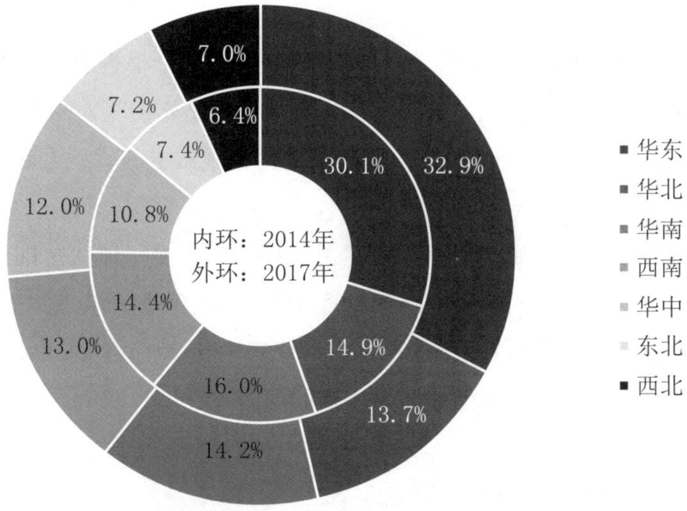

图7-6　全国物业管理从业人员数量分布

4. 营业收入规模及增长情况

2017年物业管理行业经营收入为6007.2亿元，与2014年（4091.7亿元）相比增长了46.8%，年复合增长率13.66%。随着物业管理行业规模的不断扩大、经营业态的不断丰富，物业管理行业的营业收入同步增加。

5. 相关指标

2017年物业服务综合实力百强企业的物业管理面积占行业总面积的32.08%，营业收入占行业总收入的30.04%，行业集中度进一步提升。虽然百强企业积极拓展多业态的物业服务和产业空间布局，深耕行业服务、拓展新业务，市场份额不断提升，但行业集中度依然处于较低水平。

2017年物业服务企业人均管理面积为2788平方米，比2014年人均2313平方米增长了20.54%。互联网、物联网、大数据等新技术效应逐步显现，极大地提高了服务和管理效率，减少了物业服务企业的用工量。同时行业上下游产业链的逐步形成和专业化的分工，也进一步促进了产业协同效率的提升。

（刘寅坤　中国物业管理协会）

三、房地产评估

（一）2018年房地产估价行业的当前形势

党的十九大报告中指出："我国经济已由高速增长阶段转向高质量发展阶段。"高质量发展强调可持续而非发展速度，强调发展而非增长，强调创新而非复制。经济发展的变化带动房地产发展的变化。城市房地产的发展由增量为王转向以存量为主、向质量发展。从以物为本向以人为本转变；从野蛮生长到精细化管理转变；从建设型管理向维护型管理转变。

2018年，中国房地产估价行业发展所面临的外部环境：中国经济下行压力加大，在"去杠杆"的政策指导下，中国房地产企业面临较大的融资压力，这部分的压力转化到土地市场，致使土拍市场趋冷，流拍现象加剧。另外，党的十九大对房地产市场制定的战略基调为"房住不炒"。经过两年的政策调控，从价格方面来看，截至2018年12月，国家统计局公布的70个大中城市商品住宅价格指数中一线城市二手住宅价格仍呈下跌趋势；成交量方面也有所回落。十大城市二手房成交规模略有下降，成交套数同比下降4.6%。房地产市场已逐步回归理性。

在此背景下，中国的房地产估价行业发生了明显的变化。

传统估价业务领域的变化：

（1）银行抵押估价：变。量变："去杠杆"的政策，使抵押类估价报告总量减少；付费方式变：估价报告的付费由客户自理转变为银行付费；需求变：从仅需房地产估价价格转变为对房地产价值风险的预判。

（2）征拆估价：增。随城市化进程步伐加快，全国范围内，城市更新、"三旧"改造及棚改项目总量有明显的增加。

（3）司法拍卖估价：变。法院确定财产处置参考价的顺序转变。委托评估被排至最后，成为不得已情况下的选项。网络询价，自动估价未来可能成为法院财产处置参考价格的主要确定方式。

（4）涉税估价：稳。从2018年的"稳妥推进房地产税立法"到2019年的"稳步推进房地产税立法"。说明房地产税正逐步进入立法程序，但要全面落地还需一定的时间。

房地产估价行业自身的变化：

《资产评估法》在2016年颁布，在2018年开始生效。一方面房地产估价在行政监管上放开限制，由资质审批改为备案，拟允许法人出资，取消资质等级；另一方面让行业加强自律管理，拟开展估价机构资信评价，多方面综合评价估价机构的资信状况，更好地分出估价机构的优劣。

2018年房地产估价行业出现的主要估价发展方向：

（1）老估价：仍以传统估价为主；以传统第三方价格鉴定为主要业务方向。主营业务以银行抵押评估、征收、涉税、司法鉴定、损害赔偿等为主。老估价的发展方向主要以提高估价服务，加强服务质量为主。

（2）跨估价：2018年的估价创新主要来源于跨估价。跨估价是指除传统的业务外，通过跨行业结合更多与房地产估价相关的点，探索与估价相关的业务。业内一些优秀的评估公司多以此拓宽业务线、作为未来发展方向。如：估价与规划结合，产生战略规划服务、城乡规划、土地规划等；估价与测绘结合，通过地图可视化呈现，可为动拆迁、综合资讯等业务服务。

（3）新估价：探索以估价为核心的业务，以新兴大数据和传统应用相结合为起点，以数据驱动、技术融合、模式创新为方向，将信息技术和大数据的基因注入到了估价发展当中，发展出一种新型的估价企业模式。

总体而言，目前房地产估价行业主要的两种估价发展方向以老估价、跨估价为主。虽有个别估价公司开始探索新估价，但总量不多。

（二）2018年度中国房地产估价行业的基本情况

1. 对房地产估价行业的调研分析

截至2018年年底，全国共有房地产估价机构约5496家，其中：一级机构约626家，同比增长14%；二级机构1898家，同比增长12%；三级机构2051家，同比下降约32%。2018年一、二级的房地产估价机构数量上升显著，说明房地产估价机构内部企业整合步伐加快（见图7－7）。

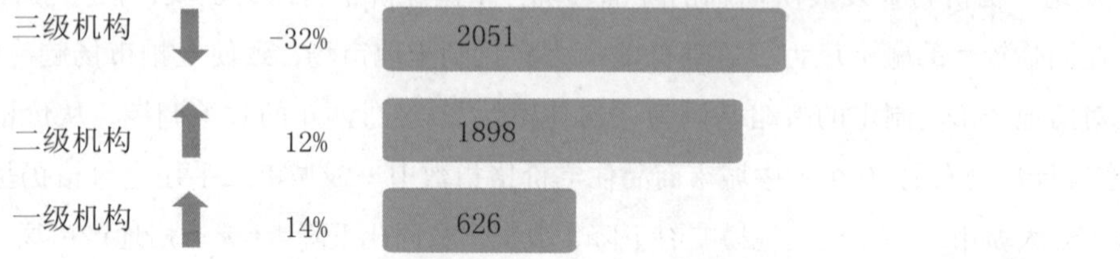

图7－7　房地产估价机构数量占比情况

从机构的营业收入占比情况来看，2018 年一级机构中营业收入在 500 万元以下（含）的估价机构占比约为 21%，而在 2000 万元以上（含）的机构数量占比已达 28%（见图 7－8）。

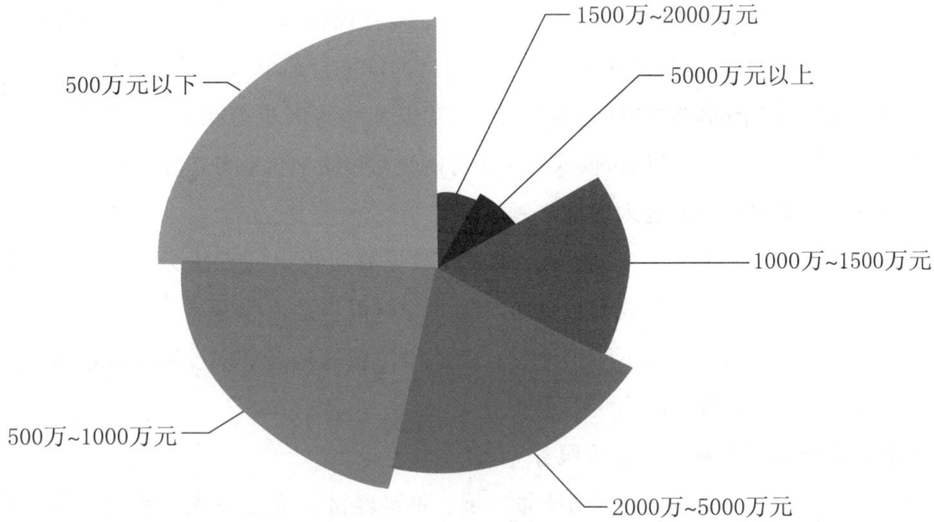

图 7－8　房地产估价机构营业收入占比情况

从业务分类占比情况来看，估价机构仍以传统房地产估价业务为主，评估总值占比约为 57% 左右。从业务内容方面来看，2018 年全年房地产估价行业评估总值约为 20 万亿元，同比上升 29%。估价总值占比前三项的业务分别为：房地产抵押估价、创新业务估价及咨询顾问。创新业务估价及咨询顾问数据的骤增，意味着当前不少优秀的房地产估价机构已开始转变传统业务模式，提升专业服务品质，向高质量估价方向发展（见图 7－9）。

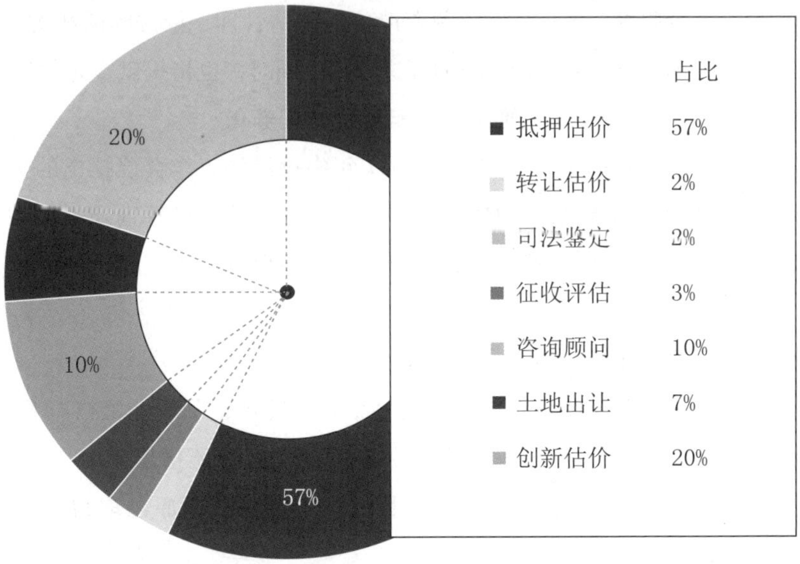

图 7－9　房地产估价总值占比情况

2. 2018 年房地产估价行业十大事件

《最高人民法院关于人民法院确定财产处置参考价若干问题的规定》施行

2018 年 9 月 1 日开始实施的《最高人民法院关于人民法院确定财产处置参考价若干问题的规定》（以下简称《规定》）丰富确定参考价的方式，规定在传统的当事人议价、委托评估的基础上，增加定向询价、网络询价两种确定财产处置参考价方式；通过科学途径建立全国性司法网络询价平台名单库、司法评估机构名单库，并且保证该两名单库的动态存续，对不利于确定财产处置参考价、符合法定情形者进行除名，五年内不得再入库。该规定在对传统估价提出新要求的同时引入多种询价模式，未来可能会对传统估价业务造成一定的影响。

京东、淘宝大数据询价评估已开始进入房地产领域

京东、淘宝大数据已开始进入房地产领域，用 AI 或大数据算法得出的方法为法院提供询值服务。目前法律效力仍以传统估价报告为优，人工智能或大数据所得出的分析报告是否如专业人员出具的报告一样获得官方认可或具有法律地位，目前这个问题尚在不清晰地带。但值得注意的是，京东、淘宝现已进入法院评估遴选的大名单中，未来可能会对房地产估价产生一定的影响。

2018 中房学年会引导行业高质量发展估价服务

为深入探讨房地产估价机构如何适应经济高质量发展、推动经济高质量发展、实现自身高质量发展，10 月 25—26 日，全国性房地产估价行业组织中国房地产估价师与房地产经纪人学会在北京举办了主题为“高质量发展阶段的估价服务——转型升级，再上台阶”的 2018 中国房地产估价年会。围绕会议主题，国际知名房地产咨询顾问机构代表，我国内地知名房地产估价机构负责人以及有关专家学者就相关话题进行了精彩的观点分享。

资产评估、房地产估价、土地估价三大评估协会配合最高院司法评估机构名单库建立举荐评估机构

为配合最高院建立司法评估机构名单库，三大专业门类的国家协会公布了申报通知和申报条件及名额，各地方协会依照国家协会的要求纷纷对本地机构筛选，预计司法评估的业务规则和准入名单会进行一个大的调整。

自然资源部三定方案正式发布：将负责自然资源资产价值评估管理

2018 年 8 月 1 日，中办、国办印发自然资源部“三定”方案。《方案》规定自然资源部将履行全民所有土地、矿产、森林等自然资源资产所有者职责。负责自然资源资产价值评估管理，依法收缴相关资产收益。多规合一对保护自然资源，优化空间结构，创造空间资产带来正向促进作用。同时，也将提供多元化的土地估价业务。

中国证监会、住房城乡建设部联合发文，推进住房租赁资产证券化

2018 年 4 月 26 日，为贯彻落实党的十九大精神和 2017 年中央经济工作会议提出的关于加快建立多主体供给、多渠道保障、租购并举的住房制度要求，加快培育和发展住房租赁市场特别是长期租赁，支持专业化、机构化住房租赁企业发展，鼓励发行住房租赁资产证券化产品。住宅租赁资产证券化的评估未来将成为估价行业创新业务之一。

土地估价师职业资格将进行整合改革

2018 年 6 月 21 日，自然资源部办公厅发布《关于土地估价专业评估师职业资格有关问题的通知》，通知原土地估价师职业资格将进行整合改革，目前相关工作正在推进中，通知还指出 2018 年度土地估价专业评估师职业资格考试继续暂停，原已通过的土地估价师考试科目成绩继续保留，原已取得土地估价师职业资格的人员，执业和继续教育等活动仍正常开展，不受影响。

中评协修订一系列准则

中评协继 2017 年 9 月集中公布修订的 26 个准则指南指导意见之后，于 2018 年 10 月 30 日又对《资产评估报告》《资产评估程序》《资产评估档案》《企业价值》四个资产评估执业准则进行了再一次的修订。中评协是《资产评估法》颁布以后修订准则最为积极的评估专业协会，对评估程序、技术和执业道德进步、优化重视程度较高。

人大会议对土地管理法、城市房地产管理法修正案草案进行初次审议

十三届全国人大常委会第七次会议 12 月 23 日对土地管理法、城市房地产管理法修正案草案进行初次审议。对土地利用总体规划确定为工业、商业等经营性用途，并经依法登记的集体建设用地，允许土地所有权人通过出让、出租等方式交由单位或者个人使用。现行城市房地产管理法关于城市规划区内的集体土地必须先征收为国有后才能出让的规定，新增加一句“法律另有规定的除外”，以衔接土地管理法修改，扫清集体经营性建设用地入市的法律障碍。此次修正草案透露多项土地改革的思路和方向，为未来集体土地利用探索迈出了一大步。预计未来将会有更多的集体土地入市，转让、出租、抵押。

国务院督查，七部委联合整治全国范围违法违规“挂证”乱象

2018 年 11 月 27 日，7 部门联合发布通告，开展工程建设领域专业技术人员职业资格“挂证”等违法违规行动专项整治工作。对违法机构进行清理整顿，加大监管处罚力度，提高违法违规成本，完善相关制度。

（三）2018 年房地产估价师行业面临的挑战

1. 如何技术创新

2018 年，房地产估价行业在经历了数年对信息化的摸索以后，信息技术建设发展走到关键的入口，需要选择未来的发展方向。目前房地产估价的信息技术发展方向主要有三个：

（1）回归估价行业传统业务，做技术支持下的业务提升。以传统估价业务为主，通过数据平台等的技术支持，提升服务效率；通过建立数学模型，实行简单估价自动化，让公司内的估价师从事更为复杂的估价服务。

（2）提供工具型产品的行业服务。估价工具型产品是指提供估价报告自动生成系统、现场勘查小程序等，作为软件开发的提供商。目前如：云估价、智地平台等以该方向发展为主。

（3）估价数据的价值深化，实现估价数据本身的价值。通过对估价数据的深度挖掘，提炼出有价值的数据，结合大数据和估价技术，根据客户的需求，打造出创新产品。目前中估联行、云房主要往这个方向发展。

在关键的节点如何选择信息技术的发展方向？这将是行业面临的一个挑战。

2. 如何专业创新

2018 年行业的创新探索主要以跨估价的探索为主。新估价主要是对房地产估价行业的专业创新，通过对估价核心——价值的发现，摸索客户的潜在需求，结合数据 + 技术 + 人，最终实现服务落地，为客户实现价值。目前房地产估价行业中，探索新估价的公司凤毛麟角，如何在今后开展这方面的创新将是行业所面临的另一个又一个挑战。

3. 如何模式创新

目前行业内大多估价公司采用公司制的形式，在话语权上体现的是资本民主，由公司股东为核心运转，估价公司基本运行的依靠是企业资质和个人资格，但是实质上公司的管理权力、利益分享均由各个股东的出资多少预先设定，与专业水平并不相关。先前主导企业发展的专业力量渐渐老去，但其仍将担任企业的核心股东，以股权的形式，主导企业的发展。新的年轻的优秀人才在这个行业中，存在一个事实上的天花板，企业没有形成核心主导的制度，无法吸引更多的优秀人才加入估价行业。估价行业现有的模式可能会阻碍行业发展，如何对其进行模式创新，也将是行业所面临的挑战。

（四）2019 年房地产估价行业十大展望

1. Reits、类 Reits、ABS 等金融产品会产生更多的业务机会

随着国家“租售并举”制度的推出，政策开始朝房地产租赁市场倾斜。2018 年，据不完全统计，有近 50 多家房企发行资产证券化类产品。如：2018 年 2 月招商发行的首单储架长租公寓 CMBS；2018 年 4 月碧桂园发行的首单百亿规模租赁住房 REITs 等；《关于推进住房租赁资产证券化相关工作的通知》（以下简称《通知》）的出台，明确表达了对于房企进行各项住房租赁资产证券化的鼓励，说明未来 REITS、类 REITS、ABS 等金融产品市场存在巨大的需求量。此类金融产品需要估价公司对底层物业资产价值进行合理评估，要求房地产估价行业提供高要求、多维度的综合性咨询服务。

2. 征拆、棚改将进入高速发展的尾声

从 2017 年确定的棚改项目的年度计划来看，2018 年 580 万套，2019 年、2020 年均保持在 460 万套，也就是说棚改计划是逐年递减的。而从项目完成情况来看，大部分的城市都是超标完成的。所以按照既定规划，棚改项目将于 2020 年正式收官。也就是说在未来两年内各城市的该类评估业务将逐步收缩。而对于部分一线城市而言，征拆项目现已基本成熟，未来这类业务可能往城市更新方向深化探索。如：深圳。深圳土地资源稀缺，为有效盘活存量土地的二次开发，深圳出台诸多如城市更新办法、土地整备利益统筹项目管理办法、产业用当地供应机制拓展产业用地空间办法等政策，搭建集体资产交易平台，探索“城中村（旧村）改造”等土地利用新模式，而深圳的一些评估公司已开始探索项目全方位、全生命周期的估价新服务项目，这将为行业开拓出新的估价业务方向。

3. 新农村建设带来新机遇

传统土地估价业务主要以城市建设用地为估价对象，以“土地价格”判断为服务重点。中央一号文件连续 16 年聚焦“三农”问题，可见中央对以实施乡村振兴战略为总抓手，推动整个“三农”工作的重视程度。新农村建设有两个重要的发展方向：一是农村土地制度改革。2018 年人大会议提出土地管理法的修正草案；2019 年中央一号文强调，在修改相关法律的基础上，完善配套制度，全面推开农村土地征收制度改革和农村集体经营性建设用地入市改革，加快建立城乡统一的建设用地市场。说明农村集体用地入市在法律及制度上的难题或在不久之后将得以解决。二是完善城乡布局结构，推进城乡统一规划。通盘考虑城镇和乡村发展，统筹谋划产业发展等主要布局，形成田园乡村与现代城镇各具特色、交相辉映的城乡发展形态。今后新农村建设既要体现出乡村特色，保障乡村规划的适宜度，同时还要结合城乡规划设计，统筹考虑城乡发展空间。农村振兴为土地评估业务带来一个新的巨量的市场。未来，美丽乡村规划、乡村开发评估咨询、农村集体建设用地利用等相关的评估业务将使传统“土地价格”评估向高质量的估价服务转型。

4. 自然资源部将为估价拓展更多的业务领域

国家职能部门改革调整，国土资源部、发展改革委、住房和城乡建设部、水利部、农业部、国家林业局、国家海洋局和国家测绘地理信息局等相关业务合并成自然资源局。部门间的优化重构将以自然资源、国土空间规划为基础依据，基于自然资源保护与开发，协调国土空间规划，涵盖区域资源环境保护等多个领域，促进自然资源及国土空间资源要素的优化配置和可持续发展。该优化重构方案将国土空间规划、国土用途管制、国土生态修复、土地资源保护等职能进行了整合，将为土地估价带来更多的新增业务点。如：土地整合评估、土地整备利益统筹评估、土地污染评估、土地规划咨询、农用地评估、林地评估、自然资源评估、区域资源统筹评估等。

5. 区域一体化将产生创新的业务需求

区域一体化，主要包括市场一体化、产业一体化等方面的内容。其发展由市场主导，红利来自市场机制下的要素自由流动和资源优化配置。作为国家区域发展总体战略的重要组成部分，区域一体化将对该区域的经济一体化发展、产业一体化布局、空间一体化规划等方面进行探索和创新，未来会在城市发展、产业布局、城乡统筹规划等方面带来较大的变化，为房地产估价带来更多的创新业务点。

6. 房地产估价业务在押品金融领域的升级——各类押品评估产品创新

估价行业对金融创新的支持未来将面向“一个核心，两个创新点”。一个核心是把握金融风险。未来的金融创新要求打通房地产资产和金融资产的资金通道，使得房地产资金在银行的集中度下降，有更多的金融机构和金融产品，平抑市场波动，促使房地产市场回归理性。两个创新点分别是提升流动性和提升服务效率。流动性的提升，意味着“不动产”将动产化；服务效率的提升，意味着对计算机技术的依赖度增强。因此，未来支持金融创新的估价服务有两个方面：一是为创新产品提供全面的估值服务平台；二是为创新产品打造更高效的全流程服务体系：如押品管理系统、压力测试报告、价格数据管理系统。

7. 房地产估价线上、线下将深度结合

房地产估价行业线上数据平台依托于房地产市场客观数据结合估价师专业意见，通过“数、人交互”的方式保证了数据的客观性、精准性、专业性。目前，房地产估价市场竞争激烈，同质化产品居多。然而随着时代的进步，客户对于服务、产品需求的深化，将驱使产品向定制化、专业化、差异化方向发展。未来估价行业的优势在于线上有数据平台，线下有专业的评估队伍能对接客户需求，挖掘客户潜在需求。房地产估价行业将通过线上、线下的深度结合，研究并发现房地产“数据”中的价值，为未来的业务蓝海奠定基础。

8. 跨行业机构及资本将渗透房地产估价行业

2018 年 9 月 1 日开始实施的《规定》要求增添当事人议价、定向询价、网络询价三种。根据中国执行信息公开网最新公示，京东、淘宝、工商银行三家机构现已进入法院评估遴选的大名单。同时，搜房、58 同城、链家也可能跨界入驻估价行业，其海量的底层基础数据及成交数据的优势是传统估价行业所缺乏的。目前搜房已经进入评估领域。未来也不排除出现互联网公司与评估公司合作，由互联网公司提供网上平台，估价师在该评估平台上提供服务的模式。

与此同时，资产评估法对法人持股及注册资金、持股比例并无特殊要求，允许其他机构的法人成为估价机构的股东，所以不排除未来会有金融机构、互联网企业等外部资本进入房地产估价行业。

9. 行业内部机构整合创新

行业内部不少优秀的估价公司已开始探索创新的管理合作模式。如：四川恒通房地产土地资产评估有限公司，采用估价机构合伙人制度，通过这一管理模式的转变，完善绩效考核制度，吸引与培养年轻并有专业水平的估价骨干力量；中估联行成员机构北京首佳地产顾问机构、武汉国佳房地资产评估有限公司及相关公司、浙江和诚房地产估价有限公司及相关公司三家集团则启动并购重组，并于 2018 年 3 月成立首佳顾问集团。行业内部整合实质是谋求共同发展。其发展模式是在合作的基础上，推动行业创新发展。2019 年，或将在估价行业看到更多的机构以不同的方式进行整合创新。

10. 区块链等新技术会进入估价行业带来影响

尽管房地产估价信息化和大数据建设势在必行，但在探索过程中仍碰到不少瓶颈，比如数据获取难、应用落地场景、知识产权确权难等。而区块链技术自身具备的去中心化、分布式存储、不可篡改、智能合约等技术特性将给估价行业数据的共建共享带来革新性的技术支撑。区块链独有的特征可以使房地产估价行业避免数据重复建设，实现行业内数据的共建共享，通过估价、数据上链，来保证估价经验的传承；规范估价行为，建立估价信用体系，杜绝良币驱逐劣币的现象。同时利用区块链技术可以改变行业的发展模式，提升行业服务能力，通过整合整个链上所有公司的核心竞争力，提高服务效率，促成多行业融合，改变传统行业单一模式，加快估价智能自动化的步伐，为真正估价大数据时代的到来提供基础。

（许军　田蓉泉　上海联城房地产评估咨询有限公司）

四、房地产金融

（一）年度金融政策

1. 中央关于金融工作的指示精神

党的十九届三中全会

中国金融监管体系形成“一委一行两会”模式，即金融稳定发展委员会、人民银行、银保监会及证监会。

2018 年政府工作报告

稳健的货币政策保持中性，要松紧适度。管好货币供给总闸门，保持广义货币 M2、信贷和社会融资规模合理增长，维护流动性合理稳定，提高直接融资特别是股权融资比重。疏通货币政策传导渠道，用好差别化准备金、差异化信贷等政策，引导资金更多投向小微企业、“三农”和贫困地区，更好地服务实体经济。

4 月 23 日中共中央政治局会议

在货币金融政策方面，强调“把加快调整结构与持续扩大内需结合起来，保持宏观经济平稳运行”，指出“要推动信贷、股市、债市、汇市、楼市健康发展”。要坚持积极的财政政策取向不变，保持货币政策稳健中性，注重引导预期，把加快调整结构与持续扩大内需结合起来，保持宏观经济平稳运行。

7 月 31 日中共中央政治局会议

财政政策要在扩大内需和结构调整上发挥更大作用。要把好货币供给总闸门，保持流动性合理充裕。要做好稳就业、稳金融、稳外贸、稳外资、稳投资、稳预期工作。另外，此次会议指出，把防范化解金融风险和服务实体经济更好地结合起来，坚定做好去杠杆工作，把握好力度和节奏，协调好各项政策出台时机。

12 月 19 日中央经济工作会议

宏观政策要强化逆周期调节，继续实施积极的财政政策和稳健的货币政策，适时预调微调，稳定总需求；积极的财政政策要加力提效，实施更大规模的减税降费，较大幅度增加地方政府专项债券规模；稳健的货币政策要松紧适度，保持流动性合理充裕，改善货币政策传导机制，提高直接融资比重，解决好民营企业和小微企业融资难融资贵问题。

2. 人民银行政策

人民银行实施稳健中性的货币政策，重点落实支持民营企业发展、防范化解重大风险、深化金融改革开放等内容。

4 月，一行两会、国家外汇管理局联合发布《关于规范金融机构资产管理业务的指导意见》，按照资管产品的类型制定统一监管标准，对同类资管业务做出一致性规定，实行公平的市场准入和监管，以期最大限度地消除监管套利空间。

4 月 25 日，落实置换 MLF 定向降准。

6 月 24 日，通过定向降准 0.5 个百分点支持市场化、法治化“债转股”和小微企业融资。

10 月 22 日，设立民营企业债券融资支持工具。由中国人民银行依法向专业机构提供初始资金支持，为经营正常、流动性遇到暂时困难的民营企业发债提供增信支持。

12 月 19 日，针对全国性银行和大型城商行创设定向中期借贷便利，利率水平较 MLF 低 15 个基点，同时针对中小金融机构提供 1000 亿元再贷款和再贴现额度。

（二）宏观融资总量及价格

1. 货币供应总量

2018 年，广义货币供应量 M2 余额为 182.7 万亿元，同比增长 8.1%。M2 增速较为平稳，基本与上年持平，体现出中国人民银行旨在通过前瞻、灵活的货币政策维持市场中长期流动性保持在合理水平，同时引导表外资金回表。基础货币余额为 33.1 万亿元，同比增速 2.79%，增速比上年底低 1.42 个百分点。但从 2018 年全年数字来看，基础货币仅增加 9086 亿元，几乎全部为广义再贷款投放。

货币乘数（广义货币/基础货币）为 5.52，达到 2001 年以来的历史新高（见图 7－10）。

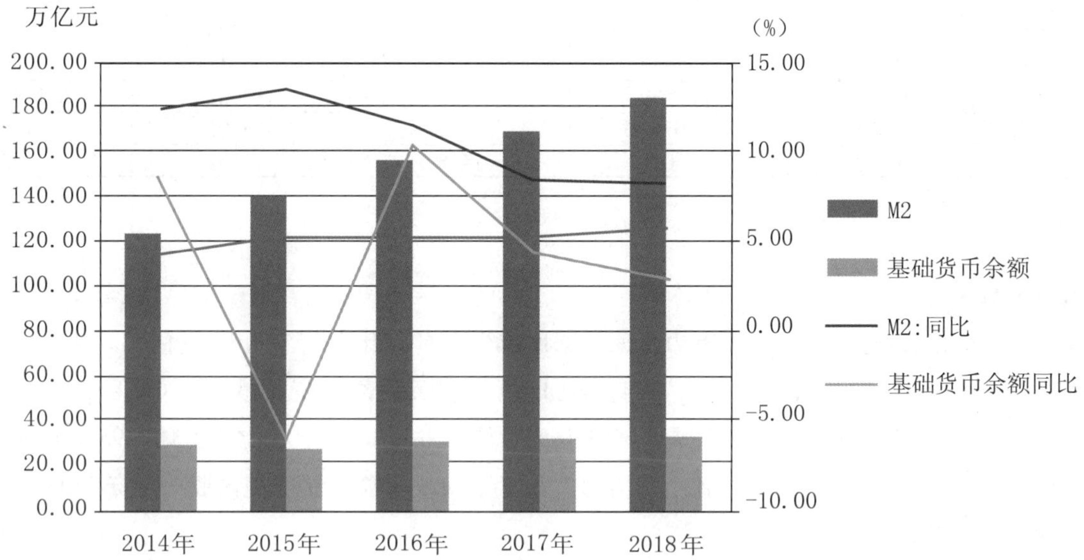

图 7－10　2014—2018 年广义货币（M2）、基础货币余额及同比增速

数据来源：中国人民银行。

2. 存款：住户存款增长较快，非金融企业新增较慢

2018 年，金融机构人民币各项存款余额为 177.5 万亿元，同比增长 8.2%，比年初增加 13.4 万亿元，同比略少增 1071 亿元。从存款部门分布看，住户存款、非银行业金融机构当年存款增量分别为 7.2 万亿元、2.0 万亿元，分别同比多增 2.6 万亿元、7300 亿元；非金融企业 2018 年存款增量为 2.1 万亿元，同比少增 1.9 万亿元（见表 7－1）。

表 7－1　2018 年人民币存款结构

类　型	存款余额（亿元）	同比增速（%）	当年新增额（亿元）	同比多增额（亿元）
人民币各项存款	1775226	8.2	134049	－1071
住户存款	716038	11.2	71970	25985
非金融企业存款	562976	3.0	20572	－19320
政府存款	325585	6.8	21584	－13627
非银行业金融机构存款	159798	14.5	19569	7300
境外存款	10828	3.5	361	－1409

数据来源：中国人民银行。

3. 贷款：住户贷款增长较快，但增速继续回落

贷款保持较快增长，金融支持实体经济的力度较为稳固。2018 年年底，金融机构人民币贷款余额为 136.3 万亿元，同比增长 13.5%，比年初增加 16.2 万亿元，同比多增 2.6 万亿元。

从贷款部门分布看，住户贷款增速高位继续放缓，上半年同比增长 18.2%，比上年年底低 3.0 个百分点，其中，个人住房贷款同比增速回落至 17.8%，较上年年底低 4.4 个百分点。非金融企业及机关团体贷款余额 86.8 万亿，同比增长 10.5%，当年新增额 8.3 万亿元，同比多增 1.6 万亿元（见表 7－2）。

表 7－2　2018 年人民币贷款结构

类　型	贷款余额（亿元）	同比增速（%）	当年新增额（亿元）	同比多增额（亿元）
人民币各项贷款	1362967	13.5	161705	26427
住户贷款	478843	18.2	73641	2299
非金融企业及机关团体贷款	868289	10.5	83082	16010
非银行业金融机构贷款	10760	69.2	4401	7584
境外贷款	5075	14.8	581	534

数据来源：中国人民银行。

4. 社会融资规模

2018 年社会融资规模增量累计为 19.26 万亿元，同比减少 14%，比上年少 3.14 万亿元。其中，人民币贷款增加 15.67 万亿元，同比增长 13.2%，比上年多增 1.83 万亿元；委托贷款减少 1.61 万亿元，同比下降 307%，比上年多减 2.38 万亿元；信托贷款减少 6901 亿元，同比下降 131%，比上年多减 2.95 万亿元；企业债券净融资 2.48 万亿元，同比增长 452%，比上年增加 2.03 万亿元；非金融企业境内股票融资 3606 亿元，同比下降 59%，比上年减少 5153 亿元。

从存量看，2018 年人民币贷款余额占同期社会融资规模存量的 67.1%，同比提高 2 个百分点；委托贷款余额占比 6.2%，同比降低 1.4 个百分点；信托贷款余额占比 3.9%，同比降低 0.8 个百分点；企业债券余额占比 10%，同比降低 0.1 个百分点；非金融企业境内股票余额占比 3.5%，同比降低 0.1 个百分点（见图 7－11）。

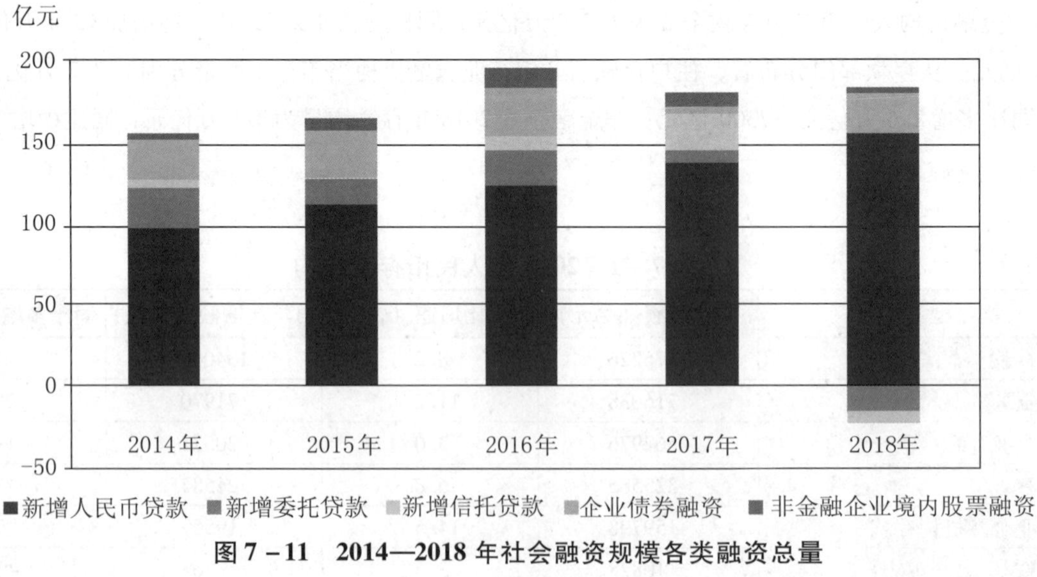

图 7－11　2014—2018 年社会融资规模各类融资总量

注：数据来源 wind 数据库；图中融资类型仅包括 5 种，不包括外币融资和票据融资。

5. 市场利率

从银行融资看，2018 年货币市场利率总体平稳，利率中枢有所下行。12 月底，3 月期 SHIBOR 为 3.35%，比上年年底的 4.91% 下降 156BP；银行间市场存款类机构以利率债为质押的 7 天期回购利率（DR007）为 3.04%，比上年年底的 3.09% 下降了 4BP。

从非金融机构融资看，国债可代表当前无风险利率水平，企业债代表企业直融成本，这两个指标利率都是衡量金融市场各类融资利率的标尺。2018 年 12 月底，1 年期国债、1 年期 AAA 企业债、1 年期 AA－企业债到期收益率分别为 2.64%、3.72%、6.23%，较上年年底分别下降 115BP、150BP、6BP（见图 7－12）。

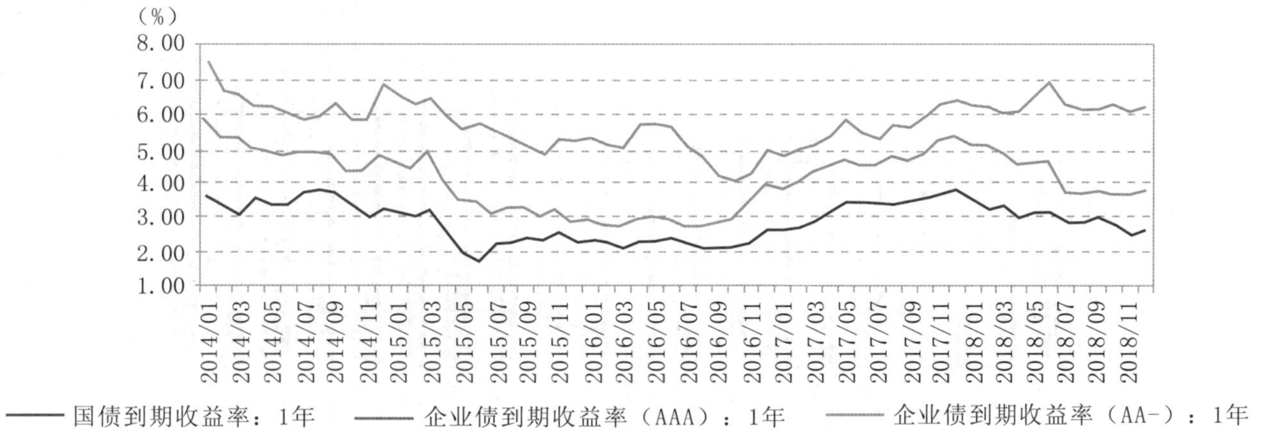

图 7－12 2014—2018 年主要融资利率月度走势

数据来源：wind 数据库。

（三）房地产信贷

1. 房地产信贷总量

截至 2018 年年底，人民币房地产贷款余额 38.7 万亿元，同比增长 20%，增速比上年年底低 0.9 个百分点，增速比各项人民币贷款高 6 个百分点。全年增加 6.45 万亿元，同比多增 0.9 万亿元，增量占同期各项人民币贷款增量的 39.9%，较上年低 1.2 个百分点（见图 7－13）。

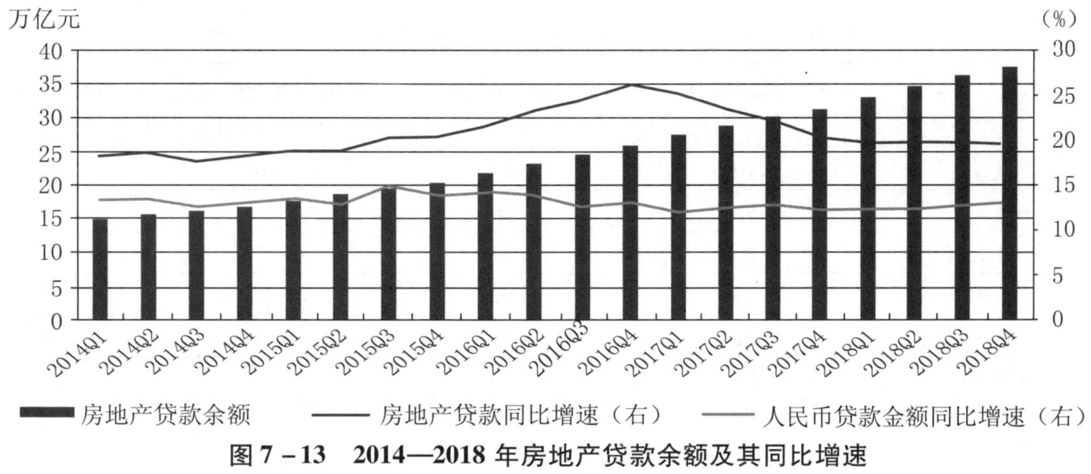

图 7－13 2014—2018 年房地产贷款余额及其同比增速

数据来源：中国人民银行。

2. 与其他行业比较

从国民经济各行业来看，房地产贷款（包括房地产开发贷款和购房贷款）增速较高。截至 2018 年年底，房地产贷款同比增速 20%，高于服务业贷款同比增速 13.4%，远高于工业贷款增速 7.3%（包括重工业和轻工业）（见图 7－14）。

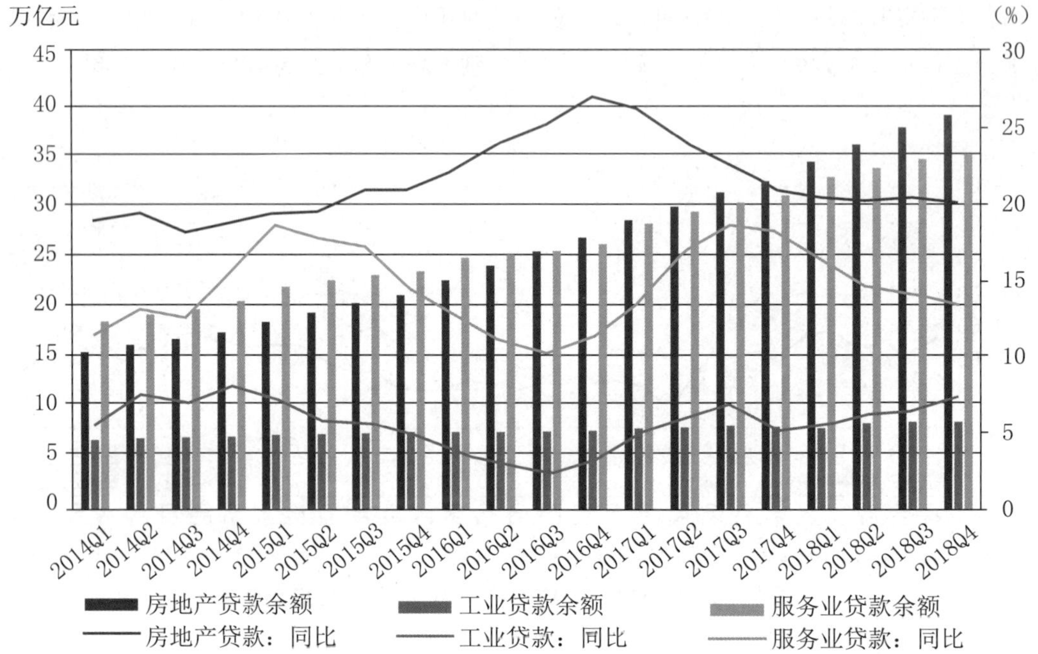

图 7－14　2014—2018 年部分行业贷款余额及其增速

数据来源：中国人民银行。

3. 房地产按揭贷款利率

2018 年 12 月所有贷款加权平均利率为 5.63%，较上年年底上升 11 个 BP。其中，执行上浮利率的贷款占比为 65.26%，较上年年底上升 0.85 个 BP；个人购房贷款利率加权平均利率为 5.75%，较上年年底上行 49 个 BP，增幅较上年均有所增加（见表 7－3）。

表 7－3　2014—2018 年房地产各项贷款余额及利率

类别 时间	个人购房贷款利率（%）	一般公司贷款利率（%）	所有贷款加权平均利率（%）	基准利率上浮贷款占比（%）
2014 季度 1	6.70	7.37	7.18	70.25
季度 2	6.93	7.26	6.96	69.11
季度 3	6.96	7.33	6.97	71.26
季度 4	6.25	6.92	6.77	67.26
2015 季度 1	6.01	6.78	6.56	68.93
季度 2	5.53	6.46	6.04	66.80
季度 3	5.02	6.01	5.70	66.80
季度 4	4.70	5.64	5.27	59.95

续表

季度＼当月	个人购房贷款利率（%）	一般公司贷款利率（%）	所有贷款加权平均利率（%）	基准利率上浮贷款占比（%）
2016 年季度 1	4.63	5.67	5.3	61.58
季度 2	4.55	5.58	5.26	58.14
季度 3	4.52	5.65	5.22	60.38
季度 4	4.52	5.44	5.27	52.73
2017 年季度 1	4.55	5.63	5.53	58.57
季度 2	4.69	5.71	5.67	64.39
季度 3	5.01	5.86	5.76	68.14
季度 4	5.26	5.80	5.74	64.41
2018 年季度 1	5.42	6.01	5.96	74.35
季度 2	5.60	6.08	5.97	75.24
季度 3	5.72	6.19	5.94	73.76
季度 4	5.75	5.91	5.63	65.26

数据来源：中国人民银行。

（四）房地产信托

1. 房地产信托相关政策

2017 年 12 月 22 日银监会发布《关于规范银信类业务的通知》（55 号文），明确信托公司不得为委托方银行开展规避监管的通道服务、不得将信托资金违规投向房地产等领域。结合 2017 年年底发布的《商业银行委托贷款管理办法》，以商业银行为主导的房地产信托逐步进入严监管的发展轨道。

2018 年 4 月 27 日，人民银行、银保监会、证监会、国家外汇管理局联合印发《关于规范金融机构资产管理业务的指导意见》，资管新规从产品端和资金端提出更多要求，包括打破刚性兑付、实施净值化管理、提高投资者要求、严禁多层嵌套等。

8 月 17 日，银保监会发布信托细则《关于加强规范资产管理业务过渡期内信托监管工作的通知》，要求按照“实质重于形式”的原则，加强信托业务及创新产品监管。

2. 资金投向余额情况

截至 2018 年 4 季度，资金信托余额 18.95 万亿元，同比下降 13.5%，环比下降 3.0%。其中，投向房地产行业的规模为 2.7 万亿元，与上年 4 季度的 2.28 万亿元相比，同比增长 18.4%，环比增长 2.67%。

从资金信托的投向来看，工商企业依然以 5.67 万亿元的余额规模稳居榜首，金融机构紧随其后，然后依次是基础产业、房地产、证券投资。2018 年 4 季度五大投向占比为：工商企业占比 29.9%，金融机构占比 16.0%，基础产业占比 14.6%，房地产业占比 14.2%，证券投资占比 11.6%。房地产业的资金信托余额占比较上年年底提升了 3.8 个百分点（见图 7－15）。

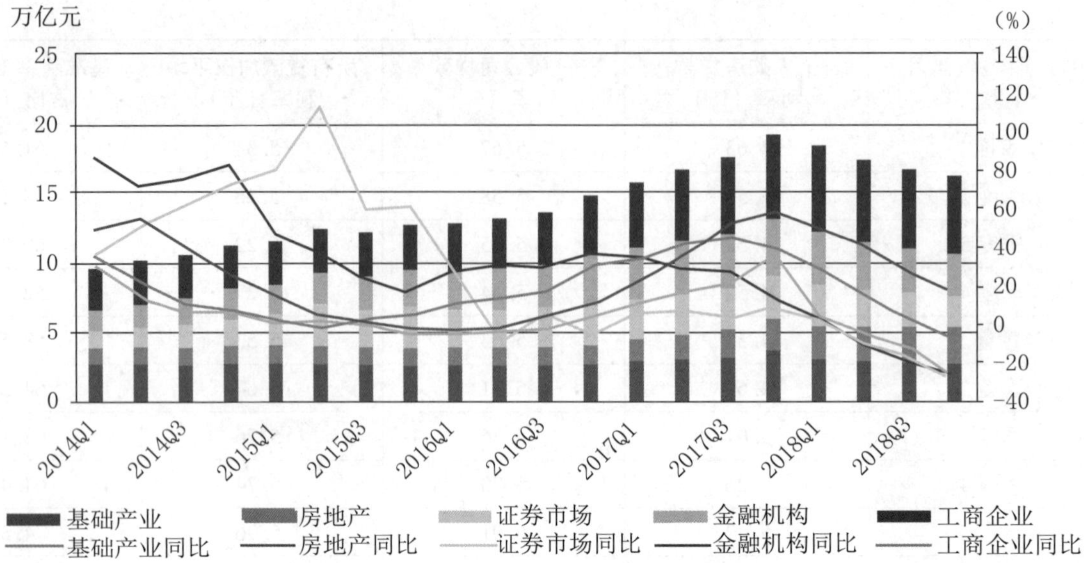

图 7－15　2014—2018 年资金信托投向及其同比增速

数据来源：中国信托业协会。

3. 新增项目资金投向

截至 2018 年 4 季度，新增资金信托 4.35 万亿元，同比减少 45.5%。其中，投向房地产行业的新增金额为 0.87 万亿元，同比下降 22.0%，在新增信托资产规模中的比例为 20.3%，相比上年提高 7.2 个百分点；工商企业新增资金信托为 1.63 万亿元，占比 37.45%；金融机构新增资金信托为 0.57 万亿元，占比 13.13%；基础产业新增资金信托为 0.43 万亿元，占比 9.91%；证券投资新增资金信托为 0.23 万亿元，占比 5.3%。其他新增资金信托为 0.62 万亿元，占比 14.29%（见图 7－16）。

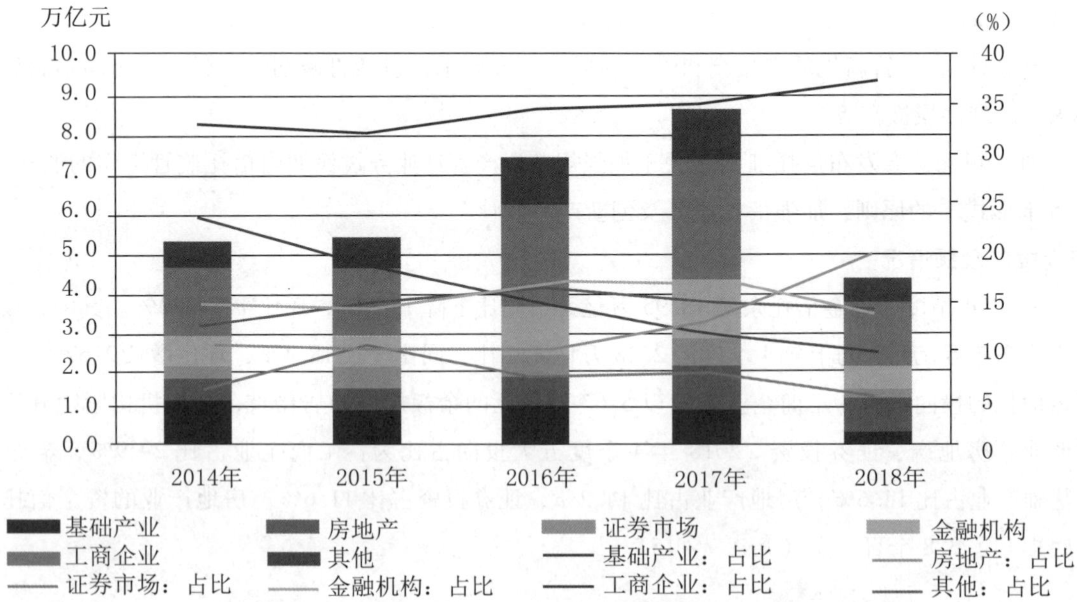

图 7－16　2014—2018 年新增资金信托投向及其占比

数据来源：中国信托业协会。

4. 各细分行业投向

根据国家统计局的国民经济行业分类，中国信托业协会数据显示，截至2018年4季度末资金信托的各行业投向中，投向金融业资金占比最高，投向房地产业的2.7万亿元，占比14.2%（见图7-17）。

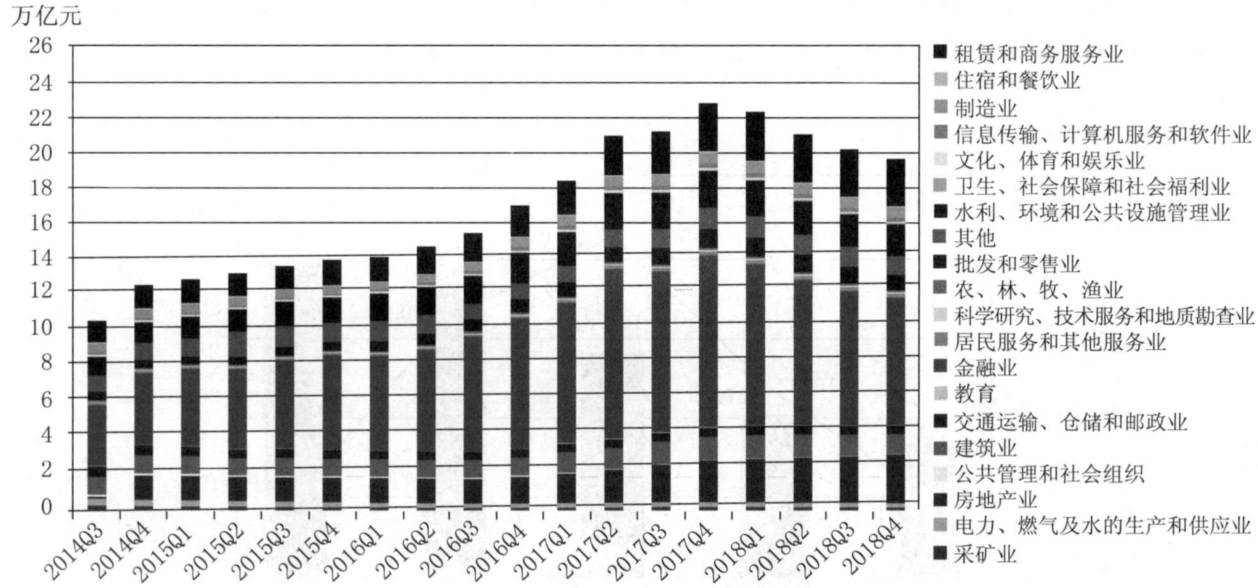

图7-17　2014—2018年资金信托各细分行业投向

数据来源：中国信托业协会。

5. 资金信托收益率

2018年信托业受严监管政策影响，信托行业管控力度加强，信托公司提高收费、以价补量。2018年年底1年以下（含）、1~2年（含）的房地产信托预期年收益率为7.85%、7.83%，分别比上年同期增长12个BP、25个BP（见图7-18）。

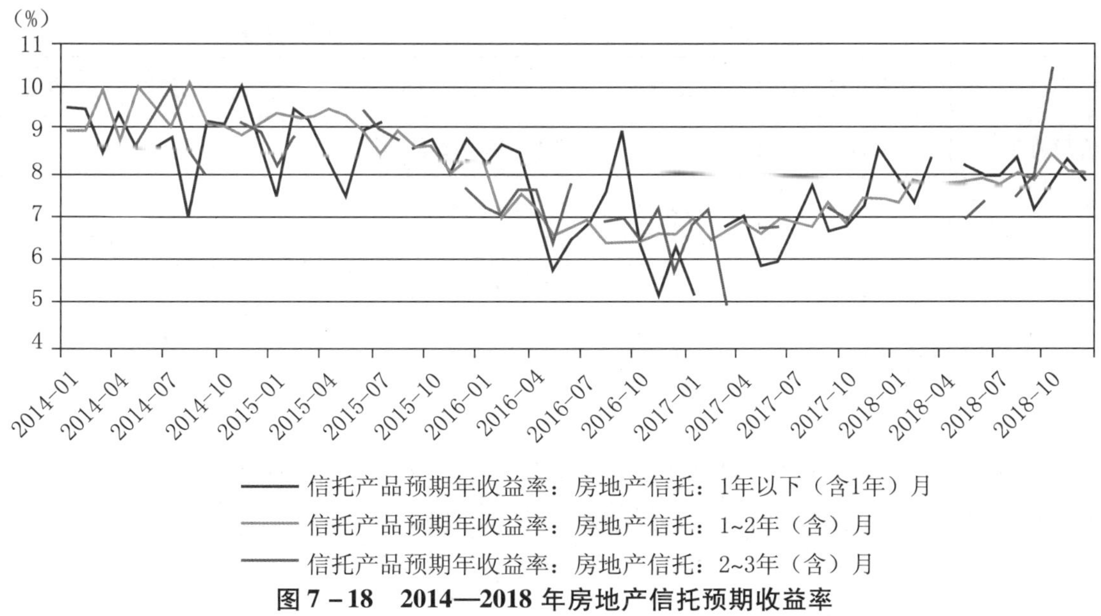

图7-18　2014—2018年房地产信托预期收益率

数据来源：中国信托业协会。

（五）房地产私募基金

随着《关于规范金融机构资产管理业务的指导意见》及其配套细则正式落地，私募股权基金进入严监管、去杠杆、去通道时代。清科数据显示，2018 年，私募股权（Private Equity）（以下简称“PE”）市场可投资本存量达 2 万亿元，较上年末增长 8.6%，增速持续下滑。从募资和投资数据看，私募股权基金募集金额 1 万亿元，同比下降 28.9%；投资金额 8528 亿元，同比下降 14.2%（见图 7－19）。

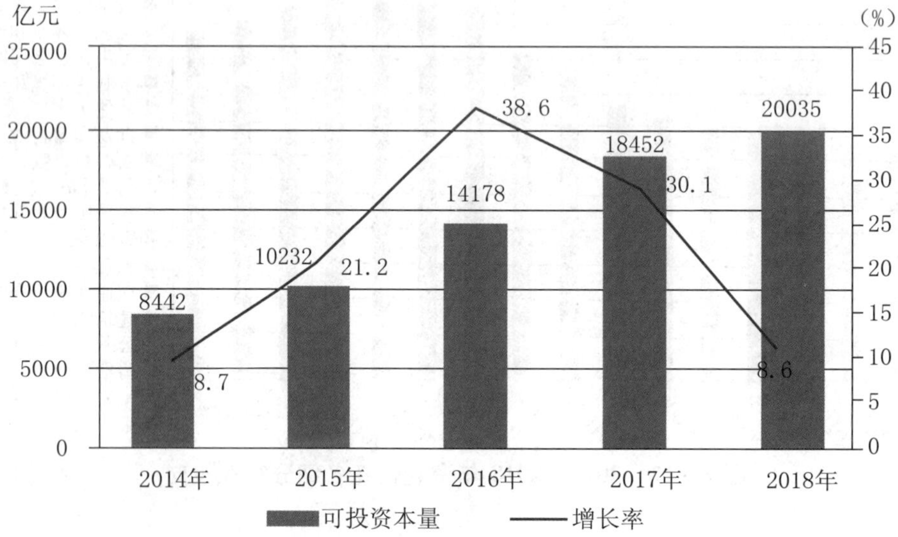

图 7－19　2014—2018 年 PE 可投资本量及其增速

数据来源：清科数据库。

2018 年，房地产基金募集数量 47 只，募集金额为 285.55 亿元，占比为 2.8%。募集数量较上年同期增长一倍，募集金额略低于上年同期（2017 募集 21 只、312.1 亿元）（见表 7－4）。

表 7－4　2018 年 PE 新募基金的募集金额及占比

类　型	金额（亿元）	占比（%）	类　型	金额（亿元）	占比（%）
成长基金	7596.2	75.13	基础设施基金	281.8	2.79
创业基金	964.1	9.54	夹层基金	61.2	0.61
并购基金	905.2	8.95	早期基金	16.5	0.16
房地产基金	285.6	2.82			

数据来源：清科数据库。

2018 年，私募股权基金在房地产领域的投资案例共有 95 起，较上年同期增加 29 起；投资金额为 373.81 亿元，同比下降 29%；投资金额名列行业第 7 位，较上年同期下降 1 位（见图 7－20）。

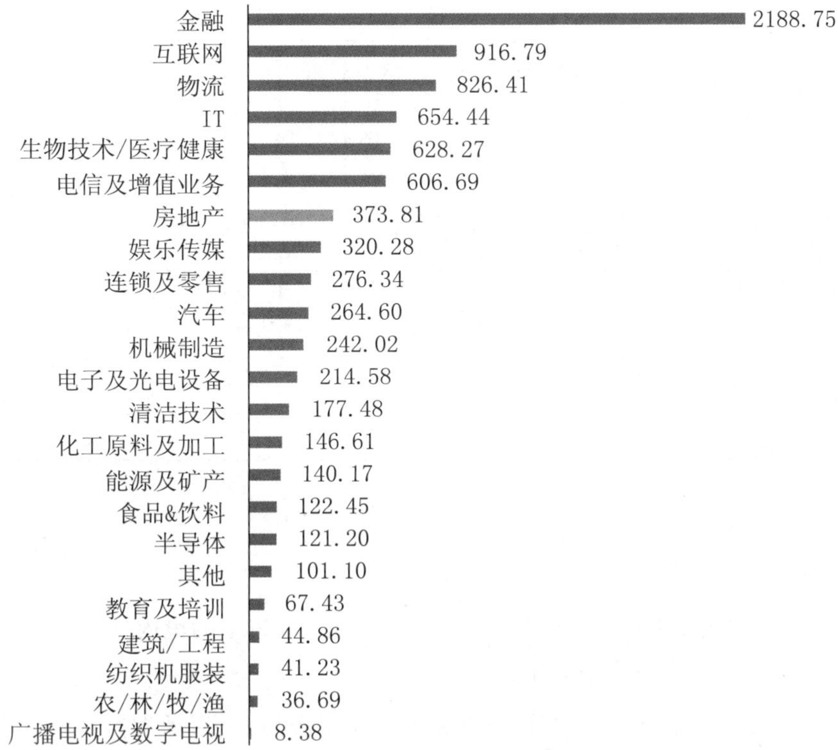

图 7－20　2018 年私募基金投资行业分布

数据来源：清科数据库。

（六）境内证券市场融资

1. 股票融资

2018 年房地产行业（按照 wind 行业划分）股票市场首发、增发和配股融资规模达 492.5 亿元，同比增长 81.3%。其中地产开发类公司融资规模达 378.3 亿元，较上年（融资规模为 230.4 亿元）增长 64.2%；物业服务类公司融资 114.2 亿元，较上年（融资规模为 41.3 亿元）增长 176.4%（见表 7－5）。

表 7－5　2018 年房地产企业股市融资情况

公司名称		发行方式	上市日期	上市地点	交易币种	发行规模（亿元）
地产开发类	正荣地产	首　发	2018－01－16	香　港	HKD	44.80
	西藏城投	增　发	2018－03－01	上　海	CNY	11.68
	中华企业	增　发	2018－05－22	上　海	CNY	148.51
	钧濠集团	增　发	2018－06－05	香　港	HKD	0.98
	人和商业	增　发	2018－06－25	香　港	HKD	21.50
	弘阳地产	首　发	2018－07－12	香　港	HKD	21.00
	信达地产	增　发	2018－07－24	上　海	CNY	78.33
	美的置业	首　发	2018－10－11	香　港	HKD	32.40
	大发地产	首　发	2018－10－11	香　港	HKD	9.57
	恒达集团	首　发	2018－11－12	香　港	HKD	3.72
	中华企业	增　发	2018－11－29	上　海	CNY	19.94
	万城控股	首　发	2018－12－20	香　港	HKD	2.25

续表

公司名称		发行方式	上市日期	上市地点	交易币种	发行规模（亿元）
物业、服务类	光大永年	首　发	2018-01-16	香　港	HKD	1.56
	晋安实业	首　发	2018-01-16	香　港	HKD	2.23
	南都物业	首　发	2018-02-01	上　海	CNY	3.22
	我爱我家	增　发	2018-02-05	上　海	CNY	16.60
	雅生活服务	首　发	2018-02-09	香　港	HKD	41.00
	易居企业控股	首　发	2018-07-20	香　港	HKD	46.83
	新城悦	首　发	2018-11-06	香　港	HKD	6.38
	佳兆业物业	首　发	2018-12-06	香　港	HKD	3.28
	创毅控股	首　发	2018-12-11	香　港	HKD	1.25
	永生生活服务	首　发	2018-12-17	香　港	HKD	7.41

数据来源：wind 数据库。

2. 境内债券融资

房地产企业发债的主体评级要求较高，包括：①主体评级在 AA 以上的境内外上市的房地产企业；②主体评级在 AA 以上的以房地产为主业的中央企业和地方国企。

2018 年房地产行业共发行债券 523 只（不包括资产证券化产品），累计发行金额 5521 亿元，同比增长 46.8%；主要产品以超短期融资债券、定向工具、私募债、短期融资券、公司债和中期票据为主，其中从发行面额的占比来看：中期票据（24.4%）、公司债（24.2%）、私募债（24.0%）、超短期融资债券（15.4%）、定向工具（8.3%）、短期融资券（3.6%）。

根据克而瑞 2018 年销售金额榜单，TOP20 的房地产企业发行债券 1719.6 亿元，占比为 31.15%。发行主体主要有保利集团、华润置地、华夏幸福、金地集团、绿城集团、旭辉集团、招商蛇口、新城控股、万科集团等企业。

（七）保险资金投资不动产

2010 年 9 月 5 日，中国保监会印发《保险资金投资不动产暂行办法》，指出保险资金可以投资基础设施类不动产、非基础设施类不动产及不动产相关金融产品。保险资金可通过股权、债权、物权、债转股、股转物、债转物等方式投资非基础设施不动产，且不动产范围仅限于商业不动产、办公不动产、与保险业务相关的养老、医疗、汽车服务等不动产及自用性不动产。但也明确指出保险资金不得直接从事房地产开发建设（包括一级土地开发）、投资开发或者销售商业住宅、投资设立房地产开发公司等。保险资金通过投资不动产金融产品间接投资非基础设施类不动产，目前主要表现为投资不动产股权/债权计划、不动产集合资金信托计划、券商资产管理计划、投资 REITs 等。

2012 年 7 月 25 日，中国保监会发布《关于保险资金投资股权和不动产有关问题的通知》，在不动产投资方面，《通知》根据同质性原则，改进了基础设施与不动产金融产品投资比例的计算方法，增加保险公司的操作空间；结合宏观调控和市场发展需要，明确了保障房建设和养老项目有关事项，允许保险资金采用多种投资方式，支持国家重大民生和发展工程。同时，进一步规范股权投资项目公司的管理运作，禁止项目公司对外投资，防范资金挪用和违规操作；防止以养老项目名义建设和销售商品房，防范以自用项目名义投资不动产。

2018 年 1—12 月，26 家保险资产管理公司注册债权投资计划和股权投资计划共 213 项，合计注册规模 4547.26 亿元。其中，不动产债权投资计划 89 项，同比减少 34 项目；注册规模 1245.40 亿元，同比减少

868.12亿元。

（八）不动产资产证券化

我国资产证券化市场发行日趋常态化，基础资产类型持续丰富，参与主体更加多样化，流动性明显提升，服务实体经济能力日益增强，已经成为我国债权市场的重要组成部分。2014年11月，证监会发布《证券公司及基金管理公司子公司资产证券化业务管理规定》，明确券商、基金子公司统一以专项资产管理计划为载体进行资产证券化业务，并将原有的审批制改为有负面清单的备案制。自此资产证券化市场开始进入快速发展时期。

4月，证监会、住建部联合发布《关于推进住房租赁资产证券化相关工作的通知》，明确了开展住房租赁资产证券化的基本条件、优先和重点支持领域，以及住房租赁资产证券化的工作程序，并明确提出加强住房租赁资产证券化的监督管理。住房租赁资产证券化将加速推进和规范运行，有助于盘活住房租赁存量资产，提高资金使用效率，促进住房租赁市场发展。

央行、银保监会、证监会、外管局四部委联合印发《关于规范金融机构资产管理业务的指导意见》，其中对资产证券化产品在期限错配、净值化、多层嵌套等方面作出豁免，利好资产证券化投资，对类资产证券化和非标产品的限制也使得资产证券化成为非标转标的有效途径。

从产品发行的模式来看，各类融资模式已初具规模。基础资产有不动产及债权（既有债权和未来债权）两大类别，具体可分为五种融资操作模式：一是供应链金融ABS，指在房地产在建设阶段，上游供应商采购、承包工程或物质进行的融资；二是指房地产项目建成以后，预售阶段进行的购房尾款融资；三是指商业或住宅物业费的融资；四是类REITs，指不动产抵押类资产证券化产品；五是指商业房地产抵押贷款支持证券，指用商业未来资金、物业费等收入作为主要偿债本息来源的资产支持证券。

2018年年底，不动产资产证券化产品的存续规模已达到5167.26亿元，累计发行笔数371笔。其中，不动产抵押类资产证券化产品（类REITs、CMBS/CMBN）约占发行总额的一半，该类产品单笔融资规模一般较大，包括类REITs发行51笔，融资规模1137.47亿元；CMBS/CMBN发行59笔，融资规模1542.50亿元。此外，信用类不动产ABS产品（物业费ABS、购房尾款ABS/ABN、供应链金融ABS）占据总规模另一半，但由于该类产品为依靠信用发行的证券化产品，对发行主体信用依赖度较高，发行主体集中于行业排名靠前的企业且单笔发行规模一般较小（见表7-6）。

表7-6 截至2018年年底不动产资产证券化产品累计发行

类 别	发行规模（亿元）	占比（%）	发行笔数（笔）	占比（%）
类REITs	1137.47	22	51	1
CMBS/CMBN	1542.50	30	59	16
物业费ABS	670.43	14	53	14
购房尾款ABS/ABN	705.05	14	48	13
供应链金融ABS	1111.81	22	160	4
合 计	5167.26	100	371	100

数据来源：wind数据库。

（九）海外证券市场融资

2018年6月28日，发展改革委、财政部联合印发《关于完善市场约束机制、严格防范外债风险和地方债务风险的通知》，要求“房企境外发债不得投资境内房地产项目、补充运营资金，仅限归还存量债务”。

Wind 数据显示，2018 年，内地房企共在海外发债 114 只，同比增长 48%，相较上年增速下滑 160 个百分点；实际募资 484.4 亿美元，同比上升 23.9%，相较上年增速下滑 287 个百分点（见表 7－7）。

表 7－7　2018 年 TOP20 房地产企业境外市场债券发行情况

发行人	起息日期	发行规模	利率（%）	上市地区	交易币种
碧桂园	2018/1/17	6.25	4.75	新加坡	USD
碧桂园	2018/1/17	6.00	5.13	新加坡	USD
碧桂园	2018/3/12	9.50	5.80	新加坡	CNY
碧桂园	2018/9/27	10.00	8.00	新加坡	USD
碧桂园	2018/9/27	4.25	7.13	新加坡	USD
万科集团	2018/4/18	9.71	4.15	中国香港	USD
万科集团	2018/5/25	6.50	3M LIBOR USD + 1.55%	中国香港	USD
万科集团	2018/12/11	6.30	5.35	中国香港	USD
中国恒大	2018/2/14	180.00	4.25	新加坡	HKD
融创中国	2018/4/19	6.50	7.35	新加坡	USD
融创中国	2018/4/19	4.50	8.35	新加坡	USD
融创中国	2018/7/27	4.00	8.60	新加坡	USD
保利集团	2018/2/5	5.00	3.95	中国香港	USD
绿地集团	2018/12/17	2.00	9.88	中国香港	USD
绿地集团	2018/2/12	4.60	5.25	中国香港	USD
绿地集团	2018/2/12	3.00	5.90	中国香港	USD
绿地集团	2018/3/20	15.00	7.13	中国香港	CNY
绿地集团	2018/5/22	5.00	6.75	中国香港	USD
绿地集团	2018/6/26	5.50	3M LIBOR USD + 4.85	中国香港	USD
绿地集团	2018/11/27	4.30	9.13	中国香港	USD
绿地集团	2018/6/26	2.00	7.88	中国香港	USD
中海地产	2018/4/26	7.50	4.25	中国香港	USD
中海地产	2018/4/26	7.50	4.75	中国香港	USD
中海地产	2018/6/1	5.00	4.88	中国香港	USD
新城发展	2018/9/12	3.00	6.50	新加坡	USD
新城控股	2018/2/12	23.46	2.25	新加坡	HKD
新城控股	2018/4/23	5.00	6.50	新加坡	USD
新城控股	2018/5/23	3.00	7.13	新加坡	USD
新城控股	2018/6/20	2.00	7.50	新加坡	USD
龙湖地产	2018/1/16	3.00	3.90	新加坡	USD
龙湖地产	2018/1/16	5.00	4.50	新加坡	USD
世茂集团	2018/1/30	5.00	5.20	新加坡	USD
世茂集团	2018/10/15	2.50	6.38	新加坡	USD

续表

发行人	起息日期	发行规模	利率（%）	上市地区	交易币种
世茂集团	2018/3/15	21.50	5.75	新加坡	CNY
华夏幸福	2018/6/21	2.00	9.00	新加坡	USD
华夏幸福	2018/7/31	3.10	9.00	新加坡	USD
旭辉集团	2018/1/23	3.00	5.50	中国香港	USD
旭辉集团	2018/4/23	5.00	6.88	中国香港	USD
旭辉集团	2018/5/2	3.00	6.38	新加坡	USD
旭辉集团	2018/9/20	10.00	7.75	中国香港	CNY
泰禾集团	2018/1/17	5.30	7.88	新加坡	USD
泰禾集团	2018/1/17	2.25	8.13	新加坡	USD

数据来源：wind 数据库。

（傅强　黄泽华　赵永升　中国民生银行）

五、境外投资

（一）中国对外投资和外商对中国投资

1. 中国对外直接投资

根据国家商务部、国家统计局和国家外汇管理局的统计数据显示，2018 年全年中国对外直接投资金额 1298.3 亿美元，同比增长 4.2%（见图 7－21）。其中中国对外非金融类直接投资 1205 亿美元，与上年同期基本持平（见图 7－22）；对外金融类直接投资较上一年增长近一倍以上，达到 93.3 亿美元，同比增长 105.1%。2018 年，中国对“一带一路”国家新增非金融类直接投资 156.4 亿美元，同比增长 8.9%，高于上一年对外直接投资的整体平均增速。全年共完成并购项目 627 个，实际交易额为 941 亿美元。

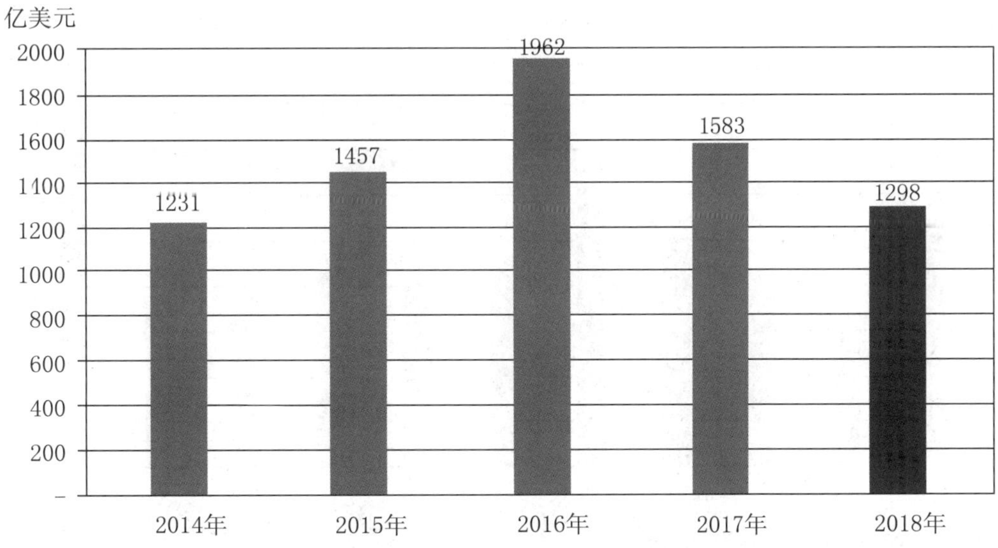

图 7－21　2014—2018 年 中国对外直接投资统计

数据来源：中国商务部、国家统计局、国家外汇管理局。

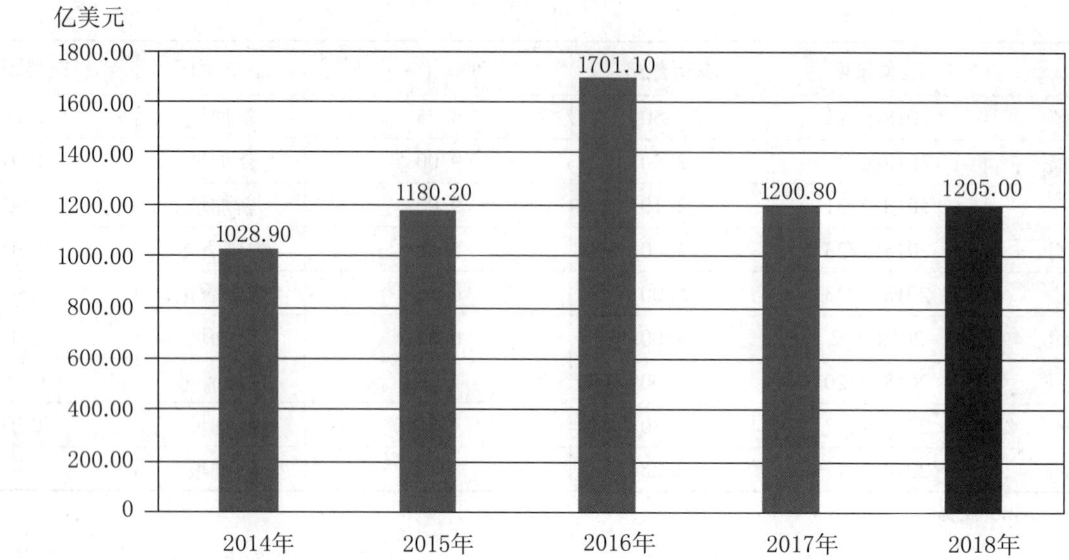

图 7－22　中国非金融类对外直接投资

数据来源：中国商务部、国家统计局、国家外汇管理局。

以 2018 年中国非金融对外直接投资的月度数据作为统计口径（见图 7－23），2 月份相较 1 月份的跌幅较大，而之后的平均涨幅又扩大，所以呈现整体一季度的增长率提高态势，但之后的第二和第三季度的月交易数量持续出现下降，至 2018 年第 4 季度才出现较大幅的增长。2018 年 3 季度的交易额与 2017 年同期相比下降 22%，这与国家就境外直接投资的整体严格审核和调控政策有关。由于处于政府管理部门出台新的对外直接投资法律规定和市场观望等待的时间窗口，中国投资者参与的交易势头持续出现了较大幅度降温。然而，2018 年 12 月，中国非金融类对外直接投资同比增长 27.9%，达到 160.2 亿美元，实现了对外直接投资交易的略微回暖态势，出现年底翘尾。

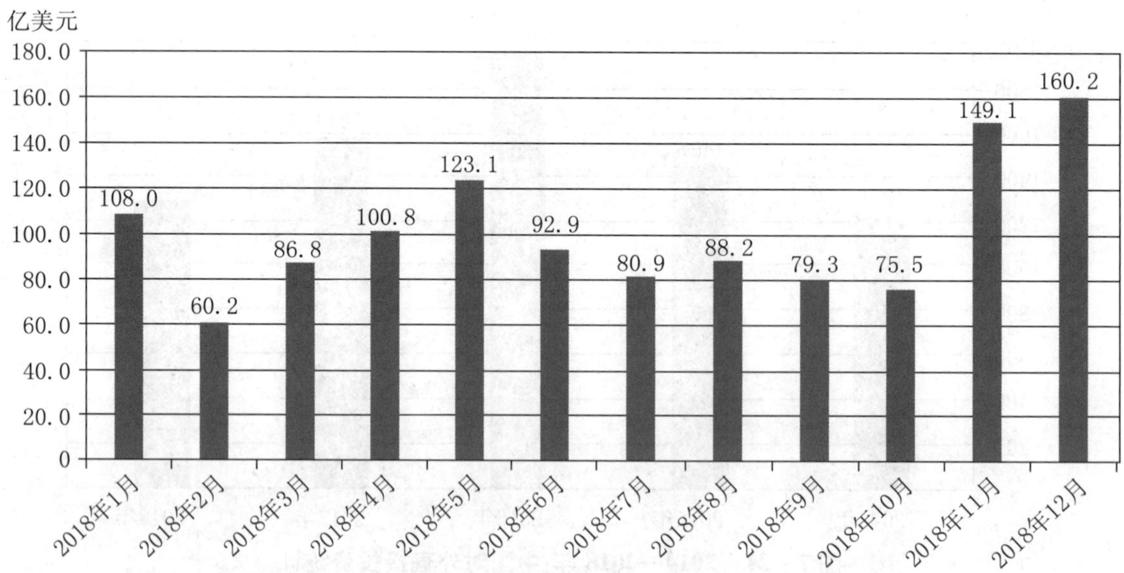

图 7－23　2018 年中国非金融类对外直接投资月度统计数据

数据来源：商务部、国家统计局、国家外汇管理局。

2018 年，中企境外并购整体趋于审慎，交易数量出现明显下降，是自 2016 年起连续第三年的持续下滑，全年宣布中国境外并购交易总额 941 亿美元①（见图 7 - 24），同比下降 23.2%。出现持续下降趋势有诸多原因，如相关境外投资政策的颁发和调控影响了部分并购的开展，资本出境的从严核查，为收购而举债的难度加剧，以及境外并购市场总体不明朗的发展趋势和投资估值等多重因素。

2018 年全年中国企业境外并购共完成项目 627 起，其中民营企业交易数量 310 起，连续三年超越国有企业（约 2.5 倍），占到总交易额的 49%。另外，财务投资者的交易数量达到 253 起。相反，国有企业的境外投资数量呈现明显减少态势，降低至 2014 年整体水平。

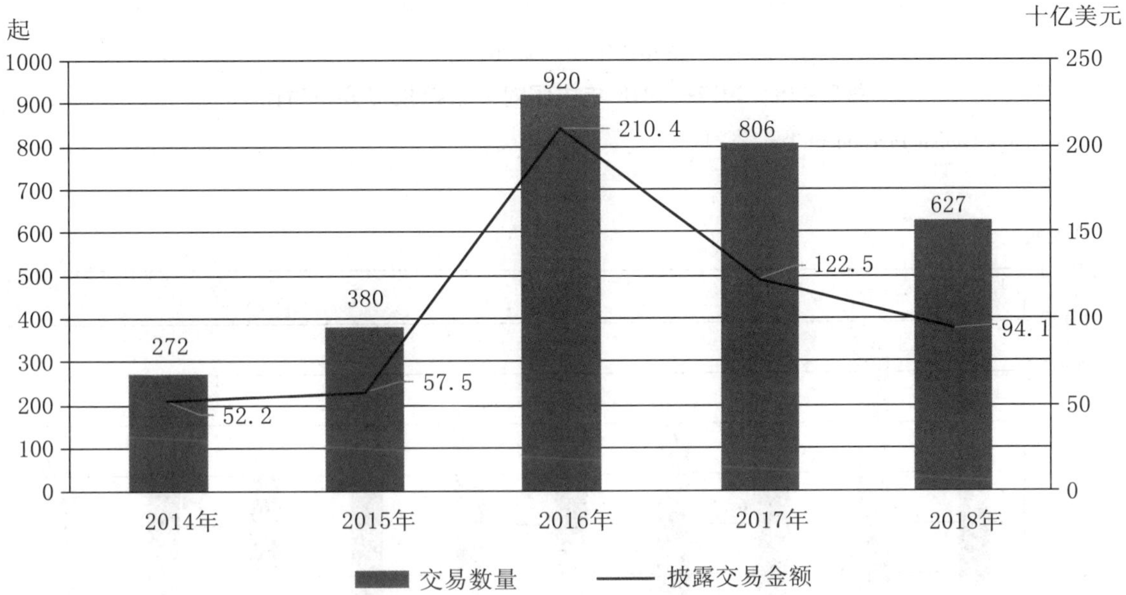

图 7 - 24　2014—2018 年 中国企业境外并购交易数量与交易金额

数据来源：汤森路透，投中数据及普华永道分析。

2018 年内，中国完成非金融类直接投资的国家和地区由 2017 年的 174 个减少到 161 个，同比下降 7%。完成投资的境外企业和项目也由 2016 年的 7961 家下降至 2017 年的 6236 家再到 2018 年的进一步跌至 5735 家，同比下降 8%。

欧洲成长为中国 2018 年境外直接投资整体交易量最高的地区，达到 469 亿美元。受中国对外投资政策的调控以及全球主要经济体政治格局的变化，2018 年内中国对美国和亚洲两大境外主要投资目的地的投资额皆进一步出现较大幅度的下滑。此外，大洋洲、南美洲宣布的交易金额和数量也同比均有较大下降。

就单个被投资国家和地区分析，2018 年德国和英国等欧洲国家也分别加强了对外商投资和并购的审核和控制。2018 年 12 月，为了保护关键基础设施不被非欧洲实体收购，德国已提高了对收购德国公司股份的安全调查门槛，从先前的审查并购德企达到 25% 以上的股权投资交易提高到了 10% 以上的股权投资交易。此外，英国作为欧洲较开放的金融国度，由于担心境外资本在国防和科技等经济领域的投资会损害其国家安全，也加大了阻止或取消非本国资本对其境内核心企业收购的力度。作为过往中国投资者着力于能源和矿产领域投资的热门目的国澳大利亚也加大了对境外投资的审查力度，否决了中国 130 亿美元收购澳大利亚最大天然气管道公司 APA 项目（见图 7 - 25、图 7 - 26）。

① 资料来源：汤森路透、投中数据及普华永道分析。

图 7－25　2017—2018 年中国对外直接投资分布对比

数据来源：China Global Investment Tracker. ①

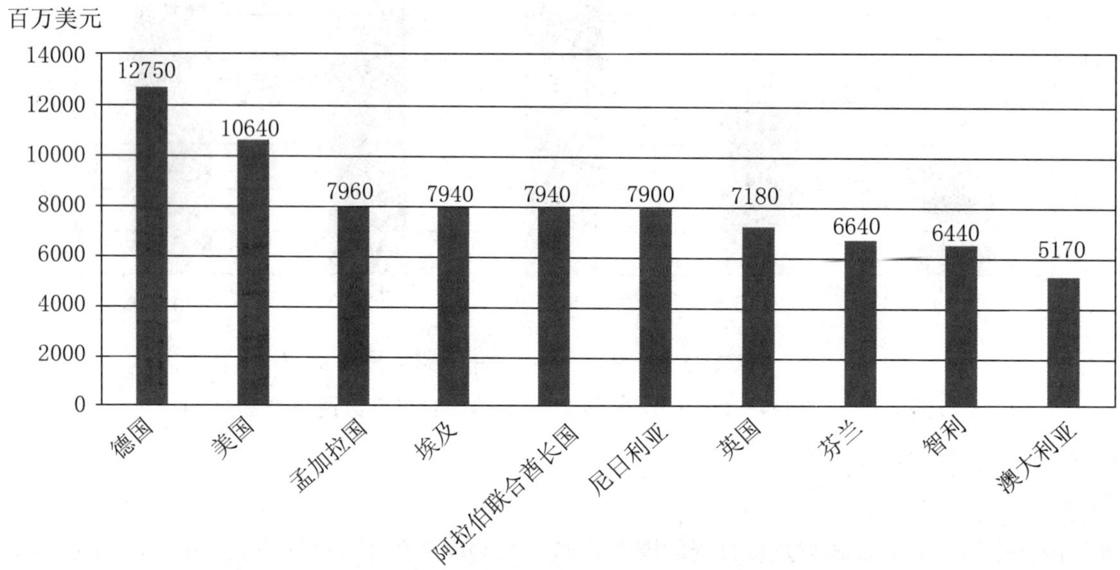

图 7－26　2018 年中国对外直接投资前十大国家和地区

数据来源：China Global Investment Tracker.

根据 Rhodium Group 荣鼎咨询发布的报告显示，2018 年中国对美国的直接投资总额降至 48 亿美元，与 2017 年同期的 290 亿美元和 2016 年的 546 亿美元相比分别锐减了 83.4% 和 91.2%，创造了自 2011 年以来的最低水平（见图 7－27）。从侧面表现出美国对于本国保护以及中美贸易斡旋进入交锋期。此外，在整体交易数量上也有所下降，从 2016 年的 162 起和 2017 年的 166 起下降到 2018 年的 120 起。与此同时，中国投资者在 2018 年共计出售了 130 亿美元的美国资产，由此中国上年流入美国的外国直接投资净额变成了负数，形成反向剪刀差。美国外资投资委员会（CIFUS）更严格的监管审查导致 14 宗总计价值约 40 亿美元的中国在北美的投资交易被取消（见表 7－8）。

① 说明：China Global Investment Tracker 中统计的数据仅包含投资规模在 1 亿美元以上的投资案例统计，且不包含对中国香港地区的投资（后同）。

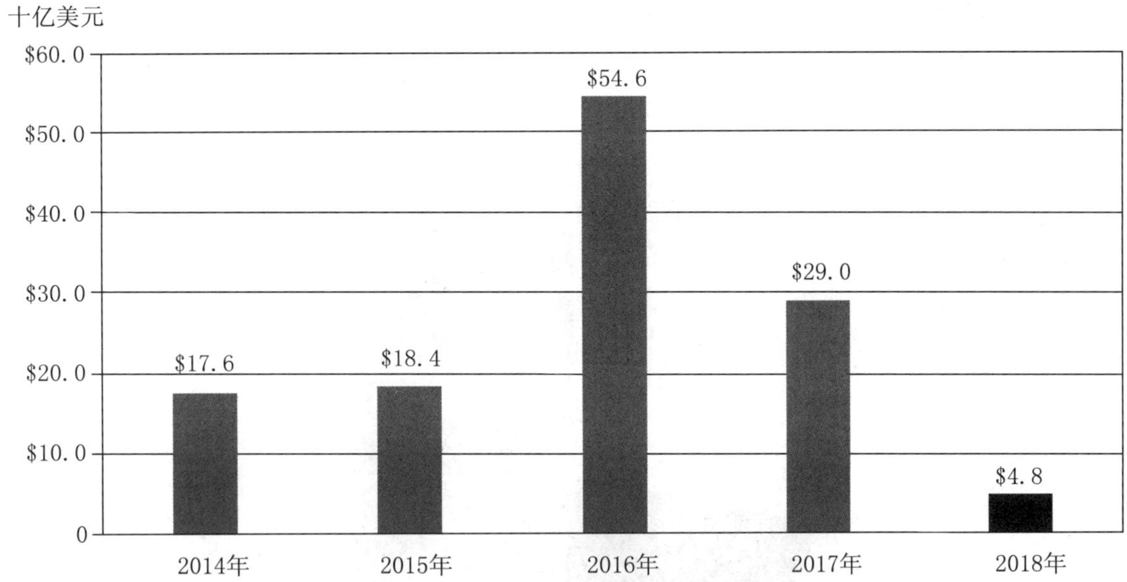

图 7－27　2014—2018 年 中国对美国直接投资总额

数据来源：Rhodium Group 荣鼎咨询。

2018 年 3 月 23 日，美国总统唐纳德·特朗普宣布对一系列中国商品征收惩罚性关税后，中国在美国的直接投资和并购受到了中美贸易摩擦升级所带来的严重冲击。与此同时，为了加强国家安全审查机制，美国已于 2018 年 8 月通过了《外国投资风险审查现代化法案》，该法案旨在扩大美国外资投资委员会（CFIUS）对中国高科技领域风险投资的管辖权，预计未来中企赴美并购投资高科技类公司将遭遇更多的监管和政治阻力（见表 7－8）。

表 7－8　2018 年被否决或阻止的交易项目

日　期	买　方	标　的	标的地区	备　注
2018/1/2	蚂蚁金服	美国汇款公司速汇金	美　国	CFIUS 审批未通过
2018/2/22	湖北鑫炎	美国半导体测试设备商 Xcerra	美　国	CFIUS 阻止
2018/2/22	蓝色光标	咨询公司 Cogint，Inc.	美　国	CFIUS 阻止
2018/3/3	大北农	美国种猪供应商 Waldo Farms，Inc.	美　国	CFIUS 审批未通过
2018/3/25	博腾股份	北美生物药公司剥离的 CDMO 资产	美　国	中美贸易战的影响
2018/5/2	海　航	天桥资本	美　国	CFIUS 否决
2018/5/11	新纶科技	美国 Akron Polymer Systems，Inc. 45% 股权	美　国	CFIUS 否决
2018/8/8	深圳能源	美国三家太阳能电站	美　国	CFIUS 审批未通过
2018/10/22	广田集团	帕玛斯迪利沙股份有限公司	意大利	CFIUS 否决

数据来源：晨哨网。

2018 年中国对外直接投资的行业主要集中于能源、运输、金属采矿等，均与国家政策鼓励投资领域及"一带一路"倡议相契合，其中流向第三产业的对外直接投资额达 842.5 亿美元，同比增长 3.6%，占整体对外投资比重的 69.9%。据 CGIT 的统计数据（见图 7－28）显示，2018 年交易金额大于 1 亿美元的中国企业对外直接投资交易中，能源领域的交易额为 499 亿美元，占比 28%，比重最大；运输领域的投资额为 433 亿美元，占比24%，主要分布在美国、德国、柬埔寨等国家；金属矿业领域的投资额为217亿美元，占比12%，主要分布在印度尼西亚、加拿大等国家；其次为房地产、金融、娱乐、消费、科技等与第三产业相关的细分行业。

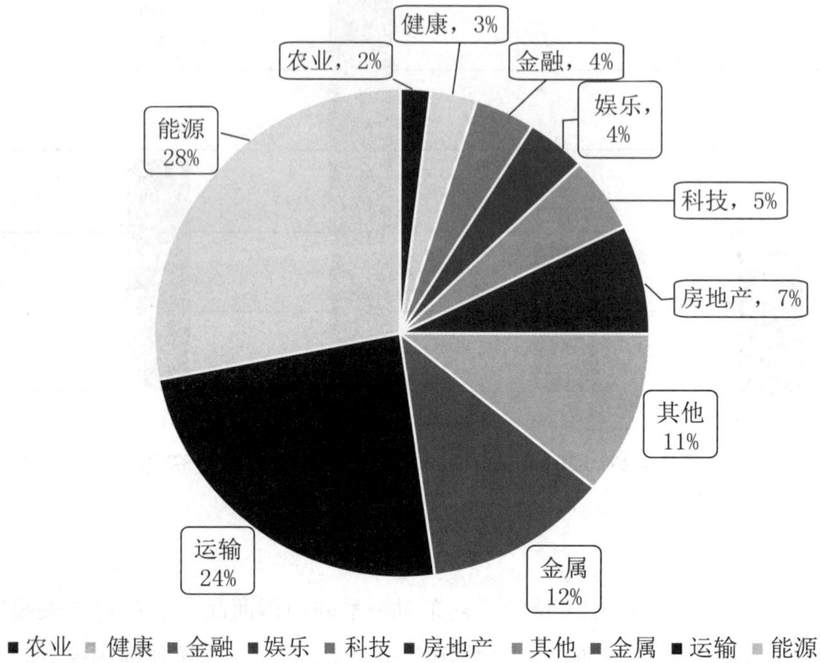

图7－28　2018年中国对外直接投资行业分布

数据来源：China Global Investment Tracker.

2018年，在中国对外并购交易中，先进的制造业和科学技术仍然是最热门的目标行业，而能源和矿产领域大型并购的频率最高。中国企业在制造业、TMT和医疗保健行业领域收购境外领先科技公司的意愿始终保持强劲，这与国内企业的实际需求和国家强国政策的诉求有关，按交易数量分别占整体对外并购交易的15.85%、15.65%和10.98%。其中包括吉利汽车以38.5亿美元的对价收购沃尔沃集团8.2%的股份，以及以90亿美元的对价收购戴姆勒9.69%的股份，成为该公司最大股东。

2018年，欧洲成为中企境外并购金额最大的地区，占到中企全球并购总额的50%，与2017年相比增长近20%，其中并购金额最大的三大行业还属电力和公用事业、消费品和TMT行业，其中电力和公用事业并购金额同比增长近3倍，消费品增长近1倍。按并购宗数计，TMT更连续5年成为中企境外并购宗数最多的行业。

同时，响应“一带一路”倡议，沿线区域的境外并购交易量在近年来保持持续增长，从2017年的135起增加至2018年的160起，直接投资领域包括交通运输、公用事业、物流与基础设施等，但在并购交易金额上略低于2017年同期水平，但仍远高于2016年的10亿美元，2018年总额达到140亿美元（见图7－29）。

2. 外商对中国直接投资

根据商务部最新统计数据显示，2018年全年，中国吸收外商非金融类直接投资总额达1349.7亿美元（折合当期人民币约9279.86亿元）（见图7－30），同比增长0.9%。该年总额数据未包括银行、证券、保险等金融投资领域项下的数据，然而全年外商投资整体规模已经创历史新高。纵览2018年，全国新设立外商投资企业60533家，较上年同期的35652家相比增长近70%。

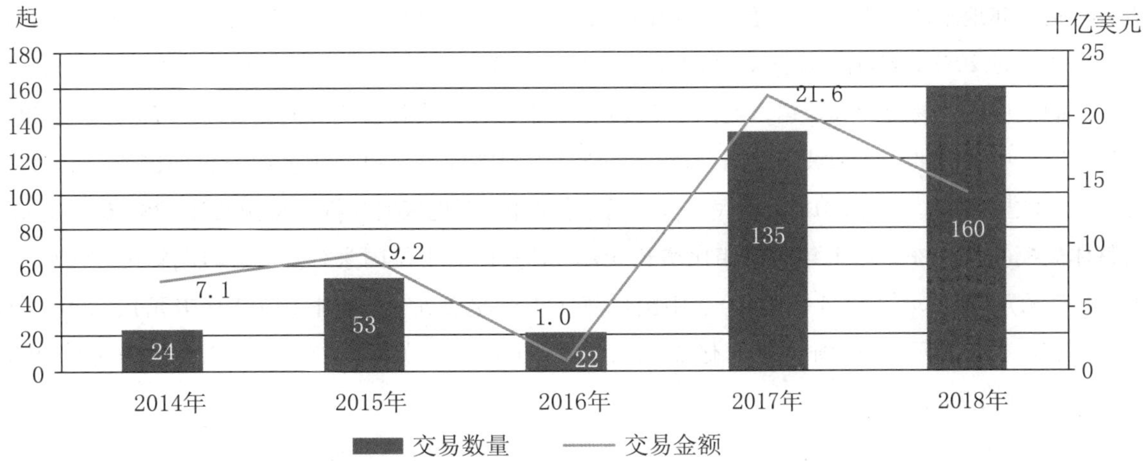

图 7－29　2014—2018 年中国大陆企业赴“一带一路”并购交易数量及金额

一带一路：区域范围横跨三大洲，包括 66 个国家。

数据来源：汤森路透，投中数据及普华永道分析。

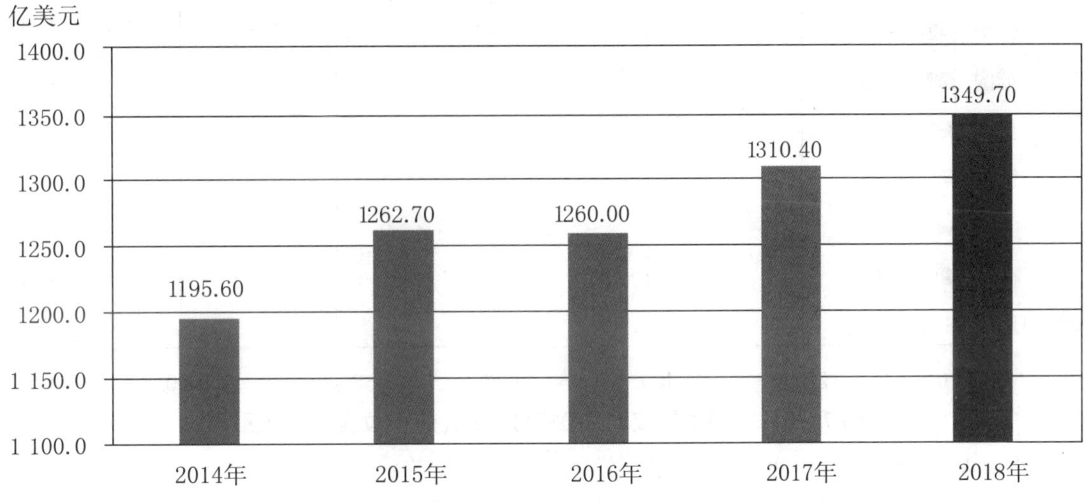

图 7－30　2014—2018 年非金融类外商直接投资

数据来源：商务部商务数据中心。

据联合国贸发会议报告,[①] 2018 年全球外商直接投资表现不佳，仅上半年全球外商直接投资总额同比就骤降 41%，其中发达国家下降 69%。在此情况下，2018 年中国吸收外资仍能保持稳步增长，很大程度上表明了中国的投资价值受到全球投资者的认可。与此同时，中国为提升吸收外资能力也在不断采取相关改善措施，如不断提高贸易投资便利化和自由化水平、加速外资产业集聚、大力优化提升营商环境、加强对知识产权和外资在华合法权益的保护、大幅度压缩外商投资负面清单、扩大外商投资行业领域及降低外商投资门槛等。

在数量扩张的同时，中国吸收的外资质量也在不断改善和提升。从行业看，制造业吸收外资额的规模最为庞大。2018 年制造业吸收外资额比重超过 30%，较上年提升近 5%。与此同时，高技术制造业的外商直接投资增长同比更是上升 35.1%，增长势头最为迅猛。

① 数据来源：UNCTAD 数据。

以吸收外资的属地来源分类，发达经济体对中国直接投资的总额增长较快。2018 年欧盟 28 国对中国外商直接投资额增长超过 20%，英国、德国对中国外商直接投资额同比分别增长 150.1% 和 79.3%，达到历史高位；然而，受制于中美贸易斡旋和拉锯，美国于 2018 年对中国外商直接投资的同比仅增长 7.7%，超出预期。

与上年相同，中国香港、新加坡和中国台湾仍然是对中国外商直接投资排名前三位的国家/地区，领先于美国、日本、及欧盟国家。截至 2018 年年底，位于前十位的国家/地区实际投入总额共计 1284.6 亿美元，占到外资投入整体规模的 95.2%，与上年同期相比增长 3%。对占据前十位国家/地区按降序排序分别为：中国香港（960.1 亿美元）、新加坡（53.4 亿美元）、中国台湾（50.3 亿美元）、韩国（46.7 亿美元）、英国（38.9 亿美元）、日本（38.1 亿美元）、德国（36.8 亿美元）、美国（34.5 亿美元）、荷兰（12.9 亿美元）、中国澳门（12.9 亿美元）（见图 7－31）。

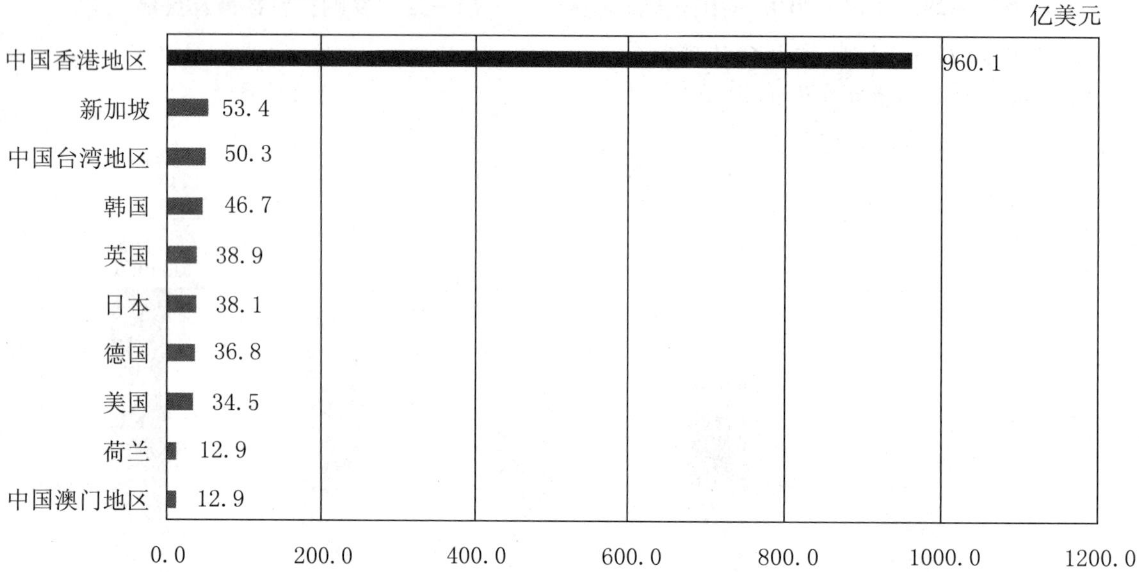

图 7－31　2018 年度对中国直接投资前十位国家/地区

数据来源：中国商务部数据中心、中国海关总署。

3. 中国对外直接投资和外商对中国直接投资的比较

由图 7－32 可知，自 2017 年起中国对外直接投资放缓，结束了多年以来的快速增长，对外直接投资规模再次回落到外资对中国直接投资的规模之下。

2018 年全年，中国相关部委和执行部门陆续出台了一系列政策，以更加完善和监管国内企业的对外直接投资，其中包括外商投资企业设立变更备案管理的临时措施（“临时措施”），限制外商投资境外敏感产业名单（2018 年）和企业境外投资管理办法以及关于引导境外投融资基金健康发展的几点看法。加之发达经济体的外商会直接投资的准入门槛和环境越发严格，2017 年欧美在政策方面采取的行动也对中国对外直接投资和外商对华投资产生了不小的影响。然而，中国对外非金融类直接投资仍以 1205 亿美元的水平与上年同期基本持平，保持略低于外商对华直接投资 1349.7 亿美元，中国的对外直接投资和吸引外商直接投资继续保持相对健康和平稳的发展水准。

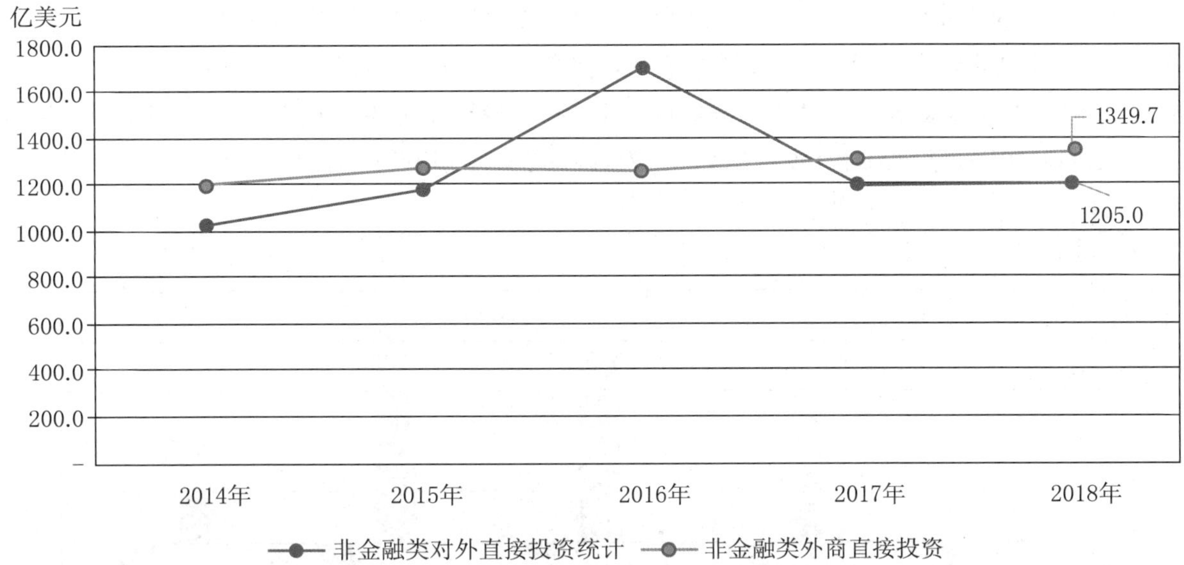

图 7－32　2014—2018 年中国对外直接投资和外商对中国直接投资比较

数据来源：中国商务部数据中心。

（二）中国境外房地产投资

1. 中国境外房地产投资的数量与规模

根据 RCA 和戴德梁行的研报数据显示，2018 年全年在更为严格审慎的境外投资政策大背景之下，中国境外房地产投资总额创 4 年以来新低，全年中国境外房地产投资跌至 157 亿美元（见图 7－33），同比下降近 63%，其中美国市场首次出现净流出。总量的大幅度下降与房地产和土地开发行业被列入“敏感行业”的清单有较大关联。

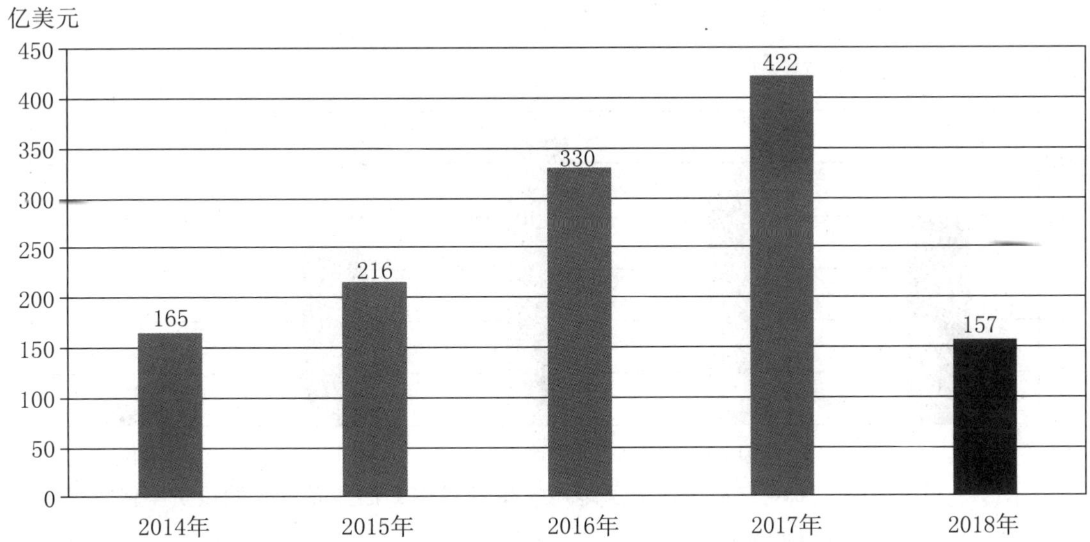

图 7－33　2014—2018 年中国境外房地产投资总额

数据来源：RCA，戴德梁行研究部。

与此同时，国内投资者境外地产投资进入转型阶段，由大量境外收购和开发逐渐转向现有资产处置（见图7－34）。根据 RCA 和戴德梁行的数据显示，中国投资者在 2018 年于境外完成了超 120 亿美元的物业资产出售，其中有主动型退出和被动型退出等多方面因素。在一戴德梁行的问卷调研中，有 84% 的受访者表示相较 2017 年，其所在公司对于境外地产配置的规模在本年度均有减少或仅仅维持趋势，新增投资的幅度大规模缩减。

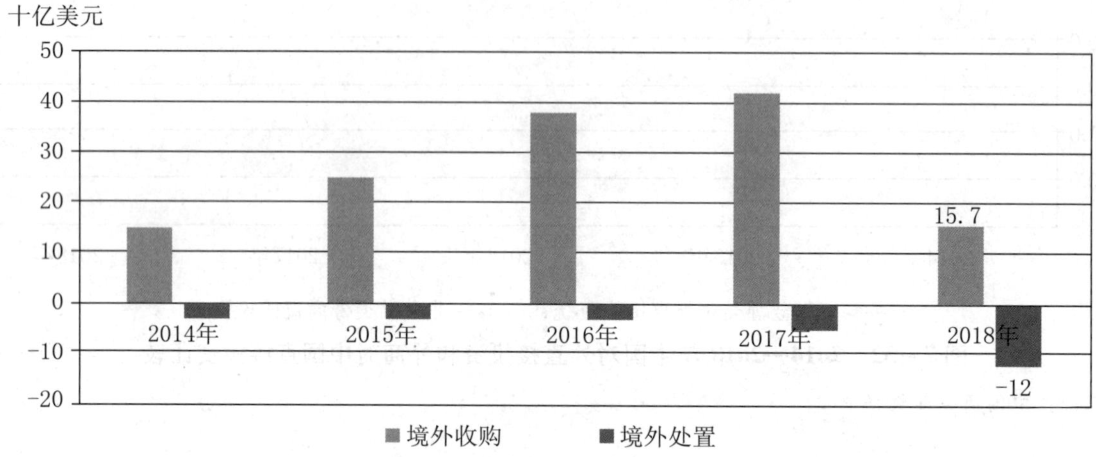

图 7－34　2014—2018 年中国境外投资者年度收购与处置额情况

数据来源：RCA，戴德梁行研究部。

就 China Global Investment Tracker（CGIT）的境外房地产投资数据的汇总案例而言，规模超 1 亿美元的中国境外房地产投资案例自 2016 年的 54 起至 2017 年的 34 起，再到 2018 年由于对于境外房地产投资的真实审慎政策的监管落实，投资案例数进一步下降至 8 起（见图 7－35）。2018 年的境外房地产投资的整体规模也创近 4 年来新低，其中，中国香港地区、美国和澳大利亚是中国投资者的三大主要投资目的地，与 2017 年相比较的差异是英国掉出了前三甲的位置被澳大利亚所替代。

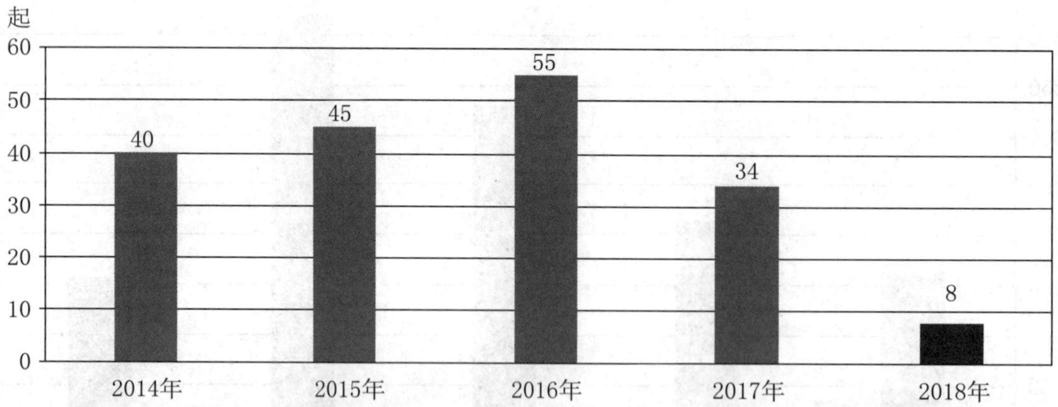

图 7－35　2014—2018 年中国境外房地产投资规模在 1 亿美元以上的投资案例数

数据来源：China Global Investment Tracker. ①

① 数据来源于 Heritage 和 AEI 提供的“China Global Investment Tracker”数据库。此处将数据库中分类到 Tourism 中的酒店收购计入房地产投资（后同）。

2. 中国境外房地产投资的类别

2018 年全年，从中国境外房地产资产处置与收购的角度统计（见图 7－36），写字楼资产仍最受中国投资者的青睐，所占境外收购的比例近半壁江山。核心区域的写字楼商业物业由于其符合长期持有、现金流稳定、增值溢价等多重要素，符合机构投资者的投资标准和风险偏好。另外，土地开发位居第二，由于受到全球宏观经济的波动和不确定、国家就境外投资“敏感行业”的文件指导，以及与其他具有相对稳定现金流的资产类别相比具备高风险和高收益的特性，机构投资者表现出对于该类资产较往年而言更加谨慎的态度。

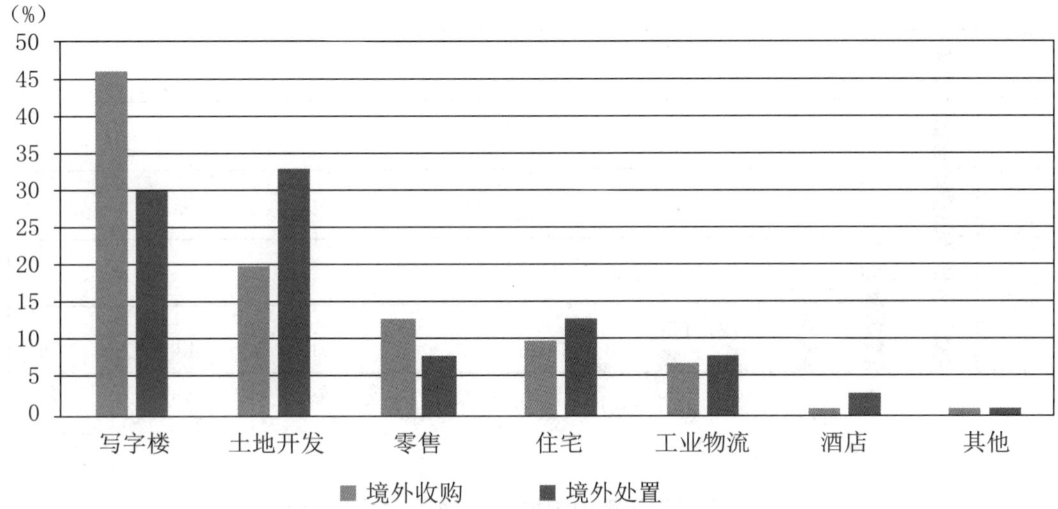

图 7－36　2018 年中国境外房地产投资资产处置与收购—按资产类别

数据来源：RCA，戴德梁行研究部。

在 2018 年的境外房地产投资资产类型统计中，位列第三的零售类境外房地产投资总额同比大涨 406%，这一投资额的激增主要由两宗大型零售房地产交易所带动，占了全年境外房地产投资总额的 64%，其中一宗便是领展于 2018 年 2 月以 230 亿港币出售旗下的 17 处零售地产组合包。

住宅和工业物流资产的投资总额保持相对稳定，并重新逐渐回到接近 2016 年的全年基准水平。其中物流板块的投资增长主要是受中投购买的 Logicor 物流平台这一大宗交易所影响。

对于境外酒店类资产投资整体较 2017 年同期有所下降，主要原因为酒店投资类别在发展改革委发布的《境外投资敏感行业目录（2018 年版）》以及《国务院办公厅转发国家发展改革委商务部人民银行外交部关于进一步引导和规范境外投资方向指导意见的通知》（国办发〔2017〕74 号）通知中被列为敏感行业境外投资标的。

从境外房地产处置的维度分析，2018 年中国投资者在境外共计出售了约 90 亿美元的写字楼资产和土地开发资产，其中英国与美国这两类资产类型的出售交易最多，究其根源并不能直接反映投资价值和价格的下降，更多是与近年来这两个国家是中国投资者最为偏好的投资和收购目的地有关，更多的投资往往必然导致更多的交易量。

3. 中国境外房地产投资的地域分布

就中国境外房地产投资的地域分布角度分析，根据戴德梁行数据统计，美国连续两年失去“中资最偏爱”的榜首地位，2017 年更是首次出现中国投资者在美国房地产投资整体金额净流出的情况，中美贸易斡旋和美国部分地区的资产价格高企等内在和外在因素是导致此现象形成的原因。与 2017 年统计相同，中国香港地区依然稳坐最受中国房地产投资者青睐的目的地，连续第二年位列中国境外房地产投资规模的首位，全年总计交易额达到95.3亿美元，但依然相较于2017年同比下降20%，占据全年境外房地产投资总额的61%，远超50%以上。美国以总计37宗价值23.3亿美元的交易量位列第二位，而全年资产处置则高达31亿美元，净流出近8亿美元。相较而言，2018年中国投资者投资于澳大利亚房地产市场的表现格外抢眼，代替2017按位列第三的英国成为前三，全年吸收中国房地产直接投资额达17.3亿美元（见图7-37）。

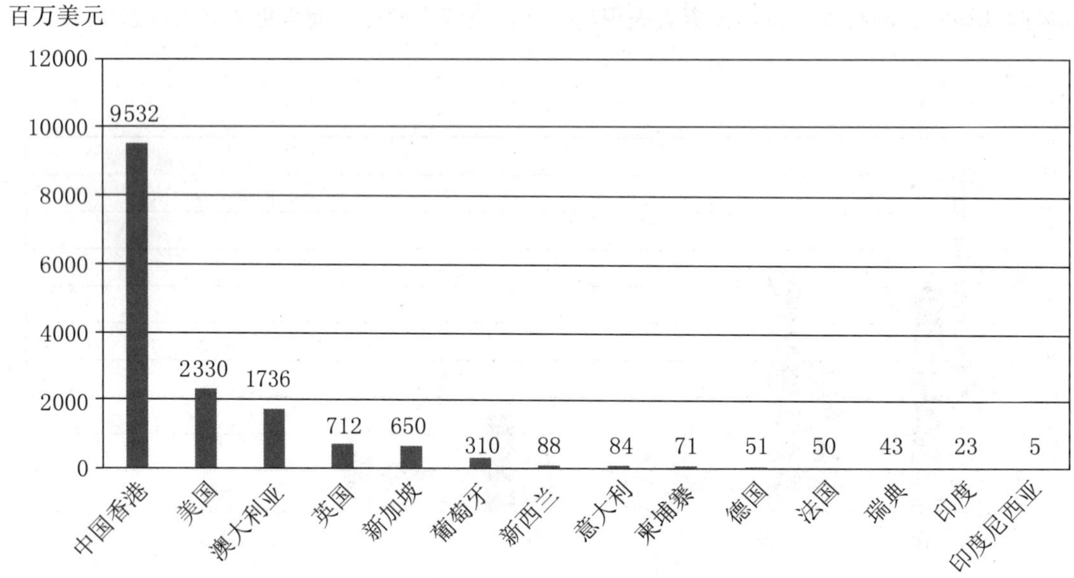

图7-37　2018年中国境外房地产投资目的地

数据来源：RCA，戴德梁行研究部。

在China Global Investment Tracke① 汇总的2018年度中国境外房地产投资金额在1亿美元以上的8起案例中，投资欧洲的有3起（英国2起、法国1起），投资美国和亚洲的各有2起，其次包括赞比亚1起（见图7-38）。

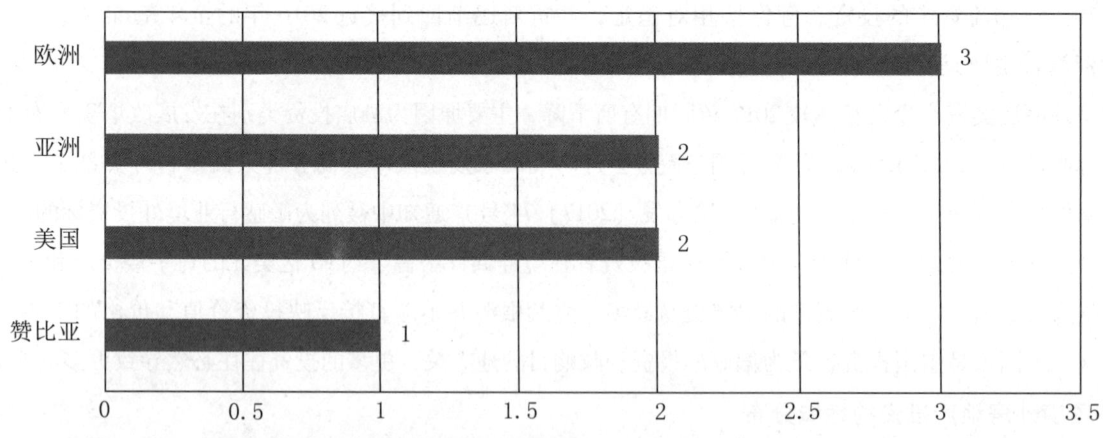

图7-38　2018年 中国境外房地产投资规模在1亿美元以上投资案例的地域分布

数据来源：China Global Investment Tracker.

① 说明：China Global Investment Tracker中不包含对香港的投资。

纵览2018年全年的中国房地产境外投资统计，以及对全球宏观局势的多样性研判，未来数年的中国房地产境外投资将继续保持相对平稳和谨慎的趋势，进一步的大幅度增长概率较低。究其根本是由于大国地缘政治、贸易保护、各经济体经济预期差异等外部因素，以及中国国内相关部委就境外直接投资的从严审慎的基调造成的内在因素所致。中国投资者在境外房地产投资的征途中也将变得愈发理性和成熟，对于投资的逻辑和目的国将有更严格的筛选和判断，会综合考虑国家对外直接投资政策的导向、人民币汇率走势、经济体物业价值走势等全方位因素，由数年前的扩张性境外投资转向精细化境外投资的模式。

4. 重点目的地

中国香港

2018年全年国内投资者总计在香港投资了近95亿美元的房地产资产，虽然中国投资者在香港的房地产直接投资额较上年下降了近20%，但从投资地域来看，香港依然占据了全年境外房地产投资总额的61%，多数较大的投资交易集中在了2018年上半年，投资类别依然与往年类似，集中于写字楼物业。

美国

虽然所处中美贸易斡旋的敏感周期之内，但中国投资者对于美国房地产资产的追逐从未停歇。在2018年内的投资青睐程度有较大幅度下降，同比下降近40%，但全年37宗交易总计23亿美元的交易额依然表明国内投资者对于美国市场的价值认可和投资偏好。但不能忽略的是，2018年全年国内投资者也出售了总计31亿美元的房地产资产，整体中国投资者在美国的房地产投资净额呈现流出，当然其中也牵扯诸多中国国内和美国国内的政策直接影响所致。

国内政策的约束，流动性的紧张以及投资目的地的政治经济环境影响，使得目前国内投资者均在美国以及英国处置和退出房地产项目，且由于美国与英国为近年来国内投资者较为青睐的投资目的地，这使得在该地区的地产处置量的变化也显得尤为明显。

澳大利亚

2018年全年中国投资者直接投资于澳大利亚房地产市场的金额基本与2017年持平，但与2015—2016年的大规模涌入情形相比，依然大相径庭。由于整体境外房地产投资总额和净额的双双下滑，中国投资者在2018年以17亿美元的总交易量将澳大利亚推上了最青睐投资目的地选择的第三位，同比增长7%。澳大利亚境内的房地产的最大宗收购和处置交易中均能见到中国投资者的身影。

英国及欧洲其他地区

作为2017年境外投资目的地排行中排名第二的英国在2018年滑落至了第四位，全年发生的数据可查大型交易为9宗，总计7.12亿美元，与2017年同期数据相比，下降幅度超过40%。同样，全年中国投资者在英国有19亿美元房地产资产的出售，这使得中资在英国房地产市场上也与美国类似呈现净流出。英国脱欧变局、英镑未来走势不确定等诸多政治和货币因素，导致中国乃至全球资本对于英国的资产保持较往年更加谨慎的投资态度。

相比较下的欧洲其他地区，德国以6宗交易总计5.1亿美元的投资额在2018全年交易额排行中保持第十位，且全年并未有发生国内投资者资产处置行为，也从侧面反映中德之间的政治友好关系，以及德国资产常年被相对低估的现实。然而，除了英国和德国以外，其他欧洲地区对于国内投资者来说，吸引力十分有限。究其原因是因为中国投资者对于其他市场的经济基本面不确定、区域认知相对比较生疏、市场流动性缺乏等原因导致。

新加坡

2018年，中国投资者在新加坡的交易额和上年相比差强人意，全年四宗交易总计约6.5亿美元，较上年同比下降了74%，位列中国投资者在境外房地产投资第五的位置。除投资额减少外，本年度新加坡还录得约14亿美元的中国投资者地产交易处置行为，导致净额为负。

附：部分2017—2018年度境外房地产投资主要事件一览表

	日　期	投资者	物业名称	类　型	金　额
1	2017年1月19日	泰禾集团	中信资本梅菲尔地产基金：伦敦梅菲尔区柯宗街60号高档住宅开发项目	住宅开发	3580万英镑
2	2017年1月27日	中渝置地	伦敦帕丁顿写字楼 One Kingdom Street：出租给沃达丰作为其总部	写字楼收购	2.92亿英镑
3	2017年4月18日	李德义	收购英国地产公司 Shaftesbury 公司超过20%的股份：Shaftesbury 持有伦敦西区中国城、Soho 等地区大量物业	间接投资	5亿英镑
4	2017年3月1日	中渝置地	伦敦金融城最高楼——奶酪刨摩天楼 122 Leadenhall Street	写字楼收购	11.5亿英镑
5	2017年3月21日	北京首开	伦敦金融城写字楼 Fleet Place House	写字楼收购	9650万英镑
6	2017年3月22日	广州富力	伦敦克罗伊登的雀巢总部大楼地块和其附近地块，进行住宅开发	土地收购，住宅开发	6000万英镑
7	2017年3月30日	华人置业	伦敦写字楼圣詹姆斯广场11－12号	写字楼收购	1.8亿英镑
8	2017年3月31日	天安中国	伦敦金融城精品酒店 South Place Hotel	酒店收购	6700万英镑
9	2017年4月5日	广州富力	伦敦一区地块 Vauxhall Square，未来还将投入更多资金开发建设两幢50层住宅高楼	土地收购，住宅开发	1.577亿英镑
10	2017年4月6日	北京大学	收购牛津庄园，作为北大商学院境外校区	庄园收购	880万英镑
11	2017年4月27日	远东发展	曼彻斯特 Northern Gateway 超大型房地产项目，新建1万套住房	土地收购，住宅开发	10亿英镑
12	2017年5月22日	华润置地	伦敦金融城写字楼 20 Gresham Street	写字楼收购	3.09亿英镑
13	2017年6月3日	中投	黑石旗下物流地产包 Logicor	物流地产	122.5亿欧元
14	2017年6月21日	万达集团	伦敦 Nine Elms Square 地块	土地收购，住宅开发	4.7亿英镑
15	2017年6月29日	祥祺集团	伦敦金丝雀码头金融城地标写字楼 20 Canada Square	写字楼收购	4.1亿英镑
16	2017年8月18日	结好控股	伦敦金融城的写字楼 Winton House	写字楼收购	2100万英镑
17	2017年8月23日	中渝置地 & 富力地产	伦敦大型开发地块 Nine Elms Square	土地收购，住宅开发	4.7亿英镑
18	2017年9月28日	中国信泰资本 Cindat	英国酒店巨头—QHotels（26家酒店物业）	酒店收购	5.25亿英镑
19	2017年10月2日	普洛斯集团（GLP）	物流巨头 Gazeley 资产遍布英国和欧洲各地	物流收购	28亿英镑
20	2017年10月20日	携程集团旗下携领投资	英国伯明翰的假日酒店（HolidayInn Express）	酒店收购	1000万英镑
21	2017年11月9日	万城国际	伦敦金融城写字楼 99 Gresham Street	写字楼收购	1.4亿英镑

续表

	日 期	投资者	物业名称	类 型	金 额
22	2017年11月15日	国锐地产	伦敦金融城核心区的写字楼 Juxon House (100 St Pauls Churchyard)	写字楼收购	1.345亿英镑
23	2017年12月6日	祥祺集团—陈红天	伦敦金丝雀码头金融城地标写字楼 5 Churchill Place	写字楼收购	2.7亿英镑
24	2017年12月7日	福建地产开发商—恒力集团	伦敦金融城核心地段 25 Gresham Street 的劳埃德银行集团总部大楼	写字楼收购	1.6亿英镑
25	2017年12月16日	建滔化工集团	KPMG 伦敦总部大楼 15 Canada Square	写字楼收购	4亿英镑
26	2017年12月20日	中渝置地 & 香港某地产商	伦敦金融城摩天大楼开发项目 40 Leadenhall Street	写字楼收购	—
27	2017年12月22日	南丰集团	伦敦国王十字地区—谷歌新总部附近巨幅地块 Regent Quarter	商业地产收购	3亿英镑
28	2018年2月	太平保险、中科创资本	京华道18号	写字楼	1272百万美元
29	2018年2月	中国长城资产、基汇资本、高盛	领展17栋零售物业资产包	零售	879百万美元（29.9%股份）
30	2018年1月	恒大集团	屯门镇500号	土地开发	844百万美元
31	2018年1月	玉湖集团	悉尼一号环形码头	土地开发	627百万美元
32	2018年3月	青建国际	Good Luck 花园	土地开发	460百万美元
33	2018年3月	玉湖集团	珠宝三塔 Jewel Resort Site	土地开发	243百万美元
34	2018年2月	中国银行	7 Bryant Park	土地开发	200百万美元
35	2018年2月	保利集团	MillbrookPark	土地开发	103百万美元

（徐东 潘之恒 任思缓 亨瑞集团）

六、法拍房市场

（一）什么是法拍房

法拍房是法院拍卖房产的简称，是指被法院强制执行拍卖的房屋。大多出现在债务人即房屋权利人无力履行债务合同清偿债务时，被债权人经由各种司法程序向法院申请强制执行，法院将债务人名下房屋拍卖，以拍卖所得价款满足债权。房屋类型涵盖住宅、商业、办公、商场、车位、工业厂房、在建工程等多种不动产业态。

法拍房是房地产市场一个特殊的细分市场，是房地产交易不可或缺的有机构成。

（二）法拍房市场的发展

1991年《民事诉讼法》正式确立司法拍卖为一种执行措施后，我国司法拍卖大致经历了以下五个阶段。

第一阶段：以1998年通过并实施的《关于人民法院执行工作若干问题的规定》为标志，确认司法拍卖是处置诉讼资产的主要方式，法院可以委托拍卖。这一阶段明确了拍卖为法院处置诉讼资产的主要方式。

第二阶段：以2004年10月通过并于2005年1月实施的《关于人民法院民事执行中拍卖、变卖财产的规定》为标志，通过严格程序选定拍卖机构，防止寻租行为的发生。2006 年 9 月发布的《最高人民法院关于地方各级人民法院设立司法技术辅助工作机构的通知》规定，地方各级人民法院应设立独立的司法技术辅助工作机构，负责统一办理对外委托鉴定、评估、审计、拍卖等工作。这一阶段主要是规范拍卖具体过程中各方的业务规范。

第三阶段：以 2009 年通过并实施的《关于人民法院委托评估、拍卖和变卖工作的若干规定》为标志，规定由人民法院内部的司法技术辅助部门负责组织当事人选定拍卖机构，监督拍卖活动。至此，委托拍卖已成为我国的司法拍卖的固定模式。这一阶段主要是明确了法院将拍卖活动委托给社会机构的规范。

第四阶段：以 2010 年 8 月通过并于 2012 年实施的《最高人民法院关于人民法院委托评估、拍卖工作的若干规定》为标志，规定人民法院可以随机确定拍卖机构，由高院或中院统一实施委托，在统一交易场所或网络平台上进行公示全部拍卖程序，司法拍卖进入到全新阶段。这一阶段，线下拍卖开始向线上拍卖转变，出现了上海公拍网等地方法院尝试线上拍卖的典型。

第五阶段：以 2015 年 12 月发布的《关于加强和规范人民法院网络司法拍卖工作的意见》和 2016 年 8 月通过并将于 2017 年 1 月实施的《最高人民法院关于人民法院网络司法拍卖若干问题的规定》为标志，对网络司法拍卖提出了新的要求，对网络平台的选定设定了严格条件，这是“互联网 +”理念在司法拍卖工作中的体现。第一批选定的网络平台共有 5 家，分别是淘宝网、京东网、公拍网、人民资产诉讼网、中国拍卖协会网。这一阶段，线下拍卖完全向线上拍卖转变，网络拍卖成为司法拍卖的主要方式。

自 2013 年 3 月第一起以土地使用权和厂房为标的物的司法拍卖在淘宝网成交后，越来越多的法院入驻淘宝网开展拍卖房产变现的执行工作，在淘宝网司法拍卖中，房产的司法拍卖设有专门一栏。

据统计各大网站平台自 2013 年线上拍卖以来，参与拍卖人数约 150 万人次，2018 年近 64 万人通过缴纳保证金参与到法拍房的竞拍中。

2016 年全国各地法院开始陆续尝试上网拍卖被执行房屋，当年挂牌套数 17.8 万套，实现成交 4.5 万套，成交金额 1520 亿元，成交率仅 25%。

2017 年全国各地法院全面尝试网络拍卖被执行房屋，当年挂牌套数 26.2 万套，同比增长 47%；实现成交 9.2 万套，同比增长 104%；成交金额 3086 亿元，同比增长 103%；成交率 35%，同比增长 40%。

2018 年全国各地法院网络拍卖被执行房屋模式成熟，当年挂牌套数 47 万套，同比增长 79%；实现成交 14 万套，同比增长 52%；成交金额 3279 亿元，同比增长 6%；成交率 30%，同比减少 25%（见表 7－9）。

2017 年到 2018 年法拍房供应随着网络拍卖的大力突进发展迅猛增加，同时从 2018 年成交率的降低，可以看到法拍房市场走势也趋同于整体楼市的走向。

表 7－9　全国法拍房市场数据

年　份	挂拍套数	挂牌同比（%）	成交套数	成交套数同比（%）	成交金额（亿元）	成交金额同比（%）	成交率（%）	成交率同比（%）
2016	178301		45025		1520.53		25.3	
2017	262647	47.3	92155	104.7	3086.30	103.0	35.1	38.9
2018	470082	79.0	140443	52.4	3279.70	6.3	29.9	－14.9

数据来源：淘宝、京东、公拍网、人民资产诉讼网、中国拍卖协会网五个平台标的公告。

（三）法拍房市场现阶段问题

网络司法拍卖在降低拍卖过程成本，提升不良资产变现率和增值率，预防和限制司法腐败等方面有独特的优势。但从这几年法拍房市场实际发展来看，还存在一些问题，例如：

各地实行的政策不同，有些区域限购有些区域不限购。

从处理法院拍卖与限购政策冲突的实践来看，因发展程度、执行力度等因素的差异，各地出现了不同的处理方式。有的城市通过法院、住建等部门的协调，相互之间达成一致意见。如北京、广州、深圳等城市的法院在拍卖公告就明确要求竞拍方应符合限购政策，竞拍法院拍卖房产受限购政策约束。

但有的城市则是调整了当地限购政策，明确法院拍卖处置的房产不受限购政策规定的限制，如上海、西安、杭州、合肥等城市在法院出具相应执行文书后不再核定购房人资格。

整体拍卖成交率较低。

2018 年全国法拍房的成交率仅为 30%，全国房产热点城市上海法拍房的成交率也仅 55%。

成交率低主要有以下几方面的原因：拍卖信息总体关注度较低，大众对法拍房的认知较少；法拍房标的物存在权利瑕疵，法院并不完全负责，法拍房购买存在较多风险；金融贷款不通畅，购房门槛高；法拍房购买流程较二手房复杂，能够提供法拍房服务的专业公司较少。

（四）典型城市上海法拍房市场情况

2016 年，上海法拍房源供应占比全国 0.84%，成交占比全国 2.1%，成交额占比全国 4.3%。

2017 年，上海法拍房源供应占比全国 0.5%，成交占比全国 0.9%，成交额占比全国 2.1%

2018 年，上海法拍房源供应占比全国 0.3%，成交占比全国 1.1%，成交额占比全国 3.7%。

供应方面，由于上海是最早开始网上拍卖的城市，所以 2016 年供应在全国的比重较高。

2017 年全国其他城市法拍房陆续集中上线导致上海的供应规模占比下降。

2018 年全国法拍房市场逐渐城市成熟，上海的法拍房市场规模占比继续下降，只占到全国市场供应量的约 3‰。

成交方面，上海法拍房成交量可以占到全国成交量的 1%，2018 年成交率 54.8%，对比全国平均成交率 29.9% 来看，反映出上海资产受欢迎程度要远高于全国平均水平（见表 7－10）。

成交额方面，由于上海法拍房标的金额远高于全国平均水平，故成交金额占比可达 3.7%。

表 7－10　上海法拍房市场规模

年　份	挂拍套数	挂牌同比（%）	成交套数	成交套数同比（%）	成交金额（亿元）	成交金额同比（%）	成交率（%）	成交率同比（%）
2016	1496		953		65.2		63.70	
2017	1309	－12.5	832	－12.7	65.6	0.6	63.60	－0.2
2018	2773	111.8	1520	82.7	121.7	85.5	54.80	－13.8

数据来源：淘宝、京东、公拍网、人民资产诉讼网、中国拍卖协会网五个平台标的公告。

上海法拍房房源供应来源来看，公拍网、淘宝网、京东仍是供应的主要平台，特别是淘宝网，从 2017 年仅占到全网 25% 左右的市场份额，到 2018 年已经占市场份额的 47%，发展迅速。

表 7－11　2016—2018 年上海司法拍卖房成交金额

类　别	2016 年	2017 年	2018 年
公拍网	52. 35	47. 26	60. 29
淘　宝	12. 85	18. 00	51. 82
京　东	0. 00	0. 15	9. 37
其　他	0. 00	0. 15	0. 17

数据来源：淘宝、京东、公拍网、人民资产诉讼网、中国拍卖协会网五个平台标的公告。

（王胜蓝　上海采燊知能科技有限公司）

Ⅷ.大事记

2018年中国房地产大事记

1. 实力房企积极参与设立产业基金

1月11日，招商蛇口联合平安银行东莞分行共同设立基金，投资最高100亿元。4月9日，华夏幸福和光大信托设立40亿元基金。5月24日，泰禾集团40亿元设立产业并购基金。8月2日，四川蓝光与歌斐资产设立100亿元私募基金。9月20日，新城控股与歌斐资产共同设立私募基金，总规模为100亿元。10月12日，华润置地与中国人寿、南宁投资等合作成立总规模为150亿元的房地产投资基金。

2. 政府倡导培育住房租赁市场

1月16日，国土部和住建部同意沈阳、南京、杭州等11个城市利用集体建设用地建设租赁住房试点实施方案。3月，“两会”提出培育住房租赁市场。9月20日，中共中央、国务院提出大力发展住房租赁市场特别是长期租赁，同时要求加快推进住房租赁立法，保护租赁利益相关方合法权益。10月11日，国务院办公厅提出大力发展住房租赁市场，加快研究建立住房租赁市场建设评估指标体系，支持专业化、机构化住房租赁企业发展。

3. 中国人民银行四次降低存款准备金率

1月25日，央行实施面向普惠金融的定向降准。4月25日，央行下调人民币存款准备金率1%。7月5日，央行下调存款准备金率0.5%。10月15日，央行下调存款准备金率1%。年内共四次调低存款准备金率至14%，释放流动性资金约2.3万亿元。

4. 地方强化差别化调控，保障市场平稳运行

2018年全国累计出台约450次调控措施，调控频次刷新历史纪录。约有30个城市出台或升级了限售政策，约22个城市出台或升级了限购政策。各地继续坚持因城施策：成都、南京、杭州等地增设“摇号买房”模式；海南、太原、东莞等省市加强新建商品房销售价格备案管理措施；北京、天津、山西等地调整公积金政策；西安、上海、长沙等地对企业购买商品住房设限制条件等，以强化地方调控主体责任，保障房地产市场平稳运行。

5. 房企扎堆更名，迈入多元化产业发展之路

2018年，万科、保利、龙湖、万达、奥园、合景泰富、时代、朗诗、中骏、宝地、海航等10余品牌房企更名，去掉原公司名称的“地产”二字，以匹配公司的多元化业务现状。

6. 房地产开发企业继续赴港上市

随着内地融资渠道的不断收紧，不少内地房地产开发企业纷纷寻求赴港上市。1月正荣地产，7月弘阳地产，10 月大发地产和美的置业，11 月恒达集团，12 月万城控股等房企陆续在港上市。另外，中梁、银城、德信等房企向港交所提交上市申请。

7. 北京土地市场呈现下滑趋冷态势

2018 年，北京市土地成交 72 宗、1682 亿元；土地流拍率高达 10%；与上年相比，成交宗数下降 29%，成交金额下降 40%，土地成交溢价率下降 43%；限竞房、共有产权房成为地块成交的主流方式。此外，北京保障房新开工 5.45 万套，完成棚户区改造（含征收、拆迁、签订腾退协议）3.43 万户。

8. 中央多次重申楼市调控

3 月 5 日，两会政府工作报告对于房地产市场着墨颇多，调控政策主基调继续坚持“房子是用来住的、不是用来炒的”定位。7 月 31 日，中央政治局会议强调“下决心解决好房地产市场问题，坚持因城施策，促进供求平衡，合理引导预期，整治市场秩序，坚决遏制房价上涨。”12 月 21 日，中央经济工作会议强调“要构建房地产市场健康发展长效机制，坚持房子是用来住的、不是用来炒的定位，因城施策、分类指导，夯实城市政府主体责任，完善住房市场体系和住房保障体系”。

9. 2018 中国房地产 500 强测评成果发布

3 月 21 日，由中国房地产业协会和中国房地产测评中心共同主办的“2018 中国房地产开发企业 500 强测评成果发布会”在北京举行，500 强榜单前三强由恒大、碧桂园、万科占据。保利、融创、绿地、中海、龙湖、华夏幸福和富力分列第四到第十位。

10. 海南实施全城商品住房限购

3 月 30 日和 4 月 22 日，海南省相关主管部门连续两次下发关于稳定房地产市场的通知。在已经出台限购政策的基础上，实行全域限购，五年社保，首付七成，限售五年，公积金首付升至 30%，外地户籍购买商品房需提供家庭成员在海南 24～60 个月及以上的缴税和社保证明。

11. “蛋壳公寓”异军突起，守住质量关攻克新技术

成立三年时间的“蛋壳公寓”，致力于用互联网方式改造传统住房租赁行业，成为互联网长租公寓运营商的领军者。先后进入包括北上广深在内的 9 个城市，管理公寓超过 25 万间。在 4 月和 6 月，先后完成 B 和 B+ 两轮市场融资，用于产品升级和服务完善，优化大数据和供应链两大系统。

12. 贝壳找房　技术变革引领“新居住”

4 月，链家网升级为贝壳找房，定位于技术驱动的品质居住服务平台。推出“楼盘字典”“VR 看房”等技术手段，提供服务体验。年底已进入全国 95 个城市、连接 1.7 万家门店、汇聚 17 万名新型经纪人。

13. 住房租赁资产证券化（ABS）发展进入快车道

4 月 25 日中国证监会、住房和城乡建设部联合发布《关于推进住房租赁资产证券化相关工作的通知》。6 月 19 日，“中联前海开源－华侨城租赁住房一号资产支持专项计划”在深交所发行。7 月 5 日，“中联前海开源－恒大租赁住房一号第 N 期资产支持专项计划”在上交所发行。7 月 19 日，世茂集团“世茂－华能－开源住房租赁信托受益权资产支持专项计划”在上交所发行。9 月 4 日，“中信证券－泰禾集团慕盛长租公寓系列资产支持专项计划”在深交所发行。这些专项计划发行总规模低至十亿元，高至百亿元。

14. 2018 中国房地产上市公司测评成果发布

5 月 25 日，由中国房地产业协会和中国房地产测评中心共同主办的“2018 中国房地产上市公司测评成果发布会暨房地产金融创新高峰论坛”在深圳举行，中国恒大荣膺上市房企综合实力榜桂冠，万科、碧桂园分列第二、第三名。中国海外发展、保利地产、绿地控股、华夏幸福、富力地产、融创中国和龙湖地产分列第四至第十位。

15. 住建部问责约谈17个城市，落实“稳房价，稳租金”

对市场波动大、未能实现调控目标的地方，住建部两次约谈了17个城市进行问责：5月约谈了西安、海口、三亚、长春、哈尔滨、昆明、大连、贵阳、徐州、佛山、成都、太原等12个城市政府主要负责人；8月约谈海口、三亚、烟台、宜昌、扬州等5个城市政府主要负责人，要求严厉打击投机炒作，坚决遏制房价上涨。

16. 文旅产业风潮兴起，房企争相布局

6月，保利地产设立了保利（海南）旅游发展有限公司。8月，碧桂园正式成立了文商旅集团。10月，融创继上年收购万达13个文旅项目后，再次出手以63亿元代价收购万达文旅项目的运营公司及团队。11月，富力地产于海南成立了文旅公司。年内华侨城并购了多个文旅项目。此外，华润置地、佳兆业、雅居乐、荣盛等众多房企2018年均在推动文旅项目的开发。

17. 险资涉“房”，房企涉“险”，房险互融

6月，银保监会发出《关于保险资金参与长租市场有关事项的通知》，保险资金投入房地产业又现合法渠道和范围，主要是长租公寓和养老地产。近年来房地产企业和保险企业间的新设、收购和兼并不乏案例。10月10日，福建冠浦地产、广东香江集团和鸿荣源集团成为“新光人寿”股东。12月17日，绿城中国以27亿元从大连万达收购“百年人寿”的9亿股股份。12月27日，新世界发展用215亿港元收购“富通保险”全部股权。

18. 国家开发银行棚改项目审批权回收总行

6月25日，国家开发银行对各地棚改贷款（PSL即抵押补充贷款）的项目合同签订审批权限，暂时收回总行，暂停审批。国开行采取这一举措是基于控制地方政府债务风险、抑制房价不合理上升和货币化安置政策完善调整的需要。虽然棚改其及货币化安置政策仍在继续实行，但短期内对房地产市场降温下行发挥了作用。

19. 香港征收一手房空置税

6月28日，为防止投机炒房行为和房地产开发商的捂盘惜售，香港特区征收一手房空置税，凡是空置一年或以上的住宅，每年要缴税相当于“差饷”地税的200%，相当于楼价的5%。

20. 多地加强监管力度，治理房地产市场违规行为

中央和地方合力加大房地产市场监管力度，完善房地产市场监管体系。6月28日，住建部等七部委印发《关于在部分城市先行开展打击侵害群众利益违法违规行为治理房地产市场乱象专项行动的通知》于7月初至12月底，在30个城市先行开展治理房地产市场乱象专项行动。9月14日，住建部再次要求各地要持续深入开展专项行动，通过部门联合执法，把打击侵害群众利益的违法违规行为，作为整治房地产市场乱象工作的重中之重。11月18日，中央人民政府网站发布消息，住建部重拳治理房地产市场失信行为，将违法违规行为“拉黑”。2018年年内，北京、上海、广州、深圳、海南等共计60多个省市出台措施，加强对房地产市场监督检查，查处违法违规行为。

21. 房企加速分拆物业板块上市

2018年，雅居乐旗下的雅生活，碧桂园旗下的碧桂园服务，新城控股旗下的新城悦，佳兆业旗下的佳兆物业，旭辉旗下的永升生活服务等五家房企旗下的物业公司相继分拆在香港上市。

22. 各地力推优惠政策争抢人才，放宽落户条件吸引人口

2018年内，合肥、广州、南京、天津等几十个省市先后出台了多内容的人才引进政策，优惠政策内容聚焦降低落户门槛、保障人才住房需求等方面。

23. 各地公积金政策调整，重点保障首套或产改住房人群

2018 年内，北京、天津、杭州、山西、咸阳、台州、兰州、合肥、甘肃等地陆续收紧公积金提取政策，其中北京公积金“认房又认贷”，实行贷款额度与借款申请人住房公积金的缴存年限挂钩，每缴存一年可贷 10 万元，最高可贷 120 万元。另外，支持公积金使用方面，内蒙古自治区和杭州、哈尔滨等市重点支持职工在缴存地或户籍地购买首套普通住房和第二套改善型住房提取住房公积金。

24. 互联网中介企业竞争不敌传统中介企业

一度风光，凭借资本支持、补贴佣金、去店铺、线上交易、低佣金的房地产互联网中介企业，正在陷入关停（如“爱屋吉屋”“平安好房”等）、被收购（如“Q 房网”“好屋中国”等）、营收利润下降（如“房天下”“房多多”等）的局面。而实行实体门店、抢占资源、真实房源直面客户、线下居间服务的传统房地产中介企业（如“链家”“房友”“我爱我家”“中原”等）仍然屹立潮头。

25. 地产央企表现分化，“掉队生”渐多

国资委认定可以开展地产主业的 21 家央企本年度分化较大。保利、中海、华润、招商蛇口、金茂、中铁建、中铁、中冶等处于全国领先地位；中粮、中交、华侨城、电建地产等处于中间位置；葛洲坝、五矿、港中旅、南光、中航、神华、中煤、鲁能、新兴集团等相对滞后。

26. 多地楼盘降价引发业主“维权”

6—10 月份，北京 K2 十里春风、合肥泰禾院子、杭州未来海岸、上海远郊碧桂园浦东南郡和江西上饶碧桂园等多地项目楼盘先后因降价引发纠纷，部分业主拉横幅维权抗议，更有业主打砸售楼处要求补差价、送车位或全款退房。

27. 易居企业集团香港上市

7 月 20 日，易居企业集团（2048. HK）在香港联合交易所上市。易居企业集团股份由恒大、碧桂园和万科领衔的 26 家中国百强房企和多间金融机构持有，并引入阿里巴巴集团、香港恒基地产集团、新加坡城市发展集团、华侨城亚洲作为基石投资者。

28. 碧桂园“提质控速”，持续发力多元化产业

8 月 27 日，碧桂园在占领房地产市场规模制高点后，特别在夏季接连发生几起项目施工安全事故后，宣布提质控速，减少拿地，暂缓部分效益不佳项目开工。全面提升公司内部的运营管理能力，加大资源倾斜力度，追求有质量的稳定增长。在立足主业同时，年内多元化业务也初见雏形，农业、机器人、新零售等新产业的探索和布局已经展开。

29. 规划五年内完成房地产税法的提请审议

9 月 7 日，十三届全国人大常委会立法规划公布，房地产税法被列入了“条件比较成熟、任期内拟提请审议”的一类立法项目之中，规划五年内完成房地产税法的提请审议。

30. 中国房地产企业品牌价值 50 强揭晓

9 月 18 日，由中国房地产业协会和中国房地产测评中心共同主办的“2018 中国房地产企业品牌价值高峰论坛暨房企品牌价值测评成果发布会”在杭州举行。中海地产（中国海外发展）、恒大和万科分别以 586 亿元、483 亿元和 440 亿元品牌价值，蝉联 2018 中国房地产开发企业品牌价值排行榜前三强。

31. 万科“活下去”标语引发行业关注

9 月 30 日，万科秋季例会会场上一幅“活下去”标语被各大媒体广泛传播，引发行业关注。“收敛与聚焦，强化主业，收缩新业务，狠抓回款，组织瘦身”是万科应对市场形势的新举措。跑赢大市，笑到最后，做

"美好生活场景师，实体经济生力军，创新探索试验田，和谐生态建设者"成为企业发展的新定位。

32. 各类棚户区改造开工 626 万套

10 月 8 日，国务院常务会议明确棚改重点攻坚的仍是老城区内"脏乱差"的棚户区和国有工矿、林区、垦区的棚户区。各地不搞"一刀切"，不层层下指标，不盲目举债铺摊子，严禁违规支出，努力实现棚改资金总体平衡。对于商品住房库存不足，房价上涨压力大的市县尽快取消货币化安置优惠政策。全年全国各类棚户区改造开工 626 万套，农村危房改造 190 万户，顺利完成年度目标任务，完成投资 1.74 万亿元。

33. 年末楼市出现政策微调

随着四季度中国宏观经济下行趋势凸显，各地陆续出现楼市政策微调现象：全国首套房贷款平均利率 23 个月以来首次出现下降至 5.68%，多城市下调房贷利率上浮比例；广州、武汉、南宁等市局部放松限价；珠海、杭州、合肥等调低购房社保缴纳年限、放宽社保补缴和证明条件；菏泽、西安等市分别取消限售条件和缩短限售期限；还有一些城市取消购房摇号。

34. 首套住房贷款利息和住房房租可抵个税

12 月 22 日，新《中华人民共和国个人所得税法实施条例》和《个人所得税专项附加扣除暂行办法》规定，可对个税进行包括房租抵扣的专项扣除。纳税人本人或配偶首套住房贷款利息支出（商业银行或公积金贷款），按照每月 1000 元的标准定额扣除，扣除期限最长不超过 240 个月，纳税人只能享受一次首套住房贷款的利息扣除；本人及配偶在纳税人的主要工作城市无住房，而在主要工作城市租赁住房发生的租金支出，按承租住房城市的不同，定额扣除每月 800 ~ 1500 元不等的标准，夫妻双方主要工作城市相同的，只能由一方扣除住房租金支出。

35. "广厦奖"颁奖仪式在北京举行

12 月 25 日，由中国房地产业协会、住房和城乡建设部住宅产业化促进中心共同设立的房地产开发项目的综合性大奖——"广厦奖"（2017—2018 年度）颁奖仪式在北京举行，共 28 个省（自治区、直辖市）的 118 个房地产项目获得了本届"广厦奖"。

36. 中国房地产业协会第八届理事会完成换届，冯俊担任会长

12 月 25 日，中国房地产业协会第八次会员代表大会在北京举行。通过选举，大会产生了新一届理事会成员。中国房地产协会原七届副会长兼秘书长冯俊当选新一届中国房地产业协会会长，陈宜明当选中国房地产业协会副会长兼秘书长。

37. 销售流量金额千亿房企数量达 30 家

2018 年销售流量金额超过千亿元的有碧桂园、万科、恒大、融创、保利、绿地、中海、新城、华润、龙湖、世茂、招商蛇口、华夏幸福、阳光城、旭辉、金地、绿城、中南、富力、泰禾、正泰、金科、中梁、金茂、融信、远洋、蓝光、祥生、雅居乐、荣盛等 30 家房企，较 2017 年增加 13 家。其中，碧桂园、万科、恒大全年实现流量销售业绩 7286.9 亿元、6069.2 亿元和 5511.0 亿元。

38. 加强租赁住房市场监管，规范租赁企业行为

在政府住房租赁扶持政策支持下，标杆房企、连锁酒店、资管公司、创业公司等主体纷纷汇聚过来，使长租公寓处于行业"风口期"。但在推进过程中，跑马圈地、盲目扩张、租金倒挂、房屋空置、错配挪用、甲醛超标、消防漏洞、哄抬租金、数据泄露等各类问题开始凸显，引发一批长租公寓企业因资金链断裂、经营不善导致停止运营，甚至破产跑路。一批城市相继要求开发企业自持经营、不得销售、以租代售，不得分割转让、分割抵押，规定单次租期期限。8 月 17 日，北京多部门集中约谈自如、相寓、蛋壳公寓等企业。8 月 22 日，南京房地产相关部门要求不得为抢占市场份额而恶性竞争、哄抬租房价格、垄断租赁房源。

39. 重庆多数行业指标稳居全国各城市之首

重庆市全年房地产开发投资（4249 亿元）、商品房销售面积（6536 万平方米）、商品房销售金额（5273 亿元）、房地产施工面积（27227 万平方米）、新开工面积（7386 万平方米）、竣工面积（4083 万平方米）、开发企业实际到位资金（6685 亿元）等系列主要指标继续保持领先，占居第一的位置。

40. 恒大核心净利润大增

恒大全年实现合约销售金额 5513.4 亿元，合约销售面积 5243.5 万平方米，合约销售均价 10515 元/平方米，核心业务净利润超 770 亿元，同比增长 90% 以上。业绩大幅增长源于提升产品质量，降低营销管理费用，增加交楼面积，实施“低负债、低杠杆、低成本、高周转”的“规模加效益”发展模式。恒大已经形成以民生地产为基础，文化旅游、健康养生为两翼，高科技、新能源汽车产业为龙头的产业格局。

41. 房地产主要指标再创新高

全年房地产开发投资 120264 亿元，比上年增长 9.5%；商品房销售面积 171654 万平方米，比上年增长 1.3%；商品房销售金额 149973 亿元，比上年增长 12.2%；以销售额/销售额的简单计算，2018 年新建商品房销售均价约为 8736 元/平方米；其中，住宅均价约为 8544 元/平方米，比 2017 年上涨了 930 元/平方米；中国房地产开发企业单家销售已迈入“6000 亿元时代”，市场集中度又有提升。

42. 全国商品房库存持续减少

2018 年末，新建商品房待售面积 52414 万平方米，比上年末减少 6510 万平方米，同比 -11.0%。其中，住宅待售面积 25091 万平方米，同比 -16.8%；办公楼待售面积 3649 万平方米，同比 -0.4%；商业营业用房待售面积 13793 万平方米，同比 -9.3%。

43. 国有土地使用权出让收入稳步增长

2018 年全国土地使用权出让收入 65096 亿元，同比增长 25%，总额再度创下历史新高，当年土地出让金收入占同期地方一般公共预算的 66.48%。全年土地出让金超过千亿元的城市有杭州、上海、郑州、重庆、苏州、北京、武汉、广州、宁波、成都、天津等 11 个城市。

44. 房地产贷款余额依然保持高增长

2018 年年底，人民币房地产贷款余额 38.7 万亿元，同比增长 20%；全年房地产贷款增加 6.45 万亿元，占同期各项贷款增量的 39.9%。房地产开发贷款余额 10.19 万亿元，同比增长 22.6%；其中，保障性住房开发贷款余额 4.32 万亿元，同比增长 29.5%。个人住房贷款余额 25.75 万亿元，同比增长 17.8%。

45. 房地产行业纳税规模增长

全年，房地产企业法人、相关机构法人和自由人，缴纳的土地和房地产相关税收（不含企业所得税、印花税和个税）共计有：契税 5730 亿元，同比增长 16.7%；土地增值税 5642 亿元，同比增长 14.9%；房产税 2889 亿元，同比增长 10.9%；城镇土地使用税 2388 亿元，同比增长 1.1%；耕地占用税 1319 亿元，同比下降 20.2%。

企业形象展示

企业形象展示名录

（详见彩页）

阳光城集团股份有限公司
江苏中南建设集团股份有限公司
中梁控股集团
正荣地产控股股份有限公司
融信集团
泰禾集团股份有限公司
祥生地产集团有限公司
融侨集团股份有限公司
上海中建东孚投资发展有限公司
禹洲集团
新力地产集团有限公司
宝龙地产控股有限公司
建业住宅集团（中国）有限公司
建发房地产集团有限公司
中骏集团控股有限公司
福晟集团
浙江佳源房地产集团有限公司
红星地产
东原集团
正商集团
弘阳地产
联发集团有限公司
朗诗集团股份有限公司
仁恒置地有限公司
中庚地产实业集团有限公司
三盛集团
景瑞地产（集团）有限公司
华鸿嘉信控股集团有限公司
大华（集团）有限公司
康桥集团
名门地产（河南）有限公司
福州高佳房地产开发有限公司
上海三盛宏业投资（集团）有限责任公司
恒泰集团
上海上坤置业有限公司
上海建工房产有限公司
国贸地产集团有限公司
上海大发房地产集团有限公司
杭州澳海控股有限公司
华董（中国）有限公司
上海实业城市开发集团有限公司
中锐投资集团
华安发展控股集团
海盟（中国）投资控股集团股份有限公司
福建永鸿投资发展集团
恒大地产集团有限公司
金科地产集团股份有限公司
四川蓝光发展股份有限公司
龙光地产控股有限公司
奥园集团有限公司
四川新希望房地产开发有限公司
佳兆业集团控股有限公司

企业形象展示名录

（详见彩页）

美的置业集团有限公司

卓越置业集团有限公司

俊发集团有限公司

海伦堡中国控股有限公司

广州市敏捷投资有限公司

重庆华宇集团有限公司

花样年集团（中国）有限公司

重庆协信远创实业有限公司

广州市方圆房地产发展有限公司

星河控股集团

广东珠江投资股份有限公司

时代中国

中天城投集团有限公司

四川蓝润实业集团有限公司

云星集团

广州富力地产股份有限公司

中迪禾邦集团有限公司

重庆爱普地产（集团）有限公司

星河湾集团有限公司

深圳市益田集团股份有限公司

中山市大信控股有限公司

广东奥园商业地产集团有限公司

融创中国控股有限公司

龙湖集团控股有限公司

华夏幸福基业股份有限公司

大连万达商业管理集团股份有限公司

北大资源集团

隆基泰和置业有限公司

石榴置业集团股份有限公司

北京鸿坤伟业房地产开发有限公司

中昂地产（集团）有限公司

天山房地产开发集团有限公司

广汇置业服务有限公司

吉林大众置业集团有限公司

荣盛房地产发展股份有限公司

当代节能置业股份有限公司

和昌集团

山东东方佳园房地产开发集团有限公司

金辉集团股份有限公司

北京金隅地产开发集团有限公司

中国电建房地产集团有限公司

国瑞置业有限公司

亿达中国控股有限公司

鑫苑中国

杭州老板电器股份有限公司

上海全筑建筑装饰集团股份有限公司

广东巴德士化工有限公司

河南乾丰环境科技集团有限公司

中国联塑集团控股有限公司

阳光城挺进

中国房地产 14强

重回成长性第一高地

3月20日，由中国房地产业协会、上海易居房地产研究院、中国房地产测评中心联合主办的“2019中国房地产500强测评成果发布会”在北京成功举办。本次测评成果显示，**阳光城集团跻身“中国房地产500强”，位列14，并重回成长性第一高地。**这是阳光城集团近年来高效运营、优质发展上升的新高度，综合实力倍受认可。

“中国房地产开发企业500强”测评研究已连续开展十年，其测评成果已成为全面评判房地产开发企业综合实力及行业地位的重要标准。阳光城从规模突破、指标优化、品质升级、运营提升四个方面彰显了企业高成长性和综合实力。

坚定战略目标 实现规模突破

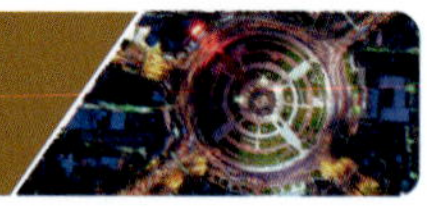

对于战略目标的坚定是阳光城保持高成长性的首要一环。2018年阳光城坚定围绕“规模上台阶，品质树标杆”的战略发展目标，在市场下行的趋势中，依然保持高速增长。2018年9月如约站上千亿舞台，实现了一次高质量的完美跨越。年报显示，阳光城全年最终实现全口径销售金额1628.56亿元，权益销售金额1183.25亿元，远超年初千亿元的市场预期，当期实现结算营业收入564.70亿元，同比增长70.28%。

主动降杠杆 各指标持续优化

伴随业绩高增速，阳光城同步实现了财务指标，特别是偿债指标的大幅优化。报告期内，阳光城有效降低扣除预收账款的资产负债率至60.84%，同比减少6百分点，有息负债率降至42.75%，同比减少10个百分点，净负债率降至182.22%，同比减少70个百分点。同时现金流管控持续加强，平均回款率达到80.05%，达到历史最高水平。杠杆率的显著下降，为公司提供了更为稳健的安全边际。

品质人才两手抓 蓄力下半场

围绕“规模上台阶，品质树标杆”的战略目标，在站上千亿舞台后，阳光城管理层达成共识，品质革命，方为出路。因此重磅推出“绿色智慧家”品质战略。目前已实现落地31个项目，累计建筑面积约374万平方米（38004户），并开放“上海檀悦101”“深圳天悦101”绿色智慧家样板间，未来将推出并交付标杆项目。

在人才管理方面，团结奋战、尊重人才始终是阳光城的底色。阳光城坚持以阳光基因聚合人才，以专业培养提升能力。今天的阳光城不仅拥有企业家精神的全明星高管团队，以不图捷径的领导力带领阳光城踏实奋进，打造了一支有阳光特色、有业务能力、有使命感的年轻化人才队伍，在“光合工程”的旗帜之下，聚合阳光力量，引领阳光未来。

多维度激励考评 降本增效提升运营

企业的高成长性离不开公司管理效能的提升，阳光城管理层“强管理、重考核、多维度”激励。2018年通过制度建设规范化、强化审计问责、严格检查处罚、多维度进行激励考评，使公司整体运营管控能力持续增强，降本增效，显著提高公司盈利能力。

截至2018年年底，公司项目从拿地到开盘平均周期为7个月，在零重大安全事故的前提条件下，比2017年提速0.6个月，在2018年新增的近1700亿元货值中，已有800亿元在当年实现新供、实现销售600亿元，周转效率显著提高，公司的成本管控水平也处于行业的优秀水平。

未来，高成长性的阳光城立志上规模、树标杆、立典范，向着“有理想、有信念、有口碑、可传承、可持续发展的、受尊敬的典范企业”的发展愿景持续迈进！

zhenro 正荣地产 06158.HK | 美好传城

Beautiful Life Beautiful City

2019 美好传城

Tahoe泰禾

文化筑居中國

2019中国房地产开发企业综合实力30强

泰禾是一家在地产、医疗、教育、文化、养老、保险等领域多元产业发展的大型企业集团。公司创建于1996年，2010年成功上市。目前，集团总资产已突破2300亿元。

23年来，泰禾在房地产开发运营方面坚持“文化筑居中国”的品牌理念，秉持“深耕核心一线，全面布局二线”的布局战略，已在北京、上海、深圳、广州、福州、厦门、武汉、郑州等29个城市拥有90多个项目，品牌影响力持续提升，享誉全国。

近年来，泰禾也积极探索房地产产业链延伸行业的投资机会，布局医疗健康、文化院线、教育养老等新业务领域，加速企业转型升级，实现多元协同发展。

站在新的历史起点，一个以地产为主业、横跨多个领域的多元化大型企业集团正昂首挺胸、阔步前行。

RONG QIAO 融侨集团
为居者着想 为后代留鉴
城市美好生活综合服务商
陪伴一生的美好
中国驰名商标
中国房企经营
绩效第2名
中国房地产开发企业
32强
中国房企品牌价值
18强
中国民营企业
500强
地产集团
产业集团
地产
物业
商业
酒店
园艺
港口开发
教育
医疗
工业村
装修工程
农业
公益

禹洲集团
YUZHOU GROUP
01628.HK 控股公司
25 再出发
1994-2019 VENTURE ON
再出发
1994-2019

新力
创见幸福无限
无限
ORIGINATE
INFINITE HAPPINESS
新力已完成
以南昌为中心的中部区域
以上海为中心的长三角区域
以深圳为中心的珠三角区域
以成都为中心的西部区域全国四大区域布局
品质新锐 服务先锋
创见幸福无限
9年29城 逾100个项目
SINIC
SINIC
ORIGINATE INFINITE HAPPINESS

POWERLONG
宝龙地产
股票代码: HK.1238
让生活更精彩
AMAZING LIFE
宝龙地产深耕长三角，三大产品线覆盖多元业态，
布局全国逾40城、超100个高品质物业项目。
繁荣城市，创造价值。
致力成为受人尊重、中国领先的城市综合体运营商。
厦门宝龙一城
上海七宝宝龙城
杭州滨江宝龙城

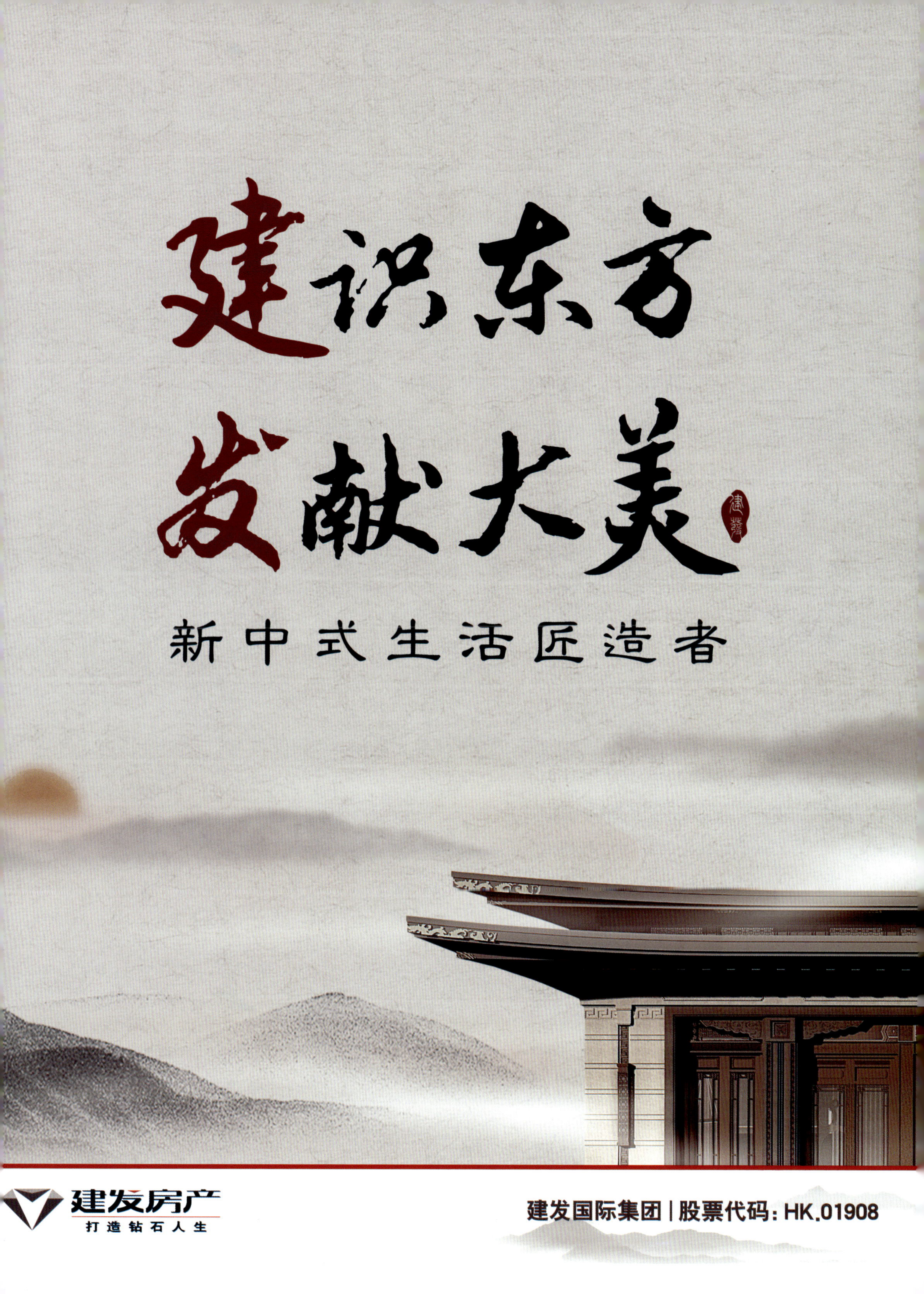
建识东方
发献大美
新中式生活匠造者
建发房产
打造钻石人生
建发国际集团 | 股票代码：HK.01908

中骏
专筑您的感动

中骏集团介绍 INTRODUCTION

中骏集团创办于1987年，总部设于上海，是一家专注于房地产开发及相关产业的综合性城市运营服务商。业务体系涵盖商业地产、文化旅游地产、产业地产、住宅地产、物业管理以及长租公寓、联合办公、健康管理、教育等新型业务板块。2018年销售规模达500亿元人民币。集团于2010年2月，在香港联交所主板成功上市（股票代码01966.HK）。

业务 FRAMEWORK 架构及介绍

多业态齐头并进

［中骏集团］ 中骏电气 中骏机电

地产开发　商业管理　物业管理　FUN⁺幸福生活生态圈

FUN⁺幸福生活生态圈

面向未来，中骏集团基于对客户智慧生活趋势的研究，开始构建“FUN+ 幸福生活”生态圈，布局FUNLIVE方隅公寓、FUNWORK联合办公、健康管理等新兴业务板块，致力于引领未来智慧生活潮流。

中骏
专筑您的感动

50强

打造受人尊敬的百年企业

成为全球领先的城市运营服务商

不用扬鞭自奋蹄的拼搏精神

客户至上 持续奋斗

简单自律 开放创新 惧者生存

幸福生活生态圈 FUN⁺

中国骏马

创建智慧生活让幸福触手可及

利他共赢的合作精神

工科博士

股票代码 01966.HK

以未来决定现在的创新精神

专注客户需求的匠心精神

Group
Jiayuan
佳源集团
浙江佳源房地产集团有限公司
心耕二十四载
携势再出发
JIAYUAN GROUP

M 红星地产
MACALLINE
这 才 是 生 活
红星地产形象代言人：
红星地产
That's Life
这才是生活

正植中原，布局世界

正商集团 1995 年创立于郑州，主营业务包括房地产开发、实业两大板块，是集房地产开发、物业管理、工程建设、酒店管理、医院管理、精细化工、环保、投资和信托基金管理于一体的跨国企业集团。经营区域涵盖河南省、浙江省、北京市、湖北省、山东省、海南省、中国香港等，同时业务发展至美国、日本、新加坡、印度尼西亚等国。

公司控制中国香港主板上市公司正恒国际控股（00185.HK）、美国纽约证券交易所上市公司 Global Medical REIT, Inc（GMRE.NYSE）、深交所上市公司赞宇科技（002637.SZ），同时参股郑州银行（06196.HK、002936.SZ），为第三大股东。

正商集团主要经营业务为房地产开发，是房地产开发一级资质企业。截至 2018 年，相继开发 80 余个项目，累计开发建筑面积近 3000 万平方米，其他经营业务如工程建设、精细化工、环保、物业管理等占有相当比例。

2018 年正商地产销售额 509.7 亿元，销售面积 432.59 万平方米，连续七年销售额和销售量位居郑州第一名。2018 年度纳税 40.1 亿元，位居河南省前列。

2018 年正商集团蝉联中国房地产百强企业、"2018 中国房地产开发企业 50 强"，荣膺"2018 中国房地产开发企业运营效率 10 强"。河南正阳建设工程集团有限公司为国家特级资质建筑企业；河南正商物业管理有限公司和兴业物联均为国家物业管理一级资质企业；赞宇科技（002637.SZ）的表面活性剂和油脂化学业务都是行业龙头，环保业务也在快速发展。

正商集团蝉联"2018 中国民营企业 500 强"（第 289 名）、"2018 中国民营企业服务业 100 强"（第 78 名）、"2018 河南民营企业 100 强"（第 7 名）、"2018 河南民营企业现代服务业 100 强"（第 2 名）等荣誉。

2018 年 3 月，"正商"获得中国"驰名商标"认证。

正商集团一贯秉承"诚实守信、勤奋敬业、结果导向、精益筑家、客户价值"的核心经营理念，以为优秀人群创造品质生活、为社会创建优质环境为己任，锐意进取、砥砺前行、不断超越，努力为实现中华民族伟大复兴的中国梦做出更大贡献。

Rsun弘阳
诚 者 致 远
弘阳集团 诚者致远
BE HONEST BE FAR
弘阳23载，与城市共生长
深度服务城市生活
诚于心，筑于人
商业 · 地产(1996.HK) · 物业
Rsun

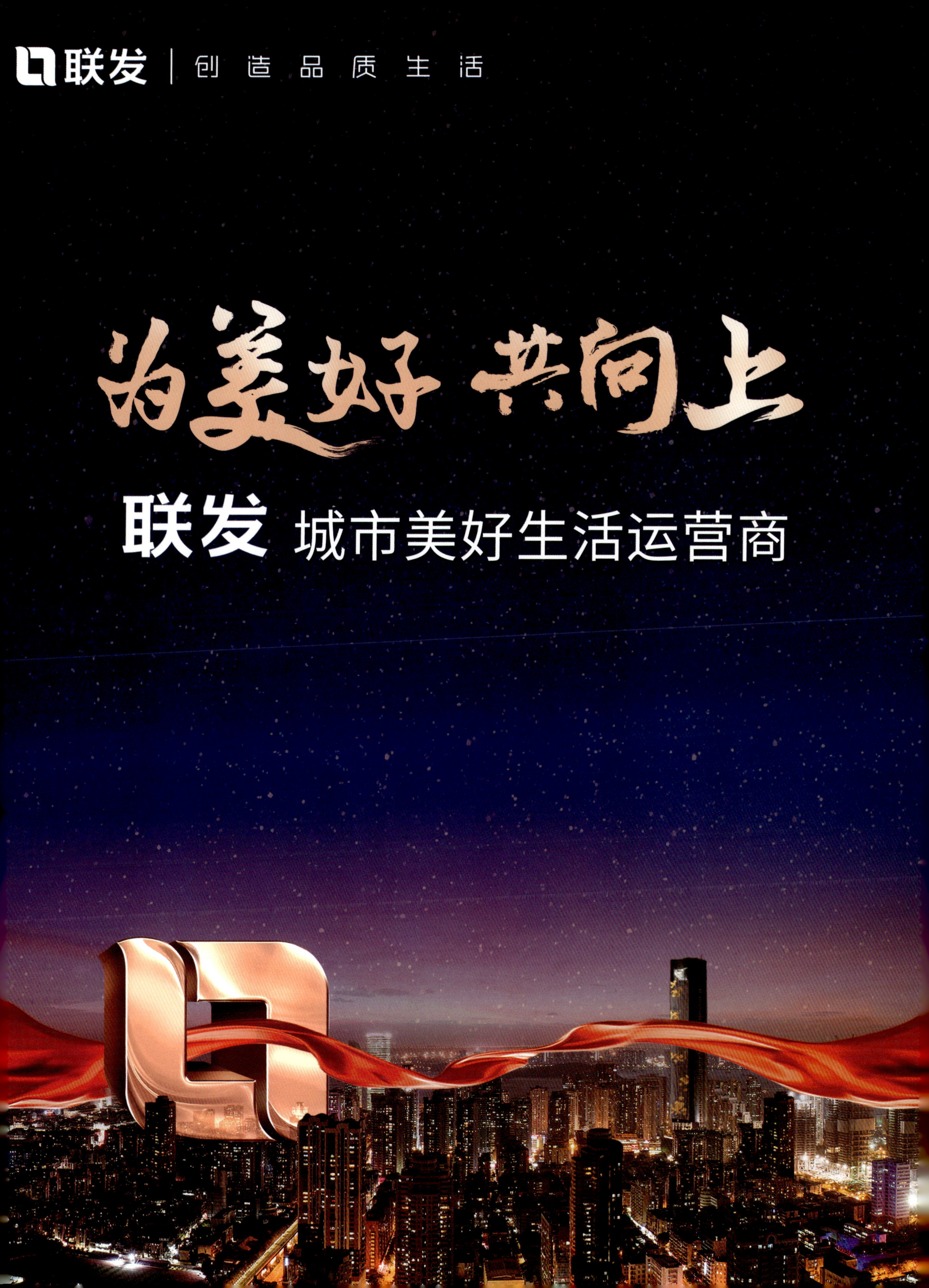
联发 | 创造品质生活
为美好 共向上
联发 城市美好生活运营商

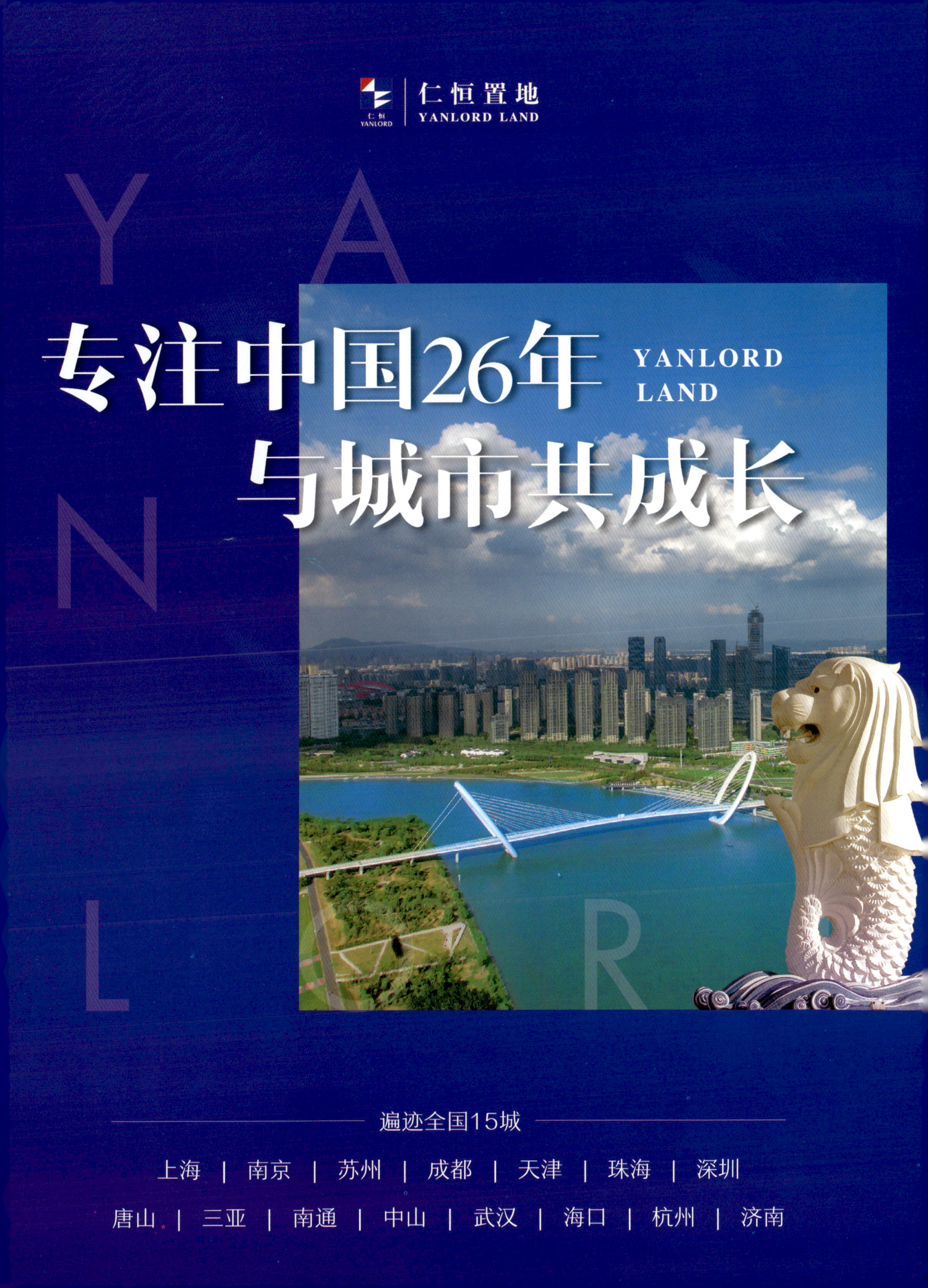
仁恒置地
YANLORD LAND
专注中国26年
YANLORD LAND
与城市共成长
遍迹全国15城
上海 | 南京 | 苏州 | 成都 | 天津 | 珠海 | 深圳
唐山 | 三亚 | 南通 | 中山 | 武汉 | 海口 | 杭州 | 济南

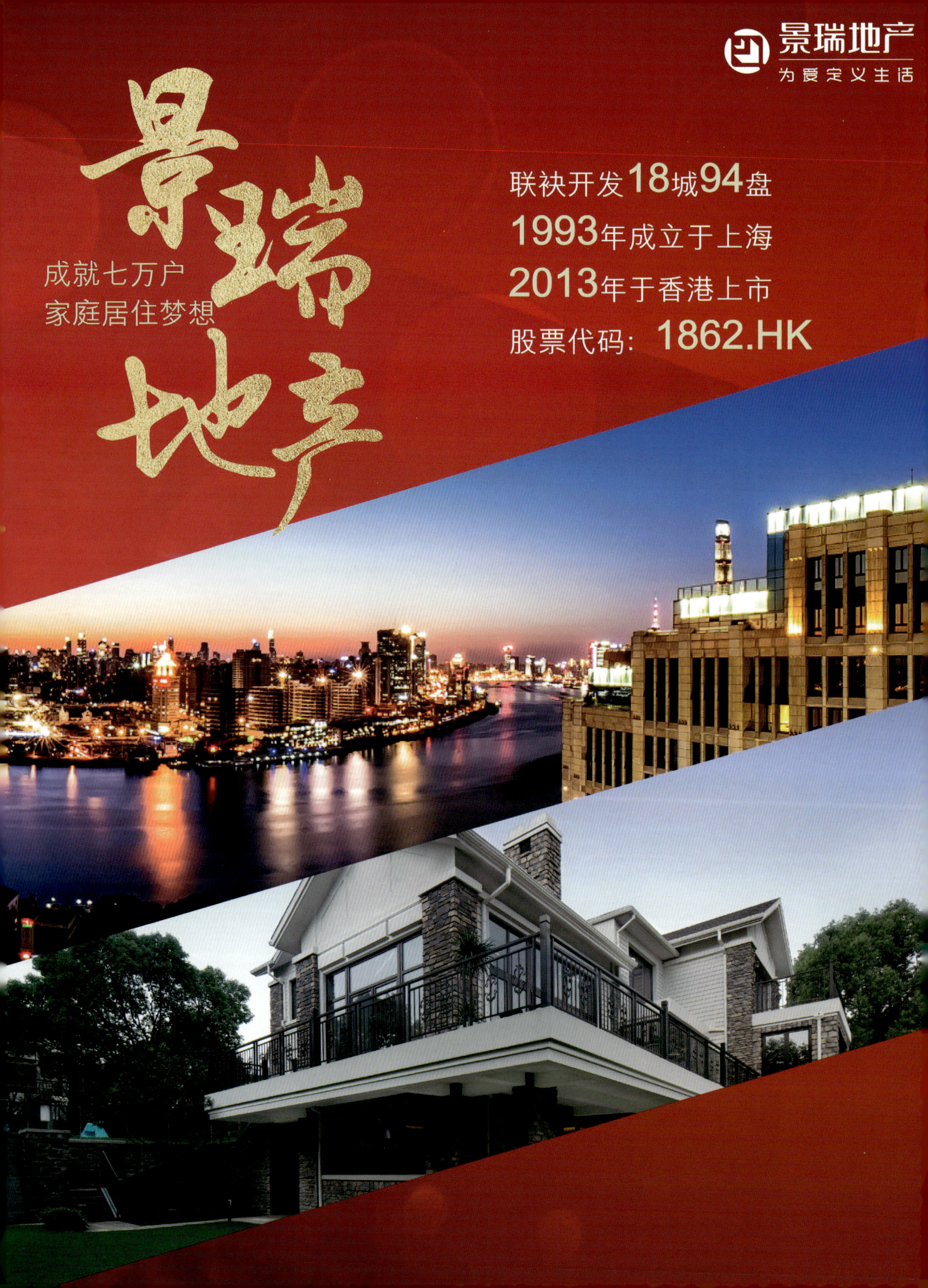
景瑞地产
为爱定义生活
景瑞地产
成就七万户
家庭居住梦想
联袂开发18城94盘
1993年成立于上海
2013年于香港上市
股票代码：1862.HK

大华集团 DAHUA GROUP
城之新生 焕新美好
Innovator Of City Development
大华集团 >
城市更新运营商
大华始终坚持品质与创新
用赤诚匠心，筑就座座华城
引领未来生活，兑现人居梦想
DAHUA GROUP
CHINA URBAN Renewal OPERATOR

康桥集团
KANGQIAO GROUP
品质筑家
相伴一生
KANGQIAO GROUP
康桥集团5⁺好房
连接27万余户家庭的生活理想
KANGQIAO GROUP

名门地产
MOVEMENT REALTY
中国房企100强
美学·建筑·家
肇始中原，砥砺21载誉满华夏
担纲中国人居美学引领者使命
地产、物业、教育、商业、金融、文旅多元拓展
储地3万余亩，已建在建工程千万余方
立足中原，辐射全国
致力打造客户信赖百年品牌
名门六艺
方寸之间 \ 尽善尽美
ART-观
东方院落下的自然景观
ART-筑
当代建筑的生活艺术品
ART-智
智能时代的奢侈之道
ART-学
育学万物的恒久修为
ART-健
跨维度的闭环健康管理
ART-优
精英团队的贴心优服
致敬·美好
AESTHETICS
BUILDING
FAMILY
2019
紫园
翠园
天境
西元国际
名门万象
名门世家
名门城
City
名门·海宝湾

三盛宏业
SAN SHENG HONG YE
建设美好生活
颐景园·江南院
EASTERN XANADU
融荟世界的东方
园林巨匠
园林深处有人家
精耕中国26载，13城60余个项目
园艺为心，建领生活
S A N S H E N G H O N G Y E

上坤
为宜居而来
COMING
FOR LIVABLE
上坤，为宜居而来
成为一家满足客户对家与美好生活
想象的百年企业

上海建工房产有限公司

1998-2018
ANNIVERSARY

成就人居梦想

专攻建筑经典

澳海控股
AOHAI HOLDINGS
诚信 / 务实 / 开拓 / 创新
澳海21年
21st Anniversary
精工住宅專家
4大区域 17座城市 62个品质住宅
幸福逾600000户业主
澳海控股是以房地产开发为主业，集建筑施工、材料贸易、装修智能化、
园林景观、装配式建筑、物业管理、社区电商、生态农业、葡萄酒产业、
文旅产业、金融投资等多产业于一体的综合性集团，
信用评级AA，房地产开发一级资质。
AOHAI
HOLDINGS
上海市西郊商务区21号（澳海控股大楼） www.aohaidichan.com

缔 造 精 致 生 活
热烈祝贺华董（中国）有限公司
荣获中国房地产百强
中国房地产开发企业稳健经营10强
中国房地产开发企业品牌价值成长性10强
100
强
華董·中國
HUA DONG
中国房地产
开发企业100强
测评机构：中国房地产业协会、易居房地产研究院中国房地产测评中心

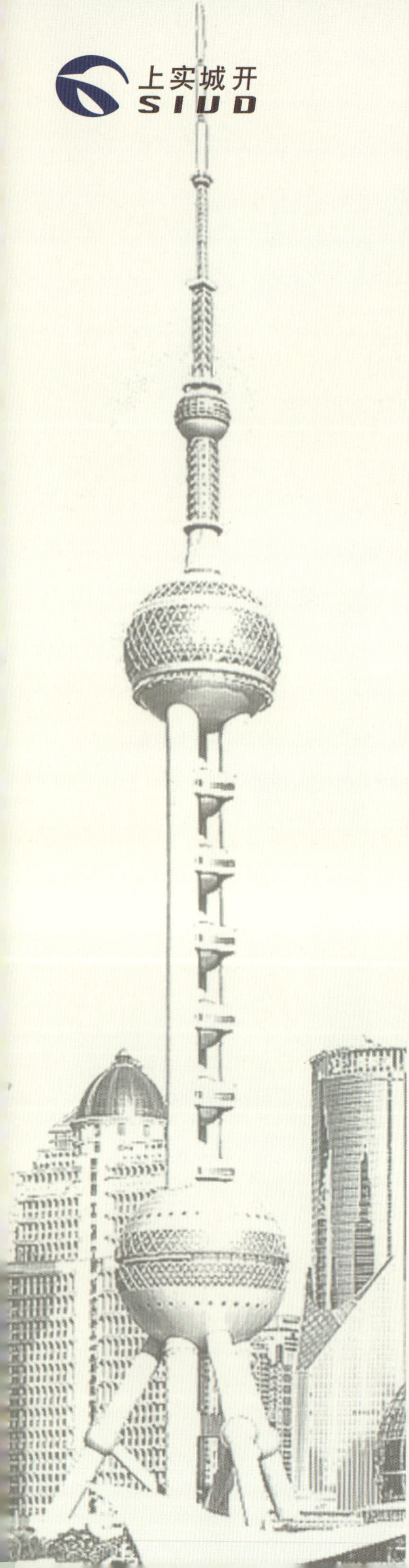

中锐地产
CHIWAYLAND
品质地产
品位生活
中锐投资集团是一家以房地产开发为主营业务的企业集团
公司坚持专业化、国际化的发展战略
秉承“品质地产、品位生活”的开发理念和企业使命
凭借“教育+地产”双轮驱动的突出优势
引领品质住宅和国际学校高端教育的综合社区开发
为客户、为城市、为社会创造和谐人居和建筑精品
综合型城市地产服务商
◎住宅开发 ◎教育地产 ◎城市更新 ◎商业运营 ◎海外投资

HIMA 海盟(中国)
海纳百川 盟约如山
大 健康地产 运营商
HIMA
海盟·山水豪庭 系列
海盟·御锦豪庭 系列
海盟·健康小镇 系列
HIMA 海盟(中国)
500强 中国房地产
10强 中国地产成长速度

福建永鸿集团
FUJIAN YONGHONG GROUP
文化 · 地产 · 金融 · 酒店
永不止步
2019
鸿篇再续
福建永鸿集团，以“根植漳州 布局海西”为集团战略目标
投资打造地产、文化、金融和酒店4大产业
项目遍布福州、漳州、莆田和福清等地
30多年来肩负城市建设使命，秉承多元化发展战略
稳健经营，立志成为一流的地产开发及城市运营商

JINKE金科
美 好 你 的 生 活
DREAM PLUS 2019
为 你
追 梦 新 美 好
D R E A M P L U S

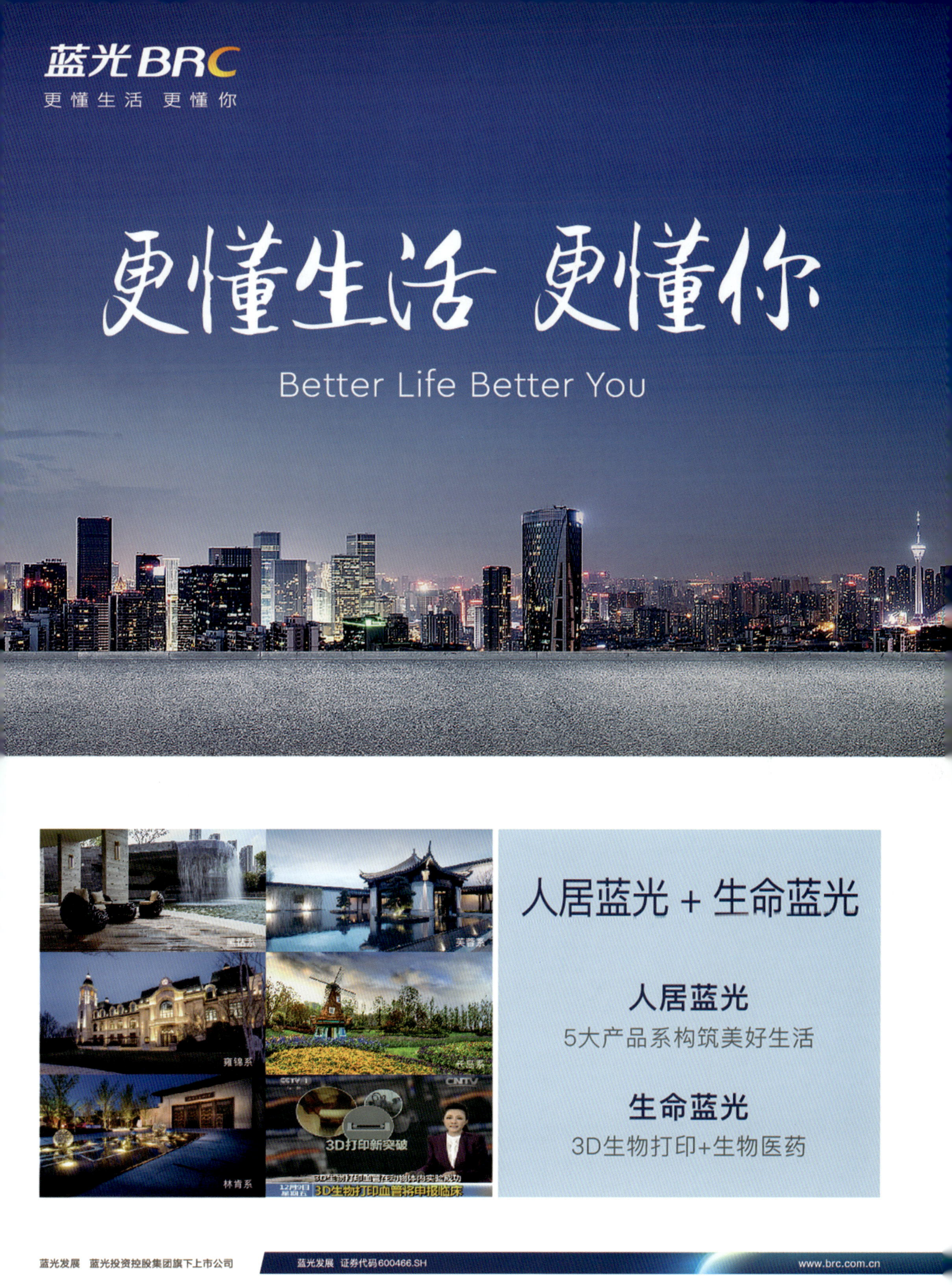

蓝光BRC
更懂生活 更懂你
更懂生活 更懂你
Better Life Better You
雍锦系
林肯系
3D打印新突破
3D生物打印血管将申报临床
人居蓝光＋生命蓝光
人居蓝光
5大产品系构筑美好生活
生命蓝光
3D生物打印+生物医药
蓝光发展 蓝光投资控股集团旗下上市公司
蓝光发展 证券代码600466.SH
www.brc.com.cn

Newhope 新希望地产
新希望地产
以精致臻 · 筑境绿色
EXQUISITE GREEN NEW HOPE
以不凡，敬非凡；因精致，更极致；
新希望地产，中国精致绿色房企
心耕绿境，注定不同；
不止步，不却步，划时代
定义高品质市场　践行美好人居生活
新希望集团，历经37年发展历程，中国最大民企先锋之一
新希望地产，成立于1998年，属集团四大产业板块之一
立足西南，深耕环沪城市群，发展环渤海城市群，关注粤港澳大湾区
开发运营数十个精品项目，荣膺中国房企综合实力50强
倡导赋予城市更高品质的生活之美
www.xinxiwangdichan.com
成都 | 重庆 | 昆明 | 南宁 | 温州 | 宁波 | 嘉兴 | 苏州 | 杭州 | 大连 | 沈阳

Kaisa
佳兆业
香港联交所上市企业 1638
20th
1999-2019
源自香港
远见中国
佳兆业 中国大型综合性投资集团
ORIGINATED
IN HONG KONG
AND VISIONARY
IN CHINA
香港联交所上市企业
1638.HK
1999年集团成立，2009年于香港联交所上市
锐意布局全球六大上市平台（香港、深圳、纽约）
多元业务涉及超20个专业领域，覆盖全国超50座重要城市
2018年《福布斯》全球上市公司2000强，2017财富中国企业500强
企业总资产超2200亿元人民币，位居中国房企总资产TOP20
公益捐赠金额超12亿元人民币，积极助力国家精准扶贫

华宇集团
HUAYU GROUP
责任创新
相伴前行
TIME
TOGETHER

富力集團
R&F GROUP
香港联合交易所上市编号：2777
紧贴城市脉搏
构筑美好生活
CREATE A QUALITY LIVING WITH
HEARTBEAT OF THE CITY
R&F
25
周年
美好生活运营商
富力集团成立于1994年，总部位于广州，经过20余年高速发展，已成为以房地产开发为主营业务，同时在酒店发展、商业运营、文体旅游、互联网产贸、医养健康、物业服务、设计建造、创新服务平台等领域多元发展的综合性集团。
连续八年被行业协会授予“中国房地产开发企业10强”荣誉称号。

重庆中心
CHONGQING CENTER
钓魚臺·美高梅
公馆
DIAOYUTAI MGM RESIDENCES
一座城市 一个中心
CHONGQING
CENTRAL
重庆中心·钓鱼台美高梅公馆
CHONGQING CENTER·DIAOYUTAI MGM RESIDENCE
引入百年高端酒店服务礼遇
为塔尖人物铸就时代高阶世界资产
建筑面积约 143～412 m² 智能精装云端私邸
SMART EXQUISITE DECORATION PRIVATE HOUSE ABOVE THE CLOUD
全球发售
Global Sale
尊崇
联手钓鱼台美高梅酒店集团
多维合作，引领重庆中心物业未来
枢纽
城轨1、3号线双轨道地铁上盖物业
接驳城市交通主动脉，改变重庆格局
封面
高技派鼻祖理查德·罗杰斯
大师执笔·缔造城市新地标
繁华
8.7万方多元化商业
执享万象承启中心繁华
中心
居母城正脉享塔尖资源
沿袭历史构筑时代的使命

星河湾
Star River
淬百年匠心
书时代风华
站在时代创变潮头
重新定义工匠精神
广州·北京·上海
太原·澳门·西安
青岛·沈阳·汕尾
CENTURIES
OF CRAFTSMANSHIP

大信控股
DASIN
大爱筑基　信行天下

中山市大信控股有限公司，1984年始创于中国名城、伟人的故里——广东中山。30多年来，大信控股秉承“大爱筑基，信行天下”的理念稳健经营，已成为一家以商业地产为核心的大型民企，并逐步构建起地产、建筑、科技、金融酒店、餐饮、零售教育、文化、医疗等商业生态链。

2017年，随着大信商用信托(Dasin Retail Trust 股票代码：CEDU)在新加坡交易所主板成功上市，成为中国大陆首个在新加坡交易所上市并跃升为广东省内持有商业体最多的民营企业，也体现了国际化资本市场对大信商业发展的高度认可。

如今大信控股发展战略渐出雏形，深耕中山，放眼粤港澳大湾区，布局全国、发展国际、健步而行。商业运营面积超200万平方米，储备面积超200万平方米，分布于粤港澳大湾区的枢纽城市广东中山、佛山、珠海、香港、澳门以及北京、长沙等多个区域，以开放包容的姿态，携手上千个优质伙伴，更好的满足客户及城市发展的需求，实现持续的稳健增长。

房地产开发企业**200强**　|　商业地产运营**10强**　|　典型商业项目——**大信 · 新都汇**

AOYUAN
COMMERCIAL PROPERTY GROUP
领跑商业地产
运营城市未来
中国奥园

孔雀城 创造美好生活
温泉新都 孔雀城
一站新区
两站北京
PEACOCK CITY
首期6万起 · 75-127m²两居三居
北京
BEIJING
霸州
BAZHOU
新区
XINQU
截止日期至2019年6月30日，本广告图片、文字及数据仅供参考，一切以政府最终批准文件及双方签订合同为准。 开发商：霸州孔雀城房地产开发有限公司 预售证号：（霸）房预售证2018501号

国际万达
百年企业

万达集团
WANDA GROUP

万达集团创立于1988年，经过30年发展，已成为以现代服务业为主的大型跨国企业集团。万达是世界领先的不动产企业、世界领先的影视企业、世界领先的体育企业、世界领先的儿童产业企业。万达广场、万达影城、万达酒店、万达文化旅游城、万达宝贝王成为中国知名品牌。2018年企业资产6257亿元，收入2143亿元。

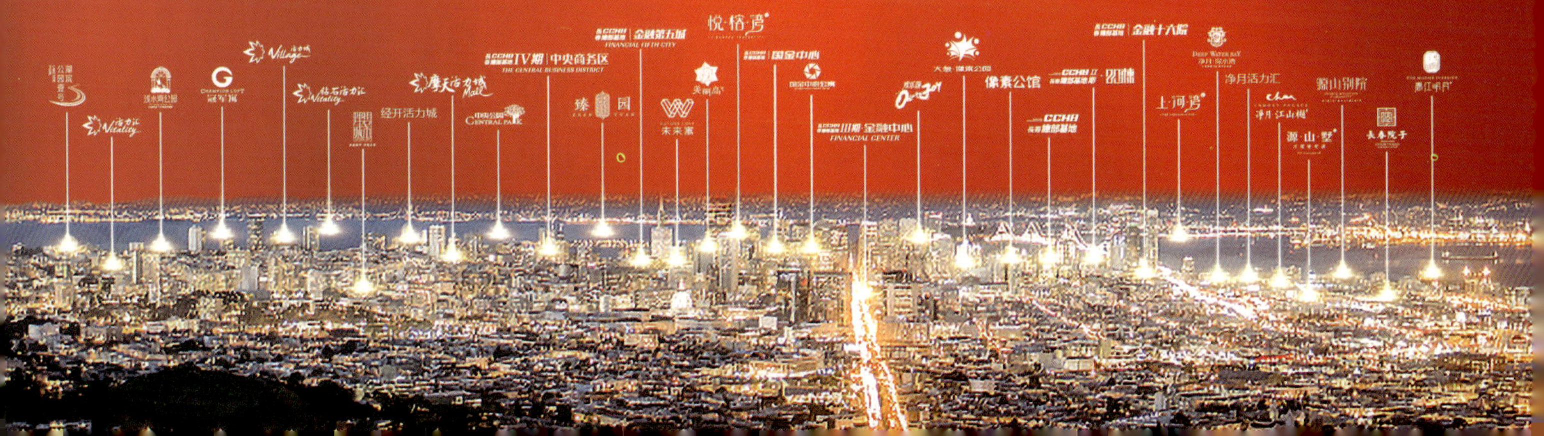

股票代码：1107.HK
中国绿色科技产业家园运营商
CHINA GREEN TECHNOLOGY MIXED-USE
COMMUNITY OPERATOR
MOMΛ生活家园4+1社区
绿色住区
科技社区
健康社区
全龄社区
人文艺术社区
港股上市 绿色领先
倾注于绿色科技+舒适节能+数字互联的全生命周期产业家园
www.modernland.hk
股票代码：1107.HK
MOMΛ 當代置業
客户服务年
CUSTOMER SERVICE

东方佳园
Oriental Jiayuan
500强
中国房地产
房地产开发、建筑施工双壹级资质
不负新时代
迈向新征程
DONG FANG
JIA YUAN
建老百姓买得起的好房子

BBMG 金隅地产
BBMG PROPERTY GROUP
创建美好生活
核心愿景
铸就地产名牌
上城郡
UPTOWN COURTYARD
上城庄园
UPTOWN MANOR
金隅金麟府
北京-环球贸易中心
北京-金隅大厦/大成大厦
北京-大成国际中心
北京-腾达大厦
北京-金隅大成时代中心
北京-嘉品MALL
北京-金成中心
北京-玲珑天地
北京-金玉府
北京-金隅翡丽
北京-金隅观澜时代
北京-金隅自由筑
北京-西山甲一号
北京-金隅七零九零
北京-金隅花石匠
北京-金隅78墅
北京-红石座
北京-金隅可乐+
北京-金隅凤麟洲
北京-金隅山墅
北京-大成郡
杭州-金隅观澜时代
杭州-金隅田员外
杭州-金隅学府
杭州-都会森林
重庆-金隅南山郡
重庆-金隅时代都汇
天津-金隅满堂
天津-金隅悦城
成都-珑熙汇
成都-珑熙郡
成都-大成郡
成都-金玉府
南京-紫金叠院
上海-金隅大成郡
宁波-金隅大成时代
宁波-大成郡
合肥-大成郡
合肥-南七里
青岛-金隅和府
青岛-金隅香江旺角
海口-美灵湖
海口-西溪里
海口-金隅阳光郡
内蒙-金隅环球金融中心
内蒙-金隅丽港城
呼市-金隅时代城
唐山-金隅乐府
马鞍山-佳山墅
国企实力，匠心构筑，深耕北京，布局全国。
致力于打造上城郡，上城庄园，金麟府等地产精品项目，缔造城市地标，成就美好生活。

电建地产
POWERCHINA REALESTATE
Langold
南国置业
LANGOLD REAL ESTATE
武汉地产集团
WUHAN REAL ESTATE GROUP
E·HOPE
洛悦城
家的幸福
电建地产强势布局重庆
匠著150万方公园大城
套内约111-142m²公园平墅 | 套内约85-119m²阔景高层
「火 热 销 售 中」
效果图
龙洲湾商圈
轨道3号线鱼胡路站
约12万方亲水公园
全龄优教体系
央企精工匠著
重庆·巴南·龙洲湾·鱼胡路轻轨站旁
本广告所有图文资料为要约邀请，不作为销售承诺和商品房买卖合同内容，所有细节以政府最终批准文件及双方签订的商品房买卖合同为准。

鑫苑集团
XINYUAN GROUP
国际化科技地产生态引领者
地产开发
产城运营
融资代建
智慧科技
商业管理
物业管理
鑫苑·金水观城

trendzône DECORATION
全筑股份
卓越源于专业
全筑股份以人居环境塑造及人居生活服务为企业使命，开启“传统”与“创新”双轮驱动模式，传统产业链业务规模高速增长，并重点突破面向消费升级的创新业务。全筑股份率先瞄准装修后人居服务市场，依托互联网平台提供装修后智能定制服务方案，以住宅装饰为入口，以智能家居设备作为硬件，以消费者大数据作为服务核心，展开社区服务等各种创新业务模式，构建全生态智能家居服务平台，实现企业使命的同时，为消费者提供高品质的产品与服务。
完整产业链一体化服务 / Integrated Industrial Chain
> 研发中心
> 门窗系统
> 全筑石业
> 设计咨询
> 工程施工
> 陈设配套
> 幕墙门窗
> 全筑木业
> 建筑科技
TRENDZONE
人居环境塑造
人居生活服务
业务遍及20余省50多个城市
覆盖全国800多个楼盘
打造近千万平米的成功案例

BARDESE®
巴德士漆
专业环保水性外墙漆
真石漆·岩片漆·砂胶漆·多彩漆
中国房地产500强首选供应商
中国建筑装饰百强企业推荐品牌